本書爲國家古籍整理出版專項經費資助項目

中國思想史資料叢刊

宋初三先生集

上

〔宋〕胡瑗
〔宋〕孫復　撰
〔宋〕石介
張義生
陳植鍔　點校

中華書局

圖書在版編目(CIP)數據

宋初三先生集/(宋)胡瑗,(宋)孫復,(宋)石介撰;張義生,陳植鍔點校. —北京:中華書局,2024.9.—(中國思想史資料叢刊).—ISBN 978-7-101-16803-7

Ⅰ.B244.99

中國國家版本館 CIP 數據核字第 2024ZS5930 號

責任編輯:石　玉
封面設計:周　玉
責任印製:管　斌

中國思想史資料叢刊
宋初三先生集
(全三册)
〔宋〕胡　瑗　孫　復　石　介 撰
張義生　陳植鍔 點校

*

中華書局出版發行
(北京市豐臺區太平橋西里 38 號　100073)
http://www.zhbc.com.cn
E-mail:zhbc@zhbc.com.cn
三河市宏盛印務有限公司印刷

*

850×1168 毫米 1/32 · 51 印張 · 6 插頁 · 930 千字
2024 年 9 月第 1 版　2024 年 9 月第 1 次印刷
印數:1-2000 册　定價:198.00 元

ISBN 978-7-101-16803-7

安定先生 胡瑗像

泰山先生孙復像

徂徠先生石介像

出版説明

北宋前期安定先生胡瑗、泰山先生孫復和徂徠先生石介，學者多認爲他們是理學的先驅，是漢、唐經學到宋、明理學轉變過程中的重要一環，故將其合稱爲「宋初三先生」（朱熹語）。現將三人傳世著作予以整理，並對各類文獻引述到的相關資料做了輯佚，以宋初三先生集爲書名合刊出版。其中，胡瑗集、孫復集由張義生先生整理，石介集由陳植鍔先生整理。石介集於一九八四年七月由中華書局出版，所用書名爲徂徠石先生文集，爲與其他二位先生的著作名稱一致，改爲今名。陳植鍔先生已經去世多年，石介集在内容上的明顯訛誤或體例上的不妥之處，由編輯部加以校改，石介集補遺則由張義生先生完成。在此，向張義生先生和陳植鍔先生之女陳丹女士對我們工作的支持致以謝忱！

中華書局編輯部

二〇二四年七月

目録

上册

胡瑗集

中册

孫復集

下　册

石介集

徂徠石先生文集卷二 …… 一〇九九

徂徠石先生文集卷三 …… 一二五

徂徠石先生文集卷十三

徂徠石先生文集卷十四

徂徠石先生文集卷十五

徂徠石先生文集卷十六

胡瑗集

張義生　點校

胡瑗集前言

胡瑗，字翼之，泰州海陵（今江蘇泰州）人，因其祖世居陝西安定堡，故學者多稱其爲安定先生。根據蔡襄所作太常博士致仕胡君墓誌，其父胡訥曾任海陵節度推官，瑗乃長子。瑗有三子志康、志寧、志正，孫守約，另有三女皆不具名。太宗淳化四年（九九三），胡瑗生於海陵。嘉祐四年（一〇五九），卒於杭州，享年六十有七。胡瑗有周易口義、洪範口義和皇祐新樂圖記等著作傳世。

其生平大體可劃分爲三個時期：

一、**蘇、湖主教時期**。

仁宗景祐年間，學習經學有年的胡瑗開始在蘇州一帶傳授經術。二年（一〇三五），范仲淹創蘇州郡學，延請胡瑗爲師，其子純祐亦交由胡瑗教授。胡瑗在蘇州嚴立學規，學風一振，蘇學爲諸郡倡。

寶元二年（一〇三九），滕宗諒知湖州，創湖學，延請胡瑗爲教授，湖學漸盛。至慶曆四年

（一〇四四），朝廷下令取湖學法爲太學法。之後，直至胡瑗主講太學，大部分時間仍然在湖州教學。

在此期間，胡瑗還於景祐三年應詔第一次參與考定鐘律，但與古多不合，猶推恩而遣之，授試秘書省校書郎。

二、**地方仕宦時期**。

康定元年（一〇四〇），經范仲淹推薦，胡瑗任陝西丹州軍事推官，參與幕府軍事謀劃。他更陳法，治兵器，開廢地爲營田，募土人爲兵。後移密州觀察推官。慶曆元年（一〇四一），丁父憂。次年服除，任保寧節度推官。慶曆三年，上書請興武學，進呈武學規矩，時議難之。慶曆五年，召爲諸王宫教授，辭疾不就，後以太子中舍致仕。

三、**主教太學時期**。

皇祐四年（一〇五二），授光禄寺丞、國子監直講。

皇祐五年，與阮逸共同完成皇祐新樂圖記，遷大理寺丞，賜緋衣銀魚。同年，管勾太學。嘉祐元年（一〇五六），升爲太子中允、天章閣侍講。歐陽修恐太學諸生涣散，請特令胡瑗同國子監或專管勾太學。直至去世前，胡瑗一直兼國子監直講。

據程頤言，「往年胡博士瑗講易，常有外來請聽者，多或至數千人」（宋程顥、程頤二程文集卷第七）。且胡瑗積極推行住宿制，「嘉祐中，孫復、胡瑗領教事，乞馳太學火禁，唯小三館秘門令脱有不戒，願以身任之。自爾諸生方敢宿留，四方學者稍稍臻集」（明陶宗儀説郛卷十八上）。可以看出，胡瑗對太學的影響巨大，以至「東歸之日，太學之諸生與朝廷賢士大夫送之東門，執弟子禮，路人嗟歎以爲榮」（歐陽修胡先生墓表）。

胡瑗的著作情況比較複雜，主要包括經學方面的注解及合著皇祐新樂圖記等。

在易學方面，有周易口義十二卷存世，爲胡瑗口述，門人倪天隱謄録。胡瑗有可能尚自著其他易學著作，如文獻通考作胡安定易傳十卷，直齋書録解題作十三卷，經義考作易傳，宋志作易解十二卷，宋志又言口義十卷、繫辭説卦三卷等，郡齋讀書志作胡先生易傳十卷，無繫辭，但以上所列諸書，今均不見其文，或與口義爲一書。

在尚書學方面，胡瑗有洪範口義二卷存世，從名字來看，亦應爲其口述，而文獻通考、郡齋讀書志和經義考均作胡翼之洪範解一卷。另有尚書全解一十八卷，經義考及朱子五經語類皆認作僞書。

在春秋學方面，文獻通考及直齋書録解題作春秋口義五卷，經義考作春秋辯要，但均已散佚。

胡瑗尚有中庸義一卷，亦已散佚，遂初堂書目作胡安定中庸説。

在音律方面，胡瑗曾兩次參與朝廷更定雅樂，其本人自著有景祐樂府奏議一卷、皇祐樂府奏議一卷、律吕議等，但均亡佚，僅有與阮逸合著之皇祐新樂圖記傳世。

除此之外，胡瑗還有三禮圖記、資聖集十五卷、吉凶書儀二卷、武學規矩一卷、學政條約一卷、丁氏賢惠録、曹彬本傳、吴興六老之會序等著作或文章，今皆亡佚，不見其文。

胡瑗集凡例

關於胡瑗的著作，本書主要點校周易口義、洪範口義和皇祐新樂圖記三書。其中周易口義以康熙二十六年李振裕白石山房刻本爲底本，以文淵閣四庫全書本爲校本。底本爲胡瑗二十三世後裔胡其柔家藏，後有丁德明及胡瑗二十三世孫胡其柔兩篇跋語。洪範口義以嘉慶十三年張海鵬墨海金壺本爲底本，以文淵閣四庫全書本爲校本。張本實以四庫本爲底本，而四庫本又是從永樂大典録出。皇祐新樂圖記以叢書集成初編所收録張海鵬學津討原本爲底本，以四庫本爲校本。據張海鵬跋，他所刊刻者爲家中舊藏抄本，後亦有陳直齋、吴壽民、趙清常三跋，由此可見，應與四庫本所據底本相同。

本書又通過搜檢古籍，獲胡瑗在經學及詩文方面的佚文多則，如胡瑗之中庸義，歷代典籍記載皆有是書，但並無其文傳世。考之南宋衛湜禮記集説，其中明確言明收集有胡瑗對中庸的注解，均作「海陵胡氏曰」。因此，我們從文淵閣四庫全書中録出，具載經文及胡瑗注解，注明卷數。

在春秋學方面，按照文獻通考、經義考等典籍的記載，胡瑗有春秋口義、春秋辯要、春秋要義等書，今皆不存。作爲胡瑗弟子的孫覺著有春秋經解，主要傳胡瑗春秋之學，此更可證胡瑗在春秋學方面確有創見。通過檢索歷代春秋類注疏及宋元學案，可以發現存有一些胡瑗春秋學方面的隻言片語。本書所引皆出自文淵閣四庫全書，按春秋次序抄録所解經文或注疏，後附胡瑗之見，僅在每條後注明著者、書名及卷數。

另外，宋元學案録有胡瑗論語説數則，亦收録之。

在詩文方面，亦搜檢到許孝子傳、次韻謝借觀五老圖、石壁等，所引諸書皆用文淵閣四庫全書本。

本書校勘，主要通過對校，有異則出校勘記，擇其合理者從而改之。輯佚及補遺等文獻皆從文淵閣四庫全書本，書中不一一羅列所據版本，僅注明著者、書名及卷數

文淵閣四庫全書周易口義提要〔一〕

周易口義十二卷，宋倪天隱述其師胡瑗之説也。瑗，字翼之，泰州如皋人。用范仲淹薦，由布衣拜校書郎。歷太常博士，致仕歸。事蹟具宋史本傳。天隱始末未詳，葉祖洽作陳襄行狀，稱襄有二妹，一適進士倪天隱，殆即其人。董弅嚴陵集載其桐廬縣令題名碑記一篇，意其嘗官睦州也。其説易以義理爲宗。邵伯温聞見前録記程子與謝湜書，言讀易當先觀王弼、胡瑗、王安石三家。三原劉紹攽周易詳説曰：「朱子謂程子之學源於周子，然考之易傳，無一語及太極；於觀卦彖辭云：予聞之胡翼之先生，居上爲天下之表儀。於大畜上九云：予聞之胡先生曰：天之衢亨，誤加『何』字。於夬九三云：安定胡公移其文曰：壯于頄，有凶。獨行遇雨，若濡，有愠。君子夬夬，无咎。於漸上九云：安定胡公以『陸』爲『逵』。考伊川年譜，稱皇祐中游太學，海陵胡翼之先生方主教導，得先生所試，大驚，即延見，處以學職。意

〔一〕提要一文，底本無，爲整理者所加。

其時必從而受業焉。世知其從事濂溪，不知其講易多本於翼之也。」其説爲前人所未及。今核以程傳，良然。朱子語類亦稱胡安定易分曉正當，則是書在宋時，固以義理説易之宗也。宋志載瑗易解十卷、周易口義十卷，朱彝尊經義考引李振裕之説云：「瑗講授之餘，欲著述而未逮，其門人倪天隱述之，以非其師手著，故名曰口義。後世或稱口義，或稱易解，實無二書。」其説雖古無明文，今考晁公武讀書志亦云：「胡安定易傳，蓋門人倪天隱所纂，非其自著，故序首稱先生曰。」其説與口義合，而列於易傳條下，亦不另出口義一條。然則易解、口義確爲一書，宋志誤分爲二，明矣。

序

晁氏讀書志云：「胡安定易傳十卷，乃門人倪天隱所纂，非其自著，故序首稱先生。」按今所刊口義即此書也。安定，故泰州人，此書仍得之於其鄉，大抵詳於義理而略於象數。蓋自漢以來，言易者多泥於象數之學，未免有穿鑿傅會之弊。至王輔嗣一舉而空之，專以義理爲主。唐人疏解，獨宗輔嗣，而諸家之説遂廢。宋邵堯夫始得先天圖於李挺之，以爲天地萬物之理盡在其中。圖出自希夷，四傳而至堯夫。堯夫得之，遂明於象數之學。而伊川之易，則異於是，其言曰：「至微者理也，至著者象也。體用一源，顯微無間。」又曰：「有理而後有象，有象而後有數。因象以知數，得其義則象在其中矣。」議者以爲易有聖人之道四，而伊川專求之於辭，似乎有闕。然而自宋迄今，學者言易莫不以伊川爲大備，何也？象數固不在義理之外，舍義理而言象數，雜以禨祥，墮於隱怪，此焦、京、管、郭之術，非儒者之所務也。然人皆知伊川之易爲大備，而不知其淵源，實由於安定。方安定在太學時，以顔子所好何學論試諸生，得伊川作，大奇之，即請相見，處以學職，其獨知之契如此。他日伊川示人以學易之方，亦令先讀王輔嗣、胡翼之、王介甫三家易。三家者，皆詳於義理而略於象數者也，此可以知其淵源之所自來矣。然輔嗣之易，宗旨不離老氏。而介甫多偏駁之説，其解易亦未必盡當。求其粹然一出於正而不詭於聖人之道者，未有如安定此書者也。大路託始乎椎輪，八音造端於土鼓，讀程易者，惡可忘其所自哉？睢陽湯潛菴先生，當世大儒也。是書初出，先生篤信而深好之，書以告余。余得而讀之，曠若發矇，遂刊之以惠來學。讎校文字，省視鐫工，則皆訓導丁德明之力也。倪天隱，不知何許人，其所述上下經口義十卷，外又有繫辭上下及説卦三卷，此三卷者，晁氏所不載，而宋藝文志有之。但既列易傳十卷，復列口義十卷，而揚州志亦仍其目，誤也。蓋安定講授之餘，欲著傳而未逮，天隱述之，以非其師之親筆，故不敢稱「傳」，而名之曰「口義」。傳諸後世，或稱「傳」，或稱「口義」，各從其所見，實無二書也。嗟乎！孟喜假田生，劉炫假連山，張弧假卜子夏，阮逸假關子明，易之依託名字者多矣。而此書獨源流井然，無可訾議，學者當潛心玩味，以爲入道之門，慎勿與嚮者矯誣之徒同類而並疑之也。

康熙二十六年歲在丁卯孟春下澣，吉水李振裕維饒氏謹書於澄江官舍。

安定先生行實

新安朱熹述

先生姓胡氏，諱瑗，字翼之，門人稱爲安定先生。本泰州人，累舉不第，范仲淹薦官，至天章閣侍講。

先生布衣時，與孫明復、石守道同讀書泰山，攻苦食淡，終夜不寢，一坐十年不歸。得家書，見上有「平安」二字，即投之澗中，不復展讀。

師道廢久矣！自明道、景祐以來，學者有師，惟先生暨孫明復、石守道三人，而先生之徒最盛。慶曆四年春，天子開天章閣，與大臣講天下事，始慨然詔州縣皆立學。于是建太學于京師，而有司請下湖州，取先生之法爲太學法，至今爲著令。

先生世居安定，流寓陵州。父訥，爲寧海節度。隨任生於泰州寧海鄉，先生故址也。人稱之爲安定先生，溯其原也。初，家貧力學，無時少懈，于凡同道爲朋者，無不稱揚敬服。乾道間，滕宗諒知湖州，建湖州學，以禮幣聘延爲師。後授教事，置立經義、治事二齋。謂之經義齋者，選擇其心性疏通、有器局、可任大事者居之，使之講明六經之義，以待他日之用也。

謂之治事齋者，一人各治一事，又兼攝一事，如治民以安其生、治武以禦其寇、堰水以利其田、算曆以明其物數之類是也。不獨湖州如此，其在太學所教之法亦然。

先生自慶曆中教授蘇、湖二十餘年，景仰弟子前後以千數計。是時方尚詞賦，獨湖州敦尚行實，故天下謂湖學多秀彦。其出而筮仕，往往取高第，及爲政，多適于世用，若老于吏事者，由講習有自也。皇祐末，召先生爲國子監直講，專管勾太學。數年，進天章閣侍講，猶兼學政。其初，人未甚信服，使其徒之已仕者盛僑、顧臨輩分置執事，又令孫覺説孟子，中都士人稍稍從遊。日升堂講易，音韻高朗，旨意明白，衆皆大服。

先生在學時，每公私試罷，掌儀率諸生會于肯善堂，合雅樂歌詩，至夜乃散。諸齋亦自歌詩奏樂，琴瑟之聲徹于外。

先生在湖學置治事齋，學者有欲明治道者，講之于中，如治兵、治民、水利、算數之類。嘗言劉彝善治水，後累爲政，皆興水利有功。

先生猶患隋、唐以來仕進尚文辭而遺經業，苟趨利禄。後爲蘇、湖二州教授，嚴條約，以身先之。雖大暑，必公服終日以見諸生，嚴師弟子之禮。解經至有要義，懇懇爲諸生言其所以治己而後治乎人者。學徒千數，日夜刮劘，爲文章皆傳經義，必以理勝，信其師說，敦尚行實。後爲太學，四方皆歸之，庠舍不能容，旁拓軍居以廣之。五經異論，弟子記之，目爲口義。

先生嘗召對，例須先就閤門習儀。先生曰：「吾平生所讀書，即事君之禮也，何以習爲？」閤門奏上，令就即次習之，先生固辭，上亦不之强。人皆謂山野之人必失儀。及登對，乃大稱旨。上謂左右曰：「胡瑗進退周旋，皆合古禮。」

先生在湖學時，福塘劉彝往從之。時學者數百人，彝爲高弟。熙寧二年召對，上問曰：「胡瑗文章與王安石孰優？」彝對曰：「臣師胡瑗，以道德仁義教東南諸生。時王安石方在場屋中，修進士業。臣聞聖人之道有體、有用、有文。君臣父子，仁義禮樂，曆世不可變者，其體也。詩、書、史傳、子集，垂法後世者，其文也。舉而措之天下，能潤澤斯民、歸于皇極者，其用也。國家累朝取士，不以體用爲本，而尚聲律浮華之詞，是以風俗媮薄。臣師當寶元、明道之間，尤病其失，遂明體用之學，以授諸生，夙夜勤瘁，二十餘年，專切學校，始自蘇、湖，終于太學，出其門者，無慮數千餘人。故今學者，明夫聖人體用，以爲政教之本，皆臣師之功也。」上曰：「其門人今在朝者爲誰？」對曰：「若錢藻之淵篤，孫覺之純明，范純仁之直温，錢公輔之簡諒，皆陛下所知也。其在外明體適用之學、教于四方之民者，殆數十輩。其餘政事文學粗出于人者，不可勝數。此天下四方之所共知，而嘆美之不足者也。」上悦。

先生初爲直講，有旨專掌一學之政，遂推誠教育多士，亦甄别人物，故好尚經術者，好談兵戰者，好文藝者，好尚節義者，使之以類群居講習。先生亦時時召之，使論其所學，爲定其理。或自出一義，使人人以對，爲可否之。當時政事，俾之折衷。故人皆樂從而有成效。今朝廷名臣，往往先生之徒也。

先生皇祐、至和間爲國子直講，朝廷命主太學，生千餘人。先生日講易，每講罷，或引當世事以明之。至小畜以爲「畜，止也，臣止君也」，乃言及中令趙公補所碎劄子呈于藝祖之事。

先生判國子監，其教育諸生有法。先生語諸生：「食飽未可據案或久坐，皆于血氣有傷，當習射投壺遊息焉。」是亦食不語、寢不言之遺意也。

先生嘗上書請興武學，其略曰：「頃歲吳育已建議興武學，但官非其人，不久而廢。今國子監直講內，梅堯臣曾注〔一〕孫，大明深義，孫復而下，皆明經旨。曾任邊陲丹州推官，頗知武事。若使堯臣等兼涖武學，每日只講論語，使知孝弟仁義之道，講孫、吳，使知制勝禦敵之術，于武臣中子孫選有智略者二三百人教習之，則一二十年之間必有成效。臣已撰成武學規

〔一〕「注」，原作「汪」，據文意改。

矩一卷進呈。」時議難之。

先生爲國子日，番禺有大商，遣其子弟就學。其子儇宕，所齎千金，仍病甚瘠，客于逆旅，若將斃焉。偶其父至京師，閔而不責，攜其子謁先生，告其故，曰：「是宜先警其心，而後教諭之以道也。」乃取一帙書曰：「汝讀是可以知養生之術，知養生而後可學矣！」其子視其書，乃黄帝素問也。讀之未竟，惴惴然懼伐性命之過，痛自悔責，冀其自新。先生知其已悟，召而誨之曰：「知愛身，則知可以修身。自今以始，其洗心向道，取聖賢之書，次第讀之，既通其義，然後爲文章，則汝可以成名。聖人不貴無過，而貴改過。無懷昔悔，第勉事業。」其人脱穎善學，三年間登上第而歸。

徐積自言：「初見安定先生，頭容少偏。安定忽厲聲云：『頭容直！』積因自思：不獨頭容直，心亦要直也。自是，不敢有邪心。」

歐陽文忠公詩云：「吴興先生富道德，詵詵子弟皆賢才。」王荆公詩云：「先取先生作梁棟，以次收拾桷與榱。」

伊川程先生嘗言：「凡從安定先生學者，其醇厚和易之氣，望之可知也。」

先生開治事齋，亦非獨只理會這些事，所謂「頭容直，手容恭」，許多説話都是本原，其規模雖疎然，却廣大著實。

或問：「安定學甚盛，何故無傳？」予曰：「當時所講止此，這些門人受去做官，死後便已。」

胡公之學，蓋得于古人所謂「灑掃、應對、進退之節」，尤爲切當，警發深矣！

先生曾孫滌曰：「先生侍講，讀『乾，元亨利貞』不避諱，上與左右失色，先生徐曰：『臨文不諱。』上意遂解。」

先生在太學時，以顏子所好何學論試諸生，得程伊川所作，大驚異之，即請相見，處以學職。

伊川先生又嘗言：「安定之門人，往往知稽古愛民矣！則其于從政乎何有？」

宋神宗御題贊

贊曰：「先生之道，得孔、孟之宗。先生之教，行蘇、湖之中。師任而尊，如泰山特屹于諸峰。法嚴而信，如四時迭運于無窮。辟居太學，動四方欣慕，不遠千里而翕從。召入天章，輔先帝日侍，啓沃萬言而納忠。經義治事，以適士用。議禮定樂，以迪朕躬。敦尚本實，還隆古之淳風。倡明正道，開來學之顓蒙。載瞻載仰，誰不思公？誠斯文之模範，爲後世之欽崇！」

又贊

資政殿學士范仲淹拜贊

天地儲精，山川毓秀。孔、孟衣鉢，蘇、湖領袖。道學正傳，體用善誘。雅飭化風，澤流於後。

中嶽外史襄陽米芾拜贊

洙、泗淵源，東南模範。寬厚純誠，躬行力踐。論樂太常，茂膺寵眷。

集賢學士司馬光拜贊

經義名家，旁通樂律。蘇、湖之教，造士有術。東以條格，南以躬行。百世一時，尚懷典刑。

宋學士文天祥拜贊

恭乎其貌，温乎其容。循循雅飭，卓有古風。經義治事，深究體用。一代瞻仰，百世欽崇。

安定先生周易口義

發　題

先生曰：夫易者，伏羲、文王、周公、孔子所以垂萬世之大法，三才變易之書也。自伏羲仰觀天文，俯察地理，始畫八卦，故爻有九六，以盡陰陽之數；位有三畫，以盡三才之道；寫天、地、雷、風、水、火、山、澤之象，以盡天下之用；明健、順、動、入、止、説、陷、明之體，以盡天下之理。然而伏羲之時，世質民淳，巧僞未興，詐端未作，故雖三畫，亦可以盡吉凶之變。自神農至堯、舜，莫不取法八卦之象，以爲大治之本。歷夏沿商以及桀、紂之世，民欲叢生，姦僞萬狀，禮隳樂缺，天下紛然，故三爻不能盡萬物之消長，究人心之情僞。文王有大聖之才，罹于憂患，觀紂之世，小人在位，詐僞日熾，思周身之防，達憂患之情，通天人之淵藴，明人事之始終，遂重卦爲六十四，重爻爲三百八十四。又于逐卦之下爲之彖辭，故天地通變之道，萬物情僞之理，一備于此。然謂之易者，按乾鑿度云：「易一名而含三義，簡易也，不易也，變易也。」故穎達作疏洎崔覲、劉正簡，皆取其説。然謂不易、簡易者，於聖人之經繆妄殆甚。且仲尼曰：「名不正則言不順，言不順則事不成。」是言凡興作之事，先須正名，名正則事方可成。況聖人作易，爲萬世之大法，豈復有二三之義乎？按揚子曰：「陰不極則陽不生，亂不極則德不形。」又繫辭曰：「易窮則變，變則通，通則久。」又云：「生生之謂易。」是大易之作，專取變易之義。蓋變易之道，天人之理也。以天道言之，則陰陽變易而成萬物，寒暑變易而成四時，日月變易而成晝夜；以人事言之，則得失變易而成吉凶，情僞變易而成利害，君子、小人變易而成治亂。故天之變易，則歸乎生成而自爲常道。若人事變易，則固在上位者裁制之如何耳。何則？在位之人，苟知其君子、小人相易而爲治亂，則當常進用君子而擯斥小人，則天下常治而无亂矣；知其情僞相易而成利害，當純用情實而黜去詐僞，則所爲常利而无害矣；知其得失相易而成吉凶，當就事之得而去事之失，則其行事常吉而无凶矣。是皆人事變易，不可不慎也。故大易之作，專取變易之義。謂之周易者，自伏羲畫卦，文王重之，又從而爲之彖辭，至周公又爲之爻辭，仲尼又十翼之，數聖相繼，其道大備于周，故曰周易。謂之上經、下經〔一〕

〔一〕原無「下經」二字，據四庫本補。

者，自乾、坤至坎、離三十卦，謂之上經；自咸、恒至未濟三十四卦，謂之下經。然則所以分上下二經者，以簡帙〔一〕重大，故分之也。乾、坤者，天地之象；坎、離者，日月之象，故取以爲上經。咸、恒者，夫婦之義；既濟、未濟，人倫終始之道，故取以爲下經。先儒亦常謂：「不分之即无損于義，分之亦无害其實，但以簡帙重大而分之也。」乾傳者，乾，卦名也；傳，傳也，言傳述聖人之法，以示萬世也。

〔一〕「帙」，原作「秩」，據四庫本改。下同。

安定先生周易口義上經卷第一〔一〕

乾

䷀乾下乾上乾，

義曰：此伏羲所畫之卦也。伏羲畫八卦，始有三爻，一爻爲地，二爻爲人，三爻爲天，以象三才之道。然未能盡變通之理，故文王重之爲六爻。初爲地之下，有蒙泉之象；二爲地之上；三于人爲臣民之位；四出于臣民之上，爲儲貳之象；五正當天位；六爲天之上，有太虚之象。然後萬物成形，而〔二〕天下之能事畢矣。六爻皆陽，象天積諸陽氣而成也。既象天，其不名天而名乾者，蓋天者，乾之形；乾者，天之用。夫天之形，望之其色蒼然，南樞入地下三十六度，北樞出地上三十六度，狀如倚杵，此天之形也。言其用，則一晝夜之間，凡

〔一〕底本於每卷之下有落款「睢州湯斌、吉水李振裕同較，繁昌丁德明監梓」。

〔二〕「而」，原作「理」，據四庫本改。

行九十餘萬里。夫人之一呼一吸，謂之一息。一息之間，天行已八十餘里。人之一晝一夜，有萬三千六百餘息，是故一晝一夜而天行九十餘萬里，則天之健用可知。自古及今，未嘗有毫釐之過，亦未嘗有毫釐之不及，蓋乾以至健至正而然也。故聖人于此垂教，欲使人法天之用而不法天之形，所以名乾而不名天也。且天之形，象人之體魄也；天之用，象人之精神也。使寒暑以成，日月以明，萬物以生，此天之健用也。若人之有耳、目、口、鼻、四體，是其形也；其口言、鼻臭、目視、耳聽、手足四體之運，此其用也。至於心之思慮，藴于内則爲五常百行，發于外則爲政教禮義。故爲君、爲臣、爲父、爲子、爲兄、爲弟、爲夫、爲婦，以至于爲士、農、工、商，莫不本于乾。乾不息，然後皆得其所成立也。左氏曰：「民〔一〕生在勤，勤則不匱。」是皆言人當法天之健用也，故曰乾。

元亨利貞。

義曰：文王既重伏羲所畫之卦，又爲此卦下之彖辭，以明乾之四德，又配之四時、五常而言也。元者，始也，言天以一元之氣始生萬物。聖人法之，以仁而生成天下之民物，故于四時

〔一〕「民」，原作「人」，據四庫本改。

爲春，于五常爲仁。亨者，通也。夫物，春始生之，夏則極生而至于大通，故高者、下者、洪者、纖者，各遂其分而得其性也。聖人觀夏之萬物，有高、下、洪、纖，乃作爲禮以法之，使尊者、卑者、貴者、賤者各定其分而不越于禮，故于四時爲夏，於五常爲禮。利者，和也，在文言曰：「利者，義之和。」言物之既生既育，故必成之有漸。自立秋凉風至，八月白露降，九月寒露降，以至爲霜、爲雪，以成萬物，莫不有漸而成也。聖人法之以爲義。義者，宜也。天下之民，雖有禮以定其分，然必得其義以裁制之，則各得其宜也。故于四時爲秋，于五常爲義。貞者，正也，固也，言物之既成，必歸于正，以陰陽之氣幹了於萬物。聖人法之爲智，事非智不能幹固而成立，故於四時爲冬，于五常爲智。然則此五常不言信者何也？蓋信屬于土，土者分王四季，凡人之有仁義禮智，必有信，然後能行，故于四者无所配也。然此四德以天下事業言之，則元爲樂，亨爲禮，利爲刑，貞爲政，何則？蓋元者始生萬物，萬物得其生，然後鼓舞而和樂，聖人法之，制樂以治天下，則天下之民亦熙然而和樂，故以元爲樂也。天下既已〔一〕和樂，然而不節則亂，故聖人制禮以定之，使上下有分、尊卑有序，故以亨爲

〔一〕「已」，原作「以」，據四庫本改。

禮也。夫禮樂既行，然其間不无不率教者，聖人雖有愛民之心，亦不得已乃爲刑以治之，于是大則有征伐之具，小則有鞭朴之法，使民皆畏罪而遷善，故以利爲刑也。大天下既有樂以和之，禮以節之，刑以治之，不以正道終之，則不可也。故政者，正也，使民物各得其正，故貞爲政也。夫四者達而不悖，則天下之能事畢矣。故四者在易則爲元、亨、利、貞，在天則爲春、夏、秋、冬，在五常則爲仁、義、禮、智，聖人備于乾之下，以極天地之道而盡人事之理也。

初九，潛龍勿用。

義曰：自此至用九，皆周公所作之爻辭也。爻者，效也，效一卦之動而爲之，故謂之爻；謂之初者，一卦之始也；謂之九者，陽之數也。凡易言九、六者，皆陰陽之數也。天一、天三、天五、天九，是陽數之奇也；地二、地四、地六，是陰數之耦也。潛者，隱也；龍者，有變化之神，陽氣之象也。陽以生成爲德，君子之象也。凡乾、坤之十二爻，配之十二月。今初九乃是建子之月，一陽始萌于黄鍾[一]之宫，雖生成之功未及于物，然已有生成萬物之心矣。

〔一〕「鍾」，原作「泉」，據四庫本改。

若君子未得位之時，雖道未澤于世，然已有澤天下之心矣。謂之潛龍者，言陽氣未發見而在潛隱之地也。勿用者，聖人戒後世勿用此潛龍爲德也。何以言之？凡人萃五行秀氣而生爲萬物之最靈者也，然天下之衆，愚不肖者常多，賢智者常少，况聖人挺全粹之德，受天元之純，則又過于賢也遠矣。夫有聖人之資，則无所不通，无所不明矣。固當出見於世，輔其君，澤其民，利其物，以成天下之事業則可也。文言曰：「君子以成德爲行，日可見之行也。」今有聖人之德之明，反以潛隱爲事，則天下之愚不肖將誰治之？是不知天所以生聖人之意也。孔穎達作疏以謂：「勿用者，于此時小人道盛，若其施用，則爲小人所害，寡不敵衆，弱不勝强，禍患斯及，故戒勿施用。」此大非聖人之旨。夫聖人，才无所不能，智无所不周，懷道德，持仁義，以革天下弊，舉陋典，新污俗，矯曲爲直，表邪爲正，以陶冶于上，而天下治矣，又何憚小人之害？若懼其見害而勿施用，則是天下常亂而不可得治也。然此勿用者，蓋言勿用此潛龍爲德也。今歷考易中，或象或爻，言勿用者有四，若屯之象云：「勿用有攸往。」言屯難之時，不可往撓其民，務安全也。姤之象云：「勿用取女。」言一女配一男，是其正也。今一陰而遇五男，剛壯者也。若此之女，勿可取之，不可與長也。師之上六曰：「大君有命，開國承家，小人勿用。」言上六師道之成，大君班爵行賞，其功大者開建其國爲諸侯，其功小者建立其家爲卿大夫，若小人偶立一戰之效，與之金帛可也，賜之甲胄可也。後漢光武不任功臣以吏事，深得其道，不然，若用小人，必亂其邦，所以韓、彭、英、盧立功受地，不旋踵而就戮也。蒙之六三曰：「勿用取女，見金夫，不有躬，无攸利。」言婦人必當正静其德，以待六禮之備，然後用父母之命、媒妁之言，方可歸之。今六三持身不正，見其金夫，遂欲從之，聖人戒之勿用取此女也。由是觀之，聖人之戒後世不可用潛龍爲德，誠无疑矣。故孔子目長沮、桀溺曰：「鳥獸不可與同群，吾非斯人之徒與而誰〔一〕歟？」又曰：「素隱行怪，後世有述焉，吾弗爲之矣。」蓋後世之人多以潛隱爲德，或隱於巖野，或遯於林泉，罔德義以沽名，傲衣冠以耀志，故有終身不見用於世而亂人倫者也。且疏又引舜耕歷山、漢祖爲泗水亭長，是豈終潛哉？蓋養成其德耳。然聖賢其無隱乎？曰：已道未著，己行未成，必學問之以養成聖德，然後施爲于天下耳，甘終身于山林川澤哉？然或上下爲戾，亦有可隱之時，故中庸曰：「君子之道費而隱。」雖然，豈隱遁哉？隱其身不隱其道，所以然者，不以一己之私忘天下之公，故孔子皇皇于衰周，孟軻汲汲于戰國，皆謂有聖人之

〔一〕原無「與而誰」三字，據四庫本補。

德，身未顯而其道不自窮也。乾六爻皆聖人象也，若之何有聖人之資而潛隱自居乎？文言曰：「潛之爲言也，隱而未見，行而未成，是以君子弗用也。」聖人之戒勿用潛隱爲德，可謂明矣。

九二，見龍在田，利見大人。

義曰：九二之爻，是十二月中氣之後，正月中氣之前，陽氣發見地上之時也。田者，稼穡所生而有資益之地也。以人事言之，則是聖賢君子有中庸之德，發見于世之時也。夫君子之道，積于内則爲中庸之德，施于外則爲皇極之化。此爻但有君德而无君位，故曰「見龍在田」。利見大人者何？蓋凡有大人之德，必須利見有大才大德之君，然後可以行己之道，若舜之得堯，禹之得舜，伊尹之得成湯，傅説之得高宗，吕尚之得周文是也。然則五得天位，亦曰利見大人者何？曰：有是君必須有是臣，然後萬務可舉，天民可治，若堯得舜，舜得禹、皋陶，禹得稷，成湯得伊尹，文王得吕尚是也。故九二、九五之爻皆言利見大人。今驗于易，或彖或爻，言利見大人者有七。萃之彖曰：「王假有廟，利見大人。」言既作廟以萃聚先祖之神靈，必須得大才大德之人以輔行其禮。訟之彖曰：「利見大人。」言訟之事〔一〕，

〔一〕「事」，原作「世」，據四庫本改。

必須利見大才大德之人以辨其是非。巽之彖曰：「小亨，利有攸往，利見大人。」言申其號令法制，必須大才大德之人以參酌恢隆之也。蹇之上六曰：「往蹇來碩，吉，利見大人。」言居蹇難之極，往則益蹇。若來居位則安，安則得其碩大之福而吉，必須利見大才大德之人以求解散蹇難也。及此乾之二、五，凡七，皆聖人之微旨也。

九三，君子終日乾乾，夕惕若，厲无咎。

義曰：九三居下卦之上，在人臣之極位，正當公、相之權也。上則須輔弼于君，下則須總領百官，以平均天下之民。凡朝廷之幾務，莫不一責于己。若專奉上而怠于恤下，則有佞邪之謟；若勤恤于下而簡于奉上，則有侵權之誅。固宜終朝乾乾，日不自暇，慎思之，力行之，不倦以終之。是上則以思輔其君，下則以思總百官，以治天下之民，自朝及夕，常戒懼而惕若，則可以无咎矣。若者，辭之助，注以爲至于夕猶惕然若厲，今則不取。

九四，或躍在淵，无咎。

義曰：或者，疑惑也；躍者，騰躍也；淵者，龍之常處也。九三已極人臣之位，九四出人臣之上，切近至尊之位，既非人君，又非王官，是儲貳之象也。何哉？仲尼曰：「或躍在淵，乾道乃革。」言人道近于地，今九四近于天位，已出人臣之上，是乾道革變之始也。夫太子者，天下之本，生民之望也。不有所進，則无以副四海之望；欲進其位，又恐侵君之權。處多懼之地，故不得不疑也。始則疑惑，終則无咎者，蓋或躍以進其德，在淵以守其位分，是進其德不進其位也。故昔者太子必入太學，求賢師以教諭之，就賢友以漸摩之，使知爲君、爲臣、爲父、爲子之道，目見正色，耳聞正聲，是躍以進己德，而在淵以守己位也。震曰：「震驚百里，不喪匕鬯。」言百里者，威不遠也；匕鬯者，宗廟之器也。有威而不過，守禮而循常，是以見臣子之道全而不侵于君父也。今輔嗣之注曰：「近乎尊位，欲進其道，迫乎在下，非躍所及。」孔穎達從而疏之曰：「以其遲疑進退，不敢果敢以取尊位。」且聖人六經，垂萬世之教，爲天下之法，所以教人臣之忠、人子之孝也。今其言曰「不敢果敢以取尊位」，是何人臣之忠、人子之孝哉？又言曰：「西伯内執王心，外率諸侯以伐紂。」此尤違聖人之旨，如其言，則簒逆之道也。今故不取。夫聖人之言，不勸則戒。勸之者，欲其進德也。戒之者，懼其侵君之權也。爲儲貳者，但進修其德，以禮法而守其位，則文言所謂「進德修業，欲及時也，故无咎」。

九五，飛龍在天，利見大人。

義曰：九五之爻，當建辰之月，陽氣盛而上升于天，如龍之騰飛然。猶聖人積中正誠明之德，德既廣，業既成，即人君之位上合天心，下順人情，以居至尊之地也。然乾之六爻，九二、九五並言利見大人者，九五雖有聖人之德之位，必須得大才大德之臣輔佐之，然後可以有爲于天下，使一民不失其所，一物必遂其性，此聖人之心也，故言利見大人。九二雖有聖人之德，固須得大才大德之君，然後得己道之行。先聖云：「水流濕，火就燥，雲從龍，風從虎，聖人作而萬物覩。」此言聖人在位，天下有聖人之德者，皆來仕于朝，皆以類應也。禮曰：「天降時雨，山川出雲。」如聖人在上，則天下聖人皆來輔佐之也。孟子曰：「堯以不得舜爲己憂，舜以不得禹、稷、皋陶爲己憂。」堯，大聖人也，必得舜；舜，大聖人也，必得禹、稷、皋陶，故可以治。是雖有大才大德之君，必利見大才大德之臣，然後成天下之治也。

上九，亢龍有悔。

義曰：此一爻居卦之終，亢極之地也。若聖人當衰耗之年，不可更專己任，必得聖賢之人以代己之聰明也。故堯之耄期，倦于勤則授之舜；舜耄期，倦于勤則授之禹；禹耄期，則授之啓。是聖人與時消息，知進退存亡而不至亢極，故无悔耳。然聖人之德固无亢也，蓋其年有亢耳。聖人之道固无悔也，蓋其身有盛有長有耄耳。今上九是年齒衰耗、精神倦怠之時，若居此時，不能自反而求代己任，則必有悔矣。離之九三曰：「日昃之離，不鼓缶而歌，則大耋之嗟，凶。」太玄中首之九〔一〕曰：「巔靈氣形反。」正此謂也。是皆聖賢謂耄必求代而著萬世之戒也。

用九，見群龍，无首吉。

義曰：乾之六爻，自初至上皆稱龍者，終始全用剛陽之德也。王者法天之健，居兆人之上，亦當終始用其剛陽之德也，故言「用九，見群龍」。然謂无首吉者，言全用剛德，不可居物之首也。何則？夫國家兵武，至剛威者也，動則蠹民之財，殘民之命，聖人不得已而用之也。凡人臣有背叛，四夷有侵撓，天子于是加兵以誅討之，去其元惡大憝，以安天下之生靈。待其有犯，然後應之耳，不可先之也，先之則窮黷矣。夫窮兵黷武，豈聖人事哉？秦之始皇、漢之孝武、隋之煬帝、唐之明皇，皆爲首以自取敗亡之道耳。故聖人戒之，言无首乃得无咎也。

彖曰：大哉乾元，萬物資始，乃統天。雲行雨施，品物流形。大明終始，六位時成，時乘六龍，以御天。乾道變化，各正性命，保合太和，乃利貞。首出庶物，萬國咸寧。

〔一〕四庫本「中首之九」作「首之上九」。

義曰：象曰者，仲尼爲十翼之文，贊明易道，以解文王所作卦下彖辭之辭，以明一卦之大要，故亦謂之彖。「大哉乾元，萬物資始，乃統天」者，此三句釋乾元之義也。大者，无限極之辭；乾者，剛陽至健之氣；元者，始生長養之德。言天以一元之氣生成萬物而无有限極也。然坤則稱至哉者，蓋天氣降于地，爲萬物之始。地承天之氣，以育成萬物之形，是有所至，故曰至哉。資者，取也，言乾以一元之氣發育施生，故萬種之物資而爲始。坤則待天氣之降，然後能生萬物。故乾言資始，坤言資生，此聖人於一字皆有旨意。乃統天者，夫天者，形之名，今以剛健之德運行不息，故得天氣常存，是乾元能統領天之形也。「雲行雨施，品物流形」者，此釋亨之德也。乾爲陽氣而上統于天，天將降雨，山川出雲，雲氣升行，雨澤下施，故品彙之物各流布其形體而得亨通也。「大明終始，六位時成，時乘六龍，以御天」者，此四句總結乾之德。大明終始之道，六爻之位各有次序，初則潛，陽氣潛萌于黄鍾〔一〕之宫；二則見，陽氣見于地之上；三則處人臣之極；四則出人臣之上，爲儲君；五則陽氣至盛，躋升于天；上則亢極。在太虚之中，時潛則潛，時見則見，時躍則躍，時升則升，是

〔一〕「鍾」，原作「泉」，據四庫本改。

六位以時而成也。「時乘六龍，以御天」者，夫以上下定位而言之謂之六位，以陽氣變化而言謂之六龍。陽氣自十一月漸升，冬至之日萌于黄鍾〔一〕之宫，至五月而陰氣漸升，是乘此六龍之位，以時而升降，故大明生成萬物終始之道，以控御天體也。且人之神氣，萃之則生，散之則亡，天有剛陽之氣，運行不息，故天體常存也。「乾道變化，各正性命」者，此二句申明乾元之德。變者，後來改前，以漸變易也；化者，一有一无，全然而化也；性者，天生之質，有剛柔遲速之别也；命者，人所稟受，有貴、賤、夭、壽之等也。天以剛陽之德，自然以漸變化，各正其萬物之性命。按書曰：「惟天陰隲下民。」是或富、或貴、或夭、或壽，皆上天默定之也。至于草木之性，有甘、有苦、有益人者、有害人者，皆天所賦性命之然也。「保合太和，乃利貞」者，此釋利貞之德也。天以剛陽之德生成萬物，必以漸成之，以保合太和之道。蓋剛陽不以健而利物，則不能保合〔二〕者也，故必漸成之。若立秋涼風至，八月白露降，九月寒露降，以至爲霜爲雪，是漸成其物而不暴，終能正固而幹了之也。若其大暑之後寒涼暴至，則萬物能成乎？故曰「保合太和，乃利貞」。「首出庶物，萬國咸寧」者，自

〔一〕「鍾」，原作「泉」，據四庫本改。
〔二〕「合」，原作「和」，據四庫本改。

大哉而下，明乾之四德，元爲春以始生，亨爲夏以大通，利爲秋以漸成，貞爲冬以幹了，是天道自然而然也。此二句言人爲天下之君，首出萬民之上，法乾之四德，爲禮、樂、刑、政，以生成天下之萬民，故樂爲元，禮爲亨，刑爲利，政爲貞，四達而不悖，萬國所以皆得安寧也。

象曰：天行健，君子以自彊不息。

義曰：此先聖所作大象之辭，所以明一卦之用也。天行健者，蓋言天以至健而行，故一晝夜之間，凡行九十餘萬里。而君子之人，則當法之而健健不已，以至爲君、爲臣、爲父、爲子，小之一身，次之一國，大之天下，皆當法天之至健之德，强勉于己，夕思晝行，无有休息，則可以成天下之事業而行天下之大道也。故曰：「天行健，君子以自强不息。」

潛龍勿用，陽在下也。見龍在田，德施普也。終日乾乾，反復道也。或躍在淵，進无咎也。飛龍在天，大人造也。亢龍有悔，盈不可久也。用九，天德不可爲首也。

義曰：「潛龍勿用」至「不可爲首也」，此先聖又解釋周公之爻辭，故謂之小象。「潛龍勿用，陽在下也」者，言建子之月，陽氣始發而功尚未及于物，是猶以聖人之德而在於潛隱之時也。然千里一賢猶爲比肩，且千里至遠之處而間有一賢，則猶以爲比肩相接，是則普天之下，庸庸者多，而賢智者寡矣，以賢者尚或如此其少，况聖人乎？是蓋千載而一遇也。以天之所以生聖人者，必將有以益于天下，而興天下之利，除天下之害，舉天下之教化，行天下之大道也，而復潛遁爲事，則是辜天地之生矣。雖然天陽之氣有時而潛，有時而見，聖、賢、君子亦有時而潛，有時而見，蓋聖人慮萬世之下，觀此潛龍之事，遂務隱遁而失其施用，故于此戒之，言當勿用此潛龍爲德也。今言潛龍勿用者，以其陽氣在地之下，而功未及物，故曰「陽在下也」。「見龍在田，德施普也」者，言陽氣發見於地之上，而功及乎物也，是猶聖人執中道，其功施布而无所不至，使賢者、智者皆可以俯而就之，愚者、不肖者皆可企而及之，以至一民一物欲使无不得其宜而皆合于中道，是其德施普也。然而雖有聖人之德，而无聖人之位，不能大營造天下之事業，故曰「德施普也」。「終日乾乾，反復道也」者，乾，健健不息之謂，九三當公、相之位，其責甚重，上以道承事於天子及其儲君，而盡其忠義之分，竭其人臣之節，下以道表率百官之事，平均萬民之政教，反復以事上治下，不離其道，故曰「反復道也」。「或躍在淵，進无咎也」者，言儲貳之位，能進其德則不失天下之望，守其位分則絶君上之疑，雖日進其德而无有咎悔，故曰「進无咎也」。「飛龍在天，大人造也」者，言九五之爻，正當陽氣極盛之時，生成萬物而萬物各遂其性，猶聖人有大中之德，又居聖人之位，故當興利除害，扶教樹化，鋤姦進賢，以至經營萬事，設爲仁義之道，使一民一物无不被其澤，无不遂其性，故言飛龍在天，是大人營造興制之時，故曰「大人造也」。「亢龍有悔，盈不可久也」者，大凡日中則昃，月盈則蝕，物理之常也。今聖人自初至上，其功已著，其德已成，則至于年衰齒耗，當求所代以副天下之望則可，不然則有過亢之悔，故謂之盈滿之地不可久居，知其可退而退，則悔吝可遠，故曰「盈不可久也」。「用九，天德不可爲首也」者，言聖人用剛健之德，以化成天下，鎮撫四夷，懷來諸侯，如四夷交侵中國，諸侯不臣天子，則聖人以兵應之，是不爲首也。凡先動爲首，後動爲應，若其純用剛德而又爲事首，是必至於過暴而爲禍害也。待其有犯己者，然後應之，則不失其道，故曰「天德不可爲首也」。

文言曰：元者，善之長也；亨者，嘉之會也；利者，義之和也；貞者，事之幹也。

義曰：文言者，先聖以乾、坤之義尤深，故又作文餙之言以解其義。「元者，善之長也」者，自此以下至「元亨利貞」，文言之第一節也。元者，始也，言天以一元之氣始生萬物，萬物皆由一元而生，是爲衆善之長也。何則？善莫大于生德，故天地之大德曰生，是大德生成以元爲始，即此元者能長於衆善也。「亨者，嘉之會也」者，言天既以一元之氣施生萬物，而至于盛夏之月，則陽氣極盛，萬物皆極其生養而无不繁蔚，故高、下、洪、纖无不得其所，是嘉美之所會聚〔一〕也。「利者，義之和也」者，義，宜也；和，漸也。所謂自立秋凉風至，以至爲霜爲雪，是天之生物，皆使不失其宜，以積漸而成之也。「貞者，事之幹也」者，言天之使物，自始生至于亨通，而又成之有漸，及冬之時，則生成之功已畢，使皆得其正固而幹了之。

君子體仁足以長人，嘉會足以合禮，利物足以和義，貞固足以幹事。君子行此四德者，故曰「乾，元亨利貞」。

義曰：此以下言君子法天四德而行也。君子體仁足以長人者，言天以一元之氣生成萬物，而萬物得遂其性，各安其所，故君子以至仁之德陶成天下，使一民一物莫不受其賜。是故于一家施仁，則一家之内愛敬而尊事之；一國施仁，則一國之内愛敬而尊事之，雖有鰥、寡、孤、獨窮民之无告者，均使之不失其所，如此是爲衆人之長也。嘉會足以合禮者，言天以盛夏亨通萬物，而萬物莫不茂盛，故君子施嘉美之道，使各得會聚，謂猶民物既已富庶，則不可以无節。故欲男女有别，則爲之制婚姻之禮；欲上下交接而和樂，則爲之制鄉飲

〔一〕四庫本「會聚」作「聚會」。

酒之禮；欲其尊君賓王，則爲之制朝覲之禮；欲其篤哀戚孝思，則爲之制喪祭之禮。如是之類，是君子以嘉美之道而使皆合禮也。利物足以和義者，言君子法天霜露之氣而成就萬物，皆有其漸，故始以仁義禮樂教之導之，然民有不令不肖者，雖善教之而終不能遷，則必用刑罰以整治〔一〕之，使不至于亂而皆得其利。又以漸而成治，使天下之物各得其宜也。貞固足以幹事者，言君子法天貞正之德，能幹了其事。若正而不固，則无能終其正；若固而不正，則入于邪。必當守正堅固，然後可以幹濟天下之事也。此君子法天之四德而行，故曰「乾，元亨利貞」也。

初九曰「潛龍勿用」，何謂也？子曰：「龍德而隱者也。不易乎世，不成乎名，遯世无悶，不見是而无悶，樂則行之，憂則違之，確乎其不可拔，潛龍也。」

義曰：此孔子欲深〔二〕言乾六爻之旨，故假設問答以明其義。此以〔三〕下至「動而有悔」，文言之第二節也。潛龍勿用，其義何謂也？子曰：「龍德而隱者也。」言有聖人之德

〔一〕四庫本「治」作「齊」。
〔二〕四庫本「深」作「申」。
〔三〕「以」，原作「已」，據四庫本改。

而處于貧賤，是隱遁之時也。不易乎世者，言有聖賢之道，則必隨世俗而施爲教化，以磨揉于下，使其亂則變而爲治，惡則悛而爲善。今潛隱之時，但韜晦其光而自修其己，是不爲世俗而變易者也。不成乎名者，言聖人不務于名，其有實則名隨之矣。今但以潛隱爲事，而不行教化之實，是不成其名也。遯世无悶者，言既潛遁，則不務行其教化之實，是无所憂于天下，故遯世而无以爲悶也。不見是而无悶者，言有聖人之德，居其位，行其道，是爲世所是也。今止以潛隱爲事，而不務行其教化，則不見是于天下也。雖不見是于天下，然己亦終无所憂悶而務專獨爲事也。「樂則行之，憂則違之」者，凡聖人有爲于時，則其所施設教化皆與天下同之，若天下之所樂，己亦樂而行之，天下之所憂，己亦憂而違去之，是憂樂皆同於天下，此聖人之常行也。今止以潛遁爲事，是所爲皆異於衆也。若天下之所憂，己或樂之，則行也；天下之所樂，己或憂之，則違去之而不行也。是務隱晦者，雖憂樂必異于世也。「確乎其不可拔，潛龍也」者，言如上之數事，確然不能舉拔也，其所爲者，是潛隱之人也。此皆聖人著爲萬世之戒，言上之所行皆潛晦之事，故當勿用此爲德也。

九二曰「見龍在田，利見大人」，何謂也？子曰：「龍德而正中者也。庸言之信，庸行之謹，閑邪存其誠，善世而不伐，德博而化。易曰見龍在田，利見大人，君德也。」

義曰：此釋九二爻辭，言聖人居于下位，而所行无過无不及者，以其有中正之德也，故曰「龍德而正中者也」。「庸言之信，庸行之謹」者，庸，常也。言九二之君子有聖人之德，故俯仰循理，從容中道，至於常言必信實，常行必謹慎，是由其性至明，故出處語默皆合于中和之域，然後口无可擇之言，身无可擇之行也。閑邪存其誠者，寬而防之謂之閑，誠則至誠也。言此九二能以中正之德防閑其邪惡，慮其從微而至著，故常切切而防閑之。若中庸所謂「博學之，審問之，慎思之，明辨之，篤行之」，以小善至于大善，由大善乃至于聖，是由能防其邪惡而内存至誠然也。中庸又曰：「至誠無〔一〕息，不息則久，久則徵。」言至誠之道終而不已，則有證驗也。又曰：「其次致曲，曲能有誠，唯天下至誠爲能化。」蓋言委曲之事，發于至誠則形于外而見著，見著則章明，章明則感動人心，人心感動則善者遷之，惡者改之，然後化其本性，故曰「唯天下至誠爲能化」。此聖人存誠之驗也，故曰「閑邪存其誠」也。善世而不伐者，伐，矜伐也。夫中人之性，有一善則盎然溢于面目，而自矜伐其能也。若夫有善功、有善德而不自矜伐者，唯聖人能之。若堯之時，洪水泛濫于中國，而民幾

〔一〕「無」，原作「不」，據四庫本改。

魚矣。唯大禹能排決疏導之以消其難，使萬世之下被其賜，然而禹亦未嘗矜伐之，故舜稱曰：「汝惟不矜〔一〕，天下莫與汝爭能；汝惟不伐〔二〕，天下莫與汝爭功。」又若仲尼，萬世之師，其功配天地，其明並日月，然且嘗言：「君子之道四，丘未能一焉。」以仲尼之于四事，豈有不能哉？蓋聖人雖有大善于世，而不自伐也。德博而化者，此言既有中正之德，其言常信，其行常謹，又能防閑其邪惡而存其至誠，有大善而不自伐，故其德廣而化行于天下矣。「易曰見龍在田，利見大人，君德也」者，九二雖未居大人之位而爲人臣，乃有人君大中之德，故特舉本爻之辭以結之。

九三曰「君子終日乾乾，夕惕若，厲无咎」，何謂也？子曰：「君子進德脩業。忠信，所以進德也；脩辭立其誠，所以居業也。知至至之，可與幾也；知終終之，可與存義也。是故居上位而不驕，在下位而不憂，故乾乾因其時而惕，雖危无咎矣。」

義曰：「君子進德脩業，忠信所以進德也」者，内盡其心謂之忠，不欺于物謂之信，蓋九三居人臣之極位，内能盡己之心，不欺于物，使德行日進而功業日脩也。「脩辭立其誠，所以居

〔一〕「矜」，原作「伐」，據四庫本改。
〔二〕「伐」，原作「矜」，據四庫本改。

業也」者，辭謂文教也，誠謂至誠也，言外以脩其文教，内以敦其誠實，此所以居業也。然上謂之脩業，下謂之居業者，蓋文辭相避，亦功業之盛，故當居之也。「知至至之，可與幾也」者，幾者，有理而未形之謂也。言君子之所學，學聖賢之事業，致君澤民之術也。小而一邑，次而一郡，以至爲將爲相，佐天子治天下。當其未至之時，知其必至，預習其業，朝夕以思之，學其爲治之道。至于有位，宰一邑，牧一郡，爲將爲相，舉而行之，无所施而不可，蓋由知至而至之耳。昔孟子四十不動心，蓋當志學之年，天下之事无所不學，及其壯仕之歲，凡天下之事莫有動其心者，是知至而至之也。「知終終之，可與存義也」者，言爲臣之義，終始一德以奉其上，是得臣之宜也，豈〔一〕非知終乎？然後之人臣居于顯位，上而奉一人之尊，下而有百官萬民之責，内无覬覦僭竊之心。若伊尹之于太甲，周公之于成王，霍光之于昭帝，諸葛亮之于蜀主，此數君子是謂知終終之，于人臣之分，能存萬世之義也。「是故居上位而不驕，在下位而不憂」者，言九三居人臣之分，其德業既已進脩，則宜進退必以德，而升降必以道，故居上位而无驕亢之色，在下位而无憂悶之心，故乾乾不息，因其所爲

〔一〕「豈」，原作「其」，據四庫本改。

之時而惕懼戒慎，雖履至危之地，亦免其咎矣。

九四曰「或躍在淵，无咎」，何謂也？子曰：「上下无常，非爲邪也；進退无恒，非離群也；君子進德脩業，欲及時也，故无咎。」

義曰：此先聖釋九四之爻辭。以位言之曰上下，以出處言之曰進退。今九四當儲貳之位，故雖或上或下，非苟爲其邪佞也；或進或退，非苟離其群類也。是故進其德以副天下之望，脩其業以絶君上之疑，如此者，是將欲及時而行道也。故上與進是或躍之義，下與退是在淵之謂也。故无咎者，言若不能進其德以塞天下之望，又不能守其位分而致君之疑，則其爲禍也不細矣。今得无咎者，誠能副民望而去君疑也。

九五曰「飛龍在天，利見大人」，何謂也？子曰：「同聲相應，同氣相求，水流濕，火就燥，雲從龍，風從虎，聖人作而萬物覩。本乎天者親上，本乎地者親下，則各從其類也。」

義曰：此釋九五之爻辭。「同聲相應，同氣相求」者，此釋聲氣自然相感之道也。同聲，若彈宮而宮應，彈商而商應，「鳴鶴在陰，其子和之」之類是也。同氣，若天欲雨而柱礎潤、磁石引針、琥珀拾芥之類是也。「水流濕，火就燥」者，此釋无情之物自然相應。夫地體卑下，水性就下，其流必就卑濕也；火本炎上，其性燥，故焚其芻薪必先於燥也。「雲從龍，風從虎」者，此言有情感无情也。龍者，水畜；雲者，水氣，故龍吟則景雲出。虎是猛威之物，而風亦是震動之氣，故虎嘯則谷風生。聖人作而萬物覩者，言聖人之作，光明盛大與天地合德，萬物莫不遍燭。夫天地感應而生萬物，聖人感應而用天下之賢，共成天下之業，敷爲皇極之教，而天下萬物莫不觀覩之也。前言大人造，是聖人營造興制之時。此統言之，故曰聖人作而萬物覩也。「本乎天者親上，本乎地者親下」者，此言本天則動物也，本地則植物也。言天之運動而飛物亦動，地之凝静而植物亦静，此聖人推舉自然之理以明之也。

上九曰「亢龍有悔」，何謂也？子曰：「貴而无位，高而无民，賢人在下位而无輔，是以動而有悔也。」

義曰：夫卦之六爻，上與初爲无位，初則未中，上則過中，是雖在高貴而无大中之位。既貴而无位以居于尊高，則安得天下之民也？賢人在下位而无輔者，今既亢極，則賢雖在下位，而亦不輔佐矣。夫如是，則動静之間皆有悔也。

潛龍勿用，下也。見龍在田，時舍也。終日乾乾，行事也。或躍在淵，自試也。飛龍在天，上治也。亢龍有悔，窮之災也。乾元用九，天下治也。

義曰：此以下至「天下治也」，文言之第三節，全以人事明其義也。「潛龍勿用，下也」者，言聖人有龍德在於潛隱之時，故聖人戒其勿用此爲德者，以其功不及物，居无位之地而處于卑下也。「見龍在田，時舍也」者，舍，棄舍也。若仲尼有聖人之德而无其位，當衰周之時，皇皇汲汲而不得見于世，是爲時之所棄舍也。夫既爲時棄舍，然而前又言德施普也及天下文明者，何也？前蓋以聖人之德言之也，此所謂時舍者，以位言之也。「終日乾乾，行事也」者，言九三居人臣之極位，有奉上率下之責，至難至重，故終日之間乾乾不息，以行當位之事也。「或躍在淵，自試也」者，言九四已離下卦而居上卦之下，逼近至尊，慮有僭上之嫌，故疑之，而或騰躍以試己之才德，副天下之望也。「飛龍在天，上治也」者，言聖人有龍德而居天位，以興天下之治也。「亢龍有悔，窮之災也」者，言聖人當過亢之年，其精力耗倦，若不求所代以終其位，則必有窮極之災也。「乾元用九，天下治也」者，言乾以一元之氣自潛至飛，終始本末，能用剛陽〔一〕之德，以生成萬物。在聖人則有剛明之道，以一己不能盡天下之治，固在左右前後、大臣小臣皆能用剛正之君子，然後得天下治矣。

潛龍勿用，陽氣潛藏。見龍在田，天下文明。終日乾乾，與時偕行。或躍在淵，乾道乃

〔一〕四庫本「剛陽」作「陽剛」。

革。飛龍在天，乃位乎天德。亢龍有悔，與時偕極。乾元用九，乃見天則。

義曰：此以下文言之第四節，全以天氣明其義也。陽氣潛藏者，言建子之月，陽氣潛施于地下而藏遁之時也。天下文明者，言天氣發見于地上，使勾萌皆達，枯槁畢榮，故高下洪纖皆流形品，使天下之物有文章而光明也。與時偕行者，言建寅之月，三陽並用之時，其卦成泰，故君子終日之間乾乾不已，與天時相契而行也。乾道乃革者，言九四離下卦之上而入上卦之下，故其道有所變革也。乃位乎天德者，言天者積諸陽氣而成，今九五之爻以剛陽之德居至尊之地，是位本乎天位者也。與時偕極者，言四月之間，陽氣盛極，如聖人當耄期之年，是與時偕極也。乃見天則者，言乾元能用剛陽之德，乃顯天之法則也。

乾元者，始而亨者也；利貞者，性情也。乾始能以美利利天下，不言所利，大矣哉！大哉乾乎！剛健中正，純粹精也。六爻發揮，旁通情也。時乘六龍，以御天也。雲行雨施，天下平也。

義曰：此以下文言之第五節，又重釋乾之四德也。「乾元者，始而亨者也」者，元，始也；亨，通也。言乾以一元之氣始生萬物，萬物皆資始于一元，然後得其亨通，故于春則芽者萌者盡達，至夏則繁盛。是乾以一元之氣始生于物，而物得其亨通也。「利貞者，性情也」者，言萬物既生而繁盛，則必漸成之，故利于秋，貞于冬。當秋之時，則萬物和漸而成；至于冬，則幹了而无不獲其正性。言之人事，則聖人能生成天下民物，使皆獲其利而不失其正者，蓋能性其情也。何則？蓋性者，天生之質，仁、義、禮、智、信五常之道无不備具，故稟之爲正性。喜、怒、哀、樂、愛、惡、欲七者之來，皆由物誘于外則情見于内，故流之爲邪情。唯聖人則能使萬物得其利而不失其正者，是能性其情，不使外物遷之也。然則聖人之情固有也，所以不爲之邪者，但能以正性制之耳，不私于己而與天下同也。聖人莫不有喜之情，若夫舉賢賞善，興利于天下，是與天下同其喜也；聖人莫不有怒之情，若夫大姦大惡，反道敗德者，從而誅之，是與天下同其怒也；聖人莫不有哀之情，若夫鰥、寡、孤、獨則拯恤之，凶荒札厲則賙貸之，是與天下同其哀也；聖人莫不有樂之情，若夫人情欲壽則生而不傷，人情欲安則扶而不危，若此之類，是與天下同其樂也。是皆聖人有其情，則制之以正性，故發于外則爲中和之教，而天下得其利也。小人則反是，故以情而亂其性，以至流惡之深則一身不保，况欲天下之利正乎？「乾始能以美利利天下，不言所利，大矣哉」者，此又嘆美乾之德，言乾始以一元而生成美利于天下，于卦不言所利者，誠由至廣至大，无有限極，故不可以所利言之也。然則易卦有具四德者七，其餘皆言所利，若坤言利牝馬之貞、屯言利建侯之類是也，蓋有所係然耳。獨乾德至大，故不可言所利也。其曰「大哉乾乎！剛健中正，純粹精也」者，此言乾之德至大而不可窮測也，以其剛健運行，晝夜之間，凡行九十餘萬里，而无毫釐之過與不及。至于春夏以生，秋冬以成，自古逮今，未嘗違悖，是其至健而不失中正也。所以然者，蓋以至純至粹精健而不雜故也。「六爻發揮，旁通情也」者，言乾之六爻或潛或見，或躍或飛，而跡皆不同，故發越揮散，則可以見聖人出處進退之情也。「時乘六龍，以御天也」者，已解在象。「雲行雨施，天下平也」者，言乾以一元之氣布而爲雲，散而爲雨，以生成天下而无不均也。

君子以成德爲行，日可見之行也。潛之爲言也，隱而未見，行而未成，是以君子弗用也。

義曰：自此至「其唯聖人乎」，文言之第六節也。此一節復釋潛龍之言，故先發上二句以明不可用潛龍爲德也。言君子之人得其天性之全，故五常之道亦必〔一〕博學審問，然後脩成其德，爲常行之行，而發之于天下，使天下之人日見其所行，此謂君子之常道也。「潛之爲言也，隱而未見，行而未成，是以君子弗用也」者，夫君子之人既以成德爲行爲心，則不可專

〔一〕「亦必」，原作「必亦」，據四庫本改。

務隱晦。今之潛則是以聖人之資性，反在于潛遁未見之時也。行而未成者，言既有聖人之性，則必學之問之，脩成其道而爲行于己，然後用之于外，則可以成聖人之全德。今止以潛遁爲心，則是有聖人之資質，而不學不問，亦終不能成行于己，是與不聖同矣，故聖人于此戒之，言是以君子弗用此潛龍爲德也。

君子學以聚之，問以辨之，寬以居之，仁以行之。易曰：「見龍在田，利見大人。」君德也。

義曰：此釋九二爻辭也，言君子之人稟天之全性，發見于世而能執中庸之道者也。何哉？蓋聖人雖得天生善性之全，亦須廣博其學以精其德，審問以辨其疑，而又寬裕居其時，以畜聚其事業而志于遠大，是以執其中庸而不有妄動，以至推仁義以愛人，示恩信以撫物，其德業恢廣无所不至，使天下之賢智者可以俯就，天下之愚不肖者可以企及。此皆由博學、審問、寬居、仁行之然也。是故庸人之情，苟一善得于己則必悻悻然，恥于下問而又躁妄以求其進，所居失其寬，所行失其仁，是故業不能成于遠大，而終爲淺丈夫矣。故聖人又于此歎美九二之德，言其見龍在田，以其有人君之德而无人君之位耳。

九三重剛而不中，上不在天，下不在田，故乾乾因其時而惕，雖危无咎矣。

義曰：此又釋九三之爻。蓋此一卦上下皆乾，是重剛也。三四介重剛之間，下已過于二，上不及于五，故皆曰重剛而不中也。上不在天，非九五之君也；下不在田，非九二之臣也。正當大臣之位，上有一人之奉，下有百官萬民之責，故乾乾因其時而〔一〕惕懼，不敢遑安，如此則雖在危地亦可无咎。

九四重剛而不中，上不在天，下不在田，中不在人，故或之。或之者，疑之也，故无咎。

義曰：此又釋九四之爻。乾之六爻，上二爻爲天，下二爻爲地，中二爻爲人，備三才也。此九四一爻，上不在天，下不在田，中不在人，是中不在人臣而正得儲君之位。既爲儲貳，則進退上下皆有疑惑，故所進而上者，修德也；所退而下者，守位也。夫如是，故无咎矣。

夫大人者，與天地合其德，與日月合其明，與四時合其序，與鬼神合其吉凶，先天而天弗違，後天而奉天時。天且弗違，而况於人乎？况於鬼神乎？

義曰：此又釋九五之爻。大人者，大才大德之人也。夫天高而覆，地厚而載，故其德曰生。聖人亦能以仁愛生成于物，故與天地合德。日月至明，故无幽无隱皆燭之，而聖人亦能同

〔一〕「而」，原作「之」，據四庫本改。

其明。天以春、夏、秋、冬而生成肅殺，聖人亦能以仁、義、刑、政化天下，故與四時合其序。鬼神之爲道，善者福之，淫者禍之，聖人則賞善罰惡，是與鬼神合其吉凶。先于天時而行事，則天弗違之，是天合大人也。後于天時而行事，則奉順于天時，是大人合天也。以天之至大而聖人合之，況于人與鬼神乎！

亢之爲言也，知進而不知退，知存而不知亡，知得而不知喪。其唯聖人乎！知進退存亡而不失其正者，其唯聖人乎！

義曰：此又釋上九之爻。亢之爲言，但知進而不知退，知存而不知亡，知得而不知喪，如此之類，皆聖人之所不爲，是亢而招悔者也。唯聖人爲能知進而不忘退，知存而不忘亡，知得而不忘喪，故于衰耗之年，則求所代而終之，堯、舜、禹是也。上一句「其唯聖人乎」于義不安，當爲羡文。

坤

䷁ 坤下坤上 **坤，**

義曰：此伏羲所畫，文王所重，純陰之卦也。上下六爻皆陰，以象地積諸陰氣而成也。坤者，順也，言坤柔順之德，上承于天以生成萬物，猶臣以柔順之德上奉于君以生成萬民也。

元亨，利牝馬之貞。君子有攸往，先迷後得主利。西南得朋，東北喪朋，安貞吉。

義曰：此一節是文王所作卦下之彖辭也。凡坤之四德，與乾之四德同也。但乾以剛健之德資始萬物，坤以柔順之德資生其形也。其言利牝馬之貞者，蓋乾體至大，全用剛德，故于乾卦之下直言元亨利貞，而不言所利也。今坤主臣道，故言利牝馬之貞者，蓋馬取其服乘有善行之才，而又牝馬，順之至也，以言地之爲道，能順承天之氣以生成萬物，无有休息。若人臣順承于君而能宣君之令，行君之事，皆不失其正道，故言利牝馬之貞也。君子有攸往者，夫坤體之利，唯至順至正，然後不失其常道。人臣之分，亦當執其正而濟之以順。若順而不正則失于諂媚，若正而不順則失于悍愎，而有先君之事。是故唯君子有全德，乃能循此道，始終不失其分，以此而往，无所不利，故曰「君子有攸往」也。先迷後得主利者，夫乾者天道，坤者地道，言之人事，則乾爲君、爲父、爲夫，坤爲臣、爲子、爲婦，言其分則君倡而臣和，父作而子述，夫行而婦從。若臣先君而倡，子先父而作，婦先夫而行，則是亂常道也。若能處其後而順行其事，不爲事先，則得其主，守而不失爲臣、爲子、爲婦之道也。西南得朋者，西南，致養之地，陰之位也。今坤本陰，以陰之陰，是得其朋類而行。若君子未仕之時，必得明師賢友以相切磋。蓋聖賢事業尤甚淵博，獨學則不能成，獨見則不能明，固須資于朋類而後有所至也。故伐木詩曰：「自天子至庶人，未有不須友以成也。」〔一〕是言人必得朋類而事業可成也。東北喪朋者，西南爲陰位，東北爲陽位，今離西南而反之東北，是以陰之陽，喪失其朋類。如君子之人，與師友講成道德，及其業已就，其性已明，務行其道而薦身于朝廷之間，以求致君澤民之事，是喪失其朋類者也。安貞吉者，言地體安静而永守其正。若天氣降于地，地則承而發生，是不妄有所發也。如臣之輔君，當常守安静貞正之德，待君倡然後和之，是亦不妄有所動，故得獲其吉也。

彖曰：至哉坤元！萬物資生，乃順承天。坤厚載物，德合无疆。含弘光大，品物咸亨。牝馬地類，行地无疆。柔順利貞，君子攸行。先迷失道，後順得常。西南得朋，乃與類行。東北喪朋，乃終有慶。安貞之吉，應地无疆。

義曰：此以下先聖釋文王彖辭之辭。「至哉坤元，萬物資生，乃順承天」，此三句釋坤元之德也，故先嘆美之。言至哉者，蓋坤主承天之氣而生萬物之形，必有所至也。萬物資生者，

〔一〕此引文爲毛詩序。

言一元之氣降于地，爲萬物之始也。承一元之氣以生萬物之形，是天下萬品之物莫不資取于坤元而生其形質也。乃順承天者，蓋地得天之降氣，然後順從而發生萬物也。「坤厚載物，德合无疆」，此二句釋坤之自然之德也。坤厚載物者，言地道博厚，于天下之物，高下洪纖，无不持載，无不包容也。德合无疆者，言地者形之名，坤者地之用，是地之形則至廣至大而無疆畔。若其德則持載生育萬物，大无不周，遠无不及，是坤之德亦合地形之无疆也。「含弘光大，品物咸亨」者，此釋亨之德也。含，包也；弘，厚也；光，明也；大，盛也。謂之含者，言坤之爲體无所不包，无所不周；謂之弘者，言博厚而无所不載；謂之光者，言萬物由地而生，皆得亨通而光明；謂之大者，言其體至廣至大。謂坤之有此四德，然後萬物繁植得其亨通也。「牝馬地類，行地无疆」者，此釋利牝馬之貞。言地之爲道，生成萬物，无有休息。馬爲人所服乘，亦能行之不息，是爲地之倫類，而行之无疆也。「柔順利貞，君子攸行」者，此釋君子有攸往之義。言君子之人能柔和謙順，以盡其爲臣之節，而又不失其正，是所往无不獲其利也。「先迷失道，後順得常」者，此釋先迷後得主利之義。言爲人子、爲人臣、爲人婦，其爲道必須待倡而後和，行而後隨。若首先而行，則迷惑錯亂而失其道。若所行居人之後而順承其上，乃得君子之常道也。「西南得朋，乃與類行」者，已釋在前。「東北喪朋，乃終有慶」者，此言君子已仕，進用朝廷，上以致君，下以澤民，以施己之素藴，是終獲其美慶之道也。「安貞之吉，應地无疆」者，此言坤之所以安静守正而得吉者，蓋由承天之氣以發育萬物，无所不得其生，是其德之无疆也。君子之人上承于君，亦當安然守至正之德，而不爲事始，不爲物先，待君令而後行，此其所以獲吉也，是其德應地无疆也。

象曰：地勢坤，君子以厚德載物。

義曰：此先聖大象之辭，言地之形體固本柔順。柔順者，地之勢也，故能生成萬物之形質也。君子以厚德載物者，言君子之人法地之道以寬厚其德，使其器業廣大弘博，无所不容，以載萬物，使萬物无不得其所，皆如地之容載也。

初六，履霜，堅冰至。象曰：履霜堅冰，陰始凝也。馴致其道，至堅冰也。

義曰：言履霜者，陰氣始凝結之時也。堅冰者，陰氣極盛之時也。夫坤之六爻皆陰，而初六居其最下，是陰氣始凝之時也。大凡陰之爲氣至柔至微，不可得而見，故自建午之月，則一陰之氣始萌于地下，以至于秋，人但見其物之衰剥、時之愴慘，且不知其陰之所由來，然于履霜之時，則是其迹已見，故可以推測其必至于堅冰也。以人事言之，則人君御臣之法，此其始也。夫人之深情厚意不易外測，故大姦若忠是也。然爲臣而佐君，必有行事之迹，于其始善善惡惡，可得而度之，故在人君早見之也。見其人臣之間始有能竭節報效，則知終必有黄裳之吉，乃任而用之，使之由小官至于大官，則爲國家之福。若姦邪小人，其有諂佞之狀，一露則知，積日累久，必至于龍戰之時，故當早辨而黜退之，則其惡不能萌漸也。若使至于大位，以僭竊侵陵，則惡亦不易解矣。是由履霜之積，積而不已，終至堅冰，是宜辨之在始也。象曰「履霜堅冰，陰始凝也」者，言陰之至于履霜，是陰氣始凝之時也。「堅冰」二字當爲羨文，蓋下文已有「至堅冰也」。「馴致〔一〕其道，至堅冰也」者，蓋馴者，馴狎之義，謂臣之積惡有漸，久而不已，則至大患也。

六二，直、方、大，不習无不利。象曰：六二之動，直以方也。不習无不利，地道光也。

義曰：直，正也。待夫陽之至，然後發而生成萬物，是其體安静守正而不爲物之先也。方，義也；義，宜也。言生物无私，使各得其宜也。大者，言地體至大，无所不包，无所不容也。不習无不利者，言坤有三德，自然而物生，故不待修習而後能。以人事言之，則君子之人，其德素藴，其行素著，聖賢之事業已習之于始，至此用之朝廷之上，隨時而行之，且非臨

〔一〕四庫本「致」作「至」。

事而乃營習，故无所不利。是以孟子四十不動心者，此也。於卦則二爲地之上，是萬物發生之時也。故三德之備，地道之美，盡于此矣。象曰「六二之動，直以方也。不習无不利，地道光也」者，言六二以直、方、大之三德發動而生物，无不得其宜，蓋以自然之質，不勞而生，不爲而成，光大之至也。

六三，含章可貞，或從王事，无成有終。象曰：含章可貞，以時發也。或從王事，知光大也。

義曰：含，畜也；章，美也；貞，正也。言六三陽位，今以陰居之，是能執謙不敢爲事之倡始，故内畜聖賢之事、章美之道，待君之所令及謀議之所至，則從而發其章美之道，以進于君，如此，是得臣子之正。「或從王事，无成有終」者，言六三之君子執臣子之分，不敢先倡，待君有命，然後從而行之。既行之，又歸美于君而不敢居其成功，但竭節盡忠而終于爲臣之分也。象曰「含章可貞，以時發也」者，言人臣含畜章美之道，若謀議未及而先發之，非其時而宣行之，使天下之人但知臣之所爲而不知君之所命，則失所以爲臣之分也。今含畜章美，俟可發而發之，然後功成於己即歸之于君，而不失臣子之分也。「或從王事，知光大也」者，此言君子待君之命而從之，則是君子之智益光明而盛大也。

六四，括囊，无咎无譽。象曰：**括囊无咎，慎不害也。**

義曰：括，結也；囊，所以盛物也。坤是陰卦，六四本陰位，又以陰居之，則是陰陽之道不交，而君臣之間不相接也。然六四既當此否塞之時，則必括結其囊，藏其德，卷而懷之，以待其時。无咎者，言六四有聖賢之才，若非時而進，則爲小人所害。今既能韜光晦迹，故得无咎也。无譽者，言六四既括結其囊，所以歛其才德，則天下之美譽何由而至哉？故曰「无咎无譽」也。象曰「括囊无咎，慎不害也」者，言六四當君臣不交之時，而能慎密而不出，則小人雖有殘賊之心而欲害之，必不能及也。

六五，黄裳元吉。象曰：**黄裳元吉，文在中也。**

義曰：黄者，中之色；裳者，下之餙。蓋衣譬其君，裳喻其臣，以六五居上卦之中，而當公卿之位，是能執中道、施美利而暢于四方，故獲元大之吉也。象曰「黄裳元吉，文在中也」者，大凡五色備具謂之文，今六五能居中而施其美利，自内及外，自朝廷及天下，是得黄中之色，而可以見四方之色也。

上六，龍戰于野，其血玄黄。象曰：**龍戰于野，其道窮也。**

義曰：龍者，陽之氣；戰者，戰敵之稱；野者，非龍之所處。言陰之爲物至微至柔，積而不已，至于彰著，必成堅冰。蓋自履霜，若能積其善，杜其惡，及其終，則有黄裳之大吉。若不能杜其惡，以至害于而家，凶于而國，終有龍戰之災也。夫姦臣賊子之爲心，其禍亂之萌，包藏之久，至此既不可遽滅之，則必有賢明之君起而誅討之，然而以陽來勝陰，不无相傷，故血玄黄也。玄者，天之色；黄者，地之色，言上下相傷之甚也。象曰「龍戰于野，其道窮也」者，言自細惡而不辨，至于盛大以及于戰，是其道之窮極也。

用六，利永貞。象曰：用六永貞，以大終也。

義曰：此言六者陰之位，自初至終，皆有柔順之德，故曰用六。然既柔順而不守其正，則爲邪爲惡，故純用柔順，則利在永長守其貞正，則不失臣子之道也。象曰「用六永貞，以大終也」者，言既能用其柔順，又能永守貞正之道，則是臣子能以大義而終也。

文言曰：坤至柔而動也剛，至静而德方。後得主而有常，含萬物而化光。坤道其順乎！承天而時行。

義曰：此以下仲尼之文言，釋坤之德也。坤至柔而動也剛者，言坤之體用至柔，待〔一〕天

〔一〕四庫本「待」作「得」。

之降氣，然後生成萬物之形質，无不持載，是其動則至剛也。至静而德方者，言地體凝静，不妄有所動，待天之降氣，然後始發生萬物。若天氣不降于下，則凝結安静，而其德至方至正，不妄有所發也。後得主而有常者，此釋文王之彖辭也。凡爲人臣之道，必待君倡而後和，君令而後從，不敢居事之先，則得所守而不失臣子之常也。含萬物而化光者，此釋含弘光大之義，言地之道含養萬物，其德弘厚而光大也。「坤道其順乎！承天而時行」者，此仲尼嘆美坤卦之辭，言坤道至柔至順，承天之道，順時而行之，若春則生、秋則成是也。以人事言之，若臣奉君之命，以時而行之，皆无不得其宜也。

積善之家，必有餘慶；積不善之家，必有餘殃。臣弑其君，子弑其父，非一朝一夕之故，其所由來者漸矣，由辨之不早辨也。易曰：「履霜，堅冰至。」蓋言順也。

義曰：此釋初六之爻辭也。「積善之家，必有餘慶」，此釋履霜之義，因先發此文言。君子之人不以小善爲无益而不爲，故積日累久，至于大善，延及于乃子乃孫，皆獲慶善之餘也。故中庸曰：「舜其大孝也歟！德爲聖人，尊爲天子，富有四海之内，宗廟饗之，子孫保之。故大德必得其位，必得其禄，必得其名，必得其壽。」其言大舜，自匹夫有一小善未嘗捨去，以至積爲大善，而終享聖人之位，流慶于後，此積善之慶也。「積不善之家，必有餘殃」者，夫小人以小惡爲无傷而弗去，故積小惡以至大惡，累小罪以及大罪，而終有殃禍加之于身，以至乃子乃孫皆受餘殃也。「臣弑其君，子弑其父，非一朝一夕之故，其所由來者漸矣，由辨之不早辨也」者，言君素寵其臣，父素寵其子，寵而不已，耳目之所狎習，荏成凶惡，以至包藏禍賊之心，非在弑君之朝、弑父之夕驟使然也，蓋由積久漸漬而成其凶災也。如此，由君之不早辨其臣，父之不早辨其子故也。「易曰：『履霜，堅冰至。』蓋言順也」者，此先聖因履霜之戒，故引上文以結，蓋言順者，是言履霜而至堅冰，由順而積至之也。

直其正也，方其義也。君子敬以直内，義以方外，敬義立而德不孤。直方大，不習无不利，則不疑其所行也。

義曰：此釋六二之爻辭也。直其正也者，言地之爲道不爲妄動，必待天氣至而後發之，故其德无有不正也。方其義也者，義，宜也，言地之爲德，四時之間，生育萬物，終始皆得其宜也。君子敬以直内者，凡人有忿怒之氣，皆出于心之不敬。故君子之人既執直于内，則必濟之以恭敬也，以之事君而能恭敬其顔色，内有執直不回之心，則反覆之間皆合于道也。義以方外者，夫君子外有廉隅方正而立，則邪不能入，然而所行又能合其宜，則于事无不通濟也。夫直而不敬則傷于訐，方正而不得其宜則傷于愎，故君子直則必敬于内，方則必合于外也。敬義立而德不孤者，言君子之人内直以敬，外方以義，則其德不孤也。何則？蓋君子既以敬義接于人，則人亦以敬義反于己，是不孤也。「直方大，不習无不利，則不疑其所行也」者，夫直而不邪，正而謙恭，義則與物无競，方則凝重不躁，如此，既不假營習而无所不利，則不須疑慮其所行而皆中于道也，故曰「不疑其所行也」。

陰雖有美，含之以從王事，弗敢成也。地道也，妻道也，臣道也。地道无成而代有終也。

義曰：此釋六三之爻辭也。言爲臣之道，當内含章美之德，以待君議論之所及、詢謀之所至，然後發己之素藴，以贊行君之事業，輔成君之教化，及其有所成功，則歸美其君，而不敢自居其成功，此所以盡爲臣、爲子之分，故曰「陰雖有美，含之以從王事，弗敢成也」。「地道也，妻道也，臣道也」者，此先聖釋地之道，因舉大綱而言之，蓋凡爲子當奉于父、爲弟當事于兄、卑者當事于尊之類，皆下奉上之道也。地道无成而代有終也者，言地之爲德，必待天之氣至，然後發之，以贊成天之生育之德，是得其地道大終之義也。

天地變化，草木蕃；天地閉，賢人隱。易曰：「括囊，无咎无譽。」蓋言謹也。

義曰：此釋六四之爻辭也。天地變化，若陽下交陰，陰上交陽，陰陽交通，故能生成萬物，而草木品類皆得蕃昌，猶如君臣之道交接，則天下得其安也，故曰「天地變化，草木蕃」也。

「天地閉，賢人隱」者，言天地不交，陰陽不通，則草木枯槁而萬物衰滅，猶君不交于臣，臣不交于君，君臣道塞，則賢者退隱也。蓋坤爲陰卦，四本陰位，又以陰居之，是天地閉塞、陰陽不交之時。是猶君不交于臣，而賢者退而自處也。若于此不能退，則爲小人之害也。「易曰：『括囊，无咎无譽。』蓋言謹也」者，言賢者當此之時，既能括結其囊而自處，是能謹慎而避害也。

君子黄中通理，正位居體，美在其中，而暢於四支，發於事業，美之至也。

義曰：此釋六五之爻辭也。黄者中之色，居其中則通于四方之理，言其黄則極于四方之色。今六五之君子有此黄中之德，故能通天下之物理也。正位居體者，言六五位極公相，是得其正也。而又執柔順之道以全臣子之節，是居其體也。「美在其中，而暢于四支，發于事業，美之至也」者，言六五正居公相之位，内總百揆，外統九州牧伯，而又作樂以興天下之和，制禮以正天下之序，施刑以懲天下之惡，爲政以正天下之治，是皆内含章美之道，以通暢于四支，開發天下之事業，如此，是文明章美之極至者也。

陰疑於陽必戰，爲其嫌於无陽也，故稱龍焉；猶未離其類也，故稱血焉。夫玄黄者，天地之雜也，天玄而地黄。

義曰：此釋上六之爻辭也。言其疑者，蓋其始不杜凶惡之漸，以至于極盛，則疑忌之心生，而僭竊禍亂之事作，以至見侵于陽，而陽與之戰也。「爲其嫌于无陽也，故稱龍焉」者，此坤六爻皆陰，故无陽。龍，陽也，此稱之者，蓋言陰至于此既已極盛，則是至于建子之月，必有一陽之生以消退群陰，使之不能有爲也，猶〔一〕如亂臣賊子爲惡已甚，則必有剛明之君子與之戰而滅之也。此蓋聖人不容陰之過盛，故稱龍以存戒也。「猶未離其類也，故稱血焉」者，言陽微陰盛，以至相敵，然而陰雖至極，猶不能離其陰類，故雖見敵于陽，但稱血也。猶臣雖盛極，見侵于君，猶不能離臣之分也。「夫玄黄者，天地之雜也，天玄而地黄」者，玄，天之色；黄，地之色。以其上下相敵，必有相傷，故玄黄之色錯雜于其間。然陰雖至盛，終不能勝于陽，猶臣之道，惡雖至盛，亦終不能有其成也。此皆聖人存戒于人君，言于履霜之時，則必察其臣之所爲而進退之，故至此可无龍戰之事也。

〔一〕「猶」，原作「固」，據四庫本改。

安定先生周易口義上經卷第二

屯

䷂震下坎上屯，元亨利貞，勿用有攸往，利建侯。

義曰：此文王所作之卦名也。文王既定乾、坤二卦于前，以明天地之道，又以震、坎二象畫爲六位以次于後，名之曰屯。屯者，屯難之名，天地始交而生物之時也。夫天地氣交而生萬物，萬物始生，必至艱而多難，由艱難而後生成，盈天地之間，亦猶君臣之道始交，將以共定天下，亦必先艱難而後至于昌盛，如湯之于伊尹，文、武之于吕望，其始交時，皆有四方之多虞，然後卒能共治天下，是皆先艱而後通也。然萬物始生多難，何以見之？試以草木言之，當勾萌甲拆之時，其體弱而未成，日曝之則槁，必雨以潤之，雨久反害，是始生多難可知也。君臣倡治，豈无難哉？然屯有二義，一爲屯難，剛柔始交而難生是也；一爲盈，序卦云：「有天地，然後萬物生焉。盈天地之間者惟萬物，故受之以屯。屯者，盈也。」是爲二義。以人事言之，自古聖賢未有不由險難成名。若文王囚羑里；周公攝政有管、蔡之流言；仲尼厄于陳，畏于匡，拔樹于宋，削跡于魯；孟軻有臧倉之困，齊、梁之君以爲迂闊，是皆出于險難，而後能興事業于當時，或垂名教于後世。是以君子之人將欲立功立事，不可以時屯而不往，世難而不行。雖小人之譖毁傾險，安損君子之道哉！且君子之道，獨立不懼而行，若終屯而不行，乃生靈之不幸耳！小人何能掩我哉？唯君子能徧歷險阻艱難，然後可以成名，此聖人明卦之深教也。元亨利貞者，此屯之四德，亦天地之四德也。注疏以爲劣于乾，非也。蓋陰陽之始交必有屯難。萬物由屯難而後生，如春之時則勾萌必達，元之德也；夏之時則物生而大通，亨之德也；秋之時漸而成之，利之德也；既生、既通、既成，而又于冬幹了之，貞之德也。是屯之四德，亦乾坤之四德也。以人事言之，則君臣始交而定難，難定而後仁德著。故揚子曰：「亂不極則德不形。」是其拯天下之大危，解天下之倒懸，出民于塗炭，由于難而後仁著也，此元之德也；天下既定，必得禮以總制之，使君臣、父子、兄弟、夫婦、尊卑、上下之分不相錯亂，此亨之德也；天下既定，人倫既序，然後保合太和而各得其宜，一歸于貞，此利貞之德也。勿用有攸往者，此以下專以人事言之。屯難之世，天下未定，萬民未安，不可重爲煩擾之事，往而撓之。若復往而撓之，是益屯也。必在省其刑罰，措其甲兵，輕其徭役，薄其稅斂，以安息之可也。利建侯者，夫天下始定，民方息肩于困難，一人不能獨治，政教不能徧及，必建侯分守，使之行上之號令，布上之德教，以各治一國之民，則幽僻遠陋之地无不被其澤。故屯難可以寧，生民可以定也。

彖曰：屯，剛柔始交而難生，動乎險中。大亨貞，雷雨之動滿盈。天造草昧，宜建侯而不寧。

義曰：此以下先聖釋文王彖辭之辭也。言謂之屯者，是天地剛柔二氣始交，萬物始生，則必有其難也。若君臣始交，萬物始定，則亦必有難也。「動乎險中，大亨貞」者，此以上下二體言之也。震爲動而下，坎爲險而上，是動于險中也。屯之初，動而不已，故得大通，言聖人創業，初在險難而教化未濟，故于此動乎險中而不已，則出乎險中而施元、亨、利、貞之四德，以濟天下之民也。大亨貞者，釋四德也。不言利者，蓋聖人于乾坤二卦既備言四德，故于諸卦有四德者皆略而不舉也。雷雨之動滿盈者，此聖人重釋亨貞之義也。言屯者，盈也，陰陽始交則有雷雨之澤，以生成萬物，而使盈滿于天地之間。若君臣始交，以德澤布于天下，使天下之人皆被其賜而至于盈盛也。「天造草昧，宜建侯而不寧」者，草，草創也；昧，冥昧也。夫天之營造萬物於草創冥昧之時，在聖人則當興制天下之事，然教化未備，人民冥昧而未通，以聖人一己不能獨治，必分建邦國之諸侯以撫綏其民，是聖人于此之時，豈得安寧而遑暇？宜急急以治屯也。

象曰：雲雷屯，君子以經綸。

義曰：此先聖大象之辭也。言雲而不言雨者，蓋雲者，畜雨將降之時也，故又有雷動于下，將興雨澤以蘇天下之民物，是天地經綸之始也。故君子法此之象，當屯難之世，撥亂反正，施教行化，興天下之利，除天下之害，以經綸當世之務也。

初九，磐桓，利居貞，利建侯。象曰：雖磐桓，志行正也。以貴下賤，大得民也。

義曰：磐桓者，不進之貌，言初九居屯難之初，天下方定，不可煩擾于民，故磐桓然不遽而進。然身雖磐桓，而其志在經綸天下，不失其正也。利建侯者，以其天下至廣，不能獨治，況當屯難之世，生民方定，必須封建聖賢之諸侯，以康天下之難者也。象曰「志行正也」者，此先聖象辭，言身雖不進，然志在經綸天下，所行不失其正故也。「以貴下賤，大得民也」者，此言初九以一陽居衆陰之下，是以崇貴而謙處于下，屈己而就卑者也，故身能禮下賢善，而民心莫不歸之。

六二，屯如邅如，乘馬班如，匪寇婚媾。女子貞不字，十年乃字。象曰：六二之難，乘剛

也。十年乃字，反常也。

義曰：屯，難也；邅，迴也；如，語辭也。言六二與九五爲正應，而下乘初九之剛，欲乘馬而行，往應于五，則以其難在于初，故邅迴班旋而不敢進也。匪寇婚媾者，寇謂初也，言六二若非初九爲寇于己也，則上與五爲婚媾矣。「女子貞不字，十年乃字」者，女子以陰言之，未有所從者也。蓋此六二以陰居陰，正也；處下卦之中，中也。六二能居中得正，不以初九爲寇于己而下從之，是女子能守正不變，不爲初之愛字者也。十年乃字者，十年乃天地之終數也。數終則反常，難釋則亨來，是以中正之女至此十年難極，則可以受九五之愛字也。象曰「六二之難，乘剛也」者，言六二所以邅迴班旋乘馬而不敢進者，蓋以陰柔之質而乘初九之剛也。「十年乃字，反常也」者，言于十年難終之後，得從九五之應，是反得常道也。此爻施之人事，猶君子守正專應，不妄有所從者也。

六三，即鹿无虞，惟入于林中。君子幾不如舍，往吝。象曰：即鹿无虞，以從禽也。君子舍之，往吝窮也。

義曰：即，就也；虞，虞人也。以畋獵言之，欲就其鹿而无虞人導之，鹿不可得也。夫六三以陰居陽，本失正也。夫人之不正，則雖君子能博施者，亦不愛于己矣。上又无應，若往求于五，五屯其膏，自與二爲應，必不見納。若下求于初，初又有六四之應，則是以不正而妄動，上下皆不獲其安。故君子立身處世，則必内畜其德，外潔其行，而存心于聖賢，自任以天下生靈之重，不爲躁進妄動，必待時之所推、君子之援引以爲先容，則位可得而道可行也。今以不正之質，而又不畜其德，不潔其行，但以躁進妄動爲心，而又无君子之援，是其往必无所得也。故若欲就其鹿，无虞人援引度其可否，則鹿必不可得，而徒入于林中而已，何所獲哉！「君子幾不如舍，往吝」者，註疏謂「幾爲語辭」，非也。蓋幾者，有理而未形者也。君子之人能知之先見，知微知彰，度其所然，正身而動，知其進退无所適而又无其援，必不利矣，則不如舍之。是能豫決其可否，知幾之君子也。若不能如是而務爲躁進，必取其悔吝也。象曰「即鹿无虞，以從禽也」者，凡飛走可擒獲者，皆謂之禽，故曲禮曰「猩猩能言，不離禽獸」，又書云「无禽荒」者，皆可擒取之義也。六三雖欲即鹿從禽，然而无虞人以度其可否，雖有鹿亦不可得也。鹿即喻干禄財利之謂也。「君子舍之，往吝窮也」者，此聖人爲妄求躁動之戒也。故繫辭云：「君子安其身而後動，易其心而後語，定其交而後求。危以動，則民不與也；懼以語，則民不應也；无交而求，則民不與也；莫之與，而傷之者至矣。」今六三居屯難而求進，是危以動也；非應而往，是懼以語也；以无虞而求鹿，是无交而求也。如此而往，則速其悔吝困窮可知矣。

六四，乘馬班如，求婚媾，往吉，无不利。象曰：求而往，明也。

義曰：此一爻誠可謂知幾之君子也。然雖與初九爲正應，而二近于初，疑其與初相得而隔己之路，故乘馬班旋而不敢進也。然己守正而无求于陽，故待初九之來，求于己以爲婚媾，然後往而應之則獲吉，而无所不利也。若君子雖懷才藴德，有聖賢之事業，然亦不可以己而求人，必待其人再三見求于己而往，則道可行，言可從也。故伊尹耕于有莘之野，由湯三聘而後往，以堯、舜之道覺天下之民是也。象曰「求而往，明也」者，言六四居其正而能知其幾，性修智明，不爲妄動，必待人求于己，然後往而應之。果非君子性脩智明，其能與于此乎？

九五，屯其膏，小貞吉，大貞凶。象曰：屯其膏，施未光也。

義曰：凡爲人君之道，當如天之造物，雲行雨施，滿盈天下，使萬物无不被其澤，則可也。書曰「无偏无黨，王道蕩蕩」，此爲君者所當然也。今九五據至尊之位，而反屯難其膏澤，專應在二，不及于衆，是但能煦煦之仁，孑孑之義，私己之親，偏己之應。若施之一家，則可以澤一家；若施之一國，則可以澤一國；若施之天下，則无以濟。是恩澤不及于廣遠，使天下之人无以慰其望，是以小貞則吉而大貞則凶也。是所施膏澤不至光大也可知，故象曰「施未光也」。

上六，乘馬班如，泣血漣如。 象曰：**泣血漣如，何可長也！**

義曰：此言上六處一卦之上，最居屯難之極，欲應于五，五屯其膏而无所告也。固若鰥寡孤獨失職之民，不得其所而罹于塗炭之中，无所告愬者也。五既澤不及于己，三又失其正應，故乘馬班旋而不得進，泣血相續而无所愬也。象曰「泣血漣如，何可長也」者，此先聖之微旨，非謂上六也，蓋責其爲君臣之道也。夫人君者，不欲一夫有失其所，一物不遂其性；爲人臣者，又當佐君力行之。今人見赤子墜井，自非親戚，皆將匍匐而救之，况爲民之父母，豈可使斯民有此屯難之事，泣血漣如而无所告哉？是不可使之長如此也。是不可長者，蓋責其爲君臣之道也。此先聖之微旨，然自古以來，獨伊尹可能當此也。

蒙

䷃ 坎下艮上 **蒙，亨，匪我求童蒙，童蒙求我。初筮告，再三瀆，瀆則不告。利貞。**

義曰：蒙即蒙昧之稱也。凡義理有未通，性識有未明，皆謂之蒙。所以次于屯者，按序卦云：「屯者，物之始生也。物生必蒙，故受之以蒙。」又曰：「蒙者，物之稚也。」言若人之幼稚，其心未有所知，故曰蒙也。「蒙，亨」者，言蒙昧之人，其性不通，其志不明，必得賢明之人舉其大端以開發之，則其心稍通，通而不已，遂至大通。亦若民之生，雖懵然无所知，冥然无所明，必得在上賢明之君善教化之，教化之不已，則知禮義而至于大通，故曰「蒙，亨」也。「匪我求童蒙，童蒙求我」者，我，謂賢明老成之人也。言非是賢明老成之人往求童蒙者而告之，蓋是童蒙之人，其性不明，其志不通，思其開釋而來求于我，我則告之。亦若賢明之君非是己欲自求于民而治之，蓋其民无知，不能自治，思欲開發暗昧之心以求于己，則己然後居其位，明教化以導之。是以古之聖賢在上者，其處心積慮，非樂居于權位，好處于富貴，蓋民來求治于我，我當治之。亦以天之生民蚩蚩者衆，无所知識，須得聖賢之人以治之。以堯、舜居之而不爲樂者，是聖人之本心也。「初筮告，再三瀆，瀆則不告」者，筮，所以決疑也。言童蒙之人不能自明，志有所疑，來決于己，則己舉其大端，一理以明告之，而蒙者必當精思其可否，深慮其善惡，然後可以大通其志。若或不思不慮而其性不達，以至于再于三求告于老成之人，則其事煩而瀆亂矣。既已瀆亂，則老成之人不復告之矣。故仲尼曰：「舉一隅不以三隅反，則吾不復之矣。」故古之時，有朴作教刑，以至蒙昧之人，諭之而不思，告之而不慮，則有鞭朴夏楚之刑以戒之。亦如蒙昧之民求治于在位者也。聖賢之人在上，則道之以教化，漸之以禮義，有或不能以自通，以至反善趨惡，瀆上之化，故古之時有明于五刑、以弼五教以正之。是言再三瀆亂，則不復告之，而有懲戒之刑也。利貞者，此言亨蒙之道當利以正也，故先聖曰：「子帥以正，孰敢不正？」言必以正道開發于人也。

象曰：蒙，山下有險，險而止，蒙。蒙亨，以亨行時中也。匪我求童蒙，童蒙求我，志應也。初筮告，以剛中也。再三瀆，瀆則不告，瀆蒙也。蒙以養正，聖功也。

義曰：艮爲止，爲山；坎爲險，爲水。山之下有險，窒塞而不通，則是蒙之象也。夫水之性无不下，導之則爲江爲海，止之則爲潢爲汙。今止而未決，是其有蒙之義也。「蒙亨，以亨行時中也」者，言蒙昧之人智性既未明，而賢明老成之人必以一理而決之，使其由稍通以至于大通。如此，是以亨通而行，皆得時之中也。「匪我求童蒙，童蒙求我，志應也」者，言非賢明老成之人求于童蒙之人，蓋童蒙之人來求決于賢明老成之人也。既來求決，則賢明老成之人當告以善道，是上下之志相爲合應也。「再三瀆，瀆則不告，瀆蒙也」者，言蒙昧之人既來求決于賢明之人，賢明者但開發一隅而告之，其蒙者既得賢明之告，必當思慮之，自一隅以至于三隅，然後可通也。今若不思不慮，以至于再于三而瀆問于賢明之人，則賢明之人不復告之，以其不能思慮，而自瀆亂于蒙者也。孔子曰「學而不思則罔」是也。「初筮告，以剛中也」者，剛中，謂九二也。言九二以剛明之德而居中，是能以剛中之德而發其蒙昧者也。「蒙以養正，聖功也」者，此言聖賢外能蒙晦其德，而内養其正〔一〕性，至誠不息以育其德，是其聖賢之功也。此正合潛龍之義，始卷懷其才德，而終存心于天下。後世怪民不知蒙晦養正之意，乃退身于山林，是豈聖賢之功乎？

象曰：山下出泉，蒙，君子以果行育德。

義曰：言泉之始發于山下，未有所之，則必待决導之，然後流注而至爲江爲海。于未决之前，雖出于山之下，而未有所適，是蒙之象也。君子以果行育德者，言君子之人則當果决其行，而力學、審思、强問、篤行，使其性明志通，又且養育其德以脩其志，使其道之大成，至于聖賢而後已，然後發其所畜，以教化于人也。

初六，發蒙，利用刑人，用説桎梏，以往吝。象曰：利用刑人，以正法也。

義曰：據此一爻注疏之解，以爲初六在屯難之後，居蒙昧之初，不能自明，而上得九二之陽，以照于己，遂發其蒙。蒙昧既發，則志遂明于事而无所疑，可以用刑于人，或説其罪，无

〔一〕四庫本「正」作「至」。

所不當也，今則不取。蓋此一爻，乃亨蒙之法也。初六居蒙之初，久在蒙昧，不能通明，必得在上聖賢之君申嚴其號令，設張其教化，以開示之，使得其曉悟，故曰「發蒙」也。若其性識至昧，雖得號令教化開發之，而尚不通曉于心，反善趨惡，犯君之教化，則賢明之君當用刑罰以決正之，故曰「利用刑人」也。然又其間久在蒙昧之時，不知禮義，不知教化，過而爲之，以至遭桎梏之苦，始曉悟而自悔，則聖賢之君又當肆赦之。書云〔一〕「舊染污俗，咸與惟〔二〕新」是也，故曰「用説桎梏」也。以往吝者，言凡刑法者，小懲而大戒，刑一而勸百，使天下之人皆遷善而遠罪，是不得已而用之也。語曰：「上失其道，民散久矣。雖得其情，則哀矜而勿喜也。」不可恃己之勢，肆己之威，快己之欲，用之以往，无有休已，則自取悔吝也。

九二，包蒙吉。納婦吉，子克家。象曰：子克家，剛柔接也。

義曰：初六，發蒙，蒙之小者也；上九，擊蒙，蒙之大者也。而餘四爻皆陰柔之質，惟此九二以剛明之德居下卦之中，是居得其中者也。夫剛則能斷天下之事，明則能察天下之

〔一〕四庫本「云」作「曰」。
〔二〕四庫本「惟」作「維」。

微，有剛明中正之德，則天下之賢不肖者皆從而歸之，天下之蒙昧之人皆樂而求之，而已能包容，无所不納，故曰「包蒙吉」。納婦吉者，婦，所以助己而成治也，以上下三爻皆陰柔之質，故稱婦也。然其中必有賢者、能者，而九二又能納之以助于己，蓋言九二居人臣之位，正應于五，五爲至尊，而以柔順之質專委于二，荷天子之重任，掌天下之繁務，其責至重，雖有剛明之德，亦不能獨當之，必在廣納天下之賢才以相輔助，然後可以成治也，故云「納婦吉」也。子克家者，言有包蒙納婦之吉，施之人子，則可以幹父之事，而克集一家之治；施之人臣，則可以幹君之命，而克成天下之治也，故曰「子克家」。象曰「子克家，剛柔接也」者，言六五與九二爲正應，上以柔順而接于下，父之慈也；下以剛明而奉于上，子之孝也。父子之義相交，則家道成也；君臣之義相交，則天下治也。是六五之君能以柔順之道下委于九二之臣，九二之臣能以剛明之德上奉其六五之君，是則剛柔相接而克成其治也。

六三，勿用取女，見金夫，不有躬，无攸利。象曰：勿用取女，行不順也。

義曰：金夫者，剛陽之人也。六三以陰柔而居陽位，本不正也。以不正之女不能順守婦道，比近九二剛陽之人，故起躁求之心，而欲遽從之，是不有其躬，非清潔之行，故聖人戒之，曰勿用取此六三不正之女也。无攸利者，言六三之女以不正之質而從于剛夫，則必蠱其一家之事，亦猶不正之臣以此道而事君，必害其天下之治，復何有所利哉！象曰「勿用取女，行不順也」者，先聖所以言勿用取此女者，以其不正之質，而又躁求于金夫，不待夫見求而自遽應之，是行不順也。

六四，困蒙吝。象曰：困蒙之吝，獨遠實也。

義曰：六四以陰柔之質居蒙昧之世，又處陰之位，上既遠上九之陽，下又遠九二之陽，在二陰之間，无陽以發明于己，困于蒙暗，不得通達，故有悔吝，是以自古聖賢未有不自擇師、取友、親仁、善鄰以成者也。故子貢問爲仁于仲尼，仲尼答曰：「工欲善其事，必先利其器。居是邦也，事其大夫之賢者，友其士之仁者。」夫賢者事之，仁者友之，以相訓導，以相琢磨，未有不成其道業者。果能此道，則雖愚必明，雖弱必强，則自小賢以至于大賢，自大賢以至于聖人也。故孔子又曰：「里仁爲美，擇不處仁，焉得智？」言人之所居，必擇仁者之里而處之，觀其動作必中于道，觀其言語必中于義，出入游處，日漸月摩，雖有凶子頑弟，未有不率而至于善者。又若孟子之母三徙其居，而卒使其子爲萬世之大賢，是由母能親仁善鄰之力也。今六四不能親仁善鄰，故至于困窮而有悔吝也宜矣。象曰「困蒙之吝，獨遠實也」者，夫陽主生物，故爲實。今六四既遠上下之剛陽，至于困窮而有悔吝，是遠于陽實，故曰獨遠實也。

六五，童蒙吉。象曰：童蒙之吉，順以巽也。

義曰：六五陰柔之質而居陽位，至尊之極也。内有剛德，可以通天下之志；外示柔順，足以專任臣之道，故獲童蒙之吉。非六五柔順之德，无以委任九二剛明之臣；非九二剛明之才，无以當六五委任之重，故此能專權委寄。所謂勞于求賢，逸于任使，不勞聰明，垂拱而自治者也。象曰「童蒙之吉，順以巽也」者，以陰柔居至尊，是順也；能專任于賢而以柔接之，是巽也。

上九，擊蒙，不利爲寇，利禦寇。象曰：利用禦寇，上下順也。

義曰：據初九是蒙之小者，故曰「利用刑人」。凡昧于理者，皆謂之蒙。若爲臣不盡臣之忠；爲子不盡子之孝；爲弟者當奉于兄，而反爲輕侮之事；爲兄者，所以友于弟，而反爲傷虐之行；爲士者，所以守義明先王法則，以正流俗，而反爲偷薄之行；爲農者，所以力穡務本，而反爲怠惰之事；爲工者，所以作器用以利于人，而反爲彫巧之弊；爲商者，所以通濟有无，而反爲侈靡之異，是皆反于常理而蒙昧之小者，故用刑法以正之。今上九乃是蒙之大者，若諸侯群臣，所以佐天子，而反爲叛逆之醜；若夷狄，所以柔服于中國，而反爲叛亂之孽，罪深惡大，非五刑所能制，必在興師動衆以征伐之，故曰「擊蒙」也。不利爲寇者，夫兵，凶器也；戰，危事也。若逞其凶器，肆其危事，以自寇于人，往必不利。故秦之始皇，漢之孝武，隋之煬帝，皆貪一時之欲，恃一己之威，窮兵黷武，長征遠伐，使天下之男死不得緣南畝，天下之女罷不得就蠶室，而勞于餽餉，流離四郊，以至老母弔其子，幼婦哭其夫，怨毒之氣徹于骨髓，愁痛之聲淪于腸胃，此皆爲寇不利之明效也。言利禦寇者，言征伐之事，非務乎窮兵黷武，蓋在于禦難備害而已。若三苗之民反道敗德，而舜征之；葛伯有先祖之奉而不祀，有千乘之富而奪人之餽餉，湯始征之；昆夷、玁狁爲華夏之難，而文王討之；三監叛周，而周公誅之；四夷交侵，宣王伐之，此皆利于禦寇之明效也。象曰「利用禦寇，上下順也」者，言諸侯之叛逆，四夷之不賓服，人神之所共怒也。故聖人選兵簡將以擊之，則上下之心无不承順也。中庸曰：「喜怒哀樂發而皆中節，謂之和。」若此，可謂怒中其節也，上下安得不順承之哉！

需

䷄ 乾下坎上 需，有孚，光亨，貞吉，利涉大川。

義曰：需，訓爲須，須，待也。需，所以次于蒙者，按序卦云：「蒙者，物之稚也。物稚不可不養，故受之以需。需者，飲食之道也。」夫需又爲濡潤之義，物在蒙稚，必得雲雨以濡潤之；人在蒙稚，必得飲食以濡潤之，以養成其體也。謂之待者，蓋卦之二體，乾在下，必務上進。既欲其進，而又險在于上，于是見險而止。猶君子以險難在前，故待時而動，不妄求進，是須待之義也。「有孚，光亨」者，此指九五而言也。故卦辭或統論一卦以明其體，或因一爻以明其德，此需是九五當其義，故指而言之以明其德。孚者，由中之信也；光，明也；亨，通也。夫九五以陽明之德處至尊之位，有由中之信以待于物，物亦以由中之信接于己，上下交相以至誠之道浹洽于天下，其德乃光明而亨通也，故曰「有孚，光亨」也。貞吉者，言九五以陽居陽，得正者也。夫既有由中之信接于物，必須濟之以正，乃獲其吉也。若信而非正，則入于邪僻。故先聖云「信近于義」，又曰「子帥以正，孰敢不正」，故曰貞吉。然則此非止于九五人君之道獨當然，若凡在位者，能以正信之道接于下，則下亦信之而從正也。若父子之間以正信相接，則不陷于不善；朋友之間以正信相接，則不陷于不義。是凡爲人者有由中之信，皆當正而行之，乃得吉也。然既以正信接于人，而人亦以正信歸于己，以此而濟大難，何不利之有？故曰「利涉大川」。

彖曰：需，須也，險在前也。剛健而不陷，其義不困窮矣。需，有孚，光亨，貞吉，位乎天位，以正中也。利涉大川，往有功也。

義曰：需者，濡潤飲食之謂也，亦謂須待之義也。險在前也者，此以二體明之，坎在上爲險，乾在下，務于上進，而坎險在上，是以待時而動，不躁求妄進，故曰「需，須也，險在前也」。「剛健而不陷，其義不困窮矣」者，此言雖險阻在前，而下之三陽皆剛明至健之人，必有欲進之心也。然而既剛且健，其進又不躁不妄，固不陷溺于險難之中，而其義不至困窮矣。「需，有孚，光亨，貞吉，位乎天位，以正中也」者，此言九五之位有剛明之德，居至尊之極，以陽居陽，是正也；又在上卦之中，是中也。既内有由中之信，而外得其正，故得光明而亨通，是處至尊之位而以中正者也。「利涉大川，往有功也」者，言有光亨之德，知其可進之時，然後施己之道。又本懷乾健之性，以斯而往，必有成功，故曰「往有功也」。

象曰：雲上于天，需，君子以飲食宴樂。

義曰：坎爲水爲雲，乾爲天，今坎在乾上，是雲上于天也。且雲者，畜雨之具也。今上于天，是必反降雨澤于下也。君子觀此需待之象，以飲食養其身，以宴樂寧其神，居易〔一〕

〔一〕「易」，原作「義」，據四庫本改。

以俟命，待時而後動也。注疏之説以飲食宴樂，謂童蒙既發，盛德光亨，无所爲而但飲食宴樂而已。觀此，則是教天下以逸豫爲心也，非聖人之旨，今則不取。飲食者，所以養身也；宴樂者，所以寧神也。是亦樂天知命、居易俟時耳。故君子之于飲食，非謂肥甘其口腹也。孟子曰：「飲食之人，无有失也，則口腹豈適爲尺寸之膚哉？」君子之于宴樂，非謂苟安其身也，所以保其躬，治其心，明其性，是君子樂天知命，待天時之至也。孟子曰：「仁義忠信，樂善不倦，此天爵也；公卿大夫，此人爵也。古之人脩其天爵，而人爵從之。」今夫君子之待時也，若農夫之趨于田也。農者，非不耕而可待其食也，非務休逸而可待四時之有成也，必力勤于稼穡，志專于耕耨，然後春生之，夏長之，秋成冬藏之，如不耕耨，不播種，則四時何有成哉？君子之待時，必須脩其仁義忠信之德，然後可享其位，伸其道也，故曰「君子以飲食宴樂」。

初九，需于郊，利用恒，无咎。象曰：需于郊，不犯難行也。利用恒，无咎，未失常也。

義曰：郊者，曠遠之地也。按此卦坎在上爲險，乾在下爲健。夫有剛健之德，必欲上進。今初九雖是剛健之質，然而險難在前，故見險而止，待時而動，厄窮而不憫，樂天知命，不務速進，但需待其時遠難而已。然所以于郊者，郊最遠于水，待之于此，最遠難者也，故曰

「需于郊」也。「利用恒，无咎」者，言居无位之地，又處險難之下，本有咎也。然初九若能守其恒心，不爲困窮而易其節，不以貧賤而渝其志，相時之可否，可進則進，故得免其咎也。象曰「需于郊，不犯難行也」者，言此初九能見險待時于遠郊之地，是不犯冒險難而行也。「利用恒，无咎，未失常也」者，言俟時而動，不犯難行者，乃有常之君子也。故中庸曰：「君子居易以俟命，小人行險以徼倖。」言君子雖居貧賤，而但守平易之心，不妄動，不躁進，俟時而已；小人則務險詖其行以徼恩倖。今初九能守常不變，是君子所爲也。

九二，需于沙，小有言，終吉。象曰：需于沙，衍在中也。雖小有言，以吉終也。

義曰：沙者，近于水，亦平易之地焉。按六四爲險難之初，三最近之，初最遠之，而二居遠近之間，以陽居中，内有剛明之德而處得其中，但守平易之心，需于沙而已。「小有言，終吉」者，言九二將近于難者也。夫險難者，小人陰險之行也。己以君子之道守其中正，不與小人苟合，則小人興讒搆之言，以謗于己。然九二動以剛德，行以中道，不顧流俗之毁訾，雖有小人讒搆之言，終不能爲害于己，故曰「需于沙，小有言，終吉」也。象曰「需于沙，衍在中也。雖小有言，以吉終也」者，衍，寬衍也。言九二所以需待于沙者，以中有寬衍之德而居中也。夫小人之言也，如犬之狺狺焉，吠其聲者有之，吠其形者有之，安能爲君子之害？故九二雖有小人之言將害于己，然而終不能害之，自獲其吉也。

九三，需于泥，致寇至。象曰：需于泥，災在外也。自我致寇，敬慎不敗也。

義曰：上卦坎爲險，又爲水，六四在陰險之初，而三最近之。夫泥之爲物，最近于水者也，此九三去難最迫，故曰「需于泥」也。致寇至者，六四居險難之初，小人之行者也。以小人之心毁壞正道，荼毒良民，讒謗君子者也，則君子之人必在敬而遠之。然九三以剛陽〔一〕君子之德而反不敬遠小人，則己之道何以著于天下？又以至健之質務欲上進，而最迫于小人，故致小人之爲寇也。然九三以陽居陽，雖不及中且履正者也，以至正之道，又内謹其心，外慎其事，則爲寇之小人終不能陷于己。象曰「需于泥，災在外也」者，易中凡上卦爲外，下卦爲内，今九三雖進而至此，然尚未入于難，但迫近六四，是來害己者在外也。「自我致寇，敬慎不敗也」者，言寇之欲來，皆由己之欲進而自迫之也。然君子所行必中道，所爲必中節，使無毫髮之差，則小人不能窺伺而起害也。今既至此，則固宜恭敬謹慎其所爲，則小人終亦不能克勝也，故曰「敬慎不敗」也。

〔一〕四庫本「剛陽」作「陽剛」。

六四，需于血，出自穴。象曰：需于血，順以聽也。

義曰：血者，傷之謂；穴者，所居之地也。夫乾之爲體本在於上，今卦反在于下，三陽皆欲上進，復其本位。六四以小人陰險之質居險之初而窒塞其中。然下之三陽以至健之德俟時而動，至此皆引類而進。六四雖始欲拒其進，妨其路，然覩衆賢之來，其勢度己之力必不能退，故退而避之，則始獲安居。如欲〔一〕止而不使之進，是必致衆賢之所害，自待其傷，故曰需于血也。出自穴者，言若能度己之力不能禦，則退其所居，而不敢妨衆賢之進，如此則庶可以免害也。象曰「順以聽也」者，夫小人不能與君子敵，今三陽上進，己必柔順以聽從其所命也。

九五，需于酒食，貞吉。象曰：酒食貞吉，以中正也。

義曰：注疏之解，謂需之所須，須于天位，何所復需？需于酒食，以宴樂而已。若此則是教人以體逸爲心耳，无足爲法。夫自古聖帝賢王雖當平治，未敢忘于喪亂危亡及匹夫匹婦之失所者，夕思晝行以濟于天下，安敢自懷于安逸哉？蓋九五以中正之德居至尊之位而息于

〔一〕四庫本「欲」作「或」。

險難，又以由中之信待于物，則天下之賢者樂從之。賢者既樂從之，則必養之，故需于酒食，所以待賢也，亦所以養身也。賢人既養，則天下之賢皆引類而歸之。身既安，則可以暢仁義之道于天下，故曰「需于酒食」。既以酒食待天下之賢，得其正則吉也，故曰「貞吉」。象曰「以中正也」者，言九五居卦之中，是以中也；以陽居陽，是以正也。既有中正之德，于是用酒食以待賢，所以獲吉者也。

上六，入于穴，有不速之客三人來，敬之終吉。象曰：不速之客來，敬之終吉，雖不當位，未大失也。

義曰：上六居一卦之極，以陰柔之質乃復入于穴，以獲其安，何則？蓋六四退避不敢妨群賢之路，九五又能用酒食以待之，賢者既以仕進不見害于己，故得入于〔一〕穴以安其居也。「有不速之客三人來，敬之終吉」者，速，召也。言四、五既使群賢並進，而上六又執柔而得安居，故下之三陽君子皆不期而自應，不召而自來。然既以一陰而當三陽之應，則是爲其主也。上六固當執柔順恭敬，盡其禮而接納之，如此則終得其吉也。象曰「雖不當位，未大

〔一〕四庫本「于」作「其」。

失也」者，言上六既當无位之地，而能恭敬以接納三陽之君子，是能來天下之賢者也。位雖不當，而有所過失，然亦不至于大也，何哉？夫納賢好善，優于天下，天下之至美者也。有此至美，雖有過失，又何大哉！

訟

䷅坎下乾上**訟，有孚，窒惕，中吉，終凶。利見大人，不利涉大川。**

義曰：按序卦云：「需者，飲食之道也。飲食必有訟，故受之以訟。」然謂之訟者，上下不和，物情違戾，所以致也。「有孚，窒惕，中吉」者，蓋孚者，由中之信。人所以興訟，必有由中之信實于己，而爲他人之所窒塞，不得已而興訟。蓋己直而彼曲，己是而彼非，其間情僞利害雖存，則必具兩造以聽斷于在位之人。然雖己有信實而爲人之窒塞，亦須恐懼兢慎而不敢自安，則庶幾免于凶禍，又中道而止，則可以獲吉也。終凶者，言能兢懼中道而已，則可也。若于訟之時，必欲終成而不已，則聽訟之人必加之以鞭朴之刑，重之以流竄之罪，如此則是凶之道也。利見大人者，夫争訟之所由興，皆由情意之相違戾，上下之不和同，鬬訟一生，姦僞萬狀。然刑獄之情至幽至隱，必得大才大德之人以明斷其事，則情僞利害、是非曲直可曉然而決矣。何則？蓋大人者，才識明達，智慮通曉，雖幽隱纖芥，皆能察辨之。故訟者往求而決之，宜矣。不利涉大川者，大川謂大險大難也，凡歷險涉難，必須物情相協，志氣和同，則可得而濟也。今訟之時，是其物情違忤而不相得，欲濟涉險難，必不可得。何則？以剛健在上，坎險在下，用剛健而涉坎險，則愈入于深淵，何利之有？

彖曰：訟，上剛下險，險而健訟。訟，有孚，窒惕，中吉，剛來而得中也。終凶，訟不可成也。利見大人，尚中正也。不利涉大川，入于淵也。

義曰：大凡在上者剛，在下者柔，則不至于不和；在上者巽，在下者險，亦不至于爲訟。今在上者既剛，爲下者又險，其訟必興，故曰「訟，上剛下險，險而健訟」。「訟，有孚，窒惕，中吉，剛來而得中也」者，此言九二之爻也。以訟之所由興，由己有信實而爲人之所窒塞，又兢懼怵惕，得中而止，不敢終竟其事，而獲其吉。是惟九二以剛明之德而處得其中，則能然也。「終凶，訟不可成也」者，爲訟之道，雖有理而見窒于人，然亦不可久于其事。若必欲成其事而終竟于訟，則凶禍必及之也。「利見大人，尚中正也」者，言九五之爻以剛明居中，又處得其正，獄訟之事皆可決之，是善聽訟之主，蓋所尚者中正而已。「不利涉大川，入于淵也」者，大川謂大險、大難也，若以訟道入于大險、大難，則訟愈深也，故曰「入于淵」，淵即川之又深者也。

象曰：天與水違行，訟，君子以作事謀始。

義曰：天之運行則左旋而西，水之流行則无不東流，以天與水所行既相違悖，則不相得，是訟之象也。君子之人當法此訟卦，凡作一事，必須謀其始而圖其終，使争訟之端无由而起。以之居一家，興一事則皆謀慮其初，使上下和睦而絶閨門之訟；以之居一國，凡造一事必須謀度其初，使人民和同而絶一國之訟。若此之類，皆于其始慎慮之，則忿争辨訟自然可以息也。故孔子曰：「聽訟，吾猶人也，必也使无訟乎！」其獄訟之事，得明賢之人聽治之，而又謀之在始，則刑可期于无刑也。

初六，不永所事，小有言，終吉。象曰：不永所事，訟不可長也。雖小有言，其辯明也。

義曰：夫剛險相勝，物情違戾，故理有窒塞而事有侵犯，是以成訟也。今此一爻，以柔順之質居下卦之初，其性柔順，不好爲訟者也。然應在九四，九四以剛强而好訟，來犯于己，是以初六不得已而應之。然訟之所由興，在乎得理而已，不可終竟其訟，故曰「不永所事」。「小有言，終吉」者，興訟之道，若不務終其事，則聽訟者亦必哀矜之。雖然事理明辨，亦須惕懼戒慎，然後可以終得其吉。今初六其性柔順，不好辯〔一〕訟，雖小有忿争之言，又不終竟其事，故終獲吉也。象曰「其辯明也」者，言雖小有辯訟之言，且非己好，蓋九四來侵于己，其理自可明矣。

九二，不克訟，歸而逋，其邑人三百户，无眚。象曰：不克訟，歸逋竄也。自下訟上，患至掇也。

義曰：克者，能勝之辭。據象辭言「訟，上剛下險」，則好訟之人也。今九二以剛强之質又居坎險之中，好爲其訟，而上敵于九五。然九五居至尊之位，而行得其正。今九二以非理訟之，是下訟于上，少訟于長，卑訟于尊，賤訟于貴，此而行訟何由勝？故曰「不克訟」也。歸而逋者，九二既不克訟，若不退歸而逋竄，則禍必及之矣。「其邑人三百户，无眚」者，言訟不克勝而逋逃，若反據其强盛之國，則是復有敵上之意，故退避于至小之邑，而止三百之户，則可以免其災眚。三百户，即周禮司徒所謂通十爲成。成，一百井，三百家，革車一乘，士〔二〕十人，徒二十人之邑。是其邑之至小者也。象曰「自下訟上，患至掇也」者，掇，拾

〔一〕「辯」，原作「辨」，據四庫本改。本卦下同。

〔二〕「士」，原作「二」，據周禮改。

取之謂也。自外來謂之災，自己召謂之眚。此先聖因象而戒之，言凡人以下而訟上，至于逋逃，蓋自掇取其患害也。

六三，食舊德，貞厲，終吉。或從王事，无成。象曰：**食舊德，從上吉也。**

義曰：六三以陰柔之質居坎險之終，其性和同，不犯于物。然而上應于上九，上九之性剛暴，乃來訟于己，己不與之辯争，故衆人莫克傾覆。時君不爲憎忿，所以保全舊德。是所食爵禄，不爲上九之侵奪也，故曰「食舊德」。貞厲者，言本亦失正，而又介二陽之間，雖得食其舊德，于正道言之，亦危厲也。終吉者，言此六三雖有危厲，然己不好辯訟，能以順從于上，故終得吉也。「或從王事，无成」者，言六三居一卦之下，體柔而不敵上，雖有訟于己，而己能順之，不爲之辯，是以終爲在上之信任，而人委之以事。及其成功，而且不自恃其力，又不敢居其成，但從王事，守其本位本禄而已，故獲其吉也。

九四，不克訟，復即命渝，安貞，吉。象曰：**復即命渝，安貞，不失也。**

義曰：九四以剛暴之性與物不和，好爲争訟者也。而初六爲己正應，己以非理訟之，然初能以陰柔之質不與物競，雖爲九四見陵，而自能辨明，故四于此不能勝之也，故曰「不克訟」也。「復即命渝，安貞，吉」者，即，就也；渝，變也。言九四以非理訟于初，既不能勝，則當反就其好而變争訟之命，故可安静守正而獲吉也。然而九二、九四皆不克訟，二乃逋，四乃吉，何也？蓋二者以下訟上，以卑訟尊，于義不可，是以懼而逋竄，不敢據其强邑，然後始可免咎。此九四者，以上訟下，雖爲不可，然能反其所好，變其所訟，改前之非，從今之是，此所以獲吉也。象曰「復即命渝，安貞，不失也」者，九四既復即其命，變其前非，脩其正應之道，守其安貞之德，復何有所失也。

九五，訟元吉。象曰，訟元吉，以中正也。

義曰：九五以剛明之德居至尊之位，爲訟之主者也。以陽居陽，故所行者正，而无過與不及，皆得中道，而内有剛明之才，則无所偏黨，臨事果斷，以此爲聽訟之主，則可察天下幽隱之情，决天下寃枉之獄也。然以居中得正，又能决斷无私，以此數德，故獲元大之吉也。

上九，或錫之鞶帶，終朝三褫之。象曰：以訟受服，亦不足敬也。

義曰：上九以剛陽之性居訟之極，而下有六三之應，六三又柔順而不與物争，故此上九訟而能勝也，乃有鞶帶之錫。夫鞶帶者，寵異之服也。且上之賜必以禮，下之受必以功，此古之常道。今上九以争訟忿競而受其寵異之服，則是賜之不以禮，受之不以功，其爲愧耻可知矣。故于終朝之間三褫之，而不能自安也。褫云者，爲褫奪之褫，又爲耻辱之耻，蓋受之不當其分，則必反覆褫奪而不自安也。何哉？至如有虞之時，所賜皆以禮，所受皆以功，以至九官尚相遜而不敢當其所賜，况今上九乃因争訟而受此寵異之服，則褫不亦宜乎！象曰「以訟受服，亦不足敬也」者，言凡授受賜予有差過其分，則君子且不敢當，是恐貽其羞辱也。今上九以訟而當其厚賜，何足敬尚之哉？

師

䷆ 坎下坤上 **師，貞丈人吉，无咎。**

義曰：按序卦云：「訟必有衆起，故受之以師。師者，衆也。」「師，貞丈人吉，无咎」者，丈，長也。丈人者，言能以法度長于人也。語曰：「杖者出，斯出矣。」是長之謂也。夫興師動衆，其賞罰號令必一。賞罰號令既一，則群聽不惑，衆心皆歸，則天下之人合志畢慮，同心戮力，可以立大功于天下也。此乃「長子帥師，以中行者」是也。若賞罰號令出于二三，則群聽必惑，衆心无所適從，而上下違背，離心離德，則兵戰之功无由而成也。故「師或輿尸，大无功者」是也。然師卦之中，最得其正者唯九二而已，然此一卦五陰一陽，而九二獨以剛陽之德居得其中，爲六五之委任，是將之有材有德，而又有其權位者也，如是則可以興師動衆，而不失其將兵之道，以役天下之人，使皆同心戮力，悦從于上而无怨望者也。然須吉而无咎者，夫兵之所動，生靈之性命、社稷之安危皆繫之，若一失其機，一失其道，則血肉生靈板蕩天下，其爲禍不細矣。故在將兵者，以恩威兼濟，而協民之心，合民之力，而使不失其機變，不失其威權，必致成功大吉，然後可以无咎也。故曰「師，貞丈人吉，无咎」。夫所謂丈人者，莊嚴之稱，言必須以威猛剛强，然後可以陳師鞠旅而役毒師衆，此未盡其旨，何則？凡用兵之道，必剛柔相濟，恩威相須，然後可以戡難成功。或第莊嚴其色，悚其威貌，夫何益哉？

彖曰：師，衆也；貞，正也。能以衆正，可以王矣。剛中而應，行險而順，以此毒天下而民從之，吉，又何咎矣！

義曰：師者，衆之稱；貞者，正之謂，故曰「師，衆也；貞，正也」。此言于丈人獲吉者，蓋能以法令長于人，統其衆，帥其民，使天下之人皆同心戮力而歸正，則其丈長之人，如此而可以王天下矣。凡言王者，天下之所歸于己者也，即湯、武之兵戡亂而王是也。剛中而應者，此指九二而言也，言九二以剛陽之德而處得其中正，上應于六五之君，爲六五之君所委任，是以居于中正，有將帥之才也。其體剛陽，剛陽則明斷，有將帥之德也。而又爲五所注意，有將帥之任也。故能興師動衆，使天下之民畢從之也。何哉？蓋將兵之道，若剛而不中，則失于暴，暴必傷物；明而不中，則失于太察，太察則不能容民而士不附，皆失所以將兵之道也。故此有中正之德，有剛明之才，又爲君之所寵任，兼此數長，故可以成必戰之功而協從于天下也。行險而順者，此據二體而言也。坎爲險，坤爲順，以興師之道，天下之至險也。何哉？夫兵，凶器也；戰，危事也。其征伐一出，則安危隨之，豈非至險乎？然而行此危險之事，必須順于物理，協于民心，然後得爲師之道也。「以此毒天下而民從之，『吉』者，此言以剛中之才德役使天下之民，而民皆悦隨，乃得其吉。既得其吉，何過咎之有？故曰「又何咎矣」。

象曰：地中有水，師，君子以容民畜衆。

義曰：坎爲水，坤爲地，以地至博厚而水行其中，无所不容，此師卦之象也。君子法此師卦之象，包容其民，畜聚其衆，是得爲師之道也。故將驅民于兵戰，則必須以恩信而懷結之，以仁義而畜養之。及其臨事而使，則人之從也，雖死而不怨，故曰「君子以容民畜衆」。

初六，師出以律，否臧凶。象曰：師出以律，失律凶也。

義曰：師，衆也；律，法也。言行師之道，役其群衆在于事始，未必盡從，故或勇或怯，或逆或順，如此則宜何爲？須在將兵者，必有法律以制之，使進者必進，退者必退，然又不可失其威嚴。蓋戰鬭之事動，驅民於死亡，非如此則莫可爲之統率也。故初六者，居卦之下，爲出師之始，必當用之以道，制之以威，動静之間，不可一失其法律也。否臧凶者，否，不也；臧，善也。言爲將統衆于一動一止之間，捨法律則不可。苟不以法律，則行伍无以齊一，衆心无所適從，故雖偶有一策，能屈于人，能勝其敵，是皆一時之幸，然于長久之策，終至于凶也，故象所謂「失律凶也」。

九二，在師中，吉，无咎。王三錫命。象曰：在師中，吉，承天寵也。王三錫命，懷萬邦也。

義曰：夫九二以剛陽居下卦之中，爲六五柔順之君之所信任，是用剛而不失其威嚴，居中而所行无過无不及，而又有權有位，可以出奇策，立功、立事于國家者也，何則？夫將兵統衆，柔而无剛，則失于怯懦而不能斷；剛不居中，則過不及皆有之；既剛而中，苟不見任于君，則雖有胸中之奇、萬全之策，无所施也。今九二于此數事皆備有之，故統兵出征必立其功，是能以中而獲吉也。无咎者，夫兵者，國家之大事，社稷之安危，生民之性命所繫，苟一失其道，咎莫大焉，必獲其吉，然後可以无咎也。故曰「在師中，吉，无咎」。王三錫命者，言九二既爲六五之信任，是其有才有德，而又承其權位，酌行中道，不失爲師之義也，故王者再三錫其命。所謂三錫者，一命受爵，再命受服，三命受車馬也。然九二所以致其賜者，蓋人君以忠良難偶，才不易得，又況于不常之事而立不常之功，故所以稠厚其賜也。象曰「在師中，吉，承天寵也」者，言九二以剛陽居中，然能在師旅之間成立其功，蓋應于五而六五能信任之，使己之才德可以運籌決勝，扶衛社稷，是能上承天寵然也。「王三錫命，懷萬邦也」者，此又言承上王再三之錫命者，蓋由得將之才德備而盡所以用兵之道，以卦體終始六爻，獨此九二有剛中之德，爲師之主，上下莫不歸之，是有懷萬邦之象也。

六三，師或輿尸，凶。象曰：**師或輿尸，大无功也。**

義曰：輿，衆也；尸，主也。六三居下卦之極，以陰居陽，失位不正之人也。以六三當行師之時，是不能專一號令，紛揉群聽，在衆皆得以主之也。以此而行，則凶可知矣。象曰「大无功也」者，此言出軍行師，其動作必以律，進退必以法，精練士卒，整一行伍。或天時不得，或地利不順，以至无功而敗于敵。又況六三以不正之陰柔，使號令二三，而衆得主之，則是大无功者也。

六四，師左次，无咎。象曰：**左次，无咎，未失常也。**

義曰：次，止也。按春秋莊三年冬，公次于滑；八年，師次于郎，以俟陳人、蔡人。是皆次者，止〔一〕之義也。夫師必尚右，右者陰也，陰主于殺；左者陽也，陽主于生。今六四不右而左次之，是止而不進之義也。既不進，則是志不在于殺者也。何則？夫六四以陰柔之質，本无剛嚴果斷之德，不能成戰陣之功，但次止其兵而无肅殺之意，以此而行，則是量時度力，不蹈于禍，雖无功于大事，止獲保全而免其凶咎而已矣。象曰「左次，无咎，未失常也」者，言六四雖不能統衆成戰陣之功，而次止其師，然亦不失其常也。

六五，田有禽，利執言，无咎。長子帥師，弟子輿尸，貞凶。象曰：長子帥師，以中行也。弟子輿尸，使不當也。

義曰：夫田野之有禽，則是害苗稼，固當獵取之。天下有姦詐之人，則是犯王之命，固當征討之。蓋姦臣賊子，雖治平之世，亦不能无，但在上之人即時誅之，不可使滋蔓其牙蘖，必務翦除而清其亂也。是如田之有禽，必傷害苗稼，固獵而去之可也。「利執言，无咎」者，夫兵者凶器，聖王不得已而用之。用之者，所以誅不廷而討不軌也。然而征討之事，聖人固

〔一〕「止」，原作「次」，據四庫本改。

不當親往之，所利者但執彼之不順之言，遣將而征討之可也。以此而行，于義自得其无咎矣。長子帥師者，夫長子止言九二之爻也，言九二有剛明之才、中正之德，能統一師衆，又爲六五所委任，故能帥其衆，同心戮力以赴難，然後獲其成功也，是長子帥師之效也。「弟子輿尸，貞凶」者，弟子，止謂衆陰之爻也。輿，衆也；尸，主也。夫統兵舉衆，必使號令齊一，法律中正，然後能成戰陣之功。或任以柔弱之質而復衆主其兵，號令賞罰出于二三，以至衆有離叛之心，又不能成戰陣之功，以正道則凶也。

上六，大君有命，開國承家，小人勿用。象曰：大君有命，以正功也。小人勿用，必亂邦也。

義曰：夫初六者，行師之始也，當以法律而用之。今上六居用師之終，賞功之際，是大君有賞賜之命也，故曰「大君有命」。開國承家者，功大則開建一國，以爲之諸侯也；功小則承一家，以爲卿大夫也。小人勿用者，夫兵家之道，動以萬數，故所任之人，或以勇力，或以謀智，是必有小人厠于其間，未必皆賢也。是以成功之後，居上者論功定賞，差次其秩，必審其可用不可用。若是賢人、君子運謀智而決勝者，則當封之公侯、爵之卿大夫可也。蓋君子雖獲大功，而无矜伐之心，雖位尊權重，又无驕慢之志，寵盛則益恭，爵崇則愈謹者也。

若小人得一小功，則希其大賞，使之在高位必生驕慢，驕慢生則覬覦之心熾，是堅冰之漸所由來矣。然則小人宜如何而置之？錫之金帛、厚之田宅可也，若賞之以大位則不可也。以是，庶可絶覬覦而窒禍階也。是故漢之高祖，以韓、彭、英、盧之輩而王天下，及其賞功，則封之列國，授之大權，然其終亦不免叛逆之禍而幾至于喪亂也。後光武中興有天下，雖臣有大動大功，亦但賜之金帛土田而已。此誠英斷睿哲，深謀遠慮，先天下之禍亂而思之，合聖人之微意，得小人勿用之深旨者也。聖人于此切戒之，言勿用此小人居于大位，若其用之，必至于亂邦也。

比

䷇坤下坎上**比，吉，原筮，元永貞，无咎。不寧方來，後夫凶。**

義曰：比者，相親比之義也。比吉者，言所以得吉，蓋上下順從，衆心和睦。衆心和睦則禍害不生，故由此而得吉也。「原筮，元永貞，无咎」者，原，究也；筮者，決疑之物也；元，善之長也；貞，正也。言人之所相親比，不可不慎也。若所比之人善，則爲吉爲美也；若所比之人惡，則爲凶爲禍也。故當原究其情性，筮決其善惡，必須有元善之德，永長而不變，守正而不回，有此三德，故可親附之，獲其吉而得无咎也。苟三德不備者，未盡所以相親附之道也，則凶咎將至焉。是以君子之人居官則親其同僚，爲士則親其朋友，以至閭里則親其賢善之人，如此則皆可以獲其无咎也。不寧方來者，寧，安也；方，將也。言有此元、永、貞三德之人爲比之主，則人將親比之，然後獲其安也。是以天下之人，其有不安者，有不得所者，率將輔從于賢善之人，則此相親比者，无不獲其利，而无不得其所從也。後夫凶者，言在上爲比之主，能使天下之人皆悦而來親比，然天下之人既至親比，其有後至而不從者，則必爲居上之人所誅戮也，是終自取其凶咎也。故昔夏禹會于塗山，執玉帛者萬國，獨防風恃强而後至，爲夏禹之所戮，此其後夫凶之驗也。

象曰：比，吉也。比，輔也，下順從也。原筮，元永貞，无咎，以剛中也。不寧方來，上下應也。後夫凶，其道窮也。

義曰：「比，吉」者，此統明比卦之義，言人之所以相附近，由其志意符契而无所相違，以是爲比，故獲其吉也。「比，輔也」者，言人之所來比于上，由其有元、永、貞三德之人爲比之主，以是天下之人皆悦隨依輔之也。下順從也者，言此比之卦，惟九五一爻以剛陽之德而居尊位，爲比之主，使下之衆陰皆來親附而順從，是蓋居上者有德以率服之然也。「原筮，元永貞，无咎，以剛中也」者，言九五所以爲天下之人來比附而无咎者，蓋其以剛陽之德居上卦之中故也。「不寧方來，上下應也」者，言九五以剛陽之德居于尊位，上下衆陰皆親附于己，至于不寧之人罔不來應也。「後夫凶，其道窮也」者，親比之時，己獨後人，是比道已窮，其凶也不亦宜乎？

象曰：地上有水，比，先王以建萬國，親諸侯。

義曰：坤下地也，坎上水也，且地得水則潤澤，水得地則安流，今地上有水，乃合和親比之象也。「先王以建萬國，親諸侯」者，言比之大，莫大于建國、親侯，是以先王法此象，建萬國使相親附，其諸侯使之和協，然後天下四方皆可以使之親比也。且諸卦言君子，而此獨言先王者，蓋建國、親侯莫非天子之事也，故止言先王。凡能君臨天下，愛萬民，通謂之君子。又諸卦或言后者，天子諸侯之通稱也。

初六，有孚比之，无咎。有孚盈缶，終來有它，吉。象曰：比之初六，有它吉也。

義曰：凡親比之道，貴心无係應，光大其志，來者見納，則得爲比之道也。今初六處比卦之初，以柔順之質而上无專應，是有由中之信，行親比之道，自然不蹈于咎過者也。有孚盈缶者，缶，即素質之器也。凡親比之人苟无由中之信，雖豐其禮、盛其器以接于物，終无有信之者。今以至約之禮、至儉之器也，然此初六本有至信發之于中，以接于物，雖此質素之器，以其信而盈溢之，則合于親比之道，所以獲吉也。故左傳曰：「苟有明信，澗溪沼沚之毛，蘋蘩薀藻之菜，筐筥錡釜之器，潢汙行潦之水，可以羞于王公，可以薦于鬼神。」夫以鬼神之尊、王公之貴，以此微薄之物尚可爲薦羞，蓋以至誠爲之本而物爲之末也。「終來有它，吉」者，蓋此初六本負廣大之德，无專應之私，又以其至信盈溢于素質之器，故于終久之道，有它來比輔而得其吉也。若西漢鄭當時待四方賢士，以延時髦而輔己之不逮，然奉養不過一盤餐而已，蓋本以至信接物，當世賢士英傑莫不歸心，以是盡所以比附之道也。

六二，比之自內，貞吉。 **象曰：比之自內，不自失也。**

義曰：六二止與九五相應，是不若初六之廣大其道，恢宏其志，廣比于人，但偏私以應于五，故于卦言之，是自內而比于上也。然得其貞吉者，以六二志偏專應，苟更不以正道處之，則淫邪佞媚无所不至也，故當大正乃得吉也。

六三，比之匪人。 **象曰：比之匪人，不亦傷乎？**

義曰：六三過二，不得中也；以陰居陽，不得正也。夫以不中不正之人當親比之世，則所行皆非人之常道也。夫以是，雖有中正之人，必不相輔。故孔子于衛主顏讎由，彌子之妻與子路之妻，兄弟也。彌子謂子路曰：「孔子主我，衛卿可得也。」子路以告，孔子曰：「有命。」孔子進以禮，退以義，得之不得曰有命。是聖賢之人雖欲假位行道，汲汲于救時，然非人則不主也。又若魯桓公，以不正之人，于家則殺兄，于國則弒君。嘗欲求會于衛，至桃丘之地，而衛侯以其弒逆不正之君，則弗與之見。故仲尼于春秋但書「公會衛侯于桃丘，弗遇」。是由持不正之道，欲求比于人，則人莫之于輔，以人莫有與之者，誠可悼也。故象曰「不亦傷乎」，是可傷也。

六四，外比之，貞吉。象曰：外比于賢，以從上也。

義曰：二言比之自内者，以其上係于九五，一志而專應之，是自内而比者也。此「六四，外比之，貞吉」者，蓋初六有由中之信，而能比天下之賢，故不專于一應，而天下之人皆比之，故有它來之吉。此六四既非初之專應，必須外比于九五之賢也。然以陰居陰，履得其正；九五以陽居陽，亦得其正。故九五之爻以一陽居至尊，衆陰之所歸也。此則往而親比之，是能外附于賢而不失其正道，所以獲吉也。

九五，顯比，王用三驅，失前禽，邑人不誡，吉。象曰：顯比之吉，位正中也。舍逆取順，失前禽也。邑人不誡，上使中也。

義曰：「九五，顯比」者，言此九五以剛明居至尊，爲比之主者也，必須虚心廣志，以待天下之賢，以比天下之人，故于比道光大也。今反一志專應，其道褊隘，而私係于物，是止能顯然明比于六二也。「王用三驅，失前禽」者，三驅，田獵之禮，欲左者左，欲右者右，不用命者入吾網，此三驅之禮也。然用此三驅者，蓋從田獵之時，禽有逆之而去者，則棄而殺之；其有順而來者，則愛而活之。田獵之禮，常失前往之禽也。今九五不能恢洪廣大其道，而止應于二，是應于己者則比之，不應于己者則棄之，是常失于不應己者也。「邑人不誡，吉」者，言九五其志既狹，但顯然明比于二，是不能親天下之賢，而賢者亦不來附于上。故止于己邑之人，不爲誡令而歸附于己，故得其吉也。象曰「顯比之吉，位正中也」者，五處至尊，不能廣遠其志，而第顯然比于六二。然本不得吉，此所以獲吉者，蓋以其居中得正也。「邑人不誡，上使中也」者，言此比道雖不廣，而能于己邑之間不須誡令而得吉者，蓋由居上者使以中道之故也。

上六，比之无首，凶。象曰：**比之无首，无所終也。**

義曰：比言无首凶，而乾言无首吉者，何也？蓋乾之爲道，至剛至健，若爲事物之先，必至玩威而暴物，是必待物之來犯，然後從而加之，所以得吉也。此親比之道，必先往比于人，如在下者比于上，卑者比于尊，愚者比于賢。又原究其情性，筮決其善惡，觀其有元、永、貞三德之人，從而附之。如是，卑可升于尊，愚可至于賢。是必先往而比，則可獲其吉也。是故聖人一起，天下之人畢來附之，其有不從而逆之者，則爲聖人之所誅戮也，故有後夫之凶。今上六以陰柔之質居比卦之終，是不能率先親比于賢者，所以致其凶咎，信无所終也。

安定先生周易口義上經卷第三

小畜

☰☴ 乾下巽上 小畜，亨，密雲不雨，自我西郊。

義曰：序卦云：「比必有所畜，故受之以小畜。」是由比卦既相親比，則必有畜積之道也。蓋此一卦是乾巽二體，乾本剛健而居上，處于下則必務于進，而巽以柔順處上，必不能止禦之也。亦猶在上之邪欲已形，然雖有順正之德，必不能止畜之也，故得小畜之名。此「小畜，亨」者，以大畜之卦，其畜道至盛，故不言亨，而此得亨者，蓋大畜是乾下艮上，以乾在下，必欲上通，而艮居上卦爲山，又能止物，是使在下之陽不得上進，及夫畜極乃亨，故卦下所以不言亨也。若此小畜，亦乾在下而巽在上，巽以柔順之質不能拒物，乾雖上進而不能止之，故初則復自道，九二則牽復，至于依附乃能止之，獨止于九三一爻而已，是陽志得以上升，故言亨也。然按此一卦之迹，其文王之事耶？蓋文王當紂殘暴不道之君，以己雖有其才德，然紂之左右前後皆僉壬，故終不能止之也。以此知文王内文明，外柔順，而道在小畜也。「密雲不雨，自我西郊」也者，夫陰陽交，則雨澤乃施。若陽氣上升而陰氣不能固蔽，則不雨；若陰氣雖能固蔽而陽氣不交，亦當不雨。猶若釜甑之氣，以物覆之，則蒸而爲水也。夫東震、北坎皆陽方，其陰氣上交于坤位，則雨矣；南離、西兑皆陰方，其雲氣不能爲雨。今言自我西郊，是雲氣起于西郊之陰位，必不能爲雨也。以人事言之，則猶君之邪惡已形，而又有便佞之臣，左右逢迎其志，其間雖有一二賢正之人，亦必不能止矣。夫君欲既行，而謟諛以滋之臣又不能止畜，則膏澤何從而下哉？

彖曰：小畜，柔得位而上下應之曰小畜。健而巽，剛中而志行，乃亨。密雲不雨，尚往也。自我西郊，施未行也。

義曰：柔得位而上下應之曰小畜，此指六四而言也。小畜卦有二義，何者？夫陽以生物，其德至大；陰以濟陽，其德至小。今六四以一陰柔得位，體无二陰以分其應，故上下五陽皆應之，是小者能畜矣。夫三陽在下而並進，四以一陰獨當其路，勢極柔弱，必不能止禦，至于進極乃始能畜，是小有所畜也，此二義也。「健而巽，剛中而志行，乃亨」者，此據二體而言，又就釋所以得亨之義也。夫乾以健位于下，巽以順處于上，乾健務進，而巽順不能止之，使其剛健巽順安然由中而行，是于邪欲得亨耳。「密雲不雨，自我西郊，施未行也」者，已解在前。

象曰：風行天上，小畜，君子以懿文德。

義曰：風者，震動之氣，能生物亦能成物，其行于地上，則可以助天地生成之力也。今以二體言之，則巽在乾上，則是風行于天之上，其功不及于物，是小畜之象也。君子當此之時，知其未可以進用，則懷畜仁義，懿美文德，樂天知命，待時而動，其志在于佐君以澤天下之民物而已。

初九，復自道，何其咎，吉。象曰：復自道，其義吉也。

義曰：乾體在上，今居于下，必務上進也。此初九以剛健之質居乾之初，勢必務進，而又應在六四，六四又以柔弱居巽始，是必不能爲之制畜，但聽其進而不拒，順其性而不違，此所以得復自故道，而剛志得行，安然不犯咎過，而自以爲吉也。象曰「其義吉也」者，言復自故道而无所違拒，于義理自吉也。

九二，牽復，吉。象曰：牽復在中，亦不自失也。

義曰：九二以剛陽而務進，然其應在五，五雖以剛陽居上，而體本巽順，非制畜之極，不能逆己之進，故得牽連而復。所以得吉者，居中之故也。然五本剛健，雖不違己志，然猶不若六四以柔道依違于初，使其安然上進，故此必待牽連而後得復也。象曰「牽復在中，亦不自失也」者，言九二必待牽連而後復，是不能復有所爲，但于己不自失耳。

九三，輿説輻，夫妻反目。象曰：夫妻反目，不能正室也。

義曰：輿，車也；輻，車輪也。乾爲陽，故稱夫；巽爲長女，故稱妻。言九三以剛健欲務上進，上九居畜之極，固止而不從之，是故輿説其輻而不能行，夫妻反目而不能正。然按大畜之三則曰「閑輿衛，利有攸往」，而此言「輿説輻」者，蓋大畜之時，臣能以大正之道畜君于始，使其邪欲之不行，故畜則有厲，而二則説輹，九三畜極則通，所往皆獲其利，故曰「閑輿衛，利有攸往」。今小畜巽順居上，其臣之勢微力弱，不能禦君邪欲之志，故初則復自道，二則牽復，至此九三方能止畜而不使之進，故曰「輿説輻，夫妻反目」也。大凡非至聖之人，不能无邪曲之情，必左右前後皆得正人端士，以大正之道而規戒制畜之，使其思慮不入于邪，言動皆由于正，則終有天衢之亨也。若夫左右前後皆以讒諂佞諛逢迎其惡，則其間雖有一中正之臣，亦必不能止畜之也。夫正臣不能止畜，則放僻邪侈无所不入，驕奢淫佚无所不至，而車輿説輻之咎、夫妻反目之禍何以逃哉？且大畜始雖不通，至于九三則利有攸往，是其爲福也甚大。小畜始雖能亨通，至于九三則有説輻反目之禍，其爲患也非輕。蓋制畜之道，當在其始，而聖人所以深戒也。象曰「夫妻反目，不能正室也」者，言九三至放縱既極，而見畜于至正之臣，以至不能正己之室，况于他事乎？則其爲禍也可知矣。

六四，有孚，血去惕出，无咎。象曰：有孚惕出，上合志也。

義曰：孚，謂由中之信也；血者，所傷之稱也；去，除也；惕，懼也；出，散也。言六四以柔順居巽之初，下之三陽上進，而己獨當其路，將以拒止之而不使其進，則必爲其所傷。故當以由中之信發于至誠，依附于上之二陽，同心一志，與之共止畜之，則傷害可以去，惕懼可以出散，而免其凶咎也。象曰「有孚惕出，上合志也」者，言六四所以畜于物者，蓋上九當制畜之極，己能一心合志，依附于上而共畜之，則能出散惕懼也。此不言血者，蓋惕懼既散，則去其傷害可知矣。

九五，有孚攣如，富以其鄰。象曰：有孚攣如，不獨富也。

義曰：攣，攣連也；如，語辭也；鄰，謂九二也。此九五居小畜之時，位雖剛明，體本巽順，又以由中之信攣攣于物，故九二所以得牽復而上進也，故曰「有孚攣如」。富以其鄰者，言九二以陽質上應于九五，九五又以由中之信接之，是不專己之富盛，而分用于二也。

上九，既雨既處，尚德載，婦貞厲。月幾望，君子征凶。象曰：既雨既處，德積載也。君子征凶，有所疑也。

義曰：夫六四以柔順不能畜物，使初得復自故道，至于九五，雖以剛質處中，然體本巽順，故亦不能拒九二之進，至此上九制畜既極，九三雖欲務上進，乃爲己之所禦，而其志不通也，故其辭曰「輿説輻，夫妻反目」是也。夫陽氣上進，陰不能固蔽之，則不爲雨澤也，象所謂「密雲不雨」是也。若陽氣上升，陰能固蔽之，則蒸而爲雨。今此上九是能固畜九三之進，然位雖陽爻，而體本巽順，是陰陽相應而成雨澤，故言既雨也。既處者，既，安也。夫六四以柔弱之故，是以惕懼而不敢安。此上九既爲制畜之極，能固止其九三之進，則安然而居，不在惕懼也，故曰既處。尚德載者，言昔之不雨，今既雨矣；昔之不安，今既安矣。此皆由君子之人貴尚其德而行之故也。婦貞厲者，言此上九雖以陽處之，然而體本柔順，下應于九三，是婦道也。以婦而制畜其夫，于正道言之，蓋亦亢厲也。月幾望者，至陰之精也。乾爲陽，故爲日；巽爲陰，故爲月。日常滿，月多虧，今至于此，是巽之極而陰之盛也。月至盈而言幾望者，蓋月者，臣之象也。君之邪惡既見畜于臣，是臣德之盛也。然以臣之分則不可過，故當常若月之幾至于望，則可也。君子征凶者，夫上九居制畜之極，而有既雨既處之事，是時之甚盛也。爲君子者，若復更有所往，不知其止，則是凶咎之道。此聖人存誠之意也。象曰「既雨既處，德積載也」者，言所以獲既雨既處者，由君子以仁德積之于内而行之于外，以至有大正之道畜其剛健之進，皆由久于積習然也。「君子征凶，有所疑也」者，言至此道盛之時，若復征進不已，則必爲人之所見疑也。

履

☰☱ 兑下乾上 **履虎尾，不咥人，亨。**

義曰：按序卦云：「物畜然後有禮，故受之以履。」言物既有所畜聚，須禮以節制之，故履所以次于小畜也。然則履者，禮也。夫人之情，目之于色，耳之于聲，口之于味，鼻之于臭，四體之于安逸，必得禮以節制之，然後所爲適中，動作合度，而放僻之心无自入矣。苟不以禮節制之，則必驕情肆欲，无所不至，是其禮不可一失之也。此卦上乾爲天、爲剛，是爲君、爲父、爲夫之道也；下兑爲澤、爲順，是爲臣、爲子、爲婦之道也。乾剛在上，是能以尊嚴臨于下也；兑説在下，是能以説順奉于上也。上下相承，故得君臣、父子、夫婦皆有其節制，則上下之分定，而尊卑之理别，天下之禮行矣。「履虎尾，不咥人，亨」者，此聖人之深意也。

虎者，至威至猛之物也；咥，齧也。然今履蹈其尾而不見咥齧，終獲其亨者，蓋言暴猛之物不可以犯，若君子能盡禮以履之，終亦不見其傷也。何則？夫以天下之尊，莫尊于君，生殺之權繫之也。若爲臣者能内盡其忠，外盡其禮，柔莊肅慎以事于上，則君雖有雷霆之威嚴，亦將温顔柔色而接之矣。一家之尊，莫尊于父，一家之喜怒繫焉。若爲子者内盡其孝，外盡其禮，温柔恭順以事其父，則父雖至嚴，亦將柔順而接之矣。況于下者，有文以相接，有情以相親，其間縱有離間之心，亦不可得而離間也。是故君、父之至嚴，鈇鉞在前，鞭朴在後，爲臣子者，果盡其心、竭其力、厚其禮以事之，則終不見其傷害也。故曰「履虎尾，不咥人，亨」。

彖曰：履，柔履剛也。説而應乎乾，是以履虎尾，不咥人，亨。剛中正，履帝位而不疚，光明也。

義曰：「履，柔履剛也」者，此言得履卦之名者，蓋由以柔順之體上承于乾剛之質，此所以名曰履也。「説而應乎乾，是以履虎尾，不咥人，亨」者，此就二體而言之，兑以陰柔處于下，而上承剛健，是由賤之事貴，卑之事尊，苟非盡悦順之禮以事之，則其傷害可知矣。固當執此道以事之，則猶蹈猛摯之獸而亦不見其咥齧也，故曰「説而應乎乾，是以履虎尾，不咥人，亨」也。「剛中正，履帝位而不疚，光明也」者，此止言九五之德也。體本剛健，而又以陽處陽，居中履正，是其德剛明而中正也。以此履踐至尊之位而不有疾病，則其道光大而明顯也。

象曰：上天下澤，履，君子以辨上下，定民志。

義曰：乾，天也；兑，澤也。夫天本在上，今居于上；澤本在下，今居于下，是尊卑分定而各得其所也，故君子于此時，以人之飽食煖衣逸居而无教，則近于禽獸也。是以作爲禮制以節之、教之，辨别其民之上下，安定民之心志，使爲君、爲父、爲夫、爲長，凡在人之上者，皆以恩威接于下；使其爲臣、爲子、爲婦、爲幼，凡在人之下者，皆以柔順事于上，如此，則上下之分定而人民之志固定矣。

初九，素履，往无咎。象曰：素履之往，獨行願也。

義曰：夫禮之本，本于質，是故冠冕之始，始于緇布之質；衣裳之始，始于韠韍之質；器皿之始，始于污尊瓦缶之質；飲啜之始，始于大〔一〕羹玄酒之質。是皆禮之始，率以質素爲

〔一〕四庫本「大」作「太」。

本也。今初九居履之初，是能本于質素而行，故曰「素履」也。往无咎者，往則踐履而行之之謂也。言當此履之始，而君子能往踐質素而行之，故得无咎。象曰「獨行願也」者，此履卦之初能踐履質素而行者，蓋獨行己之願也，何哉？其爲禮之始，本起于質朴，迨後世則尚文尚華，惟君子則能不撓于衆而獨行此質素之願，以矯正當時于淳約也。

九二，履道坦坦，幽人貞吉。象曰：幽人貞吉，中不自亂也。

義曰：九二居下卦之中，其體是兑，兑者，和説之謂也。今既履得其中，又能和説，則是樂其道而忘其憂，踐其道坦坦然，安于循理也。幽人貞吉者，幽人則樂道慎獨之人也。凡人之爲禮〔一〕，貴本于中而行，則得其爲禮之中道。故周禮大司徒以六禮教萬民之中，是所行之禮貴得其中也。且凡人之爲禮，有恭肅矜莊而過其中者，有簡易惰慢而不及其中者，有外能恭莊而内實不敬者，有内能恭敬而外不整肅者，有顯然能行中道而欺于闇室者，有不欺于闇室而傲于等夷者，是皆爲禮失其本而不得其中，故唯此樂道慎獨之人能行之，是于正道而得其吉者也。

〔一〕「禮」，原作「理」，據四庫本改。

六三，眇能視，跛能履，履虎尾，咥人凶。武人爲于大君。象曰：**眇能視，不足以有明也。跛能履，不足以與行也。咥人之凶，位不當也。武人爲于大君，志剛也。**

義曰：六三位過九二，不中也；以陰履陽，不正也。過中失正，則所行之禮皆不知其本始，而不能免其憂、逃其凶也。喻如眇者之能視，亦不足明其中道；跛者之能履，亦不足行其正道。以陰而乘剛，是踐履其虎之尾而見咥者也。且以陰而履剛，其志本暴，猶若强暴之人爲于大君，視所行所爲皆不中不正，而至凶禍者也

九四，履虎尾，愬愬，終吉。象曰：**愬愬，終吉，志行也。**

義曰：愬愬，驚懼之貌也。九四處上卦之初，履六三之上，而六三以陰居陽，其志尚剛武，今九四乘之，是履虎尾也。既履此剛暴之上，爲九四者固當愬愬恐懼，則終得其吉也。何則？四本陰位，今以陽而居之，是本有謙志。又近于九五之尊，五以己有剛明而尚謙志委任之。既爲上之所委，又能愬愬然恐懼，則得其吉也。故曰「履虎尾，愬愬，終吉」。象曰「志行也」者，言九四能履蹈于六三之虎尾，終乃得吉而不見其咥者，蓋因己本尚謙而見信任于五，又能愬愬然恐懼不敢自安，以是而獲其終吉，則己之志得行也。

九五，夬履，貞厲。象曰：**夬履，貞厲，位正當也。**

義曰：夬，決也；貞，正也；厲，危也。言此九五以陽居陽，有剛明之德而居尊位，爲臨制典禮之主也。夫既有剛明之德，而又居至尊之位，故能決然定典禮之是非，辨制度之中正，分上下之等夷，齊天下之民志也。夫爲禮之道本于尚謙，在繫辭則曰「謙以制禮」是也。今九五以剛爲禮之主，于正道言之，則危厲可知也，故曰「夬履，貞厲」。象曰「位正當也」者，言此九五既爲制禮之主，固當尚謙退爲本，則得其中而吉也。今乃以剛夬而爲之，是于貞道有厲也。故聖人于此責之，言九五所處之位既已正當，則宜尚謙爲本，不可用剛夬以制禮，故有貞厲之道也。

上九，視履考祥，其旋元吉。象曰：元吉在上，大有慶也。

義曰：視，瞻視也；考，稽考也；祥，禍福之兆也。何謂禍福之兆？蓋凡能履其禮之中正而行者，則獲其福慶也；不能由禮〔一〕之中正而行者，則至于禍患也。夫初九居履之初，尚其質素而行之，故得无咎。今此上九居卦之極，是禮法之已成也。禮之既成，則當視瞻其所行之道，而稽考其禍福也。其旋元吉者，言上九既居禮法之成，又能視其所行之如何，

〔一〕四庫本「禮」作「履」。

故周旋反覆之間皆能獲元大之吉也。象曰「大有慶也」者，言此上九居禮之成，又能視其禍福，以至周旋之間皆獲元大之吉，是大有其福慶之事也。

泰

☷☰ 乾下坤上 **泰，小往大來，吉亨。**

義曰：按序卦云：「履而泰，然後安，故受之以泰。」蓋言凡人既能行其禮典，則必獲其安泰。泰者，安也。以二體言之，則乾本在上，今降而下之；坤本在下，今升而上之，是上下相交，陰陽相會，故謂之泰。以人事言之，君以禮下于臣，臣以忠事于君，君臣道交而相和同，則天下皆獲其安泰也，故曰「泰」。「小往大來，吉亨」者，自内之外，是往也；由外入内，是來也。陽德剛明，又主生育，其道至大，故稱大。今下降之，是大來也。陰主柔弱，又爲消剥，故稱小。今上而升之，是小往也。陰陽之氣既交，則萬物得其吉而亨也。以人事言之，則大爲君子也，小爲小人也。大者來居于内，是君子進用于朝廷；小者往而處外，是小人退黜于巖野也。君子既進，小人既退，則君臣之道交，而上下之心和同，成治于天下，而天下之民皆得其吉而亨通也。

象曰：泰，小往大來，吉亨，則是天地交而萬物通也，上下交而其志同也。內陽而外陰，內健而外順，內君子而外小人，君子道長，小人道消也。

義曰：天地交而萬物通者，言陽氣下附，陰氣上騰，二氣交感，萬物得其生而亨通也。上下交而其志同者，上，君也；下，臣也。若君以禮敬接于臣，臣以忠節事于君，則是上志下接，下情上通。上下之道交通，故能行天下之大道也，立天下之大治也，則天下之民皆得其安泰也。內陽而外陰者，陽爲君子，陰爲小人，小人外而君子內，泰之道也。內健而外順者，此止以君子之身而言也，故君子內懷剛健之德，而外示柔順之貌，以此之故，所以爲泰也。內君子而外小人者，言君子則親附而用之，小人則疎遠而黜之，是君子之道日以長，而小人之道日以消。然則聖人作易，書不盡言，言不盡意，于此所以丁寧而言者，蓋欲其在位者登君子而任用之，抑小人而黜退之，則天下之事无不舉，萬民之業无不安，是泰道畢矣，故聖人所以申勸而言也。

象曰：天地交，泰，后以財成天地之道，輔相天地之宜，以左右民。

義曰：夫天氣下降，地氣上升，二氣交通而萬物得其生，此天地交泰之道也。后者，天子諸侯之通稱也。蓋天地交泰以生天下之財，是以天子諸侯觀此泰卦之象，阜豐其財以成就天地生育之道。故作爲網罟以畋以漁，作爲耒耜以耘以耔，用商賈以通有无，作工功以便器用，阜豐其財，使鰥、寡、孤、獨皆有常餼，此所以成天地化育之道，輔相天地所生之宜，以扶助天下之民而至于安泰也。

初九，拔茅茹，以其彙征，吉。 象曰：**拔茅征吉，志在外也。**

義曰：乾本在上，今居于下，必務上進。若君子將進用于朝廷，以佐君澤民而興天下之泰也。茹者，相續之稱也；彙者，類也；征者，進也。夫茅之爲物，拔之，則其根牽連而起。若此初九之君子，既進用于朝廷，則天下之賢必皆引類而進，則是君子之道長之時也。君子之道得長，則天下之民受其賜，如此則吉莫大也。象曰「志在外也」者，言初九之君子必將引類而登進者，蓋其志于天下之民而進求其用，所以佐君而共立天下之治，興天下之泰也。

九二，包荒，用馮河，不遐遺，朋亡，得尚于中行。 象曰：**包荒，得尚于中行，以光大也。**

義曰：九二以剛明之德居中，而上應于六五之君，爲六五之所任，是君子見用于時，爲興泰之臣也。然而天下雖泰，其間不无荒穢，而九二既以剛居中，則必寬弘廣大其心，以包藏其荒垢也，故曰「包荒」。用馮河者，馮河，是暴猛之人也。九二既居重位，柄重權，爲天子之見任，而能遠大其器量，雖此馮河暴猛之人亦能用之。何則？夫良匠无棄材，隨其長短大小而皆適其用。况天下之廣，當泰之時，雖此暴猛之人亦有以用，故曰「用馮河」。不遐遺者，遐，遠也；遺，棄也。言此九二之君子，荒穢者包藏之，暴猛者能用之，是皆由其廣大寬厚之至，故雖遐遠者亦不遺棄之也。「朋亡，得尚于中行」者，言九二既以剛明之德見任于六五，而又廣大其量，以容于物，故必不親己之所親，而親其朋類，如此所以得尚于中道而行也。象曰「以光大也」者，言九二之君子既得尚于中而行，是其道光大而明顯也。

九三，无平不陂，无往不復，艱貞无咎。勿恤其孚，于食有福。象曰：无往不復，天地際也。

義曰：此一爻聖人因天地將復之際，故設爲之戒也。言乾本在上，坤本在下，所以泰者，上下交也。今九三居下卦之極，是天地將復之際也。天地復則不交而否矣，故聖人戒之曰「无有平而不歸險陂，无有往而不復其所」者，猶若无有泰極而不至衰否，故當艱難而守之以正道，則可以久于其泰而免其凶咎也。「勿恤其孚，于食有福」者，言既能艱守正道，則不待憂恤其孚信而自然明顯，故可以往而安食其福禄也。象曰「无往不復，天地際也」者，言九三居乾之上，是將復于上；在坤之下，是將復于下。當天地之分際，故曰天地際也。

六四，翩翩，不富以其鄰，不戒以孚。象曰：翩翩不富，皆失實也。不戒以孚，中心願也。

義曰：翩翩者，自上而下，疾飛之貌也。夫九三以陽居乾卦之極，是三陽同志，皆務上進也。六四以陰居坤卦之初，是三陰同志，而皆欲下復也。故此所以翩翩然，與上二陰具復其本，所以无有凝滯也，故曰「翩翩」。「不富以其鄰，不戒以孚」者，以，用也。言三陰同志，皆欲下復，故此六四不待富盛而自然能用其鄰，不須戒備而自孚信也，故曰「不富以其鄰，不戒以孚」。象曰「皆失實也」者，實，謂居處也。言乾本在上，今泰之時則下之；坤本在下，今上之，是上下皆失其實也。六四所以翩翩然欲將復而居下，謂其失實故也。中心願也者，言六四不待戒備，自然有孚信而下復者，是衆心之所共願也。

六五，帝乙歸妹，以祉元吉。象曰：以祉元吉，中以行願也。

義曰：帝乙，商之賢王也；歸者，婦人謂嫁曰歸，歸妹之爲言，順也；祉，福也。此六五乃中順之主也，當此泰平之時，能以文柔接于下，則象所謂上下交而其志同，即君降志而接其臣，所以興泰道者也。猶言帝乙賢王以女下嫁于諸侯，是謙順之至也，故曰「帝乙歸妹」。以祉元吉者，夫天子以女而下降于諸侯，是順之之至也。而在下者又能盡其分，故上下皆獲其福祉而有元大之吉也，故曰「以祉元吉」。象曰「中以行願也」者，言君治天下，必欲得賢能之臣爲之委任也。今六五能執謙以下于九二賢明之臣，以至獲元大之吉，是由其中道而素願得行也。

上六，城復于隍，勿用師。自邑告命，貞吝。象曰：城復于隍，其命亂也。

義曰：大凡平治之世，雖教化甚盛，其間不能无姦惡之人。堯、舜，太平也，未必无小人；桀、紂，暴亂也，未必无君子，皆繫于其上之所爲如何耳。是故古之善爲國者，既以仁義道德爲己任而安治天下，又且高其城、濬其隍以爲之戒備，而防天下之姦寇也。何則？天下雖在熙泰，而姦惡之人，其心未嘗安，故聖人謂王公設險以守國者，將使治天下者必有仁義以興治道，亦須設險厄以崇備也。若但有其德而不能設備，則不可以保其國也。若但設其險阻而无其德，其國固不能以保也。昔在太王居邠，狄人侵之，去而居岐山之下而邑焉。以太王爲國，非无德也，然卒爲狄人之所迫者，以不設備故也。使太王居是時，高深其城池，則雖夷狄之侵擾，亦无能爲也。又秦之始皇有天下，北築長城，西據崤、函，帶山阻河，險厄萬里，非无備也，然二世則失天下者，以不爲德故也。使秦皇能以是國而脩其德以濟之，則傾亡之禍无有也。以此知爲國者，必有其德，又設其險，則可以永永而守也。然吴起曰「在德不在險」，蓋一時之權言耳，非萬世之大法也。且五帝而下，堯都于冀，舜都于蒲，今之河中府是也；禹都于安邑，湯都于亳，今之河南是也；周都于酆鎬，今之洛京是也。是皆其所都之地、所處之國，未有不以山河之險而守其國也。聖人之戒治天下者，安不忘危，治不忘亂，則可以永有其泰也。上六處卦之極而泰道將革，又不能居安而思危，處治而思亂，以至驕慢邪侈而不爲之戒備，故有城復于隍之事也。蓋言城復傾圮而无高險之阻，隍復盈滿而无深固之限，是皆恃泰之至以及于否也，故曰「城復于隍」也。勿用師者，夫泰道既極，已不能自爲之備，而更用軍師以攻伐于人，則是不量己力而天下之人必不服從，適自取滅亡之道耳。故聖人又戒之，言不可復用師也。「自邑告命，貞吝」者，夫威賞政令，行之于天下則可。今上六既无所戒備，又不可用師，威德不足以及遠，告命不能及天下，但可號令于己邑之中而已。此皆由恃安泰之過，而不能防閑以至于此。以正道言之，誠足以鄙吝者也，故曰「自邑告命，貞吝」。象曰「其命亂也」者，蓋其命令紛亂，不能及于天下，聖人所以丁寧而言之者，欲戒後之人君，處天下之泰，必常思危亡之事，則可以常保其泰也。

否

䷋ 坤下乾上 否之匪人，不利君子貞，大往小來。

義曰：按序卦云：「物不可以終泰，故受之以否。」否者，閉塞之道也。天地相交，陰陽相接，則萬物得其亨通而繁盛，故曰泰。泰者，通也。物不可終通，故天地各復其本，而陰陽不相交，則萬物皆閉塞而不生，此否之道也。否之匪人者，匪，非也。言天地不交，萬物不生而否塞，此非所謂人之常道也。夫君必以至誠接于臣，臣必以至忠奉于君，則天下可以獲安也。今否之時，君臣不交而物不得其所，是非人之常道也。何則？夫人情莫不欲安、欲逸、欲富、欲壽，否之時則不得其安，不得其逸，不得其富，不得其壽，是豈人之常道乎？不利君子貞者，夫否之時，天地不相交，君臣不相接，小人見用而其道長，小人之道長則讒疾于君子，爲君子者苟欲以正道而行，則必爲小人之所害，故韜晦道德，卷懷仁義，退而自處，不露其正，則可也。大往小來者，陽德至大，陰德至小，今否之時，陽之大德往居于外，陰之小德來處于内，往者屈之，來者伸之，猶君子往屈于巖穴，小人來居于朝廷，則否道所以致也。

象曰：否之匪人，不利君子貞，大往小來，則是天地不交而萬物不通也，上下不交而天下无邦也。内陰而外陽，内柔而外剛，内小人而外君子，小人道長，君子道消也。

義曰：言否之所以非人常道而不利君子貞者，由天地各復其所，二氣不相交，而萬物不得其亨通也。上下不交而天下无邦也者，上，君也；下，臣也。君不以禮敬接于臣，臣不以忠節事其君，禮敬忠義之情不交，則君臣之道塞。君臣之道塞，則天下之諸侯從而亂，所以邦國將至于傾覆矣。內陰而外陽者，內者，親也；外者，疎也。陰爲小人，陽爲君子，親小人而疎君子，此所以成否道也。內柔而外剛者，此小人之體也，內而柔則陰賊殘害，外而剛則狠僻凌暴，故語曰「色厲而内荏」。厲，嚴厲也；荏，柔荏也。外有嚴厲之色，内有柔荏之心，此所以反君子之道也。「内小人而外君子，小人道長，君子道消也」者，由其内小人而親信之，外君子而疎遠之，是以小人之道日以長，君子之道日以消也。

象曰：天地不交，否，君子以儉德辟難，不可榮以禄。

義曰：言君子于此天地不交、賢人道塞之時，則當韜光遁迹以全身遠害，不可與小人並立。若與小人並立，則必見害而召禍也。故但守儉素之德，不憫貧賤，以避小人讒疾之患耳。如不得已而仕，則不可居重位，享重禄，以榮其身，第可全己遠害而已。故君子陽陽之詩曰：「君子陽陽，左執簧，右招我由房。」言周之衰，君子遭是時者，相招爲禄仕，但爲一伶官之賤職，以全身遠害而已矣。

初六，拔茅茹，以其彙，貞吉，亨。象曰：拔茅貞吉，志在君也。

義曰：泰之初，是君子道長之時，可以進用于朝廷，是以連引其類而進之，故其爻辭曰：「拔茅茹，以其彙征，吉。」今否之初，是小人道長，君子不可用之時也。時既不可用，則必引類而退守以正道，不可求進，然後得其吉而獲亨也。象曰「拔茅貞吉，志在君也」者，夫君子之志未嘗不在致君澤民也，雖當此否塞之時，引退守正，不苟務其進，俟時而後動者，蓋亦志在致君澤民而已。

六二，包承，小人吉，大人否，亨。象曰：大人否，亨，不亂群也。

義曰：六二居否之時，小人而見用者也。然而以陰居陰，處得中正，是于小人之中能包其柔順便佞之心，以奉承于上，是以小人而得小人之吉者也。「大人否，亨」者，若大德大才之人則不然，居是時也，以其道塞而不通，故能以正自守，韜藏其仁義，卷懷其道德，不爲世俗之所變，而不雜于小人之中，于否之世，行否之中道，所以全身遠害也。中庸曰：「國有道，其言足以興國；无道，其默足以容。」詩曰：「既明且哲，以保其身。」蓋否之時，不可進用，但以義而自處，全身遠害而已。中庸又曰：「素富貴，行乎富貴；素患難，行乎患難，君子无入而不自得焉。」是言大人君子于否之時行否之道，所以亨也，故曰「大人否，亨」。象曰「大人否，亨，不亂群也」者，言大人君子，其時雖否，然能以道自處，以正自守，不與小人雜，是不亂其群類也。

六三，包羞。象曰：包羞，位不當也。

義曰：六二雖以小人之道用于時，猶且不失其中，承事其上而得其吉也。今此六三位既過中，履復失正，小人之道愈深，但包其羞恥，苟容其身而已，故曰「包羞」。象曰「包羞，位不當也」者，蓋言六三于小人之中最爲甚者，言其所處之位不當故也。

九四，有命无咎，疇離祉。象曰：有命无咎，志行也。

義曰：有命，謂九四有命于初也；疇，類也；離，附也；祉，福也。夫否塞之時，不可有命于其人，蓋小人衆多也。然此九四乃有所命者，以其有剛明勤儉之德，所應在初耳。何則？初六居否之時，以道不行于天下，故不苟進，引類而退，存心在君，蓋守道之君子也。今九四有命焉，所以爲无咎也。然以君子而應君子，不唯己得无咎，使其疇類亦得附離于福祉也，故曰「有命无咎，疇離祉」。象曰「有命无咎，志行也」者，蓋九四以正而見命于初，以至同有其福祉，是己之志得行也。

九五，休否，大人吉。其亡其亡，繫于苞桑。象曰：大人之吉，位正當也。

義曰：休，息也。夫以柔順之道婉遜以承其上，而獲小人之吉者，六二是也。以剛健中正之德而履至尊之位，憂天下之所宜憂，泰天下之所未泰，消去天下之小人，而休息天下之否道者，惟九五大人行之而獲吉也，故曰「休否，大人吉」。「其亡其亡，繫于苞桑」者，桑之爲物，其根榦皆相迫結而堅固者也；苞，即叢生也。夫以大人之德能消天下之否而反于泰，雖然，且當常謂危亡之在前，不敢遑安，而曰「其亡矣，其亡矣」。如此之戒，則社稷磐固，如繫于苞桑之上而不可拔也。

上九，傾否，先否後喜。象曰：否終則傾，何可長也！

義曰：傾，覆也，圮也。夫否極則泰，剥極則復，未濟終之于既濟，此易之常道也。在繫辭則曰：「易窮則變，變則通，通則久。」又揚子曰：「陰不極則陽不生，亂不極則治不成。」皆變易之常道也。今上九居卦之極，則必傾去其否而反之于泰，可以獲其亨通也，故曰「傾否」。先否後喜者，此言否之道，始則六二包承而大人否，九五休否而有大人吉，至此上九則否傾而之泰，是先否後喜之驗也。象曰「否終則傾，何可長也」者，言何可常若此之否也。然聖人言之繫乎勸戒也，泰之時，慮其恃安而過極，故九三則曰「无平不陂，无往不復」，至上六則曰「城復于隍」，皆所以存戒之之意也。今否之時，又慮其躓跋而不進，故九五言「休否，大人吉」，至此上九則言「傾否，先否後喜」，亦存勸之之意也。此皆極言人事之道，而明易之深旨也。

同人

䷌離下乾上**同人于野，亨。利涉大川，利君子貞。**

義曰：按序卦云：「物不可以終否，故受之以同人。」夫天下否塞之久，人人皆欲其亨通，是必君子同志以興天下之治，則天下之人同心而歸之，故曰「同人」。「同人于野，亨」者，野，取遐遠廣大之稱。大凡君子推己之仁以及天下之人，施己之義以合天下之宜，廣大宏博，无所不通，然後得同人之道而至于亨通，故曰「同人于野，亨」。利涉大川者，言君子既推仁義以同天下之心，使天下之人同心而歸之，无有不從，則雖有大險大難亦得而濟之也，故曰「利涉大川」。利君子貞者，夫君子有仁義之心、忠恕之道，推之于身而加乎其民，故不以一己爲憂，所憂者天下；不以一己爲樂，所樂者天下。以至天下之人合心而從之，是君子之正也，故同人之道，所利者唯君子之正者也。

象曰：**同人，柔得位得中，而應乎乾，曰同人。同人曰。同人于野，亨，利涉大川，乾行也。文明以健，中正而應，君子正也。唯君子爲能通天下之志。**

義曰：「柔得位得中，而應乎乾」者，此就二五之爻釋所以得同人之名也。六二以陰居陰，是柔得位也；居下卦之中，是得中也。既中且正，又應于九五之尊，是得位、得中而應乎乾也。以人事言之，則是有中正之臣，而上應于乾剛之君，君臣之道同，則天下之人合心而歸之矣。又如在上者能以剛健之德、仁義之道推諸天下，而在下者又以柔順中正而應之，上下之心既同，是得同人之道。「同人曰」，此三字，蓋羨文，于義无所通。「同人于野，亨，利涉大川，乾行也」者，言所以得于野亨而險難无不濟者，由君子以勤健之德、中正之道以同天下之人，使天下之人同心而歸之，是以乾之道而行也。「文明以健，中正而應，君子正也」者，此以二體明利君子之貞也。下離爲文明，上乾爲健，以是之德則无所不濟，而天下之人莫不與之同心也，故曰「文明以健」。又以六二柔順而居下卦之中，九五以剛健而居上卦之中，上下皆有中正之德相應，故能率人之心以同天下，此君子之正也。唯君子爲能通天下之志者，因上文明君子之正，此又申説君子之道，且凡人之情，思慮不廣，唯止一身一家而已。唯君子則不然，但推其仁義之道、忠恕之德以及天下。以天下之人莫不欲安，則君子扶而不危；人莫不欲壽，則君子生而不傷；人莫不欲富，則君子厚而不困；人莫不欲逸，則君子節其力而不盡。是皆君子盡心于己，推之于人，恢廣宏大，无所不同，故能通天下之志也。

象曰：天與火，同人，君子以類族辨物。

義曰：夫天體居上，而火之性又炎上，是得同人之象也。君子法此象，于是類其族，辨其物。族即族黨也，物即物性也，言其分别族黨，使各以其類，明辨其物性，使各得其所，善者同于善，不善者同于不善，君子則與君子同道，小人則與小人同道，是類别天下，使各得其同也。

初九，同人于門，无咎。象曰：出門同人，又誰咎也？

義曰：門者，亦言其遐遠廣大也。咎者，怨咎也。夫廣遠寬大，无所不同，是同人之道也。今初九以文明之性履同人之始，是其用心廣大，无所偏私，出于門，則與人同也。夫出而與人同，則人亦同心歸之，又何有怨咎者乎？

六二，同人于宗，吝。象曰：同人于宗，吝道也。

義曰：宗，主也；吝，鄙也。夫不以己之親疎，不以己之憎愛，則盡同人之道矣。今六二不能遠大其志，廣與人同，而反私心偏意，上係于九五之主，是其道褊狹，誠可以鄙吝者也。

九三，伏戎于莽，升其高陵，三歲不興。象曰：伏戎于莽，敵剛也。三歲不興，安行也。

義曰：戎，兵也；莽，林莽也；陵，丘陵也；興，起也。夫六二以中正之道上應于九五中正之君，君臣上下各以正道相應，而九三以陽居陽，志好强暴，不量己力，輒欲私貪六二之應而奪之，是以伏其兵戎于林莽之中。然而以不正險陂之行加于人，故不敢顯然興其兵戎，但伏于林莽之中。又且恐懼而不敢進，故升其高陵以望之也。三歲不興者，夫以不正之道而欲犯于至正之人，其勢必不克勝，故至于三年之間，亦不能興起也。象曰「伏戎于莽，敵剛也」者，言其以不正之道欲妄攻奪，是其志不懼九五之剛，而輒欲敵之也。「三歲不興，安行也」者，以不正之小人而欲敵大正之君子，其勢自然不能勝，雖窮三歲之間，安能行之哉？

九四，乘其墉，弗克攻，吉。象曰：乘其墉，義弗克也。其吉，則困而反則也。

義曰：墉，謂乘九三之墉也；克，能勝之辭也。九三不量己力，志尚剛暴，欲謀奪九五之偶，已爲大非，故伏其兵戎于林莽之中。今九四位乘于九三之上，亦欲因其九三之勢乘陵而奪取六二，以義言之，是必不克勝也。然得吉者，蓋己既不能克勝，故因其勢之困弱而反守于法則，故得免咎而獲吉也。象曰「其吉，則困而反則也」者，言九四既因其困弱而反守法則，是改過之人也，故左傳曰：「人誰无過？過而能改，善莫大焉。」此九四所以獲吉也。

九五，同人先號咷而後笑，大師克，相遇。象曰：同人之先，以中直也。大師相遇，言相克也。

義曰：九五與六二之爻，下以文明，上以剛健，各恃中正以相應，而欲同心同力共治于天下。然而物有間于己而不得相遇者，蓋以九三伏戎于莽，九四又乘其墉，皆奪己之應，故己乃用大〔一〕師以攻伐而克之，是先號咷也。既攻伐而克之，然後得與六二相遇，而同心同力以共成天下之治，是後有笑也。故曰「同人先號咷而後笑，大師克，相遇」。象曰「同人之先，以中直也」者，言九五始以九三、九四爲孽于其間，而不得與六二相應，然一舉其師則克之者，蓋由己以大中之道、至直之德而往伐之，故无有不勝也。

上九，同人于郊，无悔。象曰：同人于郊，志未得也。

義曰：郊者，國城之外、曠遠之地也。夫同人之道，貴其无所不同，則可以立功、立事也。今上九居同人之極，而處于遐曠之地，志无所同，但可以免其悔吝而已。若其欲立功、立事于天下，則其志未有所得，故象曰「志未得也」。

〔一〕四庫本「大」作「太」。

大有

䷍乾下離上**大有，元亨。**

義曰：按序卦云：「與人同者，物必歸焉，故受之以大有。」蓋言君子推仁義之心以及于人，行忠恕之道以同于物，則天下之人皆同心而歸，是大有于天下也。然則大有者，大有于衆也，雜卦言「大有，衆」者是也。元亨者，元，大也；亨，通也。夫大有于天下之衆，苟不以天地元大之德治于天下，則不能致其亨通也。故大有之世，必以元大之德亨通于天下，故曰「元亨」。

彖曰：大有，柔得尊位，大中而上下應之，曰大有。其德剛健而文明，應乎天而時行，是以元亨。

義曰：此就六五一爻以釋卦名也。夫六五以柔順之質居至尊之位，以大中之道行于天下，使天下之人无過无不及而盡合于中，故天下之人皆來應之也。以卦體言之，則是六五獨以柔順文明用其大中，而上下五陽他无所從，故皆來應之也。推之人事，則是聖人在位，得柔順之中道，而遠近无不應之，是大有天下之民也。「其德剛健而文明，應乎天而時行，是以元亨」者，此就二體而釋所以得元亨之義也。乾在下爲剛健，離在上爲文明，剛健則能幹濟于事，文明則能照察于物。其德既剛健而文明，則能應順乎天時而行也。夫天以春而生成萬物，聖人以仁而愛育之；天以秋而肅殺萬物，聖人以刑罰而懲勵之，是聖人所爲皆順于天，以時而行也。既以剛健文明之德，又上順于天時而行，是以獲其元亨也。

象曰：火在天上，大有，君子以遏惡揚善，順天休命。

義曰：夫火性本明，天體居上，今火在天之上，至明而无所不燭，是大有之象也。君子法此，以大有天下之衆，則當遏絶其惡而揚舉其善，何則？大凡天下所以不明者，由其惡不去也。聖人在位則遏絶之，若惡之大者則誅擊之，惡之小者則刑戮之，如此則天下之爲惡者知懼也。天下之所以不知者，由其賢善之人不用也。聖人在上則揚舉之，若大賢則置之大位，小賢則置之小位，如此則天下之賢者知勸也。順天休命者，休，美也。夫福善禍淫，天之命也。聖人在上，惡者遏之，善者揚之，是能承順天休美之命也。

初九，无交害，匪咎。艱則无咎。象曰：大有初九，无交害也。

義曰：交害者，相交以利害者也。大凡以親而交于人，則必有疏之者矣；以喜而交于人，則必有怒之者矣；以利而交于人，則必有害之者矣。唯君子爲能用心廣大，故无意于交也。今初九居大有之始，處卦之下，是无心于物者也。既无心于物，則所尚遠大，不交于有害者也。匪咎者，言初九之所以无心于物而不交于害，豈凶咎之道耶？然雖非凶咎之道，又當艱難其志，終久而不變，則庶可以全得无咎也。

九二，大車以載，有攸往，无咎。象曰：大車以載，積中不敗也。

義曰：九二以剛明勤健之才，當大有之時，履得中道，應于六五，是其中正之臣而可當其重任者也。猶若大車之持載，雖甚任重，而不至傾敗者也。「有攸往，无咎」者，夫君子懷才抱道，患不得其位；既得其位，患不得其君。所謂得君者何若？己言則君聽之，己諫則君從之，己有所興爲則君順之是也。今二以剛明中正之才爲六五之所委任，故所行、所往无不利也。所往既利，則凶咎何由而至哉？故曰「有攸往，无咎」。象曰「積中不敗也」者，言君子有剛健之才德，積畜于內，雖授之大位，任之重權，而无有墮廢之事，是猶大車之持載積于其中而无有傾敗也。

九三，公用亨于天子，小人弗克。象曰：公用亨于天子，小人害也。

義曰：此一爻處大有之時，以陽居陽，當下卦之極，爲衆陽之長，是尊極之臣，在三公之任者也。然當此至重之位，以君子則用可享于天子，而行天下之大道，立天下之大位也。以小人處之，則不能克勝其任，以至壞敗王事而爲害于時也。故曰「公用亨于天子，小人弗克」。

九四，匪其彭，无咎。象曰：匪其彭，无咎，明辨晳也。

義曰：彭謂九三也。匪其彭者，是不有奉九三之心也。九四以陽居陰，當上卦之下，履失其正，而上近六五之君，下比九三之臣，處于君臣之間，若行不正，則咎莫大焉。且九三位爲三公，有權之臣也。四柔順屈節以趨附之，是行乎非正之道而必有非常之咎也。固當常有不奉三之心，則得其无咎矣。象曰「匪其彭，无咎，明辨晳也」者，凡知人曰「晳」，此所以匪其彭者，由九四能明察其善惡，辨别其事宜，知九三之不可趨附之而不附，故獲无咎。

六五，厥孚交如，威如，吉。象曰：厥孚交如，信以發志也。威如之吉，易而无備也。

義曰：孚，由中之信也；交，謂上下之道相交也。六五居大有之時，以柔順而處至尊之位，是執柔示信以接于物，故上下皆歸向之也。夫己以由中之信接于人，人亦以由中之信奉于己，上下交相親信，故曰「厥孚交如，」「威如，吉」者，言既以由中之信及于天下，天下皆親信之，則是威德並行而獲其吉也。故不賞而民勸，不怒而民威于鈇鉞是也。象曰「厥孚交如，信以發志也」者，言發己之信以及天下之信，己能如是，則天下有信无信之人皆發其誠志以交應之也。「威如之吉，易而无備也」者，易，平易也；備，戒備也。言己既有孚信交于人，又有威德以及于天下，賞一賢而天下之賢知勸，罰一罪而天下之罪知懼，有此威德之著，故天下皆平易而无所戒備也。

上九，自天祐之，吉无不利。象曰：大有上吉，自天祐也。

義曰：按繫辭云：「天之所助者，順也；人之所助者，信也。」履信思乎順，又以尚賢，是以自天祐之，吉无不利也。」此言餘爻皆履剛，而上九獨乘六五之柔，是思順也。六五有孚信，而己履之，是履信也。又以剛而居上，處无位之地，是能崇尚于賢者。既能思乎柔順之道，履乎孚信之德，又以尚賢，如此則自天而下无有不助之者，又何不利之有？

謙

䷎艮下坤上**謙，亨，君子有終。**

義曰：按序卦云：「有大者不可以盈，故受之以謙。」謙者，卑退而不自驕盈之謂也。以二體言之，則艮下剛而止也，坤上柔而順也。大凡內剛止而外不柔順，則失于亢；外柔順而內不剛止，則近于佞。剛也柔也，內外相稱，此盡其所以爲謙之道也。既盡其謙，則是无不濟而亨通也。君子有終者，終謂終身踐履而不變也。夫用謙之道，貴在久而行之，若夫小人，亦有時而用謙，但不能終久由之，故朝行而夕或改矣。唯君子則能先明其性，平其心，發之于外則皆恭敬之道，故有庸言之信、庸行之謹，終身而行之，无有改也。

彖曰：謙，亨，天道下濟而光明，地道卑而上行。天道虧盈而益謙，地道變盈而流謙，鬼神害盈而福謙，人道惡盈而好謙，謙尊而光，卑而不可踰，君子之終也。

義曰：「謙，亨，天道下濟而光明，地道卑而上行」者，此釋所以得謙亨之道也。夫天體雖高，以其能降下其氣而生萬物，是得其謙而道益光明也。地以其卑，故其氣得以上升相濟以成萬物。夫天氣下降，地氣上升，二氣相交而能生成萬物，是得謙亨之義也。以天地至大，尚以謙而後亨，況于人乎？天道虧盈而益謙者，此以下廣言謙之義也。虧，損也；益，增也。夫天之爲道，盈滿者虧損之，謙順者增益之，至如日中則昃，月盈則蝕，皆其類也。地道變盈而流謙者，變，變易也；流，流布也。至如水既盈滿則必决泄而虧散之，其卑下者則流布而增盈之，此其類也。鬼神害盈而福謙者，害謂禍害之也，福謂福慶之也。鬼神者，天地之用也，有盈滿者則從而禍害之，有謙損者則從而福慶之。人道惡盈而好謙者，人之爲道，有驕淫者，衆共惡之；有謙退者，衆共好之。以天地鬼神之爲道，或虧變禍害其盈者，而益流福慶其謙者，其在于人者可知矣。謙尊而光者，以尊上而言之，若天子諸侯及爲人父爲人兄，凡在人上者，苟能好謙，則其德愈尊而光大矣。卑而不可踰者，卑者，以爵言之，士也；以人言之，庶民也。及爲子爲弟，凡在人下者，若能益尚謙退，則雖在卑下，亦衆人所不能踰越也。君子之終也者，言上之所行，終身由之而不變者，唯君子爲能然也。此聖人舉之以結上文耳。

象曰：地中有山，謙，君子以裒多益寡，稱物平施。

義曰：山體本高，地體本卑，今山居地之中，是抑高舉下之義，而得謙之象也。君子假借其象，言物有多者減而裒聚之，少者增益之，稱其物之多少而均平其施與，是亦抑高舉下之義也。

初六，謙謙君子，用涉大川，吉。象曰：謙謙君子，卑以自牧也。

義曰：初六以謙巽而居一卦之下，是其謙而又謙者也。夫謙謙之道，小人所不能爲，唯君子則能行之，故曰「謙謙君子」。「用涉大川，吉」者，夫君子持身卑退，恭敬之心發于内，則謙謙之道形于外，故衆心皆歸而萬民皆服。民衆既歸，則雖有大險大難，用是而涉之，无有不濟，況于平易常處之時，獲其吉也可知矣。象曰「謙謙君子，卑以自牧也」者，牧，養也，守也。言大人君子所以謙而又謙者，蓋内明其性，外篤其敬，以卑而自守故也。

六二，鳴謙，貞吉。象曰：鳴謙，貞吉，中心得也。

義曰：鳴者，聲聞流傳于外也。夫六二居卦之中，以陰居陰，是君子履中居正，積柔順而行其謙，故聲聞流于人也。貞吉者，言六二以謙退之聲聞于人，是得正道之吉也。象曰「鳴謙，貞吉，中心得也」者，此言君子所作所爲皆得諸心，然後發之于外，則无不中于道也。故此謙謙皆由中心得之，以至于聲聞流傳于人，而獲至正之吉也。

九三，勞謙，君子有終，吉。象曰：勞謙君子，萬民服也。

義曰：勞謙者，言勤勞于謙也。九三以陽居陽，爲下卦之長，衆陰所歸，而其位至重，故上則謙以奉于君，下則謙以治于民，勤勤不已，无有厭斁之心，是謂勞謙者也。君子有終者，言君子唯以行道爲己樂，不以用謙爲己勞，故終身行之而不變，所以得其吉也。象曰「勞謙君子，萬民服也」者，言君子之人勤勞而行謙，則爲萬民之所服而衆心之所歸。且凡人能謙者，天地鬼神尚且祐助而福慶之，則民之服從也可知矣。

六四，无不利，撝謙。象曰：无不利，撝謙，不違則也。

義曰：撝，謂指揮之間皆謙也。夫大有之四處君臣之間，故聖人戒之言「匪其彭」，然後得无咎，以其以陽而居陰也。此謙之四亦在君臣之間，乃言「无不利，撝謙」者，以其以陰居陰，履得其正故也。何則？凡朝廷之間，必得正人端士以贊佐其君，則爲治于天下，无所不利也。今六四以至柔之質而居柔位，是至正之人也。以至正之人而上近于六五之君，下比于九三之臣，而盡謙巽之道以承接之，故進退俯仰以至指揮之間，皆得用謙之道而无有不利也。象曰「无不利，撝謙，不違則也」者，言六四所以然者，由履于正位，不違逆其法則也。

六五，不富以其鄰，利用侵伐，无不利。象曰：利用侵伐，征不服也。

義曰：以，用也。六五以柔順居至尊之位，是能執柔以治人，居謙以遇物，故不待富盛而能用其鄰也。以天子言之，則能用其四夷與天下諸侯。以諸侯言之，則能用其鄰國也。「利用侵伐，无不利」者，言六五以柔德化治天下，而能用其鄰，當此之時，苟有不庭不軌之人，則是不率仁人之教而天下共棄之人，乘天下共棄之心而伐之，无所不利。夫堯、舜以至仁率天下，然尚有三苗之征，則其他可知矣。但聖人在上，有叛逆之人，則衆所共怒也，以至仁而侵伐之，无有不利也。然先聖于此特言侵伐者，蓋有意于勸耳！何則？夫人君之治天下，必恩威兼用，然後可濟。今當謙之時，不可純用于謙，其有不庭不軌，必以侵伐而克之也。

上六，鳴謙，利用行師，征邑國。象曰：鳴謙，志未得也。可用行師，征邑國也。

義曰：上六居上卦之極，謙道已得而處于无位，然本以其行謙，故亦有聲名流傳于外，故曰「鳴謙」。「利用行師，征邑國」者，言上六雖行謙，而聲名既著矣。然而居无位之地，无功實之效，故但可行師征己之邑國而已，是其功未能及遠，不若六五之用侵伐而无所不利也。象曰「鳴謙，志未得也」者，按六二亦言「鳴謙」，而象曰「中心得也」，此言「志未得」者，蓋六二當人臣之位，居中履正，以此而行謙，故得吉也。今上六雖有謙巽之聲聞于外，然居无位之地，雖欲立功立事于天下，其志未有所得也。

安定先生周易口義上經卷第四

豫

䷏坤下震上**豫，利建侯行師。**

義曰：豫，樂也，悦也。按序卦云：「有大而能謙必豫，故受之以豫。」言聖人在上，大有天下之衆，而又能持謙巽之德以臨于下，則天下之人皆悦豫而從之。以二體言之，則雷出于地上，而蟄蟲昭蘇，勾萌皆達，萬物无不得其悦豫〔一〕也，故曰「豫」。利建侯行師者，天下之人既已悦豫，則當建立諸侯而分治天下，出兵行師以討其叛逆，何則？夫民苟不順，何爲而可哉？民心既已悦順，雖驅之死地而亦從之，故豫而建侯行師，无所不利矣。若武王之伐紂，以其順天應人，是以一怒而安天下，天下之民无不悦豫而順從也。

象曰：豫，剛應而志行，順以動，豫。豫順以動，故天地如之，而況建侯行師乎！天地以

〔一〕四庫本「悦豫」作「豫悦」。

順動，故日月不過而四時不忒。聖人以順動，則刑罰清而民服。豫之時義大矣哉！

義曰：剛應而志行者，此以二體明其義。剛謂九四也，應謂初也，九四以剛陽居大臣之位，又處震動之下，下與初六爲應，是上下之志皆得通行也。「順以動，豫」者，震，上動也；坤，下順也，言聖人所動皆順于民心，則民无有不順而悦豫也。「豫順以動，故天地如之，而況建侯行師乎」者，此釋建侯行師之義，言聖人能以豫順民心，又合乎時，雖天地之至高至厚尚亦不違，況建侯以治民，行師以戡難乎？其利可知也。「天地以順動，故日月不過而四時不忒」者，言天地之大，一晝一夜凡行數十餘萬里，而无毫釐之過與不及，是能以至順而動，故日月代明而无薄蝕之差，四時迭行而无盭繆之愆也。「聖人以順動，則刑罰清而民服」者，聖人以天地爲心而有所動作，則天下之人悦豫而從，故刑罰清而民服從之。然此指刑罰而言者，蓋聖人用之所以禁暴止姦，萬民之所深畏者也。當刑者刑之，當罰者罰之，懲一而勸百，故刑罰可措而清矣，是天下之民服從而不犯也。豫之時義大矣哉者，聖人歎美之辭也，言豫之時其義至大，意使後人所動所爲當順于心而已。

象曰：雷出地奮，豫，先王以作樂崇德，殷薦之上帝以配祖考。

義曰：雷者，陰陽奮擊成聲也；殷，盛也。言雷聲奮出于地上，則震動萬物，使勾者盡出，萌者盡達，萬物起而滋植，悦豫之象也。先王觀此之象，則必順時而動，使天下之人皆從服而和樂也。民既和樂，于是采其和聲作樂，以通天下之和，使天下之人聞之而无不悦樂，則其德從而崇高也。故若武王伐紂之後，天下之民既出于塗炭而得其和樂，于是象其成功而作大武之樂，是由順民心而動者也。且聖人作樂，不惟民得其和，又且薦之上天，配以祖考，所以通人神之和而告其成功也。

初六，鳴豫，凶。象曰：初六，鳴豫，志窮凶也。

義曰：鳴謂聲名流傳于外也。初六居豫之初，係應于四，四爲悦豫之主，有盍簪之朋，而己應之，是得志于四也。夫以小人得志則悦豫過甚，驕奢放恣，无所不爲，以至聲傳于外而致其凶咎也。象曰「鳴豫，志窮凶也」者，大凡樂不可極，志不可滿，人理之常也。今初六致其凶咎者，志窮于悦樂故也。

六二，介于石，不終日，貞吉。象曰：不終日，貞吉，以中正也。

義曰：介于石者，言介然如石之堅勁也。六二處悦豫之時，居中履正，是中正知幾之君子也。初六有鳴豫之凶，己下交之而无褻瀆之心；九四爲悦豫之主，有盍簪之朋，己上交之而无諂媚之行。是君子之人，介然守其節操，堅勁如石，守其正道，故不終日之間，所以獲其吉也。先聖繫辭釋此爻曰：「君子見幾而作，不俟終日，介如石焉。」寧用終日，是言六二中正而獲吉也。

六三，盱豫，悔，遲有悔。象曰：盱豫有悔，位不當也。

義曰：盱者，盱睢諂媚之謂也；遲，緩也。以不中不正之質而上近于九四操權之臣，若盱睢諂媚以求悦于四，則必有悔也。若遲緩而不求于四，亦必有悔也。然則六三何以進退遲速之間皆有悔？蓋悦豫之時，以正而從之則可也。三既以不正，而所求者又不正，則宜其速悔矣。

九四，由豫，大有得，勿疑，朋盍簪。象曰：由豫，大有得，志大行也。

義曰：此卦上下群爻皆陰柔，而四獨以剛陽之德爲豫之主，然非至尊之位，乃專權之臣也。權既已專，是以上下皆附從之，必由于己而後得豫也，故曰「由豫」也。大有得者，四既得衆爻從之以取其悦樂，是己之大有所得也。「勿疑，朋盍簪」者，朋，類也；盍，合集也；簪，冠之笄也。言四秉悦豫之權，衆來附己，然而必藉天下群才，共成天下之事業。群材既已從己，己必盡誠以信任之，不有疑貳之心，則彼將引其朋類、合其簪纓而來也。象曰「由豫，大有得，志大行也」者，九四以剛陽之才爲豫之主，上下群陰悦附于己，而又能信任天下之士，天下之士皆合其簪纓而來，是得其位而有權，故其志大得行也。

六五，貞疾，恒不死。象曰：六五，貞疾，乘剛也。恒不死，中未亡也。

義曰：疾，謂疾病也；恒者，綿綿之貌。六五以柔弱之質居至尊之位，而履失其正，又下乘九四剛陽之權臣，是於正道有所疾也。恒不死者，言六五以柔弱之質而履失其正，是有疾病者也。然而得常不死者，以其居中處尊，猶且綿綿不絶而未至于亡也，然所存者但位號而已，故若周平東遷之後，天下之權盡屬强臣，而天王所存者位與號爾。此六五所以然者，蓋一卦之中，最正者六二一爻而已，其執節堅勁，所交不諂不瀆，是至正之臣也。今五乃不能委任之，而又且乘陵于四，此所以得不死之疾也。

上六，冥豫成，有渝无咎。象曰：冥豫在上，何可長也。

義曰：冥，謂冥昧也。上六居豫之極，悦樂過甚而不知止節，以至智性昏迷，冥冥而无所知識，以至于凶咎也。大凡禮樂之道，必相須而成，然後制節和平，皆得其所也。若禮勝而樂不至，則民散而不和也；樂勝而禮不至，則民蕩而不反也。是樂必有禮以爲節，禮必得樂而後和，二者兼備，則不至悔咎也。今上六悦樂過甚，是不知所節，以至冥暗也。古之太康内作色荒，外作禽荒，而貽邦國之患；商紂作長夜之樂，以至傾圮社稷，是皆智性昏迷，恃樂過極，以至亡也。非獨人君則然，至于公卿大夫而下，莫不若是。故伊訓曰：「惟兹三風十愆，卿士有一于身，家必喪；邦君有一于身，國必亡。」故知自天子至于士庶人，凡酣樂過甚，必有凶咎也。有渝无咎者，渝，變也。言苟能因其逸樂之過，而反思悔咎，自省于己，變前之爲而節之以禮，則庶幾免于悔咎也。象曰「冥豫在上，何可長也」者，此聖人深戒之意也。言其悦豫過甚，至于情蕩性冥而不知所止，是何可長如此乎，言能渝變則可以无咎也。

隨

䷐震下兑上**隨，元亨利貞，无咎。**

義曰：按序卦云：「豫必有所隨，故受之以隨。」言聖賢在上，既得天下之悦豫，必皆樂而隨之也。然謂之隨者，兑上爲説，震下爲動，是聖賢動順民心，則天下皆悦樂而隨之也。元亨利貞者，此天地之四德也。凡聖賢之人，欲天下之隨己，故當修天地生成之四德，然後可以使天下皆悦而隨之，則可以免咎也。凡人將隨于人者，亦當審其所隨之人，有此元亨利貞之四德，能生成于民物者，然後隨之，則得其所安而獲其无咎也。是隨之道，必以此四德兼備，然後可以求人之隨及隨于人也。

彖曰：隨，剛來而下柔，動而説隨，大亨，貞无咎，而天下隨時。隨時之義大矣哉。

義曰：「剛來而下柔，動而説隨」者，此就二體以釋其義。夫震以動，其性剛；兑以説，其性柔。今震在兑下，是剛來而下于柔也。猶聖賢君子以至剛之德、至尊之位、至貴之勢，接于臣而下于民，故賞罰號令一出于上，則民皆悦然隨于下也，故曰「剛來而下柔，動而説隨」。「大亨，貞无咎，而天下隨時」者，此釋元亨利貞之四德也，言有是四德兼備而无其咎過，則天下之人盡將奔走匍匐，及時而隨之矣。隨時之義大矣哉者，言隨時之義至大，非大才大智，有上四德之人，必不能使天下之民悦而隨之也，故先聖于此重嘆美之也。

象曰：澤中有雷，隨，君子以嚮晦入宴息。

義曰：雷在澤中，是待時而動，若雷之一奮，則萬物皆隨而震動，是隨之象也。君子以嚮晦入宴息者，此當有二義，言隨之時，必當慎其所以爲隨之道，不可輕動，必須待其人有是四德之備而後隨之。雖然，亦未可以顯然而從之，固當韜光養正，向于隱晦之中以自安息，而詳審其人，使可以隨，然後往而隨之，則得其道也。苟不擇其人，又且顯然而往，至于中道有所不至，則其爲患不細矣。故論語曰「朋友數，斯疎矣；事君數，斯辱矣」是也。又若君子欲人隨于己，亦當韜光潛德，向于冥晦之中，使其元亨利貞四德之備，則天下之人自然隨之也。故君子之隨于人者，若伊尹起莘而隨湯，太公起海濱而隨文王，七十子之隨仲尼，皆得其爲隨之道也。故先聖于象辭以戒後人，凡隨之道，尤宜重慎也。注疏謂：「物皆説隨，可以无爲，不勞明鑒。」且凡聖人在上，天下未隨之時，則當焦心勞思以治之。及天下既隨之後，則亦當憂勤而思所以安之之道，豈有物既隨而荒怠佚樂，无憂勤之志者哉？

初九，官有渝，貞吉，出門交，有功。象曰：官有渝，從正吉也。出門交，有功，不失也。

義曰：官，主守也；渝，變也。大凡人素有所主守，確然持一節不變者，當隨之世，則必觀時量勢，而變其前之所守，則其人之可從者，决然往而隨之可也。今初九居隨之時，當動之始，固宜易所素守，擇其人而隨之也。既欲擇其人，則必視其有四德之備，大賢大正之人，使可以隨之則隨之，則于正道得吉也。「出門交，有功」者，言苟〔一〕不能韜光晦迹，拱默以待其人，而已出門矣，則必擇其有功者然後交之，乃可以獲安而不失其所也。象曰「官有渝，從正吉」者，大凡人之守節，確然執一而不能通變者，未可以語聖賢之道也。夫聖賢之道隨時通變，无所執泥，當可隨之時，雖素有所主，亦必擇其人之善者而從之也。若時不可

〔一〕四庫本無「苟」字。

動而人不可隨，則退而固其所守，以道自處也。然雖去就不同，但從于正則吉也。

六二，係小子，失丈夫。象曰：**係小子，弗兼與也。**

義曰：小子謂初九也，丈夫謂九五也。大凡陰柔不能自立，必得剛陽之人以係之則可也。今六二居隨之時，與九五爲正應而最遠之，初九非其應而切近之，故已以陰柔之質因而附于初，是失九五之丈夫而係初九之小子也。然則六二履于中正，何係乎非應？蓋陰弱而无常守故也。夫以不定之性而又居隨之時，是必舍遠而係近矣。然所以不言凶者，蓋聖人于此戒之，謂其尚有從正之道，若能係于九五而舍于初九，則不至于凶咎也。象曰「係小子，弗兼與」者，言係于初則失五，係于五則失初，從此則失彼，從邪則失正，是不可以兼與也。

六三，係丈夫，失小子，隨有求得，利居貞。象曰：**係丈夫，志舍下也。**

義曰：丈夫謂四也，小子亦謂初也。六三亦以柔弱之質不能自立，必得剛陽之人以隨之也。上既近於四，而下又遠于初，是以隨九四之丈夫而失初九之小子也。隨有求得者，言隨之時，六三上无正應，九四又下无正應，是兩无所繫而又相比。今六三往隨之，是所求有得也。利居貞者，言六三、九四皆非所應，今既相從，必以正道，乃獲其利而无凶咎之事也。是以凡師友朋黨之間，所相隨者必皆以正，則可以全其終也。故仲尼曰：「居是邦也，事其大夫之賢者，友其士之仁者。」蓋言必得正人端士，然後可以相從也。

九四，隨有獲，貞凶。有孚在道，以明何咎。象曰：隨有獲，其義凶也。有孚在道，明功也。

義曰：九四以陽居陰，履非其正，然而己以剛明之才得居人臣之極位，用心廣大，无所係吝，天下之民欲隨于己，己輒納而不拒之，是有所獲也。貞凶者，夫民，君之民也，己居人臣之位而輒有之，則侵權擅民，于人臣之正道大爲凶也。「有孚在道，以明何咎」者，孚，誠信也；道，臣子之道也。言九四雖擅有君之民，侵取君之權，蓋是君之澤未下于民，而己又當臣位之極，故天下皆願歸之也。然既在嫌疑之地，則宜如何？故必當推其至誠至信，率天下之民以奉于上，盡其齊物之心，顯然推白其臣子之道，以明非有叛逆之惡，則庶可以免其刑戮而逃其悔吝也。故昔者文王當紂之時，三分天下有二，而記者稱之曰：文王有君民之大德，有事君之小心。然尚不免紂之疑而有羑里之囚，幾至不免，是臣子之道，當顯然盡其誠信以事于君，則可以免咎。象曰「有孚在道，明功也」者，言既有孚信在于臣子之道，而上得剛明之君，知己非叛違之意，故足以明己之功也。

九五，孚于嘉，吉。象曰：孚于嘉，吉，位正中也。

義曰：九五居隨之時，以剛陽居至尊而履得其正，處于大中，故天下之人莫不鼓舞而隨之。然則如何以副天下所隨之望？故當虛其心，盡其誠，以信任大才大賢嘉善之人，以共成天下之大治，則吉莫與盛。象曰「孚于嘉，吉，位正中也」者，言九五爲中正之君，下應于六二，六二亦爲中正之臣，而己能孚信而任之，則天下之賢皆來隨于己而輔成天下之事業也。

上六，拘係之，乃從。維之，王用亨于西山。象曰：拘係之，上窮也。

義曰：夫隨之世，天下之人莫不畢從于上也。今上六處卦之終，最居于上極，是其凶頑而不從之人也。夫凶頑之人，雖王者興而不從，聖人起而不服，必待其拘囚繫係之後乃從也。「維之，王用亨于西山」者，維，即維縶之也。西山以上體兑，兑，西方之卦，山取其險惡也。夫聖人在上，天下之民莫不歸之，而此上六凶頑之人，置之一方，則一方受其害而罹其險惡，今既加之以誅伐而維縶之，使不能萌其惡以毒于民，故雖西方險阻之地，亦得亨矣。

蠱

䷑ 巽下艮上 **蠱，元亨，利涉大川。先甲三日，後甲三日。**

義曰：蠱，壞也。按左傳昭〔一〕元年云：「皿蟲爲蠱，穀之飛者亦爲蠱。」蓋言三蟲食一皿，有敗壞之象，故云「皿蟲爲蠱」。又言穀之積久腐壞者，則變而爲飛蟲，亦蠱敗之象，故云「穀之飛者亦爲蠱」。夫物既蠱敗，則必當脩飾之，故雜卦曰「蠱則飾也」是矣。以人事言之，則是風俗薄惡，教化陵遲，而不綱不紀也。方此之時，聖賢之人必以仁義之道施爲而拯治之也。元亨者，元者，天地大生之德，于人爲仁也；亨者，天地大通之德，于人爲禮也。言聖賢當此天下蠱壞之時，思欲拯治之，必有天地大生之德、至仁之道以拯濟之，又當以禮制而拯葺之，以救弱扶衰，興滯補弊，使天下之生靈各得其大通也。利涉大川者，大川謂大險大難也。夫治天下弊壞之事，不可安然而治之，必在衝涉大難，奮不顧一己之私，存心于天下，然後可以治其事，措之安平也。何則？以天地之德至廣至大，而發生萬物，尚有屯難，况聖賢治天下蠱敗之事，豈无險難乎？「先甲三日，後甲三日」者，庚甲，皆申令之名也。凡事仁恩于五行爲木，木主春，春爲施生，故爲仁恩之令也。凡事已蠱敗，非下民之所能爲，皆在上者致之也。然聖賢必欲治之，則當以仁恩之令而爲之先也，是故民有匱乏

〔一〕四庫本「昭」作「昭公」。

者，則出粟帛以濟之；民有失于奢者，則以禮而節之；民有未出于塗炭者，則出之而使安其所；民有入于凶頑而陷于刑辟者，則使之改過自新。故先之三日以申諭之，後之三日以丁寧而勸戒之，如此則天下之事无有不舉矣。

彖曰：蠱，剛上而柔下，巽而止蠱。蠱元亨而天下治也。利涉大川，往有事也。先甲三日，後甲三日，終則有始，天行也。

義曰：上體艮爲剛，下體巽爲柔，夫天下之事所以弊壞者，由上无剛明之德以斷制于下，下无柔順之心以從令于上耳。今此卦上既剛明而能斷，下又柔順以奉令，故蠱敗之事可以得治也，故曰「蠱，剛上而柔下」。巽而止蠱者，上艮爲止，下體爲巽，巽爲權變，艮爲鎮靜，夫能用權者，多失于鎮静。今既止静，又能行權，故可以治蠱敗之事也。「利涉大川，往有事」者，言聖賢之人欲治蠱敗之事，則雖大險大難，必往而治之，庶成天下之事業也。「先甲三日，後甲三日，終則有始，天行也」者，言上之行仁恩之令，先之三日，後之三日，終而復始，若天有四時之行，春生而秋成，始始終終，无有休息也。

象曰：山下有風，蠱，君子以振民育德。

義曰：按左傳云：「在周易女惑男、風落山，謂之蠱。」言山之有材木，今爲其風之所落而在山之下也。夫風之爲氣，能生物，亦能落物，此即肅殺之風，故爲蠱之象也。君子觀此之象，以拯救天下壞敗〔一〕之事，振濟萬民之難，使皆得其所而遂其性，又且養育己之德業而加于天下，不使至于蠱敗也。

初六，幹父之蠱，有子，考无咎，厲終吉。象曰：幹父之蠱，意承考也。

義曰：大凡事之蠱敗，必求所以脩飾之也。初六居卦之始，得巽之體，能用權變以承家道而幹集父事，故云「幹父之蠱」。有子者，夫能代父之任而成家之事者，子之職也；一不能然，是无子矣。今初以權變而幹父之事，使男正位乎外，女正位乎内，内外和睦，上下整肅，是得其爲子之道也。考无咎者，言父有不能幹家之事而至于蠱敗，咎莫大焉。苟得賢明之子以代其任而成其事，則可使其父立于无過之地矣。今初六能用其權變以幹濟其事，使其父得无咎也，然謂之考无咎者，夫生曰父曰母，死曰考曰妣，蓋言初六不唯能幹父之蠱而致父于无過，兼使其父雖至于終没亦免其咎，而致其令名以光于後也，故祭義曰：「亨孰羶薌，嘗而薦之，非孝也，養也。君子之所謂孝者，國人稱願然曰幸哉有子若此，所謂孝也

〔一〕四庫本「壞敗」作「敗壞」。

已。」又哀公問于孔子曰：「何謂成親？」孔子曰：「君子也者，人之成名也。百姓歸之名，謂之君子之子，是使其親爲君子也，是爲成其親之名也。」蓋言父雖有過而子能終幹之，則使其父免咎矣。厲終吉者，厲，危也。言初六居卦之始，幹父蠱敗之事，是主艱也，故當常若危厲在前，恐懼其始，則終可以獲吉也。象曰「幹父之蠱，意承考」者，意謂心之所存也，言爲子之道，不可盡循父之命，但心之所存，以至孝事其親而成之耳。

九二，幹母之蠱，不可貞。象曰：幹母之蠱，得中道也。

義曰：九二以剛明居中而在内卦之内，是能幹其母蠱壞之事也，故曰「幹母之蠱」。不可貞者，言君子之人，必上思忠于君，下思利于民，不可屑屑然專以治閨門之事，久執其道，爲己之正也。象曰「幹母之蠱，得中道也」者，九二以剛明之德居得中位，在内則能幹母之蠱，在外則能幹父之事，在朝廷則能忠于君而利于民，是周旋進退皆得于中道也。

九三，幹父之蠱，小有悔，无大咎。象曰：幹父之蠱，終无咎也。

義曰：九三以陽居陽，有剛明之德，履于至正，故能幹父之蠱。何則？夫剛則有能斷之才，正則公而不私，以此而行，則克幹其事而无所不濟也。「小有悔，无大咎」者，言九三全用剛斷以幹其家事，則必傷于和睦之道，而親族之間必小有悔恨之者，然己代父之任，整肅閨門之教而幹成其事，則終无大咎也。

六四，裕父之蠱，往見吝。象曰：裕父之蠱，往未得也。

義曰：夫父以柔懦不能剛決，以至蠱壞其家，而六四又以柔弱之質承其蠱敗之後，无剛明果決之才，不能代父之任而幹家之事也。然而以陰履正，故但少能寬裕其父之事耳，故曰「裕父之蠱」。往見吝者，夫承蠱敗之後，而以柔弱之質，將有所往，必見悔吝而无所成也。然初六亦以陰柔之道乃能幹父之蠱，此即往而見吝，何也？蓋初六居壞敗之始，當幹家之初，能用權變以治其事，致父于无過之地，故聖人言之，以爲萬世治家之法當在于始也。是以爲臣爲子者，不可以无剛明之才也。今六四既居事壞之後，而无剛明之才，不能幹濟其事，故往見吝而无所得也。

六五，幹父之蠱，用譽。象曰：幹父用譽，承以德也。

義曰：譽者，嘉美之稱也。六五所以能幹父之蠱者，蓋承以其德，不在剛威而能代父之任、承家之事，又有大中之道，下應九二剛明之人，用是所以得嘉美之譽也。象曰「幹父用譽，承以德」者，言六五所以用譽者，非徒取于虚名也，蓋以大中至正之德承父之志以治其事，使社稷永固，生靈受賜，各遂其所，而天下嘉美之譽自然至矣。

上九，不事王侯，高尚其事。象曰：不事王侯，志可則也。

義曰：夫事治于始，至于終，則其事已成也。大凡人子之始，竭力盡孝以事父而治于家；人臣之始，竭力盡忠以事君而利于民。及夫家國〔一〕既濟，功業既成，榮問既極，而苟年德衰耗，則必有止足之心而不累其位，退休歸老，不事于王侯，而自崇高尊尚其事也。象曰「不事王侯，志可則也」者，言上九之不事王侯，蓋有足止之心、高尚之行，可爲世俗之所法則也。言聖人之德始終如一，无有衰耗。若周公之輔于周，亦卒于周，未聞高尚其事也。夫有周公之資則可爲，自賢人而下，則不能无衰耗矣。功業既成，則休退宜也。然世俗所謂高尚者，内則无心于家，不孝于父而幹其事；外則无心于國，不忠于君而利其民，但高傲衣冠，晦迹山林，遠去人迹，此直豕鹿木石之伍耳，非聖人言蠱上之意也。

臨

䷒ 兑下坤上 臨，元亨利貞，至于八月有凶。

〔一〕四庫本「家國」作「國家」。

義曰：按序卦云：「有事而後能大，故受之以臨。臨者，大也。」聖賢之人興立事業，必自小以至于大，故臨所以次于蠱也。然謂之臨者，居上臨下之義也。此卦之體，二陽漸進，是聖賢興起，君子之道得行，有才德以臨于天下也。元亨利貞者，天地之四德也。夫聖賢興起，必有四德之備，如春之生、夏之長、秋之成、冬之固，使天下无一物不被其澤，无一民不受其賜，迺可以臨于人也。至于八月有凶者，八月即周之八月，今之六月，斗建未之時，二陰生也。臨卦二陽生，即周之二月，今之十二月，斗建丑之時也。此言聖賢興起，君子道長，而至于八月有凶者，蓋聖人之深戒也。言二陽始進，進而不已，不顧陰氣之侵逼，至于八月二陰之生，則其卦爲遯，以至爲否，陰氣漸進，陽氣必消也。猶君子乘時得位以臨于人，若不能深思極慮以防其失，使小人得乘隙而進，則至于侵害矣。故當此之時，居其安不忘其危，在其治不忘其亂，則可以久臨于天下而无有危亂也。

彖曰：臨，剛浸而長，説而順，剛中而應。大亨以正，天之道也。至于八月有凶，消不久也。

義曰：浸，漸也。言所以爲臨者，二陽始生，其德漸進，猶君子得其時，遇其君，以漸而進于位，興立事業，以臨于天下也，故曰「臨」。「剛浸而長，説而順」者，上坤爲順，下兑爲悦也。言剛浸而長，是聖賢之人臨于天下，有至尊之勢、至嚴之威也。其勢至尊，其威至嚴，則卑賤之俗、疏遠之民，其情曷以通，而其恩曷以下哉？是必有仁義之化以悦順于民心，使天下无不被其澤，无不受其賜，彼皆悦然以順于上也。剛中而應者，此謂九二以剛明之德而處下卦之中也。凡臨人之道，必須下其身，先于臣民以交接于下，則下之志皆得上通也。「大亨以正，天之道也」者，夫聖賢在上，既能説[一]而順人，以剛明之德先于臣民，故能行元亨利貞之四德，以撫育萬民，生成萬物，此乃天之道也。「至于八月有凶，消不久也」者，此言二陽漸進，至于八月，二陰浸長，則陽道不久而消剥矣。亦如君子之待其時，不顧小人之進，使其少得勢則必侵害君子，君子之道不久而漸退矣。然不曰「七月」者，蓋其一陰始生，小人之勢尚弱，未能爲害。至于八月，二陰既長，則小人之道漸盛，而其黨漸熾，故有侵害之事也。聖人至此言之，所以深戒萬世居安思危之意也。

象曰：澤上有地，臨，君子以教思无窮，容保民无疆。

義曰：夫臨者，居上以臨下也。至高，天也；至下，地也。今不云「天臨」，而曰「澤上有

[一] 四庫本「説」作「悦」。

地，臨」者，蓋地之勢最附近于澤，而澤又依著于地，是臨之象也。君子法此之象，汲汲然惟恐一物之不被其澤，故夜以思之，晝以行之，焦心極慮，施其教化以臨于民，而无有窮已也，又能寬容保安之，而无有疆畔也。然則爲君子者，不能思其教化，則不可臨于民者一也；能教而不能寬容之，則不可以臨民者二也；能容而不能保安之，則不可以臨民者三也。須三者之道兼備，而又有元亨利貞之四德，夫然後可以臨于民也。

初九，咸臨，貞吉。象曰：咸臨，貞吉，志行正也。

義曰：咸，感也。夫剛者必有至尊之勢、至嚴之威以臨于人。今初九以剛明之才居一卦之下，是聖賢之人下其身以先于臣民者也。夫既下其身以先之，則天下之民莫不感悦而從矣，故曰「咸臨」。既能下其身先于人，人皆從之，則得其正而獲吉也。象曰「咸臨，貞吉，志行正也」者，且聖賢之人，非苟欲柔邪佞媚以取悦于天下之人，蓋上之臨下，以仁義之化行己之道，興天下之利耳。今初九以剛明之才處衆陰之下，是其志本行于正也。

九二，咸臨，吉，无不利。象曰：咸臨，吉，无不利，未順命也。

義曰：九二亦以剛明之才居下卦之中，下其身以先于臣民者也，是以天下之人莫不感悦而歸之，故曰「咸臨」也。「吉，无不利」者，初九雖能使人感悦而從之，然未得其中，故但得貞吉而已。九二以剛明之德處下卦之中，則所爲无過與不及，皆得中道。而又居衆陰之下，能下其身以接于民，則獲其吉而无所不利矣。象曰「未順命也」者，此「未」字當爲羨文。夫九二有剛明之德以臨于人，天下皆感悦而歸之，无有不順其命者也。而經文言未順命，豈天下率歸而有未順命者乎？蓋易經傳之久，其間不能无脱誤，故此「未」字當爲羨文也。

六三，甘臨，无攸利，既憂之，无咎。象曰：甘臨，位不當也。既憂之，咎不長也。

義曰：甘者，柔邪佞媚之道也。六三不中不正，又居兑之極，是過于柔佞也。爲上者以此不正之行、悦媚之道而臨于人，故謂之「甘臨」。夫以不正之行、佞媚之道以苟且取譽于民，雖苟得頃刻之悦、一時之譽，然于天下之事終无所利矣，故在書曰「罔違道以干百姓之譽」者是也。象曰「既憂之，无咎」〔一〕者，言六三若能以己之不正而反自思省以憂其危，知甘佞爲非而變從于正道，則可以免咎悔也。

六四，至臨，无咎。象曰：至臨，无咎，位當也。

義曰：六四所履得正，下應于初九剛明之援以臨于人，能至于臨下之道而得无咎也。蓋上

〔一〕據象辭，「无咎」應爲「咎不長也」。

之臨下，必得其正道，若一失于正而入于邪，則下之從也若影響之效，固不可以无正也。是以孔子曰：「其身正，不令而行；苟不正其身，雖令不從。」是上之臨下必由于正也。今六四以陰居陰，是履得其正，以此臨下，則下无不從，是至于爲臨之道而獲其无咎也。象曰「至臨，无咎，位當也」者，六四以陰居陰，處不失正，是能正一心以正朝廷，正朝廷以正百官，正百官以正萬民，正萬民以正四方，正四方則遠近莫不一于正，誠由居當其位而行得其正也。

六五，知臨，大君之宜，吉。象曰：大君之宜，行中之謂也。

義曰：知臨，謂能用群賢而任知以臨于人也。六五以陰柔之質居坤順之中，履至尊之位，得大中之道。九二有剛明之才，五以至誠接納而信任之，故天下之賢莫不竭其聰明、盡其才智以輔于己也。能用天下之賢以知而臨于人，是得大君所行之宜而獲其吉也。故若堯、舜之爲君，而任皋、夔、稷、禹之徒是也。象曰「大君之宜，行中之謂也」者，夫天下至大，生靈至衆，居上者以一耳一目不能周其視聽，必得天下之賢才以輔于己則可也。今六五能任用剛明才智之臣以臨于下，是大君所行之中道莫尚于此。

上六，敦臨，吉，无咎。象曰：敦臨之吉，志在内也。

義曰：敦，厚也。坤爲博厚而上六處坤之極，是能以敦厚之道而下臨于人也。「吉，无咎」者，六四、六五皆有剛明之援，所以獲吉。今上六雖有敦厚之德，然下无正應，无剛明之助，是本有咎矣，必須吉而咎乃得免，故曰「吉，无咎」。象曰「敦臨之吉，志在内也」者，夫坤之體本在于下，今在上而其志樂于下，復是志在于内也。何則？蓋上六處一卦之極，雖下无剛明之人以爲己助，然能以敦厚之德附于二陰，故三陰同志，皆樂下復，是其志在内者也。

觀

䷓ 坤下巽上 **觀盥而不薦，有孚顒若。**

義曰：序卦云：「臨者，大也，物大然後可觀，故受之以觀。」觀者，觀也。此卦之體，二陽在上，是聖賢之人有剛明之德以臨觀于天下，使天下之人莫不仰觀而化之也。觀盥而不薦者，盥薦者，皆祭宗廟所行之禮也。盥謂天子始入廟，則必盥手酌鬱鬯于地，以求幽陰之時也。薦謂三獻薦腥、五獻薦熟之時也。夫始盥之時，其禮簡略，故至誠之心、恭肅之意莫不盡之。若薦腥熟之時，則其禮已煩，雖有强力之容、恭懿之心，則亦倦怠矣。是以聖人在上，臨御天下，必當如始盥之時，盡其至誠之心以爲天下所觀法也。固不可如行薦之時，禮數煩劇，其志懈怠，則不能使天下之人觀之以爲法則也。有孚顒若者，孚，信也；顒，謂恭肅之貌也；若，語助也。言聖人既能盡至誠之心，如始盥之時而臨制天下，則天下之人仰以法之，皆以孚信而應之，其貌顒顒然盡其恭肅以應夫上也。

彖曰：大觀在上，順而巽，中正以觀天下。觀盥而不薦，有孚顒若，下觀而化也。觀天之神道而四時不忒，聖人以神道設教而天下服矣。

義曰：大觀在上者，謂此卦以二陽居于上，臨觀于下，使其教化浹洽而天下之所觀仰也。順而巽者，此以二體而言，下坤爲順，上巽爲權也。夫聖賢之人雖有剛明之德以臨于下，然在乎不自尊大、不自高抗，凡所作爲皆用柔順之道以下于民，則天下之民悦而從之，无所懈倦，而又示之以權變之道，使民由之而不知其所以然也。中正以觀天下者，夫觀有二義，以度而言之，則謂之觀；以目所觀，亦謂之觀也。此一句指九五而言，蓋以陽居陽，又處上卦之中，履至尊之位，有大正大中之德以臨于天下，使天下皆有所觀法也。「觀天之神道而四時不忒，聖人以神道設教而天下服」者，此廣明其義也，言下之人既觀上之道以爲法則，而聖人又觀天之道以爲法則也。神道者，陰陽不測之謂也。天運至神之道生育萬物，春生夏長，秋成冬固，使物皆遂其性，而不可推測其用，四時之行无或差忒，聖人法之，亦以至神之道設爲仁義之教，以成治天下，使天下之人各安其性而懷其業，不知其所以然而然也。

象曰：風行地上，觀，先王以省方觀民設教。

義曰：夫風行于地上，則无所不至，物无不順，生成萬物，萬物得其茂盛，皆可以觀，故曰觀之象也。先王以省方觀民設教者，是先王觀此之象，以省察四方之利害，觀視萬民之善惡，而設仁義之教以行于天下，使一民一物皆得遂其生成而不失其所也。

初六，童觀，小人无咎，君子吝。象曰：初六，童觀，小人道也。

義曰：按此卦二陽居上，有剛明之德，爲天下之所觀，而天下之人莫不奔走以觀其道而爲法則也。今初六以陰弱之質最居其下，而遠于剛陽，不能上進以求聖賢之道而觀之，但冥冥然无所知識、无所聞見，若兒童之所觀也，故曰「童觀」。小人无咎者，言于小人之道則得其无咎也。何則？夫小人之人，天下之事无所歸責，但營保一身而已，故不能進而觀聖賢之道爲己之法則，以至終身愚憒，无能開發，止爲兒童之見，此于小人所以无咎也。君子吝者，夫君子之人則當求聖賢之道，學聖賢之事業，廣其視聽，大其知識，以充己之道，上思致君，下思利民，而成天下之事業，則君子之道畢矣。今以童觀在下，而君子之人，苟亦昧然无所聞見，而不能明顯以求觀于上，取法于聖賢之人，則誠可鄙吝也。

六二，闚觀，利女貞。 象曰：**闚觀女貞，亦可醜也。**

義曰：夫自外顯然而觀，則謂之觀；自内而觀，則謂之闚。此六二一爻以陰柔之質居下卦之内，遠于在上二陽剛明之人，不能往而從之，惟在内闚竊而觀之，故曰「闚觀」也。「利女貞」者，夫居觀之時，大觀在上，而己爲闚觀之道，不能顯然而求觀其道以爲法則，是但利于女子之貞而已，固不可爲君子之道。何哉？蓋女子之職，主于閨門之内，不預外事，故但自内而闚竊于外耳，故曰「利女貞」也。象曰「闚觀女貞，亦可醜也」者，言爲闚觀者，于女子之行則可爲正，其于君子誠可以醜也。蓋凡君子之人，上必志于君，下必志于民，而思兼濟于天下，故皇皇汲汲以求聖賢之道，以廣己之視聽，發己之才識，而成己之道，以著天下之事業也。若聖賢在上，則顯然而往觀之，今乃反爲女子之事，而闚竊以觀于人，是誠足醜也。

六三，觀我生，進退。 象曰：**觀我生，進退，未失道也。**

義曰：生，謂風教之所自出也。六三處下卦之上，爲衆人之長者也。既爲衆人之長，則風教號令皆自己出也。是以六三必下觀于民而察己之道，其風教有過于中者，則俯而就之；

其風教有不及于中者，則勉而及之，使進退俯仰皆至于道也。然六三既有風教下及于民，而又曰「進退」，何也？蓋所履非至尊之位，但居一卦之上，爲衆人之長耳。象曰「觀我生，進退，未失道也」者，言六三雖非至尊之位，以其風教之及于下，而又能察己之所出，未至者則進之，過中者則退之，是或進或退，皆未失于道也。

六四，觀國之光，利用賓于王。 象曰：**觀國之光，尚賓也。**

義曰：夫大觀之時，有其才、有其德而又有其位，爲天下之所觀法者，莫尚于九五也。初六最遠之，故曰「童觀」；六二居内不能顯然求觀，故曰「闚觀」。惟六四以陰居陰，履得其正而切近于九五，是能上附于賢明之君而求觀聖賢之道，故朝廷之義、宗廟之禮无所不知，仁義之道、禮樂之事无所不習，如是而進于朝廷，觀國之光輝，故王者以之爲賓也。且如舜以一匹夫之賤登之朝，堯與之迭爲賓主，是有德之使然也。故曰「觀國之光，利用賓于王」。象曰「觀國之光，尚賓也」者，言六四既上附九五，能觀國之光，故王者尊尚其德，體貌其位，而以之爲賓也。

九五，觀我生，君子无咎。 象曰：**觀我生，觀民也。**

義曰：九五居至尊之位，爲天下之所觀仰也。風教號令，一出于己也，是以下觀于民，若民善則知己風教之善也，民惡則知己風教之惡也。然而九五履正居中，而又處至尊之位，以天下之大，或風教有未至，姦邪有未去，習俗未盡善，禮樂未盡興，則皆其咎也。然九五能觀察于民而脩飾于己，使向之未至者皆趨于道，是君子居之則得其无咎也。象曰「觀我生，觀民也」者，夫觀流則可以知源，視影則可以知表，聖賢觀民則可以知己政之得失也。故常切切思省，下觀于民，是以至于无咎也。

上九，觀其生，君子无咎。象曰：觀其生，志未平也。

義曰：上九有剛陽之德，居一卦之上，非至尊之位，故不觀于民而爲民之所觀也。然非至尊之位而爲天下之所觀仰者，則中庸所謂「動而世爲天下法，言而世爲天下則」者，此爻是也。是知爲天下之所觀，則天下之責歸之，而萬民之法由之也。若其言之一玷、動之一跌，則天下莫不知之，是有所咎也。故上九即當切切思省，以觀己之所出，使動息語默皆合于道，以副天下之所觀法，則是于君子而得无咎也。象曰「觀其生，志未平也」者，言上九有盛大之德，爲天下之觀仰，然處于无位之地而權不在己，又其責望既重，故夕思晝行，常欲興天下利，除天下害，知其心志之未平也。

噬嗑

䷔震下離上 **噬嗑，亨，利用獄。**

義曰：按序卦云：「可觀而後有所合，故受之以噬嗑。」蓋人以大才大德爲天下之觀法，使天下合心而歸之也。然則此卦自頤而得，頤者，上艮下震，二陽居外，四陰在其内，是其所養之道也。今噬嗑即是九四矣，一陽居三陰之中，如剛梗之物在于頤中，必待噬而齧之，然後可得其合。故若朝廷之上、朋友之中、閨門之内，有一小人間厠其間，則爲君子良民之害，故必須刑罰竄殛之，則君子之道得以行，良民之志得以伸，心氣和同，上下協合，所以大通也，故曰「噬嗑，亨」也。利用獄者，上體離爲明，下體震爲動、爲威，夫刑獄之事巧詐百端，情僞萬狀，至幽至隱而難察者也，必得威明之人施剛斷之才以制之，則姦僞可以刑服，强梗可以放逐，而君子之道得行，上下之志和合也。

彖曰：頤中有物曰噬嗑，噬嗑而亨，剛柔分，動而明，雷電合而章，柔得中而上行，雖不當位，利用獄也。

義曰：頤中有物曰噬嗑者，夫剛梗之物在于頤中，是爲口頰之患，噬齧之，然後得合也。噬嗑而亨者，小人爲君子良民之害，必須刑戮之，則上下之志合而大通也。剛柔分者，離，陰也，爲柔、爲明；震，陽也，爲剛、爲威，以威剛至明而用刑，則君子小人分而无間厠也。「動而明，雷電合而章」者，夫有剛威之才而不能明察，則暴而傷于物；有明察之才而不能剛威，則柔懦而不能立事，是必威明兼濟，則事无不立也。今噬嗑之卦動而且明，雷電相合而和同，故其道光顯而章著也。「柔得中〔一〕而上行，雖不當位，利用獄也」者，此指六五而言也。六五以柔順之道履得其中而居至尊之位。夫以柔而居至尊，所行不得其正〔二〕，所處不當其位，然猶以居離明之中，其性至明，故利用于刑獄之事也。何則？夫獄之情至深至隱，其間姦僞利害出于萬狀，故非至明之君子，則不能斷制其事。今六五所處雖不得正，然以其居離卦之中，是其性至明，故利用于獄也。

象曰：雷電噬嗑，先王以明罰勑法。

義曰：震爲雷，故有威；離爲火，故有明。有威有明，能辨小人之情，用刑以去之，此噬嗑

〔一〕「中」，原作「位」，據四庫本改。

〔二〕四庫本「正」作「位」。

之象也。先王以明罰勑法者，言先王當有威明之德，有善必賞，有惡必刑，所以明示其罰而正勑其法也。

初九，屨校滅趾，无咎。象曰：屨校滅趾，不行也。

義曰：屨校者，以木械桎其足之謂也。滅，没也；趾，足趾也。初九居噬嗑之初，是被刑之輕者也，其罪惡未至于大，故但校滅其趾而已。夫聖人之視民也，如父母之于赤子，雖有罪，豈忍加之刑戮哉？蓋慮罪小之時，不爲之懲戒，則必至于大惡，故當此罪小之時，加以木械，桎其足趾，使其惡之不能行也，故繫辭曰：「小人不耻不仁，不畏不義，不見利不勸，不威不懲，小懲而大誡，此小人之福也。」言小人不仁不義，見利則勸，恃威則懲，此所以爲小人之福也。象曰「屨校滅趾，不行也」者，言其當罪小之時，用校以滅其趾，使知其罪，雖小，不可爲而不行也。

六二，噬膚，滅鼻，无咎。象曰：噬膚，滅鼻，乘剛也。

義曰：膚者，柔脆易嚙之物；滅鼻者，用刑之深也。六二以陰居陰，又處下卦之中，是得正且中也。以此中正之道，用刑至當，如嚙其柔脆之膚，言其易而民服也。然下乘初九之剛，故用刑大過，至于滅鼻之深。然以居中履正，用刑至當，雖滅鼻而過于深察，是亦无咎也。

象曰「噬膚，滅鼻，乘剛也」者，夫初九者，過惡之小人已乘于上，當用刑以懲之，所以至于滅鼻之深。然非專尚深刻，蓋以乘初九之剛故也。

六三，噬腊肉，遇毒，小吝，无咎。象曰：**遇毒，位不當也。**

義曰：腊肉者，全乾之謂也。六三居下卦之極，是爲不中；以陰居陽，是爲不正。凡用刑之道，有諸己然後可以求諸人，无諸己則不可責于人也。今六三以不中不正之行而刑人之過，則人无有服從之者，故若噬腊肉之難也。民心既不從，怨懟既已結，故非但不能刑人，將反招其害也，故曰「噬腊肉，遇毒」也。「小吝，无咎」者，言六三以不正不中而爲人之見害，故小有所吝。然而居震動之上，以柔順之質而應于上九剛明之人，則能辨民之邪正，察獄之情僞，是雖始有小吝，終亦自然无咎。

九四，噬乾胏，得金矢，利艱貞，吉。象曰：**利艱貞，吉，未光也。**

義曰：乾胏者，肉之帶骨者也。因有骨而乾，愈于噬腊肉之難也。夫君子處得高位而進輔于君，以幹天下之事者，必有中正之德。德既中正，則刑一人而天下服其罪，賞一人而天下勸其善。今九四處上卦之初，是不中也；以陽居陰，是不正也。以不中不正之道而刑于人，則甚于噬腊肉之難也。金，剛也；矢，直也。九四履文明之始，其體剛，剛則果于行事，明則辨于邪正，雖非中正，猶有剛明，故所刑〔一〕无不得其直。然四本以不中不正，故當憂民之所不服，慮惡之所不懲，艱難其心，退有所懼，而守之以正，則可以責于人而人服之，故獲其吉也。象曰「利艱貞，吉，未光也」者，蓋由艱難守正而後得吉，是道未光大也。

六五，噬乾肉，得黄金，貞厲，无咎。象曰：貞厲，无咎，得當也。

義曰：噬乾肉者，易于乾胏而難于噬膚也。六五以文柔處其至尊，所行所爲皆合于道，无過无不及，以此主刑賞之柄，握生殺之權，宜矣。得黄金者，黄，中之色也；金者，剛之物也。夫斷天下之獄，必有中正剛明之德可也。六五雖少失于正，然以有離明之質，行得中道而能用刑者也。「貞厲，无咎」者，言六五處至尊之位，有文明之德，然用刑雖少失于正，而人有不服，今若堅守其正而常若危厲，則无咎矣。象曰「貞厲，无咎，得當也」者，言六五能守其正，常若危厲，則所行所爲无不當也。

上九，何校滅耳，凶。象曰：何校滅耳，聰不明也。

義曰：上九居卦之極，罪之大者也。何校滅耳，刑之深者也。夫君子之人，有善必勸，勸之

〔一〕四庫本「刑」作「行」。

不已，則小善至于大善，以至愚者必賢，賢者必聖也。小人則有惡不悛，以至積小惡至于大惡，由小罪至于大罪也。今上九過惡之小人，罪之至深者也。夫小人之爲惡，雖日有聖人之教化聞于耳而不知遷善，雖有聖人之刑罪將及于身而不知改過，以至積罪至大，長惡不悛，君子雖欲愛之，不可得也。故此所以被刑之深，校加于首而滅没其耳，凶禍所以及之也。故繫辭云：「善不積不足以成名，惡不積不足以滅身，小人以小善爲无益而弗爲也，以小惡爲无傷而弗去也，故惡積而不可揜，罪大而不可解。」夫人之耳，聽必聰也；人之目，視必明也。小人之耳非聵也，目非瞽也，日聞聖賢之教化而不能飭身歸善，以至陷于刑戮，蓋積惡之久而不知罪之深，是聰不能自明也。

賁

☶☲ 離下艮上 **賁，亨，小利，有攸往。**

義曰：按序卦曰：「物不可以苟合而已，故受之以賁，賁者，飾也。」言物之既相合，必有文章賁飾之也。「賁，亨」者，夫噬嗑之時，則是聖人削鋤强梗，强梗既鋤，則可以制作禮樂，申明仁義，施爲教化，設爲文章以文飾之，則治道大通于天下矣。「小利，有攸往」者，夫治天下，必有賢明之才處中正之位，乃能興治立事，今賁之上九，以陽居一卦之上，在无位之地，是不能大有所爲，故小利有攸往而已。

彖曰：賁亨，柔來而文剛，故亨。分剛上而文柔，故小利，有攸往。天文也；文明以止，人文也。觀乎天文以察時變，觀乎人文以化成天下。

義曰：賁卦自泰而得，坤之上六來居乾之九二，此以柔道文飾剛健之德也。夫治國之道，不可專于剛，剛則暴；不可專于柔，柔則懦，剛柔相濟，然後治道可成。何則？兵革所以禦侮而不可久玩，刑罰所以止姦而不可獨用，必有仁義禮樂文章教化以文飾之，則天下大通矣，故曰「柔來而文剛，故亨」。「分剛上而文柔，故小利，有攸往」者，此言以泰卦乾之二分居坤之上，是分剛陽之道而文飾于柔德也。夫聖賢有剛健文明之德，則必履至尊之位，總大任，持大權，乃可大有爲于天下。今以剛居无位之地，是但小有所往而已。天文也者，此以下廣釋文飾之義也。按經但云「天文也」，上下相應，不成義理，當上有「剛柔交錯」四字，蓋遺脱故也。言剛柔交相錯雜，以成天文，是天之文也。若寒暑相推而成四時，日月相代而成晝夜，陰陽相蕩而成風雨雷霆，此皆剛柔交錯，天之文也。「文明以止，人文也」者，此以二體而言，離下爲文明，艮上爲止，既有文章之光明，又能止靜，是人之文也。若夫君聖臣賢，上行下化，仁義禮樂著于天下，是國之文也；父義母慈，兄友弟恭，男正位乎外，女正位乎内，閨門之内和諧肅穆，是家之文也。聖人舉此文明之道，發于天下國家，以文成其治，使刑罰措而不用，兵革寢而不作也。「觀乎天文以察時變，觀乎人文以化成天下」者，天文即前所謂也。聖人上觀乎天文以察時之變，若東作、西成、南訛、朔易、雨暘、風燠灾祥之類也。聖人觀乎人文，使君明臣忠，父慈子孝，兄弟有禮，長幼有序，各得其正，故制作禮樂，施爲政教，以化成天下，而成天下之治也。

象曰：山下有火，賁，君子以明庶政，无敢折獄。

義曰：夫山有草木之茂，而火明其下，光明照于上，有賁飾之象也。君子觀此之象，以明舉其庶政。庶政者，謂國家禮樂教化之道，申明興舉之，以文飾天下之治，以其繁而不以儉，曰庶政。无敢折獄者，夫獄訟之情，至幽至隱者也，其間姦詐萬狀，情僞萬端，必有剛明之德，則能別于寃枉，决其是非，而其情可得而見。今賁之象，其明不遠到，故聖人戒之，言但可以明其庶政，而不可果敢而折獄也。何則？蓋獄事至重，决而行之，則死者不復生，刑者不復贖。是必有剛明之德乃可决斷其事，曲直是非之情无所不當矣。

初九，賁其趾，舍車而徒。象曰：舍車而徒，義弗乘也。

義曰：趾，足也。初九處賁之初，有至明之性，體于陽，有至剛之德。是君子之人能以道義賁飾其身，可行則行，可止則止，不爲苟且，是能賁飾其行趾也。舍車而徒者，以卦體言之，則初九之正應在于六四，而與六二相比，六二上无正應，欲求于初，而初有剛明之德，確然守正，惟義所在，不顧六二而棄之，但待其時而往從六四之正應也。猶君子之人能以道義飾于身，故車雖至貴，若義不當乘，則舍之；徒雖至賤，若義當行，則從而行之，是所行所止，皆惟義之所在也。象曰「舍車而徒，義弗乘也」者，六四，遠也；徒步，勞也。初九不以遠且勞而必往之。六二，近也；乘車，安也。初九不以安而苟乘之。是皆去就以義也。

六二，賁其須。象曰：賁其須，與上興也。

義曰：須者，待也。夫君子之進不可以躁，必待其時有其君，往而可以行己之道，則決然而進无累矣。今六二之爻上无正應，是未可以往，必退而待其時，候可進而進之。故但以道義賁飾其身，由中而行之，以須待而已。象曰「賁其須，與上興也」者，夫六二所以賁飾其身而待者，蓋上无正應，未可以往也。己既无應而切近于九三，九三亦无其應，近而相得，故己能上與九三合志同心以興起也，猶居朝廷之間，親其賢而共成其治；朋友之間，亦能比其賢而能成其事業者也。

九三，賁如，濡如，永貞吉。象曰：永貞之吉，終莫之陵也。

義曰：夫六二以无正應未可以進，故賁飾其身，以須其時。而九三亦上无正應，亦未可進，故與六〔一〕二同志，交相文飾，交相濡潤，候其時則進于朝，輔其君以贊成天下之治也，故曰「賁如，濡如」。永貞吉者，言九三既與六二交相賁飾濡潤，然非正應，則當永長而守之以正，則得其吉也。象曰「永貞之吉，終莫之陵也」〔二〕者，言能永守正道，則外人不能間而侵陵之也。

六四，賁如，皤如，白馬翰如，匪寇婚媾。象曰：六四當位，疑也。匪寇婚媾，終无尤也。

義曰：皤者，潔白之貌。六四以陰居陰，履得正位而行得正道，能以五常之道飾其身，修其行，潔白其志，使君子之德成而无有玷缺也，故曰「賁如，皤如」。白馬翰如者，言六四應在于初，初有剛明之德，而己有正一之行，能賁飾其身而又潔白其馬，往而從之也。匪寇婚媾者，婚媾，謂會合也。六四雖正應于初九，若往而就之，必得會合，然猶疑懼六三間于其間，爲己之害，故言若非六三爲寇，則與初九會合也。象曰「六四當位，疑也」者，六四之往應

〔一〕原無「六」字，據四庫本補。
〔二〕原無「也」字，據四庫本補。

初九，固无有不得，然猶恐初九爲六三之所間，故云「疑也」。「匪寇婚媾，終无尤也」者，言六四履正位，行正道，又且賁飾其身，潔白其志，雖六三爲寇于其間，亦不能爲害，故終无尤過也。

六五，賁于丘園，束帛戔戔，吝，終吉。象曰：**六五之吉，有喜也。**

義曰：丘園，謂敦實之地，若務農重本之類也。六五秉柔中之德，居至尊之位，而爲賁之主。在初九則賁飾其趾，二又能待時而飾身，至此則是賁飾已至，即不可更務文華，而反賁飾于敦實之地，使天下知其本而務于農桑之事，故國用豐阜，民財充實，而貨帛衆多，戔戔然而至盛也。「吝，終吉」者，吝謂吝嗇也，凡王者治天下，國用既阜，民財既實，則不可更務奢侈，必當吝嗇其財，節儉其用，然後終于富盛而獲吉也。象曰「六五之吉，有喜也」者，六五能施飾于敦實之地，至于財用繁盛，復能儉嗇節用，使上不匱于用度，下不乏于財力，上下之情交相喜悦，所以不惟獲吉，而又有喜慶之事也。

上九，白賁，无咎。象曰：**白賁，无咎，上得志也。**

義曰：夫此卦自賁趾至此上九，賁道已成，如白之受采，无入而不自得。以人君之尊，是始則勞于求賢而急天下之治，既得其賢，又且逸于任使，以至臻極治之道。自有爲而至无爲，但守其質素，无施而不可也。又君子之人，始能治其心，明其性，飾其身，至此可以爲仁，可以爲義、爲禮、爲智，處于富貴，富貴得其宜，居于貧賤，貧賤得其道，以至爲將、爲相、爲公卿，无所施而不可，无有疑懼而動心者。今上九處此之地，其所賁飾之道既備，故用之天下則天下治，用之一國則一國安，施之一家則一家肅，進退出處皆得其宜而无有過咎。象曰「白賁，无咎，上得志也」者，上九能以五常之道修其身，道義已成，事業已備，但至此則廣而充之，天下无不得其所，是在上而其志得行也。

安定先生周易口義上經卷第五

剥

☶☷ 坤下艮上 **剥，不利，有攸往。**

義曰：按序卦云：「飾然後亨則盡矣，故受之以剥。」剥者，言五陰盛長，一陽居其上，勢微力弱，始由一陰之生，漸至于盛，以消[一]剥群陽，幾至于盡，而萬物衰破之時也。其在人事，則小人盛長而君子消剥之時也。「不利，有攸往」者，夫君子之所務，上思忠于君，下思利于民，其一謀一慮，必以天下之利存于心。小人則不然，其意日以殘賊良民、侵削君子爲務。今剥之時，君子消剥、小人盛長之際也。君子若復有所往，必見害于小人也。

彖曰：剥，剥也，柔變剛也。不利有攸往，小人長也。順而止之，觀象也。君子尚消息盈虚，天行也。

[一] 四庫本「消」作「削」。

義曰：剥者，剥落之義；柔，陰也；剛，陽也。夫天地之所以成歲功者，在于陽也。今陰氣盛長，陽氣消剥，則萬物衰落而歲功无成也。人君所以共天位治天下者，君子也。今小人盛長，以至專權得勢而侵削君子也。「不利有攸往，小人長也」者，夫聖賢之爲心，以仁義爲心，故三月无君則皇皇如也，以天下之民失其所而安在己也。小人之意，日在于殘賊，故其氣不相合，道不相同。今君子之所以不可進者，以小人長也。「順而止之，觀象也」者，此以二體而言，艮爲止，坤爲順，言小人道盛，君子言必見危，動必見害，故當觀其象，量其勢，先時知幾，素位而行，居易俟命，而外順小人，内則止而不行，故可以全身遠害也。中庸云：「天下有道，其言足以興。天下无道，其默足以容。」言君子儉德避難之道也。又若小人道盛，君子之人欲屏去之，必當外順其行，以漸而止之，則可以去也。何則？夫小人既盛，而君子若遽欲絶之，則其勢必爲小人之所害，故當遜順其所爲，觀其勢，使之不能窺見其迹，然後止之，則无有不可也。「君子尚消息盈虚，天行也」者，天之道至神也，有陰陽之舒慘，寒暑之往來，四時之運行，晝夜之明晦，消久則息，盈久則虚，以天道之大猶不免于此，君子之人道有通塞，時有否泰，理固然也。是以可進則進，可退則退，當消而消，當息而息，出處語默皆以時而動，是如天之所行也。

象曰：山附于地，剥，上以厚下，安宅。

義曰：宅，居也。山本至高，地本至下，今山反附著于地，是剥落之象也，猶君子之道消，而天下生靈失所，不得其安。故凡居上者，當此之時，必先厚于其下。所謂厚下者，蓋以仁義之道務農重本，輕徭薄賦，天下之人衣食充足，財用豐實，而又安其所居，使各得其所，如此是可謂治剥之道也。何哉？蓋國以民爲本，本既不立，則國何由而治哉？

初六，剥牀以足，蔑貞凶。象曰：剥牀以足，以滅下也。

義曰：牀者，人之所藉以安身也。足居牀之下。初六最處一卦之下，民之象也。言小人得位，乘時藉勢，恣其姦惡，以剥削于天下。然爲剥亦有漸，故自微而至于著，自下以至于上。剥之始，先剥于民。夫民者，君所賴爲本也。在書曰：「民惟邦本，本固邦寧。」今小人在上，肆其姦惡，奪民之財，困民之力，使之舍安而就危，去存而即亡，父母不能保而離散，兄弟妻子不相守而逃亡，怨氣交而上下不通，是其本已弱矣。其本既弱，則君子之正道微蔑而不行，是凶之極也。

六二，剥牀以辨，蔑貞凶。象曰：剥牀以辨，未有與也。

義曰：按初六居一卦之下，是民之象，故曰「剥牀以足」。六四處上卦之下，切近于君，故曰「剥牀以膚」。六二居膚足之間，是上下分辨之際，以人事言之，則是居君民之間，臣之位也。始既剥于民，至此則剥于臣也。夫臣者，國家之倚毗，君所賴以安者也。在詩曰：「濟濟多士，文王以寧。」今小人得勢，侵迫于其君子，使君子言不得通，道不得行，國家斯无倚毗而君不得其所安，故至正之道消蔑而其凶愈大也。象曰「剥牀以辨，未有與也」者，夫君子之人在位而行道，則天下之民物得其生而受其賜，故詩曰「愷悌君子，民之父母」，是民必得君子而後生也。今小人始既剥于民，民被剥而已困，故不能爲助于君子，至此君子又爲小人之所剥也。夫臣民既皆被其剥而受其害，則此小人者，天下之所共惡，衆人之所不與，故象曰「未有與也」。

六三，剥之无咎。象曰：剥之无咎，失上下也。

義曰：剥之卦，五陰盛長，小人衆多，同心協力，以殘賊良民、侵剥君子爲意。上九有剛明之才，獨居一卦之外而无有助之者。今六三居下卦之上，爲上九之正應，而能出乎其類，獨異于群衆，不爲侵剥，而有好賢樂善之心，應于上九之君子，是于小人之中獨不爲小人之行，故雖在剥之時而得无咎也。象曰「剥之无咎，失上下也」者，言上下群陰皆以侵剥爲志，而獨六三能上應于君子，舍去小人之行，而不與上下群陰同志。

六四，剥牀以膚，凶。象曰：剥牀以膚，切近災也。

義曰：膚，謂及其身也。小人之爲剥，自小以至大，由外而及内，始則剥天下之民，使皆墜于塗炭而不得其安；次又剥天下之賢，使皆困躓而不得進。臣民既已剥盡，遂及君子之身，此凶之極也。象曰「剥牀以膚，切近災也」者，剥道愈深而災害愈切，蓋天下之臣民既已盡剥，至此以及其身，是災之切也。故凡居上位者必在知人，賢者進之，不肖者黜之，使君子在上而小人削迹，自然侵剥之道无自入而不能行也，故聖人戒之。

六五，貫魚以宫人寵，无不利。象曰：以宫人寵，終无尤也。

義曰：貫魚，謂駢頭相次衆多之貌。以人事言之，則是小人之衆若貫魚然也。夫小人之行姦惡凶暴，居一郡則一郡被其害，處一邑則一邑罹其殃，况當天下之權，握天下之勢哉？然王者不能无嬖幸之人，但不可恣己之情、私天之禄以加厚之，使其縱欲肆情以殘天下，故當御之以道，使不能釁其毒也。今六五當至尊之位，雖小人衆多如貫魚然，但厚之田宅、加之金帛而不使竊天下之權，如寵宫人而寵之，則无所不利也。象口「以宫人寵，終无尤也」者，言寵小人以宫人之寵，使不能有其權，則于己身終无過尤也。

上九，碩果不食，君子得輿，小人剥廬。象曰：君子得輿，民所載也。小人剥廬，終不可

用也。

義曰：此一卦以陰剥陽，而陽氣幾至剥盡，而上九獨居其上，不爲群陰之所剥。既不爲陰之見剥，至于建子之月，復于地中而再生萬物，如碩大之果，最居其上而不見食于人，則必有再生之象也。以人事言之，猶君子守正執節，明哲以保其身，不爲小人之所害，至此將復其位而得行其道也。「君子得輿，小人剥廬」者，輿，所以乘載于物；廬，所以安庇其身也。此上九剥極之時，若以君子居之，則削去小人之害，施仁義于天下，使天下之民出于塗炭，由之而得其乘載也。如復以小人居之，則爲害愈深，故不唯剥于一身，以至廬舍亦皆見剥，而天下之民无所庇身而不能保存也。

復

䷗震下坤上**復，亨，出入无疾，朋來无咎。反復其道，七日來復，利有攸往。**

義曰：按序卦云：「物不可以終盡，剥窮上反下，故受之以復。」言陰陽二氣有消長升降，陽氣既剥盡，則必來復也。然所謂復者，是四月純陽用事，其卦爲乾；至于五月則一陰剥一陽，故其卦爲姤；六月則二陰剥二陽，故其卦爲遯；以至于七月爲否，八月爲觀，九月爲剥，十月爲坤，是陰氣之極盛也。至十一月，則一陽之氣潛復于黄鍾〔一〕之宫，以再生萬物，而萬物得其亨通也。亦猶君子時有否泰，道有消長，始爲小人之所剥，及其乘時得位，發其事業于天下，其道大通，故曰「復，亨」。出入无疾者，言陽氣有生物之心，入于地中，出于地上，物无違之疾之者。猶君子有五常之質、剛明之德，量時復位，天下之人无有違之而疾害者。朋來无咎者，朋，類也。言一陽雖復于地中，有生物之心，然其氣微弱，未能獨成其功，必得群陽並進，乃可以共濟其事也。亦猶君子求進其身，欲行其道，而或勢孤援寡，必不能獨成其事，是必得其氣類才德相合者，推引而進，則可以致君澤民而成治于天下，乃可獲吉而得其无咎。反復其道者，言陽氣自上而反復于地，以生萬物，皆得其道，猶君子之人復于其位，進退皆合其道。七日來復者，言陽氣消剥，至于此凡歷七爻，以一爻爲一日，故謂之七日。然不謂月而言日者，蓋日爲陽，聖人欲見其陽道來復之速，故以七日言之，其實即七月之間後復也。利有攸往者，言一陽之生，君子浸長，小人浸衰，則君子當此之時，居其位，行其道，所往无不利也。

〔一〕「鍾」，原作「泉」，據四庫本改。

象曰：復，亨，剛反動而以順行，是以出入无疾，朋來无咎。反復其道，七日來復，天行也。利有攸往，剛長也。復，其見天地之心乎！

義曰：下震爲動，上坤爲順，言復之所以得亨者，由剛陽之氣反復于地，又動而不失其柔順，由是所以萬物以生以成也。言君子動而不妄，行而不暴，能觀其時，可進則進，是以出入之間，无有疾害之者，皆由順而動之之故也，故曰「剛反動而以順行，是以出入无疾，朋來无咎」。「反復其道，七日來復，天行也」者，夫天之行，有消有長，有升有降，謙者益之，盈者流之，故陽極必剥，陰極則復，皆天道自然之理也，故曰「天行也」。「利有攸往，剛長也」者，言剛陽漸長，小人道消，則是君子之道長，故所往而无不利也。「復，其見天地之心乎」者，夫天地所以肅殺萬物者，陰也；生成萬物者，陽也。天地以生成爲心，故常任陽以生成萬物。今復卦一陽之生潛于地中，雖未發見，然生物之心于此可得而見也。故董仲舒曰：「陽常居大夏，以生育長養爲事。」以此見天地之心在于生成而已。猶聖賢之心以生成天下爲心，雖始復其位，其事業未大被于天下，而行道之初，已有生育之心也。在太玄中首曰「昆侖旁薄幽」，夫昆侖，天氣也；旁薄，地氣也；幽，晦也。言天地之氣始雖幽晦而不可見，然生物之心可得而推矣。故知聖賢雖在幽晦之間，而其心亦天地之心也。而揚子又爲之辭曰：「昆侖旁薄幽，何爲也？曰：賢人天地思而包群類也。」是則天地聖賢之心可見也。然天地以生成爲心，未嘗有憂之之心，但任其自然而已，故老子曰：「天地不仁，以萬物爲芻狗。」是雖有凶荒水旱饑饉，而未嘗憂而治之也。若聖賢有天地生成之心，又有憂萬物之意，是以其功或過于天地，故繫辭曰「鼓萬物而不與聖人同憂」，但聖人无天地之權耳，使其有天地之權，則凶荒水旱之類无得而致也。故復卦之初，其生成之心可見也。

象曰：雷在地中，復，先王以至日閉關，商旅不行，后不省方。

義曰：雷者，陽之精也。雷本行于天之上，今復于地下，是復之象也。先王觀此象，于冬至微陽始生之時，閉其門關而禁止其商旅。后者，天子諸侯之通稱；方，事也。天子諸侯于此微陽始生之時，而又不省視其事也。

初九，不遠復，无祇悔，元吉。象曰：不遠之復，以脩身也。

義曰：群陽剥盡而純陰用事，獨此一陽反于地下，以萌生萬物，是其復之初而來復之速者也。猶賢人君子，凡思慮之間，一有不善則能早辨之，使過惡不形于外，而復其性于善道。惟聖人得天性之全，故凡思慮之間，未有一不善，故發而皆中于道。賢人而下，則其性偏，于五常之道有厚有薄，情欲之發有邪有正，故于心術之間、思慮之際，不能无所汩。惟大賢君子爲能治心明性，知其有不善而速改之，不使〔一〕形于外，故可以无大悔吝而獲元大之吉也。祇，即大也。象曰「不遠之復，以脩身也」者，言聖人君子，于思慮有所不善而能速改之，以至由小賢至于大賢，由大賢至于聖人。自古及今，有能行之者，惟顔子一人而已。故先聖繫辭釋此爻獨以顔子配之曰：「顔氏之子，其殆庶幾乎！有不善未嘗不知，知之未嘗復行也。」是君子凡于思慮之間，未精審其可否，邪則改之，正則從之，勿謂人所不見、衆所不聞，而輒自寬假，以有諸内必彰于外也。蓋有諸中，必形于外；發于心，必施于四支。在中庸曰：「君子戒慎乎其所不覩，恐懼乎其所不聞，莫見乎隱，莫顯乎微，故君子慎其獨也。」是則人之有過，患不知之，知而改之，則无有不至于善者也。故聖人于此言不遠之復，是君子脩身之法也。

六二，休復，吉。象曰：休復之吉，以下仁也。

義曰：六二以陰居陰，得正者也。在下卦之中，得中者也。下近于初，附近于仁賢者也。既中且正，而又附于初九之賢，故得休美而復其善道，以獲其吉也。

六三，頻復，厲无咎。象曰：頻復之厲，義无咎也。

〔一〕四庫本「使」作「能」。

義曰：頻，蹙也。六三處不得其正，行不得其中，又違于仁，則是過惡之人也。以過惡之人居下卦之上，猶愈于上六昏迷不復之人，故此六三必待頻蹙强勉而後能復也。則中庸所謂有勉强而行之者，此是也。然猶頻蹙强勉〔一〕而復，則當常自思省憂懼，以爲危厲在前，而不敢爲于邪惡，以改過遷善，則可以獲其无咎也。

六四，中行，獨復。象曰：中行，獨復，以從道也。

義曰：四居位得正，雖非其中，然于五陰之間而獨得其中，雖遠于初，而與之爲正應，傑然而復于善，以從聖賢之道也。象曰「中行，獨復，以從道也」者，言初有聖賢之資，而六四爲之正應，是能從于聖賢之道也。故揚子曰：「希驥之馬，亦驥之乘。希顔之人，亦顔之徒。」正此謂也。

六五，敦復，无悔。象曰：敦復，无悔，中以自考也。

義曰：六五處坤之體，有敦厚之德；居上卦之中，有大中之道。夫有敦厚之德，則思慮不及于邪，而動无躁妄；有大中之道，則所行无過與不及。如是，故能治心明性以復于善道，

〔一〕四庫本「强勉」作「勉强」。

而悔吝亡矣。象曰「敦復，无悔，中以自考也」者，言〔一〕五有敦厚大中之道，以自考察己之思慮，有不善未嘗〔二〕不復于善也。

上六，迷復，凶，有災眚。用行師，終有大敗，以其國君凶，至于十年不克征。象曰：迷復之凶，反君道也。

義曰：復道貴于速，上六處卦之極而居復之終，是其心昏迷而終不能復者，不能復則邪惡著見，凶之道也。夫自外而來曰災，自己所招曰眚，言其心昏迷而恣私邪，私邪既積，過惡顯著，則天地所不與，鬼神所共怒，而外來之災、自招之眚，所以皆至也。「用行師，終有大敗，以其國君凶」者，夫以迷復之道而用兵行師以伐于人，必不能克勝，而終至于大凶敗，以血肉生靈，虛竭帑藏，以累其君，凶之極也。至于十年弗克征者，十，數之極也。言用是〔三〕而行師，以致大敗，雖十年之間，終不能興起征伐之事。象曰「迷復之凶，反君道也」者，夫君所以主宰天下，司牧生民，今用此迷復之道行師以征伐于人，以至〔四〕有大敗，是反君所

〔一〕四庫本無此「言」字。
〔二〕四庫本「嘗」作「常」。
〔三〕四庫本「是」作「事」。
〔四〕四庫本「至」作「致」。

行之道者也。然特以行師言者，蓋舉其重者言之，即它可知矣。

无妄

䷘震下乾上无妄，元亨利貞，其匪正有眚，不利有攸往。

義曰：按序卦云：「復則不妄矣。」言君子之人既能先復其性，邪惡不萌于心，而善道充積于内以發于外，无有非妄之事矣。然而具天地生成之四德者，蓋以四海至廣，生靈至衆，情僞萬狀，聖人在上必有天地四德之備，然後可使天下之人服而化之，无有非妄之行。故有仁以濟之，使皆遂其性而樂其生，以至有禮以節之，有刑以齊之，有政以正之，餘則乾卦言之備矣。以其具是四德而有天下，則天下信无非妄者也。「其匪正有眚，不利有攸往」者，言聖人在上，既有四德以及于天下，則天下莫不一歸于正，而无敢有非妄之行者。然而上下之間，或有一不正之人，欲以非妄之行而有所往，則必无所利，故有自招之眚所以致也。

象曰：无妄，剛自外來而爲主于内，動而健，剛中而應，大亨以正，天之命也。其匪正有眚，不利有攸往，无妄之往，何之矣？天命不祐，行矣哉？

義曰：剛即陽也。无妄由否卦而來，是乾之一陽自外而來，居于内卦之初，是爲主于内卦也。「動而健，剛中而應，大亨以正，天之命也」者，上乾爲健，下震爲動，剛中謂九五也，應謂六二也。夫有其君而无臣，則无妄之道不能行；有臣而无君，固不可得而行。今九五有剛明之德而爲之君，六二有柔正之德而爲之臣，君倡于上，臣和于下，相成以道，然後以元亨利貞之四德以被天下，其威命之行莫不懾服，而天下之人悚然不能爲非妄，此天之威命也。「其匪正有眚，不利有攸往」者，言聖人有威德及于天下，雖父子昆弟之間，州閭鄉黨之内，莫敢有一于不正而非妄者。或有不正之人非妄而欲有所往，則无所利而災眚及之也。「无妄之往，何之矣？天命不祐，行矣哉」者，言无妄之世，以有妄而行，復何所往哉？之，即往也；祐，福也。言君之威德被于下，所至无有敢犯之者。若其復有非妄不正之行，則是犯天之威命，而天必不福祐也，其可行之哉？

象曰：天下雷行，物與无妄，先王以茂對時，育萬物。

義曰：夫雷之行于天下，萬物无不聳動兢懼而不敢爲妄，如君之威德發于上而被于下，天下之人聳然聽從而无敢有妄也。是以先王茂對此无妄之時，則宜如何哉？固當盡仁愛之道以養育萬物，使天下各遂其所，各安其業，以至鰥寡孤獨皆得其所養，如此，則可以使天下之人久于无妄之道也。何則？蓋天既以无妄，而在上者苟不養育之，則未見使天下終久而不爲非妄者也。

初九，无妄，往吉。象曰：无妄之往，得志也。

義曰：夫君子有剛明之才，足以致天下于无妄者，必得剛明之君，然後可以行己之道。今初九有剛明之才，而九五爲剛明之君，若往而輔之，則施己之威德于天下，而天下之人不敢爲非妄，自然成其治，以此而行，必其吉也。象曰「无妄之往，得志也」者，夫賢人君子有兼濟天下之心，則必遭時遇主，日行其道，致天下于无妄，此君子之志也。今初九能然，是其志得行矣。

六二，不耕穫，不菑畬，則利有攸往。象曰：不耕獲，未富也。

義曰：耕者，田事之始也；穫者，收成之終。田一歲曰菑，三歲曰畬。今六二以柔順之質居中履正，上有剛明之君倡威令于天下，是待君倡而後和，令而後行，如此謂不擅君之權，不竊君之美。是若農不耕而穫、不菑而畬，皆所以代事之終而成君之美，則所往而无有不利也。象曰「不耕穫，未富也」者，人臣之道，貴其成君之事而代君之終也。苟或居事之先，爲物之倡，則是竊君之美而自居其富盛也。今二乃能不耕而穫，不菑而畬，是能待君倡而後和，以代君之終，是不居于富盛者也。

六三，无妄之災，或繫之牛，行人之得，邑人之災。象曰：**行人得牛，邑人災也。**

義曰：夫居无妄之時，必有剛明之德，履中蹈正，然後可以致天下于无妄也。今六三以不中不正之身處无妄之時，是有妄之人也。以有妄之人欲治于无妄之世，則上下所不容，故災害及之也，故曰「无妄之災」。「或繫之牛，行人之得」者，牛即治田之具也。六三既以不中不正，而又欲擅君之權，竊君之美，不待倡而和，不待令而行，乃如不穫而耕，不畬而菑，故爲或人之繫其牛，以至行道之人皆可以奪而得之也。邑人之災者，六三以不中不正爲非妄之人，雖父子昆弟之間有所不容，故不唯己有其災，至于己之所屬之人，亦皆爲其所累而受其災也。

九四，可貞，无咎。象曰：**可貞，无咎，固有之也。**

義曰：夫居无妄之時，必有至正之德，則可以免咎。今九四以陽居陰，以位言之，未居其正也。然而以剛健而履以柔順之位，是尚謙也。如此，則是可守其正道而得免其咎也。何則？蓋已本有剛明之才，今雖履不正，然以尚謙，故可以從正而免咎。象曰「固有之也」者，言九四以剛直免咎，蓋于己之德性素有之，故曰「固有之也」。

九五，无妄之疾，勿藥有喜。象曰：**无妄之藥，不可試也。**

義曰：藥，所以疏決壅滯、攻治其疾者也。今九五以剛明之德居至尊之位，下有六二柔順之臣爲己之輔，共致无妄之治，則君臣之間无不正，朝廷之上无不治，萬民无不安。若其間一有邪佞之干紀，及邊鄙有小小之寇，皆非己之所招，亦不足興兵撓衆以動中原，但在得其人則自然可平矣。如有小小之疾，不須用藥以攻治之，但保安其身則疾自愈矣。若復以毒藥攻之，則是自取傷敗耳。如秦、漢之君窮兵黷武，長征遠伐，以至反被其害也。故无妄之時，有其疾不試其藥，則自獲其安而有喜也。

上九，无妄，行有眚，无攸利。象曰：无妄之行，窮之災也。

義曰：无妄之世，无一民一物不以正相守，而不敢爲非妄。今上九居卦之極，在无位之地，失中正之道，于无妄之時，爲衆之所不容，行則有災，復何所利？

大畜

䷙ 乾下艮上 **大畜，利貞，不家食，吉，利涉大川。**

義曰：按序卦云：「有无妄然後可畜，故受之以大畜。」夫君子之人既能復其性，明其心，不爲非妄而從于正道，然後可以大有所畜，止于邪曲之人也。然小畜則巽在上，乾在下，巽爲陰，其性柔順，故不能畜之于始而終止之，故爲小畜之象。大畜則艮在上，乾在下，艮爲陽，其性正静，故能止畜于始而終有天衢之亨，是爲大畜之卦也。利貞者，夫乾者剛健，君父之象。夫以君雖尊，不能无邪曲之欲，而臣下能止畜之者，必有大正之德，然後可以輔歸于正道也。「不家食，吉」者，夫人君之治天下，必有貴爵重禄養于賢者，使天下之賢皆進于朝廷，受禄于國而不食于家，故邪欲不行而正道日興，以樹成天下之治而獲其吉也。利涉大川者，人君既得天下大正之人進輔于己，而止畜己之邪欲，如此則固可以成天下之治，雖有大險大難，亦得以共濟之也。

象曰：大畜，剛健篤實，輝光日新其德。剛上而尚賢，能止健大正也。不家食，吉，養賢也。利涉大川，應乎天也。

義曰：因二體以釋大畜之名。剛健，謂乾有剛健之德；篤實，謂艮有篤實之德。言所以能大畜者，由君有剛健之德以接于下，臣有篤實之德以輔于上。君臣之間皆有如此之德，故其心志相同，道又相協。既能相交，則上雖有邪僞之心，亦莫由而發。夫如是，故正道日以行，治道日以廣，輝耀光明而其德日以增新也。剛上而尚賢者，剛，艮也，蓋艮有剛陽之德。夫乾爲至剛，本居于上，今反居下，是猶人君有至尊之勢、至嚴之威，而能崇尚有德及禮下賢人，使之畜己之邪欲，成己之治道，所以師尚而貴寵之也。故孟子曰：「湯之于伊尹，學焉而後臣之，故不勞而王。桓公之于管仲，學焉而後臣之，故不勞而霸。」然觀孟子之意，言人君之于臣，臣〔一〕有大正大賢之道，必當尊寵而禮下之，不以爲臣而師事之，然後可以輔于己而歸正道也。能止健大正者，健謂乾，夫人君有威嚴之勢而臣能止之，必有大正之道則可也。是故漢武不冠不見汲黯。夫以汲黯之才，但一直臣耳，然尚畏憚之如此，則其大正至賢之臣，其君之畏敬可知矣。「不家食，吉，養賢也」者，人君既禮下于賢而禄養之，使賢者皆進而願立于其朝，以輔翼于君，而止畜君之邪欲，以贊成其治道也。「利涉大川，應乎天也」者，應謂六四、六五之應于乾之初九、九二，猶君能接于臣，臣又應于君，君臣之間道義相同，一志而共濟天下之難也。

象曰：天在山中，大畜，君子以多識前言往行，以畜其德。

義曰：至高至大者，天也，而物不可畜。今山能包藴之，故假象得大畜之義也。君子觀此之象，而多識前聖之言之行，以自藴畜其己之德也。何則？君子之人雖有五常之性，苟不

〔一〕四庫本無此「臣」字。

該博古道，亦不能成之。是必多聞博識，然後道業可以成也。夫以堯、舜、禹大聖人而稽古，孔子習于周公，是雖有聖人之資，未有不學而能至也。

初九，有厲，利已。象曰：有厲，利已，不犯災也。

義曰：夫乾，君之象也。以君之至尊，有天下之勢，必不能无邪欲侈縱之心。有邪欲侈縱而不戒之，則必至危厲。故書曰：「欲敗度，縱敗禮，以速戾于厥躬。」是言縱欲之事不可不戒。今初有剛明之才，而邪欲之情欲縱，是有危厲也。利已者，已，止也，言初九之剛將欲行，而上有六四爲之正應，是大正之臣處君之左右，以止畜君之邪欲，故雖有剛欲驕侈之心，不得以萌以騁，使其所行之事皆從于正道，如是，則无所不利。象曰「有厲，利已，不犯災也」者，言始雖有厲，而得大正之臣以止畜之，使己之邪欲不行而從于正，故不至犯于災害之事，而反從于吉也。

九二，輿説輹。象曰：輿説輹，中无尤也。

義曰：輹，輪輹也。九二亦以剛明之質又居卦之中，是人君有剛欲之心，欲上行而初已止畜之。又上應于大正之臣爲之輔佐，故二能恐懼戒慎，其剛欲之心已止而不敢行，如車輿之説其輪輹而不能進也。象曰「輿説輹，中无尤也」者，言二雖有剛欲之情，而己得大正之臣止畜之，且己本有剛明之才，能自思省于己，故由其中而无有尤過也。然則大凡人君不能无邪欲，但患其諂佞之臣逢迎其惡，導贊其非，則終不能反之于善。今初曰「有厲，利已」，二曰「輿説輹」，是得其良臣而能反于善者也。

九三，良馬逐，利艱貞，曰閑輿衛，利有攸往。象曰：**利有攸往，上合志也。**

義曰：夫初欲上進，以其得大正之臣居于左右以止畜之。至于九二，其邪惡已不行。故此九三則言進退皆合于正道，以至凡所行之事无所不可，如馴良之馬馳逐于大道之上也。利艱貞者，言九三所爲之事，雖皆合于正道，然必常得大正之臣以居于左右，而艱難守正，乃可以獲吉也。「曰閑輿衛，利有攸往」者，衛，侍從也，皆所以爲行道之具也。言既有賢正之臣以輔于君，而又能艱難守正，猶恐所爲之事或有過失，故曰閑習其行道之具，使无有過差而一歸于正，故所行无不利也。疏謂雖曰有人閑閡車輿之意，非也。象曰「利有攸往，上合志也」者，言此所以无往不利，由上九大賢之臣，以至正之道贊輔于己，而能崇敬禮下之，其心志相合，道又相符契故也。

六四，童牛之牿，元吉。象曰：**六四元吉，有喜也。**

義曰：童牛者，犢牛而无角者也。六四居艮之始，以陰居陰，居得其正，而下有初九之剛爲己之應，而初居乾之體，是君有剛志而欲上行，已以大正之道居其左右以畜止之。然初九又有至剛之才、至明之性，而能服其義，故六四得以正道而止畜之，猶无角之牛而又制之于牢牿，言其易也。元吉者，言四既以大正之道使其君邪欲不行，故正道日舉而得其元大之吉也。象曰「六四元吉，有喜也」者，言臣既能制君之邪欲，君又樂從之而不行，故上下相得，交相喜悦也。故齊景公從晏子之言而大悦，孟子稱：「其詩曰：『畜君何尤？』」畜君者，好君也。言景公欲騁遊樂，而晏子以正道止之，是有愛君之心，故君臣相悦而无過也。

六五，豶豕之牙，吉。象曰：六五之吉，有慶也。

義曰：豶豕者，豭豕而見豶者也。牙，牙杙也，所以繫物也。六五居艮之體，有大中之德、柔順之質，而應于九二。九二居乾之體，有其剛欲，而又有六五爲大正之臣居輔左右，故二亦有大中之才、剛明之性，能服道知義，禮下于賢，其剛欲不行而從于正道，故六五畜止之易如豶豕之牙也。夫豕者，蹢躅躁動之物，難于制畜者也。今見豶而又繫之牙杙之上，是其易制也。吉者，言君之邪欲既不能行，是吉之道也。然六四言元吉，而此但言吉者，蓋初九邪欲萌而六四能制之。夫居事之始，至難者也，而四能畜之，是以獲元大之吉。至于九二，則是其邪欲已止而不行，六五但安然以正道而輔之，故但言其吉，蓋其止之又易也。

象曰「六五之吉，有慶也」者，言四元吉而有喜，此但吉而言有慶者，蓋六四是事之始，其君之剛欲將萌而能畜之，故但有喜而已，蓋未知其久長之效也。至此六五則是其邪欲已盡不行，故其正道日舉而君至于无爲，大興天下之治，不惟有喜，而至于有福慶也。

上九，何天之衢，亨。象曰：何天之衢，道大行也。

義曰：按小畜以巽體居乾之上，故不能止畜于其始，而上九止極，有既雨之象。此大畜以艮體處乾上，故能止畜于始。初曰「有厲，利已」，二曰「輿説輹」，三曰「良馬逐」，四曰「童牛之牿」，五曰「豶豕之牙」，至此上九，其正道已成，而有天衢之亨，言其大正之道大行于天下，如天之有衢路坦然可以通之。且經文有「何」字，推尋其義，殊无所適，蓋傳寫者因象辭有之，故遂加之也。象曰「何天之衢，道大行也」者，「何」者，設問之辭。言上九何以得天之衢亨，蓋以其正道之大行通達于天下也。

頤

☶☳ 震下艮上 **頤，貞吉。觀頤，自求口實。**

義曰：按序卦云：「頤，養也。」蓋既止畜于邪欲，必正道以養之也，故大畜然後受之以頤。

然得謂之頤者，蓋二陽居其外，四陰居于内，陽爲實，陰爲虚，外實而内虚，口頷之象、頤養之義也。貞吉者，言所養得其正則獲吉也。觀頤者，言觀它人之所養能得正道，則己法而效之；若不得其正道，則己革而去之。自求口實者，此觀己之所養也，口實是養身之具，故當常自求觀己之所養而從于正道也。

彖曰：頤，貞吉，養正則吉也。觀頤，觀其所養也。自求口實，觀其自養也。天地養萬物，聖人養賢以及萬民，頤之時大矣哉！

義曰：言人之所養，惟在于正，故上以仁義之道養于下，使生靈遂性，予天下之人以安，在下者必勤身竭力以養其上，故君能以仁義養于民則謂之聖君，臣能以忠信奉養其上則謂之賢臣，民能厚衣食以養其家則謂之良民，士能充五常以養其身則謂之君子，是所養皆得其正則獲吉也。「觀頤，觀其所養也」者，言觀人所養得其正，則君子取以爲法；不得其正則禍害生，故君子取以爲鑒也。「自求口實，觀其自養」者，言君子之人既能觀人之所養，又復觀己之所養，若皆得其正，則无不得其安也。天地養萬物者，此以下又廣明頤養之義，言天地以陰陽二氣流布于四時，發而爲日月風霆，散而爲雨露霜雪，使蠢動萬類皆遂其性而安其所，此天地所以能養于萬物者也。聖人養賢以及萬民者，言聖人法天地所養之道而頤養天下之民，然四海之廣，一人不可以獨治，教化不可以遍及，擇天下之賢于衆人者，爲公、爲卿，爲守、爲宰，班禄以養之，使其宣君之教化，行君之仁政，代君司牧，所以養天下之民也。言聖人之有天下，必先養賢，然後及民也。頤之時大矣哉者，言頤之時大，將以使上下、内外、大小所養皆得其正，故先聖重嘆美之。

象曰：山下有雷，頤，君子以慎言語，節飲食。

義曰：上艮爲止，下震爲動，上止下動，是頤頷之象也。君子觀此之象，先慎其言語，節其飲食，以安養其身也。夫言語由口而出，不慎則榮辱隨之；飲食從口而入，不節則患害隨之。故君子必當慎重其言語而不妄發，以養其德；節止其飲食，使皆得其，宜以養其身，如是身所以安，道德所以成也。

初九，舍爾靈龜，觀我朵頤，凶。象曰：觀我朵頤，亦不足貴也。

義曰：龜所以知人之吉凶，猶人之明智也。凡賢人君子居于卑下或貧賤而不得其所養者，必須韜藏仁義，卷懷道德，俟其時，需其命，不躁求妄進，然後可以自得其所養也。故禮曰：「儒有席上之珍以待聘。」又孟子曰：「天有爵，則人爵從之」。是君子有道藴于身而能俟時須命，自然得其所養也。今初九有剛明之才，足以自養其正，然以居震動之初，故不能守己之道而躁求妄進，舍己之明智而觀它人之所養。若它人之居崇高富貴，而己乃朶動其頤，是凶之道也。象曰「觀我朶頤，亦不足貴」者，言君子无禄而富，无爵而貴，以其道在己也。今初九有其道而不能自守以待其時，有明智而不能自保以俟其養，爲天下之人所賤，故曰「亦不足貴也」。

六二，顛頤，拂經于丘頤，征凶。象曰：六二征凶，行失類也。

義曰：夫自上而反下謂之顛。夫爲下者，勤身竭力以奉于上，此其常道也。今六二无正應，而下近初九之剛，故因而反養于初，自上而養于下，故曰「顛頤」。且爲下不能以道養于上，而反養于初，是拂違其常道，如履于丘墟不平之地而爲養也，故曰「拂經于丘頤」。居下不養于上而養于下，則是拂違常道，以此而行，凶之至矣。象曰「六二征凶，行失類也」者，夫居上養下，在下養上，此常道也。今二反養于下，是所行失其類也。

六三，拂頤，貞凶，十年勿用，无攸利。象曰：十年勿用，道大悖也。

義曰：拂，亦違也。夫所養之道，得其正則獲吉，故象所謂「養正則吉」也。今六三以陰居陽，是履不得其位，行不得其正，正既失之，是拂違所養之道也。故以正道言之，是以凶也。「十年勿用，无攸利」者，十者，數之極也。夫以不正之道居于上，則不能以仁義之道愛養于人；居于下，則不能以忠信之道奉養于君，如此而行，雖極十年之間，亦不可用矣，是以所行所爲皆无所利也。象曰「十年勿用，道大悖也」者，言君子之人于所養之道皆得其正，則建諸天地而不悖，質諸鬼神而无疑，百世以俟聖人而不惑。今六三不能脩養己之德，而以不正爲養之道，是其大違悖于所養之道也。

六四，顛頤，吉，虎視眈眈，其欲逐逐，无咎。象曰：顛頤之吉，上施光也。

義曰：六二居下，不養于上而養于下，故進則凶也。今六四處于上體，是居人上也；以陰居陰，履得其正，下應于初九之陽，是養于下者也。既居上位而又能養下，是得其吉也。「虎視眈眈，其欲逐逐，无咎」者，言虎，暴猛之物也，其視眈眈然，言威嚴之至也。夫居上者以正而養于下，則下无不得所養。下既得所養，若无所節制，則必傷于寬裕而衆將放恣，故用威嚴以濟之。若恩威並立，使民懷德而畏威也。逐逐，相繼不絕之貌。言居上之人既養于下，則必隨其人之欲，使之逐逐然而不絕，此乃全其吉而无有咎害也。象曰「顛頤之吉，上施光也」者，言六四居于上位而能盡其道以養于下，是其施澤之光大也。

六五，拂經，居貞吉，不可涉大川。象曰：居貞之吉，順以從上也。

義曰：凡爲養之之道，當守以正則可也。今六五乃以陰柔之質居于陽之位，是拂亂其頤之義也。經，言經字之誤也。豈有居至尊而乃拂亂其常道之甚哉？但以其少不得于正，故唯失其養之道耳。「居貞吉，不可涉大川」者，言六五失其正，故至于拂違其頤養之義。今若能居守之以正道，則可以得其吉也。雖以居守其正道而得吉，然本有失，是未可以濟于險難也。

上九，由頤，厲吉，利涉大川。象曰：由頤，厲吉，大有慶也。

義曰：此一爻以剛明之質居一卦之最上，雖非至尊之位，然下四陰不能自養，故必皆由于己而後得其養也。厲吉者，上以剛明之才爲衆陰之主，衆皆由己而後得其養，若不濟之以威嚴，則必有所瀆也，故當臨之以威厲，則得其吉。利涉大川者，言上九既以仁義之道以養于下，下由之而後得所安，而己又能濟之威嚴，則是恩威並立而天下之人皆樂歸之，故雖有大險大難，亦可以濟之也。象曰「由頤，厲吉，大有慶也」者，言上九居其上而下皆由之得其養，爲衆之所服，是大有福慶之事也。

大過

☱☴ 巽下兑上 **大過，棟撓，利有攸往，亨。**

義曰：按序卦云：「不養則不可動，故受之以大過。」蓋聖賢之人，仁義道德素有以積習之而蘊畜其心，然後擴而充之天下，以救天下之衰弊，此所以次于頤。然謂之大過者，言聖賢之人有大才大德，而過越于常分以正天下之衰弊，故謂之大過也。棟撓者，言大過之時，政教陵遲，紀綱衰壞，本末皆弱，若大厦之將顛而梁棟不能支持，故致傾撓。「利有攸往，亨」者，聖賢之人有大才大智，當此之時，則過越常分而拯天下之衰弊，以此而往，則天下皆獲其利，獲其利則得其亨通。

彖曰：大過，大者，過也。棟撓，本末弱也。剛過而中，巽而説行，利有攸往，乃亨。大過之時大矣哉！

義曰：言聖賢之人有大才大德，故能過行其事而拯天下之衰弊。是大過之時，唯大者之人乃能過分以成天下之大功也，若才德賢智之偏則不可，況无才德乎？「棟撓，本末弱」者，此言二陰居其上下，陰體柔弱，是猶内外皆小人而朝廷紀綱敗壞，若大厦將顛而梁棟已摧，本末皆傾撓也。剛過而中者，此指九二而言也。夫以陽居陽，守常之道也。今以陽而居陰，是過越于常分也。如聖賢之人，有大剛明之才而超邁古今，過行其事而又不失其中，故能復正天下之弊，扶救天下之衰。若當此之時，有其才德而或不能過分行之，則不能除天下之弊而立天下之功也。「巽而説行，利有攸往，乃亨」者，下順上説，言聖賢君子拯大過之時，以順而説天下之心而行之。故湯始征葛，東征，西夷怨，南征，北狄怨，曰：「奚爲後我？」是皆應天順人而行，乃得天下之悦從，故所往皆利而无不亨通也。大過之時大矣哉者，言君子挺不世之才，駕非常之德，必欲拯天下之衰弱、出生民于水火者，必得其時則可以行之也。若有其德而无其時，亦无能爲也，故先聖重嘆美之。

象曰：澤滅木，大過，君子以獨立不懼，遯世无悶。

義曰：夫澤本卑，木本高，今澤反居木之上，是卑者踰于高，下者踰于上，大過之象也。君子之人，當是時而能越常分，推仁義不忍之心，獨立特行，挺然而无所懼憚，不顧險難，不畏小人，如此則可以救天下之衰弱，立天下之事業也。當是時，苟不得已而不可爲，當韜光遯跡，養晦仁義，以道自樂，不與世俗混，于衰弊之中而无所憂悶也。然則聖賢之人所謂遯者，非謂入于深林幽谷，但不使名跡少露于人而反貽其害耳。

初六，藉用白茅，无咎。象曰：**藉用白茅，柔在下也。**

義曰：初六居卦之初，爲事之始也。夫爲事之始，不可輕易，必須恭慎，然後可以免咎。況居大過之時，政教陵遲，紀綱隳壞，而聖賢之人有大才德，欲往而拯之，是其事至重，功業至大，尤不易于有爲，必當過分而慎重，然後可也。若一失其措，則禍不旋踵而至矣。故繫辭曰：「初六，藉用白茅，无咎。子曰：苟錯諸地而可矣，藉之用茅，何咎之有？慎之至也。」蓋凡物置之于地，固得其安矣，而又以潔白之茅藉之，是慎重之至也。如聖賢拯天下之大過，苟于事始慎之，如此則可以立天下之大功，興天下之大利，又何咎之有耶？象曰「藉用白茅，柔在下也」者，初六以陰居卦之初，是以柔而在下，蓋君子過行其事而慎重之至，此以柔潔之茅藉之于下，斯免咎矣。

九二，枯楊生稊，老夫得其女妻，无不利。象曰：老夫女妻，過以相與也。

義曰：稊者，楊之秀也。此以陽居陰，是君子之人越其常分而過行其事者也。夫大過之時，聖賢君子能過行其事，以剛明之才、勤健之德立天下之功業，使陵遲者得以興起之，隳壞者得以振舉之，故如枯槁之楊復生秀美之稊，衰老之夫而得少懦之女，復有生息之象也。无不利者，言聖賢之人過其常分以行事，使衰者復興，亡者復存，是所行无不得其利也。象曰「老夫女妻，過以相與也」者，以老夫而得女妻，則有生息之漸；以女妻而得老夫，則有老成之漸，是皆過以相與者也。

九三，棟撓，凶。象曰：棟撓之凶，不可以有輔也。

義曰：大過之時，君子有爲之際，故若過其分而行，則可以立天下之功。若但守常之人，則未見其能成天下之事業也。九二能過分行之，故所行皆利。此九三有剛明之才德，而乃以陽居陽，則是守常之人不能過行其事，如有才而不能施用，有德而不能操致，獨用匹夫之見而係上六之應，使其政教愈敗，綱紀愈頽，若大厦之梁傾撓而不能扶持，是凶之道也。象曰「棟撓之凶，不可以有輔也」者，夫天之生聖賢，將使拯天下之危難，濟天下之生靈，立其事業也。今九三乃爲守常之人，有才而不能用，是不可以有輔于大過之君也。

九四，棟隆，吉，有它吝。象曰：棟隆之吉，不撓乎下也。

義曰：夫大過之時，是本末衰弱之世，唯聖賢出乎其類、過行其事而拯濟之。今九四以陽居陰，是能過其位分以拯天下之弊，亦如大厦將傾而得良匠扶持之，使其梁棟隆起而得全安也。蓋衰亂之世，既拯民出于塗炭，然後獲其亨通而得吉也。有它吝者，九四之應在初六，若聖賢之人，欲興起天下之治，必須至公至平，用心不偏，獨力特行，挺然无所畏憚，使天下无一物不獲其賜，如此則可以興滯補弊，扶衰拯弱，而立功業于天下。若一有它志而係于私應，則亦鄙吝之道也。象曰「棟隆之吉，不撓乎下也」者，言九四雖下有初六之應，而已以剛明之才，終不私累于己，是不撓于下，故獲吉。

九五，枯楊生華，老婦得其士夫，无咎无譽。象曰：枯楊生華，何可久也！老婦士夫，亦可醜也。

義曰：聖賢之人居至尊之位，有大中之道，當衰弱之世，必須過越以行事，則可以拯救于時也。今九五以剛陽處于至尊，是居可致之位，操可致之資，是可以振綱紀于廢壞也。今反不能過越其分，而但固守己任，是亦守常之人也。以守常之人而拯天下之衰弊，故如枯朽之楊生其葩華易落之物，不若九二生稊之茂實。老婦得其士夫，无所補助，不能滋息，不若老夫之得其女妻也。然以陽居陽，當至尊之位，但得其无咎而已，然不能過越以行事，是以无休美之譽。象曰「枯楊生華，何可久也」者，言五當大過之時，自守己分，若枯朽之楊生葩花易落之物，其榮茂不可得久也。「老婦士夫，亦可醜也」者，言衰老之婦得其士夫，无所補助，又不能生息，適足以鄙醜者也。

上六，過涉滅頂，凶，无咎。象曰：過涉之凶，不可咎也。

義曰：以陰柔之質居上卦之極，當本末衰弱之世，而己雖有仁義不忍之心，憫生靈之塗炭，悼紀綱之廢墜，然而其體本柔弱，則是才小德薄之人終不能濟天下之難。猶如涉險之人，其志雖欲終濟，其力薄而微弱，以至滅没其首，是凶之道也。滅頂，猶言涉難之深也。无咎者，言上六有是心而欲濟天下之衰弱，然其才力寡薄，不能終濟，以至滅頂，是不可以咎責之也。象曰「過涉之凶，不可咎也」者，志在拯難，而雖至于滅頂，故聖人于此憫之，蓋此上六欲立天下之功業，何可咎責之也。

坎

☵ 坎下坎上 **習坎，有孚，維心亨，行有尚。**

義曰：按序卦云：「物不可以終過，故受之以坎。」言君子之人，所行必貴得其中，不可大過，大過則必有坎陷，故坎次于大過也。然此卦是伏羲所畫之卦，在八純之數，其七卦皆一字而名，獨此加習字者，何也？蓋乾主于健，坤主于順，若是之類，率皆一字可以盡其義。而此卦上下皆險，以是爲險難重疊之際，君子之人當此重險之世，欲行事于天下，必當預積習之，然後可以濟其險阻。若不能預習之，則才小力薄，致滅其身。故聖人加習字者，此也。有孚者，孚，由中之信也。夫水之性，決之則流，防之則止，此水之信也。如君子之人知幾達理，行于險難，有至誠无不通者，以至誠无不通，若水流而坎險皆可以平之也。維心亨者，坎卦上下之中皆有剛明之德，是水之性至明而无所不通。如君子中有剛明之德，曉察險阻之事而便習之，所行不違于中，思慮不逾其志，如此則事无不獲其濟。行有尚者，夫水之性，凡坎險之處，无不流而至之，故能平其險難而潤澤萬物，爲時之所尚也。若君子之人，當險難之時，力能扶持之，蓋由以仁義之道、才智之美，上而朝廷有其德，下而萬物被其澤，亦如水之无不潤，而爲時之〔一〕所尊尚也。

彖曰：習坎，重險也，水流而不盈，行險而不失其信。維心亨，乃以剛中也。行有尚，往有功也。天險，不可升也；地險，山川丘陵也。王公設險以守其國，險之時用大矣哉！

義曰：夫坎，險也，陷也。此卦上下皆坎，是重險之象也。亦言聖賢之人欲致天下之事業，惟坎險之事最難，則必素習之，然後可以拯濟其事也，故曰「習坎，重險也」。「水流而不盈，行險而不失其信」者，夫水之流者，盈于一坎而又之一坎，无有盈滿而不流者。若險峻之處，則决然而往，无所凝滯，是其信也。猶君子之人，當險難之世，奮然不顧其身，竭力盡誠，往而拯其難，无有凝滯，是猶水之流而不失其信也。「維心亨，乃以剛中」者，此卦以陽居中，是有剛明之德而行于險難之中，故无有不通也。「行有尚，往有功」者，言水之性，流

〔一〕四庫本無「之」字。

于下而潤澤萬物，是有生育之功，爲時之尚。君子之人素能習其坎難之事，是以往則有其成功也。天險不可升者，此以下廣明險之義，言天之崇高極遠，不可階梯而升，其神明之道不可測度，故能保其崇高。「地險，山川丘陵」者，言地有高山、大川、高丘、峻陵，以包藏萬物而不可踰越，故物得其保全也。王公設險以守其國者，言王公法天地之險而扼衝要之地，據形勢之會以建其國，高城深池，外爲之固，堅甲利兵，内爲之戒，嚴刑法以除姦，飭教化以厲俗，如此，所以保國家之大而固其基業之久也。險之時用大矣哉者，言預能習坎險之事，及是時，用其道以濟之也。

象曰：水洊至，習坎，君子以常德行，習教事。原本遺註。

初六，習坎，入于坎窞，凶。象曰：習坎入坎，失道凶也。

義曰：窞者，坎中之坎也。大凡居險難之世，必有剛明之德而素習其事，然後其道可行于天下。今初六以陰柔居坎險之始，而上又无其應援，是其卑而不能自奮，柔而不能自立，位卑身弱，又不能素習其坎險之事，以至復入于深險之處涉其難，愈凶之道也。象曰「習坎入坎，失道凶也」者，言初六之柔弱不能自立，以之治一身則一身不治，以之治一國則一國不治，以之治天下則失治天下之道，是其懦弱失道之甚，愈往則凶愈深也。

九二，坎有險，求小得。象曰：求小得，未出中也。

義曰：夫聖賢之人有剛明之才德，又加之以大中之道，乘時藉勢，其道足行于天下也。今九二雖有剛明之德，而居二陰之間，不遭其時，不得其位，其道不得行于天下，在于坎難之中，必有危險之事也。求小得者，夫君子有才懷德，得時居位，行其道于天下，无所求而不得。今九二雖有才德，然不得其時與位，而又未出于險中，是以所求止小得而已。

六三，來之坎坎，險且枕，入于坎窞，勿用。象曰：來之坎坎，終无功也。

義曰：夫有剛明之才德而履于中正，則庶可拯其險難也。今六三居不得中，履復失正，而又介重坎之間，若來居于位則未出于坎，若往之于上則復有其坎，是其往來之間皆其坎險也。險且枕者，蓋身在于坎而下乘九二之剛，是既險而又且枕于險也。「入于坎窞，勿用」者，言六三以其不中不正，身在于險而又枕于險，以此而往，則愈入于難之深也。入于難深之人，是終不可以有用也。象曰「終无功也」者，言此六三欲用之以治險難，則无有其成功也。

六四，樽酒簋貳，用缶，納約自牖，終无咎。象曰：樽酒簋貳，剛柔際也。

義曰：言六四出于下卦而居上卦之始，以陰居陰，是履得其正。上又近九五之君，九五又无應，故盡心而委任之。上下相交，君臣相接，故上无猜忌之心，下无疑貳之志，故其相待之物不假外飾，雖以一樽之酒、貳簋之食，又以瓦缶質素之器，納其至約于户牖之間，以此相待，亦終无其悔咎也。蓋至誠相通，心志相交，故不假飾于外物。蓋牖者，所以通幽而達明也。象曰「剛柔際也」者，謂君臣之道相交際也。

九五，坎不盈，祇既平，无咎。象曰：坎不盈，中未大也。

義曰：九五當坎之時，居至尊之位，有剛明之德、大中之道，然而猶居上坎之中，未出險難，是坎險未盈者也。祇，辭也。若坎險既平，則是出于險難，故曰「无咎」。象曰「坎不盈，中未大也」者，言五在坎之中，流之未盈滿，喻君之道未盡得其勢，未能大亨通也。

上六，係用徽纆，寘于叢棘，三歲不得，凶。象曰：上六失道，凶三歲也。

義曰：上六處兩坎之上，險惡之極者也，是險惡而不悛，如何處之？宜係之以徽纆之索，置之于叢棘之下，使之思其過，至于三年，天道小變之時，苟不改其惡，是終不能改，然後刑之，此凶之道也。象曰「上六失道，凶三歲也」者，夫君子之人在平夷之地能思其過，如顔氏「不遠復，无祇悔」。小人之情則險惡，教化不能導之，乃置之牢獄三歲而使省其過，是其失道之人也。故周禮「司圜掌收教罷民，凡害人者弗使冠飾，而加明刑焉，任之以事而收教之。能改者，上罪三年而舍，中罪二年而舍，下罪一年而舍。其不能改而出圜土者，殺。雖出，「三年不齒」，此之謂也。

離

䷝離下離上離，利貞，亨，畜牝牛吉。

義曰：按序卦云：「坎者，陷也，陷必有所麗，故受之以離。」蓋言險難之後，必須附文明之人，然後得其安也。離者，麗也，日也，文明也，人君之象也。兩日相並，聖明相繼之義也。「利貞，亨」者，言聖賢之君繼世以有天下，必皆以正道而爲治，然後天下獲其利而得亨通矣。故古之堯老而舜繼，舜老而禹繼，禹老而啓繼，是其聖賢之君皆以正道相繼而无不得其亨通。又若下之者麗于上，上之者麗于下，皆以正道然後可盡得其亨通矣。畜牝牛吉者，牛即柔順之物，所以任重而致遠也。牝者，又柔之謂也，則是牛而又牝，言至柔至順之故也。蓋聖賢之人繼世以治天下，其所畜之臣，必須有遠大之才，堪任國家之事，有柔順之德，不奪君之權，使之上則盡忠于國，下則竭誠于民，如此，故能成天下之治相繼不絶也，若周之周公，湯之伊尹，漢之平、勃是也。

彖曰：離，麗也。日月麗乎天，百穀草木麗乎土，重明以麗乎正，乃化成天下。柔麗乎中正，故亨，是以畜牝牛吉也。

義曰：此言離者，麗著之義也，故因而廣明離之義。日月所以常明，晝夜不息，幽隱之間无所不燭者，蓋其上麗著于天故也。百穀草木所以春生夏長、秋成冬收，小大高下无不遂其宜者，蓋其下麗著于土故也。「重明以麗乎正，乃化成天下」者，言上下重離，兩日之象，是聖賢以柔順之道相繼而明，而又附麗于正道而行，使其教化流行，德澤洋溢，如是，故能化成天下之俗也。「柔麗乎中正，故亨」，謂二五也。言上下皆以柔順之道而麗著于中正之位，是其君臣皆以柔順而居中正，以成天下之治，而獲其亨也。然而聖賢之君，其所畜之人有遠大之才，有重厚之德，使之竭誠盡節，如此，故能亨。繼世以有天下，爲萬世之福，故曰「是以畜牝牛吉」也。

象曰：明兩作，離，大人以繼明照于四方。

義曰：上下二離，是兩明也。兩日重光，臨照不絶之象也。大人者，言大才大德之人，以其文明柔順之道，相繼以有天下而臨照于四方，幽隱无所不燭，其光明相繼，綿綿而不絶也。

初九，履錯然，敬之无咎。象曰：履錯之敬，以辟咎也。

義曰：「錯然」者，敬之之貌也，言此初九居離之初，如日之初生，未明照于天下。若繼嗣之君于事之初，則當常錯然警懼以進德脩業，上副祖宗之託，下慰生民之望，所以得免其咎。象曰「履錯之敬，以辟咎也」者，言居事之初，不能脩省恭謹，則未免其咎。

六二，黄離，元吉。象曰：黄離，元吉，得中道也。

義曰：六二居下卦之中，以陰居陰，是既中且正，如日之中，朝廷明盛，行政施令爲皇極之化，故有元大之吉。象曰「得中道也」者，蓋黄者，中也，以其有中正文明之德，此所以自然得其元吉。

九三，日昃之離，不鼓缶而歌，則大耋之嗟，凶。象曰：日昃之離，何可久也。

義曰：九三過離之中，如日之昃，其光有所虧也。若人之年已衰耄〔一〕，必當求其代則可也。在家則致家事于其子，在朝則致朝事于其臣，以安神養志也，然後得其吉。今三不能鼓缶而歌以養衰老，則至于教化陵遲、萬事隳壞，是以有大耋之咨嗟，凶之道也。若堯之耄期倦于勤，以舜代之；舜之耄期倦于勤，以禹代之，故得教化大行，致太平之久，所以免大

〔一〕四庫本「耄」作「耋」。

耋之嗟矣。象曰「何可久也」者，言日之既昃，不久而傾，若人之年已衰老，不能鼓缶自樂以安神養志，使教化陵遲，是何可以長久也？

九四，突如其來如，焚如，死如，棄如。 象曰：**突如其來如，无所容也。**

義曰：九四已出于下卦，而在上卦之初，如日之已没而再出，突然而明，是猶以其非道遽然而進，且切近至尊，大臣之位，其身不正，恃其權位乃欲炎于上，故至焚如。然失其爲臣之道，逼君之位，如是則死之亦宜，故言死如。若然，人神所共棄，天下之所不容，故曰「棄如」。

六五，出涕沱若，戚嗟若，吉。 象曰：**六五之吉，離王公也。**

義曰：六五爲離明之主，然以柔弱之質居于至尊，下爲九四强臣之所逼，至于出涕沱若，而又憂戚嗟傷，言慎之至也。以其憂懼如是之至，然後得其吉也。象曰「六五之吉，離王公」者，雖爲强臣所逼，然居于至尊，麗著于王公之位，天下之所順，又能憂傷之至，故獲其吉。

上九，王用出征，有嘉，折首，獲匪其醜，无咎。 象曰：**王用出征，以正邦也。**

義曰：醜，衆也。上九亦如三過其中，是政教已衰，故有四夷侵侮、諸侯背叛之事，王于是以兵征之。征者，正也。征于四夷，所以正華夷之體；征于諸侯，所以正君臣之義。誅其元惡，弔民伐罪而已。故折其首惡，匪及其衆，則有嘉美而无悔咎。象曰「王用出征，以正邦也」者，言王之用以出征，以正萬民之法，君則君，臣則臣，邦國從而正矣。

安定先生周易口義下經卷第六

咸

䷞ 艮下兑上 咸，亨，利貞，取女吉。

義曰：夫有天地、萬物、男女、夫婦、君臣、上下，莫不有感之道，然後得其理。故聖人作易，以通神明之德，以類萬物之情，分乾、坤、坎、離爲上經，取咸、恒、既濟、未濟爲下經，以盡天道人事之理。咸，感也，天地之大經，夫婦之大倫，故爲下經之首也。「亨，利貞」者，言天地不交則萬物无以化生，男女不感則人倫之道廢，是皆有感而後亨也。然既交感不可邪諂，必利以正道則盡感之義，故曰「亨，利貞」也。取女吉者，言感之爲道，莫速于男女，男女相感，然後萬物化生，故此卦上兑而下艮，在説卦云：「艮三索而得男，故謂之少男；兑三索而得女，故謂之少女。」言以少男取于少女，則人倫正而天地之義畢。故咸之道，利取女吉也。

彖曰：咸，感也。柔上而剛下，二氣感應以相與，止而説，男下女，是以亨利貞，取女吉也。天地感而萬物化生，聖人感人心而天下和平，觀其所感，而天地萬物之情可見矣。

義曰：夫柔者，子也，臣也，婦也，女也，至賤也；剛者，父也，君也，夫也，男也，至貴也。貴上賤下，人之常道也，人之交感之義也。夫女守正静，男以禮下之，則夫婦道成而父子之親可見也。如賢者懷道義，君以禮下之，則君臣之義行而上下之禮興也。或賢者以道自處，君不能以禮下之，則君臣之分廢矣。是女守而男不以禮下之，則夫婦之道亦罔克成也。何則？天以高而自處其上，地以卑而自處其下，天不降氣于下，則地氣无由而升，如是，則陰陽之道无以變，萬物四時无以成也。夫天地尚爾，况于人乎？故感道貴以尊先卑、男下女，故曰「咸，感也，柔上而剛下」。「二氣感應以相與」至「取女吉也」，悉如前義。天地感而萬物化生者，此言天氣降于下，地氣升于上，二氣升降而交通，則萬物以生以育而各遂性命，是知交感本自然之理，故无所不生，无所不成也。聖人感人心而天下和平者，言聖人亨天下之貴勢，藉天下之重器，而天下之人均感悦而化之者，是必推誠信之道，使其仁義教化藏人之肌膚，淪人之骨髓，然後感悦于心而歸之也。是非由勞神役思，諄諄然取其心而求感之也。咸，感也。卦不名感而名咸者，聖人不以心求感于人，而人自感之，亦如天地二氣自然交通而萬物化生也。「觀其所感，而天地萬物之情可見矣」者，天地交感，然後萬物生；男女交感，然後天下化。凡此類，是天地萬物之情狀，因其所感而可見也。

象曰：山上有澤，咸，君子以虚受人。

義曰：按左傳云：「澤竭則山崩。」是澤之氣通于山，則萬物得其濡潤而遂其生成，此相感之義也。故君子法此山澤通氣之象，必虚其心，推其誠，以仁義之道行之于身而加之于人，則天下之人自然感悦而歸慕之也。是非假役役以求人之感也，故曰「君子以虚受人」。

初六，咸其拇。象曰：咸其拇，志在外也。

義曰：夫感之爲義貴于深，當以聖賢之道，施爲仁義之教、禮樂之化，以漸以摩，使之入人之肌膚，藏民之骨髓，然後天下之人皆合心畢慮，感悦于上也。上下交相感悦，是由感之道深故也。今咸其拇，夫拇者，足之趾，不能自動者也。蓋初六居艮之始，處卦之下，不能自有所動，是所感止及于趾，感之道不深而淺末者也，故曰「咸其拇也」。象曰「志在外也」者，言初六之應在于九四，是其所感之道不及于他，而志在于應四而已，志在外也。

六二，咸其腓，凶，居吉。象曰：雖凶，居吉，順不害也。

義曰：腓者，拇之上，股之下，躁動之物也，夫感悦之道，根諸至誠可也。今六二居下卦之中，始能離初之拇，不以至誠感人而務在躁動，是不能使天下之人自然而感，如足之腓，躁動不常，速凶之道也。居吉者，言六二居中得正，夫能以道自處，不務躁動以求感于人，但居其所，推至誠以及人，則天下之人自然感而歸之，故曰「居吉」也。象曰「雖凶，居吉，順不害也」者，言六二所感之道，雖未能深感人心而有凶，然若以道自處，則得其吉，是能順于道而不至有害者也。

九三，咸其股，執其隨，往吝。象曰：咸其股，亦不處也。志在隨人，所執下也。

義曰：股者，上體之下，下體之上，隨足而動者也。九三以剛處下卦之上而應在上六，但志于隨人，故若股之爲物，不能自主，足動則動，足止則止，是其志淺末者也。執其隨者，言九三不能以道自處，徒欲觀人之顔色，察人之辭意，以爲感悦之道，是所執之志在于隨人而已，以此而往，鄙吝之道，故曰「執其隨，往吝」也。象曰「志在隨人，所執下也」者，言九三之志，止務隨人以求感悦，不能高尚其爲，是所執卑下也。

九四，貞吉，悔亡，憧憧往來，朋從爾思。象曰：貞吉，悔亡，未感害也。憧憧往來，未光大也。

義曰：九四居股之上，處脢之下，心之象也。夫感之道，所利者正。今九四以陽居陰，失其正道，本有悔也，然猶能履尚謙冲，若守之以正，則吉可獲而悔可亡也。憧憧者，往來不絕之貌也。以天下之大、生靈之衆，不可家至户曉，在聖人推至誠之道、仁義之化，以廣洽之，則自然感悦而歸之，是聖人感人之心，必在虚己之心也。今九四憧憧然往來，勞苦其思慮而求人之悦，但顧己之私應，不能感于天下，惟己之朋黨則從爾之思慮而歸之，是不能盡感之道也，故曰「憧憧往來，朋從爾思」也。象曰「貞吉，悔亡，未感害也」者，言能守正得吉，是所感未至于害也。「憧憧往來，未光大也」者，按繫辭曰：「天下何思何慮？天下同歸而殊塗，一致而百慮。天下何思何慮？日往則月來，月往則日來，日月相推而明生焉；寒往則暑來，暑往則寒來，寒暑相推而歲成焉；往者屈也，來者伸也，屈伸相感而利生焉。尺蠖之屈，以求信也；龍蛇之蟄，以存身也。精義入神，以致用也；利用安身，以崇德也。過此以往，未之或知也。窮神知化，德之盛也。」今九四不能虚心以感于人，乃憧憧以求之，是其道未光大也。

九五，咸其脢，无悔。象曰：咸其脢，志末也。

義曰：脢者，心之上，口之下。夫居至尊之位，必須謙冲禮下于臣民，擴仁義之道，使教化行于天下，德教深被于四海，則天下之人自然感悦于上。今九五以陽居陽，不能禮下于臣民，以尊而自恃，以貴而自驕，不能盡感悦于天下者也。夫以心感物，猶未爲得，況過于心之上乎？其不盡感之道明矣。无悔者，以其居中得正，處于尊位，猶可以无悔也。象曰「咸其脢，志末也」者，夫爲感之主而不能盡感之道，其存志淺末可知也。

上六，咸其輔頰舌。象曰：咸其輔頰舌，滕口説也。

義曰：輔者，口輔也。上六處一卦之終，以人體言之，輔頰之象也。言上六不能施仁義至誠之道，自然感悦于天下，徒戚施面柔，以甘言美辭求感于人，是所感在于口輔，故曰「咸其輔頰舌」也。象曰「滕口説也」者，言不能感人以至誠，但滕口頰以語言求感而已。

恒

䷟ 巽下震上 **恒，亨，无咎，利貞，利有攸往。**

義曰：序卦云：「夫婦之道，不可不久，故受之以恒。」恒，常久也。言男下于女，故能成夫婦之道。夫婦之道既成，則能成家。君下于臣，故能成君臣之道。君臣之道既成，則能成國。國家既成，不可不久，故受之以恒也。然謂之恒者，巽爲長女，震爲長男，二長相與，故恒久不息以成家也。然咸以二少、恒以二長者，蓋始則所感之道貴于速，故以二少言之。

男女既別，夫婦既成，則不可不久，故以長言之，取長久之義，故曰「恒」也。「亨，无咎」者，言夫婦之道、君臣之義既皆久而不變，以至于亨，既獲其亨，何咎之有？利貞者，夫常久之道，所利者貞，久而不貞與不久同也。夫婦既久，欲成一家之事者不可不貞。君臣既久，欲成天下之治亦不可不貞。夫婦、君臣无所不正，則常久之道成矣。利有攸往者，言人之所守能至誠不息，執節不變，積日累月，積月成歲，以至終而復始，无有窮已，則无所往而不利。是故爲君子爲學，能常久而不已，則可至于賢聖；爲君臣爲治，能常久而不變，則可以施仁義禮樂以化成天下。故行之一身，行之一家，行之一國，以至行之天下，均能不變所守，則其道大成。道既大成，則所往何不利之有？

象曰：恒，久也。剛上而柔下，雷風相與，巽而動，剛柔皆應，恒。恒，亨，无咎，利貞，久于其道也，天地之道恒久而不已也。利有攸往，終則有始也。日月得天而能久照，四時變化而能久成，聖人久于其道而天下化成，觀其所恒而天地萬物之情可見矣。

義曰：震上爲剛，至貴也；巽下爲柔，至賤也。貴賤有别，尊卑有序，而常道已成。言之一家，則男正位乎外，女正位乎内；言之一國，則君以尊而位乎上，臣以卑而處其下。内外、上下之分定，故國家之道成矣。雷風相與者，夫雷得風則益威，風得雷則愈盛，二者相資，故能助天地生成之功也。以人事言之，則猶夫婦相與而人倫正，君臣相與而教化成，蓋取其相資益而成長久之道也。巽而動者，此解二卦之體也。上體震，震爲動；下體巽，巽爲順。以巽而動，是猶夫義而婦聽，君義而臣忠，常久不已以成其道也。「剛柔皆應，恒」者，蓋此卦剛柔皆相應而不失其常，亦猶婦事夫、臣事君，皆常久不易之道也。「恒，亨，无咎，利貞，久于其道也」者，此言凡人之作爲，皆能至誠不息，悠久其道，則得亨、无咎、利貞之三德也。天地之道恒久而不已也者，夫天以高明運行升降，晝夜未嘗休息，地以博厚容載萬物，亦未嘗休息。天地之道，運行容載，久而不變，故且高且大也。「利有攸往，終則有始也」者，義見前。「日月得天而能久照，四時變化而能久成」者，夫日往則月來，月往則日來，日月往來而能臨照天下之物，无論巨細而皆燭之，蓋由所麗在天，故能久明而无有過差也。天地之大，陰陽之運，在于四時。故春以生之，夏以長之，秋以成之，冬以終之，或代或謝，周而復始，故能生育萬物，以成歲功，久而不易也。故曰「日月得天而能久照，四時變化而能久成」矣。聖人久于其道而天下化成者，夫天地至大，日月運焉，四時行焉，久而不變，故照臨四方，生育萬物，久而不易，无有窮已也。聖人有天下之大，居天下之尊，發政施仁亦必久于其道，然後賞罰有常，號令有信，天下之人莫不仰而歸之以成其風化，故曰「聖人久于其道而天下化成」也。觀其所恒而天地萬物之情可見矣者，夫日月臨照，四時變化，萬物代謝，皆久于其道，无有窮已，則天地萬物之情常久而可見。

象曰：雷風恒，君子以立不易方。

義曰：震陽爲雷，巽陰爲風，陰陽相合，雷風相資，生成萬物，久而不已，以成其道也。故君子觀雷風之象，所作所爲由中而不易其道，故能常久，而成天下之治，行天下之道，无施而不可。方，猶道也，言其所立不離于道也。

初六，浚恒，貞凶，无攸利。象曰：浚恒之凶，始求深也。

義曰：浚，深也。天下之事必皆有漸，在乎積日累久而後能成其功。是故爲學既久，則道業可成，聖賢可到；爲治既久，則教化可行，堯、舜可至；爲朋友既久，則契合愈深；爲君臣既久，則諫從言聽而膏澤下于民。若是之類，莫不由積日累久而後至，固非驟而及也。今此初六居下卦之初，爲事之始，責其長久之道、永遠之效，是猶爲學之始欲亟至于周、孔，爲治之始欲化及于堯、舜，爲朋友之始欲契合之深，爲君臣之始欲道之大行，是不能積久其事而求常道之深，故于貞正之道見其凶也。无攸利者，言居事之始欲深于常道，以此而往，必无所利，孔子曰「欲速則不達」是也。

九二，悔亡。象曰：**九二，悔亡，能久中也。**

義曰：夫天下之道，得其大中則萬世所不能變易。今九二以陽居陰，是失正而本有悔也。然以居下卦之中，其所行无過无不及，使賢者可俯就之，不肖者可企及之，如此，是得天下之常道而萬世所矜式也，又何悔之不亡？象曰「九二，悔亡，能久中也」者，言九二以陽剛之德而能居下卦之中，是久于中道而无所變易，故悔亡也。

九三，不恒其德，或承之羞，貞吝。象曰：**不恒其德，无所容也。**

義曰：夫尊卑、貴賤、内外、上下不失其本分，則可以爲常久之道。今九三居上六柔弱之下，是卑者先于尊，賤者先于貴，不常之人也。或承之羞者，言尊不尊，卑不卑，内外混淆，貴賤汩亂，此則羞辱之事隨之也。貞吝者，言德既无常，其于永久貞正之道誠足鄙吝也。象曰「不恒其德，无所容也」者，言九三既失其常久之道，則所往皆不容也。故孔子曰：「人而无恒，不可以作巫醫。」巫醫，鄙賤之徒也，其无常德者尚不可爲，況其他乎？是則於所處固无容也。

九四，田无禽。象曰：**久非其位，安得禽也。**

義曰：田，獵也。凡禽獸可擒者，通謂之禽。夫常久之道必本于中正，今九四以陽居陰，是不正也；位不及中，是不中也；不中不正，不常之人也。以不常之人而居大臣之位，是无德忝位者也。至于爲治則教化不能行，至于撫民則膏澤不能下，是猶田獵而无禽可獲也。象曰「久非其位，安得禽也」者，言九四于常久之時，處非其位，猶田獵而无禽，必无所得也。

六五，恒其德，貞。婦人吉，夫子凶。象曰：婦人貞吉，從一而終也。夫子制義，從婦凶也。

義曰：貞，貞固也，文言曰「貞固足以幹事」是也。夫爲天子之尊，有四海之廣，民物之繁，必使仁義教化流于天下，不可執一道、守一方，必也臨事制宜，隨時應變，則无施不可也。今六五居至尊之位，以柔弱不正之資私一己之應，是固執常德，不使流通于天下也。「婦人吉，夫子凶」者，婦人處閨門之内，守一而已可也；夫子處閨門之外，則必臨事應變，大有所爲可也。今六五執守一德，不能大有所爲，但繫私應，是以此道施之婦人則吉，而施之夫子則凶也。象曰「夫子制義，從婦凶也」者，婦人之事，固執其正，繫于一人則吉也；夫子則當制義而不可泥于一也。若夫子從婦人之道，不能以義制事，則凶之道也。夫以夫子不能制義尚以爲凶，況尊爲天子、有四海之大者乎？凶可知也。

上六，振恒，凶。象曰：振恒在上，大无功也。

義曰：振，動也，謂君子可動則動，可進則進，可静則静，可退則退，動静進退皆不失正，則聖人之道畢矣。今上六處恒之上，居震之極，是深求妄動之人也。以深求妄動，必不明進退動静之理，若以此而往，凶之道也。象曰「振恒在上，大无功也」者，言動静既不適時，而進退失常，于道既凶，又何功之有？

遯

䷠艮下乾上 **遯，亨，小利貞。**

義曰：按序卦云：「物不可以久居其所，故受之以遯。遯者，退也。」言天時人事盛久必衰，進久必退，存久必亡，自然之理也。此卦所以名遯者，蓋二陰浸長，進得其位，以剥群陽，是小人道長、君子道消之時也。故君子當此之時，則晦跡潛光，懷仁卷義，以道自容，不使小人得窺其所爲，所謂遯也。「遯，亨」者，由遯而後亨也。夫君子時有通塞，道无損益，故孟子曰：「雖大行不加焉，雖窮居不損焉，分定故也。」是君子所得在内，所志在道，道充乎内則无所不通，得其位則行道于天下，非其時則修身見乎世。故遯之時，必晦跡潛光以遠小人之害，則己之道自得其亨通也。小利貞者，夫否之卦，三陽在上，三陰浸長于下，君臣隔絶之時，故卦辭言「否之匪人，不利君子貞」。剥之卦五陰盛長，一陽在上，故曰「勿用，有攸往」。是否、剥之時，全不可以有用，至此遯二陰在下，四陽在上，君子之道猶小可行，故曰「小利貞」。

彖曰：「遯，亨」，遯而亨也。剛當位而應，與時行也。小利貞，浸而長也。遯之時義大矣哉！

義曰：「遯而亨也」者，言因遯而得亨也。「剛當位而應，與時行也」者，剛謂九五也，應謂六二也，九五以陽居中，是剛明中正之君子，然而下應于六二之小人者，蓋君子之道，无固无必，可遯則遯。此六二之爲小人，然能以中順之道附結于己，不須遯也，故與之應。是君子之心通變，能與天時俱行，故可止則止，可行則行，若仲尼皇皇于衰周，孟子歷游于戰國，是皆欲己道之行，故小人有能以道附結于己者，亦不拒也。「小利貞，浸而長也」者，言君子所以不得大有爲于世，而惟小利于貞者，蓋以下之群陰浸長，而小人之黨漸盛也。「遯之時義大矣哉」者，遯之道，不可遯而遯，則道不可行；可遯而不遯，則必罹小人之害。是必隨時適變，可遯而遯可也。惟明智之人爲能居之，其時義至大，故先聖重嘆美之。

象曰：天下有山，遯，君子以遠小人，不惡而嚴。

義曰：乾上天也，艮下山也。山雖高峻，亦不能陵于天，故假象得遯之義也，猶君子遠遯，小人不能加害也。夫君子之道得行，則小人必見誅逐放斥而不得行于朝廷之上；苟君子之道不得行，則必遠避小人而全身遠害也。然今居遯之時，若漠然无畏而以嚴厲加于小人，而欲亟斥之，則必反罹害于己，雖然，亦不可枉尺直尋、依違苟從以求自免，但不加害于小人，常使己自有威嚴，使小人不敢侵害于己可也。

初六，遯尾，厲，勿用，有攸往。象曰：遯尾之厲，不往何災也？

義曰：遯之時，貴于先也。尾者，處于後也。凡卦以上體爲外，以下體爲內，今此卦二陰在內，小人得位而君子在野之象也。初六處卦之內，最居卦下，是衆賢皆遯而己獨在後，是不能先時而遯，至此始欲亟遠小人，則必反爲小人之所制，是有危厲也。「勿用，有攸往也」者，言當是時，惟宜依違自守，危行言孫，檢身修己，以遠小人之害可也，故聖人于此戒之。象曰「遯尾之厲，不往何災也」者，言既居遯之後，有危厲之事，果能依違自守，不復更有所往，何災之及也？

六二，執之用黄牛之革，莫之勝説。象曰：執用黄牛，固志也。

義曰：黄者，中也；牛者，柔順之物也。六二雖居群陽之中，在小人之黨，然居中履正，有中正柔順之德，達于事理，以上有剛明中正君子爲己之應，故己用此中正柔順之道往固執之，不使遠遯于己，故曰「執之用黄牛」也。莫之勝説者，夫賢人君子于道无所固必，但以仁義爲心而已。今己能以中順之道往固執之，則九五以何辭勝辯〔一〕而可遯哉？然此句上「之革」二字，乃羨文也。革之初有「鞏用黄牛之革」，故此誤有之也，推求无義可通，注謂「革者，固也」，此臆爲之説爾。象曰「執用黄牛，固志也」者，言用大中正順之道，使賢者不遠于己，所以固賢者之志也。

九三，係遯，有疾，厲。畜臣妾，吉。象曰：係遯之厲，有疾憊也。畜臣妾，吉，不可大事也。

義曰：爲遯之道，在乎遠去小人則吉。今九三居内卦之上，切比六二之陰，不能超然遠遯，是有係于小人也。「有疾，厲」者，夫小人之心，常以疾君子爲心，而又畏君子之刑戮，故一得其志則首欲害之。今九三既爲六二所係而不能遠去，是有疾病而危厲者也。「畜臣妾，

〔一〕「辯」，原作「辨」，據四庫本改。

吉」者，言九三既不能遠小人，而不可遠遯，然後以畜群小臣妾之道，即得其吉。蓋臣妾，至賤者也，可以遠則遠之，可以近則近之，如此則吉可獲也。象曰「畜臣妾，吉，不可大事也」者，言九三雖以臣妾而畜群小人而獲吉，然但施于此事則可也，如其立天下之大道，臨天下之大事，則不可以有與也。

九四，好遯，君子吉，小人否。象曰：**君子好遯，小人否也。**

義曰：好者，中心之所欲也。九四處外卦之初，離内卦之陰，當此之際，志欲遯而難制，奮然而好遯者也。蓋君子之人以君民爲心，得其位則可以致君澤民，躋天下于平治。若其小人道長，不可有爲之時，則必知幾達理，不爲世俗所誘，不爲貧賤所動，超然遠遯，以避其難而須其時也。是以乾之文言曰：「遯世无悶。」中庸曰：「君子之道費而隱。」故小人則不然，惟富貴是欲，惟貧賤是耻，不知廉隅，不顧禮義，苟一失位，則蹙然溢于面目而不能自勝，故太玄充之首曰：「君子得位則昌，失位則良。小人得位則横，失位則喪。」當此之時，小人必不能遯，故曰「君子吉，小人否」也。

九五，嘉遯，貞吉。象曰：**嘉遯，貞吉，以正志也。**

義曰：君子之道，毋固毋必，彼能以善加于己，己志可通，己道可行，斯受之矣。今九五下應于二，二雖在小人之中，然能以中順之道來固于己，己則從之。若小人虧于中順，己可超然而遯也。如此者，蓋君子知時達變，可行則行，可止則止，以嘉美之道而遯者也。貞吉者，言五既應于二，二雖以中順之道固于己，然亦不可屈己之貞，戚施面柔以悅小人，當執至正之道，然後可以獲吉也。象曰「嘉遯，貞吉，以正志也」者，言二以中順之道來固于五，五必以貞之道待于二者，所以正二之志也。

上九，肥遯，无不利。象曰：肥遯，无不利，无所疑也。

義曰：「肥遯」者，優饒充裕之謂也。上九處一卦之上，是超然遠遯，不應係于小人，其憂患不能累于己，綽綽然有餘裕，凡往而无所不利，又何疑之有？

大壯

䷡ 乾下震上 **大壯，利貞。**

義曰：按序卦云：「物不可以終遯，故受之以大壯。」蓋言遯者，二陰浸長于內，四陽陵剥于外，是小人道長，君子道消也。然小人之道雖長，終不能久，而必爲君子之所剥，此大壯所以次于遯也。大壯者，二月仲春之時，四陽長于內，二陰消于外，君子道長，小人道消也。

君子之道既長，則能興天下之治，除天下之害，生育天下之民物，以至其道大行而盛壯也，故曰「大壯」。然以天下之廣，生靈之衆，一賢不可獨治，故必群賢進于朝廷，則可大行其道。是以聖人設爲學校教育天下之材，然後登之朝廷之上，任之以天下之事，故事无不濟而至于盛大也。利貞者，君子之道既已盛大，則必以正而處之乃利也。若壯而不正，則陽過于暴，故〔一〕壯必正而後可也。

彖曰：大壯，大者壯也。剛以動，故壯。大壯，利貞，大者，正也。正大而天地之情可見矣。

義曰：夫陽爲大，陰爲小，今四陽盛長，二陰將消，是大者壯也。以人事言之，則是小人之道既以消，君子之道得以壯，是亦大者壯也。「剛以動，故壯」者，言乾下剛也，震上動也。夫君子將興天下之利，除天下之害，則必動而有剛明之才可也。若有剛明之才守正静而不動，何所施用哉？故剛以動，則其道盛大而强壯也。「大壯，利貞，大者，正也」者，言陽長而陰退，若君子之道盛大而强壯，則所利在于正也。故大壯之時，惟此大才大德之人則能以

〔一〕四庫本「故」上有「是」字。

正道而行也。正大而天地之情可見矣者，夫天地之運行，晝夜不息，此則剛健正大而然也。以人事言之，則聖賢之道，亦如天地之生成而无有偏私。是觀聖賢正大之道，則可以見天地之情矣。

象曰：雷在天上，大壯，君子以非禮弗履。

義曰：雷者，威動之物，而又行于天上，則其勢愈盛，是大壯之象也。君子之人有此大壯之德，則必恭慎和順，外執以謙而内秉其直，非禮之事不敢履，非禮之言不敢言，動作出處周旋之間皆合于禮，然後可見君子之壯也。若小人則不然，己有剛壯之德，必不能慎密于内，以至發之于外而終爲驕恣縱肆，恃强作威，表裏皆見，故終不能保其全德也，是有壯而不能終其壯者也。惟君子則能外執以謙，内秉以直，故人莫得而窺測其道，久而愈光也。

初九，壯于趾，征凶，有孚。象曰：壯于趾，其孚窮也。

義曰：趾，足也。夫壯之道，必須以順爲履。今初九居一卦之下，最處事始，位之卑者也。爲壯之始，處位之卑，不能謙順而行，且躁妄而動，以至陵犯於物，不知其止，以此而往，凶之道也。有孚者，言以此强壯之道不能謙順行之，是信有此凶咎，必然之理也。象曰「壯于趾，其孚窮也」者，言居事始而慕躁進，是往則必有其凶，而信至于窮困者也。

九二，貞吉。象曰：九二，貞吉，以中也。

義曰：凡卦爻有陰陽居失其位，未有不凶者也。大壯之時，是君子之道强大而盛壯，聖人以其既壯且大，不可怙其剛威，以陽居陰，則皆獲吉。故今九二以陽居陰，能履尚謙順而又行不失中，是君子得其爲正之道，不自滿盈，不自强恃，能全其美，如是，故獲正中之吉也。象曰「九二，貞吉，以中也」者，言九二所以得正之吉者，以其履得其中，所以无過无不及，動静皆入于中道而得其禮也。故若人臣一命而傴，再命而僂，三命循墻而走，愈尊而愈謙，益盛而益戒，是能盡爲壯之道而得其中也。

九三，小人用壯，君子用罔，貞厲。羝羊觸藩，羸其角。象曰：小人用壯，君子罔也。

義曰：凡居壯之時，謙則得其道，今九三處下卦之上，當乾健之極，以陽居陽，是强壯不謙之人也。以小人乘此，則必恃剛强陵犯于人，雖至壯極而不已，是用壯者也。君子則不然，但固守謙順，雖壯而不自矜，雖大而不自伐，惟欲道行而致之于君、加之于民而已，故君子當此則罔而不用其壯也。貞厲者，言小人不能用謙于大壯，進而不知退，于正道是有危厲也。「羝羊觸藩，羸其角」者，羊者，剛狠之物；羝者，狠而又狠者也。小人居强壯之時，動則過中，進則不顧，是猶剛狠之羊，雖藩籬在前，亦觸突而進，以至反羸其角，進退不能，凶之道也。如小人欲掩害君子，終不能爲君子之累，而反自及其身也。

九四，貞吉，悔亡，藩決不羸，壯于大輿之輹。 **象曰：藩決不羸，尚往也。**

義曰：九四有剛陽之才德而居陰柔之位，是亦尚謙者也。然其位過中，本亦有悔，今若守之以正，又謙以濟之，則獲吉而悔亡也。藩決不羸者，夫處大壯之時，既能守剛明謙順之德，則衆歸之而物所不拒，以此而往，何不利之有？故雖有險阻在前，亦濟而通矣。若羊之進，雖有藩籬在前，亦開決而无羸縶之患也。壯于大輿之輹者，大輿者，任重致遠之象也。壯于輪輻，是以之致遠則可以行道，所往无不利也。象曰「藩決不羸，尚往也」者，此聖人立象垂訓，使人居大壯之時，必以謙退爲先，故君子之事父，雖剛明之才、正直之德，可以納父于无過而克其家，亦必以柔和之容、婉順之貌，父有一過，則必婉容以諫之，諫之不從而又諫之，又不從，則號泣而隨之，如是則父反而思之，必遷于善也。臣之事君亦然，但内持剛德，外示謙容，則所往无有不利也。

六五，喪羊于易，无悔。 **象曰：喪羊于易，位不當也。**

義曰：羊本剛狠之物，夫居大壯之時，以陽居陰，則得謙之道，故可獲吉。若以陽居陽，然雖得位，猶恐謙而有咎，况以陰居陽，則其傲狠而招禍可知也。今六五乃是以陰居陽，又處至尊之位，則是好剛之甚，以至反失之于容易之地。羊性羝，言其剛也。无悔者，以其居至尊之位，能喪其剛狠之道，故得无悔也。

上六，羝羊觸藩，不能退，不能遂，无攸利，艱則吉。象曰：不能退，不能遂，不詳也。艱則吉，咎不長也。

義曰：上六處一卦之上，居震動之極，是躁動强壯之過甚者也。過而不知所止，猶羝羊之進，不顧藩籬之在前，以至羸礙其角而不能措也。「不能退，不能遂，无攸利」者，既壯動而不止，則是不知進退存亡之道，以至欲退而不能退，欲進而不能進，則進退皆无所利也。艱則吉者，言能艱難自守，則可以獲吉也。象曰「不能退，不能遂，不詳也」者，夫君子之進，必量時度勢，可以有爲而進之，則无累也。若小人之進，必不能量時度勢，不詳其事而驟行，以至進退不能也。「艱則吉，咎不長也」者，言雖不詳其事而躁進妄動，以至不能退，不能遂，今若能艱難自守，則其咎禍不久而可解也。

晉

䷢坤下離上晉，康侯用錫馬蕃庶，晝日三接。

義曰：按序卦云：「物不可以終壯，故受之以晉。晉者，進也。」蓋言物之壯而不已，則必至于見挫，必以柔順之道上進也。然此卦坤在離下，猶日出地上，以順而進，至于大明，故曰「晉」也。康，美也。錫馬，言賞賜之重也，曲禮所謂「三賜不及車馬」是也。蕃，盛也。庶，衆也。言此卦以三陰上進而至于明顯，如賢人君子以柔順之道上進于君，致之禄位而行道于天下，有康美之德著之于君。既有康美之德，君則厚加寵錫，故其馬蕃盛而衆多，以至晝日之間三接見之，以咨天下之事也。是凡人臣之進，必有道義之實、功業之美，然後登于朝廷之上，則道可行，身可顯，如不才不德、无功无業、妄求寵幸者，不有人禍，必有天殃，故君子不可以不慎也。

象曰：晉，進也。明出地上，順而麗乎大明，柔進而上行，是以康侯用錫馬蕃庶，晝日三接也。

義曰：此卦名「晉」者，是大賢君子以功以德上進于君也。明出地上者，此以二體言之也。坤下地也，離上明也，若明出于地，則升進而臨照天下，萬民皆瞻仰。如賢人君子出于微賤，升進而立于朝廷之上，致君澤民，使天下皆仰觀之也。順而麗乎大明者，言日之出于地，順麗乎天，故其明所以久也。猶賢者以柔順之道而進輔于大明之君，故其道可以行也。

柔進而上行者，夫君子之在上，必須有至明之德，以旌别賢不肖而黜陟之也。苟上不明，使賢不肖混淆，則賢者必退避不樂于仕矣。是必君有至明之德，使賢者持人臣之節、柔順之道附于君，而其道上行也。既能以賢明之德出于下，柔之道行于上，故可以受寵優之厚，故曰「是以康侯用錫馬蕃庶」，賞之重也；晝日之間，凡三接之，待之厚也。

象曰：明出地上，晉，君子以自昭明德。

義曰：言賢人君子法此之象，是以進修其德，博學審問，明辨篤行，然後位朝廷之上，使仁義施于天下，功業垂于後世，以自昭顯其至明之德也。

初六，晉如摧如，貞吉，罔孚，裕无咎。象曰：晉如摧如，獨行正也。裕无咎，未受命也。

義曰：摧，抑也。初六處晉之始，有心乎晉者也。然居下卦之下，處衆陰之末，猶君子道未得行，志未得伸，于始進之時，必見摧抑者也，故曰「晉如摧如」也。貞吉者，言君子既進而有所摧抑，固不可躁求妄動以覬君上之信，固當守之以正，則可以獲吉也。孟子曰：「鄉爲身死而不受，今爲宫室之美而爲之；鄉爲身死而不受，今爲妻妾之奉而爲之；鄉爲身死而不受，今爲所識窮乏者得我而爲之，是亦不可以已乎？此之謂失其本心。」蓋戒其不可徇情而苟倖，言進退當以其道也。「罔孚，裕无咎」者，夫初六處于最下，位卑言輕，上未信于其君，下未澤于其民，事未施于當世，道未行于天下，苟如是，固不可隕穫己志，而當綽綽然寬裕樂道，不自咨嗟怨懟，而不失其本心，如此，則乃可免其悔咎也。象曰「晉如摧如，獨行正也」者，夫君子于求進之初，其位卑言輕而有所摧抑，然不自爲損，以道自處，蓋其所守獨在于正也。「裕无咎，未受命也」者，言處于卑下而自寬裕者，是未受君之命也。

六二，晉如愁如，貞吉，受茲介福，于其王母。象曰：受茲介福，以中正也。

義曰：夫晉之爲言，以之一身是進用其道，以之一時是進用其君。愁，憂也。六二以陰居陰，履得其正，然處内卦之中，未見君之所信，道未能行，是以進而有憂愁也。然君子之心，不以一身一家爲累，動其心必以君民爲志，雖進焉，未見信于君而有憂，然亦不可隕穫躁動，常以正道而行，則得其吉也。「受茲介福，于其王母」者，王母，内之貴者也。夫六二處中居内，以位言之，至卑之象；以時言之，至暗之象。處是時則當懷道畜義，居仁守正以自寬裕，居是位則當隨事制宜，臨機應變，使无不通濟，則必受其遠大之福，通于王母至深至密之地。蓋由至誠而行，自暗而受其介福，若「鳴鶴在陰，其子和之」是也。象曰「受茲介福，以中正也」者，六二雖未見君之信任，蓋以中正之道而行，雖天地鬼神无不祐之，以至暗然而受其介福也。

六三，衆允，悔亡。象曰：衆允之志，上行也。

義曰：允，信也。夫六三以陰居陽，過于六二，不中不正之位，其本有悔也。然而居下卦之上，爲衆陰之長，三陰同心上進而爲其先，是道義可以行〔一〕于時，事業可以致其用，故衆陰同心，見信而上行，其悔可以亡也。象曰「衆允之志，上行也」者，言居晉之時，衆陰皆欲上行，而己處其先，是爲衆所信，同志而進也。

九四，晉如鼫鼠，貞厲。象曰：鼫鼠貞厲，位不當也。

義曰：鼫鼠者，田中食稻粱，貪賤〔二〕剥刻之物也。當晉之時，衆君子以柔順之道上進于君。九四以陽居陰，不正而進者也。既以不正而進，上又切近于君，是當尊大之位，附上罔下，刻剥天下之民，蠹壞天下之事，如鼫鼠然，无益于民，但傷殘于物，故天下賤之如鼫鼠然也。以此而往，則必讒諂佞媚，苟取于君上，是于正道危厲也。

六五，悔亡，失得勿恤，往吉，无不利。象曰：失得勿恤，往有慶也。

義曰：六五履不得正，有悔者也。然處至尊之位，居離明之中，能擴大明之道，旌别衆賢而

〔一〕「行」，原作「形」，據四庫本改。

〔二〕四庫本「賤」作「殘」。

信任之，衆賢者類進而輔己，故其悔所以亡也。「失得勿恤，往吉，无不利」者，夫以天下之廣，萬幾之細，其間未必不无一失，今六五既能旌任賢者，賢者皆進而輔之，故其政教无有不舉，若萬物之中，苟有失得，亦不必憂恤之也。夫既是失得皆不須憂恤，則是所往无有不吉不利者也。象曰「失得勿恤，往有慶也」者，言六五所以失得勿恤者，蓋由其能任賢者，使賢人進輔于己，故其教化舉行，仁義興作，以此而往，故不惟止獲其吉，而又且有美慶之事也。

上九，晉其角，維用伐邑，厲，吉无咎，貞吝。象曰：維用伐邑，道未光也。

義曰：角者，最極之象也。夫上九處進之極，過明之中，己在角而猶進，故曰「進其角」。惟用伐邑者，在角猶進，過亢不已，不能端拱无爲，物皆不服，必須攻伐其邑，然後服之，故曰「惟用伐邑」也。「厲，吉无咎，貞吝」者，兵者，凶器，伐而服其物，是由危乃得吉，則无咎。以此雖正，亦已賤矣。象曰「惟用伐邑，道未光也」者，用伐乃服，雖得之，其道未光也。

明夷

䷣ 離下坤上 **明夷，利艱貞。**

義曰：按序卦云：「晉必有所傷，故受之以明夷。夷者，傷也。」晉卦是明出地上而升于天，明照于天下，然晉極必衰，故明反入于地中，是明有所傷也。以人事言之，則猶君子之始進于朝廷之上，佐君澤民，立功、立事于天下。然至于荒耄之年，精力倦怠，是宜以功成事立而退，全身致政，求其安息，則其明終始无有所傷也。若功成年耄，復進而不已，則必有所傷也。惟聖人爲能終始一德，如周公佐周是也。凡下于聖人者，至于耄年，宜知退其身而不可終于求進也。此聖人所以著萬世君臣之戒也。利艱貞者，夫明夷之世，則是君子之明已有所傷，而小人在上，便巧得志，君子處此之時，固當艱難守正，不使小人之能窺測，則可以免其患害也。

象曰：明入地中，明夷，内文明而外柔順，以蒙大難，文王以之。利艱貞，晦其明也，内難而能正其志，箕子以之。

義曰：「明入地中，明夷」者，此釋明夷之義也。内文明而外柔順者，此以二體言之，下卦是内，離爲文明；上卦是外，坤爲柔順。君子之人，能内守文明之道，外修柔順之德，當明夷之世，蒙冒大難而不爲小人所賊害，若古之人有行之者，文王是也。文王當紂之亂世，衆小人在紂之左右前後讒諛佞倖，皆欲害于君子，而文王居爲西伯，三分天下有其二，終能外執柔順之德，内晦文明之道，雖小人衆多，終不能窺見其所爲，故免其禍患也。表記曰「文王有君民之大德，有事君之小心」，故雖蒙大難而終无所傷也。「利艱貞，晦其明也，内難而能正其志，箕子以之」，言内難者，親之至也。夫明夷之世，闇主在上，人臣有處夫至親之地而終不見害者，若箕子是也。箕子之于紂，以位言之，父師也；以親言之，庶兄也。以庶兄之親而居父師之位，是處至親之地，所謂内難者也。然左右前後讒佞諂媚皆欲害之，而箕子獨能蒙冒之以正其志，蓋由内能全晦其明，不使有所暴之于外，而小人不能窺見也。

象曰：明入地中，明夷，君子以蒞衆，用晦而明。

義曰：君子法此之象而臨蒞于衆，則當内晦其明，外示以柔也。何則？蓋君子性无不明，事无不通，好善而嫉惡，苟不慎密而宣之于外，則小人見己之明，詐善而罔于己，己何由而知之？如此[一]則爲小人之所窺測，而必罹小人之害也。是以君子務全其道，默運其明，則物不能蔽欺，外示柔則不傷其苛察，如此始可蒞衆也。

初九，明夷于飛，垂其翼。 君子于行，三日不食。**有攸往，主人有言。** **象曰：君子于行，義不食也。**

〔一〕四庫本「此」作「是」。

義曰：「明夷于飛，垂其翼」者，言明夷之時，小人得志，皆欲殘害君子，初九處卦之下，猶患難之始也。然明夷之主在于上，初最遠之，君子有剛明之德，能韜光晦跡，不爲小人之窺見，若鳥之高飛而又垂斂其翼，是超然不可得而見之也。「君子于行，三日不食」者，言君子能先幾知變，以小人得志，慮其加害于己，欲超然遠遁，心急于行，故至三日之間不遑暇食也。「有攸往，主人有言」者，言當明夷之時，愚民盲俗不悉君子之心，見君子遯去之速，以至三日不食而有所往者，雖至親之人爲己之主，亦皆有猜貳之心、誹謗之言也。象曰「君子于行，義不食也」者，言君子不苟遯去，必見小人之害，故行而不食者，于義有所不可也。

六二，明夷，夷于左股，用拯馬壯，吉。象曰：六二之吉，順以則也。

義曰：夫人之股肱，右者爲便，左者爲輕。六二履得中道，至于有位，漸近明夷之主，故必小有所傷，但傷左股至輕之處也。「用拯馬壯，吉」者，言君子既于明夷之時小有所傷，若不速務遁去，則必見害愈深，故當決然拯其壯馬而行，外順小人，而使不能見其所爲，然後可以獲吉也。象曰「六二之吉，順以則也」者，六二以陰處陰，至順者也，而又處中行正，是動有法則者也。既順而又有法則，故小人終不能害之，以至得吉。故文王見囚于羑里，終能脱禍解難以全其身也。

九三，明夷于南狩，得其大首，不可疾貞。象曰：南狩之志，乃大得也。

義曰：南者，至明之地；狩者，獵之名；大首者，元惡也。九三居離之極，有至明之性；以陽居陽，有至剛之德。夫以剛明大正之德，居明夷之時，闇主在上，殘虐生靈，塗炭天下，不忍坐視，故不得已往而征之，以蘇民于水火，救民于溝壑，故如獵狩之事，但取其害于民者誅之耳。孟子曰：「誅其君而弔其民，若時雨降，民大悅。」又曰：「武王伐殷，謂其民曰：『无畏！寧爾也，非敵百姓也。』若崩厥角稽首。征之爲言正也。」是但誅其首惡而已。「不可疾貞」者，夫聖賢之所以往伐首惡者，將以正天下之民也。其惡既除，其民始蘇，固不可加之暴猛、峻之嚴刑以益苦之也。何則？夫民之被害既已久矣，染惡亦已深矣，故非亟而可拯也，必須化之以漸，撫之以慈，與之解其倒懸，然後以漸而正之可也。故孟子曰：「簞食壺漿以迎王師，此无他，避水火也。如水益深，如火益熱，亦運而已矣。」是正天下于虐暴之後，不可亟欲成俗也。象曰「南狩之志，乃大得也」者，言聖賢之人，以至明之道往伐其元惡者，所以救民而正天下，今既獲之，則已之志大有所得也。

六四，入于左腹，獲明夷之心，于出門庭。象曰：入于左腹，獲心意也。

義曰：凡手足以右爲便，心腹之間以左爲順，六四以陰居陰，履得其位，上近明夷之主，是小人而得志者也。夫以小人得志，又附于昏闇之主，以甘言美色柔邪佞媚從君之情，迎君之欲，納之于惡，依違曲順，入于左腹之間，復得明夷之主之心也。左腹，言能順于心也。于出門庭者，言小人之輔闇主，内既迎逢其惡，外又不能慎密固蔽之。君未有一過，則揚之爲大過；君未有纖惡，則宣之爲大惡。以至騰播天下，罪形萬世，皆小人之所致也，若崇侯、飛廉、惡來之類是也。門庭者，言宣露于外也。

六五，箕子之明夷，利貞。象曰：箕子之貞，明不可息也。

義曰：明夷之主在于上六，則左右前後皆小人矣。惟六五以柔順之道處得其中，非小人之謂也。推象意以求之，則箕子之道矣，故聖人特以箕子明此爻也。何則？箕子當紂之時，尊爲父師，親爲庶兄，是至近至親之位也。然紂之左右前後皆小人，而箕子之道不得行，是明有所傷也。然當是時，箕子能自晦其明，自蒙其德，雖在紂之近密而終无所害，以至佯狂爲奴以全其身，是所利者惟能自晦而居正也。象曰「箕子之貞明，不可息也」者，以箕子切近于紂而終不爲其所害者，蓋由能以正道自守，故其明不可得息也。

上六，不明晦，初登于天，後入于地。象曰：初登于天，照四國也。後入于地，失則也。

義曰：不明晦者，言上六處群陰之上，居一卦之極，明夷之主也。不能以明德臨照天下，而左右前後信任小人，自致陰闇，柔弱不有其明，故云「不明晦」也。初登于天者，夫天尊且高，人君之位也。此上六以繼世而立于人君之位，爲天下之主，故云「初登于天」也。後入于地者，夫既居人君之位，爲天下之所瞻仰，則當大明以臨照天下。今反昏闇瞑昧，放恣殘賊，而不用其明，是入于地也。象曰「後入于地，失則也」者，言上六失爲君之法，則不能明照天下而終于昏闇，貽祖宗之羞也。

家人

䷤ 離下巽上 **家人，利女貞。**

義曰：按序卦云：「傷于外者必反于家，故受之以家人。」言人之有所傷于外，則必反于內以求其安，故家人所以次于明夷也。然此謂之家人者，蓋聖人以此爲治家之法也。利女貞者，夫家人之道，以女正爲始。何則？夫女子之性柔弱无常而好惡隨人，故凡君子欲治其家，必正其身以正其女，以正其閨閫之內。父子之列，尊卑長幼之序，各得其正。家既正，然後施之爲治天下，皆可得而正也。故大學曰：「欲治其國，先齊其家。」然則治家之道在女正爲始也。

象曰：家人，女正位乎内，男正位乎外，男女正，天地之大義也。家人有嚴君焉，父母之謂也。父父、子子、兄兄、弟弟、夫夫、婦婦而家道正，正家而天下定矣。

義曰：女正位乎内者，謂六二也。六二以柔順之質處内卦之中，若貞正之婦治閨門之内也。然婦人之道不可預聞外事，但以致整于内而已。故書曰：「牝雞无晨，牝雞之晨，惟家之索。」故女必正位乎内也。男正位乎外者，謂九五也。九五以剛明之德處外卦之中，是男子以義治外，其父子有禮，兄弟有序，尊卑上下各正其位也。然以義制事，則不可從于婦人，故恒卦曰：「夫子制義，從婦凶也。」所謂「男女正，天地之大義也」者，夫天以至剛之德、至尊之體處于上，地以至柔之德、至卑之質位乎下，此天地自然之常分也。以人言之，女正位乎内，男正位乎外，男女之位正，是得天地之大義也。「家人有嚴君焉，父母之謂也」者，夫君總生殺之權，操富貴之柄，四海之内莫不畏懼，群而歸之，故謂之君。若父母之尊，則一家之事皆主焉，故不可專任其慈而无所斷制，必又加之以威嚴，董之以禮節，使一家之内有畏懼之心，如君之尊而又如君之嚴，則家道可以成也。「父父、子子、兄兄、弟弟、夫夫、婦婦而家道正，正家而天下定矣」者，夫爲父有父道，爲子有子道，以至兄弟、夫婦各有其道，是以父盡其嚴，子盡其孝，兄盡其友，弟盡其恭，夫盡其義，婦盡其順，如此則家道正矣。

家道既正，天下斯定矣。故堯，聖人也，先親九族，然後平章百姓。文王亦聖人也，先刑于寡妻，至于兄弟，以御于家邦。是君子之治天下必先正家，正家而天下定矣。

象曰：風自火出，家人，君子以言有物而行有恒。

義曰：「風自火出，家人」者，王通謂「明内而齊外」，有家人之象是也。物，事也。君子觀此之象，治其家，使言有其事，行有其常，一言一行无有妄動，此治家之本在于正身也，故孟子曰「身不行道，不行于妻子」是也。

初九，閑有家，悔亡。象曰：閑有家，志未變也。

義曰：閑者，寬而防之之謂也。凡人之情，愛之極則无疑，親之至則无防，故君子之人治其家，必當思慮未及于邪、耳目未接于私之時，預爲之防，曲爲之備，不然，使醜惡已彰，姦邪已萌，而始爲之防，是非家人之罪，乃已陷家人于有過之地也。今初九以陽居陽，處一卦之初，是治家之始有剛明之德，而能于思慮未動、私邪未萌之前以爲之防，故悔亡也。象曰「閑有家，志未變也」者，夫君子防閑其家，待姦邪而後防之，惡彰而後治之，則无及矣。必于家人志慮未變之前豫防閑之，則所謂治家之道也。

六二，无攸遂，在中饋，貞吉。象曰：六二之吉，順以巽也。

義曰：遂者，專也。夫婦人之事，雖治于閨門之内，皆稟命而行也。今六二以陰居陰，處内卦之中，履得其正，是婦人之得正者也。但處于内而无所自專，故云「无攸遂」也。「在中饋，貞吉」者，夫自古以來，上至天子之后妃，下逮庶人之妻妾，其所職之事，不過于奉祭祀、饋飲食而已。故禮后有瑶爵之獻、奠盎之事，詩有關雎、采蘩，皆后夫人之職也。六二處内，任婦職而无所專，所主在于饋食而已。職此而又處其正，故得吉也。象曰「六二之吉，順以巽也」者，言六二所以得吉者，以居中履正，順而且巽，上能稟九五之命也。

九三，家人嗃嗃，悔厲吉。婦子嘻嘻，終吝。象曰：家人嗃嗃，未失也。婦子嘻嘻，失家節也。

義曰：嗃嗃，過嚴之貌也；嘻嘻，和樂之貌也。夫治家之道，不可專任其慈，雖至過嚴，終亦无所傷矣。今九三以陽居陽，有剛明至正之德，居下卦之上，爲一家之主者也。故爲家之主若嗃嗃然嚴肅，使家人内外上下皆有畏懼之心，故雖有悔吝之事、危厲之道，亦得吉也。「婦子嘻嘻，終吝」者，夫婦子，人之所愛也，若爲一家之主而私于所愛，不能嚴正其治，使婦子嘻嘻然和樂，則姦惡由此而萌矣。夫如是，至于終竟，必有鄙吝之道也。象曰「未失也」者，言雖嗃嗃嚴厲，未失治家之道也。失家節也者，若婦子嘻嘻而和樂，是失其治家之節也。

六四，富家，大吉。象曰：富家，大吉，順在位也。

義曰：夫初九既以剛明之德居卦之初，能防微杜漸，使閨門之内不接于私邪，得正家之初也。六二又能以柔順之體居服勤之職，九三又能過嚴以畏懼其家人，是家道已成。至六四居大臣之位，是君子既正己之家，至此則佐君以正天下之家，故有君之爵禄之富，以富其家而得其大吉也。象曰「富家，大吉，順在位也」者，六四家道已成之後，當大臣之位，上近于君，是順在其位，以治家之道移于國也。故孝經曰：「居家理，故治可移于國也。」

九五，王假有家，勿恤，吉。象曰：王假有家，交相愛也。

義曰：九五以剛明中正之德居于君位，是謂王者能假此治家之道以治于天下者也。故先正其家，使閨門之内莫不一于正，正家而天下定。是爲君者以此道而行，則不必憂恤而自得其吉也。象曰「王假有家，交相愛也」者，言聖人能推恩愛于天下之家，父父、子子、兄兄、弟弟、夫夫、婦婦，各以和順之道交相愛樂也。

上九，有孚，威如，終吉。象曰：威如之吉，反身之謂也。

義曰：孚者，由中之信；威，謂威嚴可畏。上九以剛明之才居家人之極，當家道之成，是能先正其身，發其信于中，而外兼之以威嚴，終成家道，使閨門之内肅然有序而畏敬之，故獲其吉也。象曰「威如之吉，反身之謂也」者，言上九所以有威信而使人畏敬之者，蓋能先修其身而後加于人也。

安定先生周易口義下經卷第七

睽

䷥兑下離上睽，小事吉。

義曰：按序卦云：「家道窮必乖，故受之以睽。睽者，乖也。」言家人之道既窮極，則必至于睽異而離散也。小事吉者，夫睽乖之時，上下之情既異，内外之志既乖，天下之人其心皆不同，于時雖有大才大德之人，亦不能大有所爲也。何則？夫君子之道必將大有爲，則須上下協心，衆賢同力，无有異志，故發之天下而功業被于世也。今既睽乖，故但小事則可以得吉也。

彖曰：睽，火動而上，澤動而下，二女同居，其志不同行。説而麗乎明，柔進而上行，得中而應乎剛，是以小事吉。天地睽而其事同也，男女睽而其志通也，萬物睽而其事類也。睽之時用大矣哉！

義曰：「睽，火動而上，澤動而下」者，此釋所以得睽之名也。火本炎上，澤本潤下，水火相資，然後能成功而利萬物也。今乃火動于上，水又動于下，水火不相資，是有睽乖之義也。「二女同居，其志不同行」者，離爲中女，兑爲少女，女子之生長必從人，此天理之常也。今二女同居，必有從人之志，是其志不同行，亦睽異之義也。「説而麗乎明，柔進而上行，得中而應乎剛，是以小事吉」者，言睽之時，所以得小事之吉者，下以兑説而上以離之大明，猶君子以説順之道而附于大明之人，而又以柔進居至尊之位，所行所爲正合于中道，无過无不及，又且下應于九二剛明之臣，夫如是，故小事所以得其吉也。天地睽而其事同也者，此以下廣明睽之義也，言睽之道有自然而合者。若天以高而處上，地以卑而處下，是睽也。然而陰陽之氣交，則生成之事同也，故曰「天地睽而其事同也」。男位乎外，女位乎内，是睽也。然而相資而成一門之治，則是其志通也，故曰「男女睽而其志通也」。萬物衆多，品類不同，是睽也。然而好生惡死，樂安懼危，則是其事類也，故曰「萬物睽而其事類也」。睽之時用大矣哉者，睽乖之世，小人衆多，然順時而動者，惟大才大德之人能之，故先聖于此重嘆美之也。

象曰：上火下澤，睽，君子以同而異。

義曰：火在上，澤在下，二者不相資，故有睽乖之象。夫睽異之時，小人衆多，皆欲加害于君子，故君子與之和同，然外雖和同，内之所存則異也。

初九，悔亡，喪馬，勿逐自復，見惡人，无咎。象曰：見惡人，以辟咎也。

義曰：初九居一卦之下，當睽乖之時，上无其應，本有悔者也。然而九四亦无正應，故與初心志相合，遠而相得，其悔所以亡也。「喪馬，勿逐自復」者，馬者，至彰顯之物。當睽之時，人心既已乖離，雖喪失彰顯之物，必无有私匿之者，故雖勿逐，當自復也。「見惡人，无咎」者，夫險惡之人，其用心皆欲陷害于君子，况睽乖之時，小人熾盛，苟不和同而接見，必罹其所害，故見之乃无咎也。象曰「見惡人，以辟咎也」者，夫君子進用于朝，道行天下，則斥逐小人，无所畏忌。時既睽乖，雖其惡人亦禮下而接見之，所以避一時之咎也。

九二，遇主于巷，无咎。象曰：遇主于巷，未失道也。

義曰：巷者，委曲不正之道也。君子當治平之世，斥逐小人，則可坦然由正道而行。若睽乖之時，人心不同，群小黨盛，皆欲加害于君子，故此九二與五爲應，以五爲主，不敢顯然相遇于明坦之途，顯然遇之，則爲小人之所害，但遇之于委曲隘狹之道，乃得无咎。象曰「遇主于巷，未失道也」者，蓋睽之時不可顯然而行，雖由委曲隘狹之巷而得遇于主，亦未失君子之道也。

六三，見輿曳，其牛掣，其人天且劓，无初有終。象曰：見輿曳，位不當也。无初有終，遇剛也。

義曰：輿，所以載物而行也。六三以陰居陽，履失其正，上有上九之剛爲己之應，已得往而應之。然睽異之時，履于不正，則上下皆欲害之，故若其輿爲人之牽曳，其牛爲人之拘掣也。其人天且劓者，「天」當作「而」字，古文相類，後人傳寫之誤也。然謂「而」者，在漢法有罪髡其鬢髮曰「而」，又周禮「梓人爲筍簴」作而，亦謂髡其鬢髮也。其人即謂九二、九四也。以六三履非其正，皆欲害之，故或來髡其鬢髮，或來劓割其鼻也。无初有終者，六三本以正應于上九，以其履不得正，故小人皆來害之。上九既見六三爲小人之所害，故亦疑之，不與六三之從己，是无初也。然六三本以至誠而應上九，初雖不與之應，然其有剛明果斷之才，故終則明知六三之誠而與之應，是有終也。象曰「无初有終，遇剛也」者，言初爲上之見疑，然終則知己之誠而與之應，是六三所遇得剛明之人也。

九四，睽孤，遇元夫，交孚，厲无咎。象曰：交孚无咎，志行也。

義曰：九四當睽乖之世而无應獨立，是睽之孤者也。元夫，謂初九也。初九以剛明之才處下卦之下而无正應，今九四亦无正應，是其心志相同、體類相契而爲配偶也。交孚者，九四、初九既不以正而合，是必傾至誠至信以交相待也。厲无咎者，九四雖與初以信相交，然彼此皆不正，故須必常若危厲，則可以免其咎悔也。象曰「交孚无咎，志行也」者，夫當睽乖之時，果无應，則所存之志不得行矣。今四乃與初以道相應，是其志得行也。

六五，悔亡，厥宗噬膚，往何咎？象曰：厥宗噬膚，往有慶也。

義曰：六五以陰居陽，履于不正，本有悔者也，然居至尊之位，而下應九二之剛陽，故其悔所以亡也。厥宗噬膚者，宗謂九二也，九二既爲己之正應，則是己之宗黨也。膚者，柔脆之物，易于噬嗑者也。九二本以正而應己，然當睽乖之時，衆皆來肆害于己，故九二之宗排斥此陰邪不正之小人，使之不爲害，是易于噬柔脆之物也。往何咎者，言九二既以至誠來應于己，己往而應之，又何咎哉？象曰「厥宗噬膚，往有慶也」者，言六五之應既在九二，而爲小人之間厠，故九二終能噬嗑之，不妨己之路。若往而應之，則不惟相合，而又有喜慶之事也。

上九，睽孤，見豕負塗，載鬼一車，先張之弧，後説之弧，匪寇婚媾，往遇雨則吉。象曰：遇雨之吉，群疑亡也。

義曰：四以无正應而曰「睽孤」，今上九處卦之終，是睽乖之極者也。睽乖之極，雖有其道，亦不能通，故亦曰「睽孤」。豕本不潔之物，而又負其泥塗，是穢之甚者也。言六三爲己之正應，而在九二、九四之間，故己之視乎六三，必有猜貳之心、狐疑之惑，若視豕之負塗然，穢惡之甚也。載鬼一車者，鬼者，虚无而不可見也，車之所不可載者也。今上九見六三在九二、九四之間，故疑其穢惡，若見一車之鬼，是其造虚成實，以无爲有，妄僞之甚也。先張之弧者，言六三本爲己之應，今既厠于二陽之間，故上反疑之，張其弧矢，欲以攻之也。後説之弧者，上卦爲離，離爲火，火性至明，上九處離之極，明之至者也；下卦爲兑，兑爲水，水性至潔，六三處兑之極，至潔者也。六三本以至誠來應于己，爲小人之所厠，至于致疑。然上九以至明之性，故終能察六三之至清而審其至誠，遂説去其弧而與之會合也。匪寇婚媾者，六三本以正道應己，然以二陽所間，故不得會合。今既察明六三之情僞，是雖讒言不能間之，而終得會合也。往遇雨則吉者，雨者，陰陽之和也。今上九之陽合于六三之陰，則是和而得吉也。象曰「遇雨之吉，群疑亡也」者，言上九始以小人之讒間六三，故疑之而不與之應，然上九有剛明之德，知六三以至誠而來應，遂不疑，而與之會遇和合，是群疑亡也。

蹇

䷦艮下坎上蹇，利西南，不利東北，利見大人，貞吉。

義曰：按序卦云：「乖必有難，故受之以蹇。蹇者，難也。」言睽乖之時，上下離異，人心不同，必有蹇難，此蹇之所以次于睽也。利西南者，西南，坤位也。坤者，致養之地，廣大寬平，生育之所也。夫當蹇難之世，生靈不得其安，民物不遂其所，人人思治之時也。若聖賢之人治天下之蹇，則置民于寬廣生育之域，然後得其安而至于太平也。不利東北者，東北，艮位也，艮爲山，山者，險阻不通之地也。若聖賢之人出民于險阻而置之安平，則是治蹇之道也。若復納諸險阻之地，則其民愈困而其道愈窮，故利西南而不利東北也。利見大人者，言蹇之時，欲治天下之險，釋天下之難，必利見其大才大德之人也。貞吉者，蹇難之作，由上下人心乖異不正而然。今濟天下于无事，則必本諸大正之道，然後乃吉也。

彖曰：蹇，難也，險在前也。見險而能止，知矣哉！蹇利西南，往得中也。不利東北，其道窮也。利見大人，往有功也。當位貞吉，以正邦也。蹇之時用大矣哉！

義曰：此因二體以釋其義也。坎爲險在上，故曰「險在前」也。「見險而能止，知矣哉」者，坎爲險，艮爲止，見險在前，止而不進，是其知也。「蹇利西南，往得中」者，西南，寬廣生育之地，民在蹇難，置之此，則得其安居而各遂其所，是往而得其中道者也。「不利東北，其道窮也」者，東北，險阻之地，民在蹇難，復置之此，則其民愈蹇，是其道之窮也。「利見大人，往有功也」者，夫大人與天地合德、日月並〔一〕明，有仁義之心、經綸之志，民被塗炭，往而見之，共以解其蹇難，致其安平，則是往而有功也。「當位貞吉，以正邦也」者，謂五得其君之正，二得其臣之正，各當位而守正，故能正邦也。蹇之時用大矣哉者，蓋蹇之時，必得大才大德之人，然後可以解天下之蹇，故先聖于此重嘆美之也。

象曰：山上有水，蹇，君子以反身修德。

義曰：山者，險阻之物，水流于險阻之上，其勢必不能通，是蹇之象也。君子以反身修德者，言君子罹此蹇難，不怨天，不尤人，但反己之身，修飭其德而已。孟子曰：「愛人不親反其仁，治人〔二〕不治反其智，禮人不答反其敬。」此之謂也。

初六，往蹇，來譽。象曰：往蹇，來譽，宜待也。

〔一〕四庫本「並」作「共」。
〔二〕「人」，原作「仁」，據四庫本改。

義曰：夫蹇難之世，坎險在前，君子居之，必量時度勢而進，以自保其明。今初六居卦之始，在險難之初，若不顧其危，衝冒而進，則蹇難愈甚。若翻然知幾，觀時可否，可退則退，復其所處，不陷躁失，則保全其道，得其嘉美之譽，故「往蹇，來譽」。象曰「往蹇，來譽，宜待也」者，言君子當蹇難之初，險阻在前，未可以進，宜退而自處，以待其時也。

六二，王臣蹇蹇，匪躬之故。象曰：王臣蹇蹇，終无尤也。

義曰：蹇難之時，人人皆有所患而不可動，故初則往蹇來譽，三則往蹇來反，四則往蹇來連。獨此六二云「王臣蹇蹇」者，蓋以其處人臣之位，履中居正，上應于九五之君，而君在蹇難之中，必盡忠竭力，奮死不顧，雖重險在前，亦衝冒而往也。匪躬之故者，六二所以冒犯險難而進者，非其一身之故，蓋上以爲君，下以爲民，救天下之蹇也。象曰「王臣蹇蹇，終无尤也」者，凡爲人臣，苟不盡忠竭節、見危授命，則有不忠之罪。今六二既能盡忠竭節、不恤其身以救天下之蹇，故終无尤也。

九三，往蹇，來反。象曰：往蹇，來反，内喜之也。

義曰：九三以陽剛之德居下卦之上，爲初六、六二之所恃也。然而險難在前，往則愈蹇，若君子之人能知時之不可行，度勢之不可用，反而自處以守其正，則得其所安，故曰「往蹇，來反」也。象曰「往蹇，來反，内喜之也」者，既退而反居其本位，則不惟己獲其安，兼下之二爻皆得其所恃，安止而不犯于難，是内有喜悦之事也。

六四，往蹇，來連。象曰：往蹇，來連，當位實也。

義曰：連者，牽連之謂也。六四以陰居陰，得正者也。然而蹇難之世，坎險在前，冒昧而進，愈必有難而入于深險。若能知時之不可行，退而牽連下之三爻，止而自守，則得其安也。注疏讀「連」字從上聲，言四往來進退之間，皆有蹇難而不利。夫蹇之時，其險在前，故君子止而不往。若退而守，不務其進，則復何蹇難之有？此注疏之失也。象曰「往蹇，來連，當位實也」者，言四以陰居陰，得正當位者也。陽爲實，今四連下之陽，是當位而附得其實也。

九五，大蹇，朋來。象曰：大蹇，朋來，以中節也。

義曰：五居蹇難之世而處坎險之中，是蹇之大者也，有若天下未安、人民未治之時也，而九五居中履正，能任六二之臣，二又得人臣之正，故盡心竭力以輔于己，是其朋來也，如湯之救夏而得伊尹、武王救商而得吕望之類也。象曰「大蹇，朋來，以中節也」者，言五以剛中得人君之節，二以柔中得人臣之節，是君臣之間皆能以中節也。

上六，往蹇，來碩，吉，利見大人。象曰：往蹇，來碩，志在内也。利見大人，以從貴也。

義曰：上六處蹇之極，居一卦之外，難將終者也。夫險極必平，難極必安，當此之時，不可復有所往，若往則益蹇，反而退居其位，下應九三，以守碩大之德，則得其吉道，故曰「往蹇，來碩，吉」也。「利見大人」者，言險難將終，但能附麗賢明大才大德之人，則可以遠出險難而持久于治，不須復有所往也。象曰「往蹇，來碩，志在内也」者，言上所以來，則有碩大之德者，蓋志應在内卦之九三也。「利見大人，以從貴也」者，陽爻，至尊貴者也，今上六能利見大才大德之人，以終其難，是從者貴也。

解

䷧ 坎下震上 **解，利西南，无所往，其來復吉，有攸往，夙吉。**

義曰：按序卦云：「物不可以終難，故受之以解。解者，緩也。」言天下之民，不可使終受其難，必有聖賢之人往以濟之，故解之所以次于蹇也。利西南者，西南，寬廣生成之地也。夫聖賢之人解天下之患難，除生民之疢疾，必須發仁義之道，躋之寬平之所，使皆遂其生成，然後利也。不言不利東北者，東北，險阻之地。解之時，聖人止務散釋天下之難，不復更有險阻，故不言東北也。「无所往，其來復吉」者，夫聖賢所以有所往者，蓋以天下之民在于患難，故欲拯而濟之也。今天下之患難既解，若復有所往，則是煩擾其民而事愈潰亂，自取其弊敗之道，若屯之象言「勿用有攸往」是也。但來而復其所有，獲其吉也。「有攸往，夙吉」者，言聖賢積心處慮，耻一物之失所，今難解之時，天下之民雖已權安，然其間有所未濟，亦當趨往而解之，以速爲尚，則可得而吉也。

彖曰：解，險以動，動而免乎險，解。解利西南，往得衆也。其來復吉，乃得中也。有攸往，夙吉，往有功也。天地解而雷雨作，雷雨作而百果草木皆甲拆。解之時大矣哉！

義曰：坎爲險，震爲動，動于險之外，是聖賢之人動而能拯天下之險，使皆出于難也，故曰「解，險以動，動而免乎險，解」也。「解利西南，往得衆也」者，言聖賢既以仁義之道除釋民之患難，而置之于寬廣生育之地，使各得其所，以此而行，則必得天下之衆心也。「其來復吉，乃得中也」者，夫天下之難既解，若復有所往，則潰亂已甚之道也；若不往而煩擾其民，守其止静，則得中也。「有攸往，夙吉，往有功也」者，言患難既解之後，或天下之民有未得其所者，聖賢之人不可遲緩，必汲汲而拯之，言速則有功也。「天地解而雷雨作，雷雨作而百果草木皆甲拆」者，夫天在上，地在下，氣不交，則雷雨不作而萬物不生。故天以陽氣降于下，地以陰氣升于上，陰陽相蒸，剛柔始交，則必有屯難。屯難既解，故鼓之爲雷，蒸之爲雨，雷雨盈滿，則百果草木皆敷甲而拆，以至句者、萌者、動者、植者，皆乘時而獲其亨通矣。解之時大矣哉者，按諸卦或言「時義」，或言「時用」，而此止言「時」者，蓋難解之時无不釋，故止言時耳。若蹇之時用，是天下在于蹇而始將治之，故必有所用，是以言用也。又遯卦言「時義」之類，是皆義有所存之時，故言「義」也。此卦于義、用並无所取，故不言也。

象曰：雷雨作，解，君子以赦過宥罪。

義曰：雷雨既作，則蟄蟲昭蘇，草木甲拆，解之義也。天下之民方此難解之時，始出于塗炭，其有過惡，遷善遠罪，蓋舊染汚俗、化上薄惡之政而然也。故君子之人，當此之時，有過者赦之，有罪者宥之，使之改過自新，遷善遠罪，蓋難解之道也。

初六，无咎。象曰：剛柔之際，義无咎也。

義曰：夫民在患難，非聖賢則不能濟，然濟民之難，務在于速，不可使之久困也，故卦言「有攸往，夙吉」，象曰「往有功也」，是濟難在于速也。今初六居卦之下，當解之初，天下之難盡已解釋，而无有所咎矣。象曰「剛柔之際，義无咎也」者，九四，剛也；初六，柔也。剛柔交際，同心以解天下之難，其義自然无咎矣。以時言之，則患難初解，亨通將至，其義必无咎悔也。

九二，田獲三狐，得黄矢，貞吉。象曰：九二貞吉，得中道也。

義曰：田，獵也；狐者，隱伏多疑之獸也；三者，言其象也。蹇難初解，民心尚疑，猶恐未脱于難而又入于蹇，故君子當行其教化，革其殘暴之政，易服色，改正朔，以新天下之耳目，使民心无所疑矣。如以田獵而獲三狐，猶言群疑亡也。黄，中也；矢，直也。言九二又得大中之道、剛直之德，行天下之正道而得其吉也。

六三，負且乘，致寇至，貞吝。象曰：負且乘，亦可醜也。自我致戎，又誰咎也？

義曰：負者，小人之事；乘者，君子之器。陽至貴，君子也；陰至賤，小人也。今六三陰居陽，是小人而乘君子之器也。夫昏亂之朝，庸主在上，則賢不肖混淆，故君子之位而爲小人所乘。今蹇難既解，君臣上下各從其正，而六三乃以不正之質居至貴之地，是小人在君子之位也，則天下之所不容，斯人之所衆棄也。故致寇盗之至，爲害于己而奪取之也。然而小人得在高位者，蓋在上之人慢其名器，不辨賢否而與之，以至爲衆人所奪而致寇戎之所害也。象曰「負且乘，亦可醜也」者，言小人在位，是可醜惡之也，故孟子曰：「不仁而在高位，是播其惡於衆也。」「自我致戎，又誰咎也」者，言小人不度己德，不量己勢，而竊居君子之位，所以致戎寇之來也。若以一郡一邑言之，則爲致寇；若以天下言之，則爲致戎。且寇、戎皆自己招，又何咎于人哉？故繫辭曰：「負也者，小人之事也；乘也者，君子之器也。小人而乘君子之器，盗思奪之矣。上慢下暴，盗思伐之矣。慢藏誨盗，治容誨淫。易曰：『負且乘，致寇至。』盗之招也。」

九四，解而拇，朋至斯孚。象曰：解而拇，未當位也。

義曰：拇者，足指之大者也，謂六三居四之下，上无應而附于四，有足指之象也。九四正應在初，是其朋也。既係于六三，必忘于初，則初亦忘之矣。今既解去六三而專應于初六，則至而信矣，故「解而拇，朋至斯孚」。象曰「解而拇，未當位也」者，夫以至尊而爲天下之主，則可包含荒穢而容天下之民物也。今九四不當至尊之位，故不可係于他類，而必解去之，則其朋黨至而信矣。

六五，君子維有解，吉，有孚于小人。象曰：君子有解，小人退也。

義曰：六五以大中之道位上卦之中，下應九二剛明之君子，以君子之道既行，是能解天下之難而得其吉也。孚于小人者，夫君子當解難之時，必能進用賢者，黜退小人，以成其治。治道既行，則小人自然望風而信服，退藏竄伏以避君子之誅也。象曰「君子有解，小人退也」者，君子之道既行于上，以解天下之難，則豈患小人哉？必自然信之使退也。

上六，公用射隼于高墉之上，獲之无不利。象曰：公用射隼，以解悖也。

義曰：隼者，擊搏貪殘之禽也；高墉，非隼之所居也。六三以柔懦不正之體居下卦之上，是竊國家之名器，當君子之大位，猶貪殘之隼而居高墉之上也。今上六處解之時，居動之極，是君子之人藏器于身而不妄動者也。故能射去此不正之小人，使不得居高位而竊名器，如射隼于高墉之上也。獲之无不利者，以小人而當君子之位，以此而獲之，何不利之有？故繫辭曰：「隼者，禽也；弓矢者，器也；射之者，人也。君子藏器于身，待時而動，何不利之有？動而不括，是以出而有獲，語成器而動者也。」

損

䷨兑下艮上 **損，有孚，元吉，无咎，可貞，利有攸往。曷之用？二簋可用享。**

義曰：此損卦謂損下以益上，損民益君之象也。然上之損下，不可太過，必須合于中正，則民皆勤身竭力，樂輸于上。有孚者，言上之取于民，必當以信立之限極，取之有時，用之以制，取信于民，其民皆信奉于上，則獲元大之吉而无咎悔矣。苟或暴政横賦，臨之不以道，取之不以信，使其民仰不能以事父母，俯不能以畜妻子，凶年樂歲，殫財竭力，奉國不暇，如此則怨結于下，災見于上，而其咎悔可知矣。故古之什一爲萬世中正常行之法，所謂長久貞正而大吉无咎者也。既有其孚，又守以正，則所往无不利矣。「曷之用？二簋可用享」者，此言在上之人，既能示民以信，取民有制，使上足其用，下不匱財，如此則復將何所爲？故雖二簋至約之物，亦可用之以享於鬼神也，左傳曰「苟有明信，澗溪沼沚之毛，蘋蘩薀藻之菜，筐筥錡釜之器，潢汙行潦之水，可薦于鬼神，可羞于王公」是也。言損道既以至誠至信而行，雖用二簋可以享于鬼神，不待其豐備也。

彖曰：損，損下益上，其道上行。損而有孚，元吉，无咎，可貞，利有攸往。曷之用？二簋可用享。二簋應有時。損剛益柔有時。損益盈虚，與時偕行。

義曰：艮上而止，兑下而説，夫損民益君，必上有節止，絶无名之求，則下皆樂輸，以説順之道而上行也，故曰「損下益上，其道上行」也。「損而有孚，元吉，无咎，可貞，利有攸往」者，言貢賦之入皆有常制，不失其信則可也。苟什一之外，不以孚信，動有妄求，是過損于下而取怨于民也。故必有孚信之道，獲元大之吉，免其悔吝，然後可以常行，利有所往也。「曷之用？二簋可用享。二簋應有時」者，言至約之物，不可以常行，可儉則儉，可豐則豐，所應皆有時也。亦如損民應上，雖不可過，然亦必視歲之豐凶而輕重之，則自然國用以羡而民力不困也。損剛益柔有時者，此謂損初九、九二之剛，益六四、六五之柔，亦有其時，不可以常行，可以損則損，可以益則益也。「損益盈虛，與時偕行」者，言不可長損于彼而益于此、盈于此而虛于彼。凡損益盈虛之道，皆與時而行也，故孟子曰：「治地莫善于助，莫不善於貢。貢者，校數歲之中以爲常。」此之謂也。

象曰：山下有澤，損，君子以懲忿窒欲。

義曰：按左傳曰：「川竭則山崩。」是言山澤之氣相通，故得以生于萬物也。今澤在山下，是損澤益山、損下益上之象也。君子觀此之象，可損之事在于忿欲，有忿則懲戒之，有欲則窒塞之，可損之善，莫善于此，何則？自非聖人不能无忿争之心、嗜欲之事，自君子而下，則時有之，固宜損之也。

初九，已事遄往，无咎，酌損之。象曰：已事遄往，尚〔一〕合志也。

義曰：初九居一卦之下，處損之初，民之象也。夫民之爲職，固當給衣食以奉養其上者也。

〔一〕四庫本「尚」作「上」。下同。

事，謂耕穫之事也。言耕穫之事既已，則速往以奉于上，乃得免其咎也。酌損之者，言上之損下、下之奉上，必皆斟酌其宜，使合中道，故民之于私，上有父母之養，下有妻子之畜，而又有州閭、鄉黨、冠昏、喪祭之用，不可盡竭其所有以輸于上，自取不足之患，必斟酌其宜，合于中道則可也。象曰「已事遄往，尚合志也」者，夫上之志所須在于民，民之志在奉其上。今初九能已自己之事，遄速斟酌而往奉之，則是合上之志矣。

九二，利貞，征凶，弗損，益之。象曰：九二，利貞，中以爲志也。

義曰：夫損下益上，必須斟酌其宜，使合于中正者也。夫什一者，天下之中正也。過之則桀，殺之則貊，皆不得其中也。初已損之以益其上，至二復損，則損之太過，利在乎守正而已。征凶者，言若損之不已，復往而奉于上，則凶之道也。「弗損，益之」者，言不可更損己以奉于上，當反求上之所益，則可也。象曰「九二，利貞，中以爲志也」者，言損上益下，損下益上，皆不可過宜，必以大中之道而行。今初已損而奉于上，至二則不可更有所損，是以中道爲志也。

六三，三人行則損一人，一人行則得其友。象曰：一人行，三則疑也。

義曰：夫天地、君臣、夫婦之道，若專一相應，則其志純，其道固也。今六三之陰，上應于上九之陽，若己與六四、六五二爻同往而應之，則反損上九之一人。若己獨往而應之，自得其友矣。故繫辭云：「天下百慮而一致，殊塗而同歸。」是言凡事在于一致，則其道純而无駁也。象曰「一人行，三則疑也」者，言六三獨往應上九，則其志和同而无所間矣。若三人往之，則上九必有疑惑之志，慮其有害于己也。

六四，損其疾，使遄有喜，无咎。象曰：損其疾，亦可喜也。

義曰：遄，速也。夫爲人上者，不可過取天下之財以困斯民。今六四一爻當大臣之位，切近于至尊，故當盡忠于國，不可復往損于民，但民有疾則去之，有患則損之，如此，所以爲天下之利而副人臣之職也。使遄有喜者，六四既爲大臣，其責甚重，若有一小人在位，爲國家之害、良民之蠹，則當損去之而務在于速，不可使之滋蔓，如此則有喜悦之事而獲无咎矣。象曰「損其疾，亦可喜也」者，言爲人臣之職，若能秉忠直而損國家之疾，除民物之害而使之獲安，是可喜之事也。

六五，或益之十朋之龜，弗克違，元吉。象曰：六五元吉，自上祐也。

義曰：龜者，决疑之物，以喻人之才智也。朋，黨也；十朋，衆也。夫損下之道不可過苦，惟在位聖賢之人不以爲常，但其用之有制耳。今六五以柔順居艮止之中，而位至尊，下又應九二剛明之臣，己能虚心而接納之，又弗損于下，是故天下賢明才智之人，皆盡其謀慮、竭其志策來益于己也。「弗克違，元吉」者，夫好賢而不能用，則與不好同；用之不能從，則亦與不用同。故好賢者必用其才而又聽其言，此其任人之道也。今六五能虚己以接納賢者而信任之，又且不違其言，不逆其諫，使天下才智之人得盡其善、竭其能而奉于上，是以獲元大盡善盡美之吉也。象曰「六五元吉，自上祐也」者，六五以柔居尊，任用賢知之臣，聽其謀，從其諫，故得衆賢之歸而得元大之吉，自上而下无不祐之也。

上九，弗損，益之，无咎，貞吉，利有攸往，得臣无家。象曰：弗損，益之，大得志也。

義曰：大凡居上者，不可常損下以益己。今上九居損之極，在艮之終，更无損下之道，是以施仁義之術，生成天下以益天下之民，如此則得其无咎，以貞獲吉。既獲其吉，則所往何不利哉？得臣无家者，夫蚩蚩之民，愚无所知，若在上者益之以道，則歡心而歸之。今上九既不損而反益之，則天下之民皆臣服而歸之，遠近无有疎間，天下爲一家，故曰「无家」。象曰「弗損，益之，大得志也」者，言上九居上體之極而反益于下，則是天下之民无不臣服，而己之志大得行于天下也。

益

䷩ 震下巽上 **益，利有攸往，利涉大川。**

義曰：按序卦云：「損而不已必益，故受之以益。」蓋言凡物之理，盛極必衰，損久必益。益者，損上以益下，損君以益民，明聖人之志在于民也。然損下益上則謂之損者，蓋既損民之財，又損君之德也；損上益下則謂之益者，蓋既益民之財，而又益君之德也。然上之益下，非謂耕而食之、蠶而衣之，以天下之廣、生靈之衆，苟家至户到，人人給之，則雖至愚固知不可也，故博施濟衆，堯、舜其猶病諸。蓋居人上者爲之求賢，或爲農官，或興水利，勸其力穡，使游手之民敦本而棄末；又爲之擇守令，宣行教化，興利除害，以益其民，是皆因其所利而利之，因其可益而益之，故非損于上乃能益于下也。利有攸往者，夫上之益下，是損有餘而補不足，故得天下之心。既得天下之歡心，則何往而不利哉？然損則云「有孚，元吉，无咎，可貞」，然後曰「利有攸往」，此則直云「利有攸往」者，蓋損之時是損于民，必使天下信之，然後有元大之吉而无咎，以爲長久貞正之道。故始得利有攸往，此則損上益下，得天下之歡心，无所往而不利也。利涉大川者，夫君能以仁義之道益于下，下受其賜，則捐軀而報于上，效命以助其君，雖有大險大難，皆可以濟涉之也。

象曰：益，損上益下，民説无疆。自上下下，其道大光。利有攸往，中正有慶。利涉大川，木道乃行。益動而巽，日進无疆。天施地生，其益无方。凡益之道，與時偕行。

義曰：損上益下者，此謂損九五而益六二也。夫陽本實而有餘，陰爲虚而不足，今以九五之有餘益六二之不足，使民各安其業，皆被其澤，如此則得天下之歡心，民從之无有疆畔也。「自上下下，其道大光」者，夫損下而益上，則損上之德。今上能自損以益其下，利益之事自上而流布于下，故其道廣大而光明也。「利有攸往，中正有慶」者，夫九五以陽位乎上，中正之君也；六二以陰居下，中正之臣也。君臣之間皆以中正之道下益于民，以此故獲福慶之事也。「利涉大川，木道乃行」者，上巽爲木，下震爲動，故以木爲舟楫，動則能涉大川也。猶人能盡仁義行于上，動而爲民之益，民既受其益，則莫不盡其心思輔于上，故雖大險大難，无不濟矣。「益動而巽，日進无疆」者，此以二體言之，夫行益之道，居上者能動而上順天意，下順民心，則德之進而无有疆極也。「天施地生，其益无方」者，夫天損一元之氣以益于地，爲萬物之始；地承天之氣，以生成萬物之形。其利益之道，至公而不私，至正而不邪，至廣至大而无有方極。亦若聖賢以仁義利益天下之民，而无有偏黨私邪，其道廣大而无有窮已也。「凡益之道，與時偕行」者，夫行益之道，不可以常行，可損則損，可益則益。何則？天以一氣降于地以施生萬物，若常使益之，則萬物滿而過亢也，是必有事而損之。君子以仁義寬愛而恤于下，若常益之，則在下者亦生驕亢而不知自損。是故先聖于此戒之，言凡爲益之道，必與時而偕行也。

象曰：風雷益，君子以見善則遷，有過則改。

義曰：夫風得雷則威益彰，雷得風則聲益遠，是相益之象也。君子法此益象，見人有善則遷而從之，知己有過則改而正之。夫日遷一小善，積而不已，則大善著矣；日改一小過，改而不倦，則大過除矣。蓋益之大，莫過于遷善改過也。故孔子曰：「聞義不能徙，不善不能改，是吾憂也。」

初九，利用爲大作，元吉，无咎。象曰：元吉，无咎，下不厚事也。

義曰：初九以剛陽之力震動之始，是志于有爲而欲興益于天下者也。然興益之道，必須居位得勢，而後行之有餘。今初九雖有剛明興益之心，而位卑勢寡，非可致之地，又况當益道之初，有謀始之責，至難至重，故須所爲大吉，然後免咎，故曰「利用爲大作，元吉，无咎」也。象曰「元吉，无咎，下不厚事也」者，夫大有所爲以益天下，必須履貴勢，操重權，乃能當之，至于位卑勢寡之人，則不可僭有所興。今初九實以剛陽之才利于大作，然初本卑下，不當厚事，故須萬舉萬全，至于大吉，然後无咎也。

六二，或益之十朋之龜，弗克違，永貞吉。王用享于帝，吉。象曰：**或益之，自外來也。**

義曰：六二以柔順之德履得中正，居受益之地，上應于九五剛明之君，而已能盡人臣之節以事之，无有偏黨姦邪之行，无蔽塞賢者之心，是以天下明智之人各欲獻其謀慮而來益于己，故曰「或益之十朋之龜」。弗克違者，夫以天下之人樂告以善道，而己又能以中庸和柔之德信聽〔一〕之，弗有違戾也。永貞吉者，按損之六五言「十朋之龜，弗克違，元吉」者，蓋損之六五居得其正，爲損之主，是以天下賢智歸之而獲元大之吉。今六二在于下卦居人臣之位，受天下賢智之歸，其勢至重，一失其正，必侵君之權，其爲禍不細矣。故當永守正道，盡人臣之節，率其衆賢，皆盡忠竭力以事其君，則得其吉也。「王用享于帝，吉」者，王者能任賢受益而弗違，又能永正，以此之道享于帝而得吉，況其爲臣能盡忠竭力以事其君，則其吉可知矣。象曰「或益之，自外來也」者，六二居中得正，又能盡人臣之忠義以事其君，

〔一〕四庫本「信聽」作「聽信」。

故賢智之人皆自外來而益之也。

六三，益之用凶事，无咎，有孚中行，告公用圭。象曰：益用凶事，固有之也。

義曰：凡君子之人，不在其位，不謀其政。若居其位，當其任，則可以有爲于時。今此六三以陰居陽，位非其正而過于中道，欲施益于下，非所當也。然所益之事，若民之凶荒、疾苦、札瘥、患難，則己不顧一身，奮然往而益之，則可以得其无咎也。有孚中行者，言六三雖益以凶事，然亦當以由中之信合于中道而行，然後可也。告公用圭者，圭，符瑞也，所以執而爲信。言六三既以由中之信而行，執其符瑞以告于公，而明其所益之事。若漢武之時，河内失火，凡爇千餘家，帝遣汲黯往視之，黯曰：「此不足爲患。」時河内之民值歲凶，疾苦計萬數，黯遂矯命發廩以救之，民由是活。及歸朝，乃請矯制之罪，帝遂賢而釋之，是乃非其位、越其職以濟凶荒之事。象曰「益用凶事，固有之也」者，言六三雖居非其位，然其救民安國之心固有之也。

六四，中行，告公從，利用爲依遷國。象曰：告公從，以益志也。

義曰：六四以陰居陰，履得其正，上近于五，下應于初，在益之時，是能盡心竭力，上以益于君，下以益于民，告其所以爲益之道也。夫既能上益于君，下益于民，以此告于公，則无有不從也。利用爲依遷國者，夫天下之大，莫大于遷國。今以六四居得正位，行得大任，能致君澤民，故雖遷國之大，皆依從而利用之，則其小者從可知也。象曰「告公從，以益志也」者，言六四能恢有爲之道以益天下，使君尊民富，各得其所，是非以一身一家爲念，所志者惟益于上下而已。

九五，有孚，惠心。勿問，元吉。有孚，惠我德。象曰：有孚，惠心，勿問之矣。惠我德，大得志也。

義曰：九五以剛明果斷之德處至尊之位，下應六二賢明之臣，是能以由中之信興利于民也。惠心者，夫天下之廣，生靈之衆，聖人在上，非可以家撫而户養之也。蓋所惠者，惠于心而已。天下民之温飽，非待王者耕而食之、織而衣之也，但勸之教之，通商惠工而已。如此，則是王者惠心之謂也，論語所謂「因民所利而利之，惠而不費」者是也。「勿問，元吉」者，言九五既以仁義之心惠及于天下，則不待問而自獲元大之吉也。「有孚，惠我德」者，夫民无常懷，仁則懷之，故書曰「撫我則后，虐我則讐」。今九五能以由中之信接于衆，故天下之民亦惠信九五之德也。象曰「惠我德，大得志也」者，言九五能興益之道以利于民，則其志大有所得也。

上九，莫益之，或擊之，立心勿恒，凶。象曰：莫益之，偏辭也。或擊之，自外來也。

義曰：上九居卦之上，處益之極，不通時變，不度人情，是其求益于人无厭者也，故莫有益之者；求益于己，侵剥于下，故或有擊之者。「立心勿恒，凶」者，无厭之求以速禍患，是立心无常之人，凶之道也。象曰「莫益之，偏辭也」者，言上九求益于己，非有以益于人，是偏辭以求益也。「或擊之，自外來也」者，六二、上九皆言自外來也。六二居中守正，其益在君民，故明智之人皆自外來而益之；上九居益之極，求益于己，不知其益人，立心勿恒，故人或自外來而擊之也。

夬

䷪乾下兌上 **夬，揚于王庭，孚號有厲，告自邑，不利即戎，利有攸往。**

義曰：夬，决也。序卦云：「益而不已必决，故受之以夬。」以天道言之，則夏之三月，五陽盛長，以剥削一陰之時也；以人事言之，則是聖人在上，群賢並進，協心宣力，以衆君子决去一小人之象也。揚于王庭者，夫君子道長則小人道消，小人道長則君子道消，此必然之理也。凡群小得志，君子之人若不能潛光晦跡，欲以直道顯然而行，則反爲小人之所害矣。

今夬決之時，則是衆賢盛長，小人消剥，故可以顯然揚于王庭而決去之也。孚號有厲者，君子之道既盛，必須信賞必罰，決然示其號令，使天下之人皆信服而從之也。有厲者，厲，危也。夫以衆賢聚于朝廷，布宣號令，決去小人，然亦不可放心肆意而遂以爲安，故當肅肅祇懼而自爲危厲，則可矣。告自邑者，夫發號施令，雖當夬決之時，君子道盛，亦不可驟然以威勢加于天下，故宜告自己之一邑，使一邑之人信服之，然後告及于天下，所謂自内及外、由邇及遠也。不利即戎者，然當此之時，更不可恃其剛壯長征遠討，荼苦生靈，以速危敗。若昔唐之太宗可謂英主矣，然而享治既久，則恃其剛威以有高麗、百濟之征，至今稱之，終累聖明之德也。利有攸往者，夫夬決之時，一陰乘陵于衆陽之上，而又勢微力弱，下之五陽共進而決去之，是君子之道坦然而行，无所往而不利也。

彖曰：夬，決也，剛決柔也。健而説，決而和。揚于王庭，柔乘五剛也。孚號有厲，其危乃光也。告自邑，不利即戎，所尚乃窮也。利有攸往，剛長乃終也。

義曰：剛決柔者，言以五陽而決一柔，猶衆君子去一小人也。「健而説，決而和」者，此以二體言之，下乾爲健，上兑爲説，以健而決，以説而和，蓋君子所行必得其中，剛不至暴，柔不至懦，故雖夬決之時，用剛以決小人，則亦必以和而濟之。「揚于王庭，柔乘五剛也」者，言君子之命令，所以顯然不憚宣揚于王庭者，蓋以一柔而乘陵五剛，一小人而乘陵五君子，是以公行決去而无有畏懼也。「孚號有厲，其危乃光也」者，言君子當此得時得位、號令必行之際，更能兢兢危厲，審克而舉，則其道益光也。「告自邑，不利即戎，所尚乃窮也」者，言發號施令，先告自己之一邑，使一邑之人信服之，然後告及天下，則天下无不信服也。苟若恃其剛壯玩兵黷武，侵伐不戢，則自取窮凶之道也。「利有攸往，剛長乃終也」者，言君子之道所以坦然得行者，蓋由五剛盛長、一陰消剥之故也，是君子之道大成終美于此也。

象曰：澤上于天，夬，君子以施禄及下，居德則忌。

義曰：夫至高者，天也；潤物者，澤也。今澤升于天，是必決然流霈于下也。故君子觀此之象，則施其禄惠以及于下。居德則忌者，此「則」字當作「明」字，輔嗣之説亦曰「居德以明禁」，蓋傳寫之誤耳。忌則禁忌之義也。夫己正則可以責人之邪，己是則可以責人之非。今夬決之世，君必先以仁義之德自居于身，而後可以明其禁忌以示天下，使天下皆知其禁，有不服從者，然後決然可以刑加之也。不然，不先示以禁忌，則孔子所謂「不教而誅」也。

初九，壯于前趾，往不勝，爲咎。象曰：不勝而往，咎也。

義曰：初九當一卦之下，故有足趾之象。夫夬之時，小人乘陵于上，而初九以剛明之才欲往決去上六之小人，故曰「壯于前趾」。「往不勝，爲咎」者，夫夬之時，雖君子之道長，然而欲往決勝其小人，必須量敵而後進，慮勝而後會，可進則進，決然而發，萬舉萬全矣。若夫不度己力，不察彼勢，躁急而往，則反受其害，故曰「往不勝，爲咎」。象曰「不勝而往，咎也」者，夫力既不勝于小人，乃決然不顧而往，則必爲小人之所害而有咎也。

九二，惕號，莫夜有戎，勿恤。象曰：有戎勿恤，得中道也。

義曰：九二以剛健居一卦之中，則能決然而往，排去小人，不爲慉縮而不進也。故雖有驚惕號呼，莫夜之間而有兵戎之事，然亦不煩憂恤之也。象曰「有戎勿恤，得中道也」者，言九二以剛健之德決去柔邪之小人，而又所行所爲之道无過无不及，皆得大中之道，又何所恤也？

九三，壯于頄，有凶。君子夬夬，獨行遇雨，若濡，有愠，无咎。象曰：君子夬夬，終无咎也。

義曰：此一爻有錯倒之文，當曰「壯于頄，有凶，獨行遇雨，若濡，有愠，君子夬夬，无咎」。何則？三應于上，上爲陰柔被決之小人，夫既應于小人，爲小人之所污辱，則何得无咎哉？又象曰「君子夬夬，終无咎也」，以此固知「夬夬」而後「无咎」也。頄者，面之骨，謂上六也。上六處一卦之上，故有面頄之象。夫剥之卦，五陰長而一陽在上，猶五小人而剥一君子。六三於小人之中，獨能上應君子而不爲剥削之道，故曰「剥之无咎」。此卦五陽進而決一陰，是五君子而決一小人也。獨九三不與衆君子同心決去小人，而反私應之，是壯于頄，凶之道也。「獨行遇雨，若濡，有愠，君子夬夬，无咎」者，夫雨者，陰陽和合之所致也。衆賢方共決上六之一小人，而三獨應之，而其志和合，故曰「獨行遇雨」。夫小人之性，近之則不孫，遠之則怨，今夬決之時，君子得志而反爲小人之所污辱，是獨遇雨，而濡潤其身且有愠怒也。夬夬者，敢決之辭也。惟君子之人性明而志果，居九三之位，不爲應之所撓，奮然決之，乃得无咎也。象曰「君子夬夬，終无咎也」者，言九三終能抱公却私，與君子之衆同德合義以決去小人，則无過咎之累也。

九四，臀无膚，其行次且，牽羊悔亡，聞言不信。象曰：其行次且，位不當也。聞言不信，聰不明也。

義曰：次且者，其行不安之貌也。衆君子皆欲上進以決去小人，九四以不正之質獨當其路，爲衆賢之所傷而不得安行也。牽羊悔亡也者，羊者，剛性之物，謂九三也。言九四若能牽連九三之剛，與衆賢協心盡力上決于小人，則其悔可亡也。聞言不信者，九四雖牽連于九三而其悔得亡，然九四之性本以剛强而自任，故雖聞其言，亦不信之也。象曰「聞言不信，聰不明也」者，言九四所以聞言不信者，以視聽之間有所不明也。

九五，莧陸夬夬，中行无咎。象曰：**中行无咎，中未光也。**

義曰：莧陸，草之柔脆者也。九五居至尊之位，以天下之威而躬親決上六之一小人，則決之甚易，若去莧陸之草也。中行无咎者，九五既能決去小人，而以中行得无咎者，何也？夫爲君之道，必得天下之賢而任使之，賢人衆多則自能決去小人，故不勞己力，可以安而无爲。今九五以萬乘之威而躬決小人，是由不能任天下之賢而用之也。若能以大中之道而行，則方得无咎也。象曰「中行无咎，中未光也」者，言居至尊而親決小人，雖得中正，未足謂之光大也。

上六，无號，終有凶。象曰：**无號之凶，終不可長也。**

義曰：上六以陰柔小人之質，當夬決之時，居衆賢之上而貪其榮寵，戀其禄位，不能退避君子，而又乘陵于上，卒爲君子之所誅，故雖號呼于天，亦終不免其凶咎，故先聖戒之，言无用號呼，亦不能逃其誅而免凶也。象曰「无號之凶，終不可長也」者，上六當夬決之世而居衆賢之上，是其勢微力弱，必爲衆賢之所誅，是不可以長久也。

姤

䷫巽下乾上**姤，女壯，勿用取女。**

義曰：按序卦云：「夬者，決也，決必有所遇，故受之以姤。姤者，遇也。」夫群陽並進以決小人，小人既去，則聖賢之人得其相遇也。然謂之姤者，蓋以陰而遇于陽，以柔而遇于剛也。以人事言之，則是臣遇于君，君遇于臣也，以至貴賤、尊卑、少長、師友之間皆得其遇也。女壯者，此指初六而言也，以其以一陰而遇五剛，是女之壯者也。勿用取女者，女之爲道，固當婉娩柔順，從一而終；臣之爲道，必盡心竭力以事其上。今初六乃以一陰而遇五陽，是剛壯不正不順之女，故聖人于此戒之，言不可取，猶不忠不一之臣不可用也。

彖曰：姤，遇也，柔遇剛也。勿用取女，不可與長也。天地相遇，品物咸章也。剛遇中正，天下大行也。姤之時義大矣哉！

義曰：柔遇剛也者，言初六以一陰而遇五剛也。以人事言之，則是以卑而遇于尊，以賤而遇于貴，君臣、上下、朋友、夫婦之間，皆得其姤遇者也。「勿用取女，不可與長也」者，夫以不正不順之女用于閨門，則不能成其室；不正不順之臣用于朝廷，則不能盡忠而害天下。

今初六之陰不能專一其行，以剛壯而遇于衆陽，是不可與之永長以相處、終始以相保也，故曰「不可與長也」。「天地相遇，品物咸章也」者，此以下廣明姤之義也。天以一陽之氣降于地，地以一陰之氣承于天，天地之氣相遇，故萬物發生而章明也。故君臣相遇則能成天下之治，夫婦相遇則能成閨門之事，師友相遇則能成其道業也。「剛遇中正，天下大行也」者，凡人有剛明之德而不遇中正之位，則不能行其道；有中正之位而无剛明之德，則不能稱其任。今九五既有剛明之德，又居中正之位，故能大行教化于天下，而盡姤遇之道者也。姤之時義大矣哉者，夫姤遇之道，患不得其時；得其時，患不得其義；既得其時，又得其義，然又患不能久之也。故君臣相遇不久則不能治天下，夫婦相遇不久則不能治閨門，朋友相遇不久則不能成道業，是姤之時與義至大至難，故先聖于此重嘆美之也。

象曰：天下有風，姤，后以施命誥四方。

義曰：風之行于天下以發生萬物，則物无不相遇而得其生成，此姤之象也。后者，天子諸侯之通稱。夫天子之治天下，諸侯之治一國，皆當法姤之象，發施仁義之教命，以詔告于四方之民，則四方之民莫不順從而悅服也。

初六，繫于金柅，貞吉，有攸往，見凶，羸豕孚蹢躅。象曰：繫于金柅，柔道牽也。

義曰：金者，堅剛之物；柅者，車輪之下，制車之行，是制動之器，謂九二也。初六居姤之始，以一陰而上承于五陽，是剛壯不正之女也。然上有九二最近于己，九二有堅剛之德，能制物之動。今初六若能繫之而不躁求妄動，正一而不遷，則得其吉也。然初繫于二，本非其正，然姤遇之時，人无常親，有賢者則可以附合，不顧正應而繫之也，故初六若能專一守正以繫于二，則可以獲吉矣。「有攸往，見凶」者，初六既不能順從于九四之正應，而繫于九二，則當專一守正，可以獲安；若苟有所往而妄動，則是凶之道也。羸豕孚蹢躅者，羸豕，牝豕也，淫壯之甚者也；蹢躅，躁動之貌。言初六既以一陰而上承于五陽，又不能專一守正，躁動而欲有所往，是若羸豕淫躁之甚者也。象曰「繫于金柅，柔道牽也」者，夫陰柔之體不能自立，必牽繫于剛明之人，乃可也。今初六以陰而繫于九二之陽，是陰道之牽也。

九二，包有魚，无咎，不利賓。象曰：包有魚，義不及賓也。

義曰：魚，陰物也，謂初六也。夫姤遇之時，君臣、上下、貴賤、尊卑各以正道交相際接，然後事克濟矣。今初六之陰來附于己，非己所召，己得初六之陰，如庖廚之有魚。然无咎者，初之應本在四，而己擅之，是有咎也。以初之來非己所召，近而相得，可以无咎也。不利賓者，夫饗賓當以其正，今九二所得之魚非其正也。初本九四之民，今附于己，是擅有他人之民。擅有他人之民而與人，是義之所不可也，故象曰「義不及賓」也。

九三，臀无膚，其行次且，厲无大咎。象曰：其行次且，行未牽也。

義曰：夫姤遇之時，君臣、上下、尊卑、貴賤皆得其遇，然後有所濟矣。今九三上无所應，下无所繫，是不得相遇之道也。然姤之時，下之君子欲上進，而己當其路，又乘九二之剛，必見所傷而不得其安行，故曰「其行次且」。厲无大咎者，言九三雖爲下之所傷，而以陽居陽，所履得正，處非有妄，若能常自危厲而周防警戒，則咎亦无大矣。象曰「其行次且，行未牽也」者，言九三不能牽連衆陽而獨當上進之路，所以次且而不安也。

九四，包无魚，起凶。象曰：无魚之凶，遠民也。

義曰：魚亦謂初也。夫姤之卦，以一陰而遇五陽，則淫壯甚矣。然初六既以躁妄之情與二相得，而失四之應，是猶二庖有魚而四反无之也。起凶者，夫姤遇之時，必得天下臣民，然後有所輔助而動作不失其正也。今九四以不中不正之身居上卦之下，雖有初六之正應，而反爲九二之所繫，則是君无其臣，國无其民，動而有凶也。故孟子曰：「得道者多助，失道者寡助。多助之至，天下順之；寡助之至，親戚畔之。」今九四居不得正，履失其中，是寡助之人也。象曰「无魚之凶，遠民也」者，夫民惟邦本，本固邦寧，初爲九四之民而繫于二，九四不得有之，是遠于民也。

九五，以杞包瓜，含章，有隕自天。象曰：九五含章，中正也。有隕自天，志不舍命也。

義曰：杞者，杞梓之材，木之秀者也。言此一爻有剛明之才、中正之德，居至尊之位，爲姤之主，而不遇其應，雖有衆陽在下來助于己，然在下者各固其位，但如延蔓相纏，終无所益。是猶杞秀之材雖甚盛茂，而爲瓜之延蔓纏繞之，適足爲美材之累。「含章，有隕自天」者，以己有剛明之才，居至尊之位，而下无賢明之輔，是以終日之間，焦心勞思以求天下之賢。蓋自念有倡而无和，有令而无從，有仁義不能施於天下，有禮樂不能宣布于四方，于是但含蓄章美之德，以待天下之賢，是以盡其至誠、不舍其命以求天下之賢。言天若隕墜我之命則已，若天未隕墜其命，則我求之不已。天必生賢明之臣，以爲己之輔佐，爲己之應援，故曰「有隕自天」，明九五求臣之切也。象曰「九五含章，中正也」者，按坤之六三曰「含章可貞，或從王事」，彼以其爲臣之道，言其在下而含蓄章美之德，待其君而後發，此云含章，君之道也。九五居中正之位，亦含蓄章美之德，而无中正之臣以輔己而宣發之，故守其中正之位，待其得賢而後已。「有隕自天，志不舍命也」者，言此九五之君求賢之切，若天不隕墜我之命，則我之志不舍其求賢之命矣。故古之高宗諒闇三年，其惟不言，恭默思道，至於夢寐之間，孜孜求賢，以得傅説，置之爲相。又周之世宗，以朝廷左右雖有百官而无中正之臣，故孜孜求賢，以得王朴，任之爲臣，以建太平之策。以此見自古聖人治天下，求賢之心乾乾不已也。

上九，姤其角，吝，无咎。象曰：姤其角，上窮吝也。

義曰：角者，物之最上，窮極之處也。按此上九居一卦之極，在无位之地，當姤之時，上无所遇，下无所應，如至于角，窮盡而无所容也。「吝，无咎者」，以其居窮極无位之地，上无所容，是自取鄙吝，又何咎于人哉？故曰「无咎」。象曰「姤其角，上窮吝也」者，言上九不能自量其時而進至于角，是窮吝之道也。

安定先生周易口義下經卷第八

萃

䷬ 坤下兑上 萃，亨，王假有廟，利見大人，亨，利貞。用大牲吉，利有攸往。

義曰：按序卦云：「物相遇而後聚，故受之以萃。萃者，聚也。」蓋言聖賢既相姤遇，則天下之人得以會聚，故以萃次于姤也。然萃所以得亨者，蓋君臣相遇，民物和會，當此之時，其道得以大通，其志得以上行，故萃亨者此也。王假有廟者，廟，貌也，言聚先祖之神，故謂之廟。何則？夫人之生則精神萃之于身。及其死也，魂氣歸于天，形魄歸于地。于此時也，孝子慈孫雖有求見之志而不能見其容貌，雖有虔奉之心而不得爲之奉養。是故聖人觀萃之卦，假其萃聚之道，設爲廟祧，以萃祖宗之精神于其間，以奉四時之祭，以盡孝子之心，而施教于天下，使天下之人當此萃聚之時，皆知尊事其祖先也。故萃聚之道莫大于此。「利見大人，亨」者，夫小民蚩蚩不能自立，是必得大有才德之人，以仁義之道生成之，然後得其所亨。今萃聚之世，民物和會，故當利見大有才德之人，然後民得以亨通矣。利貞者，君之所以得民，民之所以從君，必須利在于正道，苟居上者不以正道而治之，則民始雖衆多而聚，終亦離叛矣。是萃之道，所利者惟在于正。用大牲吉者，夫君之所有天下者，蓋由功業被于民而爲天之所眷祐者也。故孟子曰：「天與賢則與賢，天與子則與子。」是則爲人上者，撫有萃聚之世，皆由天所付與之也。故王者當此萬物萃聚之世，必用其碩大之牲爲之享祀，以答天所貺之命，故得其吉也。利有攸往者，萃聚之世，君臣會聚，天下和同，故聖賢君子必當往而康濟之，使天下大得其亨通矣。

彖曰：萃，聚也。順以說，剛中而應，故聚也。王假有廟，致孝享也。利見大人，亨聚以正也。用大牲吉，利有攸往，順天命也。觀其所聚，而天地萬物之情可見矣。

義曰：萃，訓即聚也。言天下君臣民物會聚之時也。順以説者，此就二體以言之，下坤爲順，上兑爲説，是聖人在上，能以仁義之道順民之欲，説民之心，使群民亦以順説而相合也。「剛中而應，故聚也」者，此指九五、六二而言，蓋五以剛德居中，爲萃之主，下應六二柔正之臣，是君臣之間倡而和，令而行，同德而治者也。夫既順而説，又剛而中，有此四德之備，然後天下之民因得而聚矣。「王假有廟，致孝享也」者，言王者假立廟貌，以聚先祖之精神，以修四時之祭，以盡孝子之心，而示教于天下，使皆能明享親之禮也。「利見大人，聚以正也」者，言當此萃聚之時，必須得大有才德之人，以正道治之，則天下可得而久大矣。「用大牲吉，利有攸往，順天命也」者，夫君者，天之所以命也，故代天理物，以仁義之道生成天下之民，使天下之民皆受其賜而會聚于時，則王者用大牲之禮答天之意，以順承天之所命也。然「利有攸往」而言「順天命」者，夫王者既代天理物，則必往而康濟之，所以順上天付與之命也。「觀其所聚，而天地萬物之情可見矣」者，此廣明萃聚之義也。夫天本居上，地本在下，及其陰陽相交，萬物發生而萃聚，此天地聚會之情也。至于昆蟲草木，亦各從其類，故繫辭曰「方以類聚，物以群分」是也。今此君臣民物各相萃聚之世，聖人觀此萃聚之道，則可以見天地萬物之情狀矣。

象曰：澤上于地，萃，君子以除戎器，戒不虞。

義曰：上兑爲澤，下坤爲地，澤者，水之所聚，今澤處地之上，是萃聚之義也。除，去也。言君子之人，當此萃聚之世，民既和説，海内晏然，于是之時，不可復用其兵，是必韜藏其弓矢，偃息其戈矛，以示天下不復用兵也。故昔者武王翦商之後，載櫜弓矢，倒載干戈，歸馬于華山之陽，放牛于桃林之野，是所謂除去戎器者也。然天下雖安，忘戰必危，故雖萃聚之世，民已和會，然不可不有所備。蓋事久則弊，隆極必替，故聖人于是時，亦常因民之隙訓習師旅，以爲國備而戒不虞。至如堯、舜、商、周之時，可謂極治矣，然猶立司馬、司徒、司空、司寇之職以訓習兵戎。以是觀之，雖在萃聚之世，至平之時，亦當戒于不虞，此乃聖人安不忘危、存不忘亡之道也。

初六，有孚不終，乃亂乃萃，若號，一握爲笑，勿恤，往无咎。象曰：乃亂乃萃，其志亂也。

義曰：孚，信也。按此初六居萃聚之世，上應于九四，是以始初則以至信相待，欲相萃聚。然而六三以不正之身居其間，上无其應，又最比于四，遂招誣謗之言以間于己。是以初雖始有誠信以待于四，今既爲小人之所間，則初六誠信之心不得其終也。乃亂乃萃者，謂六三既爲間于初六，不得與四相從，是以初六心志必爲惑亂也，故曰「乃亂」。然且當萃聚之世，是上下皆相求萃聚之際，初雖心志惑亂，終得其萃，故曰「乃萃」。「若號，一握爲笑」者，號謂號咷也；一握謂掌握之間，至淺末者也。萃聚之世，必上下相求和會，然後必有所濟。然此初雖與四爲正應，然爲六三小人之所間厠于其間，以踈隔于初，使不得與四萃聚，故始則有號咷之怨。然四雖爲三之所間隔于己，而本與初爲應，故亦不至于深久，雖初始則號咷，然終得與四爲之萃聚而有懽笑也。「勿恤，往无咎」者，夫君子爲小人之所疾害，小人爲君子之所决去，此理之常也。今初爲六三小人之踈間于己，爲之讒謗，然君子之心何必憂恤，但執其正道，以至誠公直而行，往求于四之應，則必无咎矣。

六二，引吉，无咎，孚乃利用禴。象曰：引吉，无咎，中未變也。

義曰：君子之進，不可自媒以苟媚其君，而幸其時之寵榮也。是故君子懷忠信以待舉，力行以待取，是君子凡所進用必須有道，待上之聘求然後往，則得盡進身之道也。今六二以陰居陰，履得其中，又上應九五中正之君，然亦必待其君援引于己，然後往之，此所以得吉而无咎也。孚乃利用禴者，孚，信也；禴，薄祭也。夫君子之進，必在乎誠信相交、心志相接，然後其道可以大行也。今當萃聚之時，君臣之間誠信既著，心志既通，則可以不煩外飾，其道得行矣。若夫君臣之間誠信未著，心志未通，而欲其道之大行，則孔子所謂「未信而諫，則以爲謗己」者也。蓋君臣相應則道可大行，孚信中立，則雖禴之薄祭，亦可通于神明也。象曰「引吉，无咎，中未變也」者，言六二之所以待君之見引而後進者，蓋守中正之道而不變，不爲富貴貧賤之所移，待求而進，是志未有變也。

六三，萃如嗟如，无攸利，往无咎，小吝。象曰：往无咎，上巽也。

義曰：如，語辭也。六三以陰居陽，位不正也；居下卦之上，不中也。以不中不正之身居于萃聚之世，上无其應，而欲親比于四，然四本與初爲正應，是以不納于己。既不見納，是以嗟咨怨望，復何所利哉？「往无咎，小吝」者，萃聚之世，上下相求以成萃聚，然後事有所成。今此六三雖无正應，而四又不見納，然當是萃聚之時，捨其四之陽，以類求類，則往而應于上六，亦免其咎。然小有鄙吝者，蓋上六亦陰，以陰求陰，所以小吝而已。象曰「往无咎，上巽也」者，言六三捨九四而往應于上，必无咎也。何則？蓋上六以陰爻在上，陰爲巽順，必下接于己也。

九四，大吉，无咎。象曰：大吉，无咎，位不當也。

義曰：萃聚之世，衆陰皆欲萃于君，而四以陽居陰，在上卦之下，不中不正，而當衆陰之路，是必有擅民之疑、奪權之嫌，故須内抱剛明之德，外盡忠順之道，使其事爲大吉，然後可以免咎，故曰「大吉，无咎」。

九五，萃有位，无咎。匪孚，元永貞，悔亡。象曰：萃有位，志未光也。

義曰：萃聚之世，天下之民皆遇聚歸于上，今五有剛明之才，居至尊之位，當是時，下有九四不正之臣，據群陰歸己之路而固塞之，是使衆民皆歸于四而不歸于五，故五所存者，位與號耳。无咎者，以五雖有權臣在下，侵權奪勢，然本有剛明之才、中正之德，但其道不得以大行，亦可以自得无咎也。「匪孚，元永貞，悔亡」者，言五雖有侵權之臣，而使己之威賞號令不行于天下，而不爲天下之所信。苟能自守永長貞正之德，无私无陂，久而不變，則可以悔亡。象曰「萃有位，志未光也」者，言五雖有其位，而其道不得以大行，而教化號令不能以及于天下，不爲天下之所信，是其志未甚光大也。

上六，齎咨涕洟，无咎。象曰：齎咨涕洟，未安上也。

義曰：齎咨者，嗟嘆之貌，出自目曰涕，出自鼻曰洟。上六居卦之極，上進无所往，引退无所適，當萃之時而又下无其應，是以嗟嘆而涕洟，以求其萃聚也。然則得无咎者，蓋六三以不正之身在下卦之上，亦无其應，是以與上以類求類，此所以无咎也。象曰「齎咨涕洟，未安上也」者，言上六所以齎咨涕洟者，以不得其所而不安其居也。

升

䷭巽下坤上**升，元亨，用見大人，勿恤，南征吉。**

義曰：按序卦云：「聚而上者謂之升，故受之以升。」言物之衆萃，自少而聚之于多，自下而至于高，以升于上，故以此升次于萃也。然曰「元亨」者，言聖賢之人升于上位，必須有元大始生之德以生成天下之民物，又有大亨之德以通濟天下之事，然後得盡所以升上之道也。「用見大人，勿恤」者，夫君子之升進，雖有是大生大通之德，然不可孑然而獨往，必須用見大有才德之人以依附之，然後升其高位而不至于危，可以永保其禄位，復何有所憂恤哉？「南征吉」者，按此一卦上坤，坤爲西南之卦；下巽，巽爲東南之卦，上下皆是南方之位，故曰「南征」。夫聖賢之人居升進之時，必附麗南方離明之主，又取其往就南方長養寬平之地，以生成天下，則所行之道无不通濟，故可以獲其吉也。

彖曰：柔以時升。巽而順，剛中而應，是以大亨。用見大人，勿恤，有慶也。南征吉，志行也。

義曰：柔以時升者，此釋卦名之義也。巽在下，坤在上，二卦之體皆主柔順，而又三陰在上，得時而進，亦猶賢人君子執柔順之道，以其時之可進而進，是得其升進之義也。「巽而順，剛中而應，是以大亨」者，此又以二體兼九二、六五以釋元亨之義。下體，巽也；上體，順也；剛中，九二也；應謂六五也。夫君子必不可全任巽順之德，若全任之則失于懦，是必内有剛明之才，外有柔順之行，使剛不過亢，柔不至懦，而所爲所行之事，皆得其中正。

然而外既有柔順之德，内有剛明之才，苟或上无其應，則亦不可得而升進，故今又應于六五中正之君，是當此之時，君子皆得其升進之道，以元大始生之德通濟于天下，是以大亨也。「南征吉，志行也」者，言君子之進，既附麗其大人，又即其南方生養寬平之地，以生成于天下，是所立之志、所行之道皆得以大行矣。

象曰：地中生木，升，君子以順德，積小以高大。

義曰：坤爲地，巽爲木，夫木之生，資于地，始自芽蘖，至把握積久以至合抱，是升進之象也。君子觀此象，執柔順之德，常積善道，不矜細行，以日繼月，以月繼時，以時繼歲，至終身久而不變，積小善以至大善，由小賢以至大賢，由大賢以至于聖，皆從微而至著，由小以至大，故曰「積小以高大」也。

初六，允升，大吉。象曰：允升，大吉，上合志也。

義曰：允，信也，率從之稱也。夫升進之時，君子所志，在于乘時以升進于其位而行其道也。今初居巽之體，處升進之始，雖无其應，然于九二同心合志以進于位，爲衆賢之先倡，故賢人君子皆信而率從之以進于上。君子之人既得升進，則其道得以行，其志得以伸，其澤可以福于生靈，其功業可以被于天下，故吉之大者此也。象曰「允升大吉，上合志也」

者，初六當升進之時，爲升進之始，雖上无應，然與九二中正之賢合志而進，使衆人亦率從于己而升進，故得大吉也。

九二，孚乃利用禴，无咎。象曰：**九二之孚，有喜也。**

義曰：孚，由中之信也；禴，春之薄祭也。九二以剛陽之德處下卦之中，而體居其巽，是其剛不過亢，柔不至弱，執大中巽順而升者也。而又上應六五之君，以柔順而接納于己，是升而得其時、得其道者也。以至于所行之道、所爲之事无不合于中。夫君既以柔順而接納于下，則下得盡其由中之信、至誠之道以事其君，若然，以至信至誠而事其君，則不假外物、不須外貌而君自然信任矣。亦若誠信立于中，雖薄禴之祭，亦可以通于鬼神也。左傳所謂「苟有明信，雖澗溪沼沚之毛，蘋蘩蕰藻之菜，筐筥錡釜之器，潢汙行潦之水，可以薦于鬼神，可以羞于王公」是也。无咎者，九二以至誠之道奉于君，而君任信之，則是諫行言聽，膏澤下于民，以此爲臣，何咎之有？象曰「九二之孚，有喜也」者，夫君臣相信，以成天下之事，以立太平之功，是有喜慶之美也。

九三，升虛邑。象曰：**升虛邑，无所疑也。**

義曰：九三以陽居陽，履正者也，而又有上六以爲之應，進不爲小人之所阻礙，退不爲時之所凝滯，而上六又爲之引道，上下相順，无有疑間，以是而升于君子之位，若升虚邑然，復何所疑哉！

六四，王用亨于岐山，吉，无咎。象曰：王用亨于岐山，順事也。

義曰：王即文王也；岐山，文王所治之地也。夫升進之道貴于柔順。今此六四，以陰居陰，履得其正，上比于六五，是進得其位者也。然比于六五柔弱之君，又下乘衆陽剛强之臣。六四執柔順之道，率其剛强之臣以事其君，故有文王之象。昔商紂在上，文王爲西伯，治于岐山之邑，當此之時，文王有聖人之才，无聖人之位，而以仁義之道生成其一國，至如耕者九一，罪人不孥，仕者世禄，關譏而不征，市廛而不税，發政施仁必先于窮民，是以岐山之民皆得亨通，故歸者如歸父母。當是之際，文王升進之道愈盛，故曰「王用亨于岐山」也。「吉，无咎」者，文王以仁義居人臣之位，升進之道固已盛矣，天下之心固已歸矣，如是則幾于侵君之權、擅君之民，苟不以柔順之節奉于上，則臣子之分虧，而凶咎必至矣。故文王能盡臣子之道，執柔順之節，率天下之民以服事于紂，故得吉而无咎矣。象曰「王用亨于岐山，順事也」者，言文王治岐山之地，三分天下有其二，且盡率其民以服事于紂，不失臣子柔順之道，是至順之事也。

六五，貞吉，升階。象曰：貞吉，升階，大得志也。

義曰：階是尊者所居之地。六五以陰居陽，本失其正者也。然升進之道，貴于柔順。今六五有柔順之道，居得其中，是有大中之德者也。而又下有九二剛明中正之臣爲之輔佐，然所爲之事患在于不正，若能守之以正，則可以獲吉而當至尊之位也。象曰「大得志也」者，若能守至正以居其位而治天下之民，使皆受其賜，則已之志大有所得也。

上六，冥升，利于不息之貞。象曰：冥升在上，消不富也。

義曰：冥者，冥昧也。夫升進之道，至于五位大中之極也。惟聖賢之人則不爲情所遷，不爲情所誘，進退存亡皆得其正，可以進則進，可以退則退，可以止則止。今此上六，其性冥冥然无所知，但知進而不知退，知存而不知亡，升而不已，過于至尊之位，失其大中之道而至于亢極，故曰「冥升」也。利于不息之貞者，息，長息也。言雖冥昧不知其已，以至于上，若能知升而可以已，知進而可以退，謙虚消損，不務長息，以正自守，則猶可獲其吉也。象曰「冥升在上，消不富也」者，言上六既不達存亡之幾，以至于上位，固當消虚自損，不爲尊大，以自至于富盛也。

困

䷮坎下兌上 **困，亨，貞大人吉，无咎，有言不信。**

義曰：按序卦云：「升而不已必困，故受之以困。」言升進之道不可過極，過極則窮困從而至矣。至如天之道升而不已，必至過亢之悔；地之道升而不已，必至龍戰之災。以天地之道至大尚有困極，況于人乎？以人事言之，是君子之人不得其位，不逢其時，其道不能行于天下而身至于窮困，故曰困。然得亨者，言君子之道，身雖困窮而道自亨，何則？夫君子之人以仁義道德充積于中，不爲窮達、富貴、患難以動其心，是身雖處困而其道自得以亨通。故孟子曰：「君子所性，雖大行不加焉，雖窮居不損焉。」此之謂也。「貞大人吉，无咎」者，貞，正也。言小人居窮困之時，憂愁迫蹙，姦邪竊亂无所不至，則其爲禍也不可勝道矣。惟君子處于窮困，則能以聖賢之道自爲之樂，又能取正于大有德之人以爲法則，故所行无不得其道，所以獲吉而无咎矣。有言不信者，夫聖賢之人居得其位，行得其道，不令而民自信，不言而民自從，其勢固然也。至于窮困之時，不得其位，不能行其道，雖有言可以爲天下法，而終不見信于人，亦勢然也。何則？夫惟聖知聖，惟賢知賢，是君子當窮困之時，豈能以言語見信于小人哉？故孔子聖人也，孟子賢人也，困于衰周之時，雖歷聘于諸國，人皆謂之迂闊，是有言而人終不見信之也。

彖曰：困，剛揜也。險以説，困而不失其所亨，其惟君子乎！貞大人吉，以剛中也。有言不信，尚口乃窮也。

義曰：剛揜也者，此釋困卦之義也。坎爲陽，兑爲陰。陽爲剛，君子之象；陰爲柔，小人之象。夫剛體本居于上，柔體本居于下，猶君子居上位以治于下，小人居下位以奉于上。今困之卦，陽居下，陰居上，是剛爲柔所揜，君子爲小人所蔽困之象也。「險以説，困而不失其所亨，其惟君子乎」者，此以二體言之，下坎爲險，上兑爲説，言君子雖居窮困險難之時，而能以聖人之道自説樂之，則處險而不改其説，是于困而不失其所以亨通之道，非君子其能與于此？「貞大人吉，以剛中也」者，即九二、九五也，言二、五皆有剛明之德，而又得其中，是大有賢德之人也。故君子居此困窮之時，必當持正此大有德之人也。「有言不信，尚口乃窮也」者，君子當是窮困之際，道不得行，言不見信，苟尚口頰，徒益至于窮困也。

象曰：澤无水，困，君子以致命遂志。

義曰：兑爲澤，坎爲水，夫水本聚于澤上而浸潤萬物，今水反在澤下，是萬物不被其潤澤，猶君子之人所以居大位而澤天下之民，今反在困窮之地，是其道不及于天下，此困之象也。君子以致命遂志者，命謂天之所命也，致謂極盡之義，言君子有仁義之道藴諸其身，固當居大位，處重權，施其事業于天下，以澤萬民則宜矣。今居于窮困之間，使其道不得以行，是事非己招，咎非己致，匪人力所爲，蓋天命之使然也。然而君子之心自達于性命之理，不以困躓易其操，不以貧賤變其節，恬然自樂以遂其志也。

初六，臀困于株木，入于幽谷，三歲不覿。象曰：**入于幽谷，幽不明也。**

義曰：臀者，最處卑下之物也；株木者，枯老朽槁之木。初六居困之始，在陂險之下，其體陰柔不能自濟，雖上有九四爲之應，然爲二所間隔。又有六三，上无其應，下比于四，初以三專侵己之正應，是以己欲上進而不得，又最在于下，是猶困于枯槁之木，更无生長繁盛之意也。入于幽谷者，初既居窮困之下，不能自濟，進不得己之應，如入于幽暗深谷之中而无所明顯也。三歲不覿者，此爻窮困已甚，雖有四之正應，而爲二、三之所間，使不得進，而又在于下體，難于上進，至于三歲之間，亦未得與四相見。象曰「入于幽谷，幽不明也」者，初最居下，如困于幽暗深谷之中，无所明顯也。

九二，困于酒食，朱紱方來，利用亨祀，征凶，无咎。象曰：困于酒食，中有慶也。

義曰：凡居窮困之時，必有剛明之才，然後能濟于世。今九二以剛陽之質處下卦之中，有剛明之德，是能自濟者也。既有剛明之德而能自濟，則衆皆歸之，歸之者衆則所奉者厚，故困于酒食，饜飫之象也。朱紱方來者，朱紱，天子之服，天子純朱紱。方，將也。言九二既有剛明之才、大中之德，爲衆人所歸，則天子必委任之。既委任之，則降體貌以禮之，厚恩命以尊寵之，是天子寵命將至，故曰「朱紱方來」。利用亨祀者，凡易中言亨祀之類，皆謂以至誠上通於神明。九二既爲衆人所歸，又爲天子所任，則必能進其至誠，率天下之人以奉于上，如享祀之時，竭誠以通于神明也。「征凶，无咎」者，以此九二其勢已尊，其權已重，其寵已隆，人臣之分盡于此矣。若不知止而復求其進，凶禍必至矣。夫凶禍之來，皆己所招，非他人所致，復何咎于人哉？此亦戒之之意也。象曰「困于酒食，中有慶也」者，言九二有剛明之德，居得其位而爲天子所任，得行其道于天下，而有喜慶之事也。

六三，困于石，據于蒺藜，入于其宫，不見其妻，凶。象曰：據于蒺藜，乘剛也。入于其宫，不見其妻，不祥也。

義曰：石者，堅頑之物也；蒺藜者，草之有刺者也。大凡居困之際，必有剛明中正之德，乃能自濟。今此六三以陰柔之質處于陽位，是履不得其正；過于六二，是行不得其中。以不中不正之身妄據崇高之位，上无其應。當困之時，上進則有九四之剛陽以隔塞其路，故曰「困于石」。下而欲守其位，則乘于九二之剛。夫九二以中正之才爲己所乘陵，則反害于己，故曰「據于蒺藜」。是進退皆不得其安也。「入于其宫，不見其妻，凶」者，言三以柔順不正之質，進既不得行道，退又不獲所安，上又无正應以爲己輔，是其窮困至極，則雖至親之人尚不可得而見之，是猶入其宫而不見其妻，此凶之道也。故先聖亦繫此爻曰：「非所困而困焉，名必辱。非所據而據焉，身必危。既辱且危，死期將至，妻其可得見耶？」象曰「據于蒺藜，乘剛也」者，言六三所以據于蒺藜者，蓋乘九二之剛也。不祥者，祥，善也。以不見其妻而罹其凶，是豈爲祥善者哉？

九四，來徐徐，困于金車，吝，有終。象曰：來徐徐，志在下也。雖不當位，有與也。

義曰：徐徐者，舒緩不敢决進也；金者，堅剛之物；車者，至剛載物而行者也，謂九二也。按此九四爻，以陽居陰，居非其位。當困之時，與初爲正應，然九二在下，上无其應，欲其比之，固塞己路，使不得以相會遇，是以九四不可决然而行，但徐徐然舒緩而圖之也。吝，鄙吝也。以己有正應而爲二所固塞，是鄙吝之道也。有終者，九四既履非其正，爲二之所間隔，然當困之時，上下相求，雖爲二所隔，而初六本與己爲應，但緩而圖之，則初六終與己爲之應也。象曰「來徐徐，志在下」者，徐徐而來，蓋本與初爲正應，是志在于下也。「雖不當位，有與也」者，以陽居陰，不當位者也，然初六之陰本己之正應，既爲正應，雖見隔于九二，亦終有相與之道也。

九五，劓刖，困于赤紱，乃徐有説，利用祭祀。象曰：劓刖，志未得也。乃徐有説，以中直也。利用祭祀，受福也。

義曰：劓者，割鼻之刑也；刖者，斷足之刑也；赤紱者，諸侯之服也。按毛詩車攻篇云：「赤紱金舄，會同有繹。」是言諸侯來朝，用此赤紱也。此五所以言「劓刖，困于赤紱」者，言五居困之時，衆所不附，爲困之主，困之極者也。夫居困之時，衆所不附，當寬其慈惠，以仁義之道居己以下于人，則人皆樂而歸之。今不能寬其慈惠，反以剛壯之道、刑罰之威以服其人，使民畏而從之，欲天下諸侯皆從于己，然後以威力服之，非心服也。故人必不從，反爲諸侯之所困也。乃徐有説者，言九五本居得其中，又履得其正，雖始失于威暴而爲人所不從，若能徐徐緩而圖之，施德布惠，則人必感悦而從矣。然亦利用祭祀者，言九五緩而圖之，以有感悦之道，必須盡其至誠以接天下，猶祭祀之時，盡其至誠以通于鬼神也。然二云「利用享祀」、五云「利用祭祀」者，蓋至誠至信，其禮則一，但九二人臣之位，九五人君之位，居君臣之分，尊卑之差，豈可无別？故二曰「亨祀」、五曰「祭祀」也。象曰「劓刖，志未得也」者，言五專尚劓刖，威服于人，而人心將不樂從，故其志未有所得也。「乃徐有説，以中直也」者，言五所以緩而圖之，有感悦之道者，由己居得其中、行得其直故也。「利用祭祀，受福也」者，九五若能盡其至誠以接于下，猶祭祀以受福也。

上六，困于葛藟，于臲卼，曰動悔有悔，征吉。象曰：困于葛藟，未當也。動悔有悔，吉行也。

義曰：葛藟者，蔓生之藤；臲卼者，不安之地也。言上以柔弱之質，下无其應，居于卦外極困之地，不能自濟，是以困于纏繞，不得所安，困之甚者也。曰者，思謀之辭。凡吉凶悔吝，生乎動者也。上六既處極困，則思謀其身，處度其事，動必有悔吝。既動而有悔，必當冒難而往，以求其變通。不顧險難，決然而往，則可獲其吉矣。象曰「困于葛藟，未當也」者，上六居困極之地，非所當居而已居之，所以有纏繞之困也。「動悔有悔，吉行也」者，上六既居難中，不可不動，必冒難而行，則獲其吉也。

井

䷯ 巽下坎上 **井，改邑不改井，无喪无得，往來井井。汔至，亦未繘井，羸其瓶，凶。**

義曰：按序卦云：「困乎上者必反下，故受之以井。」蓋言君子之人升進不已，則必至于窮困。既困于上，則必反而歸于下，此井所以次于困也。改邑不改井者，邑者，都邑，人民之所聚居也；井者，是居其地而不可遷改也。夫都邑，民所居也，則可以遷，井之爲德則不可遷。夫邑之名，猶君子之身；井之義，猶君子之德。君子之身可貴、可賤、可富、可貧、可生、可殺，君子之道則不可爲富、貴、貧、賤、生、死所加損。无喪无得者，夫井之淵源，終日汲之而不爲之喪失，雖終歲不汲亦不至于盈滿，猶君子積其德于身，至于用與不用，乃君民之幸與不幸耳，于君子之身何所損益哉？往來井井者，井，所以汲水濟于時也。往者取其井，來者亦取其井，往來之人莫不資其養、蒙其利也。猶君子之德，所居之處，遠邇之人皆受其賜，以至鰥寡、孤獨、昆蟲、草木无不被其澤也。「汔至，亦未繘井，羸其瓶，凶」者，汔，猶幾也，將至之謂也；繘者，汲水之綆也；羸者，縮絆之謂；瓶者，汲水之器。凡井之有濟人之功，今水將至而綆未出于井，則羸其瓶而傾覆之，其澤不能及于人，凶之道也。猶君子以道德仁義正身履行，本欲以濟衆也，必須致于有位，使其澤及于民物，則功必有成也。而反有至中道而自傾覆其德，則澤反不能施天下，亦凶之道也。

象曰：巽乎水而上水，井。井，養而不窮也。改邑不改井，乃以剛中也。汔至亦未繘井，未有功也。羸其瓶，是以凶也。

義曰：此先以二體明井之義也。坎爲水，巽爲木，又爲入，木能入水而舉上其水，井之象也。「井，養而不窮」者，夫井，泉源之所聚，往者、來者皆取以爲養而无有窮盡也。「改邑不改井，乃以剛中也」者，言都邑之人，居可以遷，井者，掘地爲之，不可以遷，猶君子身可以窮達，德不可以移易。若是惟二、五能之，二、五以剛中之德，則不爲富貴、貧賤、生死之所移，其德至造次顛沛之間，未始變其道，如井之不遷也。「汔至亦未繘井，未有功也」者，言水汔至而綆未出于井，其功未濟于人也。「羸其瓶，是以凶也」者，所汲之綆既未出于井，而又羸絹其瓶以傾覆其水，如君子不能濟人，而又傾敗其仁義中道而止，是凶道也。

象曰：木上有水，井，君子以勞民勸相。

義曰：巽爲木，坎爲水，木能入水而舉上其水以濟于人，有井之象。君子法此井象，以勞來安恤其民而勸相之。勸者，舉天下之賢才，黜天下之不肖，興庠序之教化，施禮樂之道，以勸天下之人，使皆知遷善而遠罪也。相，助也，謂勸農輕徭薄斂，節儉國用，所以助其生也。既勞以安之，又勸相以助其生，是以仁義之道被于民，得井之義也。

初六，井泥不食，舊井无禽。象曰：**井泥不食，下也。舊井无禽，時舍也。**

義曰：泥者，水之滓穢也。初六以陰柔之質，滓穢沈滯，居一卦之下，上无其應，其功不能及于上，是井之滓穢沈滯，至于爲人之所不食也。舊井者，久廢之井也；禽者，至賤之物也。久廢滓穢沈滯，雖至賤之禽猶不向之，則人不食可知矣。以人事言之，猶人不能脩潔其己，不能日新其德，不務升進而自處于卑下之位，爲人所不與也。象曰「井泥不食，下也」者，下謂處于卑下，功不及于物也。時舍者，蓋利不被于人，故爲時人之所共棄舍也。

九二，井谷射鮒，甕敝漏。象曰：**井谷射鮒，无與也。**

義曰：谷者，谿谷也；鮒即鮒魚也，積穢之所生；甕者，停水之器。凡井之道，所以汲取以濟于物。今九二處下卦之中，上无其應而下比于初，猶谿之水下注射于積穢之物，又如甕之敝敗，其水下漏，是皆言其功不能上濟于物也。以人事言之，君子之人有仁義之術，可以濟于天下爲生民之福，而潛身晦迹以自卑下，不務升進以行其道，其澤不能及于物，以是天下之所共不與者也。

九三，井渫不食，爲我心惻，可用汲，王明並受其福。象曰：井渫不食，行惻也。求王明，受福也。

義曰：渫者，清潔之貌。言九三以陽爻居陽，履得其正，有剛明之才而在下體，如井之清潔而不爲人之所食，亦若君子有仁義之術，不爲時君之所用。惻者，憂惻也。言君子所憂者，非憂其一身貧賤，憂其君不堯、舜，憂其民不仁壽，故其中心惻然，蓋以其道德仁義不見用于上，其澤不能及于天下也。且井之清潔，可用取汲而濟于物。君子有道德，可以升進而濟天下之民，然所患者，上无明君以察己之道德。若王者有至聖聰明之資，能察己之道德，以升進于位而任用之，使其道行于天下，致君于堯、舜，躋民于仁壽，則君臣上下罔不賴其德而受其福慶也。象曰「井渫不食，行惻也」者，行者，所行之道也。蓋君子有致君經世之才，今反不用，則智謀不補于君，膏澤不下于民，故所以憂惻其道不行于時也。受福者，是君子必求明王以務升進于上，使其道大行于天下，則天下之人皆受其福慶也。

六四，井甃无咎。象曰：井甃无咎，脩井也。

義曰：甃者，以砌累而脩補者也。按此一爻以陰居陰，處得其正，能自脩飾，使其泉源清潔，爲人所食，亦猶君子脩潔其行，有仁義之道，可以濟于天下，然位不得中，尚未汲以濟于人，是君子雖未見用，亦可自守其正而獲无咎也。

九五，井洌寒泉食。象曰：寒泉之食，中正也。

義曰：洌者，清潔之貌。按此一爻以陽居陽，處得其正，以剛居中，清潔其行，是猶井之有寒泉，清潔不撓，爲時人所汲而食之。以人事言之，是聖賢之人居至尊之位，有剛明中正之德，有仁義之道，可以爲天下之法則，可以生成天下之民，以至往者、來者皆得而濟之也。故若井洌寒泉，爲時人之所共食也。

上六，井收勿幕，有孚元吉。象曰：元吉在上，大成也。

義曰：收者，物之收成也；幕者，蓋幕也。夫井之道，以汲上濟人爲功。今上六以陰居陰，而處一卦之上，井道之大成者也。猶賢人君子脩仁藴義，沛然發施天下而福蒼生，是君子之道大成也。勿幕者，上六井道既成，則當使天下之人，往者、來者汲之以得濟養，故不可獨擅其利而蓋幕之也。亦猶君子德行既成，則當發施于天下，使天下之人皆受其賜，故不可遁于山林而獨善其身，亦不可吝嗇所爲而不施發也。有孚元吉者，夫井道大成，則天下得汲其惠；君子道成，則天下得受其賜。故爲天下之人所信，既能取信于天下，所以獲元大之吉也。

革

䷰離下兌上**革，巳日乃孚，元亨利貞，悔亡。**

義曰：按序卦云：「井道不可不革，故受之以革。」凡井之經久必有壞敗，故當淘治穢滓，以革易其故，使之鼎新，此革所以次于井。革者，變革之義也。夫天下暴亂，人民塗炭，是必有大聖之興起，拯治天下，革天下之命令，使天下皆得其寧也。巳日乃孚者，巳日則事已成之日；孚，信也。夫愚民知久陷于塗炭，雖聖人興起，亦未知聖人之所爲，猶恐未免于難，故須聖人丁寧誥戒，使民審知，然後改正朔，易服色，殊徽號，制作禮樂，一新民之耳目，使天下之人皆出乎信于上，故即日不孚，至于巳日乃孚。「元亨利貞，悔亡」者，元亨利貞，天地生成之四德，在聖人爲仁義禮智。言聖人爲革之道至難，必有是仁義禮智之四德，以生成天下之民物，然後合德于天地，而可以无悔吝之道。苟于四德有所不備，則將自取悔吝者也。

彖曰：革，水火相息，二女同居，其志不相得，曰革。巳日乃孚，革而信之。文明以說，大亨以正，革而當，其悔乃亡。天地革而四時成，湯、武革命，順乎天而應乎人。革之時

大矣哉！

義曰：水火相息者，息，滅也。下離爲火，上兑爲澤，夫水本積于澤中，火本炎上，水火之性本不相得，水遇火而消，火遇水而滅，是水火之性自然相息滅也。「二女同居，其志不相得，曰革」者，此因二體以言之，離爲中女，兑爲少女，言女子之生，雖同其居，其志各有適人之道，是其志自然不相得，革之義也。「巳日乃孚，革而信之」者，夫民性之愚，久處暴虐，雖聖人興起，以仁義之道生成之，始皆出于塗炭。然民尚未信，聖人故當巳事之日，乃新更制作，改變號令，使决然无疑，皆相信而從也。「文明以説，大亨以正，革而當，其悔乃亡」者，文明，離象也；説，兑象也；大亨以正，四德略舉之也。言聖人既變暴亂之事于天下，遂以文章光明之道感悦于民，又有元亨利貞之四德以爲革之道，拯天下之難，興天下之治，皆順于道而當其理，故其悔乃亡也。天地革而四時成者，此以下廣明革之義也。夫天地之道，寒暑相易，陰陽相蕩，故四時順其序而成其歲功也。「湯、武革命，順乎天而應乎人」者。夫桀、紂之時，天下暴亂，民墜塗炭，湯、武憫生靈不獲其所，于是興師振旅，放桀伐紂，以革其弊，上以順于天，下以應于民，此湯、武興治補弊，救民于水火，爲王者能濟事之大者也。「革之時大矣哉」者，夫革變之時，是則革故從新，除苛解擾，一新民之耳目，以變時之號令，拯天下塗炭之民而納之安泰之域，其道至大，其事至深，非大有聖德之人則不可爲，故先聖所以重嘆之也。

象曰：澤中有火，革，君子以治曆明時。

義曰：水火之性不相得，故有革之象也。君子觀此革易之象，以治其曆而明其時。蓋天地之大，不可以形究，是故君子因爲之曆數，以推測其妙用，究極其躔次，考步其陰陽、寒暑、日月、星辰、風雨、晦明，以察天時之早晚，以觀四時之代謝，所以明示于天下，使天下之四民因其時而興功業，皆不失其早晚，此王者治國之大法也。

初九，鞏用黄牛之革。象曰：鞏用黄牛，不可以有爲也。

義曰：鞏者，固也；黄者，中也；牛者，至順之物也。夫革之道，不可驟有所爲，必須以仁義之道漸被于民，以大中之道固結于下，使民心信確，順從于己，然後可以大有爲而行變革之事也。今此初九居卦之始，在革之初，故不可驟然有所爲，是必先以大中之道、至順之德以固于民，使民固信于己，順而從之，然後可以爲其改革更變之事也。象曰「鞏用黄牛，不可以有爲也」者，凡革之道，必須德澤被于民，巳日然後可以革之也。民固即日而未孚，可遽革之乎？故但可固守中順而結之，未可大有所爲。

六二，巳日乃革之，征吉，无咎。象曰：巳日革之，行有嘉也。

義曰：初九在革之始，不可驟然有所爲，是必先以大中之道固信于民，使民信之，然後爲變革之事。今此六二以陰居陰，處得其中，又得其正，而又處離明之中，能以大中之道變革于民，民既信之，所以得爲革之事，故曰「巳日乃革之」。「征吉，无咎」者，征，行也。言二既居離明之中，能以大中之道革變于民，夫以是而行，則得其吉，又何咎之有？象曰「巳日革之，行有嘉也」者，夫以離明之中行大中之道，以變革于天下，而民悉信之，是所行皆嘉美之事而得其吉也。

九三，征凶，貞厲，革言三就，有孚。象曰：革言三就，又何之矣？

義曰：今觀此爻經文有所倒錯，止依此文以解之，則義无所當。蓋當先云「革言三就，有孚」，後則曰「征凶，貞厲」，何以明之？按此九三以陽居陽，處得其正，又在下卦之上，處離明之極。蓋離爲火，火性炎上，上是兑，兑爲澤、爲水，水火之性本不相得，所以得變革之象也。今九三既處離明之極，體性炎上，時爲革道，故上之三爻必須從而成就之，其順從皆有誠實也。猶聖人以離明之道變革所爲，除去天下之暴，爲衆人之所信從。「征凶，貞厲」者，言九三既能革變其民，天下之民既信而順，不可更有所征行，但守至正之道，則可以盡變革之義也。若復有所往，必罹其凶，而于正道言之，是有危厲者也。象曰「革言三就，又何之矣」者，之即往也，天下之民既已革而順從，當是時也，復何所往哉？

九四，悔亡，有孚，改命吉。象曰：改命之吉，信志也。

義曰：九四居非其正，本有悔者也。然以陽居陰，非居剛亢，而又在上卦之下，當悦順之體，下承于火，火性炎上，而九四能承其炎而變革前政之非，故得悔亡也。夫九四既非其正，然則水火之際，居變革之間，能承此命，以仁改暴，以治易亂，盡其至誠之心以改革其前非，是以獲吉也。象曰「改命之吉，信志也」者，言九四在澤之初，居于水火之際，而居非其正，若能盡其至誠承此改革之命令，變其已往之非，信志而行，无疑忌之心，則獲其吉也可知矣。

九五，大人虎變，未占有孚。象曰：大人虎變，其文炳也。

義曰：大人者，即大有才德之人也；虎者，攫搏之物而威稜可畏，又有文采顯明著于外者也。九五以陽居陽，處得其位，在上卦之中，履其至尊，爲變革之主，又有剛明之才以革去天下之暴亂，以鼎新天下之號令，新民視聽，威德兼行，爲天下之所信，遠近皆畏而革其非僻之心，能使朝廷之間、君臣上下皆有肅雍文章光明之美，以發于外，猶虎之有文采炳然著于外，又有威稜使皆威信之，是若非大德大才之人，則曷致于此？未占有孚者，言九五以大中之道威信于天下，以革去當時之弊亂，使民信而從之，不待占筮而自信矣。象曰「大人虎變，其文炳也」者，言聖人革去天下之弊，使朝廷君臣上下皆有文采，又使遠者、近者望而畏之，如虎之文炳然而盛也。

上六，君子豹變，小人革面，征凶，居貞吉。象曰：君子豹變，其文蔚也。小人革面，順以從君也。

義曰：夫爲革之道，必須以孚信固結于民，故九五之爻爲革之先倡，以革變其天下之暴亂，有才有位，文章顯著，而又可畏也。今上六體是陰爻，過于九五而革道已成，且在上卦之極，履非首倡，又承水火變革之終，是臣民之位也。既在臣民之位，則當盡其至正之道以輔從于九五，則得爲革之義。使君子居之于此位，則能輔于五，亦能同爲變革于天下，雖使文章光顯，亦不及于五，不可謂之虎變，但謂豹變而已。言其變革之文蔚，然其文采威稜次于虎者也。小人革面者，以君子居之則能豹變，以小人居之則必包藏狠戾之心，但飾其外文，柔順其道以從于上，故曰「小人革面」。「征凶，居貞吉」者，征，行也。言上六在卦之極，過于九五，蓋在臣民之位，當輔從于君，不可更有所往。若以臣民而行，則必有猜疑之禍，是有凶之道也。苟能居是位而守其正，則得其吉。象曰「君子豹變，其文蔚也」者，言君子居此位輔從于五，共爲變革，雖有文采，但不及于虎，止可如豹文之蔚然，亦著見于外也。順以從君者，言小人但變革其外貌，以順從于上而已。

鼎

䷱巽下離上鼎，元吉，亨。

義曰：按序卦云：「革物莫若鼎，故受之以鼎。」鼎者，變生爲熟、革故取新之謂也。言聖賢之人，凡欲革天下之弊亂，必須改正朔，易服色，殊徽號，變禮樂，以新天下之視聽，故必法制齊明，得其盡善盡美，然後獲元大之吉，其道是以亨通也。

象曰：鼎，象也。以木巽火，亨飪也。聖人亨以享上帝，而大亨以養聖賢。巽而耳目聰明，柔進而上行，得中而應乎剛，是以元亨。

義曰：鼎者，鑄金所爲而有法象者也。「以木巽火，亨飪」者，此因二體以解鼎卦之象。下巽，巽爲風；上離，離爲火。以木以風而入于火，故有亨飪之象，此鼎之用也。聖人亨以享上帝者，此以下廣明鼎卦之義，言鼎之所以用者，由木入火而成也。故聖人亨之，可以享祀于上帝也。而大亨以養聖賢者，言聖人大亨以養天下之賢，使賢聖盡得其養。然此所以言大亨者，以天下之大，四海之廣，非一聖一賢之所能致，又非一耳一目之所能察，故聖人分其爵禄，大其優寵，以廣求天下之聖賢，使皆得己之養，爲養之大，莫大于此，故曰「大亨」。巽而耳目聰明者，言聖人既盡養天下之賢，又當以巽順之道下接之，是以天下之賢者皆樂其所養，盡其謀慮，竭其忠信，以輔于君，以共成其政，故得其天下之耳爲己耳，天下之目爲己目，以成己之聰明。「柔進而上行，得中而應乎剛，是以元亨」者，此指六五而言也。夫五以柔順之道進而居至尊之位，又在上體之中，是所爲之事得其中，而又下應九二剛明之臣，是聖賢相得，君臣相會，故能鼎新制作，革去弊亂，天下之事无不得其大通，故曰「是以元亨」。

象曰：木上有火，鼎，君子以正位凝命。

義曰：凝，成也。言君子之人，觀此木火亨飪之象，凡欲鼎新法令、革民弊亂以新天下耳目者，必先正其至尊之位，定其尊卑之分，以凝成其命令而新其法制。

初六：鼎顛趾，利出否，得妾以其子，无咎。象曰：鼎顛趾，未悖也。利出否，以從貴也。

義曰：夫陽以生物爲實，陰以剥物爲虚，鼎之爲器，上虚而下實者也。初六以陰柔之質而處一卦之下，是鼎器反上實而下虚也。既上實而下虚，遂至鼎顛趾也。利出否者，夫否者，否惡不善之物也。鼎雖顛趾，然利于出否，去穢以納新也。「得妾以其子，无咎」者，夫妾者，至賤者也。以至賤而爲尊者之配，升于貴位而爲正室，所以反得无咎者，以其有子故也。有子何也？以其子能荷先祖之業，承宗廟之重，故得无咎，則公羊所謂「子以母貴，母以子貴」者，此其義也。其意若君子承弊亂之後，思欲鼎新天下之事，其所爲雖有小害，然利于覆去否穢，建立新法，以新天下之耳目，終立天下之大功，所以得其无咎。象曰「鼎顛趾，未悖」者，夫鼎雖顛覆，然能覆去否穢以納其新，是其道未至于悖逆也。「利出否，以從貴」者，夫既以顛出否穢以納其新，又以妾爲室而无咎，以了之貴故也。

九二，鼎有實，我仇有疾，不我能即，吉。象曰：鼎有實，慎所之也。我仇有疾，終无尤也。

義曰：九二以剛陽之質處鼎之中，是鼎有實物之象也。夫鼎之實必有齊量，不可以盈溢，若遇其盈溢，則有覆餗之凶。君子之人雖有才德，亦有分量，若職事過其才分，則有隳官之謗矣。仇即謂五也，疾謂三與四也，言二雖應于五，然以三、四間隔其路，使其君不得以他職事即加于己，故己既得盡其才以事于上，而無曠官之咎，所以獲吉。蓋有實之鼎不可復有所增，才任已極不可復有所加故也。象曰「鼎有實，慎所之也」者，言人才有大小，若才不甚大而加其煩任重職，則必有凶敗之至，故宜慎其所之，不可妄其所行也。「我仇有疾，終无尤也」者，言我之仇，雖爲二陽所間而不能復加事于己，則我終免曠官之尤悔矣。

九三，鼎耳革，其行塞，雉膏不食，方雨虧悔，終吉。象曰：鼎耳革，失其義也。

義曰：九三以陽居陽，自實也；居下卦之上，有耳之象也。夫鼎之耳，虚之所以容鉉也，今革易其常道以實其耳，不能受鉉者也。鉉而不受，鼎斯不舉矣，是其行之所以窒塞也。夫鼎而不舉，行而窒塞，雖有雉膏甘美之食，焉得而食哉？若君子之人，以剛亢自處，不能容受天下之賢，故其行所以窒塞也。夫既不能容受天下之賢，雖天下有善謨善慮，亦不可得而用矣。「方雨虧悔，終吉」者，夫雨者，陰陽相和而然也。若能改革前非，去其剛亢，上以交于君，下以來于賢，則得虧損其悔而終獲其吉矣。象曰「鼎耳革，失其義」者，言鼎必虚耳以待鉉而舉之，今以陽居陽而自實，是失其爲鼎耳之義也。

九四，鼎折足，覆公餗，其形渥，凶。象曰：覆公餗，信如何也。

義曰：九四居上卦之下，鼎足之象也。餗者，鼎之美實；渥者，沾濡之貌。夫鼎足，所以上承于鼎以受其美實。今九四以陽居陰，居非其位，不正者也。以不正之質，是不能上承于鼎，斷折其足，傾覆公家之美實。不惟傾覆美實，而又有沾濡其形體之凶。若人臣智小德薄而切進于君，當人主大任，荷國家重責，則必曠敗其職而傾覆公家之事。不獨傾覆公家之事，而又有刑戮及身，受污辱之禍，凶之道也。象曰「覆公餗，信如何」者，言禍及身，信无可奈何也。故先聖特繫此爻曰：「德薄而位尊，智小而謀大，力小而任重，鮮不及矣。」言不勝其任也。

六五，鼎黄耳，金鉉，利貞。象曰：鼎黄耳，中以爲實也。

義曰：黄者，中之象；金者，至剛之物；鉉，所以貫鼎耳而舉之，謂九二也。言六五以陰柔之質[一]居大中之位，能謙虚以下接于九二之剛，猶鼎虚其耳以待其鉉而舉，故今得金鉉貫其中而舉之，以成鼎之道也。以人事言之，則是君虚謙而不自高亢，下接于天下賢明之臣，使下之賢相率而歸，以輔于己。利貞者，以六五雖有大中之道以下接于臣，然以陰居陽，履非其正，而九二以陽居陰，亦非其正也。以不正之道相親比，則不能无悔，故聖人于

[一]「質」，原作「職」，據四庫本改。

此深戒之，言利在其至正之道，然後可以獲其吉也。象曰「鼎黄耳，中以爲實」者，言五以陰柔之質，本非其實，而能虚中以納物，行大中之道，以爲其實也。

上九，鼎玉鉉，大吉，无不利。象曰：玉鉉在上，剛柔節也。

義曰：玉者，有堅剛之質而其色温潤。上九以陽居一卦之上，處鼎道之成，衆爻皆履剛，而此一爻獨履六五之柔，是剛柔相濟而有玉鉉舉鼎之象。以人事言之，是爲人臣者，有剛柔之德，致君于堯、舜三代之治，成太平之化，故能獲其大吉而无所不利也。象曰「玉鉉在上，剛柔節」者，上九以剛陽之爻履六五柔順之質，剛而不至于暴，柔而不至于懦，故所以致君于无爲，皆剛柔得其中節者也。然六五言金鉉，而上九言玉鉉者，夫玉之性，剛柔全也。上九體陽而履柔，剛柔全也，故曰「玉鉉」。六五以陰而乘陽，差失其正，其德未備，故曰「金鉉」。

安定先生周易口義下經卷第九

震

䷲震下震上 **震，亨，震來虩虩，笑言啞啞。震驚百里，不喪匕鬯。**

義曰：按序卦云：「主器者[一]莫若長子，故受之以震。震，動也。」蓋言鼎者，國家之重器；震者，長子之象。按説卦又云：「震一索而得男，故謂之長男。」此震者，坤一索之卦也，故有長男之象，言正嫡之子，可繼先祖之業，奉宗廟之祭，能主國家之重器也。此震所以次于鼎也。亨者，震爲雷，雷者盛陽之氣，居于地下而出于地上，故動則有威。既動而有威，則勾者出，萌者達，蟄者伸，枯者榮，天下萬物、昆蟲、草木之類，无不震動而亨通。以人事言之，則是聖賢君子一動，而天下之民无遠近小大、无鰥寡孤獨，皆被其德澤而各遂其所。若君子之人一動，而不能法震雷，使萬物得其亨通，則不能成動之道，是動之妄者爲

[一]原無「者」字，據四庫本補。

也。故聖人特于此言震亨者，所以爲動者之法也。震來虩虩者，虩者，蠅虎之蟲也，藏牕壁中，蠕然而動。言威震之來，則人爲之戰兢悚懼不能自安，如蠅虎蠕然而動。然則重言虩虩者，恐懼之至也。笑言啞啞者，啞啞則和樂之貌，言始以威剛，既能戰慄不敢爲安，故動有法則而不陷于刑戮，雖有威剛之嚴而不加于己，故始雖有恐懼之憂，終有笑言之樂。「震驚百里，不喪匕鬯」者，百里，即雷聲之所及也。匕者，宗廟之器，以棘木爲之，似畢而无兩岐，所以舉鼎之實而升于俎也。鬯者，以鬱金草和酒，而有芬芳調鬯之氣。言震有長子之象，大而繼天子以臨天下，小而繼諸侯以臨一國，是必有威德以及遠，使民心知有所歸，則威震之道全而可以主宗廟之祭，而不喪匕鬯也。

彖曰：**震亨，震來虩虩，恐致福也。笑言啞啞，後有則也。震驚百里，驚遠而懼邇也。出可以守宗廟社稷，以爲祭主也。**

義曰：震亨者，言震雷不動則萬物不通，聖人不動則天下不亨。恐致福者，言震雷之來，能戰慄恐懼以自修省，則不陷于禍害而終致福慶之事。後有則者，言既恐懼而致其福，則是不爲非安之行而動有所法則，致有笑言啞啞之樂也。「震驚百里，驚遠而懼邇也，出可以守宗廟社稷，以爲祭主」者，言長子既有威德以及于人，則遠者无不驚恐，近者无不戒懼，是以民心莫不趨向而樂從之，故出可以繼祖考之業，奉宗廟社稷之祭而爲之主，无喪失其匕鬯者矣。

象曰：洊雷，震，君子以恐懼修省。

義曰：雷者，天之威也；洊者，因仍之謂也。以上體是雷，下體亦雷，則是天威重仍而至也，則萬物莫不震悚而獲其亨。君子觀此震雷之象，以驚恐戒懼，修飭其身，省察其行，以全身遠害，則身不陷于過惡，刑戮所不及也。

初九，震來虩虩，後笑言啞啞，吉。象曰：震來虩虩，恐致福也。笑言啞啞，後有則也。

義曰：來者，自外之辭。夫剛威之行，所以驚懼姦僞、懲戒邪惡。初九有剛明之德而居震動之始，是不敢爲非而内无所慊，故剛威自外而來，本非己所招致，然己不能无恐懼之心，既能虩虩然恐懼，則其身益修而其行益明，不敢爲妄，則禍患必不能及于己，而終獲笑言之吉矣。

六二，震來厲，億喪貝，躋于九陵，勿逐，七日得。象曰：震來厲，乘剛也。

義曰：來者，亦自外之辭。六二以陰柔之質居下卦之中，是履得其正，行得其中。既有中正柔順之德，是不爲非妄也。故雖剛威之來，亦非己所招致，故曰「震來」也。然而厲者，蓋初九爲震之主，而己以陰柔之質下乘陵之，故其身必有危厲也。十萬曰億。貝者，寶之謂也。言當威震之時而乘震動之主，則其身危厲而所喪失者多，故曰「億喪貝」也。躋于九陵者，躋，升也；陵，險阻之地也；九陵，言至高也。不惟多有所喪失，而又超履高險，升于九陵之上。然則雖有喪貝躋陵之事，然以本有中正柔順之德，不須馳逐追取，七日之間自然得之。言始雖有失，而終有所得也。

六三，震蘇蘇，震行无眚。象曰：**震蘇蘇，位不當也。**

義曰：蘇蘇者，震恐之貌。凡剛威之行，所以警其邪僞而戒其姦惡，故初九有剛明之德，六二有中正之道，雖則威震之來，非己所招，故曰「震來」。今此六三以陰居陽，履非其正，而爲高亢者也。既履非正而又高亢，則是邪惡之人也。其威震之來，乃己所招，故不曰「來」。夫以不正之行，當威震之時，故蘇蘇然恐懼之也。行无眚者，言六三雖以不中不正之行，而下巽于六二之柔，上奉于九四之剛，于理爲順，故雖震威之行，可以免其禍患而灾眚不及于己矣。

九四，震遂泥。象曰：**震遂泥，未光也。**

義曰：泥者，泥滯不通之辭也。居人上者必當有剛威之德，又有至正之道以安于下，則下之人相率而從之。今九四以剛陽之質爲衆陰之主，居非其位，履失其正，雖有剛威，不能亨通于群下，以是而言，于己道未甚光大也。

六五，震往來厲，億无喪，有事。象曰：**震往來厲，危行也。其事在中，大无喪也。**

義曰：六五以陰柔之質爲一卦之主，進則上无所應，退則下乘九四剛威之臣，往來之間皆有危厲。十萬曰億，言六二處下卦之中，亦乘于初九之剛，故居不得安而大有所喪，是以稱「億喪貝」。今六五爲一卦之主，雖下乘九四之剛，然履得大中之位，行得大中之道，雖往來之間時有危厲，亦不能大有所喪也。有事者，夫當威震之世，下有剛權不正之臣，若專无爲而治，則不足拯天下之難、救天下之弊，固當有爲獨任，以權天下可也。象曰「震往來厲，危行也」者，言六五居至尊而乘剛，故往來之間皆危厲而行也。「其事在中，大无喪」者，言處得其位，合于中道，雖興起大事，亦无所喪失也。

上六，震索索，視矍矍，征凶。震不于其躬，于其鄰，无咎。婚媾有言。象曰：**震索索，中未得也。雖凶无咎，畏鄰戒也。**

義曰：索索者，中恐懼之謂也；矍矍者，視驚聳之貌也。上六以陰柔之質居威震之極，履不得大中之位，故當威剛之來，索索然恐懼，矍矍然驚聳也。征凶者，言居威震之極而又无大中之德，則當固守常分，庶免凶咎。苟復有所往，是凶之道也。「震不于其躬，于其鄰，无咎」者，夫九四爲剛威之主而處上卦之下，上六居一卦之極而在无位之地，遠于九四，故九四之剛威不能及己之身。雖不及其身而及其鄰，謂五犯九四之剛，有往來之厲，則己能觀此鄰，戒以自修省其身、整治其行，故得无咎也。婚媾有言者，上六處不得位，履不得中，雖婚媾至親之人，亦不能免讒間之言。象曰「震索索，中未得」者，言上六所以索索然恐懼，以履不得中故也。「雖凶无咎，畏鄰戒」者，言雖有凶而能免其咎，以其能觀戒于五而畏慎其所行，故咎可以免也。

艮

䷳ 艮下艮上 **艮其背，不獲其身，行其庭，不見其人，无咎。**

義曰：按序卦云：「物不可以終動，止之，故受之以艮。艮者，止也。」蓋言人之動静各有其時，若動而不已，必有悔吝生，故以艮次于震，所以爲世動静之戒也。夫艮者，山之象。山爲地之鎮，安止而不動，故爲止之象。背者，目所不見之所也。言艮止之道，必止于未萌之前。若夫聖人之治天下，將禁民之邪，制民之欲，節民之情，止民之事，必于其利害未作，嗜欲未形，未爲外物之所遷，而其心未動之前，先正其心而不陷于邪惡；若止之于背之後，目所不覩而不見其身也。「行其庭，不見其人」，夫庭者，指淺近之處而言之也。行于淺近而猶不見其人者，蓋止得其道，各守其所而有定分，不相揉雜故也。古之聖人之治天下也，其在建官分職，各有所責，若習禮者專掌于禮，習樂者專掌于樂，習兵者專掌于兵，習刑者專掌于刑，各守其職而不相干也。又如天下之民，爲士者止于爲士，爲農者止于爲農，爲工者止于爲工，爲商者止于爲商，是亦各有定分，不相揉雜，處不易業而守其常，故如行于淺近一庭之間而不見其人，是其各有所止而不相雜亂也。无咎者，言能止其事于未萌之前，使官民各得其止静，不相揉亂，故无咎也。

彖曰：艮，止也。時止則止，時行則行，動静不失其時，其道光明。艮其止，止其所也。上下敵應，不相與也。是以不獲其身，行其庭不見其人，无咎也。

義曰：艮者，山之象也。山爲止静，故曰「艮，止也」。「時止則止，時行則行，動静不失其時，其道光明」者，大凡動静必有其時，若其時可以止，則當止而不可動；若其時可以行，則當行而不可止。可行者，若上有其君，下有其民，若退止而不進，則君民无以自濟，故聖人特于此言，聖賢之道當觀其時之可否而進退之。若行而不失其動之時，止而不失其静之時，行止動静皆得其時，則其道光大而明顯。故孟子曰：「孔子，聖之時者。」言孔子之道，可以行則行，可以止則止，可以速則速，可以久則久，惟觀其時而察其道之可否而已。然則時行時止所以爲萬世動静之戒，不于震卦言，而于艮始言之者，蓋震爲雷，雷有時而静；艮爲山，山一定而不動。恐後之人法此止静之道，不復求于進用，使天下之人无所濟，故特于此言之，以爲動静之戒也。「艮其止，止其所也」，不言背而言止者，蓋背者目所不見，所止之處也。言艮其止者，能止于未萌，得止之所也。「上下敵應，不相與」者，言上下六爻各相亢敵而情不相與，是各止其所之象也。既能止于未萌之時，而又能使上下各相守其分而不雜揉，故總舉象辭而結之也。

象曰：兼山艮，君子以思不出其位。

義曰：言君子觀此兼山止静之象，凡所思謀當專于所職，不可越出其位而妄有所思也。

初六，艮其趾，无咎，利永貞。象曰：艮其趾，未失正也。

義曰：趾者，足趾之謂也。初六居卦之始，在事之初，最處于下，是猶足趾也。夫足之趾，本亦能動有其時，時止則止，時行則行，動静不失其正，所以得其无咎。然止物于其始，必須永長守其志，正而行之，故曰「利貞」。象曰「艮其趾，未失正」者，言初六居卦之下而能止事于未萌，所以未失其正也。

六二，艮其腓，不拯其隨，其心不快。象曰：**不拯其隨，未退聽也。**

義曰：腓者，足之腨腸也。按此一卦，不以爻之陰陽、位之貴賤尊卑而言，但取人之一身之象以明其義。故初六居一卦之最下，其象爲趾；六二處初之上，故爲腓之象。夫腓之爲物，不能自動，隨足而已，是足動則動，足止則止。今足既已動而欲止其腓，必不可得而止也。是不能自拯救其失，但隨物而動也。亦如凡人不能制事于初，及事已動，利害已作，嗜欲已萌，欲强制之，終不得而止也。然雖强止之，則不能㨂己之欲，是欲止之心不獲其快也。象曰「不拯其隨，未退聽」者，言不能制之于初始，及事已作，雖欲止之，必未能于其所處而聽其止靜之事也。

九三，艮其限，列其夤，厲薰心。象曰：**艮其限，危薰心也。**

義曰：限者，人之身上下分隔之際也；夤者，脊膂之肉也。九三居上卦之下、下卦之上，于人之身體，是猶分限之際也。夫身之中亦不能自動，惟下之有所動則從而動之，上之有所動亦從而動之。如上下已動而欲艮止其身之中，則必分列其脊之肉矣。此言人不能制其事于始，又不能成其事于終，措置之間不得其道，而欲止于中道，則進退不可而致蠱敗其事，故有危厲之苦而薰灼其心也。

六四，艮其身，无咎。象曰：艮其身，止諸躬也。

義曰：身者，是人之一身也。夫人之體，統而言之，則謂之一身，手足謂之四肢；分而言之，則腰足而上，亦謂之身。今此六四出下體之上，在上體之下，處夤限之間，是身之象也。夫人患不能自止其身，今六四能止之得其道，使四肢不妄動，故如人之静止得其道，制禦得其術，防過得其要，不爲外物之所遷，不爲貧賤之所移，不爲富貴之所易，故无咎也。

六五，艮其輔，言有序，悔亡。象曰：艮其輔，以中正也。

義曰：輔者，車頰也。六五居上卦之中，以人身言之，有口輔之象。夫口頰者，所以主言語之所出，若其妄動則有過失，其爲咎也不細，故先聖繫辭曰：「君子居其室，出其言善，則千里之外應之；出其言不善，則千里之外違之，况其邇者乎？言行，君子之樞機。樞機之發，榮辱之主也。」是言語不可不慎也。今六五能正其口輔，使不妄發其言，皆有倫類次序，故禍不召而悔可亡矣，則所謂言滿天下无口過者也。象曰「艮其輔，以中正」者，此爻居非其正，然位得其中，是有大中之德而能正其口輔，使口不妄發，孔子曰「有德者必有言」是也。

上九，敦艮吉。象曰：敦艮之吉，以厚終也。

義曰：艮者，山之象，爲地之鎮，有博厚之德。上九處艮之極，有敦厚之道而自止，使邪欲不能汩，利害不能侵，死生富貴不能易，如此可以獲其吉。象曰「敦艮之吉，以厚終」者，以敦厚之德爲艮止之事，得其艮道之終也。

漸

䷴艮下巽上 漸，女歸吉，利貞。

義曰：按序卦云：「物不可以終止，故受之以漸。漸，進也。」夫艮卦之上下二體皆艮止之象，夫專務艮止而不求進，則失其動静之中道，非仁義之人所存心也。此卦上體是巽，下體是艮，是内有艮静之心，外有巽順之德，故能務于漸進，此君子之所爲也，故漸所以次于艮。然謂之漸者，謂自下以升于高，自小積于大，自近及于遠，安然而行，不務速進，故曰漸。「女歸吉，利貞」者，天下萬事莫不有漸，然于女子猶須有漸，何則？夫女子處于閨門之内，以待媒妁之言、聘問之禮，然後往之。若非媒妁之言、聘問之禮〔一〕而往者，則是淫醜之女

〔一〕「媒妁之言聘問之禮」，原作「聘問媒妁之言之禮」，據四庫本改。

也，故父母惡之，鄉人賤之，天下醜之，是其爲女者必須男子之家問名、納采、請期以至于親迎，其禮畢備，然後乃成其禮而正夫婦之道，所以獲吉也。然女者，臣之象也，事君之道也。夫君子之人處窮賤，不可以干時邀君、急于求進；處于下位者，不可諂諛佞媚以希高位。在于窮賤者，必力行强學，待君之聘召，然後可進于朝；居于下位者，必潔身正志，爲下所尊，爲上所信任，然後升進入大位，皆由漸而致之，乃獲其吉也。利貞者，若女子之歸于其夫，能守至正之道，則可以正一家；君子之事于其君，能守至正之道，則可以正天下。至于天下皆能守正，則可不失其道而獲吉也。

彖曰：漸之進也，女歸吉也。進得位，往有功也。進以正，可以正邦也。其位，剛得中也。止而巽，動不窮也。

義曰：「漸之進也，女歸吉也」者，此釋所以爲漸之名也。之，往也。漸者，謂積漸而之往于所進之地也。故君子之人，亦必潔身修德，積漸而升進之也。女歸吉者，言女子能以禮爲漸而歸于男，臣能以道爲漸進于其君，斯獲吉也。「進得位，往有功」者，此指六二、九三、六四、九五四爻而言也。言四爻皆進得其位，則所往无不有功。若進于一邑則功被于一邑，進于一郡則功被于一郡，進以輔佐于天子則功被于天下，是君子所進得其正道，則往有功也。「進以正，可以正邦也」，此亦指四爻而言。六四、六二以陰居陰，九三、九五以陽居陽，是皆進得其正。君子之人進得其正，則立于朝廷，處于列位，其道德惠澤可以福天下之民而正天下之邦國也。「其位，剛得中」者，此因九五而言之。九五以剛明之德，又處大中之位，夫有剛明中正之德，處于至尊之位，亦由漸而進也。「止而巽，動不窮」者，此因二體而言之。外體是巽，内體是艮，夫内无止静之心而務于躁進，外无柔順之德而尚于剛暴，以是求進，動必窮困；内既有止静之道，外又有巽順之德，以是漸進，則動獲其利而无困窮矣。

象曰：山上有木，漸，君子以居賢德善俗。

義曰：巽爲木，艮爲山，木生山上，日久歲深，自萌芽至于把握，漸至高大，而又依于山，是漸得其道，此漸之象也。君子之人法此漸進之象，必居賢德善俗之間以務進其道。必居賢善之間者，夫有賢善之人動不離道，如居其間，日漸月磨〔一〕，出入動作皆由正道，不入于邪，雖甚愚闇者，亦可以造于君子之域，使其子子孫孫積漸陶染而進歸于善也。孟子之母

〔一〕四庫本「磨」作「摩」。

爲子三徙其鄰，卒使其子爲萬世亞聖之賢，蓋其擇賢善之力也。故君子之人，其所積習，其所居處，必得其賢善之人，然後漸而習，積而久之，皆至賢至善之人也。

初六，鴻漸于干，小子厲，有言无咎。象曰：小子之厲，義无咎也。

義曰：干者，水之際也。伐檀之詩曰：「坎坎伐檀兮，寘之河之干兮。」是干者，水際也。鴻者，水禽也。按此漸之一卦，皆以鴻爲象者，蓋鴻之禽，一舉可至千里，然始舉必有漸，故聖人特取鴻爲漸之象也。今初六居一卦之下，居漸之初，是猶鴻之始舉，漸至于水之際。以人事言之，是士之進始于細微，君子之進始于卑下之位也。「小子厲，有言无咎」者，厲，危也。夫君子之進，小人之所忌也。今初六之進尚爲卑下，其道未見信于時，其德澤未及于人，故小人之心皆欲起而害之，然終不能爲君子之害，但有誹謗之言而已，終獲其无咎。象曰「小子之厲，義无咎」者，言君子之進本以其漸，雖爲小人之所危厲，然于義自可无咎。

六二，鴻漸于磐，飲食衎衎，吉。象曰：飲食衎衎，不素飽也。

義曰：磐者，山石之安也。言六二以陰居陰，以柔順之德漸得其位，而又處得其中，上應于五，爲五之所信任，爲衆人之所歸，是漸而得信，居得其所安，若鴻之漸，漸至于磐也。「飲食衎衎，吉」者，衎衎，和樂之貌。言六二既得衆心所歸，又爲九五所任，故得飲食豐備，其和樂衎衎然，是以獲其吉。象曰「飲食衎衎，不素飽」者，素，空也。言六二爲下所歸，爲上所任，是上有忠義以輔其君，下有德澤以被其民，故其所獲飲食之樂，皆得其道，非徒空受其飽樂而已。伐檀之詩曰：「彼君子兮，不素食〔一〕兮。」此之謂也。

九三，鴻漸于陸，夫征不復，婦孕不育，凶，利禦寇。象曰：夫征不復，離群醜也。婦孕不育，失其道也。利用禦寇，順相保也。

義曰：地之高平者謂之陸，言九三居下卦之上，漸至于高位，猶鴻之漸至于高平之地也。夫征不復者，夫謂三也，上无其應，下又无輔，而切近于四，四亦无應，近而相得，故三樂從于邪配，是其夫征往而不復反。夫既不反，則其婦亦不能守正，故有孕而不育之事，以至于凶也。利用禦寇者，言三既往不復，樂于邪配，其情意相得而莫能間，故可以禦衛其外來之寇。然于君臣之道、夫婦之禮已爲乖戾，故但可禦寇而得爲利矣。象曰「夫征不復，離群醜」者，言九三居下體之上，而樂于邪配，離去群類，不復反其家矣。「婦孕不育，失其道」

〔一〕四庫本「食」作「飧」。

者，夫既征而不復，則其婦亦有邪欲之事，以至孕而不育，是大失夫婦之道也。「利用禦寇，順相保」者，三與四樂爲邪配，其情相得和順以相保，故可以禦其寇難也。

六四，鴻漸于木，或得其桷，无咎。象曰：或得其桷，順以巽也。

義曰：木又高于陸也，言此一爻漸進至于上卦，其位漸高。然則鴻者，水禽也，今漸于木，非其所也。言四進无正應而下比于三，三亦无正應，樂于邪配，亦非其所也。桷者，榱椽之屬也。言六四以陰居陰，本得其正，雖比于三，有邪配之事，然三亦无正應，近而相得，情意相合，可以相輔佐而樂得其所，猶得修長勁直之木可以安棲，不至于失所，而可以无咎也。象曰「或得其桷，順以巽也」者，所以得桷而安棲者，蓋其不尚剛暴，而能盡和順柔巽之德故也。

九五，鴻漸于陵，婦三歲不孕，終莫之勝，吉。象曰：終莫之勝，吉，得所願也。

義曰：大阜曰陵，是岡阜最高者，又高于木。九五漸得位，至于上體，是猶鴻之漸于高阜之上也。婦謂六二也，言五與二爲應，而三、四爲邪配之事，間隔于其間，塞己之路，使不得往而相從，以成生育之功也。然五與二本爲正應，皆有中正之德，誠以相待，其心志不怠，雖三、四邪僻之人欲間其路，然而終不能勝之也。象曰「終莫之勝，吉，得所願」者，言

九三、六四終不能爲之間隔，則五與二心志相從而得所願也。

上九，鴻漸于陸，其羽可用爲儀，吉。象曰：其羽可用爲儀，吉，不可亂也。

義曰：按此漸卦始于微而至于大，由于下而升于高，故此一卦皆以鴻漸爲象。初則漸于干，二則漸于磐，三則漸于陸，四則漸于木，五則漸于陵，至此上九復言陸者，按諸家之説，以謂上九、九三皆處一卦之上，故皆言陸。陸者，高之頂也。偏觀經文，又无「高頂曰陸」之文。且陸者，地之高平者也。陵者，大阜也。又安有地而反高于山阜者哉？子夏之説亦然，其義未通。陸氏之説，言高過即反下，故上九處至極之地，反爲陸也。按漸卦自下而漸于上，自微而至于高大。且陵者，未爲極高之地，豈有反下之義哉？今考于經文，「陸」字當爲「逵」字，蓋典籍傳文字體相類而録之誤也。逵者，雲路也。言鴻之飛高至于雲路，其羽翎毛質可以爲表儀，亦猶賢人君子自下位而登公輔之列，功業隆盛，崇高遠大，可以爲天下之儀表，故獲吉也。按輔嗣之意，亦解爲雲路之義。言雖進處高潔，不累于職，峩峩清遠。若止在高平之陸，安得有高潔、峩峩、清遠之象哉？以此推之，是傳録之際，誤書此「逵」爲「陸」字也明矣。象曰「其羽可用爲儀，吉，不可亂」者，言聖賢君子之心，不爲外物所動，不爲情欲所遷，故能積累其善，以至德業高大而不可亂也。

歸妹

䷵兑下震上**歸妹，征凶，无攸利。**

義曰：按序卦云：「進必有所歸，故受之以歸妹。」大凡人事，其進必有所歸，若進而无所歸，則是于進之義失其道矣。然則所謂歸妹者，謂姪娣從女兄而適于人，故謂之歸妹。夫人之不孝，无後爲大，其諸侯守宗廟社稷之大，其事尤重。故聖人制禮，使一娶九女，廣其繼嗣，生生不絶，永可以守宗廟社稷之祀而不廢也。故娶一而二往從之，爲左右媵，各有姪娣同姓者，九人必須同姓，所以親親相睦，絶争妬之心。是以聖人重之，因震兑之象以明其義，震爲長男，兑爲少女，以少女從于長男，非其所配也。非其配而從之者，則是姪娣而從于女兄適人之義也。「征凶，无攸利」者，此言姪娣雖從于人，然上有女兄爲之正配，當退守其分，苟非其位而有征進，則是侵女兄之權，奪女兄之寵，欲以下而陵于上，以卑而侵于尊，以庶而亂于嫡，是凶之道，必无所利也。

象曰：歸妹，天地之大義也。天地不交而萬物不興，歸妹，人之終始也。説以動，所歸妹也。征凶，位不當也。无攸利，柔乘剛也。

義曰：此廣言天地之道以明歸妹之義也。夫天地之道，陽氣下降，陰氣上升，陰陽交通，二氣相感，然後萬物生。若其二氣不相交感，則萬物孰由興發而生成也。故古者諸侯一娶九女，所以廣繼嗣而承守宗廟社稷之祀。若其婚姻之禮廢，不廣其繼嗣，則其社稷之祀、宗廟之奉絶而无守，是猶天地不交則萬物不能興也。「歸妹，人之終始」者，言人凡有生則有死，有盛則有衰，諸侯一娶九女，正室死則右媵繼之，以至左媵及姪娣繼之不絶，所以廣其嗣息而承其祖先之業，是歸妹者，人之終始者也。「説以動，所歸妹」者，此因二體以釋歸妹之義。上體震，震爲動，下體兑，兑爲説，兑爲少女而從于震之長男，非其所説者，今動而得説者，蓋其所歸嫁姪娣以從于女兄之故也。「征凶，位不當」者，謂九四、九二皆以陽居陰，六三、六五以陰居陽，是位不當也。夫以姪娣而從于女兄，是不當其正位。既不當其正位而妄有征進，則奪寵侵權，凶之道也。「无攸利，柔乘剛」者，蓋六三之柔乘九二之剛，六五之柔乘九四之剛，言柔乘剛者，是卑陵于尊，庶亂于嫡，必不利矣。

象曰：澤上有雷，歸妹，君子以永終知敝。

義曰：澤上有雷，所以鼓動萬物以廣生成之功，有歸妹之象，故聖人名爲歸妹，一娶九女之道，使其永久繼嗣而无絶。君子之人觀此歸妹之象，必當察其事之永久、法之終末，必有敝壞，當預防之可也。

初九，歸妹以娣，跛能履，征吉。象曰：**歸妹以娣，以恒也。跛能履，吉，相承也。**

義曰：女子少者曰娣。初九處一卦之始，最近卑下之地，是姪娣從于女兄以適于人，而能自處卑下，盡其卑順之道以承其上，而得姪娣之道，故曰「歸妹以娣」也。跛者，足之偏也，猶姪娣者非其正配，然而從女兄以適于人，能盡其道以配君子，而廣其孕嗣以成其家，猶足之雖偏而能履地，而行不至于廢也。既能盡其姪娣之道，守卑順之質，以是而往事于君子，則獲其吉也。象曰「歸妹以娣，以恒」者，言女弟以從于女兄而適人者，人倫之常也。「跛能履吉，相承也」者，言能盡其柔順承事于上，以承其家，吉之道也。

九二，眇能視，利幽人之貞。象曰：**利幽人之貞，未變常也。**

義曰：眇者，目之偏也。九二以陽居陰，履非其正，亦猶姪娣從于女兄，非正室之象也。然而能盡卑下之節以承于上而配君子，廣其繼嗣，猶目之偏，亦不廢于視也。利幽人之貞者，言九二雖履非其正，然上有六五之應。雖上有其應，而爲姪娣者不可越其位分而上進。如其妄求上進，則奪女兄之權，故當退處其位分，守其幽静之道而不變，故獲其利。象曰「利幽人之貞，未變常」者，言姪娣所以從女兄而適人，必居幽静守正以事君子，此道之常也。

九二雖有其應，不妄求進，盡至正之道，是未變其常也。

六三，歸妹以須，反歸以娣。象曰：歸妹以須，未當也。

義曰：須，待也。六三以陰柔之質居剛陽之位，是履非其正也。猶姪娣之從于女兄，其年尚幼，未可以適人，必待年于父母之國，待其長大，然後復歸君子之家，以爲姪娣，故春秋隱二年書「伯姬歸于紀」，至七年書「叔姬歸于紀」。伯、叔者，長幼之稱，則叔姬者，伯姬之姪娣也。當二年伯姬歸紀之時，其年尚幼少，故待年于魯國，至七年乃始歸于紀，是姪娣有待年之義也。象曰「歸妹以須，未當」者，是言姪娣有幼少，未當歸人，必待年于父母之國也。

九四，歸妹愆期，遲歸有時。象曰：愆期之志，有待而行也。

義曰：愆，過也。九四以陽居陰，處非正位，猶女子雖備姪娣之數以適于人，過期而未往。雖過期未往，然而以剛陽之質居陰柔之位，不爲躁進，有柔順之德，以其年尚幼未可以往，故待其禮之全備，俟其年之長大，然後歸于君子，斯得其時也。遲亦待也。象曰「愆期之志，有待而行」者，言九四居其陰位，有柔順之德，不務剛躁，是志有所待而行也。

六五，帝乙歸妹，其君之袂，不如其娣之袂良。月幾望，吉。象曰：帝乙歸妹，不如其娣之袂良也。其位在中，以貴行也。

義曰：帝乙者，商之賢王也。言六五以陰柔之質居上卦之中，是猶帝乙之王所歸之妹也。然按泰之六五言帝乙歸妹，此亦言之者，蓋帝乙是商之賢王，于時最能盡婚姻之禮，周之去商尤近，知其最詳，故聖人特取帝乙爲言以明其義也。「其君之袂，不如其娣之袂良」者，蓋君者，正室之小君也。故衛詩鶉之奔奔之篇曰：「鶉之奔奔，鵲之彊彊。人之无良，我以爲君。」君者，指宣姜而言之，是正室得稱爲君也。袂謂衣袖，所以爲禮容也。良，善也。言姪娣本卑賤之位，今六五居極貴之地，是正室已死而姪娣繼爲正室，有柔順之德，能盡婦道以配于君子，雖其正室之德，亦不如姪娣之容禮最備而善良也。月幾望者，望爲月十五盈滿之時也。月者陰道，婦妾之象也。言六五雖得繼爲正室，處至貴之地，然不可時有驕盈之志。常常執柔順之道，但如月之幾近于望，不至盈滿，則獲其吉。象曰「其位在中，以貴行」者，六五以其處上卦之中，履至尊之位，是姪娣至此得繼其嫡而爲正室以配于上，是以賤從貴而行也。

上六，女承筐无實，士刲羊无血，无攸利。象曰：**上六无實，承虛筐也。**

義曰：筐，竹器也。大凡女子承其筐篚，必有物以實之。士之刲羊，必有其血，此事之常也。亦猶姪娣之適于人，進必有所遇，退必有所係，此亦女子之常也。今上六處一卦之上，居窮極之地，進則无所往，退則无所應，進退之間皆无所得，如女子之承筐而无其實，士之刲羊而无其血，進退失所。若以此而行，何有所利哉？象曰「上六无實，承虛筐」者，上六位至窮極，進退无所適，猶女徒承虛筐而无其實也。

豐

䷶離下震上**豐，亨，王假之，勿憂，宜日中。**

義曰：按序卦云：「得其所歸者必大，故受之以豐。」言凡得其所歸者，其道必至盛大，故以豐次于歸妹。然則豐者，王者富有天下，生聚繁夥，民物衆多，是天下衆大之時也，故謂之豐。既富有天下，以至豐盛之極，是其道大通矣。王假之者，凡有聖人之德，有仁義之道，苟不得其時，不得其位，則无興天下之勢，无居天下之資。是則雖有仁義之道，安能有所爲哉？故聖人必假此豐盛之時，發號施令則民易以從，行賞用罰則民易以服，以至制禮作樂，施發教化，可以大行于天下也。「勿憂，宜日中」者，夫天下至廣，有教化之所不能及者，有一物不得其所者，是王者之所憂也。今戒之勿憂者，日中則宜也。蓋言日未中之時則其明未盛，日之過中則其明將衰，惟是日中正之時則徧照天下，无纖悉幽隱不被其光輝。

聖人雖富有天下，必須仁義道德徧及于天下，使无一民一物不被其澤，不被其燭，如此可以勿憂恤也。

象曰：豐，大也。明以動，故豐。王假之，尚大也。勿憂，宜日中，宜照天下也。日中則昃，月盈則食，天地盈虚，與時消息，而况于人乎？况于鬼神乎？

義曰：言聖人廣有四海萬類，是豐盈盛大之時也。「明以動，故豐」者，此因二體以明豐卦之義，上體震，震爲雷，下體離，離爲火。雷主動，火主明，聖人當豐盛之時，以至明之德而動，則其德教仁義大被于天下，故此所以致豐大之極也。「王假之，尚大」者，夫有聖人之德，雖居豐盛則不能加益，雖貧賤則不能虧損。此言尚大者，蓋其得天下之勢，則仁義道德可以大行于天下，而成光大明盛之業，固非假以自大其己而已。「勿憂，宜日中，宜照天下」者，言日之中正則天下萬物无所不照，王者之道能徧通天下，使遠近幽隱无所不燭，如日之中，乃可以勿用憂恤也。「日中則昃，月盈則食，天地盈虚，與時消息，而况于人乎？况于鬼神乎」者，言凡當盛大之時，過必有衰，是故聖人于此豐大之時以切戒之，言日之過中則必傾昃，月三五而盈，過盈則必虧。天地之道，以陰陽二氣互相推盪于其間，則有時而消虚，有時而長息，盈虚、消息皆于時而行。以天地日月之大尚且如是，况人之小者、鬼神之邇者乎？故于此特戒之，使君子之人安不忘危，存不忘亡，豐盈之時不忘其衰微之際，增修其德，謹慎其行，然後可以免喪亡傾覆之事也。

象曰：雷電皆至，豐，君子以折獄致刑。

義曰：雷電者，皆陰陽二氣相擊而成也。夫雷電皆至于天下，使天下萬物莫不興起而成豐大，是豐之象也。君子之人觀此象而折斷其獄訟，致用其刑罰。然必法此雷電者，蓋獄訟之情，巧僞萬狀，若有威无明則傷于暴，有明无威則傷于懦，故必明與威兼用之，則獄可折而刑可致矣。

初九，遇其配主，雖旬无咎，往有尚。象曰：雖旬无咎，過旬災也。

義曰：配主謂九四也。夫豐盛之時，必須上下之間皆有光明盛大之德以相敷暢，然後可得豐盛之道。今初以剛陽之德上應于四，四亦有剛陽之德，是上下之間皆有剛陽之德、光明盛大之道，其德相合配，故致其豐盛，是初遇其四之配主也。雖旬无咎者，旬者，十日也，謂數之盈滿也。言初與四皆有剛陽之德，而上下相信，是由君聖臣賢，其德相符。今以其發揚光明之德徧于天下，是雖居其盈滿盛大之時，可以享豐盛而无咎也。往有尚者，言既上下之間皆有光明之德，以此而往，則行有所尚也。象曰「雖旬无咎，過旬灾」者，言上下俱有明盛光大之德，故雖居豐盈之時可以无咎，若不能守光明之道而過于盈滿，則必有傾覆之灾也。

六二，豐其蔀，日中見斗，往得疑疾，有孚發若，吉。象曰：**有孚發若，信以發志也。**

義曰：蔀者，掩蔽暗昧之物。凡豐大之時，必上下之間皆有明德，不可少有暗昧，然後可以發暢于天下也。今六二以陰柔之質而上應于六五，五又是陰昧之人，是于豐大之時，所豐者不能光大，而乃豐于暗昧之物也。日中見斗者，斗，星之名也，日昏方見，暗昧之極也。夫日之正中，其光輝徧及天下，无所不燭。豐盛之時，上下之間皆有光明之德，則可以徧及于天下，无有不被其澤。今二居豐之時，所應皆暗昧之道，則是猶日之正中，反見其斗星也。六二既是暗昧之道，則必不能相取信，若有所往，則相疑而致疾害也。「有孚發若，吉」者，言六二雖以陰柔之質，无光明之德，然位下卦之中，是有中正之道，苟能盡其至誠之心、由中之言，以發天下之心志，以接天下之人，使之皆達其聰明，莫不發其志意以親信之，如是，上下相交而取信，則蒙者反而爲明，疑者得以相信，則可以獲吉矣。

九三，豐其沛，日中見沬，折其右肱，无咎。象曰：**豐其沛，不可大事也。折其右肱，終不可用也。**

義曰：沛者，繫于旗竿，旌旗之垂也，所以掩蔽光明之物。沫者，星之微小也。九三雖以陽居陽，處得其正，有剛陽之質，然居離卦之極〔一〕，處文明之衰，所應在于上六。上六又无光明之德，居豐之時，不能光明盛大其道，是所豐者惟掩蔽光明之物也。日中見沫者，夫斗者，星之大；沫者，星之微。六二雖亦暗昧，然猶有中正之德，未甚至于全暗，故曰「日中見斗」。今九三居文明之極，其明已衰，而又所應者亦陰昧之人，是暗昧之極，猶日中反見其微星也。折其右肱者，夫手之便者在右而已，若右肱折，則左雖存，亦不足適用也。言三居離明之衰，又所應皆无光明之道，雖以陽居陽，亦不能用成其事也。无咎者，九三本有光明之德，可以顯用，今處于衰暗之地，皆己自爲之，不可以咎責于人也。象曰「豐其沛，不可大事」者，凡欲立天下之治，成大事大功，必上下有光明之德可也。今三已暗昧之甚，是不可大有爲于事也。

九四，豐其蔀，日中見斗，遇其夷主，吉。象曰：豐其蔀，位不當也。日中見斗，幽不明也。遇其夷主，吉行也。

〔一〕四庫本「極」作「位」。

義曰：蔀者，蔽障之物，言九四有剛陽之德，居陰柔之位，是當豐盛之時，而反居于暗昧之地，故亦曰「豐其蔀」也。日中見斗者，夫居豐之時，當有光明盛大之德，如日之中正无不照臨，今九四反以剛明之質處暗昧之地，是猶日中之見斗星，暗昧之至也。夷主，謂初九也，言四雖居陰暗之位，然本有剛明之質，而又應在初九，初亦有剛明之質，德與己同，故謂之夷主也。是上下之際交相發明，申暢其光明之德以被天下，而獲其吉也。象曰「日中見斗，幽不明也」者，言本有剛明之質而自處幽暗之地，不能發其光明之道。「遇其夷主，吉行也」者，雖居陰暗，而遇得初九剛明之夷主，以相輔佐而發明盛大之道，是得吉而行者也。

六五，來章有慶譽，吉。象曰：六五之吉，有慶也。

義曰：章，明也。六是陰柔之質，五是剛陽之位，以陰柔之質而來居陽剛，是自能爲章美光大之道，以發揚明德于天下，故有慶善之事、嘉美之譽而獲吉也。

上六，豐其屋，蔀其家，闚其户，闃其无人，三歲不覿，凶。象曰：豐其屋，天際翔也。闚其户，闃其无人，自藏也。

義曰：屋者，人之所蔽蓋其身也。今豐盛之終，是暗昧之極也。家者，人所深密而自藏也。

又蔀掩之，亦謂暗昧之甚也。上六以陰柔之質居一卦之極，不得其中而過于豐盛之道，其暗至甚，猶屋本蓋而復豐盛之，家本深藏而又掩蔽之，是暗昧之極者也。闃者，寂然而无所覩也。言上六陰暗之極，猶屋之豐、家之蔀，雖闚視其户，寂然无所覩而不見其人，雖三歲之間亦无所覿，此凶之道也。象曰「豐其屋，天際翔也」者，言上六之爻，過于中道而暗昧之極，始飛于天際，上而无所歸。自藏者，言以至闚視其户，寂然而无所覩，是自藏其光明而不能發揚之也。

旅

䷷ 艮下離上 **旅，小亨，旅貞吉。**

義曰：按序卦云：「窮大者必失其居，故受之以旅。」言凡人居于豐大之時，恃其盛大，多過于中道而不知守常，以盈滿自取傾覆喪亡之事，致其身窮困，反居于外，故旅所以次于豐。旅者，羈旅之義，言人寄身于他國，托居于外，故謂之旅。小亨者，按雜卦云：「親寡，旅也。」言人自居于家，居于國，則親黨助己者衆，故其道得以大行，其志得以大通。今居旅寄身托跡于他國，親戚輔己者少，其道不得以大行，其志不得以大通，故曰「小亨」。旅貞吉者，夫人居旅之時，親己者寡，不可恃其大正之道居于人上，但居旅不失爲旅正則吉矣。

象曰：旅小亨，柔得中乎外而順乎剛，止而麗乎明，是以小亨，旅貞吉也。旅之時義大矣哉！

義曰：柔得中乎外者，指六五也；順乎剛者，指上九也。言六五以柔順之質居于外，又有大中之道，而居旅之時，托身于外，是能執柔順大中之德以順從于上九之剛，是以卑而事尊，以下而事上，故能安其所而不失正也。「止而麗乎明，是以小亨，旅貞吉」者，此因二體以言之，下體艮，艮爲止；上體離，離爲明。言居旅之時，托身于他國，親己者寡，必須求賢明之人以附麗之。既順于剛，不紊其道，不悖于理，又附得賢明之人，是以小有亨通而得旅之正吉也。至如仲尼，大聖也，有聖人之德，有大中之道，不得其時，不得其位，皇皇歷聘于諸國，能盡其順以事其君，又盡順以輔其人，有顔讎由、蘧伯玉爲之主，是皆當時之賢者，能附麗之。至于游、夏、顔、閔七十子之徒、三千之衆，是時皆托跡于外而隨大聖人爲之依歸。是大聖大賢之人不得其位，不逢其時，托寄于他國，皆必盡其柔順以奉其在上，而又得大賢大聖之人以爲其主，乃可以獲吉也。旅之時義大矣哉者，寄旅于他國，托跡于外，處之最難，于道尤重，故聖人于此嘆美之，惟大聖大賢之人可以爲之也。

象曰：山上有火，旅，君子以明慎用刑而不留獄。

義曰：火性炎上，而火在山上燎于物，其勢不能久留，是旅之象。君子觀此象，當明慎用其刑罰而无留滯其獄，何則？夫刑者，斷人肌膚，傷人骨髓，死者不可復生，斷者不可復續，故君子當明顯審慎而用刑罰，辨其情僞，正其枉直，使无至于失法，又不可重傷其民，使繫獄者无至于留滯也。

初六，旅瑣瑣，斯其所取災。象曰：旅瑣瑣，志窮災也。

義曰：瑣瑣者，細碎煩屑之謂也。夫羈旅之道，雖尚柔順，然亦不可過。今此初六以柔順之質居一卦之下，是自處卑賤之地而爲貧賤所動其心，故爲〔一〕猥細瑣屑之事，苟容于人，苟合于世。斯，此也。言既失其居，托跡于他國，而爲瑣屑之行，如此則人皆賤之，衆皆棄之，是自取灾咎之道。象曰「旅瑣瑣，志窮灾」者，言初六居旅之時而爲卑賤動其心，其道不通，其志窮困，是以取災也。

〔一〕「爲」，原作「謂」，據四庫本改。

六二，旅即次，懷其資，得童僕貞。象曰：得童僕貞，終无尤也。

義曰：即，就也。次，舍也。資，貨也。言羈旅之道既尚其柔順，而六二以陰居陰，履得其正而處下卦之中，是羈旅之時，托身寄跡于他國，而能盡柔順之質，得中正之道，柔而不失其中，順而不失其正，在上位而不至驕，在下位而不至慢，爲衆所與。如此，是于羈旅之時，能即就其次舍以安身，懷蓄資貨以厚備，不失其所之謂也。童僕者，盡其至順以事其主也，是得此至順之正道也。象曰「得童僕貞，終无尤」者，夫聖賢君子之人必有剛正之德，然後可以免其尤患。今二所以能免者，蓋古之人可以屈身而伸道，不可以屈道以伸身。今旅之時，失其所居，是其道不得以通，而二能盡柔順中正之道，故尤患所以无也。

九三，旅焚其次，喪其童僕貞，厲。象曰：旅焚其次，亦以傷矣。以旅與下，其義喪也。

義曰：居旅之時，必尚柔順之道。今九三以陽居陽，處下卦之上，是務剛亢者也。夫托身寄跡于外，是失其居而志不通矣。而三反爲剛亢之行，則衆所不與，故其次舍必見焚毁而不得安居也。九三既爲剛亢之行，爲衆所不與，而上又无應，進退皆失其所，以下近于六二，欲親比之，是始務剛亢而後失其所。欲求于上，又失其童僕事主柔順之正道，是爲旅而焚其次舍，喪失柔順之道，則衆人所共疾之，危厲之道也。象曰「旅焚其次，亦以傷矣」

者，言居旅之道，已失其所，而復焚其次舍，是亦可傷悼矣。其義喪者，以旅之道而反與于下，自取喪亡也。

九四，旅于處，得其資斧，我心不快。象曰：旅于處，未得位也。得其資斧，心未快也。

義曰：處者，止息之地也；資，貨也；斧，斷也。言四以剛陽之質居于陰位，是有柔順之節，居剛而不爲亢者也。處上卦之下，盡謙順之道，故旅之時，可以得其止處者，而不失其所也。然猶不及六二有大中之德，故安然就其居之次，故此但得止息之地也。得其資斧者，四雖未得其位，然能盡其柔順之道，不爲高亢之行，故可以安處而得其資貨，又有剛明之德可以自斷也。其心不快者，言雖得其止息資貨，然所居不得其中，未得其位，則進退動止不遂其心志。象曰「旅于處，未得位也」者，言四雖得止息之處，亦未得其位也。心未快者，雖得其資貨而能斷，然未得其位，未遂其志，故心所以未快也。

六五，射雉一矢亡，終以譽命。象曰：終以譽命，上逮也。

義曰：此一爻以陰柔之質居上卦之中，有大中之道、巽順之德而居于羈旅，所謂柔得中乎外而順乎剛者也。且雖有柔順中正之德，然寄身托跡于外，方知其所親比者寡，而未嘗固必其所求，不必志其所得。猶人之射雉，但以一矢而射之，其得失未可知也。然其執節守道，不爲困窮貧賤之所動，而秉其中正柔順之德，雖一時至于亡矢而不得，亦終有可嘉美之譽、尊顯之命而隨之，故孔子羈旅于周末，歷聘于諸國，亦未嘗必有所求，故有行可之仕，有際可之仕，有公養之仕。行可之仕者，言但于時可以庶幾行道則從之；際可之仕者，言但以其君交際之得其道則從之；公養之仕者，言于其國養待之得其禮則從之。是其歷聘天下而未嘗固必其所求，然而所居之國必與聞其政，故子禽問于子貢曰：「夫子至于是邦也，必聞其政，求之與？抑與之與？」子貢曰：「夫子温良恭儉讓以得之，夫子之求之也，其諸異乎人之求之與？」是言孔子有此盛德，而于羈旅動止得其中，不固必其所求，而自以爲嘉美之譽、尊顯之命也。象曰「終以譽命，上逮也」者，上言上九也，六五爲羈旅之人，而能盡柔順之節以奉于上，故爲上所信而有尊顯之命及之也。逮，即及也。

上九，鳥焚其巢，旅人先笑後號咷，喪牛于易，凶。象曰：以旅在上，其義焚也。喪牛于易，終莫之聞也。

義曰：巢者，鳥之所居，最在于上也。夫羈旅之道，貴在謙下柔順，而上九以剛陽之質處上卦之極，无巽順之道而爲高亢之行。行于羈旅，所親比者寡少而反爲高亢，居衆人之上，則衆人之所共疾而欲害之。既衆人欲害之，則必失其所居而不得其安，如鳥之巢而見焚也。

旅人先笑後號咷者，言旅之時，托跡于外而得處衆人之上、高顯之位，則自爲尊貴之極，故其心自喜而先笑。至于爲衆人之所疾，以及焚巢喪位而不得安居，故後號咷也。「喪牛于易，凶」者，牛者，至順之物。言上九以剛陽而居卦之極，自爲高亢之行，而喪失其柔順之道于平易之間，故有凶也。象曰「以旅在上，其義焚也」，以旅居人之上，于義自當焚也，又况恃剛亢之質以處之者哉？「喪牛于易，終莫之聞也」者，言處高亢之地而身无巽順之道，雖有過惡之事，而人无敢言之者，故曰「莫之聞」，而至于焚巢後號咷之凶也。

巽

䷸ 巽下巽上 **巽，小亨，利有攸往，利見大人。**

義曰：按序卦云：「旅而无所容，故受之以巽。巽者，入也。」蓋言凡人之爲羈旅，托身于外，比己者寡，若不巽順，則无所入，是必有巽順之德，然後有所入。然謂巽者，以其巽體是風。夫風者，冥然无狀，不知所至之地，无所不入，故曰巽。小亨者，夫立大事、立大功、欲成天下之業者，必須有剛健之德、果斷之心，勇于所行，然後有所立，其志得以大通，其道得以大行。今此巽卦，全用巽順，有傷于柔懦，其道不得以大行也，故但小亨而已。利有攸往者，夫人剛健果決之性，或傷于暴而過于中道，則所往之地必无所措置，必无所詳審，是以必无所利矣。今此巽卦能用巽順，則是所往當獲所利也。利見大人者，夫人以柔順之道，雖爲能順于人而有利攸往，然其全用柔順則失于太弱而不能自斷，故必利見大有德之人，以斷決之，使一歸于中正也。

彖曰：重巽以申命。剛巽乎中正而志行，柔皆順乎剛，是以小亨，利有攸往，利見大人。

義曰：重巽以申命者，此明巽之義也。言上下二體皆爲巽體，故曰「重巽」。聖人法此重巽之道，以申行命令不可止利于一身、便于一方，必順天下之心，合天下之欲，若風之所行，天下萬物至纖至悉莫不被之也。剛巽乎中正而志行者，此指九五而言也。夫九五以剛陽之質處巽之體，又居上卦之中，以陽居陽，履得其中正之位，居于至尊而又巽順，所行得其中，所履得其正，則其志大行，其發號施令則天下之人无不順者也。柔皆順乎剛者，柔謂初六、六四也，皆以柔順之質處巽體之下，而皆上順于剛陽之爻，是以下而奉乎上，以卑而奉乎尊也。「是以小亨，利有攸往，利見大人」者，言上有柔順之德而順于衆，復引此彖辭而結之也。言九五以剛而居于巽體之中，初六、六四能執柔順之道，以下而奉于上，全任柔順，不能大有所爲，是以得其小亨，而所往之地、所入之處皆有所合。然其性巽順而傷于過柔，所中之命令、所行之事不能大有所成，是必利見大有德之人，以果斷而決白之，然後所申之命令、所行之事施之于人，莫有不順之者，如風之及于物，罔有不入者也。

象曰：隨風，巽，君子以申命行事。

義曰：隨，順也。夫巽之體，上下皆巽，如風之入物，无所不至，无所不順，故曰「隨風，巽」。君子法此巽風之象以申其命、行其事于天下，无有不至而无有不順者也。

初六，進退，利武人之貞。象曰：進退，志疑也。利武人之貞，志治也。

義曰：此一爻以陰柔之質居巽之體，在一卦之下，是至卑者也。既處于卑而又上承于衆剛，則是柔弱、怯懦、遲疑、猶豫，不能自決，而或進或退无所定也。武人者，剛武之士也。言凡人有剛則必濟之以柔，有柔則必濟之以剛，使剛柔之道皆得其中，然後事可以成，道可以行。今初六以陰柔之質復在一卦之下，又居巽體，是全用柔巽者也。既全用柔巽，是以有進退之疑，故利在武人之正。用其剛健之德、果敢之志，勇于行事，使所行之事、所施之道剛柔相濟，皆得其中，然後可獲其吉也。象曰「利武人之貞，志治也」者，夫既柔弱怯懦而不能自決，則于身亦不能自治，既不能自治，安能治于人哉？故必用其剛武之德相濟而行，則可以治正其志而及于人也。

九二，巽在牀下，用史巫，紛若，吉无咎。象曰：紛若之吉，得中也。

義曰：牀者，卑猥之地。蓋此一爻本有剛陽之質，而居于巽體，又處陰柔之位，是其謙巽過甚而所行于卑猥之地，不得其中道者也。「用史巫，紛若，吉」者，言此爻巽順過甚，以甚巽而施之于身，接之于人，則事必不立，而施于事神則可以无咎。史巫者，史即祝史也，巫即巫覡之人，皆所以道人之言以告于鬼神，而復道鬼神之意以達于人者也。言九二既巽順過極，失于中道，惟是用以事鬼神則可也。夫事鬼神者，必盡其至誠，巽其言辭，以使精誠上通，則明靈降監，福祉來應，紛然衆多，以獲其吉而无咎也。象曰「紛若之吉，得中也」者，言本以剛健之德而反居陰柔之位，是失其中道，然施之以事鬼神，則得其中矣。

九三，頻巽，吝。象曰：頻巽之吝，志窮也。

義曰：頻者，頻蹙憂愁之貌。九三以剛陽之質又處剛陽之位，復在一卦之上，是其全剛亢而不能巽者也。居巽之時，失其謙巽之道矣。然而上爲六四之所憑陵，下乘九二之剛，然九二雖是剛德，蓋居于陰位，亦得巽順之道。今九三則是上承六四，下乘九二，勢不自得，是以捨其剛亢之道，不得已而爲柔巽，屈其心志憂愁，然不得已而爲之，非出于至誠，如是亦可鄙吝者也。

六四，悔亡，田獲三品。象曰：田獲三品，有功也。

義曰：六四以陰居陰，而又居巽之體，亦謙巽過甚，而又行不得其中，是以有悔也。然以陰居陰，本得其正，而上承九五之君，竭其志誠，盡其巽順以奉其上，故得悔亡。且孔子曰：「事君盡禮，人以爲諂也。」言人之事君，其柔巽過甚〔一〕而見疑，然不可以見疑而變其志，當盡其巽順之節，不失其爲臣之道以奉于上，承流宣化，奉君之威權，行君之事，所行必有成功，是猶田獵之時而獲其禽獸，以充三品之用。三品，即一爲乾豆，二爲賓客，三爲充君之庖是也。象曰「田獲三品，有功也」者，言六四雖始有悔，然能竭其巽順以承事于君，則所行之事必有成功，如田獲三品之禽也。蓋大臣之事君，若不以恭巽至正之道，而尚于諂諛佞媚之行，則不可免其誅戮之禍，況于悔乎？于此盡其巽順而不失其正，則可以悔亡而有其功也。

九五，貞吉，悔亡，无不利，无初有終，先庚三日，後庚三日，吉。象曰：九五之吉，位正中也。

〔一〕「甚」，原作「順」，據四庫本改。

義曰：言九五處人君之位，爲巽之主，當以謙順之德下接于臣。今五以剛陽之質復處剛陽之位，失于太剛，无柔順之道，所以有悔也。然以居中正之位，有剛明之才，而不失其治天下之道，故獲吉而悔亡。既獲吉而悔亡，則所往无不利矣。无初有終者，言五始以剛强之道，无巽順之德，以接于下，不能感悦于人心，所以无初也。然而有剛明中正之德，得所以治天下之道，故有終也。「先庚三日，後庚三日，吉」者，凡易中言庚甲者，皆十日之名，取申令之義也。甲于五行爲木，于四時爲春，仁恩之道也。蓋蠱者，承衰亂之後，聖人當以仁恩之令拯濟之，故曰「先甲」、「後甲」。庚者于五行爲金，于四時爲秋，金主斷割，秋主嚴厲，此巽爲風之象，无所不入，主人君之號令，言五處人君之位，其發號施令，在于當其賞罰，在乎信使善者知勸、惡者知懼。然賞罰號令之出，將使天下之人皆服從之，固不可驟然而行，故先三日以申諭之，後三日以丁寧之，使民知其號令之必行，賞罰之必信，有所戒懼，則天下大治而吉矣。象曰「九五之吉，位正中也」者，五所以獲吉者，蓋行得其中，履得其正，而不失治天下之道也。

上九，巽在牀下，喪其資斧，貞凶。象曰：巽在牀下，上窮也。喪其資斧，正乎凶也。

義曰：牀下者，卑猥之地也。言上九本有剛明之質，而居重巽之極，處无位之地，是所行謙巽亦過甚而至于卑猥者也。「喪其資斧，貞凶」者，資，貨也，人之才也。斧，斤也，善于斷割。言上九所以至于卑猥者，蓋處无位之地，无剛明之才，又不能斷割以自決其事，故于貞道凶者也。象曰「巽在牀下，上窮也」者，處巽之極，其道窮困，以至卑猥也。正乎凶者，上九本有剛明之德，可以自斷，而反處一卦之極、无位之地，是失斷割之才，于正道而凶也。

安定先生周易口義下經卷第十

兑

☱☱ 兑下兑上 兑，亨，利貞。

義曰：按序卦云：「入而後説之，故受之以兑。」言人能以柔順之道入于人，則人皆説之，故次于巽。然謂之兑者，其象爲澤，其性爲説〔一〕，所以爲天下説之之法也。然澤者，水之所聚，而滋息萬物以爲生成之功，使之皆得滋養而説懌也。然不謂説而謂之兑者，蓋聖賢之人將欲感天下之心，必當以仁義之道、恩惠之事，固不可以言語口舌而爲説，故去其言而爲兑也。亨者，言聖賢發仁施惠、布德澤以説天下之人，使天下之人皆感説之，故得其亨通也。利貞者，夫感説之道多失于邪，若小人之人止以淫聲媚色、雕牆峻宇、流連荒亡以説于心，巧言令色、柔佞邪諂以苟容于人，如此皆所以喪身敗德以至亡家失天下，是説非正然

〔一〕四庫本「説」作「悦」。

也。故聖賢之人施其感説之道，皆本于至正，則无所不利也。

彖曰：兑，説也。剛中而柔外，説以利貞，是以順乎天而應乎人。説以先民，民忘其勞；説以犯難，民忘其死。説之大，民勸矣哉！

義曰：「剛中而柔外，説以利貞」者，言此卦内二爻爲剛，外爻爲柔。言所以感説人者，當内有其剛，外示以柔，然而止有剛則至暴，而无以感説天下之心，故當外示之以柔。内既剛，外復柔，以此説人則人皆説而歸之，是得其正而无所不利也。是以順乎天而應乎人者，夫天之體之德運動而不已，是至剛者也。及其降氣以生成萬物，則至柔而不失其柔也。人之情莫不好安逸而惡危亡，説仁義而懼鄙吝，今聖賢之人，内有剛明之德而外示柔順之道，施其仁義，發其恩惠，以説于天下，是上能順乎天之心而下能應乎人之情也。「説以先民，民忘其勞」者，民之情皆欲安而惡勞，若聖賢之人將欲役使之，必當發其仁義恩惠感説之，則民從其役使而忘勞苦之心也。夫就死者，人之所難也，聖賢先能發仁義德澤，然後使之冒犯大難，至于死地，則民亦説樂而從之，无有怨也。「説之大，民勸矣哉」者，夫施説之道，固非小小之事可以感懷天下之心，必須有仁義德澤以遍施天下，使民雖從其勞役，犯其死難，皆无怨心，况乎納之以善教，民固勸而説從之矣。

象曰：麗澤兑，君子以朋友講習。

義曰：上下二體皆兑，是二澤相麗也。夫水之聚于一澤之中，則能滋息萬物，而使之皆得其説懌，而況二澤相麗，是其説之大者也。君子觀是象，凡施説之道，必當施之于大而至于久遠。若小人惟以淺近爲説，以快己之欲，然至于久遠則不能无厭倦之心，厭倦既生，至喪身、亡家、敗國、失天下，皆由于此。故君子之人當説其大者，惟朋友講習，蓋朋友之道，同心同德，其志氣相契，所講者聖人之道德，所習者聖賢之事業，日聞其所不聞，日見其所不見，使道德事業愈久而愈新，皆无其厭倦之心，是爲説之道，莫重于此也。

初九，和兑，吉。象曰：和兑之吉，行未疑也。

義曰：和，謂中和也。夫兑者，西方之卦也，以四時言之，則爲秋，秋所以成萬物，萬物皆説而成也。君子之人在上以義制天下之民，使之感説而歸之，故當廣發其中和之教，所應不係于一，无心于物，而使之自然感説而從之，則不失其兑之義也。今初九居兑之始，是能剛中而柔外，以施其説也。何則？蓋以其有剛明之才，故曰「剛中」；體夫兑説，故曰「柔外」。夫内既剛，外又柔，是能以中和之道説天下之人，心无所係，故得天下之懽心，而獲其吉者也。象曰「和兑之吉，行未疑也」者，初九能以中和之道，上不係應而行不在私，故以此而施説于人，則人皆説而從之，復何所疑哉！

九二，孚兑，吉，悔亡。 象曰：**孚兑之吉，信志也。**

義曰：此爻以陽居陰，履非其正，本有悔者也。然以剛居中，是其有至信發之于中而施説于人，不爲邪僻，不爲非妄，使天下之人皆必信之，以至歡心而歸，一獲其吉，是得其所以爲説之道，悔遂亡矣。象曰「孚兑之吉，信志也」者，能以由中之信，發于己之志而施説于天下，天下之人莫不説而歸之。

六三，來兑，凶。 象曰：**來兑之凶，位不當也。**

義曰：夫感説之道，必須至公至正，无所偏係，使天下之人自然而説之，則可也，固不可以言語、口舌、柔邪以苟取于人而求其説。今六三當施説之世，以陰居陽，又在一卦之上，是履不得中，行不得正，以不中不正之道，是欲以柔邪、諂佞、姑息、苟且以來天下之説，雖天下之民一時懽心而説從之，終无其道以久説斯民，以是施説，非凶而何？

九四，商兑未寧，介疾有喜。 象曰：**九四之喜，有慶也。**

義曰：商，謂商議裁制也；寧，安也；介，隔也；疾，謂六三也。九四以剛明之資居上卦之下，切近九五之君，是居得大位與持重權者也。既爲權位之臣，則邪媚之人皆欲以甘言巧語、柔佞之道以苟説于己，將以希進用之地。然小人之徒止欲榮進一身而已，若使進而有位，則上必爲害于君，下必爲害于民，君民之間皆被其疾害，是則九四既有權位，人求説己，及己之説人，皆當商議裁制，其所説之義則不失其正。然既商議裁制，則旦夕憂慮，常恐小人之進，故未能斯須遑安也。介疾有喜者，六三既以柔邪欲説于己，欲圖進其身，苟進之，則爲君民之害矣。故九四則當施剛明之德，以裁制而介隔杜絶之。既能介隔六三之小人，則天下之賢者得以進，天下之民皆得其安，上以致國于太平，下以納民于富壽之域，是有其喜慶者也。象曰「九四之喜，有慶也」者，九四所以有喜者，蓋由能介隔六三諂佞之小人，使不得進，所以杜君民之害，使賢者得路以施仁義于天下，獲其福慶之事也。

九五，孚于剥，有厲。象曰：孚于剥，位正當也。

義曰：孚，信也。剥，刻也。夫聖賢之人皆以仁義爲先，若使之進于有位，則上可以致君于无過之地，下可以躋民于富壽之域，使天下罔有一民一物不得其所而不被其福慶也，此聖賢之所用心也。小人則不然，外以柔邪諂佞、内以貪殘狠毒爲心，若使之見用，于上必爲亂于君，于下必爲害于民，以至天下皆被其剥刻。然則爲天下者欲治于民，莫若以至誠委任天下之賢，使推其仁義之心以布澤流惠，則天下不勞而治矣。今九五以剛明中正之德居至尊之位，爲兑之主，是有可致之資。既有其資，則當信任其賢明有德之人，以輔助于己，故天下皆被其賜矣。且五雖本應于九二，九二有剛正之德，而己不能盡柔巽以任用之，反比于上六邪佞不正之臣，是所信者剥刻之小人也。既信剥刻之小人，則賢者退而朝廷昏亂，紀綱廢弛，以至害于國而及乎天下，是其危厲之甚也。象曰「孚于剥，位正當也」者，此聖人戒之之辭也。言九五居可致之位，操可致之資，反委任上六柔邪之小人，以剥刻君子，自取危厲，故于此切戒之，責于五也。

上六，引兑。象曰：上六，引兑，未光也。

義曰：引者，牽引之辭也。言上六以陰柔居一卦之極，當无位之地，故欲以柔邪不正之道，苟且以牽引天下之民，欲使盡歸説于己。象曰「上六，引兑，未光也」者，夫施説之道一失其正，則皆爲私邪而不可行，況其以柔佞欲苟説于人乎？今上六既然，故雖得人之説，其道亦未足爲光大也。

涣

䷺坎下巽上 **涣，亨，王假有廟，利涉大川，利貞。**

義曰：按序卦云：「説而後散之，故受之以涣。」涣，散也，離也，釋也。言人樂極則憂，歡極則悲，歡樂之極，久而不已，以至離散，故涣次于兑。然涣者，是人心睽離、上下違散之謂也。亨者，言上下所以涣散，故民所以睽離，蓋由道有所壅塞，志有所不通，是以涣散。故君子當此之時，必以權變之術、剛明之德釋去民之險難，以和衆情，以導衆志，使皆得萃聚而至于亨通，故曰「涣，亨」也。王假有廟者，言人精氣體魄萃則生，散則死，精氣散之于天則爲神，體魄歸之于地則爲鬼，冥冥然，倀倀然，幽邈而不知所之，爲人子者思欲追念其容貌，竭心以奉養，雖有悽愴之懷，不可得而見之。故先王因此涣散之義，思欲萃聚其親之神靈，故假立其廟以狀先祖之容貌。于是四時追感，設爲祭祀之禮以薦享之，所以表追念悽愴之心。而又燔燎羶薌以達諸陽，酌鬱鬯芬香之酒，沃之于地以達諸陰，所以盡孝子思親之志，教天下追思奉先之道也。利涉大川者，大川，險阻之謂也。夫涣散之時，民心違離，上下相戾，必不能涉其大川，是故聖賢君子必起而濟之，雖甚大險，必往救其生靈，不可懼其患難，是利在涉此大川，以拯天下涣散，使皆萃聚不至離散而各得其濟也。所以能然者，蓋巽體屬木，涉于川而无沉溺之患，故古之聖人刳木爲舟，剡木爲楫，舟楫之利以濟不通，是巽木能涉于水也。猶聖人有才智而又有剛健之德，能拯民之患難，无有不濟者也。利貞者，言離散之時，不以正道而拯濟之，則人心愈肆而邪僻之事從而至矣。故聖賢之人當此之際利守正道，則可萃天下之民也。

彖曰：渙亨，剛來而不窮，柔得位乎外而上同。王假有廟，王乃在中也。利涉大川，乘木有功也。

義曰：剛來而不窮者，此言九二有剛陽之德，來居坎險之中，而上无所應，然己有剛明之才，終不陷身于窮困也。柔得位乎外而上同者，此言六四以陰居陰，居得其正而在上卦之下，是位乎外也。既居外卦之下，下无其應，然上比九五之君，九五亦无應，故與之志合而相得，同心戮力，上與五同渙散天下之難、萃聚天下之民而濟之也。「王假有廟，王乃在中也」者，言人體魄既散，幽陰而難見，是故王者假立此廟以萃其容貌，四時祭祀以表悽愴之心，然而立其廟宇，設其祭祀，追思念舊，不可以瀆，不可以疏，是王者教人之孝，亦在中道者也。「利涉大川，乘木有功也」者，言川者水之聚，濟之以舟楫。今下體坎，坎爲水，故爲川；上體巽，巽爲木，故爲舟。繫辭曰：「刳木爲舟，剡木爲楫。」是唯舟楫爲能利涉大川，猶聖賢當此渙散之時，必須冒涉險難，使渙散者皆萃聚之，故往則有功也。

象曰：風行水上，渙，先王以享于帝，立廟。

義曰：夫風行水上，渙然而散，是得渙之象也。帝即天帝也，以形言之謂之天，以氣言之謂之陰陽，以主宰言之謂之帝。言先王當此渙散之時，設其郊祀，備其物儀，薦享于天地，以報成功也。立廟者，言萃聚先祖之精神立爲廟貌，四時祭之以表悽愴之心，奉先之道也。

初六，用拯馬壯，吉。象曰：初六之吉，順也。

義曰：夫渙散之時，人民既違散，上下既乖離，救之緩則情僞交作，姦邪並起，无所不至，事難濟矣。今此初六以陰柔之質居一卦之下，又在渙散之始，是往而拯之不可後時，固當用剛壯之馬，急于解民之難，使得萃而不散，吉之道也。象曰「初六之吉，順也」者，言當此渙散之時，固不可以剛暴拯濟之，苟尚剛暴，則民愈怨而心愈離。今初六〔一〕既以陰柔居于卦下而復在事初，能執柔順之道以拯濟之，故得其吉也。

九二，渙奔其机〔二〕，悔亡。象曰：渙奔其机，得願也。

義曰：机者，人所倚憑，謂初六也。此九二當渙散之時，以陽居陰，失正者也。上又无應，是无同心同德合契之人也。既无合契之人，居又失正，是有悔者也。然而初亦无應，能知

〔一〕四庫本「六」作「九」。

〔二〕「机」，原作「杌」，據四庫本改。本卦下同。

事始，用拯濟之馬以救天下之涣，今二若能奔從于初，則是得其所憑倚之地也。既得其所憑倚，則可以同謀合慮以拯當時之難，使天下得其萃聚。天下既以萃聚，則其悔得以亡矣。象曰「涣奔其机，得願也」者，言二當涣散之時，上无其應，道不得行，志不得伸，其身不能有所濟，既能奔從于初，與之共謀爲慮，同心協志而有所憑倚〔一〕，則是得中心之所願也。

六三，涣其躬，无悔。象曰：涣其躬，志在外也。

義曰：夫有才者或无位，有位者或无才，或位崇而德薄，或志大而位小，皆不足以有爲也。今六三以陰居陽，履非其正，當涣散之時，其德不能安天下之衆，其才不能釋天下之難，在險之終，有悔者也。然而上有上九居一卦之極，有剛明之才，以己爲正應。既以己爲正應，是以不能固其所守，往從于上，然雖不能大濟天下之事，亦可以釋一身之患而无悔吝也。象曰「涣其躬，志在外也」者，言三雖居非其位，而得上九爲之正應，往以從之，思展其志于天下國家也。

六四，涣其群，元吉。涣有丘，匪夷所思。象曰：涣其群，元吉，光大也。

〔一〕四庫本「倚」作「依」。

義曰：群，衆也。天下之涣，起于衆心乖離，人自爲群。六四上承九五，當濟涣之任而居陰得正，下无私應，是大臣秉大公之道以濟天下之涣，且又得君以行其志，内掌國之機務，外宣君之德意，使天下之黨盡散，則天下之危以濟，天下之難以解，天下之心不至于乖散〔一〕而皆得以萃聚，上下悉有所歸，有此之功，故得盡善元大之吉也。「涣有丘，匪夷所思」者，夫爲人臣者當尊其君，爲人子者當尊其父，然後君父臣子之道正矣。丘者，䠊𨇤不平之地。今六四上奉九五之君，下爲百官之長，當天下涣散乖離之際，其承君之命令，宣君之德澤，以釋天下之難，一責于己，是其權既重，其職匪易，故六四常終日乾乾，終夜愓愓，竭其臣節，能自䠊𨇤，不敢少安，而亦未嘗敢平其思慮也。象曰「涣其群，元吉，光大也」者，言涣散之時，上下乖離，六四獨能執柔順之道以事其君，使天下之衆不至離散，如是，于臣子之道得其光明盛大者也。

九五，涣汗其大號，涣王居，无咎。象曰：王居无咎，正位也。

義曰：汗者，膚腠之所出，出則宣人之壅滯，愈人之疾。然且一出而不可反，猶上有教令釋

〔一〕四庫本「散」作「離」。

天下之難，使天下各得其所者。今此九五居至尊之位，爲涣散之主，居得其正，履得其中，能出其號令，布其德澤，宣天下壅滞，發天下湮鬱，使一令之出而不復反，一號之施而不復更，善者賞之，惡者罰之，使天下之人皆信于上，咸有所歸，是如汗之不反者也。「涣王居，无咎」者，言九五既居尊位，爲涣散之主，當是時，上能自正其位，下能任六四之臣，宣號令，布德澤，釋天下之大難，正天下之廣居，輔王者之尊位，使天下之人皆知上有明君，下有賢臣，无涣散之難，民得安堵，天下合洽，則九五之君所以居位而无悔咎矣。象曰「王居无咎，正位也」者，言九五居至尊之位，任賢明之臣，能〔一〕萃天下之民而免悔者，由所居之得正故也。

上九，涣其血去，逖出无咎。象曰：**涣其血，遠害也。**

義曰：逖者，遠也。夫天下涣散之時，上下乖違，情僞叢生，利害紛起，必有所傷也。今此上九居上卦之極，處无位之地，能全其身，獨遠其難，不與衆競，故涣其血去也。逖出无咎者，言既居卦極而无位，是能獨遠于難，所以无咎也。象曰「涣其血，遠害也」者，既獨居上

〔一〕四庫本無「能」字。

卦之上，是最遠于患害也。

節

䷻兑下坎上節，亨，苦節不可貞。

義曰：按序卦云：「物不可以終離，故受之以節。」言凡物不可使之終有離散，故必節制之。然謂之節者，蓋節之道在于人之一身，則言語、飲食、心意、思慮、出處、進退以至嗜欲皆有所節，使父子有禮、上下有等、男女有别、尊卑有序、長幼有倫、夫婦有制、内外有分，皆有所節。至于一國以及天下用度、禮樂刑政、賞罰號令、宫室旌旗、車輿服器以至税賦徭役以其時，賢不肖各有所處，士、農、工、商各守其業，富、貴、貧、賤各當其分。如此之類，舉而言之，是修身、齊家、治國、正天下皆有所節，故謂之節。然其得亨者何？蓋人之修身以至治天下，皆有所節，則所往之地、所爲之事无不獲通亨〔一〕也。苦節不可貞，苦者，人之所難嗜者也，猶味之苦也。夫節之道不可過，過則人不樂從，以其一身一家節過則猶无大害，

〔一〕四庫本「通亨」作「亨通」。

若于治天下人民之衆而節之太甚，則必不樂從。是故聖人預爲之備，曲爲之防，酌中立法，使其車輿器用、宫室旌旗、衣服制度皆有其節，一合于中正。苟苦之，則天下未易治也。且如賦税之設，非欲聚斂其財貨，厚取于民以自足已，蓋有郊廟之祀、賓客之供、兵儲之備，此爲國者不可廢也，是以不得已而取之，取之必有中道。故中者，天下之通制。取之過甚，則在下者財匱而不能給；取之薄，則在上者用度不足。是以量時之豐約，酌民之厚薄，使天下之人樂從而易于輸納，可謂得節之道也。故夏后氏五十而貢，商〔一〕人七十而助，周人百畝而徹，皆什一法而得天下之中。

彖曰：節亨，剛柔分而剛得中。苦節不可貞，其道窮也。説以行險，當位以節，中正以通。天地節而四時成，節以制度，不傷財，不害民。

義曰：此因二體以明節亨之義。上坎爲陽，陽爲剛；下兑爲陰，陰爲柔。剛得中者，九二、九五之爻也。夫節所以得亨者，陽本在上，今處于上，陰本在下，今居于下，是君臣上下各有分也，故曰「剛柔分」也。剛得中者，言九二、九五以剛陽之質居剛陽之位，又居得

〔一〕四庫本「商」作「殷」。

其中，履得其正，當節之時，能爲節制之道，使天下皆得中制，是以亨通也。「苦節不可貞，其道窮也」者，夫節之道不可過，過則不能緣人之情而衆不樂從，是不可久行于世而爲萬代通行之法，窮困之道也。説以行險者，上坎爲險，下兑爲説，是説而能行于險也。蓋言聖人緣人之情，酌中以爲通制，當節之時，雖有險阻，能以説順行，則人亦樂從之也。當位以節者，言九五有剛明之德，居至尊之位，爲節之主，是所居當其位，而能酌民情爲之節制也。中正以通者，此又言九五居中履正，所爲節制得其中，又得其正，得其中則无過與不及之事，得其正則不入于私邪，是中正所爲之道，可以通行萬世，使天下得盡所以爲節制之義也。「天地節而四時成，節以制度，不傷財，不害民」者，此已下廣明節之道也。夫天地之道，陰陽之序，以生以成，皆有所節，至如生成之終則有風雨霜雪以殺之，殺之既終，復以春陽爲發〔一〕生之始，是天地之道，始始終終，陰陽相盪，寒暑往來，不失其序，所以能生成萬物，此天地盡其爲節之道也。聖人法天地之道，爲之節制，設其禮法，各有常分，以至取予无不得其中，如是而行，自然財不傷而民不害也。

〔一〕「發」，原作「春」，據四庫本改。

象曰：澤上有水，節，君子以制數度，議德行。

義曰：夫水之性，決之于江河，其性沛然順于下，莫之與禦。今水在澤中，則不能順往而流，故有節制之象。數者，名數也；度者，制度也。言君子之人法此節之象，定其名數，立其制度，使禮樂之道、度量之分无得過差，盡合于中也。議德行者，夫人本五常而生，其性有全有偏，唯聖人受性之全，賢人則才智有所偏。是以當節之時，必量其才之大小，隨其德之優劣，以任用之。大才者置之大位，小才者置之小位，若其无德无行，則没身而不用。

初九，不出户庭，无咎。象曰：不出户庭，知通塞也。

義曰：户者，門之内牖之間也。夫人之情，莫不欲安逸而惡節制之爲禁。此節者，節人之邪情，約人之私欲，遏人之非，絶人之僞，然而節情、約欲、遏非、絶僞，人莫不惡之。然當節制之始，典章未備，法度未詳，必當慎密之，不可洩機于人。苟所行不密，則必爲人所窺而敗壞成事，如是則法未出而姦生，令未下而詐起，必不可以節制之也。今初九履下卦之下，居節制之初，是謀事之始。故當慎其幾密，不使宣露于人，使天下之人由之而不知之，而情僞不作，巧詐不生，則是能慎其幾密，不出户庭之間，所以成節制之道而无咎矣。象曰「不出户庭，知通塞也」者，言初九居事之始，所以不出户庭者，非是藏其幾密，慎其法制，不宣布于天下，蓋當節制之初，典章法度未甚大備，不可以宣露于人，是能知其時，可以通則通之，可以塞則塞之，通塞不失其宜也。故繫辭曰：「亂之所生，則言語以爲階。君不密則失臣，臣不密則失身，幾事不密則害成。」言大凡幾密之事，必當慎之，苟宣露于人，則君失臣，臣失身，以至天下皆失其節，如是則不能免于咎也。

九二，不出門庭，凶。象曰：不出門庭，凶，失時極也。

義曰：在外謂之門。大凡居事之始，節人之情僞，必當慎重而幾密之。故初九在卦之始，處節之初，典章未備，法度未完，故幾密而不宣露于人，是〔一〕以不出户庭也。今此九二居卦之中，是典章已備，法度已立，必當宣布于天下，以制節于人情，使其姦僞不敢萌，巧詐不得作，天下之人皆合于中制可也。今有可致之資而反不出門庭之間，使制度不立，上下无别，以至天下之人皆亂其常，則是恣人之情，縱人之欲，速凶之道也。象曰「不出門庭，失時極也」者，言九二居得其中而法制已成，當行而不行，當施而不施，使天下之人情僞交作而上下无等，節制之道不出門庭之間，失時而不宣布，以至窮極亦不能行，凶其宜矣。

〔一〕「是」，原作「事」，據四庫本改。

六三，不節若則嗟若，无咎。象曰：不節之嗟，又誰咎也？

義曰：若者，語辭也。夫爲節之道，必須先正其身，然後可以正人，身既正，則天下孰不從之。今六三以陰居陽，是爲不正；在下卦之上，是爲不中，既失其中，又非其正，且在卦之上，是居衆人之上者也。夫居衆人之上，必也賞必信，罰必當，正身立法度，平典章，宣政教，以節天下之人，則姦僞不作，巧詐不生，而人自信從之矣。今反不能自正其身，又不能節制其人，是雖有嚴刑峻法，人亦不從，故反自生嗟怨之聲，如是必不可爲節制之主也。无咎，蓋三以不正之身居衆人之上，不能節制，以至嗟若之凶，皆己自爲之，又何咎于人哉？故象曰「又誰咎也」。

六四，安節，亨。象曰：安節之亨，承上道也。

義曰：按此爻居上卦之下，近九五之尊，而又以陰居陰，履得其正，上承其君，下率其民，以柔正之道，上以節君之情，制君之欲，防君之邪僻，致君于正，又能宣君之令，布君之德，以去天下人之邪僞，禁天下人之非僻，使天下之人一歸于正而得節制之道，是由以柔正自正其身，以至正君率民，安然而行其節制，故所往无不得其亨通也。象曰「安節之亨，承上道」者，言六四以柔正之道自正其身，上承于君以行節制，所以率天下之人得以亨通，是承君上之道也。

九五，甘節，吉，往有尚。象曰：甘節之吉，居位中也。

義曰：甘者，味之甘，人所嗜也。夫節之道，是節人之情、防人之欲，人之所惡也。今九五以陽居陽，處得其正；又居上卦之中，履至尊之位，爲節制之主。當節之時，能以中正爲之節制，无過无不及，施于當世，則天下之人无尊卑、長幼、上下，以至于遠近幽隱，皆悦然樂而從之，是九五爲節之道，使人樂從，如嗜甘味也，所以得其吉矣。往有尚者，五以中正之道爲節制之法，可以爲世世之通行，而天下之民皆樂從之，是五有所往則爲人尊上者也。象曰「甘節之吉，居位中也」者，言聖人通其情，故能達節；常人違其情，故多苟節。夫能通天下之情，不違其理，守大中之節，不失其時，以此而行，則合聖人中正之道。今五居至尊之位，在上卦之中，是能正其身而爲節制之主，使天下之人皆尊尚而從之，是居位中正之故也。

上六，苦節，貞凶，悔亡。象曰：苦節，貞凶，其道窮也。

義曰：夫節制之道，貴乎中正，則人樂從之。今上六過于九五，是居不得中者也。所爲節制之道皆過于中，是人所厭苦之也。以正道言之，則已凶矣，故曰「貞凶」。然悔亡者，夫節制有苦于天下則害其事，今上六居无位之地，但行于一己而自節苦于一身，則可以悔亡。故孔子曰：「禮，與其奢也，寧儉；喪，與其易也，寧戚。」是言凡過節于一身，則可以无悔也。象曰「苦節，貞凶，其道窮也」者，以陰柔之質居節制之極，所爲失中正之道，而天下之人厭苦之，是過爲節制之道以至窮極也。

中孚

䷼ 兑下巽上 **中孚，豚魚吉，利涉大川，利貞。**

義曰：按序卦云：「節而信之，故受之以中孚。」言聖賢之人爲節之道，必當以信而行之，使久而不變，可以爲萬世之法，故以中孚次于節。謂之中孚者，孚，信也，信由中出，故曰「中孚」。蓋二陰居中，是虚中而發誠信于内，出之于性。孚信既發于中，施之于外，則天下必信之矣。豚魚吉者，豚是獸之至微者也，魚是蟲之至隱者也。夫聖賢之人所立正教，必須信于天下，使天下之人皆順從之，以至至微至隱之物皆亦被其信。是故聖王作爲節制，斧斤不時不入山林，數罟不入污池，昆蟲未蟄不以火田，如是之類，是皆取之以時，用之有節，使至微至隱之物皆遂其生而涵濡其性。豚魚无識之物，猶且被澤而不妄有所傷，則有識之類，其蒙信也可知矣，故曰「吉」。利涉大川者，川者，險難之地，大則有兵革之事，小則有寇盜之虞，于天則水旱蟲蝗，于人則死亡疾疫，險難之事也。夫節制之道，行于世，必以至信及于天下，不遺微小，則天下相信，戚疏相睦。聖人以此拯濟天下之難，何所不利哉？若不以至信及于上下，苟涉大難，必有阻溺。此中孚之德，猶已及于豚魚，則天下之人无不信服，上下和同，物情不違，故涉于大難无不利矣。利貞者，夫信而不正，不若不信，故聖賢所節制，必須不偏不黨，至誠不息，不爲邪欲所勝，則天下皆信其上，是所利在于正也。

彖曰：中孚，柔在内而剛得中。説而巽，孚乃化邦也。豚魚吉，信及豚魚也。利涉大川，乘木舟虚也。中孚以利貞，乃應乎天也。

義曰：柔在内者，謂六三、六四也。言三、四以柔順處中，而四陽居外，二陰既處其中，則是虚其中也。言誠信之道發于中，行于外，使天下之人皆信之，故曰「柔在内」也。剛得中者，謂九二、九五也，二爻皆以剛居中而得正。夫剛而不中不正，則爲私爲暴，不可信于天下，故剛以得中爲貴也。「説而巽，孚乃化邦」者，言此卦下體爲兑，兑爲説；上體巽，巽爲風。是九五能以風教權變孚信于天下，則天下之人説順而信矣。左氏曰：「小信未孚，神弗福也。」夫聖賢之人不可爲小小之信，必當立其大信，使天下之人皆孚信之。上既以由中之信發之于中，施之于外，无偏黨私曲，皆合于中，則天下之人皆化上之信，姦僞不作，巧詐不興，亦以至誠至信奉于上，故曰「乃化邦也」。「豚魚吉，信及豚魚」者，言豚魚所以得吉者，蓋由乎信之所及，至廣至遠，取之有時，用之有節，不傷其性，以至至微至隱皆被其德，故小雅魚麗之詩，蓋言萬物衆多也。「利涉大川，乘木舟虚」者，下兑爲澤，澤者水也。上巽爲木，木在水上，舟之象也。夫大川之深，至險至浚，若以舟楫濟之而居于其中，所涉无不濟矣。是猶在上者，能以節制之道、由中之信施爲號令，風教于天下，使天下之人上下以信相接，何所不從哉？若國有大患，人有大難，則可以使同心戮力以順從于君而共拯之，无危險而不獲其濟。「中孚以利貞，乃應乎天」者，夫天之道，无所不正，无所不信，故冬至則陽氣應之，夏至則陰氣應之，寒暑代謝，日月往來，皆无毫釐之差，是天地、陰陽、寒暑、晝夜、日月皆有其信而不失其正，是天之不言而能信萬物〔一〕也。今聖賢之人能推由中之信，无偏黨之邪，以取信于天下，使天下皆信之，是應乎天也。

象曰：澤上有風，中孚，君子以議獄緩死。

〔一〕四庫本「物」下有「者」字。

義曰：澤與風，皆生成之道也。夫風行澤上，物无不從，猶君子之人以由中之信施乎外，无所不及，无所不順也。議獄緩死者，君子觀是之象以謂獄者，繫獄之人就苦而告之，以〔一〕所死者不可復生，必推由中之誠，原議寃枉，察其真僞，求其曲直，以緩恕其死，則可以盡其至信之道也。

初九，虞吉，有它不燕。象曰：初九，虞吉，志未變也。

義曰：虞，度也；燕，樂也。此居兑之始，上有六四爲之正應，然中有九二、六三間隔己之應，是以初九能度四之正應，裁量其情，以孚信于己，不爲二、三間隔而變其志，自能虞度，終以至誠待之，故得吉也。有它不燕者，初既以四爲正應，雖有二、三間之，而能虞度之，以謂縱有它來從己者，己亦執心不變，不與之爲燕樂也。象曰「虞吉，志未變」者，此一爻居事之始，在兑之初，其志專一，與四爲應，其志終不變易矣。

九二，鳴鶴在陰，其子和之，我有好爵，吾與爾靡之。象曰：其子和之，中心願也。

義曰：夫信出于中，雖天地亦可以充塞；苟无信實，雖无識之物亦不己從。今九二以剛陽

〔一〕「以」，原作「之」，據四庫本改。

之德居兑之體，在中孚之中，而有由中之信以及于下，上无其應，无所私係，在三、四重陰之下，處幽暗之中而不失其信，是以聲聞于外。至于天下同類之人以孚信應之，若鳴鶴之在陰，而其子自然應和。「我有好爵，吾與爾靡之」者，言聖賢之人既以誠信達于天下，上下自然以誠信相交，故與之共天爵，共天禄，而无所離間靡散也。言我有美好之爵，與爾共散之也。蓋至誠所感，上下和悦之至也。象曰「其子和之，中心願」者，言誠信之人願與同類相應，今得誠信而應之，是中心之所願也。

六三，得敵，或鼓，或罷，或泣，或歌。象曰：或鼓，或罷，位不當也。

義曰：六三以陰居陽，履非其正，小人者也；切近于四，四以陰居陰，君子者也。夫小人而近君子，則必陷于君子，是以六三得其所敵，故曰「得敵」。既敵必戰，則或鼓而進，故曰「或鼓」。然小人雖欲害君子，君子執正道而无所變易，非小人之所能勝，則反自罷敝，故曰「或罷」。且小人既不克勝而得罪于君子，則懼其侵奪，故曰「或泣」。然君子守己薄責，不爲區區之行，不屑屑與小人校計，則小人獲存而得出于憂懼之地，反有所喜，故曰「或歌」。以是見六三不中不正，所爲失道，而强弱憂喜之无常也，故象曰「位不當也」。

六四，月幾望，馬匹亡，无咎。象曰：馬匹亡，絶類上也。

義曰：月者，陰之體；望者，光魄盈滿，與日相望之時也。此一卦惟六三、六四以陰柔居于内，而六三以其不正，故爲小人也。六四以陰柔之質居巽順之體，居得其正，奉九五之君，能布德教以孚萬邦，得臣道之正也。如月之近望，光輝明盛，偏照天下，然懼招君父之疑，常自戒慎，不自滿假，故曰「幾望」也。「馬匹亡，无咎」者，匹，謂匹耦群類也。夫君子守其道德以務遠者、大者，不與小人校分毫之利害。若以君子而與小人校其區區屑屑，則賢不肖混淆，而君子小人无間，以至患害所及。今六四雖爲六三所侵，來與己争，然己得其正，犯而不校，是以絶其群類。上承于五，固守其分，養成至德，故獲无咎也。象曰「馬匹亡，絶類上也」者，言匹馬而亡，是獨行也。能下絶六三之類，上順九五之尊，是自能以正道上應于五也。

九五，有孚攣如，无咎。象曰：有孚攣如，位正當也。

義曰：攣者，牽攣之謂也。此九五居至尊之位，履正處中也。夫居尊而有中正之德，是有至誠至信之心，發之于内而交于下，以攣天下之心，使天下之人皆以誠信奉于上，上下内外皆以誠信相通，是得爲君之道而獲吉，復何咎之有？

上九，翰音登于天，貞凶。象曰：翰音登于天，何可長也？

義曰：翰者，鳥羽之高飛也。此上九在一卦之上，居窮極之地，是其誠不能自内而出，无純誠之心、篤實之道，徒務其虚聲外飾，以矯僞爲尚。如鳥之飛登于天，邈然不見其形，杳然莫覩其迹，徒聞其虚聲而已。貞凶者，君子之人，所爲所作，必皆本其純誠、篤實、光大以感于人，而人亦以誠實奉之，此君子之謂也。今乃居无實之地，任无誠之聲，以正道觀之，可謂凶矣，故曰「貞凶」。象曰「何可長」者，言上九徒以虚聲外飾驕于人，殊无純誠篤實之行，以此而往，愈久愈凶，故聖人戒之曰「何可長」。如此，蓋欲人改過反誠，以信實爲本也。

小過

䷽ 艮下震上 **小過，亨，利貞。可小事，不可大事。飛鳥遺之音，不宜上，宜下，大吉。**

義曰：按序卦云：「有其信者必行之，故受之以小過。」言聖賢君子有由中之信、至誠之道，則不以小人之所疑謗而不行，固當發之于外，以拯天下之失，矯天下之弊，使至平治而後已，故以此次于中孚。然謂之小過者，蓋大過以四陽居内、二陰在外，本末皆弱，上下皆微，故聖賢之人，以大才大德，過越常分，以救天下之大難。今此小過以四陰在外、二陽居内，是綱紀未甚隳壞，天下之事少有差忒，故聖賢之人小小過行其事以矯正之，故若喪過乎哀，用過乎儉，是皆小有所過也。亨者，夫聖賢之君既推至誠之道，過行小事以矯一時之失，則天下之人一歸于大中之道而得亨通也。天下皆奢矣，嗇儉一己以矯之者，晏子一狐裘而三十年是也；天下皆薄于喪也，哀毁一身以矯之者，曾子水漿不入于口者七日是也。蓋人情已弊，矯而行之，所以勸進于中道也。利貞者，夫小過之時，非常行之時也。苟不以至正之道推至誠之心，則入于詭譎誕妄，天下不能信服之矣。故當率己以正，然後利也。「可小事，不可大事」者，夫當小過之時，本末未至甚弱，政教未至甚頽，天下之事小有所差，君子固當過越而行其小小之事，以矯世勵俗，使復趨大中之道可也。如當是時，不能附順人情而反大過其事，不近于民，則所爲迂遠，民无所濟矣。飛鳥遺之音者，夫鳥之飛騰于空虚，但聞其音而不見其跡，謂如君子過越中道，矯正天下之弊，但使民由之而不使知之也。「不宜上，宜下，大吉」者，夫鳥之飛翔，雖不見其跡，然又不可大過而愈上。若愈上而不已，則愈窮而不得其所歸，故當下而附于物，則得其所棲止也。猶君子當小過之世，乘時藉位，矯過常分以正當時，不可大越其事、遠于人情，必當附近民心，約附所爲，然後獲吉也。

彖曰：小過，小者，過而亨也。過以利貞，與時行也。柔得中，是以小事吉也。剛失位

而不中，是以不可大事也。有飛鳥之象焉。飛鳥遺之音，不宜上，宜下，大吉，上逆而下順也。

義曰：夫小過之時，天下之時小有過失，君子思欲拯濟之，不可大過其分，但以小者之事過而行之，以矯一時之弊，然後得亨也。「過以利貞，與時行也」者，夫君子所爲，觀時而動，時之大弊，則大過其分而行；時之小弊，則小過其分而行。約民中道，驅而納之，隨事制宜，適權應變，一皆必出于正，故曰「過以利貞，與時行也」。「柔得中，是以小事吉」者，夫大過二、五皆以陽居中，故曰「可行大事」；今小過二、五皆以柔居中，故不可大有所爲，但小有過爲之事則吉也。「剛失位而不中，是以不可大事」者，夫成大事，立大功，必有剛明之才居于内，柔順之道行于外，可也。今三、四雖有剛明之才德，而居失其位，行不得中，故不可以行其大事，惟小事過可也。有飛鳥之象焉者，按小過之卦，自中孚而來，有飛鳥之象者，蓋中孚之卦，四陽在外，二陰在内，内虚而外實，故上有飛鳥翰音之言。今小過四陰在外，二陽在内，是内實外虚，故有飛鳥之象也。「飛鳥遺之音，不宜上，宜下，大吉，上逆而下順」者，言飛鳥翔空，无所依著，愈上則愈窮，是上則逆也；下附物則身可安，是下則順也。猶君子之人過行其事，以矯世勵俗，欲民易從，必下附人情，亦宜下而不宜上也。

象曰：山上有雷，小過，君子以行過乎恭，喪過乎哀，用過乎儉。

義曰：夫雷者出于地，今反在山之上，是小過之象也。君子當天下小有差弊之時，將以矯世勵俗，驅合于大中之道，是以過行小事于身，使天下之人觀而化之。故若天下之人有所行過差而失于傲慢，君子則過恭以矯之；若天下之人居喪過差而失于率易，君子則過哀以矯之；若天下之人用度過差而失于奢侈，君子則過儉以矯之，是皆君子之人過爲小事以矯天下之大中也。

初六，飛鳥以凶。象曰：飛鳥以凶，不可如何也。

義曰：小過之時，是君子過行小事以矯一時之失，正當時之弊，衆所不爲而己獨爲之，皆在于身，故取飛鳥之象以明之。今初六一爻雖以柔而居下卦之下，然所應在四，故如飛鳥之愈上而无所附著，是以凶也。何則？蓋小過之時不宜上，君子必須應機適變，隨事制宜，附近于人情，而後可也。若其所行太過，所爲已甚，雖位在下而志愈上，故獲凶也。象曰「飛鳥以凶，不可如何」者，初六雖在下而已升至窮極，而无所容，以罹其凶，將可奈何哉？故曰「不可如何也」。

六二，過其祖，遇其妣，不及其君，遇其臣，无咎。象曰：不及其君，臣不可過也。

義曰：祖，始也；妣，在内也；君，六五也；臣，六二也。夫小過之君子，不可大有所爲，但小過而合其宜，欲矯正天下，使一歸于中耳。今六二已過于初，以柔順處于内，故曰「過其祖，遇其妣」也。「不及其君，遇其臣，无咎」者，小過之世，不可爲已甚之事，事爲已甚，則有僭逼之嫌而罹其上逆之凶。蓋二在其下，比于初則爲過，比于五則爲不及。今不敢過越其君以行事，正得爲臣之體，是所遇得其分，故无咎也。象曰「不及其君，臣不可過」者，爲臣之分，則必奉君之職而行臣之事，不敢及于君，蓋爲臣之道，不可過越也。

九三，弗過，防之，從或戕之，凶。象曰：從或戕之，凶如何也！

義曰：小過之時，蓋君子行大事以矯正天下，不使小人得過也。今九三雖處剛陽之位，有明斷之質，然反不能過防上六之小人，而使之得過。夫既使小人得過，理已乖矣，而況復從而應之乎？應之則爲小人之戕害，必矣。且小人之心，常欲陷害君子，惟君子預自防閑，不使近于己，則得禦小人之術。今三爲小人所戕，蓋不能預防，以至優柔不斷，是凶禍之來，皆自取之也。象曰「從或戕之，凶如何」者，言既爲小人所戕而致凶，將如之何哉？是不能過防之使然也。

九四，无咎，弗過，遇之，往厲必戒，勿用永貞。象曰：弗過遇之，位不當也。往厲必戒，

終不可長也。

義曰：小過之時，不宜上，宜下，則得其道也。今九四雖位上卦之下而應于初六，是能下附人情，故得无咎也。「弗過，遇之」者，言小過之時，事小有差，君子宜過行而矯正之，乃權時之宜也。今四以陽居陰，雖不得正，是能過行其事而不至已甚，而下附人情，使天下之愚不肖皆可企而及之，是弗爲過甚而遇得其道也。「往厲必戒，勿用永貞」者，言小過之事切近人情，但矯正風俗而已，是不可往而過也。若往而不已，將致危厲之災，必須戒慎之，不可用此爲永長貞正之道，此蓋聖人戒慎丁寧之辭也。

六五，密雲不雨，自我西郊，公弋取彼在穴。象曰：密雲不雨，已上也。

義曰：小過之時，小者過也，六五以陰居陽，履于至尊，是小者過而得中，小過之主也。然以柔居剛，又履至尊之位，是陰雖極而德未盛，其惠未行，故不能爲雨澤施于下，但爲西郊密雲而已。何則？夫雨者，陽氣上騰，陰能固止之，則相蒸薄而爲雨。今陽艮止于下，不升而交于陰，則陰氣雖强盛于上，而无陽以通，是以不能爲雨，而雲徒密結于西郊也。西郊，謂陰之正位也。公弋取彼在穴，言六五之陰極盛，故稱公也；弋者，所以射高也；穴者，所以隱伏而在下也。公以弋繳而取穴中之物，猶聖賢雖過行其事，意在矯下也。然五以柔而處至尊之位，无剛陽之德，故止可爲公之事也。象曰「密雲不雨，已上」者，「上」當爲「止」，傳寫之誤。言陽氣已止于下，故不雨也。豈有陰盛于上，陽止而不雨哉？蓋陽艮止于下，所以不雨也。

上六，弗遇，過之，飛鳥離之，凶，是謂災眚。象曰：弗遇過之，已亢也。

義曰：上六一爻，過而不已，不知所止，是亢極之甚而无所遇也。若鳥之高翔，不知所止，上而愈无所適，以至窮極而離于凶禍，不能反于下，以圖其所安。猶人之過而不已，不近人情，亢已而行，故外來之災、自招之眚皆有之也。

既濟

䷾離下坎上既濟，亨小，利貞，初吉終亂。

義曰：按序卦云：「有過物者必濟，故受之以既濟。」既，盡也。言聖賢君子能過行其事，以矯天下之失，使天下生靈皆濟于治，无所不通，此既濟所以次小過也。然既濟者，是聖賢功業已成，教化已行，德澤已著，人情已安，倉廩衣食皆已實足，君臣上下皆已和正，軍旅皆已修練，四夷皆已賓服，无一民一物不得其所，以至至纖至悉皆得通濟，故曰「既濟」也。

亨小者，傳寫之誤。按象曰「小者亨也」，此當曰「小亨」。蓋言既濟之時，朝廷已盡正，教化已盡行，故上下、遠近、纖悉、微隱至小之物皆得其所濟而亨通，况其大者乎？利貞者，言天下既濟之後，或不守之以正道，則逸豫怠惰之心生而放恣邪惡之事形，以至罹于凶禍矣。故必長守正道，則无所不利也。初吉終亂者，初謂天下之始治。夫天下既治，惟君子爲能兢兢慎持，惟恐有失，故其始則吉也。及其傳之子孫，流之後裔，則事或久而多弊，治或永而多闕，以至逸豫怠惰，居安而不思危，居存而不思亡，不念祖宗之重器，以至顛敗覆隕，皆由此漸，是其終則亂也。至如周治于文、武、成、康之初，而亂于昭、穆之後；漢治于高祖、文、景之初，而亂于武、元之後。以是知創業之主，蓋得于憂勤，故多吉；守成之君，蓋生于康樂，故多忽。聖人特于此言之者，將以爲萬世守成之戒，使之居安慮危，在治思亂，而豫爲之備，不使至于傾危也。

象曰：既濟亨，小者亨也。利貞，剛柔正而位當也。初吉，柔得中也。終止則亂，其道窮也。

義曰：既濟者，天下之物无不濟也。雖物之至微至細者，亦皆遂其所，則大者可知矣。如行葦之詩，仁及草木。夫草木无知之物，仁尚及之，他則不言而喻矣。以此知聖賢功業已成，德澤已流，人情皆得其安，而教化大行矣。「利貞，剛柔正而位當」者，言六二、六四以陰居陰，九三、九五以陽居陽，皆得其正。施之人事，則是君子、小人各得其分，貴賤、長幼各得其序，君君、臣臣、父父、子子、夫夫、婦婦、兄兄、弟弟各得其所，則中國爲中國，夷狄爲夷狄，不相揉亂，而天下萬事无所不濟、无所不利也。「初吉，柔得中也」者，謂六二也。言既濟之時，天下之民物，國家之教化，无所不濟。蓋在上者有中正之道、文明之德，然後能致也。六二以陰居陰，不失其正，在下卦之中，居離明之體，是得寬柔、中正、文明之道以濟天下，故曰「吉」也。「終止則亂，其道窮也」者，夫民生于憂勤而死于安樂，天下久治則人苟其安，萬務易墮，禍患不警。故持盈守成之道，當須至兢至慎，然後可以久濟。苟止于逸樂，不自省懼，以爲終安，亂斯至矣。故曰「終止則亂，其道窮也」。此聖人深戒之辭。

象曰：水在火上，既濟，君子以思患而豫防之。

義曰：坎上爲水，離下爲火，水火之性不相入，然相資而成功，有烹飪之利以濟于用，故得既濟之象也。君子以思患而豫防之者，既濟之時，天下既以治安，君子宜深思遠慮，豫爲之防，曲爲之備，居安思危，居存思亡，動作語默皆常戒慎，則可以久于既濟矣。

初九，曳其輪，濡其尾，无咎。象曰：曳其輪，義无咎也。

義曰：夫既濟由未濟而來，初九居一卦之始，是天下之未濟而險難之未平也。聖賢處此之時，當此之責，則焦勞思慮，經營心志，欲濟天下之患難，使至于安平。是以不顧險難之在前，衝冒而往，欲行之速，故至于摇曳其輪，濡潤其尾。雖然曳輪、濡尾，其心无他，蓋能憂天下之憂，欲濟天下之患難而已，故雖深冒于難，終得无咎也。象曰「曳其輪，義无咎」者，言初九以剛健之德居既濟之初，盡心竭力，不顧險難，但以既濟爲心，故至于摇曳其輪，濡潤其尾，如是則于義自然无咎矣。

六二，婦喪其茀，勿逐，七日得。象曰：七日得，以中道也。

義曰：六二當既濟之時，處下卦之内，婦之象也。茀者，首飾也。婦之有茀，所以爲容也。按初爻則天下未甚濟，至二則險阻已平，治道已成，萬事莫不盡濟。然此爻介于初九、九三之間，而又以柔弱之質，故必爲他人之所侵。然六二能執中道，持正不變，所應專在九五而志不可奪，故所喪者但喪其首飾也。「勿逐，七日得」者，夫既濟之時，天下之民大和，雖有邪佞之人處于其間，終亦不容之也。故六二始雖喪茀，然己能執正不回，則不待捕逐，凡七日之間自得之矣。是猶天下新治，民已見太平，紀綱未墮，上下方盛，當此之時，雖有小人敢行侵侮，亦不能貽害，但如婦喪其茀，雖小有所失，不久之間亦當自復，故曰「勿逐，七日得」。象曰「七日得，以中道」者，言六二喪茀，所以勿逐，七日得之者，由其有文明陰柔之德，得中正之道故也。

九三，高宗伐鬼方，三年克之，小人勿用。象曰：三年克之，憊也。

義曰：高宗，商之賢王也。鬼方，遠方也。九三處下卦之上，當離明之極，離爲日，日之過中，明則衰矣。施之人事，猶人君不能持盈，以傾覆祖先之業而至于衰亂也。然當是時，必有聖賢之君恢復先王之業而起中興之治，故聖人取高宗以明之，言昔商運之衰，禮樂廢絶，王道衰微，綱紀將頹，逮乎高宗，能興復商家之衰運，纘成基業，以致太平之治。然必伐鬼方者，蓋衰亂之後，必有幽遠不賓之人，故當用師伐罪以安定其民，然威服之道不可速成，故須三年然後克勝之也。小人勿用者，夫復太平之功，必用賢明之士，然後功業有所濟矣。況中興之際，其勢衰弱，君子居之，其力猶憊，況用小人乎？是愈益于亂也，故戒之勿用此小人也。

六四，繻有衣袽，終日戒。象曰：終日戒，有所疑也。

義曰：繻者，盛美之服也；袽者，衣之破敝也。今六四以陰柔之質居得其正，當既濟之時，居坎險之地，是猶繻有袽也。夫九三當衰亂之後，而復能以剛明之道起中興之治。此六四當已治之時，是〔一〕其教化之流行、仁義之洽浹，无所不濟之時也，若人君不得持盈守成而逸豫惰怠〔二〕，則傾覆之患復至矣。如盛美之繻服，久而必有弊敗，故居上者處至盛之時，知其必有傾覆在後，故當終日之間兢兢戒慎，常以弊敗爲慮，則可以永安泰〔三〕而有磐石之固也。故聖人于此深戒之也。象曰「終日戒，有所疑」者，言六四雖居坎險之下，而能終日戒慎如此者，蓋能通天下之志，欲成天下之務，必有先見之幾，察事于未兆，故當自疑恐其事久必壞、治久必亂、安久必危故也。

九五，東鄰殺牛，不如西鄰之禴祭，實受其福。象曰：東鄰殺牛，不如西鄰之時也。實受其福，吉大來也。

義曰：此一爻聖人深切戒慎之辭。東鄰、西鄰者，取文王與紂之事也。紂居東都，故言東鄰；文王居岐山，故言西鄰。紂，君也；文王，臣也。何以東、西言之？蓋紂繼世有天下，而暴虐无道，邦國淩遲，所存者位號也。文王身雖爲臣，而功德已被天下，故三分天下有其

〔一〕四庫本「是」作「當」。

〔二〕四庫本「惰怠」作「怠惰」。

〔三〕「泰」，原作「太」，據四庫本改。

二以歸之，是有君民之德，故以鄰國稱之也。夫牛者，祭之豐也；禴者，祭之薄也。言紂雖在上，以豐盛之祭，殺大牢以享于鬼神，然无至誠馨德充塞于前，故神亦不享；文王雖以薄約之祭薦于鬼神，然有至誠馨香之德，神則享之，蓋以誠實受福也。以是觀之，人君在德不在物，鬼神享德不享味也。象曰「東鄰殺牛，不如西鄰之時」者，祭不以時，而瀆其神，雖豐不享；祭得其時，雖甚薄約，福斯受矣。是以商紂雖盡物，不如文王之得時也。「實受其福，吉大來也」者，言以至誠而享其福禄，則不惟慶及一時之身，且將延及其來系，故吉大來也。

上六，濡其首，厲。象曰：濡其首，厲，何可久也？

義曰：物盛則衰，治極必亂，理之常也。上六處既濟之終，位在一卦之外，以柔乘剛，居物之上，其道窮極，至于衰亂也，故天下之事，傾敗而不能支，如涉險而濡溺其首，是危厲之極也，皆由治不思亂、安不慮危，以至窮極而反于未濟也。象曰「濡其首，厲，何可久」者，言上六〔一〕當既濟之終，反于未濟，至于濡没其首，危亡不遠，故當翻然而警，惕然而改，何

〔一〕「上六」，原作「上九」，據四庫本改。

可久如此乎？故曰：「何可久也？」

未濟

䷿ 坎下離上 **未濟，亨，小狐汔濟，濡其尾，无攸利。**

義曰：按序卦云：「物不可窮也，故受之以未濟終焉。」蓋言既濟之後，在上者不能持盈守成，以至窮極而无所通濟，故以此次于既濟也。此卦自既濟上六而來，明天下之事，既濟之後，治平已久，人心怠忽，恃安而不思其危，恃治而不思其亂，逸樂不已，亂所由生，是以濡其首，反既濟而爲未濟也。謂之未濟者，是天下法度敗壞，教化不興，故曰「未濟」。亨者，聖賢君子當是時，欲復有所濟，使民心之安、教化之興，宜以仁義之道拯救之，是必先正其身，然後正朝廷，朝廷正，然後正天下，必使天下人民事物各得其濟而獲亨通也。「小狐汔濟，濡其尾，无攸利」者，汔者，幾也。狐之性，善涉水者也。然以小者渡之，雖幾至于濟，然勢力微小，必至濡溺其尾也。以人事言之，猶天下未濟，欲興太平之功，欲拯天下之難，必藉大才大德聖賢之人，與之戮力同心，一志畢慮，不顧險阻之在前，奮然往而濟之，則可以立大勳、圖大業，拔天下于困厄，出天下于水火也。苟以小才小德、位卑勢寡之人當之，欲濟天下之險阻，是猶小狐之涉淵水，雖僅至于濟，不免濡溺，无所利于拯難也。

象曰：未濟，亨，柔得中也。小狐汔濟，未出中也。濡其尾，无攸利，不續終也。雖不當位，剛柔應也。

義曰：柔謂六五也。言未濟之所由來者，以居上者所爲有過，不得中道，所以然也。今六五能以柔順之質履大中之位，委任九二剛明之臣，與之同心竭力共濟天下之事，所以獲其亨通也。「小狐汔濟，未出中也」者，下坎爲險，以狐之小者往涉于水，其力微弱，未必能濟。猶以小才涼德之人欲濟險涉難，必不能出險難之中矣。「濡其尾，无攸利，不續終」者，小狐之涉水，雖幾及其濟，然以力弱不能自奮，故致濡尾不能終濟也。亦如人之濟難，其勢弱，其才薄，終无餘力以拯民于塗炭，不能卒有所成，故曰「不續終也」。「雖不當位，剛柔應」者，言九二、九四以陽居陰，六三、六五以陰居陽，所處皆不當位，位雖不當，然上下二體剛柔相應。施之人事，猶君臣同心戮力而相應，則可以共濟天下也。

象曰：火在水上，未濟，君子以慎辨物居方。

義曰：夫水火相資，然後能濟于物，故曰「既濟」。今此二體，火上水下，火自炎上，水自就下，水火相戾而不能相資，是以有未濟之象。君子因此之象，則當精審其事，明辨〔一〕于物，使各居其方，皆遂其所，則賢爲賢，愚爲愚，貴貴賤賤，法度昭明，各安其分，不相踰越，蓋取諸水下火上之義也。

初六，濡其尾，吝。象曰：濡其尾，亦不知極也。

義曰：欲濟天下之險難、拔生靈于水火者，非大才大德之君子，有可致之資、可致之勢，固不能也。今初六以柔弱之質居一卦之下，處坎險之底，且欲拯天下之難，除天下之害，謂不量力，不度德，反自取禍于躬，以至濡溺其尾也。夫以薄才當未濟之時，求安其身猶未知其可也，況欲濟天下乎？故象曰「小狐汔濟，濡其尾」，言力不能濟，反自罹其害，誠可鄙吝也。象曰「濡其尾，亦不知極」者，言初所以濡溺其尾，蓋不量己才分而不知道之極也。

九二，曳其輪，貞吉。象曰：九二貞吉，中以行正也。

義曰：夫欲泰天下之否，解天下之蹇，非剛明才德之君子，未知其可也。今九二以剛明之才德居大中之位，雖未出于坎險，然所應在五，五又以柔順之道信任于己，與己同心戮力，

〔一〕「辨」，原作「辯」，據四庫本改。

往拯天下之危，經綸當世之治，以勞賚安定天下之民，雖揺曳其輪，盡力而退，固无咎也。貞吉者，爲其以陽居陰，所處非正，然己有濟難之力，苟能用大中之道，由大正而行，則吉可知矣。象曰「九二貞吉，中以行正」者，言二本非正，以其有正中之德，可以行正道而獲吉也。

六三，未濟，征凶。利涉大川。象曰：未濟，征凶，位不當也。

義曰：六三以陰居陽，又在坎險之極，是不正懦弱之人也。以不正懦弱之人，身在坎險，欲拯天下之患難，濟天下之未濟，如之何其可乎？身且不正，反欲進救天下，是窮凶之道也。然云「利涉大川」者，蓋六三下近九二剛明中正之人，上比九四興衰撥亂之臣，處二、四之間而能依附之，則可以獲安而不至溺身于險難，故曰「利涉大川」也。

九四，貞吉，悔亡，震用伐鬼方，三年有賞于大國。象曰：貞吉，悔亡，志行也。

義曰：九四出坎險之中，居離之位，是有剛陽之才，然以陽居陰，所履不正，是以有悔。苟能守正而上承六五之君，竭力盡心以附順于上，以興天下之衰，則悔可亡，故曰「貞吉，悔亡」。「震用伐鬼方，三年有賞于大國」者，震，謂威震也。當未濟之世，風俗久漓，典章久墜，紀綱久闕，而九四有剛明之才，又居離明之位，是能用其威震興師動衆，亦須三年然後有功，使復于既濟，故聖人重其酬功報勞，以大國而賞之，所以寵其成績也。然按既濟之卦，在九三亦言伐鬼方，而曰「高宗」，此但言震用者，蓋既濟九三有中興之象，此九四則興衰之臣也。象曰「貞吉，悔亡，志行也」者，言九四已出險難，志欲安濟于天下，故能以剛明之才德、大正之道施行其救難之志也。

六五，貞吉，无悔，君子之光，有孚，吉。象曰：君子之光，其暉吉也。

義曰：六五以柔順位于至尊，未濟之主也。然以陰居陽，本亦有悔，故必守正，然後得吉而无悔也。君子之光也者，以柔順文明之道，所行得中，且下應九二剛明之臣，與之同心戮力，一志畢慮，與天下興利除害，致天下于既濟，是君子光顯之德也。「有孚，吉」者，言六五以柔順之質，委任九二剛明之臣，與之共治天下，當絶疑忌之心，以信相待，則興治之功畢而終獲其吉也。象曰「君子之光，其暉吉」者，六五之君，能以柔接物，以信遇臣，興天下之治，是君子光暉之用无所不至而獲其吉也。

上九，有孚于飲酒，无咎。濡其首，有孚，失是。象曰：飲酒濡首，亦不知節也。

義曰：夫六五柔順之主，能下接九二剛明之臣，使既濟之道已成。至于上九則綱紀已振，教化已洽，法令已備，故已可以无爲而治，不勞聰明，委信于臣，而飲食宴樂以相和悅，所以无咎也。「濡其首，有孚，失是」者，夫安不可恃，樂不可極，任臣不可以不察，如是則有苟簡、敗壞、浸潤之禍，至于濡溺其首，蓋失其所信之道，取不節之嗟，故曰「有孚，失是」，此聖人深戒之辭也。

安定先生周易口義繫辭上

周易言繫辭者，按周易始于伏羲畫爲八卦，至于文王定爲六十四卦，又作卦下之彖辭，以解釋一卦之義，曲盡天地之道，總包萬事之宜。而又周公作其爻辭，以釋逐爻之義。然而聖人作卦，其道至大，以至纖至悉之事，无不備載，雖有爻彖之辭以解釋之，然其辭義深遠，其理精微，至淵至奧，不可以易曉，則于常常之人固難知矣。是故孔子復作十翼以釋之，欲使後世之人可以達聖人之淵奧，知聖人之行事也。所謂十翼之名者，曰上彖、下彖、大象、小象、文言、上繫、下繫、説卦、序卦、雜卦。凡此十翼，以釋六十四卦之義，上下彖以解文王卦下之辭，大象以釋一卦之名義，小象分于六爻之下以解周公之爻辭，文言以文釋乾坤二卦之理，此繫辭以統言天地之淵奧、人事之終始，説卦以陳説八卦之德業，序卦以序六十四卦〔一〕之次叙，雜卦以辨衆卦之錯雜。此上繫是夫子十翼之中第六翼，

〔一〕四庫本無「卦」字。

自「天尊地卑」而下至篇末分十一章，各列于後，今隨文而解之。然按先儒周氏云：「上繫辭凡十二章，自天尊地卑爲一章，聖人設卦觀象爲二章，彖者言乎其象爲第三章，精氣爲物爲第四章，顯諸仁、藏諸用爲第五章，聖人有以見天下之賾爲第六章，初六藉用白茅爲第七章，大衍之數爲第八章，子曰知變化之道爲第九章，天一地二爲第十章，是故易有聖人爲第十一章，子曰書不盡言爲第十二章。」虞翻分一章，以大衍之數并知變化之道共爲一章取之，然分義之段數未盡意，隨文而别解之。然繫辭有二説，是聖人繫屬其辭于爻卦之下，故此篇第六章云「繫辭焉以斷其吉凶」，第十二章云「繫辭焉以盡其言」，是繫者取其繫屬其辭于卦下，故謂之繫辭也。

天尊地卑，乾坤定矣。

義曰：此言天地之道者也。自此「乾坤定矣」而下至「天下之理得，而成位乎其中矣」，爲一章，以釋聖人法天地之義也。夫易之所始，始於天地，天地之判，混元廓開，而萬物之情皆生于其間。既萬物之情皆生于其間，是故聖人仰以觀于天文，俯以察于地理，于是畫爲八卦，以類萬物之情，以盡天地之道、人事之理，以盡乾、坤、水、火、風、雷、山、澤之象，是易之卦始於天地者也。然則天尊地卑者，何也？夫天是純陽之氣，積於上而爲尊；地以積陰之氣居於下而爲卑。剛陽居上而有尊高之象，柔陰居下而有卑下之分，二氣始交，分爲剛柔，是以交錯，以至生成萬物，覆載萬物，大无不包，細无不有其形狀，故天地爲乾坤之象，乾坤爲天地之用。天地尊卑既分，則乾坤之位因而可以制定也。然則首言天地尊卑者，蓋萬事之理、萬品之類皆自乾坤爲始，故先言天地尊卑也。

卑高以陳，貴賤位矣。

義曰：卑者謂地體卑下，高者謂天體高上。夫天地卑高既定，則人事萬物之情皆在其中，故六十四卦、三百八十四爻各有貴賤高卑之位，是以君臣、父子、夫婦、長幼皆有其分位矣。若卑不處卑，高不處高，上下錯亂，則貴賤、尊卑、君臣、父子、夫婦、長幼不得其序。夫如是，无高卑之分位矣。故此貴賤之分，皆自高卑之位既陳，然後從而定矣。

動静有常，剛柔斷矣。

義曰：夫天以剛陽居於上，則爲動；地以柔陰居於下，則爲静。天地之道生成萬物，各有常度，動而有常則爲剛，静而有常則爲柔，動静既有常分，生成各有常理，則剛柔可以斷矣。以人事言之，夫君以剛德居於上爲動，臣以柔道居於下爲静，君出其令而臣行之，臣納其善而君聽之，君臣動静既有常理，則剛柔之分可以斷矣。若動而不常則剛道不成，静而不常則柔道不立，夫如是，則剛柔不可以斷定也。然則此經雖論天地之性，然亦兼總萬物之動静也。

方以類聚，物以群分，吉凶生矣。

義曰：此已下言聖人法天地之象也。方者，道也。夫君子之人同道而齊術，道同於己者，則相推而類聚之。君子則以君子爲朋偶，小人則以小人爲類黨，爲士者則以士爲同道，爲農者則以農爲族黨，爲工者則以工爲同道，爲商者則以商爲類聚，是皆以同道爲之共處，各隨其類族矣。物以群分者，上既言君子小人各從其類，此又言萬品之物亦各以其群類而爲黨也。至如飛者則以飛者爲群，走者則以走者爲群，以至昆蟲草木巖穴之物各從其群，各從其分也。吉凶生矣者，夫上言方以類聚，物以群分，此言吉凶生矣者，何哉？夫吉凶生於異類，善惡由夫影響，同道齊術者則爲吉，非其類者則爲凶。若君子同於君子之人則吉，小人入於君子之黨則凶，是吉凶之道生於非類，无所分别，若乖其所趣則凶是以生焉，若順其所同則吉是以生焉，是吉凶之道生於非類者也。

在天成象，在地成形，變化見矣。

義曰：象謂日月星辰也，形謂山川草木也。夫天以剛陽之氣居於上而生物，地以柔陰之氣在於下而承天，在於天者則爲日月星辰之象，在於地者則爲草木山川之形，是天地之道，生成之理，自然而然也。變化見矣者，上既言在天成象、在地成形，此復言變化見矣者，何哉？蓋天地之道，生成之理，有全體而化者，有久大而化者，有驟然而化者，千變萬化，皆有形象，而人莫能究其實，但知其自然而然也。

是故剛柔相摩，八卦相盪，

義曰：此已下明天地陰陽相推盪之事也。夫天本在上，地本在下，及夫天氣下降，地氣上騰，陽極則變而爲陰，陰極則反而爲陽，陽剛而陰柔，陰消而陽伏，剛柔互相切摩，更相變化，然後萬物之理得矣。夫八卦之始，本於天地；剛柔二體，法於陰陽。剛則爲陽爻，柔則爲陰位，爻位相錯雜，然後以成八卦，推盪於天地之間，若十一月一陽生而推去一陰，五月一陰生而推去一陽，是八卦相推盪於天地之間，所以成於六十四卦也。

鼓之以雷霆，潤之以風雨。

義曰：鼓者，動也。雷者，陰陽二氣相激搏，則其聲爲雷。霆者，怒雷則謂之霆。風所以生萬物，雨所以潤動植也。此至一寒一暑，重明上文變化見矣及剛柔相摩、八卦相盪之事也。夫天地二氣，相盪而成八卦之象，相推而成萬事之理，又鼓之以震雷離電，滋潤以巽風坎雨，使天下之物无不遂其性者，天地之道也。然而風亦言其潤者，蓋風者，是生成之氣，能滋生於萬物，故亦言其潤也。

日月運行，一寒一暑。

義曰：日者，太陽之精；月者，太陰之精；寒者，是純陰之氣；暑者，是純陽之氣也。夫天地之道生成萬物，既鼓動以雷霆，又滋潤以風雨，以日而煦育之，以月而照臨之。及夫日月運行，以成晝夜，以成寒暑之候，以盡生成之功者，天地之道也。然而直云震巽離坎，不云乾坤艮兑者，蓋乾坤之道，上下備言，艮兑非鼓動運行之體，故不言之。其實亦雷電風雨出於山澤，故亦兼包其義焉。

乾道成男，坤道成女。

義曰：道者，自然而生也，此言乾坤之道也。夫天以純陽在上，故爲乾；地以純陰在下，故爲坤。乾主乎剛健，坤主夫柔順。乾自然而爲男，則爲君、爲父、爲長、爲上；坤自然而爲女，則爲臣、爲子、爲婦、爲少。乾居於上則爲尊，坤居於下則爲卑，二氣交感以生萬物，故有男女之象。然則坤必言成者，蓋乾因陰而得爲男，坤因陽而得爲女，故言成也。

乾知大始，

義曰：大始者，是陰陽始判、萬物未生之時也。乾者，天之用也。夫乾以天陽之氣在於上，故萬物莫不始其氣而生，莫不假其氣而成，得其生者春英、夏華、秋實、冬藏，承其氣而成者則胎生、卵化、蠕飛、動躍，是乾知大始起於无形而入於有形也。

坤作成物。

義曰：坤者，是地之形也；物者，萬品之物也。夫地以純陰之氣在於下，上承於天陽之氣，以生萬物，无所不載，无所不育。是乾始於无形，而坤能載之，以作成萬物之形狀也。然乾言知、坤言作者，蓋乾之生物起於无形，未有營作，坤能承於天氣，已成之物，事可營爲，故乾言知而坤言作也。

乾以易知，坤以簡能。

義曰：夫乾之生物本於一氣，其道簡略，不言而四時自行，不勞而萬物自遂，是自然而然者也。坤以簡能者，夫坤之生物假天之氣，其道亦簡略，其用省默而已，不假煩勞而物自生，不假施爲而物自遂，是自然而然者也。然則乾言易知、坤言簡能者，何也？蓋乾體在上，坤道在下，萬物始於无形，而乾能知其時，下降而生之，坤道在於下，而能承陽之氣以作成萬物之形狀，其道凝静，不須煩勞，故乾言易知、坤言簡能也。若夫生成之道於物艱難，則不爲易知；若於事繁〔一〕勞，則不爲簡能也。

易則易知，簡則易從。

義曰：此復説上「乾以易知」也。夫天之道，寂然不見其用，杳然而不知其爲，及夫四時之代謝，萬物之生殺，不待煩勞而自然者也。夫人君居兆民之上，爲生靈之主，天下之事固不可以一言而盡也。然而必當法此乾道簡易之德，以總萬事之要目，則天下之道亦自然簡易而知也。簡則易從者，復解上坤以簡能也。夫地以純陰之氣上承於天，以生萬物，不在煩勞而自然簡易，天下之物各遂其性者也。夫爲臣之道，爲國家之梁棟，作士民之冠冕，必當法此地道之簡易，承君之命，宣君之化，敷布於天下，簡其萬事之要，則天下可易從矣。

易知則有親，易從則有功。

義曰：此二句論聖賢法此乾坤簡易之理也。親者，親比也。言聖人法此天道，簡其萬事之要，不假繁冗屑屑於治體，惟在廣其仁義生成之道以及於天下，昭蘇萬有，養育萬民，夫如是，則天下之人皆悦而親比之也。易從則有功者，言人臣之道，法此地道，奉君之命，行君

〔一〕四庫本「繁」作「煩」。

之事，不在繁冗，使天下之人於事易從，不在冗屑，而其功易成也。

有親則可久，

義曰：此二句論人法乾坤，久而益大也。物既和親，无相殘害，故可久也。言聖人既能法天之生物，順其萬物之情，成其至道之要，施之无窮，傳之萬世，天下之人既親比之，久而不朽，此聖人之道至大者也。

有功則可大。

義曰：事業有功則積漸可大。此言爲臣之道，既能法地之道，承事其君，以成其功業，至大至廣，使人易從。

可久則賢人之德，

義曰：夫天之所以覆而不知所以覆之義，地之所以載而不知所以載之理，浩浩然其神之所爲者，天地之功也。聖人顯諸仁，藏諸用〔一〕，若日月之照臨而不知照臨之迹者，聖人之功也。然聖人之操心積慮，法天地簡易之德，以生養天下，使天下之人不可名狀，以成其

〔一〕此二句，原作「顯其用藏諸仁」，據四庫本改。

德也。

可大則賢人之業。

義曰：此言賢人之分，則見所爲之迹也。夫爲臣之道，既能法地之簡易，以成久大之功業，垂之萬世而不朽，此賢人之業也。然則此聖人言德，爲臣者言業，何也？蓋聖人代天理物，法天行事，施其德澤以滋生於天下，順其物情，以至昆蟲草木皆蒙其澤，无所不燭，故其功不可以形狀，如天之无不覆，如地之无不載，故稱曰德。爲臣之道，法地之理，以承君之命，行君之事，執其柔順之道，順從於人，以成其功。然出一令，行一事，皆禀君上之命而可以形狀，故謂之業也。然此不言聖人而言賢人者，何也？此聖人垂教之法也，言賢人亦可以法天之簡易而行事，以生成於天下，恐後世之人止謂聖人可以法天之行事，故不言聖人而言賢人也。且賢人尚可法之，則聖人固可知也。

易簡而天下之理得矣。

義曰：言聖人既能從其簡易，不在煩勞，發號施令，廣布德澤，以成天下之功，使天下之人、天下之物，長幼、上下、尊卑、貴賤各得其分，如此則天下无爲而治，聖人之理得矣。

天下之理得，而成位乎其中矣。

義曰：言聖人既能順其簡易之道，順其萬事之理，使君臣、父子、夫婦、長幼各得其序，則天地之位皆由此矣。

聖人設卦觀象，

義曰：此已下至「自天祐之」爲一章。上既言易之所起始於乾坤，故首言天地之道。然天地始判，而萬物之情已在其間，故易之所始，因萬物之情而作，故口易始於天地。此又言聖人設六十四卦之事。夫天地既判，而萬物之情已見於其間，是故聖人仰則觀象於天，俯則觀法於地，揆人事之理，盡萬物之情，乾坤水火風雷山澤之象，設爲六十四卦，以通天地鬼神之情狀，以爲萬世之法也。

繫辭焉而明吉凶，

義曰：六十四卦既設，其道至大，其理至深，聖人若不繫之以辭，散於諸爻之下，則後世之人不能曉聖人設卦之意也。然則卦爻之中，有剛有柔，分陰分陽，陰陽相推盪於其間，則有凶有吉，有失有得，故六爻之下皆繫屬其辭，得其正者則其辭吉，失其處者則其辭凶。

剛柔相推而生變化。

義曰：此已下言天地人事之理也。夫天地既判，剛柔二氣互相推盪以生成萬物，有全體而化者，有漸而化者，有胎而生者，有卵而化者，千變萬化，自然而然，皆由剛柔之氣互相推盪以成變化也。如乾之初九交於坤之初六，其卦爲震。

是故吉凶者，失得之象也。

義曰：此總明諸卦象不同之事也。夫吉凶生於非類，悔吝生於動静，故六十四卦、三百八十四爻有剛有柔，有正有不正。若辭之吉者，是得之象也；辭之凶者，是失之象也。合於道而不失其正者，爲吉；不合於道、悖於其理者，爲凶。是吉凶者，失得之象也。然觀六十四卦之中，言吉凶者義有數等，或吉凶之事據文可知，或不須明言吉凶而吉凶自見。若乾之九五「飛龍在天」，尋文考義，是吉可知也，故不須云吉也。若剥之「不利攸往」、離之九四「突如其來如，焚如，死如」之屬，據其文辭，其凶可見，故不言凶也。亦有爻處吉凶之際，吉凶未定，行善則吉，行惡則凶。若乾之九三「君子終日乾乾，夕惕若，厲无咎」，若屯之六二「屯如邅如，乘馬班如，匪寇婚媾，女子貞不字，十年乃字」，是吉凶未定，故不言吉凶也。有直言吉者，若坤之六五「黄裳元吉」，以陰居尊，嫌其不吉，故直言其吉。有直言其凶者，若剥之初六「剥牀以足，蔑貞凶」。若有一卦之内，或有一爻之中，得失相形，須言吉凶。若大過九三「棟橈凶」，九四「棟隆吉」，是一卦相形也；屯之九五「屯其膏，小貞吉，大貞凶」，是一爻相形也。亦有一事相形，終始有異，若訟卦「有孚窒惕，中吉，終凶」。有有咎而能改之者，若豫之上六曰「冥豫成，有渝无咎」。

悔吝者，憂虞之象也。

義曰：事之小小已過其意，有可追悔者，曰悔；事之微小，可爲鄙吝者，曰吝。夫人始於得失，微小之事雖不至於大咎，然亦當憂虞思慮之，不可謂之微小不思之。故事之小者必至於大，惡之漸者必至於著，惡積而不可掩，罪大而不可解者，皆自細微以成之也。故易中所言吉凶者，是得失之象；言悔吝者，是憂虞之象也。

變化者，進退之象也。

義曰：夫物之生，有全體而化者，有漸而變者，此皆是進退之象也。夫進退之象，有盛衰之理、生死之道、吉凶之驗，皆自於盛衰，故來則爲盛，往則爲衰，故六爻之中有剛有柔，或從始而上進，或居終而倒退，往來不窮，互相推盪，以成進退之象也。若乾之上九言「亢龍有悔」，復之初九言「不遠復，无祇悔，元吉」。

剛柔者，晝夜之象也。

義曰：夫聖人設卦，分其剛柔，以明人事之要，以盡萬物之宜。剛則爲陽、爲明、爲晝，柔則爲陰、爲幽、爲夜，剛柔相推以成晝夜幽明之理、變通之道，以成吉凶、悔吝、憂虞之象也，故總言之也。然推觀其上文始總言「繫〔一〕辭焉而明吉凶，剛柔相推而生變化」，此又别言「吉凶者，失得之象；悔吝者，憂虞之象；變化者，進退之象；剛柔者，晝夜之象」者，何也？蓋吉凶、悔吝、失得、晝夜之象，皆由剛柔相推盪而致者，故得失有重輕，變化有小大，合之則同，分之則異。故始云「剛柔相推而生變化」，不云「晝夜」者，是總變化而言也。上文云「吉凶者，失得之象」，下文又云「悔吝者，憂虞之象」者，蓋吉凶之事，皆由得失而成；得失之本，皆由悔吝而成；悔吝之本，皆由憂虞而有也。

六爻之動，三極之道也。

此復明變化進退之義也。夫易卦之中則有六爻，故下二爻以象地，中二爻以象人，上二爻以象天，是六爻之中，三才之道畢矣。然六爻之道，有變有動，有凶有吉，有得有失。若動而合于道則爲吉，動而悖於事則爲凶，是六爻之動互相推盪，則是天地人三才窮極之事，故有吉凶、悔吝、得失、變化之道也。

〔一〕「繫」，原作「係」，據四庫本改。

是故君子所居而安者，易之序也。

自此已下言君子觀聖人設卦作易之意，以爲修身之法也。夫易卦之中，有凶有吉，有否有泰，有悔有吝，有變有化，有得有失，有剛有柔。夫君子之人觀此剛柔、變化、吉凶、得失、悔吝、憂虞之象，知其易之以序，以修其身，以行其事，以之居處進退，不惟尊卑、貴賤、貧困之間，皆得以安止也。至如乾之初九言「潛龍勿用」，是言君子之人可隱則當隱也；九二則言「見龍在田」，是言君子之人可進則當進也〔一〕。又如居泰之時，則君子可引類而進於朝。居否之世，則有否塞不通之象。居於家人，則行治家之法。居旅之時，則爲行旅之事。如此之類，皆是用得其時，不失其道，不惟尊卑、貴賤、貧困、窮極，安處進退之間，皆可行之，是易之序也。

所樂而玩者，爻之辭也。

義曰：夫君子之人既能知易之以序，以爲居處之術，又當樂玩其六爻之辭。夫六爻之辭有凶有吉，有否有泰，有得有失，皆隨時而變通，是故君子之人必當愛樂而躭玩之，見其善則

〔一〕四庫本「也」作「之」。

思齊其事，見其惡則思懼而改，趣其治而去其亂，向其安而舍其危，以至吉凶之事，悔吝之道，至纖至悉，无不備於爻辭之間。故君子所樂而玩者，爻之辭也。

是故君子居則觀其象而玩其辭，

義曰：夫爻卦之間，有凶有吉，有失有得。君子之人，故當居處之間，觀其設卦之象，明其萬事之理，以躭樂六爻之辭，以知事之吉凶，明其事之得失，以至死生之道、變通之理，則无咎過之事。

動則觀其變而玩其占，

義曰：夫易以變而爲占，自六爻之中皆變而爲占，故古者取其蓍草之數，隨其變而占之，以明休咎之事，以究鬼神之奥。故君子若觀此六爻之變，凡於動静興作之間，必知其休咎之驗矣。

是以自天祐之，吉无不利。

義曰：言君子之人既能居則觀其辭，動則玩其占，以奉順易象，則身无有凶害。如此，則自上天之所祐助，鬼神之所協吉，何所不利也？

象者，言乎象者也。

義曰：疏以爲自此至「死生之説」爲一章，則非也。今觀其文辭，當從「辭也者，各指其所之」爲一段，自「易與天地凖」而下至「盛德大業」爲一章是也。「彖者，言乎象者也」，自此以下至「辭也者，各指其所之」爲一章。上章既言吉凶悔吝，聖人設卦繫辭之義，細意未盡，此復言文王作彖分於諸卦之下，以釋一卦之義，雖然有周公爻辭散於諸爻之下，然文王之彖其義淵深，孔子復作彖辭以解之。彖者，總論一卦之象，如乾之彖元亨利貞曰「大哉乾元」，坤元亨曰「至哉坤元」，屯元亨曰「屯，剛柔始交而難生」，蒙亨曰「蒙，山下有險」，是皆解一卦之辭也，故曰「彖者，言乎其象也」。

爻者，言乎變者也。

義曰：夫六爻之設，内外二體，有變有動，有凶有吉，各隨時而變改之，然文王之作彖辭以釋一卦之象，然其義亦有未盡，周公復作爻辭散於諸爻之下，總人事之要道，明萬事之吉凶，隨其爻而通變之，各順其用。

吉凶者，言乎其失得也。

義曰：夫爻象之設，有凶有吉，有剛有柔，若陽居陰位則不得其正，或陰居陽位則或失其常，或近而不相得，或遠而有所比，合於道者則吉，乖於道者則凶，故吉凶之端、失得之義，盡在於爻辭之間矣。上文吉凶者，失得之象也。

悔吝者，言乎其小疵也。

義曰：疵者，病也。夫人禍發於細微，姦生於隱暗，事有至小而可以追悔者，行有至微而可以鄙吝者，故當憂慮而戒慎之。夫小惡不改以至於大惡，小善不積以至於大凶，至乎鄙吝之道皆由微小而生也。故君子之人觀此爻象之辭，則知動静之理，積其小善以成於大善，積其小惡以至於大惡，捨其失而處其得，悖其凶而從其吉，故悔吝之來，皆由微小而至矣。

无咎者，善補過也。

義曰：夫人所以有咎者，蓋由操心積慮，過爲其事，小惡不改以成乎大惡，小過不防以至乎大過，所以有咎，如噬嗑上九「屨校滅趾」之類是也。此言无咎者，蓋言人之有失者，善能自改之，故六爻之中，有能改過而无咎者，若豫之上六曰「冥豫，成有渝，无咎」，隨之初九曰「官有渝，貞吉」，從正則吉也。

是故列貴賤者存乎位，

義曰：位者，即六爻之位。夫易〔一〕卦之中凡有六爻，分其上下，有尊有卑，有小有大，若

〔一〕四庫本「易」作「一」。

九五則言君位，九三則言臣位，是尊卑、大小各有其分，則貴賤之位從而定矣。

齊小大者存乎卦，

義曰：夫陽主剛明而有生成之德，故其德大；陰主柔順而有消剥之行，故其德小，故六十四卦皆本陰陽剛柔之理以定其位也。故有大有小，君子必當明辨之。至如乾之與坤，泰之與否，損之與益，小過與大過，既濟與未濟，是皆所用不同，有小有大，各隨時而用之也。

辨吉凶者存乎辭，

義曰：辭者，卦爻之下所繫之言辭也。夫六十四卦，有陽居陽位、陰居陰位，有以陽居陰位者，有以陰居陽位者，有以臣居君位者，有以君居臣位者，如此之爻位多矣。聖人若不繫之辭，則凶吉无由見矣。至如比之六二居得其正，則其辭曰「比之自内，貞吉」；小畜〔一〕之初九以陽居陽，則其辭曰「復自道，何其咎，吉」；隨之九四以陽居陰，則其辭曰「隨有獲，貞凶」；觀之初六以陰居陽，則其辭曰「童觀，小人无咎，君子吝」；噬嗑之上九以陽居陰，

〔一〕「小畜」，原作「復」，據四庫本改。

曰「何校滅耳，凶」。是吉凶之文，皆在於所繫之辭也。君子之人，若明辨吉凶之事，觀其辭則可知矣。

憂悔吝者存乎介，

義曰：介者，纖介也。悔吝者，小疵病也。夫人小惡不改以成於大惡，小疵不補以成於大疵，勿謂小善无益而不爲，勿謂小惡无傷而弗去。及夫惡積而不可揜，罪大而不可解，以至何校滅耳，喪身夷族，然後悔之，亦其晚矣。故聖人凡小疵病、鄙吝之事，必先憂虞之，所以獲其无咎也。然則萬事之理皆始自纖芥，故聖人豫防之，故坤卦曰「履霜堅冰」者，則聖人教人防微杜漸之深戒也。

震无咎者存乎悔，

義曰：震者，動也；悔者，過也。夫人所以舉動而无咎者，蓋有剛明之才，有至正之德，知其吉凶之道，明其得失之迹，事之小疵者預憂虞之，事之將失者心改悔之，所以舉動而无咎者，蓋存乎悔也。

是故卦有小大，辭有險易。

義曰：其道光明則謂之大，其道消散謂之小。夫六十四卦之設，有大有小，有通有塞，故六爻之中有變有動，有險有易。若履得其正，居得其中，行事无過，則卦爻之下亦有和易之辭；若履非其正，居非其位，行事失其中，則卦爻之下亦有險難之文。至如居泰之時，則言君子道長；居否之時，則言君子道消；明夷之時，則言明有所傷；大壯之時，則言大者壯也。以至吉凶悔吝、善與不善、惡與不惡，卦爻之下各繫其辭以明之，故上文所謂「齊小大者存乎卦」者是也。

辭也者，各指其所之。

義曰：言六十四卦所繫之辭，各指事而言也。至如適於泰卦則其辭和易，適於蹇卦則其辭艱險，適於謙卦則其辭巽順，適於離卦則其辭文明，是各指其事之所變而言也。

易與天地準，

義曰：自此已下至「鼓萬物而不與聖人同憂，盛德大業至矣哉」爲一章。上既言卦爻辭理之義，此又廣明易道深遠，可以與天地相參準也。夫天地之道，福善禍淫，善者則祐助之，惡者則傾覆之，以至生成萬品之物，皆以簡易之道自然而然也。夫易之道本始於天地，故六十四卦、三百八十四爻所以統三才而妙萬物也。故爻之善者則其辭善，爻之惡者則其辭惡，得其正者則其辭吉，失其正者則其辭凶，以至總包萬事之理，皆以簡易之道自然而然也。是大易之道之可以準擬於天地也，至乾以健而法天、坤以順而法地之類是也。

故能彌綸天地之道。

義曰：彌者，縫也；綸者，經也。言易道微妙，包含萬象，知鬼神之情狀，明人事之終始，上可以彌縫補合於天道，下可以經綸牽合於地理，无所不載、无所不備者也。

仰以觀於天文，俯以察於地理，

義曰：天文者，則是日月星辰布設懸象成文章，故稱文也；地理者，則謂山川、原隰、高卑、上下各有條理，繁盛於地，故稱理也。夫易之本始，始於天地，聖人仰以觀於天文，俯以察於地理，揆萬物之情，盡人事之理，以至纖至悉无所不包，无所不備，是易之道也。

是故知幽明之故，原始反終，故知死生之説。

義曰：幽者，无形之謂也；明者，有形之義也。明則爲晝爲陽，幽則爲夜爲陰。夫聖人之作易，本準擬於天地，下總括於事物。鬼神之情狀，吉凶之萌兆，陰陽之運動，幽明之義理，莫不統包於其間矣。「原始反終，故知死生之説」者，夫易道深遠，知幽明之故，以原究事物之終始，反復天人之本末、萬物之榮枯、四時之變化，吉凶之兆，動静之理，以至死生之説，莫不知之。

精氣爲物，遊魂爲變，

義曰：精氣者，則爲陰陽精靈之氣也，氤氳積聚而爲萬物也；遊魂者，伸爲物之積聚，歸爲分散之時，則謂遊魂。夫天地之道，陰陽之精氣萃聚而生萬物。於萬物之間，受陰陽之精氣而靈者，則爲人。人受陰陽之精氣萃之於身，則有耳、目、口、鼻、心知、髮膚，而爲之體魄也。合於人身則謂之魂。故口能言，目能視，耳能聽，心能思慮，則謂之神。故用思慮、心知、才能，則謂之變。得精氣之多者則爲神，得精氣之少者則爲魄。及夫思慮既久，精神已倦，心知已勞，髮膚漸衰，用之太過，及其死也，體魄降於地，骨肉斃於下，精神散之於天則爲神，體魄散之於下則爲鬼，是天地之精氣萃聚於人身，則爲精神體魄矣。故左氏載子産之言曰：「心之精爽，是謂魂魄；魂魄去之，何以能久？」是言凡人得精氣之多者爲神，受精氣之少者爲魄，神魄萃之於身，久而必去，則精氣歸於天則爲神，骨肉斃於下，散而无所之則爲鬼。又禮記祭義曰：「氣也者，神之盛也；魄也者，鬼之盛也；合鬼與神，教之至也。衆生必死，死必歸土，此之謂鬼。骨肉斃於下，陰於野土；其氣發揚於上，爲昭明、焄蒿、悽愴，此百物之精也，神之著也。」是言人之生則精氣聚而爲神，死則骨肉散而爲鬼，而精魂改變，去形離體，則爲變化之道也。

是故知鬼神之情狀。

義曰：鬼神者，不疾而行，不言而信。視之弗見、聽之弗聞者，鬼神之道也。夫鬼神之道，本諸精氣體魄聚之而生，亦由骨肉體魄散之而有，冥冥然不知其所在。聖人以其爲无則曰不仁，以其爲有則曰不知，其有形狀可覩哉？然此言知其形狀者，蓋言易道至大，通於天地，達於幽明，不惟幽隱章顯之間，而易道可以見矣。

與天地相似，故不違。

義曰：此已下言易道廣大，盡生死之理、幽明之故也。夫天地之道，春生夏長，秋殺冬藏，包含萬彙，无小无大，高者下者，飛者走者，莫不生育之，故不可以一言而盡也。夫大易之道，陽剛陰柔，窮幽極遠，總括萬事，從无入有，至纖至悉，莫不總明之，故不可一言而盡也。推其本原，大易之道，皆聖人窮神盡性而作也。上則凖擬於天地，下則包言于人物，前乎天地則其道不過，後乎天地則其道不異，中於天地之間則其道若合符契而无違越，是易之道與天地相似者也。

知周乎萬物而道濟天下，故不過。

義曰：聖人无物不知，是知周也；天下皆養，是道濟天下也；萬事皆得其宜，是不過也。夫聖人以仁知之德才，能思慮周及萬物，至於纖介之類，皆蒙被之。又以仁義施及天下，使萬品之物、天下之人皆得其所，皆獲其濟，而又所行之事合於大中，无過无不及之事也〔一〕。

旁行而不流，

義曰：夫聖人中天下而立，正南面而居，拂其己之私邪，去其己之阿黨，所行之事中立而不倚，正行而不邪，以天下爲一家，以萬民爲一情，凡所動作，莫不會合大中之道而行之。此言旁行而不流者，蓋言聖人非善於一身，以至正之德，上符於天，下合於地，中合於人，无私无枉，无所不契，雖旁行於天下之間，亦无私邪、淫過、流蕩之事。所以然者，蓋至公至正而致然也。

樂天知命，故不憂。

義曰：順天施化是樂天，識物始終是知命。夫聖人順天施化，識物始終，以其不可改者，天命也。由是推測天道以知己命，至於富貴、壽考、貧賤、夭折皆繫於天，是以心无憂恤，雖在貧賤，亦不爲險詖之行；雖在富貴，不爲奢侈之心。故孟子曰：「莫之爲而爲者，天也；莫

〔一〕四庫本無「也」字。

之致而至者，命也。」是言人之性命之理、死生之道皆本於天，固无可奈何。然則富貴稟於天，死生繫乎命，既无可奈何，則宜順從於天道，樂天而知命，原始而思終，安静而居，則无憂恤也。

安土敦乎仁，故能愛。

義曰：安者，静也；愛者，養也。夫聖人稟天地之全性，五常之道皆出於中。天下有一物不被其賜者，若己内於溝壑，由是推己之性以觀天下之性，推己之仁以安天下之物，使天下之人、萬品之物皆安土而定居矣。人能安土，物既遂性，則父母、兄弟、親疎、上下递相親睦而敦仁愛之心矣。

範圍天地之化而不過，

義曰：範，謂模也；圍，謂周也；過者，違也。夫聖人粹天地之靈，中天地而立，觀天地之性，然後正己之性；觀天地之情，然後正己之情。凡所行事，皆模範於天地陰陽之端，至如樹木以時伐，禽獸以時殺，春夏則生育之，秋冬則肅殺之，使物遂其性，民安其所，是範圍天地之化而无過越也。

曲成萬物而不遺，

義曰：曲者，曲屈委細而成就萬物也；遺者，棄也。夫聖人宅天下之廣居，司萬物之性命，模範天地以施化，輔相天地以保民，雖事物之微、昆蟲之細，亦皆以仁信屈曲而成就之。至如綱罟以時，不麛不卵，是皆物之微細而不遺棄也。

通乎晝夜之道而知，

義曰：通者，无所不通之謂也。晝則爲明爲陽也，夜則爲幽爲陰也。夫聖人得天之正性，秀出於人上，與天地合其德，與日月合其明，通曉陰陽之宜，默運鬼神之奥，雖晝夜之道、幽明之理，无所不知，无所不曉。至如寒暑之代謝，星晷之相旋，陰陽之晦明，風雨之凄暴，未有不先知之矣。自此已上，皆言神之所爲，精氣爲物、遊魂爲變之事。聖人能極神盡慮，推幽測隱，无所不知也。

故神无方而易无體。

義曰：神者，陰陽不測，幽微不可以測度，故曰神；无方者，不見所處，運動不息，是无方也；易者，即周易也；无體者，唯變所適，往來不窮，是无體也。大天地之道，妙用无門；鬼神之道，寂然无迹。春生夏長，藏往知來，故不可以方隅而論之。夫大易之道，總括天地，包含萬象，惟變所適。道无常用，既不可以象類索，又不可以形器求，是亦不可以定體而論之也。是大易之道與天地之道相準，如鬼神之妙用也。

一陰一陽之謂道，

義曰：道者，自然之謂也。以數言之則謂之一，以體言之則謂之无，以開物通務言之則謂之通，以微妙不測言之則謂之神，以應機變化則謂之易，總五常言之則謂之道也。上既言天地之神，大易之道，窮變盡神，妙用无方，不可以方隅形體而求之，此又言天地生成之道也〔一〕。夫獨陽不能自生，獨陰不能自成，是必陰陽相須，然後可以生成萬物。故於冬至之日，陽氣下施，散而爲春夏，以生成萬物，以至洪者、纖者、高者、下者皆遂其生以盈滿於天地之間。然萬物既生，不可不成之，故於夏至之日，陰氣下施，散而爲秋冬，以成就萬物，以至洪者、纖者、高者、下者皆遂其性以成就於天地之間。是一陰一陽互相推盪，天覆而地載，日照而月臨，所以謂之道也。

繼之者善也，

義曰：夫天地之道，陰陽之功，生成萬物，千變萬化，以盈滿於天地之間，使高者得其高之

〔一〕四庫本無「也」字。

分，卑者得其卑之理。聖人得天地之全性，繼天地生成之功，以仁愛天下之物，以義宜天下之衆，使居上者不陵於下，在下者不過其分，是聖人繼天地〔一〕養物之功以爲善行也，故乾卦曰「元者，善之長」，是言天以一元之氣爲衆善之長，聖人繼其元善之功以理於物也。

成之者性也。

義曰：性者，天所禀之性也。天地之性寂然不動，不知所以然而然者，天地之性也。然而元善之氣受之於人，皆有善性，至明而不昏，至正而不邪，至公而不私。聖人得天地之全性，純而不雜，剛而不暴；喜則與天下共喜，怒則與天下共怒；以仁愛天下之人，以義宜天下之物；繼天下之善性，以成就己之性；既成就己之性，又成就萬物之性；既成就萬物之性，則於天地之性可參矣。是能繼天地之善者，人之性也。

仁者見之謂之仁，知者見之謂之知，

義曰：夫聖人得天性之全，故五常之道无所不備。賢人得天性之偏，故五常之道多所不備。或厚於仁而薄於義，或厚於禮而薄於信，是五常之性故不能如聖人之兼也。夫大易之

〔一〕四庫本無「地」字。

道，卦於伏羲，重於文王，爻辭於周公，是三聖人垂萬世法則之書，其間寫天地水火風雷山澤之象，本準擬於天地，統鬼神之妙用，惟變所適，量時制宜，故不可一義而求之也。若仁者見之則知聖人之仁，知者見之則知聖人之知，是各資其分而已矣。

百姓日用而不知，故君子之道鮮矣。

義曰：夫聖人得天地之正性，繼天地之行事，故无所不知，无所不明。賢人得天地之偏，又可以仰〔一〕及於聖人之行事。然聖人之道至深至奥，賢人尚可以偏窺之，至於天下百姓常常之人，得天性之少者，故不可以明聖人所行之事。夫大易之道，載聖人之行事，包乾坤之生育、鬼神之妙用、人道之終始，无不備於其間。聖人體其用，成其功業，發見於天下，則天下之人咸戴而行之，莫知所以然而然也。然而聖人君子雖能體易道以爲用，觀易道以施化，然能悟君子之道者亦鮮矣。

顯諸仁，藏諸用，

義曰：上言神之所爲，此論易道之大，與神功不異也。顯諸仁者，言道之爲體，顯見仁功，

〔一〕「仰」，原作「俯」，據四庫本改。

衣被萬物，是其顯也。；藏諸用者，謂潛藏功用，不使物知，是藏諸用也。夫天地之道，乾剛坤柔，日臨月照，春生夏長，秋殺冬藏，使萬物緜緜而不絶者，天地生成之仁也，然不知天地生成之用也。夫聖人之道恩涵澤浸，政漸仁煦，薄賦輕役，恤孤軫貧，使百姓安其土而不遷，勸其功而樂事者，聖人生成之仁也，然不知聖人生成之用也。大大易之道，寂然不見其體，杳然不見其形，以之悦懌生民，功業萬世，施爲德澤，則可以衣被萬物，是顯諸仁也。及夫推究原本，測度云爲，不見其迹，是藏諸用也。是大易之與天地鬼神无以異也。

鼓萬物而不與聖人同憂，

義曰：夫天地之道，以時而生，以時而殺，雷霆以鼓動之，風雨以滋潤之，使萬物洪者、纖者、高者、下者皆遂其性。或萬物之中，有夭折、暴亡、凶荒、札瘥者，皆任自然之理，不能憂恤之。夫聖人代天牧民，繼天之善，以仁義之道生成於天下，物之夭折、暴亡、凶荒、札瘥者，常如己内於溝壑之中。是天地之道，但能鼓舞於萬物，而不能憂恤於萬物也。；聖人能生成於萬物，又能憂恤於萬民也。惜乎聖人所不得者，天地之權也。故大易之道，載天地生成之理，而不能與聖人同憂也。老子曰「天地之道，氣猶槖籥，以萬物爲芻狗」者，此也。

盛德大業至矣哉！

義曰：此已下至「陰陽不測之謂神」爲一章。此是十翼之中第五章，今注疏之説，皆以謂「顯諸仁，藏諸用」而下至「道義之門」爲一章，今觀「顯諸仁，藏諸用，鼓萬物而不與聖人同憂」三句，皆言上文天地不測之事，故自此「盛德」已下至「陰陽不測之謂神」爲一章，自「夫易廣矣大矣」而下至「易簡之善」爲一章。盛德大業至矣哉者，夫天地之道，无所不生，无所不育，以生成之功言之，其德至廣而其功至大也。聖人法天之用，廣生成之道，萬物由之而通，政教由之而理，而又作工巧以便器用，立商賈以通有无，爲之綱罟則以畋以漁，爲之耒耜則以耘以耨，天下之人至於昆蟲草木，无不被其賜者，是聖人充盛之德、廣大之業至極矣哉！然必云盛德大業者，蓋施於行則爲德、行於事則爲業也。

富有之謂大業，

義曰：自此已下，覆説大業盛德，因廣明易與乾坤之事。夫天之生物，盈滿於天地之間，則謂之富。聖人法天之行事，布其德澤，施其教化，竭天下之財用，聚天下之民物，以爲之富有。富有天下，措當世於不拔，故謂之大業也。

日新之謂盛德，

義曰：夫天地之道，日往月來，陰極陽生，四時更變，寒暑相推，一日復一日，其德愈新，以至生成萬物，日日而盛大。聖人法此天地之道，增修其德，持循政教，適時之變，量事制宜，使其德日日盛大。

生生之謂易，

義曰：生生者，陰生陽，陽生陰也。天地之道、聖人之德，以富有言之則謂之大業，以日新言之則謂之盛德。而又生成之道，變化死生，生而復死，死而復生，使萬物緜緜而不絶者，天地、聖人之德業也。夫大易之道，盡七九八六之數，寫天地水火雷風山澤之象，總陰陽生殺之理，包人事萬物之宜，變而必通，終而復始，隨時之變，因事制宜，準擬天地之功〔一〕，則其功不異，是生生相續而不絶也。

成象之謂乾，

義曰：乾者，健也。夫天以一元之氣，仰而望之，其色蒼蒼然；下周於地，其狀如倚杵。南樞入地三十六度，北樞出地三十六度。一晝一夜，凡行九十餘萬里。自古至今，未嘗〔二〕有毫釐之差忒，亦未嘗有分毫之不及，以至生成萬物，皆以乾健而神其用，以成就萬物之形

〔一〕四庫本「功」作「間」。

〔二〕「嘗」，原作「常」，據四庫本改。本卦下同。

狀，非剛健之功則不能如是也。故伏羲始畫乾卦，皆取健用爲象也。

效法之謂坤，

義曰：坤者，順也。夫坤，地之道，承天之氣而始終萬物，无所不載，无所不生，皆效天而生育之。故伏羲畫坤之卦，亦皆取效坤順之義而名曰坤。然則必言「成象之謂乾，效法之謂坤」者，蓋萬物之生，必由天道剛健，然後成其形象；地道柔順，必得陽氣，然後順其物理。以人事言之，乾則爲君之象，坤則言臣之道，天下之事非君不能立，庶政之設非臣不能行也。

極數知來之謂占，

義曰：夫大易之道，總包天地，動賾鬼神，天下之事不言而自知，吉凶之道未萌而先見，皆聖人以蓍象之數占其事物之理，逆知來事之意，考其行事之驗，以成其文也。故下文所謂「將有爲也，問焉而以言，其受命也如響」，此之謂也。

通變之謂事，

義曰：夫暑往則寒來，陽生則陰伏，物之所以理，事之所以通，生而後滋，周而復始，皆自於變化之力也。故黄帝通其變，使民不倦；神而化之，使民宜之。易窮則變，變則通，通則久，是皆自通變之道，然後成天下之事也。

陰陽不測之謂神。

義曰：夫萬物之生，皆由天地陰陽之功以生成之。然生成之道周而復始，極而復生，不言而信，不疾而行，以至變化之理及究其生育之形，不可得而知也。

夫易廣矣大矣，

義曰：自此已下至「易簡之善配至德」爲一章。此十翼之中第六章，贊明大易之道至廣而至大也。夫易變化極於四遠〔一〕，是廣矣；窮於上天，是大矣，故下文云「廣大配天地」是也。

以言乎遠則不禦，

義曰：遠者，四遠之外而不禦止也。夫大易之道至廣而至大，極天地之淵藴，盡人事之終始，推於天下則天下之事无不備，施之萬世則萬世之事皆可知，窮於四遠則四遠之處不能以禦也。

〔一〕四庫本「遠」作「達」。

以言乎邇則静而正，

義曰：邇謂近也。夫邇近之地，目所可覩，耳所可聞，思慮之所可及之處也。故大易之道，雖於邇近之間，窮理盡性，耳目之所覩，思慮之所及，寂然不見其形，杳然不見其迹，雖邪僻之不能干，至於幽，至於静，默然而得其正者，大易之道也。

以言乎天地之間則備矣。

義曰：言大易之道至廣而至大，以言乎遐遠之間則不可禦止，以言乎邇近之處則其道静默，以言乎天地變化之道則无所不備矣。

夫乾，其静也專，

義曰：乾者，天之用也。夫乾之體，至剛至健，一晝一夜凡行九十餘萬里，其剛健之德也如此夫。然而生育之時，雖純陰用事，而坤道承陽之氣以發生萬物，雖當純陰用事之時，而陽氣凝然静默，任其專一之道以生於物也。

其動也直，

義曰：直謂正直也。言乾之用，雖未生萬物之時，其静也專。及其陽氣下降於地以生萬物，其運轉則四時不忒，寒暑无差，剛而得正。

是以大生焉。

義曰：言天地之道，以其專一至静之德，運動而不失其正，是以能大生於萬物也。

夫坤，其静也翕，

義曰：翕者，斂也。夫坤之道，凝然在下，承天陽之氣以生於萬物，當陽氣未降之時，則翕斂其氣，閉藏其用也。

其動也闢，是以廣生焉。

義曰：夫坤之道，凝然在下，翕斂其氣，閉藏其用而不動。及其陽氣下降之時，開闢其用，承陽之氣以生於物，是以其生育之道至廣而无限極也。

廣大配天地，

義曰：此已下申明大易之道也，言大易之道至廣而至大，无所不包，无所不備，上可以配之於天，下可以周之於地，其道至深而至遠也。

變通配四時，

義曰：夫易之道至幽至賾，惟變所適，生而不絶，周而復始。變通之道无所常定，亦可以配於四時。至如乾坤之道，生殺之理，春則生之；生之不已，必夏長之；長之不已，必秋成之；成之不已，必冬幹之。是四時生殺，皆有其時而變通。易有變通之理，所以配於四時也。

陰陽之義配日月，

義曰：夫易之中有陰陽，猶乾坤之有日月。夫日者，是至陽之精，照於晝而爲明；月者，是至陰之精，照於夜而爲明。故大易之道，變通之理，有剛有柔，有陰有陽，猶乾坤之有日月，運其寒暑，以成晝夜。

易簡之善配至德。

義曰：夫大易之道包含萬象，至纖至悉，无所不載。然而其道簡易，不尚煩勞，可以配天地之至德也。

子曰：易其至矣乎！

義曰：此已下至「成性存存，道義之門」爲一章。此贊美易道至大至廣也。

夫易，聖人所以崇德而廣業也。

義曰：夫大易之道至廣而至極，上可以括天之高明，下可以包地之博厚。聖人用之，可以增崇其至德、廣大其功業也。

知崇禮卑，

義曰：夫萬物之理，萬事之原，不能出於聖人之知。然聖人之知，必由禮而修飾之，故知崇則如天之高，至貴而人莫能及；故禮卑如地之下，至微而人不能出。是至崇者不能及於知之高，至卑者不能出於禮之用也。

崇效天，卑法地，

義曰：言聖人之知崇而上效于天，禮卑而下法於地。知以幽遠爲上，則爲崇；禮以卑退爲本，故爲卑也。

天地設位而易行乎其中矣。

義曰：夫天以純陽之氣積於上，地以柔陰之氣積於下，天地初判，二位既設，則大易之位、萬物之情以行於天地之間矣。

成性存存，道義之門。

義曰：性者，天所稟之性也；存存者，不絶之貌也。夫人稟天地之善性，至明而不昏，至正而不邪，至公而不私。若能觀天之性而成就己之性，則可以生成於天下，以盡萬物之性，使萬物之性存存而不絶，而道義之門自此塗而出也。若夫不能觀天之性以正己之性，則陷於邪佞而放僻之事從而至矣，如是則不能成其道義之門，不能開通其物。故此大易之道準擬於天地，至公至正，无私无曲，成其治性之道，存存而不絶；成其道義之門，爲人之所出入而取法也。

聖人有以見天下之賾，而擬諸其形容，象其物宜，

義曰：自此已下至「負且乘，致寇至，盜之招也」爲一章，注以謂至「其臭如蘭」，則非也。上既言易道變化，神理不測，此又明聖人見天下之賾，以成萬物之形象也。賾者，幽賾也，人之難見者也。言聖人推測天下之幽賾，以擬度萬事之理，以準擬萬物之形容，以象萬物之所宜，使皆各得其宜，各順其性。至如剛之理則擬乾之形容，柔之理則擬坤之形容；艮之性則言其止，震之性則言其動；陽物則言其剛，陰物則言其柔。若泰卦則言泰之形容，象其泰之物宜；若否卦則言否之形容，象其否之物宜。其六十四卦之中，皆有所象矣。

是故謂之象。

義曰：此已上結成卦象之義也。夫言聖人因擬度萬物之形容，以象萬物之所宜，是故謂之象。象者，即文王所作彖辭，以明一卦之象也，則謂之象。然六十四卦之中，皆謂之象，故前章云「象〔一〕者，言乎其象也」。是言聖人因推測天下之理，以明萬物之宜，故謂之象也。

聖人有以見天下之動，而觀其會通，以行其典禮，

義曰：動，謂變動也；會，合也；通，謂通變也。言聖人觀此諸卦爻之變動，明其吉凶得失之要，以觀天地萬物會合變通之事，其有合於理、通於道者，則爲之常禮而行之；其有悖於理、違於道者，則舍而去之。是聖人明六十四卦動靜之理、變通之事，會合其典禮者也。

繫辭焉以斷其吉凶，是故謂之爻。

義曰：夫六十四卦有剛有柔，有變有動，會合於典禮者，則爲吉；不會合於典禮者，則爲凶。然而其義幽微，常常之人不能明曉耳。是以聖人於諸卦諸爻之下各繫屬其文辭以解釋之。若陽居陰位則言其吉，若陰居陽位則言其凶；或近而相得則言其吉，或遠而不相比則言其凶；或居泰之時而行君子之事則吉，或居夬之時而行剛壯之道則凶。是皆觀天下之變動，合剛柔之常理，而繫屬其辭以斷定其吉凶之效也，是故謂之爻。爻者，效也。效諸

〔一〕「象」，原作「卦」，據文意改。

物之變動，明萬事之常理，得其正者爲吉，失其位者爲凶，是吉凶之效，自爻之動静而見也。故上章云「爻者，言乎變者也」。

言天下之至賾而不可惡也，

義曰：此覆説上文聖人見天下之賾也。夫小人之性，爲讒爲諂，常有害君子之心。然君子之人，凡所作事，使小人不得間而窺，不得伺而疑，故所行之事，坦然而行，小人不能以惡忌也。故大易之道，廣之如地，高之如天，君子、小人之道无不備載於其間。然雖有黜小人之辭，然无心專在於小人，但人事得失皆備言之，故雖小人之心，亦不能惡大易之道也。

言天下之至動而不可亂也。

義曰：此覆説上文聖人見天下之動也。夫天下之動，吉凶是非，姦邪情僞，莫不錯雜於其間。既姦邪情僞錯雜於其間，則天下從而亂矣。今此大易之道，亦无心於聖人。惟天地之通變，人事之終始，有會合於典禮者則爲吉，悖亂於常道者則爲凶，其文皆散在諸爻之下，以明變動之理，雖小人之情僞，亦不能錯雜而紛亂之。

擬之而後言，議之而後動，擬議以成其變化。

義曰：擬之而後言者，此覆説上文天下之至賾而不可惡也；議之而後動者，此覆説上文天下之至動而不可亂也。言聖人觀天下之運動，明人事之得失，一言之出，必深思遠慮，然後行之，何哉？蓋言之有善有不善，若擬而出之則其言必善，若不擬而出之則其言或有不善，必須擬而出之，則言滿天下无口過也〔一〕。至〔二〕夫人動靜之間，亦須合於道。若議論而動之，則无悔吝矣；若不議論而動之，則悔吝有時而至焉；若議而動之，雖行滿天下亦无怨惡也。若能言動之間，擬之而後爲，議之而後行，則深思遠慮，久而必精，則可以通天下之變化，爲天下之法則者也。

鳴鶴在陰，其子和之；我有好爵，吾與爾靡之。

義曰：上既言擬議於善則善應之，擬議於惡則惡應之，是猶鳴鶴之在陰，其同類者必相應之也。夫鳴鶴在陰者，此中孚之卦九二之爻辭也。夫中孚之九二上應於九五，當中孚之時，二、五以至誠相應，用心不私，然雖爲六三、六四以陰柔間厠於其間，進无所適，退无所遇，二、五雖不得相會，然至誠相待，終得其應，此中孚之時卦象之如此也。是猶鳴鶴之在幽陰之中，而聲聞於外，其子從而和之也。「我有好爵，吾與爾靡之」者，亦是言至誠相待之

〔一〕四庫本無「也」字。
〔二〕四庫本「至」作「故云」。

故也。夫美好之爵，不自獨有，宜與爾同類之人共分而靡之。是言結之深，用心不私，至公至正也。然此引而證之者，蓋明聖人之言行，當擬議而行之，言之善者則善者應之，言之惡者則惡者應之。

子曰：君子居其室，出其言善，則千里之外應之，況其邇者乎？

義曰：此孔子因言聖人之言出於其近以行於遠，出於其內以及於外，出於其身以行於人也。故君子之人，凡居其室，出一善言，可以爲天下之法，可以興天下之利，雖千里之遠，而人皆從之，況於邇近之人乎？

居其室，出其言不善，則千里之外違之，況其邇者乎？

義曰：言君子之人，凡居其室，出一言不善，則不可爲天下之法，不能除天下之害，不能興天下之利，則千里之人皆違而不從之，況邇近乎？

言出乎身，加乎民。行發乎邇，見乎遠。言行，君子之樞機。

義曰：樞者，户樞，司其通塞之道；機者，弩牙，主其矢之中否也。夫言户樞之發，或明或暗，主其通塞之道；弩牙之發，或中或否，主其發矢之中。猶君子之人，言行〔一〕有善有

〔一〕原無「行」字，據四庫本補。

不善者也。夫君子之言行，出之於身，行之於外，自邇而及遠，由中而及外。若發而爲善，則天下從而法則之；若發而不善，則天下從而違去之。是言行之出，爲命爲令，有得有失。若户樞之主通塞，猶弩牙之有中否，中則爲天下之榮，否則爲天下之辱。是言行者，君子之樞機也。

樞機之發，榮辱之主也。

義曰：言行者，本由君子之出。發之中與不中，是榮辱之主也。

言行，君子之所以動天地也，可不慎乎？

義曰：夫君子之言行，有善有不善，必當思慮之。若思之不精，慮之不深，則言之不善矣。善與不善，皆動之於天地也。故書曰：「天聰明自我民聰明，天明威自我民明威。」言天體雖高，而下聽於卑矣。夫君子之言，善則爲號令，以除天下之害，以興天下之利，天下之人和樂而從之。民既和之，則善聲動於天。善聲動於天，則上天降其福。若言之不善，不能興天下之利，不能除天下之害，則天下之人嗟怨而不從之。天下之人既嗟怨而不從之，則怨氣瀆於天。怨氣瀆於天，則上天降之以禍。是君子之言行，出則動乎天地，必當精心而致思之，可不戒慎乎？

同人，先號咷而後笑。

義曰：此是同人九五之辭，言同人之九五下應於六二，然有九三、九四爲己之寇難。六二以至誠相待，雖爲三、四寇難，終得爲正應也。然此引之者，凡易之辭有理義未盡者，孔子復引而明之。言同人之九五，始爲三、四寇難，不得與二爲應，是先號咷也。然二、五至誠相應，終得會遇，是後笑也。故因此言行陳其至誠之道，故引以爲義也。

子曰：君子之道，或出或處，

義曰：夫君子之人懷才抱道，有經邦濟世之才，若遇其時，遇其君，則進登王者之朝，以濟天下之民，故曰或出。若不遭其時，不遇其君，則守其至正之道，待時而動，故曰或處。

或默或語。

義曰：夫君子之人，凡居於室，不可以妄語，但寂然不言，默然不語。或當可言之時，必精思而慎慮之，然後可言也。夫如是，雖言滿天下，无口過，行滿天下，无怨惡，使天下之人莫不悦而從之，而其心一歸於大中之道也。然則君子之人同類相應，同心相得，不必同其道然後言之。至如禹、稷事於堯朝，憂天下之饑如己之饑，憂天下之溺如己之溺。又顔子一簞食，一瓢飲，在陋巷，人不堪其憂。孟子謂禹、稷、顔回同道。又如箕子佯狂，殷紂，微子去之，比干諫而死，是皆其心異而其道同也。惟君子之言，必當擬而後言，議而後動，則語默出處自然合於道矣。

二人同心，其利斷金。

義曰：金者，至堅之物也。夫君子之人推誠以待物，則物以至誠待於己。凡是同心同類之人，皆感悦而從之，不必求同於己之道者，但其心一同則可也。至如二人同心，合謀共慮，成天下之能事，雖至纖至悉之利，亦可以斷截堅剛之金，是同心之人至利者也。

同心之言，其臭如蘭。

義曰：臭者，香氣也；蘭者，香草也。言君子之人既能同心同德，合謀共慮，吐言發語有馨香之臭，氣如芝蘭之馥郁芬芳，以達於天地之間也。

初六，藉用白茅，无咎。子曰：苟錯諸地而可矣。藉之用茅，何咎之有？慎之至也。

義曰：自此已下，當連上文爲一章。注疏以此爲第七章之始，非也，當連上文則是。此是大過初六之爻辭也。夫大過之時，政教陵遲，紀綱廢墜，上下失道，本末衰弱，惟是有大才德之人過越常分以拯救之。然聖賢之人，雖過越常分以拯救天下之事，然居事之始，不可不慎重之。苟不能慎重之，則害於成事而以災其身。夫置器於地，必安全而无傾覆之事。

今置器於地，又以潔白之茅薦藉之，是過慎之至也。既過慎之，則安全而无傾覆也。故孔子因論君子擬議其言行，故以此明慎事之始，如置器於地，又藉以白茅，是慎之至也，何咎之有乎？

夫茅之爲物薄，而用可重也。慎斯術也以往，其无所失矣。

義曰：夫茅之爲物，雖柔弱菲薄，然祭祀之時，必取而爲用，以薦藉宗廟之靈。雖爲物甚微，然有潔白柔順之質，其用也重矣。聖人因其慎事之始，又取茅之所用之重，以明慎重之術，以此而往，則无所失。且大過之事尚且如此，况於小小之事乎！

勞謙，君子有終，吉。

義曰：此是謙卦九三之爻辭也。夫謙之九三，以陽居陽，在下卦之上，以位言之，則居得其正；以身言之，則在人臣之極位。上奉於君，下在百官之上，其責至重，其職非輕，是以上則勞謙以事於君，下則勞謙以接於人，不以勤勞爲慮，常惟曠官之責。夫如是，是「勞謙，君子有終」者也。然則必言君子之終者，何也？夫小人之性亦有謙順之時，然其心易變，朝行而夕改，不能終始而行之。唯其君子之人慎始至〔一〕終，有其本末，故云君子終吉也。

〔一〕「至」，原作「知」，據四庫本改。

在古之時，惟周公可以當也。夫周公是文王之子、武王之弟、成王之叔，當周之時而相武王伐紂，一戎衣而天下定；迨夫成王幼弱，已居三公之責，攝天子之位，握天下之重權，位非不尊也，權非不重也，天下非不歸也，而周公盡人臣之忠節，竭人臣之思慮，以事於冲君，復制禮作樂，朝諸侯於明堂，天下臣民陶然而歸之，然周公之心，猶且吐哺握髮以下白屋之士，上盡忠節以奉於君，下盡謙恭以下於人。自古至今，未有如周公之德者也。

子曰：勞而不伐，有功而不德，厚之至也。

義曰：此孔子因言君子勞謙以成功業，又不自矜伐其功、逞己之德、稱爲己善者也。在古之時，惟夏禹可以當也。夫夏禹事於堯舜之朝，洪水滔天，浩浩懷山襄陵，下民昏墊，天下之人物幾魚鱉矣。而禹獨以聖人之德，盡己之力，竭己之謀慮，周行天下，疏河決導，尋源分派，以通水之性，成其功業，天下之人得免魚鱉之患，此禹功之最大者也。自古至今，天下莫有及禹之功者也。然禹不自以爲功，故舜舉之曰：「汝惟不伐，天下莫與汝争功；汝惟不矜，天下莫與汝争能。」是大禹不自矜伐其功德也，此是德厚至極者也。

語以其功下人者也。

義曰：上既言勞謙，君子有終，有功而不德，故此大易之道語説謙卦之九三，能以謙順之功卑下於人者也。

德言盛，禮言恭。

義曰：夫君子之德，以盛爲本，苟不盛大之，則不足以爲德，故德言盛者，取其日新之謂也。禮言恭者，夫君子之行禮必以謙順爲本，以恭敬爲先，苟不能恭敬而行之，亦不足謂之禮，故禮言恭者，取其恭順之謂也。

謙也者，致恭以存其位者也。

義曰：夫君子之人，在人臣之極位，處百官之上，必當盡恭順之節以事於君，懷恭順之誠以接於下，然後可以存乎其位也。若居人臣之極位，在百官之上，不能盡恭順之節以事於君，不能懷恭順之誠以接於下，則不能保其禄位也，必須致恭，然後可存其位也。

亢龍有悔。子曰：貴而无位，高而无民，賢人在下位而无輔，是以動而有悔也。

義曰：上既明謙德保位，此明无謙則有悔也，故引乾卦上九之辭以證之。夫乾之上九處一卦之極，過於九五，在窮極之地，是知進而不知退，知存而不知亡也。夫君子之人若能居富貴之位，不自高亢，執其謙順，則可保其位而獲吉也；若不能謙順，是爲亢龍之悔咎矣。「子曰：貴而无位，高而无民」者，夫人君之位止於九五，今上九之爻過於九五，失其中道而在窮極之地，是天下之民不與也，故云「貴而无位」。高而无民者，夫欲率天下之民，莫非有才有位，然後可以无悔。今上九已過中道，越於九五，雖居德位之尊，奈何天下之民皆歸於九五，上九之爻則是高而无民也。「賢人在下位而无輔，是以動而有悔也」者，夫天下之賢，患乎不用；既得其用，患乎不才；既有其才，患乎无君；既有其君，即盡忠竭節以事之。今上九之爻過於九五，在窮極无位之地，則是无權之人也。雖天下賢才至衆，但甘於藜藿，處於蒿萊，不輔於上九過亢之人也。是以上九動靜之間，必須有其悔吝也。

不出户庭，无咎。

義曰：此節卦初九之爻辭也。上既言乾之上九不知進退，恃其崇高之位，生其驕亢之心，以至其道窮極，動有悔吝。此又言聖賢語默之間必當周密，故引此節卦初九之辭以證之。夫節之爲道，節人之情，防人之欲，禁民之非，止民之僞。大下之所惡聞，人情之所不願者也。凡君子之人，爲節之道，必當慎重而周密，不可使人窺覰。若一漏洩其幾，則人之情僞姦詐萬狀叢然而生，壞於成事，如是則法出而姦生、令下而詐起耳。故君子凡節天下，不可不周密之。苟能周密慎重，不露其芒角，使小人不得間而窺，則可免其過咎矣。

子曰：亂之所生也，則言語以爲階。

義曰：階者，梯階，人之所履也。夫亂之所生也，皆言語以爲之梯階。夫君子之人排斥姦邪，創立制度，必當慎其言語。苟言之不慎，則亂之所由矣。是故亂之生，皆自言語以爲之梯階也。

君不密則失臣，

義曰：夫爲臣之道，盡忠竭節以諫於君，或興天下之利，或除天下之害，或斥言姦邪，或指陳僭忒，與君同謀共慮。君不能慎密，彰露其事，爲衆所共聞，則人生嫉妬之心，以至失臣之身也。

臣不密則失身，

義曰：夫人欲興天下之利，除天下之害，成一時之功，爲萬世之法，以鼎新天下之法制者，必當慎其幾、藏其密也。苟言行之有虧失，聞之於外，爲人之所疾害，則是自害失其身也。

幾事不密則害成，是以君子慎密而不出也。

義曰：言君子之人，幾密之事不可不慎。苟一漏洩其幾，爲小人之所窺覩，則姦邪互生，情僞交作，害廢於成事，敗壞於法制，如是則天下從而亂矣。是以君子凡立成事，謀議姦邪，不可不爲之慎密，是以君子慎密而不出也。

子曰：作易者其知盜乎？

義曰：此又言人之愛惡相攻，遠近相取，盛衰相變，情僞相易，釁隙相乘，而成寇盜之事。故孔子因言易中知寇盜之事乎，故發而問之曰：「作易者其知盜乎？」

易曰：負且乘，致寇至。

義曰：此解卦六三之辭也。夫解難之時，承蹇難之後，君子有才有位者，則可以釋天下之難。六三之爻，以陰柔之質居於陽位，以位言之則不中也，以身言之則不正也。夫以陰柔不中不正之小人而居君子之位，行其諂佞之行，荼毒良民，不可以久居其位，必爲盜之所奪，人之所不與焉，故曰「負且乘，致寇至」。

負也者，小人之事也。乘也者，君子之器也。小人而乘君子之器，盜思奪之矣。

義曰：負者，是負擔之小人；乘者，君子所乘之車也。夫人臣之位，佐君澤民，須賢者居之，則天下之人受其賜而太平之功可致矣。夫君子之器，必君子居之。若以負擔之小人而乘君子之器位〔一〕，不惟天下之所厭棄，抑亦爲寇盜之所爭奪也。

〔一〕四庫本無「位」字。

上慢下暴，盗思伐之矣。

義曰：夫小人居君子之位，驕慢在下之人，暴虐爲政，不唯盗之所奪，抑亦爲盗之侵伐矣。然則居人臣之位，處百官之上，必當任賢使能以居其位。今小人居君子之位，此蓋在上之人不能選賢任能，遂使小人乘時得勢而至於高位，非小人之然也，蓋在上者選之不精也。

慢藏誨盗，

義曰：夫爵禄之位，寶器之物，必當慎而藏之。苟不能自寶藏之，常守不謹，則是教誨竊盗之人以取之，是自己之招也，非盗賊之然也。

冶容誨淫，

義曰：冶者，夭冶也。夫强暴之男，不能侵人之正女。今女子不能内守閨門之行，反自妖冶其容、粧麗其色，使外人之窺覩而生不軌淫慾之心，是教誨淫者，使侵于己也。此蓋非外物之然，蓋己身之不正所招也。至如小人在位，不能慎守其身，貪殘荼毒，恃其崇高，耽其驕慢，以至爲寇之所奪，亦由己之所招也，故復引易「負且乘」云。

易曰：負且乘，致寇至。盗之招也。

義曰：言小人乘君子之位，必爲盜之所奪〔一〕者，蓋由己身不正而然也。然則上文首尾皆稱「易曰負且乘」者，蓋欲人慎重其事，故再言之。

【大衍章釋義】

義曰：按此一章有脱落之處，亦有倒錯之文，何以知之？按下文云「子曰：知變化之道，其知神之所爲乎」，下文又不言變化之道。又一章言「天一地二，天三地四，天五地六，天七地八，天九地十」，下文又不言天地之事。大衍之數五十有五，而經文止言四十有九。以此推之，則此文倒錯而脱漏矣。今當先言「子曰：知變化之道者，其知神之所爲乎」，次言「天一地二，天三地四，天五地六，天七地八，天九地十」，又次言「天數五，地數五，五位相得而各有合。天數二十有五，地數三十，凡天地之數五十有五，此所以成變化而行鬼神也。乾之策二百一十有六，坤之策百四十有四，凡三百有六十，當期之日。二篇之策，萬有一千五百二十，當萬物之數也」，次言「大衍之數五十有五，其用四十有九。分而爲二以象兩，掛一以象三，揲之以四以象四時。歸奇於扐以象閏，五歲再閏，故再扐而後掛。是故四

〔一〕「奪」，原作「盜」，據四庫本改。

營而成易，十有八變而成卦。八卦而小成，引而伸之，觸類而長之，天下之能事畢矣。顯道神德行，是故可與酬酢，可與祐神矣」。

子曰：知變化之道者，其知神之所爲乎？

義曰：此言大易之道知變化之理，知神所爲也。夫天地生成之道，變化萬品，春生夏長，秋殺冬藏，自然而然，莫知其變化神用之理。故大易之道知其變化之理，其知神之所爲乎？

天一地二，天三地四，天五地六，天七地八，天九地十。

義曰：此言天地生成之數也。夫天以一生水，生數一；地以二生火，生數二；天以三生木，生數三；地以四生金，生數四；天以五生土，生數五。此是天地之生數也。如是則陰无匹，陽无耦，故地以六成水，故成數六；天以七成火，故成數七；地以八成木，成數八；天以九成金，成數九；地以十成土，成數十。陰陽有匹而物乃成，故謂之成數也。然數之所起，本起於陰陽，陰陽往來，見於日道。十一月冬至，日南極，陽來而陰往。冬，水位也，以一陽生爲水數。五月夏至，日北極，陰進而陽退。夏，火位也，當以一陰生爲火數。陰不名奇，數必以偶，故以二陰生爲火數也。自冬至以及夏至，當爲陽來。正月爲春，木位也。三陽已生，故爲木數。夏至以及冬至，當爲陰進。八月爲秋，秋，金位也。四陰已生，故四爲金數。三月春之季，季，土位也。五陽以生，故五爲土數。此其生數之由也。故五行始於水而終於土者，此也。然則天是純陽，故爲奇，而稱九。地是純陰，故爲偶，而稱十。是奇偶之數以分陰陽之象，故陽數奇者，一、三、五、七、九是也；陰數偶者，二、四、六、八、十是也。故天地奇耦之大數，總而言之五十有五。陽數奇，故其數二十有五；陰數偶，故其數三十。是以天一加天三是四，四又加其天五是九，九又加其天七是十六，十六又加其天九是二十五數也。地數自二者，自二加其地四是六，六又加其地六是十二，十二又加其地八是二十，二十又加其地十是地數三十也。是以天地之數五十有五，以成變化之道，以盡生成之數，所以成天下之務，故天之數合而成二十有五，地之數合而成〔一〕三十。自天一至九〔二〕是天之五數，自地二至十是地之五數也。故言天數五，地數五。

天數五，地數五，五位相得而各有合。

義曰：自天一合於地之六爲水，自地二合於天之七爲火，自天三合於地之八爲木，自地四合於天之九爲金，自天五合於地之十爲土，是五位相得而各有合者也。

〔一〕四庫本無「成」字。
〔二〕「九」，原作「五」，據文意改。

天數二十有五，

義曰：言天之數奇，自一、三、五、七、九合爲二十五也。

地數三十，

義曰：言地數偶，自二、四、六、八、十合而爲三十也。

凡天地之數五十有五，此所以成變化而行鬼神也。

義曰：此已下聖人因其揲蓍，以考天地幽賾之事，明其天地萬物之理，故以蓍草之數占之，以明陰陽之用也。言天地之數，自二十五至三十，總而合之，則有五十五數，以成陰陽奇耦之數，成其變化之道、萬品之數，而行乎鬼神之幽賾者也。

乾之策二百一十有六，

義曰：夫乾坤二卦，陰陽之象，陽爻奇，故一爻有三十六策；陰爻偶，故一爻有二十四策。自乾坤而下，凡三百八十四爻，陰陽之數相半，故陽爻一百九十二，陰爻亦一百九十二，總而言之有三百八十四爻，故乾爲老陽，一爻有三十六策，二爻是七十二策，三爻是一百單八策，四爻是一百四十四策，五爻是一百八十策，六爻是二百一十有六策也。

坤之策百四十有四，

義曰：夫坤爻偶，故一爻有二十四策，二爻有四十八策，三爻有七十二策，四爻有九十六策，五爻有一百二十策，六爻有一百四十四策。是乾坤之十二爻，奇偶之策，總而言之有三百六十。是故聖人因其乾坤奇偶之數成爲一歲，凡三百六十日也。

凡三百有六十，當期之日。

義曰：夫乾坤之策，凡三百有六十，聖人因之以成爲一歲。一歲之内，凡三百有六十日。然天之有三百六十五度四分度之一，故月行速，一月一周天；日行遲，一歲一周天。若以全數言之，則一歲三百六十日餘其六度，又一歲有六小月，三年之中餘三十六日，故爲一閏。一閏之中又餘六日，又於五年之中積其二十四日，合前六日，成三十日，又爲一閏，是五歲再閏也。此言期之日，爲一歲之期也。

二篇之策，萬有一千五百二十，當萬物之數也。

義曰：二篇者，言乾坤上下之二篇也。夫伏羲畫八卦已後，文王重爲六十四，以其易道廣大，卦義淵深，乾坤能始生萬物，故以乾坤爲上經之首；以坎離而終之，故爲上篇之終。自咸恒明人事之大，故爲下篇之首；以既濟未濟而終之，故爲下篇之終。凡此上下二篇，有三百八十四爻，陰陽之數各半，故乾之爻一百九十二，坤之爻亦一百九十二。凡陽爻三十六策，十爻是三百六十策，一百爻是三千六百策，二百爻是七千二百策，却於二百爻中退八爻，三八二十四，除却二百四十策，又六八四十八，又除四十八策，是乾之爻一百九十二爻，都總策數是六千九百一十二策；陰爻亦一百九十二爻，每一爻策數是二十四策，十爻是二百四十策，一百爻是二千四百策，二百爻是四千八百策，却於二百爻内除了八爻，二八一十六，是一百六十策，又四八三十二，又除三十二策，内有一百九十二爻，都總策數是四千六百八策也。以乾之六千九百一十二策合坤之四千六百八策，都合爲一萬一千五百二十策，以象萬物之數矣。然則陰陽奇偶之數，其中有萬有千，有百有十，故可以極天下之務，成天下之事。夫萬物之數，无所不備矣。然此皆是老陰老陽之數也，而乾坤之間，亦有少陰少陽之數也。故少陽之數七，四七二十八，是少陽之數也；少陰之數八，故四八三十二，是少陰之數也。自二十八至十爻二百八十，一百爻是二千八百，二百爻是五千六百策，又於二百爻内除八爻，二八一十六，一百六十策，又八八六十四，是六十四策，除了二百二十四策，内有五千三百七十六策。少陰之數三十〔一〕二，十爻三百二十，一百

〔一〕「十」，原作「百」，據文意改。

爻三千二百，二百爻六千四百策，却於二百爻内除了八爻，三八二十四，二百四十策，又二八一十六，一十六策，内有六千一百四十四策，共計少陰少陽之數一萬一千五百二十，當萬物之數。是少陰少陽與老陰老陽，其數皆一也。此不言少陰少陽，止言老陰老陽者，蓋易以變爲占，言其變則神其用，舉其大則明其小。蓋老陰老陽、少陰少陽其數皆一，亦有萬一千五百二十，當萬物之數。故但言老陰老陽，而少陰少陽從可知矣。然必曰老陽老陰、少陽少陰者，蓋陽以老爲尊，陰以少爲貴。

大衍之數五十，其用四十有九。

義曰：按此大衍之數，當有五十有五，何以明之？按上文言「天一地二，天三地四，天五地六，天七地八，天九地十」，是天數二十有五，地數三十，總而五十有五也。今經文但言五十者，蓋簡編脱漏矣。然則天地生成之道始於太極，是故聖人因其天地生成之道、自然之理積其成數，總而五十有五，以明天地之大法。今注疏之説，但言其用五十，殊不知天地生成之數。上言「天一地二，天三地四，天五地六，天七地八，天九地十」之數，上文既言五十有五之數，豈得止言五十哉？此注疏之非也。歷代以來，言之者甚衆，京房則五十者謂十日、十二辰、二十八宿也。凡五十，其一不用者，天之生氣將欲以虚來實，故用四十九焉。馬季長云：易有太極，是北辰也。太極生兩儀，兩儀生日月，日月生四時，四時生五行，五行生十二月，十二月生二十四氣。北辰居位不動，其餘四十九轉運而用也。荀爽則曰：卦各有六爻，六八四十八，加乾坤二用，凡有五十。乾初九潛龍勿用，故用四十九也。鄭康成則曰：天地之數，五十有五之數。五十有五者，其六以象六畫之數，故減之用四十九。王弼則曰：演天地之數，所賴者五十，其〔一〕一不用者，以其虚无，非所用也。子夏則曰：其一不用者，太極也。无可名之，謂之太極。此皆殊无所據，獨鄭康成、姚信、董過三人皆言天地之數五十有五，然而又不知四十九之用。今注疏之説但言聖人推測天地之數，止用五十，非數而數以之通，不用而用以之成。又言虚一以象虚无之氣，此皆近於莊、老空空之説，以惑後世。今止取五十有五之數，以其上文既言天數二十五、地數三十，是天地生成之數、自然之理，萬有一千五百二十，陰陽奇耦之數，天下人事之理，萬事之情，萬品之物，无不總此生成自然之數。然而其所賴者四十有九，何則？夫天數二十五，地數三十，是老陰老陽之數也。以數言之，陰數多於陽數，而陰者是臣之象也，陽者是君之象也。今地

〔一〕「其」，原作「以」，據四庫本改。

數三十，陰之盛於陽，臣之盛於君，子盛於父，卑盛於尊，此至逆之象也。是故聖人因其天地生成之數、自然之理，酌其老陰老陽之數，以其陰不可過於陽，臣不可盛於君，故於地數三十之中去其六策，又合於坤之一策二十四，遂以地數以卑爲尊，故去其六數，止以二十四合於天數二十五，共爲四十九數。取其陰下於陽、臣下於君、子下於父、卑下於尊，此是至順之道也。故其用四十有九，然後可以神其用矣。

分而爲二以象兩，掛一以象三，揲之以四以象四時。

義曰：夫大衍之數，始本五十有五，然其所賴者四十有九。然四丨九數未分之時則爲一，以象太極，天地未判之際。次分而爲兩，以象陰陽分剖之理，於左手則爲陽，於右手則爲陰。然陰陽既分而人事未備，又於左手之中掛其一於小指之間，以象三才，言天地人事萬品之類皆備於其間。又揲數之以象四時者，又以左右手握之四數之，以象天之有春夏秋冬，四時運轉，寒暑往來，不絶之義也。

歸奇於扐以象閏，五歲再閏，故再扐而後掛。

義曰：言既揲數之，其有餘者則歸之於左手所掛一之處，以象其閏。然則天之有三百六十五度四分度之一，日行遲，一歲一周天；月行速，一月一周天。以全數言之，則日一年行三百六十度餘有六度。是故聖人因此大衍天地生成之數推測幽隱，以其揲蓍之數四數之，其有歸餘殘奇之數，則歸於所掛小指之間，以象其閏。既取歸餘殘奇之數以象其閏，然於二年之中爲閏，又其數未備；於三年之中爲一閏，又其數出剩；遂於五年再閏，則其數始足。故一歲之間，所剩六度，又有六小月是十二日也。三年之中，凡三十六日，故閏一月又剩六日。遂於五年之中，積爲二十四日，加此六日即爲三十日，故五年再閏也。然揲蓍之數，歸餘殘奇零，止有一二三爲殘奇。今注疏之説以謂四爲殘奇，則非也。且四四數之，是全數也。若以全數爲殘奇，則无所據，但止有一二三爲殘奇也。若无餘，則再扐而後掛之，然後見成閏積分之數也。然謂再扐而後掛者，蓋上言「歸奇於扐以象閏，五歲再閏，故再扐而掛之」是也。

是故四營而成易，

義曰：是故者，連上文也。四營者，則謂四度經營而成變易也。四營者，則謂上「揲之以四以象四時，歸奇於扐以象閏，五歲再閏，故再扐而後掛」是也。凡此四度經營，然後成其變易之道。

十有八變而成卦。

義曰：凡言一爻，凡三度揲之則爲一爻。一卦六爻，三六一十八，是十有八變而成一卦也。

八卦而小成，

義曰：言伏羲所畫八卦，乾、坤、艮、巽、震、離、坎、兑是也。八卦既立，寫其天、地、水、火、山、澤、風、雷之象。水、火、山、澤、風、雷之象既立，是以健、順、動、止、明、入、陷、説之性畢備，此八卦之小成者也。

引而伸之，觸類而長之，天下之能事畢矣。

義曰：言文王因此八卦小成之後，遂引伸八卦爲六十四卦，又因其事物萬品之類而增長之。若觸剛之事類以次增長其剛，若觸柔之事類以次增長其柔。是以天地之性，萬物之理，天下之情僞，萬物之本，至纖至悉，天下之能事，无不畢載於其間。

顯道神德行，

義曰：上既言天地之數、天下之能事畢載於易，故可以顯明其萬物之理、萬事之情。原其所由，不知所以然而然。又可以神其德行，莫見其迹也。

是故可與酬酢，可與祐神矣。

義曰：酬酢者，謂報答之辭也。言易之道，既言天地幽賾之事，又顯明萬事之理，又以蓍數明其吉凶之事；知其未來，明其已往；使人占兆之，知其吉凶之驗；使人從善而去惡，從吉而背凶，若響之應聲而應對之也。可與祐神者，言易道既言吉凶之事，使人占之，從吉而懼凶，是可以祐明神之德而行事者也。

易有聖人之道四焉，

義曰：此已下至「易有聖人之道四焉，此之謂也」爲一章。言大易之道，探賾索隱以成其道，故所用之道有四焉。

以言者尚其辭，

義曰：言則謂大易之中所述之言辭也，言聖人探賾索隱，作爲大易，聖人之情顯見於言辭之間。故君子之人欲觀大易之意，必觀聖人諸卦爻所繫屬之文辭，見聖人之情意也。

以動者尚其變，

義曰：動則謂諸卦諸爻也。變，動也。言聖人仰觀俯察，作爲大易，設爲六十四卦。其爻有得位者，有失位者，有變有動，有正有不正，有中有不中，有應有不應者，是諸卦之爻有變動者也。既有變動，則吉凶悔吝生乎動矣。有動而悖於理者則凶，有動而合於道者則吉，是故君子之人，凡欲知其吉凶、悔吝、存亡之幾，必先觀其諸卦諸爻之變動，然後可以知吉凶之事、悔吝之虞、變通之理，然後趨其善而背其惡，向其吉而避其凶，所以致身於无過也。

以制器者尚其象，

義曰：象則謂大易之中，聖人所設六十四卦之法象也。至如伏羲作結繩而爲網罟，蓋取諸離；神農作耒耜取諸益、宫室取大壯、弧矢取諸睽，如此之類，皆是尚其法象也。故君子欲觀制器之用，必觀聖人設卦制器之法象也。

以卜筮者尚其占。

義曰：筮則謂蓍策、龜兆之占筮也。夫凡人之生，必有疑貳之事、得失之理，不得以前知。是故聖人作爲大易，設爲六十四卦，有變通之理，有吉凶之驗，以其凡人不能无疑，不能无吉凶。然吉凶之道，雖聖人有所不知。聖人既有所不知，必謀之於鬼神，以明得失吉凶之事。然鬼神之道至幽至隱，不可以形覩，不可以象窺，冥冥然莫知其所，與人有異。然聖人必謀之者，是故假其至誠，取其蓍龜之數，審之於天地之數，明諸卦諸爻變動之理，以明過去未來之事，則必以卜筮占策，然後可以前知矣。

是以君子將有爲也，將有行也，問焉而以言，其受命也如響。

義曰：言君子之人既能觀此四者之事，凡有所施爲，凡有所行往，必先問焉而以言，考其蓍龜之靈、占筮之策、通變之理、吉凶之道，然後其受命也如響之應聲。

无有遠近幽深，遂知來物。

義曰：言此大易之道，告示於人，无有遐遠、邇近、幽邃、深密之間，皆前知其吉凶禍福之驗、天地陰陽之理。將來之事，已往之失，皆前知矣。

非天下之至精，其孰能與於此？

義曰：言大易之道，若非至極精妙，通達天下，其孰能與於此哉？

參伍以變，錯綜其數。

義曰：參則謂三也，伍則謂伍也。言天一之數有三有五，至如天之一下交於地之六，生水；地之十上交於天之五，生土。是天地之數，三五通變，上下錯雜綜統以成萬物之數。

通其變，遂成天地之文。

義曰：言天地陰陽之道、通變之理、化裁之迹，老陰老陽之數交而相雜，以成天地之文。若剛柔晝夜之道、寒暑往來之功、青赤交雜之類，二百一十有六，以定乾之老陽之象；一百四十四策，以定坤之老陰之象。如此之類，他皆可知也。

極其數，遂定天下之象。

義曰：言聖人窮極天下之數、陰陽之策、萬事之理、纖介之微，然後可以定天下之法象也。

非天下之至變，其孰能與於此？

義曰：言大易之道，極窮天地之數，以成天下之法象。若非天下至變至通之道，其曷能與於此哉？

易无思也，无爲也，寂然不動，感而遂通天下之故。

義曰：言大易之道，能極盡天下之數，極盡天下之事。然而易之道，不假思慮，任用自然，不須經營，任用自動，寂然不見其迹，默然不見其形。若聖人以至誠之心感而行之，則通變之理、萬事之宜，自然而達矣。

非天下之至神，其孰能與於此？

義曰：夫非忘象者，則无以制象；非遺數者，无以極數。至精者无筮策而不可亂，至變者體一而无不周，至神者寂然而无不應，斯蓋功用之母，象數所由立也。言大易之道，若非道極微妙，變化如神，極深研幾，探賾索隱，其孰與於此哉？

夫易，聖人之所以極深而研幾也。

義曰：此以下又明聖人作易之道，極窮幽隱，識照幾先，而作其易者也。深者，則謂未有其理，未見其形，而聖人極深其用者也。幾則謂有其理未形，則謂之幾也。言聖人作易，以極其有理未形之幾也。

唯深也，故能通天下之志。

義曰：夫人之深，未有其理，未有其形，而又天下之心，億兆其心，而聖人以己之深，可以通天下之志，何也？蓋天下之心雖億兆之心，而聖人以己之心可以見天下之心，以己之志可以見天下之志，何則？夫人情莫不欲飽煖而惡其饑寒，人情莫不欲壽考而惡其短折，人情莫不欲富貴而惡其貧賤，人情莫不欲安平而惡其勞苦，是故聖人以己之心推天下之心，億兆之衆深情厚貌，皆可以見矣。雖億兆之心至多而難見，而聖人但以一己之心、一身之勞逸，雖未見其理，未顯其形，則天下之心自然而見矣。

唯幾也，故能成天下之務。

義曰：幾者，是有理未形之謂也。夫君子之人欲極天下之務，必先博學之，審問之，慎思之，明辨之，篤行之，既能如是，則雖天下之務、萬事之微盡可見矣。所謂知至知終者是也。

唯神也，故不疾而速，不行而至。

義曰：夫大易之道極深研幾，无思无爲，寂然不動，能通天下之志，能定天下之務，是其功如神，不疾而速，不行而至者也。

子曰：易有聖人之道四焉者，此之謂也。

義曰：此又言大易能通微妙，以言者尚其辭，以動者尚其變，以制器者尚其象，以卜筮者尚其占，故天下之能事畢矣。然則首尾俱言聖人之道四者，蓋爲此一章之中所陳者三事，一曰非天下之至精，二曰非天下之至變，三曰非天下之至神，皆是廣言大易之道，然三事之中，亦不出於聖人之道四，故首尾總而結之也。

子曰：夫易，何爲者也？

義曰：自此以下至「民咸用之謂之神」爲一章，此十翼之中第十。「子曰：夫易，何爲者？」此蓋孔子歎大易之道其功深賾，故假設此發問之辭以問之曰：「夫易者，何爲者也？」

夫易，開物成務，冒天下之道，如斯而已者也。

義曰：此夫子自釋易之體用也。開者，通也；冒者，覆也。言大易之道其功宏博，能開通於萬物之志，成就夫天下之務，覆冒夫天下之物也。至如泰卦則言財成之義，履卦則言履素之宜，革卦則言治曆之事，鼎則言鼎新之旨，旅則言无敢折獄，遯則言遯尾之厲，大壯則言君子用罔，乾卦則言亢龍有悔者，如此之類，是皆開通萬物之志，成就天下之務，覆冒天下之道。如斯之道，則大易之體用也，故云「如斯而已」。

是故聖人以通天下之志，

義曰：夫大易之道其功廣大，是故聖人以此之故，以通達天下之志者也。然則天下之人心志至衆至繁，而聖人以大易之道以通天下之志者，何也？蓋聖人有深幾之見，極未形之理，以己之心可以見天下之心，以己之志可以見天下之志。雖天下之人心志至衆至繁，然聖人以己之幾，深度〔一〕人之情僞利害，極未形之理，可以見天下之志者也。

以定天下之業，

義曰：言聖人以此大易之故，極其幽深研幾，成天下之務，冒天下之道，以定天下之功業也。

以斷天下之疑。

義曰：言大易之道通於人事。一卦六爻，有得位失位者，然吉凶悔吝，雖聖人亦有所不知，於人事之間不能无疑，是故聖人雖以其蓍策占筮之，然亦不能无疑惑之心，而又謀之於鬼

〔一〕「度」，原作「庶」，據四庫本改。

神，謀之於天地，以成其卦爻。又於卦爻之下，繫屬其文辭，以決斷天下之疑也。至如乾之初九言潛龍勿用，離之六四言突如其來，如此是斷其疑也。

是故蓍之德圓而神，

義曰：夫蓍策之數，未占已前，其吉凶悔吝，人皆不可見，无有窮極，无有定止。其通變之道，天地之宜，其用如神，運而不窮，周流通暢也。

卦之德方以知，

義曰：言蓍策之數，未占之時，雖其用如神，其吉凶悔吝，周流通變，運而不窮。及其揲蓍之後，布成其卦，卦有六爻，卦爻之下，有得位有失位，有中有正，有凶有吉，有悔吝，皆繫屬而不可變動。故言方以知者，是知其過去未來之事，極其未形〔一〕之理，其情僞利害盡可見矣。然則必言蓍德圓而神、卦德方以知者，蓋神以知來，是來无方也；知以藏往，是往有常也。物既有常，猶方之有止。數无常體，猶圓之不窮，故蓍之變通則无窮，神之象也；卦解爻分有定體，知之象也。知可以識前言往行，神可以逆知將來，故蓍以圓象神、卦以方象

〔一〕「形」，原作「極」，據四庫本改。

知也。

六爻之義易以貢。

義曰：貢者，告也。言聖人因蓍策之數以布設六十四卦，卦有六爻，以盡萬物之理。然爻有應有不應，有正有不正，其間吉凶悔吝，皆不能告諭於人。故大易之道極未形之理，知過去將來之事。故六爻之下皆繫屬文辭，以貢告於人也。至如比之初六言吉，大過上九言凶，如此之類，是皆告於人，使人從善而去惡、從吉而去凶也。

聖人以此洗心，

義曰：夫大易之道至公至正，極天地之理，盡人事之宜，其吉凶悔吝，皆繫屬於諸卦爻之下。聖人觀之，可以洗蕩其心。至如萬物有疑則卜之，是洗蕩其疑心；行善則吉，行惡則凶，是洗蕩其惡心也。既洗蕩己之心，然後可以洗蕩萬物之心也。

退藏於密，

義曰：言此大易之道索隱窮神，能蕩滌萬民之心。雖有吉凶悔吝之變、仁義之術，而人不知自用，是其功如神之藏密也。故上文所謂「顯諸仁，藏諸用」者，此也。

吉凶與民同患。

義曰：夫人之生，愚夫愚婦者甚衆，其性昏蒙，憧憧然不知所以然而然，舉動之間，雖有凶咎悔吝之事，而不知自止。是故聖人以此大易之故，明示其吉凶憂患，使趣其善者舍其惡，向其吉者背其凶，是大易之道與民同憂患也。

神以知來，

義曰：言大易之道知其未來之事，明其未形之理，故其用如神也。

知以藏往，

義曰：言此大易之道，因蓍之策，知其過去已形之理，其妙皆知之也。然則必言知來、藏往者，蓋蓍定數於始，於卦爲來；卦成象於終，於蓍爲往。

其孰能與於此哉？古之聰明睿知，神武而不殺者夫？

義曰：言大易之道，神以知來，知以藏往，非此之故，其孰能與於此哉？惟是古者聰明睿知之人可以與之。耳无所不聞，故曰聰；目无所不見，故曰明；思无所不通，故曰睿；才无所不及，故曰知。言惟是聰明睿知之人有文有武，既能察微，又有剛斷，故於大易之間、卦爻之下，各隨動静，神其吉凶之事，明其威福之理，示人以信，則人自然而威服之。至如弧矢取諸睽、刑罰取諸噬嗑，如此之類，皆是神其威武，不用刑殺，而天下自然威服也。

是以明於天之道而察於民之故，是興神物以前民用。

義曰：言聰明睿知之人既能神其威武而不殺，是以大明天地陰陽變化之道，大察天下情僞利害之故。又以神靈之物明其吉凶之驗，以前萬民之用。至於未來之事，皆繫屬其辭，使人通曉之，趣其善而去其惡者也。

聖人以此齋戒，

義曰：洗心則謂之齋，防患則謂之戒。言聖人以此大易之道齋心，防戒其患害之事，使憂虞悔吝不能及於己，至幽至微之處，皆得以先知也。

以神明其德夫。

義曰：言聖人既能以大易之道齋戒而防患，又能觀易道幽深以神明其德，使天下之人不知所以然而然也。

是故闔户謂之坤，

義曰：此以下又廣明大易自乾坤而來也。夫坤者，陰也，主夫地。然坤之道，主夫生成萬物。若陽降其氣，則坤能成而生之；若陽氣不降，則地道闔閉，主其收藏，如户之閉也。

闢户謂之乾，

義曰：乾者，陽也，主夫天。夫天陽之氣下生萬物，使萬品之物皆遂其生者，是乾爲開闢之端，如户之開通者也。然則先言坤而後言乾者，蓋凡物先藏而後出，故先言坤而後言乾也。

一闔一闢謂之變，

義曰：言陰主其閉闔，又主其收藏；陽主其開闢，又主其施散，是一闔一闢以成變化之道，春生、夏長、秋成、冬幹者也。

往來不窮謂之通。

義曰：言天地之道，生成之理，往來之間，循環不絶，周而復始，无有窮極，常自通流，是謂之通也。

見乃謂之象，

義曰：言天地之道，陰陽之功，生而不已。自十一月建子，陽氣下復至於丑寅之位，萬物顯見於世，有其形狀，故謂之象也。

形乃謂之器，

義曰：言天地之道，生成不已，故萬物始有其形；形之不已，乃可成於器用。是故聖人因此大易六十四卦之形象，凡創制器用，必觀其形象，爲之準範，然後成其法式也。

制而用之謂之法，

義曰：言聖人裁制其物，凡所施用，垂爲範模，後世以之爲法式也。至如宫室取大壯、網罟取諸離、書契取諸夬、弧矢取諸睽，如此之類，皆是聖人制成器用，爲後世之法。

利用出入，民咸用之謂之神。

義曰：言聖人既制器用，或出於此，或入於此，使天下之人用之皆得其利。天下之人既皆得其利，是聖人之妙用如神，而人不知所以然而然也。

是故易有太極，是生兩儀，

義曰：此以下至「自天祐之，吉无不利」爲一章。易有太極者，言大易之道始於太極。太極者，是天地未判、混元未分之時，故曰太極。言太極既分，陰陽之氣，輕而清者爲天，重而濁者爲地，是太極既分，遂生爲天地，謂之兩儀。

兩儀生四象，

義曰：言天地之道，陰陽之氣，自然而然，生成四象。四象者，即木、金、水、火是也。故上文謂天一下配地六生水，地二上配天七生火，如此之類，是天地陰陽自然相配，生成金、木、水、火之象。然此止言四象而不言土者，蓋天地既判，生爲五行。然二氣既分，則自然生〔一〕爲木、金、水、火，則地之道本於土而成。但言四象，則土從可知矣。

四象生八卦，

義曰：言水、火、木、金互相生成而成八卦。至如水生於坎、火生於離、金生於兑、木生於巽、土生於艮，如此之類，是四象五行之所生也。是故伏羲因此五行所生畫爲八卦也。

八卦定吉凶，

義曰：言伏羲既畫八卦之後，又繫屬其爻辭於諸爻之下，明吉凶之變。凡事之得者爲吉，事之失者爲凶，言於得失之間以成吉凶之事，使人退省其身，日修其德，趨其吉而悖其惡，從其善而去其凶也。

吉凶生大業。

義曰：夫吉凶之兆也，皆在於六十四卦爻位之中，得其正者爲吉，失其位者爲凶。聖人又繫屬其辭，以明吉凶之驗，使人知自修省。人既知自修省，則能保守其分位，以成其大業。故大業之成，必自吉凶而生矣。

〔一〕四庫本「生」下有「而」字。

是故法象莫大乎天地；

義曰：法象則謂吉凶之理、得失之迹也。夫天地之大，萬物之理，皆由二體互相推盪而生也。至於高者有其分，下者有其理，善者福之，惡者禍之，此常理也。聖人仰觀俯察爲之法象，善者賞之，惡者罰之，然其功其理皆本始於天地，故云莫大乎天地。

變通莫大乎四時；

義曰：言天地之道，陰陽之氣，變通之道，生成之功，春秋冬夏，生而不已，是以成之；成之不已，又殺之；殺之不已，又生之。是其天地之氣，生殺之功，千變萬化，皆由四時之氣推盪而成也。

縣象著明莫大乎日月；

義曰：言天地之道，布懸其法象星辰，其於著明、運行不息、无所不照者，莫大乎日月也。

崇高莫大乎富貴；

義曰：上既言天地之道、陰陽之理、變通之事、日月之明，此後言以富貴而繼屬之者，何也？蓋聖人非以恃其崇高，極侈其位，夸恃其富貴。是故天地之道但能生成萬物，不能生成天下之人。是故君子有大才大德，凡居崇高極盛之位，代天理物，能以仁義教化生成天下之人。若无富貴之位，則其功不能以及於天下也。是故其所以重富貴者，非重其位也，蓋重其行道於天下。故下繫曰：「聖人之大寶曰位。」是言聖賢所保重者曰位，惟在行道而已，故以富貴次於天地日月之後也。

備物致用，立成器以爲天下利，莫大乎聖人；

義曰：備物致用者，備天下之物，致天下之用也。立成器者，則謂建立成就天下之器用，以便於天下也。凡能便利天下者，无出於聖人也。聖人則无所不通，故能成天下之利也。至如包羲氏結繩爲網罟，以佃以漁。神農斲木爲耜，揉木爲耒，耒耨之利以教天下；又如弦木爲弧，剡木爲矢，弧矢之利以威天下。又如黄帝刳木爲舟，剡木爲楫，舟楫之利以濟不通；又如宫室取大壯，掘地爲臼，斷木爲杵，臼杵之利萬民以濟。如此之類，皆是備物致天下之用、立器爲天下之利也。故唐元次山曰：「吾人之苦兮山幽幽，網罟設兮山不幽；吾人之苦兮水深深，網罟設兮水不深。」是言聖人凡所創立其器，雖山川滄海之深遠，而聖人所作其器，无遠无近，无幽无深，皆得其利。故水之深而網罟不深，山之幽而網罟不幽，其功如是之廣，而人用之皆得其利也，非聖人孰能如此哉？

探賾索隱，鉤深致遠，以定天下之吉凶，成天下之亹亹者，莫大乎蓍龜。

義曰：探謂探尋，賾謂幽隱難見之處。言至幽至遠、至隱至近之處，鉤深極遠之事，天地幽隱之處，過去未來之吉凶，惟是聖人以卜筮之占，皆得以知之也。若事得於道者爲吉，失於理者爲凶，以其吉凶之事告示於人，使人趨善從吉，去惡避凶，雖愚者昧者皆勉勉而知勸。夫如是，定天下之吉凶，成天下之亹亹者，皆由蓍龜之占筮也。

是故天生神物，聖人則之。

義曰：神物者，則謂神靈之物蓍龜是也。灼龜以爲卜，揲蓍以爲筮。言天之所生者蓍龜之靈，知人之休咎，明人之得失，是故聖人取之爲法則，考人之行事也。

天地變化，聖人效之。

義曰：言天地之道，陰陽之氣，生殺之理，春生夏長，四時代謝，千變萬化。聖人效法之，當賞則賞之，當刑則刑之，事之久者必改其弊，器之泥者必革其新，是聖人法效天地之變化也。若據疏説，以爲賞以春夏、刑以秋冬，則非也。

天垂象，見吉凶，聖人象之。

義曰：言天之垂象以示人之吉凶，若陰陽之慘舒、日星之災變、風雨之不節、霜雪之不時，如此之類，皆是天垂象以示於人。聖人必當象之，或祥之來則象其吉，災之來則應以凶，或脩其德而平其政也〔一〕。

河出圖，洛出書，聖人則之。

義曰：按此河圖，是天之大瑞也。若聖人在上，至德動於天地，天下之人和洽，則和氣充塞於天地之間，則河出圖，洛出書，以爲瑞應之驗也。是故聖人所以法則之者，蓋法其時而行事，故曰「聖人則之」也。然按諸儒之説，以謂河圖、洛書出見於世，伏羲因得之而畫成八卦，感上天之美應者也。且上古洪荒之世，典章法度未立，伏羲以聖人之才德居位，是以經綸天地，畫成八卦，以爲萬世之法則。若河圖、洛書未出見之時，伏羲亦當畫爲八卦，以爲後世之法。且河圖、洛書是天之大瑞，若果河圖、洛書已有八卦，則八卦不當言伏羲所畫也。又按洛書賜禹，是亦八卦更有聖人所畫矣。且按下繫曰：「古者包羲氏之王天下，仰則觀象於天，俯則觀法於地，觀鳥獸之文，近取諸身，遠取諸物，於是始作八卦，以通神明之德，以類萬物之情。」此八卦自是伏羲觀天地取諸物而畫成八卦也，又豈得謂伏羲感河圖、洛書而畫八卦哉？若果河圖、洛書已有，則孔子不當言伏羲仰觀俯察而成八卦也。又如孔

〔一〕此句原作「或脩其政而平其德也」，據四庫本改。

子曰：「鳳鳥不至，河不出圖，吾已矣夫。」是孔子因其鳳鳥而爲書也。又曰：「龜龍在郊藪，河出圖，洛出書。」是亦因龜麟而至矣。此蓋孔子言麟鳳者，天之瑞物，難見者也。若聖人在上，錫五福於人，庶政行於國，和氣充塞於天地，則河圖、洛書、龜麟、龍鳳出爲瑞應之驗。是以聖人法則其時以行其事也，故云「聖人則之」。今鄭康成以春秋緯云：「河圖有九篇，洛書有六篇。」孔安國以爲河圖爲八卦，洛書有九疇，皆失之矣。

易有四象，所以示也。

義曰：按此四象有二説，一説以謂天地自然相配，水火金木以爲之象，所以示也。又一説，吉凶者，失得之象也；悔吝者，憂虞之象也；變化者，進退之象也；剛柔者，晝夜之象也。是言大易之道有此四象，所以示人之吉凶。疏莊氏謂「六十四卦之中，有實象，有假象，有義象，有用象」，則非也。又何氏以爲天生神物，聖人則之；天地變化，聖人效之；天垂象，見吉凶，聖人象之；河出圖，洛出書，聖人則之，亦非也。

繫辭焉，所以告也。

義曰：上既言天生神物，聖人則之。天地變化，聖人效之。天垂象，見吉凶，聖人象之。河出圖，洛出書，聖人則之。易有四象，所以示人之吉凶。此言又繫屬其辭，明其得失，所以貢告於人，使人知憂患之慮也。

定之以吉凶，所以斷也。

義曰：言既繫屬其辭，以明得失，又定其吉凶之驗，以斷天下之疑惑，使人知其象，趨其吉而背其凶也。

易曰：自天祐之，吉无不利。

義曰：此大有上九之爻辭也。言易有四象，所以示也；繫辭焉，所以告也；又定之以吉凶，所以斷也。言天下之人既知其吉凶之驗、禍福之理，又引此大有上九之爻辭以證之。言大有上九居大有之世，天下富盛，諸爻皆乘於剛，己獨下乘於陰。六五有厥孚交如之吉，己獨乘之，是以得自天祐之，吉无不利也，此大有之時如此也。

子曰：祐者，助也。天之所助者，順也。人之所助者，信也。履信思乎順，又以尚賢也。是以自天祐之，吉无不利也。

義曰：此孔子解釋之辭也。言大有上九所以得自天祐之者，蓋由己以陽承于六五柔順之君，天之所以祐之者，助其順也；人之所以助之者，信也。言六五居中，有信於天下，而上九承之，是履其信也。既已履信，則天下之人亦助以信也。既履其順，又履其信，則是崇尚賢德矣。夫既爲崇尚賢德之人，則上天之所祐助，鬼神之所協吉，天下之人皆所信助，夫如是，何所不利哉？

子曰：書不盡言，言不盡意，然則聖人之意，其不可見乎？

義曰：自此以下至「默而成之」，是夫子總言大易之道，當連上文爲一章。書不盡言者，言聖人之言，出則爲天下之則，爲天下之令。然於簡牘之中所載，必不能盡聖人之言也。言不盡意者，言聖人之意，思慮宏達，无遠无近，无幽无隱，故三百八十四爻之間，雖皆聖人之言，必不能盡其聖人之意也。如是則書不盡言，言不盡意。於聖人之意，其不可見乎？此孔子歎美聖人之言、聖人之意幽深宏遠，不可以見之耶。故假發問之辭，疑而問之。

子曰：聖人立象以盡意，

義曰：此夫子釋聖人之意有可見之理也。言聖人之言，書不能盡其言，言又不能盡其意。惟是大易之道，六十四卦之中可以明之。至如天之道以乾爲名，取其天體剛健，生成不息；地之道以坤爲名，取其地體柔順，能承順於天。是聖人設乾坤之象以盡聖人之意。宏功妙用，惟乾坤之象可以盡之。

設卦以盡情僞，

義曰：言聖人之言，出則爲天下之則。然既言不能盡意，又立象以盡意。既立物之形象以盡其意，又觀萬物之象、萬事之理、天下得失之迹，設爲其卦，以盡人之情僞，以盡物之得失也。

繫辭焉以盡其言，

義曰：言聖人雖立象以盡其意，設卦以盡其情僞，又於三百八十四爻之下，有得位失位者，有正有不正者，皆繫屬其辭，散於卦爻之下，以盡其言，使人通曉其意也。

變而通之以盡利，

義曰：夫萬事之理，萬物之情，若无其通變之道，以至窮極必至於敗壞也。惟是聖人立象以盡意，設卦以盡情僞，繫辭焉以盡其言，而又裁制創立，千變萬化，隨時措置，立成其事，无有壅滯，量時制宜，變而通之，以盡天下之利也。

鼓之舞之以盡神。

義曰：此總結立象盡意、設卦盡情、繫辭盡言之意。言聖人以其仁義之道，以盡天下之情僞，以説天下之心，又鼓發之，致天下舞樂之。然則鼓舞何以爲發樂之義？蓋聖人以仁義之道、教化之術漸染於天下之人，天下之人雖冥然无所知識，然被上之教化，其心康樂，不知手之舞之、足之蹈之也。既不知手之舞之、足之蹈之，自不知聖人之道所以然而然。是聖人之道漸染於人，如神之功。

乾坤，其易之緼邪？

義曰：上既言聖人立象盡意，此又言大易之道本始於天地。緼者，藏緼也。言天地初判之時，而人易之道已緼藏於天地之間。然天地之道、萬物之形象、萬事之理皆藏緼於大易之道。是大易之道本始於乾坤，故乾坤爲大易緼積之根源也。

乾坤成列，而易立乎其中矣。

義曰：言天地設立，陰陽之端、萬物之理、萬事之情，以至寒暑往來、四時代謝、日月運行，皆由乾坤之所生。然乾坤既設，而大易之道、變通之理以立乎中矣。是大易之道本始於天地也。

乾坤毁，則无以見易。易不可見，則乾坤或幾乎息矣。

義曰：言大易之道皆本起於乾坤。凡是天地之道、萬物之理、變化之道，皆在大易之中。至如乾生三男，坤生三女，而爲八卦，變而相重，爲六十四，分爲三百八十四爻，易之根源皆自乾坤而來。故乾坤成，而易道變化建立乎其中矣。若乾坤毁棄，則无以見易之用。夫易既毁，則无以見乾坤之用，如是則乾坤或幾乎息矣。

是故形而上者謂之道，

義曰：言天之道始於无形而終於有形，皆由道之所生。道者，人可以爲之法，由而通之謂之道。前乎天地則混於元氣，散乎方隅則潛於象類，浩然而不局於器用，推於天下則无所不通，舉而措之則曲盡其變，茲乃道之本也，皆〔一〕始於无形而終於有形也。

形而下者謂之器，

義曰：器者，是有形之實。言天始於无形而生於有形，故形於下者則爲其器。器者則爲有形之用，但可止一而用之也。故在形之外者，謂之道；在形之内者，謂之器也。

化而裁之謂之變，

義曰：言聖人因其无形之道、有形之器，推而化之，裁制創立，設爲仁義教化，以至凡所器用以利天下，无有窮極，无有凝滯，故謂之變。

推而行之謂之通，

〔一〕四庫本「皆」作「然」。

義曰：言聖人因其天地陰陽之道，思之於心，緼之爲事業，推而行之，无有壅滯，皆得其亨，故謂之通。

舉而措之天下之民，謂之事業。

義曰：言聖人因其變通之道，措置其用，施之於天下，各從其時，以成天下之功業也。

是故夫象，聖人有以見天下之賾，而擬諸其形容，象其物宜，是故謂之象。

義曰：此以下皆覆言上文「聖人立象以盡意，設卦以盡情僞，繫辭以盡其言」，明言以爲教化之術也。象者，萬物之形象也。言聖人推其天地之理、萬物之形容，以象萬物之宜，故謂之象也。至如乾爲馬〔一〕之象，坤爲地之象，離爲日之象，艮爲山之象，如此之類，皆是推廣形容而爲之也。

聖人有以見天下之動，而觀其會通，以行其典禮，繫辭焉以斷其吉凶，是故謂之爻。

義曰：言聖人以見天下之變動，觀萬物之形容，有會合通變之道，以行典常之禮。又於諸卦之下繫屬其文辭，有合於道則爲吉，有悖於理則爲凶，以定其吉凶得失之理，以示於人，

〔一〕四庫本「馬」作「龍」。

故謂之爻也。爻者，效此者也。

極天下之賾者，存乎卦。

義曰：言聖人窮極天下之幽賾、萬物之情僞，以存諸卦之中，使人觀之以爲法則也。

鼓天下之動者，存乎辭。

義曰：鼓謂發揚。天下之動，有得有失，有吉有凶，存於爻辭之間，使人觀之，知其吉凶之如此也。

化而裁之，存乎變。

義曰：言聖人觀此萬事之理、萬物之情、天地之道、日月之經，創制裁度，立成其器，施爲仁義道德，千變萬化，以及於天下，故存乎變也。

推而行之，存乎通。

義曰：言聖人觀此大易變化之道，推而行之，隨時措置，无有窮極，无有凝滯，故存乎通也。

神而明之，存乎其人。

義曰：言聖人既能極天下之賾存乎卦，鼓天下之動存乎辭，化而裁之存乎變，推而行之存乎通，以成其易。若章顯其功則其用如神，仁者見之謂之仁，知者見之謂之知，无有窮極，是存乎其人矣。

默而成之，不言而信，存乎德行。

義曰：德行者，則謂聖人素蓄其德業行實也。言聖人素積其德，素蓄其行，内存忠恕，外有全德，如此則默而成之，雖不言而人自信從之，故中庸曰不怒而民威之如鈇鉞者也，此蓋素藴德行之如此也。

安定先生周易口義繫辭下

義曰：此十翼之中第七翼也。然按上繫、下繫之説，先儒議者多矣。何氏則曰：「上篇明无，故曰易有太極；下篇明幾，故曰知幾其神。」或曰上篇論易之大理，下篇論易之小理，皆失之，蓋以簡編重大，故分爲上繫、下繫也。

八卦成列，象在其中矣。

義曰：自此已下至「禁民爲非曰義」爲一章。言伏羲始畫八卦，取天、地、水、火、山、澤、風、雷之象，畫爲乾、坤、艮、巽、震、離、坎、兑之卦。八卦既成列，而天地萬物之象，莫不在於八卦之中也。

因而重之，爻在其中矣。

義曰：夫伏羲始畫八卦，以盡天、地、水、火、風、雷、山、澤之象。然於萬物之情、萬事之理，在伏羲之時，世質民淳，情僞未遷，利害未作，雖八卦之設三畫，可以盡人事之宜。迨乎後世，民欲叢生，巧妄交作，則八卦不能盡吉凶之變。文王囚於羑里，極天地之淵藴，明人事之終始，是以取伏羲所畫之八卦，因其數而重爲六十四卦，分爲三百八十四爻，以盡天地之賾、人事之理，有得有失，有吉有凶，有應有不應，有正有邪，有利有害，盡在此卦爻之中。然則爻者，效也，使後世之人效而法之。故卦爻之中，有情僞之理，有是非之道，有變通之常，有動静之事，有剛柔之限。凡人觀其爻，則知其效法此象而行事也。然重卦之説，先儒議者多矣。或曰伏羲所重，或曰神農所重，或曰夏禹所重，皆失之。蓋見下文包犧氏之王天下，作結繩而爲網罟，蓋取諸離。神農氏作，斲木爲耜，楺木爲耒，耒耨〔一〕之利，以教天下，蓋取諸益。又因尚書之文，有洛書錫禹之言，故有此説。殊不知繫辭是仲尼所作，蓋仲尼因其聖人制立器用，以取合於聖人之卦，以其結繩爲網罟，蓋合德於離卦，取其有附麗之義；因其耒耜有益於人，蓋合德於益卦，以其有相資益之義。先儒不究原本，故疑而有此説也。且六十四卦既是伏羲、神農所重，則文王何心哉？不然，何以仲尼曰：「易之興也，其於中古乎？作易者，其有憂患乎？」且伏羲之時，又非中古；神農之時，又非憂患。推此以言，文王重卦之心又可見也。

〔一〕「耨」，原作「耜」，據四庫本改。

剛柔相推，變在其中矣。

義曰：剛者，陽也；柔者，陰也。夫六十四卦之中，卦有六爻，陽爲剛，陰爲柔；陽主其生，陰主其殺。故剛柔之位，則有變有通，有動有静，故事之久静則動，物之久動則静。動静之道，則有變有通，是故聖人因其剛柔二氣互相推盪於六爻之間，然後成其生養之道也。故上繫曰「剛柔相推而生變化」者是也。然則不言陰陽相推，而止言剛柔者，蓋陰陽者，天地之氣；剛柔者，是陰陽之體。言剛柔，則陰陽之功可見矣。

繫辭焉而命之，動在其中矣。

義曰：言聖人既因剛柔二氣互相推盪而爲生成之道，又恐後世之人難曉，故於諸卦諸爻之下各繫屬其文辭，以明得失之道、吉凶之變、情僞之端、萬事之理，使人觀其得則可以知其失，趨其吉則可以明其凶，逆順之道，動静之理，在所命之辭皆可見矣。

吉凶悔吝者，生乎動者也。

義曰：夫六十四卦有六爻，有吉有凶，有悔有吝，皆由爻位之動者也。若動而合於理，則爲吉；動而昧於道，則爲凶。有事之微小可以追悔者，有事之萌兆可以鄙吝者，皆繫在於卦爻之變動也。是故聖人因卦爻之變動，明人事之大體，推其情僞之端，明其得失之迹，使人觀之，不失於動静之道也。

剛柔者，立本者也。

義曰：言伏羲始畫八卦，始窮變於天地陰陽之理，以成剛柔之道，以爲萬事之大本，以成天下之大法，天下之人皆本此以爲法則也。故六十四卦之所本，君臣父子之所法，皆由此剛柔之象爲之根本者也。至如剛定體爲乾，柔定體爲坤，陽卦兩陰而一陽，陰卦兩陽而一陰，是立其卦本而不遺也。

變通者，趣時者也。

義曰：凡六十四卦，卦有六爻，一卦之體象其一時，一爻之義象其一人。六爻之道，上下相應而成變通，所以趣就一時者也。至如屯之卦言天下屯難之時，故其卦體以象其屯。故初六居卦之始，當屯難之時而磐桓，利居正，利建侯，以蘇息天下之人；至於六二言女子貞不字，言女子守正應於九五，雖爲初九九六〔一〕寇難，然專應於五，不改其節；至於六四乘馬班如，退守其正，待時而行。如此之類，是皆一卦則言其一時，其諸爻各言其一人，以趣就其時也。然則君子之人，凡所動作必從其時，不失其中，故中庸曰「君子而時中」，是言君

〔一〕「九六」疑爲衍文。

子之人，動作之間皆從其時也。

吉凶者，貞勝者也。

義曰：貞者，正也。夫有動者則未免乎累，殉吉者則未免乎凶，盡會通之變而不累於吉凶者，其唯貞勝者。故六十四卦之内，人事之端、情僞之作、吉凶之驗，无不備載於其間。若爻位之吉，又能行其大正之道，則其事愈吉。若居爻位之凶，而能行大正之道，則其事不至於凶。惟是貞正之道，則能勝於凶吉也。

天地之道，貞觀者也。

義曰：觀者，爲天下之所仰觀，則謂之觀。夫天本在上，地本在下，天地之性本不相得。及夫天以純陽之氣降於下，地以純陰之氣騰於上，二氣上下交相通感，然後以成生長之道。是天地之道、生成之理皆本正一，故爲物之仰觀者也。

日月之道，貞明者也。

義曰：夫日爲陽德，月爲陰精。運行四時，晝夜不息者，日月之明也。然而往來不停，照臨下土，不混其光者，蓋各得貞一，而明有所一也。

天下之動，貞夫一者也。

義曰：夫少者，多之所貴；寡者，衆之所宗。故天下之情僞，人事之動静，皆歸一而後可正也。然則天下之廣，周於萬里，人心至衆，萬孔千狀，執一何由而治哉？蓋萬化一術也，天下一統也。若以至正之道、純一之德而治之，則天下自然而治矣。若不以純一之德而治之，則天下自然而睽乖矣。故王輔嗣嘗曰：「夫衆不能治衆，治衆者至寡者也。夫動不能制動，制動者貞夫一者也。」是天下之動，必由寡之所治，貞其一而已。

夫乾，確然示人易矣。

義曰：此又言天得一之道也。確者，則謂剛健者也。夫乾以剛健之德運行不息，生成萬物，示人以和易，由其得一之故也。故无爲而物成，不言而時化，是示人易也。

夫坤，隤然示人簡矣。

義曰：隤然，則謂柔順者也。此言地之得一也。夫坤之道，以柔順之德承天之氣，生成萬物，不煩而物成、不勞而物遂者，亦由其得一故也。故不須經營而萬品自化，是示人簡也。若乾不得專一之道，或有隤然則不能示人易矣；若坤不得專一之道，或有確然則不能示人簡矣。且以乾坤之道、生成之理確然隤然示人易簡〔一〕，况爲天下之君者哉？夫尊爲聖

〔一〕「易簡」，原作「簡易」，據四庫本乙正。

人，必法此乾之剛健之德，生成天下，不至於煩勞，則天下從而治矣。夫爲人臣者，必法此坤之柔順之德，承君之命，行君之事，則天下不勞而治矣。若爲君爲臣能法易簡〔一〕之道，則天下國家可正也。

爻也者，效此者也。

義曰：夫六十四卦分三百八十四爻，有動有靜，有邪有正，有凶有吉，有是有非，故通變之道皆在諸爻之中，爲人之所效法也。故所謂爻者，效物之變動者也。

象也者，像此者也。

義曰：夫六十四卦之象，皆法於天、地、水、火、風、雷、山、澤之象也。如乾以天爲象，坤以地爲象，艮以山爲象，坎以水爲象，如此之類，是皆象其卦之所本之像也，注所謂象此物之形狀也。

爻象動乎内，吉凶見乎外。

義曰：夫六十四卦之象，三百八十四爻，爻象之間，有正有不正，有應有不應，有善有不善，

〔一〕「易簡」，原作「簡易」，據四庫本乙正。

有吉有不吉。若爻象之發動於一卦之内，則吉凶之事顯見於一卦之外也。

功業見乎變，

義曰：言聖人用此大易之道，觀其卦爻之變動，可行則行，可止則止，推而求之，以立成天下之功業，以通天下之心志。

聖人之情見乎辭。

義曰：辭者，則爻象之辭也。夫六十四卦之中，有情僞之端、得失之理，其吉凶悔吝皆在爻辭之間。欲知聖人設卦之情意者，觀其爻象之辭，則可見矣。至如乾之初九言「潛龍勿用」，則聖人勿用之情可知矣；比卦上六曰「比之无首，凶」，則聖人无首之情可見矣。如此之類，皆在爻辭間可見矣。

天地之大德曰生，

義曰：夫天地之大德者，惟是陰陽二氣上下相交，生成萬物，周而復始，无有限極，故其德常大。若生之不常，運之有極，則所生之道不廣也。

聖人之大寶曰位。

義曰：寶者，愛也；位者，所守之位也。夫聖人之大寶者，惟在其位。然則聖人之大寶何以在乎位？蓋聖人之有才德，若无其位，則其功不能及於天下；若有其至尊至寶之位，則其功可以及於天下，无有遠近，皆被其澤，皆被其功德也。是故聖人重德行道於民，故大寶其位也。

何以守位？曰仁。

義曰：言聖人既有才德，又能大寶其位，何以守其位哉？必須法天元之德，以仁愛之道生成於天下，使天下之人皆被己之仁德，然後父子有禮、上下相親也。

何以聚人？曰財。

義曰：夫聖人何以萃聚於人哉？必曰財而已。財者，使衣食豐足，用度常備，仰有所奉，俯有所畜，則天下有戴君之心。若其衣食不足，用度不備，則不能萃於天下之民。是故古之聖人修其水、火、金、木、土五行之事，正德、利用、厚生，使天下之人各得其所，如是，則父子兄弟遞相親睦矣。至於爲農者勤於耕，爲商者勤於貨，爲工者勤於器，如此之類，則可以保六親。六親既相保，則親族内外自相親愛。如是，是聚人曰財也。

理財正辭、禁民爲非曰義。

義曰：言聖人既能守位以仁，又能聚人以財，使天下父子各有所養、各得其所。然而貨財之道，必主於均平，使多者不得積其私，少者皆得盡其養。又須與正其辭，爲之節制，以禁民之有非僻者，使皆合於義而得其宜矣。然則所謂義者，蓋裁制合宜之謂義也。

古者包犧氏之王天下也，仰則觀象於天，俯則觀法於地，觀鳥獸之文與地之宜，近取諸身，遠取諸物，

義曰：自此已下至「蓋取諸夬」爲一章。言包犧氏以聖人之才德以王天下，爲天下之主。然於上古洪荒之世，典章法度未立，而包犧氏仰則觀象於天，俯則觀法於地。既觀察天地之象，又觀鳥獸之文與地之宜，以畫成其八卦也。然則上既言觀法於地，下又言與地之宜；既言觀鳥獸之文，下又言遠取諸物者，何哉？蓋上文言仰則觀象於天，俯則觀法於地者，蓋是伏羲始觀象之初也。此又言鳥獸之文者，蓋東方之宿則爲蒼龍，南方之宿則爲朱鳥，西方之宿則爲白虎，北方之宿則爲龜蛇，如此之類，是伏羲仰觀天之垂象之宿、鳥獸之文，又觀其地之動植、山川、丘陵之象，萬物所生之宜。既觀天之垂象之文，又觀地之所生之宜，然後近取諸身者，至如乾爲首、坤爲腹、震爲足、艮爲手，又近取人之一身，其有思慮口鼻之屬，如此之類，是近取諸身也。既近取諸身，又遠取諸萬物之象，若乾爲龍，坤爲馬，山、澤、風、雷之類是也。

於是始作八卦，

義曰：作者，起也。言伏羲因此天地萬物之象，然後興起八卦，以象動植之宜也。

以通神明之德，

義曰：神明，即謂天地之道，陰陽之運，變通不測之宜，吉凶未兆之事，如此之類，則謂之神明。是八卦通此神明之德也。

以類萬物之情。

義曰：夫萬物之情狀至繁至衆，故不可得而知之也。聖人作此八卦，取其天、地、水、火、山、澤、風、雷之象，以類聚萬品之情僞，皆可見也。

作結繩而爲罔罟，以佃以漁，

義曰：網罟者，取魚獸之物也。言伏羲既畫八卦以通神明之德，以類萬物之情，以至天地之始終、人事之淵藴，无不畢備於其間。然而於人事之間，未有所食之物，是故伏羲又結繩以爲網罟，以佃以漁，使人取其魚獸以爲所養。

蓋取諸離。

義曰：蓋者，疑之之辭也；離者，麗也。言山之高而禽鳥麗之，水之深而魚鼈麗之。然則山之高、水之深，而人莫能及之。而聖人創立其事，結繩而爲網罟，使人用之，雖禽鳥居山之高，魚鼈居水之深，皆得而取之，是使人麗而用之也。然謂之蓋者，即疑之辭也。言聖人創立其事，不必觀此卦而成之。蓋聖人作事立器，自然符合於此之卦象也，非準擬此卦，然後成之，故曰「蓋取諸離」。

包犧氏没，神農氏作，斵木爲耜，揉木爲耒，耒耨之利以教天下，蓋取諸益。

義曰：言包犧氏既没之後，又有神農氏以聖人之才興起於世，以其人既得其網罟以佃以漁，然而未有飲食之道。神農氏是以樸斵其木以爲之耜。耜者，博〔一〕五寸，其首有華觜，以爲耕作之用。又揉其曲木，其曲有鉤，以爲之耒。耒耨之利，以教於天下之人，使四時耕作之，種其禾黍之利，以爲飲食之養，蓋取諸益。益者，取其有益於人，爲萬世之利也。

日中爲市，致天下之民，聚天下之貨，交易而退，各得其所，蓋取諸噬嗑。

義曰：言於日中爲其市，以貿遷於貨財，以萃聚於天下之人，使皆貿易之相交。民之无者，從而有之；民之有者，從而散施之。既貨財交易，貿遷有无，天下之民各得其所，各得其

〔一〕「博」，原作「薄」，據四庫本改。

宜，故曰市也。然必取於日中者，蓋日之早而遠者必不能及，若日之晚而又失其時，必於日中之時，取其遠近之人皆得以及矣，故於日中爲市也。然則蓋取噬嗑者，以其噬嗑之卦，上體是離，下體是震，震動於下，離明於上，是下動而上明，聚之則爲之市也。又頤中有物曰噬嗑，凡頤中有剛梗之物，必嚙而去之也，然後得其通而物有所合也。

神農氏没，黄帝、堯、舜氏作，通其變，使民不倦。

義曰：夫法之久則必弊，弊則物有所不通。法既不通，則人情多至怠惰而有厭倦之心。是故神農既没之後，復有黄帝以聖人之才德繼世而興起，能通人事之理，以其伏羲既結繩而爲網罟，而斲木爲耜，楺木爲耒，又聚天下之民財以交易之，爲之市。然事之久必有其弊壞，故黄帝能通其變化而裁之，引而伸之，隨其物之變通，因其時而更造之，以爲萬世之法，使民宜之，皆得其利用。民既得其利用，則无怠倦之心也。

神而化之，使民宜之。

義曰：「神而化之，使民宜之」者，言天下之民，既得其利用，則不知聖人之制作所以然而然也。既不知所以然而然，則所作爲用皆得其宜也。

易窮則變，變則通，通則久。

義曰：言黄帝既能通其變，使民不倦；神而化之，使民宜之。如此者，蓋得大易通變之道也。夫大易之道，窮極而復變，變極而必通。天地生成之道，人事終始之理，无有限極，周而復始，无有窮際，可以永久爲萬世通行之法也。

是以自天祐之，吉无不利。

義曰：言黄帝之法，如此爲萬世久行之道，則自天而下至於鬼神，皆祐助之。在鬼神尚且祐助，况於天下之人乎？鬼神、人民既以祐助，則盡善盡美之功，所往之處，何所不利哉？故引易文而證之。

黄帝、堯、舜垂衣裳而天下治，蓋取諸乾坤。

義曰：自此已下，凡有九事，皆黄帝、堯、舜因象而立制也。夫上古之時，世質民淳，民皆敦樸，則上如槁枝，下如野鹿，則上下自然而正矣。迨黄帝、堯、舜之世，垂衣裳而天下治，以其乾有剛陽之德在於上，故爲尊；坤有柔陰之德在於下，故爲卑。爰作衣裳，以分尊卑、上下、貴賤之等，此蓋取乾坤之象也。然則黄帝、堯、舜連言之者，蓋衣裳之起，始於黄帝，成於堯、舜之時，故以黄帝、堯、舜而通言之也。

刳木爲舟，剡木爲楫，舟楫之利，以濟不通，致遠以利天下，蓋取諸涣。

義曰：刳者，謂刳木之中，虚其中以爲舟也。以濟於水，使人乘載之，以濟不通，免其沉溺之患也。剡木爲楫者，又剡削其木，以爲舟之用也。凡人有川險之深而不可以涉之，而黄帝能刳木之中爲舟，又剡削其木爲楫，以濟川險之患，使人乘之，皆得以濟；致遠之處，皆得以利。蓋取諸涣者，蓋涣之卦，上是巽，下是坎，巽爲木，坎爲水，故其彖辭曰：「利涉大川，乘木有功也。」是言巽木爲舟，有涉川之象也。又曰：「涣者，散也。」能散釋其民難，令爲舟以濟於天下，使人免其沉覆之患，故此亦得變通之一端也。

服牛乘馬，引重致遠，以利天下，蓋取諸隨。

義曰：夫物之重者，人力不能及之；地之遠者，人力不能至之。是故聖人服習其牛，調習其馬，使重者得以及之，遠者得以至之。然則牛馬本无知之物，而聖人能馴服之，使其至重之物亦得以行之，至遠之地亦得以至之。重者引之，遠者利之，天下之人皆得其利，蓋取諸隨也。然則隨者，是動作必隨於人，以之遠則亦隨於人，以之近則亦隨於人，是動作所在皆隨於人也。

重門擊柝，以待暴客，蓋取諸豫。

義曰：夫治平之世，不能无姦軌之人。是故聖人用其兩木相擊，昏夜之間，擊其聲以爲之警備，使其姦人暴客不能踰越也。然而必取諸豫者，蓋豫者，樂也。按豫卦「雷出地奮，豫」，言雷自地奮出，以發生萬物，物既生，各遂其安，故曰「豫，樂也」。此重門擊柝，以待暴客，而云蓋取諸豫者，蓋言凡人居治平之時，外既有警備，則姦人不能犯，姦人既不能犯，則在内者自然安矣。

斷木爲杵，掘地爲臼，臼杵之利，萬民以濟，蓋取諸小過。

義曰：言聖人既能教民以粒食五穀，然又不能精治其五穀，以爲飲食之養。是故後世聖人復斷其木爲杵，又掘其地爲臼，以其臼杵之利以精治其五穀。夫既精治其五穀，則天下之萬民皆得以濟，故取諸小過焉。然則必取小過者，蓋小過之卦，聖賢之人過爲其事以矯過於人。今此杵臼而取小過者，蓋聖人既教人粒食以自養，又教人精治其五穀，是小有過爲其事故也。

弦木爲弧，剡木爲矢，弧矢之利，以威天下，蓋取諸睽。

義曰：夫治平之世，不能无姦暴之人；堯、舜之代，不能无逆命之人。是故聖人雖立刑罰之事以懲戒之，然其間亦有不庭不軌之人，非刑罰之威可以懲也。是故復以弦繫於木上，以爲弧。弧者，即弓也。既以弦於木爲弓，又剡削其木，取其矯厲，故爲矢以中於人。弧矢既成，以威中於不庭不軌之人。威既中於不庭不軌之人，則天下之姦暴者皆畏而懼矣。然蓋取諸暌者，蓋暌者，離也。言人心之乖離者，必用弧矢以威之。至如蠻夷之人當奉於中國，反抗衡於中國，有離叛之心；又如諸侯當尊奉於王者，今不能貢賦，反有倍於王者之心；又如姦猾之俗，不能歸奉於上，反有離二之心。如此之人，聖人因其有暌離之心，故制弧矢以威服之，故云蓋取諸暌也。然則弧矢、杵臼、服牛、乘馬、舟楫皆云利者，此蓋器物有益於人，故稱利也。然重門擊柝，不言所利者，蓋擊柝之事，止以禦暴客，是亦利之異名也。垂衣裳不言利，此亦隨便立義，故云天下治，治亦利也。此皆義便而言，故不可一例取也。

上古穴居而野處，後世聖人易之以宮室，上棟下宇，以待風雨，蓋取諸大壯。

義曰：夫上古之時未有宮室。當此之時，人但冬則居營窟，夏則居橧巢。人既安居，然於風雨之時无可禦止。是故後世聖人易之以宮室，上隆其棟，下爲之宇，以待風雨，有所棲止，故取諸大壯也。然必取諸大壯者，以其制度宏壯，有便於人，故取大壯也。

古之葬者，厚衣之以薪，葬之中野，不封不樹，喪期无數，後世聖人易之以棺椁，蓋取諸大過。

義曰：夫上古之時，凡人之死，不能蔽蔭其尸，但厚衣之以薪。及葬之中野之間，又不能封土爲墳，是不封也。又不能種樹爲别，是不樹也。及其哀戚，又无時而止，但哭除則止，喪之期制，又无其日月之限，是无數也。其於死者，知耶？不知耶？是故後世聖人以木合爲之棺椁，以蔭庇其尸；又封其土，以爲之墳；又種其樹，以爲之别；又立五服之制、三年之喪，使其哀戚有時者也。然則蓋取諸大過者，原大過之卦，是聖人大有所爲，過越常分以拯救天下，則爲之大過。今此人之死不能蔽蔭其尸，而取此大過者，何也？蓋聖人重人之生，孝子哀戚之情，以其人之生必有其死，蓋死者是人之終，人之既終，孝子之大事。重其死者，人之大事。故過爲棺椁以蔭庇其尸，又封土以爲之墳，種樹以爲之别，立其五服之制，又立饗祀之禮，其事過越至大，故取諸大過也。

上古結繩而治，後世聖人易之以書契，百官以治，萬民以察，蓋取諸夬。

義曰：夫上古之時，世質民淳，情僞未遷，凡人有事，必結其繩而取信。若有大事則結之以大繩，若有小事則結之以小繩。迨及後世，情僞已遷，利害漸作，巧詐萬狀，不可以救正之。是故後世聖人易之以文書，成之以契券。文書，所以取其信驗；契券，所以取其要約。文書既立，契券既明，則百官之事皆得其治，萬民之情皆得以察。然而蓋取諸夬者，蓋夬者，决也，能明决其事，驗人之情僞，以决斷之。自此而後，民之利病，事之姦詐，不可以隱也。

是故易者，象也。

義曰：自此已下至「小人之道」爲一章。夫大易之道，皆本諸萬物之形象而成。至如乾爲龍，坤爲馬，艮爲山，兑爲澤，如此之類，皆是本於物象也。

象也者，像也。

義曰：言聖人立六十四卦之象，皆因其物像而名也。至如兼山艮，麗澤兑，巽爲木，坎爲水，離爲火，如此之類，皆是本諸象也。

彖者，材也。

義曰：彖者，即六十四卦下彖辭也。如「乾，元亨利貞」，「坤，元亨，利牝馬之貞」，此類皆聖人設其彖辭，以象一卦之材德而成之也。

爻也者，效天下之動者也。

義曰：夫六十四卦，一卦則象其一時，一爻則象其一人。然而爻有變動，位有得失，變而合於道者，爲得；動而乖於理者，爲失。人事之情僞，物理之是非，皆在六爻之中，所以象天下之動，使人效法之也。

是故吉凶生而悔吝著也。

義曰：夫六十四卦之爻，有得位有失位者，有凶有吉者，皆繫於爻之動静也。若動得其道則吉，動失其道則凶。然動静之間，有可追悔者，有可鄙吝者，若能慎於動静，則凶害不生矣；若不能慎於動静，則凶咎著焉。是吉凶悔吝著見於外，皆繫於爻之變動也。故上文所謂「吉凶悔吝，生乎動者也」。

陽卦多陰，

義曰：陽者，即剛也；陰者，即柔也。夫八卦之設，有純陽之卦，有純陰之卦；有一卦有二陽者，有一卦有二陰者。至如坎之一卦，上下二陰而一陽在其中矣；艮之一卦，一陽在上而二陰在其下矣；震之一卦，二陰在上而一陽在其下矣，是陽卦多陰也。

陰卦多陽，

義曰：夫八卦之中，有陰卦而多陽者。至如離之卦，二陽在外，一陰在内矣；兑之一卦，一陰在上而二陽在下矣；巽之一卦，二陽在上而一陰在下，是陰卦多陽也。

其故何也？

義曰：此是孔子疑問之辭也。言陽卦多陰，陰卦多陽，其故果如何多也？

陽卦奇，陰卦偶，

義曰：此是孔子復陳陽卦多陰，陰卦多陽，各有本末也。言陽卦所以多陰者，蓋陽卦純一，故多奇也；陰卦多陽者，蓋陰卦純二，故多偶也。是故聖人因其奇偶之數，所以如此也。

其德行何也？

義曰：此孔子又發問之辭。言陽卦所以多奇，陰卦所以多偶，其於德行果如何哉？

陽一君而二民，君子之道也。

義曰：此是孔子又自釋陽卦奇、陰卦偶之所由也。言陽之卦是君，陰之卦是民。一陽在上，則衆陰歸之；一君在上，則二民歸之。猶天下一統，衆歸於一主，則成邦國之道，是至治之本，此是君子之道者也。

陰二君而一民，小人之道也。

義曰：言陰者，是小人之象也。夫二陰在上而一陽歸之，是由二君在上，而在下之人无所的從。在下之人既无所的從，則天下不能統一。如此則乖邦國之道，是致亂之本，此是小人之道也。

易曰：憧憧往來，朋從爾思。

義曰：自此已下至「德之盛也」爲一段。「憧憧往來，朋從爾思」者，此是咸卦九四之爻辭。

凡易卦中有義理深遠，卦爻之内未能盡其義者，孔子特引於此而明之。言天地之道、生成之理，不能感於物，蓋物自然而咸感之。聖人之道，亦不求感於人，蓋但任仁義之道以行於世，則天下之人自然而歸之。今九四以陽居陰位，是不正也。當咸感之時，以不正之身，不能任以仁義之道以感於人，反自思慮其朋以求所感，故所感之道不廣。但其憧憧然，朋從爾思之。惟是己之朋黨者，則感之也。

子曰：天下何思何慮？天下同歸而殊塗，

義曰：此孔子自釋九四之辭。言天下之大，萬宇之廣，爲感之道，聖人未嘗思之，但任其仁義之道以感於天下，則天下雖廣，而人自感悦而隨之，故云同歸而殊塗。

一致而百慮。

義曰：言人之百慮，雖然煩多，及其歸也，終歸於一致也。

天下何思何慮？

義曰：此重言之者。言聖人凡有天下之衆，爲感之道不在思慮以感於人，如是，則所感之道至廣也。

日往則月來，月往則日來，日月相推而明生焉。

義曰：此已下又明天地之道、陰陽之端、人事之理、萬物之情，亦自然而然也。言日往則月來，月往則日來，日月之道互相推盪於天地之間，而晝夜之道自然明矣。然則日月之道，不求照耀於人，而天下之人物，自然感日月之照臨也。

寒往則暑來，暑往則寒來，寒暑相推而歲成焉。

義曰：夫天地之道，晝則爲陽，夜則爲陰，以陰陽之道互相推盪而成寒暑，寒暑之道互相推盪而成歲功。然則寒暑之道非自求成其歲功，蓋歲功自然而隨於寒暑也。

往者屈也，來者信也，屈信相感而利生焉。

義曰：此一節又明萬事之理，亦皆本於自然而然也。屈者，去也；信者，進也。往者既去，來者求進，屈信之間而利害生焉。是利害自然而生於屈信也。

尺蠖之屈，以求信也。龍蛇之蟄，以存身也。

義曰：夫尺蠖之屈，雖一本於天賦，然而凡於動靜之間，非自樂也，蓋所以求其信也。龍蛇之蟄，潛其所處，蓋所以求其安身也。

精義入神，以致用也。

義曰：夫人得天性之自然，稟五常之至正，然而有服君子之事者，有服小人之事者，何也？

蓋曰操心積慮，學而致諸善，不學而致諸不善也。惟是聖人得天地之全性，凡所動作精思遠慮，以合於義，以通神妙。及發於外也，可以措天下之用，興天下之利也。至如網罟取諸離、書契取諸夬、宫室取諸大壯，凡百所爲之事，有利用於民者，皆由聖人精義入神，然後能也。

利用安身，以崇德也。

義曰：言聖人既能精義入神，以致天下之用，又能宴樂以安其神，飲食以養其體，居富貴而不自充詘，在貧賤而不自隕穫，如此，則安於身而崇大其德業也。

過此以往，未之或知也。

義曰：言聖人舍其精義入神以致用，利用安身以崇德，舍此二道而往，則雖聖人亦不能知之也。

窮神知化，德之盛也。

義曰：言聖人既能精義入神，利用安身，如是，則可以窮極鬼神之情狀，通曉變化之終始，此是德之至盛者也。

易曰：困于石，據于蒺藜，入于其宫，不見其妻，凶。

義曰：此是困卦六三之辭也。言六三之爻，以陰居陽位，是不正也；在下卦之上，是不中也。夫君子之人，凡欲求進，必須俟其時。今此六三，居困之時，其性動而欲上進，是故爲九四之所止，故困於石也。既上不能進，復退其居，又下乘九二之剛，故曰「據於蒺藜」。上既无所進，下既无所適，是猶入於其宫，不見其妻，凶之道也。夫妻者，至親之人，亦不可得而見之，况於他人乎？

子曰：非所困而困焉，名必辱。

義曰：此已下是孔子之辭。言此六三所以困於石者，非是所困而困焉。蓋六三居困之時，躁而求進，爲九四之所止。然君子之名必求榮，今爲九四所困，是其名必辱也。

非所據而據焉，身必危。

義曰：夫君子之人，進必以道，動必合義，不惟澤天下之人，又且先安其身而不陷於過惡也。今六三既下乘九二之剛，爲九二之所據，爲九四之所止，是必不能安全其身，而身必自至於危厲也。

既辱且危，死期將至，妻其可得見邪？

義曰：言六三既非所困而困，非所據而據，既辱且危，是不知死期將至也。既死期將至，雖屬至親之人，必不可得而見也。

易曰：公用射隼于高墉之上，獲之无不利。

義曰：此是解卦上九之辭也。隼者，貪殘之禽也；墉者，牆也。言解難之時，而六三以陰柔不正之身居於下卦之上，是不正之小人也。夫居解之時，而以小人居君子之位，是猶貪殘之禽居於墉牆之上，必爲人之所射而獲之。既射而獲之，則何所不利哉！

子曰：隼者，禽也。弓矢者，器也。射之者，人也。

義曰：夫弓矢之事，皆是威天下之器、除天下之害者也。今君子之人欲去貪殘之禽，必以弓矢而射去之，然後可也。

君子藏器於身，待時而動，何不利之有？

義曰：言君子之人，凡去小人，必須有其才，有其德，有其時，有其位，然後可以有所施爲、有所動作也。若无才德，无時位，欲去非類之人，必自取敗亡之道。是故君子之人，必當藏畜其器，韜光其業於身，待其時而動之，則所往必有所獲也。

動而不括，是以出而有獲，語成器而動者也。

義曰：括者，結也。夫君子之人，凡能畜積其德，韜藏其器，則无有括結凝滯之事，如是，則沛然莫之能禦也。以至凡有所施爲，有所動作，必有所獲，所在必有所成功，是語成其器而動者也。

子曰：小人不耻不仁，不畏不義，

義曰：此已下又言小人之道也。夫小人之性不常，亦不知仁義，不知廉耻，不以刑法威之，則不畏不義。是故古者聖人設其鞭朴之事、刑法之威者，蓋爲小人不耻不仁，所以設之，使知畏而爲義也。

不見利不勸，

義曰：言小人之心專在於利，凡事不見其利，則不知有所勸勉也。是故聖人立爲廛市使得交相貿易，立農桑使得互相耕養，而有所勸也。

不威不懲。

義曰：夫小人以小善爲无益而弗爲也，以小惡爲无傷而弗去也，但恣縱其心而放僻邪侈之事无不至矣。若不以刑而懲之，則不知懲戒者也。

小懲而大誡，此小人之福也。

義曰：言君子之人既以刑懲於小人，亦非君子之素心也，蓋爲小人不耻之故也。然雖小有所懲，而若能戒懼不爲大惡，此亦小人之福也。

易曰：屨校滅趾，无咎。此之謂也。

義曰：此是噬嗑初九之爻辭也。夫噬嗑之卦，是先王用刑以去剛梗之俗。今此初九居卦之初，是受刑之始也。然居受刑之始，其罪未至大，其惡未甚著，故但屨校其足，滅没其趾，而能改之，所以无咎。今此小人，若小懲而能戒慎之，則其罪亦不至於大，此是小人之福。故引此噬嗑之初九而證之，故曰「此之謂也」。

善不積不足以成名，惡不積不足以滅身。

義曰：言凡人若能積小善以至於大善，積之不已，以至著見於外，則可以成萬世之名也。若小善不積，則不能以成其名也。若以小惡爲无傷而弗去，及小惡積之已久，反成大惡，及其著見於外，不惟受戮，亦致滅没其身也。

小人以小善爲无益而弗爲也，

義曰：夫小人之性，以小善不能益於身，是以因因循循，至於老耄不能脩飾而不爲，以致喪身取咎，自取滅亡之道也。

以小惡爲无傷而弗去也，

義曰：言小人以惡爲无傷，積小惡以至大惡，從微至著，日復一日，不能悛改而弗去，以至惡大罪深也。

故惡積而不可掩，罪大而不可解。

義曰：言小人既不能積其小善，反自爲其小惡，小惡之積久而不已，及夫惡大而彰顯於外，不能以掩閉，罪大而及於身，不可以解脱，如是，則滅身受戮也，宜矣。

易曰：何校滅耳，凶。

義曰：此是噬嗑上九爻辭也。言初九居受刑之始而屨校其足，其罪亦未甚大。至此上九，居受刑之終，不能悛改其惡，但以小惡爲无傷，以至惡積罪深而其身受戮，滅没其耳，何校其首，此是大凶之道也。

子曰：危者，安其位者也。

義曰：夫君子之人所以危者，蓋由安然居位，恃其泰不爲之備，恃其安不知其亂，以至泰久必否，安久必亂，所以致其不安而社稷之危也。若能居安慮危，居治思亂，然後可以保其位而不失也。

亡者，保其存者也。

義曰：夫人之所以亡者，蓋由恃其安不思其危，恃其存不思其亡，任其放僻邪侈之事，所以致其身之危亡、基業之隕墜也。若能常自深思遠慮，不爲奢侈之行，則可以保其存而不亡也。

亂者，有其治者也。

義曰：言人居安平之時，但恃其天下之治，不能思慮存亡之機，不能憂恤天下之人，恣其驕盈之志，不知亂之所生也。

是故君子安而不忘危，

義曰：言君子之人，若能居於安平之時，常自戒慎，恐有傾危之事，則可以獲吉也。

存而不忘亡，

義曰：言居平易之時，能常思其危亡之事，所以保其存而不亡也。

治而不忘亂，

義曰：言居治平之時，當自恐懼修省，鑒其前車之覆，則无禍亂之事也。

是以身安而國家可保也。

義曰：言君子之人，既能安而不忘其危，存而不忘其亡，治而不忘其亂，夫如是，其身可以安，其國家社稷可以永保也。

易曰：其亡其亡，繫于苞桑。

義曰：此是否卦九五之爻辭也。言當否塞之時，小人在下，皆失其道，獨九五能休去天下之否，常思其社稷之危亡，言我其亡乎、我其亡乎，是猶繫其社稷於苞桑之上者也。桑者，即是其根深固而不拔；苞者，即是叢生之類。言九五既居否塞之時，能休去天下之否，常自思慮戒懼，是猶繫其社稷於苞桑之上，而其根深固不可以拔也。

子曰：德薄而位尊，

義曰：夫居君子之位，必有才有德，然後可以居也。若才之薄、德之寡，而居於尊貴之位，必不可也。

知小而謀大，

義曰：言人之才知之小，反欲謀國家之大事，是必不可也。然居幽闇之時，尚不免其誅戮，而況居於明盛之時，其有不受君之誅戮者鮮矣。是小知者，不可謀國家之大事也。

力小而任重，鮮不及矣。

義曰：夫小力之才，必當任其輕小之用。若任以國家之重器，其勝任者亦鮮矣。

易曰：**鼎折足，覆公餗，其形渥，凶。言不勝其任也。**

義曰：此是鼎卦九四之爻辭。言九四以陽居陰位，是不正也。夫以不正之身居於大臣之位，而才力之不勝其職，是猶鼎之折足而傾覆公家之美實，而又且污染其鼎也。然則君子之人，凡居高位，必須有其才，有其德，然後可以稱國家之大任也。若无才无德而居大位，是猶鼎之九四，以不才之身而居國家之重位，而傾覆公家之美實，敗壞國家之綱紀，是大凶之道也。如此之人，所謂不勝其任也。然則謂之言不勝其任者，此是孔子引此鼎卦之辭，以釋德薄位尊、知小謀大、力小任重之人，故以此爻而結言之。

子曰：知幾，其神乎？君子上交不諂，下交不瀆，其知幾乎？

義曰：此一節是孔子釋豫卦六二之辭。子曰「知幾，其神乎」者，幾者，是有理未〔一〕形之謂也；神者，妙微无方之謂也。夫君子之人有先幾之識，深思遠慮，凡有所施爲，必能極未形之理、未萌之兆者也。既未形之理、未萌之兆皆先知之，是其知如神之妙用而通於靈也。君子上交不諂者，夫常常之人，凡於有權位之人，則必行苟諛佞媚、甘言巧語，以求其説，以

〔一〕四庫本「未」作「之」。

求其進。是故君子之人知其諂諛佞媚之道不可以求進，是以守其正，自潔其身，切問近思，博聞强識，待時而動，不以邪佞之道以求其進，不以甘言巧語以説其上也。「下交不瀆，其知幾乎」者，夫常常之人，凡見其下交之人，必以强暴之性、苟悦之道以瀆亂於下。是故君子之人，凡居上位，雖於下交，亦以中正之道、至正之德以待於下，未嘗敢以柔邪苟媚之道以瀆亂於下者也。言如此之人，既上交不諂，下交不瀆，又極於未形之理、未萌之兆，是知幾之人也。

幾者，動之微，吉之先見者也。

義曰：言人知其有理未形之事，極其禍福萌兆之來，則於動静之間戒其微小之事，動得其道則吉，動失其道則凶。是以從其吉而背其凶，去无道而就有道。是幾者，吉之先見者也。

君子見幾而作，不俟終日。

義曰：君子之人既知未形之理，慎其微小之事，夫如是，則吉凶之變，不俟終日之間而可以明見矣。

易曰：介于石，不終日，貞吉。介如石焉，寧用終日，斷可識矣。

義曰：此是豫卦六二之爻辭也。言豫之時，九四以剛陽之德居上卦之下，是居人臣之極位者也。夫居人臣之重位，必爲在下之所歸向，是故初六以陰柔之質居豫之初，爲九四之正應。當豫之時，不能守其正道，但以柔邪諂媚以説於上，以求其進，故爲九四之所見從，但有聲名虚譽以聞於外。然既有聲名傳聞於外，是虚譽也，故其爻辭曰：「鳴豫，凶。」至於六三，比於九四，居豫之時，在下卦之上，履非其位，上承於九四，亦以柔邪諂媚之道以悦於九四，故其爻辭曰：「盱豫，悔。」惟此六二以陰居陰，居得其正，不爲富貴以易其志，不爲貧賤以易其心，堅然守一介之節，確然守不變之心，履得其中，居得其正。雖下比於初六，亦未嘗敢以非道而褻瀆。雖近於九四，亦未嘗敢以柔順而苟求。但堅執其心，不苟其進，故其心如石之堅，不能變動，不待終日而獲其貞吉。然則六二既能上交不諂，下交不瀆，動静之間，幾微之事，未嘗不知之。既幾微之事未嘗不知之，則吉凶之來，又寧用於終日之間而斷可見矣，此是知幾之人也。若見事於已萌之後，則是不知幾也。然則「介如石焉，寧用終日，斷可識矣」者，此是夫子解釋六二之爻辭也。言六二有如此之美，故仲尼稱美之也。

君子知微知彰，

義曰：此已下至「无祇悔，元吉」爲一節，以解復卦初九之辭也。言君子之人，凡所施爲動作之間，必慎其微小之事。夫微者，亦是幾微之事，有理未形者也。唯君子之人，凡所動靜，凡有思慮，吉凶之兆、禍福之理未萌之前而已知之。既知之，則舍其凶而趨其吉，此是知微也。既知其微，逆知禍福，雖有其理，未有其形，更不可使彰露顯然而著聞於外，如此是知彰也。

知柔知剛，萬夫之望。

義曰：夫事之萌漸必始於柔小，得失之理亦自於幾微，以至凡百之事，皆是自小而至大，自柔而至於剛也。是故君子之人極未形之理，既知其本，又知其末，本末之間，不使吉凶之道形著於外。夫如是，則可以爲萬夫之所瞻望、天下之所仰賴也。

子曰：顔氏之子，其殆庶幾乎！有不善未嘗不知，知之未嘗復行也。

義曰：此孔子言知微知彰、知柔知剛也，自古已來，惟顔子一人而已，其庶幾可以近之。夫顔氏之子者，即孔門之高弟、亞聖之上賢，能知禍福之萌、吉凶之兆，有不善未嘗不知，有一惡未嘗不悟，及其知也便從而改之，未嘗復行於事業。故孔子曰：「有顔回者好學，不遷怒，不貳過，不幸短命死矣。」是言顔子能修其身，能深其慮，凡有吉凶不善之事未嘗不知，既知之，亦未嘗復行，故唯顔子庶幾可以近乎。

易曰：不遠復，无祇悔，元吉。

義曰：此是復卦初九之爻辭。夫復之初九，以陽之德居復之初，當群陰用事之時，獨以一陽而反於地下，以萌生萬物，是復之初九而來復之速者也。亦猶賢人君子，得天之性，凡思慮之間，亦有不善之事，則能早辨之，明其心，復其性，使過惡不形於外，所行之事皆合於中道。自古聖賢之中，惟顏氏之子知有不善，未嘗不速改之，以復於善道。故三千徒中，惟此顏子一人而已。故孔子特稱舉之曰「不遠復，无祇悔」者，惟顏子一人而已。

天地絪緼，萬物化醇。

義曰：此已下至「言致一也」，解損卦六三之爻辭。絪緼者，蓋薰蒸之貌。夫天地之道，陰陽之氣，二氣相薰蒸而成交感之象，是以萬物皆得以亨通也。

男女構精，萬物化生。

義曰：言男女相構和會，而萬品之物亦得以變化而生也。

易曰：三人行則損一人，一人行則得其友。言致一也。

義曰：此損卦六三之辭也。夫損之時，損下以益於上，損民以益於君。今此六三、六四、六五以三陰上進，歸於上九之陽，是其志不能醇一也，必損於上九之陽者也。然則天地之道皆尚於醇一，故一陰一陽之謂道，男女相遇亦在於醇一。今若以三陰上進，必損上九之陽。若但六三獨往之，則得正應之道，然後得其友也。

子曰：君子安其身而後動，

義曰：自此已下至「立心勿恒，凶」，解益卦上九之爻也。君子安其身而後動者，言君子之人，凡欲動作施爲，必先安其身。若身不安，則行事之失。是必凡所施爲，必先安静其身，然後動作施於行事，則无有所失者也。

易其心而後語，

義曰：言君子之人，凡欲形於語默，必先平易其心，安静其志，深其思慮，然後形於言語。夫如是，則言无可擇，所出皆中於節，所行皆合於道也。

定其交而後求，

義曰：言君子之人，凡欲求進，必須先定其交，觀其人之可否，量其人之賢愚，可與之求則求之，不可與之求則退之。其或不觀人之可否，不量人之賢愚，不素定其交分，躁而求之，則自取窮辱之事。

君子脩此三者，故全也。

義曰：言君子若能安其身而後動，易其心而後語，定其交而後求，能脩此三者，故所行之事得其全者也。

危以動，則民不與也。

義曰：言君子之人，若不能安其身而以危而動，必爲民之弗與也。此復解上三者之事也。

懼以語，則民不應也。

義曰：言君子之人，若於言語之間不能安易其心，深思遠慮，反自以言語之間自恐自懼，所出之言，必爲民之所弗應也。

无交而求，則民不與也。莫之與，則傷之者至矣。

義曰：言君子之人，若不能先定其求、素結其分，妄而求之，必爲人之所不與也。既爲人之所不與，則傷害之事從而至矣。

易曰：莫益之，或擊之，立心勿恒，凶。

義曰：此是益之上九之辭也。當益之時，損上以益於下，損君以益於民。今此上九，當益之時，反自求於下，既求於下，心又无厭，故爲人之所不與也。故云「莫益之，或擊之」者，言不惟所求之人不與，抑亦爲人之所擊棄也。既爲人之所擊棄，如此者，蓋是立心勿恒、所求无益之故也。

子曰：乾坤，其易之門邪？

義曰：此已下至「其當衰世之意邪」爲一章。言天地初判，乾坤已有形狀，而大易亦已行於其中矣。是故大易之道，變化之理，皆由乾坤而出，是以聖人迹乾坤而成諸卦之名。是乾坤者，其爲易之門户也。

乾，陽物也。坤，陰物也。陰陽合德，而剛柔有體。

義曰：言乾體剛健，爲陽物也；坤體柔順，爲陰物也。是以陰陽二氣上下相配合，而成生育萬物之道。若乾坤上下不相配合，則萬物不生。故陰陽相配合，則萬物得以生。萬物得以生，則其剛柔之體、上下之象自然而成也。

以體天地之撰，

義曰：撰者，數也。言陰陽相配合而生，萬物自然而成，剛柔之體以是而分，陰陽奇偶之數由此而成也。

以通神明之德。

義曰：神明之德者，即爲妙用无窮、不可測度也。今此大易之道、變化之理、生成之道，可以通於神明之德、窮於萬事之理也。

其稱名也，雜而不越。

義曰：言大易之道，其爻卦錯雜，物理煩碎，其稱名也雜。然雜而各有倫理，不相干亂，不相踰越也。

於稽其類，其衰世之意邪？

義曰：稽，考也；類，物類也。言上古之時，世質民淳，情僞未作，典章法度未立，伏羲畫爲八卦，以爲萬世之法。歷夏及商，世漸澆漓，民欲叢生，是故文王以伏羲所畫之八卦重爲六十四卦，盡其天地人事之道、變通之理、吉凶悔吝之由，无不盡載於諸卦諸爻之間。然稽考其義類，其皆因衰世之意邪？

夫易，彰往而察來，而微顯闡幽。

義曰：自此已下至「以明得失之報」爲一章。夫大易之道至深至粹，明其吉凶之理、得失之迹，彰明已往未來之事，皆由易道可明也。既彰明已往未來之事，至於微小幽闇之理，凡事不可以明者，亦皆由此易道而顯闡之，故曰「微顯闡幽」。

開而當名辨物，正言斷辭則備矣。

義曰：開，謂開釋爻象，各當諸卦之名，辨其事物之理。正，謂正其聖人之言，斷定其吉凶悔吝之事，皆繫屬之爻辭，无所不備矣。

其稱名也小，其取類也大。

義曰：言諸卦之名，皆取其類而稱之。至如乾則稱龍，坤則稱馬，然則龍與馬皆天下之一物耳，雖稱名也小，然其取類也至大。故於人事則爲君臣、父子、夫婦、兄弟、長幼之道，天地之理，陰陽之端，无不備於此矣。

其旨遠，其辭文，

義曰：旨者，意也。言其易之旨至近至遠，其理雖委曲，然於其辭則有文采，不尚質朴者也。至如龍戰於野，是近明龍戰之事，遠明陰陽鬭争之理，是其旨遠也。又如坤言黄裳元吉，不直言居中得位，乃言黄裳者，是其辭文也。

其言曲而中，

義曰：言變化无恒，不可爲體例。其言必隨物之屈曲而各中其理。

其事肆而隱。

義曰：肆者，陳列也。言易之所載之事，於爻象之間，雖其文皆陳列其事，然其義幽隱，不可驟然而曉之。

因貳以濟民行，以明失得之報。

義曰：貳則謂吉凶二理也。言得失之理、吉凶之道，二者之理以濟萬民之行事。然萬事之理，有得位得正者，爲吉；有失位不得正者，爲凶。失則有凶報，正則有善應。因此二者之理，以濟民之行事，以明得失之報，使人趨其吉而背其凶，向其善而違其惡也。

易之興也，其於中古乎？作易者，其有憂患乎？

義曰：自此已下至「巽以行權」爲一章。夫易之起，始於伏羲。上古之時，世質民淳，情僞未形，巧妄未作，世凝然而不撓。當此之時，雖八卦亦盡萬事之情。歷夏及商，至於桀、紂，暗君在上，情僞漸遷，巧妄已作，澆浮崇尚，不可勝説。文王罹於憂患之中，有聖人之才，上懼君之見去，下慮民之情僞，是以取伏羲所畫之八卦，重爲六十四卦，以盡天地之淵藴，以明人事之終始。至於吉凶之道、得失之理、憂虞之象、悔吝之事，无不備載於其間，使人知其吉而背其凶，向其善而捨其惡，以爲萬世之法，使人防患於未萌也。

是故履，德之基也。

義曰：此已下九卦是修身防患之術也。然則六十四卦皆是防患之術，何以特取此九卦者？

蓋此九卦最是修德之基，爲人事之先，故特陳此九卦也。履者，禮也。言人踐行其禮，敬事於上，不失其尊卑之分，如此，是「履，德之基也」。

謙，德之柄也。

義曰：柄者，人之所以操持也。夫人雖有爵禄之分、崇高之位，若无謙順之德，恃其驕盈，必至於傾失。是故君子之人，若能居爵禄之位，必當持謙順之德，則雖危而不失，雖高而不危，如此，是「謙，德之柄也」。

復，德之本也。

義曰：言君子之人若能復其性，明其心，至於思慮之間，有不善之事必先改之，如此，是復其性爲德之根本也。

恒，德之固也。

義曰：言爲德之時，常能執守，終始不變，如此，則其德固，故恒卦爲德之堅固也。

損，德之脩也。

義曰：言君子之人若能謙損以自增新降損其志，此是脩身之本也。

益，德之裕也。

義曰：裕者，寬大也。言人凡所作事，能利益於人，日新一日，則其德寬裕而有所包容也。

困，德之辨也。

義曰：言君子之人居於治平之時，恣其安逸之性，多不知艱險之事。惟是居困否之時，備歷艱苦，知其君子小人之道，然後能明辨困否之事者也。

井，德之地也。

義曰：夫君子之身，可貴可賤，可貧可富，而其志不可易，其心不可變，其德不可改，猶井之居地，不可遷改也。

巽，德之制也。

義曰：夫愚民之性，蚩然而无所識，其非辟姦僞无所不至矣。是故聖人必行號令以示其法制，然行號令之始，必以權變之術而巽入於人心，然後民可制也。此已上九卦，各與德爲用也。

履，和而至。

義曰：此已下又復明九卦之德也。履者，禮也。言人有恭敬之德，有剛直之行，必須與人和同。既與人和同，則可以至於道也。

謙，尊而光。

義曰：夫人有其才，有其德，雖在崇高之勢，必須謙恭以自卑，謙遜以接下，如是，則德益大而身益光也。

復，小而辨於物。

義曰：物者，萬物之理也。言人於性之初，吉凶未形之時，始於微〔一〕小之事，有其不善便從而改之，使无能爲之咎也。

恒，雜而不厭。

義曰：言君子之人能守其常道，不改其操，不變其節，雖錯雜混處於小人之間，亦其心不厭倦於事。

損，先難而後易。

義曰：言凡人若不能謙損於己，反欲他人謙損而奉於己，則失爲人之道。是故君子之人必須先減損其身，謙讓其己，以及於他人，是損己以益於下，損身以尊於人，是先難也。及其

〔一〕四庫本「微」作「爲」。

性既復，行既成，所言皆合於道，所行皆中於禮，不失其法度，是後易也。

益，長裕而不設。

義曰：言君子之人先求仁義以益於身。身既益，則其仁義之道可以推及於天下。然其仁義既及於物，則可長裕於天下。因其所利而利之，不待先爲施設而行之，而天下之人自有其餘者也。

困，窮而通。

義曰：言君子之人雖居困窮之時，身即困窮，而其道得以亨通也。

井，居其所而遷。

義曰：言井之道，居其所不可以遷改，而其澤可以遷施於人，猶君子之德固不可遷易，不可變改，而其道可以濟人。

巽，稱而隱。

義曰：巽者，是聖人之權也。言聖人以權變之術行其號令，以及於天下，而人不知所以然而然也。

履以和行，

義曰：言凡人有剛直之性、温良之行，必以禮而和之，故論語曰「禮之用，和爲貴」者是也。

謙以制禮，

義曰：言人性能謙順自卑尊人，則可以裁制其禮法而行之也。

復以自知，

義曰：言人既於事微小之初，知其不善而能改過，是自知也。

恒以一德，

義曰：言人能守其常道，不變其節，終始不移，雖居富貴而不自恃，雖居貧賤而不自移，是純一其德者也。

損以遠害，

義曰：言人能自降損其身，謙冲其德，以尊於人，則无患害之事也。

益以興利，

義曰：言人能以仁義之道自益於身，又益於他人，因其所利而利之也。

困以寡怨，

義曰：言人居困窮之時，守節不移，上不怨天，下不尤人，但守其正而已。

井以辨義，

義曰：言井之道，居其地而不移其濟天下之義。故於井之道，可以明辨其義也。

巽以行權。

義曰：權者，反經而合道也。言聖人凡發號施令，則以巽順之德而行之，以順其物性，以洽於人心也。既能順時，故能行權也。

易之爲書也不可遠，

義曰：自此已下至「道不虛行」爲一節。言大易之道，其爲書言天地陰陽之事，吉凶之理，萬事之情僞，人事之終始，无不備載於其間。然於人之行事也，不可遠之，故上文謂「吉凶悔吝生乎動，是故君子所居而安者，易之序也；所樂而玩者，爻之辭也。君子居則觀其象而玩其辭，動則觀其變而玩其占」。是言易之爲書也，不可遠也。若一遠之，則是吉凶悔吝所生者也。

爲道也屢遷，

義曰：屢者，數也。言易之爲道，倣法陰陽，其變化之理，爻象之間數有遷易也。

變動不居，

義曰：言六爻之位互相更變，无有定止，或陰居陽位，或陽居陰位，是變動不居也。

周流六虚，

義曰：言一卦六爻有陰有陽，上下周徧，互相更易，在於六位之間也。

上下无常，

義曰：言六爻之位位无常定，或上或下也。若九月剥卦，一陽在上；十一月一陽在下，復是也。

剛柔相易，

義曰：言六爻之位交相錯雜，或剛或柔，剛柔之道互相推盪於其間，或陽易陰位，或陰易陽位是也。

不可爲典要，

義曰：言大易之中，剛柔二氣既互相推盪於六爻之間，則不可爲常典，不可爲要約，隨時所變而已故也。

唯變所適。

義曰：言隨其六爻之變動，以適萬事之用也。

其出入以度，

義曰：言大易之道，六爻之位，周流六虚，上下无常，剛柔相易，不可爲常典，不可爲要約。既上下无常，不可爲典要，然其或出或入，或居或處，皆不失其法度，皆不失其倫理。若明以處暗、豐不至奢，是皆出入以度者也。

外内使知懼，

義曰：言大易之道，明其吉凶之理、得失之道，以至過去未來之事。朕兆之間，使人自内自外觀此大易之道，皆知戒懼而不敢爲非僻之事，明其用捨，則趨其吉而背其凶也。

又明於憂患與故。

義曰：言此大易之道，不惟言天地陰陽之理，亦言人之憂患之事，使人明曉之，不敢爲非也。

无有師保，如臨父母。

義曰：言大易之道，其卦爻之辭，言其萬事之理、吉凶之朕兆。其教人也，雖无師保之嚴，如有師保之教也。如臨父母者，自上而下爲之臨，言大易之道，其示人也，雖无父母之教，如臨父母之慈，使人一歸於善道也。

初率其辭，而揆其方。

義曰：率，循也；揆，度也；方，道也。言人初能率循大易之文辭，則可以揆其大易之道，而知典常之理，明其義之所歸也。

既有典常，

義曰：言人既能率循其大易之文辭，則知變化之理、典常之道也。

苟非其人，道不虚行。

義曰：言人既能率循大易之文辭，又揆度其道，知其常典，是易之道得行於世。然大易之文，皆聖人所用之道，若非通聖之人，則不能曉達易之道理，則大易之道不虚行也。

易之爲書也，原始要終，以爲質也。

義曰：自此已下至「觀其彖辭，則思過半矣」爲一章。質，體也。言大易之道，其爲書也，不獨明人之得失之理、憂患之事，而又原其萬事之始，要其萬物之終。至如乾之初九曰「潛龍勿用」，上九曰「亢龍有悔」，坤之初六曰「履霜」，上六曰「龍戰於野」，此是原始要終之大本也。既原始要終，則窮其大本以爲大易之體質，以成諸卦之用也。

六爻相雜，唯其時物也。

義曰：言一卦之中，六爻之位，剛柔上下，交相錯雜，唯其時物之事、得失之理，皆隨其時事而言之。若屯之初九言「磐桓，利居貞」，六二言「屯如邅如」，如此之類，是隨其時而言之。其諸卦諸爻，皆由此而可明也。

其初難知，其上易知，本末也。初辭擬之，卒成之終。

義曰：言一卦之始，始於細微。雖一卦之大義，吉凶之理，情僞之端，皆始於初始之間。然其爻象未備，萬事之理雖有其理，雖有其意，然於人事未能顯見矣，是難知也。其上易知者，上則謂上卦之上也。言一卦之事雖有其理，在於初爻則其道難見。至於上九之時，其下五爻皆布列其位，剛柔之體，得失之理，吉凶之道，有正有不正者，可見矣。是其道已成，其理已定，其爻象以正也，是易知矣。本末也者，言大易之道，既原其始，又要其終，原其始終則知本末，是初難見則爲本，終易知則爲末。已下終始之間，本末可見也。初擬其辭者，言六爻之位，剛柔之體，始雖擬度其萬事之宜、萬物之理而成其辭，是始於微而至於著者也。卒成之終者，言至終之時，卦之上是卒成之時者也。夫卒成之時，而其象以分，卦體以定，而吉凶悔吝之道皆可見矣。是事之卒了成就，皆在於上也。

若夫雜物撰德，辨是與非，則非其中爻不備。

義曰：此又言六爻之義。六爻之位、上下之體交相錯綜，雜聚天下之物，撰數聖人之德，辨定是之與非，則非中爻而不可明也。中爻者，則六二、六五、九二、九五是也。夫得之與失、正之與邪，惟在二、五之爻，斷可明矣。故初則不及其中，三則又過於中。過於中者，則凶危之道有時而至矣；不及中者，悔吝之事亦有時而至矣。唯在二、五之爻，居得其中，履得其正，雖有其失，必不至於大咎也。至如乾之九二曰「利見大人」，九五曰「飛龍在天，利見大人」，又坤之六二曰「直方大」，六五曰「黄裳元吉」，是皆中爻可以辨攝一卦之是非也。然則一卦六爻各主其物，各主其事，惟是中爻，即可明辨其得失也。

噫！亦要存亡吉凶，則居可知矣。知者觀其彖辭，則思過半矣。

義曰：噫者，歎美之辭也。言凡欲知其存之與亡、凶之與吉，則其在中之一爻所居之位，則可知矣。若失其中，則是凶而不知其吉、亡而不知其存，如此是大凶之道也。惟欲知吉凶存亡，但觀中爻所居之位，則可知矣。「知者觀其彖辭，則思過半矣」者，言大易之道，一卦之理以至萬事之端，皆在於卦下所屬之彖辭。然彖辭之間，雖未能盡萬事之理、一卦之情僞，然知者觀其彖辭，則一卦之大義、吉凶之理，思慮之間，已知一卦之本末，已過半矣。然則謂之彖者，則如乾則言「元亨利貞」，坤則言「元亨，利牝馬之貞」，如此之類，皆是卦下之彖辭。若聰明賢智之人觀之，則一卦之理已過半矣。

二與四，同功而異位。其善不同，二多譽，四多懼，近也。

義曰：自此已下至「其剛勝邪」爲一章。言六十四卦之中，一卦六爻，六爻之内，惟二與四皆是陰位，而得其位者，故當以陰爻而居之，是同其陰功也。然而異位者，言二則在下卦之中，四則在上卦之下，是異位也。其善不同者，言二居下卦之中，是居得其中，行得其順，不失其中正之道，故其善也大矣。四居上卦之下，失其中道，故其善與二不同也。二多譽者，譽者，謂嘉美之譽也。言二居中而不失其正，又所行之事无過无不及，故有嘉美之譽以傳聞於外也。四多懼者，言六四居上卦之下，上比於五，是至尊之位也；下在九三之上，是權臣之上也。上則逼近於君，下則逼近於臣，故當恐懼之，是四多所懼也，故言四多懼也。

柔之爲道，不利遠者，其要无咎，其用柔中也。

義曰：此覆解上四多懼之意也。夫獨陰不立，必須比附於陽，則其功可以成。若遠於陽，則其道不能利。若欲要其无咎，必須用其柔中之道，則可也。若非居得其中、履得其正，則必有咎也。

三與五，同功而異位。三多凶，五多功，貴賤之等也。其柔危，其剛勝邪。

義曰：言九三與九五皆是陽位，故其功同也。然而三在下卦之上，五在上卦之中，是異位也。三多凶者，三在下卦之極，失於中道，故多凶咎之事。五多功者，五在上卦之中，而有人君之位，其功德可以被於天下，爲天下之所歸向，是多功也。五爲貴，三爲賤，是貴賤之等也。五與三俱是陽位，若以剛陽居之，則克勝其任；若以柔陰居之，則失其所處，而必至於傾危也。

易之爲書也，廣大悉備，有天道焉，有人道焉，有地道焉。

義曰：自此以下至「吉凶生焉」爲一章。言大易之道至廣至大，无不悉備於其間也。有天道、人道、地道者，言伏羲始畫八卦，以三爻爲一卦，故上一爻以象天，中一爻以象人，下一爻以象地。三爻既立，則天、地、人之事，萬物之理，无不備載於其間也。

兼三才而兩之，故六。六者，非他〔一〕也，三才之道也。

義曰：言伏羲畫卦，始以三爻爲一卦。天地之事，萬物之理，无不畢備。後世聖人，又從而

〔一〕四庫本「他」作「它」。

兩之爲二體，兩而爲六爻，故上二爻以象天，中二爻以象人，下二爻以象地，所以六之者非他也，蓋象三才之道也。

道有變動，故曰爻。

義曰：言六爻之内有變有動，動而合於道者爲吉，動而悖於理者爲凶，變動之間，必合於道也，故曰爻。

爻有等，故曰物。

義曰：物者，類也。言六爻之位有陰有陽，有貴有賤，有等有差。至如乾之爻稱龍，故爲陽物；坤之爻稱馬，故爲陰物。如此之類，故曰物也。

物相雜，故曰文。

義曰：言萬物之類，皆在六爻之間。六爻之間有陰有陽，有柔有剛，互相錯雜，而成文章，以顯著於外也。

文不當，故吉凶生焉。

義曰：言剛柔錯雜而成文章，若文妨於事，則有凶有吉，有邪有正；若文當其事，則吉凶不生；若不當位，則遺於道者爲凶，順於理者爲吉。吉凶之道，皆生於文不當矣。

易之興也，其當殷之末世，周之盛德邪？當文王與紂之事邪？

義曰：自此以下至「易之道也」爲一段，明易之興起在紂之末世者也。夫大易之道，始於伏羲仰觀俯察而成八卦，以爲萬世之法，以盡天下之事。然而寫其乾坤健順之性，天地之大象，人事之大紀，无不畢備於其間。是以歷夏及商，至於桀、紂之世，民欲叢生，巧詐互起，左右前後皆非正人端士，小人在朝，君子在野，天下紛然，不可以整之。文王有大聖人之才，罹於憂患之中，極天地之淵藴，極天下之能事，民之情僞，吉凶之理，无不備載於其間。故曰易是「易之興也，其當殷之末世」焉。

是故其辭危，

義曰：言文王演其大易之道，因其桀、紂之君无道在上，故使天下之人，思慮之間，姦僞互起，以至天下大亂。文王罹於憂患之中，作爲大易，盡萬民之情僞，極天下之險阻，以至憂患之事，无不備言於諸卦之下，是其辭危也。然則卦下之辭至簡至約，然有四德者，有一德者，有三德者，如此之類，推究卦義，是其辭危也。

危者使平，易者使傾。

義曰：言易之道，六爻之位有凶有吉，有得有失，皆在爻辭之間。若人觀此大易之道，見其凶事能小心畏慎者，則危者使之平易，其文辭亦言其平易。若人觀此大易之道，見其吉事而慢易者，則易者使之傾喪，則其所繫之辭亦言其凶。是使人舍凶從吉、趣〔一〕善背惡也。

其道甚大，

義曰：言此大易之道示人之吉凶，明人之情僞，其爲道至廣而甚大也。

百物不廢，

義曰：言大易之道无所不包，至纖至悉之事，百種之物，皆无有廢棄，如泰卦曰「包荒，用馮河，不遐遺」者是也。

懼以終始，其要无咎，此之謂易之道也。

義曰：言大易之道，若人觀其六爻之位、吉凶之理，若能觀其始而知懼，慎其終而思戒，終始之間，極其思慮，常自戒慎，如此，則要其无咎，此是大易之道也。

夫乾，天下之至健也，德行恒易以知險。夫坤，天下之至順也，德行恒簡以知阻。

義曰：自此以下至篇末爲一章，總明健順之美，兼明易道愛惡相攻之事。夫乾，天下之至

〔一〕四庫本「趣」作「趨」。

健也，乾有剛健之德，以一元之氣下生萬物，故德行常易，不至於煩勞而知艱險之事。夫坤，天下之至順也，承天之氣以時而生成萬物，故德行常簡，不至於煩勞而知艱阻之事。以天地之道至健至順，簡易之德、生成之理，自然不言而四時成，不勞而萬物得，而知險阻之事，其生成之理，故可知矣。

能説諸心，能研諸侯之慮。

義曰：按此「能研諸侯之慮」，其「侯之」二字，蓋是後人習慣其言而傳寫之誤也。若順其文而言之，則「能研諸侯之慮」於義无取，當言「能研諸慮」也。言聖人作此大易之道，能自悦美其心，又能研究人之思慮，使其情僞之道不作、憂虞之理不生也。注疏之説，皆失之矣。

定天下之吉凶，成天下之亹亹者。

義曰：言聖人作易，既能悦懌諸心，又能研精諸慮，又定天下之吉凶，有得其理者爲吉，失其理者爲凶。既定吉凶於諸卦爻之中，則成天下之亹亹者，使人勉勉而從善，不陷於邪佞也。

是故變化云爲，吉事有祥，

義曰：言大易之道有變有化，有施有爲。若合於道則吉，違於道則凶。若行得其吉，則有嘉美之祥而應之也。

象事知器，占事知來。

義曰：言人觀此大易之象，則知作器之方；觀其占策之數，則知未來之事，是大易之中，總此諸德者也。

天地設位，聖人成能。

義曰：言天地設其上下之位而生成萬物，聖人由是乘天地之正，以生成天下，以成就天地生成之功者也，如泰卦所謂「財成天地之道，輔相天地之宜」是也。

人謀鬼謀，百姓與能。

義曰：言聖人凡欲施爲、凡所舉動之時，必先與衆謀其得失之理，謀之卿士，謀及庶人，詢及衆庶，謀及鬼神，以明其得失，以别其吉凶。然而鬼神之道至幽至隱，不可以形見，而聖人與之爲謀者，蓋聖人取其卜筮之兆、占蓍之策，以考於天地鬼神，然後思慮之間，不煩憂戚，決然而行之。又與百姓參合而行，則得其吉而不凶，向其善而獲福。夫如是，則天下之百姓樂推而與之。百姓既與之能，則不勞探賾而吉凶自見，不役思慮而得失自明，以至萬物之情僞自然而見矣。

八卦以象告，

義曰：言伏羲所畫八卦，寫其天、地、水、火、風、雷、山、澤之象，凡吉凶之事，皆以象告於人，知其吉而背其凶也。

爻象以情言，

義曰：此又明卦爻剛柔變動、情僞相感之事也。言伏羲畫八卦之後，文王重爲六十四卦，爻爲三百八十四爻，又於諸卦之下繫屬之象辭，以明險阻之事、得失之理、憂虞之端，皆以人之情僞而言之也。

剛柔雜居而吉凶可見矣。

義曰：言六爻之内有剛有柔，剛柔之位上下錯雜，有得有失，有正有不正，得於理者爲吉，逆於理者爲凶，吉凶之道自然可見矣。

變動以利言，

義曰：言六爻之内有變有動，皆以利告於人，使人由而勸之，以盡天下之利，以利天下之物也。

吉凶以情遷，

義曰：言大易之道，爻象之内，有變有動，有凶有吉，動而合於道則吉，變而失其理則凶。然則吉凶之道、變動之理，皆由人之情僞遷移者也。

是故愛惡相攻而吉凶生，

義曰：言吉凶所生，皆由人之情性有所貪愛，有所忿憎，兩有所攻，或愛攻於惡，或惡攻於愛，是吉凶之道由此生矣。

遠近相取而悔吝生，

義曰：遠謂内外兩卦上下相應之類也，近謂爻位相比近也。言六爻之内，有近而相得者，有近而不相得者；有遠而有應者，有遠而无應者。遠而有應、近而相得則爲吉，遠而无應、近而不相得則爲悔吝。悔吝之道，皆由遠近相資取而生也。

情僞相感而利害生。

義曰：言人之情實，感物而動，得其理則爲利；人之虚僞，感物而動，失其理則爲害。情者則情實也，僞者則虚僞也。是情僞相感，而利害生於其間者也。既利害生於情僞之間，則吉凶之事由此而至矣。

凡易之情，近而不相得則凶。

義曰：言大易之道，六爻之情，有近而相得者則吉，有近而不相得則凶，故吉凶之道生於爻位之間也。

或害之，悔且吝。

義曰：夫凶咎之道亦有輕重，人之情僞亦有淺深。雖爻位相近，亦有不相得者，然不至於大咎，或有害之者，或有可悔之者，或有可鄙吝之者，如此，雖有失，必不至於大咎也。

將叛者，其辭慙。

義曰：言人之情，或有叛違於己者，則其辭不同。位雖相親，而其容常有慙赧之色，其辭不以實告於人也。

中心疑者，其辭枝。

義曰：言人中心之間有所疑惑，則言辭各異。其心不定，其辭一出，紛然有異。若樹之有枝葉，紛然盛多者也。

吉人之辭寡，

義曰：言吉善之人，其辭寡少，不在言語，但默而成之、安而行之者也。

躁人之辭多，

義曰：言剛躁之人，其辭繁多，不假思慮，而言辭紛亂而出者也。

誣善之人其辭游，

義曰：言誣罔善人之人，其心矯詐，其言虚誕，架虚爲實，從无入有，自然其言辭游蕩虚浮者也。

失其守者其辭屈。

義曰：言人居失其時，失其所守，不遂其志，志无所伸，必其辭屈撓者也。凡此六事，皆大易之中六爻之位，述此之意者也。

安定先生周易口義說卦

義曰：夫周易說卦者，此是孔子第八翼也。以其伏羲畫八卦之後，文王重爲六十四，復作爻彖之辭以明卦爻之義。然其理或有未盡之事，孔子又作此說卦，以陳說諸卦之情僞、爻彖之義理，故謂之說卦。

昔者聖人之作易也，幽贊於神明而生蓍，

義曰：言昔者聖人之作爲大易之道，以盡天地之理、人事之要，又通明贊助於鬼神，以生用蓍之法，然後揲蓍，以求其萬物之數者也。

參天兩地而倚數，

義曰：言聖人既畫成八卦，作爲大易，上準擬於天地，下幽贊於神明，是以生其用蓍之法，以揲求天地之數。是以參天兩地而倚數者，因其天地生成之數以分陰陽奇偶之數也。生數，則以一、三爲天之生數，二、四爲地之生數。因其天地之生數，又有七、九、八、六之數，以爲天地之成數。然後分天地奇偶，老陰、老陽、少陰、少陽之數，自此而立矣

觀變於陰陽而立卦，

義曰：言聖人因其天地生成之數，分其奇偶之象，是以觀其奇偶之數、陰陽變動之理，而立成一卦者也。

發揮於剛柔而生爻，

義曰：言聖人既能參天兩地而倚數，又觀陰陽之變動而立成一卦，又察其變化之道、得失之理，發越揮散剛柔之體，互相資取而生於六爻也。

和順於道德而理於義，

義曰：言八卦之位，大易之道，上以通於天地，下又和合參順聖人之道德，又窮極萬物之象、人事之義理，以成變化之道者也。

窮理盡性以至於命。

義曰：言大易之道，爻象之設，上既通於天地，下又贊於鬼神，又發揮剛柔之體而分其爻，又和順聖人之道德而理於義，又窮極萬物之理，以盡萬物之性，以至于命者也。命者，則謂長短、凶折、夭亡之類是也。然則大易之道皆能盡萬物之性，又能盡人之性者，蓋性者，皆天所禀受之善性者也。若能守己之性，不陷於邪佞，則其命可以知矣。若人不能守己之性，而放僻邪侈，无所不至，則其命不能固矣。是故大易之道，爻象之間，有變有動，皆所以盡人之性命者，使人觀之，則趨吉〔一〕背凶、向善〔二〕改惡也。

昔者聖人之作易也，將以順性命之理。

義曰：自此已下至「六位而成」章爲一章，以明卦爻之意也。言古者聖人所以畫爲八卦、作爲大易者，蓋以上順天地之命〔三〕，下順萬物之性。既能順天地萬物生成之性命，則其言吉凶之道、情僞之理，无不備載於其間也。

是以立天之道曰陰與陽，立地之道曰柔與剛，

義曰：言大易之道，既以盡天地萬物生成之性命，是以立天之道曰陰與陽。其地能承受天之氣而生成萬物，是以立地之道曰柔與剛。言其天地陰陽剛柔二氣，上下交感而成剛柔之理也。

立人之道曰仁與義。

〔一〕「吉」，原作「善」，據四庫本改。

〔二〕「善」，原作「吉」，據四庫本改。

〔三〕「命」，原作「性」，據四庫本改。

義曰：天地既立，則人生於其間。人既生於其間，則立仁義之道以本於人。仁者，博愛之謂仁也。義者，行而宜之合於道則謂義。又因其人而立仁義之道，以生成於天下也。

兼三才而兩之，故易六畫而成卦。

義曰：言伏羲既畫八卦之後，但以三爻爲一卦，故上一爻以象天，中一爻以象人，下一爻以象地，以盡三才之道。後世聖人因而兼之，重其三才之道，兼而兩之，以六畫而成一卦。故上二爻以象天，中二爻以象人，下二爻以象地，六爻既備，以成一卦之理。

分陰分陽，迭用柔剛，故易六位而成章。

義曰：既以六畫而成卦，又以一、三、五爲陽位，二、四、六爲陰位，分爲陰陽之道。陰則爲柔，陽則爲剛，因其六爻之位，分其陰陽之象，用其剛柔之理，交相錯雜，或升或降，故此大易之道，六爻之間，上下變動而成其文章者也。

天地定位，山澤通氣，雷風相薄，水火不相射，八卦相錯。數往者順，知來者逆，

義曰：此一章言伏羲畫卦之始，始因天地定位之後，作爲八卦。故因天地之道畫爲乾坤之象，取山之象爲艮，澤之象爲兑，雷之象爲震，風之象爲巽，水之象爲坎，火之象爲離。因天地定位之後，取此山、澤、雷、風、水、火之象畫爲八卦，以盡萬物之理、萬事之情。後世聖人觀其天地生成之體，又艮有止靜之德，澤有潤物之性，山澤之象，其氣可以相通；又因雷之能震動萬物，風之能發生萬物，又取雷風之象能相擊搏以生萬物。又觀水火之性不相資射，言水之性其性濕〔一〕而潤下，火之性其性燥而炎上，因其水火之性不相資射，以成八卦之象，互相變動，互相錯雜，以推測其物理，以稽考其人之情僞，分其奇偶之數，人之過去未來之事。若數其已往之事，則以順而數之，言其易知也。若數其未來之事，則以逆而數之，言其難知也。是故聖人因此大易之象逆人之吉凶之兆，皆以逆數之術以前萬民之用，使人知其吉而背其凶也。

是故易，逆數也。

義曰：言此大易之道、八卦之理交相錯雜，以盡吉凶，然而皆逆知來事，以前萬民之用也。

雷以動之，

義曰：此一節總明八卦養物之功也。

風以散之，

〔一〕「濕」，原作「温」，據四庫本改。

義曰：言雷能鼓動萬物，風能散育萬物也。

雨以潤之，

義曰：潤，滋也。萬物之生，非雨而不潤也。

日以晅之，

義曰：既雨以潤之，又日以乾晅之。

艮以止之，

義曰：艮以止静之德止於萬物而不使過其分也。

兑以説之，

義曰：兑能和説萬物，使之成就也。

乾以君之，

義曰：乾以剛健君臨於物也。

坤以藏之。

義曰：坤以柔順能含藏於物也。此八卦交相錯雜，然後能成於物也。

帝出乎震，齊乎巽，相見乎離，致役乎坤，説言乎兑，戰乎乾，勞乎坎，成言乎艮。

義曰：帝者，生物之宗，以尊而言之則謂之帝。此復言八卦之用也。言帝之始生萬物，必自震而始，潔齊萬物則在乎巽，令萬物相見而繁盛必在乎離，致役萬物則在乎坤，和説萬物必在乎兑，陰陽相戰必在乎乾，受賜萬物則在乎坎，能成萬物則在乎艮者也。

萬物出乎震，震，東方也。齊乎巽，巽，東南也。齊也者，言萬物之潔齊也。離也者，明也，萬物皆相見，南方之卦也。聖人南面而聽天下，嚮明而治，蓋取諸此也。

義曰：言「萬物出乎震，震，東方」者，以震是東方之卦，斗杓指東，爲春主生，故萬物皆由震而出也。齊乎巽者，以巽是東南之卦，斗杓指東南之時，萬物潔齊而不相瀆亂也。離者，明也，以離是南方之卦，萬物盛大，必假離而臨照之，故萬物相見必自離而後可明也。然而聖人之治天下，必法此離爲日之象，以明天下之事，取其明无所不矚之義也。

坤也者，地也，萬物皆致養焉，故曰致役乎坤。兑，正秋也，萬物之所説也，故曰説言乎兑。戰乎乾，乾，西北之卦也，言陰陽相薄也。坎者，水也，正北方之卦也，勞卦也，萬物之所歸也，故曰勞乎坎。艮，東北之卦也，萬物之所成終而所成始也，故曰成言乎艮。

義曰：坤者，地也，以地能生養萬物，是有勞役之事，故曰「致役乎坤」。兑者，説也，萬物説兑必在於秋，故兑爲正秋之卦也。然不言方而言秋者，以兑説萬物非止於一方，故言秋也。戰乎乾者，以乾是純陽之卦，主於西北，西是陰地而乾居之，是有陰陽相薄之義，故曰「戰乎乾」。坎者〔一〕，水也，北方之卦也，上下皆坎，有水之象焉。水行不舍晝夜，所以爲勞。萬物之生，非水而不滋益，故曰「萬物之所歸也」。艮者，東北之卦也，萬物之所成終，萬品之所成始，皆由艮以本之，其位在丑寅，故曰「東北之卦也」。

神也者，妙萬物而爲言者也。

義曰：此已下一節明八卦生成之用也。言八卦運動，交相錯雜，以妙萬物。然而求其真宰之用，无有遠近，不知所以然而然，是其用如神也。然則謂之神者，以其无形无狀，人之所不見者也。

動萬物者，莫疾乎雷。撓萬物者，莫疾乎風。燥萬物者，莫熯乎火。説萬物者，莫説乎澤。潤萬物者，莫潤乎水。終萬物、始萬物者，莫盛乎艮。故水火相逮，雷風不相悖，山澤通氣，然後能變化，既成萬物也。

義曰：動者，鼓動也，言鼓動萬物莫疾乎雷。震者，雷之象，故不言震而言雷也。撓散萬

〔一〕「者」，原作「爲」，據四庫本改。

物者，莫疾乎風，風者，巽之象。乾燥萬物，莫熯乎火，火者，離之象也。兑説萬物，莫説乎澤，兑者，澤之象也。滋潤萬物，莫潤乎水，水者，坎之象也。終始萬物者，莫盛乎艮，艮者，止之象也。水火之性，雖不相入，然而相逮，有相資之理。雷風相薄，而不相悖逆。山澤相懸，而能通氣。夫如是，然後能成變化之道、生成之理也。然則艮不言山而言艮者，以其動、撓、燥、潤之功，是雷、風、水、火之性。至於終始萬物之義，於山爲微，故言艮而不言山也。然而雷風相薄而不言相逆者，蓋雷風若相悖逆，則生物之理息，故言相薄而不言悖逆也。

乾，健也。坤，順也。震，動也。巽，入也。坎，陷也。離，麗也。艮，止也。兑，説也。

義曰：此一節説八卦名訓也。乾象天，運行不息，故爲健。坤象地，能承順事，故爲順。震象雷，能奮動萬物，故爲動。巽象風，无所不入，故爲入。坎象水，水居險陷，故爲陷。離象火，能著於物，故爲麗。艮象山，山有止静之德，故爲止。兑象澤，能澤潤萬物，故爲説也。

乾爲馬，坤爲牛，震爲龍，巽爲雞，坎爲豕，離爲雉，艮爲狗，兑爲羊。

義曰：此一節説八卦畜獸之象也。所謂遠取諸物者，此也。乾爲馬，健速之物也。坤爲牛，至順能任重也。震爲龍，潛動而變於陰也。巽爲雞，體多陽，輕舉之物，主於下也。坎爲豕，豕主污濕，故爲豕也。離爲雉，有文章也。艮爲狗，狗能善守，禁止外人，故爲狗。兑爲羊，外柔而不害物也。

乾爲首，坤爲腹，震爲足，巽爲股，坎爲耳，離爲目，艮爲手，兑爲口。

義曰：此一節説八卦人身之象也。所謂近取諸身者，此也。乾尊在上，故爲首。坤能包容萬物，故爲腹。震動在下，故爲足。巽順於人，故爲股。坎陽明在内，故爲耳。離陽明在外，故爲目。艮能止静其物，故爲手。兑能和説於人，故爲口。

乾，天也，故稱乎父。坤，地也，故稱乎母。震一索而得男，故謂之長男。巽一索而得女，故謂之長女。坎再索而得男，故謂之中男。離再索而得女，故謂之中女。艮三索而得男，故謂之少男。兑三索而得女，故謂之少女。

義曰：此一節明乾坤六子父母之道也。索者，求也。乾爲天，父之道也。坤爲地，母之道也。二氣相求勝而男女生也，得父氣者爲男，得母氣者爲女。乾初求於坤而得長男曰震，乾生於坤也。坤之初求於乾而得長女曰巽，坤生於乾也。乾之再配於坤得中男曰坎，坤再配於乾得中女曰離，乾三配於坤得少男曰艮，坤三配於乾得少女曰兑。二氣相推，八卦著矣，男女之道備矣，天下之情見矣。

乾爲天，爲圜，爲君，爲父，爲玉，爲金，爲寒，爲冰，爲大赤，爲良馬，爲老馬，爲瘠馬，爲駁馬，爲木果。

義曰：此已下廣明卦象之義也。乾爲天者，此廣明乾之象也。乾爲天，剛健不息，萬物之宗也。爲圜，周萬物也。爲君，爲父，有尊嚴之道也。爲金，爲玉，性堅剛也。爲寒，爲冰，氣凝嚴也。爲大赤，老陽之色也。爲良馬，行健也。爲老馬，行健之久也。爲瘠馬，无其膚，其骨堅也。爲駁馬，堅猛之至也。爲木果，老而爲實，生之本也。

坤爲地，爲母，爲布，爲釜，爲吝嗇，爲均，爲子母牛，爲大輿，爲文，爲衆，爲柄，其於地也爲黑。

義曰：此一節明坤之象也。坤爲地，能生育萬物，故爲母。爲布，取其廣載也。爲釜，取其化生成熟也。爲吝嗇，取其生物不移也。爲均，取其均平也。爲子母牛，取其生育之順也。爲大輿，取其能載萬物也。爲文，取其色雜也。爲衆，取其載物不一也。爲柄，取其生物之本也。其於地也爲黑，取其極陰之色也。

震爲雷，爲龍，爲玄黄，爲旉，爲大塗，爲長子，爲決躁，爲蒼筤竹，爲萑葦。其於馬也，爲善鳴，爲馵足，爲作足，爲的顙。其於稼也，爲反生。其究爲健，爲蕃鮮。

義曰：此一節廣明震之象也。爲雷，能震於物也。爲龍，陰中之畜也。爲玄黄，取其蒼雜之色也。爲旉，取其敷布而生也。爲大塗，取其剛動而上柔，萬物之出也。爲長子，以其爲初求也。爲決躁，以其剛性之甚也。爲蒼筤竹，取其堅貞而上虚也。爲萑葦，以其類而列也。其於馬也，爲善鳴，取其象雷聲之遠聞也。爲馵足，取其剛在下也。爲作足，取其一動也。爲的顙，取其陽下應於上也。其於稼也，爲反生，取其反甲而出也。其究爲健，取其剛行也。爲蕃鮮，取其蕃育之盛也。

巽爲木，爲風，爲長女，爲繩直，爲工，爲白，爲長，爲高，爲進退，爲不果，爲臭。其於人也，爲寡髪，爲廣顙，爲多白眼，爲近利，市三倍，其究爲躁卦。

義曰：此一節廣明巽之象也。爲木，取其可揉而順也。爲風，取其陽在上也。爲長女，取其初求也。爲繩直，取其齊一也。爲工，取其能揉物爲器也。爲白，取其能潔於物也。爲長，取其風行之遠也。爲高，取其風性高遠也。爲進退，取其隨物之上下也。爲不果，取其能樂於物也。爲廣顙，取其有容也。爲多白眼，取其色多白也。爲近利，取其躁人之情多近利也。市三倍，取其生物之盛也。爲躁卦，取勢躁急也。

坎爲水，爲溝瀆，爲隱伏，爲矯輮，爲弓輪。其於人也，爲加憂，爲心病，爲耳痛，爲血

卦，爲赤。其於馬也，爲美脊，爲亟心，爲下首，爲薄蹄，爲曳。其於輿也，爲多眚。爲通，爲月，爲盜。其於木也，爲堅多心。

義曰：此一節廣明坎象也。爲水，取其北方也。爲溝瀆，取其水行无不通也。爲隱伏，取其水行地中〔一〕也。爲矯輮，取其曲直得所也。爲弓輪，取其激矢運行。其於人，爲加憂，取其險難也。爲心病，取剛在中也。爲耳痛，取其主聽也。爲血卦，取其水行地中也。爲赤，取其血色也。其於馬也，爲美脊，取其陽在中也。爲亟心，取其急也。爲下首，取其水流向下也。爲薄蹄，取其水流行也。爲曳，取其行地也。其於輿也，爲多眚，取其重載也。爲通，取其水行也。爲月，取其水之明也。爲盜，取其潛行也。其於木也，爲堅多心，取其剛在内也。

離爲火，爲日，爲電，爲中女，爲甲冑，爲戈兵。其於人也，爲大腹。爲乾卦，爲鼈，爲蟹，爲蠃，爲蚌，爲龜。其於木也，爲科上槁。

義曰：此一節廣明離之象也。爲火，取南方也。爲日，取火精也。爲電，取有明也。爲中

〔一〕「水行地中」，原作「地行水中」，據四庫本改。

女，取丙求也。爲甲胄，取剛在外也。爲戈兵，取外剛利也。其於人也，爲大腹，取其陰在内也。爲乾卦，取其日所烜也。爲鼈，爲蟹，爲蠃，爲蚌，爲龜，皆取剛在外也。其於木也，爲科上槁，取其陰在中而空也。

艮爲山，爲徑路，爲小石，爲門闕，爲果蓏，爲閽寺，爲指，爲狗，爲鼠，爲黔喙之屬，其於木也，爲堅多節。

義曰：此一節廣明艮之象也。爲山，取其静而不動也。爲徑路，取其可上而行中也。爲小石，取其陽堅也。爲門闕，取其止出入也。爲果蓏，取其陽在上也。爲閽寺，取其禁止也。爲指〔一〕，取其止物也。爲狗，爲鼠，取其止人也。爲黔喙之屬，取其剛喙而能喙物也。其於木也，爲堅多節，取其陽生也。

兑爲澤，爲少女，爲巫，爲口舌，爲毁折，爲附决，其於地也，爲剛鹵。爲妾，爲羊。

義曰：此一節廣明兑之象也。爲澤，取潤下也。爲少女，取三索也。爲巫，取其順也。爲口舌，取其能口説人也。爲毁折，取其缺於上也。爲附决，取柔附上非所麗也。其於地也，

〔一〕四庫本「指」作「止」。

爲剛鹵，取其下堅而上潤也。爲妾，取其少女也。爲羊，取其中壯而外順也。

序卦

義曰：夫序卦者，所以序説六十四卦之義也。按文王既繇六十四卦，分爲上下二篇，其先後之次，其理未見。在於常常之人，故難曉矣。孔子就上下二篇各序其相次之義，以序説六十四卦之本，因以發明大易之淵藴，故謂之序卦。自乾坤而下，至於既濟、未濟，皆言相受之理也。

有天地，然後萬物生焉。盈天地之間者唯萬物，故受之以屯。屯者，盈也。

義曰：夫乾卦，是伏羲所畫八純之卦。乾者，天之用也，生成之祖宗也。萬物之生，必自乾而始，故乾爲六十四卦之首也。然而獨陽不生，獨陰不成，陽不得陰，不能成生物之道，天不降地，无以爲育物之理，故有天然後有地。地者，載萬物之本也。坤者，地之用也。坤能順承於天，以生成萬品之物，故以坤次於乾也。故乾坤者，天地之用，萬事之本始者也。然天地之生萬物，必須屯難然後成也，故草木之生莩甲之時，必先屯難而後至於盛大盈滿於天地之間也，故屯卦所以次於乾坤也。

屯者，物之始生也。物生必蒙，故受之以蒙。蒙者，蒙也，物之穉也。物穉不可不養也，故受之以需。需者，飲食之道也。飲食必有訟，故受之以訟。訟必有衆起，故受之以師。師者，衆也。衆必有所比，故受之以比。比者，比也。比必有所畜，故受之以小畜。物畜然後有禮，故受之以履。

義曰：夫物既屯難而生，未至於盛大，故必蒙然而盤屈。盤屈不已，然後盛大，故以蒙卦次於屯也。然物生蒙昧，若不滋潤之以成生養之道，則不能成也，故以需卦次於蒙也。然而需者養也，飲食之道也。飲食之道，養而不已，必有其争訟之事，故以訟卦次於需也。然而争訟不已，物情乖離，必有行師用兵之事，故以師卦次於訟也。行師不已，必須親比，故以比卦次於師也。然而親比之道貴於得正，既得其正，必有所畜，故以小畜次於比也。物既畜聚，必須合禮，故以履卦次於小畜也。

履而泰，然後安，故受之以泰。泰者，通也。物不可以終通，故受之以否。物不可以終否，故受之以同人。

義曰：能行禮者，其身必安，故以泰卦次於履也。安之既久，必有其否，故以否卦次於泰卦也。然而否之既久，其道必亨，必須和同，故以同人之卦次于否卦也。

與人同者，物必歸焉，故受之以大有。有大者不可以盈，故受之以謙。有大而能謙必豫，故受之以豫。

義曰：既與人同，衆物必歸，必須大有其衆，故以大有次於同人也。既大有其衆，不可剛暴，必須謙順，故以謙卦次於大有也。然而既大有天下之衆，又能謙順，則人必悦豫而隨之，故以豫卦次於謙也。

豫必有隨，故受之以隨。以喜隨人者必有事，故受之以蠱。蠱者，事也。有事而後可大，故受之以臨。

義曰：天下既悦豫，則人樂然而隨之，故以隨卦次於豫也。然而以喜隨人，久而必極，必敗於成事，故以蠱卦次於隨卦也。事既已久敗，必須有才德之人以臨治之，故以臨卦次於蠱也。

臨者，大也。物大然後可觀，故受之以觀。可觀而後有所合，故受之以噬嗑。

義曰：臨人之道，必在中正，中正必有可觀，故以觀卦次於臨也。觀民之道，必以德化，德化既行，必須去其剛梗之物，故以噬嗑次於觀也。

嗑者，合也。物不可以苟合而已，故受之以賁。賁者，飾也。

義曰：物既相合，必須脩飾於外，故以賁卦次於噬嗑也。

致飾然後亨則盡矣，故受之以剥。

義曰：物既文飾，久而必敝，故以剥卦次於賁也。

剥者，剥也。物不可以終盡，剥窮上反下，故受之以復。復則不妄矣，故受之以无妄。有无妄然後可畜，故受之以大畜。物畜然後可養，故受之以頤。頤者，養也。不養則不可動，故受之以大過。

義曰：物不可終剥，必復其性，故以復卦次於剥也。既復其性，必有由中之信以行於己，故以无妄次於復也。物既无妄，必有可畜，故以大畜次於无妄也。物既大畜，必有所養之道，故以頤卦次於大畜也。養之必以其道，苟失其節，必致於大過，故以大過次於頤卦也。

物不可以終過，故受之以坎。坎者，陷也。

義曰：物既大過，必至險陷，故以坎卦次於大過也。

陷必有所麗，故受之以離。離者，麗也。

義曰：險難既久，必須明德之人以治之，故以離卦次於坎也。自此以上凡三十卦爲上經，統言天地之道，故以坎、離而終之，其實三才之道皆備矣。蓋咸、恒首明人事，夫子以丁寧而說之，後人以簡編重大而分之也。

有天地，然後有萬物。有萬物，然後有男女。有男女，然後有夫婦。有夫婦，然後有父子。有父子，然後有君臣。有君臣，然後有上下。有上下，然後禮義有所錯。

義曰：自此以下凡三十四卦。咸、恒首明夫婦之道、人倫之本，故爲下經之首也。「有天地，然後有萬物」者，此廣明夫婦之道，必自陰陽爲本始也。夫天地交錯而生萬物，而有男女。男女既成，則有夫婦。夫婦既正，則有父子。父子既立，則有君臣。君臣既正，則有上下。既有上下，則禮義之道有所注錯。此正天下、治邦國、人倫之大本也。

夫婦之道，不可以不久也，故受之以恒。恒者，久也。物不可以久居其所，故受之以遯。遯者，退也

義曰：夫咸者，感也。艮體在下，兑體在上，艮爲少男，兑爲少女，以少男下於少女，以成夫婦之道，以成咸感之象，此萬世不易之法也。然而咸道貴速，故以二少而言之。夫婦之道，不可不久，以須常久，然後可以成室家之道也，故以恒卦次於咸也。物既常久，必至退遯，故以遯卦次於恒也。

物不可以終遯，故受之以大壯。

義曰：物不可以終遯而退處之，必須用剛壯之道以出其所處也。不動則不能出，故以大壯次於遯也。

物不可以終壯，故受之以晉。晉者，進也。

義曰：物既大壯，動而出乎遯，必須進之，故以晉卦次於大壯也。

進必有所傷，故受之以明夷。

義曰：物不可以久進，進之不已，必爲人之所不與。人既不與，必有所傷，故以明夷卦次於晉也。

夷者，傷也。傷於外者必反其家，故受之以家人。

義曰：傷於外者必反於家，故以家人之卦次於明夷也。

家道窮必乖，故受之以睽。

義曰：夫治家之道必須嚴正，然後无咎。苟失嚴正，則其道必乖，故以睽卦次於家人也。

睽者，乖也。乖必有難，故受之以蹇。

義曰：物既乖離，必成蹇難之事，故以蹇卦次於睽也。

蹇者，難也。物不可以終難，故受之以解。解者，緩也。緩必有所失，故受之以損。損

而不已必益，故受之以益。益而不已必決，故受之以夬。

義曰：物不可以久難，必須解而散之，故以解卦次於蹇也。解人之難，必有所損，故以損卦次於解也。損之不已，必須益之，故以益卦次於損也。益之不已，必須決去之，故以夬卦次於益也。

夬者，決也。決必有所遇，故受之以姤。

義曰：剛決之道，必須以正。既以正而決之，則君子有所喜遇也，故以姤卦次於夬也。

姤者，遇也。物相遇而後聚，故受之以萃。萃者，聚也。聚而上者謂之升，故受之以升。升而不已必困，故受之以困。困乎上者必反下，故受之以井。井道不可不革，故受之以革。

義曰：君子既有所遇，則萬物莫不萃聚之，故以萃卦次於姤也。既萃之上，必須升進，故以升卦次於萃也。升而不已，其道必困，故以困卦次於升也。升之既久，必反於下，故以井卦次於困也。井道既得其所，不可不革治之，故以革卦次於井也。

革物者莫若鼎，故受之以鼎。

義曰：革之必得其道，有鼎新之義焉，故以鼎卦次於革也。

主器者莫若長子，故受之以震。震者，動也。物不可以終動，止之，故受之以艮。艮者，止也。物不可以終止，故受之以漸。漸者，進也。進必有所歸，故受之以歸妹。得其所歸者必大，故受之以豐。豐者，大也。窮大者必失其居，故受之以旅。旅而无所容，故受之以巽。

義曰：物既鼎新，凡所主者莫非長子，故以震卦次於鼎也。物不可以終動，動必有所止，故以艮卦次於震也。止物必有所漸，故以漸卦次於艮也。漸必有所歸，故以歸妹次於漸也。物既歸之，可以致天下於豐大，故以豐卦次於歸妹也。時既豐大，或有所過失而爲旅，故以旅卦次於豐也。既居爲旅，不可以剛强，必須巽順，故以巽卦次於旅也。

巽者，入也。入而後説之，故受之以兑。兑者，説也。説而後散之，故受之以涣。

義曰：人既巽順，物亦和説，故以兑卦次於巽也。説之既久，不可偏係，必須散之，故以涣卦次於兑也。

涣者，離也。

義曰：物既涣散，必致於乖離也。

物不可以終離，故受之以節。

義曰：物不可以終離，必須有止節之道也，故以節卦次於涣也。

節而信之，故受之以中孚。

義曰：爲節之道，必須由中之信以符合之，故以中孚次於節也。

有其信者必行之，故受之以小過。

義曰：孚信之道，或失其正，或過越其事，必須小有所過，故以小過之卦次於中孚也。

有過物者必濟，故受之以既濟。

義曰：事既過越，凡矯過者必附人而行之，既附人而行之，則有所濟，故以既濟之卦次於小過也。

物不可窮也，故受之以未濟終焉。

義曰：物既得所濟，或居安不能慮危，故以未濟之卦次於既濟也。然觀六十四卦，始於乾坤，終於未濟者，以其乾坤是生成之宗，故爲六十四卦之首也。必以未濟而終之者，以其常人之性，多失成事，或居安不能慮危，居存不能思亡，以至自取其咎，故以未濟而終之也。此聖人垂教之深旨也。

雜卦

義曰：夫周易所以言雜卦者，蓋孔子取其六十四卦之中，人所常行之事，交相錯雜，以陳其義也。以其事无常定，物无常體，可以施則施之，可以止則止之，故揉雜諸卦之義，以爲行事之本，故謂之雜卦也。此十翼之中第十翼也。

乾剛坤柔，比樂師憂。

義曰：夫乾用剛健，必以柔順而資之，故曰「乾剛坤柔」。夫親比之道，貴於和順，和順則人心樂。樂得其道則正，樂失其道則憂，必致於行師動衆也。

臨觀之義，或與或求。

義曰：夫防民之道，貴於中正。既中且正，則可以風化於天下。既可以風化於天下，則爲下之所相與，或爲下之來求也。

屯見而不失其居，

義曰：夫屯難之世，是君子經綸之時，必須利建侯以安天下，使天下之人皆安其居，不失其所，此則是君子治屯之事也。

蒙雜而著。

義曰：夫蒙昧之人未知所著，必求賢者以發明之。然而既得賢者以發明之，則无所錯雜而自然著見也。

震，起也。艮，止也。損益，盛衰之始也。

義曰：震，東方〔一〕之卦，能起生萬物也。艮，有止静之德，故爲止。損益之道，與時偕行，可損則損之，可益則益之，故曰「盛衰之始也」。

大畜，時也。

義曰：夫物既无妄，天下之人所共信，故爲大畜之時也。然大畜其道必須以正，然後畜其物也，是因其時而畜之也。

无妄，災也。

義曰：夫无妄之時，天下之所共信，人心之所樂與，若以不信之人厠於其間，則自取其災也。

〔一〕四庫本「方」作「北」。

萃聚而升，不來也。

義曰：夫萃聚之時，天下之所和洽也，故能聚。聚之不已，其道必上進可也。若進不由其道則凶，進得其道，不還可也。

謙輕而豫怠也。

義曰：夫謙恭之道，不自尊大，是謙輕也。然而爲逸豫之道，又自怠也。

噬嗑，食也。賁，无色也。

義曰：夫雷電相合，如口頤之中嚙去其剛梗之物也，故言食也。夫山火之賁，貴其文飾，但合於中而已，不在煩多之色，是无所定也。

兑見而巽伏也。

義曰：夫爲兑説之道，必貴其顯見，顯見於外，合於正則吉也。夫巽順之道，貴其卑伏，若不能卑伏，則非爲行巽之道也。

隨，无故也。蠱，則飭也。

義曰：夫隨時之義，不在於有故，可行則行之，可止則止之，故云「无故也」。夫蠱敗之事，必須整飭之，然後事有濟也。

剥，爛也。復，反也。晉，晝也。明夷，誅也。

義曰：夫五陰一陽，小人剥君子之象也，衆陰消萬物之義也，故云「爛」。夫五陰在上，一陽在下，是陽氣反復之時也。夫晉者，日出地上爲陽，陽爲晝，故曰「晝也」。夫明入地中，明有所傷，必有誅傷之事。

井通而困相遇也。

義曰：夫井以濟人爲德，故曰「通」也。夫物既久困，必須所遇有賢德之人以出之也。

咸，速也。

義曰：夫夫婦之道，貴於得正。兑爲少女，艮爲少男，以少男下於少女，是貴速也，故有咸之象也。

恒，久也。涣，離也。節，止也。解，緩也。蹇，難也。睽，外也。

義曰：夫婦之道貴於長久，故曰「久也」。涣散之久，物必乖離也。物不可以久離，必須節止之。「解，緩」者，言天下蹇難解而緩散之。蹇者，山上有水，故曰「難也」。睽者，乖也，物既乖離，必居於外也。

家人，内也。否、泰，反其類也。大壯，則止。遯，則退也。

義曰：夫家人之道，必處於内也。夫天氣下降，地氣上騰，泰之象也。天氣在上，地氣在下，否之象也。是否、泰二卦，反其類也。雷在天上，大壯之道。物不可終壯，則必止遯之，乃可也。

大有，衆也。同人，親也。革，去故也。鼎，取新也。小過，過也。中孚，信也。

義曰：夫火在天上，明有所矚，故可大有天下之衆也。與人同者，必親也。革，去其故舊者也。鼎，有自新之義也。小過者，人情小有過差也。中孚者，有孚信及於天下也。

豐，多故。親寡，旅也。

義曰：豐言盛大，高者懼危，滿者懼溢，故多憂也。親者寡少，故曰「旅也」。

離上而坎下也。

義曰：離爲日，故宜在上也。坎爲水，故宜在下也。

小畜，寡也。

義曰：小畜者，言風行天上，不能徧及於物，故曰「寡也」。

履，不處也。

義曰：履以謙爲本，隨人而行，故不可定處也。

需，不進也。

義曰：需者，養也，但待其時而養焉，故曰「不進也」。

訟，不親也。大過，顛也。

義曰：天水相違，訟之道也，故曰「不親」。不親者，不相親洽也。大過者，上下相陵，本末顛錯，故曰「顛也」。

姤，遇也，柔遇剛也。漸，女歸待男行也。

義曰：姤者，遇也。天下會遇之時，柔遇剛也。漸者，進也。男女之行，必以漸而進之，然後成其夫婦之道也。

頤，養正也。

義曰：山下有雷，爲頤之象，故曰「養也」。養其正則吉。

既濟，定也。

義曰：言水火相濟，君臣相得，是天下大治、物性大定之時也。

歸妹，女之終也。

義曰：夫女者，有適人之義，若從男得其道以成夫婦，此則是女之終者也。

未濟，男之窮也。

義曰：夫男子之道，多失於怠事，故居安不能慮危，以成其未濟，是自取窮之道也。

夬，決也，剛決柔也。君子道長，小人道憂也。

義曰：夫五陽一陰，是五剛而決一柔也，五君子而決一小人也。故君子之道得以長，小人之道所以憂也。此十翼之中，惟文言繫在乾坤之卦内，更不必詳解之。

跋

胡安定先生，宋代大儒也。羽翼六經，教澤萬世，學者宗之。當時載籍極博，嗣遺文散失，意後世子孫必有能藏之者，而惜其未見也。予於丁巳歲承乏司訓，分齋廣陵。先生泰州如皋人，廣陵屬邑也。在郡平山堂有先生專祠，其二十三世孫胡其柔備弟子員，余因以先生之著作詢其柔，唯唯否否，求之切，而應之似疏。仍於課業之暇別訪先生後裔，期酬素志。僉曰：胡姓雖繁，嫡系惟其柔一支而已。越壬戌，商人胡遵濙覬覦奉祀，結黨冒認附會，胡樸、胡之澤等左袒者多，幾有危嬴弱晉之憂。先生之澤不絶如縷，以致其柔一控於學憲趙諱崙，一控於鹺憲裘諱充美，蒙勅予專訊，遂取海陵東皋志書及胡氏家譜批閱細查。先生之父諱訥，先生之子三人，諱志康、志學、志正，其孟仲俱同等慶曆賈黯進士榜，與史書所載皆同。至遵濙譜，先生之父諱天德，先生之子四人，諱樟、楠、椿、檜。噫！何其相左之甚也。支派既別，真贋遂分，各憲如詳俯允。爾時其柔并出周易口義十三卷，以昭世守，稿本繕寫，先生之手澤存焉。噫！使非嫡派，其何以得此哉？予始知昔日之不遽出者，慎重其人故也。予復繕寫，上之學憲李大宗師、撫憲湯大宗師，值撫憲迫赴内召，蒙學憲親加校讎，捐俸付梓，命訓導監刻。時聖天子購求遺書之詔方下，而是書告成，適逢其會。先生著作於數百世之前，學憲表章於數百世之後，又遇明良交泰之時，是書始出而問世焉，不可謂非極文運之昌隆矣。其柔之男光烈，學憲念先儒嫡派，准爲奉祀生，給帖在案。但先生遺書尤有數種，如尚書會解、洪範解、春秋要義口義、論語説、中庸傳等集，遍購，未得其一二。是又在光烈多方留心，期於必得，以副聖天子右文之至意及學憲李大宗師表章之盛心也，予於光烈有厚望焉。

繁昌丁德明謹跋。

跋

周易口義十三卷，先始祖安定公所著，以惠來學，雖曰家珍，實公器也。相傳世守，僅此一函。柔父胡良孺，備祀生弟子員，兢兢守殘抱缺，無力問世。會繁陽丁夫子秉鐸邗江，謁先祠于荒煙蔓草中，即以修葺爲己任。訪遺編，嚴侵越，杜假冒，凡俎豆攸關，無不殫心培植。適非族胡遵瀠覬覦奉祀，庭訊真贋，柔獻是書，質昭世守，時歲屬壬戌也。越乙丑，學院李大宗師督學江南，下車之始，即論所屬先賢各祠，造册申報，捐俸修葺，秉公校士，購訪遺書。口義一書，學師繕寫申詳，當蒙捐資發刊，闡微言于將絕，煥道脉于維新，學師購之，學憲成之，風徽洋溢，山高水長。今之讀易者，當溯表揚之所自，則幸矣。

康熙歲次丁卯仲夏月，安定二十三世孫其柔百拜謹跋。

中國思想史資料叢刊

宋初三先生集

中

〔宋〕胡瑗
〔宋〕孫復　撰
〔宋〕石介

張義生
陳植鍔　點校

中華書局

洪範口義提要

洪範口義二卷，宋胡瑗撰。瑗有周易口義，已著録。是書文獻通考作洪範解，朱彝尊經義考註云「未見」。今其文散見永樂大典中，尚可排纂成書。周易口義出倪天隱之手，舊有明文。晁公武讀書志謂此書亦瑗門人編録，故無銓次首尾。蓋二書同名口義，故以例推，其爲瑗所自著與否固無顯證。至其説之存于經文各句下者，皆先後貫徹、條理整齊，非雜記、語録之比，與公武所説不符。豈原書本無次第，修永樂大典者，爲散附經文之下，轉排比順序歟？抑或公武所見又别一本也？洪範以五事配庶徵，本經文所有。伏生大傳以下，逮京房、劉向諸人，遽以陰陽災異附合其文，劉知幾排之詳矣。宋儒又流爲象數之學，圖、書同異之是辨，經義愈不能明。瑗生於北宋盛時，學問最爲篤實，故其説惟發明天人合一之旨，不務新奇，如謂天錫洪範爲錫自帝堯，不取神龜負文之瑞；謂五行次第爲箕子所陳，不辨洛書本文之多寡；謂五福六極之應通於四海，不當指一身而言，俱駁正註疏，自抒心得。又詳引周官之法，推演八政，以經註經，特爲精確，其要皆歸于建中出治、定皇極爲九疇之本，辭雖平近，而〔一〕深得聖人立訓之要，非讖緯術數者流所可同日語也。宋史本作一卷，今校定字句，析爲二卷。

〔一〕四庫本無「而」字。

洪範口義卷上

洪範

夫武王既勝殷殺受，乃立其子武庚爲後，遂以箕子歸。武王於是問以天道，箕子陳述天地人之常經、聖王治國之大法，無出於洪範，故作洪範之篇。此篇得入周書者，以此篇箕子爲武王述大法九類之書，故得入周書也。

惟十有三祀，王訪于箕子。

此武王訪箕子之年。周既受命，惟十有三年四月，伐紂而歸京師。既告武成，太平天下，武王以箕子大賢，遂訪而問焉，故曰「惟十有三祀，王訪于箕子」。

王乃言曰：嗚呼！箕子。惟天陰騭下民，相協厥居，

騭，定也。王乃問而言曰：「嗚呼！箕子。」欲問箕子而先嘆者，所以重之也。言天不言而默定下民之命，又且相助合協其居，而使有常生之資。定下民之命者，或貧或富，或貴或賤，或夭或壽，莫非天定之使然也。然則既有短長之命，又定其貴賤之材，而且助合其居，使有恒産，則如懋稼穡以足食，勤蠶桑以有衣，使樂歲上可以供給父母、下可以畜妻子，凶年免于死亡，莫非天之佑而使然也，故曰「王乃言曰：嗚呼！箕子。惟天陰騭下民，相協厥居」。

我不知其彝倫攸叙。

此言天之定下民〔一〕固有常道。如此，我不知其〔二〕常道之次叙者，何哉？故曰「我不知其彝倫攸叙」。

箕子乃言曰：我聞在昔，鯀陻洪水，汨陳其五行。

自此以下至「彝倫攸叙」，是箕子既承武王之問，遂爲王而言曰：我聞往古之時，鯀塞洪水，亂陳五行之道。夫水性罔有不就下者，當堯之時，水逆行於中國，氾濫天下，率土成江河，人民爲魚鼈，故命鯀治之。鯀不能順水之性導之通之，使歸於江海，反陻塞而壅遏之，如是，則何有其成功哉？故禮祭法曰「鯀障洪水而殛死」是也。鯀既陻洪水，是亂五行之

〔一〕四庫本「天之定下民」作「上天之定民」。

〔二〕原無「其」字，據四庫本補。

道，故曰「箕子乃言曰：我聞在昔，鯀陻洪水，汩陳其五行」。

帝乃震怒，不畀洪範九疇，彝倫攸斁。

帝謂堯也。堯見鯀陻洪水，亂陳五行之道，於是震動而忿怒，乃不與大法九章，此常道所以敗。然則謂之不與者，如何？夫陻洪水，亂五行之道，不能行帝堯洪範九疇之義，則堯不與之也，故曰「帝乃震怒，不畀洪範九疇，彝倫攸斁」。

鯀則殛死，禹乃嗣興，

夫鯀以無功而竄逐之，虞書曰「殛鯀于羽山」是也。禹爲人之子，其父不成功，不可不紹而終之。書曰：「咨！禹，汝平水土，惟時懋哉！」則是鯀以殛而死，禹繼父而興也，故曰「鯀則殛死，禹乃嗣興」。

天乃錫禹洪範九疇，彝倫攸叙。

天，帝稱之者，尊貴之也。夫禹既興起，則反乎父業之所爲，乃導江浚川，水患大息。堯善禹治水之故，乃與禹大法九章，此常道所以叙。然則水患既下，百穀既登，天地無不得其成平，故虞書曰「地平天成」也。然則亦謂之與者，又如何哉？亦以其導江浚川，順水之性，能行夫帝堯洪範九疇之義，則是帝堯與之也。

初一曰五行，

自此以下至於「威用六極」，箕子總陳九疇之名，以説九章次叙之事也。五行者，即謂水、火、木、金、土是也。夫有天地，然後有陰陽；有陰陽，然後有五行；有五行，然後有萬物。是則五行者，天地之子、萬物之母也。然謂之行者，以其斡旋天地之氣而運行〔一〕也，故〔二〕謂之行。夫人既禀五行之氣而生，亦由逆五行之氣而死，聲音乎是，氣味乎是，性乎是，色乎是，舉天下之萬類，未有不由於五行而出，是則五行豈不大乎？故五者，因其數，明其性，成其氣，辨其味，有其臭，著其聲，彰其色，爲其物，各以類而推之，則可見矣。所謂數者何？即天地之生成數，天奇地偶、日月晷度、星辰躔次、歲時歷象、律吕損益是也。所謂性者，潤下、炎上、曲直、從革、稼穡，爲仁、爲義、爲禮、爲智、爲信是也。所謂氣者，在四時則爲〔三〕春、夏、秋、冬，温、凉、寒、燠是也。所謂味者，酸、鹹、辛、苦、甘是也。所謂臭者，朽、焦、腥、羶、香是也。所謂聲者，宫、商、角、徵、羽是也。所謂色者，青、赤、白、黑、黄

〔一〕「斡旋天地之氣而運行」，原作「斡旋天地之子萬物之母」，據四庫本改。
〔二〕原無「故」字，據四庫本補。
〔三〕「爲」，原作「有」，據四庫本改。

是也。所謂物者，介蟲、鱗蟲、倮蟲、羽蟲、毛蟲是也。在人則爲五事。若居五福之世，則其數弗乖，其性不悖，其氣不愆，其味不變，其臭不亂，其聲不謬，其色不異，其蟲不怪，皆順其常。若居六極之世，則皆逆其常，天反時爲災，地反物爲妖，人反德爲亂，亂起則妖生，各以其類而推之，亦可見也。故五行者，聖人爲國之大端，萬類之所祖出，而冠於九疇，故曰「初一曰五行」。然而不言用者，蓋以五行斡旋〔一〕二儀之氣，天地〔二〕所以生成萬物者也，豈聖人所用治國之物乎？故不言用。

次二曰敬用五事，案漢書五行志作「羞用五事」，隋書五行志作「庶用五事」，胡氏所定經文多從孔傳。

五事者，貌、言、視、聽、思也。貌者，萬民所瞻仰；言則爲命令，萬民之所聽；視不明則及邪，聽不聰則容姦，思不睿則失謀，此五者，聖人治國之大本、檢身之常法也，其可不敬而後用之乎？故五事謹則長興，慢則取亡。然次之於五行之後者，以五行陳天地之德，而五事者，人君之所爲。人君蓋體天而御邦，故以次於五行也。

次三曰農用八政，

〔一〕四庫本無「旋」字。

〔二〕四庫本無「地」字。

八政者，謂食、貨、祀、司空、司徒、司寇、賓、師是也。食以勸播種，貨以通有無，祀以事鬼神，司空以均土地，司徒以行政教，司寇以正賞罰，賓以明禮，師以立威。此八者，皆國家所急之政，則當厚用之，政乃和平。繼於五事者，以人君既嚴五事以當國，然後謹民以八政也。

次四曰協用五紀，案漢書五行志作「叶用五紀」，顔師古曰：「叶讀爲叶，和也。」古者叶、叶、協三字通用。

五紀者，歲、月、日、星辰、歷數也。歲有四時，月有晦朔，日有甲乙，星有運行躔次，作爲歷數以節之也。夫聖人仰以觀天，俯以察地，南面而聽天下，將欲三光全、寒暑平、百穀登、四時叙，未有不用五紀而調和之。然此五紀繼於八政之後，聖人爲政未有不得於天時者，故用五紀而協和之，所以次八政也。

次五曰建用皇極，

皇，大；極，中也。言聖人之治天下，建立萬事，當用大中之道。所謂道者，何哉？即無偏無黨〔一〕，無反無側；無有作好，遵王之道；無有作惡，遵王之路是也。下文備詳，

〔一〕「無偏無黨」，原作「無黨無偏」，據四庫本改。

使天下賢者則不過，愚則跂而及之，平平然，蕩蕩然，而使民無傾危之過者，皇極之義也。故一門之内得其中，則父義、母慈、子孝、兄友、弟恭；朝廷之内得其中，則君義、臣忠，四海無淫朋之人，一鄉一黨則無遺親，此皇極之道行也。故皇極行，則五行不相侵，五事不相徇，八政以之成，五紀以之明，三德以之平，卜筮以之靈，庶徵以之順，五福來臻，六極不至矣。然皇極獨不言數者，何也？蓋皇極者，萬事之所祖，無所不利，故不言數也。以此觀之，包括九疇，總兼萬事，未有不本於皇極而行也，故處於中焉。

次六曰乂用三德，案漢書五行志作「艾用三德」，顏師古曰：「艾讀爲乂。」艾、乂二字古通用。

德者，内則得之於心，外則得其理，故謂之德。德有三者，即正直、剛、柔是也。世之平康，則用正直之德治之；世有彊悍不順，則用剛德治之；世之和順，則用柔德治之。此三德者，聖人既由中道而治天下，又慮執中無權猶執一。故用三德者，所以隨宜制民，一歸安寧之極也。故皇極則見聖人之道，三德則見聖人之權，故曰「次六曰乂用三德」。

次七曰明用稽疑，

稽，考也。聖人有疑事，必用考疑之物，決而明之，即下文謂擇建立卜筮之人而命之，曰雨、曰霽、曰蒙、曰驛之類是也。然卜筮以決疑惑、定猶豫，無出於此，故聖人凡舉一事、發一政，若有疑于心者，必用卜筮以决之，故卜筮得爲决疑之物。然則聖人果有疑乎？曰無也。既無其疑，何用其卜哉？夫聖人，至聰明也，至周盡也，故易曰：「聖人與天地合其德，與日月合其明，與四時合其序，與鬼神合其吉凶。」中庸亦曰：「從容中道，不勉而中，不思而得〔一〕。」然〔二〕則又何疑乎哉？猶謂之考疑者，何也？即見聖人不專任其斷，而思與天下同之也。故下文謂「汝則有大疑，謀及乃心，謀及卿士，謀及庶人，謀及卜筮。汝則從，卿士從，庶民從，龜從，筮從，是之謂大同」。然後見聖人無過舉。故上文能乂用三德以適變，此然後明于考稽而與衆定之，故曰「次七曰明用稽疑」。以疑事不一，故不言數。

次八曰念用庶徵，

庶徵者，即謂休徵五、咎徵五，統而稱之，故曰庶徵。君能與衆同欲，君臣上下無相奪倫，蠻夷戎狄〔三〕莫不寧謐，故五行爲之遂性，天地爲之昭感，則休徵胡爲而不至哉？休徵之實有五，曰雨、曰暘、曰燠、曰寒、曰風是也。休徵至，則五者皆順其時，五者各得其叙，而爲

〔一〕「得」下原有「也」字，據四庫本删。
〔二〕原無「然」字，據四庫本補。
〔三〕「蠻夷戎狄」，原作「四方萬國」，據四庫本改。

執五事之應也。故曰：肅，時雨順之也；乂，時暘順之也；哲，時燠順之也；謀，時寒順之也；聖，時風順之也。此蓋和氣之所感召也。若君不能與衆同欲，君子小人各反乎所爲，遠近大小罔有寧謐，則五行爲之失性，二儀爲之愆和，如此則〔一〕咎徵胡爲而不至哉？故咎徵至，則五者不順其時，不得其叙，則爲悖五事之應也。恒雨順之，貌之狂也；恒暘順之，言之僭也；恒燠順之，視之豫也；恒寒順之，聽之急也；恒風順之，思之蒙也。此皆〔二〕逆氣之所感召也。以此衆徵莫不本人君之感召，故王者作一事必念一事之應，行一政必念一政之報，事謹則休徵至焉，事悖則咎徵至焉，人君敢不恭承天而謹於御國乎？故曰「次八曰念用庶徵」。然此次於稽疑之後者，夫龜筮共從於人，神明胥契其道，則庶徵莫不至，故次於稽疑也。不言數者，蓋休咎總而言之也。

次九曰嚮用五福，威用六極。 案史記宋世家引洪範作「畏用六極」。

五福即一曰壽、二曰富、三曰康寧、四曰攸好德、五曰考終命是也。六極即一曰凶短折、二曰疾、三曰憂、四曰貧、五曰惡、六曰弱是也。嚮，勸也；威，畏也。以五福者，天下之民所

〔一〕四庫本「則」作「是」。
〔二〕四庫本「皆」作「蓋」。

共欲，故王者用是五福之道，勸民慕而歸之，以趨於治也。六極者，天下之民所共惡也。王者用是六極之道，威民畏而懼之，以避其亂焉。是五福、六極莫非聖人用人以爲天下之數，故曰「次九曰嚮用五福，威用六極」。然次於九疇之末者，何也？首陳五行，是聖人法天地以爲德，漸次爲治〔一〕，故〔二〕天時順而休徵至，則五行皆得其性矣。庶徵即叙，則政教之成敗著焉，故彝倫叙而政教成，則五福之道彰；彝倫敗而政教悖，則六極之報應。五福者，君子之吉，成德也。六極者，人道之窮也。如是，則王道終始斯可見矣，故因而終於九疇焉。注以爲〔三〕天以五福、六極嚮勸威沮於人，則不然矣。按下文建用皇極曰「斂時五福，用敷錫厥庶民」，彼〔四〕注云：「斂是五福之道以爲教，用布與〔五〕衆民以慕之。」以嚮威而言則曰天，以皇極而言則曰教，何義之異也？以五福、六極，民各有命，非人力之使然，故稱天；以皇極錫於民者，君也，故稱教。前言乎天不繫乎教，後言乎教不繫乎天，是

〔一〕「治」，原作「始」，據四庫本改。
〔二〕原無「故」字，據四庫本補。
〔三〕四庫本「爲」作「謂」。
〔四〕「彼」，原作「復」，據四庫本改。
〔五〕「與」，原作「於」，據四庫本改。

亦依文而解之，非達其所以爲教也。然則五福、六極果天使然耶？君使然耶？曰君使然者存乎教，故中庸曰「率性之謂道，修道之謂教」是也；天使然者存乎命，故易曰「乾道變化，各正性命」是也。言乎命，一人之私也；言乎教，天下之公也。洪範九疇何嘗以私言哉？然則嚮非天之勸、威非天之沮，果誰歟？曰君也。何以知乎？夫九疇之類，惟五行不言用，蓋爲天所任，非人君所用爲教也；餘八者皆言用，蓋人君所用爲教也。故王者用五福，則民勸而歸至〔一〕焉；用六極，則民畏而避亂焉。是福、極者，治亂之大本也。故人備五福者，全福之人也；人備六極者，窮極之人也。其次則福、極雜得之，不可定矣。夫人既壽、既富、既康寧、既考終命，其間凶、惡、懦弱者有之矣；既好德，而凶短折者有之矣，疾憂貧者有之矣。然惟好德者，雖憂、雖貧、雖凶短折，不害爲君子；惡而弱者，雖富、雖壽、雖康寧、雖考終命，不免爲小人。各以禀受而得之者，命也，非教也。命有定分，教隨變化，故聖人言教不言命也。安國之傳，何失之遠哉！然此福、極別而言之者，何也？夫五福、六極切於教化，故析而言也。且五行者，萬事之本，故首於九疇。八事得則福，八事失則極，故以

〔一〕「至」，原作「治」，據四庫本改。

福極終之。

一、五行：一曰水，二曰火，三曰木，四曰金，五曰土。

自此以下至終篇，皆是箕子歷説九疇之名，廣演九疇之義。此「初一曰五行」至「稼穡作甘」説五行之一節，「一曰水」至「五曰土」解五行之名也。夫潤萬物莫如水，燥萬物莫如火，木可揉而曲直，金可範而成器，土則兼載四者而生殖其中也。故人之飲食，必待水火而烹飪；宫室，必待金木而斵樸。土稼穡之利，欲百穀之生，未有不在乎土也。故五行，萬物人用之由出也，聖人豈不修之哉？故傳曰「天生五材，人並用之」是也。然則一曰水、五曰土者〔一〕，何也？此以生數、成數言之也。按易繫辭曰「天一地二、天三地四、天五地六、天七地八、天九地十」，此即是五行生成之數。天一生水，地二生火，天三生木，地四生金，天五生土，此其生數也；地六成水，天七成火，地八成木，天九成金，地十成土，陰陽各有匹偶而數得〔二〕成焉，謂之成數。故五行始於水，終之於土，是其義也。

水曰潤下，火曰炎上，

〔一〕四庫本無「者」字。
〔二〕「得」，原作「而」，據四庫本改。

自此至「作甘」，皆説五行之性順其勢而行，各有不同也。夫水之性，無有不潤下；火之性，罔有不炎上。故水之性，決之東則東流，決之西則西流，引之穴坎之間則莫不盈積，是則水之性可見矣。燥萬物而升上者，莫如火之性。故易乾卦曰「水流濕，火就燥」，類相感也。故聖人之治天下，若能順五行之性，修其水德，導達溝瀆，濬治河渠，號令不違其時，水性無有壅遏，如是則潤下矣。治之三載而功成者，水潤下故也。故舜曰：「地平天成，六府三事允治，萬世永賴，時乃功。」若其河渠不通，溝澮不濬，政教違時，水行不由其道者，是水不潤下矣。故堯有洪水氾濫中國，禹能下矣。鯀之所以治洪水九載，功用弗成者，水不潤下故也。聖人能順五行之性而修火德，鼓鑄有時，焚萊有節，號令當，火政修，如是則火炎上矣。故周禮司烜氏「中〔一〕春以木鐸修火禁於國中〔二〕」是也。若其焚萊不時，鼓鑄無節，火官廢，火政隳，則災宮館，災宗廟，此火不炎上也。鄭鑄刑鼎，後乃有災亂，火不炎上故也。故潤下炎上，皆性之自然也。

木曰曲直，金曰從革，

〔一〕「中」，原作「仲」，據四庫本改。

〔二〕四庫本「國中」作「中國」。

此亦自然之性也。木可揉而爲曲直方圓，故爲之相其方則中矩，圓則中規，直則中矢，方則中輿，又圓中輪，曲中鈎，惟矯之何如爾。荀子曰：「木之构者，必待檃栝烝矯然後直。」〔一〕又曰：「木直中繩，揉以爲輪，其曲中規，雖有槁暴，不復挺者，揉使之然也。」是曲直者，木之性也。人君順五行之性，修其木德，營建宫室，不奪農時，斧斤以時入山林，材木不可勝用，若是，則木順其曲直矣。若用民力，奪農時，斬不時之材，供非度之用，如此，則木不曲直矣。從革者，以金性雖至剛，亦〔二〕隨鼓鑄而變，故鎔之則流形，範之則成器，利可以爲劍戟，鋭可以爲戈矛，惟鎔範之如何耳。故董仲舒曰：「金之在鎔，惟冶者之所鑄。」故能變革者，豈非金之性哉？故人君能順五行之性而修其金德，兵興以法，師出以時，持旄〔三〕仗鉞，臨戰誓士，足以抗威武而誅叛逆，此之謂金從革矣，則如周有牧野之命、湯有南巢之兵是也。若其師出踰時，兵興無法，好攻戰之事，輕百姓之命，以致殺人滿野，傷人盈城，如此，則金不從革矣，故古之秦皇黷武、漢之孝武窮兵是也。

〔一〕四庫本「木之构者必待檃栝烝矯然後直」作「木之鈎者必將待檃栝矯然後直」。

〔二〕四庫本「亦」作「方」。

〔三〕四庫本「旄」作「旌」。

土爰稼穡。

爰，於也。始種而生，謂之稼；將斂而成，謂之穡。土持萬物，載華岳而不重，振河海而不洩，含[一]厚於下者也。故春耕之，百穀然後生；秋斂之，百穀然後成。土之性厚，待於稼穡，然後見其性也。惟聖人能修五行之德，順其土性，陋宮室，省臺榭，闢土地之事，勸耕鑿之業，不奪農時，而深耕易耨，乃土爰稼穡矣。故禹卑宮室、堯有土堦而民厚生者，此也。若其侈宮室，華臺榭，離宮廣闢，別館閎開，國多苦役之事，野無加闢之田，如此，則不稼穡矣。故秦築阿房，漢罷路臺，何興亡之異也？

潤下作鹹，

此說五行之味也。水性本甘，由浸漬於地，發味而爲鹹，月令云「其味鹹」是也。

炎上作苦，

火本炎上，焚物則焦。夫氣既焦，則味發而爲苦，月令云「其味苦」是也。

曲直作酸，

[一]「含」，原作「舍」，據四庫本改。

木之結實者，味成多酸，月令云「其味酸」是也。

從革作辛，

金就鎔鑄，即有腥氣，非苦非酸，而近於辛者，金之味，月令云「其味辛」是也。

稼穡作甘。

百穀之味，甘可知矣。然百穀本由土地而生也，甘者實爲土味，月令云「其味甘」是也。所引月令之文者，皆五行所屬之月而味之屬也。

二、五事：一曰貌，

自此以下至「睿作聖」，皆説五事之節也。貌者，即謂威儀容貌。人可觀望者，皆謂之貌。此分解五事之名。

二曰言，

凡有號令天下，使天下之人莫不從者，王者之言也。

三曰視，

夫善觀人者，觀其情，情得則人斯見矣。

四曰聽，

夫納芻蕘之言，來廊廟之語，而求天下之情者，未有不自君耳聽之。

五曰思。

夫天下茫茫，萬事籍籍，神而明之，研思極慮，然而首曰貌而終曰思者何？夫民之先見者，君之貌；次而禀受者，君之言。視不待號召而神化，言必有戒諭而順從。思者，包括四事，一本於心矣。

貌曰恭，

此一節言王者必須持謹五事。夫君之貌，爲人所觀仰，則必端嚴恭莊，而後民望而畏之。故行步有佩玉之聲，登車有和鑾之節；錯衡養目，蘭茝養鼻；在田獵而有三驅之制，在飲食而有饗獻之禮；出入有節，動静有時。凡舉一事，未有不由禮而行之，如是，則「貌曰恭」矣。若其起居無時，行步無節，馳騁田獵，喪棄禮儀，如是，則貌不恭矣。故王者之貌，必須恭敬者也。

言曰從，

夫君有言，則四海皆仰而聽之。是故雖在巖廊之上，言出而可行；雖在九重之内，令出而可從。使民有時，用民有節。有功者必賞，有罪者必罰。如此，則言乃可從矣。若其政教二三，號令反覆；功者未必賞，罪者未必罰；使萬民也，不永安而欲逸；戒百官也，惟朝定而夕移，若是，則君之出言而豈有從者哉？故必須至當也。

視曰明，

夫王者將欲觀人情，則紛華盛麗，不可閲也；淫哇柔曼，不可蔽也；分别賢佞，殊異適庶；官人有序，舊章不迷，如此，則視之謂〔一〕明矣。若其耽色悦聲，信譖放賢，亂其適庶，不肖與賢者淆混，如此，則視不明矣。故王者之視，必明而後可。

聽曰聰，

夫十室之邑有邪有正，況四海之内有佞有賢。訪芻蕘有廊廟之語，面恭有欺天之言。苟非人君廓黈〔二〕纊之塞，舉未進之賢，可謂耳之不聰也。故堯命龍作納言，而不使讒説殄行，得耳聰之道也。若其親嬖倖、遠忠良，如此，則正士退，讒夫興，此率耳之不聰也。

思曰睿。

思者，深微之義。夫聖人既有天下之廣、四海之大，萬幾之叢脞，庶政之至煩，未有不思而

〔一〕「謂」，原作「爲」，據四庫本改。

〔二〕「黈」，原作「絓」，據四庫本改。

得也。朝不暇食，所以慮之；夜不安寢，所以思之。利於民則行之，益於國則行之。思深則事當，事當則可久矣。此聖人所以思慮至深微也。若其思之不深，慮之不遠，雖苟取一時之利，豈無後世之患乎？

恭作肅，

前文既定「貌曰恭」以下五事皆由一人之身，五事當可以成天下之化。君貌恭，天下皆知有所敬，故近則臣敬之，遠則民敬之。由乎一國，達乎四海，天下莫不敬上者，君恭德使之然也。

從作乂，

夫言既可從，則政教有一定之制，天下無反汗之號，言出則天下莫不從風而起治矣。然則四海百官皆從聽而爲治也，中庸曰「言而世爲天下法」是也。

明作哲，案「哲」字，孔傳作「哲」，正義曰：「王肅及漢書五行志皆云：悊，智也。」鄭本作「哲」，與孔傳同。悊，古「哲」字也。胡氏定從「哲」，爲蔡氏書傳所本。

夫君視既明，貌恭心很，則不能容於國；堯言桀行，則不能留於朝。惟賢德是用，惟邪佞是除。若天地之無不覆載，日月之無不照臨。苟非至明，何以能取人若是哉？故唐虞命群臣而登於朝，放四凶而流於野，故曰「知人則哲，能官人」，明可知矣。

聰作謀，

夫君耳既聰，則能立事。故來廟堂之語，納芻蕘之言。良籌碩策，日聞於朝；深規極諫，日達於耳。若是，則何患不能謀天下之事哉？能成天下之謀者，惟在君之聰爾。

睿作聖。

聖者，無所不通之謂也。夫君之所以治天下之務，思慮之深則無有不通矣。政無小大〔一〕，能通之也；情無昭隱，皆見之也。舉天下之大、四海之遠，人所及者，莫不通於耳。雖天地鬼神，亦能通之也。中庸曰：「建諸天地而不悖，質諸鬼神而無疑。」詩曰：「鳶飛戾天，魚躍于淵。」上下察則聖可知矣。

三、八政：一曰食，

自此以〔二〕下至「八曰師」，皆説八政之目也。食者，即嘉穀可食之類也。夫聖人之治天

〔一〕「小大」，原作「大小」，據四庫本乙正。
〔二〕四庫本「以」作「而」。

下，未有不以足食爲本。故鑿井耕田，勸農而授〔一〕業，使民無遊手，而人皆種作於田畝，所謂倉廩實然後語榮辱之分，衣食足然後議廉耻之事。故堯命四子而節授時候，舜命后稷而播時百穀，皆爲此也。

二曰貨，

貨者，即布帛可衣之類也。夫古之聖王治天下，既不欲一民之餒，又不欲一人之寒，於是環廬樹桑，勸蠶繭，力組紃，勤織紝〔二〕，女無棄業，室無停機，如此，則通貨之道也。故易曰：「日中爲市，聚天下之民，通天下之貨，交易而退，各得其所。」斯邦厚民富之道也。

三曰祀，

上郊天，所以答陽功；下祀地，所以報陰道；享宗廟，所以奉先祖，昭孝心，示民有尊也。又且内有膢臘之事，外有山川之舉，以至門行户竈、邱陵原隰皆有其祭者，是聖人之廣極其敬而有所尊也。於是羞其簠簋，陳其籩豆；薦其黍稷，饋其牢醴；外盡備物，内竭至誠。如此，則鬼神幽明胡不享哉？故祭祀所以爲教本。禮曰「使民不忘本」，此之謂也。

〔一〕四庫本「授」作「厚」。

〔二〕四庫本「紝」作「使」。

四曰司空，

夫聖人既有天下之廣、四海之大、民人之衆、生齒之繁，欲安其土而不遷，敦其業而阜盛，何以至哉？故王者立司空之爲此責也。土壤〔一〕有肥瘠〔二〕，此辨之也；地居有上下，此相之也。故禮曰：「量地以制邑，度地以居民。」又周官「司空掌邦土，居四民，時地利」，此其司空之任也。

五曰司徒，

夫民既有棟宇以避燥濕，有衣食以禦饑寒，然則教化不行，禮義不著，何以成至治之道？故司徒之官，所以教也。父之未義者，教之以義；母之未慈者，教之以慈。兄與兄則言友，弟與弟則言恭。人子之道，孝弟而已矣。夫能教此五者，則天下莫不驅〔三〕頑鄙之行而臻廉讓之域者也，司徒之教使然矣。故書云契「作司徒，敬敷五教，在寬」，又周官「司徒掌邦教，敷五典，擾萬民」，皆責於司徒也。

〔一〕四庫本「壤」作「維」。
〔二〕四庫本「肥瘠」作「瘠壤」。
〔三〕「驅」，原作「祛」，據四庫本改。

六曰司寇，

夫聖人之治天下，雖欲以仁愛之道行化於四海，然〔一〕其間有姦猾則奈何？故大則四夷之不賓，小則諸侯〔二〕之不臣〔三〕，凶夫肆逆，頑臣姦驕，若是，則如何制哉？故司寇者，所以爲禦寇之官也。周禮曰：「司寇詰邦國，刑百官。」又周官曰：「司寇掌邦禁，詰姦慝，刑暴亂。」乃掌嚴邦法，修度天威，小大之刑無有不正。所以討天下之亂臣賊子，無非繫於司寇之官也，皆其責矣。

七曰賓，

夫聖人既不能獨治，必建賢諸侯，所以爲王室之輔也。然則分茅授〔四〕土，何以得其歡心哉？故限之朝覲之禮，分之會同之事，爲之享燕之節，設其委積之事。始來也，有郊共之禮，示慇勤之意也；及其還，則有餞送之道，致丁寧也。若此，則四海之内，凡爾諸侯，烏有

〔一〕原無「於四海然」四字，據四庫本補。
〔二〕原無「諸侯」二字，據四庫本補。
〔三〕「臣」，原作「成」，據四庫本改。
〔四〕四庫本「授」作「受」。

不親睦哉！振鷺詩曰「有客宿宿，有客信信」，此周家之客，其親睦也可知矣。故人主治天下，當延其賓客也。

八曰師。

師者，師保之師也。夫能探天下之術，論聖人之道，王者北面而尊師，則有不召之師。師之猶言法也，禮義所從出也，道德以爲法也，故王者有疑則就而問焉。謀而有成，言而可行，率能備王者之疑，輔人主以道。故湯學伊尹，而商祚所以興；成王事周公，而姬邦所以昌。武王之聖，尚有呂望之請；明帝之盛，亦有桓榮之尊。自古聖帝明王未有不由師而後興也。故傳曰：「國將興，尊師而重道。」又曰：「三王四代，惟其師。」故師者，天下之根本也。然八政之次，首曰食而終曰師者，何也？夫食者，萬民之命也，一日而不可闕，故居於〔一〕首焉。有食必有衣，故貨居二焉。食貨充盈，莫不由明靈祐之，故傳曰「聖王先成民而後致力於神」，此祀所以居其三也。雖有養身之具，必有安身之居，司空主民土，故敘之於四也。雖有安民之道，非禮義不能立，故司徒教之居於五也。教之不能入，不能無小人之行者，故

〔一〕「於」，原作「其」，據四庫本改。

司寇主刑詰之居於六也。姦猾既去，則天下皆相親，遠域來朝，則賓禮待之居其七也。夫然，行七者之事，未有不決於師，明其義，達其禮，教而行之，所以終於八也。

四、五紀：一曰歲，

此説五紀之一節也。歲有四時，春、夏、秋、冬，以推移天地之氣是也。

二曰月，

自朔至晦，是爲一月，每歲十有二月是也。

三曰日，

自甲至癸，凡有十〔一〕日，此之謂日〔二〕也。

四曰星辰，

二十八宿，分見於四方，日月相會之次，謂之辰。辰之猶〔三〕言時也，專以正時候之節也。

五曰歷數。

〔一〕「十」，原作「一」，據四庫本改。

〔二〕四庫本無「日」字。

〔三〕四庫本「猶」作「由」。

歷者，陰陽之紀。歷數，則謂紀周天三百六十度。夫一歲之間，日月之推移，星辰之運轉〔一〕，聖人作爲之歷，紀其運行伏見之事，可以調一歲之氣而節授人時，使人東作西成，南訛朔易不愆耕鑿之候，以承天地之和，歷數明之致也。故堯則命四子，舜則在璇璣，而寒暑平，四時〔二〕均，謂之正也，得五紀之效也。然而首曰歲、終曰歷者，歲可統月，月可統日，星辰運行，在天歷數者，所以紀四者而正一歲之候也。然則皆謂之紀者，括陰陽之運行，爲天地之大化，故皆言紀。

〔一〕四庫本「運轉」作「轉運」。
〔二〕四庫本「時」作「序」。

洪範口義卷下

五、皇極：皇建其有極。

自此而下至「天子作民父母，以爲天下王」，是箕子廣皇極之義也。以大中之道至深，聖人之教至廣，故箕子慇懃丁寧而備言之。皇，大；極，中也。自聖人治天下，當大立其大中之道而後可。然則謂之中道者，如何？夫王者，由五常之性，取中而後行者也。剛則不暴，柔則不懦，賢則不過，愚者亦能及。推而〔一〕施諸天下，使天下之人莫不能由而行之者，聖人之中道也。故記曰「從容中道」，又語曰「允執厥中」是也。然則謂之大者，何哉？無限極之辭也。夫聖人既有天下之廣、四海之大，將欲叙彝倫之法，行九疇之義，上則際乎天，下則接乎地，舉天地覆幬之義，莫不臻坦蕩之風也。非聖人廣大無限極而行，何施而後可哉？

〔一〕四庫本「而」下有「使」字。

斂時五福，用敷錫厥庶民。案宋世家作「用傅錫厥庶民」，敷、傅二字古通用。

夫聖人既能由大中之道，然化天下之民，如何致哉？故人君斂時五福之道以爲教，用布於民，使慕而勸之。五福生於五事，五事皆謹，則五福集而歸之。夫福既有可驗之迹，故聖人斂此可致五福之道，使民慕而歸之。則行善者得其福，不善者不得其福。故樂其業則爲富，遂其生則爲壽，知廉耻則爲好德，無疾憂則爲康寧，不爲非僻而不墮於刑戮，則爲考終命矣。惟行善者，可以語此五福之道。

惟時厥庶民于汝極。錫汝保極：

夫君既有五福之教，衆民皆動其心，仰慕教化，皆就其君酌取中道而行之。既能行之，朝廷莫不同風，遠邇以之一化，皆與君安於中道也。

凡厥庶民，無有淫朋，人無有比德，惟皇作極。

夫民既稟君之教化，皆安處於中道，如是則天下之人何有淫佚乎？則使過度而失中者，朋黨而構怨〔一〕者，阿比而爲邪者，皆修大中之道而行之。

〔一〕四庫本「怨」作「惡」。

凡厥庶民，有猷有爲有守，汝則念之。

夫中道既行之後，淫朋者不作，阿黨者不爲，是則足以驅小人之行而循君子之途。故衆民之間，有所謀足以興天下之事，有所爲足以興天下之功，有所守不變君子之節，汝則當念之，於是與之高爵，加之厚禄。所以然者，以勸人趨於中道也。

不協于極，不罹于咎，皇則受之。

雖然爵者，以勸中人之道也。若其間亦有智慮未深服，教化未甚悟，不能盡合於中道者〔一〕，雖不合於中道，亦不至墮於大惡。汝則無限極受之，待其修飭，於是進用。所以然者，聖人不欲遽絶乎人，待民于大中之域，如此，則道之甚大也。

而康而色，曰：予攸好德。汝則錫之福，

然則勸人之法，不可驕慢也，不可傲易也。又當和汝之辭氣，安汝之顔色，以待於人。人若能改其前行，克新厥心，而乃曰：「我今所好者德爾。」如此，則可以入大中之域也，汝當以爵禄報之矣。

〔一〕四庫本無「者」字。

時人斯其惟皇之極。

大凡素不能行中道者，則君勸之以至於中道；素非君子者，則勸之皆爲君子。皆由勸導之甚厚，故若此之人，率然盡納於大中之道，思棄其偏詖之行也。

無虐煢獨而畏高明。案宋世家作「毋侮鰥寡」。

煢獨者，則是無兄、無弟、無子煢獨之人；高明者，則是有權、有位寵盛之人。人情之中，附之者衆也。在聖人之心則不然矣。雖有鰥寡，未嘗暴虐也；雖有權位，未嘗畏憚也。故不虐鰥寡，則天下無窮民；不憚權位，則天下無驕臣。苟非聖人節以中道，胡能若是哉？

人之有能有爲，使羞其行，而邦其昌。

此又言用臣之法。若人之有能有爲，有能謂才能之人也，有爲謂興爲之士也。有才能，足以經綸國家之政，幹整國家之事。有棟隆之任，無覆餗之凶者，才能之人也。有興爲者，則能興〔一〕國家之大利，除國家之大害。奮不〔二〕世之策，立千古之功者，有爲之士也。夫然，有能有爲之人，人君當頒爵禄以敦厲其節、修進其行，如此，則國乃取其昌盛之道。蓋

〔一〕四庫本「興」作「源」。
〔二〕「不」，原作「百」，據四庫本改。

人有所勸，則不墮其後；效廣得人，則可樹太平之基矣。

凡厥正人，既富方穀，

此又言馭臣之法也。夫正直之人，既以爵禄任之，又當以善道接之。爵，所以馭其貴也；禄，所以馭其富也。爵禄者，固臣之有也。然則既有爵禄之道，又必當推心以任之，言聽計從，温顔改容，推誠屈體，内既盡其信，外又盡其禮，如此，則恩義充〔一〕浹，惡〔二〕有不得天下之心者哉？若其雖有爵禄以貴其己、奉其身，然而言色不温，誠既不厚，禮亦不充，如此，則犬馬畜其臣也，惡有天下之士而肯就犬馬之恩哉？故君能盡其待臣之道，臣下所以感恩竭力、進謀樹勳，可以固於磐石矣。故曰：「凡厥正人，既富方穀。」

汝弗能使有好于而家，時人斯其辜。

夫臣之在位，既優之以高爵，又接之以善道，如此，則感恩戴德、進謀樹勳、有好善於國家者衆矣。若其人之在位，推誠不甚專，待之不甚厚，禮遇疎薄，恩義衰微，言未必行，計未必用，如此，則皆將奮衣而去，安能久處於朝廷哉？故曰：汝不能使正直之人好善于國家，其

〔一〕四庫本「充」作「克」。

〔二〕四庫本「惡」作「烏」。

人若被罪而去，殊不知待之無素也。

于其無好德，汝雖錫之福，其作汝用咎。

夫無好德者，即是行之惡者也。行之惡者，外則險陂其行，内則脂韋其心，惟嫉媢其忠良，不願人之治理。其行之惡者，君屏棄之可也，故舜流四凶而海内悦服者是也。若其行之惡者，汝反與之爵禄，置之朝廷，則雜忠比邪，賢害良退，間其君臣〔一〕，願聞一日之治，不可得也。此皆用惡行以敗汝善道，何以任哉？言勸善則可以享天下之治，不用惡則所以防天下之亂也。

無偏無陂，遵王之義；案「陂」字古本作「頗」，胡氏從開元改本。

此又言王者行大中之體也。偏之言私也，陂之言曲也。夫聖人中天下而立，四海一道也，萬民一情也。近何殊也？遠何異也？故欣然莫不如赤子而視之者，聖人之情同也。然則又何偏爲一人而有厚薄、曲爲一人而有愛憎？故不敢偏私，不敢陂曲，一循先王正義而行。蓋先王者，亦以此而有天下，未嘗偏也，未嘗曲也。

〔一〕自「則」字後，原作「是奸邪比黨善良退間其君臣」，據四庫本改。

無有作好，遵王之道；無有作惡，遵王之路。

夫好者，天下所同好也；惡者，天下所同惡也。故今有道義之人，君子之行，行之善者也，何人不好之？而王者好之，同天下之所好也。有暴慢之人，小人〔一〕之行，行之惡者也，何人不惡之？而王者惡之，同天下之所惡也。夫好既同天下之所好，則有賢必登，有善必進，位之高爵，食之厚禄，天下胡爲而不勸哉？記曰「君子不賞而民勸」是也。惡既同天下之所惡，則有惡必誅，有罪必去，加之刑典，置之海隅，天下胡爲而不畏哉？記曰「不怒而民威」是也。聖人能均其好惡，酌中道而治天下如此也。若或好非天下之所公好，則愛者未必有善，賞者未必有功，伸己之私而不與衆同，則天下之人何有勸者矣？若惡非天下之所公惡，則所誅者未必有罪，所去者未必有惡，若此，則天下之人何有畏者矣？賞罰既不公，畏勸既不行，天下胡〔二〕由而治哉？故王者不敢私其所好，不敢私其所惡，一遵於先王道路而行，其得中道可知矣。既得中道，惡〔三〕有不治者哉？

〔一〕四庫本「人」作「民」。
〔二〕四庫本「胡」作「何」。
〔三〕四庫本「惡」作「烏」。

無偏無黨，王道蕩蕩；無黨無偏，王道平平；

夫聖人既無一人之私欲，亦無一人之阿黨，又且好惡一同於天下，則王者之治道，何偏何黨乎？是皆蕩蕩而通達於四闢矣。平平，平治之義也。夫既無自私之意而無所黨，亦不爲物所累而有所偏，如此，則王道莫不平平然坦平矣。

無反無側，王道正直。

反則反覆之義，側則傾側之義。夫王者既由中道而行，無反覆于中道者，亦無欹危於中道者，則王者之道，莫不一歸於〔一〕正直，則是無毫髮之偏也。正直，則爲聖人大中之道矣。

會其有極，歸其有極。

夫王者既無所私邪，去其所阿黨，所履者一歸於正，所守者一歸於直，以四海爲一家，以萬民爲一人，其情則天下同也。舉萬事而無有過者，無有不及者，是聖人會合大中之道而後行之。聖人非要中道於一身，蓋所爲天下之教也。故天下之人既仰觀君子之法則，禀受君子之教化，爲人子、爲人父、爲兄、爲弟、爲僚友者，閨門之内、朝廷之上者，由乎一國，達乎四海，致乎天下。舉天下之人，莫不納於君子之途者，由上會合而行之也。

〔一〕四庫本「於」作「諸」。

曰：皇極之敷言，是彝是訓，于帝其訓。案宋世家作「于帝其順」。

曰者，大其皇極之義而言之。「皇極之敷言，是彝是訓」者，言聖人立大中之道，於是布之爲言，擴而爲教，是可爲治國之常法，使民可以順而行之。于帝其訓者，天且順，而況於人乎？天順之者，即如行皇極，則全五福之道，獲美驗之應。況於人乎？皇極行，則人莫不羞其小人之行，而願納諸君子之途，則是皇極大矣。

凡厥庶民，極之敷言，是訓是行，以近天子之光。

此又言大中之道至矣，何但出於天子之貴？夫民承教化之後，而亦有中和之心。凡其衆民之心所出之言，言大中之道，信可奉順而行之，竭蹶而爲之，痊除頑鄙之性，願躋君子之域，以附近天子光輝之盛德，則可知所以然者，見上行而下效，君唱而民隨。言身能唱率大中之道，然後可以感天下之心，成皇極之風教也。

曰：天子作民父母，以爲天下王。

此於〔一〕皇極之終，又大其皇極之義，人君可不加意哉〔二〕？夫天生蒸民，有欲無主乃

〔一〕「於」，原作「以」，據四庫本改。

〔二〕「人君可不加意哉」，原作「見人君不可不務之意」，據四庫本改。

亂，於是命其君而司牧之。民不能自衣，君爲勸其蠶而使衣；民不能自食，君爲勸其耕而使食；民不能〔一〕自安，君爲營棟宇以居之；民不知仁義，君爲設庠序以教之。是天子之於兆民，不啻若父母之於赤子，恩愛之甚也。然則天子既爲民父母，以爲天下之所歸往，如何而治？舍皇極之道不可也。故大中之道行，天下無叛道之士，四海無違教之民，皆知禮義，皆爲君子也；皇極之道廢，則天下未必皆康，四海未必皆安，人黨偏者有之，人怨曠者有之。以是觀之，欲一民無不得其所，欲一物無不受其賜，舍中道何以哉？故堯、舜以此道而能爲二帝，禹、湯以此道而能爲三王，周公思兼三王致成王於有道，孔子不得其位則著之於六經。不得志者，則可以卷懷於一身；得志者，則可以擴充於天下。夫欲極天地之彝倫，治國家之大法，而將登太平之域者，惟用皇極而後可。

六、三德：一曰正直，

此極言正直無回邪〔二〕之義，故聖人所謂中道也。

二曰剛克，

〔一〕四庫本無「能」字。
〔二〕四庫本「回邪」作「邪回」。

至剛之德，然後能斷。

三曰柔克。

凡爲和柔者，亦能治事。正，中道也，剛過則剛，柔過則柔，三者當隨時制宜而用之〔一〕也。

平康，正直；

此又言三德各有所宜之民。而平安，既無傾欹之事，亦無反側之慮。彼既中道而行，己者則以中道而治之也。

彊弗友，剛克；

若民之有彊悍不順，大則諸侯之不賓、四夷之不臣，小則姦宄矯詐、悖德慢禮，非可和顔悦色而諭之也，必須以過剛之德而治之。大則甲兵，小則鞭撻，皆爲〔二〕治彊禦惡之道也。故曰：「彊弗友，剛克。」

燮友，柔克。

燮，和也。若民之行爲和順者，人君當以和順而接之，屈體以下之。彼既過恭而順於己，則

〔一〕「用之」，原作「行」，據四庫本改。

〔二〕四庫本「爲」作「謂」。

安得不過禮而待之哉？

沈潛剛克，案宋世家作「沈漸剛克」。

沈，深；潛，藏也。前既述聖人之三德，此又恐未盡剛柔之宜，故重言以戒之。夫聖人之剛德不可露見於外，則必深藏於内，待〔一〕其犯者然後發見。且若有所不賓之諸侯，有所不臣之四夷，頑嚚姦宄，悖亂紀綱，君然後大則致其誅討，出則利其甲兵，所以征姦猾而詰暴亂也。如此，則海内罔有不肅不畏者，此得用剛之道也。若其人君惟好傷人肌膚，殘民性命，誇示威嚴，暴露剛德，用刑無度，出兵無時，如此，則非所以禦暴之道而自賊之本也。故蒙卦曰「不利爲寇，利用禦寇」者，用剛深戒也。

高明柔克。

夫聖人既有柔順之德，不可深潛蘊蓄，必顯明於外而行之。發於面，盎於背，形於動静，著於四體。俱常恭謹，則天下之人敬之；俱常謙和，則天下之人懷之。不待刑罰而民自畏，不待鈇鉞而民自戒，此柔德之所致也。故深藏剛德於内，則天下之人無不畏也；大明柔德

〔一〕「待」，原作「但」，據四庫本改。

於外，則天下之人〔一〕無不愛之。在泰之象曰「内陽而外陰，内健而外順」，斯君子之道也。若夫高明其剛，沈潛其柔，若此，則内陰而外陽，内柔而外剛，則是小人之道也。以此觀之，剛柔之道，人君不可不慎。

惟辟作福，惟辟作威，惟辟玉食。

福，賞也；威，罰也。玉食，珍食也，謂玉爲珍，以至珍惟金玉耳，故玉食爲珍食也。前既言「彊弗友，剛克」，則彊暴弗順者，以剛克之。此以下言大臣有專威福者，不可不誅也。夫賞者，所以爲天下勸善也；威者，所以爲天下誅惡也；盛饌，天子所宜有也。夫此三者，天子之用，何人臣可得爲哉？

臣無有作福、作威、玉食。臣之有作福、作威、玉食，其害于而家，凶于而國。人用側頗僻，民用僭忒。

夫臣，佐君而爲治者，故君唱則臣和，君動則臣隨，以至凡出一號令、行一政教，未有不承于君而後爲者也。故賞、罰、盛饌，莫非天子所有，臣下安敢爲之？爲臣者何有專盛饌、賞、罰

〔一〕四庫本無「之人」二字。

之禮哉！故曰：「惟辟作福、作威、玉食。」若其臣心僭踰，竊弄君權，有作威、福、玉食者，豈〔一〕惟肆惡于汝家，亦將禍及于汝國矣。夫大臣既爲此行，則小臣觀之能不危側而頗僻，則天下之人能〔二〕不僭差而離于中道哉？若大臣不道，則亡家、亂國、喪天下者，未有不由此而致也。然三德本以治天下之民而自持，以衆民之中，若有彊禦之人、弗友順者，易爲克也。以大臣柄君之權，享其重位，密邇天子，一有不法則如何而制之？或專賞、罰，或玉食者，有其一行則必誅之。若誅之不速，則漢之莽、卓，皆由此致也。故易曰「辨之不早辨也」，其此之謂乎？以此觀之，則大臣不可不防。特言之者，以爲萬世之警戒也。

七、稽疑：擇建立卜筮人，

夫聖人有大疑，非至神之物不可決之，于是灼龜以爲卜，揲蓍以爲筮，故卜筮者，所以決疑于天下，定〔三〕四海之猶豫也。然則灼龜以爲卜，揲蓍以爲筮，非通曉孰能之？是以必選賢能通其卜筮之人以建立之。

〔一〕四庫本「豈」作「此」。
〔二〕「能」，原作「孰」，據四庫本改。
〔三〕原無「定」字，據四庫本補。

乃命卜筮。

既擇有才之人爲卜筮之官，因命之以卜筮之事。

曰雨，曰霽，案宋世家「霽」作「濟」。

此即卜筮之事也。灼龜之兆，其種有五。兆者，即是以火灼龜，而其分拆者爲兆。其兆文有雨飛而淋流者，曰雨；其兆又若雨而舒豁者，曰霽也。

曰蒙，案宋世家「蒙」作「霧」。

其氣蒙昧而連沿者，曰蒙。

曰驛，案正義引鄭康成注「驛」作「圛」，許氏説文引洪範亦作「圛」。

其氣絡驛而不連屬者，曰驛。

曰克，

其文交相往來而相參錯者，曰克。

曰貞，曰悔，

此乃〔一〕筮卦之法，始揲而定，則爲内卦；因而重之，故爲外卦。是卦體本是内起，故謂之

〔一〕四庫本「乃」作「卜」。

貞〔一〕，因而有所終，故謂之悔，取晦終之義也。

凡七。卜五，占用二，衍忒。立時人作卜筮，三人占，則從二人之言。

謂筮也。内卦、外卦。○案此處原本有闕文。夫卜以火灼龜，蓍以揲爲筮，二者之事，又以推衍其義而知差忒，然後吉凶可以辨，禍福可以知也。既立知卜筮之人，而因命卜筮之事，故卜龜揲蓍，皆取三次而驗之。若一人言凶而二者言吉，則從二者之吉，違一人之凶也；若二人言凶而一人言吉，則從二者之凶，違一人之吉也。蓋卜筮事大，故取其衆而驗吉凶也。

汝則有大疑，謀及乃心，謀及卿士，謀及庶人，謀及卜筮。

此又言將求卜筮，必先斷之心，諮於臣，謀於〔二〕民，次與卜筮相合之意。夫君有大疑，惟是立君遷國、平治危亂、征討不臣。國之大事，猶豫不決，必求衆志以決之。然則謀及其心，則思慮之淵而爲興事之主，未有不先果決之也。然雖已決而未可行，又諮之於卿士之官，以卿士者，惟其才智之人爲之。然而〔三〕諮之既畢，猶未爲當，又就衆民而爲之謀慮。

〔一〕四庫本「貞」作「正」。
〔二〕四庫本「於」作「之」。
〔三〕四庫本「而」作「則」。

且庶民雖鄙賤而爲之謀者，芻蕘之間，亦有廊廟之語，如何而敢違棄哉〔一〕？諮民既畢，乃就卜筮而决之。卜筮者，問天地之情，考鬼神之意也。然則聖人舉事必先諮之於人，然後問之於卜筮者，何哉？兹見聖人將有爲，未嘗不與人謀，謀之既同，則天下之情往往合矣。

汝則從，龜從，筮從，卿士從，庶民從，是之謂大同。

若其君心既從，龜筮從，卿士從，庶民亦從，五者皆然，夫是之謂大同。龜筮從者，則是鬼神之情協同；卿士與庶民從者，則是人心悦順。夫人心爲之悦順，鬼神爲之相通，聖人有不舉則已，動則未有不獲其吉，故舜命禹而得此道也。書云：「朕志先定，詢謀僉同，鬼神其依，龜筮協從。」如是，豈不謂大同之驗哉？

身其康彊，子孫其逢吉。

夫鬼神既從，卿士民人爲之悦豫，聖人有動，豈惟享一身之利，獲一時之安佚，雖千萬世，而子子孫孫亦當遇其厚福也，以其得人心故焉。

汝則從，龜從，筮從，卿士逆，庶民逆，吉。

〔一〕「哉」，原作「者」，據四庫本改。

君心既從，龜亦同，筮亦同，卿士違，衆違。龜筮從，則是天地之情已和。卿士與庶民違者，則是人心有所不順。雖不能全進，然王者戴天履地而治也，順天地而行，亦可以獲吉矣。

卿士從，龜從，筮從，汝則逆，庶民逆，吉。

君臣之情雖不同，天地之心亦應，故得爲中吉。

庶民從，龜從，筮從，汝則逆，卿士逆，吉。

民雖與上〔一〕異心，然天地之心尚應，亦可爲次吉。

汝則從，龜從，筮逆，卿士逆，庶民逆，作内吉，作外凶。

鬼神之心猶相違，君民之心亦未合，惟可小事，不可大事。祭祀、婚冠可也，出師、征伐不可也。

龜筮共違于人，用静吉，用作凶。

龜筮者，所以求情也。今天地之情皆不與，而衆人之心亦不同，如是，則不可舉事，惟安〔二〕静而無爲則可。若有興事者，不惟大小，皆取凶也。

〔一〕「上」，原作「卿士」，據四庫本改。
〔二〕「安」，原作「好」，據四庫本改。

八、庶徵：曰雨，曰暘，曰燠，曰寒，曰風，曰時。

蓋王者修五事，有恭與不恭；叙五行，有順與不順。及其陰陽以之交感，天地爲之見象，如是則衆徵至焉。然則所爲徵者，即雨、暘、燠、寒〔一〕、風是也。雨以潤萬物，暘以乾萬物；長乎萬物者惟燠，成乎萬物者惟寒；風者，春生、夏長、秋成、冬藏，鼓舞萬物而不知其所以然，莫疾乎風也。五者皆天地陰陽之氣，而種植萬物者，未有不由此而出也，王者豈可不修德而召之哉？謂之時者，各得其時，若順時而來則爲嘉爲瑞，若不時而來則爲災爲孽〔二〕。五者各以其時，然後爲庶徵之應，故用時而結之。

五者來備，各以其叙，庶草蕃廡。

此言五者得其時，然後可以爲庶草蕃廡。若五者備，各以其次序，即如須雨則雨至，須風則風至，久雨而思暘，久寒而思燠，如是，則五穀如何而不登熟，草木如何而不蕃滋哉？

一極備，凶；一極無，凶。

此又言此五者不時，致凶灾之道。「一極備，凶」者，一者備極過甚，則如不當雨而却雨，不

〔一〕四庫本「燠寒」作「寒燠」。

〔二〕「孽」，原作「逆」，據四庫本改。

當風而風至，暘不以時，寒不以節，凶之道也。「一極無，凶」者，一者極而不至，則如當雨而不雨，欲風而無風，冬而氣不寒，夏而氣不燠，亦爲凶之道也。

曰休徵：

王者有美行之實，天從而有感應之徵，下文「雨若」、「暘若」之類是也。

曰肅，時雨若；

貌之既恭，是謂之肅。肅者，民觀〔一〕威儀而莫不整肅也。於是則有時雨順之。時雨順之，百穀草木皆被其膏澤之德。詩曰：「有渰萋萋，興雨祁祁。雨我公田，遂及我私。」雨之順時也。必知貌肅而雨應之者，雨者木之氣，貌得其理〔二〕，則木〔三〕氣應之，故有雨順之事也。

曰乂，時暘若；

言之可從，是謂之乂。乂者，民稟號令而從治也。於是則有時暘順之，則是百穀草木皆荷

〔一〕四庫本「觀」作「勸」。

〔二〕四庫本無「者木之氣貌得其理」八字。

〔三〕四庫本「木」下有「之」字。

其乾烜之力。故易繫辭〔一〕曰「日以烜之」，暘順時之謂也。必知言乂而暘應之者，暘者金之氣，言得其理則金氣應之，故有暘順之事。

曰哲，時燠若；

視之既明，是謂之哲。哲者，人君能知人之謂也。於是則有時燠順之，時燠順之，則是百穀草木蕃茂，皆蒙其温煦之力。春則有温風，夏則有暑雨，燠之順時也。必知視明而燠應之者，以燠者火之氣，視得其理則火之氣應之，故有燠順之事。

曰謀，時寒若；

聽之既聰，是謂之謀。謀者，納言而成天下事也。於是則有時寒順之，時寒順之，則是百穀草木無不荷揫歛肅殺之德。故詩云：「十月蟋蟀，入我牀下。嗟我婦子，聿爲改歲，入此室處。」寒之順時也。必知能謀而寒應之者，以寒者水之氣，聽得其理則水氣應之，故有寒順之事也。

曰聖，時風若。

〔一〕四庫本無「辭」字。

思之既通，是謂之聖。聖者，萬事無不通之謂也。於是有時風順之，則是百穀草木皆荷其鼓舞之力也。故舜之琴歌曰：「南風之時兮，可以阜吾民之財兮。南風之薰兮，可以解吾民之愠兮。」此風之順時也。必知聖然後風應之者，以風屬土之氣，思得其理，則土之氣應之，故有風順之事。此以上，皆是王者謹五事則有美徵之道。夫修五事，政令明，教化行，民有歡愉之心，無怨嗟之聲，和氣充塞於天地之間，美徵如何而不至哉？故五行各得其叙，五者各來以時，則五穀豐登、草木蕃廡可見矣。舉萬事之疇類，莫不納之於亨嘉之會者，一歸五事之所致也。

曰咎徵：

王者有惡行之實，天亦從而報之以咎徵之事也。

曰狂，恒雨若： 案「恒」字，原本避宋諱作「常」，今改正。

夫貌之不恭，是謂不肅，則反而爲狂。狂者，君行妄之甚也。威儀不嚴，舉措無節，於是恒雨順之，則百穀不免乎水潦之苦，所謂秋有苦雨是也。必知狂而恒雨順者，以雨屬木，今貌既不恭，謂之不肅，金之氣沴木，故罰有恒雨之灾。

曰僭，恒暘若：

夫言之不從，是謂不乂，乃轉而爲〔一〕僭差者，君言不當之謂也。於是恒暘順之，則百穀不免乎旱暵之苦。詩曰：「旱既太甚，滌滌山川。旱魃爲虐，如惔如焚。」此暘之〔二〕甚也。必知僭而恒暘順之者，以暘屬金，今言既不從，謂之不乂，則木之氣沴金，故罰有恒暘之災。

曰豫，恒燠若；

夫視之不明，是謂不哲，乃反轉而爲逸豫者，窺視失宜之致也。無憂勤之行，惟耽樂之從，於是有恒燠順之，則百穀不免乎疫殞之苦，所謂冬有愆陽是也。必知豫而致恒燠者，以燠屬火，今視既不明，謂之不哲，則水之氣沴火，故罰有恒燠之災。

曰急，恒寒若；

夫聽之不聰，是謂不謀，則反轉而爲卞急者，謂君不納人言，而好用己見也。於是則有恒寒順之，則百穀不茂、艱於長養也，所謂夏有伏陰是也。必知急而致恒寒者，以寒屬水，今聽既不聰，謂之不明，則火之氣沴水，故罰有恒寒之災。

曰蒙，恒風若；

〔一〕原無「爲」字，據四庫本補。

〔二〕四庫本「之」下有「過」字。

夫思之不通，是謂不聖，乃反轉而爲闇蒙者，君行暗昧之甚也。舉事不知其宜，臨政惑於所爲，於是則有恒風順之。恒風順之，則不無偃禾拔木之異。詩所云：「終風且霾，不日有曀。」風之過甚者也。必知蒙而致恒風者，以風屬土，今思既不通，謂之不聖。金、木、水、火四者，皆沴於土，故罰有恒風之灾，此在上者不謹五事之所致也。夫五事不謹，政令不明，教化不行，民多窮困者，道有嗟怨者，愁恨之聲塞于天地之間，則咎徵之事至矣。故五者不以時，百穀以之灾傷，草木以之衰落。舉萬物之類，莫不受其害者，君不謹五事之〔一〕所致也。

曰王省惟歲，卿士惟月，

此以下廣説爲君能供君之職，爲臣能盡臣之道，如是則不惟百穀豐登，致美徵而已，可以長保國家福禄之道。若其爲君不能守君之職，爲臣不能盡臣之節，亦不惟致百穀灾傷，招咎徵而已，所以招天下之亂。故王省惟歲、卿士惟月、師尹惟日，此先舉君臣之職、之分、之道。夫歲，所以兼總四時而成一歲之功也。王者之治天下，綱紀百官，總統萬幾，斡〔二〕旋

〔一〕四庫本無「之」字。
〔二〕四庫本「斡」作「幹」。

天下之事而歸乎治者也。是王者之所省職至廣大，還如一歲之兼載四時也。卿士惟月，夫月者自朔至晦，兼總三十日者也。九卿之官，衆士之職，不得擬之於王，但使各分其曹、掌其事，如一月之有别也。

師尹惟日。歲月日時無易，

夫日者，自早至暮之謂。月則有三十日，歲有三百六十日，衆正〔一〕官之使，既不得比之於王，又不得擬之於卿士，但陳力就列，分職共治，還如日之統屬於歲月。然歲月日時無易，爲君者專供君之職，爲臣者各盡臣之道，上下無差僭，堅慤而無變易故也。

百穀用成，乂用明，

教化興行，和氣充塞，然後百穀用成，年豐登也；治道用明，政大行也。故曰：「百穀用成，乂用明。」

俊民用章，家用平康。

俊民用章，賢者進也；家用平康，國〔二〕家安而長保其福也。

〔一〕「正」，原作「王」，據四庫本改。

〔二〕原無「國」字，據四庫本補。

日月歲時既易，百穀用不成，乂用昏不明，俊民用微，家用不寧。

君不供君之職，臣不盡臣之道，上或侮於下，下或僭於上，則變易形矣。百穀用不成，年凶荒也；乂用昏不明，其政亂也；俊民用微，小人進也；家用不寧，國家所以顛覆之道起，是上下失職之所致也。

庶民惟星，星有好風，星有好雨。

冥冥無知，蚩蚩無識，民之性也。以民繁衆而處於國，一如衆星之在於天。則衆星之間有好風者，箕星是也；有好雨者，畢星是也。星有好惡，則民之性有好惡可知矣。

日月之行，則有冬有夏。

周天三百六十五度四分度之一，日行遲，一日行一度，一歲然後周行于天；月行速，一日十三度十九分度之七，一月然後周行于天。是日月之行，自有常度也。又如日南極則爲冬至，日北極則爲夏至，是日月迭運于天，自有冬夏之常候。

月之從星，則以風雨。

月經於箕則多風，離於畢則多雨，亦如政〔一〕教失常，以從民欲，亦所以亂。故王者莫非一

〔一〕四庫本「政」作「正」。

正其德，深飾于下，無相奪倫，順其職次，然後可以安於大治也。

九、五福：一曰壽，

民得永年者爲壽，即如詩稱「爲此春酒，以介眉壽」者，爲永年之人也。注謂百二十年者，未可限也。

二曰富，

民樂業而勤農桑，仰足以事父母，俯足以畜妻子，樂歲終身飽，凶年免於死亡，富之道也。注謂財豐備，亦未必然。

三曰康寧，

和氣充盈，兵革寢息，天下無疾疫之苦、戍役之勞，民安濟之道也。

四曰攸好德，

入孝出悌〔一〕，愛賢慕能，德之所好者也。

五曰考終命。

〔一〕四庫本「入孝出悌」作「出孝入悌」。

天與人之命，有短者，有長者，人但隨其短而善終，任其長而吉盡，不爲征戰之所殞滅、刑罰之所桎梏，無橫夭毁傷而死者，皆自成天命以終也。

六極： 曰凶短折，

人之窮極之事，有六凶。短折者，不以善而終。既不得其壽，又不得考終命，是謂凶短折之人。或因征戰之所死，或被桎梏之所殄，皆不遂天命也。注謂短未六十、折未三十，皆不然矣。

二曰疾，

陰陽乖則風雨暴，和氣隔塞，天災流行，民則疾癘矣。

三曰憂，

上未有以奉父母，俯又闕於畜妻子，無安堵之業，而勞征伐之行役，日虞流轉於溝壑，即民憂之甚也。

四曰貧，

繇役頻，租歛煩，男不耕，女不織，田畝荒，機杼空，民貧之道也。

五曰惡，六曰弱。

惡與弱，皆不好德者也。好德者，由乎中道也。惡與弱，皆過乎中道與不及中道也。惡者，嚚而無所不至；弱者，懦怯而終無所立也。此二者，人行之窮極，故入在六極之内。然則人君教化不行，禮義不著，民不知有盛德之事，所以致如此應也。則知六極者，皆反五福者也。五福曰壽、曰考終命，六極曰凶短折，此一極而反二福也；五福曰康寧，六極曰疾、曰憂，二極而反一福也；五福曰富，六極曰貧，此一極而反一福也；五福曰攸好德，六極曰惡、曰弱，此亦二極而反一福也。六極與五福，通貫而言之則可，若離而解之，則殊失聖人之意。夫五福者，天下之至美者也；六極者，天下之至惡者也。聖人不能獨爲之教，是必兼講九疇而用之，然後可以驗于民也。昔鯀陻洪水，汩陳五行，帝乃震怒，不畀洪範九疇，彝倫攸斁。鯀則殛死，禹乃嗣興，天乃錫禹洪範九疇，「初一曰五行」至「九曰嚮用五福，威用六極」者，何也？夫王者體五行以立德，謹五事以修身，厚八政以分職，協五紀以正時，建皇極以臨民，乂三德以通變，明稽疑以有爲，念庶徵以調二氣。彝倫攸叙，是謂至治之世，五福被於民。彝倫攸斁，是謂[一]至亂之世，六極傷於民。夫五行者，水、火、木、金[二]、

[一]四庫本「謂」作「爲」。

[二]四庫本「木金」作「金木」。

土，在人則爲五星，在地則爲五行，在人則爲五事。王者五事皆謹，則五常不失其道，五行皆順其性，五星不失其明，五事謹之致也。厚八政則食以足，務稼穡則貨以通；有祭祀以事鬼神，司空以平土地，司徒以均教化，司寇以正刑罰；賓所以明禮，師所以爲法；協五紀則四時不差，建皇極則民履中道；乂三德則馭下有方，明稽疑則與衆同欲。如是，則君子在位，小人在野，君臣上下交〔一〕相和同，蠻夷戎狄〔二〕無不寧謐，然後可以驗於庶徵也。庶者，則曰雨、曰暘、曰燠、曰寒、曰風，五者皆順其時，各得其驗，則爲謹五事之應也。故經曰「肅，時雨若」至「聖，時風若」，此和氣之感召也。故下文云「王省惟歲」至「家用平康」，此美徵之大者也。故美徵既至，則五福被於民矣。舒泰則各盡其壽，壽不必百二十歲爲限；民樂康則各得其富，富不必以財豐爲備；無疾憂所以康寧，知禮讓所以好德，不經於征戰，不被於刑戮，爲考終命之道。以此觀之，王者兼講九疇而次序之，則可以獲五福之應。若王者不能謹五事，則五常皆失其道，五行失其性，五星失其度。八政由是而隳焉，農失業則食不足，商失業則貨不通，祀失時則鬼神惡；司空失職則土地曠，司徒失職則教化

〔一〕「交」，原作「均」，據四庫本改。
〔二〕「蠻夷戎狄」，原作「四方萬國」，據四庫本改。

衰，司寇失職則刑罰濫；賓失職則禮壞，師不嚴則道不尊；五紀亂則時令差，皇極傾則王道塞，三德乖則政治廢，稽疑逆則衆心異。夫然，則小人在位，君子在野，上下交相侵陵，蠻夷戎狄擾於中國〔一〕，故有咎徵者，悖五事之應也。五事悖而貌不恭，反而爲狂；言不從，則反而爲僭；視不明，則反而爲豫；聽不聰，反而爲急；思不睿，反而爲蒙。故經曰「狂，恒雨若」至「蒙，恒風若」，此逆氣之所感召也。故下文云「日月歲時既易」至「月之從星，則以風雨」，此咎徵之大者也。咎徵既著，則六極然後被於民矣。民死於征戰而困於刑戮，所以凶短折；陰陽不調，所以疾；不得其所，所以憂；衣食不充，租斂急厚，所以貧；庠序不設，教化不興，不知君子之正道，徒著小人之邪行，故爲惡與弱。以此觀之，王者不能用九疇爲治〔二〕本，所以有六極之道。然則五福、六極莫非聖人爲教之道，可以驗王道成敗之跡，故因以終焉。

皇清嘉慶十有三年，歲在著雍執徐陽月，昭文張海鵬較梓。

〔一〕「蠻夷戎狄擾於中國」，原作「邊隅不靖擾攘無窮」，據四庫本改。
〔二〕「治」，原作「始」，據四庫本改。

欽定四庫全書皇祐新樂圖記提要

皇祐新樂圖記三卷，宋阮逸、胡瑗奉勅撰。仁宗景祐三年二月，以李照樂穿鑿，特詔校〔一〕定鐘律，依周禮及歷代史志立議範金。至皇祐五年，樂成奏上，此其圖記也。舊本從明文淵閣録出，後有宋陳振孫嘉定己亥跋云「借虎丘寺本録」。蓋當時所賜，藏之名山者。又有元天曆二年吴壽民跋、明萬曆三十九年趙開美跋，叙是書源委頗詳。考初置局時，逸、瑗與房庶等皆驛召預〔二〕議。詔命〔三〕諸家各作鐘律以獻，而持論互異。司馬光主逸、瑗之説，范鎮主房庶之説，往反争議，卒不能以相一，其往返書牘，具光傳家集中。而鎮所作東齋記事，亦略存其概。大抵逸、瑗以爲黄鐘〔四〕之管積八百一十分，容一千二百黍。又以九

〔一〕四庫本「校」作「較」。
〔二〕四庫本「預」作「豫」。
〔三〕四庫本無「命」字。
〔四〕「鐘」，原作「鍾」，據文意改。下同。

章圜田算法計之，黄鐘管每長一分，積九分，容十三黍三分黍之一，空徑三分四釐六毫，圍十分三釐八毫。圍徑用徑三圍九古率，而改圍九分爲九方分，則〔一〕遷就之術也。司馬光曰：「古律已亡，非黍無以見度，非度無以見律。律不生於度與黍，將何從生？非謂太古以來，律必生於度也，特以近世古律不存，故返從度法求之耳。」其論最明，范鎮譏其以度起律，誠爲過當。然鎮以秬黍、律、尺、龠、鬴、斛、算數、權衡、鐘、磬〔二〕十者必相合而不相戾，然後爲得，亦不爲無見也。以律起度與以度起律，源流本無異同，而二家算術不精。逸、瑗等得之於横黍而失之於圍徑，又以大黍累尺，小黍實管，自相乖反。房庶以千二百黍實之管中，隨其長短，斷〔三〕之以爲九寸之管，取三分以度空徑，則空徑不生於黍，而别有一物爲度以起分，竟不必實黍於管，亦〔四〕未見其爲通論也。是書上卷具載律吕、黍尺、四量、權衡之法，皆以横黍起度，故樂聲失之於高。中、下二卷攷定鐘磬、晉鼓及三牲鼎、鸞刀制度，則精核可取云。

〔一〕「則」，原作「别」，據四庫本改。
〔二〕「磬」，原作「聲」，據四庫本改。
〔三〕四庫本「斷」作「截」。
〔四〕四庫本無「亦」字。

皇祐新樂圖記卷上〔一〕

總叙詔旨篇第一

皇上睿敏聰明，自天所稟，精志典學而大曉雅音。景祐中，親製樂章乾安等十曲，播于樂府，用于郊廟。皇祐二年秋九月，大饗明堂，復製樂章成安等十有四曲，先詔太

〔一〕此下有落款「朝奉郎前尚書屯田員外郎輕車都尉賜緋魚袋臣阮逸、承奉郎守光禄寺丞充國子監直講同詳議修制大樂臣胡瑗奉敕撰，古虞張海鵬梓校」。

常調習鐘律，奏御日上，謂侍臣曰：「鎛鐘、特磬未協，音律宜改制之。」尋勑太常禮樂官及修制官臣保信、臣逸、臣昭序及驛召致仕官臣瑗，同依詳經典、歷代制度，用上黨秬黍制成律吕度量等法物。臣等虔奉聖語，同詳議修制官二十餘員，論議二年，議定然後聞奏，聞奏然後修制，以成聖朝一代之樂制，兼詳考太常寺舊鎛鐘不合古制者凡有七，舊特磬不合古制者凡有三，謹具于左。

一謂舊鎛鐘形制不合古法。周禮疏云：古者應律之鐘，狀如鈴而不圓。今太常寺鎛鐘，狀圓而不如鈴。

二謂舊鎛鐘無鉦。周禮鐘體有于鼓鉦舞凡四，今太常寺鎛鐘無鉦，不合古法。

三謂舊鎛鐘隧不在鼓間。周禮鳧氏云：于上之攠謂之隧。注云：隧在鼓中，窐而生光，有似夫隧。今太常寺鎛鐘隧在鼓外，編鐘復無其隧。

四謂舊鎛鐘柄無甬衡。周禮鳧氏云：舞上謂之甬，甬上謂之衡。注云：甬、衡二者，鐘柄也。今太常寺鎛鐘柄如犂錧，無甬衡之制。

五謂舊鎛鐘縣柄無旋蟲。周禮云：鐘縣謂之旋，旋蟲謂之幹。注云：旋屬鐘柄，所以縣之也。謂之旋蟲者，旋以蟲爲飾。後漢時鐘旋有蹲熊、盤龍、辟邪。賈公彦疏云：漢法鐘旋之上，以銅篆作蹲熊及盤龍、辟邪。今太常寺鐘柄但如犂錧，側而縣之，並無旋蟲。

六謂舊鎛鐘口不合古法。周禮注〔一〕：鐘長十六者口徑十。今太常寺鐘口或長或短，並不合古法。

七謂舊鎛鐘聲不正，全失臣民之叙。夫鐘聲清濁各有臣民之叙。今太常寺鎛鐘，自黄鐘以上是正聲，其應鐘、無射、南吕三鐘却是倍聲，形制大于黄鐘、大吕等鐘，不惟失臣民之叙，且殊不協音律，所以聖人詔有司詳議修制，以改正前代之失。

一謂舊特磬無倨句之法。按周禮：磬氏爲磬，倨句一矩有半。注云：必先度一矩爲句，一矩爲股，而求其弦，則磬之倨句也。今太常寺舊特磬並不依周禮倨句之法。

二謂舊特磬無博〔二〕一、股二、鼓三之制。周禮磬氏云：其鎛爲一，股爲二，鼓爲三。今太常寺舊特磬並無長短尺寸之法。

三謂舊特磬太厚，多無聲韻，其聲高下亦不相倫類。按周禮云：其聲清揚而遠聞，則于磬宜。今太常寺舊特磬太厚而無聲韻，非所謂清揚而遠聞也。

〔一〕原無「注」字，據四庫本補。
〔二〕四庫本「博」作「鎛」。

三年五月十九日，垂拱殿進呈，上可其奏，仍俾鑄造鎛鐘、特磬，遂檢會。皇祐二年閏十一月五日，詔勑諭〔一〕文彦博等：朕聞古者作樂，本以薦上帝、配祖考。三五之盛，不相沿襲，然必太平，始克明備。周武受命，至成王、周公，始大合樂，以和邦國；漢初亦沿舊制，武帝時始定太一、后土樂詩；光武中興，至明帝始改大予〔二〕之名，損益前後，以制樂節；唐高祖造邦，至太宗時，孝孫、文收始定鐘律，明皇方成唐樂。是經啓善述，禮樂重事，須三四世，聲文乃定。國初亦循用王朴、竇儼所定周樂，太祖患其聲高，令和峴減下一律。真宗始出聖意，大祠用樂，隨月用律，屢加案覈。然念樂經久墜，學者罕專，歷古研覃，亦未完緒。如其制作，益須切當。委中書門下集兩制及太常禮樂官，將天地、五方、神州、日月、宗廟、社稷祭享所用登歌、宫縣，當更定奪聲律是非。按古今調諧中和，揚較，議論允適，經久可用，垂信不朽，使祖宗功德發揚無窮，神祇感格，善氣來應。苟獲至當，何憚改爲？尚賴洽聞，共圖盛節。故兹詔示，想宜知悉。至皇祐四年十二月二十一日詳議，大樂局同修制局等官，具新鎛鐘、特磬進呈，上御紫宸殿，觀

〔一〕「諭」，原作「節」，據四庫本改。

〔二〕「予」，原作「豫」，據四庫本改。

其制度曰：精矣。聽其聲音曰：和矣。遂降付中書，復命樞密使若訥、參知政事適總其事。至皇祐五年六月，淮〔一〕監總大樂局，奏令阮逸、胡瑗於修制局同定模鑄造鐘磬等兩宮架。遂按周禮及歷代史志，立議範金。比及樂成，考其聲音，下太常舊樂一律，衆器之音〔二〕盡合，鐘磬其聲諧和。

皇祐律呂圖第二

臣謹按，周禮：「太師職掌六律、六同，以合陰陽之聲。」注云：黄鐘長九寸，其實一龠，下生者三分去一，上生者三分益一。大呂長八寸二百四十三分寸之一百四，太簇長八寸，夾鐘長七寸二千一百八十七分寸之千七十五，姑洗長七寸九分寸之一，仲呂長六寸萬九千六百八十三分寸之萬二千九百七十四，蕤賓長六寸八十一分寸之二十六，林鐘長六寸，夷則長五寸七百二十九〔三〕分寸之四百五十一，南呂長五寸三分寸之一，無射長四寸六千五百六十一分寸之六千五百二十四，應鐘長四寸二十七分寸之二十。史記律書云：「王者制

〔一〕四庫本「淮」作「准」。
〔二〕四庫本「器之音」作「音之器」。
〔三〕四庫本「九」作「七」。

事立法，物度軌則，壹稟於六律，六律爲萬事根本焉。」「律數：九九八十一以爲宮；三分去一，五十四以爲徵；三分益一，七十二以爲商；三分去一，四十八以爲羽；三分益一，六十四以爲角。」「術曰：以下生者，倍其實，三其法；以上生者，四其實，三其法。」前漢書律曆志云：「黄鐘爲天統，律長九寸。」「林鐘爲地統，律長六寸。」「太蔟〔一〕爲人統，律長八寸。」「始動於子；參之於丑，得三；又參之於寅，得九；又參之於卯，得二十七；又參之於辰，得八十一；又參之於巳，得二百四十三；又參之於午，得七百二十九；又參之於未，得二千一百八十七；又參之於申，得六千五百六十一；又參之於酉，得萬九千六百八十三；又參之於戌，得五萬九千四十九；又參之於亥，得十七萬七千一百四十七。」後漢書律曆志云：黄鐘，十七萬七千一百四十七；大吕，十六萬五千八百八十八；太蔟，十五萬七千四百六十四；夾鐘，十四萬七千四百五十六；姑洗，十三萬九千九百六十八；仲吕，十三萬一千七十二；蕤賓，十二萬四千四百一十六；林鐘，十一萬八千九十八；夷則，十一萬五百九十二；南吕，

〔一〕四庫本「蔟」作「簇」。下同。

十萬四千九百七十六；無射，九萬八千三百四；應鐘，九萬三千三百一十二。以上皆以萬九千六百八十三爲法，以除十二管之實，各得分寸之數。臣逸、臣瑗謹詳周禮并歷代史書律吕長短之法，雖立數之等有三，一謂起於黄鐘九寸，上生者三分益一，下生者三分减一，如周禮太師職、晉書律歷志之類是也；二謂以一寸爲九分，如太史公律數、淮南子律法、劉焯律分之類是也；三謂萬九千六百八十三爲法，以除十二管之實數，如後漢書律歷志、何承天律法之類是也。其分寸之法則一。謂皆以上生益一，下生减一，而黄鐘得九寸，林鐘得六寸，太蔟得八寸也。今以古今律數制成中聲律十有二管、清聲律四管。圖之於左。

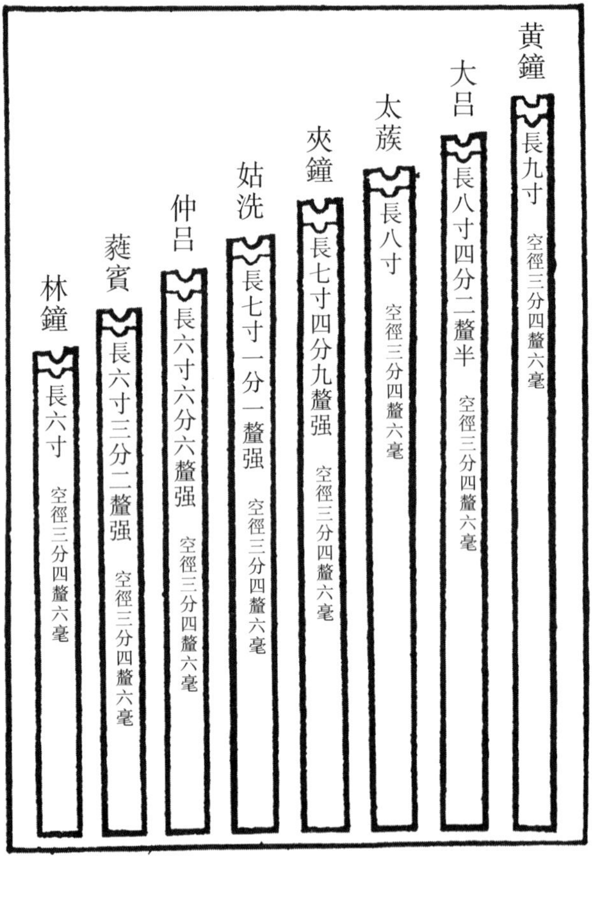

黃鍾 長九寸 空徑三分四釐六毫

大吕 長八寸四分二釐半 空徑三分四釐六毫

太蔟 長八寸 空徑三分四釐六毫

夾鍾 長七寸四分九釐强 空徑三分四釐六毫

姑洗 長七寸一分一釐强 空徑三分四釐六毫

仲吕 長六寸六分六釐强 空徑三分四釐六毫

蕤賓 長六寸三分二釐强 空徑三分四釐六毫

林鍾 長六寸 空徑三分四釐六毫

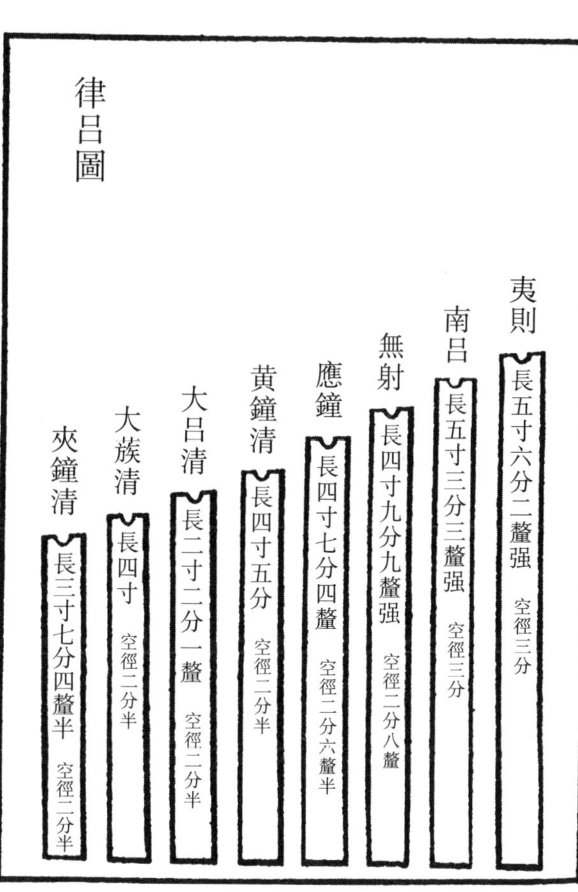
律吕圖
夷則
長五寸六分二氂强
空徑三分
南吕
長五寸三分三氂强
空徑三分
無射
長四寸九分九氂强
空徑二分八氂
應鐘
長四寸七分四氂
空徑二分六氂半
黄鐘清
長四寸五分
空徑二分半
大吕清
長二寸二分一氂
空徑二分半
大族清
長四寸
空徑二分半
夾鐘清
長三寸七分四氂半
空徑二分半

右臣逸、臣瑗謹按，周禮嘉量法并前漢志等，計黃鐘之管積八百一十分，容一千二百黍。又以九章圜田算法計之，黃鐘管每長一分，積九分，容十三黍三分黍之一，空徑三分四釐六毫。算法：置九分，三分益一得十二分，以開方除之，得空徑之數不盡二毫八絲四忽。仍以度量權衡交相酬驗，是以聲制粗合古法。自隋牛弘、唐田疇輩執守孤學，不知律、度、量、衡四者皆起黃鐘之管，而但以尺、律二者校定律呂，又執空徑三分之説，故歷世論議紛紜，無所的從。今臣等幸緣經、史之制黃鐘積八百十分之説，稍合古制，以成聖朝之大典焉。

皇祐黍尺圖第三

臣謹按，周禮典瑞職云：「璧羨以起度。」注云：「羨，不圜之貌。蓋廣徑八寸，袤一尺。」前漢書律歷志云：「度者，本起黃鐘之長，以子穀秬黍中者，一黍之廣爲一分，十分爲寸，十寸爲尺，十尺爲丈，十丈爲引，而五度審矣。」後漢書律歷志云：「體有長短，檢以度。」晉書、隋書、唐志雖尺之長短有異，而其法與前漢志同。聖朝天聖令文云：「諸度，以北方秬黍中者，一黍之廣爲分，十分爲寸，十寸爲尺，注：一尺二寸爲大尺一尺。十尺爲丈。」臣逸、臣瑗謹詳周禮、漢志及歷代尺法，制成聖朝皇祐黍尺一、銅尺一。謹圖形制於左。

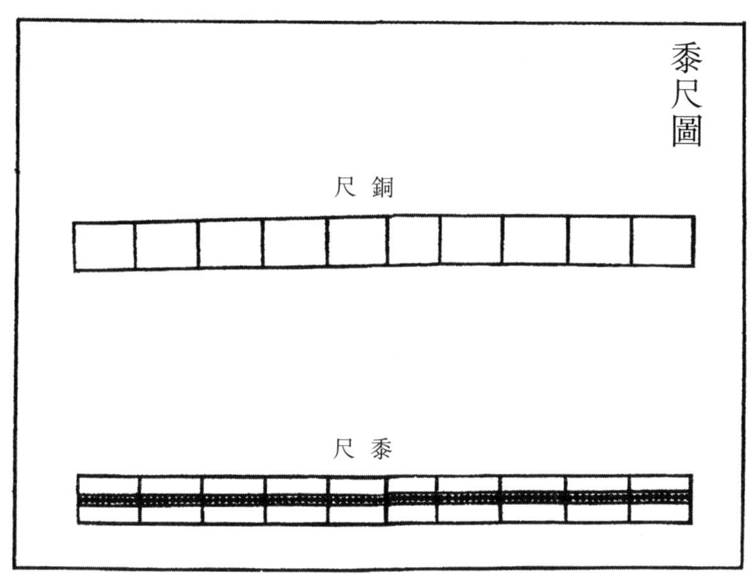
黍尺圖
銅尺
黍尺

右臣逸、臣瑗所制聖朝樂尺，皆禀聖旨，用上黨羊頭山秬黍中者，一黍之廣爲分，十分爲寸，十寸爲尺。比於太府寺見行布帛尺七寸八分六釐，與聖朝銅望臬影表尺符，同用九寸。裁黄鐘之管，下太常寺舊樂一律，冥合太祖皇帝之聖意。何哉？臣等嘗竊觀詔敕：「國初循用王朴、竇儼所定周樂，太祖皇帝患其聲高，令和峴減下一律。」以今朝皇祐新定尺律校太常寺舊樂，猶高一律。苟非聖神〔一〕智通神明，則何以前聖後聖相去幾百年，而聖意符同若此哉！

皇祐四量圖第四

周禮考工記：「㮚氏爲量，深尺，内方尺而圜其外，其實一鬴。」注：六斗四升爲鬴。前漢書律歷志云：「量者，起於黄鐘之龠，用度數審其容，以子穀秬黍中者千有二百實其龠，合龠爲合，十合爲升，十升爲斗，十斗爲斛，而五量嘉矣。」後漢書律歷志云：「物有多少，受以量。」晉書、隋書、唐志〔二〕並與周禮、前漢志同。聖朝天聖令文云：「諸量，

〔一〕四庫本「神」作「人」。
〔二〕四庫本「志」作「制」。

以秬黍中者容一千二百黍爲龠，合龠爲合，今令文誤作「十龠爲合」。十合爲升，十升爲斗，注：「三斗爲大斗一斗。十斗爲斛。」臣逸、臣瑗謹詳周禮、漢志及歷代至聖朝天聖令文量法，制成皇祐龠、合、升、斗。以今太府寺見行升斗校之，二升九合一龠，弱得太府寺升一升；以二斗九升五合，得太府寺斗一斗。謹圖四量形制於左。

四量圖

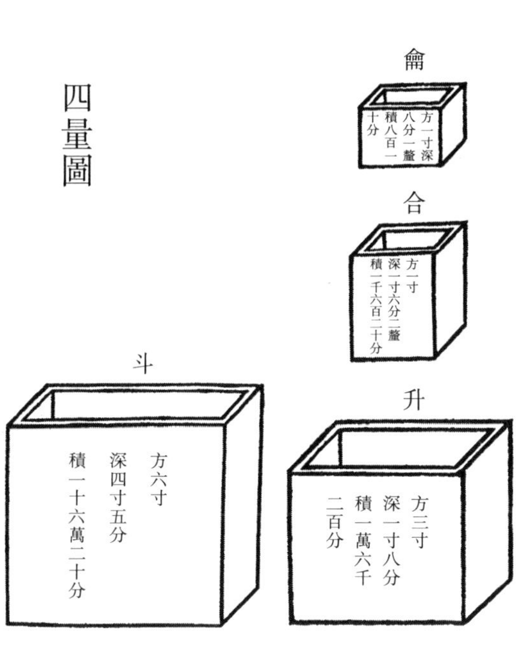

右臣逸、臣瑗謹按，隋志開皇中以古斗三斗爲一斗，今以黍斗校之，尚少五合。未合三斗者，蓋自隋開皇至聖朝五百餘年矣，其間制造得無差舛哉！

皇祐權衡圖第五

周禮玉人〔一〕云：「駔琮五寸，宗后以爲權。」注：駔讀爲組，以組繫之，因名焉。鄭司農云〔二〕：以爲稱錘，以起量。「駔〔三〕琮七寸，鼻寸有半寸，天子以爲權。」注云：以爲權，故有鼻也。前漢書律歷志云：「權衡，本起于黄鐘之重。一龠容一千二百黍，重十二銖，兩之爲兩。重二十四銖，二十四氣之象也。十六兩爲斤，重三百八十四銖，易二篇之爻，陰陽變動之象也。三十斤爲鈞，重萬一千五百二十銖，當萬物之象也。四鈞爲石，而五權謹矣。圜而環之，令肉〔四〕倍好者，周旋無端，終而復始，無窮已也。」注謂：爲錘之形如環也。後漢書律歷志云：「量有輕重，平以權衡。」晉書、隋書、唐志〔五〕並與前漢志同。聖朝天聖令文云：「諸權衡，以

〔一〕「玉人」，原作「典瑞」，據四庫本改。
〔二〕「云」，原作「亦」，據四庫本改。
〔三〕「駔」，原作「組」，據四庫本改。
〔四〕四庫本「肉」作「内」。
〔五〕四庫本「志」作「制」。

秬黍中者，以百黍之重爲銖，二十四銖爲兩，十六兩爲斤。」臣逸、臣瑗謹詳周禮及歷代至聖朝令文之制，定成銖秤一、鈞秤一、石秤一。以太府寺見行秤法物校之，一斤得太府寺秤七兩二十一銖半弱。修制所以銅爲權、以木爲衡。謹爲秤圖于左。

權衡圖

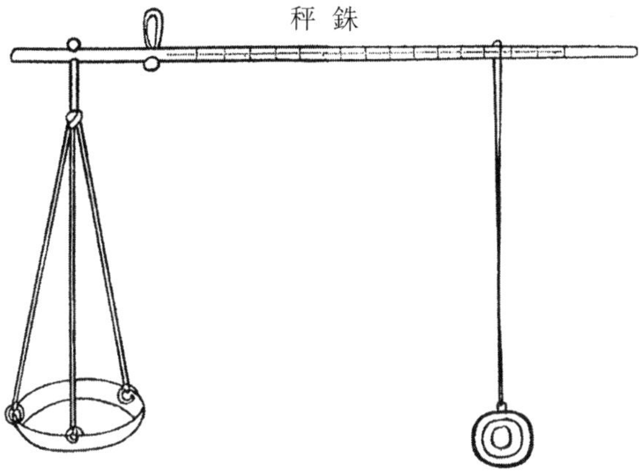

秤銖

右臣逸、臣瑗謹按，隋志開皇中以古秤三斤爲一斤，隋書悮作「三斤爲一斤」。則今太府寺十五斤秤，乃古一鈞之權衡也。然今黍秤十六兩比太府寺八兩尚少三銖半强者，亦以年代浔遠而制造有差也。

皇祐新樂圖記卷中

皇祐鎛鐘圖第六
皇祐特磬圖第七
皇祐編鐘圖第八
皇祐編磬圖第九

皇祐鎛鐘圖第六

臣等謹按，周禮：鳧氏爲鐘，兩欒謂之銑，注云：銑，鐘口兩角。賈公彦疏云：古者應律之鐘，狀如今之鈴，不圜，故有兩角。**銑間謂之于，于上謂之鼓，鼓上謂之鉦，鉦上謂之舞，**注云：此四名者，鐘體也。于，鐘脣之上袪也。鼓，所擊處。**舞上謂之甬，甬上謂之衡，**注云：此二名者，鐘柄。**鐘縣謂之旋，旋蟲謂之幹，**注云：旋屬鐘柄，所以縣之也。謂之旋蟲者，旋以蟲爲飾也。後漢時，鐘旋上有蹲熊、盤龍、辟邪。疏云：漢法，鐘旋之上，以銅篆作蹲熊及盤龍、辟邪。古法亦當然。**鐘帶謂之篆，**注云：帶所以介其名也，在于、鼓、鉦、舞、甬、衡之間，凡四。篆間謂之枚，枚謂之景，注云：枚，鐘乳也。後漢時，鐘乳俠鼓與舞，每處有九，面三十六。疏云：鐘有兩面，面皆三十六乳。于上之攠謂之隧。注云：攠，所擊之處攠弊也。隧在鼓中，窐而生光，有似夫隧。又注云：鼓六，鉦六，舞四，鐘口十者，其長十六。爾雅云：大鐘謂之鏞。注云：書曰：笙鏞以間。亦名鎛，音博。聶崇義三禮圖云：特縣鐘謂黄鐘，律倍半而爲之。律歷志云：各以律倍半而爲鐘。黄鐘管長九寸，其爲鐘也，高二尺二寸半，兩欒之間，徑一尺四寸强，鼓間方八寸四分，舞間横徑八寸四分，甬衡共〔一〕長八寸四分。臣逸、臣瑗謹詳周禮、爾雅〔二〕、律歷志、三禮圖鎛鐘制度，鑄成鎛鐘兩宮架共二十四枚。謹圖黄鐘鎛鐘形制于左。

〔一〕四庫本「共」作「各」。
〔二〕四庫本「雅」下有「及」字。

鎛鐘圖

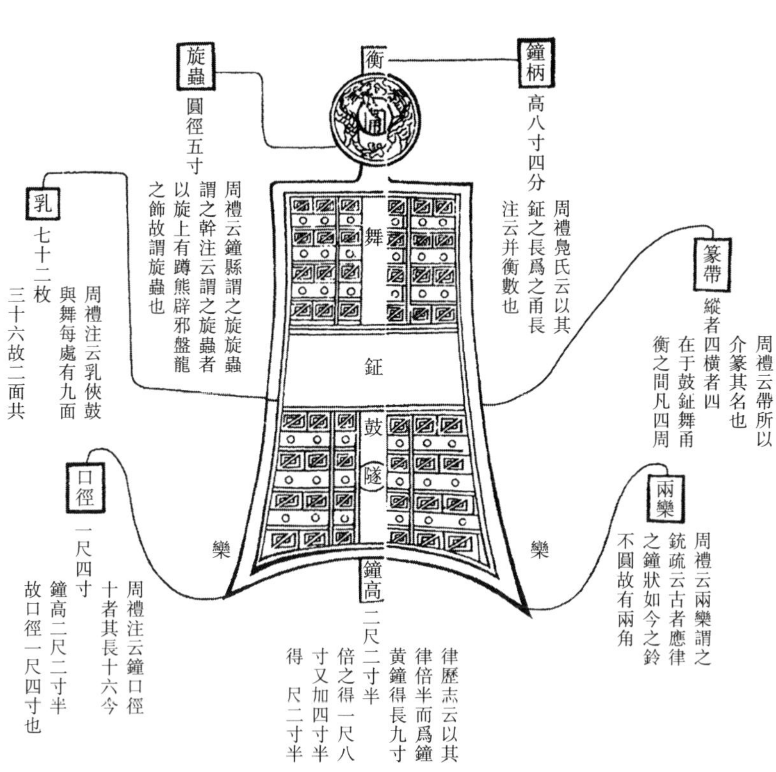
鐘柄
高八寸四分
周禮鳧氏云以其鉦之長爲之甬長
注云并衡數也
衡
旋蟲
圓徑五寸
周禮云鐘縣謂之旋旋蟲
謂之幹注云謂之旋蟲者
以旋上有蹲熊辟邪盤龍
之飾故謂旋蟲也
乳
七十二枚
周禮注云乳俠鼓
與舞每處有九面
三十六故二面共
有七十二乳也
篆帶
縱者四橫者四
周禮云帶所以
介篆其名也
在于鼓鉦舞甬
衡之間凡四周
舞
鉦
鼓
隧
欒
欒
兩欒
周禮云兩欒謂之
銑疏云古者應律
之鐘狀如今之鈴
不圓故有兩角
口徑
一尺四寸
周禮注云鐘口徑
十者其長十六今
鐘高二尺二寸半
故口徑一尺四寸也
鐘高
二尺二寸半
律歷志云以其
律倍半而爲鐘
黃鐘得長九寸
倍之得一尺八
寸又加四寸半
得　尺二寸半

右臣逸、臣瑗謹按，三禮圖、律曆志云：各以其律倍半爲之。此聶崇義誤寫「各」之一字耳，何以明之？今之鎛鐘，則古之鏞鐘，所以和衆樂也。一十二鐘大小高下當盡如黄鐘，惟於厚薄中定清濁之聲，則聲器宏大可以和于衆樂。苟十二鐘大小〔一〕高下各依本律，則至應鐘聲〔二〕器微小，與編鐘、黄鐘相類也。器微小則在縣參差，觀者不能齊肅；聲微小則混于衆樂，聽者不能和平。宫架每擊編鐘十二架、編磬十二架，二十四架齊擊之，則一應鐘絶小，何以和其衆樂之聲？故今皇祐新鐘大小〔三〕高下皆如黄鐘，但于厚薄中以定十二律聲也。又舊制鼓間至廣，凡十有八乳而其數六。舞間至狹，亦十有八乳而其數四。鉦間無乳而其數六。故乳上下踈密不能齊一，鉦又不在鐘體正中。今皇祐新鐘、鼓、舞之數俱六，而鉦數四，則乳之踈密上下相稱。鉦居鐘體之正，名與器不相戾也。又舊鐘之柄，全無旋蟲，狀如犂錧，側縣于簴。今皇祐新鐘旋蟲，俱合古法，縣亦端平。上之三事，皆同詳議大樂局，兩制近臣及太常禮樂官二十餘人，二年之間，議論至精，然

〔一〕「大小」，原作「小大」，據四庫本乙正。
〔二〕原無「聲」字，據四庫本補。
〔三〕「大小」，原作「小大」，據四庫本乙正。

後奏聞，奏聞然後修制，以成聖朝一代之新制。

皇祐特磬圖第七

臣等謹按，周禮：磬氏爲磬倨，句一矩有半。注云：必先度一矩爲句，一矩爲股，而求其弦。既而以一矩有半觸其弦，則磬之倨句也。其博爲一，注云：博謂股博也。博，廣也。股爲二，鼓爲三。參分其股博，去一以爲鼓博；參分其鼓博，以其一爲之厚。注云：股，磬之上大者。鼓，其下小者。所當擊者，股外面、鼓内面也。假令磬股廣四寸半者，股長九寸，鼓廣三寸，長尺三寸半，厚一寸。已上則摩其旁，注云：磬聲太上，謂聲清也，則摩鑢其旁。薄而廣則濁。已下則摩其耑〔一〕。注云：太下，聲濁也。短而厚則清。聶崇義三禮圖曰：舊圖引樂經云：黄鐘磬前長三律二尺七寸，後長二律一尺八寸，兩弦之間三尺三寸七分半。此謂特縣大磬配鎛鐘者也。臣逸、臣瑗謹詳周禮及古今三禮圖特磬之制，修制所制成特磬兩宮架共二十四枚〔二〕。謹圖黄鐘磬形制於左。

〔一〕四庫本「耑」作「端」。
〔二〕原闕「枚」字，據四庫本補。

特磬圖

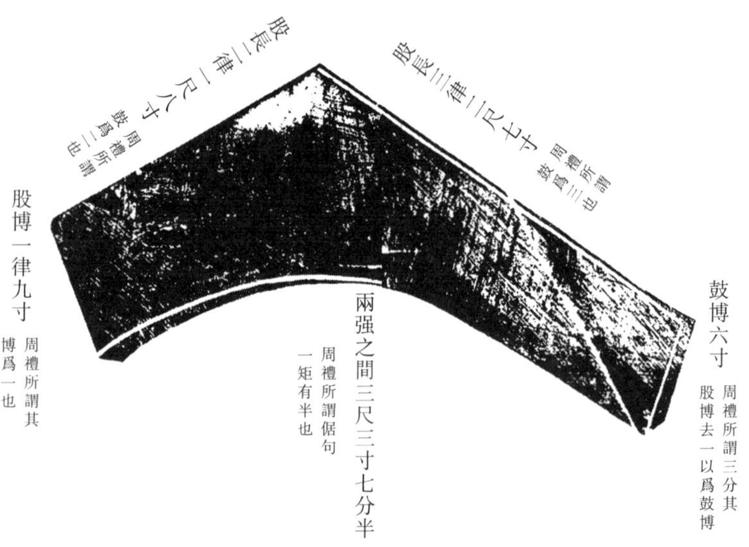
股長二律一尺八寸
周禮所謂鼓爲二也
股長三律二尺七寸
周禮所謂鼓爲三也
股博一律九寸
周禮所謂其博爲一也
兩強之間三尺三寸七分半
周禮所謂倨句一矩有半也
鼓博六寸
周禮所謂三分其股博去一以爲鼓博

右臣逸、臣瑗詳考周禮考工記所載特磬之制，並依而制之，聲皆和協，其間惟參分其鼓博，以其一爲之厚，不可依之。依之則其聲太高，不協音律。

皇祐編鐘圖第八

臣謹按，周禮小胥職：凡縣鐘磬，半爲堵，全爲肆。註云：鐘磬者，編縣之二八十六枚，而在一簴，謂之堵。鐘一堵，磬一堵，謂之肆。半之者，謂諸侯之卿大夫士也。諸侯之卿大夫，半天子之卿大夫，西縣鐘，東縣磬。士亦半天子之士，縣磬而已。梓人職云：厚脣弇口，出目短耳，大胷燿〔一〕後，大體短脰，若是者謂之贏屬。常有力而不能走，其聲大而宏。有力而不能走，則于任重宜；聲大而宏，則于鐘宜。若是者以爲鐘簴，是故擊其所縣，而由其簴鳴。禮記明堂位云：夏后氏之龍簨簴，商之崇牙，周之璧翣。註云：簨簴，所以縣鐘磬也。橫曰簨，飾之以鱗屬；植曰簴，飾之以贏屬、羽屬。簨以大版爲之，謂之業。商又于龍上刻畫之爲崇〔二〕牙，以掛縣紘也。周又畫繒爲翣，戴以璧，垂五采羽于其下，樹于簨之角上，飾彌多也。周頌曰：設業設簴，崇牙樹羽。聶崇

〔一〕「燿」，原作「哨」，據四庫本改。
〔二〕四庫本「崇」作「重」。

義三禮圖云：編鐘十六枚，同在一簨簴。臣逸、臣瑗謹詳周禮及三禮圖編鐘之制，制成編鐘兩宮架、登歌鐘〔一〕五架。每架正聲十有二鐘，清聲四鐘。下格八鐘，黄鐘至林鐘；上格八鐘，夷則至夾鐘清。謹圖形於左。

〔一〕四庫本無「鐘」字。

編鐘圖

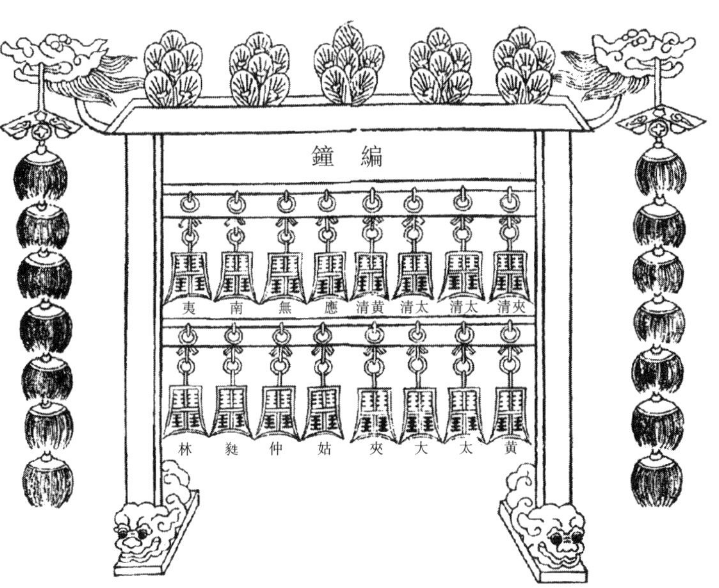

右臣逸、臣瑗謹按，鎛鐘居十二辰，止于十二枚，故高下小大形制可以如一。今編鐘復加清聲四枚，形制難一，故上格下格高下小大有二等焉。苟爲一等，則清聲四鐘，其聲焦殺矣。其鐘之簨簴，當用雙牙，則鐘縣端平，不礙聲韻，且便于擊考也。乞降聖旨下太常寺，添制鎛鐘、編鐘、簨簴，皆用雙牙，庶得鐘縣端平，其聲和暢。

皇祐編磬圖第九

臣等謹按，周禮小胥職編磬之説與編鐘同，梓人職云：鋭喙决吻，數目顧脰，小體騫腹，若是者謂之羽屬。常無力而輕，其聲清揚而遠聞。無力而輕，則于任輕宜；其聲清揚而遠聞，則于磬宜。若是者以爲磬簴，故擊其所縣〔一〕，而由其簴鳴。臣逸、臣瑗謹詳周禮編磬之制，制成編磬兩宫架、登歌磬五架。謹圖形制如左。

〔一〕原闕「縣」字，據四庫本補。

編磬圖

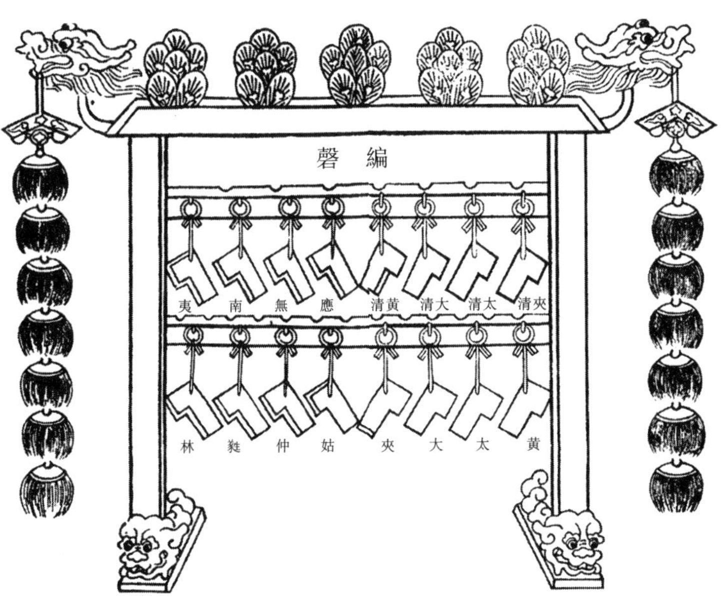

右臣逸、臣瑗謹詳經典及歷代之制，磬簴及趺並當用羽。謂磬簴上當以鷙鳥爲飾，簴下趺當爲鷙鳥之形。自聶崇義三禮圖磬簴、鐘簴皆爲虎形，今太常寺磬簴〔一〕及趺合用羽。乞降聖旨下太常寺，遇修换特磬、編磬、簨簴，因而正之，庶合古法。

〔一〕「簴」，原作「具」，據四庫本改。

皇祐新樂圖記卷下

晉鼓圖第十

臣等謹按，周禮：鎛師掌金奏之鼓。注云：謂主擊晉鼓，以奏其鐘鎛也。又鼓人掌教六鼓、四金之音聲，以節聲樂。教爲鼓而辨其聲用，以雷鼓鼓神祀，神謂天神。以靈鼓鼓社祭，社謂地祇。以路鼓鼓鬼享，鬼謂宗廟。以晉鼓鼓金奏。注云：晉鼓長六尺六寸。金奏謂樂作擊編鐘。考工記：韗人爲皋陶，注云：皋陶，鼓木也。長六尺有六寸，左右端廣六寸，中尺，厚三寸，穹者三之一，上三正。注云：賈侍中云：晉鼓也。晉鼓鼓金奏。臣逸、臣瑗謹詳周禮鎛師、鼓人、韗人晉鼓之制，制成晉鼓六面。謹圖形制于左。

晉鼓圖

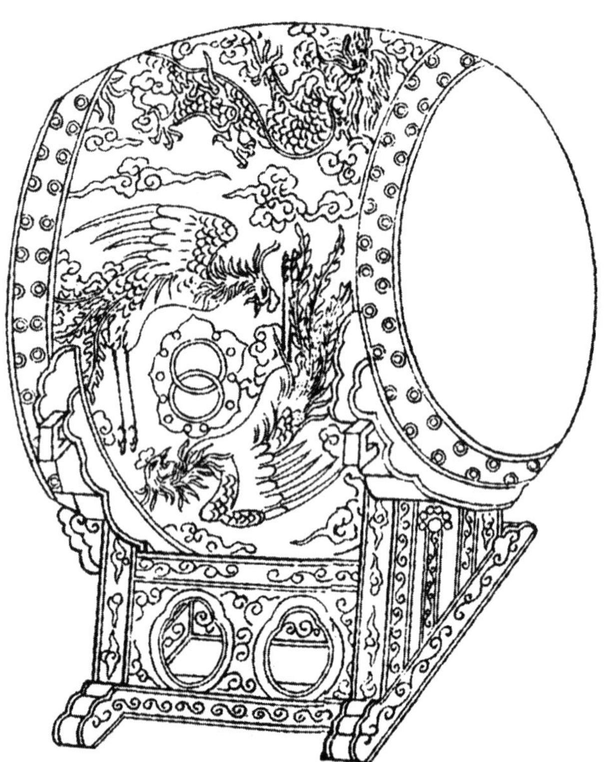

右臣逸、臣瑗竊觀三代祭祀之禮，以雷鼓、靈鼓、路鼓歆神之後，即用晉鼓鼓其樂節。今太常寺歆神之後，唯用散鼓以鼓金奏，殊不合古制。是必唐室之季，禮殘樂缺，工師解散，汨而弗倫。五代因之，不克釐正。皇上馴致太平，精心報祀，隆禮備樂，無文咸舉，非聰明神聖、決於師古，則孰能與于此哉！

三牲鼎圖第十一 鼎扃、鼎冪、鼎畢附。

臣等謹按，禮記郊特牲云：鼎、俎奇，而籩、豆偶。正義謂正鼎九、陪鼎三也。儀禮聘禮云：鼎九，設於西階前，陪鼎當內廉，東面北上。九正鼎，謂牛鼎、羊鼎、豕鼎、魚鼎、腊鼎、腸胃鼎、膚鼎、鮮魚鼎、鮮腊鼎。三陪鼎，謂膷、臐、膮也。禮記禮運云：陳其犧牲，備其鼎俎。正義云：天子諸侯夕省牲之時，陳鼎於廟門外。以牲煮于鑊，鼎隨鑊設，各陳鼎於鑊西〔一〕，取牲體以實其鼎，舉鼎而入，設于阼階下，南北陳之，俎設于鼎西，以次載於俎也。又云：鼎入陳于東方，當序西面北上，俎皆設于鼎西。聶崇義三禮圖云：牛鼎受一斛，天子飾以黃金，諸侯飾以白金。羊鼎受五斗，亦以銅爲之。豕鼎受

〔一〕「西」，原作「而」，據四庫本改。

三斗。牛鼎三足如牛，每足上以牛首飾之。羊、豕二鼎亦如之。所謂周之禮，飾器各以其類之義也。

鼎扃。牛鼎扃長三尺，羊鼎扃長二尺五寸，豕鼎扃長二尺，飾兩端以玉，各三寸。鼎冪。儀禮云：冪者，若束若編。注云：凡鼎冪以茅爲之，長則束本，短則編其中央，蓋令其緻密不洩氣也。鼎畢。三禮圖云：葉博三寸，中鏤去一寸，柄長二尺四寸，漆其柄末及兩葉皆朱，以棘木爲之。臣逸、臣瑗稟承睿旨，鑄成牛鼎十二、羊鼎十二、豕鼎十二，郊祀天地及配位十有五鼎，牛鼎、羊鼎、豕鼎各五，皆以銅爲之。宗廟共二十一鼎，牛鼎、羊鼎、豕鼎各七，亦皆以銅爲之，而以黄金飾之。謹圖形制如左。

圜丘牛鼎。口徑、底徑俱一尺三寸，深一尺二寸二分，其容一斛。宗廟牛鼎形制俱同，但欵易云：其容一斛，以恭宗廟，其用七鼎。

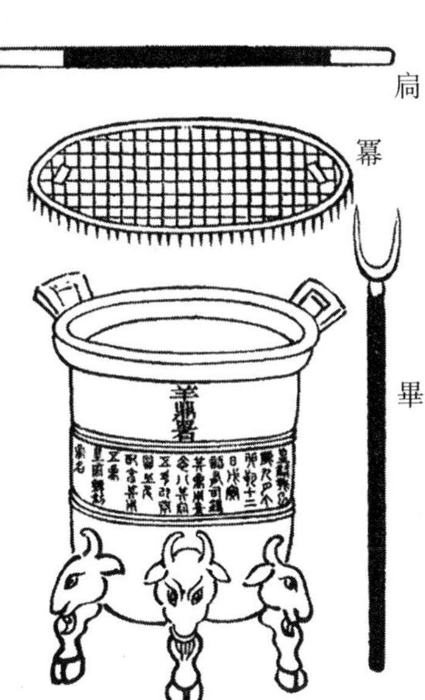

圜丘羊鼎。口徑、底徑俱一尺，深一尺三分，其容五斗。宗廟羊鼎形制、銘辭俱同，但易其辭云：以恭宗廟，其用七〔一〕鼎。

〔一〕四庫本「七」作「五」。

圜丘豕鼎。口徑、底徑俱九寸，深七寸六分，容受〔一〕三斗。宗廟豕鼎形制俱同，但易其銘云：以恭宗廟，其用七鼎。

右臣逸、臣瑗謹按，典禮三牲之鼎，蓋祭祀薦熟之器也。凡祭有四，謂血、腥、焬、熟也。血、腥，太古之用；焬，中古之用。此三者，示不忘古，所以達誠謹而已。惟薦熟切于孝子孝孫之情，故禮經謂之正祭。自唐末五代禮文殘缺，郊廟之祭皆無薦熟之儀，雖

〔一〕四庫本無「受」字。

有孝子孝孫之情，不可得而見矣。皇上秩其墬典，達其孝心，以先于天下，使天下之人聳然知事親追遠之道。易曰：聖人以神道設教。其此之謂乎！

鸞刀圖第十二

臣等謹按，禮記禮器云：割刀之用，鸞刀之貴。正義曰：割刀，今刀也。鸞刀，古刀也。今刀便利，可以割物爲用。古刀遲緩，用之爲難。宗廟不用今刀而用古刀者，修古之制。毛詩信南山曰：祭以清酒，從以騂牡，享于祖考。執其鸞刀，以啓其毛，取其血膋。注云：鸞刀，刀有鸞〔一〕者，言割中節也。正義曰：騂牡之牲，迎入廟門。既告神，乃令卿大夫執持其鸞鈴之刀以開牲皮毛，取牲血及脂膏膟膋，而退毛以告全，血以告殺，膋以升臭，合馨香以薦神。又云：鸞即鈴也，謂刀環有鈴，其聲中節，和而後斷。禮記節解曰：必用鸞刀者，取其鸞鈴之聲，宫商調和而後斷割也。春秋公羊傳宣十二年鄭伯右執鸞刀。注云：鸞刀，宗廟割切之刀，鐶有和，鋒有鸞。臣逸、臣瑗謹詳禮記、毛詩、

〔一〕四庫本「鸞」作「鈴」。

公羊傳之説，依稟睿旨，制成鑾刀。二鑾在鋒，聲中宮商；三和在鐶，聲中角徵羽。及用周禮桃氏爲刃之齊，三分其金，而錫居其一。用于圜丘者，止以銅爲之；用于宗廟者，以銅爲之，以黄金飾之。謹圖形制如左。

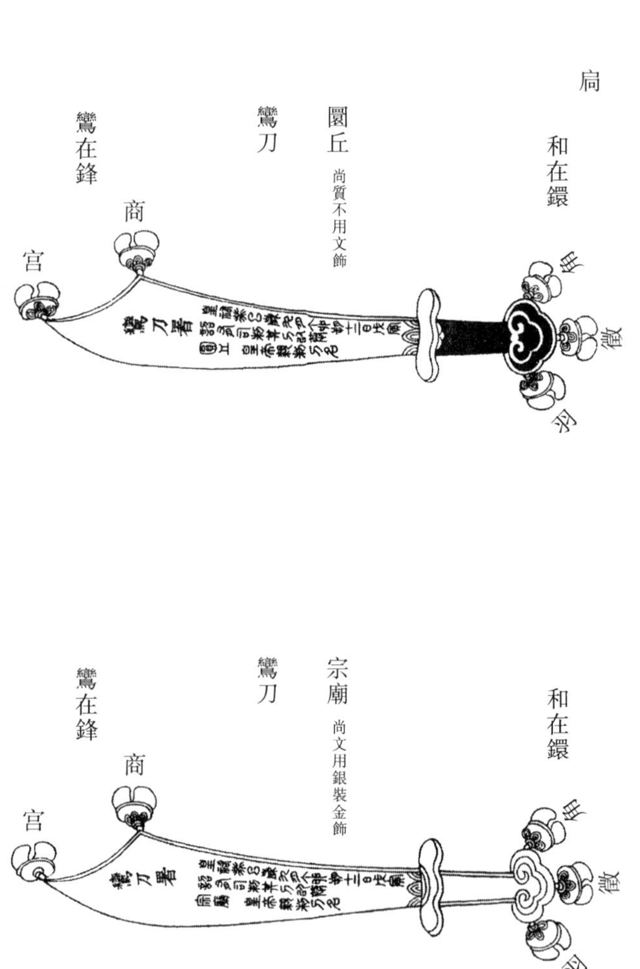

右臣逸、臣瑗謹按，經制，古之祭祀，皆用鸞刀；後世因循，廢而弗用。皇上精求禮樂，至誠不息。幾千〔一〕百年，古義不講，而一旦用之，斯人神之同慶也。

〔一〕四庫本「千」作「十」。

皇祐新樂圖記跋〔一〕

嘉熙己亥良月，借虎丘寺本録，蓋當時所賜，藏之名山者也。末用蘇州觀察使印，長貳押字，志頒降歲月。平生每見承平故物，輒慨然起敬，恨生不于其時，乃録藏之，一切倣元本，無豪釐差。伯玉識。

安定先生文昭公與阮屯田所定皇祐新樂圖記，直齋陳先生于一百九十七年之後見其書，以爲承平故物，慨然起敬，至于有生不于其時之恨，輒録藏之。又後九十一年，壽民得其書而録之，而敬藏之，爲幸多矣。大元天曆二年四月旦日，霅城吴壽民書於郭西小舍。閣本録出。

〔一〕此爲擬題。

按通鑑：仁宗景祐三年二月，詔胡瑗、阮逸較定鐘律，蓋以李照樂穿鑿也。至皇祐二年閏十一月，置詳定大樂局，其鐘弇而直，聲鬱不發。著作佐郎劉羲叟曰：此謂害金，帝將感心腹之疾。已而果然。然則羲叟審音出胡、阮一等矣，何以當時不令羲叟同定樂哉？此書閣抄本姑録之，以俟倫曠耳。時萬曆三十九年十月十三日，書于奉常公署，清常道人誌〔一〕。

〔一〕四庫本「清常道人誌」作「趙開美」。

皇祐新樂圖記後序

右皇祐新樂圖記三卷，宋阮屯田、胡安定撰述，進御之書也。本以李照樂下三律，詔胡、阮改造，止下一律。當時房庶力闢其説，以爲照以縱黍累尺，管空徑二分，容黍千七百三十，固失之長。瑗以横黍累尺，容黍一千二百，而空徑三分四釐六豪，又失之短。夫截竹嶰溪，元音斯得，實葭緹室，中氣自應。漢制累黍之法，特以較絜度量，執黍求律，本乖古義。然而倫瑄房準，樂府失傳。周鬴漢尺，法物滋僞。今欲撤黍求度，釋度審律，辟之策杖索涂、扣槃捫燭已！夫以竹作管，而竹之巨細失均。以黍定分，分定而管之徑圍自得。今按所造，原本周官，兼采漢制，尺寸不詭乎度數，形模悉協乎禮圖，唯大黍累尺、小黍實籥未免矛盾。而較之庶説，欲以千二百黍亂實管中，長短隨之、縱横莫辨者，孰有當乎？夫范蜀公以律生尺，而太府樂尺實下舊樂三律矣。魏漢津以指布度，而大晟樂器工人不能成齊量矣。故知師心愈巧，準施彌失。累黍之法，猶爲近古，雖亡勖咸之精微，尚尋峴朴之墜緒，未可執羲叟害金之論，遽訾大安子穀之制也。

沈約云樂經亡于秦，隋志樂經四卷，蓋新莽時所立，今亦不傳。雖有寶常、令言、文收之徒，著述罕覯，則是書實爲樂經之繼别矣。向無序而刊行之者，余家有舊抄本，僅載陳直齋、吴壽民、趙清常三跋，因並著之，謹録四庫提要冠于顛，以昭是書之定論云。

時在嘉慶甲子首夏，張海鵬若雲序于養真齋。

胡瑗集輯佚

中庸義（以下條目引自宋衛湜禮記集説）

天命之謂性，率性之謂道，脩道之謂教。

海陵胡氏曰：性之善，非獨聖賢有之也，天下至愚之人皆有之。然愚者不知善性之在己也，不能循而行之。在上者當脩治充廣無常之道，使下之民覩而傚之，故謂之教。老吾老以及人老，幼吾幼以及人幼，此教民以仁也；制爲廬井，使出入相友，守望相助，疾病相扶持，此教民以義也；郊社宗廟，致敬鬼神，此教民以智也；設爲冠、昏、喪、祭、鄉飲酒之儀，此教民以禮也；發號施令，信賞必罰，不欺於民，此教民以信也。（卷一百二十三）

仲尼曰：君子中庸，小人反中庸。君子之中庸也，君子而時中；小人之中庸也，小人而無忌憚也。

海陵胡氏曰：君子有一不善，慮爲名教之罪人。小人由其無所畏忌，故棄中道而不顧也。

（卷一百二十五）

子曰：道之不行也，我知之矣，知者過之，愚者不及也；道之不明也，我知之矣，賢者過之，不肖者不及也。人莫不飲食也，鮮能知味也。

海陵胡氏曰：道之不行，以知愚言之；道之不明，以賢不肖言之者。知者，有知之謂也；賢者，道藝德行之總稱。行其道，凡有知之人，皆能之也。明其道，非大才大德之人，則不可也。故或言賢、或言知者，各係其輕重而言也。愚與不肖，對賢知言之，因以别其名。肖者，似也，本有賢人之質，但以不能遵履賢人之業，故曰不肖。以此言之，道之不行，重於道之不明。何哉？道之不行，尚有能明之者，但不能行耳。道之不明，是世無人能明之，則大中之道幾乎絶矣。（卷一百二十五）

子曰：舜其大知也與！舜好問而好察邇言，隱惡而揚善，執其兩端，用其中於民，其斯以爲舜乎！

海陵胡氏曰：舜有大知，樂與人同爲善，故好問於人。又好察邇近之言，有惡不隱，則人懷畏忌之心，邇言不來矣。有善不舉，則人不知勸，故惡則隱之，善則揚之，所以來群言而通下情也。又執過與不及兩端之事，用大中之道於民，使賢知則俯而就，愚不肖則企而及也。

（卷一百二十五）

子曰：人皆曰予知，驅而納諸罟擭陷阱之中，而莫之知辟也。人皆曰予知，擇乎中庸而不能期月守也。

海陵胡氏曰：人至於殺身辱親，如魚獸然，爲人驅而納諸罟擭陷阱之中而不知避，如此又烏得爲知？（卷一百二十五）

子曰：回之爲人也，擇乎中庸，得一善則拳拳服膺而弗失之矣。

海陵胡氏曰：一善，小善也。得一小善，拳拳然奉持於胷膺之閒弗失之，言能躬行之也。（卷一百二十六）

子曰：天下國家可均也，爵禄可辭也，白刃可蹈也，中庸不可能也。

海陵胡氏曰：天子十倍於諸侯，諸侯十倍於卿大夫，是不可均也。若以大中之道較之，尚可均也，中庸則不可能。君子須得位，然後可以行道，是爵禄不可辭。然而尚可辭，中庸則不可辭。白刃自非死君親之難，則不可蹈。然而尚可蹈也，中庸則不可蹈。中庸乃常行之道，孔子言其難如此，蓋設教以勉人也。（卷一百二十六）

子曰：素隱行怪，後世有述焉，吾弗爲之矣。君子遵道而行，半塗而廢，吾弗能已矣。

君子依乎中庸，遯世不見知而不悔，唯聖者能之。

海陵胡氏曰：隱者，非謂山林常住、巢棲谷處之謂也。韜藏其知、不見於外之謂隱，故論語稱甯武子之知，邦無道則愚。此所謂愚者，韜光晦智，若愚人然。如此者，非愚也，蓋隱也。凡人見有人才能在己下，而爵禄居己上，則必有怨心；見有人才知在己下，而名譽在己上，則必有怨心，此中知所不能免也。故不見知而不悔者，惟聖人能然。易稱「遯世無悶，不見是而無悶」，故知惟聖人能之。此既陳隱之道，又恐人之輕於隱，故再言君子隱遯之道。（卷一百二十六）

子曰：道不遠人。人之爲道而遠人，不可以爲道。詩云：「伐柯伐柯，其則不遠。」執柯以伐柯，睨而視之，猶以爲遠。故君子以人治人，改而止。忠恕違道不遠，施諸己而不願，亦勿施於人。君子之道四，丘未能一焉：所求乎子，以事父未能也；所求乎臣，以事君未能也；所求乎弟，以事兄未能也；所求乎朋友，先施之未能也。庸德之行，庸言之謹，有所不足，不敢不勉，有餘不敢盡；言顧行，行顧言，君子胡不慥慥爾！

海陵胡氏曰：此言忠恕之道不遠於人情。内盡其心謂之忠，如己之心謂之恕。人能推己之欲以及人之欲，推己之惡以及人之惡。己愛其親，必思人亦愛其親；己愛其子，必思人亦愛其子。至於好安佚、惡危殆、趨歡樂、惡死亡，是人情不相遠也。故忠恕之爲道，不遠於人情。遠人者，謂己欲之，不顧人之不欲也；己惡之，不顧人之不惡也。是非忠恕，故云不可以爲道。引豳詩以證不遠人之義，執其柯以伐柯，其法則不過於手目之間耳，固不遠也。伐柯之時，猶須邪視顧其長短，恐有所差。若比之於忠恕，則伐柯猶以爲遠。何者？忠恕積於心，發於外，所爲必中，不勞思慮，自然合於人情。是則執柯伐柯，尚勞顧視，猶以爲遠者，言忠恕近人情之甚也。忠恕違道不遠者，此復言忠恕之美也。道者，五常之總名；違，去也。去道不遠者，夫忠恕以博愛言之，仁也；以合宜言之，義也；以退讓言之，禮也；以察於物情言之，知也；以不欺於物言之，信也，故曰「違道不遠」。君子之道已下，又説忠恕之難。夫爲人父者，莫不責其子以孝，推其責子之心以事其父，不可勝孝也；爲人君者，莫不責其臣以忠，推其責臣之心以事其君，不可勝忠也；爲人兄者，莫不責其弟以弟，推其責弟之心以事其兄，不可勝弟也；己之於朋友，莫不責人以先施，推其責友之心以處於己，不可勝義也。其道至廣，其行至難，聖人猶言未能，他人則須當勉之不已也。（卷一百二十七）

君子素其位而行，不願乎其外。素富貴，行乎富貴；素貧賤，行乎貧賤；素夷狄，行乎

夷狄；素患難，行乎患難，君子無入而不自得焉。在上位不陵下，在下位不援上，正己而不求於人，則無怨。上不怨天，下不尤人。故君子居易以俟命，小人行險以徼幸。子曰：射有似乎君子，失諸正鵠，反求諸其身。

海陵胡氏曰：位者，所守之分；外者，分外之事。富貴、貧賤、夷狄、患難，皆守己分而行不過分也。君子向富貴之時，則得富貴之中道；貧賤之時，則得貧賤之中道；在夷狄、處患難亦然。所謂富貴，聖人固無心於此，假之以行其道耳。博施濟衆，舉賢援能，是富貴之中道也；不爲苟進，不求苟得，此貧賤之中道也；言忠信，行篤敬，此行夷狄之中道也。患難有二，或一身之患難，或天下之患難。處天下之患難，生重於義，則捨義而取生；義重於生，則捨生而取義。一身之患難，但自守其道，不變其志，此行患難之道也。入，猶向也。

（卷一百二十八）

子曰：鬼神之爲德，其盛矣乎！視之而弗見，聽之而弗聞，體物而不可遺。使天下之人齊明盛服，以承祭祀。洋洋乎！如在其上，如在其左右。詩曰：「神之格思，不可度思！矧可射思！」夫微之顯，誠之不可揜如此夫。

海陵胡氏曰：鬼神，以形言之則天地，以氣言之則陰陽，以主宰言之則鬼神。鬼神無形，故視之弗見；無聲，故聽之弗聞；無體，以物爲體。視其所以生、所以成，莫非鬼神之功，故天下之人不可遺忘。以神無形無聲，故其來也，不可億度，人當敬事之不暇，況可厭射之乎！（卷一百二十八）

子曰：「舜其大孝也與！德爲聖人，尊爲天子，富有四海之内。宗廟饗之，子孫保之。故大德必得其位，必得其禄，必得其名，必得其壽。故天之生物，必因其材而篤焉。故栽者培之，傾者覆之。詩曰：『嘉樂君子，憲憲令德！宜民宜人，受禄于天。保佑命之，自天申之！』故大德者必受命。」

海陵胡氏曰：子孫保之者，武王下車而封舜之後胡公滿于陳，是子孫長保其福禄也；尊爲天子，是必得其位也；竭天下之産以奉一人，是必得其禄也。萬世而下，言帝王者必稱堯、舜，是必得其名也；舜年三十而登庸，在位五十載，陟方乃死，是必得其壽也；宜民者，興庠序，務農桑，使男不釋耒，女不廢機，薄賦斂，節用度，若此之類，是宜民也；宜人者，内朝廷，外方國，自宰輔以至於百執事，自方伯、連率以至于邑宰、里長，官皆得其人，人皆稱其職，若此之類，是宜人也。（卷一百二十八）

子曰：「無憂者唯文王乎！以王季爲父，以武王爲子，父作之，子述之。武王纘大王、王季、文王之緒，壹戎衣而有天下，身不失天下之顯名，尊爲天子，富有四海之内，宗廟饗之，子孫保之。武王末受命，周公成文、武之德，追王大王、王季，上祀先公以天子之禮。斯禮也，達乎諸侯大夫，及士庶人。父爲大夫，子爲士，葬以大夫，祭以士。父爲士，子爲大夫，葬以士，祭以大夫。期之喪達乎大夫，三年之喪達乎天子，父母之喪無貴賤一也。

海陵胡氏曰：上言舜以匹夫積德而有天下，此言周家累世積德而有天下。以爲天子，凡父能作之，或無子以述成之；子能述之，或無父以倡始之。堯、舜之子，則朱、均；舜、禹之父，則瞽、鯀。三聖父子之間，不令如此。唯文王以王季爲父，以武王爲子，王季作之，文王述成之；文王作之，武王述成之。上有賢父，下有聖子，夫何憂哉？聖人非其道、非其義，殺一不辜而得天下，不爲也。武王仗大義，誅殘賊，而有天下，身不失天下之顯名，而又尊爲天子。（卷一百二十九）

子曰：武王、周公，其達孝矣乎！夫孝者，善繼人之志、善述人之事者也。春秋脩其祖廟，陳其宗器，設其裳衣，薦其時食。宗廟之禮，所以序昭穆也；序爵，所以辨貴賤也；序事，所以辨賢也；旅酬下爲上，所以逮賤也；燕毛，所以序齒也。踐其位，行其禮，奏其樂，敬其所尊，愛其所親，事死如事生，事亡如事存，孝之至也。郊社之禮，所以祀上帝也；宗廟之禮，所以祀乎其先也。明乎郊社之禮、禘嘗之義，治國其如示諸掌乎。

海陵胡氏曰：達，明達也。人，謂其先文王。文王之志在於天下生靈，故視民如傷，保民如赤子，惡紂殘暴，有志伐之，然而志未果而終。武王能仗大義，誅殘賊，救塗炭之苦，解倒懸之急，以承文王之志，豈非善繼志者也？文王有文德，創王基。周公能輔相成王，制禮作樂，以述成文王之業，豈非善述人之事歟？以天子之尊，莫之與抗，然上知報天之功，下知報地之力，中知事祖宗之靈。至尊尚如此，況於卿大夫之卑、士庶人之賤？固當恭謹而事其上矣。在易觀卦曰：「觀盥而不薦，有孚顒若。」言在上之人，於宗廟之終，致其孝謹；在下之人，觀而化之，孚信顒然。故聖人之制，祭祀爲教化之本原，其於治國之道，如指掌中之物。禘，夏祭之名；嘗，秋祭之名。（卷一百二十九）

哀公問政。子曰：文、武之政，布在方策。其人存，則其政舉；其人亡，則其政息。人道敏政，地道敏樹。夫政也者，蒲盧也。故爲政在人，取人以身，修身以道，修道以仁。仁者，人也，親親爲大；義者，宜也，尊賢爲大。親親之殺，尊賢之等，禮所生也。在下位不獲乎上，民不可得而治矣！故君子不可以不修身；思修身，不可以不事親；思事

親，不可以不知人；思知人，不可以不知天。

海陵胡氏曰：堯、舜率天下以仁而民從之，文、武興而民好善，是人道敏疾於政也。蜾蠃無子，取螟蛉之子化而爲己子。如聖人以善政善教化於民，化其邪，歸於正；化其惡，歸於善；化其佻薄，歸於醇厚，如蒲盧然，則聖人欲善政善教之被於天下，何道則可？在乎得賢人爲之輔佐。欲得賢人以何道？在乎從己之身以觀之。何者？惟聖知聖，惟賢知賢，周公攝政則召公疑，仲尼見互鄉童子而門人惑。以召公之賢、孔門之哲尚疑周公、惑仲尼，故將欲知人，必先自修身以至於聖人之域，然後從而觀人，則無不知矣。雖親親爲大，然恩當有隆殺，如三年周朞大功小功之服，下至緦麻袒免，是各有隆殺也。雖則尊賢，然德有小大，爵有高下，禮者，所以辨其隆殺高卑之别，故曰「禮所生也」。思事其親，不可以不知人，須得賢人而親附之，則知所以事親之道。故尚書載堯之事曰：「克明俊德，以親九族。」堯能明俊德之人而與之處，故九族之人相與親睦。思欲知人者，必知天之心，知天心則聖賢之心也。天以生成萬物爲心，而聖人以生成天下爲心，其體雖異，其德一也。故孟子曰：「盡其心者，知其性；知其性，則知天矣。」能知天，則是知性者也；知性，則知人矣，故曰「思知人，不可以不知天」。（卷一百三十）

天下之達道五，所以行之者三，曰君臣也，父子也，夫婦也，昆弟也，朋友之交也，五者天下之達道也。知、仁、勇三者，天下之達德也，所以行之者一也。或生而知之，或學而知之，或困而知之，及其知之一也；或安而行之，或利而行之，或勉强而行之，及其成功一也。子曰：好學近乎知，力行近乎仁，知耻近乎勇。知斯三者，則知所以修身；知所以修身，則知所以治人；知所以治人，則知所以治天下國家矣。

海陵胡氏曰：君臣、父子、夫婦、昆弟、朋友五者，人倫之大端，百王不易之道，可通行於天下，故曰達道。博通物理謂之知，廣愛無私謂之仁，果於行事謂之勇。無知則不足以知事之是非，無仁則不能行知，無勇則不能果敢而行。三者皆人之性，内得於心謂之德，可以通行於天下，故曰達德。行此五者在乎知、仁、勇。知、仁、勇三者，行之在乎至誠。一者，至誠也。困者，臨事不通之辭。安行者，從容中道，舜由仁義行，非行仁義也；利而行之者，謂不由中，有所利而行之；勉强行之者，謂有所不足，或有所畏懼，不得已而爲之也。

又曰：天下之事至廣也，聖人之言至深也，惟聖人能通之。賢人以下，必學然後可以幾近於聖人之道。博學之，審問之，慎思之，明辨之，篤行之，如此，故天下之事可以通，聖人之言可以知，是能幾近聖人之知。仁之道至大，孔子曰：若聖與仁，則吾豈敢。至於子路、冉有、公西赤，但言治千乘之賦、爲百里之宰，仁則吾不知也，是聖人之重仁也。彼若能勉强於道，力行孝於其親，力行忠於其君，力行慈於其民，則可以幾於聖人之仁矣。聖人之勇，勇於義，能知有所耻，則可以幾近於聖人之勇，如耻其不仁而爲仁，耻其不義而爲義。孟子曰：「舜何人也？予何人也？舜爲法於天下，我未免爲鄉人，此知耻者也。」知自修身，則可以治於人；知治一人，則千萬人之情是也；知所以治人之道，則至天下之大、國家之衆，皆可知也。（卷一百三十）

凡爲天下國家有九經，曰修身也，尊賢也，親親也，敬大臣也，體群臣也，子庶民也，來百工也，柔遠人也，懷諸侯也。修身則道立，尊賢則不惑，親親則諸父昆弟不怨，敬大臣則不眩，體群臣則士之報禮重，子庶民則百姓勸，來百工則財用足，柔遠人則四方歸之，懷諸侯則天下畏之。齊明盛服，非禮不動，所以修身也；去讒遠色，賤貨而貴德，所以勸賢也；尊其位，重其禄，同其好惡，所以勸親親也；官盛任使，所以勸大臣也；忠信重禄，所以勸士也；時使薄斂，所以勸百姓也；日省月試，既廩稱事，所以勸百工也；送往迎來，嘉善而矜不能，所以柔遠人也；繼絶世，舉廢國，治亂持危，朝聘以時，厚往而薄來，所以懷諸侯也。凡爲天下國家有九經，所以行之者一也。

海陵胡氏曰：「修身則道立」以下，明九經之效。敬大臣則不眩者，大臣盡忠竭節以事其上，賢、不肖乃分辨，故上之瞻視無所眩惑。體群臣者，君之視臣如手足，則臣視君如腹心。來百工則財用足者，制度修舉，器用充給，故財用足。齊明盛服者，既齊潔嚴明以治性於内，又盛飾其服以整飭於外。去讒遠色者，讒人不退則賢人不進，色惑人則性昏，性昏則善惡不能别。賤貨而貴德者，國寶於賢，不寶於貨。重其禄，不言與之政者，親族之間，有賢則任之，不賢者但尊其禄位而已。同其好惡者，富貴，人之所共欲也；貧賤，人之所共惡也。官盛任使者，大臣之居朝廷，總綱領而已，繁細皆委之有司，然後大臣得安逸而正其綱領。忠信重禄者，既推忠信以待人，又副之以重禄。行之者一也，至誠也。（卷一百三十一）

凡事豫則立，不豫則廢。言前定則不跲，事前定則不困，行前定則不疚，道前定則不窮。

海陵胡氏曰：所行之事，必豫定乃能立。若豫思之，豫爲之，豫修之，豫防之，則事無不立，不然，則必有廢敗。建邦能命龜，田能施命，作器能銘，使能造命，升高能賦，師旅能誓，山川能説，至於喪紀能誄，祭祀能語，是能豫定，則臨事而言，無有顛躓。困者，臨事不通之辭。凡事或施之一身，或施之一家，或施之一國，或施之天下，皆當豫定，則無有不通。所行之事，如欲事君，必豫思其事君之道，莫非以忠；若事其父，必豫思其事父之道，莫非以孝。至於朋友以信，事兄以弟，皆當豫思之，則心無疚病也。道者，五常之總名。道能前定，則施諸一身，施諸天下，施諸萬世，無有窮匱也。（卷一百三十一）

在下位不獲乎上，民不可得而治矣。獲乎上有道：不信乎朋友，不獲乎上矣。信乎朋友有道：不順乎親，不信乎朋友矣。順乎親有道：反諸身不誠，不順乎親矣。誠身有道：不明乎善，不誠乎身矣。

海陵胡氏曰：必先得上之信任，然後道得以行，民得以治。朋友信之，然後聲譽聞達，可以取信於上。朋友未信，況可取信於君乎？閨門之内，其親且未能順，朋友肯信之乎？順親有道，當以至誠自持其身。何者？凡所爲善則親喜悦，所爲不善則親愧辱，故不能以至誠自持，則不順其親矣。事有善惡，若誠於惡，則失所以誠身之道。當明於善而固執之，然後可以誠身矣。（卷一百三十二）

唯天下至誠，爲能盡其性；能盡其性，則能盡人之性；能盡人之性，則能盡物之性；能盡物之性，則可以贊天地之化育；可以贊天地之化育，則可以與天地參矣。

海陵胡氏曰：性者，五常之性。聖人得天之全性，衆人則稟賦有厚薄。聖人盡己之性以觀人之性，然後施五常之教以教人，使仁者盡其所以爲仁，義者盡其所以爲義，至於禮、智、信皆然，則天下之人莫不盡其性。物，萬物也。萬物之性，雖異於人，然生育之道，愛子之心，至深至切，與人不殊。故聖人將盡物之性，設爲制度，定爲禁令，不使失其生育，如獺祭魚，然後漁人入澤梁；豺祭獸，然後田獵。交於萬物有道，故物無不盡其性；物既盡性，則可以贊助天地化育之功。天地以化育爲功，聖人以生成爲德，可以輔相天地之宜，贊助天地之化育，其功與天地參美矣。（卷一百三十三）

至誠之道，可以前知。國家將興，必有禎祥；國家將亡，必有妖孽；見乎蓍龜，動乎四體。禍福將至，善必先知之，不善必先知之，故至誠如神。

海陵胡氏曰：此一節言至誠前知之事。由身有至誠而其性明，性既明則可以豫知前事。雖未萌未兆，可以逆知國家將興、將亡之理。若進賢退不肖，其政教皆仁義，雖未大興，至誠之人必知其將興也，又天必有禎祥之應；若小人在位，賢人在野，政教廢弛，綱紀紊亂，雖未絶滅，至誠之人必知其將亡也，又天必有妖孽之應。此皆至誠前知、默契天意者也。蓍龜，先知之物，聖人有先知之見，如蓍龜之靈也。人有四體，四體之動，必先知之；聖人於禎祥之兆亦先知之。神者，陰陽不測之謂也。（卷一百三十三）

誠者自成也，而道自道也。誠者，**物之終始，不誠無物，是故君子誠之爲貴。**誠者，非自誠己而已也，所以成物也。成己，仁也；成物，知也，性之德也，合外内之道也，故時措之宜也。

海陵胡氏曰：學其所未能，行其所未至，思其所未得，是所以自成於己也。修其道以自引導，其自小賢至於大賢，自大賢至於聖人，是自道達其身也。合内外之道者，外則成於物，内則成於己，皆本至誠相合而行。（卷一百三十三）

故至誠無息。不息則久，久則徵，徵則悠遠，悠遠則博厚，博厚則高明。博厚，所以載物也；高明，所以覆物也；悠久，所以成物也。博厚配地，高明配天，悠久無疆。如此者，不見而章，不動而變，無爲而成。天地之道，可一言而盡也：其爲物不貳，則其生物不測。天地之道，博也，厚也，高也，明也，悠也，久也。今夫天，斯昭昭之多，及其無窮也，日月星辰繫焉，萬物覆焉。今夫地，一撮土之多，及其廣厚，載華嶽而不重，振河海而不洩，萬物載焉。今夫山，一卷石之多，及其廣大，草木生之，禽獸居之，寶藏興焉。今夫水，一勺之多，及其不測，黿鼉、蛟龍、魚鼈生焉，貨財殖焉。詩曰：「維天之命，於穆不已！」蓋曰天之所以爲天也。「於乎不顯！文王之德之純！」蓋曰文王之所以爲文也，純亦不已。

海陵胡氏曰：誠，故無休息；無休息，故能久於其道；能久於其道，則其德著驗，則可以施於久遠；能施久遠，則德業深固而博厚；既博厚，則功高明。以博厚言之則配地，以高明言之則配天，以悠久言之則可以傳之無窮、施之罔極。聖人能如此，心不欲功之顯而自然章著，身無所動作而民自然從，上無所營爲而治道自成，皆至誠而然也。物謂誠也，天地以至誠純一不貳之德，乃能生育萬物，不可測量。舉目而視天，目之所見，不過昭昭之多，甚小也，及究其無窮，日月之所繫著，萬物之所覆燾，臨照無有遺者，誠故也；舉足而履地，足之所著，不過一撮土之多，及究其廣大，承載華嶽而不重，振起河海而不洩，萬物皆承載而無窮者，誠故也。於，歎嗟之辭。（卷一百三十四）

大哉聖人之道！洋洋乎！發育萬物，峻極于天。優優大哉！禮儀三百，威儀三千。待其人而後行。故曰苟不至德，至道不凝焉。故君子尊德性而道問學，致廣大而盡精微，極高明而道中庸，温故而知新，敦厚以崇禮。是故居上不驕，爲下不倍，國有道，其言足以興國，無道，其默足以容。詩曰「既明且哲，以保其身」，其此之謂與？

海陵胡氏曰：禮儀，禮之大經。威儀，曲禮也，委曲繁細之威儀。至德者，至誠之德也；德性，善性也；道，由也；崇，尚也；爲下不倍者，不巧言令色、倍叛於聖道也。有道之世，其

言足以興起國家；無道之世，知幾識微，全身遠害也。（卷一百三十四）

子曰：「愚而好自用，賤而好自專，生乎今之世，反古之道，如此者，烖及其身者也。」非天子，不議禮，不制度，不考文。今天下車同軌，書同文，行同倫。雖有其位，苟無其德，不敢作禮樂焉；雖有其德，苟無其位，亦不敢作禮樂焉。子曰：「吾説夏禮，杞不足徵也；吾學殷禮，有宋存焉；吾學周禮，今用之，吾從周。」

海陵胡氏曰：禮樂自天子出，非天子不可議禮。度，法度也。律、度、量、衡之事，皆是非天子不可制之。文者，文教之令；考，成也。文教，非天子不可成。（卷一百三十五）

王天下有三重焉，其寡過矣乎！上焉者雖善無徵，無徵不信，不信民弗從；下焉者雖善不尊，不尊不信，不信民弗從。故君子之道：本諸身，徵諸庶民，考諸三王而不謬，建諸天地而不悖，質諸鬼神而無疑，百世以俟聖人而不惑。質諸鬼神而無疑，知天也；百世以俟聖人而不惑，知人也。是故君子動而世爲天下道，行而世爲天下法，言而世爲天下則。遠之則有望，近之則不厭。詩曰：「在彼無惡，在此無射；庶幾夙夜，以永終譽！」君子未有不如此而蚤有譽於天下者也。

海陵胡氏曰：上焉者，天子居天下之上，諸侯居一國之上，卿大夫居一邑之上；下焉者，諸侯、卿大夫居天子之下。考，稽也。知天者，天地鬼神之道，不過生成，以聖人之德，質之而無疑，是知天之道也；知人者，君子之道，百世相俟而不惑，是知人也。（卷一百三十五）

唯天下至聖，爲能聰明睿知，足以有臨也；寬裕温柔，足以有容也；發强剛毅，足以有執也；齊莊中正，足以有敬也；文理密察，足以有别也。溥博淵泉，而時出之。溥博如天，淵泉如淵。見而民莫不敬，言而民莫不信，行而民莫不説。是以聲名洋溢乎中國，施及蠻貊，舟車所至，人力所通，天之所覆，地之所載，日月所照，霜露所隊，凡有血氣者，莫不尊親，故曰配天。

海陵胡氏曰：兼聽之謂聰，善視之謂明，智慮深遠之謂睿，有知之謂智。寬裕則不暴，温柔則不猛，故可涵容天下之人。發謂奮發，强能任事，剛則不撓，毅則果敢，故能臨事固執而不回。齊，潔也；莊，端莊也。中正則不諂，足以保其敬之道。文理者，言動之間，有文理如枝葉葩華，是其文經理條貫，是其理密而不洩，察而能辨。君子身既文理，然後從己之身，觀人之身，密察而不洩其機，故足以有别於天下。溥言溥徧，博言廣博，時出之者，以時發見，出其政教號令，溥博如天高之不可窮，淵泉如淵深之不可測。發見於政教，民皆敬之，言而民皆信之，行而民皆説之，是以聲名洋溢，莫不尊而親之。（卷一百三十五）

春秋説

夏五月，鄭伯克段于鄢。（隱公元年）

胡安定先生曰：鄭伯，兄也，不能教弟，以養成其惡，是兄不兄、弟不弟，故聖人書以交譏之。（元鄭玉春秋闕疑卷一）

胡安定曰：兄不兄、弟不弟，交譏之也。（宋黄震黄氏日鈔卷七）

戎伐凡伯于楚丘以歸。（隱公七年）

胡安定曰：楚丘，衛地。書于楚丘者，衛不能救。書以歸者，凡伯辱命。（黄氏日鈔卷七）

三月癸酉，大雨，震，電。庚辰，大雨雪。（隱公九年）

胡安定先生曰：若不書日，則何以知八日之中大雨震電，又大雨雪也。（春秋闕疑卷二）

胡安定曰：震，霹靂也。電者，陰繫陽，爲雷之光也。（黄氏日鈔卷七）

秋，大水。（桓公元年）

胡安定先生曰：聖王在上，五事修而彝倫序，則休徵應之。聖王不作，五事廢而彝倫斁，則咎徵應之。大水者，常雨也，傷禾稼，壞廬舍，故曰大水。（春秋闕疑卷三）

滕子來朝。（桓公二年）

胡安定先生謂：或以侯禮來朝。（春秋闕疑卷三）

三月，公會齊侯、陳侯、鄭伯于稷，以成宋亂。（桓公二年）

安定胡氏曰：成，就也。（明卓爾康春秋辯義卷三）

秋，蔡人、衛人、陳人從王伐鄭。（桓公五年）

不書「王師敗績于鄭」，王者無敵于天下，書「戰」則王者可敵，書「敗」則諸侯得禦，故言「伐」而不言「敗」。茅戎書「敗」者，王師非王親兵致討取敗，而書之。（清黄宗羲宋元學案卷一）

秋八月壬午，大閱。（桓公六年）

胡安定先生曰：書八月，非時也。書大閱，非禮也。按大閱，天子之禮，魯諸侯而行之，其僭可知。（春秋闕疑卷三）

執鄭祭仲，突歸于鄭，鄭忽出奔衛。（桓公十一年）

胡安定先生曰：宋公執人權臣，廢嫡立庶，以亂鄭國，故奪其爵。（春秋闕疑卷四）

柔會宋公、陳侯、蔡叔盟于折。（桓公十一年）

胡安定先生曰：蔡叔者，字也，蔡侯之弟也。（春秋闕疑卷四）

丙戌，衛侯晉卒。（桓公十二年）

再書丙戌，杜曰國史成文也，孫泰山、胡安定皆曰羡文也。（黄氏日鈔卷七）

夏五。（桓公十四年）

孫泰山、胡安定皆曰：聖人專筆削，豈不能刊正？後人傳之脱漏耳。胡又曰：或言夏鄭伯使其弟語來盟，其「五」之一字爲羡，亦通。（黄氏日鈔卷七）

秋八月，蔡季自陳歸于蔡。（桓公十七年）

胡安定曰：蔡季者，蔡桓侯之弟。弟當立，歸者，善辭。（明熊過春秋明志録卷二）

胡安定曰：蔡季者，蔡桓侯之弟。弟季當立，歸者，善辭也。時多弑奪，明季無惡。字者，諸侯之弟例書字。（黄氏日鈔卷七，又見於宋元學案卷一）

紀侯大去其國。（莊公四年）

胡安定先生曰：紀侯自去國爲齊有，不言滅者，非滅也，齊未嘗加兵于紀之都城。不言奔者，非奔也。奔者，身雖奔而國家在焉。（春秋闕疑卷六）

六年春王正月，王人子突救衛。（莊公六年）

安定曰：諸侯伐衛以納朔，天子不克救，朔卒爲諸侯所納，天子威命盡矣。先師謂：猶愈乎不救。書王人子突之救，以王法尚行於此也。勢既已去，烏能必勝哉？（黄氏日鈔卷八，又見於宋元學案卷一）

秋，宋大水。（莊公十一年）

胡安定先生曰：春秋惟内災悉書，外災或舉一二，以見天下之大異。（春秋闕疑卷七）

冬十月，宋萬出奔陳。（莊公十二年）

八月弑君，十月出奔，臣子不討賊可知！（宋元學案卷一）

十有三年春，齊侯、宋人、陳人、蔡人、邾人會于北杏。（莊公十三年）

胡安定先生曰：桓公徒有尊周之名，無尊周之實。觀其貪土地之廣，恃甲兵之衆，驅逐迫脅强制諸侯，納之以會，要之以盟，臨之以兵，制之以力，其有不狥者，小則侵之伐之，甚則執之滅之，其實假尊周之名以自封殖爾。（春秋闕疑卷八）

冬，多麋。（莊公十七年）

安定曰：麋，魯常有，但以多爲異耳。（黄氏日鈔卷八）

夏五月。（莊公二十二年）

胡安定先生曰：春秋未有書五月首時者，此五月之下有脱誤，春秋用竹簡故也。（春秋闕疑卷九）

戊寅，大夫宗婦覿，用幣。（莊公二十四年）

安定曰：婦人，從夫者也。公親迎于齊，夫人不從公而至，失婦道也。大夫宗婦者，同宗大夫之婦，非謂大夫與宗婦也。覿者，見夫人也。用幣者，女贄不過榛、栗、棗、脩，今婦人而用男子之贄，莊公以誇侈失禮也。（黄氏日鈔卷八，又見於宋元學案卷一）

二年春王正月，齊人遷陽。（閔公二年）

胡安定先生曰：陽，微國也。齊桓逼逐而遷之，以著齊桓之惡，故貶而人之。（春秋闕疑卷十二）

二年春王正月，城楚丘。（僖公二年）

胡安定先生曰：按閔二年狄入衛，衛國君死，民散，齊侯視之不救，至此年方始城之，怠于救患可知。與其亡而存之，不若未亡而救之之善也。（春秋闕疑卷十三）

九月戊申，朔，日有食之。冬，晉人執虞公。（僖公五年）

胡安定先生曰：稱人以執，惡晉侯也。（春秋闕疑卷十三）

秋七月，公會齊侯、宋公、陳世子欵、鄭世子華，盟于甯母。（僖公七年）

胡安定先生曰：鄭伯以逃首止之盟，齊人連年伐鄭未已，鄭懼，欲求成于齊，故先使世子受盟于甯母。（春秋闕疑卷十四）

九月戊辰，諸侯盟于葵邱。傳：**葵邱之會，桓公震而矜之，叛者九國。**（僖公九年）

王應麟曰：震而矜之，胡安定謂：前則致王世子于首止，今又致宰周公于葵邱，其心盈甚矣。穀梁以爲美，非美也。（清齊召南春秋公羊傳注疏卷十一考證）

甲子，晉侯詭諸卒。冬，晉里克殺其君之子奚齊。（僖公九年）

胡安定先生曰：按文十四年五月，齊侯潘卒。九月，齊公子商人殺其君舍。舍亦未踰年之君，何以不稱君之子，而謂殺其君？蓋嫡嗣當立，雖未踰年，亦稱君也。（春秋闕疑卷十四）

季姬歸于鄫。（僖公十五年）

胡安定先生曰：歸者，始嫁之辭。（春秋闕疑卷十五）

十有七年春，齊人、徐人伐英氏。夏，滅項。（僖公十七年）

胡安定以爲：上言齊人、徐人伐英氏，下言滅項，齊、徐可知，蓋謂既伐英氏，因師以滅項，春秋承上文而書之也。（黄氏日鈔卷九）

梁亡。（僖公十九年）

胡安定先生曰：大抵邦國用賢則存，失賢則亡，賢既不用，上下放恣，百度頽圮，何止于土工刑法淫威而已哉？故梁之自亡，失賢而亡也。（春秋闕疑卷十六）

五月乙巳，西宫災。（僖公二十年）

胡安定先生曰：若是閔宫則明書新宫，不得謂之西宫也。此西宫，蓋公之别宫也。（春秋闕疑卷十六）

二十有二年春，公伐邾，取須句。（僖公二十二年）

胡安定先生曰：僖公伐邾，非伐其罪，但利其土地而已。（春秋闕疑卷十六）

胡安定於此後升陘之戰亦曰：魯伐邾之國，又取其邑，致此之戰，其惡可知。則安定已指須句爲邾之邑，而魯取之矣。（黄氏日鈔卷九）

冬十有一月己巳，朔，宋公及楚人戰于泓，宋師敗績。（僖公二十二年）

胡安定先生曰：襄公無桓公之資，欲紹桓公之烈，以宗諸侯，以致强楚，故盂之会被執受伐。今復與楚争鄭，衆敗身傷，喪師泓水，七月而死，爲中國羞，惜哉！蓋有善志，無其才，取辱强楚而羞及中國也。（春秋闕疑卷十六）

二十有三年春，齊侯伐宋，圍緡。（僖公二十三年）

胡安定先生曰：宋伐齊，使殺無虧而立孝公，今齊侯反伐之，是宋自召其伐之之禍。然齊伐人之國，又圍其邑，其惡甚矣，故聖人備志之。（春秋闕疑卷十六）

宋殺其大夫。（僖公二十五年）

胡安定曰：以泓之戰不死難也。（黄氏日鈔卷九）

公子買戍衛，不卒戍，刺之。（僖公二十八年）

胡安定先生曰：公叛晉與楚，故使公子買戍衛。且晉之兵力非買之所抗也，故不卒戍而歸。公聞楚人救衛，懼其見討，故殺買以悦楚。僖公内殘骨肉，外悦强楚，其惡可知。（春秋闕疑卷十七）

夏四月己巳，晉侯、齊師、宋師、秦師及楚人戰于城濮，楚師敗績。（僖公二十八年）

胡安定先生曰：往者齊桓既死，楚人復張猖狂不道，欲宗諸侯。與宋並争，欲取宋者數矣，天下諸侯無敢與楚抗者。晉文一出，討逆誅亂，以三國之師敗得臣于城濮。自是楚人遠屏，不犯中國十五年。從簡書救中國之功，可謂不旋踵而見。春秋最美文公，以其有城濮之戰也。（春秋闕疑卷十七）

秋，杞伯姬來。（僖公二十八年）

胡安定先生曰：無故而來，書之以著其非禮。（春秋闕疑卷十七）

諸侯遂圍許。（僖公二十八年）

胡安定先生曰：此會温之諸侯也。（春秋闕疑卷十七）

冬，天王使宰周公來聘。公子遂如京師，遂如晉。（僖公三十年）

胡安定曰：公子遂如京師，報周公之聘也。然王者至尊，非諸侯可抗也。（黄氏日鈔卷九）

公孫敖如京師，不至而復。丙戌，奔莒。（文公八年）

胡安定先生曰：弔天王之喪，廢命不行，中道而止，如公孫敖之罪不容誅矣。文公不能誅之，使自恣出奔，文公之失政又可誅矣。不書至某地而復者，以京師爲重也。（春秋闕疑卷二十）

二月，叔孫得臣如京師。辛丑，葬襄王。（文公九年）

胡安定先生曰：按六年晉侯驩卒。冬，公子遂如晉，葬晉襄公。前年天王崩，今年叔孫得臣如京師，葬襄王。晉，諸侯也；襄王，天子也，魯皆使臣會，則是諸侯天子可得而齊也，故書以惡之。（春秋闕疑卷二十）

秋九月乙丑，晉趙盾弒其君夷皋。（宣公二年）

胡安定曰：三傳皆謂趙盾不弒，今經書盾弒，若言非盾，是憑傳也。（黄氏日鈔卷十）

冬十月己丑，葬我小君敬嬴，雨不克葬。庚寅，日中而克葬。（宣公八年）

胡安定先生曰：禮，平旦而葬，日中而虞。今言日中而葬，是無備也。（春秋闕疑卷二十三）

五月甲午，宋災。宋伯姬卒。（襄公三十年）

高氏曰：安定胡先生嘗謂：伯姬乃婦人中之伯夷也。蓋婦人以貞爲行者也，當春秋時，以魯一國言之，如文姜、哀姜、穆姜，皆夫人也。杞伯姬、鄫季姬，皆魯女也，其行有不可言者。唯宋伯姬，以貞潔之行矯其弊，遇災不少避以死，真有伯夷之風哉。（春秋闕疑卷三十三）

安定胡氏曰：伯姬乃婦人中之伯夷也。（明王樵春秋輯傳卷九，又見於宋元學案卷一）

胡安定曰：伯姬之行，婦人中之伯夷也。（明高攀龍春秋孔義卷九）

冬十月，王子猛卒。（昭公二十二年）

安定胡氏曰：生則書王，明實爲嗣。死乃稱子，正未踰年，未成天子之至尊。（春秋輯傳卷十一，又見於宋元學案卷一）

冬十月，天王入于成周。（昭公二十六年）

安定胡氏曰：因狄泉故稱入。（春秋輯傳卷十一）

問：九年，齊人取子糾殺之。此一節孔子不以桓公爲非，程子斷然謂桓公爲兄、子糾爲弟，朱子一依程説，今本義序自謂祖述程、朱，而於此一事乃取荀卿而不從程子，何也？此正人倫之大節，綱常所係，恐必合從程、朱爲是。

答：莊公九年，公伐齊，納子糾，齊小白入于齊，齊人取子糾殺之。謂桓公爲弟、子糾爲兄者，公羊、穀梁之論，而荀卿、司馬遷、杜預、孫太山、胡安定、劉原父、胡邦衡、孫莘老、吕東萊凡三十餘家之説也。（元程端學春秋本義）

曰：辛未取郜，辛巳取防。胡翼之曰：如此書，甚其惡也。且辛未至辛巳十一日之間，浹旬取其二邑，故謹而日之也。後之談春秋者，盡不用日月，且如取郜、取防之義，苟不以日月，則其實何以明？若但言以此月取郜、取防，必不能知一月之間、十一日内，兩取其邑也。（元程端學程氏春秋或問卷一）

稱國以弑其君，君惡甚矣。

安定先生曰：是啓亂臣賊子之言也，其爲害教大矣。（清張尚瑗三傳折諸穀梁折諸卷五）

論語説（引自宋元學案卷一）

友者輔仁之任，不可以非其人。故仲尼嘗曰：「吾死，商也日進，賜也日退。」商好與勝己者處，賜好與不如己者處也。無友不如己者。

非止聞夫子之道，凡聞人之善言善行，皆如是。子路唯恐有聞。

命者禀之于天，性者命之在我。在我者修之，禀于天者順之。愚、魯、辟、喭，皆道其所短而使修之者也。愚、魯，辟、喭。

公叔文子與大夫僎同升諸公，孔子曰「可以爲『文』」；臧文仲知柳下惠之賢而不舉，孔子謂之「竊位」。由此觀之，君子以薦賢爲己任。臧文仲竊位。

子貢之言，甚而言之也。孔子固學于人而後爲孔子。子貢言夫子不可及。

慈溪黄氏曰：子貢闢毀孔子者，故極言之。安定恐後學待孔子太高而自絶于不可學，故又爲之説如此。

冉求有爲政之才，故曰「可使爲宰」；及其聚斂不合正道，故曰「小子鳴鼓而攻之可也」。如美管仲之功，則曰「如其仁，如其仁」；至于鄙管仲之僭，則曰「管氏而知禮，孰不知禮」。孔子稱冉求可使爲宰，又鄙爲「小子」。

古之取人以德，不取其有言，言與德兩得之。今之人兩失之。有德者必有言，有言者不必有德。取以一時之能，而不責以平生之行。孔子見互鄉童子。

許孝子俞傳

許俞，黟縣人也。按羅鄂州志言歙州，題石碑稱「許逖，祁門人」。而安定先生爲許俞作傳，言黟縣人。今從歐陽公所作行狀言歙州。別本又云宣城人，辨見轉運公墓銘下。家世以儒術顯名江左，父養高不仕。俞風采魁傑，襟懷峻整，尚慕節義，不妄交游。下筆立言，慨然有濟蒼生之志。季父逖有名於時，爲尚書外郎。器俞曰：「吾家千里駒也。」居常敦睦，家人未嘗見其喜怒。少喪母氏，事父以孝謹聞，供給甘旨，晝夜不怠。父之所欲，雖千里必致之。或隨計偕，安輿扶侍，稅舍輦轂。與妻子共食麤糲，晨夕事父必盡珍異，常示豐厚，恐貽父憂。公卿之聞者，多所歎服，率俸以助其養。父年垂八十，謂曰：「觀汝登科之後，没于地足矣。」大中祥符七年，俞果登科，第授溧陽從事。扶侍歸海陵别業，即路有日，父疾沉篤，俞晝夜供省，以至澣濯必躬必親。或問其故，俞曰：「澣濯於家人之手，慮其厭怠焉。」父喪摧毁，幾致滅性，而家至貧，多假貸於士大夫。或歷父經由之地，涕泣者永日。嘗於通津，寄泊佛舍。值春景花發，閉室静坐，未嘗出覩。赴牧守之召，過琅山别院，馬上忽泣下，僕御問其由，曰：「我父曾寄此也。」士流服其孝道。制滿赴調，上超資授揚州從事。（明程敏政新安文獻志卷六十四）

次韻謝借觀五老圖

始同優烈晚同閒，五福俱全戴角冠。典午山河遵大道，調元宗社對穹桓。羌夷誰敢窺中夏，朝士猜疑畏歲寒。肱股賡歌遺韻在，惟吾後進衹膺看。胡瑗敬瞻拜和。（明趙琦美趙氏鐵網珊瑚卷十三）

石壁并序

余嘗覽李翰林題涇川汪倫别業二章，其詞俊逸，欲屬和之。今十月自新安歷旌德，而仙尉曾公望同遊石壁，蓋勝境也。奇峰對聳，清溪中流，路出半峰，佳秀可愛。傳聞新建汪公所居不遠，掩映溪岫，率類于此。且欲尋訪，迫暮不獲。因思旌川即涇川接境也，而幽勝過之；汪公亦倫之别派也，而儒雅勝之，豈可使諷詠不及于古乎？輒成一首，題于汪公屋壁，雖不及藻飾佳境，比肩英流，庶俾謫仙之詩不獨專美矣。

李白好溪山，浩蕩旌川遊。題詩汪氏壁，聲動桃花洲。英辭逸無繼，爾來三百秋。汪公亦蕃衍，宗支冠南州。其間新建居，林泉最清幽。竹聲滿道院，山光入書樓。仙氣既飄飄，儒風亦悠悠。子孫多俊異，詞行咸精修。我來至石壁，賞之不能休。酣味碧溪水，苦飲黄金甌。因羡汪君居，復思汪君投。遇景清興發，浩與天雲浮。斐章異繡段，灑翰非銀鉤。庶與謫仙詩，千古同風流。寧國府志。（清厲鶚宋詩紀事卷十九）

孫復集

張義生　點校

孫復集前言

孫復，字明復，號富春，晉州平陽（今山西臨汾）人。因四舉進士不第，隱居泰山，聚衆講學，故學者多稱他爲泰山先生。現存史料對孫復身世並未有過多的記載，僅知其父早亡，與母親相依爲命，曾負母求學。據歐陽修所作墓誌銘載，孫復有子名大年。太宗淳化三年（九九二），孫復生。仁宗嘉祐二年（一〇五七），因病卒于家，享年六十有六。孫復有春秋尊王發微、孫明復小集等著作傳世。

其生平大致可分爲五個時期：

一、困頓求學時期。

孫復家境貧寒，父親早喪，遂負母四方求學，屢次參加科舉，但均名落孫山。仁宗天聖五年（一〇二七），范仲淹掌學南京（今商丘），孫復初訪范，范贈其千錢。第二年，又再次拜訪范仲淹，知其負母而來，遂爲其謀一學職，復得以安心學業。孫復在此期間，還曾跟隨范學春秋。次年，范仲淹赴京，孫復亦辭歸。

在四十歲以前，孫復始終處在困頓的生活中，不墮其志，一心向學。

二、泰山講學時期。

仁宗景祐元年（一〇三四），經士建中引薦，孫復與石介相會於商丘，二人一見如故，相談甚歡。石介與張泂等商議延請孫復在泰山講學。第二年冬，孫復定居泰山，石介等拜其爲師，又協助孫埋葬了父母遺骨。之後孫復就在泰山聚徒講學，不再參加科舉考試。

景祐三年，孔道輔守兗州，拜訪孫復，孫復往謝，石介執杖屨侍其左右，升降拜皆扶之，魯人始識師弟子之禮。仁宗寶元元年（一〇三八），信道堂成，爲之記。三月，孟廟成，孔道輔請孫復作兗州鄒縣建孟子廟記。二年，知兗州李迪以弟之女妻之。康定元年（一〇四〇），信道堂擴爲泰山書院，石介爲之記。

三、太學講學時期。

慶曆二年（一〇四二），孫復在范仲淹、富弼等推薦下，召爲試校書郎、國子監直講。四年，仁宗幸國子監，拜謁孔子，賜直講、大理評事孫復五品服。後召爲邇英閣祇侯説書，因人言其説多異先儒，乃罷之。

四、貶謫遊宦時期。

慶曆五年，孔直温謀反案發，從其家搜到了孫復詩文，因此受到牽連，貶爲監虔州税。皇祐二年（一〇五〇），作贑縣重建文廟記。後徙泗州，又知長水縣，簽書應天府判官事。

五、再回太學時期。

至和元年（一〇五四），通判陵州，未行，翰林學士趙概等十餘人言復經爲人師，不宜佐州縣。留爲直講，稍遷殿中丞。仁宗嘉祐元年（一〇五六），與胡瑗領教事，乞馳太學火禁。第二年，病卒於家。

孫復的著作主要有以下幾種：

在經學方面，孫復在春秋學方面頗有影響，除了春秋尊王發微流傳至今外，尚有春秋總論三卷和三傳辨失解，但均已佚。在易學方面，有易説六十四篇，亦佚。

在個人文集方面，孫復有孫明復小集傳世。據文獻通考及郡齋讀書志，孫復有睢陽子集十卷，今已不存。

據文獻通考所載，孫復還曾與王洙、余靖、歐陽修等應詔編修三朝聖政録十卷，今亦不見其文。

孫復集凡例

關於孫復的著作，本書主要點校春秋尊王發微、孫明復小集。其中春秋尊王發微以康熙十九年通志堂經解刻本爲底本，以文淵閣四庫全書本爲校本。孫明復小集以乾隆四十年杏雨山堂刊本爲底本，以清鈔徐坊校跋本和文淵閣四庫全書本爲校本。徐坊校跋本源於李文藻鈔本，録有李文藻、羅有高等校語，今擇要吸收。

本書又輯佚易注及詩歌數則，皆出自四庫全書。

本書校勘，主要通過對校，有異則出校勘記，擇其合理者從而改之。輯佚及補遺等文獻皆從文淵閣四庫全書本，書中不一一羅列所據版本，僅注明作者、書名及卷數。

孫泰山春秋尊王發微序

宋晉州孫明復先生，慶曆間隱居泰山，學春秋，著尊王發微十二篇，以教授弟子。范文正、富文忠兩公言先生道德經術宜在朝廷，召拜校書郎、國子監直講，後官至殿中丞而卒。方先生卧病時，天子從韓忠獻之言，命其門人祖無擇就家録其書，藏於秘閣。案唐以前諸爲春秋説者，多本三傳，至陸淳始別出新義，柳子厚所謂明章大中、發露公器者也。先生之書，因淳意而多與先儒異，故當時楊安國謂其説戾先儒，而常秩亦言其失之刻，石林葉氏謂其不達經例，又不深禮學，議者殊紛紜。雖然群言異同必質諸大儒而論定，歐陽子言先生治春秋，不惑傳註，不爲曲説以亂經，其言簡易，於〔一〕諸侯大夫功罪，以考時之盛衰，而推見王道之治亂，得經之義爲多。而朱子亦謂近時言春秋者如陸淳、孫明復，推言治道，凜凜可畏，終是得

〔一〕歐陽修所作孫先生墓誌銘「於」上有「明」字。

聖人意。繹二子之言，以讀先生是書，則春秋大義諸家所不及者，先生獨得之，又豈可以説之異同而妄議之也哉！

康熙丙辰，納蘭成德容若序。

舉張問孫復狀

右臣伏覩赦書節文，一應天下懷材抱器〔二〕，或淹下位，或滯草萊，委逐處具事由聞奏：臣觀國家，居安思危，搜羅賢俊，以充庶位，使民受賜，此安邦之正體也。臣竊見試將作監主簿張問，文學履行，有名于時。前應茂材異等科，再考中式，以父喪不得就試。近上封事，始霑國恩，職不稱才，衆知沉落。臣又見兖州仙源縣寄居孫復，元是開封府進士，曾到御前，素負詞業經術。今退隱泰山，著書不仕，心通聖奥，跡在窮谷。伏望朝廷，依赦文採擢張問，乞除一陝西藩鎮職事官。孫復乞賜召試，特加甄獎。庶幾聖朝涣汗被于幽滯。

〔一〕原無「范文正公文」五字，據四庫本補。
〔二〕原無「懷材抱器」四字，據四庫本補。

孫先生墓誌銘并序

歐陽文忠公

先生諱復，字明復，姓孫氏，晉州平陽人也。少舉進士不中，退居泰山之陽，學春秋，著尊王發微。魯多學者，其尤賢而有道者石介，自介而下皆以弟子事之。先生年逾四十，家貧不娶，李丞相迪將以其弟之女妻之，先生疑焉。介與群弟子進曰：「公卿不下士久矣！今丞相不以先生貧賤，而欲託以子，是高先生之行義也，先生宜因以成丞相之賢名。」于是乃許。孔給事道輔爲人剛直嚴重，不妄與人，聞先生之風，就見之。介執杖屨侍左右，先生坐則立，升則降，拜則扶之，及其往謝也亦然。魯人既素高此兩人，由是始識師弟子之禮，莫不嘆嗟之，而李丞相、孔給事亦以此見稱于士大夫。其後介爲學官，語于朝曰：「先生非隱者也，欲仕而未得其方也。」慶曆二年，樞密副使范仲淹、資政殿學士富弼，言其道德經術宜在朝廷，召拜校書郎、國子監直講。嘗召見邇英閣說詩，將以爲侍講，而嫉之者言其講說多異先儒，遂止。七年，徐州人孔直温以狂謀捕治，索其家得詩，有先生姓名，坐貶監虔州商税，徙泗州，又徙知河南府長水縣，簽署應天府判官公事、通判陵州。翰林學士趙槩等十餘人上言孫某行爲世法，經爲人師，不宜棄之遠方，乃復爲國子監直講。居三歲，以嘉祐二年七月某日，以疾卒于家，享年六十有六，官至殿中丞。先生在太學時，爲大理評事，天子臨幸，賜以緋衣銀魚。及聞其喪，惻然，予其家錢十萬，而公卿大夫、朋友、太學之諸生相與吊哭，賻治其喪。于是以某年某月某日，葬先生于鄆州須城縣盧泉鄉之北扈原。先生治春秋，不惑傳註，不爲曲説以亂經，其言簡易，明于諸侯、大夫功罪，以考時之盛衰，而推見王道之治亂，得于經之本義爲多。方其病時，樞密使韓琦言之天子，選書吏，給紙筆，命其門人祖無擇就其家，得其書十有五篇，録之藏于秘閣。先生一子大年，尚幼。銘曰：

聖既殁經更戰焚，逃藏脱亂僅傳存。衆説乘之汩其原，恠迂百出雜僞真。後生牽卑習前聞，有欲患之寡攻群。往往止燎以膏薪，有勇夫子闢浮雲。刮磨蔽蝕相吐吞，日月卒復光破昏。博哉功利無窮垠，有考其不在斯文。

魏安行跋〔一〕

六經皆先聖筆削，而志獨在于春秋者，賞善罰惡、尊天子而已矣。奈何傳注愈多，而聖人之意愈不明。平陽孫明復先生奧學遠識，屏置百家，自得褒貶之意，立爲訓傳，名曰尊王發微。其辭簡，其義明，惜流傳既久，訛舛益多。安行假守滁陽，公餘獲與同僚參校，釐正謬誤凡一百一十九，釋文二百一十四，命工鏤板，以授學官。若先生操履學問，則有范文正公薦章、歐陽文忠公墓誌銘載之詳矣，此不復叙。

紹興辛未五月日，鄱陽魏安行書于卷末。

〔一〕此爲擬題。

春秋尊王發微卷第一

隱公名息姑，惠公子，平王四十九年即位。隱，謚也，隱拂不成曰隱。

元年春，王正月。

孔子之作春秋也，以天下無王而作也，非爲隱公而作也。然則春秋之始于隱公者，非他，以平王之所終也。何者？昔者幽王遇禍，平王東遷，平既不王，周道絶矣。觀夫東遷之後，周室微弱，諸侯强大，朝覲之禮不修，貢賦之職不奉，號令之無所束，賞罰之無所加。壞法易紀者有之，變禮亂樂者有之，弑君戕父者有之，攘國竊號者有之。征伐四出，蕩然莫禁。天下之政，中國之事，皆諸侯分裂之。平王庸暗，歷孝逾惠，莫能中興，播蕩陵遲，逮隱而死。夫生猶有可待也，死則何所爲哉？故詩自黍離而降，書自文侯之命而絶，春秋自隱公而始也。詩自黍離而降者，天下無復有雅也；書自文侯之命而絶者，天下無復有誥命也；春秋自隱公而始者，天下無復有王也。夫欲治其末者，必先端其本；嚴其終者，必先正其始。元年書王，所以端本也；正月，所以正始也。其本既端，其始既正，然後以大中之法從而誅賞之，故曰「元年春，王正月」也。隱公曷爲不書即位？正也。五等之制，雖曰繼世，而皆請于天子。隱公承惠，天子命也，故不書即位，以見正焉。

三月，公及邾儀父盟于蔑。

盟者，亂世之事，故聖王在上，闃無聞焉。斯蓋周道陵遲，衆心離貳，忠信殆絶，譎詐交作，於是列國相與，始有歃血要言之事爾。凡書盟者，皆惡之也。邾，附庸國；儀父，字。附庸之君，未得列於諸侯，故書字以别之。威十七年，公會邾儀父盟于趡；翠軌反。莊二十三年，蕭叔朝公是也。春秋之法，惡甚者日，其次者時，非獨盟也。以類而求，二百四十二年，諸侯罪惡輕重之跡，焕然可得而見矣。蔑，魯地。

夏五月，鄭伯克段于鄢。於晚反。

段，鄭伯弟。案諸侯殺大夫稱人、稱國，殺世子、母弟稱君，此鄭伯弟可知也。克者，力勝之辭。段，鄭伯弟，以鄭伯之力始勝之者，見段驕悍難制，國人莫伉也。鄭伯養成段惡，至于用兵，此兄不兄、弟不弟也。鄭伯兄不兄，段弟不弟，故曰「鄭伯克段于鄢」以交譏之。鄢，鄭地。

秋七月，天王使宰咺呼阮反。**來歸惠公、仲子之賵。**方鳳反。

天王使宰咺來歸惠公、仲子之賵，非禮也。仲子，孝公妾、惠公母。惠公既君，仲子不稱夫人者，妾母不得稱夫人，故曰「惠公、仲子」也。其曰「惠公、仲子」者，非他，以別惠公之母爾。文九年，秦人來歸僖公、成風之襚，皆此義也。仲，字〔一〕；子，宋姓。車馬曰賵，衣衾曰襚，珠玉曰賻。扶故反。宰咺，天子士；宰，官；咺，名。天子之士名。

九月，及宋人盟于宿。

及宋人盟，皆微者也。外微者稱人，内微者稱及，不可言魯人故也。

冬十有二月，祭側界反。**伯來。**

祭伯，天子卿。不稱使者，非天子命也。非天子命，則奔也。不言奔，非奔也，祭伯私來也。祭伯私來，故曰「祭伯來」以惡之。祭，國；伯，爵。

公子益師卒。

益師，孝公子，内大夫也。内大夫生死皆曰公子、公孫與氏，不以人夫目之者，惡世禄也。古者諸侯之大夫皆命于天子，周室既微，其制遂廢。故魯之臧氏、仲孫氏、叔孫氏、季孫氏，

〔一〕四庫本「字」作「氏」。

晉之狐氏、趙氏、荀氏、郤氏、欒氏、范氏，齊之高氏、國氏、崔氏，衛之甯氏、孫氏，皆世執其政，莫有命于天子者，此可謂世禄者矣。春秋詳内略外，故獨卒内大夫以疾之。

二年春，公會戎于潛。

公會戎于潛，聖王不作，諸戎亂華，肆居中國〔一〕，與諸侯伉，故公會戎于潛。諸侯非有天子之事，不得出會諸侯，況會戎哉？凡書會者，皆惡之也。潛，魯地。

夏五月，莒人入向。舒亮反。

莒，小國也。入者，以兵入也。莒小國，以兵入向者，隱、威之際，征伐用師，國無小大，皆專而行之，故莒人以兵入向。其稱人者，春秋小國卿大夫皆略稱人，以其土地微陋，其禮不足故也。

無駭帥師入極。

無駭，公子展孫，不氏，未命也。極，附庸國。外莒人入向，内無駭帥師入極，天子不能誅，此周室陵遲可知也。

〔一〕四庫本「諸戎亂華肆居中國」作「明堂失位要荒之人」。

秋八月庚辰，公及戎盟于唐。

盟，不相信爾，故割牲歃血以要之。郲儀父，中國也。公與中國盟，猶曰不可，與戎盟于唐，甚矣。唐，魯地。

九月，紀裂繻來逆女。

惡不親迎也。諸侯親迎，禮之大者。在易咸卦，兑上艮下，艮〔一〕少男先下女，親迎之象也，故曰「咸，感也，二氣感應以相與」，又曰「天地感而萬物化生，聖人感人心而天下和平」。是以文王親迎于渭，以啓周室，詩人美之。紀侯不知親迎之大，故斥言紀裂繻來逆女，以惡之也。裂繻，紀大夫，未命，故不氏。

冬十月，伯姬歸于紀。

伯姬，紀裂繻所逆内女也。伯，字；姬，魯姓。婦人謂嫁曰歸。

紀子伯、莒子盟于密。

紀本侯爵，此稱子伯，闕文也。左氏作子帛，杜預言裂繻字者，蓋附會其説爾，故不取焉。

〔一〕「艮」，原作「兑」，據四庫本改。

十有二月乙卯，夫人子氏薨。

隱公夫人也。夫人薨志者，夫人小君與君一體，故志之也。子，宋姓。不地者，夫人薨有常處；不言葬者，五月而葬也。

鄭人伐衛。

孔子曰：「天下有道，則禮樂征伐自天子出；天下無道，則禮樂征伐自諸侯出，蓋十世希不失矣；自大夫出，五世希不失矣。」夫禮樂征伐者，天下國家之大經也。天子尸之，非諸侯可得專也。諸侯專之，猶曰不可，况大夫乎？吾觀隱、威〔一〕之際，諸侯無小大，皆專而行之；宣、成而下，大夫無内外，皆專而行之。其無王也，甚矣！故孔子從而録之，正以王法，凡侵、伐、圍、入、取、滅，皆誅罪也。鄭人，微者。

三年春，王二月，

群公之年，正月書王者九十二，二月書王者二十，三月書王者一十七。春秋之法，唯元年不以有事無事皆書王正月。餘年事在正月則書正月，威二年春王正月戊申，宋督弑其君與夷

〔一〕四庫本「威」作「桓」。

及其大夫孔父，十年春王正月庚申，曹伯終生卒之類是也；事在二月則書二月，此年春王二月己巳，日有食之，四年春王二月，莒人伐杞之類是也；事在三月則書三月，七年春王三月，叔姬歸于紀，莊十二年春王三月，紀叔姬歸于酅音攜。之類是也；一時無事則書首月，莊五年春王正月、十一年春王正月之類是也。

己巳，日有食之。

言日不言朔者，凡日食言日、言朔，食正朔也；言日不言朔，失其朔也；言朔不言日，失其日也；不言日、不言朔，日朔俱失也。威三年秋七月壬辰朔，日有食之；莊二十五年六月辛未朔，日有食之，食正朔也。此年二月己巳，日有食之；僖公十二年三月庚午，日有食之，失其朔也。威十七年冬十月朔，日有食之，失其日也。莊十八年三月，日有食之；僖十五年夏五月，日有食之，日朔俱失也。此皆歷象錯亂，攝提無紀，周室不綱，太史廢厥職，或失之先，或失之後。夏書曰：「先時者殺無赦，不及時者殺無赦。」故春秋詳而録之，以正其罪。

三月庚戌，天王崩。

平王也。天子崩、諸侯卒皆志者，受終易代，不可不見也。天子崩七月而葬，諸侯卒五月而葬，此禮之常也，故不書焉。凡書葬者，非常也。是故天王崩，書葬者五，威、襄、匡、簡、景是也；不書葬者四，平、惠、定、靈是也；不書崩、不書葬者三，莊、僖、頃是也。威、襄、匡、簡、景書葬者，皆非常也；平、惠、定、靈不書葬者，皆得常也；莊、僖、頃不書崩、不書葬者，周室微弱，失不告也；失不告崩，故葬不可得而書也。然則襄王而葬書者，惡内也。案文六年八月乙亥，晉侯驩卒，冬十月，公子遂如晉，葬晉襄公；八年八月戊申，天王崩，九年二月，叔孫得臣如京師，葬襄王。魯皆使卿會，是天子諸侯可得而齊也，故書襄王之葬以惡内。

夏四月辛卯，尹氏卒。

尹氏，天子卿，言氏者，起其世也。泰誓曰：「罪人以族，官人以世，夏、商之亂政也。」周既失道，其政亦然。案節南山，家父刺幽王之詩也，稱「尹氏太師，維周之氏」，則尹氏世卿，其來久矣。見于此者，因其來赴，誅之也。

秋，武氏子來求賻。

武氏，世卿也。其言武氏子，父死未葬也。武氏子來求賻者，武氏子父死未葬，故來求賻。賻不可求，來求非禮也。

八月庚辰，宋公和卒。冬十有二月，齊侯、鄭伯盟于石門。

石門，齊地。

癸未，葬宋穆公。

夫赴告弔會，史策之常也；貶惡誅亂，聖師之筆也。春秋書諸侯之卒葬者，豈徒紀其歲時、從其赴告弔會而已哉？蓋以周室陵遲，諸侯僭亂，變古易常，驕蹇不道，生死以聖王之法治之也。是故諸侯之卒，書葬者九十三，不書葬者四十一。凡書葬者，皆惡之也。禮，天子崩，稱天命以謚之；諸侯薨，請謚于天子；大夫卒，受謚于其君。大行受大名，小行受小名，所以懲惡而勸善也。東遷之後，其禮遂廢。諸侯之葬也，不請謚於天子，皆自謚之；非獨不請謚于天子，皆自謚之，而又僭稱公焉。故孔子從而録之，正以王法。唯吴、楚之君僭極惡大，貶不書葬，此非例之常。宋，公爵，又五月而葬，書者，不請謚也。

四年春，王二月，莒人伐杞，取牟婁。

二月，莒人伐杞，取牟婁，甚之也。莒人二年入向，天子不能誅，故此肆然伐杞，取牟婁。牟婁，杞邑。

戊申，衛州吁弑其君完。

州吁不氏，未命也。易曰：「履霜堅冰，陰始凝也；馴致其道，至堅冰也。」又曰：「積善之家，必有餘慶；積不善之家，必有餘殃。臣弑其君，子弑其父，非一朝一夕之故，其所由來者漸矣，由辨之不早辨也。」斯聖人教人君御臣子、防微杜漸之深戒也。蓋以臣子之惡，始于微而積于漸，久而不已，遂成于弑逆之禍，如履霜而至于堅冰也。若辨之不早，則鮮不及矣。故春秋之世，臣弑其君者有之，子弑其父者有之，弟弑其兄者有之，婦弑其夫者有之。是時紀綱既絶，蕩然莫禁，孔子懼萬世之下亂臣賊子交軌乎天下也，故以聖王之法從而誅之。其誅之也，罪惡有三：大夫弑君則稱名氏以誅之，謂大夫體國，不能竭力盡能輔其不逮，苞藏禍心以肆其惡，故稱名氏以誅之，此年衛州吁弑其君完、莊八年齊無知弑其君諸兒、宣十年陳夏徵舒弑其君平國之類是也。微者弑君則稱人以誅之，微者謂非大夫，名氏不登于史策，故稱人以誅之，文十六年宋人弑其君杵臼、十八年齊人弑其君商人、襄三十一年莒人弑其君密州之類是也。衆弑君則稱國以誅之，衆謂上下乖離，姦宄並作，肆禍者非一，言舉國之人可誅也，故稱國以誅之，文十八年莒弑其君庶其、成十八年晉弑其君州蒲、定十三年薛弑其君比之類是也。

夏，公及宋公遇于清。

遇者，不期也，不期而會曰遇，詩稱「邂逅相遇，適我願兮」是也。諸侯守天子土，非享覲不得逾境。此言公及宋公〔一〕遇于清者，惡其自恣，出入無度。清，衛地。

宋公、陳侯、蔡人、衛人伐鄭。秋，翬帥師會宋公、陳侯、蔡人、衛人伐鄭。

夏，宋公、陳侯、蔡人、衛人伐鄭。秋，翬帥師會宋公、陳侯、蔡人、衛人伐鄭。内外連兵，肆然不顧，以疾于鄭，其惡可知也。蔡、衛稱人，稱人，微者。翬不氏，未命也。

九月，衛人殺州吁于濮。音卜。

稱人以殺，討賊亂也。其言于濮者，威公被殺，至此八月，惡衛臣子緩不討賊，俾州吁出入自恣也。濮，衛地。

冬十有二月，衛人立晉。

人者，衆辭。嗣子有常位，故不言立。言立，非正立也。州吁既死，衛國無君，故國人舉公子晉立之。諸侯受國于天子，非國人可得立也，故曰「衛人立晉」，以誅其惡。

五年春，公觀魚于棠。

〔一〕「宋公」，原作「衛侯」，據四庫本改。

觀魚，非諸侯之事也。天子適諸侯，諸侯朝天子，無非事者，動必有爲也。故孟子曰：「天子適諸侯曰巡狩，巡狩者，巡所守也。諸侯朝于天子曰述職，述職者，述所職也。」是故春省耕而補不足，秋省斂而助不給。隱公怠棄國政，春觀魚于棠，可謂非事者矣。棠，魯地。

夏四月，葬衛桓公。

十四月葬。

秋，衛師入郕。九月，考仲子之宫，

考，成也。仲子，惠公母、隱公祖母。元年，天王使宰咺來歸惠公、仲子之賵，故隱公考仲子之宫祭之。元年，天王使宰咺來歸惠公、仲子之賵，非禮也；隱公以是考仲子之宫祭之，此又甚矣。夫宗廟有常，故公、夫人之廟皆不書焉。此年考仲子之宫，成六年立武宫，定元年立煬宫，皆譏其變常也。

初獻六羽。

初，始也。羽，舞者所執大雉之羽也。其言初獻六羽者，魯僭用天子禮樂，舞則八佾，孔子不敢斥也，故因此減用六羽，以見其僭天子之惡。且經言考仲子之宫，初獻六羽，則群公皆用八佾可知也。唯稱羽者，婦人之宫不用干舞。

邾人、鄭人伐宋。

邾序鄭上者，邾主乎伐宋也。

螟。

螟，蟲災也。食苗心曰螟，食葉曰螣，特。食節曰賊，食根曰蟊。

冬十有二月辛巳，公子彄苦侯反。卒。

公子彄，臧僖伯也，孝公子。

宋人伐鄭，圍長葛。

九月，邾人、鄭人伐宋，故宋人伐鄭，圍長葛。長葛，鄭邑。

六年春，鄭人來輸平。

其言來輸平者，鄭人來輸誠于我，平四年翬會諸侯伐鄭之怨也。平者，釋憾之辭。

夏五月辛酉，公會齊侯，盟于艾。

艾，魯地。

秋七月。

春秋編年必具四時，故雖無事，皆書首月，不遺時也。

冬，宋人取長葛。

長葛，鄭邑，天子所封，非宋人可得取也。宋人前年伐鄭，圍長葛，此而取之。故言伐、言圍、言取，悉其惡以誅之也。

七年春，王三月，叔姬歸于紀。

叔姬，伯姬之媵，至是乃歸，待年父母國也。媵書者，爲莊十二年歸于酅音攜。起。

滕侯卒。

不日、不名者，滕入春秋，爲小國之君，卒或日不日、或名不名者，以其微弱，其禮不足，略之也。

夏，城中丘。

城邑宫室高下大小皆有王制，不可妄作。是故城一邑、新一厩、作一門、築一囿，時與不時，皆詳而録之，此年夏，城中丘；威五年夏，城祝丘；莊二十九年冬十有二月，城諸及防；文十二年冬十有二月，季孫行父帥師城諸及鄆；定十四年秋，城莒父及霄；僖二十年春，新作南門；定二年冬十月，新作雉門及兩觀之類是也。時謂周之十二月、夏之十月，非此不時也。然得其時者，其惡小；非其時者，其惡大。此聖人愛民力、重興作、懲僭忒之深旨也。中丘，魯邑。

齊侯使其弟年來聘。

列國相聘，非禮也，斯皆東遷之後，諸侯横恣，連衡自固，以相比周，乃有玉帛交聘之事爾。是故大國聘而不朝，小國朝而不聘，小國力弱可致，大國地廣兵衆，不可得而屈也。故但使大夫來聘，結歡通問而已。凡書者，皆惡之也。

秋，公伐邾。冬，天王使凡伯來聘。

天王使凡伯來聘，非天子之事也。威王不能興衰振治，統制四海，以復文、武之業，反同列國之君，使凡伯來聘，此威王之爲天子可知也。凡伯，天子卿。凡，國；伯，爵。

戎伐凡伯于楚丘以歸。

凡伯寓衛，戎伐凡伯以歸。言伐，用兵也。楚丘，衛地。地以楚丘者，責衛不能救難；録以歸者，惡凡伯不死位。

八年春，宋公、衛侯遇于垂。

垂，衛地。

三月，鄭伯使宛來歸祊。必彭反。**庚寅，我入祊。**

祊，鄭邑，天子所封，非魯土地，故曰來歸。定十年，齊人來歸鄆、音運。讙、龜陰田，皆此義也。先言歸而後言入者，鄭不可歸，魯不可入也。鄭人歸之，魯人受之，其罪一也。入者，受之之辭。宛不氏，未命也。

夏六月己亥，蔡侯考父卒。辛亥，宿男卒。

秋七月庚午，宋公、齊侯、衛侯盟于瓦屋。

此言庚午宋公、齊侯、衛侯盟于瓦屋者，甚之也。諸侯日熾，紛紛籍籍，相與爲群，歃血要言，自是卒不可制也。瓦屋，周地。

八月，葬蔡宣公。

三月而葬。

九月辛卯，公及莒人盟于浮來。

公與莒人盟，非莒人之罪也。凡公與外大夫盟，内斥言公，外大夫稱人，惡在公也，此年公及莒人盟于浮來，成二年公及楚人、秦人、宋人、陳人、衛人、鄭人、齊人、曹人、邾人、薛人、鄫人盟于蜀是也。内不言公，外書大夫名氏，惡在大夫也，莊十有二年及齊高傒盟于防，文二年及晉處父盟是也。浮來，莒地。

螟。

冬十有二月，無駭卒。

不氏，未命也。九年挾卒同此。

九年春，天王使南季來聘。

南季，天子大夫。南，氏；季，字。

三月癸酉，大雨震電。庚辰，大雨于付反。雪。

周之三月，夏之正月也，未當大雨震電；既大雨震電，又不當大雨雪。甚哉！八日之間，天變若此也。

挾卒。夏，城郎。

郎，魯地。

秋七月。冬，公會齊侯于防。

防，魯地。

十年春，王二月，公會齊侯、鄭伯于中丘。

此言二月公會齊侯、鄭伯于中丘者，公末年出入無度，不顧憂患于內，數會諸侯于外也。

十一年時來之會同此。

夏，翬帥師會齊人、鄭人伐宋。六月壬戌，公敗宋師于菅。古顔反。**辛未，取郜。**告。**辛巳，取防。**

夏，翬帥師會齊人、鄭人伐宋。六月壬戌，公敗宋師于菅。辛未，取郜。辛巳，取防。甚矣！公與翬傾衆悉力，共疾于宋，又浹日而取二邑，故君臣並録以疾之。菅，宋地。

秋，宋人、衛人入鄭。宋人、蔡人、衛人伐戴。鄭伯伐取之。

宋人、蔡人、衛人伐戴，戴，小國也。三國之師既退，鄭伯見利忘義，乘戴之弊，伐而取之，其惡可知也。

冬十月壬午，齊人、鄭人入郕。

郕，小國。

十有一年春，滕侯、薛侯來朝。

諸侯朝天子，禮也；諸侯朝諸侯，非禮也。斯皆周室不競，干戈日尋，以大陵小，小國不得已而爲之爾。是故齊、晉、宋、衛未嘗朝魯，而滕、薛、郳、杞來朝，奔走而不暇也。齊、晉、宋、衛未嘗來朝魯者，齊、晉盛也，宋、衛敵也。滕、薛、郳、杞來朝，奔走而不暇者，土地狹陋，兵衆寡弱，不能與魯伉也。春秋之法，諸侯非有天子之事不得踰境，凡書朝者，皆惡之也。

夏五月，公會鄭伯于時來。

時來，鄭地。

秋七月壬午，公及齊侯、鄭伯入許。

案前年二月，公會齊侯、鄭伯于中丘。夏，翬帥師會齊人、鄭人伐宋。六月壬戌，公敗宋師于菅，辛未取郜，辛巳取防。此年五月，公會鄭伯于時來。秋七月壬午，公及齊侯、鄭伯入許。甚矣！公二年之中，與齊侯、鄭伯連兵自恣，以爲不道，其惡若此也。

冬十有一月壬辰，公薨。

公薨不地，弑也。孰弑之？威公弑也。曷爲不言威公弑？内諱弑也。故弑君之賊，皆不書焉。不言葬者，以侯禮而葬也。隱雖見弑，其臣子請謚于周，以侯禮而葬，故不書焉。〔一〕

〔一〕底本卷末有落款「後學成德校訂，巴陵鍾謙鈞重刊」。下幾卷同。

春秋尊王發微卷第二

桓公名允，惠公子，隱公弟，桓王〔一〕九年即位。桓，謚也，闢土服遠曰桓。

元年春，王正月，公即位。

即位，常事，書者，威弑隱自立，非天子命也。

三月，公會鄭伯于垂，

垂，衛地。

鄭伯以璧假許田。

許田者，許男之田也。天子所封，不可假也。鄭與許接壤，故鄭伯以璧假其田。二國擅假天子之田，自恣若此，然猶愈乎用兵而取也，故曰「鄭伯以璧假許田」。

夏四月丁未，公及鄭伯盟于越。

〔一〕四庫本「王」作「公」。

越，衛地。

秋，大水。

水不潤下也。昔者聖王在上，五事修而彝倫叙，則休驗應之，故曰：「肅，時雨若；乂，時暘若；哲，時燠若；謀，時寒若；聖，時風若。」聖王不作，五事廢而彝倫攸斁，則咎驗應之，故曰：「狂，常〔一〕雨若；僭，常暘若；豫，常燠若；急，常寒若；蒙，常風若。」春秋之世多災異者，聖王不作故也。然自隱迄哀，聖王不作者久矣，天下之災異多矣，悉書之則不可勝其所書矣，是故孔子惟日食與内災則詳而書之，外災則或舉其一，或舉于齊、鄭、宋、衛，則天下之異從可見矣。

冬十月。

二年春，王正月戊申，宋督弑其君與夷及其大夫孔父。

此言宋督弑其君與夷及其大夫孔父者，甚之之辭也。督肆禍心，既弑其君與夷，又殺其大夫孔父，可謂甚矣！故曰「宋督弑其君與夷及其大夫孔父」以誅之。孔父字者，天子命大

〔一〕四庫本「常」作「恒」。

夫也。古者諸侯之大夫皆命于天子，故春秋列國時或有之，宋孔父、鄭祭仲、魯單伯、陳女叔之類是也。

滕子來朝。

滕稱子者，案杞，公爵也；滕、薛，皆侯也。入春秋，杞或稱侯，或稱伯，或稱子，皆降也；滕或稱侯，或稱子，稱侯正也，稱子降也；薛或稱侯，或稱伯，稱侯正也，稱伯降也。此蓋聖王不作，諸侯自恣，朝會不常。彼三國者力既不足，禮多不備，或以侯禮而朝，或以伯、子而會，故孔子從而録之，以見其亂也。滕子朝弑逆之人，其惡可知。

三月，公會齊侯、陳侯、鄭伯于稷，以成宋亂。

弑君之賊，諸侯皆得討之，宣十一年楚人殺陳夏徵舒是也。此言公會齊侯、陳侯、鄭伯于稷，以成宋亂者，惡不討賊也。公會齊侯、陳侯、鄭伯于稷，本爲宋討賊，既而不討者，督弑殤公，威弑隱，亦懼諸侯之討己，故翻然與督比周，同惡相濟，以成宋亂，受賂而返也。

夏四月，取郜大鼎于宋。戊申，納于大廟。

其言夏四月取郜大鼎于宋，戊申納于大廟者，甚之也！威，弑逆之人，受督弑逆之賂，以事于周公之廟，可謂甚矣！

秋七月，杞侯來朝。

滕子不月者，與督弒同月。

蔡侯、鄭伯會于鄧。九月，入杞。

七月杞侯來朝，九月魯人入杞，皆非禮也。不出主名，微者。

公及戎盟于唐。冬，公至自唐。

至者，春秋亂世，諸侯出入無度，危之也。案公行一百七十六，皆不以王事舉，其或往返踰時、釁深惡重者，則書其至以危之，餘則否焉。是故書至者，八十二也。

三年春正月，

群公之年，書月則書王，明此正朔天王所班也。此不王而月者，威弒隱自立，天子不能誅，若曰此正朔非天王所班，威之所出也。不于元年、二年見其罪者，元年方端本正始，二年宋督弒其君與夷，非威之事，故此年從其出會齊侯，以正其罪。

公會齊侯于嬴。

嬴，齊地。

夏，齊侯、衛侯胥命于蒲。

齊侯、衛侯相命于蒲，非正也。雖無歃血要盟之事，古者諸侯非王事不踰境。蒲，衛地。

六月，公會杞侯于郕。

魯前年入杞，公今會杞侯于郕，自恣若此。

秋七月壬辰朔，日有食之，既。

言日言朔，食正朔也。既，盡也。日有食之，陰侵陽、臣侵君之象也。凡日食，人君皆當戒懼，側身修德以消其咎，故夏書曰「乃季秋月朔，辰弗集于房，瞽奏鼓，嗇夫馳，庶人走」，小雅曰「十月之交，朔日辛卯，日有食之，亦孔之醜」是也。

公子翬如齊逆女。九月，齊侯送姜氏于讙。公會齊侯于讙。

公子翬氏者，威公命也。孔子曰：「關雎樂而不淫，哀而不傷。」孔子之言，豈徒然哉？蓋傷周室陵遲，婚姻失道，無賢女輔佐君子，致關雎后妃之德以化天下也。是時文姜亂魯，驪姬惑晉，南子傾衛，夏姬喪陳，上下化之，滔滔皆是，不可悉舉也。故自隱而下，夫人內女出處之迹皆詳而録之，以懲以戒，爲萬世法。噫！夫夫婦婦，風教之始，人倫之本也，可不重乎？是故昏禮之重，莫重乎親迎。詩稱「大姒之家，在洽之陽，在渭之涘」。文王親迎于渭，則諸侯親迎其所來也遠矣。此言公子翬如齊逆女，齊侯送姜氏于讙，公會齊侯于讙，皆非禮也。諸侯親迎不使卿，父母送女不踰境。公既使公子翬逆女，齊侯送姜氏來也，又自往會，非禮可知也。

夫人姜氏至自齊。

此齊侯送姜氏，公受之于讙也。公受姜氏于讙，不以讙至者，不與公受姜氏于讙也。故曰「夫人姜氏至自齊」以正其義。

冬，齊侯使其弟年來聘。有年。

威立十八年，惟此言有年者，是未嘗有年也。書者，著威公爲國，不能勤民務農若是也。

四年春正月，公狩于郎。

狩，冬田也。天子、諸侯四時必田者，蓋安不忘危，治不忘亂，講武經而教民戰也，豈徒肆盤遊、逐禽獸而已哉？然禽獸多則五穀傷，不可不捕也。故因田以捕之，上以供宗廟之鮮，下以除稼穡之害。故田必以時，殺必由禮。田不以時謂之荒，殺不由禮謂之暴。惟荒也妨于農，惟暴也殄于物。此聖人之深戒也。常事書者，周之正月，夏之十一月也。四時之田用孟月，正月公狩于郎，不時也。

夏，天王使宰渠伯糾來聘。

宰渠伯糾，周大夫。渠，氏；伯糾，字也。威公弑逆之人，威王不能誅，反使宰渠伯糾來聘，此威王之爲天子可知也。下無二時，脱之，七年同此。

五年春正月，甲戌，己丑，陳侯鮑卒。

此言「甲戌，己丑，陳侯鮑卒」，闕文也，蓋甲戌之下有脱事爾，且諸侯未有以二日卒者也。

夏，齊侯、鄭伯如紀。天王使仍叔之子來聘。

仍叔，周大夫。仍，國；叔，字也。其曰仍叔之子來聘者，父在使子之辭也。

葬陳桓公。城祝丘。

祝丘，魯地。

秋，蔡人、衛人、陳人從王伐鄭。

威王以蔡人、衛人、陳人伐鄭，鄭伯叛王也。其言蔡人、衛人、陳人從王伐鄭者，不使天子首兵也。案十四年宋人以齊人、蔡人、衛人、陳人伐鄭，僖二十六年公以楚師伐齊，定四年蔡侯以吴子及楚人戰于柏舉，皆曰以，此不使天子首兵可知也。威王親伐下國惡之大者，曷爲不使首兵？天子無敵，非鄭伯可得伉也，故曰「蔡人、衛人、陳人從王伐鄭」以尊之，尊威王所以甚鄭伯之惡也。夫鄭，同姓諸侯，密邇畿甸，威王親以三國之衆伐之，拒而不服，此鄭伯之罪不容誅矣。人者，衆辭。

大雩。

雩，求雨之祭，建巳之月常祀也。故經無六月雩者，建午、建申之月，非常則書。謂之大者，雩于上帝也。天子雩于上帝，諸侯雩于山川百神。魯，諸侯也，雩于山川百神，禮也；雩于上帝，非禮也。噫！是時周室既微，王綱既絶，禮樂崩壞，天下蕩蕩，諸侯之僭者多矣。舉于魯，則諸侯僭之從可見矣。然春秋魯史，孔子不敢斥也。其或災異非常、改作不時者，則從而録之，以著其僭天子之惡。隱五年九月，考仲子之宫，初獻六羽；此年秋，大雩；六年八月壬午，大閲；閔二年夏五月乙酉，吉禘于莊公；僖三十一年夏四月，四卜郊，不從，乃免牲；宣三年春，王正月，郊牛之口傷，改卜牛，牛死，乃不郊；定二年夏五月壬辰，雉門及兩觀災之類是也。嗚呼！其旨微矣。

螽。音終。

蟲災也。

冬，州公如曹。

六年春正月，寔來。

闕文也。三傳咸謂寔來州公者，以上承五年冬州公如曹，下無異事言之爾。然極考其説，義皆未安。竊謂「州公如曹」、「寔來」其間文有脱漏也。

夏四月，公會紀侯于郕。

秋八月壬午，大閲。

八月，不時也；大閲，非禮也。大閲，仲冬簡車馬，八月不時可知也。大閲、大蒐，謂天子田。

蔡人殺陳佗。

稱人以殺，討賊亂也。先儒言陳侯鮑卒，佗殺太子自立，故蔡人誘而殺之，然經無所見也。

九月丁卯，子同生。

同，世嫡，威公子。其曰子同生者，無父辭也。威弑逆之人，罪當誅絶，故以無父之辭書之，所以甚威公之惡也。

冬，紀侯來朝。

七年春二月己亥，焚咸丘。

焚者，火之也。咸丘，附庸。以人攻之猶曰不可，火之則又甚矣。

夏，穀伯綏來朝，鄧侯吾離來朝。

春秋之法，諸侯不生名。生名，惡之大者也。此年穀伯綏來朝，鄧侯吾離來朝；十五年，鄭伯突出奔蔡；莊十年，荆敗蔡師于莘，以蔡侯獻舞〔一〕歸；僖十九年，宋人執滕子嬰齊；二十五年，衛侯燬滅邢；昭十一年，楚子虔誘蔡侯般，殺之于申是也。威大逆之人，諸侯皆得殺之，穀伯綏、鄧侯吾離不能致討，反交臂而來朝，故生而名之也。

八年春正月己卯，烝。

烝，冬祭也，春興之，非禮也。祭祀從夏時。周之正月，夏之十一月也。四時之祭用孟月。

天王使家父來聘。

家父，大子大夫。家，氏；父，字。

夏五月丁丑，烝。

夏五月丁丑，烝，瀆亂之甚也。

秋，伐邾。

〔一〕「獻舞」，原作「獻武」，據四庫本改。

不出主名，微者。

冬十月，雨于付反。**雪。祭**側界反。**公來，遂逆王后于紀。**

天子不親迎，取后則使三公逆之。祭公，三公，書者爲遂事起也。其言祭公來者，祭公來謀逆后之期也。威王取后于紀，魯受命主之，故祭公來謀逆后之期。其曰遂逆王后于紀者，祭公來謀逆后之期，既謀之，則當復命于天子，命之逆則逆之，不可專也。祭公不復命于王，專逆王后于紀，故曰「遂」以惡之。不言逆女者，王后重矣，非諸侯夫人可得齊也，故不言逆女也。

九年春，紀季姜歸于京師。

此前年祭公所逆王后也。姜，紀姓；季，字。案襄十五年，劉夏逆王后于齊，不言齊姜歸于京師，此言季姜歸于京師者，不與祭公遂逆王后于紀也。王后天下母，取之、逆之皆天子命，非人臣可得專也。祭公遂逆王后于紀，非天子命，故不曰王后歸于京師，而曰「紀季姜歸于京師」也。

夏四月。秋七月。冬，曹伯使其世子射音亦，又音夜。**姑來朝。**

諸侯相朝，猶曰不可，况使世子乎？曹伯疾，使其世子射姑來朝，非禮也。

十年春，王正月，

此年書王者，王無十年不書也。十年無王，則人道滅矣。

庚申，曹伯終生卒。夏五月，葬曹桓公。秋，公會衛侯于桃丘，弗遇。

秋，公會衛侯于桃丘，弗遇，衛侯不來，安之也。桃丘，衛地。

冬十有二月丙午，齊侯、衛侯、鄭伯來戰于郎。

來戰于郎，不言侵伐者，不與齊、衛、鄭加兵于我也。郎，魯地，地以魯則魯與戰可知矣。不出主名者，三國無故加兵于我，不道之甚，故以三國自戰爲文也。

十有一年春正月，齊人、衛人、鄭人盟于惡曹。

謀魯也。惡曹，地名，闕。

夏五月癸未，鄭伯寤生卒。秋七月，葬鄭莊公。

三月而葬。

九月，宋人執鄭祭側界反。仲。突歸于鄭。鄭忽出奔衛。

宋人，宋公也。宋公執人權臣，廢嫡立庶，以亂于鄭，故奪其爵。祭仲字者，天子命大夫也。突，忽庶弟，突不正歸于鄭，無惡文者，惡在祭仲爲鄭大臣，不能死難，聽宋偪脅，逐忽立突，惡之大者。況是時忽位既定，以鄭之衆，宋雖無道，亦未能畢制命于鄭，仲能竭其忠力以距于宋，則忽安有見逐失國之事哉？故揚之水閔忽之無忠臣良士，終以死亡者，謂此也。嗣子既葬稱子，鄭莊既葬，忽不稱子者，惡忽不能嗣先君，未踰年失國也，故參譏之。

柔會宋公、陳侯、蔡叔，盟于折。之設切。

柔不氏，内大夫之未命者。蔡叔，蔡侯弟也。案諸侯母弟未命爲大夫者，皆字，此年柔會宋公、陳侯、蔡叔，盟于折；十五年，許叔入于許；十七年，蔡季自陳歸于蔡；莊三年，紀季以酅入于齊之類是也。折，魯地。

公會宋公于夫音扶。鍾。冬十有二月，公會宋公于闞。口暫切。

夫鍾，郕地；闞，魯地。

十有二年春正月。夏六月壬寅，公會杞侯、莒子，盟于曲池。

秋七月丁亥，公會宋公、燕人，盟于穀丘。八月壬辰，陳侯躍卒。公會宋公于虚。音墟。

冬十有一月，公會宋公于龜。

曲池，魯地；穀丘、虚、龜，宋地。

丙戌，公會鄭伯，盟于武父。丙戌，衛侯晉卒。

再言丙戌者，羨文也。此盟與卒同日爾，且經未有一日而再書者，此羨文可知。

十有二月，及鄭師伐宋。丁未，戰于宋。

此公及鄭伯伐宋也。不言公者，諱之也。初，宋人執鄭祭仲，逐昭公，立公子突，以親于鄭。突既而背宋與魯，故宋、鄭交怨。公七月會宋公、燕人，盟于穀丘，八月會宋公于虛，音墟。十有一月又會宋公于龜，將平宋、鄭。宋公不可，乃與鄭伯盟于武父以伐宋。丁未戰于宋，地以宋，則宋與戰可知也。不出主名者，不與公及鄭伯伐宋也，故以魯、鄭自戰爲文。凡公專尸其事則諱之，此年及鄭師伐宋，丁未戰于宋，十七年及齊師戰于奚，莊九年及齊師戰于乾時之類是也。

十有三年春二月，公會紀侯、鄭伯。己巳，及齊侯、宋公、衛侯、燕人戰，齊師、宋師、衛師、燕師敗績。

齊以郎之戰未得志于魯，因宋、鄭之仇，故帥衛、燕與宋伐魯。魯親紀而比鄭也，故會紀侯、鄭伯，及齊師、衛師、宋師、燕師戰，以敗四國之師。不地者，戰于魯也。衛宣未葬，惠公出戰，其惡可知。燕戰稱師，重衆也。書者，惡七國無名之衆，殘民以逞不道之甚。郎戰在十年。

三月，葬衛宣公。夏，大水。秋七月。冬十月。

十有四年春正月，公會鄭伯于曹。無冰。

無冰，時燠也。五行傳曰：「視之不明，是謂不哲。厥咎舒，厥罰常燠。」

夏五。

孔子作春秋，專其筆削，損之益之，以成大中之法，豈其日月舊史之有闕者，不隨而刊正之哉？此云夏五，無月者，後人傳之脱漏爾。

鄭伯使其弟語來盟。

來盟者，求盟於我也。

秋八月壬申，御廩災。乙亥，嘗。

嘗，秋祭也，周之八月，夏之六月也。其言「八月壬申，御廩災。乙亥，嘗」者，以不時與災之餘而嘗也。以不時與災之餘而嘗，此威之不恭也甚矣！

冬十有二月丁巳，齊侯禄父卒。宋人以齊人、蔡人、衛人、陳人伐鄭。

案十二年及鄭師伐宋，丁未戰于宋，宋人怨突之背己也，故以齊人、蔡人、衛人、陳人伐鄭。以者，乞師而用之也，謂四國本不出師，宋以力弱不足，乞四國之師而伐鄭爾。僖二十六年，公以楚師伐齊，取穀；定四年，蔡侯以吴子及楚人戰于栢舉，皆此義也。然四國從宋伐鄭，助其不道，其惡亦可見矣。

十有五年春二月，天王使家父來求車。

天王使家父來求車者，諸侯貢賦不入周室，材用不足也。

三月乙未，天王崩。

威王也。

夏四月己巳，葬齊僖公。五月，鄭伯突出奔蔡。

突，厲公也，篡忽立，國人不與，故出奔蔡。凡諸侯不能嗣守先業，以墮厥緒，荒怠淫虐，結怨于民，上下乖離，播越失地，自取奔亡之禍者，皆生而名之，此年鄭伯突出奔蔡、昭二十一年蔡侯朱出奔楚、二十三年莒子庚輿來奔、哀十年邾子益來奔之類是也。

鄭世子忽復歸于鄭。

鄉曰「鄭忽出奔衛」，今曰「鄭世子忽復歸于鄭」者，明忽世嫡當嗣也。凡諸侯大夫出奔與執其反國也，或書歸，或書復歸，或書入，或書復入。歸者，善也；復歸，不善也；入者，惡也；復入者，甚惡也。是故復入重于入，入重于復歸，不若歸之之善也。書歸善者，威十七年蔡季自陳歸于蔡、成十五年宋華户駕反。元自晉歸于宋之類是也；復歸不善者，此言鄭世子忽復歸于鄭、僖二十八年衛元咺自晉復歸于衛是也；入惡者，莊六年衛侯朔入于衛、襄三十年鄭良霄自許入鄭之類是也；復入甚惡者，成十八年宋魚石復入于宋彭城、襄二十三年晉欒盈復入于晉之類是也。忽世嫡當嗣，其言不善者，諸侯受國于天子，鄭世子忽，其奔也，祭仲逐之；其歸也，祭仲反之，以其進退在祭仲，而不在天子也。

許叔入于許。

許叔，許男弟。入者，惡入也。許叔入于許，不言出者，非大夫也。非大夫，故略之。凡不言出者，皆此義也。

公會齊侯于艾。邾人、牟人、葛人來朝。

皆微國之君。案隱元年公及邾儀父盟于蔑、莊二十三年蕭叔朝公皆字，此稱人者，賤其相與朝弑逆之人，貶之也。

秋九月，鄭伯突入于櫟。音歷。

鄭世子忽復歸于鄭，故鄭伯突入于櫟以偪之。櫟，鄭邑。

冬十有一月，公會宋公、衛侯、陳侯于袲，昌始反。**伐鄭。**

將納突仕櫟，故公會宋公、衛侯、陳侯于袲，伐鄭。袲，鄭地。

十有六年春正月，公會宋公、蔡侯、衛侯于曹。

未見納突，故復會于此。

夏四月，公會宋公、衛侯、陳侯、蔡侯伐鄭。

公與宋、衛、陳、蔡之君比音被。謀連兵，伐鄭納突，其惡可知也。

秋七月，公至自伐鄭。

助篡伐正，踰時而返。

冬，城向。舒亮反。

不時也。下言十一月，則城向在十月矣。周之十月，夏之八月也。

十有一月，衛侯朔出奔齊。

衛侯不道，國人逐之，出奔。

十有七年春正月丙辰，公會齊侯、紀侯盟于黄。二月丙午，公及邾儀父盟于趡。翠軌切。

黄，齊地；趡，魯地。

夏五月丙午，及齊師戰于奚。

此公及齊師戰也，不言公者，諱之。莊九年及齊師戰于乾時，僖二十有二年及邾人戰于升陘，刑。皆此義也。奚，魯地。

六月丁丑，蔡侯封人卒。秋八月，蔡季自陳歸于蔡。

蔡威侯無子，季，威侯弟也。其言自陳歸于蔡者，威侯卒，蔡季當立，時多篡奪，明季無惡，故曰「歸于蔡」，所以與許叔異也。

癸巳，葬蔡桓侯。

蔡，侯爵，書者，不請謚也。

及宋人、衛人伐邾。冬十月朔，日有食之。

不言日，失之也。

十有八年春，王正月，

威無王，元年、二年、十年、十八年書王者，春秋之法，王無十年不書也。十年無王，則人道絶矣。是故二百四十二年，王無十年不書者也。

公會齊侯于濼。盧篤、力角二反。**公與夫人姜氏遂如齊。**

濼之會，夫人在是也。不言公及夫人會齊侯于濼者，夫人之行，甚矣，不可言及也。不可言及者，公弗能制也。後言公與夫人姜氏遂如齊者，啓其致禍之由爾。易稱「女正位乎内，男正位乎外，男女正，天地之大義也」。威公不能内正夫人之位，而與之外如彊齊，以取弑逆之禍，宜哉！

夏四月丙子，公薨于齊。

齊侯與夫人姜氏通，使人賊公，公薨于齊。不言弑者，諱之也。

丁酉，公之喪至自齊。秋七月。冬十有二月己丑，葬我君桓公。

九月而葬。威，謚也。其曰「葬我君威公」者，此臣子自謚，以公禮而葬也。

春秋尊王發微卷第三

莊公名同，桓公子，莊王四年即位。莊，謚也，勝敵克亂曰莊。

元年春，王正月。

不書即位者，莊繼威，天子命也。閔、僖亦如之。

三月，夫人孫于齊。

夫人，文姜，不言姜氏，貶之也。其言孫于齊者，諱奔也。内諱奔，公、夫人皆曰「孫」，此年夫人孫于齊，閔二年夫人姜氏孫于邾，昭二十五年公孫于齊是也。文姜曷爲孫于齊？文姜與威公接練時，懼其與祭，以是孫于齊也。文姜之惡，甚矣！臣子雖不可討，王法其可不誅乎？故孔子去姜氏以貶之，正王法也。

夏，單伯逆王姬。

天子嫁女於齊，魯受命主之，故使單伯逆王姬。不言如京師者，不與公使單伯如京師逆王姬也。魯桓見殺于齊，天子命莊公與齊主婚，非禮也；莊公以親讎可辭，而莊公不辭，非子也，故交譏之。單，采地；伯，字。天子命大夫。

秋，築王姬之館于外。

魯主王姬者非一也，王姬之館，故有常處。此言築王姬之館于外者，知齊讎不可接婚姻也。知齊讎不可接婚姻，故築王姬之館于外。與其築之于外，不若辭而勿主也。夏，單伯逆王姬，秋，築王姬之館于外，此公之惡，從可見矣。

冬十月乙亥，陳侯林卒。王使榮叔來錫桓公命

賞，所以勸善也；罰，所以懲惡也。善不賞，惡不罰，天下所以亂也。威，弑逆之人，莊王生不能討，死又追錫之，此莊王之爲天子可知也。不書天者，脱之。榮叔，周大夫。榮，氏；叔，字。

王姬歸于齊。齊師遷紀郱、蒲丁反。**鄑、**子斯反。**郚。**吾。

齊欲滅紀，故遷其三邑。

二年春，王二月，葬陳莊公。夏，公子慶父帥師伐於餘丘〔一〕。

〔一〕「於餘丘」，原作「于餘丘」，據四庫本改。下同。

於餘丘，附庸國。

秋七月，齊王姬卒。

外女不卒，此卒之者，公主其卒也。莊公忘父之讎，既主其嫁，又主其卒，不子之甚也。

冬十有二月，夫人姜氏會齊侯于禚。酌。

夫人姜氏會齊侯于禚，非禮也。禚，齊地。

乙酉，宋公馮卒。

三年春，王正月，溺乃狄反。**會齊師伐衛。**

溺，内大夫之未命者。衛侯朔在齊，故溺會師伐衛。溺會齊師伐衛，謀納朔也。

夏四月，葬宋莊公。五月，葬桓王。

禮，天子七月而葬。威王十五年崩，至此乃葬，甚矣！

秋，紀季以酅攜。**入于齊。**

紀季，紀侯弟也；酅，紀侯邑也。酅，天子所封，非紀季可得有。齊欲併紀，紀季亡〔一〕兄

〔一〕四庫本「亡」作「忘」。

之親，取兄之邑，以事于齊，其惡可知也。字者非他，諸侯之母弟，未命者皆字爾，蔡叔、蔡季之類是也。

冬，公次于滑。

欲救紀也。滑，鄭地。

四年春，王二月，夫人姜氏享齊侯于祝丘。

享，當時兩君相見之禮，非夫人所宜用也。其曰「夫人姜氏享齊侯于祝丘」，甚之也。祝丘，魯地。

三月，紀伯姬卒。

紀伯姬，隱二年紀裂繻所逆内女也。禮，諸侯絶傍朞，姑姊妹女子嫁于國君者，尊與己同，則爲之服大功九月，常事也。故内女不卒之，此卒者，爲下紀侯大去其國，六月齊侯葬紀伯姬起。

夏，齊侯、陳侯、鄭伯遇于垂。紀侯大去其國。

大去其國者，身與家俱亡之辭也。案元年齊師遷紀郱、鄑、郚，二年紀季以酅入于齊，齊肆吞噬，信不道矣。紀侯守天子土，有社稷之重、人民之衆，暗懦齷齪，不能死難，畏齊强脅，棄之而去，此其可哉？身去而國家盡爲齊有，故曰「紀侯大去其國」以惡之也。不言齊滅者，齊師未嘗加其都城矣。不言出奔者，非奔也。奔者猶有其國家在焉爾，若紀侯者，身與國家俱亡者也。不名者，以見齊襄脅逐而去。

六月乙丑，齊侯葬紀伯姬。

伯姬，内女，紀侯夫人也。紀侯大去其國，紀無臣子，故齊侯葬紀伯姬。齊侯不道，逐紀侯而葬伯姬，生者逐之，死者葬之，甚矣！齊侯之詐也若此。

秋七月。冬，公及齊人狩于禚。

父之讎不共戴天，莊公父親爲齊殺而遠與齊人狩。

五年春，王正月。夏，夫人姜氏如齊師。

文姜不安于魯，故如齊師。直曰「如齊師」，不爲會禮也。

秋，郳五兮切。國後爲小邾。**黎來來朝。**

郳，附庸也。附庸之君例書字，二十三年蕭叔朝公是也。此名者，以其土地微陋，其禮不足，賤之也。

冬，公會齊人、宋人、陳人、蔡人伐衛。

此諸侯伐衛納朔也。不言納朔者，不與諸侯伐衛納朔也。朔行惡甚，國人逐之，奔齊，故天子不使反衛，明年王人子突救衛是也。公與諸侯連兵，不顧王命，伐衛納朔，故貶諸侯曰「某人、某人」。人諸侯，則公之惡從可見矣。朔奔齊，在威十六年。

六年春，王正月，王人子突救衛。

王人，微者也。稱子，尊王命也。尊王命，所以重諸侯之惡也。

夏六月，衛侯朔入于衛。

六月，衛侯朔入于衛，王人子突不勝諸侯之師也。諸侯連兵伐衛，王人子突救之，不勝諸侯之師，故衛侯朔得入于衛。天子之威命盡矣！公與諸侯之罪不容誅矣！故言伐、言救、言入以著其惡。

秋，公至自伐衛。螟。

拒天子伐衛。

冬，齊人來歸衛俘。

此衛寶也。其言齊人歸之者，齊本主兵伐衛，故衛寶先入于齊。齊人歸之，魯人受之，其惡一也。

七年春，夫人姜氏會齊侯于防。

防，魯地。

夏四月辛卯，夜，恒星不見。夜中，星隕如雨。

恒〔一〕星，星之常見者也。常見而不見，此異之大者。隕，墜也。夜中，星隕如雨，謂隕墜者衆也。

秋，大水，無麥、苗。

水不潤下，麥與禾黍之苗同時而死，故曰「無麥、苗」，非謂一災不書，傷及二穀乃書也。案傷一穀亦書，定元年冬十月，隕霜殺菽是也。此聖人指其所災而實録爾。

冬，夫人姜氏會齊侯于穀。

威公既薨，夫人姜氏與齊侯會者數矣。二年會于禚，四年饗于祝丘，五年如齊師，此年春會于防，冬會于穀，夫人與齊侯之行可知也。穀，齊地。

八年春，王正月，師次于郎，以俟陳人、蔡人。甲午，治兵。

〔一〕「恒」，原作「常」，據四庫本改。

先言「師次于郎，以俟陳人、蔡人」，後言「甲午，治兵」者，惡内不知戰也。陳、蔡將入伐魯，出師于郎，待之可也。以敵之未至而始訓治之，此其可哉？夫民先教而戰，古之道也。故孔子曰：「不教民戰，是謂棄之。」鄉使陳、蔡暴至而疾戰，則民無所措手足矣。

夏，師及齊師圍郕，成。**郕降于齊師。秋，師還。**

夏，及齊師圍郕，其言郕降于齊師者，齊主兵圍郕，制命在齊也，故曰「郕降于齊師」。春秋用師多矣，未有言師還，此言師還者，惡其與强讎覆同姓，踰時還也。

冬十有一月癸未，齊無知弑其君諸兒。

無知不氏，未命也。諸兒，襄公。

九年春，齊人殺無知。

案隱四年，衛人殺州吁于濮，此不地者，齊人即于國内殺之也。稱人以殺，討賊辭。

公及齊大夫盟于蔇。其器切。

公及齊大夫盟，納糾也。不名齊大夫者，公忘讎不復，而與齊大夫謀納糾，非齊大夫之罪也，故斥言公而不名齊大夫。文七年公會諸侯、晉大夫，盟于扈，晉大夫不名，皆此義也。蔇，齊地。

夏，公伐齊，納子糾。齊小白入于齊。

夏，公伐齊，納子糾，其言齊小白入齊者，小白争立也。無知之亂，管仲、召忽以公子糾來奔，鮑叔牙以公子小白奔莒，小白自莒先入，故曰「夏，公伐齊，納子糾。齊小白入于齊」也。言入者，皆非世嫡。

秋七月丁酉，葬齊襄公。

九月而葬。

八月庚申，及齊師戰于乾音干。**時，我師敗績。**

此公及齊師戰于乾時也，不言公者，公伐齊，納讎人之子，喪師于此，此惡之大者，諱之也。內不言敗，此言我師敗績者，羨文，蓋後人傳授，妄有所增爾。

九月，齊人取子糾，殺之。

論語稱「威公殺公子糾，召忽死之，管仲不死」。此言「齊人取子糾，殺之」者，子糾，威公兄，其次當立。威公争國，取而殺之，甚矣，故曰「齊人取子糾，殺之」，所以重威公之篡也。

冬，浚洙。音殊。

洙，水也；浚，深也。冬浚洙，畏齊也。

十年春，王正月，公敗齊師于長勺。音杓。

報乾時之戰也。斥言公者，惡其伐齊納糾，喪師乾時，不自悔過，復敗齊師于此也。長勺，魯地。

二月，公侵宋。

公既敗齊師于長勺，又退而侵宋，結怨二國。

三月，宋人遷宿。

宿，微國，天子封之，宋人遷之，其惡可知。

夏六月，齊師、宋師次于郎。公敗宋師于乘丘。秋九月，荆敗蔡師于莘，以蔡侯獻舞歸。

荆爲中國患也，久矣！自方叔薄伐之後，入春秋肆禍復甚，聖王不作故也。此言「荆敗蔡師于莘，以蔡侯獻舞歸」者，荆敗蔡師于莘，獲蔡侯獻舞歸爾。不言獲者，不與夷狄〔一〕獲中國也，故曰「以蔡侯獻舞歸」。名者，惡遂失國。莘，蔡地。

冬十月，齊師滅譚，譚子奔莒。

〔一〕四庫本「夷狄」作「蠻荊」。

譚，小國，齊師滅之，故譚子奔莒。不名者，譚本無惡也；言奔，責不死社稷；不言出，國滅無所出也。

十有一年春，王正月。夏五月戊寅，公敗宋師于鄑。子斯反。

此言五月戊寅，公敗宋師于鄑者，甚之也。公二年之中，三敗齊、宋之師，可謂甚矣！鄑，魯地。

秋，宋大水。

水不潤下也。春秋之世，災異多矣，不可悉書，故外災或舉其一，或舉其二，以見天下之異也。此年秋宋大水，二十年秋齊大災，僖十六年隕石于宋五，六鷁五力反。退飛過宋都，昭十八年宋、衛、陳、鄭災之類是也。

冬，王姬歸于齊。

群公受命主王姬者多矣，唯元年與此書者，惡公忘父之讎，再與齊接婚姻也。

十有二年春，王三月，紀叔姬歸于酅。音攜。

紀叔姬，伯姬之媵也；酅，紀季之邑也。四年，紀侯大去其國，叔姬至此而歸于酅者，歸于季也。歸者，嫁辭，以伯姬之媵而歸于季，非其所歸也，亂也。

夏四月。秋八月甲午，宋萬弑其君捷及其大夫仇牧。

萬不氏，未命也。及其大夫仇牧，甚之之辭也。與威二年宋督義同。

冬十月，宋萬出奔陳。

弑君之賊，當急討之。萬八月弑莊公〔一〕，十月出奔陳，宋之臣子緩不討賊若此。

十有三年春，齊侯、宋人、陳人、蔡人、邾人會于北杏。

北杏之會，威公獨書爵者，孔子傷周道之絶也。威公既入，乘天子衰季，將霸諸侯，攘夷狄，救中國，以尊周室，乃合宋人、陳人、蔡人、邾人于此，首圖大舉。夫欲責之深者，必先待之重，故北杏之會，獨書其爵以與之。北杏，齊地。

夏六月，齊人滅遂。

此威公滅遂也。其稱人者，以其救中國之功未見，滅人小國，貪自封殖，貶之也。何哉？威公貪土地之廣，恃甲兵之衆，驅逐逼脅，以强制諸侯。懼其未盡從也，約之以會，要之以盟，臨之以威，束之以力。有弗狥者，小則侵之伐之，甚則執之滅之。其實假尊周之名以自封

〔一〕底本、四庫本均作「莊公」，誤，應爲「閔公」。

殖爾。故此年滅遂，十四年伐宋，十五年伐郳，十六年伐鄭，十九年伐我西鄙，二十年伐戎，二十六年伐徐，二十八年伐衛，三十年降鄣，閔元年救邢，二年遷陽，皆稱人以切責之。遂，小國。

秋七月。冬，公會齊侯，盟于柯。

冬，公會齊侯，盟于柯，公不及北杏之會，威既滅遂，懼其見討也，故盟于此。柯，齊地。

十有四年春，齊人、陳人、曹人伐宋。

諸侯伐宋，宋人背北杏之會也。

夏，單音善。**伯會伐宋。**

此公使單伯會伐宋也。威以諸侯伐宋，本不期會，魯自畏齊威，故夏使單伯會伐宋。三國稱人，獨書單伯者，吾大夫不可言魯人故也。

秋七月，荆入蔡。

荆入蔡，齊威未能救中國也。

冬，單伯會齊侯、宋公、衛侯、鄭伯于鄄。音卷。

此威既服宋，會單伯、宋公、陳侯、衛侯、鄭伯于鄄也。經以單伯主會爲文者，凡會盟，公或大夫往，則皆以魯主會爲文。春秋，魯史故也。内不與則曰「某人、某人會于某」，十五年齊侯、宋公、陳侯、衛侯、鄭伯會于鄄，昭二十七年晉士鞅、宋樂祁黎、衛北宫喜、曹人、邾人、滕人會于扈之類是也。鄄，衛地。

十有五年春，齊侯、宋公、陳侯、衛侯、鄭伯會于鄄。夏，夫人姜氏如齊。

齊侯既死，文姜不安于魯，故如齊。

秋，宋人、齊人、邾人伐郳。

宋主兵，故序齊上。郳，宋附庸，叛，故伐之。

鄭人侵宋。冬十月。

鄭背鄄之會侵宋，故齊威帥諸侯伐之。齊序宋下者，與伐郳義同。

十有六年春，王正月。夏，宋人、齊人、衛人伐鄭。

秋，荆伐鄭。

荆伐鄭，威未能救中國可知也。

冬十有二月，會齊侯、宋公、陳侯、衛侯、鄭伯、許男、滑伯、滕子，同盟于幽。

會，公會也。同者，同畏威也。威非命伯，伐鄭之後，兵威既振，于是諸侯乃相與畏服焉。

不言公者，諱之也。然威會多矣，不可皆不見公，故于此一諱之也。

郳子克卒。

郳稱爵者，始得王命，列爲諸侯也。

十有七年春，齊人執鄭詹。

稱人以執，惡威也。詹不氏，未命也。威十二月與鄭伯同盟于幽，而春執鄭詹，安用同盟？不稱行人者，會未歸而見執也；不言以歸者，秋，鄭詹自齊逃來，以歸可知也。

夏，齊人殲于遂。

齊人殲于遂，不戒也。齊侯滅人之國，使人戍之而不戒焉，此自殲之道也。噫！齊人殲于遂，自殲也；鄭棄其師，自棄也。

秋，鄭詹自齊逃來。

鄭詹自齊逃來，未得歸于鄭也。言逃來，懼齊之甚。

冬，多麋。忙悲反。

麋，山澤皆有，言多者，以多爲異爾。

十有八年春，王三月，日有食之。

不言朔，不言日，日、朔俱失之也。

夏，公追戎于濟西。

案僖二十六年，齊人侵我西鄙，公追齊師至于酅，弗及，先言侵而後言追。此不言侵伐者，明不覺其來，已去而追之也。書者，譏内無戎備。

秋有蜮。又作「蜮」。音或，短狐也。

蜮，含沙射人爲災。

冬十月。

十有九年春，王正月。夏四月。秋，公子結媵陳人之婦于鄄，遂及齊侯、宋公盟。

媵書者，爲遂事起也。公子結受命媵陳人之婦，不受命與齊侯、宋公盟。結矯命專盟，故曰「遂」以惡之，非謂大夫出境，有可以安社稷、利國家，專之可也。案僖三十年公子遂如京師，遂如晉，襄二年仲孫蔑會晉荀罃、齊崔杼、宋華元、衛孫林父、曹人、邾人、滕人、薛人、小邾人于戚，遂城虎牢，孔子皆譏之，何獨與公子結也？若以書至鄄爲出境，乃得專之，則公子遂自京師如晉，仲孫蔑會晉荀罃，自戚城虎牢，豈非出境也哉？況秋與齊侯、宋公盟，而冬齊人、宋人、陳人加兵于魯，非所謂可以安社稷、利國家也。陳稱人者，媵不當書，故略言之也。

夫人姜氏如莒。冬，齊人、宋人、陳人伐我西鄙。

威帥宋、陳伐我西鄙，討鄭詹也。

二十年春，王二月，夫人姜氏如莒。

文姜行惡，比年如莒。

夏，齊大災。

災，火災也。言大者，其災甚也。

秋七月。冬，齊人伐戎。

二十有一年春，王正月。夏五月辛酉，鄭伯突卒。秋七月戊戌，夫人姜氏薨。冬十有二月，葬鄭厲公。

八月而葬。

二十有二年春，王正月，肆大眚。所景反。

肆，放也；眚，過也。肆大眚者，罪惡無不赦之辭也。書稱「眚災肆赦」，易曰「赦過宥罪」，此天子之事也。天子尚爾，况諸侯乎？莊公肆大眚，非正也，亂法易常者也。

癸丑，葬我小君文姜。陳人殺其公子御寇。

春秋之義，非天子不得專殺。此言陳人殺其公子御寇者，譏專殺也。是故二百四十二年，無天王殺大夫文，書諸侯殺大夫者四十七也，何哉？古者諸侯之大夫皆命于天子，諸侯不得專命也。大夫有罪，則請于天子，諸侯不得專殺也。大夫猶不得專殺，況世子母弟乎？春秋之世，國無大小，其卿、大夫、士皆專命之，有罪無罪皆專殺之，其無王也甚矣！故孔子從而録之，以誅其惡。觀其專殺之罪雖一，而重輕之惡有三：殺世子母弟則稱君，稱君者甚之也；殺大夫不以其罪則稱國，稱國者次之也；殺有罪則稱人，稱人者又次之也。殺世子母弟稱君者，僖五年晉侯殺其世子申生、襄二十六年宋公殺其世子痤、才禾反。三十年天王殺其弟佞夫之類是也；殺大夫不以其罪稱國者，僖七年鄭殺其大夫申侯、文六年晉殺其大夫陽處父、宣九年陳殺其大夫洩冶之類是也；殺有罪稱人者，此年陳人殺其公子御寇、文九年晉人殺其大夫士穀、户木反。昭八年陳人殺其大夫公子過之類是也。

夏五月。

春秋未有以五月首時者，此言「夏五月」者，蓋五月之下有脱事爾。

秋七月丙申，及齊高傒盟于防。

此公盟也，不言公者，高傒伉也。高傒敵公而盟，伉孰甚焉！

冬，公如齊納幣。

母喪未終，其惡可知也。

二十有三年春，公至自齊。祭側界反。**叔來聘。**

祭叔來聘，非天子命也，故不言使。其曰「來聘」，惡外交也。祭叔，周大夫。祭，采地；叔，字。

夏，公如齊觀社。

諸侯非享覲不踰境，公如齊觀社，非禮也。

公至自齊。荆人來聘。

荆十年敗蔡師于莘，始見于經。十四年入蔡，十六年伐鄭，皆曰「荆」。此稱「人」者，以其能慕中國，修禮來聘，少進之也。

公及齊侯遇于穀。蕭叔朝公。

諸侯相朝，非禮也。朝于内猶曰不可，況朝于外乎？故曰「公及齊侯遇于穀。蕭叔朝公」以交譏之。蕭，附庸國；叔，字。

秋，丹桓宫楹。冬十有一月，曹伯射音亦，又音夜。姑卒。十有二月甲寅，公會齊侯，盟于扈。

公會齊侯，盟于扈，謀逆姜氏也。公二年之中，納幣觀社，及齊侯遇于穀，比犯非禮，今又會盟于扈，甚矣！扈，齊地。

二十有四年春，王三月，刻桓宫桷。

公將納夫人，故飾宫廟以夸侈之。秋丹威宫楹，春刻威宫桷，皆非禮也。案成三年二月甲子，新宫災者，親廟切近，不忍稱其謚。此斥言丹威宫楹、刻威宫桷者，惡莊不子，忘父之怨，侈宗廟以夸讎女也。

葬曹莊公。夏，公如齊逆女。

常事書者，以見公婚之不時也。案威六年九月丁卯，子同生，公十四年即位，此年如齊逆女，公即位二十四年，年三十七歲矣。公即位二十四年，年三十七歲始得成婚于齊者，文姜制之，不得以時而婚爾。故其母喪未終，如齊納幣，圖婚之速也。

秋，公至自齊。八月丁丑，夫人姜氏入。

公親迎于齊，不俟夫人而至，失夫之道也；婦人，從夫者也，夫人不從公而入，失婦之道也。

夫不夫，婦不婦，何以爲國？非所以奉先公而紹後嗣也，不亂何待？故曰「秋，公至自齊。八月丁丑，夫人姜氏入」以惡之。

戊寅，大夫宗婦覿，用幣。

大夫宗婦者，同宗大夫之婦也。覿，見也。夫人姜氏既入，莊公欲夸寵之，故使同宗大夫之婦用幣以見，非謂大夫宗婦同贄而見也，故不言「及」。夫三帛二生一死，男子之贄也，婦人榛、栗、棗、脩，告虔而已。公使大夫宗婦覿，用幣，甚矣！

大水。冬，戎侵曹。曹羈出奔陳。赤歸于曹。郭公。

杜預謂「羈，曹世子；赤，曹僖公」者，以威十一年宋人執鄭祭仲，突歸于鄭，鄭忽出奔衛，其文相類爾。案史記曹世家及年表，僖公名夷至，如公羊、穀梁言「赤，郭公名」者，理亦不安。竊謂去聖既遠，後人傳授，文有脱漏爾，故其義難了。

二十有五年春，陳侯使女汝。**叔來聘。**

女叔不名，天子之命大夫也。女，氏；叔，字。

夏五月癸丑，衛侯朔卒。六月辛未朔，日有食之，鼓，用牲于社。

案日食三十六，書「鼓，用牲」者三，此年六月辛未朔，日有食之，鼓，用牲于社；三十年九月庚午朔，日有食之，鼓，用牲于社；文十五年六月辛丑朔，日有食之，鼓，用牲于社是也。鼓，常事，書者，止譏其用牲耳。

伯姬歸于杞。

隱二年書紀裂繻來逆女，此不言逆者，天下日亂，婚禮日壞，逆者非大夫也。逆者非大夫，故不言逆，僖二十五年季姬歸于鄫、成九年伯姬歸于宋之類是也。

秋，大水，鼓，用牲于社、于門。

鼓，用牲于社、于門，非禮也。

冬，公子友如陳。

如陳者，聘也。内朝、聘，皆曰如。

二十有六年春，公伐戎。夏，公至自伐戎。曹殺其大夫。

稱國以殺，不以其罪也。不書名氏者，脱之，僖二十五年宋殺其大夫，皆此義也。

秋，公會宋人、齊人伐徐。冬十有二月癸亥朔，日有食之。

二十有七年春，公會杞伯姬于洮。

公會杞伯姬于洮，非禮也。洮，魯地。

夏六月，公會齊侯、宋公、陳侯、鄭伯，同盟于幽。

孔子稱「威公九合諸侯，不以兵車，管仲之力也」。案威公之會十有五，十三年會北杏、十四年會鄄，眷。十五年會鄄、十六年會幽、此年會幽、僖元年會檉，赤呈反。二年會貫、三年會陽穀、五年會首止、七年會甯母、八年會洮，他刀反。九年會葵丘、十三年會鹹、十五年會牡丘、十六年會淮是也。孔子止言其九者，蓋十三年會北杏，威始圖伯，其功未見；十四年會鄄，又是伐宋，諸侯闕〔一〕。僖八年會洮、十三年會鹹、十五年會牡丘、十六年會淮，皆有兵車也，故止言其會之盛者九焉，此聖人貴禮義、賤武力之深旨也。

秋，公子友如陳，葬原仲。

大夫非君命不越境，公子友如陳，葬原仲，非禮也。原仲，陳大夫，字者，天子命大夫也。

冬，杞伯姬來。

歸寧，常事也，故不書焉。凡内女直曰「來」者，惡其無事而來也。

莒慶來逆叔姬。

〔一〕底本此處空一格，據四庫本改。

不言來逆女者，惡其成禮于魯也。案婚禮親迎至夫國，而後成禮，莒慶成禮于魯，故不言逆女以斥之。叔姬，莊公女。宣五年，齊高固來逆叔姬同義。

杞伯來朝。公會齊侯于城濮。音卜。

城濮，衛地。

二十有八年春，王三月甲寅，齊人伐衛，衛人及齊人戰，衛人敗績。

前年公會齊侯、宋公、陳侯、鄭伯，同盟于幽，衛侯不至，故齊人伐衛。衛人及齊人戰，衛不服罪也。以衛主齊者，衛受伐也。春秋之義，伐者爲客，受伐者爲主，故曰「衛人及齊人戰」。不地者，戰于衛也。敗稱師，此稱人者，不以師敗乎人也。

夏四月丁未，邾子瑣卒。秋，荆伐鄭。公會齊人、宋人救鄭。

荆二十三年來聘稱人，此不稱人者，以其創艾中國〔一〕，復狄〔二〕之也。

冬，築郿。音眉。

功大曰城，小曰築。

〔一〕四庫本「中國」作「諸夏」。
〔二〕四庫本「狄」作「貶」。

大無麥、禾。

冬書「大無麥、禾」者，簡言之也。此秋大無麥、冬大無禾爾。不可言秋大無麥、冬大無禾，故簡言之也。書曰：「土爰稼穡，稼穡作甘。」大無麥、禾，土失其性也，穀於民食最重也。

臧孫辰告糴于齊。

不言如齊者，不與莊公使臧孫辰告糴于齊也。上言大無麥、禾，則百姓飢矣。其言不與莊公使臧孫辰告糴于齊者，病莊公也。莊公爲國久矣，古者三年耕必有一年之畜，九年耕必有三年之畜，三十年通之，雖有水旱蟲螟，民無不足者。莊公爲國二十八年而無一年之畜，非所以爲國也。臧孫辰，公子彄起侯反。曾孫。

二十有九年春，新延廄。

惡不愛民也。冬大無麥、禾，臧孫辰告糴于齊，則民飢矣。延廄雖壞，未新可也。莊公春新延廄，不愛民力若此。

夏，鄭人侵許。秋，有蜚。扶味反。冬十有二月，紀叔姬卒。

叔姬十二年歸于酅，携。卒于酅。

城諸及防。

三十年春，王正月。夏，師次于成。秋七月，齊人降鄣。音章。

案八年師及齊師圍郕，郕降于齊師，先言圍而後言降。此直書「齊人降鄣」者，惡齊强脅，且見鄣微弱，不能伉齊之甚也。

八月癸亥，葬紀叔姬。

媵而卒葬之者，歸于酅，卒于酅，皆非其所也。

九月庚午朔，日有食之，鼓，用牲于社。

凡救日食，鼓，禮也；用牲，非禮也。孔子書「鼓，用牲」者，止譏其用牲耳，非謂九月不鼓也。

冬，公及齊侯遇于魯濟。子禮反。**齊人伐山戎。**

三十有一年春，築臺于郎。夏四月，薛伯卒。築臺于薛。六月，齊侯來獻戎捷。

戎捷，伐山戎之所得也。齊侯來獻戎捷，非禮也。

秋，築臺于秦。

莊比年興作，今又一歲而三築臺，妨農害民，莫甚乎此！薛、秦，魯地也。

冬，不雨。

三十有二年春，城小穀。

魯邑，曲阜西北有小穀城。

夏，宋公、齊侯遇于梁丘。秋七月癸巳，公子牙卒。

公子牙，威公子、莊公庶弟。

八月癸亥，公薨于路寢。

路寢，正寢。公薨于路寢，正也。凡公薨皆書其所在者，謹凶變也。

冬十月己未，子般卒。

子般，莊公太子，未踰年之君也。莊公未葬，故不名薨。不地者，降成君也。此與襄三十一年秋九月癸巳子野卒義同。

公子慶父如齊。狄伐邢。

春秋尊王發微卷第四

閔公名開，莊公子，惠王十六年即位。閔，謚也，在國逢難曰閔。

元年春，王正月，齊人救邢。

威未能帥諸侯以往，故猶稱人。

夏六月辛酉，葬我君莊公。

十一月葬。

秋八月，公及齊侯盟于落姑。季子來歸。

秋，公與齊侯盟于落姑，以納季子，故季子來歸。何也？莊公薨，子般卒，閔公沖幼，慶父與夫人通，勢傾公室，不朝夕，國人洶洶，思得季友以平内亂，故曰「季子來歸」也。子者，男子之通稱，不言出，公子之未命者也。落姑，齊地。

冬，齊仲孫來。

仲孫，齊大夫，非齊侯命，故不稱使。非齊侯命則奔也，不言奔者，非奔也，仲孫私來也。仲孫私來，故曰「齊仲孫來」以惡之。此與隱元年祭伯來義同。字者，天子命大夫。

二年春，王正月，齊人遷陽。

陽，微國。

夏五月乙酉，吉禘于莊公。

吉禘于莊公，非禮也。魯以周公禘于太廟，此天子大祭，非諸侯可得用也。謂之吉者，莊公葬二十二月，未可吉也，故曰「五月乙酉，吉禘于莊公」以著其僭天子之惡。不言莊宮者，明未三年也。

秋八月辛丑，公薨。

此慶父弒也。不言慶父弒者，諱之也。内諱弒，故弒君之賊皆不書焉。不葬者，義與隱公同。

九月，夫人姜氏孫遜。**于邾。公子慶父出奔莒。**

公子慶父、夫人姜氏，同惡之人也。夫人孫于邾，故慶父出奔莒。書者，深惡季子緩不討賊也。案元年公與齊侯盟于落姑，以納季子，季子來歸，獨執國命。當是時，以魯之衆，因齊之力，討慶父而戮之，勢甚易爾！而季子不能也，使閔公遽罹弒逆之禍，悲哉！

冬，齊高子來盟。

案威十四年，鄭伯使其弟語來盟，此不言「使」者，高子請來結盟于我也。閔公遇弑，慶父未討，季友立僖，僖又非正，高子請來結盟于我，以定僖公之位，故不言「使」。僖四年楚屈俱勿反。完來盟，皆此義也。

十有二月，狄入衛。鄭棄其師。

鄭棄其師，惡鄭伯也，豈奔潰離散云乎哉？鄭伯有其師，無其將。將者，百姓之司命也。鄭伯以百姓之命授之匪人，非棄而何？故曰「鄭棄其師」以惡之。噫！鄭棄其師、梁亡，皆自取之也。梁亡，見僖十九年。

春秋尊王發微卷第五

僖公名申，莊公子，閔公庶兄，惠王十八年即位。僖，謚也，小心畏忌曰僖。

元年春，王正月，齊師、宋師、曹師次于聶北，救邢。

威自滅遂二十年，用師征伐皆稱人者，以其攘夷狄、救中國之功未著，微之也。案莊三十二年狄伐邢，閔元年齊人救邢，威未能率諸侯以往，故猶稱人焉。至此稱師者，以其能合二國次于聶北救邢，齊威攘夷狄、救中國之功漸見，少進之也。然猶有次焉，先言次而後言救者，譏緩于救患也。滅遂在莊十三年。

夏六月，邢遷于夷儀。齊師、宋師、曹師城邢。

威公不急救患，故邢遷于夷儀。邢人已遷，三國之師乃往助城之，故曰「齊師、宋師、曹師城邢」也。夷儀，邢地。

秋七月戊辰，夫人姜氏薨于夷，齊人以歸。

夫人，哀姜也。閔二年孫于邾，威公取而殺之。不言殺者，諱之也。其言齊人以歸者，以其尸歸也。哀姜與弒閔公，威公討而殺之，正也。然以其尸歸，此則甚矣。夷，齊地。

楚人伐鄭。

莊十年荆敗蔡師于莘，始見于經；十四年入蔡，稱荆；二十三年來聘，始進稱人；二十八年伐鄭，稱荆，反狄之。今曰「楚人伐鄭」者，以其兵衆地大，漸通諸夏，復其舊封，比之小國也。故自此十數年侵伐用兵，皆稱人焉。

八月，公會齊侯、宋公、鄭伯、曹伯、邾人于檉。赤呈反。

楚人伐鄭，故威合諸侯于檉。公有母喪，出會非禮也。檉，宋地。

九月，公敗邾師于偃。

公檉會方退，親敗邾師于偃，其惡可知。偃，邾地。

冬十月壬午，公子友帥師敗莒師于酈，力知反。**獲莒挐。**女居反，又女加反。

討慶父也。其言獲莒挐者，不可言獲莒人爾。莒大夫不氏，未命也。慶父閔二年奔。酈，魯地。

十有二月丁巳，夫人氏之喪至自齊。

此夫人哀姜之喪也。不稱姜者，貶之也。案孫于邾不貶，此而貶者，孫于邾不貶，不以子討母也；此而貶者，正王法也。不去氏，殺子之罪比文姜殺夫差輕。孫邾在閔二年。

二年春，王正月，城楚丘。

此會檉諸侯城楚丘也。不言諸侯者，威公怠于救患，諸侯不一也。威公怠于救患，諸侯不一，則孰城之？魯城之也。案閔二年，狄入衛，覆彼國家，君死民散，威公視之不救，其怠于救患可知也。威公怠于救患，故諸侯不一；諸侯不一，故魯城之。襄五年戍音庶。陳，十年戍鄭虎牢，皆此義也。然則善與？非善也。此威公之命城楚丘以存亡國，曷以謂之非善？雖曰威公之命城楚丘以存亡國，與其亡而存之，不若未亡而救之之善也。楚丘，衛邑，不言城衛者，衛未遷也。

夏五月辛巳，葬我小君哀姜。虞師、晉師滅夏陽。夏，一作「下」。

虞師、晉師滅夏陽，虞序晉上者，虞主乎滅夏陽也。案隱五年邾人、鄭人伐宋，莊十五年宋人、齊人、邾人伐郳，邾序鄭上，宋序齊上，此虞主乎滅夏陽可知也。夏陽，微國。

秋九月，齊侯、宋公、江人、黄人盟于貫。

楚故也。貫，宋地。

冬十月，不雨。

不雨一時即書者，僖公憂民懼災之甚也。

楚人侵鄭。

三年春，王正月，不雨。夏四月，不雨。徐人取舒。六月，雨。秋，齊侯、宋公、江人、黃人會于陽穀。

陽穀，齊地。

冬，公子友如齊涖盟。

涖，臨也。凡言涖盟者，受盟于彼也。來盟者，受盟于我也。

楚人伐鄭。

四年春，王正月，公會齊侯、宋公、陳侯、衛侯、鄭伯、許男、曹伯侵蔡。蔡潰，遂伐楚，次于陘。音刑。

威之病楚也久矣，故元年會于檉、二年盟于貫、三年會于陽穀以謀之。是時楚方强盛，勢陵中國，不可易也。蔡，楚與國，故先侵蔡，俟其兵震威行，然後大舉。蔡既潰，遂進師次于敵境。陘，楚地。

夏，許男新臣卒。

夏，許男新臣卒于師，不言師者，威公之行，諸侯安之，與國内同也。

楚屈俱勿反。**完來盟于師，盟于召**音紹。**陵。**

案成二年，季孫行父、臧孫許、叔孫僑如、公孫嬰齊帥師會晉郤去逆反。克、衛孫良夫、曹公子首及齊侯戰于鞌，齊師敗績。秋七月，齊侯使國佐如師。己酉，及國佐盟于袁婁。此不言「使」者，楚子聞蔡潰，威師及境，大懼，屈完請盟于師也。屈完，楚之爲政者也。威公許焉，乃退師與屈完盟于召陵，故曰「楚屈完來盟于師，盟于召陵」也。案元年威公救邢、城邢，皆曰「某師、某師」。此合魯、衛、陳、鄭七國之君侵蔡，遂伐楚，書爵者，以其能服强楚，攘夷狄，救中國之功始著也，故自是征伐用師皆稱爵焉。夫楚，夷狄之鉅者也，乘時竊號，斥地數千里，恃甲兵之衆，猖狂不道，創艾中國者久矣！威公帥諸侯，一日不血刃而服之，師徒不勤，諸侯用寧，訖威公之世，截然中國無侵突之患，此攘夷狄、救中國之功可謂著矣！故孔子曰：「管仲相威公，霸諸侯，一正天下，民到于今受其賜。微管仲，吾其被髮左衽矣。」是故召陵之盟，專與威也。孔子揭王法，撥亂世，以繩諸侯，召陵之盟，專與威者，非他，孔子傷聖王不作、周道之絶也。夫六月、采芑、江漢、常武，美宣王中興，攘夷狄、救中國之詩也。使平、惠以降，有能以王道興起如宣王者，則攘夷狄、救中國之功在乎天子，不在乎齊威、管仲矣。此孔子所以傷之也〔一〕。召陵，楚地。

齊人執陳轅濤塗。

陳轅濤塗，陳大夫。稱人以執，不得其罪也。威公既與陳侯南服强楚，歸而反執陳轅濤塗，其惡可知也。

秋，及江人、黄人伐陳。

内言及，外稱人，皆微者也。

八月，公至自伐楚。

出踰二時。

葬許穆公。冬十有二月，公孫兹帥師會齊人、宋人、衛人、鄭人、許人、曹人侵陳。

威公執陳轅濤塗，執非其罪。秋使魯人、江人、黄人伐陳，冬又會公孫兹、宋人、衛人、鄭人、許人、曹人侵陳，甚矣！公孫兹，公子牙子。

五年春，晉侯殺其世子申生。

〔一〕四庫本無「屈完楚之爲政者也」至「此孔子所以傷之也」等字。

世子，世君位者也。稱君以殺世子，甚之也。獻公五子，世子申生，次重耳，次夷吾，次奚齊，次卓子，皆申生庶弟也。獻公愛奚齊，欲立之，乃殺世子申生，可謂甚矣。

杞伯姬來朝其子。

伯姬，内女，來朝其子者，以其子來朝也。諸侯來朝猶曰不可，杞伯姬來朝其子，非禮可知。

夏，公孫兹如牟。

牟，微國。

公及齊侯、宋公、陳侯、衛侯、鄭伯、許男、曹伯會王世子于首止。

此威帥諸侯致王世子于首止也。經言「公及齊侯、宋公、陳侯、衛侯、鄭伯、許男、曹伯會王世子于首止」者，不與威致王世子，使與諸侯齊列也。故先言公及諸侯，而後言會王世子以尊之。尊王世子，所以重威之惡也。首止，衛地。

秋八月，諸侯盟于首止。鄭伯逃歸，不盟。

不言王世子者，會猶可言也，盟之則甚矣。王世子，世天下者也，非諸侯可得盟也。「鄭伯逃歸，不盟」者，鄭伯不肯受盟，故逃歸。言逃，懼齊之甚。

楚人滅弦，弦子奔黄。

此言楚人滅弦者，惡威不能救也，故弦子不名。十年狄滅温，十二年楚人滅黄，同此。

九月戊申朔，日有食之。冬，晉人執虞公。

稱人以執，惡晉侯也。五等之制，雖其國家、宫室、車旗、衣服、禮儀之有差，而天子命之，南面稱孤，皆諸侯也。其或有罪，方伯請于天子，命之執則執之，不得專執也。有罪猶不得專執，況無罪者乎？春秋之世，諸侯無小大，唯力是恃，力能相執則執之，無復請于天子，故孔子從而録之，正以王法，或則稱侯以著其惡，或則稱人以奪其爵。稱侯以著其惡者，謂雖非王命，執得其罪，其罰輕，故但著其專執之惡，二十八年晉侯入曹執曹伯，畀宋人，成十五年晉侯執曹伯，歸于京師之類是也。稱人以奪其爵者，謂既非王命，又執不得其罪，其罰重，故奪其爵，此年晉人執虞公，十九年宋人執滕子嬰齊之類是也。

六年春，王正月。夏，公會齊侯、宋公、陳侯、衛侯、曹伯伐鄭，圍新城。

鄭伯逃首止之盟，故威帥諸侯伐鄭，圍新城。新城，鄭邑。

秋，楚人圍許，諸侯遂救許。冬，公至自伐鄭。

出踰三時。

七年春，齊人伐鄭。夏，小邾子來朝。

小邾子，邾之别封也，故曰「小邾子」以别之。

鄭殺其大夫申侯。

鄭殺其大夫申侯，稱國以殺，不以其罪也。

秋七月，公會齊侯、宋公、陳世子款、鄭世子華，盟于甯母。

言鄭世子華者，齊人伐鄭未已，鄭伯懼，欲求成于齊，故先使世子華受盟于甯母也。甯母，魯地。

曹伯班卒。公子友如齊。冬，葬曹昭公。

八年春，王正月，公會王人、齊侯、宋公、衛侯、許男、曹伯、陳世子款，盟于洮。

王人，微者也，序于諸侯之上者，春秋尊王，故王人雖微，序于諸侯之上也。洮，魯地。

鄭伯乞盟。

此以其逃首止之盟乞之也。齊人連年伐鄭，世子華雖受盟甯母，鄭伯猶懼見討，故自乞盟于此也。乞者，卑請之辭。

夏，狄伐晉。秋七月，禘于太廟，用致夫人。

禘，天子大祭。夫人，成風也，不言風氏者，成風，僖公妾母，嫁非廟見，不得與祭。僖公既君，欲尊其母，故因此秋禘，用夫人之禮致于太廟，使之與祭也。妾母稱夫人，僭之大者，故不言風氏以貶之。案莊元年夫人文姜孫于齊，貶去姜氏，此不言風氏，其貶可知也。

冬十有二月丁未，天王崩。

惠王書崩不書葬者，得常也。

九年春，王三月丁丑，宋公御音禦。**説**音悦。**卒。夏，公會宰周公、齊侯、宋子、衛侯、鄭伯、許男、曹伯于葵丘。**

威以諸侯致宰周公于葵丘，經以宰周公主會爲文者，不與威以諸侯致天子三公也。宋在喪，故稱子。葵丘，宋地。

秋七月乙酉，伯姬卒。

直曰「伯姬」，未適人也。未適人卒者，許嫁則服，服則得常，常則不書。書者，譏不服也。十六年鄫似陵反。季姬卒，文十二年子叔姬卒，皆此義也。

九月戊辰，諸侯盟于葵丘。

威公圖伯，内帥諸侯，外攘夷狄，討逆誅亂，以救中國，經營馳驟，出入上下三十年，勞亦至矣。然自服强楚，其心乃盈，不能朝于京師，翼戴天子，興衰振治，以復文、武之業。前此五年致王世子于首止，今復致宰周公于葵丘，觀其心也，盈已甚矣。孟子稱「五伯，威公爲盛。葵丘之會諸侯，束牲、載書而不歃血。初命曰：『誅不孝，無易樹[一]子，無以妾爲妻。』再命曰：『尊賢育才，以彰有德。』三命曰：『敬老慈幼，無忘賓旅。』四命曰：『士無世官，官事無攝，取士必得，無專殺大夫。』五命曰：『無曲防，無遏糴，無有封而不告』」者，豈美威哉？蓋疾當時諸侯，有所激而云爾。故曰：「五伯者，三王之罪人也；今之諸侯，五伯之罪人也；今之大夫，今之諸侯之罪人也。」此葵丘之盟，威公之惡從可見矣。

甲子，晉侯佹音鬼。**諸卒。冬，晉里克殺其君之子奚齊。**

奚齊，未踰年之君也。其言「晉里克殺其君之子奚齊」者，奚齊，庶孽，其母嬖，獻公殺世子申生以立之，春秋不與，故曰「晉里克殺其君之子奚齊」以惡之也。

十年春，王正月，公如齊。

公始朝齊也，不至者，朝齊安之，與他國異也。十五年如齊同此。

狄滅温，温子奔衛。晉里克弑其君卓及其大夫荀息。

〔一〕「樹」，原作「立」，據四庫本改。

「晉里克弑其君卓及其大夫荀息」者，甚之之辭也。威二年宋督弑其君與音予。夷及其大夫孔父，莊十二年宋萬弑其君捷及其大夫仇牧，其義一也。

夏，齊侯、許男伐北戎。晉殺其大夫里克。

里克弑奚齊、卓子，不以討賊辭書者，惠公殺之，不以其罪也。惠公立，懼其又將賊己，以是殺克也，故不得從討賊辭。

秋七月。冬，大雨于付反。雪。

十有一年春，晉殺其大夫丕普悲反。鄭父。夏，公及夫人姜氏會齊侯于陽穀。

公及夫人姜氏會齊侯于陽穀，參譏之也。

秋八月，大雩。冬，楚人伐黄。

十有二年春，王三月庚午，日有食之。夏，楚人滅黄。秋七月。冬十有二月丁丑，陳侯杵臼卒。

十有三年春，狄侵衛。夏四月，葬陳宣公。公會齊侯、宋公、陳侯、衛侯、鄭伯、許男、曹伯于鹹。

鹹，衛地。

秋九月，大雩。冬，公子友如齊。

十有四年春，諸侯城緣陵。

諸侯不序者，會鹹諸侯也。杞微弱，上下同心，一力而城之，故曰「諸侯」，所以與城楚丘異也。緣陵，杞邑。

夏六月，季姬及鄫似陵反，或作「繒」。**子遇于防，使鄫子來朝。**

内女嫁曰「歸于某」，隱二年伯姬歸于紀、莊二十六年伯姬歸于杞之類是也；出曰「來歸」，宣十六年郯伯姬來歸、成五年杞叔姬來歸之類是也；無事而來則曰「來」，莊二十七年杞伯姬來、僖二十八年杞伯姬來之類是也。季姬上無歸鄫之文，則是未嫁者也。此年六月季姬及鄫子遇于防，使鄫子來朝，明年九月，季姬歸于鄫，是季姬先與鄫子遇于防，而後乃嫁于鄫也。此季姬之行不正可知矣，故稱及、稱遇、稱使以著其惡。

秋八月辛卯，沙鹿崩。

沙，山名；鹿，山足也。其言沙鹿崩者，謂山連足而崩爾，詩曰：「百川沸騰，山冢崒崩。」山冢崒崩，猶以爲異，况連足而崩乎？此異之甚者。

狄侵鄭。冬，蔡侯肸卒。

十有五年春，王正月，公如齊。楚人伐徐。三月，公會齊侯、宋公、陳侯、衛侯、鄭伯、許男、曹伯，盟于牡丘，遂次于匡。公孫敖帥師及諸侯之大夫救徐。

言次、言救者，惡諸侯緩于救患也。諸侯既約救徐，而遣大夫往，此緩于救患可知也。公孫敖，公子慶父子。牡丘，衛地。

夏五月，日有食之。秋七月，齊師、曹師伐厲。

厲，楚與國。

八月，螽。九月，公至自會。

暴露師衆三時。

季姬婦于鄫。

不書逆者，微也。

己卯晦，震夷伯之廟。

大夫之廟書者，夷伯僭也。春秋亂世，諸侯僭天子，大夫僭諸侯，故此一見大夫之僭焉。

夷，謚，字者，天子命大夫。

冬，宋人伐曹。楚人敗徐于婁林。十有一月壬戌，晉侯及秦伯戰于韓，獲晉侯。

春秋用兵，大夫生得曰「獲」，僖元年公子友帥師敗莒師于酈，獲莒挐；女居、女加二反。宣二年宋華元帥師及鄭公子歸生帥師戰于大棘，宋師敗績，獲宋華元之類是也。未有諸侯獲諸侯者，此言「晉侯及秦伯戰于韓，獲晉侯」者，賤晉侯、疾秦伯之辭也。賤晉侯、疾秦伯者，晉侯失道，不顧人命以起此戰，秦伯獲之，則又甚矣，故言戰、言獲以著其惡。不言以歸者，舉重也。韓，晉地。

十有六年春，王正月戊申朔，隕石于宋五。是月，六鷁五力反。**退飛過宋都。**

五石，異之甚者也；六鷁，異之細者也，故曰「正月戊申朔，隕石于宋五。是月，六鷁退飛過都」也。其言「是月」者，不可再書正月故也。

三月壬申，公子季友卒。

公子季友卒，字者，天子命大夫也。

夏四月丙申，鄫季姬卒。秋七月甲子，公孫茲卒。冬十有二月，公會齊侯、宋公、陳侯、衛侯、鄭伯、許男、邢侯、曹伯于淮。

十有七年春，齊人、徐人伐英氏。夏，滅項。

此齊人、徐人滅項也。上言「齊人、徐人伐英氏」，下言「滅項」，此齊人、徐人滅項可知也。

英氏，楚與國。

秋，夫人姜氏會齊侯于卞。九月，公至自會。

踰三時。卞，魯地。

冬十有二月乙亥，齊侯小白卒。

十有八年春，王正月，宋公、曹伯、衛人、邾人伐齊。

齊威公六子，無嫡，長公子無虧，次惠公元，次孝公昭，次昭公潘，次懿公商人，次公子雍。威公卒，無虧立，五公子並争，齊大亂。宋襄以諸侯伐齊，孝公故也。

夏，師救齊。五月戊寅，宋師及齊師戰于甗，魚免反，又音言、音彦。齊師敗績。

宋師伐齊，以五月敗齊師于甗，無虧死，遂立孝公。案二十七年齊昭卒，八月葬齊孝公，此立孝公可知也。春秋之義，伐者爲客，受伐者爲主，此以宋主齊者，不與宋襄伐齊也。宋襄伐人之喪，擅易人之主，甚矣！甗，齊地。

狄救齊。秋八月丁亥，葬齊桓公。

九月而葬。

冬，邢人、狄人伐衛。

邢人、狄人伐衛，救齊也。狄稱人者，善救齊。

十有九年春，王三月，宋人執滕子嬰齊。

宋人執滕子嬰齊，不得其罪也。滕子名者，惡遂失國也。

夏六月，宋公、曹人、邾人盟于曹南。鄫子會盟于邾。己酉，邾人執鄫子，用之。

鄫子不及曹南之盟，故會盟于邾。邾子執鄫子，用之，用之爲牲，歃血以盟也。諸侯不得相執，邾人不道，執鄫子用之，天子不能誅也，悲夫！

秋，宋人圍曹。衛人伐邢。冬，會陳人、蔡人、楚人、鄭人盟于齊。

内不出主名，外稱人，皆微者。

梁亡。

梁亡，惡不用賢也。梁伯守天子土，有宗廟社稷之重，有軍旅民人之衆，左右前後，朝夕與爲治，莫有聞者，是左右前後皆非其人也。左右前後皆非其人，不亡何待？故直曰「梁亡」以惡之。

二十年春，新作南門。

城郭門户皆有舊制，壞則修之。常事書者，譏其侈泰、妨農功、改舊制也。案莊二十九年春，新延厩，不言作，此言作，改舊制可知也。

夏，郜音告。**子來朝。五月乙巳，西宫災。**

西宫，公别宫也。

鄭人入滑。秋，齊人、狄人盟于邢。

狄稱人者，猶與中國故也。

冬，楚人伐隨。

二十有一年春，狄侵衛。宋人、齊人、楚人盟于鹿上。

齊桓公死，宋人欲宗諸侯，故盟于鹿上。鹿上，宋地。

夏，大旱。秋，宋公、楚子、陳侯、蔡侯、鄭伯、許男、曹伯會于盂。執宋公以伐宋。

宋襄合諸侯于盂，以致楚子，楚子怒，執宋公以伐宋。不言楚子執宋公以伐宋者，不與楚子執宋公以伐宋也。故以諸侯共執爲文，所以抑强夷而存中國也。然則楚稱子者，案吴、楚本子爵，入春秋始則曰荆、曰楚、曰吴，終則稱人、稱子。楚始謂之荆者，楚先吴僭，罪大貶重，猶曰荆州之夷也。既而曰楚、曰吴者，君臣同辭，以國舉之也。終則稱人、稱子者，以其漸同中國，與諸侯會盟，及修禮來聘，稱人，少進也；稱子，復舊爵也。吴、楚之君，狂僭之惡，罪在不赦，固宜終春秋之世貶之。孔子不終春秋之世貶之者，傷聖王不作，中國失道之甚也。盂，宋地。

冬，公伐邾。楚人使宜申來獻捷。

楚人，楚子也。不言楚子者，以其執宋公伐宋，貶之也。捷，宋捷也，不言宋捷者，不與楚捷于宋也。莊三十一年，齊侯來獻戎捷，言齊侯、言戎捷義同〔一〕。

十有二月癸丑，公會諸侯盟于薄，釋宋公。

楚子執宋公以伐宋，公懼，故會諸侯盟于薄，釋宋公。不言楚子釋宋公者，不與楚子專釋也。

二十有二年春，公伐邾，取須句。其俱反。

公伐邾，取須句，言伐、言取者，惡公伐邾，非以其罪，利其土地。

夏，宋公、衛侯、許男、滕子伐鄭。

鄭即楚故也。案莊十六年，荆伐鄭；二十八年，荆伐鄭；僖元年，楚人伐鄭；二年，楚人侵

〔一〕「義同」，原作小字「缺」，據四庫本改。

鄭；三年，楚人伐鄭。鄭不即楚，此而即者，齊威既死，宋襄不能與楚伉也。

秋八月丁未，及邾人戰于升陘。音刑。

此公及邾人戰也。不言公者，公不道，伐邾取須句，以起此戰，惡之大者，故曰「及邾人戰于升陘」以諱之也。升陘，魯地。

冬十有一月己巳朔，宋公及楚人戰于泓，宋師敗績。

夏，宋公、衛侯、許男、滕子伐鄭，鄭，楚與國也，故楚人伐宋。冬十有一月，宋公及楚人戰于泓，宋師敗績，襄公傷焉。噫！宋襄無齊威之資，欲紹齊威之烈，帥諸侯以致强楚，故盂之會見執受伐。今復與楚争鄭，以起此戰，喪師泓水之上，身傷七月而死，爲中國羞，惜哉！

泓，宋水。

二十有三年春，齊侯伐宋，圍緡。

楚人敗宋公于泓，齊侯視之不救，而又加之以兵，故伐、圍並書，以誅其惡。

夏五月庚寅，宋公茲父卒。

傷于泓故。

秋，楚人伐陳。冬十有一月，杞子卒。

二十有四年春，王正月。夏，狄伐鄭。秋七月。冬，天王出居于鄭。

襄王也。周無出，此言「出」者，惡襄王自絶于周則奔也。其言居于鄭者，天子至尊，故所至稱居，與諸侯異也。

晉侯夷吾卒。

二十有五年春，王正月丙午，衛侯燬滅邢。

衛侯名者，孔子傷天下之亂，時無賢伯，邢、衛皆齊威所存之亡國也。衛侯不念威公之大德，以絶先祖之支體，甚矣！故生而名之也。

夏四月癸酉，衛侯燬卒。宋蕩伯姬來逆婦。

伯姬，内女，嫁爲宋大夫蕩氏妻，爲其子來逆婦也。伯姬自爲其子來逆婦，非禮也。

宋殺其大夫。

稱國以殺，不以其罪也。不稱名氏者，與莊二十六年曹殺其大夫義同。

秋，楚人圍陳，納頓子于頓。

頓子迫于陳，懼而奔楚，故楚人圍陳，納頓子于頓。頓，微國。

葬衛文公。冬十有二月癸亥，公會衛子、莒慶，盟于洮。

二十有六年春，王正月己未，公會莒子、衛甯速，盟于向。舒亮反。齊人侵我西鄙，公追齊師，至巂，音擕。弗及。

侵稱人、追稱師者，不可言公追齊人故也。「至巂，弗及」者，譏魯失戎備，明齊人已去而追之爾。巂，齊地。

夏，齊人伐我北鄙。衛人伐齊。公子遂如楚乞師。

齊再伐我，故公子遂如楚乞師。夫國之大小，師之衆寡，皆有王制，不可乞也。書者，惡魯不能内修戎備，而外乞師于夷狄。

秋，楚人滅夔，以夔子歸。

夔，楚同姓國。不名者，略夷狄。

冬，楚人伐宋，圍緡。公以楚師伐齊，取穀。

楚，夷狄也；齊，中國。以夷狄伐中國，固甚不可，而〔一〕又取其地焉，此公之惡可知也。

公至自伐齊。

〔一〕四庫本「楚夷狄也齊中國以夷狄伐中國固甚不可而」作「魯既不能内修戎備而乞師于荆楚以伐太公之後」。

二十有七年春，杞子來朝。夏六月庚寅，齊侯昭卒。秋八月乙未，葬齊孝公。乙巳，公子遂帥師入杞。

春，杞子來朝；秋，公子遂帥師入杞，甚矣。

冬，楚人、陳侯、蔡侯、鄭伯、許男圍宋。

楚子自會盂執宋公伐宋之後，復貶稱人。冬，楚人使宜申來獻捷；二十一年，宋公及楚人戰于泓；二十五年，楚人圍陳，納頓子于頓；二十六年，楚人滅夔，以夔子歸；此年楚人、陳侯、蔡侯、鄭伯、許男圍宋是也。陳侯、蔡侯、鄭伯、許男不同貶者，四國之君雜然從夷〔一〕圍中國，其貶自見也。會盂伐宋在二十一年。

十有二月甲戌，公會諸侯盟于宋。

諸侯圍宋，公常與楚，故會諸侯盟于宋。

二十有八年春，晉侯侵曹。晉侯伐衛。

曹、衛，楚與國也。晉侯將救宋，故侵曹伐衛。不言遂者，非繼事也。此侵曹既反，而後伐

〔一〕四庫本「夷」作「楚」。

衛耳，故曰「晉侯侵曹。晉侯伐衛」也。

公子買戍衛，不卒戍，刺七賜反。**之。楚人救衛。**

公叛晉與楚，故使公子買戍衛。且以晉之兵力，非公子買所能伉也，故買不卒戍而歸。徐聞楚人救衛，公懼楚之見討也，乃殺買以説焉。公内殘骨肉，外苟説于强夷，故曰「公子買戍衛，不卒戍，刺之」以著其惡。内殺大夫曰刺。

三月丙午，晉侯入曹，執曹伯。畀宋人。

晉侯侵曹，曹不服罪，故入曹執曹伯。畀宋人，畀，與也。晉侯入曹執曹伯，不歸于京師，畀宋人，使自治之，甚矣！不奪爵者，曹伯背華即夷〔一〕，晉侯圖伯，執得其罪也。

夏四月己巳，晉侯、齊師、宋師、秦師及楚人戰于城濮，楚師敗績。

晉文始見于經，孔子遽書爵者，與其攘夷狄〔二〕、救中國之功不旋踵而建也。昔者齊威既殁，楚人復張，猖狂不道，欲宗諸侯，與宋並争，會盂戰泓，以窘宋者數矣。今又圍之踰年，天下諸侯莫有能與伉者。晉文奮起，春征曹、衛，夏服强楚，討逆誅亂，以紹威烈。自是楚

〔一〕四庫本「背華即夷」作「背晉即楚」。

〔二〕四庫本「夷狄」作「外患」。

人遠屏，不犯中國者十五年。此攘夷狄、救中國之功，可謂不旋踵而建矣。噫！東遷之後，周室既微，四夷乘之，以亂中國，盜據先王之土地，戕艾先王之民人，憑陵寇虐，四海洶洶，禮樂衣冠，蓋掃地矣。其所由來者，非四夷之罪也，中國失道故也。是故吴、楚因之，交僭大號，觀其蠻夷之衆，斥地數千里，馳驅宋、鄭、陳、蔡之郊，諸侯望風畏慄，唯其指顧奔走之不暇。鄉非齊威、晉文繼起，盟屈完于召陵，敗得臣于城濮，驅之逐之，懲之艾之，則中國幾何不胥而夷狄矣。故召陵之盟、城濮之戰，專與齊威、晉文也。孟子稱「仲尼之徒，無道威、文之事」。此言專與齊威、晉文者，其實傷之也。孔子傷周道之絶，與其攘夷狄救中國一時之功爾。召陵之盟、城濮之戰，雖然迭勝强楚，不能絶其僭號以尊天子，使平、惠以降，有能以王道興起如宣王者，則是時安有齊威、晉文之事哉？此孔子之深旨也〔一〕。

楚殺其大夫得臣。

不氏，未命也。

衛侯出奔楚。

〔一〕四庫本自「欲宗諸侯」至此作「自城濮之敗不犯中國者十五年文公之功偉矣故春秋與之」。

衛侯聞晉師勝，故懼而奔楚。不名者，以見晉文逼逐而去。

五月癸丑，公會晉侯、齊侯、宋公、蔡侯、鄭伯、衛子、莒子，盟于踐土。

踐土之盟，襄王在是也。不書者，不與晉文致天子也。晉文既攘强楚，不能朝于京師，廟獻楚俘以警夷狄，反以乘勝之衆坐致衰陵之主，盟諸侯于是，甚矣！踐土，鄭地。

陳侯如會。

來不及盟，故曰如會。陳本與楚，楚敗，歸中〔一〕國。

公朝于王所。

非禮也。書曰：「六年，五服一朝。又六年，王乃時巡。諸侯各朝于方嶽。」公朝于王所，非禮可知也。不言諸侯者，言諸侯則是天子可得致也。故壬申之朝，諸侯亦没而不書焉。

六月，衛侯鄭自楚復歸于衛。

此言自楚復歸于衛者，衛侯鄭奔楚，由楚而得返于衛也。衛侯鄭與楚比周，故楚人返之于衛。

〔一〕四庫本「中」作「晉」。

衛元咺許晚反。**出奔晉。**

晉侯使元咺奉公子瑕受盟于踐土，衛侯復歸，故元咺懼，奔晉以訴之。

陳侯款卒。

不地者，安之也。與四年許男新臣義同。

秋，杞伯姬來，公子遂如齊。冬，公會晉侯、齊侯、宋公、蔡侯、鄭伯、陳子、莒子、邾子、秦人于温。天王狩于河陽。

冬會于温，其言天王狩于河陽者，不與晉文再致天子也。晉文再致天子，惡之大者，故孔子以襄王自狩爲文，所以黜强侯而尊天子也。河陽，晉地。

壬申，公朝于王所。

壬申，公朝于王所，深惡再致襄王以諸侯朝也。日繫于月，而此不月者，脱之。

晉人執衛侯，歸之于京師。

「晉人執衛侯，歸之于京師」者，元咺故也。晉文既勝强楚，不能招携撫貳以崇大德，助其臣而執其君，非所以宗諸侯也，故曰「晉人」以疾之。

衛元咺自晉復歸于衛。

晉文既執衛侯，歸之于京師，乃返元咺于衛。

諸侯遂圍許。

諸侯再會，許皆不至。

曹伯襄復歸于曹。

三月晉侯入曹，執曹伯，畀宋人。此言曹伯襄復歸于曹者，晉文赦之也。晉文執之，曷爲晉文赦之？春秋亂世，强侯執辱小國之君，無復天子命，執之赦之，自我而已。案二百四十年，唯成十六年曹伯負芻執而得歸，由天子命，故曰「曹伯歸自京師」以異其文，它皆否焉。

遂會諸侯圍許。

二十有九年春，介葛盧來。

東夷，微國，不言朝者，不能行朝禮也。

公至自圍許。

公出踰時。

夏六月，會王人、晉人、宋人、齊人、陳人、蔡人、秦人，盟于翟泉。

内不出主名，外曰「某人、某人盟于翟泉」，皆微者也。翟泉，周地。

秋，大雨于付反。**雹。冬，介葛盧來。**

一歲而再來，非禮之甚。

三十年春，王正月。夏，狄侵齊。秋，衛殺其大夫元咺及公子瑕，衛侯鄭歸于衛。

此言「衛殺其大夫元咺及公子瑕，衛侯鄭歸于衛」者，衛侯道殺二子而歸也。案二十八年晉文執衛侯，歸之于京師，衛侯得返，懼二子之不納也，故道殺二子而歸。衛侯道殺二子而歸，無惡文者，二子之禍皆晉文爲之也。

晉人、秦人圍鄭。

翟泉之盟，鄭不至故。

介人侵蕭。冬，天王使宰周公來聘。公子遂如京師，遂如晉。

皆非禮也。天子至尊，非諸侯可得伉，僖與襄王交聘，伉孰甚焉，故曰「天王使宰周公來聘，公子遂如京師，遂如晉」以惡之。

三十有一年春，取濟子禮反。**西田。**

復侵地也。濟西田，本魯地。

公子遂如晉。夏四月，四卜郊不從，乃免牲。

郊者，祭天之名也。天子祭天地，無所不通；諸侯祭其境内山川。魯，諸侯也，以諸侯而用天子之祭，僭孰甚焉！故此年夏四月，四卜郊不從，乃免牲；宣三年正月，郊牛之口傷，改卜牛，牛死，乃不郊；成七年正月，鼷音奚。鼠食郊牛角，改卜牛，鼷鼠又食其角，乃免牛不郊；十年五月，五卜郊不從，乃不郊之類，一則因其瀆亂不時，一則從其災異示變，以著其僭天子之惡也。全者曰牲，傷者曰牛。

猶三望。

猶者，可止之辭。三望之説，先儒不同。公羊言泰山、河、海，鄭氏謂海、岱、淮，杜預稱分野之星及境内山川。據鄭、杜止以諸侯祭其封内云爾，況河、海、淮非魯封内。又諸侯無祭分野星辰之事，且魯既僭天子，蓋于四望之中，祭其大者三爾。公羊得之。

秋七月。冬，杞伯姬來求婦。

伯姬，内女。來求婦者，爲其子來求婦也。爲其子來求婦，非禮也。

狄圍衛。十有二月，衛遷于帝丘。

衛畏狄，自遷也。帝丘，衛地。

三十有二年春，王正月。夏四月己丑，鄭伯捷卒。衛人侵狄。秋，衛人及狄盟。

不地者，就狄盟也。復出衛人者，嫌與内之微者同。

冬十有二月己卯，晉侯重耳卒。

三十有三年春，王二月，秦人入滑。齊侯使國歸父來聘。

夏四月辛巳，晉人及姜戎敗秦師于殽。

此晉襄及姜戎敗秦師于殽也，其稱人者，秦人入滑，雖曰不可，晉襄與姜戎要而敗之，此又甚焉。晉襄厄人于險，非仁也；却喪用兵，非孝也，故曰「晉人及姜戎敗秦師于殽」以疾之。

癸巳，葬晉文公。狄侵齊。公伐邾，取訾子斯反。婁。秋，公子遂帥師伐邾。

夏，公伐邾，取訾婁。秋，公子遂帥師伐邾。其惡可知。

晉人敗狄于箕。

箕，晉地。

冬十月，公如齊。十有二月，公至自齊。

案十年、十五年，公如齊，不至，此至者，齊桓既死，遠朝强齊，危之也。

乙巳，公薨于小寢。

小寢，非正也。

隕霜不殺草。李、梅實。

不時也。五行傳曰：「視之不明，是謂不哲。厥罰常燠，時則有草木妖。」

晉人、陳人、鄭人伐許。

春秋尊王發微卷第六

文公名興，僖公子，襄王二十六年即位。文，謚也，慈惠愛民曰文。

元年春，王正月，公即位。

書即位者，文公繼僖，非天子命也。

二月癸亥，日有食之。天王使叔服來會葬。

諸侯五月而葬，僖公薨至此三月，天王使叔服來會葬，非禮也。

夏四月丁巳，葬我君僖公。

五月而葬。書者，不請謚也。

天王使毛伯來錫公命。

古者三載考績，三考黜陟幽明，文公即位，功未及施，而天王使毛伯來錫公命，濫賞也。毛伯，天子卿。毛，采地；伯，爵。

晉侯伐衛。叔孫得臣如京師。衛人伐晉。秋，公孫敖會晉侯于戚。冬十月丁未，楚世

子商臣弑其君頵。憂倫反。

稱世子以弑，甚商臣之惡也。不言其父而言其君者，君之于世子，有父之親，有君之尊，言世子所以明其親也，言其君所以明其尊也。商臣之于尊、親，盡矣！

公孫敖如齊。

二年春，王二月甲子，晉侯及秦師戰于彭衙，秦師敗績。

秦師伐晉，以報殽之役，戰于彭衙，秦師敗績。殽之役在僖三十三年。彭衙，秦地。

丁丑，作僖公主。

丁丑，作僖公主，緩也。禮，平旦而葬，日中反而祭，謂之虞，其主用桑。期而小祥，其主用栗。僖公薨至此十五月，作僖公主，緩可知也。

三月乙巳，及晉處父盟。

此公及處父盟也。不言公者，不與處父敵公也。不與處父敵公，故不言公。處父不氏，未命也。

夏六月，公孫敖會宋公、陳侯、鄭伯、晉士縠，禾木反。**盟于垂隴。**

垂隴，鄭地。

自十有二月不雨，至于秋七月。

不雨歷三時乃書者，惡文公怠于國政，不懼旱災之甚。

八月丁卯，大事于太廟，躋僖公。

大事者，大其事也。僖公，閔公庶兄，繼閔而立，其位當在閔下。文公既君，欲尊其父，故大其事，躋于閔公之上。躋，升也。夫鬼神有常祀，昭穆有常位，不可易也。文公二月丁丑作僖公主，八月丁卯大事于太廟，躋僖公，瀆慢不恭也，甚矣！

冬，晉人、宋人、陳人、鄭人伐秦。

報彭衙之戰。

公子遂如齊納幣。

喪制未終，使同姓大夫圖婚。

三年春，王正月，叔孫得臣會晉人、宋人、陳人、衛人、鄭人伐沈，沈潰。夏五月，王子虎卒。

外大夫來赴，非禮也。

秦人伐晉。秋，楚人圍江。雨于付反。螽音終。于宋。

雨螽于宋，謂雨而爲螽也，猶雨毛、雨土之類爾。

冬，公如晉。十有二月己巳，公及晉侯盟。晉陽處父帥師伐楚以救江。

先言伐楚，而後言以救江者，惡不能救江也。楚人圍江，陽處父帥師不急赴之，乃先伐楚，欲其引兵自救而江圍解，非救患之師也。故明年秋，楚人滅江。

四年春，公至自晉。

自是公朝强國皆至者，惡其輕去宗廟，遠朝强國，或執或辱，危之也。

夏，逆婦姜于齊。

此公逆婦姜于齊也。不言公者，諱之也。不言逆女者，以其成禮于齊也。以其成禮于齊，故不言公以諱之。

狄侵齊。秋，楚人滅江。晉侯伐秦。衛侯使甯俞來聘。

冬十有一月壬寅，夫人風氏薨。

成風也，僖公妾母。

五年春，王正月，王使榮叔歸含户暗反。或作「唅」。**且賵。**方鳳反。

非禮也。成風僭夫人，襄王不能正，又使榮叔含之賵之，此非禮可知也。榮叔，周大夫。

榮，采地；叔，字。不言天王者，脱之，下會葬同此。

三月辛亥，葬我小君成風。王使召伯來會葬。

成，謚也。先言葬而後言會者，不及事也。成風，諸侯妾母，襄王既使榮叔歸含且賵，又使召伯來會葬，甚矣！召伯，天子卿。召，采地；伯，爵。

夏，公孫敖如晉。秦人入鄀。音若。**秋，楚人滅六。**

鄀、六，微國。

冬十月甲申，許男業卒。

六年春，葬許僖公。夏，季孫行父如陳。秋，季孫行父如晉。八月乙亥，晉侯驩卒。冬十月，公子遂如晉，葬晉襄公。晉殺其大夫陽處父。晉狐射姑出奔狄。閏月，不告月，猶朝于廟。

春秋二百四十二年，閏月多矣，獨此書不告月者，是常告也。文既不告閏月，猶朝于廟，非禮可知。

七年春，公伐邾。三月甲戌，取須句。其俱反。

惡再取也。案僖二十二年，公伐邾，取須句，後其地復入于邾。

遂城郚。 音吾。

遂城郚，重勞民也。郚，魯邑。

夏四月，宋公王臣卒。宋人殺其大夫。

稱人以殺，殺有罪也。不言名氏者，脱之也。

戊子，晉人及秦人戰于令力呈反。**狐。**

秦、晉自殽之役，結怨用兵，償報不已。二年書晉侯及秦師戰于彭衙，此稱人者，疾之甚也。故自是不復名其將帥，但曰「某人、某人」而已。言戰不言敗者，勝負敵也。令狐，秦地。

晉先蔑奔秦。

先蔑書者，不可言晉人故也。不言出者，明自軍中而去。

狄侵我西鄙。秋八月，公會諸侯、晉大夫，盟于扈。

扈之會不序者，略之也。公本期會于扈，而不至焉，故略之也。

冬，徐伐莒。

徐不稱人，夷也。

公孫敖如莒涖盟。

八年春，王正月。夏四月。秋八月戊申，天王崩。

襄王也。

冬十月壬午，公子遂會晉趙盾，盟于衡雍。於用反。**乙酉，公子遂會雒戎，盟于暴。**

再言公子遂者，非繼事也。此壬午公子遂與晉趙盾盟于衡雍，乙酉還至暴，又與雒戎盟爾，故曰「壬午，公子遂會晉趙盾，盟于衡雍。乙酉，公子遂會雒戎，盟于暴」也。公子遂，莊公子。暴、衡雍，皆鄭地。

公孫敖如京師，不至而復。丙戌，奔莒。

公孫敖如京師，弔喪也。不至而復，中道而反也。丙戌，奔莒，文公不能誅，敖得以自恣也。案宣八年，公子遂如齊，至黄乃復。至黄乃復者，以疾而還也。公子遂以疾而還，義猶不可，况敖如京師弔喪中道而返乎？此敖之罪，固不容誅矣，而又使之自恣，得以奔莒，此文公之惡亦可見矣。不言所至者，舉京師爲重也。

螽。宋人殺其大夫司馬。宋司城來奔。

宋人殺其大夫司馬，宋司城來奔，譏六卿也。大國三卿，次國二卿，不書名氏者，脱之。左氏稱「司馬握節以死，故書以官。司城蕩意諸效節于府人而出，公以其官逆之，亦書以官」，公羊言「皆以官舉者，宋三世無大夫」，穀梁謂「以官稱，無君之辭也」，于義皆所未安，何者？莊二十六年，曹殺其大夫；僖二十五年，宋殺其大夫；文七年，宋人殺其大夫，皆以官舉故也。此不書名氏，脱之斷可知矣。

九年春，毛伯來求金。

襄王未葬，毛伯來求金，其惡可知也。

夫人姜氏如齊。二月，叔孫得臣如京師。辛丑，葬襄王。

襄王七月而葬，書者惡内也。案六年八月乙亥，晉侯驩卒，冬十月，公子遂如晉葬襄公；前年秋八月戊申天王崩，此年二月叔孫得臣如京師，辛丑葬襄王，魯皆使卿會，是天子、諸侯可得齊也，故書襄王之葬以惡内。

晉人殺其大夫先都。三月，夫人姜氏至自齊。

夫人行不至，此至者，孔子傷文姜之亂，出姜又不安魯，終以子弑而去，十八年夫人姜氏歸于齊是也。

晉人殺其大夫士縠禾木反。**及箕鄭父。楚人伐鄭。**

楚復彊也。楚自城濮之敗，不敢加兵于鄭。今伐鄭者，晉文既死，中國不振故也。城濮之敗在僖二十八年。

公子遂會晉人、宋人、衛人、許人救鄭。夏，狄侵齊。秋八月，曹伯襄卒。九月癸酉，地震。

震，動也。地而震，失地道也。

冬，楚子使椒來聘。

楚子執宋公伐宋，復貶稱人者二十年，至此稱爵者，以其慕義，使椒再來修聘，進之也。椒，楚大夫，未命，故不氏，秦術、吴札皆此義也。執宋公伐宋在僖二十一年。

秦人來歸僖公、成風之禭。音遂。衣服曰禭。

秦人來歸僖公、成風之禭，正也。書者，以見周室陵遲，典禮錯亂，秦人之不若也。案四年十有一月壬寅，夫人風氏薨；五年春王正月，王使榮叔歸含且賵；三月辛亥，葬我小君成風，王使召伯來會葬；此年秦人來歸僖公、成風之禭，不及事也。其言正者，妾母稱夫人，非正也。妾母稱夫人，自僖公始，天子不能正，而秦人能之，故曰「秦人來歸僖公、成風之禭」。此固周室陵遲，典禮錯亂，秦人之不若也。悲夫！

葬曹共公。

十年春，王三月辛卯，臧孫辰卒。夏，秦伐晉。

晉自令狐之戰，不出師者三年，其厭戰之心亦可見也。而秦不顧人命，見利而動，又起此役，夷狄之道也，故曰「秦伐晉」以狄之。

楚殺其大夫宜申。自正月不雨，至于秋七月。及蘇子盟于女音汝，又如字。栗。

內不出主名，微者。蘇子，天子卿。文公使微者盟天子卿，其惡可知。女栗，地闕。

冬，狄侵宋。楚子、蔡侯次于厥貉。某百反。

十有一年春，楚子伐麇。俱倫反。夏，叔彭生會晉郤缺于承匡。一作「筐」。

承匡，宋地。

秋，曹伯來朝。公子遂如宋。狄侵齊。冬十月甲午，叔孫得臣敗狄于鹹。

十有二年春，王正月，郕伯來奔。

諸侯播越失地皆名，此不名者，非自失國也。案莊八年，師及齊師圍郕，郕降于齊師，自是入齊爲附庸。此而來奔，齊所偪爾，故不名。

杞伯來朝。二月庚子，子叔姬卒。

叔姬，文公女也，故曰子叔姬。書者，不服也。

夏，楚人圍巢。秋，滕子來朝。秦伯使術來聘。

術不氏，與九年楚椒義同。

冬十有二月戊午，晉人、秦人戰于河曲。

二國之讎，既易世矣；二國之戰，固可以已也。而秦康、晉靈猶尋舊怨，殘民以逞，是彰父之不德也。故孔子自令狐之戰，不復名其將帥。然令狐之戰猶書及焉，此不言及者，惡其迭起報怨，互覆師徒，一目之也。河曲，晉地。

季孫行父帥師城諸及鄆。

帥師而城，畏莒故也。鄆，莒、魯所争者。

十有三年春，王正月。夏五月壬午，陳侯朔卒。邾子蘧其居反。蒢丈居反。卒。自正月不雨，至于秋七月。大音泰。室屋壞。

大室，伯禽之廟也。周公曰太廟，伯禽曰太室，群公曰宮。文公爲宗廟社稷主，而俾大室屋壞，其不恭也若此。

冬，公如晉。衛侯會公于沓。狄侵衛。十有二月己丑，公及晉侯盟。公還自晉。鄭伯會公于棐。

公本朝晉，既朝且盟，又貪二國之會，皆天子之事也，故詳録其地以惡之。沓，地闕；棐，鄭地。

十有四年春，王正月，公至自晉。邾人伐我南鄙。叔彭生帥師伐邾。夏五月乙亥，齊侯潘卒。

齊昭公。

六月，公會宋公、陳侯、衛侯、鄭伯、許男、曹伯、晉趙盾。癸酉，同盟于新城。

新城，宋地。

秋七月，有星孛音佩。**入于北斗。**

孛，彗之屬。偏指曰彗，光芒四出曰孛。入于北斗者，入于魁中也。

公至自會。晉人納捷菑側其反。**于邾，弗克納。**

邾文公二子，大子貜俱縛反。且子余反。立，捷菑奔晉，故晉人納捷菑于邾，或曰趙盾也，或曰郤缺也。邾人亂焉。晉人以庶奪嫡，亂人之國，此王法所誅也，故曰「晉人納捷菑于邾，弗克納」以疾之。

九月甲申，公孫敖卒于齊。

奔大夫不卒，此卒者，爲明年齊人歸其喪起。敖奔莒在八年。

齊公子商人弑其君舍。

舍未踰年，稱君者，孔子疾亂臣賊子之甚，嫌未踰年與成君異也，故誅一公子商人爲萬世戒。

宋子哀來奔。

子哀，宋公族。子，姓；哀，名也。昭公無道，子哀不食其禄，懼亂來奔，故曰宋子哀。此亦公弟叔肸之比也。叔肸事見宣公十七年。

冬，單音善。**伯如齊。齊人執單伯。齊人執子叔姬。**

單伯，魯大夫。子叔姬，昭公夫人，舍母也。舍既遇弑，魯使單伯視子叔姬，故商人執子叔姬。單伯至此猶見者，蓋其子孫世爾。

十有五年春，季孫行父如晉。三月，宋司馬華户駕反。**孫來盟。**

宋自僖會諸侯于薄釋宋公之後，未嘗與魯通問。一旦華孫來請結盟于我，以尋舊好，故曰「宋司馬華孫來盟」也。不言「使」者，與齊高子義同。僖會諸侯于薄釋宋公在僖二十一年。

夏，曹伯來朝。齊人歸公孫敖之喪。

案八年天王崩，公孫敖如京師弔，廢命奔莒，罪當誅絶，雖死，義不得反。齊人歸之，魯人受之，皆非禮也。

六月辛丑朔，日有食之，鼓，用牲于社。單伯至自齊。

内大夫執則至，至則名，昭十三年晉人執季孫意如以歸、十四年意如至自晉是也。此不名者，天子命大夫也。

晉郤缺帥師伐蔡。戊申，入蔡。

蔡人不與新城之盟，晉郤缺帥師伐蔡，遂入其國，其惡可知也。新城之盟在前年。

秋，齊人侵我西鄙。季孫行父如晉。

行父，公子友孫。

冬十有一月，諸侯盟于扈。

公寬奢怠于國事，諸侯皆會而公獨不與，故諱之，略而不序也。

十有二月，齊人來歸子叔姬。

齊人來歸子叔姬也。商人既弒其子，又絶其母，甚矣！

齊侯侵我西鄙，遂伐曹，入其郛。

十有六年春，季孫行父會齊侯于陽穀，齊侯弗及盟。夏五月，公四不視朔。

天子班朔，諸侯藏于祖廟，每月朝廟，北面受而行之。文公不肖，怠棄國政，天子班朔而四不視之，此文公之不臣也，甚矣！故自是視朔之禮遂廢，子貢欲去告朔之餼羊是也。

六月戊辰，公子遂及齊侯盟于郪音西。丘。

復陽穀之盟也。郪丘，齊地。

秋八月辛未，夫人姜氏薨。

僖公夫人，文公母。

毀泉臺。

毀泉臺，惡勞民也。築之勞，毀之勞。既築之，又毀之，可謂勞矣。

楚人、秦人、巴人滅庸。冬十有一月，宋人弒其君杵臼。

稱人，微者也。名氏不登于史策，故微者弒君，稱人以誅之也。

十有七年春，晉人、衛人、陳人、鄭人伐宋。夏四月癸亥，葬我小君聲姜。

聲，謚也。九月而葬。

齊侯伐我西鄙。六月癸未，公及齊侯盟于穀。諸侯會于扈。

諸侯不序，義與十五年同。

秋，公至自穀。冬，公子遂如齊。

十有八年春，王二月丁丑，公薨于臺下。

臺下，非正也。

秦伯罃音甖〔一〕。卒。

秦康公。

夏五月戊戌，齊人弑其君商人。六月癸酉，葬我君文公。秋，公子遂、叔孫得臣如齊。

冬十月，子卒。

子，子赤也。不日，弑也。弑則曷爲不日？不忍言也。案成君弑不地，子赤未踰年，故不日以别之。不名，文公既葬也。文公葬，公子倭弑子赤自立，是爲宣公。

夫人姜氏歸于齊。

〔一〕此字模糊不清。

夫人，子赤母，子赤見弑，故大歸于齊。

季孫行父如齊。莒弑其君庶其。

稱國以弑，衆也。謂肆禍者非一，故衆弑君則稱國以誅之，言舉國之人可誅也。

春秋尊王發微卷第七

宣公名倭，烏戈反，一名接，又作「委」。文公子，子赤庶兄，匡王五年即位。宣，謚也，善問周達曰宣。

元年春，王正月，公即位。公子遂如齊逆女。三月，遂以夫人婦姜至自齊。

遂不稱公子，前見也。諸侯親迎，禮之大者。此言公子遂如齊逆女，遂以夫人婦姜至自齊，皆非禮也。稱婦，有姑之辭。不言氏者，以喪取貶之也。夫人貶，則公之惡從可見矣。文公薨十四月。

夏，季孫行父如齊。晉放其大夫胥甲父于衛。

放，逐也。晉放其大夫胥甲父于衛，非禮也。

公會齊侯于平州。

宣公弑子赤而立，懼齊見討，故會齊侯于平州。平州，齊地。

公子遂如齊。六月，齊人取濟子禮反。**西田。**

平州之曾方退，齊人取濟西田，其惡可知也。

秋，邾子來朝。楚子、鄭人侵陳，遂侵宋。

楚子、鄭人侵陳，遂侵宋，鄭叛晉也。

晉趙盾帥師救陳。宋公、陳侯、衛侯、曹伯會晉師于棐林，伐鄭。

此晉趙盾帥師救陳，會宋公、陳侯、衛侯、曹伯于棐林，伐鄭也。經言「宋公、陳侯、衛侯、曹伯會晉師于棐林，伐鄭」者，不與趙盾致四國之君也。

冬，晉趙穿帥師侵崇。

崇，秦與國。

晉人、宋人伐鄭。

鄭未服也。

二年春，王二月壬子，宋華户駕反。**元帥師及鄭公子歸生帥師戰于大棘，宋師敗績，獲宋華元。**

宋華元帥師及鄭公子歸生帥師戰于大棘，其衆敵也。宋師敗績，獲宋華元，惡鄭公子歸生與楚比周，戕艾中國，既敗宋師，又獲其帥，可謂甚矣。大棘，宋地。

秦師伐晉。夏，晉人、宋人、衛人、陳人侵鄭。

報大棘之戰。

秋九月乙丑，晉趙盾弑其君夷皋。冬十月乙亥，天王崩。

三年春，王正月，郊牛之口傷，改卜牛。牛死，乃不郊，猶三望。葬匡王。

天子七月而葬，匡王崩至此四月，非禮可知也。

楚子伐陸渾之戎。夏，楚人侵鄭。

鄭即晉故也。

秋，赤狄侵齊。宋師圍曹。冬十月丙戌，鄭伯蘭卒。葬鄭穆公。

四年春，王正月，公及齊侯平莒及郯。莒人不肯，公伐莒，取向。舒亮反。

公及齊侯平莒及郯，可也。莒人不肯，惡在莒也。公伐莒，取向，此則甚矣。郯、莒，皆小國。

秦伯稻卒。夏六月乙酉，鄭公子歸生弑其君夷。赤狄侵齊。秋，公如齊。公至自齊。

冬，楚子伐鄭。

五年春，公如齊。夏，公至自齊。秋九月，齊高固來逆子叔姬。

不言來逆女者，惡其成婚于魯也。成婚于魯，非禮也。莊二十八年，莒慶來逆叔姬義同。

叔孫得臣卒。冬，齊高固及子叔姬來。

大夫非君命不越境，齊高固秋來逆子叔姬，而冬與子叔姬來，豈君命也哉？故曰「齊高固及子叔姬來」以惡之。

楚人伐鄭。

六年春，晉趙盾、衛孫免侵陳。

陳即楚，故晉趙盾、衛孫免侵陳，陳人請成。

夏四月。秋八月，螽。冬十月。

七年春，衛侯使孫良夫來盟。夏，公會齊侯伐萊。秋，公至自伐萊。大旱。冬，公會晉侯、宋公、衛侯、鄭伯、曹伯于黑壤。

黑壤，晉地。

八年春，公至自會。夏六月，公子遂如齊，至黃乃復。

君命無所壅，公子遂聘于齊，至黃乃復，廢君命也。大夫以君命出，雖死，以尸將命，遂以疾還，其罪可知也。

辛巳，有事于太廟，仲遂卒于垂。

仲遂，公子遂也。不言公子者，前見也。仲遂卒與祭同日，故曰「辛巳，有事于太廟，仲遂卒于垂」。字者，天子命大夫。僖十六年公子季友卒，亦此義也。

壬午，猶繹。萬入去籥。

壬午，猶繹，非禮也。萬入去籥，知其不可繹而繹也。仲遂雖卒，猶當追正其罪。宣公不能正仲遂之罪，則當爲之廢繹。何者？君臣之恩未絶也。故曰「壬午，猶繹。萬入去籥」以惡之。

戊子，夫人嬴氏薨。

宣公母。

晉師、白狄伐秦。楚人滅舒、蓼。秋七月甲子，日有食之，既。冬十月己丑，葬我小君敬嬴。雨，不克葬。庚寅，日中而克葬。

敬，謚；嬴，姓。雨，不克葬，譏無備也。凡喪浴于中霤，飯于牖下，小斂于户内，大斂于阼階，殯于客位，祖于庭，葬于墓，所以即遠也。葬既有日，不爲雨止。且經言「己丑，葬我小君敬嬴。雨，不克葬」，是己丑之日喪既行而遇雨也。且雨之遲久，不可得而知，設若浹日彌月，其可停柩路次不行乎？案禮，平旦而葬，日中而虞，此言「庚寅，日中而克葬」，葬之無備可知也。

城平陽。楚師伐陳。

楚伐陳，取成而還。

九年春，王正月，公如齊。

公有母喪而遠朝强齊，公之無哀也，甚矣！

公至自齊。夏，仲孫蔑如京師。

仲孫蔑，公孫敖之孫。

齊侯伐萊。秋，取根牟。

根牟，微國。内滅國曰取，此年取根牟、成六年取鄟、音專，又市戀反。襄十三年取邿音詩。是也。

八月，滕子卒。九月，晉侯、宋公、衛侯、鄭伯、曹伯會于扈。晉荀林父帥師伐陳。辛酉，晉侯黑臀卒于扈。

會于扈，陳侯不至，晉荀林父以諸侯之師伐陳，晉侯卒乃還。

冬十月癸酉，衛侯鄭卒。宋人圍滕。楚子伐鄭。晉郤缺帥師救鄭。

郤缺不克救鄭，鄭與楚平。

陳殺其大夫洩冶。

稱國以殺，不以其罪也。

十年春，公如齊。公至自齊。齊人歸我濟西田。

公連年朝齊，故齊人歸我濟西田。言我，明本魯地也。齊人取濟西田在元年。

夏四月丙辰，日有食之。己巳，齊侯元卒。齊崔氏出奔衛。

崔氏，齊大夫，言氏者，起其世也。東遷之後，天子、諸侯、大夫皆世。隱三年書尹氏，譏天子大夫，故此書崔氏，譏諸侯大夫也。

公如齊。五月，公至自齊。癸巳，陳夏徵舒弑其君平國。六月，宋師伐滕。公孫歸父如齊，葬齊惠公。

公孫歸父，公子遂子。

晉人、宋人、衛人、曹人伐鄭。

諸侯之師伐鄭，取成而還。

秋，天王使王季子來聘。

季，字；子，爵。天子之大夫稱字。

公孫歸父帥師伐邾，取繹。

繹，邾地。

大水。季孫行父如齊。冬，公孫歸父如齊。齊侯使國佐來聘。饑。

五穀不成曰饑。

楚子伐鄭。

十有一年春，王正月。夏，楚子、陳侯、鄭伯盟于辰陵。

陳、鄭即楚故也。辰陵，陳地。

公孫歸父會齊人伐莒。秋，晉侯會狄于欑才官反。函。音咸。

欑函，狄地。

冬十月，楚人殺陳夏徵舒。

此楚子殺陳夏徵舒也。其言楚人者，與楚討也。陳夏徵舒弑其君，天子不能誅，諸侯不能討，而楚人能之，故孔子與楚討也。孔子與楚討者，傷中國無人，喪亂陵遲之甚也。

丁亥，楚子入陳，納公孫寧、儀行父于陳。

上言「楚人殺陳夏徵舒」，下言「楚子入陳，納公孫寧、儀行父于陳」者，惡楚子行義不終也。楚子討陳弑君之賊，正也；因而入陳以納淫亂之人，此則甚矣。

十有二年春，葬陳靈公。楚子圍鄭。夏六月乙卯，晉荀林父帥師及楚子戰于邲，扶必反，一音弼。晉師敗績。

鄭復從晉，故楚子圍之。六月晉荀林父帥師救鄭，乙卯戰于邲，晉師敗績，鄭遂與楚平。

邲，鄭地。

秋七月。冬十有二月戊寅，楚子滅蕭。晉人、宋人、衛人、曹人同盟于清丘。

清丘，衛地。

宋師伐陳。衛人救陳。

十有三年春，齊師伐莒。夏，楚子伐宋。

秋，螽。冬，晉殺其大夫先縠。

楚子伐宋，以其伐陳也。

十有四年春，衛殺其大夫孔達。夏五月壬申，曹伯壽卒。晉侯伐鄭。

鄭與楚故。

秋九月，楚子圍宋。

楚之困宋也，數矣。案僖二十一年，宋公、楚子、陳侯、鄭伯、許男、曹伯會于盂，執宋公以伐宋。公會諸侯盟于薄，釋宋公。二十二年，宋公及楚人戰于泓，宋師敗績。二十七年，楚人、陳侯、蔡侯、鄭伯、許男圍宋，公會諸侯盟于宋。今又圍之。楚之困宋也，可謂數矣。

葬曹文公。冬，公孫歸父會齊侯于穀。

十有五年春，公孫歸父會楚子于宋。夏五月，宋人及楚人平。

此公孫歸父平宋、楚也。楚子圍宋九月，天下諸侯莫有救者，魯素比于楚而親于宋，故使公孫歸父會而平之。經先言「公孫歸父會楚子于宋」，後言「宋人及楚人平」，此公孫平宋、楚可知也。稱人，衆辭。

六月癸卯，晉師滅赤狄潞氏，以潞子嬰兒歸。

詩云：「薄伐玁狁，至于太原。」夷狄亂華〔一〕，諸侯驅之逐之可也。晉師滅赤狄潞氏，以

〔一〕四庫本「夷狄亂華」作「侵軼疆圉」。

潞子嬰兒歸，此則甚矣。

秦人伐晉。王札子殺召伯、毛伯。

生殺之柄，天子所持也，是故春秋非天子不得專殺。王札子，人臣也。王札子人臣，殺召伯、毛伯于朝，定王不能禁，專孰甚焉！故曰「王札子殺召伯、毛伯」以誅其惡。王札子，王子札也，曰王札子，文誤倒爾。召伯、毛伯，天子卿。

秋，螽。仲孫蔑會齊高固于無婁。

無婁，杞邑。

初稅畝。

古者什一而稅于民，初稅畝，非正也。此宣公奢泰，國用不足，又取私田以斂其一，始什二而稅也。故哀公問於有若曰：「年饑，國用不足，如之何？」有若對曰：「盍徹乎？」曰：「二，吾猶不足，如之何其徹也？」哀公言二吾猶不足，則魯自宣公以來，什二而稅也可知矣。

冬，蝝悦全反，又音尹絹反。**生。**

秋中之螽未息，冬又生子，重爲災。

饑。

十有六年春，王正月，晉人滅赤狄甲氏及留吁。

潞氏餘種。

夏，成周宣榭火。

成周，東周也；宣榭，宣王之榭也。其曰成周宣榭火者，孔子傷之也。宣王振衰撥亂，中興之主，平、惠以降，皆庸暗齷齪，無有能以王道興起之者，故因其災也傷之，傷聖王之烈既不可得而見，聖王之迹又從而災之也。

秋，郯伯姬來歸。

棄而來歸也。

冬，大有年。

宣公立十八年，唯此言大有年者，民大足食也。書者，以見宣公不道，重斂于民，常不足也。

十有七年春，王正月庚子，許男錫我卒。丁未，蔡侯申卒。夏，葬許昭公。葬蔡文公。

六月癸卯，日有食之。己未，公會晉侯、衛侯、曹伯、邾子，同盟于斷直管反，一音短。道。

秋，公至自會。冬十有一月壬午，公弟叔肸許乙反。卒。

不曰公子、公孫，而曰公弟叔肸者，無禄而卒也。凡稱公子、公孫，皆大夫也。肸，文公子、宣公母弟，宣公殺子赤立，肸惡之，終身不食其禄，非大夫也，故曰「公弟叔肸卒」，所以重宣公之惡也。

十有八年春，晉侯、衛世子臧伐齊。公伐杞。夏四月。秋七月，邾人戕鄫才陵反。**子于鄫。**

戕，殺也。案僖十九年夏六月，宋公、曹人、邾人盟于曹南，鄫子會盟于邾。己酉，邾人執鄫子，用之。邾人執鄫子，用之，天子不能誅，故此肆然復戕鄫子于鄫也。地以鄫者，責鄫臣子不能拒難。

甲戌，楚子旅卒。

不書葬者，貶之也。吴、楚僭極惡重，王法所誅，故皆不書葬以貶之。

公孫歸父如晉。冬十月壬戌，公薨于路寢。歸父還自晉，至笙，遂奔齊。

此言「歸父還自晉，至笙，遂奔齊」者，惡不復命也。歸父得幸于宣公，秋聘于晉，冬還至笙，聞宣公薨，以是奔齊。人臣之義，受命而出，雖君薨，猶當復命。歸父還至笙，不復命于魯，以是奔齊，非禮也，故曰「遂」以惡之。歸父，公子遂子，不言公孫者，前見也。

春秋尊王發微卷第八

成公名黑肱，宣公子，定王十七年即位。成，謚也，安民立政曰成。

元年春，王正月，公即位。二月辛酉，葬我君宣公。無冰。

周之二月，夏之十二月，無冰，冬温也。書曰：「僭，常暘若。」無冰，常暘之應也。

三月，作丘甲。

作丘甲，丘無甲也。丘無甲，其曰作丘甲者，成公即位，不能修德以靖其國，俾丘人爲甲也。謂丘出甲士一人。古者九夫爲井，四井爲邑，四邑爲丘，出戎馬一匹、牛三頭，何甲士之有？故曰「三月，作丘甲」以惡之也。

夏，臧孫許及晉侯盟于赤棘。

臧孫許，臧孫辰子。赤棘，晉地。

秋，王師敗績于茅戎。

此王師及茅戎戰，王師敗績也。經言「王師敗績于茅戎」者，王者至尊，天下莫得而敵，非茅戎可得敗也。定王庸暗，無宣王之烈，王師爲茅戎所敗，惡之大者，故孔子以王師自敗爲文，所以存周也。

冬十月。

二年春，齊侯伐我北鄙。夏四月丙戌，衛孫良夫帥師及齊師戰于新築，衛師敗績。六月癸酉，季孫行父、臧孫許、叔孫僑如、公孫嬰齊帥師會晉郤克、衛孫良夫、曹公子首及齊侯戰于鞌，齊師敗績。秋七月，齊侯使國佐如師。己酉，及國佐盟于袁婁。

齊侯春伐我北鄙，夏敗衛師于新築，魯、衛使告于晉，六月季孫行父、臧孫許、叔孫僑如、公孫嬰齊會晉郤克、衛孫良夫、曹公子首伐齊，癸酉及齊侯戰于鞌，齊師敗績，晉師逐。齊侯使國佐如師請平，郤克許之，七月己酉盟于袁婁。齊頃數病諸侯，以起此戰，信不道矣。然魯出四卿會晉、衛、曹，敗齊侯于鞌，盟國佐于袁婁，此又甚焉，故列數之以著其惡。公孫嬰齊，叔肹子；新築，衛地；鞌、袁婁，齊地。

八月壬午，宋公鮑卒。庚寅，衛侯速卒。取汶陽田。

汶陽之田，魯地也，齊人侵之。今魯從晉，故復取之。不言取之齊者，明本非齊地。

冬，楚師、鄭師侵衛。十有一月，公會楚公子嬰齊于蜀。丙申，公及楚人、秦人、宋人、陳人、衛人、鄭人、齊人、曹人、邾人、薛人、鄫人盟于蜀。

冬，楚師、鄭師侵衛。公懼二師之及境也，乃會楚公子嬰齊，與諸侯之大夫盟于蜀。先言「公會楚公子嬰齊于蜀」，以見楚公子嬰齊伉也；後言「丙申，公及楚人、秦人、宋人、陳人、衛人、鄭人、齊人、曹人、邾人、薛人、鄫人盟于蜀」，以見公叛晉即楚之惡也。蜀，魯地。

三年春，王正月，公會晉侯、宋公、衛侯、曹伯伐鄭。

宋文、衛穆未葬，成公會晉伐鄭，其惡可知也。

辛亥，葬衛穆公。二月，公至自伐鄭。甲子，新宮災，三日哭。

新宮者，宣公也。案哀三年，威宮、僖宮災稱謚，此不稱謚者，親廟也。親廟災，其曰「新宮」者，成公主祀，弗敢斥也，故曰「新宮災，三日哭」。三日哭，哀則哀矣，何所補也？

乙亥，葬宋文公。夏，公如晉。鄭公子去疾帥師伐許。公至自晉。秋，叔孫僑如帥師圍棘。

棘，附庸。

大雩。晉郤克、衛孫良夫伐廧在良反。咎古刀反。如。冬十有一月，晉侯使荀庚來聘。衛侯使孫良夫來聘。丙午，及荀庚盟。丁未，及孫良夫盟。

此公及荀庚、孫良夫盟也。不言公者，二子伉也。二子來聘，不能以信相親，反要公以盟，非伉而何？故言聘以惡之。荀庚先孫良夫盟，先至也。

鄭伐許。

其曰「鄭伐許」者，狄之也。狄之者，鄭襄背華即夷，與楚比周，一歲而再伐許，故狄之也。

四年春，宋公使華元來聘。三月壬申，鄭伯堅卒。杞伯來朝。夏四月甲寅，臧孫許卒。公如晉。葬鄭襄公。秋，公至自晉。冬，城鄆。鄭伯伐許。

五年春，王正月，杞叔姬來歸。

來歸者，棄而來歸也。

仲孫蔑如宋。夏，叔孫僑如會晉荀首于穀。梁山崩。

梁山崩，其辭略者，比沙鹿之異小也。春秋災異小者略，大者詳，僖十四年秋八月辛卯沙鹿崩是也。

秋，大水。冬十有一月己酉，天王崩。

定王也。

十有二月己丑，公會晉侯、齊侯、宋公、衛侯、鄭伯、曹伯、邾子、杞伯，同盟于蟲牢。

蟲牢之盟，鄭服也。天王崩，晉合諸侯同盟于蟲牢，不顧甚矣。蟲牢，鄭地。

六年春，王正月，公至自會。二月辛巳，立武宮。

武宮者，武公之宫也，其毀已久。宗廟有常，故不言立。此言二月辛巳立武宫，非禮可知也。

取鄟。音專，又市轡反。

宣九年取根牟，此年取鄟，襄十三年取邿，皆微國也。

衛孫良夫帥師侵宋。夏六月，邾子來朝。公孫嬰齊如晉。壬申，鄭伯費音秘。**卒。秋，仲孫蔑、叔孫僑如帥師侵宋。楚公子嬰齊帥師伐鄭。**

鄭從晉故也。前年受盟蟲牢。

冬，季孫行父如晉。晉欒書帥師救鄭。

七年春，王正月，鼷鼠食郊牛角，改卜牛。鼷鼠又食其角，乃免牛。吴伐郯。

吴本子爵，始見于經。曰吴者，惡其僭號，狄〔一〕之也。

〔一〕四庫本「狄」作「外」。

夏五月，曹伯來朝。不郊，猶三望。秋，楚公子嬰齊帥師伐鄭。公會晉侯、齊侯、宋公、衛侯、曹伯、莒子、邾子、杞伯救鄭。八月戊辰，同盟于馬陵。

諸侯救鄭，八月戊辰同盟于馬陵，病楚故也。馬陵，衛地。

公至自會。吴入州來。

吴乘楚伐鄭，故入州來。州來，微國。

冬，大雩。衛孫林父出奔晉。

八年春，晉侯使韓穿來言汶陽之田，歸之于齊。

汶陽之田，齊所侵魯地也。故二年用師于齊，取之。晉侯使韓穿來言歸之于齊，非正也。魯之土地，天子所封，非晉侯所得制也。晉侯使歸之于齊，是魯國之命，制在晉也，故曰「晉侯使韓穿來言汶陽之田，歸之于齊」以惡之。

晉欒書帥師侵蔡。公孫嬰齊如莒。宋公使華元來聘。夏，宋公使公孫壽來納幣。

宋公使公孫壽來納幣，非禮也。

晉殺其大夫趙同、趙括。秋七月，天子使召伯來賜公命。

成雖即位八年，非有勤王之績，天子使召伯來賜公命，濫賞也。天子、天王，王者之通稱。

冬十月癸卯，杞叔姬卒。

杞叔姬五年來歸，此而卒者，爲明年杞伯來逆叔姬之喪起。

晉侯使士燮來聘。叔孫僑如會晉士燮、齊人、邾人伐郯。衛人來媵。以正反，又音繩正反。

媵，伯姬也。媵書者，古諸侯嫁女，二國媵之，二國禮也，三國非禮也。此年衛人來媵、九年晉人來媵、十年齊人來媵是也。唯王后三國媵。

九年春，王正月，杞伯來逆叔姬之喪以歸。

叔姬見棄而死，義與杞絶。此言「杞伯來逆叔姬之喪以歸」者，交譏之也。

公會晉侯、齊侯、宋公、衛侯、鄭伯、曹伯、莒子、杞伯，同盟于蒲。公至自會。二月，伯姬歸于宋。

不言逆者，微也。

夏，季孫行父如宋致女。

致女，常事也，故隱二年伯姬歸于紀，僖十五年季姬歸于鄫，皆不書致。此言「季孫行父如宋致女」者，内女嫁爲鄰國夫人，當有常使，禮也；使卿，非禮也。

晉人來媵。秋七月丙子，齊侯無野卒。晉人執鄭伯。晉欒書帥師伐鄭。

鄭叛晉故也。

冬十有一月，葬齊頃音傾。公。楚公子嬰齊帥師伐莒。庚申，莒潰。楚人入鄆。秦人、白狄伐晉。鄭人圍許。城中城。

十年春，衛侯之弟黑背帥師侵鄭。夏四月，五卜郊，不從，乃不郊。五月，公會晉侯、齊侯、宋公、衛侯、曹伯伐鄭。

五月，諸侯伐鄭，鄭請成。

齊人來媵。丙午，晉侯獳奴侯反。卒。秋七月，公如晉。

公如晉，奔喪也。

冬十月。

十有一年春，王三月，公至自晉。

公留于晉九月。

晉侯使郤犨尺由反。來聘。己丑，及郤犨盟。夏，季孫行父如晉。秋，叔孫僑如如齊。冬十月。

十有二年春，周公出奔晉。

周無出也，天下皆周也。此言「周公出奔晉」者，惡周公自絕于周也。

夏，公會晉侯、衛侯于瑣澤。秋，晉人敗狄于交剛。

瑣澤、交剛，地闕。

冬十月。

十有三年春，晉侯使郤錡魚綺反。**來乞師。三月，公如京師。夏五月，公自京師，遂會晉侯、齊侯、宋公、衛侯、鄭伯、曹伯、邾人、滕人伐秦。**

晉侯將伐秦，春使郤錡來乞師。「三月，公如京師」者，因會諸侯伐秦，過京師而朝也。因會諸侯伐秦，過京師而朝，禮與？公朝京師，禮也；因會諸侯伐秦，過京師而朝，非禮也。案周官「六年，五服一朝。又六年，王乃時巡。諸侯各朝于方岳，大明黜陟」，未有因會諸侯伐國，過京師朝之之事，故曰「春，晉侯使郤錡來乞師。三月，公如京師。夏五月，公自京師，遂會晉侯、齊侯、宋公、衛侯、鄭伯、曹伯、邾人、滕人伐秦」以惡之也。

曹伯盧卒于師。秋七月，公至自伐秦。

不以京師至者，明本非朝京師。

冬，葬曹宣公。

十有四年春，王正月，莒子朱卒。夏，衛孫林父自晉歸于衛。

林父七年奔晉，其言「自晉歸于衛」者，由晉侯而得歸也。衛大夫由晉侯而得歸，則衛國之事可知也。

秋，叔孫僑如如齊逆女。鄭公子喜帥師伐許。九月，僑如以夫人婦姜氏至自齊。

叔孫僑如如齊逆女，僑如〔一〕以夫人婦姜氏至自齊，皆非禮也，惡不親迎也。

冬十月庚寅，衛侯臧卒。秦伯卒。

十有五年春，王二月，葬衛定公。三月乙巳，仲嬰齊卒。

仲嬰齊，公孫歸父子、公子仲遂孫也。孫以王父字爲氏，公之子曰公子，公子之子曰公孫，公孫之子以王父字爲氏也。

癸丑，公會晉侯、衛侯、鄭伯、曹伯、宋世子成、齊國佐、邾人，同盟于戚。晉侯執曹伯，歸于京師。

晉侯執曹伯，稱爵者，執得其罪也。曹伯不道，晉侯會諸侯于齊，討而執之，又歸于京師。書者，非天子命也。

〔一〕原無「如」字，據四庫本補。

公至自會。夏六月，宋公固卒。楚子伐鄭。秋八月庚辰，葬宋共音恭。公。宋華元出奔晉。宋華元自晉歸于宋。宋殺其大夫山。

宋殺其大夫山，楚殺其大夫得臣，皆未命大夫也，故不氏。

宋魚石出奔楚。冬十有一月，叔孫僑如會晉士燮、齊高無咎、宋華元、衛孫林父、鄭公子鰌、邾人會吴于鍾離。

此言叔孫僑如會某人、某人會吴于鍾離者，諸侯大夫不敢致吴子也。吴子在鍾離，故相與會吴于鍾離爾。

許遷于葉。式涉反。

十有六年春，王正月，雨，木冰。

「雨，木冰」者，雨著木而冰也。

夏四月辛未，滕子卒。鄭公子喜帥師侵宋。

鄭叛晉，故侵宋。

六月丙寅朔，日有食之。晉侯使欒黶於斬反，又音於玷反。來乞師。甲午晦，晉侯及楚子、鄭伯戰于鄢於晚反，又音於建反。陵，楚子、鄭師敗績。

鄭公子喜叛晉侵宋，故晉侯使欒黶來乞師。六月，晉侯伐鄭，鄭人使告于楚，楚子救鄭。甲午晦，晉侯及楚子、鄭伯戰于鄢陵，楚子傷焉，楚子、鄭師敗績。楚不言師，舉重也。戰不言公者，公不出師也。案十三年春，晉侯使郤錡來乞師，三月公如京師，夏五月公自京師，遂會晉侯、齊侯、宋公、衛侯、鄭伯、曹伯、邾人、滕人伐秦。十七年秋，晉侯使荀罃來乞師。冬，公會單子、晉侯、宋公、衛侯、曹伯、齊人、邾人伐鄭。此不言公，不出師可知也。鄢陵，鄭地。

楚殺其大夫公子側。秋，公會晉侯、齊侯、衛侯、宋華元、邾人于沙隨，不見公。

不見公者，晉侯不見公也。鄢陵之戰，公不出師，故晉侯不見公。沙隨，宋地。

公至自會。公會尹子、晉侯、齊國佐、邾人伐鄭。

尹子，天子卿。子，爵。

曹伯歸自京師。

前年晉侯會諸侯于戚，執曹伯歸于京師，此言「曹伯歸自京師」者，天子赦之之辭也。春秋亂世，强侯不道，執辱小國之君，皆非天子命，執之赦之，自我而已，僖二十八年，晉侯入曹，執曹伯，畀宋人；晉人執衛侯，歸之于京師；冬，曹伯襄復歸于曹；三十年，衛侯鄭歸于衛是也。惟負芻得反于曹，由天子命，故曰「曹伯歸自京師」，異其文以别之。

九月，晉人執季孫行父，舍之于苕音條。丘。

沙隨之會，晉侯既不見公，今又執季孫行父，舍之于苕丘，魯一不出師而晉再辱于魯，其惡可知也。苕丘，晉地。

冬十月乙亥，叔孫僑如出奔齊。十有二月乙丑，季孫行父及晉郤犨盟于扈。公至自會。

行父不至者，舉公至爲重也。

乙酉，刺公子偃。

十有七年春，衛北宫括帥師侵鄭。夏，公會尹子、單子、晉侯、齊侯、宋公、衛侯、曹伯、邾人伐鄭。六月乙酉，同盟于柯陵。秋，公至自會。齊高無咎出奔莒。九月辛丑，用郊。

九月辛丑，用郊，瀆亂尤甚。

晉侯使荀罃來乞師。冬，公會單子、晉侯、宋公、衛侯、曹伯、齊人、邾人伐鄭。

鄭與楚比周，晉侯再假王命、三合諸侯伐之，不能服鄭，中國不振可知也。

十有一月，公至自伐鄭。壬申，公孫嬰齊卒于貍脤。市軫反。

貍脤，魯地。

十有二月丁巳朔，日有食之。邾子貜俱縛反，又音居壁反。且子余反。卒。晉殺其大夫郤錡、郤犨、尺由反。郤至。

君之卿佐，是謂股肱。厲公不道，一日而殺三卿，此自禍之道也，誰與處矣？故列數之以著其惡。明年，晉弑州蒲。

楚人滅舒庸。

十有八年春，王正月，晉殺其大夫胥童。庚申，晉弑其君州蒲。齊殺其大夫國佐。公如晉。夏，楚子、鄭伯伐宋。宋魚石復入于彭城。

此楚子伐宋，取宋彭城，與魚石守之以逼宋也。其曰「宋魚石復入于彭城」者，不與楚子伐宋取宋彭城以與宋叛臣也，故以魚石自入犯君爲文。

公至自晉。晉侯使士匄來聘。秋，杞伯來朝。八月，邾子來朝。築鹿囿。己丑，公薨于路寢。冬，楚人、鄭人侵宋。晉侯使士魴來乞師。十有二月，仲孫蔑會晉侯、宋公、衛侯、邾子、齊崔杼，同盟于虚起居反。朾。他丁反。

楚人、鄭人侵宋，晉侯使士魴來乞師，故仲孫蔑會晉侯、宋公、衛侯、邾子、齊崔杼，同盟于虚朾，將救宋也。虚朾，地闕。

丁未，葬我君成公。

春秋尊王發微卷第九

襄公名午，成公子，簡王十四年即位。襄，謚也，因事有功曰襄。

元年春，王正月，公即位。仲孫蔑會晉欒黶、宋華元、衛甯殖、曹人、莒人、邾人、滕人、薛人圍宋彭城。

仲孫蔑會諸侯之大夫，圍宋彭城，討魚石也。魚石，成十五年奔楚，十八年復入于彭城，蓋楚子伐宋，取彭城，使魚石守之以逼宋爾。夫彭城，宋邑也。魚石，宋叛臣也。楚子伐宋，取宋邑，使宋叛臣守之以逼宋，其惡可知也。故雖入于楚，孔子還繫之于宋，所以抑彊夷而黜叛臣也。

夏，晉韓厥帥師伐鄭。仲孫蔑會齊崔杼、曹人、邾人、杞人，次于鄫。

韓厥伐鄭，故諸大夫次于鄫以備楚。鄫，鄭地。

秋，楚公子壬夫帥師侵宋。

楚師侵宋，所以救鄭也。

九月辛酉，天王崩。邾子來朝。冬，衛侯使公孫剽匹妙反。來聘。晉侯使荀罃來聘。

天王崩，邾子來朝，衛侯使公孫剽來聘，晉侯使荀罃來聘，皆不臣也。

二年春，王正月，葬簡王。

五月而葬。

鄭師伐宋。夏五月庚寅，夫人姜氏薨。

成公夫人。

六月庚辰，鄭伯睔卒。晉師、宋師、衛甯殖侵鄭。秋七月，仲孫蔑會晉荀罃、宋華元、衛孫林父、曹人、邾人于戚。

會于戚，謀鄭也。

己丑，葬我小君齊姜。

齊，謚也。三月而葬。

叔孫豹如宋。

叔孫豹，僑如弟。

冬，仲孫蔑會晉荀罃、齊崔杼、宋華元、衛孫林父、曹人、邾人、滕人、薛人、小邾人于戚，

遂城虎牢。

冬，荀罃再會于戚，遂城虎牢以偪鄭，鄭乃求成。虎牢，鄭邑也。不繫之鄭者，與荀罃城之也。鄭叛去中國，與楚比周，荀罃再會于戚，城虎牢以偪之，然後乃服。故不繫之于鄭，使若自城中國之邑。然城虎牢服鄭以安中國，善也。乘人之喪，取人之邑，此其可哉？故曰「遂城虎牢」以惡之也。

楚殺其大夫公子申。

三年春，楚公子嬰齊帥師伐吳。

吳、楚皆夷，楚公子嬰齊伐吳者，吳與中國故也。成十五年，叔孫僑如會晉士燮、齊高無咎、宋華元、衛孫林父、鄭公子鰌、邾人會吳于鍾離是也。

公如晉。夏四月壬戌，公及晉侯盟于長樗。

晉侯出其國都，與公盟于外地。

公至自晉。六月，公會單子、晉侯、宋公、衛侯、鄭伯、莒子、邾子、齊世子光。己未，同盟于雞澤。陳侯使袁僑如會。戊寅，叔孫豹及諸侯之大夫及陳袁僑盟。

先言「公會單子、晉侯、宋公、衛侯、鄭伯、莒子、邾子、齊世子光。己未，同盟于雞澤」，次言

「陳侯使袁僑如會。戊寅，叔孫豹及諸侯之大夫及陳袁僑盟」者，此諸侯既盟而陳袁僑至也。諸侯既盟而陳袁僑至，無盟可也。己未，諸侯盟；戊寅，大夫又盟。是大夫彊，諸侯始失政也。故十六年，公會晉侯、宋公、衛侯、鄭伯、曹子、莒子、邾子、薛伯、杞伯、小邾子于溴梁，戊寅大夫盟，不復言諸侯之大夫。不復言諸侯之大夫者，政在大夫故也。故孔子曰：「禄之去公室，五世矣；政逮於大夫，四世矣。」孔子之言，非獨魯也，滔滔者天下皆是也。

秋，公至自會。冬，晉荀罃帥師伐許。

四年春，王三月己酉，陳侯午卒。夏，叔孫豹如晉。秋七月戊子，夫人姒氏薨。

襄公妾母姒氏。

葬陳成公。八月辛亥，葬我小君定姒。

定，謚也。二月而葬。

冬，公如晉。陳人圍頓。

五年春，公至自晉。夏，鄭伯使公子發來聘。叔孫豹、鄫世子巫如晉。

外如不書，鄫世子書者，以同吾叔孫豹如晉也。

仲孫蔑、衛孫林父會吴于善道。秋，大雩。楚殺其大夫公子壬夫。公會晉侯、宋公、陳侯、衛侯、鄭伯、曹伯、莒子、邾子、滕子、薛伯、齊世子光、吴人、鄫人于戚。

吴稱人，序鄫上者，進之也。案成六年吴伐郯始見于經，十五年會于鍾離，此年會于善道，又會于戚，數與中國，故進之稱人，以比小國。鄫亦小國也，然鄫微弱滋甚，不可先也，故吴序鄫上。

公至自會。冬，戍陳。

此會戚諸侯戍陳也，不言諸侯者，魯戍之也。諸侯急于救患戍之，與僖二年城楚丘義同。

楚公子貞帥師伐陳。

陳即中國也。三年，陳侯使袁僑如會。

公會晉侯、宋公、衛侯、鄭伯、曹伯、齊世子光救陳。十有二月，公至自救陳。辛未，季孫行父卒。

六年春，王三月壬午，杞伯姑容卒。夏，宋華弱來奔。秋，葬杞桓公。滕子來朝。莒人滅鄫。

昭四年書取鄫，此而言滅者，蓋莒滅之以爲附庸爾。

冬，叔孫豹如邾。季孫宿如晉。

季孫宿，行父子。

十有二月，齊侯滅萊。

七年春，郯子來朝。夏四月，三卜郊，不從，乃免牲。小邾子來朝。城費。音秘。

費，季氏邑。季氏四月城所食邑，其專可知也。

秋，季孫宿如衛。八月，螽。冬十月，衛侯使孫林父來聘。壬戌，及孫林父盟。楚公子貞帥師圍陳。十有二月，公會晉侯、宋公、陳侯、衛侯、曹伯、莒子、邾子于鄬。于軌反，又音几吹反。

楚公子貞圍陳，故諸侯復會于鄬。鄬，鄭地。

鄭伯髡頑如會，未見諸侯。丙戌，卒于鄵。七報反，又采南反。

卒不名者，一見之也。上言「鄭伯髡頑如會」，下言「未見諸侯。丙戌，卒于鄵」，此鄭伯髡頑可知也。二十五年，吳子遏伐楚，門于巢，卒，同此。鄵，鄭邑。

陳侯逃歸。

案三年晉合諸侯同盟于雞澤，陳侯使袁僑如會以即中國，故楚公子貞五年帥師伐陳，此年帥師圍陳。晉再合諸侯于鄬，不能爲攘楚以安中國，故陳侯逃歸。陳侯以是逃歸者，晉不足與也。言逃，懼楚之甚。

八年春，王正月，公如晉。

公前年會諸侯于鄬，不至者，公自鄬朝晉也。

夏，葬鄭僖公。鄭人侵蔡，獲蔡公子燮。季孫宿會晉侯、鄭伯、齊人、宋人、衛人、邾人于邢丘。

邢丘之會，公在晉也。晉侯不與公會而與季孫宿會者，襄公微弱，政在季氏故也。晉爲盟主，棄其君而與臣，何以宗諸侯？此晉侯之惡，亦可見矣。

公至自晉。莒人伐我東鄙。秋九月，大雩。冬，楚公子貞帥師伐鄭。

夏，鄭人侵蔡，故楚公子貞伐鄭，鄭與楚平。

晉侯使士匄來聘。

九年春，宋災。夏，季孫宿如晉。五月辛酉，夫人姜氏薨。

宣公夫人，成公母。

秋八月癸未，葬我小君穆姜。

穆，謚也。四月而葬。

冬，公會晉侯、宋公、衛侯、曹伯、莒子、邾子、滕子、薛伯、杞伯、小邾子、齊世子光伐鄭。

鄭即楚，故諸侯伐鄭，取成而還。

十有二月己亥，同盟于戲。許宜反。楚子伐鄭。

鄭復與楚平。

十年春，公會晉侯、宋公、衛侯、曹伯、莒子、邾子、滕子、薛伯、杞伯、小邾子、齊世子光會吴于柤。

吴五年會于戚稱人，此不稱人者，以其遂滅偪陽，反狄之也。柤，楚地。

夏五月甲午，遂滅偪陽。

偪陽，微國。諸侯不義，遠會殭夷以滅微國，甚矣！

公至自會。楚公子貞、鄭公孫輒帥師伐宋。晉師伐秦。秋，莒人伐我東鄙。公會晉侯、宋公、衛侯、曹伯、莒子、邾子、齊世子光、滕子、薛伯、杞伯、小邾子伐鄭。

楚公子貞、鄭公孫輒帥師伐宋，故公會晉侯、宋公、衛侯、曹伯、莒子、邾子、齊世子光、滕子、薛伯、杞伯、小邾子伐鄭。

冬，盜殺鄭公子騑、公子發、公孫輒。

盗者，微賤之稱。盗一日而殺三卿，故列數之，惡鄭伯失刑政也。

戍音庶。**鄭虎牢。**

此伐鄭諸侯戍鄭虎牢也。不言諸侯者，諸侯不一，怠于救患也。案二年仲孫蔑于戚，遂城虎牢，不言鄭。今戍虎牢言鄭者，諸侯與楚争鄭久矣，諸侯之得鄭者亦已數矣，而不能有之，隨爲楚取，是諸侯之無能也。故虎牢雖爲諸侯所戍，孔子還繫于鄭。

楚公子貞帥師救鄭。公至自伐鄭。

十有一年春，王正月，作三軍。

作三軍，亂聖王之制也。古者天子六軍，大國三軍，次國二軍，小國一軍。魯次國，以次國而作三軍，亂聖王之制何也！

夏四月，四卜郊，不從，乃不郊。鄭公孫舍之帥師侵宋。公會晉侯、宋公、衛侯、曹伯、齊世子光、莒子、邾子、滕子、薛伯、杞伯、小邾子伐鄭。秋七月己未，同盟于亳城北。

諸侯伐鄭，公孫舍之侵宋，未已也。鄭人、諸侯七月己未同盟于亳城北。亳城北，鄭地。

公至自伐鄭。楚子、鄭伯伐宋。公會晉侯、宋公、衛侯、曹伯、齊世子光、莒子、邾子、滕子、薛伯、杞伯、小邾子伐鄭，會于蕭魚。

鄭伯尋背亳城之盟，爲楚子伐宋，故晉悼復以諸侯伐鄭。鄭人大懼，乃歸中國。言伐、言會者，得鄭伯之辭也。下楚人執鄭行人良霄，此得鄭伯可知也。案鄭自齊威、晉文死，或即夷狄〔一〕，或歸中國，晉、楚之争鄭者，可謂久矣。晉悼比歲大合諸侯伐鄭，今始得之，雖不能遠斥强楚，以紹二伯之烈，然自是能有鄭者二十年，此晉悼之績亦可道也。蕭魚，鄭地。

公至自會。楚人執鄭行人良霄。

鄭伯使良霄告急于楚，楚師未出，鄭伯與諸侯會于蕭魚，故楚人執鄭行人良霄。

冬，秦人伐晉。

十有二年春，王三月，莒人伐我東鄙，圍台。勑才反，又音臺，又音怡。

莒背蕭魚之會，伐我東鄙，圍台。

季孫宿帥師救台，遂入鄆。音運。

季孫宿受命救台，不受命入鄆。季孫宿帥師救台，遂入鄆，專也。

夏，晉侯使士魴來聘。秋九月，吳子乘卒。

〔一〕四庫本「夷狄」作「荆楚」。

不書葬者，罪大惡重，貶之也。

冬，楚公子貞帥師侵宋。公如晉。

十有三年春，公至自晉。夏，取邿。音詩。

邿，小國。

秋九月庚辰，楚子審卒。冬，城防。

十有四年春，王正月，季孫宿、叔老會晉士匄、齊人、宋人、衛人、鄭公孫蠆、曹人、莒人、邾人、滕人、薛人、杞人、小邾人會吴于向。舒亮反。

吴至此猶不稱人者，滅偪陽之後，未有可進。叔老，公孫嬰齊子。向，宋地。

二月乙未朔，日有食之。夏四月，叔孫豹會晉荀偃、齊人、宋人、衛北宫括、鄭公孫蠆、曹人、莒人、邾人、滕人、薛人、杞人、小邾人伐秦。

會向伐秦，齊、宋、衛稱人，微者也。

己未，衛侯出奔齊。

不名者，甯殖、孫林父逐之也。

莒人侵我東鄙。秋，楚公子貞帥師伐吴。冬，季孫宿會晉士匄、宋華閲、衛孫林父、鄭公孫蠆、莒人、邾人于戚。

十有五年春，宋公使向戌來聘。二月己亥，及向戌盟于劉。

劉，魯地。

劉夏逆王后于齊。

天子不親迎，取后則三公逆之。劉夏，士也。王后，天下母，使微者逆之，可哉？故曰「劉夏逆王后于齊」以著其惡。劉，采地；夏，名。

夏，齊侯伐我北鄙，圍成。公救成，至遇。

公救成，至遇，不敢進也。遇，魯地。

季孫宿、叔孫豹帥師城成郛。秋八月丁巳，日有食之。邾人伐我南鄙。冬十有一月癸亥，晉侯周卒。

十有六年春，王正月，葬晉悼公。三月，公會晉侯、宋公、衛侯、鄭伯、曹伯、莒子、邾子、薛伯、杞伯、小邾子于溴古役反，又音公璧反。梁。戊寅，大夫盟。

案三年，公會單子、晉侯、宋公、衛侯、鄭伯、莒子、邾子、齊世子光。己未，同盟于雞澤。陳侯使袁僑如會。戊寅，叔孫豹及諸侯之大夫及陳袁僑盟，言諸侯之大夫，此直曰「戊寅，大夫盟」，不言諸侯之大夫者，雞澤之會，諸侯始失政也，至于溴梁，則又甚矣。溴梁之會，政在大夫也。政在大夫，故不言諸侯之大夫。不言諸侯之大夫者，大夫無諸侯故也。溴梁，晉地。

晉人執莒子、邾子以歸。

晉平溴梁之會方退，執莒子、邾子以歸，又不歸于京師，非所以宗諸侯也。

齊侯伐我北鄙。夏，公至自會。五月甲子，地震。叔老會鄭伯、晉荀偃、衛甯殖、宋人伐許。秋，齊侯伐我北鄙，圍成。大雩。冬，叔孫豹如晉。

十有七年春，王二月庚午，邾子牼苦耕反，又音户耕反。卒。

前年晉人執莒子、邾子以歸，此書邾子牼卒者，晉人尋赦之也，莒子同此。

宋人伐陳。夏，衛石買帥師伐曹。秋，齊侯伐我北鄙，圍桃。高厚帥師伐我北鄙，圍防。

案十五年，齊侯伐我北鄙，圍成。十六年，齊侯伐我北鄙，圍成。此年，齊侯伐我北鄙，圍桃。高厚伐我北鄙，圍防。三年之中，君臣加兵于魯者四，此齊之不道亦可知也。

九月，大雩。宋華臣出奔陳。冬，邾人伐我南鄙。

十有八年春，白狄來。夏，晉人執衛行人石買。秋，齊師伐我北鄙。冬十月，公會晉侯、宋公、衛侯、鄭伯、曹伯、莒子、邾子、滕子、薛伯、杞伯、小邾子，同圍齊。

齊爲不道，數侵諸侯，故諸侯同圍之。言同者，諸侯同心疾齊也。

曹伯負芻卒于師。楚公子午帥師伐鄭。

十有九年春，王正月，諸侯盟于祝柯。晉人執邾子。公至自伐齊。取邾田，自漷虎百反，又音郭，音廓，又音口獲反。水。

諸侯十地，受之天子，不可取也。言取，惡内也。自漷水者，隨漷水爲界也。

季孫宿如晉。葬曹成公。夏，衛孫林父帥師伐齊。秋七月辛卯，齊侯環卒。晉士匄帥師侵齊，至穀，聞齊侯卒，乃還。

非禮也，宣、成而下，政在大夫，故士匄受命侵齊，聞齊侯卒乃還也。噫！不伐喪，善也。士匄貪不伐喪之善，以廢君命，惡也，故曰「晉士匄帥師侵齊，至穀，聞齊侯卒，乃還」以惡之。

八月丙辰，仲孫蔑卒。齊殺其大夫高厚。鄭殺其大夫公子嘉。冬，葬齊靈公。城西郛。叔孫豹會晉士匄于柯。城武城。

城西郛，城武城，懼齊也。

二十年春，王正月辛亥，仲孫速會莒人，盟于向。

仲孫速，仲孫蔑子。

夏六月庚申，公會晉侯、齊侯、宋公、衛侯、鄭伯、曹伯、莒子、邾子、滕子、薛伯、杞伯、小邾子，盟于澶音蟬。淵。

齊平故也。

秋，公至自會。仲孫速帥師伐邾。

仲孫速背澶淵之盟，伐邾。

蔡殺其大夫公子燮。蔡公子履出奔楚。陳侯之弟黄出奔楚。叔老如齊。冬十月丙辰朔，日有食之。季孫宿如宋。

二十有一年春，王正月，公如晉。邾庶其以漆、閭丘來奔。

庶其，邾大夫，不氏，未命也。漆、閭丘，邾邑。昭五年，莒牟夷以牟婁及防滋來奔，同此。

書者，惡魯受邾叛人邑。

夏，公至自晉。秋，晉欒盈出奔楚。九月庚戌朔，日有食之。冬十月庚辰朔，日有食之。

曹伯來朝。公會晉侯、齊侯、宋公、衛侯、鄭伯、曹伯、莒子、邾子于商任。音壬。

商任，地闕。

二十有二年春，王正月，公至自會。夏四月。秋七月辛酉，叔老卒。冬，公會晉侯、齊侯、宋公、衛侯、鄭伯、曹伯、莒子、邾子、薛伯、杞伯、小邾子于沙隨。公至自會。楚殺其大夫公子追舒。

二十有三年春，王二月癸酉朔，日有食之。三月己巳，杞伯匄卒。夏，邾畀我來奔。

此言「邾畀我來奔」者，惡内也。惡鄉受邾叛人邑，今又納邾叛人也。

葬杞孝公。陳殺其大夫慶虎及慶寅。陳侯之弟黄自楚歸于陳。

出，自稱弟者，無失弟之道也。黄奔楚在二十年。

晉欒盈復入于晉，入于曲沃。

此欒盈以曲沃之甲入晉，敗而奔曲沃也。經言「欒盈復入于晉，入于曲沃」者，欒盈復入于晉，犯君當誅，曲沃大夫不可納也。入于曲沃，明曲沃大夫納之，當坐。盈出奔楚在二十年。

秋，齊侯伐衛，遂伐晉。

齊侯伐衛，遂伐晉，背澶淵之盟，在二十年。

八月，叔孫豹帥師救晉，次于雍於用反。榆。

次，止也。言救、言次，惡不急救患也。君命救晉，豹畏齊廢命而止，故曰「叔孫豹帥師救晉，次于雍榆」以惡之。雍榆，晉地。

己卯，仲孫速卒。

孟莊子也。

冬十月乙亥，臧孫紇出奔邾。晉人殺欒盈。

不言其大夫者，欒盈出奔楚，當絶也。稱人以殺，從討賊辭。

齊侯襲莒。

二十有四年春，叔孫豹如晉。仲孫羯帥師侵齊。

羯，仲孫速子，孟孝伯也。

夏，楚子伐吴。秋七月甲子朔，日有食之，既。齊崔杼帥師伐莒。大水。八月癸巳朔，日有食之。公會晉侯、宋公、衛侯、鄭伯、曹伯、莒子、邾子、滕子、薛伯、杞伯、小邾子于夷儀。

諸侯會于夷儀，謀齊也。

冬，楚子、蔡侯、陳侯、許男伐鄭。公至自會。陳鍼其廉反。宜咎出奔楚。叔孫豹如京師。大饑。

五穀不升之甚。

二十有五年春，齊崔杼帥師伐我北鄙。夏五月乙亥，齊崔杼弑其君光。公會晉侯、宋公、衛侯、鄭伯、曹伯、莒子、邾子、滕子、薛伯、杞伯、小邾子于夷儀。

晉再合諸侯，將伐齊，齊人懼，弑莊公以求成，晉侯許之，八月己巳諸侯同盟于重丘是也。莊公復背澶淵之盟，加兵晉、衛，信不道矣。然齊人弑莊公以求成，逆之大者，晉侯不能即而討之，以成齊國之亂，曷以宗諸侯？宜乎大夫日熾，自是卒不可制也。故先書崔杼之弑，以著其惡。

六月壬子，鄭公孫舍之帥師入陳。

前年楚子、蔡侯、陳侯、許男伐鄭，故鄭公孫舍之帥師入陳。

秋八月己巳，諸侯同盟于重丘。公至自會。衛侯入于夷儀。

此衛侯衎也。入于夷儀，將篡剽。匹妙反。

楚屈建帥師滅舒鳩。冬，鄭公孫夏帥師伐陳。十有二月，吴子遏伐楚，門于巢，卒。

吴子伐楚，自攻于巢之門，巢人伏而殺之，故曰「吴子遏伐楚，門于巢，卒」，惡吴子之自輕也。卒不名者，與七年鄭伯髡頑義同。

二十有六年春，王二月辛卯，衛甯喜弑其君剽。衛孫林父入于戚以叛。

獻公之奔齊也，孫林父逐之。甯喜弑剽匹妙反。以納獻公，故林父懼，入于戚以叛。

甲午，衛侯衎復歸于衛。

先言「辛卯，衛甯喜弑其君剽」，後言「甲午，衛侯衎復歸于衛」者，以見衎待弑而歸也。案十四年衛侯衎出奔齊，前年入于夷儀，今喜弑剽四日而復歸于衛，此待弑而歸可知也。

夏，晉侯使荀吴來聘。公會晉人、鄭良霄、宋人、曹人于澶音蟬。淵。秋，宋公殺其世子痤。才禾反。

稱君以殺世子，甚之也。

晉人執衛甯喜。

晉人執衛甯喜，惡不討也。弑君之賊，人人皆得殺之。

八月壬午，許男甯卒于楚。冬，楚子、蔡侯、陳侯伐鄭。葬許靈公。

二十有七年春，齊侯使慶封來聘。夏，叔孫豹會晉趙武、楚屈建、蔡公孫歸生、衛石惡、

陳孔奐、鄭良霄、許人、曹人于宋。

隱、威之際，天子失道，諸侯擅權；宣、成之間，諸侯僭命，大夫專國；至宋之會，則又甚矣。何哉？自宋之會，諸侯日微，天下之政、中國之事皆大夫專持之也。故二十九年城杞，三十年會澶淵，昭元年會虢，諸侯莫有見者，此天下之政、中國之事，皆大夫專持之可知也。

衛殺其大夫甯喜。

甯喜不以討賊辭書者，獻公殺之，不以其罪也。初，甯殖與孫林父逐獻公以立公孫剽，既而悔焉。甯殖死，故喜與公弟鱄謀弒剽以納獻公。獻公歸，一旦復討逐己者，于是殺甯喜。

衛侯之弟鱄市轉反，又音專。**出奔晉。**

其弟鱄曰：「吾與喜納君也。」殺之，遂出奔晉。

秋七月辛巳，豹及諸侯之大夫盟于宋。

案十六年公會晉侯、宋公、衛侯、鄭伯、曹伯、莒子、邾子、薛伯、杞伯、小邾子于溴古役反。梁，戊寅，大夫盟。溴梁之會，諸侯會也，而曰「戊寅，大夫盟」者，大夫無諸侯也。此年叔孫豹會晉趙武、楚屈建、蔡公孫歸生、衛石惡、陳孔奐、鄭良霄、許人、曹人于宋，秋七月辛巳，豹及諸侯之大夫盟于宋，宋之會，大夫會也。大夫會而言「辛巳，豹及諸侯之大夫盟于宋」者，不與大夫無諸侯也。噫！天下之政、中國之事，諸侯專之猶曰不可，况大夫乎？故宋之盟，不與大夫無諸侯也。宋之盟，不與大夫無諸侯者，孔子傷天下之亂，疾之之甚也。豹不氏，前見也。

冬十有二月乙亥朔，日有食之。

二十有八年春，無冰。

無冰，時燠也〔一〕。

夏，衛石惡出奔晉。邾子來朝。秋八月，大雩。仲孫羯如晉。冬，齊慶封來奔。十有一月，公如楚。

公朝楚者，桓、文既死，夷狄日熾〔二〕，中國日微，故公遠朝强夷〔三〕也。

十有二月甲寅，天王崩。

靈王也。

乙未，楚子昭卒。

〔一〕四庫本無此注解。
〔二〕四庫本「夷狄日熾」作「時無盟主」。
〔三〕四庫本「夷」作「楚」。

二十有九年春，王正月，公在楚。

案成十年秋七月，公如晉；十一年三月，公至自晉；昭十五年冬，公如晉；十六年夏，公至自晉，皆不書所在，公在中國猶可，在夷狄〔一〕則甚矣，故詳而録之也。

夏五月，公至自楚。

公留于楚者七月。

庚午，衛侯衎卒。閽弑吴子餘祭。側界反。

閽，門者。不言盜者，閽微于盜也。不言弑者，明弑有漸也。微者猶能弑吴子餘祭，況大者乎？則知爲人君者，雖微不可慢也，故曰「閽弑吴子餘祭」以惡之。

仲孫羯會晉荀盈、齊高止、宋華定、衛世叔儀、鄭公孫段、曹人、莒人、滕人、薛人、小邾人城杞。

杞微弱不能自城，故諸侯之大夫相與城杞。諸侯之大夫相與城杞者，政在大夫故也。

晉侯使士鞅來聘。杞子來盟。吴子使札來聘。

〔一〕四庫本「夷狄」作「楚國」。

吴，成六年伐郯始見于經，稱吴；襄五年會于戚，稱人；今使札來聘，稱子者，與其慕義來聘，進之也。先書「閽弒吴子餘祭」，而後言「吴子使札來聘」者，吴子使札來聘，未至于魯而吴子遇弒，故先書「閽弒吴子餘祭」也。吴子既弒而札至于魯，故後書「吴子使札來聘」。

秋九月，葬衛獻公。齊高止出奔北燕。冬，仲孫羯如晉。

三十年春，王正月，楚子使薳音委。**罷**音皮。**來聘。夏四月，蔡世子般**音班。**弒其君固。**

稱世子以弒，甚般之惡也。不言其父而言其君者，君之于世子，有君之尊也，有父之親也，以般之于尊親盡矣。不日者，脱之。

五月甲午，宋災。宋伯姬卒。天王殺其弟佞夫。

春秋之義，天子得專殺，故二百四十二年無天王殺大夫文。此言「殺其弟佞夫」者，書稱帝堯「克明俊德，以親九族。九族既睦，平章百姓」，而景王不能容一母弟，不可不見也。且諸侯有失教及不能友愛其弟出奔者，孔子猶詳而録之，譏其失兄之道，況景王尊爲天子、富有四海乎？故斥言「天王殺其弟佞夫」以惡之也。

王子瑕奔晉。

景王重失親親，不言出周，無外也。

秋七月，叔弓如宋，葬宋共姬。

共，謚也。内女不葬，葬者，皆非常也。莊四年齊侯葬紀伯姬，三十年葬紀叔姬，此年叔弓如宋葬共姬是也。案文九年叔孫得臣如京師葬襄王，昭二十二年叔鞅如京師葬景王。共姬，婦人也；襄王、景王，天子也，魯皆使卿會葬，惡之甚焉。然内女葬當有恩禮，使卿則不可也。叔弓，叔老子。

鄭良霄出奔許，自許入于鄭。鄭人殺良霄。

鄭人殺良霄，不言大夫者，出奔絶之也。

冬十月，葬蔡景公。晉人、齊人、宋人、衛人、鄭人、曹人、莒人、邾人、滕人、薛人、杞人、小邾人會于澶音蟬。**淵，宋災故。**

會未有言其所爲者，此言「宋災故」者，疾之之辭也。宋災故，天下諸侯莫有憂者，而大夫憂之。天下諸侯莫有憂者，而大夫憂之，諸侯微弱，政在大夫可知也。其曰某人者，以其專極惡甚，故曰「某人、某人會于澶淵，宋災故」，貶也。

三十有一年春，王正月。夏六月辛巳，公薨于楚宫。

非正也。公朝楚，好其宫，歸而作之。

秋九月癸巳，子野卒。

襄公太子，未踰年之君也。名者，襄公未葬也。不薨不地，降成君也。

己亥，仲孫羯卒。冬十月，滕子來會葬。

滕子來會葬，非禮也。

癸酉，葬我君襄公。十有一月，莒人弒其君密州。

春秋尊王發微卷第十

昭公名稠，襄公子，景王四年即位。昭，謚也，容儀恭明曰昭。

元年春，王正月，公即位。叔孫豹會晉趙武、楚公子圍、齊國弱、宋向戌、衛齊惡、陳公子招、音韶。蔡公孫歸生、鄭罕虎、許人、曹人于虢。三月，取鄆。夏，秦伯之弟鍼出奔晉。六月丁巳，邾子華卒。晉荀吴帥師敗狄于大鹵。

大鹵，大原。

秋，莒去起吕反。疾自齊入于莒。莒展輿出奔吴。

莒子二子，長曰去疾，次曰展輿。莒子遇弑，去疾奔齊，展輿立，國人不與，去疾由齊入于莒，故展輿奔吴。莒子弑在襄三十一年。

叔弓帥師疆鄆田。

帥師而往，有畏也。

葬邾悼公。冬十有一月己酉，楚子麇音君。卒。楚公子比出奔晉。

二年春，晉侯使韓起來聘。夏，叔弓如晉。秋，鄭殺其大夫公孫黑。冬，公如晉，至河乃復。

公如晉，至河乃復者六，此年公如晉，至河乃復；十二年公如晉，至河乃復；十三年公如晉，至河乃復；二十一年公如晉，至河乃復；二十三年公如晉，至河，有疾，乃復；定三年公如晉，至河乃復是也。唯二十三年書有疾，明有疾而反，餘皆譏公數如晉見距，不能以禮自重，大取困辱也。

季孫宿如晉。

公如晉而距之，季孫宿如晉而納之，是昭公，季孫宿之不若也。此晉侯之惡，亦可見矣。

三年春，王正月丁未，滕子原卒。夏，叔弓如滕。五月，葬滕成公。

滕，小國，使叔弓會葬，甚矣。

秋，小邾子來朝。八月，大雩。冬，大雨于附反。雹。北燕伯欵出奔齊。

四年春，王正月，大雨于附反。雹。夏，楚子、蔡侯、陳侯、鄭伯、許男、徐子、滕子、頓子、胡子、沈子、小邾子、宋世子佐、淮夷會于申。

中國自宋之會，政在大夫，諸侯不見者十年。此書「楚子、蔡侯、陳侯、鄭伯、許男、徐子、滕子、頓子、胡子、沈子、小邾子、宋世子佐、淮夷會于申」者，楚子大合諸侯于此也。楚子得以大合諸侯于此者，威、文既死，中國〔一〕不振，喪亂日甚，幅裂横潰，制在夷狄〔二〕故也。故自是天下之政、中國之事，皆夷狄〔三〕迭制之。至于平丘、召陵之會，諸侯雖云再出，尋復叛去，事無所救，不足道也。宋盟在襄二十七年，會平丘在昭十三年，會召陵在定四年。申，姜姓國。

楚人執徐子。秋七月，楚子、蔡侯、陳侯、許男、頓子、胡子、沈子、淮夷伐吴。執齊慶封殺之。

案宣十一年楚人殺陳夏徵舒，稱人以殺，討賊辭也。此不言楚人執齊慶封殺之者，不與楚討也。慶封與弑莊公，弑君之賊，人人皆得殺之。其言不與楚討者，楚靈貪虐不道，殄滅陳、蔡以肆其欲，故孔子以諸侯共執齊慶封殺之爲文，所以與殺陳夏徵舒異也。崔杼弑莊公在襄二十五年。

〔一〕四庫本「中國」作「諸夏」。
〔二〕四庫本「夷狄」作「荆楚」。
〔三〕四庫本「夷狄」作「荆楚」。

遂滅賴。

賴，小國。

九月，取鄫。才陵反。

案襄六年莒人滅鄫，此言取鄫者，蓋莒滅鄫以爲附庸，今魯取之爾。

冬十有二月乙卯，叔孫豹卒。

五年春，王正月，舍中軍。

魯本二軍，襄十一年作三軍，今舍中軍，作之非，舍之非，皆非天子命也。

楚殺其大夫屈居勿反。申。公如晉。夏，莒牟夷以牟婁及防茲來奔。

莒牟夷以牟婁及防茲來奔，惡内也，與襄二十一年邾庶其以漆、閭丘來奔義同。

秋七月，公至自晉。戊辰，叔弓帥師敗莒師于蚡扶粉反。泉。

魯既受莒叛人邑，又敗莒師于蚡泉，其惡可知也。蚡泉，魯地。

秦伯卒。冬，楚子、蔡侯、陳侯、許男、頓子、沈子、徐人、越人伐吴。

六年春，王正月，杞伯益姑卒。葬秦景公。夏，季孫宿如晉。葬杞文公。宋華合比如字，又音被。出奔衛。秋九月，大雩。楚薳罷音皮。帥師伐吴。冬，叔弓如楚。齊侯伐北燕。

七年春，王正月，暨齊平。

暨，不得已也。齊來求平，不得已而從之，故曰「暨」，且明非魯志也。

三月，公如楚。叔孫婼如齊涖盟。夏四月甲辰朔，日有食之。秋八月戊辰，衛侯惡卒。

九月，公至自楚。冬十有一月癸未，季孫宿卒。十有二月癸亥，葬衛襄公。

八年春，陳侯之弟招音韶。殺陳世子偃師。

此陳公子招殺陳世子偃師也。其曰「陳侯之弟招殺陳世子偃師」者，親之也，所以甚招之惡也。陳哀公二子，太子偃師，次子留，公弟招與大夫過皆愛留，欲立之。哀公疾，遂殺太子偃師以立之。留，庶孽也；偃師，冢嗣也。招以叔父之親，不顧宗社之重，殞冢嗣以立庶孽，致楚滅陳，皆招之由也，故曰「陳侯之弟招殺陳世子偃師」以甚招之惡也。

夏四月辛丑，陳侯溺卒。叔弓如晉。楚人執陳行人干徵師殺之。陳公子留出奔鄭。

陳哀公卒，干徵師赴于楚，且告立公子留。楚人執干徵師殺之，故公子留出奔鄭。公子留已立，復稱公子者，以著公弟招殺世子偃師之罪，且明留之立不當立也。

秋，蒐于紅。

蒐，春田，秋非禮也，惟不稱大之爲正耳。紅，魯地。

陳人殺其大夫公子過。古未反。

此公子招殺大夫公子過也。其言「陳人殺其大夫公子過」者，不與公子招殺也，故以陳人自討爲文。

大雩。冬十月壬午，楚師滅陳。執陳公子招，音韶。**放之于越。殺陳孔奐。**

陳公子招，殺世子之賊也，楚子執而放之；陳孔奐，無罪之人也，楚子殺之。吁！楚靈暴虐無道，滅人之國，又爲淫刑也如此。

葬陳哀公。

十月壬午，楚師滅陳。此言葬陳哀公，如不滅之辭者，楚子葬之也。不言楚子葬之者，不與楚子滅陳葬哀公，故以陳人自葬爲文，所以存陳也。九年陳災同此。

九年春，叔弓會楚子于陳。許遷于夷。夏四月，陳災。秋，仲孫貜俱縛反，又音居碧反。**如齊。**

冬，築郎囿。

貜，仲孫羯子。

十年春，王正月。夏，齊欒施來奔。秋七月，季孫意如、叔弓、仲孫貜居縛反，又音居碧反。

帥師伐莒。

三卿伐莒，疾莒之甚也。季孫意如，季孫宿孫。

戊子，晉侯彪卒。九月，叔孫婼如晉，葬晉平公。十有二月甲子，宋公成卒。

此年無冬者，脱也。

十有一年春，王二月，叔弓如宋，葬宋平公。夏四月丁巳，楚子虔誘蔡侯般，音班。**殺之于申。**

般，弑逆之人，諸侯皆得殺之。楚子名者，楚子暴虐無道，貪蔡土地，不以弑君之罪殺般也。四月丁巳，楚子虔誘蔡侯般，殺之于申。十有一月丁酉，楚師滅蔡，執蔡世子有以歸，用之，此暴虐無道，貪蔡土地，不以弑君之罪殺般可知也。然般之罪不容誅矣，楚子殺之不以其罪，故生而名之，不得以討賊例，當坐誘殺蔡侯般也。般弑在襄三十年。

楚公子弃疾帥師圍蔡。五月甲申，夫人歸氏薨。

昭公母，胡女，歸姓。

大蒐于比音毗。**蒲。**

蒐，春田也。五月，不時也，時又有夫人之喪。比蒲，魯地。

仲孫貜會邾子，盟于祲音浸，又音侵。祥。

祲祥，地闕。

秋，季孫意如會晉韓起、齊國弱、宋華亥、衛北宮佗、徒何反。鄭罕虎、曹人、杞人于厥慭。魚靳反，又音五巾反，又音五轄反。

會于厥慭，欲救蔡而不能也。厥慭，地闕。

九月己亥，葬我小君齊歸。冬十有一月丁酉，楚師滅蔡，執蔡世子有以歸，用之。

諸侯在喪稱子，此言世子有者，有未立也。案四月丁巳，楚子虔誘蔡侯般，殺之于申，楚公子弃疾帥師圍蔡。十有一月丁酉，楚師滅蔡，執蔡世子有以歸，用之。有窮迫危懼以至于死，此未立可知也，故曰「世子」。噫！楚子既誘蔡侯般，殺之于申，又滅蔡，執蔡世子有以歸，用之。甚矣！楚靈之惡，其若此也。

十有二年春，齊高偃帥師納北燕伯于陽。

北燕伯三年出奔齊，不言納于燕者，明未得國都也。陽，燕別邑。

三月壬申，鄭伯嘉卒。夏，宋公使華定來聘。公如晉，至河乃復。五月，葬鄭簡公。楚殺其大夫成熊。秋七月。冬十月，公子慭魚靳反，讀爲整。出奔齊。楚子伐徐。晉伐鮮虞。

直曰「晉伐鮮虞」者，楚靈不道，殄滅陳、蔡，晉爲盟主，既不能救，其惡已甚，今又與楚交伐中國，此夷狄之道也，故夷狄稱之〔一〕。鮮虞，姬姓國。

十有三年春，叔弓帥師圍費。音秘。

費，季氏邑。不言家臣叛者，言圍則叛可知也。

夏四月，楚公子比自晉歸于楚，弑其君虔于乾谿。

先言歸而後言弑者，先言歸者，明比不與謀也；後言弑者，正比之罪也。初，楚子麇卒，靈王即位，公子比出奔晉。靈王無道，公子弃疾作亂，召公子比，于晉立之，以弑靈王，故曰「楚公子比自晉歸于楚，弑其君虔于乾谿」也。比，靈王弟，奔晉在元年。乾谿，楚地。

楚公子弃疾殺公子比。

比不以討賊辭書者，殺之不以其罪也。弃疾雖召公子比爲王，其實内自窺楚，于是殺公子比自立，故曰「楚公子弃疾殺公子比」以著其惡。比已立，復稱公子者，明比之立不當立也。

〔一〕四庫本「中國此夷狄之道也故夷狄稱之」作「同姓無復天理之存矣故深惡之」。

秋，公會劉子、晉侯、齊侯、宋公、衛侯、鄭伯、曹伯、莒子、邾子、滕子、薛伯、杞伯、小邾子于平丘。八月甲戌，同盟于平丘。公不與音預。**盟。**

自宋之會，諸侯不出，大夫專盟會者十年。至申之會，則又甚矣。楚子以蠻夷之衆横行中國，戕滅陳、蔡，以厭其欲，諸侯莫敢伉。楚子專盟會者又十年矣。今晉昭一旦與劉子合諸侯同盟于此者，其能與楚子伉乎？不能與楚子伉也，乘楚靈弑逆之禍爾。乘楚靈弑逆之禍，與劉子合諸侯同盟于此，何所爲哉？此固不足道也。公不與盟者，晉侯不與公盟也。晉侯與公同事而不同盟，非所以宗諸侯也，天下孰不解體？故自是訖會召陵，諸侯復不出者二十四年。至如鄟音專，又市轉反，又徒官反。陵之會，晉自不出，此不足宗諸侯可知也。宋之會在襄二十七年，申之會在昭四年，鄟陵之會在昭二十六年，會召陵在定四年。平丘，晉地。

晉侯執季孫意如以歸。

晉既不與公盟，又執季孫意如以歸，其惡可知。

公至自會。蔡侯廬歸于蔡。陳侯吴歸于陳。

案八年楚師滅陳，十一年楚滅蔡，此言「蔡侯廬歸于蔡，陳侯吴歸于陳」者，楚平復二國之後也。楚靈不道，暴滅陳、蔡，楚平既立，將矯楚靈之惡以説中國〔一〕也，故復二國之後。然則楚靈滅之，楚平復之，善與？非善也。聖王不作，諸侯不振，二國之命，制在夷狄〔二〕故也。孔子以陳、蔡自歸爲文，所以抑强夷〔三〕而存中國〔四〕也。

冬十月，葬蔡靈公。公如晉，至河乃復。吴滅州來。

州來，附庸。

十有四年春，意如至自晉。

大夫執則至，至則名，不稱氏，前見也。

三月，曹伯滕卒。夏四月。秋，葬曹武公。八月，莒子去疾卒。冬，莒殺其公子意恢。

十有五年春，王正月，吴子夷末卒。二月癸酉，有事于武宮，籥入，叔弓卒，去樂卒事。

有事于武宮，籥入，叔弓卒，去樂卒事，非禮也。宗廟之祭，羽籥既陳，雖有卿佐之喪，不可

〔一〕四庫本「中國」作「諸夏」。
〔二〕四庫本「夷狄」作「荆蠻」。
〔三〕四庫本「夷」作「楚」
〔四〕四庫本「中國」作「諸夏」

去也。然卿佐之喪當有恩禮，去樂則太甚，故爲之廢繹，是故宣八年書六月辛巳有事于太廟，仲遂卒于垂，壬午猶繹，孔子止譏其繹爾。

夏，蔡朝吴出奔鄭。六月丁巳朔，日有食之。秋，晉荀吴帥師伐鮮虞。冬，公如晉。

十有六年春，齊侯伐徐。楚子誘戎蠻子殺之。

案十一年，楚子虔誘蔡侯般，殺之于申，名。此不名者，夷狄〔一〕相誘殺略之也，故亦不地。

夏，公至自晉。秋八月己亥，晉侯夷卒。九月，大雩。季孫意如如晉。冬十月，葬晉昭公。

十有七年春，小邾子來朝。夏六月甲戌朔，日有食之。秋，郯子來朝。八月，晉荀吴帥師滅陸渾之戎。

夷狄亂華〔二〕，諸侯得以驅之逐之，然滅之則甚矣。

冬，有星孛于大辰。

〔一〕四庫本「夷狄」作「狙詐」。

〔二〕四庫本「夷狄亂華」作「陸渾侵略」。

孛，彗之屬。孛于大辰者，在大辰也。大辰，大火。

楚人及吴戰于長岸。

長岸，楚地。

十有八年春，王三月，曹伯須卒。夏五月壬午，宋、衛、陳、鄭災。

壬午，宋、衛、陳、鄭災，宋、衛、陳、鄭同日而災也。宋、衛、陳、鄭同日而災，異之甚者。

六月，邾人入鄅。音禹，又音矩。

鄅，微國。

秋，葬曹平公。冬，許遷于白羽。

白羽，許地。

十有九年春，宋公伐邾。夏五月戊辰，許世子止弒其君買。己卯，地震。秋，齊高發帥師伐莒。冬，葬許悼公。

二十年春，王正月。夏，曹公孫會自鄸音蒙，又音盲，亦音夢。出奔宋。

鄸，公孫會之邑也。言「自鄸出奔宋」者，以別從國都而去爾。

秋，盜殺衛侯之兄縶。

盜者，微賤之稱。兄，母兄也，以衛侯之母兄而盜得殺之，衛侯之無刑政也若此，故曰「盜殺衛侯之兄縶」以著其惡。

冬十月，宋華户化反。亥、向舒亮反。寧、華定出奔陳。

三卿並出，危之。

十有一月辛卯，蔡侯廬卒。

二十有一年春，王三月，葬蔡平公。夏，晉侯使士鞅來聘。宋華亥、向寧、華定自陳入于宋南里以叛。

前年出奔，當絶。復見者，以入宋南里叛，犯君當誅。

秋七月壬午朔，日有食之。八月乙亥，叔輒卒。

輒，叔弓子。

冬，蔡侯朱出奔楚。公如晉，至河乃復。

二十有二年春，齊侯伐莒。宋華亥、向寧、華定自宋南里出奔楚。大蒐于昌閒。

昌閒，魯地。

夏四月乙丑，天王崩。六月，叔鞅如京師，葬景王。

以天子之尊，三月而葬，此諸侯之不若也。叔鞅，叔弓子。

王室亂，劉子、單音善。**子以王猛居于皇。**

「王室亂，劉子、單子以王猛居于皇」者，王猛當嗣，子朝爭立，其位未定故也。子朝，王猛庶兄。猛幼，子朝有寵于景王，王欲立之，劉、單不可。景王崩，六月既葬，子朝作亂，故劉子、單子以王猛居于皇。其言「劉子、單子以王猛」者，子朝亂，猛位未定，進退在二子也。二子，卿爵。皇，周地。

秋，劉子、單子以王猛入于王城。

不言成周而言王城者，明未得國也。景王失道，不能早正王猛之位，卒使子朝爭立。故二子以王猛居于皇，以王猛入于王城。此猛之進退，在二子可知也。

冬十月，王子猛卒。

王猛卒，其曰「王子猛」者，言王，所以明當嗣之人也；言子，所以見未踰年之君也；言猛，所以別群王之子也。不崩、不葬者，降成君也。

十有二月癸酉朔，日有食之。

二十有三年春，王正月，叔孫婼音綽，又音釋。**如晉。癸丑，叔鞅卒。晉人執我行人叔孫**

婼。晉人圍郊。

郊，周邑。

夏六月，蔡侯東國卒于楚。秋七月，莒子庚輿來奔。戊辰，吴敗頓、胡、沈、蔡、陳、許之師于雞父。胡子髡、沈子逞滅。獲陳夏齧。

頓、胡、沈、蔡、陳、許，皆楚與國也。六國之師相與伐吴，吴人禦之，敗六國之師于雞父。春秋之戰，書敗者多矣，未見諸侯之師略而不序者。此六國之師略而不序者，皆夷狄〔一〕之也。賤其舍中國而與夷狄〔二〕，故皆夷狄〔三〕之。其言胡子髡、沈子逞滅者，深惡二國之君不得其死，皆以自滅爲文也。故鄭棄其師，齊人殲于遂，梁亡，胡子髡、沈子逞滅，皆自取之也。陳齧不言執而言獲者，甚之也。雞父，楚地。

天王居于狄泉。

恭王也。辟子朝居于狄泉。曰「天王居于狄泉」，明正也。

〔一〕四庫本「夷狄」作「甚貶」。

〔二〕四庫本「舍中國而與夷狄」作「從于人而與其難」。

〔三〕四庫本「夷狄」作「甚貶」。

尹氏立王子朝。

立者，篡辭。嗣子有常位，故不言立，王猛、恭王是也。此言尹氏立王子朝，其惡可知也。

尹氏，世卿。

八月乙未，地震。冬，公如晉，至河，有疾，乃復。

凡公如晉，不得入者六，二年公如晉，至河乃復；十二年公如晉，至河乃復；十三年公如晉，至河乃復；二十一年公如晉，至河乃復；此年公如晉，至河，有疾，乃復；定三年公如晉，至河乃復是也。此書有疾，明公自有疾而反爾。餘則皆譏公數如晉，爲晉拒而不納，以取其辱。

二十有四年春，王二月丙戌，仲孫貜卒。婼至自晉。

婼，叔孫婼也。不言叔孫，前見也。

夏五月乙未朔，日有食之。秋八月，大雩。丁酉，杞伯郁釐卒。或作斄，音離，又音來。冬，吳滅巢。葬杞平公。

二十有五年春，叔孫婼如宋。夏，叔詣會晉趙鞅、宋樂大心、衛北宮喜、鄭游吉、曹人、邾人、滕人、薛人、小邾人于黄父。

叔詣，叔弓子。黄父，地闕。

有鸜鵒來巢。

魯無鸜鵒，故言有也。又當穴而巢，異之甚者。

秋七月上辛，大雩；季辛，又雩。九月己亥，公孫音巽。**于齊，次于陽州。**

公爲季孫意如所逐，其言孫于齊者，諱奔也。内諱奔皆曰孫。次于陽州者，不得入于齊也。

陽州，齊、魯境上地。

齊侯唁音彦。**公于野井。**

唁，慰安之辭。齊，大國也，不能討意如于魯國，徒能唁昭公于野井，此齊侯之惡亦可見也。

野井，齊地。

冬十月戊辰，叔孫婼卒。十有一月己亥，宋公佐卒于曲棘。

諸侯卒于國都之外，皆地。曲棘，宋封内邑。

十有二月，齊侯取鄆。

齊侯取鄆，以處公也。不言處公者，明年公至自齊，居于鄆，此處公可知也。

二十有六年春，王正月，葬宋元公。三月，公至自齊，居于鄆。

此言公至自齊者，以齊侯之見公，可以言至自齊也。居于鄆者，公爲意如所拒，不得入于魯也，故曰「公至自齊，居于鄆」。

夏，公圍成。

公圍成，書者，見國内皆叛也。成，孟氏邑。

秋，公會齊侯、莒子、邾子、杞伯，盟于鄟音專，又音市轉反，亦音團。**陵。**

盟于鄟陵，謀納公而不能也。鄟陵，地闕。

公至自會，居于鄆。九月庚申，楚子居卒。冬十月，天王入于成周。

子朝之亂甚矣！悼王既死，恭王即位于外，四年始勝其醜，反正于宗廟。不言歸而言入者，言歸嫌與即位于内者同，故變言入以著即位于外也。此非例之常。不言王城而言成周者，以國舉之，明已得國。

尹氏、召伯、毛伯以王子朝奔楚。

立王子朝獨書尹氏，奔楚并舉召伯者，明罪本在尹氏，當先誅逆首，後治其徒也。

二十有七年春，公如齊。公至自齊，居于鄆。夏四月，吴弒其君僚。楚殺其大夫郤宛。遠、宛二音。**秋，晉士鞅、宋樂祁犂、衛北宫喜、曹人、邾人、滕人會于扈。冬十月，曹伯午**

卒。郲快來奔。公如齊。公至自齊，居于鄆。

二十有八年春，王三月，葬曹悼公。公如晉，次于乾侯。

公前年如齊者再，皆不見禮，故如晉。其言次于乾侯者，不得入于晉也。公既不見禮于齊，又不得入于晉，其窮辱若此。乾侯，晉地。

夏四月丙戌，鄭伯寧卒。六月，葬鄭定公。秋七月癸巳，滕子寧卒。冬，葬滕悼公。

二十有九年春，公至自乾侯，居于鄆。

以乾侯至者，不得見晉侯故。

齊侯使高張來唁公。公如晉，次于乾侯。夏四月庚子，叔詣卒。秋七月。冬十月，鄆潰。

潰，散也。季孫專魯，民不附公，故鄆潰。

三十年春，王正月，公在乾侯。

公在乾侯，鄆潰故也。不言居者，乾侯，晉地也。鄆，魯封内，故曰居；乾侯，晉地，不可言居，故曰在，内外辭也。明公爲强臣所逐，不見納于内，終顛殞于外。故自是歲首，孔子皆録公之所在，責魯臣子。

夏六月庚辰，晉侯去疾卒。秋八月，葬晉頃音傾。公。冬十有二月，吳滅徐，徐子章羽奔楚。

三十有一年春，王正月，公在乾侯。季孫意如會晉荀躒于適歷。夏四月丁巳，薛伯穀卒。晉侯使荀躒力狄反。唁公于乾侯。

季孫意如，逐君之賊也。晉侯不能討而戮之，既使荀躒會意如于適歷，又使荀躒唁公于乾侯，何所爲哉？此晉侯之惡亦可見矣。適歷，晉地。

秋，葬薛獻公。冬，黑肱以濫來奔。

黑肱以濫來奔，濫，邑也。案襄二十一年邾庶其以漆、閭丘來奔，五年莒牟夷以牟婁及防茲來奔，邾、莒言國，此不言國者，脱之也。

十有二月辛亥朔，日有食之。

三十有二年春，王正月，公在乾侯。取闞。口暫反。

闞，魯邑。

夏，吳伐越。秋七月。冬，仲孫何忌會晉韓不信、齊高張、宋仲幾、衛世叔申、鄭國參、曹人、莒人、薛人、杞人、小邾人，城成周。

周，自天子言之則曰「王城」、「成周」，昭二十二年劉子、單子以王猛入于王城，二十六年天王入于成周是也。諸侯言之則曰「京師」，僖二十八年晉人執衛侯，歸之于京師；三十年公子遂如京師，遂如晉；文元年叔孫得臣如京師；成十三年三月公如京師，夏五月公自京師，遂會晉侯、齊侯、宋公、衛侯、鄭伯、曹伯、邾人、滕人伐秦；十五年晉侯執曹伯，歸于京師；十六年曹伯歸自京師之類是也。此不言「城京師」而曰「城成周」者，不與大夫城京師也。大夫城京師以安天子，其言不與大夫城京師者，天子微，諸侯又微，故諸侯不城京師而大夫城之也。諸侯不城京師而大夫城之，是天下無諸侯也，故曰「仲孫何忌會晉韓不信、齊高張、宋仲幾、衛世子申、鄭國參、曹人、莒人、薛人、杞人、小邾人，城成周」以惡之。

十有二月己未，公薨于乾侯。

春秋尊王發微卷第十一

定公名宋，襄公子，昭公弟，敬王[一]十一年即位。定，謚也，安民大慮曰定。

元年春，王。

不書正月者，定公未立，不與季氏承其正朔也。是時季氏專國，昭公薨于乾侯，及歲之交，定又未立，故略不書焉，所以黜强臣而存公室也。

三月，晉人執宋仲幾于京師。

春秋之義，諸侯不得專執，况大夫乎？宋仲幾會城成周，韓不信，陪臣也，非天子命，執仲幾于天子之側，甚矣！故曰「晉人執宋仲幾于京師」以疾之。

夏六月癸亥，公之喪至自乾侯。戊辰，公即位。

定公繼奔亡之後，制在季氏，故昭公之喪至自乾侯，六月而始得即位也。昭公之喪至自乾

〔一〕「敬王」，原作「恭王」，四庫本作「共王」，據文意改。

侯，六月而始得即位，此制在季氏可知也，故曰「癸亥，昭公之喪至自乾侯。戊辰，公即位」以著其惡。

秋七月癸巳，葬我君昭公。

八月而葬。

九月，大雩。立煬宫。

煬宫，伯禽子廟，毁已久，此而立之，非禮可知。

冬十月，隕霜殺菽。

建酉之月，隕霜殺菽，非常之災。

二年春，王正月。夏五月壬辰，雉門及兩觀古亂反。**災。**

其言「雉門及兩觀災」者，雉門與兩觀俱災也。雉門、兩觀，天子之制。

秋，楚人伐吴。冬十月，新作雉門及兩觀。古亂反。

新作雉門及兩觀者，定公不知僭天子之惡也。定公不知僭天子之惡，故作而新之。

三年春，王正月，公如晉，至河乃復。二月辛卯，邾子穿卒。夏四月。秋，葬邾莊公。

冬，仲孫何忌及邾子盟于拔。

拔，地闕。

四年春，王二月癸巳，陳侯吳卒。三月，公會劉子、晉侯、宋公、蔡侯、衛侯、陳子、鄭伯、許男、曹伯、莒子、邾子、頓子、胡子、滕子、薛伯、杞伯、小邾子、齊國夏于召上照反。**陵，侵楚。**

蔡人病楚，使告于晉，故晉合諸侯于此，此救蔡伐楚也。其言「會于召陵，侵楚」者，諸侯不振，不能救蔡伐楚也，故使救蔡伐楚之功歸于强吳。冬，蔡侯以吳子及楚人戰于栢舉，楚師敗績是也。噫！昭十三年公會劉子、晉侯、齊侯、宋公、衛侯、鄭伯、曹伯、莒子、邾子、滕子、薛伯、杞伯、小邾子于平丘；八月甲戌同盟于平丘；此年公會劉子、晉侯、宋公、蔡侯、衛侯、陳子、鄭伯、許男、曹伯、莒子、邾子、頓子、胡子、滕子、薛伯、杞伯、小邾子、齊國夏于召陵，侵楚；五月公及諸侯盟于臯鼬。内不能奪大夫之權，外不能攘夷狄〔一〕之患，何所爲哉？何所爲哉？徒自相與歃血要言而已，此固不足道也。

夏四月庚辰，蔡公孫姓音生。**帥師滅沈，以沈子嘉歸，殺之。**

〔一〕四庫本「夷狄」作「荆蠻」。

蔡公孫姓帥師滅沈，沈與楚故也。以沈子嘉歸，殺之，公孫姓之罪不容誅也。

五月，公及諸侯盟于皋鼬。音又。

皋鼬，鄭地。

杞伯成卒于會。六月，葬陳惠公。許遷于容成。秋七月，公至自會。劉卷音權，又音眷〔一〕勉反。**卒。**

上會劉子。

葬杞悼公。楚人圍蔡。晉士鞅、衛孔圄帥師伐鮮虞。葬劉文公。

文，謚也。案文三年王子虎卒，不葬。此葬者，見其私謚且僭也。

冬十有一月庚午，蔡侯以吴子及楚人戰于柏舉，楚師敗績。楚囊瓦出奔鄭。

以者，乞師而用之也。楚人圍蔡，晉師不出，故蔡侯去晉求救于吴，吴子許之。冬十有一月，吴子、蔡侯伐楚，庚午及楚人戰于柏舉，楚師敗績，囊瓦奔鄭。吴稱子者，大救蔡也。晉合十八國之君，不能救蔡伐楚，吴能救之伐之，此吴、晉之事，强弱之勢，較然可見也，故自

〔一〕四庫本「眷」作「卷」。

是諸侯小大皆宗于吴。栢舉，楚地。

庚辰，吴入郢。

吴子救蔡伐楚，善也。乘囊瓦之敗，長驅入郢，夷其宗廟，壞其宫室，此則甚矣，故曰「庚辰，吴入郢」，反狄之也。

五年春，王三月辛亥朔，日有食之。夏，歸粟于蔡。於越入吴。

案昭五年越始見于經，從諸侯伐吴稱人。此言於越，越之别封也。此亦舒人、舒鳩、舒蓼之類耳。

六月丙申，季孫意如卒。秋七月壬子，叔孫不敢卒。冬，晉士鞅帥師圍鮮虞。

六年春，王正月癸亥，鄭游速帥師滅許，以許男斯歸。二月，公侵鄭。

内有强臣之讎，外結怨于鄭。

公至自侵鄭。夏，季孫斯、仲孫何忌如晉。秋，晉人執宋行人樂祁犂。冬，城中城。季孫斯、仲孫忌帥師圍鄆。

前曰仲孫何忌，後曰仲孫忌，傳寫脱之也。

七年春，王正月。夏四月。秋，齊侯、鄭伯盟于鹹。齊人執衛行人北宫結以侵衛。齊侯、衛侯盟于沙。

沙，衛地。

大雩。齊國夏帥師伐我西鄙。九月，大雩。冬十月。

八年春，王正月，公侵齊。公至自侵齊。二月，公侵齊。三月，公至自侵齊。

公一歲而再侵齊，以重其怨，甚矣！

曹伯露卒。夏，齊國夏帥師伐我西鄙。公會晉于瓦。

晉師救我，故公會于瓦。瓦，衛地。

公至自瓦。秋七月戊辰，陳侯柳卒。晉士鞅帥師侵鄭，遂侵衛。葬曹靖公。九月，葬陳懷公。季孫斯、仲孫何忌帥師侵衛。冬，衛侯、鄭伯盟于曲濮。從祀先公。

先公，后稷也。從祀先公者，定公僭亂，從后稷而祀也。后稷，周之始祖，非魯可得祀，故曰「從祀先公」以著其僭。

盜竊寶玉、大弓。

盜，微賤之稱。寶玉、大弓，國之重器也。國之重器而盜得竊之，則定公爲國可知也。

九年春，王正月。夏四月戊申，鄭伯蠆卒。得寶玉、大弓。

不曰盜歸寶玉、大弓者，盜微賤，不可再見也。寶玉、大弓，周公受賜于周，藏之于魯，故失之書，得之書。

六月，葬鄭獻公。秋，齊侯、衛侯次于五氏。

五氏，晉地。

秦伯卒。冬，葬秦哀公。

十年春，王三月，及齊平。

平八年再侵齊之怨。

夏，公會齊侯于夾谷。公至自夾谷。

公會齊侯于夾谷，叛晉故也。夾谷，齊地。

晉趙鞅帥師圍衛。齊人來歸鄆、讙、龜陰田。

三月及齊平，夏，公會齊侯于夾谷，故齊人來歸鄆、讙、龜陰田。其言來歸者，明本非魯地也。

叔孫州仇、仲孫何忌帥師圍郈。秋，叔孫州仇、仲孫何忌帥師圍郈。音后。

郈叛，叔孫州仇、仲孫何忌帥師圍之。郈不服，故二卿秋再圍郈。郈，叔孫邑。

宋樂大心出奔曹。宋公子地出奔陳。冬，齊侯、衛侯、鄭游速會于安甫。

安甫，地闕。

叔孫州仇如齊。宋公之弟辰暨仲佗、徒何反。石彄苦侯反。出奔陳。

宋公失道，其弟辰暨仲佗、石彄出奔陳。暨，不得已也。仲佗、石彄爲宋大臣，不能以道事君，爲辰强牽而去，故曰「宋公之弟辰暨仲佗、石彄出奔陳」以交譏之也。

十有一年春，宋公之弟辰及仲佗、石彄、公子地自陳入于蕭以叛。夏四月。秋，宋樂大心自曹入于蕭。

大心從四子入于蕭，不言叛者，其叛可知也。

冬，及鄭平。

平六年侵鄭之怨。

叔還如鄭涖盟。

叔還，叔弓曾孫。

十有二年春，薛伯定卒。夏，葬薛襄公。叔孫州仇帥師墮許規反。郈。衛公孟彄帥師伐曹。季孫斯、仲孫何忌帥師墮費。音秘。秋，大雩。冬十月癸亥，公會齊侯，盟于黄。十有一月丙寅朔，日有食之。公至自黄。十有二月，公圍成。公至自圍成。

郈，叔孫邑；費，季孫邑；成，孟孫邑。三邑强盛，宰吏數叛以爲國患，故皆墮之。經言叔孫州仇帥師墮郈，季孫斯、仲孫何忌帥師墮費，而獨書公圍成者，公弗能墮成也。三子能墮郈、墮費，而公弗能墮成，公室陵遲，政在三子故也。國内又以圍至者，君弱臣强，危甚。

十有三年春，齊侯、衛侯次于垂葭。夏，築蛇淵囿。大蒐于比音毗。蒲。衛公孟彄帥師伐曹。秋，晉趙鞅入于晉陽以叛。冬，晉荀寅、士吉射音石。入于朝歌以叛。晉趙鞅歸于晉。

趙鞅、荀寅、士吉射三卿專邑以叛，晉侯不能制。趙鞅歸于晉，無惡文者，鞅入晉陽以叛，此王法所誅也。鞅不遠而復以晉陽歸國，此王法所赦也。故曰「秋，晉趙鞅入于晉陽以叛。冬，晉荀寅、士吉射入于朝歌以叛。晉趙鞅歸于晉」，以甚荀寅、士吉射之惡也。晉陽，趙鞅邑。朝歌，晉邑。

薛弑其君比。

十有四年春，衛公叔戍來奔。衛趙陽出奔宋。二月辛巳，楚公子結、陳公孫佗人帥師滅頓，以頓子牂歸。夏，衛北宫結來奔。五月，於越敗吴于檇音醉。李。

檇李，吳地。

吴子光卒。公會齊侯、衛侯于牽。

牽，衛地。

公至自會。秋，齊侯、宋公會于洮。天王使石尚來歸脤。市軫反。

脤，祭肉也。天子祭社稷、宗廟，有與諸侯共福之禮，此謂助祭諸侯也。魯未嘗助祭，天王使石尚來歸脤，非禮也。石尚，士，故名。

衛世子蒯苦怪反。聵伍怪反。出奔宋。衛公孟彄出奔鄭。宋公之弟辰自蕭來奔。大蒐于比音毗。蒲。邾子來會公。

會公于比蒲也。

城莒父及霄。

此年無冬，脱之。

十有五年春，王正月，邾子來朝。鼷鼠食郊牛，牛死，改卜牛。

不言所食者，食非一處也。

二月辛丑，楚子滅胡，以胡子豹歸。夏五月辛亥，郊。壬申，公薨于高寢。

公薨于高寢，非正也。高寢，别寢。

鄭罕達帥師伐宋。齊侯、衛侯次于渠蒢。邾子來奔喪。

邾子來奔喪，非禮也。

秋七月壬申，姒氏卒。

姒氏，哀公妾母。不稱夫人，不言薨，哀未君也。姒氏，杞女。

八月庚辰朔，日有食之。九月，滕子來會葬。

滕子來會葬，非禮也。

丁巳，葬我君定公，雨，不克葬。戊午，日下昃，乃克葬。

雨，不克葬，譏不能葬也。葬不爲雨止。戊午，日下昃，乃克葬，言無備之甚也。義與宣八年葬敬嬴同。

辛巳，葬定姒。冬，城漆。

漆，魯地。

春秋尊王發微卷第十二

哀公名蔣，定公子，敬王〔一〕二十六年即位。哀，謚也，恭仁短折曰哀。

元年春，王正月，公即位。楚子、陳侯、隨侯、許男圍蔡。

楚子以諸侯圍蔡，報栢舉也。案定六年鄭遊速帥師滅許，以許男斯歸。此復見者，蓋鄭滅之爲附庸，楚再使列于諸侯耳。栢舉在定四年。

鼷鼠食郊牛，改卜牛。夏四月辛巳，郊。秋，齊侯、衛侯伐晉。冬，仲孫何忌帥師伐邾。

二年春，王二月，季孫斯、叔孫州仇、仲孫何忌帥師伐邾，取漷火虢反，又音郭。**東田及沂西田。**

案襄十九年取邾田，自漷水，今三卿帥師伐邾，又取漷東田及沂西田，故列數之以重其惡。

癸巳，叔孫州仇、仲孫何忌及邾子盟于句繹。

〔一〕「敬王」，原作「恭王」，四庫本作「共王」，據文意改。

季孫斯、叔孫州仇、仲孫何忌伐邾，取漷東田及沂西田。叔孫州仇、仲孫何忌又要邾子以盟，甚矣！句繹，邾地。

夏四月丙子，衛侯元卒。滕子來朝。晉趙鞅帥師納衛世子蒯聵于戚。

夏四月，衛靈公卒，衛人立輒。輒者，蒯聵之子也，故晉趙鞅帥師納蒯聵于戚。其言于戚者，爲輒所拒，不得入于衛也。案定十四年衛世子蒯聵出奔宋。靈公既卒，輒又已立，猶稱曩日之世子，蒯聵當嗣，惡輒貪國叛父、逆亂人理以滅天性，孔子正其名而書之也。故子路問于孔子曰：「衛君待子而爲政，子將奚先？」孔子曰：「必也正名乎！名不正則言不順，言不順則事不成，事不成則禮樂不興，禮樂不興則刑罰不中，刑罰不中則民無所措手足。」又冉有曰：「夫子爲衛君乎？」子貢曰：「諾！吾將問之。」入曰：「伯夷、叔齊何人也？」曰：「古之賢人也。」「怨乎？」曰：「求仁而得仁，又何怨？」此聖師之旨可得而見矣。故蒯聵出入，皆正其世子之名，書之所以篤君臣父子之大經也，不然，貪國叛父之人，接踵于萬世矣。

秋八月甲戌，晉趙鞅帥師及鄭罕達帥師戰于鐵，鄭師敗績。

皆言帥師者，其衆敵也。鐵，衛地。

冬十月，葬衞靈公。

七月而葬。

十有一月，蔡遷于州來。蔡殺其大夫公子駟。

三年春，齊國夏、衞石曼姑帥師圍戚。

齊國夏序衞石曼姑上者，齊國夏主乎圍戚也。案襄元年仲孫蔑會晉欒黶、宋華元、衞甯殖、曹人、莒人、邾人、滕人、薛人圍宋彭城，此不言圍衞戚者，不與國夏助輒圍父也。國夏助輒圍父，逆亂人理，莫甚于此，故曰「齊國夏、衞石曼姑帥師圍戚」以誅其惡。

夏四月甲午，地震。五月辛卯，桓宮、僖宮災。

諸侯五廟，親盡則毀。威、僖不毀，非禮也，故孔子因其災而並録之。不言及者，親盡故也。

季孫斯、叔孫州仇帥師城啓陽。

啓陽，魯邑。

宋樂髡帥師伐曹。秋七月丙子，季孫斯卒。蔡人放其大夫公孫獵于吴。冬十月癸卯，秦伯卒。叔孫州仇、仲孫何忌帥師圍邾。

四年春，王二月庚戌，盜殺蔡侯申。

盜者，微賤之稱，不言弑者，賤盜也。其曰「盜殺蔡侯申」，責蔡臣子不能拒難。

蔡公孫辰出奔吴。葬秦惠公。宋人執小邾子。夏，蔡殺其大夫公孫姓、音生。公孫霍。

晉人執戎蠻子赤，歸于楚。

蠻夷猾夏久矣，晉人執戎蠻子，不歸于京師，而歸于楚，其惡可知也。

城西郛。六月辛丑，亳社災。

亳社，亡國之社也。武王克商，作亳社于廟，以爲天子戒。魯作亳社，非禮也。亡國之社屋，故有災。

秋八月甲寅，滕子結卒。冬十有二月，葬蔡昭公。葬滕頃公。

五年春，城毗。

毗，魯邑。

夏，齊侯伐宋。晉趙鞅帥師伐衛。秋九月癸酉，齊侯杵臼卒。冬，叔還音旋。如齊。閏月，葬齊景公。

閏月喪事不數，葬齊景公，非禮也。春秋二百四十二年，書閏者惟文六年不告月、此年葬齊景公爾，皆譏其變常也。且三年之喪，練、祥各有其月，此非禮可知。

六年春，城邾瑕。晉趙鞅帥師伐鮮虞。吴伐陳。夏，齊國夏及高張來奔。叔還會吴于柤。莊加反。秋七月庚寅，楚子軫卒。齊陽生入于齊。齊陳乞弑其君荼。冬，仲孫何忌帥師伐邾。宋向巢帥師伐曹。

七年春，宋皇瑗帥師侵鄭。晉魏曼多帥師侵衛。夏，公會吴于鄫。秋，公伐邾。八月己酉，入邾，以邾子益來。

邾，吴與國。公秋伐邾，八月己酉入邾，以邾子益來，甚矣！結怨强吴，以取困辱，明年吴伐我是也。邾子名，責不死社稷。

宋人圍曹。冬，鄭駟弘帥師救曹。

八年春，王正月，宋公入曹，以曹伯陽歸。吴伐我。

吴伐我，以邾子益來故也。直曰伐我者，兵加于都城也。

夏，齊人取讙音歡。及闡。尺善反。

公前年入邾，以邾子益來。益，齊甥也，故齊人取讙及闡。

歸邾子益于邾。秋七月。冬十有二月癸亥，杞伯過音戈。卒。齊人歸讙及闡。

公既歸邾子益于邾，故齊人歸讙及闡。凡土地，諸侯取之、歸之皆書者，惡專恣也。取而不歸，則又甚矣。

九年春，王二月，葬杞僖公。宋皇瑗帥師取鄭師于雍於勇反。丘。

鄭人圍宋雍丘，宋皇瑗帥師救之。取鄭師于雍丘，鄭師不戒也。

夏，楚人伐陳。秋，宋公伐鄭。冬十月。

十年春，王二月，邾子益來奔。公會吴伐齊。

公會吴伐齊，齊，中國也；吴，夷狄也，夷狄〔一〕伐中國，其惡可知也。

三月戊戌，齊侯陽生卒。夏，宋人伐鄭。晉趙鞅帥師侵齊。五月，公至自伐齊。葬齊悼公。衛公孟彄自齊歸于衛。薛伯夷卒。秋，葬薛惠公。冬，楚公子結帥師伐陳。吴救陳。

十有一年春，齊國書帥師伐我。

公前年會吴伐齊，故齊國書帥師伐我。

夏，陳轅頗出奔鄭。五月，公會吴伐齊。甲戌，齊國書帥師及吴戰于艾陵，齊師敗績，

〔一〕四庫本兩處「夷狄」二字闕。

獲齊國書。

公再會吴伐齊，戰于艾陵，不言公者，公與音喻，下同。上伐，不與下戰也。

秋七月辛酉，滕子虞母卒。冬十有一月，葬滕隱公。衛世叔齊出奔宋。

十有二年春，用田賦。

田者，井田也；賦者，財賦也。宣公奢泰，始什二而税。至于哀公，則又甚焉。哀公不道，既什二而税其田，又什二而斂其財，故曰「用田賦」，言用田以爲財賦之率也。

夏五月甲辰，孟子卒。

吴女，昭公夫人。其曰「孟子卒」，諱取同姓也。不言葬者，略之也。故陳司敗問：「昭公知禮乎？」孔子曰：「知禮。」孔子退，揖巫馬期而進之，曰：「吾聞君子不黨，君子亦黨乎？君取于吴，爲同姓，謂之吴孟子。君而知禮，孰不知禮？」巫馬期以告，子曰：「丘也幸，苟有過，人必知之。」

公會吴于槖皋。秋，公會衛侯、宋皇瑗于鄖。音云。**宋向巢帥師伐鄭。冬十有二月，螽。**

周之十二月，夏之十月也，爲異之甚。

十有三年春，鄭罕達帥師取宋師于嵒。

宋向巢帥師伐鄭，鄭罕達帥師取宋師于嵒，報雍丘之師也。案九年，宋皇瑗帥師取鄭師于雍丘。二國覆師以相償報，其惡如此。

夏，許男成卒。公會晉侯及吴子于黄池。

黄池之會，其言「公會晉侯及吴子」者，主在吴子也。黄池之會，不主晉侯而主吴子者，蓋晉侯不能主諸侯故也。吴自栢舉之戰，勢横中國，諸侯小大震栗，皆宗于吴，晉侯不見者二十四年，此不能主諸侯可知也。故黄池之會，吴子主焉。不言公會吴子、晉侯者，不與夷狄主中國〔一〕也。不與夷狄主中國〔二〕者，存中國〔三〕也。案吴，定四年入楚，哀六年伐陳，夏叔還會柤，七年公會鄫，八年伐我，十年公會伐齊，十一年公會伐齊，十二年公會櫜皋，皆曰「吴」以狄〔四〕之，此稱「子」，復舊爵也。噫！吴、楚之君，狂僭之惡，罪在不赦，故宜終春秋之世貶之。孔子不終春秋之世貶之者，傷聖王不作，中國失道〔五〕之甚也。鄉

〔一〕四庫本「夷狄」作「吴子」，「中國」作「盟故」。
〔二〕四庫本「夷狄」作「吴子」，「中國」作「盟」。
〔三〕四庫本「存中國」作「惡吴僭故」。
〔四〕四庫本「狄」作「外」。
〔五〕四庫本「中國失道」作「名分失正」。

使聖王興、百度脩、萬物遂，則九州四海皆將重譯，襁負其子而至矣，又安有奔軼狂僭、肆誅伐、專盟會之事哉？此孔子之深旨也。黄池，衛地。栢舉之戰在定四年。

楚公子申帥師伐陳。於越入吴。

於越入吴，吴子方會，乘其無備也。

秋，公至自會。晉魏曼多帥師侵衛。葬許元公。九月，螽。冬十有一月，有星孛音佩。**于東方。**

光芒四出曰孛。不言所在之次者，見于旦也。案文十四年有星孛入于北斗，昭十七年有星孛入于大辰。此不言所在之次者，見于旦可知也。

盜殺陳夏區音甌。**夫。十有二月，螽。**

十有四年春，西狩獲麟。

狩未有言其所獲者，此言「西狩獲麟」，何也？傷之也。孔子傷麟之見獲與？孔子傷聖王不作，中國〔一〕遂絶，非傷麟之見獲也。然則曷爲絶筆于此？前此猶可言也，後此不可言

〔一〕四庫本「中國」作「聖道」。

也。天子失政，自東遷始；諸侯失政，自會溴古役反，又音古璧反。梁始。故自隱公至于溴梁之會，天下之政、中國之事，皆諸侯分裂之；自溴梁之會至于申之會，天下之政、中國之事，皆大夫專執之；自申之會至于獲麟，天下之政、中國之事〔一〕，皆夷狄〔二〕迭制之。聖王憲度，禮樂衣冠，遺風舊政，蓋掃地矣。中國〔三〕淪胥，逮此而盡。前此猶可言者，黄池之會，晉、魯在焉；後此不可言者，諸侯泯泯，制命在吴，無復中國，天下皆夷狄故〔四〕也。是故春秋尊天子，貴中國〔五〕。貴中國，所以賤夷狄〔六〕也；尊天子，所以黜諸侯也。尊天子，黜諸侯，始于隱公是也；貴中國，賤夷狄〔七〕，終于獲麟是也。嗚呼！其旨微哉！其旨微哉！

〔一〕四庫本「中國之事」作「會盟征伐」。
〔二〕四庫本「夷狄」作「吴楚」。
〔三〕四庫本「中國」作「周道」。
〔四〕四庫本「中國天下皆夷狄故」作「天子會盟征伐之事」。
〔五〕四庫本「貴中國」作「褒齊晉」。下句同。
〔六〕四庫本「賤夷狄」作「貶吴楚」。
〔七〕四庫本「貴中國賤夷狄」作「褒齊晉貶吴楚」。

孫明復先生小集叙二首〔一〕

宋孫明復先生小集，雜文十九篇，詩三篇。泰安聶君鈫手鈔，藏於笥者有年，恩其久而湮没也，迺謀付梓，以廣其傳。詒書京師，乞余志其刻之歲月。案歐陽公誌先生墓，稱「先生病時，天子選書吏，給紙筆，就其家，得書十有五篇，藏於秘閣。」宋史則云「得書十五萬言」。余謂先生立言，主於明道，非若文人以繁富相矜。史家得於傳聞，不若歐誌之可據。此本有廿二篇，殆後人别有所據，附益之耳。當宋盛時，談經者墨守注疏，有記誦而無心得，有志之士，若歐陽氏、二蘇氏、王氏、二程氏，各出新意解經，蘄以矯學究專己守殘之陋，而先生實倡之。觀其上范天章書，欲召天下鴻儒碩老，識見出王、韓、左、穀、公、杜、何、毛、范、鄭、孔之右者，重爲注解，俾六經廓然瑩然，如揭日月，以復虞、夏、商、周之治，其意氣可謂壯哉！元明以來，學者空談名理，不復從事詁訓、制度、象數，張口茫如，則又以能習注疏者爲通儒矣。夫訓詁、義

〔一〕此爲擬題。

理二者不可得兼，然能爲於舉世、不爲之日者，其人必豪傑之士也！余故因讀先生文而記之。

乾隆三十七年，歲在壬辰四月七日，翰林院侍讀學士嘉定錢大昕謹叙。

宋明復孫先生，爲泰山文獻之祖，經師、人師，詳載宋史本傳與歐陽文忠公所作墓誌及石徂徠之泰山書院記，争光日月，固無俟後生小儒重複表揭也。發祥浮家東魯，謬塵山長，適踐先生講學之地，景仰前徽，蒐討散帙。既領修志事，因與邑人聶鈫劍光善，往復資考訂。劍光閒爲余言，家有藏弆孫先生小集廿二篇，蓋出自故相國趙公拙菴家，珍同尺璧，顧不忍秘行，謀付剞劂，當屬作弁言，發祥何敢以不敏辭。嘗攷孫先生在北宋時，爲此間道學之倡，而其遺文僅十五篇，彫零磨滅，於七百餘年以後而始大顯於時。此正如歐陽公所云「精氣光怪，必自發露」者，乃從煨燼之餘，倏爾揚光飛文。猶幸收功於一山間窮老布衣之手，則又似孫先生之爲人，生甘貧賤，雖其歾後遺書，亦不肯容後來羶附也，事不洵有前定哉！而聶劍光，窮且愈堅，晚而好學，獨能刻意爲其鄉古先生重光日月，如此人者，亦得藉以不朽。工既竣，遂條其顛末，書之簡端。

乾隆乙未仲夏，錢塘後學申發祥謹叙。

孫明復先生小集目録

文

[一]「書漢」，原作「漢書」，據徐本、四庫本改。正文同。

罪平津

無爲指上

無爲指下

寄范天章書一

寄范天章書二

上孔給事書

答張洞〔一〕書

兖州鄒縣建孟子廟記

信道堂記

儒辱

世子蒯聵論

詩

蠟燭

〔一〕此字底本、徐本、四庫本均作「泂」，今改爲「洞」。下同。

附録

〔一〕此文已見於春秋尊王發微序後之舉張問孫復狀，此處僅列入目録，正文不再重複收録。底本僅節録孫復部分内容。

〔二〕此文已見於春秋尊王發微序後之孫先生墓誌銘，此處僅列入目録，正文不再重複收録。

〔三〕此文已見於徂徠石先生文集卷十九之泰山書院記，此處僅列入目録，正文不再重複收録。

孫明復先生小集

文

堯權議

堯以上聖之資居天子之位，可生也，可殺也，可興也，可廢也。彼八凱、八元者，天下共知其善也，堯豈反不知之哉？知之反不能舉耶？彼三苗、四凶者，天下共知其惡也，堯豈反不知之哉？知之反不能去耶？若知其善而不能舉、知其惡而不能去，則知堯亦非聖人矣，書何以謂之聰明文思、光宅天下者乎？噫！彼八凱、八元者，堯非不能舉也，能舉而不舉也；三苗、四凶者，堯非不能去也，能去而不去也。能舉而不舉、能去而不去者，權也。堯以天下至廣，神器至重，朱既不肖，弗堪厥嗣，故命於舜。舜起於微陋，雖曰睿聖，然世德弗耀，四岳、十二牧未盡服其德，九州、四海未盡蒙其澤，不可遽授之以大位也。若遽授之，則四岳、十二牧其盡臣之乎？九州、四海其盡戴之乎？不臣不戴，則爭且叛矣。堯懼其如是也，非權何以授之？

於是潛神隱耀，厥用弗彰，以觀於舜。故八凱、八元，雖積其善而不舉也；三苗、四凶，雖積其惡而不去也。堯若盡舉八凱、八元，盡去三苗、四凶，則舜有何功於天下也？是故堯不舉而俾舜舉之，堯不去而俾舜去之。俟其功著於天下，四岳、十二牧莫不共臣之，九州、四海莫不共戴之，然後〔一〕授之大位，絶其争且叛也。非堯誰能與於此？故孔子曰：「大哉堯之爲君也！巍巍乎！唯天爲大，唯堯則之。蕩蕩乎！民無能名焉。巍巍乎！其有成功也；煥乎，其有文章！」蓋言堯以權授舜，其道宏大高遠之若是，而人莫有能見其迹者，而先儒〔二〕稱堯不能舉、不能去，妄哉！

舜制議

舜既受命，庸十二相、放四凶也，以帝天下之制，猶有未至者焉，乃窮神極慮以增以益。夫所謂帝天下之制者，君君臣臣、上下貴賤之序，久久不相瀆者是也。厥初生民，冥焉而無

〔一〕徐本下校補「共」字。
〔二〕徐本校曰：「『先儒』二字似宜改爲『左氏傳』。」

知，浩焉而無防，嶷嶷群群，孰君孰師，與鳥獸何異〔一〕。黄帝觀乾坤，創法度，衣之裳之，以辨君臣，以正上下，以明貴賤，由是帝天下之制，從而著焉。黄帝創之於前，帝堯奉之於後。然二帝之間，厥制未盡。黄帝取乾坤分上下爲一人之服，以至於堯無所增益。逮乎虞舜，再覲〔二〕厥象，以盡其神，謂五等之制不可不正也。於是分其命數，異其等威，殊其采章，以登以降。自公而下，率〔三〕之以兩，然後一人之服、五等之制焕然而備。俾臣無以僭其君，下無以陵其上，賤無以加其貴。僭陵篡奪之禍不作，雖四海之廣、億兆之衆，上穆下熙，可高拱而視〔四〕。故易曰「黄帝、堯、舜垂衣裳而天下治」，皋陶曰「天命有德，五服五章哉」是也。若五等之制，非由虞帝而備，則易何以兼言於〔五〕舜，皋陶謨何繫之於虞書耶？或曰：「舜以三十登庸，三十在位，五十載陟方乃死。且舜自歷試與居攝三十年，在天子之位又五十年，其八十年間，作事垂法爲萬世利者多矣，今子稱舜止以因一人之服、增五等之制者何？願聞其

〔一〕四庫本「何異」作「無别」，徐本作「鳥獸」，校曰：「下『鳥獸』字誤，應闕二字。」
〔二〕徐本校曰：「『覲』疑『觀』。」
〔三〕四庫本「率」作「殺」。
〔四〕四庫本「視」作「治」。
〔五〕四庫本「於」作「夫」。

説。」曰：「善乎！子〔一〕之問也。吾之所言，聖人之極致也。夫乾者，君之道；坤者，臣之道。衣上而裳下者，乾坤之象也。衣可加之乎裳，示君之可加於臣也。裳之不可加於衣，示臣之不可加於君也。聖人南嚮而治天下，久久不相瀆者，始諸此也。故舜增五等之制，自上而下〔二〕，俾貴賤之序益明，天子之位益尊，此舜所以杜萬世僭陵篡奪無窮之禍〔三〕也。雖後世〔四〕有作千制萬度，無以踰於此矣。故曰：『吾之所言者，聖人之極致也。』」

文王論

春秋左氏傳吴公子季札來聘，請觀於周樂，見舞象箾、南籥者曰：「美哉！猶有憾。」説者曰：「憾，恨也。文王恨不及己致太平。」意以爲文王不能夷商紂於當時，取天下於己手，有遺憾〔五〕焉。愚甚惑焉〔六〕，竊謂季子之是言也，非知樂者也，厚誣於聖人矣。若果如是季

〔一〕徐本「子」字旁有「爾」字，似要改「子」爲「爾」。

〔二〕徐本校改「上」爲「下」，「下」爲「上」。

〔三〕徐本「禍」作「禍」。

〔四〕徐本校改「世」爲「聖」。

〔五〕徐本校改「憾」爲「恨」。

〔六〕徐本校改「焉」爲「之」。

子之言也，則是文王懷二心以事〔一〕上，匿怨以伺其間，包藏禍心，乃亂臣賊子矣。何者？文王受封商室，列爲諸侯，紂雖無道，君也，安得爲人之臣而有無君之心哉？矧以文王爲西伯，位於諸侯之上，賜之弓矢鈇鉞，使得征伐，紂之有德於文王也厚矣。文王宜乎竭力盡能，夙夜匪懈，以事於紂也，又豈可背惠忘施，以怨報德，將成干紀亂常之事哉？噫！事必不然，章章矣。觀乎紂既失德，毒流四海，諸侯咸叛，而文王事之獨無二心。故孔子曰：「三分天下有其二，以服事殷〔二〕，周之德，其可謂至德也已矣。」又曰：「下之事上也，雖有庇民之大德，不敢有君民〔三〕之心，仁之厚也。」有庇民之大德，有事君之小心，其舜、禹、文王、周公之謂歟〔四〕？若文王猶有憾也，則孔子〔五〕何以謂之至德與仁厚者乎？或曰：「史記齊世家叙太公之迹，其後亦言西伯昌之脱羑里，與呂尚陰謀修德以傾商政，其事多兵權與奇計。若文王果無憾也，則何得與太公陰謀修德以傾商政，其事多兵權奇計之如是哉？由是觀之，季子

〔一〕徐本「事」下校補「其」字。
〔二〕徐本、四庫本「殷」作「商」。
〔三〕徐本校改「民」爲「臣」。
〔四〕「歟」，原作「與」，據徐本和四庫本改。下同
〔五〕徐本、四庫本「孔子」作「夫子」。

之言，又何誣也？」曰：「此蓋秦火之後，簡編錯亂，司馬子長修史記，叙太公之迹也，不能實録善事，乃散取雜亂不經之説，以廣其異聞爾，斯固不足疑於聖人也。嗚呼！古稱季札賢明博達，觀樂盡〔一〕能知興衰，而於此也，何蒙暗頓惑之若是耶？逮乎杜預、服虔之徒，復無卓識絶見以發明之，斯又乖謬之甚者也。」

辨四皓

四先生，儒也。哀周之亡，疾秦之亂，脱身乎虐焰，沈冥乎商山〔二〕，非欲潔其身而亂大倫者也，蓋有道則見，無道則隱者也。曷以知其然哉？夫傳嗣立嫡，周道也。爲國之大者，莫大於傳嗣；傳嗣之大，莫大於立嫡，不可不正也。苟一失其正，則覆亡簒奪之禍隨之。自秦氏肆虐，燔滅群聖之典，周道絶矣。絶而復傳之者，四先生也。昔漢祖攜一劍行四海，由布衣取天子位，斯可謂真主也。及夫禍亂〔三〕既定，嗜慾既起，内有嬖寵之惑，外有廢

〔一〕四庫本「盡」作「即」。
〔二〕徐本校改「商山」爲「南山」。
〔三〕徐本「禍亂」作「亂禍」。

嫡之議，群臣洶洶，莫之能止。四先生將因是時以行其道，故從子房而出，吐一言以正太子之位，非[一]周道絶而四先生復傳之者乎？然四先生之出，豈止爲漢而出哉？爲萬世而出也。漢祖起干戈中，素不喜儒，四先生懼其辱也，故旋踵而去，終於巖石之下。嗟乎！逮今千餘祀，人未有能知其潛德隱耀者。昔伯夷、叔齊諫武王不食而死，非孔子稱之，則西山之餓夫也，後世孰稱之哉？司馬遷、班固不能博采厥善，發舒其光，爲四先生立傳垂於無窮，斯其過矣。噫！萬世之下，使臣不敢戕其君者，夷、齊是也；萬世之下，使庶不敢亂其嫡者，四先生是也。

董仲舒論

孔子而下，至西漢間，世稱大儒者，或曰孟軻氏、荀卿氏、揚雄氏而已，以其立言垂範、明道救時、功豐德鉅也。至於董仲舒，則忽而不舉，此非明有所未至、識有所未周乎？何哉？昔者秦滅群聖之言，欲愚四海也。蓋天奪之鑑以授於漢，故生仲舒於孝武之世焉。於時大教頹

[一] 徐本在「非」上校補「此」字。

缺，學者疏闊，莫〔一〕明其大端，仲舒瞱〔二〕然奮起，首能發聖道之本根，新孝武之耳目。上自二帝，下迄三代，其化基治具，咸得之於心而筆之於書，將以緝乾綱之絶紐，闢王道之梗塗矣。故其論〔三〕策，推明孔氏，抑黜百家，凡〔四〕諸不在六藝之科、孔子之術者，皆絶其道，勿使並進，息滅邪説，斯可謂盡心於聖人之道者也。噫！暴秦之後，聖人之道晦矣。晦而復明者，仲舒之力也。彼〔五〕孟軻、荀卿，當戰國之際，雖則諸子紛亂，然去聖未遠，先王之典經盡在。揚雄處新室之間，雖則大禍是懼，然漢有天下滋久，講求典禮抑亦云備，故其微言大法感〔六〕於聞見，揭而行之，張以爲教易爾。若仲舒燔〔七〕滅之餘，典經已〔八〕壞，其微言大

〔一〕底本無「莫」字，徐本爲「其」字，校曰：「『其』疑『不』。」今從四庫本補。
〔二〕四庫本作「煜」，徐本作「曄」。
〔三〕四庫本和徐本「論」作「對」。
〔四〕徐本無「凡」字。
〔五〕徐本「彼」作「後」，校曰：「『後』字疑衍。」
〔六〕四庫本「感」作「盛」，徐本校改爲「洽」。
〔七〕徐本校曰：「『燔』上應有『當』字」。
〔八〕「已」，原作「以」，據徐本和四庫本改。

法希於聞見，探而索之，駕以爲説，不其難[一]哉？况乎暴秦之禍，甚於戰國之亂與新室之懼耶。然四子之道一也，使易地而處，則皆然矣。愚嘗病世之學者鮮克知仲舒之懿，又病班孟堅作仲舒之贊，言劉向稱仲舒有王佐之材[二]，伊、吕無以加，管、晏之屬，伯者之佐，殆不及也。至向子歆以爲淵源所漸，未及乎游、夏，而曰管、晏不及，伊、吕之不加，過矣。愚謂歆以仲舒盛德先覺，顧己弗及，疾而詆之者也。故雖其父言，亦以爲過。且仲舒於孔氏之門，其功深矣。觀其道也，出於游、夏遠矣。對孝武大明王道之端，與夫任德不任刑之説，雖伊、吕又何加焉？蓋用與不用耳。使孝武能盡師其言，决而用之，則漢室[三]之德比隆三代矣，厥後曷有惑於神仙之事、困於征伐之弊哉？仲舒不用，非孝武之過，平津之罪也！平津嘗害其能而逐之，兩事驕主，才弗克施，既而退死於家。吁！可惜也。孟堅筆削之際，不能斥劉歆之浮論，惑而書之，失於斷矣。

〔一〕徐本校改「難」爲「艱」。
〔二〕徐本校改「材」爲「才」。
〔三〕徐本、四庫本「室」作「氏」。

辨揚子

千古諸儒，咸稱子雲作太玄以準易。今考子雲之書，覿子雲之意，因見非準易而作也，蓋疾莽而作也。何哉？昔者哀、平失道，賊莽亂常，包藏禍心，竊弄神器，違天拂人，莫甚於此。雖火德中否，而天命未改，是以元元之心猶戴於漢。是時不知天命者，争言符瑞，稱莽功德，以濟其惡，以苟富貴。若劉歆、甄豐之徒，皆位至上公，獨子雲恥從莽命，以聖王之道自守，故其位不過一大夫而已。子雲既能疾莽之篡逆，又懼來者蹈莽之跡，復肆惡於人上，乃上酌天時行運盈縮消長之數，下推人事進退存亡成敗之端，以作太玄，有三方、九州、二十七家、八十一部者，三公、九卿、二十七大夫、八十一元士〔一〕之象也。玄，君象也，總而治之，起於牛宿之一度，終於斗宿之二十二度，而成八十一首、七百二十九贊、二萬六千二百四十四策，大明大人終始順逆〔二〕之理、君臣上下去就之分，順之者吉，逆之者凶，以戒違天咈人

〔一〕「士」，原作「子」，據徐本、四庫本改。
〔二〕徐本校改「順逆」爲「逆順」。

與戕〔一〕君盜國之輩〔二〕，此子雲之本意也，孰謂準易而作哉？諸儒咸稱太玄準易者，蓋以易緯言卦起於中孚，震、離、兑、坎配於四方，其八卦各主六日七分，以周一歲三百六十五日四分日之一，執此而言之也。殊不知易緯者，陰陽家説，非聖人格言，若執此以爲易，則易之道泥矣。且太玄之於〔三〕易，猶四體之一支也，何以謂之準易者乎？斯言蓋根於桓譚論太玄曰：「是書也，與大易準。」班固謂：「雄以經莫大於易，故作太玄。」使子雲被僭大易之名於千古，是不知子雲者也。

書漢元帝贊後

儒者長世御俗，宣教化之大本也。宣帝不識帝王遠略，故鄙之曰：「俗儒好是古非今，使人眩於名實，不知所守，何足委任？」及夫元帝即位，徒有好儒之名，復無用儒之實。雖外以

〔一〕底本、徐本作「上戕」，底本校曰：「疑有誤。」徐本校曰：「有誤。」據四庫本改。
〔二〕「輩」，原作「者」，據四庫本改。
〔三〕「於」，原作「爲」，徐本作「謂」，校改爲「於」，據徐本改。

貢、薛、韋、匡〔一〕爲宰相，而内以弘恭〔二〕、石顯爲腹心，其宰相但〔三〕備位而已。自恭、顯殺蕭望之、京房之後，群臣側足喪氣，畏權懼誅，雖睹朝廷之失、刑政之濫，莫復敢有抗言於時者。元帝昏然不寤，益信恭、顯〔四〕，是以〔五〕姦邪日進，紀綱日亂，風俗日壞，災異日見。孝宣之業，職此〔六〕衰矣。而史固稱上少而好儒，及即位，登用儒生，委之以政，故貢、薛之徒迭爲宰相，而上牽制文義，優游不斷，孝宣之業衰焉。噫！史固所謂牽文義者，非儒者之文義乎？昔宣帝嘗怒元帝，言用儒生亂其〔七〕家者也〔八〕。此史固不思之甚矣。向使元帝能納蕭望之、劉更生、京房、賈捐之之謀，退去憸人，進用碩老，與之講求治道，以天下爲心，則邦家之體、祖宗之烈可垂於無窮矣，安有衰滅者哉？史固筆削論定善惡之際，何不書上即

〔一〕四庫本「匡」作「朱」，徐本校改「朱」爲「平」。

〔二〕底本作「宏」，徐本校改「宏」爲「洪」，據四庫本改。

〔三〕徐本校改「其宰相但」爲「是時天下之政皆自恭顯出貢薛之徒言不必行計不必從但具」。

〔四〕徐本校改「恭顯」爲「顯恭」。

〔五〕徐本校改「以」爲「故」。

〔六〕徐本「此」下校補「而」字。

〔七〕徐本校改「其」爲「我」。

〔八〕徐本於此處校補「今觀史固之贊□是元帝用儒生亂其家者也」。

位，登用儒生，不能委之政，牽制佞倖，優游不斷，孝宣之業衰焉？如是，則褒貶得其中矣。吾大懼後世繼體守文之君覽史固之贊，以爲自昔〔一〕儒生之不足爲用也，而委任佞倖，以取〔二〕衰亂，禍不淺矣。

書賈誼傳後

讀漢書者，靡不尤文帝、偉賈生。吾觀賈生，宣室對〔三〕鬼神之事，竊謂漢世多言神怪者，由賈生啓之於前，而公孫卿之徒寖〔四〕之於後也。且怪力亂神，聖人之所不語，賈生何得極其神怪虚無之言，使文帝爲之前席？若以爲辨，斯則辨矣，然於世主何所補哉？此非賈生自以被謗謫去，久而復用，諛辭順旨而對之者乎？然則何以與文帝言也？如嚮之若是哉，厥後遂使新垣平得以肆其闊誕。文帝作渭陽五帝廟，又長門立五帝壇，妄以祈福。逮乎孝武，

〔一〕「昔」，原作「惜」，據徐本、四庫本改。
〔二〕四庫本「取」作「致」。
〔三〕徐本此處多一「室」字。
〔四〕四庫本「寖」作「甚」。下同。

尤好鬼神之祀，李少君以祠竈穀道進，亳人繆忌以祀泰一方進，及齊人少翁、膠東〔一〕欒大、公孫卿皆以言怪得幸，以亂漢德。故曰漢世多言神怪者，賈生啓之於前，而公孫卿之徒寖之於後也。噫！古稱誼有王佐才，吾觀誼所陳，一痛哭，二流涕，六〔二〕長歎息，誼誠王佐才也。若文帝聰明而能斷，用之而不疑，則功德可〔三〕量哉？惜其失於言也。吾懼後世之復有年少〔四〕才如賈生者，不能以道終始，因少有摧〔五〕躓，而諛辭順旨，妄言乎〔六〕天子前，以啓怪亂之階也。

罪平津

成天下之至治者，有君也，有臣也。有君而無臣，不足以成至治；有臣而無君，不足以成

〔一〕「膠東」，原作「秉膠」，據四庫本改。
〔二〕「六」上原有「三」字，據四庫本删。
〔三〕四庫本無「則」字，「可」下有「勝」字。
〔四〕徐本校改「年少」爲「少年」。
〔五〕「摧」，原作「惟」。徐本此字模糊難辨，旁改爲「推」，校曰：「『惟』疑『頓』。」據四庫本改。
〔六〕四庫本「乎」作「於」。

至治。聖如堯、舜，以咎陶〔一〕、大禹、后夔、伯夷佐佑〔二〕之；賢如禹、湯，以伯益、后稷、伊尹、仲虺翼輔之，然後能致其盛德大業，輝照於千古而不可攀，况其下者乎？故曰：成天下之至治者，有君也，有臣也。三代既往，西漢〔三〕爲盛。吾觀孝武，聰明而宏遠，聽斷在己，有禹、湯之資，然其盛德大業終弗克以濟〔四〕之者，有君無臣也。昔秦代〔五〕肆虐，群聖之道燼矣。高祖以干戈取天下，故講求之未暇也。孝惠暗懦，不足以議。孝文、孝景，止以恭儉爲天下先。惟孝武，天啓其衷，巍然獨出，思以復三代之至治也。於是尊用儒術，勵精古道，出府庫以購其書，空巖穴以聘其賢，由是天下爲之丕變而嚮方焉。噫！群賢〔六〕之道，迨秦而燼。微孝武，則〔七〕將泯泯而弗章矣。孝武之功也，盛哉！是時平津起徒步，不數年位居丞相，非不用也。向使平津能内竭乃誠，外采群議以啓沃，使孝武日聞其所未聞，日至其所未

〔一〕「咎陶」，原作「皋陶」，據徐本、四庫本改。

〔二〕「佐佑」，徐本作「佐治」，四庫本作「左右」。

〔三〕徐本「西」上校補「而」字。

〔四〕徐本校改「濟」爲「肖」。

〔五〕徐本校改「代」爲「氏」。

〔六〕四庫本「賢」作「聖」，徐本原作「臣」，校改爲「賢」。

〔七〕徐本於此處校補「終」字。

至，則三代之至治，可不日而復矣。嗟乎！平津無制禮作樂、長世御民之才，但以持禄固位、自圖安樂爲事。本傳稱每朝會議，開陳其端，使人主自擇，不肯面折廷諍。又嘗稱與公卿約議，至上前皆背其約，以順上旨。此非持位固禄、自圖安樂者乎？孝武職此之由，其心蕩矣。自是方士邪怪之説得進〔一〕，以元朔五年十一月代薛澤爲丞相，元狩二年三月薨。且孝武崇神仙之淫祀，惑少君之妖言，祠竈入海以求神仙不死之事，此皆平津之所睹也。蔑聞吐一言以救之，卒使孝武之心蕩而不復，爲千古笑，誠可惜也！伊尹有言曰：「予不克俾厥后爲堯、舜，予心愧耻，若撻于市。」嗟乎！平津無伊尹之心，誠可罪也。

無爲指上

無爲者，其虞氏之大德歟？非曠然不爲也。始不求於天下，而天下自歸之；終不受〔二〕於天下，而天下自授〔三〕之。自生民以來，虞氏一人而已。昔在歷山而耕焉，雷澤而

〔一〕底本、徐本無「進」字，底本校曰：「當有闕文。」徐本此處校補「入焉案平津」。據四庫本補「進」字。

〔二〕「受」，原作「授」，徐本校改爲「受」，據徐本改。

〔三〕「授」，原作「受」，據徐本、四庫本改。

漁焉，河濱而陶焉。當是時也，彼孰有意於天下哉？及乎〔一〕孝德升聞，堯遽以天下禪之。舜既受堯禪，夙夜兢兢，懼德弗類，以天下者，堯之天下也，不以堯之道治之，則其天下之民有不得其所者矣。於是盡履堯之道行之，俾其天下之民不異於堯之世也。舜居位既久，復以堯之天下、堯之道盡與之禹，此舜之德，其可謂大德也矣。夫舜之天下，堯之天下也；舜之道，堯之道也。舜始得之於堯，而終傳之〔二〕禹，此舜之無所爲也，章章矣。噫！上無堯，下無禹，孰可高視而稱於無爲哉？上堯而下禹，舜所以得高視而無爲也。不然，則孔子上顧伏羲，下訖文、武，筆於大〔三〕經，爲萬世法，何不曰無爲而治者，伏羲也，黄帝也，堯也，禹也，湯也，文、武也，止曰其舜也歟哉？若以無爲爲曠然而不爲，則書何以〔四〕曰齊七政，類上帝，禋六宗；又曰覲四岳，班瑞于群后；又曰東巡守至于岱宗，協時月正日，同律度量衡，修五禮五玉；又曰南巡守〔五〕至于南岳，西巡守至于西岳，北巡守至于北岳；又曰肇十有二州，封十有二山；

〔一〕四庫本「乎」作「夫」。
〔二〕徐本此處校補「於」字。
〔三〕徐本校改「大」爲「六」。
〔四〕四庫本無「以」字。
〔五〕四庫本、徐本「守」作「狩」。下同。

又曰流宥五刑；又曰流共工，放驩兜，竄三苗，殛鯀；又曰詢四岳，闢四門，明四目，達四聰；又曰禹平水土；又曰黎民阻飢，后稷播植百穀；又曰百姓不親，五品不遜；又曰蠻夷猾夏，寇賊姦宄，以至五十載陟方乃死之類。此舜有爲，其繁也如是之甚矣。且書者，聖筆親删也。孔子覩舜之有爲，其繁也如是之甚，安可反謂之無哉？由是觀之，則知無爲者，非曠然而不爲也。

無爲指下

無爲之道，其至矣哉！非虞帝孰能與於此？後之帝天下者，不思虞帝之德，而慕虞帝之無爲，吾未見其可也。三代而下，不思虞帝之大德，而冒虞帝之無爲者衆，以〔一〕世之憸〔二〕佞媮巧之臣，或啓導之，既不陳虞帝之大德以左右厥治，則枉引佛、老虛無清淨、報應因果之説，交亂乎其間，敗於君德。吁！可痛也。觀其惑佛、老之説，忘祖宗之勤，罔畏天命之大，靡顧神器之重，委威福於臣下，肆宴安於人上，冥焉莫知其所行，蕩焉莫知其所守，曰：我無爲矣。至綱頽紀壞，上僭下偪，昏然而不寤者，得不痛哉？且夫天下之廣，億兆之衆，一日萬幾，兢兢

〔一〕徐本校改「以」爲「矣又」。
〔二〕徐本校改「憸」爲「險」。

翼翼，猶懼不逮。而佛、老之説，其可惑乎？祖宗之勤，其可忘乎？天命之大，其可罔畏？神器之重，其可罔顧？肆於人上乎，斯何〔一〕沉惑不聞〔二〕如是甚也？昔秦始、漢武，始則惑於虚無清淨之説，終則溺於長生神仙之事；梁武、齊襄、姚興，始則惑於因果報應〔三〕之説，終則溺於解脱菩提之事，卒皆淪胥以亡，勢不克救。此簡策具載，可覆而驗也。惟漢賴高祖除秦之暴，功宏德茂，天未厭絶，兹亦幸而已，何足尚哉？吾嘗求無爲之端，且病歷代諸儒不能揚孔子之言，鋪而明之，俾其炳炳如也。故佛、老之徒得以肆其怪亂之説，厠於其間，爲千古害。故盡擴其説〔四〕所以然，作無爲指，庸爲帝天下者戒。

寄范天章書一

月日，布衣孫復謹再拜，寓書於判監天章執事：今主上聰明睿哲，紹隆三聖之緒十有四

〔一〕「何」，原作「可」，校曰：「此下疑誤。」徐本校改「可」爲「何」。據四庫本、徐本改。
〔二〕徐本校改「聞」爲「開」。
〔三〕徐本校改「因果報應」爲「報應因果」。
〔四〕四庫本「説」下有「之」字。

年，將固太平之業，傳之於無窮也。夙夜兢兢，不〔一〕敢怠荒，思得中正純亮之臣協贊之。以執事頃居諫署，多箴規藥石之益，亟自蘇臺召入，將大用之。而執事拜章懇求莅於太學者，斯蓋執事不汲汲於富貴，而孜孜於聖賢之教化也。夫太學者，教化之本根，禮義之淵藪，王道之所由興，人倫之所由正，俊良之所由出，是故舜、禹、文、武之世莫不先崇大於膠序，而洽至治於天下者焉。今執事懇求而莅之者，吾知之矣。執事將俾我宋之學，爲舜、禹、文、武之學也。既俾吾〔二〕宋之學爲舜、禹、文、武之學，是將俾吾宋公卿大夫之子弟爲舜、禹、文、武公卿大夫之子弟也。既教吾宋公卿大夫之子弟爲舜、禹、文、武公卿大夫之子弟，然後以舜、禹、文、武之道上致吾君爲舜、禹、文、武之君也。既致吾君爲舜、禹、文、武之君，然後以舜、禹、文、武之道下躋吾民爲舜、禹、文、武之民也。自京師刑〔三〕于邦國，達于天下，皆雍雍如也，兹其執事之心也已。然念欲求舜、禹、文、武之道者，必質諸周公、孔子而後至焉耳。今執事既莅是學也，將行是道也，非一手一目之所能，必須博求鴻儒碩老，能盡知舜、禹、文、武、周公、

〔一〕「不」，原作「弗」，據徐本、四庫本改。
〔二〕徐本「吾」作「我」。
〔三〕四庫本「刑」作「型」。

孔子之道者〔一〕，增置學官相左右之。俾朝夕講議舜、禹、文、武、周公、孔子之道，以教育乎國子也。復竊嘗觀於今之士人，能盡知舜、禹、文、武、周公、孔子之道者鮮矣。何哉？國家踵隋、唐之制，專以辭賦取人，故天下之士皆奔走致力於聲病對偶之間，探索聖賢之閫奥者百無一二，向非挺然持古、不狥〔二〕世俗之士，則孰克舍於彼而取於此乎？由是言之，則執事莅是學，行是道，增置學官之際，可不慎擇乎？今有大名府魏縣校書郎士建中、南京留守推官石介二人者，其能知舜、禹、文、武、周公、孔子之道者也。非止知之，又能揭而行之者也。執事若上言於天子，次言於執政，以之爲學官，必能恢張舜、禹、文、武、周公、孔子之道，以左右執事，教育國子，丕變於今之世矣。復閒退之人，固不當語及於是。然敢孜孜布於執事之左右者，非爲諸己也，蓋爲諸人也；非爲諸人也，蓋爲諸道也。執事以爲何如？若以復愚且賤而言不可取，則復學聖人之道三十年，雖愚且賤，豈妄言乎？惟執事圖之。

〔一〕「者」，原作「也」，徐本校改「也」爲「者」，據四庫本、徐本改。
〔二〕四庫本「狥」作「徇」。

寄范天章書二

伏以宋有天下八十餘祀，四聖承承，厖鴻赫奕，逾唐而跨漢者，遠矣。主上思復虞、夏、商、周之治道[一]於聖世也，考四代之學，崇橋門辟水之制，故命執事以莅之。大哉！主上尊儒求治之心也至矣。然則虞、夏、商、周之治，其不在於六經乎？舍六經而求虞、夏、商、周之治，猶泳斷涅[二]污瀆之中望屬於海也，其可至矣哉？噫！孔子既没[三]，七十子之徒繼往，六經之旨鬱而不章也久矣。加以秦火之後，破碎殘缺，多所亡散。漢、魏而下，諸儒紛然四出，争爲注解，俾我六經之旨益亂，而學者莫得其門而入。觀夫聞見不同，是非各異，駢辭贅語，數千百家，不可悉數。今之所陳者，正[四]以先儒注解之説大行於世者，致於左右，幸執事之深留意焉。國家以[五]王弼、韓康伯之易，左氏、公羊、穀梁、杜預、何休、范

〔一〕徐本校改「治道」爲「道治」。
〔二〕徐本校改「涅」爲「溝」，四庫本作「潢」。
〔三〕徐本、四庫本「没」作「歿」。
〔四〕徐本校改「正」爲「止」。
〔五〕徐本「以」上有「之」字。

甯之春秋，毛萇、鄭康成之詩，孔安國之尚書，鏤板藏於太學，頒於天下。又每歲禮闈設科取士，執爲準的，多士較藝之際，一有〔一〕違戾於注説者，即皆駁放而斥逐之。復至愚至暗之人，不知國家以〔二〕王、韓、左氏、公羊、穀梁、杜、何、范、毛、鄭、孔數子之説咸能盡於聖人之經耶？又不知國家以古今諸儒服道窮經者皆不能出於數子之説耶？若以數子之説咸能盡於聖人之經，則數子之説，不能盡於聖人之經者多矣。若以古今諸儒服道窮經皆不能出於數子之説，則古今諸儒服道窮經可出於數子之説者，亦甚深〔三〕矣。噫！專守〔四〕王弼、韓康伯之説而求於大易，吾未見其能盡於大易者也；專守左氏、公羊、穀梁、杜預、何休、范甯之説而求於春秋，吾未見其能盡於春秋者也；專守毛萇、鄭康成之説而求於詩，吾未見其能盡於詩者也；專守孔安國之説而求於書，吾未見其能盡於書者也。彼數子之説，既不能盡於聖人之經，而可藏於太學、行於天下哉？又後之作疏者，無所發明，但委曲踵於舊之

〔一〕徐本校改「一有」爲「有一」。

〔二〕原無「以」字，據四庫本補。

〔三〕徐本校改「深」爲「衆」。

〔四〕四庫本「守」作「主」，徐本校改「主」爲「守」。

注説而已。復不佞，游於執事之牆藩者有年矣。執事病注説之亂六經，六經之未明，復亦聞之矣。今執事以内閣之崇居太學教化之地，是開聖闡幽、芟蕪夷亂、興起斯文之秋也。幸今天下無事，太平既久，鴻儒碩老駕肩而起，此豈又〔一〕減於漢、魏之諸儒哉？執事亟宜上言天子，廣詔天下鴻儒碩老，置於太學，俾之講求微義，殫精極神，參之古今，覆其歸趣，取諸卓識絶見，大出王、韓、左、穀、公、杜、何、毛、范、鄭、孔之右者，重爲注解，俾我六經廓然瑩然，如揭日月於上，而學者庶乎得其門而入也。如是，則虞、夏、商、周之治，可不日而復矣，不其休哉？執事若以數子之説行之久矣〔二〕，不可遽而去之，則唐李善以梁昭明太子文選五臣注未盡，别〔三〕爲注釋，且文選者，多晉、宋、齊、梁間文人靡薄之作，雖李善注之，何足貴也？國家尚命鏤板置諸太學，况我聖人之經乎？安可使其欝而不章者哉？幸執事之深留意焉。

〔一〕徐本校改「豈又」爲「又豈」。
〔二〕徐本校改「久矣」爲「已久」。
〔三〕「别」，原作「則」，徐本校改「則」爲「别」，據四庫本、徐本改。

上孔給事書

月日，布衣孫復謹再拜獻書孔知府龍圖執事，復名晦迹沉，學夫子之道三十年，雖不爲世之所知，未嘗以此摇其心，敢一日而叛去。所謂夫子之道者，治天下，經國家，大中之道也。其道基於伏羲，漸於神農，著於黄帝、堯、舜，章於禹、湯、文、武、周公。然伏羲而下，創制立度，或略或繁，我聖師夫子從而益之損之，俾協厥中，筆爲六經。由是治天下，經國家，大中之道焕然而備。此夫子所謂大也，其出乎伏羲、神農、黄帝、堯、舜、禹、湯、文、武、周公也遠矣。噫！自夫子没〔一〕，諸儒學其道、得其門而入者鮮矣，惟孟軻氏、荀卿氏、揚雄氏、王通氏、韓愈氏而已。彼五賢者，天俾夾輔於夫子者也。天又以代有空闊、誕謾、奇嶮〔二〕、淫麗、譎怪之説亂我夫子之道，故不並生之。一賢没，一賢出，羽之翼之，垂諸無窮，此天之意也，亦甚明矣。不然，則戰國迨於李唐，空闊、誕謾、奇嶮、淫麗、譎怪之説，亂我夫子之道者數矣，非一賢没，一賢出，羽之翼之，則晦且墜矣。既晦且墜，則天下夷狄矣，斯民鳥獸矣。由是言之，則五

〔一〕四庫本「没」作「殁」。下同。
〔二〕徐本「嶮」作「險」。下同。

賢之烈大矣。後之人不以夫子之道爲心則已，若以爲心，則五賢之烈，其可忽乎哉？近得友人石介書，盛稱執事於聖祖家廟中構五賢之堂，象[一]而祠之，且曰：孔侯之心至矣，吾輩不是之而將何之也？復聞之，躍然而起，大呼張洞[二]、李藴曰：昔夫子之道，得五賢而益尊。今五賢之烈，由龍圖而愈明。龍圖公，聖人之後也，爲宋巨賢，宜乎盡心於此矣。龍圖公其不盡心，則孰盡心哉？國朝自柳仲塗開、王元之禹偁、孫漢公何、种明逸放、張晦之景既往，雖來者紛紛，鮮克有議於斯文者，誠可悲也。斯文之下衰也久矣，俾天下皆如龍圖構五賢之堂，象而祠之，則斯文其[三]有不興乎？吾輩得不奔走於牆藩之下，一拜龍圖公之賢哉？又且賀斯文將復也，接之拒之，惟執事之命。

答張洞書

復白明遠：足下十月洎正月中，兩辱手書，辭意勤至，道離群外。以僕居今之世，樂古聖

〔一〕四庫本「象」作「像」。下同。
〔二〕底本、徐本、四庫本「洞」作「泂」，徐本校改爲「洞」，今改爲「洞」。下同。
〔三〕徐本「其」作「豈」。

賢之道與仁義之文也。遠以尊道扶聖、立言垂範之事問於我，我幸而志於斯也有年矣。重念世之號進士者，率以砥礪辭賦、晞覬科第爲事，若〔一〕明遠穎然獨出，不汲汲於彼而孜孜於此者，幾何人哉？然吾懼明遠年少氣勇而欲速成，無以致〔二〕於斯文也，故道其一二，明遠熟察之而已。夫文者，道之用也；道者，教之本也。故文之作也，必得之於心而成之於言。得之於心者，明諸内者也；成之於言者，見諸外者也。明諸内者，故可以適其用；見諸外者，故可以張其教。是故詩、書、禮、樂、大易、春秋之文也，總而謂之經者，以其終於孔子之手，尊而異之爾。斯聖人之文也，後人力薄，不克以嗣，但當左右名教、夾輔聖人而已。或則列聖人之微旨，或則擿〔三〕諸子之異端，或則發千古之未寤，或則正一時之所失，或則陳仁政之大經，或則斥功利之末術，或則揚聖人之聲烈，或則寫下民之憤歎，或則陳大人之去就，或則述國家之安危，必皆臨事摭實，有感而作，爲論、爲議、爲書。疏、歌、詩、贊、頌、箴、辭〔四〕、銘、説之類，雖其目甚多，同歸於道，皆謂之文也。若肆意搆虚，無狀而作，非文也，乃無用之瞽言

〔一〕徐本、四庫本「若」作「獨」。
〔二〕徐本校改「以致」爲「至」。
〔三〕徐本「擿」作「摘」，校改爲「名」。
〔四〕徐本校改「辭」爲「解」。

爾，徒污簡冊〔一〕，何所貴哉？明遠無志於文則已，若有志也，必在潛其〔二〕心而索其道；潛其心而索其道，則其〔三〕所得也必深；其所得也既深，則其所言也〔四〕必遠；既深且遠，則庶乎可望於斯文也。不然，則淺且近矣，曷可望於斯文哉？噫！斯文之難至也久矣！自西漢至李唐，其間鴻生碩儒摩肩而起，以文章垂世者衆矣，然多楊、墨、佛、老虛無報應之事，沈、謝、徐、庾妖艷邪哆〔五〕之言，雜乎其中，至有盈編滿集，發而視之，無一言及於教化者，此非無用瞽言、徒污簡冊者乎？至於始終仁義、不叛不雜者，惟董仲舒、揚雄、王通、韓愈而已。由是言之，則可容易〔六〕至之哉。若欲容易而至，則非吾之所聞也。明遠熟察之，無以吾言爲忽。不宣。

〔一〕「冊」，原作「策」，據徐本、四庫本改。下同。
〔二〕原無「其」字，據徐本、四庫本補。下同。
〔三〕徐本校改「其」爲「有」。
〔四〕「也」，原作「者」，據徐本、四庫本改。
〔五〕徐本校改「哆」爲「侈」。
〔六〕徐本此處校補「而」字。

兖州鄒縣建孟廟記

孔子既没，千古之下，駕邪怪之説，肆奇險之行，侵軼我聖人之道者衆矣，而楊、墨爲之魁，故其罪劇。孔子既没，千古之下，壞〔一〕邪怪之説，夷奇險之行，夾輔我聖人之道者多矣，而孟子爲之首，故其功鉅。昔者二豎去孔子之世未百年也，以無父無君〔二〕之教行於天下，天下惑而歸之。嗟乎！君君、臣臣、父父、子子，邦〔三〕國之大經也，人倫之大本也，不可斯須去矣。而彼皆無之，是敺天下之民，舍中國之夷狄〔四〕也，禍孰甚焉？非孟子莫能救之，故孟子慨然奮起，大陳堯、舜、禹、湯、文、武、周公、孔子之法驅除之，以絶其後，拔天下之民於夷狄之中，而復置之中國，俾我聖人之道炳焉不墜。故揚子雲有言曰：古者楊、墨塞路，孟子辭而闢之，廓如也。韓退之有言曰：孟子之功，予以謂〔五〕不在禹下。然

〔一〕四庫本「壞」作「攘」。

〔二〕徐本校改「無父無君」爲「無君無父」。

〔三〕徐本原作「非」，校改爲「邦」，四庫本作「君」。

〔四〕徐本「狄」下有「夷」字。

〔五〕徐本「謂」作「爲」。

子雲述孟子之功，不若退之之言深且至也。何哉？洚水横流，大禹不作，則天下之民魚鼈矣；楊、墨暴行，孟子不作，則天下之民禽獸矣。諸謂〔一〕此也。景祐丁丑歲夕，拜龍圖孔公爲東魯之二年也。公聖人之後，以恢張大教、興復斯文爲己任，嘗謂諸儒之有大功於聖門者，無先於孟子。孟子力平二豎之禍，而不得血食於後，茲其闕已甚矣。祭法曰：能禦大菑則祀之，能捍大患則祀之。孟子可謂能禦大菑、能捍大患者也。且鄒昔以爲孟子之里，今爲所〔二〕治之屬也，吾嘗訪其墓而表之，新其祠而祀之，以旌其烈。於是符下，仰〔三〕其官吏博求之，果所〔四〕邑之東北三十里，有山曰四墓，四墓之陽得其墓焉。遂命去其榛莽，肇其堂宇，以公孫、萬章之徒配。越明年春廟成，俾泰山孫復明而志之。復，學孔而希孟者也。世有蹈邪怪奇嶮之迹者，常思嗣而攻之，況承公命而志其廟，又何敢讓？嘻！子雲能述孟子之功而不能盡之，退之能盡之而不能祀之，惟公既能盡之，又能祀之，不其美哉？故直筆以書之。景祐五

〔一〕徐本校改「諸謂」爲「謂諸」。
〔二〕徐本此處有「謂爲」二字。
〔三〕徐本校改「仰」爲「俾」。
〔四〕徐本校改「所」爲「於」。

年歲次戊寅三月日記。

信道堂記

聖賢之迹，無進也，無退也，無毁也，無譽也，唯道所在而已。用之則行，舍之則藏，孰爲進哉？孰爲退哉？考諸三王而不謬，建諸天地而不悖，質諸鬼神而無疑，百世以俟聖人而不惑，孰爲毁哉？孰爲譽哉？吾之所爲道者，堯、舜、禹、湯、文、武、周公、孔子之道也，孟軻、荀卿、揚雄、王通、韓愈之道也。吾學堯、舜、禹、湯、文、武、周公、孔子、孟軻、荀卿、揚雄、王通、韓愈之道三十年，處乎〔一〕今之世，故不知進之所以爲進也，退之所以爲退也，毁之所以爲毁也，譽之所以爲譽也。其進也，以吾堯、舜、禹、湯、文、武、周公、孔子、孟軻、荀卿、揚雄、王通、韓愈之道進也，於吾躬何所進哉？其退也，以吾堯、舜、禹、湯、文、武、周公、孔子、孟軻、荀卿、揚雄、王通、韓愈之道退也，於吾躬何所退哉？其見毁也，以吾堯、舜、禹、湯、文、武、周公、孔子、孟軻、荀卿、揚雄、王通、韓愈之道見毁也，於吾躬何所毁哉？其獲譽也，以吾

〔一〕「乎」，原作「非」，四庫本作「於」，徐本校改「非」爲「乎」，據徐本改。

堯、舜、禹、湯、文、武、周公、孔子、孟軻、荀卿、揚雄、王通、韓愈之道獲譽也，於吾躬何所譽哉？故曰：聖賢之迹，無進也，無退也，無毁也，無譽也，唯道所存〔一〕而已。予丁丑歲秋九月作堂於泰山之陽，明年春，堂既成，以是道處是堂，故命之曰信道堂云。景祐五年正月三日記。

儒辱

禮曰：「四郊多壘，此卿大夫之辱也。地廣大荒而不治，此亦士之辱也。」噫！卿大夫以四郊多壘爲辱，士以地廣大荒而不治爲辱。然則仁義不行，禮樂不作，儒者之辱與？夫仁義禮樂，治世之本也。王道之所由興，人倫之所由正，舍其本則何所爲哉？噫！儒者之辱，始於戰國，楊朱、墨翟亂之於前，申不害、韓非雜之於後，漢、魏而下，則又甚焉，佛、老之徒横乎中國，彼以死生、禍福、虚無、報應爲事，千萬其端，惑〔二〕我生民。絶滅仁義，以塞天下之耳〔三〕；

〔一〕「存」，原作「在」，據徐本、四庫本改。
〔二〕徐本、四庫本「惑」作「紿」，徐本校改爲「始」。
〔三〕徐本此處有「目」字。

屏棄禮樂，以塗天下之目。天下之人愚衆賢寡，懼其死生、禍福、報應。人之若彼也，莫不争舉而競趨之，觀其相與爲群，紛紛擾擾，周乎天下，於是其教與儒齊驅並駕，峙而爲三。吁！可怪也。且夫君臣、父子、夫婦，人倫之大端也。彼則去君臣之禮，絶父子之戚，滅夫婦之義，以之爲國則亂矣，以之使人則悖〔一〕矣。儒者不以仁義禮樂爲心則已，若以爲心，則得不鳴鼓而攻之乎？凡今之人，與人争詈，小有所不勝則尚以爲辱。矧彼以夷狄諸子之法亂我聖人之教耶，其爲辱也大哉。噫！聖人不生，怪亂不平，故楊、墨起而孟子闢之，申、韓出而揚雄距之，佛、老盛而韓文公排之。微三子，則天下之人胥而爲夷狄矣。惜夫三子道有餘而志不克就，力足去而用不克施。若使其志克就、其用克施，則芟夷蘊崇、絶其根本矣。嗚呼！後之章甫其冠，縫掖其衣，不知其辱而反從〔二〕而尊之者多矣，得不爲〔三〕罪人乎？由漢、魏而下迨於兹千餘歲，其源流〔四〕既深，其〔五〕本既固，不得其位，不剪其類，其將奈何？其將奈

〔一〕「則悖」，徐本、四庫本作「賊作」。
〔二〕徐本「從」下有「之」字。
〔三〕徐本「爲」作「謂」。
〔四〕原無「流」字，據徐本、四庫本補。
〔五〕四庫本「其」作「根」。

何？故作儒辱。

世子蒯聵論

正名者，傳嗣立嫡之謂也。爲國之道，莫大於傳嗣；傳嗣之道，莫大於立嫡，所以防僭亂而杜篡奪也。用能尊統傳緒，承承而不絶，故子路問於孔子曰：衛君待子而爲政，子將奚先？孔子以靈公無道，不能先正厥嗣以靖其國，卒使蒯聵父子争立以亂於衛，故對曰：必也正名乎！名不止則言不順，言不順則事不成，事不成則禮樂不興，禮樂不興則刑罰不中，刑罰不中則民無所措手足，謂諸此也。何以辨諸？按春秋定十四年，衛世子蒯聵出奔宋。哀二年，晉趙鞅帥師納衛世子蒯聵於戚。蒯聵出奔宋者，蒯聵有殺母之罪，懼而奔宋也。納衛世子蒯聵於戚者，靈公既死，蒯聵爲輒所拒，不得入衛也。且蒯聵有殺母之罪，懼而奔宋，靈公固宜即〔一〕而廢之，擇其次當立者以定嗣子之位也。靈公不能先定嗣子之位，故使公子郢得立輒於後，以亂於衛。夫蒯聵者，靈公〔二〕之子也；輒者，蒯聵之子也。輒既立，則蒯聵無以立

〔一〕徐本「即」下有「位」字。
〔二〕徐本「靈公」作「衛公」。

矣。蒯聵無以立，則必反而争其國。既反而争其國，則輒必拒之。輒既拒之，是棄其父而立其子，教其子以拒其父也。噫！君君、臣臣、父父、子子，邦國之大經也。彼則棄其父而立其子，教其子以拒其父，君不君，臣不臣，父不父，子不子，禽獸之道也，人理滅矣。是故蒯聵出奔宋，納於戚，春秋皆正其世子之名而書之者，惡靈公而不與輒也。惡靈公者，惡其不能正厥嗣以靖其國。不與輒者，不與其爲人子而拒其父也。或曰：若蒯聵者，獨無惡乎？曰：蒯聵有殺母之罪，當絶，反而争其國，是爲篡國，故經書納焉。納者，篡辭也。孰謂蒯聵獨無惡哉？然則蒯聵之篡國、輒之拒父，皆靈公爲之也。皆靈公爲之者，靈公生不能治其室，死不能正其嗣也，故春秋參譏之。此乃聖人正君臣、明父子、救昏亂、厚人倫之深旨也。而世之説者，以爲正百世之名〔一〕者，失之教〔二〕矣。

〔一〕徐本「名」下有「教」字。
〔二〕徐本原作「數」，校改爲「教」，四庫本作「踈」。

詩

蠟燭

六龍西走入崦嵫，寂寂華堂漏轉時。一寸丹心如見用，便爲灰燼亦無辭。

八月十四夜

銀漢無聲露暗垂，玉蟾初上欲圓時。清樽素瑟宜先賞，明夜〔一〕陰晴不可知。

諭學

冥觀天地何云爲，茫茫萬物爭蕃滋。羽毛鱗介各異趣，披攘攫搏紛相隨。人亦其間一物爾，餓食渴飲無休時。苟非道義充其腹，何異鳥獸安鬚眉。人生在學勤始至，不勤求〔二〕至

〔一〕徐本校改「夜」爲「日」。
〔二〕徐本校改「求」爲「永」。

無由期。孟軻荀卿[一]揚雄氏，當時未必皆生知。因其鑽仰久不已，遂入聖域争先馳。既學便當窮遠大，勿事聲病淫哇辭。斯文下衰吁已久，勉思駕説扶顛危。擊暗歐[二]聲[三]明大道，身與姬孔爲藩籬。是非豐頳[四]若不學，慎無空使精神疲。

附録

宋史孫復傳

孫復，字明復，晉州平陽人，舉進士不第，退居泰山。學春秋，著尊王發微十二篇，大約本於陸淳而增新意。石介有名山東，自介而下皆以先生事復。年四十不娶，李迪知其賢，以其弟之子妻之。復初猶豫，石介與諸弟子請曰：「公卿不下士久矣，今丞相不以先生貧賤，欲托以子，宜因以成丞相之賢名。」復乃聽。孔道輔聞復之賢，就見之，介執杖屨立侍復左右，升降

〔一〕底本「卿」作「況」，今從徐本、四庫本改。
〔二〕四庫本「歐」作「馳」。
〔三〕徐本校改「聲」爲「聾」。
〔四〕徐本校改「頳」爲「雜」。

拜則扶之，其往謝亦然。介既爲學官，語人曰：「孫先生非隱者也。」於是范仲淹、富弼皆言復有經術，宜在朝廷。除秘書省校書郎、國子監直講。車駕幸太學，賜緋衣銀魚，召爲邇英閣祇候説書。楊安國言其講説多異先儒，罷之。孔直温敗，得所遺復詩，坐貶虔州監税，徙泗州，又知長水縣，簽書應天府判官事。通判陵州，未行，翰林學士趙槩等十餘人言復經爲人師，不宜使佐州縣。留爲直講，稍遷殿中丞。卒，賜錢十萬。復與胡瑗不合，在太學常相避。瑗治經不如復，而教養諸生過之。復既病，韓琦言於仁宗，選書吏，給紙筆，命其門人祖無擇就復家得書十五萬言，録藏秘閣。特官其一子。

孫復可秘書省校書郎國子監直講制

歐陽修

朕勤治體，喜賢俊，嘗慮四方遺逸之善有不吾聞者。間屬近列，屢騰薦章，以爾孫復深經術，茂德行，躬耕田畝，以給歲時，東州士人皆師尊之。吾命汝校文於書省，講藝於胄序，不由鄉舉，不俟科選。汝姑直屏雜説，純道粹經，使搢紳子弟聞仁義忠孝之樂，此吾所以待汝意。往欽哉！可。

國子監直講青州千乘縣主簿孫復可大理評事制

歐陽修

勑具官孫復：昔聖人之作春秋也，患乎空文之不足信，故著之於行事，以爲萬世之法。然學而執其經者，豈可徒誦其言哉？惟爾復，行足以爲人師，學足以明人性，不徒誦其説，而必欲施於事，吾將見吾國子蔚然而有成。宜有嘉褒，以爲學者之寵。可。

東軒筆録

魏　泰

范文正公在睢陽掌學，有孫秀才者索游上謁，公贈一千。明年，孫生復謁公，又贈一千。因問：何爲汲汲於道路？孫生戚然動色曰：母老無以養，若日得百錢，則甘旨足矣。公曰：吾觀子辭氣，非乞客，二年僕僕，所得幾何，而廢學多矣。吾今補子爲學職，月可得三千以供養，子能安於爲學乎？孫生大喜。於是授以春秋，而孫生篤學不舍晝夜，行復脩謹，公甚愛之。明年，公去睢陽，孫亦辭歸。後十年，聞〔一〕泰山下有孫明復先生以春秋教授學者，道德高邁，朝廷召至，乃昔日索游孫秀才也。

〔一〕「聞」，原作「閒」，據文意改。

郡齋讀書志

晁公武

右皇朝孫明復睢陽小集十卷。明復，晉州人，居泰山，深於春秋。自石介已次，皆師事之。年四十未娶，李丞相迪以其弟之子妻之。慶曆中，范文正公、富鄭公言之于朝，除國子監直講。嘗對邇英閣説詩，上欲以爲侍講，楊安國沮之而寢。

孫明復先生小集跋〔一〕

宋孫明復先生，當景祐時，自晉之魯，講學泰山，品高而德劭，學裕而行優。先大人以其爲郡中文獻，求其集，數十年不可得。迨撫莅安慶，始獲此鈔本，名曰「小集」，計詩文廿二篇，附録三篇，第書闕有閒矣。于時適逢内轉，未及校梓。歲丁亥，同邑友人聶君劍光汲古嗜學，見之，披閲再三，不忍釋手，迺謀付梓，以行於世。刻既成，以示余，此先大人未竟之志也，爲泫然者久之，因識其緣起於卷末。

乾隆乙未季夏，泰山後學趙起魯謹書。

泰山孫明復先生行爲世法，經爲人師，自宋迄今，七百餘年矣。顧其文章不少槩見，丁亥歲于吾鄉趙相國家覯之，如獲拱璧，懼其久而失傳也，謀所以刻之，旋搆目疾中止。歲癸巳，

〔一〕此爲擬題。

江寧嚴侍讀道甫居憂南下，余于東平舟次述及，侍讀出其藏本相，篇帙略同，惟附録自宋史本傳、歐陽文忠墓誌銘及石守道泰山書院記而外，增多五則，因屬補鈔，同爲勘校，付諸梓人。嗟乎！余自少時，有意是書而不得見。晚歲見之，又以疾廢，自分此業之不終久矣！今迺得侍讀以成此志，爰書數語，識其端委，且以慶余之遭也。

泰安後學聶鈫跋。

孫復集輯佚

易學

孫明復曰：咸以二少，恒以二長。二少者，感道貴速也。（宋馮椅厚齋易學卷十八，宋馮椅易輯傳第十四）

孫明復曰：咸，以男下女以成其家，既成其家，不可不正也；君先下臣以成其國，既成其國，不可以不治也。故恒以二長相與，因見正家之象。又曰：天尊地卑，君上臣下，父坐子立，夫動婦順，恒之道也。（厚齋易學卷十八，易輯傳第十四）

泰，小往大來，吉，亨。

屈於一人之下而伸於萬民之上，是以貴下賤，大得民也。（宋李衡周易義海撮要卷二）

初六，浚恒，貞凶，无攸利。象曰：浚恒之凶，始求深也。

孫復、石介曰：初六、九四，是夫婦、君臣始相正之時。男始責其女而過深，女不安其室

矣；君始責其臣而過深，士不安其朝矣。（宋林栗周易經傳集解卷十六）

六五，恒其德，貞婦人吉，夫子凶。象曰：婦人貞吉，從一而終也；夫子制義，從婦凶也。

孫復、石介以爲九二、六五皆失恒義。所謂悔亡，不足尚也；所謂恒其德者，婦吉而夫凶也。（周易經傳集解卷十六）

恒，亨，无咎，利貞，利有攸往。

孫復先生曰：咸，男下女以成家，既成其家，不可不正也；君先下臣以成國，既成其國，不可不治也。男動乎外，女順乎内；君動於上，臣順於下。家國之常，不可易也，易則生亂，故曰君子以立不易方。（周易義海撮要卷四）

九三，不恒其德，或承之羞，貞吝。象曰：不恒其德，无所容也。

孫復曰：恒以陽居陰上爲德，今九三反居上六之下，是失恒德。况乎履不得中，宜其羞辱隨之，不爲時之所容。（明潘士藻讀易述卷六）

上九，肥遯，无不利。象曰：肥遯，无不利，无所疑也。

孫復曰：太公之亨於周，四皓之亨於漢，知三將變否，脱然高舉，孽未牙而介於道，厲未階而潔於身，行之藏之，繫我獨照而已。（讀易述卷六）

贛縣重建文廟記

孫復

我孔子之道，被乎萬世，非假腐筆懦辭稱述之，然後爲大也。志者直以廟之興廢繫之歲月爾。按圖經，舊有孔子廟在縣西南，切近於紫極宮。大中祥符三年，詔廣紫極爲大中祥符宮，因徙孔子之像而取其地焉。時令非其人，不能別相爽塏以肯構之，其廟遂廢。每歲春秋，既無釋奠之所，乃留其牲牢，戊日合祭於社稷壇，其非禮也甚矣！迨兹四十年，未有議修復者，祭器殘缺，委於縣門之上，胥吏輩往往取其俎以爲坐，莫有禁止，吁可怪也！大理寺丞王君希到官訪之，病其然也，且曰：「舊制孔子廟，天下郡縣通祀之，而贛獨不祀，此豈朝廷尊儒重道意耶？」乃於舊址東南數百步，度地胥宇以營之。又懼其擾於民也，撤浮屠之無名者，取其材。贛人聞之愓然，皆曰：「今吾令至，止首作孔子廟，以布朝廷尊儒重道意，是將敺吾遠人納之於善也。彼浮屠老屋庳且朽矣，烏勝其用？」乃相與願以良木堅甓易之。王君因民之樂而多親視役，故材甚壯，工競勸，廟不再季而成。凡厥器用，亦一新之。仍於兩廡爲舍十數楹，以處學者。於是春秋釋奠有所，贛人知其所嚮，孔子之祀絶而續焉。王君是舉，可書也已，故筆之於石，以示來者，嗣而葺之，則無負於孔子之門。（江西通志卷一百二十三藝文記二）

中秋月歌

明月一歲中，影圓十二迴。如何今夕裏，争賞羅樽罍。既愛盈盈色，更上高高臺。人心不知此，試爲君言哉。月者水之精，秋者金之氣。金水性相生，五行分其事。則知天地間，相感各以類。水得金還盛，月因秋更清。氣類使之然，人誰不有情。可憐别夜色，一一皆銷聲。自昔詩家流，吟皆不到此。徒能狀光彩，豈解原終始。冥搜詎有得，燥吻真何以。請看退公歌，其的深中矣。（宋祝穆古今事文類聚前集卷十一）

中秋夜不見月

長記去年中秋，翫月出草堂，冰輪直可鑑毫芒。是時家釀又新熟，呼童開席羅清觴。纖埃不起零露下，對此陶陶樂未央。自顧如逢堯舜世，上下清明無穢荒。吁嗟今夕何不幸，正逢屏翳恣猖狂。浮雲左右争擁蔽，愛而不見涕霑裳。嫦娥無語縮頭何處坐，胡不開口走訴上帝旁？立召飛廉舉其職，驅除擁蔽揚清光。瑩然高照遥天外，免教萬國如瞽空倀倀。（古今事文類聚前集卷十一）

堠子

直立亭亭若短峰，畫分南北與西東。從來多少迷途者，盡使平趍大道中。（古今事文類聚續集卷三）

中國思想史資料叢刊

宋初三先生集

下

〔宋〕胡瑗
〔宋〕孫復　撰
〔宋〕石介

張義生
陳植鍔　點校

中華書局

石介集

陳植鍔　點校

石介集前言

石介字守道，一字公操，兗州奉符（今山東泰安）人，嘗講學家鄉徂徠山下，學者稱徂徠先生。介出身農家，高、曾以來，耕田爲業，豪於鄉里。其父石丙（九六九—一〇四〇）開始做官，但到六十多歲才當上縣令。介有一兄（亡其名），三弟企、會、合，三子彭哥、川哥、徠哥，其一學名爲師訥，俱不顯。

真宗景德二年（一〇〇五），石介出生於本鄉；仁宗天聖八年（一〇三〇），二十六歲進士及第，登上仕途；慶曆五年（一〇四五）七月以疾卒於家，終年四十一。有徂徠集二十卷傳世。

一

石介的一生事迹大致可分爲四個時期。

（一）中進士（一〇三〇）以前。

在今天所能見到的石介著述中，作於二十六歲中進士以前的大概只有過魏東郊詩一篇。古魏地，北宋隸河北大名府，宋初古文家柳開即出生於此，石介過魏東郊詩正爲緬懷柳氏而作。詩歌對其備極推崇，至譽爲「事業過皋夔，才能堪相輔」。值得注意的是，此時石介對柳開的贊美，不僅限於古文的道統方面，推戴他「述作慕仲淹（王通），文章肩韓愈」，而且極力頌揚其武略：「帳下立孫吴，罇前坐伊吕。笑談韜鈐間，出入經綸務。」這反映了早期的石介不惟具有齊魯之鄉的古文傳統，而且不乏北國少年的尚武精神。

大約與游歷河朔同時，石介來到當時教育事業比較發達的宋城（即南京應天府，今河南商丘），進南都學舍誦讀詩書。那時，北宋前期的政治改革家和學者范仲淹方居母喪，因知府晏殊之請，主持應天府學，四方青年紛紛慕名而來，一時出了許多人才。其尤著者除石介外，還有後來因范仲淹之薦入府學執教職的孫復（九九二—一〇五七），慶曆新政時，他們都成了范仲淹的積極支持者。

（二）鄆州、南京任幕職官時期（一〇三一—一〇三八）。

天聖八年（一〇三〇），石介登第，授將仕郎、秘書省校書郎、鄆州觀察推官，次年到任。

其年十月，翰林侍講學士孫奭以年老知兖州，旋以太子少傅致仕歸鄆城。石介因職務的關係，得與交接，當面求教，頗獲這位三朝宿儒的青睞。

明道二年（一○三三），石介仍在鄆州任内，碰到了一起自仁宗即位以來最大的政治變動。是年四月，太后劉氏去世，仁宗親政，大斥后黨，吕夷簡、夏竦、晏殊等皆坐罷。不久，重新起用真宗朝曾經反對立劉氏爲后的李迪爲相，以范仲淹、范諷、孔道輔、李紘、郭勸等爲諫官。這些人大多與石介有過交情。其時恰值黄河流域大旱二年後始逢霖雨，石介精神振作，對仕途充滿了信心，表現得異樣活躍。收入徂徠集的一些政論文章，如上范中丞書、上郭殿院書、上孔中丞書、上李雜端書、原亂及專著唐鑑等，均作於這段時間。唐鑑一書凡五卷，已久佚，據唐鑑序的説法，初意在通過唐史的摘編，使「後之爲國者鑑李氏之覆車，勿專政於女后，勿假權於中宫，勿委任於姦臣」（徂徠集卷十八）。其針對當時政治形勢而發的意圖昭然若揭。

石介與鄆州舉子士建中（九九八—？）的友誼，也在這段時間開始。明道二年（一○三三）秋，建中得解，石介代通判李若蒙草薦表，並爲他致書御史中丞范諷、樞密副使蔡齊（九八八—一○三九）等，多方延譽，引爲同道。

景祐元年（一○三四），建中登進士第，解褐知大名府魏縣，石介也調任南京爲幕職官。

通過士建中的關係，石介又同孫復結識。兩人一見如故，直以韓、孟再世相許。孫復本晉州平陽人，屢舉進士不中，時方流落京畿。景祐二年（一〇三五）冬，石介爲其築室泰山之麓，幫助他定居山東、講學授徒，並以身下之，率任城張洞、鄉人李藴等同拜孫復爲師。此後，兩人一直保持着友好的關係。

這幾年裏，另一位同石介過往親密的朋友是歐陽修。歐陽修與石介爲同年進士，介爲鄆州推官時，修任西京留守推官。景祐元年（一〇三四），二人同時秩滿，介徙南京，修因樞密使王曙之薦歸闕授館閣校勘。歐陽文忠公文集卷六六有與石推官書兩首，即作於景祐二年秋間。書中曰：「近於京師頻得足下所爲文。」文即石介反楊億，斥佛、老的代表作怪說三篇及中國論等。歐陽修在信中坦率地指出石介有「自許太高，詆時太過」的缺點，但石介未能接受（見徂徠集卷十五答歐陽永叔書）。不久，石介受到了自己缺點的懲罰，才有所悔悟。這一年冬天，因御史中丞杜衍推薦，御史臺辟石介爲主簿，旋以介上書論赦書不當求五代及諸僞國後的藉口，罷而不召。這是石介政治上遭到的第一次挫折。當時，歐陽修曾撰上杜中丞論舉官書，爲石介鳴不平。其文略云：「傳者皆云介之所論，謂朱梁、劉漢不當求其後裔爾。若止此一事，則介不爲過也。」（歐陽文忠公文集卷四七）歐陽修的這一懷疑是有道理的。北宋朝廷一再降詔録用唐、五代諸國之後裔，其實無非是做做樣子，臣下反對，不但不以爲過，有時反而欣賞他們對本朝的忠心。即在石介被罷的同一時間，梁顥之子知淮陽軍梁適亦上疏論朱全忠乃唐之賊臣，今録其後，不可以爲勸。仁宗即表示贊賞，提拔他擔任審刑院詳議官（見續資治通鑑長編卷一一八）。可見石介被罷，當另有原因。

今考續資治通鑑長編卷一一五，載有石介上樞密使王曾書一首，其略云：

正月以來，聞既廢郭皇后，寵幸尚美人，宫廷傳言，道路流布。或説聖人好近女色，漸有失德。自七月、八月來，所聞又甚，或言倡優日戲上前，婦人朋淫宫内，飲酒無時節，鐘鼓連晝夜。

宋仁宗趙禎（一〇一〇—一〇六三）少年登基，其時方二十五歲，是個好色的君主，自尊心又極强。當時爲宫禁事上諫的還有滕宗諒（子京）等，終以「語太切直」遭貶（見續資治通鑑長編卷一一五）。石介之語，猶甚於滕疏，仁宗自然更不高興。據石介兩年後寫的上王沂公書回憶此事：「介又嘗上疏天子，妄議赦書，帝赫斯怒，禍在不測，相公從容救解，不置於法。」（徂徠集卷十四）如果僅僅爲了赦書之論，如前所述，必不至於引起仁宗「禍在不測」之赫怒。王曾救解一節，正好透露了其中舊債新賬一起算的消息。此在局外人看來，自然是石介「詆時太過」而召禍，然對石介來説，他倒以爲自己是個忠言直諫的好官。事後不久，他在閑興一詩（徂徠集卷三）中發抒了心中的不平：

大匠構厦屋，取直棄曲木。

如何官擇人，棄直獨取曲。

但石介生前自編徂徠集時，上王樞密書畢竟舍去不載；歐陽修墓誌銘、宋史本傳亦語焉不詳。今特爲表出，以補誌、傳之缺。

石介初至南京，曾擔任過一年左右的學官，當時的知府是劉隨。劉隨既崇儒又禮佛，故府學東書庫有儒、道、釋三教畫像。石介利用學官的職權，令去道、釋畫像，獨尊儒學，實行他在怪説等文章裏提出的攘斥佛、老的主張。劉隨没有責怪他，只是勸他鋒芒不要太露而已。

景祐二年（一〇三五）秋，劉隨歸闕，夏竦知南京應天府，時介已改任留守推官，徂徠集卷二十有上南京夏尚書啓等文字四篇，即爲夏竦而作。雖夏竦後來因反對慶曆新政，與石介等成爲死敵，但此時兩人作爲上下級關係，還是比較融洽的。

（三）遠官嘉州、居喪徂徠時期（一〇三八——一〇四二）。

景祐三年（一〇三六），介父石丙得官單州碭山縣令。三年後將移任邊遠地區。寶元元年（一〇三八），石介南京秩滿，以父年老（時丙已七十歲），請於吏部，代父遠官，遂任嘉州軍事判官。是夏入蜀，一路上寫了大量即景咏懷及應酬贈答的詩歌。這幾個月，是石介一生中詩歌創作最旺盛的時期。九月，石介抵達嘉州，蒞任才一月，因母亡，即歸家奔喪。

寶元二年（一〇三九）十二月初四日，元昊入寇，西北邊釁肇端。自景德元年（一〇〇四）澶淵之盟以來，近四十年没有大的戰事，北宋朝廷遂滋長了太平麻痹思想，此時邊釁驟啓，倉皇應付，十分狼狽。石介身在徂徠，心憂天下，常以邊事爲念，偶作一詩集中反映了他這一方面的思想狀況。其詩末云：

> 平生讀詩書，胸中貯經綸。
> 薄田四五畝，甘心耕耨勤。
> 倚鉏西北望，涕淚空沾襟。

國家正處於多事之秋，自己却賦閑在家，滿腹經綸無處施展，石介的心情是多麽地焦急啊！但不久他的家庭又遭變故，使他無法實現盡快返回政界的願望。康定元年（一〇四〇）三月，石丙亡故了。石介母服未滿，又守父喪。居喪期間，石介開館聚徒，以易傳授諸生。明道、景祐以來，學者有師惟石介及孫復、胡瑗三人（見歐陽文忠公文集卷二五胡先生墓表）。

（四）國子監學官時期（一〇四二—一〇四五）。

慶曆二年（一〇四二）夏，石介服除，因杜衍之薦，召入爲國子監直講。同年十一月，孫復亦因范仲淹、富弼之薦，由布衣超拜試校書郎、國子監直講。當時，正處於慶曆新政前夕，范仲淹、歐陽修等亟思振興教育，爲政治改革培養人材。於是太學大興，生徒由原來二三十人光景驟增至數千名。石介如魚得水，神采飛揚，利用他所據有的當時國家最高學府的講席，力圖左右文壇的風氣。北宋古文運動，自天聖以來，由於歐陽修、尹洙、蘇舜欽等人的共同努力，已蓬蓬勃勃地開展起來，到此遂取得了決定性的勝利。作爲勝利的標志，一是貢舉制度的改革（這一點至慶曆四年乙亥詔，以法令的形式固定下來），一是太學教育復古之風的形成（這一點雖然導致了後來以怪僻爲宗的「太學體」的滋生，深罹矯枉過正之弊，但此時則是古文運動得力的同盟軍）。這兩者因與知識分子的仕途得失息息相關，所以無形中成了兩根左右文壇風氣的指揮棒。據北宋僧文瑩湘山野録卷中載：

石守道介，康定中，主盟上庠，酷憤時文之弊，力振古道。時庠序號爲全盛之際，仁宗孟夏鑾輿有玉津蹳麥之幸，道由上庠。守道前數日於善首堂出題曰「諸生請皇帝幸國學賦」，糊名定優劣。中有一賦云：「今國家始建十親之宅，新封八大之王。」蓋是年造十王宫，封八大王元儼爲荆王之事也。守道晨興，鳴鼓於堂，集諸生，誚之曰：「此輩鼓篋游上庠，提筆場屋，稍或黜落，尚騰謗有司者，悲哉，吾道之衰也！如是，此物宜遽去，不爾，則鼓其姓名，撻以懲其謬。」時引退者數十人。

如此旗幟鮮明地升降諸生，掃蕩時文，實有摧枯拉朽之勢。然石介之用心，却非拳拳於文章經義之間，而别有更重要者在。據當時主持太學的北宋官僚田况回憶説，石介任國子監直講期間，「好議論都省時事，雖朝之權貴，皆譽訾之」（儒林公議卷上）。可見他的抱負是在政治方面。慶曆三年（一〇四三），仁宗起用范仲淹、富弼、韓琦等，着手實行一系列政治革新的措施。石介喜形於色，曰：「此盛事也，歌頌吾職，其可已乎！」乃效韓愈元和聖德頌，賦慶曆聖德頌一首，其譽范仲淹、富弼等，至擬之「一夔一契」，並以「衆賢之進，如茅斯拔；大姦之去，如距斯脱」直斥夏竦，措辭十分激烈。據蘇軾回憶，他在慶曆三年「總角入鄉校」，即嘗誦習其辭。在四川眉山這麽僻遠的地方，連七歲的小孩都知道此作，可見此頌在當時影響之大。

慶曆聖德頌的創作，是石介生平中一件最重要的事情，後世評論甚多，毁譽不一。頌剛脱稿，孫復就對石介説：「子禍始於此矣！」（徂徠石先生墓誌銘）孫復此語，還僅僅就石介個人而言。實際上，後來朝中反對派群起而攻，導致慶曆新政的迅速失敗，慶曆聖德頌不能不說是起了導火綫的作用。南宋葉適曾在習學記言序目卷四九皇朝文鑑三指出：

> 慶曆聖德頌，後世莫能定其是非。按……仲淹方有盛名，舉世和附，一旦驟用，出人主意，比仲山甫宜若無愧，頌之可也。而介所講未詳，乃以二十年間否泰消長之形，與當時用舍進退之迹，盡於一頌，明發機鍵以示小人，而導之報復，易所謂「翩翩不富」，「城復於隍」，若合契符，宜其不足以助治，而徒以自禍也。

要之，石介寫作此詩，主觀意圖自然不錯，在爲改革造輿論方面也一度曾起了不小的積極作用，但方法不對頭，有點操之過急和授人以柄。據傳范仲淹當時曾向韓琦表示過對石介的不滿：「爲此怪鬼輩壞事也。」（宋袁褧楓窗小牘卷上）但這種過猶不及的缺陷，范仲淹自己也不同程度地存在着，故執政未及一年，變法便宣告失敗了。

慶曆四年（一〇四四）三月二十日，石介因韓琦之薦，曾擢直集賢院，仍兼國子監直講。同年十月，即成衆矢之的，不自安於朝，主動要求外放，得通判濮州。未及赴任，即於次年七月病卒於家。這是石介政治生涯中碰到的第二次、也是最後一次大挫折，它一直影響到石介的身後。石介既殁，夏竦等猶銜恨不已，且欲傾富弼。會徐州狂人孔直溫謀叛，搜其家得石介書信，竦因而散布介實不死，弼陰使入契丹謀起兵的謠言，致使朝廷半信半疑，於當年十一月和慶曆七年（一〇四七）六月兩次下令查核石介存亡實況，只因知兖州杜衍、提點京東刑獄吕夷簡的保全，方免發棺之酷。而其妻子、兒女受牽連，則被羈管他州，流亡了好幾年。歐陽修重讀徂徠集：「當子病方革，謗辭正騰喧。衆人皆欲殺，聖言獨保全。已埋猶不信，僅免斲其棺。」（歐陽文忠公文集卷三）即此事之紀實。

二

上面分四個時期簡單地介紹了石介的生平，現在再就他的文學創作談談他的思想。

石介死後二十一年，歐陽修爲他撰寫了一篇感情充沛、文辭優美的墓誌銘，其銘云：

徂徠之巖巖，與子之德兮，魯人之所瞻。汶水之湯湯，與子之道兮，愈遠而彌長。道之難行兮，孔、孟亦云。皇皇一世之屯兮，萬世之光。曰：「吾不有命兮，安在夫桓魋與臧倉。」自古聖賢皆然兮，噫！子雖毁其何傷。

值得注意的是，歐陽修此處贊美石介，指的是「道」、「德」，而不在文章。統觀歐陽文忠公文集中與石介有關的詩文，大抵都是評論石介的從政和爲人，而絶少贊賞他的文章，這篇旨在對石介的一生作出總評價的紀念文章亦復如此。近時一些文學史論著以石介爲北宋古文運動中輔翼歐陽修的一員健將，大抵是因爲他寫了一組極論排佛老、斥時文（楊億）而以言詞激烈著名的怪説上、中、下，而這兩個基本思想，貫串了石介的全部著作乃至他的一生。

反對佛、老和駢文，本是唐代古文運動的兩個顯著標志，石介既有極力頌揚自周公、孔子、孟軻、揚雄到韓愈的道統、文統之語，又有怪説之類反對佛、老與時文的述作，其爲後人排進古文家的行列，是極自然的。但作爲北宋古文運動的領導的歐陽修並没有表過這個態，這也是事實（歐陽修與尹洙、蘇舜欽等認識亦在天聖八年前後，嘗論與彼等相與作爲古文於天聖中而不及石介）。而且統觀石介的創作實踐和思想，同北宋其他一些著名的古文家（如在他之前的王禹偁和在他之後的蘇軾等人）也有明顯的差别。

先説排佛、老。唐代古文家反對道、釋，主要有兩個方面的原因和目的。其一是在政治思想方面，要維護儒家思想的正統地位；其二是在社會經濟方面，反對佛、老之徒的浪費和不事生産。宋代古文家之於佛、老學説的本身，在態度上則已有所不同，蘇軾、王安石等對儒、道、佛三家思想的兼收並蓄前人論之已詳，即如在宋初開創了以駢散結合、平易暢曉爲基本風格的宋代散文獨特面目的王禹偁而論，其反佛的主要目的，也側重在社會經濟方面。他在至道三年（九九七）所上的應詔言事疏中論「古聖人必排佛以救民」曰：

假使天下有僧萬人，每日食米一升，歲用絹一匹，是至儉也，而月有三千斛之費，歲有一萬匹之耗，何况五、七萬輩哉！而又富僧巨髡窮極口腹，一齋之食，一襲之衣，貧民百家未能供給。此〔輩〕既不能治民，又不能力戰，不造器用，不通貨財，而高堂邃宇、豐衣飽食而已，不曰民蠹，其可得乎！（皇朝文鑑卷四二）

據宋會要輯稿道釋一之一三、北宋李攸宋朝事實卷七道釋統計，到天禧五年（一〇二一），天下僧三十九萬七千六百一十五人、尼六萬一千二百三十九人，再加上道士、女冠二萬多人，真是個龐大的數字，其對社會生産力的破壞程度之嚴重，可想而知。在這個意義上講，古文家們反對佛、老，是有積極意義的。但是，石介的反對佛、老，其側重點却不在這裏，以其攘斥佛、老的代表作怪説上爲例，其文略云：

夫君南面，臣北面，君臣之常道也。父坐子立，父子之常道也。而臣抗於君，子敵於父，可怪也。夫中國，聖人之所常治也，四民之所常居也，衣冠之所常聚也，而髡髮左衽，不士不農，不工不商，爲夷者半中國，可怪也。夫中國，道德之所治也，禮樂之所施也，五常之所被也，而汗漫不經之教行焉，妖誕幻惑之説滿焉，可怪也。

可知其反對佛、老，目的主要在於捍衛儒家之道的正統地位，而並不在佛、老之徒本身。此與孫復以佛、老之盛爲「儒者之辱」（孫明復小集卷三儒辱）的説法正同。這一點怪説下説得更加直截了當：

大堯、舜、禹、湯、文王、武王、周、孔之道，萬世常行不可易之道也。佛、老以妖妄怪誕之教壞亂之，楊億以淫巧浮僞之言破碎之，吾以攻乎壞亂破碎我聖人之道者，吾非攻佛、老與楊億也！

這副凛然不可侵犯的衛道者的架勢，與其説是爲古文運動從思想上開辟道路，毋寧説是在開兩宋道學家的先聲。雖然，石介反對佛、老，誠有其更重要的政治意圖在。趙宋建國之初的兩位君主太祖、太宗，都是雄心勃勃力圖恢復唐朝强盛時期疆域的帝王。到了真宗時代，以澶淵之盟爲標志，宋王朝已漸漸露出怯懦的樣子來。當時，一般具有愛國熱忱的士大夫，對民族問題十分敏感。他們一方面搬出華夏大一統的舊訓來推動朝廷繼續向北發展，但在北方民族越來越强盛的現實面前，一方面又本能地感到一種潛在的威脅，這反過來又促使他們對華夏正統的傾心和狂熱的宣傳。而石介的反對佛、老，也正是提高到「尊夏攘夷」這樣一個高度來認識、來論述的。他在中國論（徂徠集卷十）一文中説：

聞乃有巨人名曰「佛」，自西來入我中國；有龐眉名曰聃，自胡來入我中國。各以其人易中國之人，以其道易中國之道，以其俗易中國之俗，以其書易中國之書，以其教易中國之教，以其居廬易中國之居廬，以其禮樂易中國之禮樂，以其文章易中國之文章，以其衣服易中國之衣服，以其飲食易中國之飲食，以其祭祀易中國之祭祀。

爲了把思想文化上的排斥異端同民族問題上的排外主義等同起來，連在中國土生土長的老聃，也成了夷人。顯然，這裏的討論已不單純是思想文化問題，更多的倒是時事政治了。從今天的立場上看，石介此論，自然有悖於民族融合的歷史進程，而其獨尊儒學、排斥一切其他思想學説和外來文化，也顯得偏狹和保守，但在當時，西夏元昊陰謀南犯的迹象已經越來越明顯，後來終於在寶元元年（一〇四〇）爆發了西北邊境戰爭。石介的這種宣傳，對於加强民族意識，保護華夏文化，還是有一定的現實意義的。假如説以朱熹爲代表的新儒學運動在民族危機深重的南宋前期的蓬勃開展，可以看作是民族精神在思想文化領域裏一種積極反映的話，那末，石介、孫復等人的排斥佛老、「尊夏攘夷」活動，已經給朱熹他們帶了一個很好的頭。

再説斥楊億。石介排佛、老既提高到維護華夏文化這個理論的高度來認識，其斥楊億亦復以保守儒家傳統爲出發點。怪説中略云：

昔楊翰林（億）欲以文章爲宗於天下，憂天下未盡信己之道，於是盲天下人目，聾天下人耳。使天下人目盲，不見有周公、孔子、孟軻、揚雄、文中子、韓吏部之道；使天下人耳聾，不聞有周公、孔子、孟軻、揚雄、文中子、韓吏部之道。俟周公、孔子、孟軻、揚雄、文中子、韓吏部之道滅，乃發其盲，開其聾，使天下唯見己之道，唯聞己之道，莫知有他。今天下有楊億之道四十年矣！

大家知道，楊億在宋代之所以有名，是因爲他開創了西崑體而以「詞筆冠映當世」（續資治通鑑長編卷八五引宋真宗贊楊億語），並没有在哲學上形成自己的思想體系，即所謂楊億之道來取代儒家之道。而怪説中後文斥責「楊億之道」的具體表現，也僅是「窮妍極態，綴風月，弄花草，淫巧侈麗，浮華纂組」而已。此處所言，乃指楊億之文而非楊億之道，是很明顯的。然則，石介是把「文」跟「道」當作一樣的東西來看待了。這一點從徂徠集卷一九祥符詔書記看得更清楚：

故楊翰林少知古道……然以性識浮近，不能古道自立，好名争勝，獨驅海内，謂古文之雄有仲塗（柳開）、黄州（王禹偁）、漢公（孫何）、謂之（丁謂）輩，度己終莫能出其右，乃斥古文而不爲，遠襲唐李義山之體，作爲新制。楊亦學問通博，筆力宏壯，文字所出，後生莫不愛之。然破碎大道，雕刻元質，非化成之文，而古風遂變。

在石介看來，古道即古文，不爲古文即反對古道。道即是文，文即是道。唐代古文家論文，有所謂道統和文統，韓愈的原道和進學解，可以分别作爲這兩方面的代表。在他們的心目中，道統和文統原是兩個不同的方面。入宋以後，柳開首先將兩者合而爲一。他的應責有一段代表性的言論：「吾之道，孔子、孟軻、揚雄、韓愈之道；吾之文，孔子、孟軻、揚雄、韓愈之文也。」（河東先生集卷一）石介則進一步把它發展到了極端的地步。

對於石介的這種態度，歐陽修在當時就不以爲然（詳與石推官第二書）。後來，蘇軾則更加旗幟鮮明地指出：

近世士大夫文章華靡者莫如楊億，使楊億尚在，則忠清鯁亮之士也，豈得以華靡少之？通經學古者莫如孫復、石介，使孫復、石介尚在，則迂闊矯誕之士也，又可施之於政事之間乎？（經進東坡文集事略卷二九議學校貢舉狀）

東坡之辭，雖不免偏激了一點，但却説出了一個重要的事實：封建時代士大夫階級的文學創作，盡管藝術形式千差萬别，哪怕古文也好，駢文也好，在爲統治階級的思想政治（道）服務這一點上則是相同的。對此，早在宋初的張詠就曾經做過爽快的自我表白：「視文之臧否，見德之高下，若以偶語之作參古正之辭，辭得異而道不可異也。或謂好古以戾，非文也；好今以蕩，非文也。」（乖崖集卷七）歐陽修也曾説過：「偶儷之文，苟合於理，也未可非。」（歐陽文忠公文集卷七三論尹師魯墓誌銘）

楊億、劉筠的許多作品，的確存在着「好今以蕩」、片面追求形式華麗的錯誤傾向，西崑體的追隨者專門從這一方面下工夫摹倣，更是應當加以否定的。正如慶曆三年（一〇四三）王安石所批評的：「楊、劉以其文詞染當世，學者迷其端原，靡靡然窮日力以摹之，粉墨青朱，顛錯叢龐，無文章黼黻之序，其屬情藉事，不可考據也。」（王文公文集卷三六張刑部詩序）其毛病在於過分講求表現形式而妨礙了文章内容的表達（「屬情藉事」）。石介等人因此而否定一切帶藝術性的東西（徂徠集卷二十代鄆州通判李屯田薦士建中表借頌揚士建中而剖白自己的文論主張説：「讀書不取其語辭，直以根本乎聖人之道；爲文不尚其浮華，直以宗樹乎聖人之教」），就滑到了另一條岔道，即張詠所謂「好古以戾」上去了。到了後來的朱熹，這一觀點遂發展成爲「這文皆是從道中流出」、「文便是道」（朱子語類卷一三九）的典型的道學家文學觀。平心而論，哲學家作文，主要依靠抽象思維，只要條理清楚、講説明白便好，過分强調寫作技巧、修辭方法，反倒有「以文害道」之嫌；但因此而要求文學家的創作也不能講求藝術性，同樣不符合藝術思維的特殊規律。

近代論者，多以石介同歐陽修、蘇軾等人一樣，站在詩文革新的立場上跟西崑體作鬭争。其實，作爲北宋詩文革新運動的成果，駢散結合、平易暢曉的散文特色的確立，倒是在反對楊、劉等人爲首的華靡文風，同時又堅持反對柳開、石介等人爲代表的怪僻文風這樣兩條戰綫的鬭争中形成的。作爲這一運動的集大成者蘇軾，在嘉祐二年（一〇五七）及第時所説的一段話，簡直是對此做了總結性的説明：

自昔五代之餘，文教衰落，風俗靡靡，日以塗地。聖上慨然太息，思有以澄其源，疏其流，明詔天下，曉諭厥旨。於是招來雄俊魁偉、敦厚樸直之士，罷去浮巧輕媚、叢錯彩繡之文，將以追兩漢之餘，而漸復三代之故。士大夫不深明天子之心，用意過當，求深者或至於迂，務奇者怪僻而不可讀。餘風未殄，新弊復作，大者鏤之金石以傳久遠，小者轉相摹寫，號稱古文。紛紛肆行，莫之或禁。（東坡集卷二六謝南省主文啓歐陽内翰）

而早在慶曆六年（一〇四六），權知貢舉張方平就在奏疏中指出：

爾來文格日失其舊，各出新意，相勝爲奇，至太學盛建，而講官石介益加崇長，因其

好尚，寖以成風。以怪誕詆訕爲高，以流蕩猥瑣爲贍，逾越繩墨，惑誤後學。（續資治通鑑長編卷一五八）

以張方平此説參之前引東坡幾次議論，可見當時文章家對石介的一般看法。

但兩宋理學家們則是另外一種説法。早在北宋中期，二程就十分尊奉石介，念念不忘（詳朱子語類卷一二九）。南宋朱熹則稱：「本朝孫（復）、石（介）輩忽然出來，發明一個平政底道理，自好。前代亦無此等人，如韓退之已自五分來，只是説文章。若非後來關、洛諸公來，孫、石便是第一等人。孫較弱，石健，甚硬做。」（明永樂大典卷三〇〇一引朱子語類續）在他看來，石介的成就甚至連古文運動的開山大師韓愈都比不上，更毋庸説後來的蘇軾等人了，原因是韓愈他們「只是説文章」。由於文學觀的差異，其所見不同一至於此！這樣看來，與其把石介視爲北宋詩文革新的闖將，倒不如把他説成理學家的先驅。

三

最後，簡單介紹一下石介著作及其流傳的情況。留存到現在的石介詩文，只有徂徠集二十卷。其散佚者，見於石介自述的有唐鑑五卷、三朝聖政録（共分二十門）若干卷。另外文獻通考卷一七五經籍考著録有易解五卷，宋史藝文志則有易口義十卷，可知石介曾對易經作過比較系統的研究，惜已失傳，未能窺其哲學思想之全豹。

徂徠集二十卷，宋代即有刻本，晁公武郡齋讀書志、陳振孫直齋書録解題均有著録。清代流傳的宋本主要有平津館藏本、漁洋書庫藏本及濰縣張次陶藏本，後兩種曾有清人翻刻本行世。據歐陽修讀徂徠集云：「舊稿（指徂徠集）偶自録，滄溟之一蠡，其餘誰付與？散失存幾何？」則是集爲石介所手編無疑。考吕祖謙皇朝文鑑卷一〇二有題爲根本的石介策論一首，徂徠集未載，文中自言嘗撰時論斥游惰等十篇，亦並不見於徂徠集。今由宋會要輯稿食貨六二之一九輯得斥游惰殘文一篇，原注慶曆元年九月王琪上義倉疏之後石介撰此文。據筆者對徂徠集詩文繫年的初步考定，所收基本上以慶曆三年四月創作的慶曆聖德頌爲最晚。疑徂徠集即編於慶曆三年。後二年石介卒。又二十餘年，歐陽修撰石徂徠先生墓誌銘，曾云介「所爲文章，曰某集者若干卷，曰某集者若干卷」，凡重言之。抑或介之師友門人嘗將其他文章輯爲另集而未傳？俟詳考。

陳植鍔

一九八三年癸亥盛暑於杭州西溪

石介集凡例

一、本書以清光緒十年濟南尚志書院刊刻濰縣張次陶所藏明人影印宋鈔新雕徂徠石先生全集二十卷爲底本。

目前通行的徂徠集的刻本，有康熙四十九年庚寅正月泰安知州徐肇顯刊本和同年四月姑蘇張伯行正誼堂叢書本，但徐本僅二卷，著録文十六篇，詩三十九首（由宋詩鈔迻録），張本包括了二十卷本徂徠集差不多全部的文，但没有詩。比較完全的刻本當以康熙五十五年丙申四月燕山石鍵的校刻本爲最早。此本以清王士禎漁洋書庫本爲母本，據池北偶談卷十七談藝七徂徠集跋，是爲宋詩鈔編者吴之振所貽宋刻。其中第四卷内四庫全書總目著録本所闕寄元均、寄叔文、赴任嘉州初登棧道寄題姜潛至之讀易堂、入蜀至左綿路次水軒暫憩等四首詩俱在，與陽湖孫氏平津館所藏影宋本同（詳清孫星衍平津館鑑藏記卷三徂徠文集跋）。據主持是刻校訂的錢塘丁詠淇徂徠石先生全集跋云，石本凡校改一百八十五字。可惜均未出校勘記，不得見漁洋宋刻之原貌。

清代另一個比較完全的刻本，即光緒十年甲申正月刊行的潍縣張次陶藏影宋本。原本文内「構」字必闕，注以「字犯御名」，逢朝廷、祖宗必空格，「慎」字（南宋孝宗諱）則不避，當係南宋高宗時所刻。張氏刊本，行款悉依宋刻，空格亦同。另如集内戎、狄、夷等字，石本或闕而不刊，或竄以它字，此本則一仍其舊（卷四闕寄元均等四首詩，則與四庫著録本同）。因此，潍縣張氏本雖後於石本，然與宋刻原本則接近，故採爲底本。

二、本書以下列本子作爲校勘的主要依據：

清康熙五十五年丙申四月燕山石氏刻本（簡稱石本）；

清康熙四十九年庚寅四月姑蘇張氏正誼堂叢書本（簡稱張本）；

清康熙四十九年庚寅正月徐肇顯刻本（簡稱徐本）；

清乾隆五十七年壬子八月劍舟居士鈔校本（浙江圖書館藏，簡稱劍本）；

國學基本叢書本清吕留良、吴之振宋詩鈔徂徠詩鈔（簡稱宋詩鈔）；

清四庫全書總目著録江蘇採進本（簡稱四庫本）。

三、此外參校的還有：

稗海本北宋田况儒林公議；

上海古籍出版社標點本北宋蘇舜欽蘇舜欽集；
四庫全書本宋□□□聖宋文選（簡稱宋文選）；
清眉山程氏刊本南宋王偁東都事略；
中華書局排印本宋大詔令集；
四部叢刊本南宋吕祖謙皇朝文鑑（簡稱宋文鑑）；
清光緒七年浙江書局刻本南宋李燾續資治通鑑長編；
清耕餘樓刻本南宋黄震黄氏日鈔；
中華書局標點本元脱脱等宋史；
中華書局影印本明永樂大典；
清乾隆十一年樊榭刻本清厲鶚等宋詩紀事；
北京大學圖書館藏清鈔本（末有麟嘉館朱印）；
清光緒十六年庚寅閏二月臨清徐坊校刻本（以石本、徐本、宋文選互校，附校勘記）；
民國二十二年癸酉冬泰山徐守揆校刻本。
另外，石介詩文中引用到的前人言論，盡可能找到原文校訂，不一一羅列。

四、本書校勘，以對校爲主，擇善而從，其有改定，或有參考價值的異文，均作校記。間或有對校無法解決的問題，則參以史實考訂之，在校記中加以簡要説明。但底本明顯錯誤者及避諱字、異體字，則逕予更改。

五、由皇朝文鑑、續資治通鑑長編、宋會要輯稿、宋元學案等輯得石介佚文（包括片斷）凡八篇，作爲附録一；墓誌銘、傳記作爲附録二；徂徠集各本序跋、題識及歷代石氏祠記等均收集在一起，作爲附録三；其他散見於史籍的石介事迹、評論等，亦廣爲收集，都爲一輯，作爲附録四。

六、本書在點校過程中曾承杭州大學宋史研究室徐規教授審閲、指正，附誌感謝。

【張義生補記】

關於石介的著作，因陳植鍔先生已點校出版徂徠石先生文集，故本書僅加以補充。在易學方面，通過檢索古籍如周易義海撮要、厚齋易學、周易經傳集解和讀易述等，發現多條石介易注，今按照易經經傳順序予以著録，所引諸書皆出自四庫全書。在春秋學方面，僅補遺一條。

另外，通過查閱文淵閣四庫全書之歷代名賢確論，發現石介評論唐代人物、事跡等多則，或爲唐鑑佚文。又五百家播芳大全文粹中有石介五篇賀啓和一篇上書，今皆收入詩文中。

徂徠石先生文集卷一

頌十首

宋頌九首并序〔一〕

詩序曰：「頌者，美盛德之形容，以其成〔二〕功告於神明者也。」夫有盛德大業，然後爲之文辭；有粹文俊辭，然後充見乎功業。德與辭表裏，功與文相埒，然後奮爲宏休，摛爲英聲，昭爲烈光。暐暐曄曄，如日之華；鏗鏗訇訇，如雷之行。暢於無窮〔三〕，揚於無上，江浸海流，天高地厚，不有窮盡。若周之文、武，興起王業，公旦制作禮樂，成、康積隆太平，宣王亨起中興，其功偉歟！漢之高祖定禍亂，文、景崇尚恭儉，孝武卻攘戎狄，光武恢復漢業，其功偉歟！唐之太宗誅李密、王世充、竇建德、薛舉、輔公祏〔四〕；明皇除太平公主，相姚、宋，開元

〔一〕原無「九首并序」四字，據石本補。
〔二〕「成」，原作「神」，據劍本及毛詩序改。
〔三〕「無窮」，原作「無前」，據劍本改。
〔四〕「祏」，原作「祐」，據石本、劍本改。

三十年昇平；憲宗斬楊惠琳、劉闢、吴元濟，復諸侯地數千里，其功偉歟！我國家太祖武皇帝，一駕而下澤潞，再矢而定維揚，三揖而納荆、潭，四指而收蜀、廣，五征而平江南。太宗文皇帝，克紹前烈，亦既踐祚，南致淮、海數十州之地；纔謀順動，北縛并元四十五年之寇。真宗章聖皇帝，暫臨澶淵，匈奴喪威墮膽，迨今四十年，樂我盟好，不敢箠馬而南。今皇帝在明道之初，獨臨軒墀，躬厥庶政，神謀睿斷，如雷之動，六合莫不震焉；發號施令，如風之行，萬民莫不見焉。

登仕哲艾，剪鉏姦惡，天清地明，日燭月霽。其功也如此，鴻烈景鑠，乃可作爲歌、詩、雅、頌，流於金石，被於管絃，報天地而奏宗廟，感昆蟲而和夷貊矣。故周有清廟、生民、臣工、天作、雝潛、勺武，漢有中和、樂職、聖主得賢臣，唐有晉陽武、獸之窮、涇水黄、奔鯨沛、淮夷、方城〔一〕、元和聖德諸篇。臣介竊擬前人，輒取太祖、太宗、真宗、陛下功德之尤著見者，爲宋頌九篇。

臣雖齒髮堅壯，未爲衰老，自視材智甚短，施之於事，無毫髮所長，虚生盛明之時，真以爲

〔一〕「方城」，原作「方成」，據劍本改。按：唐柳宗元有平淮夷雅二篇，其二爲方城。

媿。然文采晦昧，體格卑脞，不足以稱述四聖君之耿光，亦庶乎萬一有以助太平之頌聲云。

皇祖

太祖皇帝初用師，伐潞州，滅李筠；伐揚州，滅李重進也。

皇祖神武，疇敢戲豫？戲豫，一作違拒。元年四月，筠叛於潞，皇祖躍馬，至潞城下，筠窘赴火，焦頭爛骻。皇祖龍驤，疇敢猖狂？元年九月，進叛於揚，皇祖長驅，至揚城隅，進窘登樓，并焚其孥。皇祖曰：「嘻！物情難籌，予代有周，天時人謀，罔有不同，予德其休。予亦即祚，涵濡養撫，罔有失所，予德其裕。筠胡予違？進胡不隨？予匪汝誅，汝自取之。」既翦二盜，聖武烜耀，荆、潭、蜀、吴，如拔腐草。

皇祖六章，二章八句，一章六句，三章四句。

聖神

太祖皇帝出師援長沙，且假道荆，遂取荆、潭也。

不疾而速，不怒而威。惟聖惟神，其幾其微。二國之君，各保爾土。虎憑於山，莫予敢取；蛟憑于淵，莫予敢侮。萬斯年兮，關鐍以固。聖機神謀，天祕地藏，風行雷動。旦秣我馬，夕取其疆。二君不知，晏眠于床。具篙與舟，同朝天子。一發五豝，二君皆至。皇祖聖神，鴻光丕懿。

聖神四章，一章四句，一章八句，一章七句，一章六句。

湯湯

太祖皇帝收蜀，取孟昶也。

湯湯其江，區區爾孟，一夫當關，不知天命。蟻固于穴，蛙負于井，咫尺之地，爲可以騁。彼以險守，我以德懷，王師東來，函谷自開。蜀虜授首，呼號哀哀；蜀人鼓舞，與我偕來。昔時蜀道，絶人來往；今蜀既平，王道蕩蕩。尉侯一置，朝貢相望，巍巍皇祖，德聲遠暢。

湯湯二章，章八句。

奠醜

太祖皇帝用周渭之策，命潘美取廣州也。

莫醜匪虺，莫悍匪兕，有鋹在南，毒螫不已，沸湯熱火，暴我赤子。皇祖曰：「嘻！天生蒸民，立之君長，以養以仁。乃予不恤，匪鋹之嚚。」乃謀于渭，乃將于美。王師鷹揚，涉江萬里，闢其城門，鋹號請死。皇祖有德，乾覆坤容，予在弔民，不殺以封。皇祖慈仁，感于昆蟲。

莫醜四章，章六句。

金陵

太祖皇帝命師取李煜也。

金陵峩峩，長江萬里，誰爲巢穴，養此蛇豕？天豈作限，而險而恃，不順不臣，敢亢天子？帝赫斯怒，王師徐驅，蕞爾螻蟻，豈勝誅鉏！哀哀窮俘，爰叫以呼。歸于京師，燀哉聖謨！

金陵二章，章八句。

聖文

錢俶以吳越歸也。

聖文安安，聖武桓桓，朝貢萬里，正朔百蠻。無吳之險，無蜀之艱，無潭之嚚，無荆之頑，咸予賓順，悦色和顔。彼俶在杭，有地千里，皮毁毛落，孤睽莫恃。慴服聲教，慕爲臣使，携彼人民，挈其土地，于橐于囊，歸于天子。天子神聖，罔不懷柔，既懷而封，恩涵澤流。逆予有刑，視彼揚州；順予有封，視此錢俟。赫赫宋德，何有窮休！

聖文三章，章十句。

六合雷聲

太宗皇帝親征太原，取劉繼元也。

六合雷聲，中國有君。塗其耳目，不使聽聞。隔在荒外，嗟爾并人！匪民之嚚，爲賊俘虜。往弔其民，王澤時雨；往伐其罪，王師虎旅。昔時錢俶，有國於吴，今俶歸我，爲吾前驅。并人望風，請爲臣奴。舊是匈奴，爲并左臂，今附有德，不與賊子。并人失恃，求就戮死。撫我則懷，并人肯來，降旗出城，并門夜開。并土既平，吾王休哉！往在藝祖，未遑拓寓，遺我聖宗，啓此北土。敢告太廟，惟皇孝武。

六合雷聲六章，章六句。

聖武

戎犯我疆，至于澶淵，真宗皇帝親臨六師，射煞戎酋，軍不得歸，乞盟請和也。

聖武惟揚，鷹師虎旅，至于澶淵，執彼醜虜。醜虜之來，蜂蠆敢怒，我師如林，不怒以懼，既俘其師，請示死所。聖仁如天，惡殺好生，于以耀德，匪來觀兵，亟命止戈，無兹黷刑。不勸其類，戴我以兄，屈膝請和，畏我威靈。棄甲以歸，處彼北隩，千斯年兮，永以爲好。邊人其安，養幼送老，民有肥田，馬有茂草。威德遠兮，思我聖考。

聖武三章，章十句。

明道

莊獻明肅皇太后崩，今皇帝陛下獨臨軒墀，聽決萬機，睿謨聖政，赫然日新也。

明肅惟母，實勤養撫，有臣有虎，有離有附。請王禄、産，請廟考祖。古人有作，規呂矩武。政在房帷，小人乘時，十年于兹，惟幾惟微。聖人如天，不識不知，龍晦其威，神藏其爲。明道四月，睿德明發，帝褰簾箔，出臨軒榻，摠攬萬機，指揮六合。聖人之興，雷動乾行，進退大臣，顏色和平，誅逐群竪，左右不驚。不怒而威，不疾而速，百蠻偷息，百官重足。土無二主，惟辟作福。圖任哲艾，拔崇賢能，旌賁忠臣，死生光榮。洗刷敝風，宫闕清明。惟帝之道，與時語默，静則坤闔，動則乾闢。十年深宫，不有其權，今日南面，退姦進賢。

宋承大紀，八十年矣，明道之政，獨爲粹美。唐三百年，時惟開元，猶歉明道，開元同言。明道之政，可以歌舞，小臣作頌，實慙吉甫。

明道十一章，二章八句，四章六句，五章四句。

慶曆聖德頌并序〔一〕

三月二十一日大昕，皇帝御紫宸殿朝百官，相得象、殊，拜竦樞密使，夷簡以司徒歸第。二十二日，制命昌朝參知政事，弼樞密副使。二十六日，敕除修、靖、素並充諫官。四月八日，皇帝御紫宸殿朝百官。衍樞密使，仲淹、琦樞密副使，乃用御史中丞拱宸、御史逌、御史平、諫官脩、靖十一疏，追竦樞密使敕。十三日敕，又除襄爲諫官。天地人神，昆蟲草木，無不懽喜。

〔一〕原無「并序」二字，據石本補。

皇帝退奸進賢，發於至聰，動於至誠，奮於睿斷，見於剛克，陟黜之明，賞罰之公也。上視漢、魏、隋、唐、五代，凡千五百年，其閒非無聖神之主、盛明之時，未有如此選人之精、得人之多、進人之速、用人之盡，實爲希闊殊尤，曠絶盛事。

在皇帝之德之功，爲卓犖瑰偉、神明魁大。古者，一雲氣之祥，一草木之異，一蹄角之怪，一羽毛之瑞，當時群臣猶且濃墨大字、金頭錮軸，以稱述頌美。時君功德，以爲無前之休，丕大〔一〕之績。如仲淹、弼，實爲不世出之賢。求之于古，堯則夔、龍，舜則稷、契，周則閎、散，漢則蕭、曹，唐則房、魏，陛下有之。諸臣亦皆今天下之人望，爲宰相諫官者，陛下盡用之。此比雲氣、草木、蹄角、羽毛之異，萬萬不侔，豈可黜無歌、詩、雅、頌，以播吾君之休聲烈光、神功聖德，刻于琬琰，流于金石，告于天地，奏于宗廟，存于萬千年而無窮盡哉！臣實羞之。

臣嘗愛慕唐大儒韓愈爲博士日作元和聖德頌千二百言，使憲宗功德赫奕煒燁，昭于千古，至今觀之，如在當日。陛下今日功德，無讓憲宗。臣文學雖不逮韓愈，而亦官於太學，領博士職，歌詩讚頌，乃其職業，竊擬於愈，輒作慶曆聖德頌一首，四言，凡九百六十字。文辭鄙

〔一〕「大」，原作「天」，據石本、徐本改。

俚，固不足以發揚臣子之心，亦欲使陛下功德赫奕煒燁，昭于千古，萬千年後觀之，如在今日也。臣不勝死罪。臣賤，無路以進，姑藏諸家，以待樂府之采焉。

於維慶曆三年三月，皇帝龍興，徐出闈闥。晨坐太極，晝開閶闔。躬攬英賢，手鋤姦枿。大聲渢渢，震摇六合。如乾之動，如雷之發。昆蟲蹢躅，妖怪藏滅。同明道初，天地嘉吉。

初聞皇帝慼然言曰：「予祖予父〔一〕，付予大業。予恐失墜，實賴輔弼。汝得象、殊，重慎微密。君相予久，予嘉乃績〔二〕。君仍相予，笙鏞斯協。昌朝儒者，學問該洽。與予論政，傳以經術。汝貳二相，庶績咸秩。」

「惟汝仲淹，汝誠予察。太后乘勢，湯沸火熱。汝時小臣，危言業業。爲予司諫，正予門闑。爲予京兆，堲予讒説。賊叛予夏〔三〕，爲予〔四〕式遏，六月酷日，大冬積雪，汝暑汝寒，同於士卒。予聞辛酸，汝不告乏。予晚得弼，予心弼悦。弼每見予，無有私謁。以道輔予，弼

〔一〕「予祖予父」，原作「予父予祖」，據宋史本傳、東都事略本傳乙正。
〔二〕「乃績」，原作「君伐」，據東都事略本傳改。
〔三〕「予夏」，原作「于夏」，據宋史本傳改。
〔四〕「爲予」，原作「往予」，據石本改。

言深切。予不堯、舜，弼自笞罰。諫官一年，奏疏滿篋。侍從周歲，忠力盡竭。契丹亡義，檮杌饕餮。敢侮大國，其辭慢悖。弼將予命，不畏不懾。卒復舊好，民得食褐。沙磧萬里，死生一節。視弼之膚，霜剥風裂。觀弼之心，鍊金鍛鐵。寵名大官，以酬勞渴。弼辭不受，其志莫奪。惟仲淹、弼，一夔一契，天實賚予，予其敢忽？並來弼予，民無瘥札。」

「曰衍汝來，汝予黃髮。事予二紀，毛禿齒豁。心如一兮，率履弗越。遂長樞府，兵政毋蹶。予早識琦，琦有奇骨。其器魁礧〔一〕，豈視居楔？其人渾樸，不施剞劂。可屬大事，敦厚如勃。琦汝副衍，知人予哲。」

「惟脩惟靖，立朝讞讞〔二〕。言論磥砢，忠誠特達。禄微身賤，其志不怯。嘗詆大臣，亟遭貶黜。萬里歸來，剛氣不折。屢進直言，以補予闕。素相之後，含忠履潔。昔爲御史，幾叩予榻。至今諫疏，在予箱匣。襄雖小臣，名聞予徹。亦嘗獻言，箴予之失。剛守粹慤，與脩儔匹。並爲諫官，正色在列。予過汝言，無鉗汝舌。」

皇帝明聖，忠邪辨別。舉擢俊良，掃除妖魃。衆賢之進，如茅斯拔。大奸之去，如距斯

〔一〕「魁礧」，原作「魁櫑」，據石本、徐本、宋文鑑卷七四改。

〔二〕「讞讞」，原作「巘巘」，據石本、徐本、宋文鑑卷七四改。

脱。上倚輔弼，司予調燮。下賴諫諍，維予紀法。左右正人，無有邪孽。予望〔一〕太平，日不逾浹。

皇帝嗣位，二十二年。神武不殺，其默如淵。聖神〔二〕不測，其動如天〔三〕。賞罰在予，不失其權。恭己南面，退姦進賢。知賢不易，非明不得。去邪惟難〔四〕，惟斷乃克。明則不貳，斷則不惑。既明且斷，惟皇之德。

群下踧踖，重足屏息，交相告〔五〕語：曰惟正直，毋作側僻，皇帝汝殛！諸侯危慄，墜玉失舄，交相告語：皇帝神明，四時朝覲，謹脩臣職。四夷走馬，墜鐙遺策，交相告語：皇帝神武，解兵脩貢，永爲屬國。皇帝一舉，群臣懾焉，諸侯畏焉，四夷服焉。

臣願皇帝〔六〕，壽萬千年。

〔一〕「予望」，原作「望見」，據石本、徐本、宋史本傳、東都事略本傳、宋文鑑改。

〔二〕「聖神」，原作「聖人」，據東都事略本傳改。

〔三〕「如天」，原作「以天」，據宋史本傳改。

〔四〕「惟難」，石本、劍本、宋史本傳作「惟艱」。

〔五〕「告」，宋史本傳作「教」。

〔六〕「皇帝」，原作「陛下」，據東都事略本傳及上文改。

徂徠石先生文集卷二 古詩二十五首

汴渠

隋帝荒宴遊，厚地刳爲溝。萬舸東南行，四海困横流。義旗舉晉陽，錦帆入揚州。揚州竟不返，京邑爲墟丘。吁哉汴渠水，至今病不瘳。世言汴水利，我爲汴水憂。利害吾豈知，吾試言其由。汴水濬且長，汴流湍且遒。千里泄地氣，萬世勞人謀。舳艫相屬進，餽運曾無休。一人奉口腹，百姓竭膏油。民力輸公家，斗粟不敢收。州侯共王都，尺租不敢留。太倉粟峩峩，冗兵食無羞。上林錢朽貫，樂官求俳優。吾欲塞汴水，吾欲壞官舟。請君簡賜予，請君節財求。王畿方千里，邦國用足周。盡省轉運使，重封富民侯。天下無移粟，一州食一州。

麥熟有感 癸酉中作

去年經春頻肆赦，拜赦人忙走如馬。五月不雨麥苗死，赦頻不能活窮寡。今年經春無赦書，十日一雨及時下。五月麥熟人民飽，一麥勝如四度赦。吾願吾君與吾相，調和陰陽活元化。陰陽無病元氣和，風雨調順苗多稼。使麥長熟人不饑，敢告吾君不須赦。

讀詔書乙亥〔一〕中作

關中有山生虎狼，虎狼性獄不可當。去歲食人十有一，無辜被此惡物傷。守臣具事奏聖帝，聖帝讀之惻上意。乃詔天下捕虎狼，意欲斯民無枉死。吾君仁覆如天地，只知虎狼有牙齒。害人不獨在虎狼，臣請勿捕捕貪吏。

待士熙道未至

鳳凰饑憶玉山禾，鼓翅飛下玉山阿。玉山之禾粒未熟，飢不得食心如何？麒麟渴憶崑山流，軒軒直出崑山幽。崑山之流流未長，渴不得飲予心愁。

〔一〕「乙亥」，原作「丁亥」，據石本、四庫本、劍本改。

赴任嘉州嘉陵江泛舟 二首〔一〕

中心横大江，兩面疊青嶂。江山相夾閒，何人事吟放。半鐏岸幘坐，永日開舲望。孤棹已夷猶，數峰更清尚。危影倒波底，凝嵐浮水上。鳴鷺答猿啼，樵歌應漁唱。併生泉石心，堪媿庸俗狀。

江心清照人，江面平如掌。有客去逍遥，扁舟〔二〕浮蕩漾。遠與城市絶，深將泉石向。水鳥忽東西，溪雲時下上。軒冕誰富貴，琴鐏自閑放。酒色照渌波，吟聲入秋浪。五湖何范蠡〔三〕，磻磎無吕望。吾家徂徠下，汶水有清響。常時夜雨急，隨雨來枕上。魂魄寒無寐，山居得真尚。一爲塵纓縛，不得閑時餉。兩耳聒欲聾，喧囂千萬狀。雨夜自潺湲，宦途空悲愴。劍南四千里，地遐接蠻瘴。乍聽江水聲〔四〕，聊使心靈暢。

〔一〕「二首」二字據石本、四庫本補，原本連作一首，此從石本、四庫本、劍本。

〔二〕「扁舟」，原作「扁身」，據石本、劍本改。

〔三〕「何范蠡」，石本、劍本作「無范蠡」。

〔四〕「江水聲」，原作「江聲□」，「聲」下缺一字，據石本、四庫本、劍本補正。

三豪詩送杜默師雄并序

本朝八十年，文人爲多。若老師宿儒，不敢論數。近世作者，石曼卿之詩，歐陽永叔之文辭，杜師雄之歌篇，豪於一代矣。師雄學於予，辭歸，作三豪詩以送之。

曼卿豪於詩，社壇高數層。永叔豪於辭，舉世絶儔朋。師雄歌亦豪，三人宜同稱。曼卿苦汩没，老死殿中丞。身雖埋黄泉，詩名長如冰。永叔亦連蹇，病鸞方騫騰。四海讓獨步，三館最後登。師雄二十二，筆距獰如鷹。才格自天來，辭華非學能。迴顧李賀輩，粗俗良可憎。玉川月蝕詩，猶欲相憑陵。曼卿苟不死，其才堪股肱。永叔器甚閎，用之王道興。師雄子勉旃，勿便生驕矜。

南山贈孫明復先生

我來南山興感悲，萬物紜紜宰者誰？衆材叢卑無奇姿，直輮曲輪皆所宜。大木磊磊節幹奇，撑巖拄谷無處施。我願天子脩明堂，坐朝諸侯會四夷。杜要十圍棟百尺，日責匠石搜訪之。千人用斧萬人拽，大根斫斷山崩欹。五州追牛十縣丁，載送上都天子怡。輸般駭汗工倕走，有目未省曾觀窺。黄帝合宫堯衢室，周制九筵虞總期。聽政朝夕有攸處，闔門左右咸以時。天子拱手四輔立，坐致四海爲雍熙。不用直棄用即大，短轅曲輪爾胡爲？

河決 乙亥中作

崑崙山最大，峩峩横絶域。黄河地下來，洶洶不可測。河伯一發怒，擘開崑崙石。水出東北陬，浩渺無涯極。平地水行疾，九州如咫尺。湯湯勢滔天，黎元多沈溺。上貽堯心憂，四岳舉鯀塞。鯀用汨彝倫，九載無成績。堯怒不能治，遂行羽山殛。有子其曰禹，命使嗣父職。洛中得龜書，九疇文甲坼。禹乃乘四載，周游視水迹。百川各復道，九河皆開闢。禹功既已成，水患方茲息。竊思大禹意，河九爲遠策。況云殺其溢，聞之孔安國。三代逾千年，所以無災厄。戰國争土疆，諸侯用詐力。遷徙無常歲，湮淪不可識。隄障遏水勢，溝渠絶地脈。禹道不復究，河流有壅隔。頻爲中國患，中國不安席。從官徒負薪，河伯弗受璧。斫盡淇園竹，安救瓠子役。民力殫將竭，國材耗亦劇。四方競上疏，群臣争籌畫。田蚡方爲相，書來多持扼。豈顧天下利，惟以私田惜。賈讓不爲用，延年亦見斥。如何聖人功，千載復不得？皇宋運熙泰，四聖崇道德。百蠻皆臣順，萬物遂生殖。七八十年間，人不聞金革。惟茲澶滑郡，河決亦云亟。常記天禧中，山東與河北。藁秸賦不充，遂及兩京側。騷然半海内，人心愁慘戚。河平未云幾，隄防有穴隙。流入魏博閒，高原爲大澤。良田百萬頃，盡充魚鼈食。救之成勞費，不救悲隱惻。吾君爲深慮，不食到日昃。我忝竊寸禄，素餐堪自責。不負一畚土，私輒逃丁籍。又無一言長，萬分有裨益。與世同浮沈，隨群甘默默。亦或中夜思，斯民苦瘦瘠。四年困蝗旱，五穀餌蟊蠈。年來風雨時，纔得一秋麥。手足猶瘡痍，飢膚未豐碩。若待四體肥，斯民無愁色。不然尋九河，故道皆歷歷。一勞而永逸，此成功無斁。或可勿復治，順其性所適。徙民就寬肥，注水灌戎狄。試聽芻蕘言，三者君自擇。

寄永叔

九龍行雨歲在子，皇天之命實勤止。泓湫水暖嗜慾飽，七龍嬉戲兩龍睡。卷藏密雲空自膏，畜聚甘雨不肯施。旱魃妖狂作民虐，風伯暴怒興日熾。訴號仰天天不聞，九州之禾皆乾瘁。嗟呼龍職職行雨，失職不雨民胡恃。騶虞義獸心實仁，不忍斯民不食死。向龍慢罵數龍罪，龍不能答滿面耻。偷向上帝讒騶虞，騶虞得罪龍竊喜。欲知龍與騶虞分，仁與不仁而已矣。

南霽雲

唐祿山亂。張巡、許遠固守濉陽城，兵窮援絶。霽雲跳出城，走泗，投賀蘭乞救，賀無出兵意。霽雲對衆斷一指，爲不食，怒離泗，以一矢射浮圖爲志，且曰「賊退，我必來殺賀蘭」云。

祿山熾亂，火焚崑崗，炎炎二京，鞠爲戰場。百官奔走，萬乘蒼黄，孰城能守？孰地〔一〕不亡？瞻彼濉水，其流湯湯，有城有民，在濉之陽。遠位巡上，巡智我彊，以城授巡，〔二〕巡亦克當。賊從西來，殺氣堂堂，旌旗如林，對城而行。巡遠登城，辭毅色康，城中之人，踴躍倍常。賊知城堅，坐甲裹糧，城中食盡，殺愛以嘗。士無二志，持病扶瘡，寧守城死，城不可降。霽雲勇烈，跳城軼出〔三〕，走泗投賀，求兵救乏。賀飲霽雲，牢醴羅列。霽雲避席，謂衆云曰：濉陽之人，不食一月，義不獨飽，食下輒咽。以刀斷指，左右流泣。彼何人兮，忌忠嫉節。心不感兮，賊功害伐〔四〕，不出一兵，坐觀斧鉞。霽雲心折，寸寸如鐵。霽雲據鞍，怒髮衝冠。一矢以志，復來不完。路人傍觀，涕流汍瀾，遠近聞者，爲之辛酸。力盡且窮，城孤無援，至死不

〔一〕「孰地」，原作「孰城」，據石本、四庫本、劍本改。
〔二〕「授巡」，原作「受巡」，據石本、四庫本、劍本改。
〔三〕「跳城軼出」，原作「跳軼出走」，據石本、四庫本、劍本改。
〔四〕「害伐」，原作「害我」，據石本、四庫本改。

屈，萬戈來攢。精誠内發，顔色自安，身輕鴻毛，名重泰山。吾執唐刑，罔容於姦，未誅禄山，先誅賀蘭。

贈張績禹功

李唐元和間，文人如蠭起。李翱與李觀，言雄破奸宄。孟郊及張籍，詩苦動天地。持正不退讓，了厚稱絶偉。元、白雖小道，争名愈弗已。卒能霸斯文，昌黎韓夫子。吾宋興國來，文人如櫛比。黄州才專勝，漢公氣全粹。晦之號絶群，平地走虎兕。謂之雖駁雜，亦文中騏驥。白積洎盧震，江沱自爲水。朱巖兼孫僅〔一〕，培塿對嶽峙。卒能霸斯文，河東柳開氏。嗟吁河東没，斯文乃屯否。汩汩〔二〕三十年，淫哇滿人耳。粤從景祐後，大儒復倡始。文人如麻立，縱縱攢戰騎。徂徠山磊砢，生民實頑鄙。容貌不動人，心膽無有比。不度蹄涔微，直欲觸鯨鯉。有慕韓愈節，有肩柳開志。今讀禹功文，矛戟寒相倚。寶光千里高，飛出破屋裏。

〔一〕「朱巖」，原作「朱巖」，據王禹偁小畜集卷十一送第三八朱巖先輩從事和州詩改。按：朱巖與孫僅皆中真宗咸平元年進士第。

〔二〕「汩汩」，原作「湯湯」，據石本、徐本、劍本、宋詩鈔、宋文鑑卷一六改。

龍音萬丈長，拔出重淵底。雷霆皆藏身，日星或失次。我蹔年老大，才力漸衰矣。禹功氣奔壯，今方二十二。前去吾之年，猶有十四歲。今讀禹功文，魂魄已驚悸。更加十四年，世應絶儔類。卒能霸斯文，吾恐不在己。禹功幸勉旃，當仁勿讓爾。

西北 乙亥中作

吾嘗觀天下，西北險固形。四夷皆臣順，二鄙獨不庭。吾君仁泰厚，曠歲稽天刑。孽芽遂滋大，虵豕極羶腥。漸聞頗驕蹇，牧馬附郊坰。吾恐患已深，爲之居靡寧。堂上守章句，將軍弄娉婷。不知思此否，使人堪涕零。

贈孫先生

世無伯樂不識馬，眼看騏驥如駑駘。先生今年四十四，才似皋夔胡爲哉？泰山山下水照石，溪聲濊濊白雲堆。我居其間構茅屋，先生先生歸去來！

寄李緼仲淵

噫，吁嘻！屈原放，賈誼投，晦之流，子望囚，古人今人皆不免，才能繫身才反仇。吾友仲淵少學古，胸中疎落羅孔周。點毫磨墨作文字，壯哉筆力追群牛。三十青衫得一尉，尺澤寸波〔一〕蟄長虬。清廉愛民復材武，一日得罪繫滁州。噫，吁嘻！屈原忠臣楚之望，賈誼少年才無儔。晦之、子望俱命世，麒麟頭角争崔嶓。時不與兮將柰何，仲淵仲淵勿涕流。

送李生謁張侯

李生長七尺，栖栖長自弔。一飲酒一石，常懷酒甕小。一食牛一腔，平生未曾飽。負劍出門去，滿眼荒榛道。行行何所適，淚下沾襟袍。李生且收涕，不足苦悲悼。非無咸池音，夔曠世所少。不識伯樂氏，飛黄偏〔二〕牛皁。我聞張侯者，其人非草草。六經探精微，九流得指要。荀况或言兵，杜牧曾深考。縱横文武術，難以尋常較。磊磊公侯器，可以鎮浮躁。

〔一〕「寸波」，原作「寸疲」，據石本、劍本改。

〔二〕「偏」，原作「編」，據石本、四庫本、劍本改。

予將丈二矛，試向伊前掉。見予伊心喜，扶子出泥淖。王濟牛心炙，李生應得咬。

乙亥冬，富春先生以老儒醇師，居我東齊，濟北張洞明遠〔一〕、楚丘李緼仲淵，皆服道就義，與介同執弟子之禮，北面受其業。因作百八十二言相勉

鳳凰飛來衆鳥隨，神龍遊處群魚嬉。先生道德如韓孟，四方學者争奔馳。濟北張洞壯且勇，楚丘李緼少而奇。二子磊落頗驚俗，泰山石介更過之。三人堂堂負英氣，胷中拳孿蟠蛟螭。道可服兮身可屈，北面受業尊爲師。先生晨起坐堂上，口諷大易春秋辭。洪音琅琅響齒牙，鼓篋孔子與宓羲。先生居前三子後，恂恂如在汾河湄。續作六經豈必讓，焉無房杜廊廟資？吁嗟斯文敝已久，天生吾輩同扶持。二子勉旃吾不惰，先生大用終有時。當以斯文施天下，豈徒玩書心神疲。

〔一〕「張洞」，原作「張洞」，據宋文選卷十七泰山書院記改。按：古人名與字，義相關聯，既以「明遠」爲字，推知其名當爲「洞」。孫明復小集卷二有答張洞書，其名亦作「張洞」，即介詩所指其人。今並從之。下同。

送路遵謁孔宣公

薄田五頃餘，纔足共王租。田五頃，税四頃五十畝。慈母八十四，髮白牙齒疎。服非帛不煖，半冬無袴襦。食非肉不飽，杯案惟一蔬。南陔孝子心，若何爲安居。方冬萬木折，北風裂人膚。凍死不敢言，長塗走崎嶇。二百里見我，寒荄求吹噓。顧我正憔悴，念子空勤劬。闕里有聖孫，佩服詩與書。孜孜行仁義，陰德及焦枯。三縣十萬人，其命絶而蘇。豈使八十老，旨甘不足歟？文宣公視瑕丘、奉符、鄒三縣，水災之民無出今年租，大飢人得生。

過魏東郊

全魏地千里，雄大視區宇。黄河爲血脈，太行爲筋膂。地靈育聖賢，土厚含文武〔一〕。堂堂柳先生，生下如猛虎。十三斷賊指，聞者皆震怖。十七著野史，才俊淩遷固。二十補亡書，辭深續堯禹。六經皆自曉，不看注與疏。述作慕仲淹，文章肩韓愈。下唐二百年，先生固獨步。投篇動范呆，落筆驚王祜。四方交豪傑，群公走聲譽。一上中高第，數年編士伍。五命爲御

〔一〕「文武」，原作「材武」，據石本、徐本、四庫本及後文「先生文武具」句改。

史，連出守方土。事業過皋夔，才能堪相輔。鳳凰世不容，衆鳥競嘲訴。獄中饑不死，特地生爪距。貔貅十萬師，盟津直北渡。塞上諸猛將，低頭若首鼠。渴憶海爲漿，飢思鼇爲脯。兩手拏人肝，大牀横斗肚。一飲酒一石，賊來不怕懼。帳下立孫吴，罇前坐伊吕。笑談韜鈴閒，出入經綸務。匈奴恨未滅，獻策言可虜。幽州恨未復，上書言可取。好文有太宗，好武有太祖。先生文武具，命兮竟不遇。死來三十載，荒草蓋墳墓。四海無英雄，斯文失宗主。竪子敢顛狂，黠戎敢慢侮。我思柳先生，涕淚落如雨。試過魏東郊，寒鴉啼老樹。丈夫肝膽喪，真儒魂魄去。瓦石固無情，爲我亦慘沮。

蜀道自勉

潮陽瘴煙黑，去京路八千。吏部有大功，得罪斥守藩。朝衝江霧行，夜枕江濤眠。蛟蜃作怪變，時時攀船舷。魚龍吐火焰，往往出波閒。故爲相恐怖，倏忽千萬端。道在安可劫，處之自晏然。我乏尺寸効，月食二萬錢。自請西南來，此行非竄遷。蜀山險可升，蜀道高可緣。上無嵐氣蒸，下無波濤翻。步覺閣道穩，身履劍門安。惟懷吏部節，不知蜀道難。

聞子規

月上半峰峰樹碧，子規啼苦月〔一〕無色。壯士耳邊都不聞，兒女眼中淚自滴。古人出處非關身，處兮事親出事君。服勤至死不敢倦，避勞擇逸豈所聞。我看蜀道誠爲難，嗟爾子規何云云。王尊九折竟叱馭，班超萬里圖立勳。乘危蹈險盡臣節，二人至今揚清芬。我本魯國一男子，少小氣志凌浮雲。精誠許貫國白日，有心致主爲華勛。位卑身賤難自達，滿腹帝典與皇墳。有時憤懣吐一言，小人謗議已紛紛。宰相寬容天子慈，八年之中三從軍。從軍官清吾何苦，嘉州路遠爾勿語。地不爲我易其險，我豈守道不能固？子規子規謾啼絶，斷無清淚洒向汝。

哀隣家

隣家不選毉，毉無救病術。朝一毉工入，暮一毉工出。有加而無瘳，遑遑不安室。吁嗟鄰翁愚，予爲病者恤。瞽毉一日更千人，盲藥何能療沈疾。

〔一〕「苦月」，原作「月苦」，據石本、徐本、四庫本乙正。

送趙澤

子來入吾圃，纔食一寸苗。未足充子腹，飢腸猶枯焦。玉山〔一〕禾粒大如棗，食之令人身肥饒。留以待鳳凰，不將食鴟梟。吾子何日回，遺子一粒换肝膋。

觀 碁

人皆稱善弈，伊我獨不能。試坐觀勝敗，白黑何分明。運智奇復詐，用心險且傾。嗟哉一枰上，奚足勞經營？安得百萬騎，鐵甲相磨鳴？西取元昊頭，獻之天子庭。北入匈奴域，縛戎王南行。東逾滄海東，射破高麗城。南趨交趾國，蠻子輿櫬迎。盡使四夷臣，歸來告太平。誰能憑文楸，兩人終日争。

贈劉中都

吾登泰山上，下視何紛紛？彼角而走者，孰爲麟與麏？彼茁而生者，孰爲蕭與芸？伯樂

〔一〕「山」字原奪，據石本、劍本補。

不復出，駕驥終同群。卞和不再生，珉玉將誰分。吁哉劉中都，高標凌浮雲。諸侯不薦士，外府不策勳。冉冉趨黄綬，勤勞徒爾云。我媿勢力小，不能叫吾君。勿改芳蘭性，林深須自薰。勿隱冲鶴聲，天高當自聞。

徂徠石先生文集卷三 古詩二十九首

感事

吾嘗觀中夏，地平如砥石。幅員數萬里，車馬通轍迹。帝宅居土中，紫垣當辰極。長江斷其南，絶塞經其北。東海西流沙，天爲限夷狄。三代千餘年，天子雖務德，實以險爲恃，四夷皆潛匿。漢唐德稍衰，地勝豈殊昔？暫來還亟去，不敢窺城壁。石晉一失謀，六州淪胡域。天地破扃鐍，山川無阻阨。貽爾子孫患，固知非遠策。桓桓周世宗，三十纂堯曆。一歲破河東，劉崇喪精魄。再歲復秦鳳，不庭自柔格。三歲出南狩，王師拯焚溺。江北十四州，取之如卷席。四歲征關南，曾不發一鏑。三州相繼降，德聲暢蠻貊。李昪請臣妾，錢鏐修貢職。帝欲因兵鋒，乘勝務深擊。直取幽州城，拓土開疆埸。重收虎北口，複關閉寇賊。是時戰屢捷，六軍氣吞敵。平吴如破竹，成功在頃刻。惜哉志不就，暴疾生中夕。帝宋承大寶，聲名發丕赫。全蜀獻土地，舉吴上圖籍。荆潭與甌閩，助祭來匍匐。開城納江俘，御樓受晉馘。區内一正朔，六州獨割剔。憒憒柳崇儀，才宏包旦奭。生長在河朔，耳目熟金革。旗鼓朝治兵，酒肴夜結客。握臂説心誠〔一〕，倒囊推金帛。客以豪傑士，遇侯頗感激。往來達厥誠，生死願效力。萬德納我説，洞然絶嫌隙。事成已有萌，侯去何亟。豪傑夜空回，帳中屢歎息。我覽此二事，天意終難測。撫卷一感傷，兩眼淚潸滴。

送張革從道謁千乘縣田祕丞京

張生何人者，琅玕滿懷抱。三十命未興，家貧親且老。出門無所適，獨守西山操。飢寒屢侵凌，仁義白充飽。手裏璆琳枝，不换徑寸草。足底麒麟文，不踏荒榛道。十月客路寒，霜風鳴浩浩。張生氣愈壯，勁髮上衝帽。松筠凍不折，枝葉轉青好。雪深徒三尺，麟麒不受淖。東方有賢者，開厩納騕褭。臨風試一鳴，應免編牛皁。

〔一〕「説心誠」，石本作「吐肝膈」。

送范曙赴天雄李太尉辟命二首〔一〕

吾家泰山徂徠間，濃嵐潑翠粘衣冠。君來訪我茅屋下，正值山色〔二〕含春寒。終日把酒對山坐，幾片山色落酒盤。峰頭雲好望無倦，篘裏酒多傾不乾。臨行再拜慇懃别，請我一言披心肝。吾貧無錢以贈君，門前峩峩横兩山。願君節似兩山高，眼看富貴如鴻毛。

伯樂之厩無駑駘，豫章之林多瑰材。相君新坐碧油幢，之子直上黄金臺。秋風蕭蕭動笳鼓，落葉摵摵鳴鐏罍。將軍手持十萬騎，陣前號令如疾雷。從事借籌爲决勝，運於掌上何恢恢。蠢兹元昊命螻蟻，西師堂堂難當哉。况我賢相賢從事，北門無憂宜大開。

安道登茂材異等科

嘗言春官氏，設官何齷齪。屑屑取於人，辭賦爲程約。一字競新奇，四聲分清濁。矯矯遷雄才，動爲對偶縛。恢恢晁董策，亦遭聲病落。每歲棘籬上，所得多浮薄。嗟哉浮薄流，不

〔一〕「二首」二字原無，據石本、四庫本補。

〔二〕「山色」，原作「春色」，據石本、四庫本、劍本改。

知王霸略。六經掛東壁，三史束高閣。瑣瑣事雕篆，區區衍述作。隨行登一第，謂身翥寥廓。趨衆得一官，謂身縻好爵。栖栖咫尺地，燕雀假安託。汲汲五斗米，鴈鶩〔一〕資飲啄。壯哉張安道，少懷夫子學。三就禮部試，不肯露頭角。恥用衆人遇，羞將一賦較。甘心塌翼歸，志懷本卓犖。三賢文章師，大參宋公、副樞蔡公、計相范公連章稱薦。儒林推先覺。百鳥聲喈喈，獨能辨鸑鷟。玉石方混混，獨能識至璞。薦之于天子，此材堪輪桷。遂得望清光，三接近帷幄。僚友視萬乘，器宇誠嶽嶽。願乞數刻景，古今可揚搉。縱横三千言，得雋如奪矟。上下馳皇王，周旋騁禮樂。遠推災異源，上究星文錯。直言補王闕，危論針民瘼。天子覽其奏，嘉賞爲嗟愕。既嘆相見晚，且言同時樂。一命校祕書，恩澤優且渥。追惜漢武世，仲舒道磽确。再念文宗朝，劉蕡命蹇剥。有才無其時，徒抱此誠慤。吾君嗣丕基，百王慙景鑠。萬物蒙休嘉，四夷奉正朔。賢良得其時，才命不相虐。一謁乃大遇，君臣無隔膜。我賀吾君明，取士得英卓。我賀吾道行，逢時不踸踔。行顧入廊廟，鈞軸在掌握。上使斯文淳，下使斯民樸。五帝〔二〕從何追，三王豈爲邈？

〔一〕「鴈鶩」，原作「鴈鶖」，據石本、劍本、宋詩鈔改。

〔二〕「五帝」，原作「五常」，據石本、徐本、劍本改。

寄明復熙道

四五十年來，斯文何屯蹇。雅正遂彫缺，浮薄競相扇。在上無宗主，淫哇千萬變。後生益纂組，少年事彫篆。仁義僅消亡，聖經亦離散。其徒日已多，天下過大半。路塞不可闢，甚於楊墨患。辭之使廓如，才比孟子淺。患大恐不救，有時淚如霰。大賢爲時生，去聖猶未遠。昔日到汶上，熙道始相見。知道在熙道，一見不敢慢。尊之如韓孟，與道作藩翰。今春來南都〔一〕，明復去京輦。未識心相通，所懷恨未展。明復無羈縛，我有守官限。南走三百里，訪我殊不倦。劇談露胸臆，胸臆無畔岸。高文見事業，事業盈編簡。一一皇霸略，縱横小管晏。磊磊王相才，上下包周漢。二賢信命世，實爲有道見。天使扶斯文，淳風應可逭。我綴二賢末，材駑媿款段。

詔下勉諸生

禮部文章淵，波浪百尺高。進士英俊窟，蛟龍千萬條。吾子欲求濟，整子棹與篙。吾子欲求勝，操子戈與矛。勿謂水可狎，徒行思遊遨。勿謂龍可馴，空手捋鬚毛。波神忽洶湧，怖

〔一〕「南都」，原作「南郡」，據石本、徐本、劍本改。

死填蟹螯。龍角忽張怒，走同蝦蟇曹。苟利篙楫往，跳海如溝濠。苟操戈矛行，拉蛟如猿猱。吾言有所勉，非徒聲嘈嘈。

感　興

村居何所適，種木樹桑梓。田園繞家舍，遠不踰十里。款段足乘騎，代步而已矣。但識畜駑駘，安知有騏驥。臘月北風寒，太行山色紫。君命急如火，城頭見烽燧。雪深馬僵倒，十夫扶不起。軍法有明訓，後期者誅死。倚鞍思駿骨，撫轡念緑駬。求之不可得，縠觫滿眼淚。旁聞負薪叟，竊語相譏刺。居安常念危，在險如處易。臨難始求濟，狼狽徒勞爾。有備則無患，古人垂深旨。平居無事時，華厩深祕邃。善穀與豐草，秣飼十厩吏。駑駘飽相枕，素飡不知媿。伯樂能識馬，每來加勸説。飛兔與騕褭，日牽在都市。爲愛千金資，貪悋不肯置。今日臨艱難，努力自勉勵。

又送從道

常欲飽煖天下人，其道未得一寸施。子有二親皆七十，糠覈不充常寒飢。昨日訪我破屋下，具雞一隻酒一巵。子起卻盤筯不舉，吾親未省曾食之。對我噓嚱涕泗下，孝子之心真可悲。子固與我同一體，相問豈復有毛皮。顧子之親則吾親，吾親凍餒無柰何。飽煖天下心徒爲，送子出門成此詩。

密直杜公作鎮于魏，天章李公領使于魏，明復先生客于魏，熙道宰于魏，因作詩寄之

古魏信名地，曹劉遺英躅。李唐三百年，帳〔一〕爲干戈蹴。建安風不還，南皮草空緑。寥寥千餘祀，風流今始續。李杜二賢公，清猷鎮雅俗。詩名占唐代，二公〔二〕本名族。聖時還並生，聲烈相薰馥。朝廷倚金湯，天子恃心腹。盛德異物懷，威望慓夷服。千里無驚烽，三軍安食粟。休然德化厚，蒼生坐蒙福。先生服仁義，懷道輕爵禄。非其人不取，一簞亦自足。陳蕃知人明，文侯好士篤。解榻延徐孺，過門軾干木。今留二公館，德脩令問淑。熙道富天爵，孝悌聞鄉曲。孔孟信可蹈，聖賢良自勗。漢庭新射策，驟升校書局。魏縣方百里，君命往

〔一〕「悵」，原作「帳」，據石本、劍本改。
〔二〕「二公」，原作「三公」，據徐本、劍本改。

養育。二公佐世傑，二賢不碌碌。相與施禮讓，物歸不待宿。相與講道義，教行如流速。賢人時邁會，間不容薄轂。五百年一賢，今乃同時生。千里猶比肩，四賢今連甍。相聚誠可樂，相得良有情。我媿孤且陋，徒抱此寸誠。處此歎無首，在泰非彙征。出門皆同人，坎坎于郊行。獨鶴遠無和，栖栖在陰鳴。安得雙飛翼，一翥鄴都城？

偶作

晉公平淮西，兵出速如神。崇韜伐西川，六十日請臣。太祖初受命，諸侯未盡賓。蜀廣號敵國，荆潭爲彊鄰。王師討有罪，不聞逾十旬。元昊誠螻蟻，有地長一畛。詎足污斧鉞，尋當投荆榛。是何逾歲月，務行含貸仁。豈茲將帥間，迥無晉公倫？張旗發一號，豈無李處耘？提戈出一戰，豈無王全斌？容茲盈寸蟹，蕩漾於流津。平生讀詩書，胸中貯經綸。薄田四五畝，甘心耕耨勤。倚鉏西北望，涕淚空沾襟。

詔罷縣令舉

一絃獨不調，謂琴皆可廢。一目獨不張，謂網皆可毁。易絃張其目，網在琴聲遂。舉令或非人，止當罪舉吏。遂令天下不得舉，廢琴毀網復何異。

植萱

一人横行，武王則羞。今西夷之鬼，抗中國而敵萬乘；西夷之服，升黄堂而驕諸侯。尊於天子，滿於九州。王法不禁，四民不收。植萱於階兮，庶忘吾憂。

贈李常李堂王黄州禹偁、張尚書詠、高夫子、李相國皆濮人。

顓頊宅帝丘，放勛葬成陽，有虞漁雷澤，三帝聲汪洋。帝丘、成陽、雷澤皆屬濮州。聖人遺風烈，生民多材良。吾宋八十年，賢桀近相望。黄州號辭伯，兩朝專文章。尚書實大臣，朝廷畏雄剛。堂堂高夫子，立言肩荀揚。凛凛李丞相，功業〔一〕齊蕭張。三人名未泯，相國方騰驤。又生不世才，李常與李堂。二子皆絶群，鳳凰摩蒼蒼。一舉一萬里，志氣不可量。新文各百首，寒金敲琳琅。古音抱淳澹，雲和與空桑。豪氣邁儔匹，騕褭與飛黄。千里希一賢，四

〔一〕「功業」，原作「均業」，據石本、劍本改。

公乃同鄉。二子復穎耀，士風實深長。遥知濮水上，千載流聲光。

愛日勉諸生

白日如奔驥，少年不足恃。汲汲身未立，忽焉老將至。子試念及此，則晝何暇乎食，夜何暇乎寐？

閑　興

大匠構厦屋，取直棄曲木。如何官擇人，棄直獨取曲？養苗除稂莠，養民除貪垢。存莠苗不碩，去貪民自富。

過潼關

昔帝御中原，守國用三策：上策以仁義，天下無能敵；其次樹屏翰，相維如盤石；最下恃險固，棄德任智力。驅馬過潼關，覽古淚潸滴。開元帝道明，百蠻奉周曆。田野富農桑，邊隅無寇賊。紫宸日視朝，潼關夜常闢。天寶君政荒，宫闈養虺蜴。恩愛成怨疾，心腹生毒螫。

朝聞發漁陽，暮已卷河北。鳴鼓渡潼關，矢及乘輿側。重門徒爾設，關吏安所職。始知資形勢，不如脩道德。

勉師愚等

不行一千里，安得爲良馬？不連十五城，安得稱善價？汝皆有血氣，非如木偶者。撮髮號男兒，肯甘在人下？汝不聞圖王，不成猶可霸。舜與吾俱人，學之則舜也。汝等但勉旃，前賢皆可亞。

寄弟會等

吾門何所喜，子衿青青多。豹常志古道，佩服卿與軻。平淑號能賦，其氣典以和。樞從吾日久，道德能切磋。澤也齒最少，已有亭亭柯。彰頗通典籍，所立不么麽。淳〔一〕乎性源濁，今亦爲清波。就初學誦詩，日記十板過。材雖有高下，異日俱甲科。會汝少俊異，美

〔一〕「淳」字原缺，據石本、劍本及詩末夾注補。

若玉山禾。看汝辭林中，枝條漸婆娑。合亦稍純茂，知不隨身矬。其流雖涓涓，可道爲江沱。視汝器磊磊，淳沆皆蚌螺。我有堇山錫，欲鑄子太阿。誠能來就學，穎利加銛磨。翹翹數子間，可與肩相摩〔一〕。張豹、劉君平、盧淑、李常、高樞、趙澤、孔彰。淳、沆，姪也。

五月十日雨明道二年作

鞭石〔二〕不見血，頑石雲不蒸。鞭龍不至痛，六合雷不勝。吾君與吾相，威德震八紘。萬物各脩職，雨師獨敢寧。

送李堂病歸

春風汶水温，曉日徂徠寒。之子銜病歸，請予開一言。予知去病術，爲子陳大端。予嘗學聖人，試將道比論。道病非一日，善醫惟孔韓。賞罰絶于周，孔筆誅其姦。春秋十二經，王道復全完。佛老熾于唐，韓刀斷其根。原道千餘言，生民復眠餐。道病由有弊，邪僞容其間。

〔一〕「肩相摩」，原作「□肩摩」，據石本、四庫本、劍本補正。

〔二〕「鞭石」，原作「鞭下」，據石本、劍本改。

身病由有隙，風邪來相干。子欲治斯道，絶弊道乃存。子欲治子身，杜隙身乃安。此理近古醫，吾言有本原。

三子以食貧，困於藜藿，爲詩以勉之

吾世本寒賤，吾身守貧約。家徒立四壁，無田負城郭。終歲服一衣，無裝貯囊橐。吾雖得一官，官微月俸薄。况屬歲凶荒，飢民填溝壑。吾幸有寸禄，不至苦隕穫。隨分且飽煖，不然亦流落。爾等勤初學，無耻衣食惡。仁義足飽飫，道德堪咀嚼。二者肥爾軀，不同乳與酪。爾無嫌麄糲，爾勿厭藜藿。富貴自努力，青雲路非邈。

蜀地多山而少平田，因有云

五穀無種處，蜀民土田窄。癡巖頑石長不休，諕諕赤子將何食？

彼縣吏

嗟乎嗟乎彼縣吏，剥膚椎髓民將死。夏取麥兮秋取粟，答匹紅兮杖匹紫。酒臭甕兮肉爛床，馬餘粱兮犬餘饘。雀腹〔一〕鼠腸容幾何，虎噬狼貪胡無已！

蝦蟇

夏雨下數尺，流水滿池泓。蝦蟇爲得時，晝夜鳴不停。幾日飽欲死，腹圓如罌瓶。巨吻自開闔，短項或縮盈。時於土坎間，突出兩眼睛。是何癡形骸，能吐惡音聲。嗟哉爾肉膻，不中爲犧牲。嗟哉爾聲麁，不中和人情。殊不自量力，更欲睥睨横海之鱣鯨。自謂天地間，獨馳善鳴名。萬物聒皆聾，不知鐘鼓欽欽、雷霆閎閎。應龍戢腦入海底，鳳凰舉翼摩青冥。此時各默默，以避蝦蟇鳴。何時雨歇水澤涸，青臭泥中露醜形？失水無能爲，兩腳不解行。乾渴以至死，盡把枯殻填土坑。

劉生病歸

泰山山前有瓊圃，其中不樹蕨與薇。千頭緑竹瑶實甘，百畝玉芝丹粒肥。麒麟于于鳳凰

〔一〕「雀腹」，原作「雀腹」，據石本、劍本改。

飽，鼓翅奮臆揚清輝。徂徠山下少耕耡，蒿藜滿圃無芳菲。鶵虞不仕鸞鳥去，日暮啁啾燕雀飛。嗟哉劉生失所投，不住泰山徂徠依。經年採掇不得飽，正是新春癯瘠歸。明復先生居泰山。

久旱

風伯且須戢頭角，放出龍喙萬丈長。喙垂一尺雨一尺，得雨萬丈成豐穰。

永伯、仲淵在獄，作九十二言傷之

吁嗟惡獸群，踦踏麒麟如死麏。吁嗟惡鳥音，啅噪鳳凰伏中林。我願爪牙如鋒鍔，牙可噬兮爪可搏，直入深山驅虎狼，護取麒麟好頭角。又願身生兩羽翼，夕長就萬丈長，直入林中護鳳凰，不使毛羽膚寸傷。吾願兩未遂，中夜涕下沾衣裳。

送進士高樞拱辰

韓門有李漢，柳氏得晦之，其道卒無患，二子爲藩籬。吾才誠駑弱，十年空孜孜。韓與柳闃，豈敢輒潛窺。二氏方肆行，斯文已不衰。手持萬丈斧，欲往斷其枝。以次及根柢，使不復蓄滋。高生吾之壻，乃肯從吾爲。示我文一編，言辭不葳蕤。翅羽雖尚短，已去磨尾箕。氣力雖未全，已能搏蛟螭。吾日覺老大，韓柳難企斯。吾子年始壯，勇若熊與羆。李漢不足慕，晦之當並馳。

讀韓文

眇焉五帝上，嘗觀二典辭。焕乎三王間，嘗觀二雅詩。道德既淳厚，聲光何葳蕤。烈烈日精散，闐闐雷聲施。施焉如飛龍，潛焉如蟠螭。祖述兼憲章，後世唯吾師。永言二典往，群言或隳離。亦既二雅末，六義多陵遲。寥寥千餘年，顛危誰扶持？揭揭韓先生，雄雄周孔姿。披榛啓其塗，與古相追馳。沿波窮其源，與道相濱涯。三墳言其大，十翼暢其微。先生書之辭，包括無孑遺。春秋一王法，曲禮三千儀。先生載於筆，巨細咸羈縻。楊墨乃淪胥，曠然彰其媸。佛老亦顛隮，茫然復於夷。婉婉平蔡畫，淮西獲以依。淩淩逐鱷文，潮民蒙其禧。心將元化合，功與天地齊。洋洋治世音，磊磊王化基。悖之則幽厲，順之則軒羲。

徂徠石先生文集卷四 律詩八十首

讀石安仁學士詩 曼卿舊字安仁。

齊梁無駿骨，李杜得秋毫。後世益纂組，變風堪鬱陶。奔遒少驥逸，禿兀如牛毛。試看安仁詠，秋風有怒濤。

寄雷澤張從道

不知有凍死，一室心恬如。臘盡妻未褐，天寒子讀書。澆風與世薄，古道于時疎。事事皆同我，憶君春草初。

竹書筒 二首

截竹功何取，爲筒妙可談。長猶不盈尺，青若出於藍。浮薄瓢皆去，嶔崟節獨堪。誰言但空洞，自是貴包含。虛受殊招損，多藏不類貪。巾箱經謾五，謗牘篋空三。淚有湘妃灑，書疑禹穴探。質曾冒霜雪，價本擅東南。隕籜遺輕粉，移根破凍嵐。龍音終不死，鳳實尚餘甘。樸陋我爲貴，彫鎪彼合慙。居常置几桉，出或繫騑驂。唱和友朋倦，提攜童僕諳。純姿斥丹漆，美幹敵梗枏。其直如周道，虛心學老聃。吾徒正得用，詩筆戰方酣。

又

達者創奇製，霜圓斷竹尋。蒼筤破雲色，蕭瑟移風音。徑寸不爲短，探幽乃覺深。中間自空洞，枝幹何嶔崟。投恐成龍去，吹還作鳳吟。稜稜人有節，竅竅易無心。儉樸他難比，提攜力易任。絶姿古皇道，虛受聖人襟。或貯諫官草，多收女史箴。筒兮用可貴，吾不換南金。

訪田公不遇

主人何處去，門外草萋萋。獨犬睡不吠，幽禽閑自啼。老猿偷菓實，稚子弄鋤犁。日暮園林悄，春風吹藥畦。

蘇唐詢秀才晚學於予，告歸，以四韻勉之

憐我山中卧，半年相伴吟。道傳諸子後，易得數爻深。釁或經句〔一〕絶，書猶盡日尋。惜哉未終業，親老忽沾襟。

獵

騎士千人集，綏旃四面張。凝陰慘群物，殺氣結飛霜。雉守一節死，兔緣三穴藏。石鞹羊質見，狐歎虎威亡。獸困猶思鬭，鴻驚不亂行。唯當縱猛鷙，盡使食貪狼。意務除田害，誰言事外荒？非能得吕望，祝網遇成湯。近念魏知古，深思夏太康。吾君戒馳騁，纘事合經常。

大寒早行

萬動皆休迹，五更獨鳴鞭。星霜結淒色，風霰過長川。草暖犬猶睡，河冰馬不前。城牆多有穴，村屋半無煙。餓虎寒猶吼，妖狐怪不眠。山空亂猿叫，樹折一雞顛。幾處爐燻

〔一〕「經句」，原作「經年」，據石本改。

炭〔一〕，何人坐有氈？崎嶇轉行路，凛冽逼窮年。脚指兩箇落，衫裳百孔穿。嘘唏鼻纔潤，僵直手難拳。身固凍不死，志當窮且堅。四方丈夫事，誰爲淚潺湲？

遊靈泉山寺

寺遠離朝市，同遊並結軨。堦垠盤石磴，殿影落青冥。地勝松筠衆，山名草藥靈。洞門深數里，檜樹壽千齡。疑有神仙聚〔二〕，甯容魑魅停。年多養龍虎，早已蟄雷霆。石上生苔蘚，岩阿長茯苓。晴雲出幽竇，陰霧滑疎櫺。露滴茶芽潤，煙蒸竹汗青。餐霞充道味，採朮驗丹經。直擬陞高處，何妨陟絶陘。遐觀際寥廓，下視何羶腥。自被利名染，無因肺腑醒。晨興看〔三〕桉牘，夜坐守窻螢。齪齪遵前訓，兢兢視此銘。沉冥若籠鳥，囚縶侶拘囹。有願棲雲壑，相隨步翠坰。平生山野性，暫喜據梧暝。

〔一〕「爐熏炭」，原作「熏爐炭」，據石本、劍本乙正。
〔二〕「聚」，原作「衆」，據石本、劍本改。
〔三〕「看」，原作「有」，據石本、劍本改。

至日早離張村

北闕千官集，南山萬壽長。何人踐文石，獨客踏寒霜？指凍只憂落，馬羸時恐僵。豐凶卜來歲，猶喜喬雲黃。

歲晏村居

歲晏有餘糧，杯盤氣味長。天寒酒脚落，春近臛〔一〕頭香。菜色青仍短，茶芽嫩復黄。此中得深趣，真不羨膏粱。

病起吟殘菊

病起重陽過，東籬菊尚黃。慇懃擷寒蘂，子細嗅清香。老吏防閑蝶，清油護曉霜。叢邊强一酌，聊不負秋光。

〔一〕「臛」，石本作「藿」。

和馬寺丞秋日寄明復先生

秋陰閉秋色，何處動悲涼？有叟傅巖隱，明時潘鬢蒼。殘書幾篋蠹，寒菊半籬荒。惟學春秋者，時時到草堂。

嶽　色

春近滿魯分，雨餘堆汶河。濃雲映不盡，殘照射來多。高與天臨縣，閑□月上坡〔一〕。特開西北户，愛此鬱嵯峩。

宿村舍 明道癸酉歲。

去去都城遠，蕭蕭村落秋。飢鴟啄死鹿，鳴犢隨孶牛。轉徙多空屋，荒榛有亂丘。狐狸競恐怖，雀鼠仍啁啾。鬼火時明滅，旋風乍卷收。吾心不吐茹，忠信待姦仇。

〔一〕「閑□」，原作「閑臨」，文義不通，今從石本。

和奉符知縣馬寺丞永伯捕蝗回有作

天道不可詰，吾當責爾螟。方今絶讒慝，何故播膻腥？野草離離盡，秋禾穗穗零。知君恤民意，鬢減數莖青。

泰山

七百里魯望，北瞻何巖巖。諸山知峻極，五嶽獨尊嚴。寰宇登來小，龜蒙視覺凡。此爲群物祖，草木莫鋤芟。

留守待制視學六首

其一

藝祖興王地，諸侯布教宫。冠纓臨曉集，文雅與時隆。泮水差差緑，春沂習習風。袍輝子衿動，旗映講紗紅。節鉞來門外，聲容播國中。分庭等威殺，更僕宴談終。亹亹聞諄誨，拳拳激懦衷。武昌尊庾亮，蜀郡樂文翁。王化周南始，儒縫魯俗通。四方觀表則，後學發童蒙。

木鐸傳遺韻，緇衣纘舊功。願公持此道，黄閣弼清躬。

其　二

演道開談席，觀文降使轓。水寒芹葉薄，春早杏陰繁。喜動青青佩，親聞亹亹言。孤生荷樂育，終始託丘關〔一〕。

其　三

盛府雍容外，輕裘博雅存。席間閑布帙，鈴下晝無喧。首善隆儒術，諸生接討論。馬融南郡學，齪齪豈堪言。

其　四

春早沂風暖，芹生泮水深。前旌拂講樹，垂佩耀童衿。郁郁彌文化，循循善誘心。恭王不壞宅，金石有遺音。

〔一〕「關」字原缺，據石本、劍本補。

其　五

翼翼取則地，菁菁〔一〕樂育篇。使轓臨學舍，台席俯談筵。韋相傳經舊，文翁唱教先。諸生動觀歎，門外卓卿旃。

其　六

泮水淥猶淺，春芹葉始敷。旌旗久停住，衿佩儼相趍。庾亮親臨學，哀公不詬儒。兹爲表則地，風教自王都。

寄趙庶明推官

四十年來贊太平，君王耳畔管簫聲。定襄地域俄連震，萊牧男兒忽議兵。明日邊烽高百尺，同時御府出三旌。將軍請用多多算，能向當初見未萌。

〔一〕「菁菁」，原作「青青」，據石本、劍本改。

寄沛縣梁子高

南海怒蛟三尺角，埋藏水底嘆吟呻。明時直道難干禄，白首躬耕力養親。醉讀兵韜鬬龍豹，閑抽寶劍舞星辰。茅齋東是留侯廟，定有英靈還往頻。

送張殿院還臺

老柏森森節貫冬，頭冠獬豸號清雄。側階簪筆書王法，當路埋輪有祖風。白簡剛嚴重入府，早封切直舊留中。長安豪貴應相避，又識當年御史驄。

徂徠山齋熟寢，家童報征西府從事田集賢、元均。張著作、叔文〔一〕。趙推官庶明。書至，開緘讀之，因題書後

滿徑蓬蒿懶自鋤，何人日午叩茅廬？徂徠山下一枕睡，經略府中三紙書。兵謀貴勝縱横

〔一〕「叔文」，原作「與文」，據石本、徐本、四庫本、劍本改。

出，海鳥忘機飲啄餘。唯有淮夷雅宜作，文章兼不讓黄初〔一〕。

元均首登賢良科因寄

宏辭等甲賢良貴，二美翩翩落手中。今之御試三題，乃唐宏詞科也。虎子得來山穴泣，驪珠探去海濤空。三千字獨陳當宁，十七人甘坐下風。試者十八人。曾向當年競頭角，直從此日決雌雄。予與元均同年登進士科，禮部、御前姓名皆〔二〕相鄰。

安道再登制科

雄辭磅礴壓群英，再戰戈矛鋭更精。裴度韜鈐無失律，武侯節制是神兵。千人盡服徂丘議，九合誰干小白盟。帝宋開基八十載，連登科目獨爲榮。

〔一〕「黄初」，原作「當初」，據石本、徐本、四庫本、劍本改。
〔二〕「皆」，原作「昔」，據石本、劍本改。

送奉符縣〔一〕監酒税孟執中借職蜀主之後。

東西兩處各天涯，去國還鄉喜又嗟。鄒嶧山藏孟子宅，自言孟軻後。海棠花落蜀王家。深知周道非彝酒，可罪唐臣乞税茶。三載此心無一事，聞經絳帳日常斜。事退，日就於明復先生問道。

嘉州讀邸報，見張叔文〔二〕由御史臺主簿改著作佐郎，依舊在臺

驚聞除目到遐荒，病眼偏明喜倍常。古節舊如臺柏直，青衫新惹閣芸香〔三〕。中廬夜宿群經蠹，北户朝趍滿簡霜。主簿雖卑官漸緊，近來應有諫書囊。

〔一〕「縣」字原奪，據石本、徐本、劍本補。

〔二〕「叔文」，原誤倒，據石本、劍本、四庫本乙正。

〔三〕「芸香」，原作「雲香」，據徐本、劍本改。

予與元均、永叔、君謨同年登科，永叔尋入館閣，元均今制策高第，君謨復〔一〕磨礪元均事業，獨予駑下，因寄君謨

綢羅當日得英雄，文陣三人各立功。海裹赤鯨疑有角，雲中騏驥欲追風。尋聞館閣英聲出，又見賢良大對通。亦説年來畜奇業，蟭螟何計逐飛鴻。

寄元均

君爲儒者豈知兵，何事欣隨璧馬行？裴度樽前坐韓愈，趙成〔二〕帳下立荀卿。御戎誰道全無策，對壘寧妨下一枰。須信乾坤養不肖，年三十七卧柴荆。

寄叔文〔三〕

幾年持筆事征西，未省樽前略展眉。草檄朝慵腕勞脱，論兵夜若舌瘡痍。報君自説心如

〔一〕「復」，原作「後」，據石本改。

〔二〕「趙成」，原作「趙城」，據石本、徐本、劍本及宋詩鈔改。

〔三〕「叔文」，原作「叔仁」，據石本改。

石，憂國人言鬢欲絲。若紀成功鏤金板，能文韓愈自相隨〔一〕。

赴任嘉州，初登棧道，寄題姜潛至之讀易堂

我不從官君下第，其間險易兩何如。連雲棧外四千里，讀易堂中一帙書。慈母含飴垂禿髮，先生懷道接茅廬。莫將清淚頻頻灑，蜀道之難欲上初。

入蜀至左綿，路次水軒暫憩〔二〕

水軒聊得恣吟哦，拂拭衣裳塵土多。蜀道三千里巇險，宦途五十驛風波。暫休又作故山夢，閒唱還成勞者歌。幾斗〔三〕米牽歸未得，空憐滿眼是煙蘿。

〔一〕全詩原缺，僅存詩題，據石本補。

〔二〕詩題原作「綿州路次水軒暫憩」，據石本改。

〔三〕全詩原缺前三十八字，據石本補。

左綿席上呈知郡王虞部王與介前任，同在濰陽。

何事相逢悲喜并，倏然相别二周星。主人鬢髮無多白，幕客襴衫依舊青。目極同思故山斷，涕危共在異鄉零。階前絲竹雖嘈雜，不佀南湖湖上聽。濰陽南湖，宴遊之所也。

嘉州寄左綿王虞部

江山如畫望無窮，况屬昇平歲屢豐。萬樹芙蓉秋色裏，千家碪杵月明中。斷霞半着燕支木，零露偏留笙竹叢。只欠流杯曲水宴，風流未與左綿同。左綿新創流杯。

士廷評相會梓州

道視荀楊雖未至，分如〔一〕管鮑已知深。一千二百日離别，五十六驛外相尋。重欲同君注周易，且來共我聽胡琴。月留屋角不下去，佀與清風憐苦吟。

〔一〕「如」，原作「於」，據徐本改。

鄭師易秀才詩奔騰遒壯，殆有石曼卿學士風骨，作四韻以勉之

曼卿續得少陵絃，絃絶年來又一年。驚起聽君諷新句，灑如開集味遺篇。一家氣骨疑無偶，萬丈光芒欲拂天。好向風騷尤着意，他時三箇地詩仙。

送李堂伯升病歸

經年吾圃採珠璣，無限愁腸對落暉。緑竹實踈鳳凰瘦，玉芝粒小麒麟饑。不因芳草傷春哭，正是東風感疾歸。只有文章滿君腹，身雖癯瘠道全肥。

伯升病，君逢、遵道送歸

朝來何事苦顰眉，一客越吟三子歸。河渚徘徊感春草，山齋寂寞背斜暉。知心古道誰相得，洒淚東風自覺非。早到茅廬慰孤淡，易爻重待共參微。

喜雨

學作昇平喜雨吟，東皋微破滿犂深。已開萬乘焦勞慮，應解三公燮理心。天捉乖龍鞭見血，雷驅和氣泄爲霖。農夫隴上閑論價，一寸甘膏一寸金。

留題敏夫隱居

三迴到此尋逋客，杯案蕭疎滋味〔一〕長。山飯半甌橡子熟，春蔬一筯朮苗香。四時泉石應無夏，滿谷雲霞别是鄉。終待共君結鄰里，竹邊相並兩間房。

訪竹溪呈孟節兼有懷熙道

到頭泉石是吾家，坐石聽泉日已斜。一片青衫非富貴，千竿緑竹好生涯。君曾覽照頭皆雪，我試看書眼亦花。便好結爲山伴侣，教他夔益佐勛華。

〔一〕「滋味」，原作「氣味」，據石本、徐本、劍本及宋詩鈔改。

招張洞明遠

君言下第我西飛，執手都門淚滿衣。萬里得歸頭半白，經年相別道應肥。火鑽欲遍龜難死，竹實猶多鳳不飢。暫到東山慰愁抱，春秋之學說深微。

攝　相

惜無百里地封君，攝相區區道屢伸。少正將身膏斧刃，侏儒流血汙車輪。方令魯國知王法，自此齊侯畏聖人。昔放四兇〔一〕誅二叔，舜周功業殆〔二〕同倫。

寄孔中丞

諫署崢嶸有舊名，侯藩偃息政方成。張綱昨日彈梁冀，文帝今朝召賈生。古節未暫臺栢直，仙風應對簡霜清。人言賤子叨知己，試把塵冠一振纓。

〔一〕「四兇」，原作「四方」，據石本、劍本改。

〔二〕「殆」，原作「始」，據石本改。

送弟及之就彭門侍養

城南車騎曉騤騤，欲去重留酒屢斟。惜爾浪浪辭我淚，感予切切戀親心。庭闈最樂無妨學，風月餘閑豈廢吟。别後不憂書信少，但聞爲善是嘉音。

村居

幽居一畝枕溪稜，堦下杉松纏古藤。常愛園林深侶隱，不嫌門户冷如僧。麥宜過社猶催種，山近經秋卻懶登。已把壯心閑頓置，少年莫要苦相憎。

燕支板、浣花牋寄合州徐文職方

合州太守鬢將絲，聞説歡情尚不衰。板與歌娘拍新調，牋供狎客寫芳辭。木成文理差差動，花映溪光瑟瑟奇。名得只從嘉郡樹，燕支木，嘉州出。樣傳仍自薛濤時。有薛濤牋。奇章磊磊馳聲價，江令翩翩落酒巵。幾首詩成卷魚子，有魚子牋。誰人唱罷泣燕支？紅牙管好同牀置，紫竹筐宜一處施。願助風流向罇席，杏花况是未離披。司空圖有杏花辭，文頃在睢陽，多命唱之。

御史臺牒督光臺錢牒云以憑石柱鐫名，因戲書呈通判寺丞景元

幕中久次無他術，銜内〔一〕兼官帶憲司。石柱鐫名誠侶是，豸冠加首竟何爲。幾曾執簡抨彈去，空被光臺督責隨。一起鴛鴦戛雲漢，應嗤燕雀守籓籬。

送馮司理之任彭州

李白詩中蜀道難，把詩試讀淚汍瀾。江形詰曲千迴折，嶺路崚嶒萬屈盤。登陟去年腰僅折，追思今日鼻猶酸。予去年罷嘉州歸。此行君不同屯蹇，五馬相知舊長官。彭牧與君常同官。

赴任嘉州，待闕左綿七十日，通判吕國博日相從吟酌，至嘉陽，因成四韻寄之

鼎來豈敢道能詩，一見何因便解頤？鄉國三千里難別，杯盤七十日相知。送人江外馬馱

〔一〕「銜内」，原作「御内」，據石本、劍本改。

妓〔一〕，垂釣寺中魚竭池。别後中秋又重九，與誰賞月詠東籬。

顔魯公太師二首〔二〕

唐家六世樹威恩，外建藩翰禦〔三〕不賓。二十三〔四〕州同陷賊，平原猶有一忠臣。

又

聖賢道在惟顔子，忠烈名存獨杲卿。甘向賊庭守節死，不羞吾祖〔五〕與吾兄。

褚遂良僕射

先皇執手未多時，受詔誠深誓不違。終向君前還此笏，一身視死喜如歸。

〔一〕「馬馱妓」，原作「馬駝妓」，據劍本、宋詩鈔改。
〔二〕「二首」二字原無，據石本補。
〔三〕「禦」，原作「遇」，據石本及永樂大典卷九一七頁一一引徂徠集改。
〔四〕「二十三」，原作「三十三」，據石本及永樂大典卷九一七頁一一引徂徠集改。
〔五〕「吾祖」，原作「吾子」，據石本及永樂大典卷九一七頁一一引徂徠集改。

陽城諫議

衆口喑喑血噤牙，獨將忠謇敵姦邪。德宗若用延齡相，敢有陽城壞白麻。

袁高給事

擲毫不肯草綵綸，宰相逡巡命別人。明日執迴盧杞制，始知唐室有忠臣。

温造御史

一言膽落折藩臣，屈强何人敢恃勳？闕下惟聞温御史，蔡州自是李將軍。

劉栖楚拾遺

此節甯甘剛則折，平生不肯曲如鉤。革囊裹血將何用，一汙龍墀始即休。

讀五王傳

聖賢〔一〕用策寧相遠，千載毫釐竟不差。四皓當年安漢嗣，五王今日復唐家。

讀魯晉〔二〕二公傳

節侶魯公猶被陷，忠如裴度亦遭讒。上無明主姦邪勝，我讀遺篇淚滿衫。

李英公勣

一言容易廢忠謀，徇主從昏可自尤。今日始知辜付託，當時齧指血空流。

漢成帝

鬱鬱朱雲志不伸，上方寶劒欲生塵。空留折檻旌忠直，左右何嘗去佞臣。

〔一〕「聖賢」，原作「賢聖」，據石本乙正。

〔二〕「魯晉」，原作「晉魯」，據石本乙正。

文中子二首

龍𬶍河汾道不行，訏謨經濟授諸生。由來房魏皆卿相，共輔文皇致太平。

又

獨將禮樂付程仇，房杜無才闡大猷。可惜唐家三百載，聲明文物愧宗周。

初過潼關值雨

二十年來一華山，揚鞭西笑入秦川。浮雲何苦深遮閉，豈是三峰不好賢？

雨晴復賦一絶

過關何事懶摇鞭，酷愛三峰落馬前。天氣清明新雨後，山光日色滿秦川。

過温湯

驪山山下水洋洋，一勺之多解破唐。敢告後人商鑑近，温湯今日是唐湯。

初過大散關馬上作

柰何[一]山色牽吟思，旋被江聲破睡魔。吟思睡魔兩相戰，誰知馬上有干戈。

過飛仙嶺 二首

入蜀牽吟景象濃，雲山萬疊與千重。癡巖頑壑無奇觀，不侶飛仙數朵峰。

又

御愛數峰非拔秀，當時駐蹕欲忘還。飛仙急過無真賞，始信明皇不識山。

〔一〕「柰何」，劍本作「秦中」。

峽中

路狹纔容飛鳥過，山將生合柰山何。不知天外山長短，何事窺來一管多。

劍門讀賈公疎詩石

劍門駐馬立踟蹰，讀盡新篇味有餘。關令多情兼好事，詩名留得賈公疎。

予自南京留守推官循資爲掌書記，由將仕郎超階至朝奉郎，得蜀嘉州友人相賀者，因答之

一循資走五千里，四遇恩超十六階。自顧非才已過分，誰言英俊尚沉埋。

蜀道中念親有作

東望庭闈魂欲銷，層層雲棧上岧嶢。江聲山色情多少，相伴西來慰寂寥。

泥溪驛中作

嘉陵江自大散關與予相伴二十餘程，至泥溪背予去，因有是作。

山驛蕭條酒倦傾，嘉陵相背去無情。臨流不忍輕相别，吟聽潺湲坐到明。

柳池驛中作〔一〕

二十二餘程鳥道，一千一百里江聲。江聲聽盡行未盡，西去出山猶七程。至羅江出山。

訪栗園有感

遊困歸來訪栗園，栗園樹老再生孫。莫驚頭上見白髮，拾栗兒童長幾番。

離鄆州至壽張，南村舍中有姥八十餘出拜

老姥龍鍾八十三，猶能指點認青衫。自言老婦嘗蒙惠，白首相將出户參。

〔一〕以下三首詩，石本、徐本並闕。

徂徠石先生文集卷五 雜著五篇

怪説上

三才位焉，各有常道。反厥常道，則謂之怪矣。夫三光代明，四時代終，天之常道也。日月爲薄蝕，五星爲彗孛，可怪也。夫五嶽安焉，四瀆流焉，地之常道也。山爲之崩，川爲之竭，可怪也。夫君南面，臣北面，君臣之常〔一〕道也。父坐子立，父子之常〔二〕道也。而臣抗於君，子敵於父，可怪也。夫中國，聖人之所常治也，四民之所常居也，衣冠之所常聚也，而髡髮左衽，不士不農，不工不商，爲夷者半中國，可怪也。夫中國，道德之所治也，禮樂之所施也，五常之所被也，而汗漫不經之教行焉，妖誕幻惑之説滿焉，可怪也。夫天子七廟，諸侯五廟，大夫三廟，士二廟，庶人祭於寢，所以不忘孝也，而忘而祖，廢而祭，去事夷狄之鬼，可怪也。

〔一〕「常」字原無，據石本補。
〔二〕「常」字原無，據石本補。

夫法施於民則祀之，以死勤事則祀之，以勞定國則祀之，能禦大菑則祀之，能捍大患則祀之。棄能殖百穀，祀以爲稷；后土能平九州，祀以爲社。帝嚳、堯、舜、禹、湯、文、武，有功烈於民者，及夫日月星辰，民所瞻〔一〕仰也。山林、川谷、丘陵，民所取財也。非此族也，不在祀典。而老觀、佛寺徧滿天下，可怪也。

夫〔二〕人君見一日蝕、一星縮、一風雨不調順、一草木不生植，則能知其爲天地之怪也，乃避寢、減膳、徹樂，恐懼責己，脩德以禳除焉。彼其滅君臣之道，絶父子之親，棄道德，悖禮樂，裂五常，遷四民之常居，毁中國之衣冠，去祖宗而祀夷狄，汗漫不經之教行，妖誕幻惑之説滿，則反不知其爲怪，既不能禳除之，又崇奉焉。時人見一狐媚、一鵲噪、一梟鳴、一雉入，則能知其爲人之怪也，乃啓呪祈祭以厭勝焉。彼其孫、其子、其父、其母，忘而祖宗，去而父母，離而常業，裂而常服，習夷教，祀夷鬼，則反不知其爲怪，既不能〔三〕厭勝之，又尊異焉，愈可怪也。

〔一〕「瞻」字原奪，據石本、徐本、四庫本、劍本及宋文鑑卷一〇七補。
〔二〕「夫」字原無，據石本、劍本補。
〔三〕「既不能」三字原作一「而」字，據宋文鑑卷一〇七補正。

甚矣，中國之多怪也！人不爲怪者，幾少矣。噫！一日蝕、一星縮，則天爲之不明；一山崩、一川竭，則地爲之不甯。釋、老之爲怪也，千有餘年矣，中國蠹壞亦千有餘年矣，不知更千餘年，釋、老之爲怪也如何？中國之蠹壞也如何？堯、舜、禹、湯、文、武、周公、孔子不生。吁！

怪説中

或曰：天下不謂之怪，子謂之怪。今有子不謂怪，而天下謂之怪。請爲子而言之，可乎？

曰：奚其爲怪也？

曰：昔楊翰林欲以文章爲宗於天下，憂天下未盡信己之道，於是盲天下人目，聾天下人耳，使天下人目盲，不見有周公、孔子、孟軻、揚雄、文中子、韓〔一〕吏部之道；使天下人耳聾，不聞有周公、孔子、孟軻、揚雄、文中子、韓吏部之道。俟〔二〕周公、孔子、孟軻、揚雄、文中子、

〔一〕「韓」字原無，據張本補。下同。

〔二〕「俟」字原奪，據石本、徐本及後文補。

韓吏部之道滅，乃發其盲，開其聾，使天下唯見己之道，唯聞己之道，莫知有他〔一〕。

今天下有楊億之道四十年矣。今人欲反盲天下人目，聾天下人耳，使天下人目盲，不見有楊億之道；使天下人耳聾，不聞有楊億之道。俟楊億道滅，乃〔二〕發其盲，開其聾，使目唯見周公、孔子、孟軻、揚雄、文中子、韓吏部之道，耳惟聞周公、孔子、孟軻、揚雄、文中子、韓吏部之道。周公、孔子、孟軻、揚雄、文中子、韓吏部之道，堯、舜、禹、湯、文、武之道也，三才、九疇、五常之道也。反厥常，則爲怪矣。

夫書則有堯舜典、皋陶、益稷謨、禹貢、箕子之洪範，詩則有大小雅、周頌、商頌、魯頌，春秋則有聖人之經，易則有文王之繇、周公之爻、夫子之十翼。今楊億窮妍〔三〕極態，綴風月，弄花草，淫巧侈麗，浮華纂組，刓鎪聖人之經，破碎聖人之言，離析聖人之意，蠹傷聖人之道，使天下不爲書之典、謨、禹貢、洪範，詩之雅、頌，春秋之經，易之繇、爻、十翼，而爲楊億之窮妍極態，綴風月，弄花草，淫巧侈麗，浮華纂組。其爲怪大矣！

〔一〕「有他」，張本、宋文鑑卷一〇七作「其他」。
〔二〕「乃」，原作「反」，據石本、徐本改。
〔三〕「妍」，原作「研」，據石本、徐本改。下同。

是人欲去其怪而就於無怪，今天下反謂之怪而怪之。嗚呼！

怪説下

吾既作怪説二篇。或曰：「子之怪説，上篇言佛、老，下篇言楊億。佛、老、楊億，信怪矣。然今舉中國而從佛、老，舉天下而學楊億之徒，亦云衆矣。雖子之説長，又豈能果勝乎？子不唯不能勝夫萬億千人之衆，以萬億千人之衆反攻子，予〔一〕且恐子不得自脱，將走於蠻夷〔二〕險僻深山中而不知避也。子亦誠自取禍矣。」

余聞之，輒躍起身數尺，瞋目作色應之曰：「孔子，大聖人也。手取唐、虞、禹、湯、文王、武王、周公之道，定以爲經，垂於萬世。夫堯、舜、禹、湯、文王、武王、周、孔之道，萬世常行不可易之道也。佛、老以妖妄怪誕之教壞亂之，楊億以淫巧浮僞之言破碎之，吾以攻乎壞亂破碎我聖人之道者，吾非攻佛、老與楊億也。吾學聖人之道，有攻我聖人之道者，吾不可不反攻彼也。盜入主人家，奴尚爲主人拔戈持矛以逐盜，反爲盜所擊而至於死且不避。其人誠非有

〔一〕「予」字原奪，據張本補。

〔二〕「蠻夷」，張本作「蠻荒」。

利主人也，蓋事主之道不得不爾也。亦云忠於主而已矣，不知其他也。吾亦有死而已，雖萬億千人之衆，又安能懼我也！」

原亂

周、秦而下，亂世紛紛，何爲而則然也？原其來有由矣，由亂古之制也。

夫天子，君也；諸侯，臣也。君南面，臣北面，上天之制也。故天子負斧扆南嚮而立，朝諸侯於明堂。明堂者，明諸侯之尊卑也。明諸侯之尊卑者，明君不可偏於臣，臣不可擬於君也。周至夷王，王室弱矣，不敢自尊於諸侯，與諸侯下堂而相見，則君臣之禮，夷王亂之也。君臣之禮亂，則朝覲之禮廢，而諸侯不臣矣，天下無王矣。吁！亂是以作。

古者什一而税，故夏五十而貢，商七十而助，周百畝而徹。蓋什一者，天下之中正也。周室寖微，王道絶矣。諸侯專征伐，擅賦役，兵革不息，興作無時而用度窘。魯宣公於是始税履畝，成公於是始作丘甲，則什一之制，宣公、成公亡之也。什一之制亡，則聚斂之臣起，而國日以削矣，民日以貧矣。吁！亂是以作。

古者爲井田，一夫一婦受田百畝，公田十畝，廬舍二畝半，凡爲田一頃十二畝半。八家而九頃，共爲一井。田有定分，賦有常出，而民無争。秦孝公專務富國彊兵，用商鞅計，廢井田，制阡陌，任其所耕，不限多少，則井田之制，秦孝公廢之也。井田之制廢，而經界不正，井隧不均，穀禄不平矣。吁！亂是以作。

夫男正位乎外，女正位乎内，天子聽男教，后聽女訓；天子理陽道，后理陰德；天子聽外治，后聽内職，三代不易之道也。秦襄王太后出閨闥而臨軒户，以女子而朝群臣，則男女之職，秦襄王亂之也。男女之職亂，則陰陽之序失。陰陽之序失，則日月逆行而天地反覆矣。吁！亂是以作。

古者封建諸侯，蕃屏王室。天下治，與諸侯守之；天下亂，與諸侯持之。三代享國，或八九百年，或四五百年，由茲道也。秦始皇既吞六國，并諸侯，思欲獨立天下，罷封〔一〕建，置郡縣，則封建之制，秦始皇壞之也。封建之制壞，而天下微矣，王室弱矣，天子孤矣。吁！亂是以作。

古者一后、三夫人、九嬪、二十七世婦、八十一御妻，后妃之數也。秦、漢帝母稱皇太后，

〔一〕「罷」下之字原作「□」，此從石本、劍本。

祖母稱大皇太后，適稱皇后，妾皆稱夫人，又有美人、良人、八子、七子、長使、少使、婕妤、娙娥、傛華〔一〕、充衣、昭儀之號，凡十四〔二〕等，則后妃之數，秦、漢亂之也。后妃之數亂，則品秩雜而女色盛。品秩雜，則上下瀆矣；女色盛，則邦國殆矣。吁！亂是以作。

周禮，閽者掌守王宮中門之禁而已，寺人掌王宮之内人及女宮之戒命而已。漢武帝數宴後庭，或潛遊離館，奏請機事，多以宦官主之，宦官始預政焉，則宦官之權，武帝啓之也。宦官之權啓，則巧邪入而佞倖進。巧邪入，則正人廢矣；佞倖進，則君政敗矣。吁！亂是以作。

夫君臣之禮亂，則僭奪篡弒作矣；什一之制亡，則暴賦重算行矣；井田之制廢，則豪彊兼并興矣。噫！甚矣。不封建也，陳涉一唱而嬴秦亡；亂男女也，吕后專制而炎漢中否；曬后妃也，戚姬進倖而太子甚危，飛鷰躭寵而成帝致夭；用宦官也，恭、顯用事而前朝大損，曹、張執政而劉氏終滅。嗚呼！秦、漢而下，亂敗繼踵，皆由是也。

夫古聖人爲之制，所以治天下也，垂萬世也，而不可易，易則亂矣。後世不能由之，而又易之以非制，有不亂乎？夫亂如是，何爲則亂可止也？曰：「不反其始，其亂不止。」

〔一〕「傛華」，張本作「容華」。按：史記外戚世家作「容華」，三國志及魏書后妃傳並同，漢書外戚傳作「傛華」。

〔二〕「十四」兩字原缺，據石本、四庫本、劍本補。

明禁

國家之禁，疎密不得其中矣。今山澤江海皆有禁，鹽鐵酒茗皆有禁，布綿絲枲皆有禁，關市河梁皆有禁。子去其父則不禁，民去其君則不禁，男去耒耜則不禁，女去織紝則不禁，工作奇巧則不禁，商通珠貝則不禁，士亡仁義則不禁，左法亂俗則不禁，淫文害正則不禁，市有游手則不禁，官有游食則不禁，衣服踰制則不禁，宫室過度則不禁，豪彊兼并則不禁，權要横暴則不禁，賄行於上則不禁，吏貪於下則不禁。

夫子去其父，則亂也；民去其君，則叛也；男去耒耜，女去織紝，則離其業也；工作奇巧，商通珠貝，士亡仁義，則棄其本也；左法亂俗，則中華夷也；淫文害正，則經籍息也；市有游手，官有游食，則公私墮也；衣服踰制，宫室過度，則上下僭也；豪彊兼并，權要横暴〔一〕，則貧人困也；賄行於上，吏貪於下，則公道缺也。如是而不禁。彼山澤江海，人所取財也；鹽鐵酒茗，人所取資也；布綿絲枲，人所取用也；關市河梁，人所取濟也。而禁，豈先

〔一〕「横暴」，張本作「横斂」。

王之法乎？三代之制乎〔一〕？

或曰：「如何則先王之法也，三代之制也？」曰：「惟〔二〕禁其不禁而弛其禁，則先王之法也，三代之制也。」

〔一〕「乎」下原有「哉」字，據張本、劍本删。

〔二〕「惟」字原無，據宋文鑑卷一〇二補。

徂徠石先生文集卷六 雜著五篇

是非辨

天子將舉人而任之，問於宰相，宰相一人是之，一人非之；宰相將推人而舉之，問於百官，百官一人是之，一人非之，則將誰質？曰：「質於其言之賢者。」賢者是非公也，小人不黨則謗矣。

曰：「問於朝廷，問於天下，朝廷非之，天下是之；朝廷是之，天下非之，則將誰質？」曰：「質於天下。」天下者〔一〕，是非之〔二〕公也，朝廷不讎則嫉矣。去黨與謗，棄讎曁嫉，人皆能是是非非也；存黨與謗，懷讎曁嫉，未可與言是非矣。

嗚呼！余觀能是是非非推於天下，而人不以爲私，更乎萬世，而人不可以易，古獨有三

〔一〕「者」字原無，據石本補。
〔二〕「之」字原無，據石本補。

人，堯也，舜也，孔子也。堯、舜知朱、均之不肖而不與其子，知舜、禹之賢而以天下讓，是非著矣。孔子爲春秋，是非二百四十二年，當時無一人妄受其惡，無一人謬享其善，是非當矣。次則孟軻、韓愈也。孟軻是湯、武，非桀、紂；韓愈是周、孔，非佛、老，是非判矣。自堯、舜至於今，凡幾千百年有此五人，是非之難也如此。凡人愛憎以情，善惡由己，千載朽骨，九泉腐肉，猶以好惡升黜於秃毫枯竹間，况與之比肩而事主，接武而趍朝乎！則知人無堯、舜、孔子、孟軻、韓愈之心，皆不可與言是非矣。

吁！今亦有以一飯厚薄而爲愛且憎者。劉工部在南京，有士自不脩，劉不禮之，退而怨且怒，逢人駡劉語不休。孔大諫在兖州，有人不得善遇，退而怨且怒，到處謗孔辭甚醜。然二子者，是亦不爲顯，非亦不爲辱，何懼哉！余懼冕旒之前、軒陛之下，有以姦爲賢，有以賢爲奸，有以佞爲忠，有以忠爲佞，有以詐爲直，有以直爲詐，有以邪爲正，有以正爲邪，亂吾君之聽，衒吾君之目，惑吾君之心者。

以賢爲奸，則龍逢見誅矣；以忠爲佞，則比干見殺矣；以直爲詐，則周公見疑矣；以正爲邪，則屈原見疎矣；以姦爲賢，則飛廉見進矣；以佞爲忠，則靳尚見信矣；以詐爲直，則趙高見任矣；以邪爲正，則王莽見用矣。如是，豈不亂天下乎？豈不危社稷乎？余是以懼，故作是非辨。

復古制

厥初生人，無君臣，無父子，無夫婦，無男女，無衣服，無飲食，無田土，無宮室，無師友，無尊卑，無冠昏，無喪祭，同乎禽獸之道也。伏羲氏、神農氏、黄帝氏、陶唐氏、有虞氏、夏后氏、商人、周人作，然後有君臣，有父子，有夫婦，有男女，有衣服，有飲食，有田土，有宮室，有師友，有尊卑，有冠婚，有喪祭。

噫！聖人之作，皆有制也，非特救一時之亂，必將垂萬代之法。故君臣之有禮而不可黷也，父子之有序而不可亂也，夫婦之有倫而不可廢也，男女之有别而不可雜也，衣服之有上下而不可僭也，飲食之有貴賤而不可過也，土田之有多少而不可奪也，宮室之有高卑而不可逾也，師友之有位而不可遷也，尊卑之有定而不可改也，冠婚之有時而不可失也，喪祭之有經而不可忘也，皆爲萬世常行不可易之道也。易則亂之矣。

夫禮樂、刑政、制度難備也久矣。始伏羲氏，歷於神農、黄帝、堯、舜、禹、湯、文、武、周公、孔子十有一聖人，然後大備矣。夫十一聖人，思之亦已深矣，經之亦已遠矣，其巧亦已至矣，其智亦已盡矣。後人有作，乃各尚一時之能，苟肆一時之欲，而盡廢古人之制。故君臣相亂，父子相賊，夫婦相殺，男女相害，衣服相僭，飲食相侈，田土相奪，宫室相誇，師友相判，尊親相悖，冠婚失，喪祭廢，於今千有餘年矣，而不能止。

吁！且伏羲、神農、黄帝、堯、舜、禹、湯、文、武、周公、孔子十一聖人爲之制，信可以萬世常行而不易也。後世無伏羲、神農、黄帝、堯、舜、禹、湯、文、武、周公、孔子，則勿請更作制。後世有伏羲、神農、黄帝、堯、舜、禹、湯、文、武、周公、孔子，則請起今之亡而復古之制歟！

明四誅

王制曰：「析言破律，亂名改作，執左道以亂政，殺。作淫聲、異服、奇技、奇器以疑衆，殺。行僞而堅，言僞而辯，學非而博，順非而澤以疑衆，殺。假於鬼神，時日卜筮以疑衆，殺。此四誅者，不以聽。」

大哉四誅，誠乎王制也！明王制以用四誅，用四誅以靖天下者，惟舜、周公、孔子乎！舜誅四凶，周公誅管、蔡，孔子誅少正卯，王制明矣。

吁！王制絶已二千年矣，而天下皆干乎四誅，無誅之者。夫佛、老者，夷狄之人也，而佛、老以夷狄之教法亂中國之教法，以夷狄之衣服亂中國之衣服，以夷狄之言語亂中國之言語，罪莫大焉，而不誅。夫不以堯、舜、禹、湯、文、武、周公之道事其君者，皆左道也。而有以楊朱、墨翟之言進於其君者，有以蘇秦、張儀之説進於其君者，有以韓非、商鞅之術進於其君者，有以聲色狗馬之玩進於其君者，罪莫大焉，而不誅。夫不道先王之法，言而辨詐相勝；不服先王之德，行而奇譎相矜；不爲孔子之經，而淫文浮詞聾瞽天下後生之耳目，罪莫大焉，而不誅。夫不誦詩以諷，而爲倡優鄭、衛之戲以亂君耳；夫不執藝以諫，而爲雕麗淫巧之氣以蕩君心，罪莫大焉，而不誅。夫不脩大中至正之福，而託陰陽巫鬼之説〔一〕，以惑天下之民，罪莫大焉，而不誅。

夫天下皆干乎四誅而不誅，吾故明之。

擊蚍蜉銘并序

天地至大，有邪氣生於其間，爲凶暴，爲戕賊〔二〕，聽其肆行，如天地卵育之而莫禦也；

〔一〕「之説」兩字原缺，據劍本補。

〔二〕「戕賊」，原作「殘賦」，據北宋田況儒林公議卷下引文改。

人生最靈，或異類出於其表，無蠱惑〔一〕，爲妖怪，信其異端，如人蔽覆之而莫露也。

祥符中〔二〕，甯州天慶觀有虵妖，極怪異，郡刺史日兩至於其庭朝焉，人以爲龍。舉州人内外遠近，罔不駿奔於門以覲，恭莊肅祇，無敢怠者。今龍圖待制〔三〕孔公，時佐幕在是邦，亦隨郡刺史於其庭。公曰：「明則有禮樂，幽則有鬼神，是虵不亦誣乎！惑吾民，亂吾俗，殺無赦！」以手板擊其首，遂斃於前，則虵無異焉。郡刺史暨州内外遠近庶民，昭然若發蒙，見青天，覩白日，故不能肆其凶殘而成其妖惑。易曰：「是故知鬼神之情狀。」公之謂乎！

夫天地間有純剛至正之氣，或鍾於物，或鍾於人，人有死，物有盡，此氣不滅，烈烈然彌亘億萬世而長在。在堯時爲指佞草，在魯爲孔子誅少正卯刃，在齊爲太史簡〔四〕，在晉爲董狐筆〔五〕，在漢武朝爲東方朔戟，在成帝朝爲朱雲劍，在東漢爲張綱輪，在唐爲韓愈論佛骨表、逐鱷魚文，爲段太尉擊朱泚笏，今爲公擊虵笏。故佞人去，堯聽聰；少正卯誅，孔法舉；罪趙

〔一〕「無蠱惑」三字原作「□□□」，並在「爲妖怪」下，據儒林公議卷下引文補正。
〔二〕「中」，原作「年」，據儒林公議卷下引文改。
〔三〕「待制」，原作「侍御」，據儒林公議卷下引文改。
〔四〕「爲太史簡」四字原無，據張本補。
〔五〕「董狐筆」，原作「董史筆」，據張本改。

盾，晉人懼；辟崔子，齊刑明；距董偃，折張禹，劾梁冀，漢室乂；佛、老微，聖德行；鱷魚徙，潮患息；朱泚傷，唐朝振；怪虵死，妖氣散。

噫！天地鍾純剛至正之氣在公之笏，豈徒斃一虵而已？軒陛之下，有罔上欺民、先意順旨者，公〔一〕以此笏指之；廟堂之上，有蔽賢蒙惡、違法亂紀者，公〔二〕以此笏麾之；朝廷之内，有諛容佞色、附邪背正者，公〔三〕以此笏擊之。夫如是，則軒陛之下不仁者去，廟堂之上無姦臣，朝廷之内無佞人，則笏之功也，豈止在一虵！公以笏爲任，笏得公而用，公方爲朝廷正人，笏方爲公之良器。敢稱德于公，作笏銘曰：

至正之氣，天地則有。笏惟靈物，笏乃能受。笏之爲物，純剛正直。公惟正人，公乃能得。笏之在公，能破淫妖。公之在朝，讒人乃消。靈氣未竭，斯笏不折。正道未亡〔四〕，斯笏不藏。惟公寶之，烈烈其光。

〔一〕「公」上原有「曰」字，據張本、劍本及儒林公議卷下引文删。

〔二〕「公」上原有「曰」字，據張本、劍本及儒林公議卷下引文删。

〔三〕「公」字原無，據張本、劍本及儒林公議卷下引文補。

〔四〕「亡」，原作「忘」，據張本、劍本及宋文鑑卷七三、儒林公議卷下引文改。

鄭元傳

咸平二年冬十有二月，契丹南牧，鄭氏盡室陷焉。鄭元之父於是乎死於契丹。天聖七年夏四月，元載其母與其孥來歸。十年春三月，元復入契丹。夏六月，負其父骨歸葬於鄆州須城縣廣化鄉水東王管戴村之先塋。

觀察推官石介曰：「此北戎，遠中國禮義，其地不毛，其俗無知。中國人陷其中者，如落深穽，如囚狴牢。忽焉出而適我中國，目刮去垢穢，而見聲明文物之容；耳剔去泥滓，而聞金石絃匏之聲；鼻挑去膻腥，而嗅芝桂蘭茝之馨；身脱氊裘，而被纖絺之服；廬舍毳幕，而宅清涼之居。飲食甘馨，水泉清泠，如猿出檻，如鷹脱縶。固恨去之不遠，而深入於山林；翔之不高，而上摩於青冥。乃復有以父骨在異域未克歸葬於舊塋，謂雖棄戎狄而歸中國如不歸，脱死地生故鄉如不生。視嚮日之深穽狴牢，輒不敢憚復以其身投於其中。」且曰：「死與父皆埋於異域，生與父皆歸於中國。」冒重險，履不測，與死相去，其間不容髮，卒能負父骨而歸，易中國之棺衣，列故園之松楸，從其先塋，處其安宅，鄭氏之子，可謂純孝者矣。詩曰：「孝子不匱，永錫爾類。」其是之謂乎！

噫！今之人至於士大夫之家，其有甚不孝者，而父而母死於他邦，至遐至險，尚在六服之內，無防禦，無關隔，蕩然坦途，千里咫步，猶有歷霜露，更歲時，不克舉其骨歸於而鄉者。推鄭氏之子孝化於天下，天下無不忠之臣，無不順之子；挹鄭氏之子風移於海內，海內無不仁之人，無不厚之俗。

天子端門九重，階陛累級。小臣疎遠且賤，不得列其事於軒墀之上，請天子出一束之帛，一尺之詔，旌其人，表其門第，書其實，揭諸天下，且以厚薄俗〔一〕。

〔一〕此下疑有缺文。

徂徠石先生文集卷七 雜著十篇

可嗟貽趙狩

飲食者，所以輔性命。上古人未飲食，故多夭疾殘折而死。伏羲作網罟，以畋以漁；神農教之種黍稷，人始知飲食，以得不夭死。今之嗜爲佛者，日一食；嗜〔一〕爲仙者，累年不食。日一食者病瘠，累年不食者餓死。

吁！可嗟矣。自古皆有死，而莫不飲食，今不食以求長生，惑之甚矣。且爲黃帝乎？百一十〔二〕歲而死。爲少昊乎？百歲而死。爲顓頊乎？九十八歲而死。爲帝嚳乎？一百五歲而死。爲帝堯乎？百一十八歲而死。爲帝舜乎？百歲而死。爲禹乎？亦百歲而死。爲湯乎？亦百歲而死。爲文王乎？九十七歲而死。爲武王乎？九十三歲而死。爲夫子乎？

〔一〕「嗜」字原奪，據石本及上文補。

〔二〕「百一十」，原作「百五」，據石本、劍本改。

七十三歲而死。兹十一聖人者，聖人之至也，猶皆死；彼匹夫，乃欲求長生！

夫生〔一〕於天地間無不死。松栢固也，亦死；龜鶴靈也，亦死。大凡有血氣，有性命，飛走、生植、衣服、飲食者，皆死。血氣有多少，性命有虧實，飛走有倦，生殖有拔，衣服、飲食有窮，何得不死？唯元氣不死。元氣大爲天地，小爲日星，融爲川瀆，結爲山嶽。天猶有時裂，地猶有時陷，日猶有時虧，星猶有時隕，川瀆猶有時涸，山嶽猶有時崩，人乃獨得不死？斯實誑予。此出於方士怪妄之説，後生不知聖人大道，愚惑至此。

趙狩者，始受業於魯石介、鄆士建中，又學於泰山先生。三人之道，一出於孔氏，離孔氏未嘗有一言及諸子。不知狩得妖誕荒悖之説於誰，而亦甘心樂死，求所爲神仙長生之道。吾三人嘗力距之，距終不去。噫！狩陷深穽大塹，逢吾三人者，援之不出，狩其命矣乎！予故作可嗟以貽之。

畫箴貽君豫

吾家君豫才敏，而少學爲文字，辭句健跳；學爲丹青，形物微妙。

〔一〕「生」，原作「命」，據石本改。

噫！作無益而害有益，古人所箴。不有博弈，言其飽食而無所用心。禹爲聖人，又承舜、堯之緒，足以無爲而端居，猶汲汲惜乎寸陰。汝乃佚安嬉戲，不務功名之如前人，甘容身於牛蹄之涔，吾浪浪而沾襟。

吁！與其丹青草木，豈若丹青乃身，煒有文藻。與其丹青馬牛，豈若丹青爾德，倬爲騫、由。聖有周、孔，次有孟、韓。孝有曾子，忠有比干。清和夷、惠，德行閔、顔。夔、吕、伊、邵，其立柏柏；蕭、張、房、杜，謇峭直端。其人雖死，千載如存。想其行事，英風夏寒，容采日月，德音琅玕。爾以筆傳人神，徒耳鼻衣冠，豈如心傳聖賢，高蹈遠攀。爾以手寫蟲鳥，徒口咏羽翰，豈如筆寫六經，往行前言。傳之于墨，墨久則昏；傳之于心，心久益丹。繪之于帛，帛裂則殘；繪之于身，身死不刊。汝嗜于畫，其名日刓；汝嗜于學，其德日完。

嗟夫！易汝嗜畫之心爲嗜學之心，聖賢何難？汝聽吾言，馨如芝蘭，擲膠折筆，無污輕紈。

二大典

周禮、春秋，萬世之大典乎？周公、孔子制作，至矣。

周自夷王已下，寖衰寖微，京師存乎位號而已。然五六百年間，綿綿延延，不絶如綫，而諸侯卒不敢叛者，周禮在故也。王室益弱，諸侯日彊。又二百年，亂臣賊子如麻，然而畏未敢取周者，春秋作故也。自堯、舜、三代，唯周得八百有餘年。雖后稷、公劉積德自遠，實以二大典矣。

嗚呼！周禮明王制，春秋明王道，可謂盡矣。執二大典以興堯、舜、三代之治，如運諸掌。後世無人行之者，悲夫！董仲舒以春秋對，其知王道之宗矣；王仲淹以周禮往，其知王制之本矣。惜大漢武孱弱，隋文侮慢，二君子卒不用，二大典卒無施。吾於此尤傷焉。

讀原道

書之洪範，周禮之六官，春秋之十二經，孟子之七篇，原道之千三百八十八言，其言王道盡矣。

箕子、周公、孔子之時，三代王制尚在，孟子去孔子且未遠，能言王道也，不爲艱矣。去孔子後千五百年間，歷楊、墨、韓、莊、老、佛之患，王道絶矣。雖曰洪範、曰周官、曰春秋、曰孟子存，而千岐萬徑，逐逐競出，詭邪淫僻、荒唐放誕之説恣行於天地間，無有禦之者。大道破散消亡，睢盱然惟楊、莊之歸，而佛、老之從。吏部此時能言之爲難，推洪範、周禮、春秋、孟子之書則深〔一〕，惟箕子、周公、孔子、孟軻之功，則吏部不爲少矣。

余不敢厠吏部於二大聖人之間，若箕子、孟軻，則余不敢後吏部。

辨易

王績爲負苓者傳，載薛收之言曰：「伏羲畫八卦，而文王繫之，不逮省文矣，以爲文王病也。」負苓者曰：「文王焉病？伏羲氏病甚者也。昔者伏羲氏之未畫八卦也，三才其不立乎？四序其不行乎？百物其不生乎？萬象其不森乎？」以謂伏羲氏泄道之密，漏神之機，爲始兆亂者。

吁！可怪也。夫易之作，救亂而作也，聖人不得已也。亂有深淺，故文有繁省。亂萌於伏羲，故八卦已矣；漸於文王，故六十四已矣；極於夫子，故極其辭而後能止。伏羲後有神農氏、黄帝氏、少昊氏、顓頊氏、高辛氏、唐堯氏、虞舜氏、禹、湯，皆聖人也，豈獨不能繫易之一

〔一〕「爲難」至「則深」十五字原缺，據石本、張本、劍本補。

辭？無亂以救也。文王豈獨能過是九聖人？亂不可不救也。

作易非以爲巧，救亂也。文王、夫子非以衒辭，明易也。易不作，天下至今亂不止。文王、夫子無述，易至今不明。薛收、負苓者，不達易甚矣！

尊韓

道始於伏羲氏〔一〕，而成終於孔子。道已成終矣，不生聖人可也。故自孔子來二千餘年矣，不生聖人。若孟軻氏、揚雄氏、王通氏、韓愈氏，祖述孔子而師尊之，其智足以爲賢。孔子後，道屢塞，闢於孟子，而大明於吏部。道已大明矣，不生賢人可也。故自吏部來三百有年矣，不生賢人。若柳仲塗、孫漢公、張晦之、賈公疎，祖述吏部而師尊之，其智實降。

噫！伏羲氏、神農氏、黄帝氏、少昊氏、顓頊氏、高辛氏、唐堯氏、虞舜氏、禹、湯氏、文、武、周公、孔子者十有四聖人，孔子爲聖人之至。噫！孟軻氏、荀况氏、揚雄氏、王通氏、韓愈氏五賢人，吏部爲賢人而卓。不知更幾千萬億年復有孔子，不知更幾千百數年復有吏部。

〔一〕「氏」字原無，據張本補。

孔子之易、春秋，自聖人來未有也；吏部原道、原仁、原毁、行難、對禹問、佛骨表、諍臣論，自諸子以來未有也。嗚呼！至矣。

釋汝墳卒章

汝墳卒章曰：「魴魚赬尾，王室如燬。」箋云：「君子仕於亂世，其顔色瘦病，如魚勞則尾赤。所以然者，畏王室之酷烈，是時紂存。」其〔一〕末句云：「雖則如燬，父母孔邇。」箋云：「辟此勤勞之處，或時得罪。父母甚近，當念之，以免於害。不能爲疎遠者計也。」

子夏序曰：「汝墳，道化行也。文王之化行乎汝墳之國，婦人能閔其君子，猶勉之以正也。」其末句云：「父母孔邇。」康成謂：「此勤勞之處，或時得罪，父母甚近，當念之，以免於害。」夫紂之苛政甚矣，烈如猛火，不可嚮邇。雖慈父慈母，又豈能恤其子哉？以謂父母，指文王言之〔二〕。王室雖酷烈，民不堪其苦，文王之化行乎汝墳之國，被文王之德厚，戴之如父母也。詩曰：「愷悌君子，民之父母。」春秋傳曰：「愛之如父母，此慰勉其君子之辭。」言雖仕

〔一〕「其」，原作「且」，據張本改。
〔二〕「言之」，原作「之言」，據張本乙正。

於亂世，苦紂之虐政，紂之亡日可待也，民望文王不遠矣。亦如桀之民望湯曰：「徯我后，后來其蘇。」康成似未達詩人之旨，故釋之。

録蠹書魚辭

蠹書魚曰：吾嘗游於文字間，文字有所殘缺者，人則曰吾蠹之故，目予曰「蠹書魚」。夫書豈吾〔一〕蠹之邪！昔者孔子脩春秋，明帝王之道，取三代之政，述而爲經，則謂之書。其文要而簡，其道正而一，所以扶世而佑民，示萬世常行不易之道也。後世人有悖之者，則其書或息。其書息，則聖人之道隳壞也，斯得不謂之蠹乎？文中子曰：「九師興而易道微，三傳作而春秋散。齊、韓、毛、鄭，詩之末也；大戴、小戴，禮之衰也。又，楊、墨之言出而孔子之道塞，佛、老之教行而堯、舜之道替〔二〕。」斯則易，其九師之蠹乎？春秋，其三傳之蠹乎？詩，其齊、韓、毛、鄭之蠹乎？禮，其大戴、小戴之蠹乎？

〔一〕「吾」上，張本有「獨」字。

〔二〕「替」，原作「潛」，據張本、劍本改。

孔子道，其楊、墨之蠹乎？堯、舜道，其佛、老之蠹乎？魏、晉以降迄於今，又有聲律對偶之言，彫鏤文理，刓刻典經，浮華相淫，功僞相衒，劘削聖人之道，離析六經之旨，道日以刻薄而不脩，六經之旨日以解散而不合，斯文其蠹也。書之蠹有自來矣，而謂予曰「蠹書魚」，予敢辭！

歸魯名張生

道士張生擲黄冠，頂章甫，衣服襜如，趍吾階，升吾堂，請吾易其名。

夫求聖人之道者，必自魯始。魯，周公之所封也，孔子之所出也，聖人之道盡在魯矣。之於魯，然後聖人之道可得而見也。今夫人不之於魯，而之於秦，之於楚，之於吴，之於越，去聖人之道不亦遠乎！嗚呼！甚矣。亦有之於夷狄者，去魯益爲遠矣。秦、楚、吴、越將復於魯，不逾月遂可至焉爾，如此其易也，吾未見其能復者焉。夷與狄將復於魯，窮時卒歲不能至焉爾，如此其難也，吾今見其能復者焉。

春秋之義，夷狄則夷狄之，進於中國則中國之，况能自之於魯者乎！吾請以「歸魯」名張生。「歸魯」，所以宗聖人之道也，生其勉之！

宗儒名孟生

予向以春秋授諸生，學中孟生，衣道士衣，升吾堂上，預諸生列，受吾説焉。日薰灼乎聖人之道，久之相説以解，於是大寤聖人之道，一出於孔子。遂棄其師，事吾儒師；裂其服，被吾儒服；斥其禮，行吾儒禮；擲其書，讀吾儒書。予願以「宗儒」名孟生。

嗚呼！君臣、父子，皆出於儒也；禮樂、刑政，皆出於儒也；仁義、忠信，皆出於儒也。生誠能宗儒，生爲君子矣。

徂徠石先生文集卷八

雜著十篇

貴謀

天下有大憂危，國家有大菑患，聖賢發至誠，運至智，定至謀，以扶安之。聖賢之誠，誠矣；聖賢之智，明矣；聖賢之謀，果矣。如機之發，如蓍之占，如節之合，作於此而應於彼，言於近而驗於遠，不差毫釐。

噫！聖賢之謀必行，則自古無喪身，無敗家，無亡國，無傾天下。喪身、敗家、亡國、傾天下，由聖賢之謀不用也。桀從伊尹之謀，安有南巢之放？紂從比干、箕子之謀，安有大白之誅？項從范增之謀，安有楚江之亡？漢從劉向之謀，安有王氏之篡？唐高宗從遂良之謀，安有武氏之禍？明皇從九齡之謀，安有禄山之難？陳不從洩冶之謀，故亂；晉不從宣子之謀，故弑；虞不從宫之奇之謀，故亡；秦不從蹇叔之謀，故喪崤、函之師；趙不從藺相如之謀，故失長平之衆；成安君不從廣武之謀，故死泜水之上；漢高皇不從建春之謀，故困平城之中。

堯能用舜、禹之謀，是以光宅天下；舜能用夔、契之謀，是以濬哲文明；禹能用益、稷之謀，是以禪虞；湯能用伊尹之謀，是以克夏；文、武能用吕望、周、召之謀，是以革商；高祖能用三傑之謀，是以有漢；惠帝能用子房之謀，是以定位；光武能用耿、鄧之謀，是以復乃堂構；劉備能用葛亮之謀，是以王有巴、蜀；文帝能用高熲之謀，是以創始有隋；太宗能用房、杜之謀，是以光享于唐。梁公之謀行，則李氏再祀〔一〕；姚、宋之謀行，則開元昇平〔二〕；裴度之謀行，則元和靖武。

大哉！聖賢之謀至矣。用之則生，不用則死；用之則存，不用則亡。死生存亡，大矣！彼不能用，愚闇甚矣。嗟乎！

救說

道大壞，由一人存之；天下國家大亂，由一人扶之。周室衰，諸侯畔，道大壞也，孔子存之。孔子歿，楊、墨作，道大壞也，孟子存之。戰國盛，儀、秦起，道大壞也，荀況存之。漢祚

〔一〕「再祀」，張本作「復辟」。

〔二〕「昇平」，原作「外平」，據石本、劍本改。

微，王莽篡，道大壞也，揚雄存之。七國弊，王綱圮，道大壞也，文中子存之。齊、梁來，佛、老熾，道大壞也，吏部存之。管、蔡之亂，則周公扶之也；諸呂之亂，則周勃扶之也；江左之亂，則謝安扶之也；武氏之亂，則狄公扶之也；禄山之亂，則汾陽扶之也；朱泚之亂，則西平扶之也；淮西之亂，則晉公扶之也；五代之亂，則瀛王扶之也。故道卒不壞，天下國家亂卒止〔一〕。

古之人有言曰：「大厦將顛，非一木所支。」是棄道而忘天下國家也。孔子曰：「危而不持，顛而不扶，則將〔二〕焉用彼相？」易大過上六：「滅頂，凶，無咎〔三〕。」以救衰拯溺〔四〕也。大厦將顛，一木拄之，或得不顛。顧顛而不支，坐而俟〔五〕其顛，斯亦爲不智者矣。道將大壞，天下國家將大亂而不救，坐而俟其壞亂，斯亦不仁者矣。

大凡聖人之道，有菑害，以身當之，賢人之分也；天下國家有患難，以死殉之，忠臣之節也。而曰「見可而進，量力而動」，其全身苟生者歟！

〔一〕「亂卒止」，原作「卒正」，據石本、劍本補正。
〔二〕「將」字原無，據石本、劍本及論語季氏篇補。
〔三〕此句周易原文作「過涉滅頂，兇，无咎」。
〔四〕「溺」，原作「弱」，據張本改。
〔五〕「俟」，黄氏日鈔引作「視」。

責臣

大過上六，君子矣，心在救時，至於滅頂凶而無悔。且當棟橈之世，居無位之地，而過涉以扶衰拯溺〔一〕，可謂君子矣。

今國家有西北邊之憂，聖君夙夜勤勞，日旰不食，重擇大臣，付以專任，大官以寵之，富禄以厚之，節旄以榮之。宜竭智力以斡〔二〕乃任，盡謀策以濟厥事。智力竭矣，謀策盡矣，然後以死繼之，可也。乃偃蹇君命，優游私家，謂聞金鼓之震天下，不若聞絲竹之淫耳；謂見羽旄之翳目，不若見趙、衛之侍前；謂若被甲胄，不若服輕紈；謂若冒矢石，不若御重裘。不竭智力，不盡謀策，乃稱才不稱任。飲食加多，筋力完壯，乃謂病不任事。上以罔於君，下以欺於人，以圖其身之安。

噫！國家平安無事，乃將乃相，爾公爾侯，貪榮取寵，不知休止；聚財積貨，不知紀極。飽而嬉，醉而眠，間則陳功勞，叙閥閲，矜材能，薦智略。恨爵位之不高，任使之不先，曾不曰

〔一〕「溺」，原作「弱」，據張本及周易原文改。

〔二〕「斡」，原作「幹」，據張本改。

才不稱任，病不任事。國家一日有邊鄙之憂，聖君倚之以安，諉曰「臣病，臣不才」。至於兩銓三班院，除人往西北邊去，多不肯行。嗚呼！食人之禄，死人之事，况聖君英威睿武，仁行如春，義行如秋，敢兹不肅，是臣得以慢君，君不能以使臣也。天子之命，豈不行乎？

傳曰：「四郊多壘，卿大夫之辱也。」又曰：「主憂臣辱。」大官以被其身，富禄以厚其家。四郊多壘，則曰：「非我之辱也。」主憂，則曰：「非我之事也。」有官責而不勤其官，矧在於無位之地乎！吾是以責斯人而賢上六也。

嗚呼！賴聖君洪覆如天，不以寘諸法，若有如孔子者出，則當以春秋亂臣同論〔一〕矣。

録微者言

晚鼓後，諸曹既抱書退，公舍岑寂如私庭焉。日將曛，予巾褐坐軒窗下，有府吏職執法，丁其姓，簡其名者，袖短幅急馳而來，順氣和聲，油然泠然〔二〕，授於予曰：「今〔三〕天子

〔一〕張本「亂臣」下有「賊子」二字。「論」，石本、徐本、張本、劍本及宋文鑑卷一〇二並作「誅」。
〔二〕「順氣和聲油然泠然」，原在「以緩民命」下，據石本、張本乙正。
〔三〕「今」，原作「且」，據張本改。

念東南之民，薦罹其饑，涣然散汗漫之澤，除其田租以綏民命。乃鄉墅〔一〕有不占田之民，借人之牛，受人之土，傭而耕者，謂之客户。人歲輸其緡錢數百於有司，以其不地而徵，無名而取，謂之『乾食鹽錢』。此民〔二〕年豐尚不逃飢與寒，歲凶穀價高，朝夕且恐死，乃不得與占田之民同除其賦。官人幸有位，亦嘗聞孳孳有濟蒼生之心，豈能書其事馳聞於天子之庭乎？」

介矍然而駭，悚然而恭，抗聲大叫。語其人曰：「此衣食天子者之所宜思也，牧養天子之民者之所宜憂也。刺史巖巖坐於堂，縣令申申處其家，庶臣晏然高枕而卧，使臣諠譁攬轡而馳，曾不及是思，曾不及是憂。爾何人，思及是！吾徒食而魚，出而車，朝服逶迤，處爾之上，亦何施其面目哉！予將轉爾言達於上。」

傳曰：「詢于芻蕘。」又曰：「狂夫之言，聖人擇焉。」嘉其人，有所興起，座右見筆硯，因書之牘背云。

〔一〕「鄉墅」上原無「乃」字，據張本補。
〔二〕「此民」，原作「北民」，據石本、張本、劍本改。

辨私

儒者好稱説孔子之道，非大言也，非私於其師之道也。孔子之道，治人之道也，一日無之，天下必亂。如粟米不可一日少，少則人飢；如布帛不可一日乏，乏則人凍死。孔子之道，君臣也，父子也，夫婦也，朋友也，長幼也。天下不可一日無君臣，不可一日無父子，不可一日無夫婦，不可一日無朋友，不可一日無長幼。萬世可以常行，一日不可廢者，孔子之道也。離孔子之道而言之，其行雖美，不致於遠；其言雖切，無補於用，猶錦繡不可以禦寒〔一〕，珠玉不可以療飢。故儒者稱説不及焉，非遺之也。

書淮西碑文後

淮西之賊五十年，王師屢戰無功，天啓神算，以授裴度。度克恭行天罰，以夷大叛〔二〕。天下之兵，百十萬之將，過時不下，度建大謀以任李愬，愬克先登賊城，以殲元凶。淮

〔一〕「禦寒」，原作「待寒」，據石本改。
〔二〕「大叛」，原作「大版」，據石本、劍本改。

西以平，蔡人以生。天人相與乎？君臣協心乎？上下同力乎？推其用，則度得天也，愬得人也；計其功，則度任智也，愬任力也。曰燥者，曰潤者，人止知其風雨也。曰生者，曰成者，人止知其春秋也。然不動而運其用者，天也。曰戰者，曰勝者，人止知其愬也，光顏也，重裔也。然無爲而任其謀者，度也。漢高帝取天下，蕭何無汗馬之勞，韓信攻必取，戰必勝，曹參身被七十創，而功居何次〔一〕，不曰：「發縱指示者，人也；追殺獸者，狗也。」度與愬之功，亦猶是乎！文公豈昧此，著辭於碑優度功，誰曰不實也！

初，度輔政，以群賊未除，宜延接奇士，共爲籌畫，乃請於私第接延賓客，自是天下賢俊得以効計議于丞相，則取蔡之謀已落於彀中矣。諸將連年出兵，玩寇相視，持以歲月，未有成功，而群臣皆欲罷兵。度獨唱堅議，與上協心，計定意斷，衆不能破。請身自督戰，且曰：「誓不與此賊偕全。」則得勝之算已運於掌上〔二〕矣。及至郾城，巡撫諸軍，宣達上旨，士皆賈勇。時諸道兵皆有中使監之，軍陣進退，不由主帥，勝則先使獻捷，偶衄則淩挫百端。度至行營，並奏去之，兵柄專制之於主將，衆皆喜悦。軍法嚴肅，號令畫一，則將軍之令專行於閫外矣。

〔一〕此句石本作「而功名反後於蕭何何則」。
〔二〕「掌上」，原作「堂上」，據宋文選改。

以天下取蔡之謀，堂上得勝之算，閫外將軍之令，合而用之，一而行之。易曰：「師，貞丈人吉。」有不利乎？七月度出，十月賊平，成天下之務，通天下之志，不疾而速，不怒而威，非惟幾惟深與神〔一〕，其孰能與於此乎？故曰度得天也，其功無敵於天下矣。

責素餐

狗當吾户，猫捕吾鼠，雞知天時，有功于人，食人之食可矣。犀、象、麋、鹿、鸚鵡、鷹鷙，無功於人而食人之食，孟子所謂「率獸而食人」也。

噫！無功而食，禽獸猶不可，彼素餐尸禄，將狗、猫、鷄之不若乎！

辨謗

介讀青州劉槩韓吏部傳論曰：「憲宗迎佛骨，群臣無敢言者，獨吏部論之，走南荒八千里，此豈利於身？利於道也。」介於此知吏部之功也。曰：「潮陽之湫，鱷魚爲害，潮人患之，

〔一〕「與神」，石本作「惟神」。

吏部至，投文以逐之，一夕〔一〕盡去。鱷魚，厥性暴戾無識，猶感其化而去焉。使吏部立巖廊，輔元首，施其道而化天下之暴戾無識，復有如鱷魚者乎？必無也。鱷魚可化，况於人乎！」介於此知吏部之道也。曰：「史臣〔二〕謂排釋、老，於道未大，不知大其道者復何也？」介於此知吏部之尊也。曰：「諱辨，其旨不獨爲賀也，有激於時爾。凡人怠於敦孝而亟於辟諱，甚無取也。」介於此知吏部之孝也。曰：「鯀無德於民，猶有靈於晉國。宗元有德於民，豈無靈於羅池者乎！吏部碑之，何所不可。」介於此知吏部之是也。曰：「平蔡碑非不善也，信一婦人而磨之，焉知實録不類蔡碑？」介於此知吏部之受誣也。則是吏部之誣，由槩而後釋；吏部之道，由槩而後明。槩亦可稱爲端直士矣！

天聖四年秋，詔郡國舉進士，時故諫議大夫滕公涉守青州，謂槩能明吏部之道，特爲首送。槩少則爲古文，專意聖人之道，性僻野，以介特自守。常居深山中，或逾年一下山，未嘗一造權豪門。先兩爲青州舉送，以是名字不得高。至是首送，青人皆大怒滕之所爲，以滕不知人。或謂槩有化丹砂爲黄金術，滕意得之，特爲首送。或以爲槩恃當塗力，故得首送。滕

〔一〕「一夕」，原作「一次」，據石本、劍本改。

〔二〕「史臣」上原有「使」字，據石本、張本删。

於是被此謗〔一〕八九年矣。

介昨日架上整亂書，得槩韓吏部傳論。讀之，知吏部之大道〔二〕，知槩之名不虛得，知滕之被謗。噫！吏部之道，二三百年得劉槩仲之；劉槩之名，二三十年得滕公發之；滕公之謗，八九年得石介明之。故作辨謗云。

朋友解并序〔三〕

姜潛至之被水害，苦甚。奉符尉李緼仲淵與至之友，且通家，義甚厚。憐至之之困災，爲借弓手營救，因以私役人罪之。察盜賊，捍水火，縣尉之職也。又朋友之義，患難相恤。緼得其職，又得朋友之義，反得罪。大懼朋友之道絶，因解之。

夫父子兄弟以親愛，君師朋友以義合也。入則事父兄，出則事君師、朋友。君臣之際，猶有爵禄之貪，得與其利焉。師友之分，非道義不合。

〔一〕「謗」下原有「噫」字，據張本、劍本删。
〔二〕「大道」，張本、劍本作「道大」。
〔三〕「并序」二字原無，據劍本補。

夫所謂道者，親而不可離者也。夫所謂義者，合而不可解者也。古之管仲、鮑叔、王陽、貢禹，以義始而以義終者也。張儀、蘇秦、陳餘、張耳，以利始而以利終者也。義無不克終，利無有克終。

今夫人之趨權利，熱則蜂來，寒則鳥去，平生握手把酒叙歡欣，肝膽吐在地，一旦急難危患，則掉臂緩趨而過，若越人視秦人之疾，不獨不一顧，又從而〔一〕排陷之。朋友之道薄也如此。有人反其薄而就於厚，則以爲罪。

今奉符縣尉李緼，與進士姜潛同師受業，有升堂拜母之義。潛居奉符之太平鎮，今歲夏六月七日，乙夜水大至，太平之人，死者五人，其一則榷酒使臣張借職也。在太平參肆百家，潛被水尤苦。夜風雨震電，天大黑，水且暴來，潛左手扶老母，右手扶嬰兒，妻子弟妹，纍纍隨其後，出没於水中，僅得脱死，走太平四里餘，就高阜以避。潛之居廬邸店，并其所以待歲時、佐伏臘之用凡百萬，與所藏書數千卷，盡爲水害。

緼與潛友義甚厚，潛之患難不細，緼不足爲有勢力可以庇潛，而操本縣尉權略，足以施於潛。倘更退顧其身愛惜，礙國家禁，苟逃錙銖罪，不爲潛致毫髮力，忍晏安坐視，此誠夷狄、禽

〔一〕「而」字原無，據張本、劍本補。

獸之不爲也。東家火，西家焦髮爛額爲撲滅。赤子入井，路人不棄，弛擔匍匐走救之。潛之水甚於東家火也，潛之將至於死，猶赤子之入井也。緼少被仲兄故龍圖之教，長師泰山孫明復先生，及親慕士建中而交石介，識周公、孔子之道，知仁義忠信，且與潛友厚，反顧身愛惜，乃不如夷狄、禽獸乎？不如西家路人乎？以古朋友之道責之，緼猶負大罪。潛之窮且困如此，纔能借九日力，遺一囊麴，未足以解潛昏墊之災。然以今人推之，緼能不退顧其身，愛惜其官，抵冒刑禁，以濟乎〔一〕朋友危患，是亦能以義始終者也，故舊不遺者也，患難相恤者也。法網凝密，乃籠緼去〔二〕，繩之以微文，寘之於深典，此不惟傷朋友之道，亦以害國家教化之本。

國家設禁，本〔三〕所以禁小人，非施之於君子也。小人大爲之禁，亦或踰之，君子則有禮樂而已矣。使緼徇國家之常禁，則廢朋友之大義。禁者，權也。權有時而用，制小人不以權，則壞法亂民，爲害必滋。義者，常也。常者，道之中也。中常用，待君子不以中，是示天下之無君子矣。緼爲君子而以小人制之，豈其宜也？緼亦不足深惜，惜〔四〕夫朋友之道遂絶矣，

〔一〕「乎」，原作「夫」，據張本改。
〔二〕「去」，張本作「罪」。
〔三〕「本」字原在「設」字上，據張本、劍本乙正。
〔四〕「惜」字原無，據張本、劍本補。

天下風俗更薄矣。

噫！州縣吏貪墨殘毒者滿目，曾不聞舉一人。緼奉公守法，緼持廉，緼愛民，緼有文行，緼有節義，緼孝於事親，緼忠於事上，緼信於朋友，反得罪。悲夫！

辨惑

吾謂天地間必然無者有三：無神仙，無黄金術，無佛。然此三者，舉世人皆惑之，以爲必有，故甘心樂死而求之。然吾以爲必無者，吾有以知之。大凡窮天下而奉之者，一人也。莫崇於一人，莫貴於一人，無求不得其欲，無取不得其志，天地兩間，苟所有者，惟不索焉，索之莫不獲也。秦始皇之求爲仙，漢武帝之求爲黄金，梁武帝〔一〕之求爲佛，勤已至矣，而秦始皇帝遠遊死，梁武帝饑〔二〕餓死，漢武帝鑄黄金不成。

推是而言，吾知必無神仙也，必無佛也，必無黄金術也。

〔一〕「梁武帝」，原作「蕭武帝」，據張本改。下同。

〔二〕「饑」字原無，據張本及上句文例補正。

徂徠石先生文集卷九 雜著十篇

明隱

孫明復先生，學周公、孔子之道而明之者也。周、孔之道，非獨善一身而兼利天下者也。先生畜周、孔之道於其身，苟畜而不施，徒自膏潤肥碩而已。萬物則悴枯瘠病，而自膏潤肥碩，豈周公、孔子之道也歟？是以先生凡四舉進士，則是先生非苟畜其道以膏潤肥碩於其身，將以利天下也，潤萬物也。四舉而不得一官，鬢髮皆皓白，乃退而築居於泰山之陽，聚徒著書，種竹樹果，蓋有所待也。且以謂堯、舜在上，必不使賢人布褐而糟糠乾餓以死，茲先生有所待之意也。禮曰：「君子居易以俟命。」斯之謂歟！

世之浮近輩不達先生之心，謂先生隱爾又不達隱之義，隱者當毁面汙身，杜門絶跡，與鳥獸麋鹿爲群，裂衣冠，屏飲食，棄人事，去妻子，寒則衣葛，飢則茹草。先生有一不如是，則相與謗誹喧喧，謂先生不得隱之道。且人道之大，莫大於繼嗣，故聖人重之，父以繼祖〔一〕，子以繼父，孫以繼子，相繼而萬世不絕。故宗廟常血食，而四時無廢饗。古之聖人，莫如伏羲，莫如神農，莫如黄帝，莫如堯，莫如舜，莫如禹、湯、文、武、周公、孔子，兹十一聖人皆娶，所以重繼嗣。且聖人之道非它，人道也。人道非它，君臣也，父子也，夫婦也。不娶則是滅父子也。滅父子，則滅君臣也。夫婦、父子、君臣滅，則人道滅矣。先生娶，所謂道也〔二〕。世之浮近者喧喧誹謗曰：「既隱矣，隱則不得有妻子，乃娶，先生於是汩道矣。」吁！先生學周、孔者也，苟周公、孔子皆不娶，先生不娶可矣。而周公、孔子娶，先生何得而不娶也？先生不娶，則是滅人道也。舜爲大孝，告父則不得娶，不告父而娶，孟子是之。舜，大聖人也。孟子，大賢人也。舜娶，孟子言是。是一聖一賢，必非有差繆矣。彼浮近者，豈可與之言哉！

古之賢人有隱者，皆避亂世而隱者也。若箕子隱於奴，吕望隱於釣，四皓先生隱於山，蕭何隱於吏，韓信、樊噲隱於屠市，嚴君平隱於卜，隱以遠害也，亦非如彼所謂隱者也。彼所謂隱者，有匹夫之志，守硜硜之節者之所爲也，聖人之所不與也。孔子謂長沮、桀溺，則曰：「吾非斯人之徒歟！」謂伯夷、叔齊、虞仲、夷逸、朱張、柳下惠、少連，則曰：「我則異於是，無可無

〔一〕「父以繼祖」四字原無，據石本、徐本、張本、劍本補。
〔二〕「道也」二字原無，據徐本補。

不可。」若先生者，有尼父之志，遭堯、舜之盛，未得進用，姑盤桓山谷以待時也，非隱者也。如説之築於傅巖，公孫之牧於海上，陽城之居於中條。説終相高宗，中興于商；公孫終相武帝，丕光於漢；城終起於唐，以諫諍顯。先生之道，無少於説，而過於公孫、城，它日聖君聘而用之，吾君軼高宗而登舜矣，先生舟檝于巨川而霖雨於旱歲矣。噫！先生豈真隱者哉！

賢李

予嘗謂相國李公賢於孟嘗、平津。孟嘗養客三千人；平津開東閤，自食脱粟飯，推以養士，然皆不聞有賢者。相國養士，固不若孟嘗之多、平津之厚。至道、咸平以來，山東文人之傑賈公疏、高公儀、劉子望、孫明復。在公疏，則相國師友之；公儀，則相國姻睦之；子望，則相國賓客之；明復，則相國以其弟之子妻之。公疏著書本孟子，有山東野録數萬言。公儀、子望、明復皆宗周公、孔子。公儀有帝刑三篇，子望有輔弼名對四十卷，明復有春秋尊王發微十二卷〔一〕，皆荀卿之述作也。四人可謂魁賢大儒，相國俱收之，則相國之賢，視孟嘗、平津

〔一〕「十二卷」，原作「十七卷」，據張本及續資治通鑑長編卷一三八、宋史藝文志改。

遠矣。

曰：「相國固爲賢矣，而明復寒餓山谷，相國推衣食以養之，可也；屈致門下，待以賓師之禮，可也；薦諸朝廷，尊之公相之位，可也。以山谷寒餓之士不辭相國之婚，則不可。」介曰：「明復非榮相國之姻，成相國之賢也。明復窮居泰山之陽，乾枯憔悴，鬢髮盡白。相國來泰山，見明復曰：『五十始衰』，又〔一〕『五十異粻』，明其衰則養要厚也。先生五十矣，一室獨居，不幸風寒疾病，飲食醫藥，誰事左右？吾觀吾女可以奉先生箕箒，主先生醫藥。」先生起固辭。相國曰：「吾女捨先生不過爲一官人妻，先生盛德，爲李氏榮矣！先生固辭，是先生以德自貴，陋吾族也。吾不以兩爲宰相高先生，吾雖德劣，有能知，先生亦庶幾矣。先生毋固辭。」先生退而自解曰：「宰相之女，不以妻王家戚里、貴卿少俟，予寒餓山谷，鬢髮皆白，乾枯〔二〕憔悴，藜藿不充，相國於予何取？而固壻予。況予道未至於古人，直如予之道過於古人，它人誰予顧？相國不愛一女以妻予，古之賢者無有，予不可不成相國之賢。」遂不敢辭。

〔一〕「又」下，徐本有「曰」字。
〔二〕「乾枯」，原作「乾苦」，據張本改。

先生非榮相國之姻，成相國之賢也。噫！相國賢也，受〔一〕一愛女，豈爲泰？相國不賢也，一簞食，一豆羹，先生不受矣！

明孔

一飯三吐哺，一沐三握髮，起以待士，予聞之周公而不見其人。故御史中丞孔明〔二〕之待明復先生，至矣。以諫議大夫龍圖閣直學士知兖州，高先生道德，每見先生，夔夔以謹，恂恂以懌，如執弟子禮。然終日談唯堯、舜、周、孔之道，不敢及它。先生居泰山，公兩就見於山下，作詩親書刻石，留於屋壁。歲時送衣服、肴醴〔三〕、薪芻、麥稻不闕。人言公事君、事父、事先〔四〕生盡禮，其以師尊先生乎？在三之義，唯公備焉。

世之説公，以聖師之孫，知道，蹈仁義，能讜言極諫〔五〕，有王臣謇謇之風。由正言至大

〔一〕「受」上原有「噫」字，據石本、徐本、張本删。

〔二〕「孔明」當爲「孔公」之誤。「孔公」指孔道輔，見宋史孔道輔傳及孫復傳。

〔三〕「肴醴」，原作「肴體」，據張本、劍本改。

〔四〕「生」字原奪，據石本、張本、劍本補。

〔五〕「諫」字原無，據石本補。

夫，歷三諫官，又待制龍圖閣，又爲龍圖〔一〕直學士，再爲御史中丞，其操守甚堅，始終不渝。天下之論無缺，惟以公剛嚴高亢，簡於待士爲少，此爲不知公者，故明之〔二〕。

題鄆州學壁

沂公之賢，人不可及。初罷相，知青州，爲青立學。移魏，爲魏立學。再罷相知鄆州，爲鄆立學。而罷相爲三郡，建三學，沂公之賢，人不可及。夫水之不涸，以其有源也；木之不拔，以其有本也。學爲教化之源，仁義之本歟！爲國家濬源而殖本，公之心厚矣！

釋疑

故僕射孫公致政歸，月再期，以病終於家。初，公在兗州，既得請，起西鄉謝，因泣下數

〔一〕「龍圖」兩字原缺，據宋史孔道輔傳補。

〔二〕「之」字原無，據石本、張本補。

行。人或謂公之請老，蓋逼乎禮耳〔一〕，非誠然也，言公之泣有所恨矣。及公病終於家，郡士大夫籍籍，稱公飲恨而死。

吁！公逮事三朝，實侍講二后，至禮部尚書，君臣之分，可謂深矣，一旦辭去，豈能忘情邪？公泣可謂有禮矣！彼小人者，其孰知也？且夫凡人一日相聚，一飯相樂，將去，猶踟躕不忍別，或摻裾執袂，涕流咨嗟，公豈不動心邪！而謂公云云，何厚誣也。

公家世爲農，發憤力學，起徒步，至顯位，實有知足之心。居嘗語人曰：「吾仕已逾素望，禮經：『大夫七十而致仕。』吾年及是，則請老矣。」年且六十有九，其年冬，命門人郭稹草疏三通，引年告歸，其辭激切。明年春，以三疏連上，天子不許去，詔斷來章。公既不得謝，亦不欲留，又上兩封，求守故郡，遂遷工部尚書知兖州。雖得偃息外藩，公終以違〔二〕其志，不樂。至魯之明年夏，復命郡人石介作奏兩本。公實康寧無疾病，期於必得請，託以老且疾，其辭激切，過於前疏。秋，將奏上，會國有火災〔三〕，不果上。明年春，遂奏入，天子察公之誠，度不

〔一〕「耳」，原作「年」，據張本、劍本改。
〔二〕「違」，原作「逼」，據張本改。
〔三〕「火災」，張本作「大災」。

可奪，乃以太子少傅致仕。奏初上，東平相國訪於郭稹曰：「孫公累章告老，果由衷乎？」稹對以平生無妄語，此之所陳，可謂誠慤。東平曰：「若然，願與孫公成此美事。」天子以下不能奪，東平又贊之，公故得謝。

公初歸鄆州也，里中諸老縱觀，公馬上自得，喜動顔色。及三日，宴於故宅，顧謂賓友曰：「白傅有言：『多少朱門鏁空宅，主人到老不曾歸。』老夫今日幸得歸矣。」本末如此明著，固可以取信於人矣。而云云謂公不足而死，何厚誣也。

公通明經術，服行道義，爲世醇儒，爲國碩臣。當祥符間，上書十不可，請停西祀。在河陽，飛疏乞斬朱能，焚天書。真宗方崇大老教，迎禮方士，公屢言神仙非實，請以秦始皇、漢武帝爲戒。對今上説論語，至「天何言哉」，直引先朝佞臣輩作妖言、造奇字謂之「天書」，云：「天不能言，豈有書哉？」公之道如是，彼淺近者不知君子仕以行道，非以利禄，謂人貪寵榮、溺富貴，皆常情也。以己度人，群然謗公。予懼謗者日勝，而天下或疑，爲公作釋疑。

孫少傅致政小録

太子少傅樂安孫公致政歸鄆州，鄉老故人從觀於路，公馬上色自得甚。

三日，宴郡寮於私第。樂半闋，起，飲茶於致政堂，出真宗御製詩，上飛白書，客觀拜舞。復坐，公顧客曰：「白公有言：『多少朱門鏁空宅，主人到老不曾歸。』老夫今日歸矣！」喜動於外。終食，客退，留通判張駕部舜元，觀察推官石介，復於向所謂致政堂中潔罍滁斝，別陳酒張坐，與公鄉里道舊款曲。仍顧介諷易離卦九三爻辭，且曰：「樂以忘憂，自得小人之志；歌而鼓缶，不興大耋之嗟。」酒數行，公親舉令，命張和，諸孫皆立後，亦令繼之。曛夕，罷。

明日，乘小駟，從諸孫遊觀北園，笑語衎衎。復終日，即徧〔一〕召故人鄰里，散金帛，皆厭其意〔二〕，有宿負不還，悉復其券。

月餘，公感疾篤，公謂子瑜曰：「吾無身後憂，諸經傳中吾有未了者，此遺恨爾。」初，公疾，辟暑居西廳。一日晨起，忽索就正寢。明日，呼瑜及家人〔三〕總至，公曰：「今五月二十四日也，辰在巳，明日當是時，吾終。」因口占曰：「致政得請歸，明道二年五月二十五日，啓手足於正寢，禮也。是故君子謂之知命。」上三十一字，公辭也。復命瑜曰：「明日吾易簀

〔一〕「徧」，原作「編」，據張本、劍本改。

〔二〕「其意」，原作「意其」，據石本、張本、劍本乙正。

〔三〕「人」字原無，據石本、徐本、張本、劍本補。

之際，慎勿令婦人至吾所，唯汝與諸孫侍。」因復慨然曰：「所貴不死於婦人之手乎！」上十字，公之辭也。又呼其壻范曙，謂曰：「不意便至於此，然死生有命，富貴在天，大數不足以介意。」上二十二字，公之辭也。又命瑜曰：「請石介草遺表，但叙平生感遇，勿復陳乞恩澤。」瑜能行其治命，故瑜遷殿丞制云：「覽遺奏之盡忠，故推恩而及嗣。」

此梗槩也，餘在國史。

兵制

夫萬物皆有制，不得其制，則反爲害也。周之制失在諸侯大，漢之制失在諸侯彊，唐之制失在將怙，國家之制失在兵驕。何以言之？三代以前，爵有五等：天子之田方千里，公、侯百里，伯七十里，子、男五十里。地小易制也，力弱易使也。周公始斥大土寓，廣其封：公、侯五百里，伯三百里〔一〕，子、男百里。周之諸侯，矜大而不服，非諸侯之罪也，失在周公也。漢封功臣、王子弟，猶以周之制輕而地薄，又增益之。大者乃數千里，少者〔二〕亦三四十縣。漢

〔一〕「里」字原奪，據張本補。

〔二〕「少者」兩字原奪，據石本、張本、劍本補。

之諸將，恃彊而多反，亦非諸侯罪也，失在高祖也。開元無事日久，明皇好拓疆寓，寵幸邊臣，寵寢而心忲，故禄山叛。自禄山叛，天下兵革連年不戢，肅宗、代宗無長策遠馭，不能以法律繩下，反用寬貸，姑息藩臣。唐之將怙而好亂，非將之罪也，失在明皇、肅宗、代宗、德宗也。

國家自太祖、太宗亟用兵，故賞賚厚焉。天下既平，兵革不用，或老卧京師，或飽食塞下，或逸處郡邑，或散居亭郵，未嘗荷一戈也，而賞賚不削於太祖、太宗亟用兵時，復且有加焉。謂國家無事而益貴我，無功多賞我，豈非懼我乎？於是日益驕而不可少下，兹非兵之罪也，失在謀國家者也。

周、漢諸侯之大且彊，唐之將怙，吾不復言之也。國家之兵驕不爲用，如何使之不驕而且爲用？使之不驕而且爲用，急治之恐且亂〔一〕矣。持日以久，使之不滋也；持日以久，使之驕少殺可矣。驕少殺也，持日以久，使之不驕可矣。不驕，則可爲用也。然則如何爲之可也？無他道也，慎擇主帥，不特無功勿賚焉。苟有猖獗叫呼、摇動朝廷者，盡孥戮之，俾望之

〔一〕「亂」，原作「□我」，今從石本、張本、劍本改。

心息而僥覬之路絶，如是以鋤之〔一〕，自不敢驕矣。如無明道半〔二〕年四肆赦而六特支，苟務姑息而預郊〔三〕。前年聞府州欲殺賊〔四〕，去年聞魏害官吏，今聞單父輒奪兵甲，故作兵制云。

養説

古之養士也薄，今之養士也厚。噫！養薄所以責其厚，養厚所以責其薄，君子之設教也，有心哉！夫德厚而養從之，則養居後焉；養厚而德從之，則養在先焉。養之後與先，皆要之於德而已矣。

易之頤曰：「貞吉，觀頤，自求口實。」象曰：「貞吉，養正則吉也；觀頤，觀其所養也；自求口實，觀其自養也。」夫養以要夫德，所養正也；德而後從養，自養吉也。古之人厚不以

〔一〕「如是以」，原作「自□□」，據張本、劍本補正。
〔二〕「半」字原缺，據四庫本、張本、劍本及徂徠集卷二麥熟有感補。
〔三〕「姑息」下原缺四字，據四庫本、張本、劍本補「而預郊」三字。石本作「而□□」，亦僅三字。
〔四〕「殺賊」，原作「賊殺」，據文意乙正。

薄而居其厚，故養薄焉；今之人薄不以厚則不能敦其薄，故養厚焉，而養之意深矣。

記永康軍老人説

永康老人爲予説：今三司副使、工部郎中劉公隨，祥符中爲永康軍判官，受職之三日，當躬謁諸祠，輒遺去吾先聖。且言先聖不在永康祀典，從來舊矣。公則首詣之，至其廟庭，既湫隘蕪穢，復爲邑人任惟翰從王中庸請，射其祠内地，將作居舍。公親移文，責其有司。樓店務也。文曰：「國家誕敷文治，欽奉聖師。曲阜舊堂，近歲親臨〔一〕於詔蹕；成均行禮，每年咸命於上公。一昨奉睿謨，別加徽號，是以申命列郡，祗肅嚴祠，潔牲牢玉帛之羞，制籩豆簠簋之器。當軍廟貌雖設，堂皇且卑；顧兹庭筵，亦甚湫隘。將欲增脩廊廡，敞闢門閎，必使人序有倫，繪素無闕。俾游、夏之外，攝齊盡列於師門；服、鄭之徒，配享咸尊於祀典。則有内通函丈之地，外連數仞之牆，當仲由鼓瑟之門，爲封人請見之所。儻容占射，俾出課租，有傷善教之文，不便上丁之禮。」遂復奪其地，廣其廟，高明顯敞，使蜀人知有聖人。

〔一〕「親臨」二字原缺，據石本、四庫本、劍本補。

蜀人生西偏，不得天地中正之氣，多信鬼誣妖誕之説。有灌口祠，其俗事之甚謹，春秋常祀，供設之盛，所用萬計，則皆取編户人也。然官爲之聚斂，蓋公私受其利焉。民苦是役，過於急征暴賦。公曰：「聰明正直之謂神，彼果能神，則是既聰明且正直也。豈有聰明正直之神椎剥萬靈之膚血以爲己奉哉？果不能神，又何祀焉？」遂止之。

永康舊無井，賴而食之者，導江而已。冬則江水凍涸，人去永康城二十里，就有水而取資焉。其艱也如此，人以是飲食不時，或生疾多死，亦無以養馬牛，畜鷄豕。城中苟火發，焚公帑，害儲廩，假如焦丘滅都，何方得一勺水灑之？永康尤以此爲患。公亦患之，默思所以道水利。有魚鳧山，俯永康城，山下出泉，進則困險，退則閡〔一〕山，未知所適。公徒步登山，親視之，周爰經始，潛得其術，遂導水入永康城。水於是足用，民於是不乏，愈汲愈生，取之無竭。儻〔二〕魚鳧山朽，泉源絶，水之利當歇，不然，至於千萬世而無窮休也。

岷、沱與馬騎江合，則成都與屬郡十三縣皆被害。時未相合者，尋尺之地爾，公獨危之，於是謀防之。功未就，公遭逐去。公雖非罪逐去，曾不自理，猶以危成都與屬郡十三縣，於公

〔一〕「閡」字原缺，據石本、劍本補。
〔二〕「儻」，原作「當」，據石本、劍本改。

家之事爲不了。後倅成都，卒就其功，成都與屬郡十三縣遂無虞矣。

永康西與蕃夷接，四海一統，夷夏相通，蕃人之趍永康市門，日千數人。道出西山，折盤峻極，上見青天，下臨深淵，夷夏同苦之，則爲開西山之路。一日巉巖險絶，削爲砥路，往來行李，安如坦塗，夷夏同受其福。

永康在國之西垂，既僻且陋，去朝廷聲教〔一〕遠，其民〔二〕不知有憲法律度，能繩大姦酋猾，畏豪强兼并之家，如被制服奴使，奪其土疆，暴其妻妾，不敢與争，亦不知有理所。公到數月，威德大行，彊宗不復凌弱暴怯。民或有跳出山〔三〕谷中，敢直入衙門，趍廳前號寃哭枉者，自是豪人斂迹，民得所養。

導江出一人死罪，入一人死罪，公收入獄，劾得其情。本路轉運使李士衡庇導江令，爲極力救之，公不許，卒正其罪。

國家嘗大酺，而永康屠羊豢豕之家尤苦其役，蓋官以峻刑急責而强取其利。頃嘗有輸家

〔一〕「聲教」，原作「正教」，據石本、劍本改。
〔二〕「其民」，原作「其名」，據石本、劍本改。
〔三〕「山」字原無，據石本、劍本補。

既匱，無以供上，苛吏逼之，至鬻愛女以償者。及是復醻，公先告屠人，出公帑錢平易之。是年屠人樂輸。公初出帑中錢也，有司執之，以爲不可。公斥去，獨行，後朝廷亦不問。公來成都，是吏請於公，願聞其說。公曰：「國家大醻，布德澤、流愷樂於萬民，反苦民以取充，非聖君之意也。」吏拜服而去。永康肉斤五十，向時官給二十五，公給五十，故人樂輸。

永康舊無城壘，歲配鹿角寨，吏緣爲姦，民如被盜，且多火災。公到，自署四圍達於衢兩畔暨〔一〕倉廩營舍，悉使樹楊，如櫛比焉。樹長枝葉相蔽，一以禦火，一以爲寨，故永康至今賴之。

寒食，所司科民具鞦韆，公科民斫官山木爲之。一日，公出城，見雙樹俱高五六十尺，其枝幹脩直，甚可愛，公賞之。移時，徐有叟拜於樹下，且曰：「此樹年年遭人擢爲鞦韆木，老夫則以數十〔二〕緡贖之，計已輸錢百餘緡矣，獨今年獲免。」

公忤李士衡旨，誣以不練事，邊人不安，遂去。公既去，本路轉運使與提點刑獄相次按俗至永康，有蕃人數千人，跳出市中，持馬轡，不得行，且大呼曰：「我劉父何處去也！還我劉父

〔一〕「達於衢」下原缺四字，據石本、劍本補「兩畔暨」三字。

〔二〕「數十」，石本、劍本作「十數」。

則已！」慰勉之，方肯去。本路具以聞上，公始得洗。舊是，蕃人歲來永康市馬，永康人輒欺之。公到，待之以信，復爲開西山路，蕃人懷之。

老人〔一〕語未既，淚隨睫下。

魯國石介聞是説，起而舞曰：「夫嚴先師廟，尊聖人也；斥灌口祠，罷淫祀也；鑿山通井，設防欄江，利萬世也；去猾姦，勇也；綏鰥獨，義也；辨枉獄，明也；拒豪勢，强也；安居人，息鞦韆，樹楊開路，可謂公家之利，知無不爲。噫！蕃人性獷猂難服，頑梗不化，公能懷之。公之道用於天下，則其效何如也！永康之政，老人之説，不敢墜。他日送於史官，請書循吏傳首。」

趙延嗣傳

今三司副相、工部郎中劉公隨嘗稱：趙鄰幾舍人死，遺三孤女、一老乳母而已。内無兄弟以禦其侮，外無期功强近之親。女稚弱，衣服飲食須人，何怙何恃？不以凍餒死，則爲强梁

〔一〕「老人」上原作「□」，今從石本、劍本。

暴之矣。有趙延嗣者，僕於舍人，顧是諸孤，義不可去，竭力庇養之。舍人死，無一區宅，一廛田，延嗣爲營衣食之資，身爲負擔，露體塗足，不避寒暑，如是凡數十年如一日，未嘗少有懈倦之色，事三孤女如舍人生。三孤女自幼至長，使其女與同處女之院，延嗣未嘗至其門。女皆適人，延嗣終不識其面。

初寓於宋，三女俱長，延嗣晨起白堂前〔一〕，將西走京師。趙氏始不知，謂捨去，皆哭。延嗣以女長未婚，將訪舍人之舊，求所以嫁。至京師，見宋翰林白、楊侍郎徽之，因發聲哭。哭止，具道趙氏之孤，且言長將嫁。二公驚媿，謝曰：「吾不及汝！吾被服儒衣冠，讀誦六經，學慕古人，况與舍人友，舍人之孤，吾等不能恤，汝能養之，吾不及汝遠矣！」二公因爲迎入京師，與宅居之。徐相與求良士爲壻。長配樞密直學士戚公綸猶子職方郎中維之子太廟齋郎舜卿，次並適屯田員外郎張君文鼎之子鄉貢進士季倫。三女皆歸，延嗣始去趙氏門。延嗣可以謂之賢僕夫矣！

石介曰：若然，則延嗣有古君子之行、古烈士之操、古仁人之心，豈特僕夫之賢、天下

〔一〕「前」字原奪，據石本、劍本及宋文鑑卷一四九補。

之賢也！昔在漢，有爲翟公之客者，翟公免，客皆去。延嗣獨不去，復爲養其孤，雖去千載，客視延嗣，亦當羞於地下矣。魯有顏叔子者，嘗獨居一室，中夜暴風雨，鄰家女投叔子宿，叔子使執燭以達曉，以免其嫌，後人稱其廉。延嗣親養三孤女，長且適人，終不識其面，其節豈下〔一〕叔子哉！唐韓吏部凡嫁内外及朋友孤子僅十人，天下服其義，延嗣嫁趙氏三女，無少吏部者。噫！翟公之客，皆當時士大夫，視延嗣遠不及也。叔子，魯賢者；吏部，唐大儒。延嗣爲賤僕夫，其風操懍焉，其行義卓焉，與顏侔韓並，延嗣可謂僕名而儒行者矣。

吁！僕名儒行，見之延嗣。夫儒名而僕行者，或有其人焉，得不愧於延嗣哉！延嗣所爲如此，有可以厲天下，因傳之云。

延嗣以令終。

〔一〕「下」，原作「不」，據宋文鑑卷一四九改。

徂徠石先生文集卷十

論四篇

漢論上

噫嘻！王道其駁於漢乎？湯革夏，改正朔，易服色，以順天命而已，其餘盡循禹之道。周革商，改正朔，易服色，以順天命而已，其餘盡循湯之道。漢革秦，不能盡循周之道，王道於斯駁焉。

夫井田，三王之法也；什一，三王之制也；封建，三王之治也；鄉射〔一〕，三王之禮也；學校，三王之教也；度量以齊，衣服以章，宮室以等，三王之訓也。三王市廛而不税，關譏而不征，林麓川澤以時入而不禁。用民之力，歲不過三日。五十者養於鄉，六十者養於國，七十者養於學，孤寡鰥獨，皆有常餼。周衰，王道息。秦并天下，遂盡滅三王之道，漢革秦之祚已矣，不能革秦之弊，猶襲秦之政。而井田卒不用也，什一卒不行也，鄉射卒不舉也，學校卒不

〔一〕「鄉射」，原作「射御」，據石本、徐本、四庫本、張本改。下同。

興也，度量卒不齊也，衣服卒不章也，宫室卒不等也。市廛而税，關譏而征，林麓川澤不以時而入，用民之力無日，五十、六十、七十者不養，孤寡鰥獨無常餼，三王之道不復，非秦之罪也，漢之罪也。

桀滅夏道，湯亦受命，克承禹烈。故夏之民歸於商，不見商之政，而見禹之政；紂滅商道，武亦受命，克承湯烈，故〔一〕商之民歸於周，不見周之政，而見湯之政。秦滅周道，漢亦受命，不襲周之政，而沿秦之弊，立漢之政，故秦之民歸於漢，見漢之政，而不見周之政。蓋以漢之禮樂易三王之禮樂也，以漢之制度易三王之制度也，以漢之爵賞易三王之爵賞也，以漢之法律易三王之法律也，以漢之政令易三王之政令也。

噫！漢順天應人，以仁易暴，以治易亂，三王之舉也，其始何如此其盛哉！其終何如此其卑哉！二王大中之道，置而不行，區區襲秦之餘，立漢之法，可惜矣！

漢論中

或曰：「漢改三王之道，作之者其誰歟？」曰：「曹參、陸賈、叔孫通之罪也。」

〔一〕「紂滅商道武亦受命克承湯烈故」十三字原奪，據石本、四庫本、張本補。

漢高祖以干戈而定天下，陸賈曰：「陛下馬上得之，不可馬上治之。」於是使賈著秦所以失天下，漢所以〔一〕得天下，及古今成敗之故〔二〕。賈凡著十二篇，每奏一篇，帝輒稱善。高祖已平天下，群臣飲酒〔三〕争功，或妄呼拔劒擊柱。上患之，叔孫通乃與弟子百餘人，雜採古禮與秦儀，以爲漢儀。帝用之，曰：「今日乃〔四〕知爲皇帝之貴也！」漢高祖豁達大度，聰明神聖，温恭濬哲，英威睿武，其資材固不下乎禹、湯〔五〕與文、武，道之使爲帝，則帝矣；使爲王，則王矣。方平定禍亂，思爲漢家改正朔，定禮樂，立制度，明文章，施道德，張教化，一風俗，興太平，以垂於千萬世。賈若能遠舉帝皇之道致於人君，施於國家，布於天下；通若能純用三王之禮施於朝廷，通於政教，裕於後世，以高祖〔六〕之材而不能行之乎？乃齪齪進夫當時之近務、五霸之猥略〔七〕，貴乎易行，孜孜舉夫近古之野禮，亡秦之雜儀，求夫疾効，使高祖上視湯、

〔一〕「失天下漢所以」六字原奪，據石本、四庫本、張本、劍本補。
〔二〕「故」，原作「國」，據張本改。
〔三〕「酒」字原無，據石本、徐本、張本、劍本補。
〔四〕「乃」字原無，據張本補。
〔五〕「禹湯」原作「湯禹」，據張本乙正。
〔六〕「高祖」，原作「高皇」，據張本改。
〔七〕「五霸」，原作「王霸」，據張本改。

武有慙德，漢家比蹤三王爲不侔，可惜也哉！

初，蕭何爲相，天下未甚乂而何死，曹參代之。參以爲蕭何之規〔一〕當守之勿失，日飲醇酒，寬縱不治事，雖復惠帝求治，參不能竭才輔之，直以高祖之初定禍亂，蕭何之草創律令，民僅出塗炭，爲已太平；國僅立法式，爲已大備。當其高祖之既平禍亂，蕭何之既定律令，惠帝之方求治，參能竭伊尹致君如堯、舜之心，周公輔成王致太平之道以事惠帝，制度之未脩者脩之，教化之未格者格之，文章之未備者備之，禮律之未明者明之，刑政之未和者和之，盡循三王之道而行之。賈與通既施之於前，參復行之於後，漢豈有不及三王之治者乎？

故曰陸賈、叔孫通、曹參之罪也。

漢論下

或曰：「時有澆淳，道有升降，當漢之時，固不同三代之時也，盡行三王之道，可乎？」

曰：「時有澆淳，非謂後之時不淳於昔之時也；道有升降，非謂今之道皆降乎〔二〕古之

〔一〕「之規」上原有「爲」字，據石本、張本删。

〔二〕「乎」字原無，據石本、徐本補。

道也。夫時在治亂，道在聖人，非在先後耳。桀、紂興則民性暴，湯、武興則民性善，湯之時固在桀之後，武之時固在紂之後，而湯、武之時，豈有不淳於桀、紂之時？其道亦已降乎？其民亦已難教乎？時治則淳，時亂則澆，非時有澆淳〔一〕也。聖人存則道從而隆，聖人亡則道從而降，非道有升降也。民厭周久矣，苦秦甚矣。秦之政，檻穽也。民得出檻穽也，唯使之從三王之政，非如檻穽之深閉可畏也。既得出檻穽而得適非檻穽，人皆樂然從之也。況使從三王大中之道，躋於泰然安樂乎？當高祖提秦之民於千萬丈不測深淵中，置之於平地，若示之以三王之政，革之以三王之化，鼓之以三王之號令，明之以三王之律度。民有不肯從之，乃曰：『不如在千萬丈不測深淵中之樂邪。』吾未之信也。當乎天下初定也，民未有富兼地，民未有强淩弱，民未有衆吞寡，民未有大并小，因定之經界，因爲之井田，民有争乎？國未有巡行之費，國未有兵衆之動，國未有土木之耗，因爲之什一之法，因立之中正之道，國闕用乎？封建以域之，鄉射〔二〕以仁之，庠序以教之，養老以厚之，秦之民不爲漢之民，爲三王之民也；民不見漢之政，見三王之政也。伊尹俾其君不及堯、舜，其心媿耻，若撻於市。湯去堯、舜數百

〔一〕「淳」字原奪，據石本、徐本、宋文鑑卷九五及上文補。
〔二〕「鄉射」，原作「射鄉」，據張本乙正。

年矣，而又承桀之大亂，其時固亦澆漓矣，且能以堯、舜之道事其君，使其君如堯、舜，曹參、陸賈、叔孫通乃獨不能以三王之道事於漢，使漢不及三王，誠可罪也。」

或曰：「漢之輔政者，前有蕭、張，中有平、勃，後有霍光、魏相、公孫、博陽侯、韋賢父子，而獨責於賈與通暨曹相國，不亦偏乎？」

曰：「易之革曰：『天地革而四時成，湯、武革命，順乎天而應乎人。』君子以治曆明時。鼎曰：『君子以正位凝命。』當高祖定天下，乃革去故鼎，取新之日也。曹參、陸賈、叔孫通正當君子以治曆明時、正位凝命之際也。會其時，乘其際，不能創制度、明律令，以垂萬世法，適當其罪也。至於後世，法令已定矣，條章已著矣，制度已行矣，朝廷循之以成熟矣，百姓信之以慣習矣，而遽更之，得無亂乎？富者已連田兼地矣，强已淩弱矣，衆已吞寡矣，大已并小矣，而遽正之以經界，居之以井田，民肯從乎？後嗣奢縱日作，土木不息，内畜嬪侍，外躭畋遊，殫天下之財，疲天下之力，猶供億不足，而遽行中正之道，取什一之賦，罷關市，開山澤，國其不乏乎？故晁錯請削國地而被誅，仲舒請限民田而不用，霍光、魏相、公孫、韋賢、博陽侯雖有其才，豈復能爲漢家革制度乎？適不當其時也。故吾罪曹參、陸賈、叔孫通也。」

中國論

夫天處乎上，地處乎下，居天地之中者曰中國，居天地之偏者曰四夷。四夷外也，中國内也，天地爲之乎内外，所以限也。

夫中國者，君臣所自立也，禮樂所自作也，衣冠所自出也，冠婚祭祀所自用也，縗麻喪泣所自制也，果蓏菜茹所自殖也，稻麻黍稷所自有也。東方曰「夷」，被髮文身，有不火食者矣；南方曰「蠻」，雕題交趾，有不火食者矣；西方曰「戎」，被髮衣皮，有不粒食者矣；北方曰「狄」，衣毛穴居，有不粒食者矣。其俗皆自安也，相易則亂。

仰觀於天，則二十八舍在焉；俯觀於地，則九州分野在焉；中觀於人，則君臣、父子、夫婦、兄弟、賓客、朋友之位在焉。非二十八舍、九州分野之内，非君臣、父子、夫婦、兄弟、賓客、朋友之位，皆夷狄〔一〕也。二十八舍之外干乎二十八舍之内，是亂天常也；九州分野之外入乎九州分野之内，是易地理也；非君臣、父子、夫婦、兄弟、賓客、朋友之位，是悖人道也。苟天常亂於上，地理易於下，人道悖於中，國不爲中國矣。

〔一〕「狄」字原無，據宋文選補。

聞乃有巨人名曰「佛」，自西來入我中國；有龐眉名曰「聃」，自胡來入我中國。各以其人易中國之人，以其道易中國之道，以其俗易中國之俗，以其書易中國之書，以其教易中國之教，以其居廬易中國之居廬，以其禮樂易中國之禮樂，以其文章易中國之文章，以其衣服易中國之衣服，以其飲食易中國之飲食，以其祭祀易中國之祭祀。雖然，中國人猶未肯樂焉而從之也。其佛者乃説曰：「天有堂，地有獄，從我游則升天堂矣，否則擠地獄。」其老者亦説曰：「我長生之道，不死之藥，從我游則長生矣，否則夭死。」且又有爲耒耜以使人農也，爲詩、書以使人士也，爲器材以使人工也，爲貨幣以使人商也，臣拜乎君，子事乎父，弟事乎兄，幼順乎長，冠以束乎髮，帶以繩乎腰，履以羈乎足，妻子以待乎養，賓師以須乎奉，縗麻喪泣之制使人爲哀，禋祀祭享之位使人爲孝，爾之勞也如是，我皆無是之苦。」

於是人或懼之，或悦之，始有從之者。既從之也，則曰：「莫尊乎君父〔一〕，與之伉禮，無兄以事也，無長以順也，無妻子以養也，無賓師以奉也，無髮以束也，無帶以繩也，無縗麻喪泣以爲哀也，無禋祀祭享以爲孝也。中國所爲士與農、工與商者〔二〕，我皆坐而衣食之，我貴

〔一〕「父」字原無，據石本補。

〔二〕「者」上原有「也」字，據石本删。

也如此。」故其人歡然而去之也，靡然而趨之也。噫！今不離此而去彼，背中國而趨佛、老者幾人？

或曰：「如此，將爲之柰何？」曰：「各人其人，各俗其俗，各教其教，各禮其禮，各衣服其衣服，各居廬其居廬，四夷處四夷，中國處中國，各不相亂，如斯而已矣。則中國，中國也；四夷，四夷也。」

徂徠石先生文集卷十一

論八篇

季札論

夫殣一身以存萬代君臣上下之分者，夷、齊也；墟一國以存萬代父子兄弟之親者，季札也。

噫！夷、齊非苟義也，札非苟讓也。以夷、齊之明且智，豈不知紂之不仁、塗炭天下；武王順乎天而應乎人，以至仁而伐至不仁，提民塗炭中，至於安樂泰然也？蓋以謂堯禪舜，舜禪禹，禹傳子，天下之大公也。而舜，賢也；禹，賢也；啓，賢也。堯、舜之禪讓，禹之傳嗣，皆與賢也，可以法。湯伐桀，武伐紂，雖天下之大義，而桀、紂，君也，湯、武，臣也，以臣伐其君，不可以訓。堯〔一〕、舜、禹皆傳乎賢，而湯始以臣伐桀，湯既以臣伐桀而自爲君，武王又以臣伐

〔一〕「堯」上原有「頃」字，據張本删。

紂而自爲君。且大懼後世不知有堯、舜、禹之以大公之命〔一〕而傳乎賢，但知湯、武之以大義伐桀、紂而將有假大義之名戕賊篡弑其君者，故諫於馬前，死於首陽。噫！夷、齊非苟義也，存萬代君臣上下之分也。

以季札之明且智，豈不知吴國以季子則存，以諸樊則亡？豈不知能保其先人之國則爲孝，覆絶其先人之祀則爲不孝？蓋以謂父與子，天下之大親也；兄與弟，天下之大倫也。周室既衰，王政絶矣，天子争立，諸侯篡奪，弟殺其兄，子弑其父，無國無之。且大懼後世不知有父子之親、兄弟之愛，皆以爲子得以篡其父，弟得以奪其兄，則親愛滅矣。故託以子臧，讓於諸樊。噫！季札非苟讓也，存萬代父子兄弟之親也。且非夷、齊，則後世弑〔二〕君接踵矣；非季札，則後世弑〔三〕父繼踵矣。

獨孤及作季札論云云者，豈知季札之所存也？吁！及徒知廢先君之命非孝，滅其國不仁，獨不知奉先君以爲孝，孝之末也；全一國以爲仁，仁之小也。與其奉先君已没之命，孰若

〔一〕「之命」，石本作「至正」。
〔二〕「弑」，原作「殺」，據石本改。
〔三〕「弑」，原作「殺」，據石本改。

存先王大中之教！與其全一國將墜之緒，孰若救萬世篡弑之禍！嗚呼！季札之意遠哉！及豈知之也。故孔子稱伯夷、叔齊曰：「古之賢人也。」謂季札曰：「吴之習禮者也。」

伊呂論

人稱之曰「伊呂」，以其道相近、心相合而功相同也〔一〕。余以爲伊、吕之功則同，其道、其心則有異者。

其君無道，其國將必亡，在畎畝之中，不以其君無道而遂忘其君，不以其國將必亡而遂棄其國，五往就之，見其君，進其説，欲其君之克念其國之不亡，禹未泯祀，伊尹之心也。其君無道，其國將必亡，遂棄其國，不往就之，見其君，進其説，晏安坐於磻溪之中，忍其君不道，俟其國將亡者，吕望之心也。

然伊尹卒不得見聽，桀卒不能知善，夏卒不能復存，終歸于湯。而放桀滅夏，先就其君而君不從，不忍其民之塗炭，然後歸湯，得君子去就之道矣。向若桀能納伊尹之謀，克念作聖，

〔一〕此句原作「心一而功同也」，據張本改。

夏之祀未殄矣。望之心曷嘗及於此乎？君暴虐於上，民塗炭於下，國之祀日且墜矣，不一起往說其君，救其民，存其國祀，直以歸于文王，佐武伐紂滅商，不一就見其君，進其説，安知其君之不受，其説之不行？直棄絶之，望之心不如伊尹之心，望之道不若尹之道萬分之一。紂〔一〕有悔亂改過之心，以望爲太公，黜其惡政而從於善，湯之社未遷矣。惜乎望之不一往也。

憂勤非損壽論

「文王世子。」鄭康成注曰：「文王以憂勤損壽，武王以安樂延年。」余謂憂勤所以延年，非損壽也；安樂所以損壽，非延年也。

若曰憂勤損壽，則自堯、舜、禹、湯皆憂且勤。四凶在朝，丹朱不肖，堯不憂乎？親睦九族，平章百姓，欽若昊天，曆象日月星辰，分命羲、和，平秩四時，堯不勤乎？堯壽一百二十歲。父頑、母嚚、象傲，舜不憂乎？耕于歷山，陶于河濱，漁于雷澤，慎徽五典，時叙百揆，考七政，類上帝，禋六宗，巡四嶽，舜不勤乎？舜壽一百一十二歲。洪水九年，父鯀殛死，禹不憂乎？

〔一〕「紂」字原無，據張本補。

乘四載隨山刊木，櫛風沐雨，勞身焦思，啓呱呱而泣，過門不入，禹不勤乎？禹壽百歲。夏桀敷虐，萬方罹其荼毒，湯不憂乎？東征西夷怨，西征東夷怨，自葛凡十一征而天下服，既即位，旱七年，則翦爪以爲犧牲，湯不勤乎？湯壽百歲。周公作無逸，亦曰：「中宗、高宗、祖甲，不敢荒寧。」中宗享國七十有五年，高宗享國五十有九年，祖甲享國三十有三年。自時厥後立王，生則逸，不知稼穡之艱難，不聞小人之勞，惟躭樂之從，亦罔，或克壽，或十年，或七八年，或五六年，或三四年。是知憂勤延年，安樂損壽，明矣。

康成以爲文王以憂勤損壽。且文王享年九十有七，所不至禹、湯者三歲，豈爲損壽乎？又謂武王以安樂延年，且武王繼父之事，受天之命，順人之心，與八百諸侯同伐紂，以生萬民，以啓天下，天下有一夫横行，武王則羞，爲安樂乎？康成之妄也如此。

夫憂勤天下者，聖人之心也；安樂一身者，匹夫之情也。心憂乎天下，則驕奢淫佚、邪亂非僻之志無自入也。驕奢淫佚、邪亂非僻之志無自入，則情性安而血氣盈。情性安，血氣盈，則壽命固矣。樂在乎一身，則驕奢淫佚、邪亂非僻之志有自入矣。驕奢淫佚、邪亂非僻之志入，則情性亂而血氣耗。情性亂，血氣耗，則壽命夭矣。嗚呼！如康成之言，其害深矣。

後世人君以謂安樂延年也，則盤于遊畋，躭于逸樂，湎于酒，淫于色，連宵奏鐘鼓，竟日〔一〕不視朝，曰安樂可以延年。以謂憂勤損壽也，則怠于庶政，弛于萬機，天下將亂而不之憂，生民甚苦而不之顧，朝廷隳壞而不之省，宗社覆亡而不之慮，曰憂勤懼其損壽。東漢而下，至於魏、晉、梁、隋、唐、五代，其人君皆躭于逸樂，荒于酒色，敗德失度，傾國喪家，壽命不長，享國不永者，康成之罪也。康成之言，其害深矣。

牛僧孺論

唐文宗皇帝既承父兄奢弊之餘，亦踐阼，孜孜政道，有意貞觀、開元之治。一日，延英對宰相曰：「天下何由太平？卿等有意於此乎？」宰相僧孺對曰：「臣等待罪輔弼，無能康濟。然臣思太平亦無象。今四夷不至交侵，百姓不至流散，上無淫虐，下無怨讟，私室無强家，公議無壅滯，雖未及至理，亦謂小康。陛下若別求太平，非臣等所及。」退至中書，謂同列曰：「吾輩爲宰相，天子責成如是，安可久處茲地乎？」旬日間，三上章請退。

悖哉！僧孺之不忠也。伊尹耻致其君不及堯、舜，魏文公願爲皋、夔。夫湯與太宗，又豈

〔一〕「竟日」，原作「日晏」，據石本改。

本有堯、舜之資？伊尹、魏文公致之，遂如堯、舜焉。吾觀文宗夙夜勤治，身履恭儉，英智聰睿，有聖人之資。僧孺若以堯、舜之道輔之，必爲堯、舜矣；若以帝皇之道語之，必能行帝皇之道矣。凡人臣以道事君，竭己之才以致于君，唯恐君不能行。盡己之道，竭己之才以致于君，君不能行，猶晝夜孜孜，夙夜勉勉，左輔右弼，庶幾行之。僧孺何嘗以堯、舜之道語其君文宗，何嘗有聞道而不能行者，而僧孺遽止。僧孺不忠也。且君可以爲開元之君也，則以開元之政啓之；君既能爲開元之政也，則以貞觀之政啓之；君既能爲貞觀之政也，則以三王之政啓之；君既能爲三王之政也，則以五帝之道啓之；君既能行五帝之道也，則以三皇之道啓之。然後致其君，卓然在於羲、軒之上；躋其民，沛然納乎仁壽之域。此不爲盛乎！

直指大和之間，謂之太平，可嗟矣！大唐自天寶以後，藩臣屈强不順，中官驕悖撓權，况文宗承穆宗、敬宗之後，履長慶、寶曆之亂，四海奢弊，彝倫攸斁，萬幾隳曠，庶政不緝。當是時，中官王守澄用事，纖人得進，幽州軍亂，方逐其帥，成都失守，復陷于蠻。而又姦黨群行，申錫遭構；興元兵亂，李絳被害〔一〕；疾疫浸淫，民羅夭傷；水旱仍臻，歲數凶歉，而僧孺謂

〔一〕「興元兵亂，李絳被害」，此兩句記事失誤，似應作「甘露之變李訓被害」。

「四夷不至交侵，百姓不至流散，上無淫虐，下無怨讟，私室無强家，公議無壅滯」，不亦面欺其君乎？復且怨君責成於己，輒旬日三上章求退，其悖亦甚矣！人臣之禮，固如是乎？

噫！其後鄭注干政，李訓亂國，邪謀得行，狂狡並進，大和之治，不及貞觀、開元之太平，過在僧孺也。惜乎文宗，有君而無臣矣。悲夫！

周公論

或問曰：「周公相成王，制禮作樂，一飯三吐哺，一沐三握髮，起以待士，何汲汲也。如此沐與飯且不暇，舜相堯，禹相舜，益相禹，伊尹相湯，傅説相高宗，皆不如周公之勤且勞也，豈周公之德不及舜、禹〔一〕、益、伊尹、傅説乎？」

曰：周公不得不然也。堯，聖人也；舜，聖人也；高宗，聖人也；舜、禹、益、伊尹、傅説勤且勞，復何爲哉？周公則不得不然也。成王，孺子也，時方在襁褓之中，知成王果聖人耶？且后稷、公劉、古公、王季、文王、武王積千餘年以得天下，武王死，成王幼弱，武王以后稷、公

〔一〕「舜禹」兩字原誤倒，據石本乙正。

劉、古公、王季、文王之天下及成王以託周公，周公受武王之託，負天下之重，苟成王不似，墜覆其業，則是后稷、公劉、古公、王季、文王、武王之天下，周公失之也。周公豈得不勤且勞乎？又何暇乎？沐且飯也，爲周公者不得不然也。舜、禹、益與伊尹、傅説，所相君、所逢時異也。孰謂周公之德不及邪？

噫！余觀周公相成王之心，至矣。成王嘗刻桐葉以爲珪，戲以賜唐叔，周公即入賀。成王曰：「戲也。」周公曰：「天子無戲言。」遂以國封唐叔。周公相成王之心也，至矣。成王爲戲言以國封人，成王復敢戲乎？戲且不敢，敢荒寧乎？敢逸豫乎？敢侮傲乎？敢惑亂不道乎？敢驕淫無禮乎？周公相成王之心也，至矣。

唐柳宗元以謂唐叔小弱弟，不當封，周公成其不忠之戲，以地以人與小弱者爲之主，其得爲聖乎？不達周公之心也已。

王爵論

古者聖人之立制也，爵禄有差，衣服有章，車旗有數，宫室有度，上不可以偪下，下不可以擬上，所以防夫僭奪而塞貪亂也。

三代天子稱王而已，夏曰禹王，商曰湯王，周曰武王、成王、康王，西伯猶追謚爲文王。三代諸侯無稱王者，崇親勳，强根本，莫大於周公也、太公也，皆不封王。晉、鄭、曹、衛、陳、蔡七十餘國，其爵公、侯、伯、子、男而已〔一〕，亦無稱王者。周衰，諸侯驕侈，吴與楚始僭而稱王，然爲聖人夷之，稱曰「人」，稱曰「子」，亦不稱爲王。周益下削，諸侯皆自稱爲王，斯蓋衰微之世，臣强君弱，竊號爲王也。

漢興，襲亡秦之弊，喪三代之制，高祖初王而自稱曰「皇帝」，功臣子弟或封爲王，故有齊王，有吴王，有楚王，有韓王，有梁王，有荆王，有代王，有燕王，有淮南王，有膠東王，有膠西王，有濟南王，有菑川王，有衡山王，皆稱王者之號，行王者之禮，衣服制度、車輿宫室竊擬於王，於是僭奪之心生而貪亂之志萌。故吴、楚七國連兵稱反，韓、彭、英、盧相繼叛亂，大者族，小者誅，功臣子弟罕有全者，由亡古之制也，由上誘之爲亂也。

孔子曰：「必也正名乎？」名者，爵稱也；器者，車服也。惟名與器，不可假人。小人乘王者之號，易曰：「負且乘，致寇至。」後世宗室相殺伐，諸侯争亂不能勝止，可哀也哉！

〔一〕「而已」，原作「已也」，據石本改。

陰德論

夫天辟乎上，地辟乎下，君辟乎中，天、地、人異位而同治也。天地之治曰禍福，君之治曰刑賞，其出一也，皆隨其善惡而散布之。善斯賞，惡斯刑，是謂順天地。天地順而風雨和，百穀嘉。惡斯賞，善斯刑，是謂逆天地。天地逆而陰陽乖，四時悖，三才之道不相離，其應如影響。禍福刑賞，豈異出乎？

夫人不達天地君之治，昧禍福刑賞之所出，行君威命，執君刑柄，發仁布令，代君誅賞，而硜硜焉守小慈、蹈小仁，不肯去一姦人，刑一有罪，皆曰「存陰德」。其大旨謂不殺一人，不傷一物，則天地神明之所佑也。苟不以己之喜怒，而〔一〕以天下之喜怒，殺傷雖多，天地神明福之矣。苟不以天下之喜怒，而以己之喜怒，害〔二〕一人，損一物，天地神明固禍之矣。且天地能覆載，而不能明示禍福於人，樹之以君，假其刑賞，以嚮背善惡。人君能刑賞而不能親行黜陟於下，任之以臣，假其威權，以進退貪良。良者進之，君賞之也，天福之也，奚其德哉？貪者

〔一〕「而」字原無，據石本補。

〔二〕「害」上原有「而」字，據張本删。

退之，君刑之也，天禍之也，奚其仇哉？以進退於人，謂德仇在己乎？欺天而無君也！

州方千里，牧非其人，千里受弊；邑方百里，宰非其人，百里受弊。使一牧、一宰有罪而罷其誅，孰多千里、百里無辜〔一〕而受其弊？是仁一牧、宰而不仁於千里、百里也。暴我鰥寡，虐我惸嫠，天、地、君所欲除而存之，違天、地、君也。違天、地、君而曰「存陰德」，禍斯及矣。

白額虎暴而害物，周處殺之而獲福；兩頭虵見而人死，叔敖斬之而得報。尸而官，塗而民，其害豈特白額虎、兩頭虵之比也！而能除之，陰德隆奕而無窮矣！

水旱責三公論

漢以水旱責三公，後世論者兩出。一以爲三公燮理陰陽之官也，責是。一以爲水旱繫于君，不當責三公。予謂二者皆有偏也。責三公，則君怠。責君，則相怠。

夫君者，天下之治無不統主，其大者，天地陰陽也〔二〕。在堯則曰「欽若昊天，曆象日月

〔一〕「辜」上原有「其」字，據張本删。

〔二〕「也」字原無，據石本、張本補。

星辰」，在舜則曰「璇璣玉衡，以齊七政」。人君，統治天地陰陽者也。三公，佐人君以燮理天地陰陽者也。天地陰陽之道與政通，政道序則陰陽之道序，政道忒則陰陽之道忒。天地陰陽序而風雨時，天地陰陽忒而風雨不時。若然，三公與君同體也。政道得，風雨時，君、三公同享其利；政道失，風雨差，君、三公同當其責。以水旱責三公，不專於三公也。天譴于君，君惟當惕懼脩德，改行厲善，以答天譴。君責三公，則有罷免。若時水旱，君則罪己，三公則免，皆不能逃其責也。

彼責專三公，三公佐君以燮理天地陰陽者也，佐者且得罪，君可坐視災譴，晏然安樂，曰彼三公之責也，吾何與焉？是引君於荒且怠矣。彼責專於君，三公佐君燮理天地陰陽者也，君則惕懼不敢安寧，三公乃申申廟堂，飽食宴坐，曰彼君之責也，我何與焉？是接臣於驕且慢矣。荒與怠，政疵癘也；驕與慢，國殃災也。

若時水旱，君則罪己，三公則免〔一〕。予〔二〕之説長。

〔一〕「免」，原作「勉」，據石本、張本改。

〔二〕「予」上原衍「予」字，據石本、張本删。

徂徠石先生文集卷十二

書五篇

上范中丞書

五月九日，鄆州觀察推官、將仕郎、試祕書省校書郎石介，聞新除中執法乘疾置〔一〕趣歸闕，且過於鄆。走僕夫持短〔二〕書數幅，見長旄〔三〕大旆至，則以書跪於馬前，而宣其書中言曰：

今天子命河陽舊相李公入平章中書事，命青州牧、天章閣待制范公爲御史中丞，四海之望洽矣，三靈之心協矣。人主聰明，一朝獨運於萬機之上，沛然發乎宸慮〔四〕。既已於四月

〔一〕「置」字原缺，據石本、四庫本、張本、劍本補。
〔二〕「短」字原在「僕」字上，據張本改。
〔三〕「長旄」，原作「張旄」，據石本、張本改。
〔四〕「慮」，原作「憲」，據石本、張本改。

十七日，天子憲法，行革近朝弊政七條事，又於二十一日，罷八御藥官〔一〕，思掃除頹風，一新庶政。乾坤上下，日月寰海，莫不清潤。乃躬引忠鯁亮直、恢閎博達之士，一立於巖廊，以出〔二〕天下之政令；一領於中司，以持天下之紀綱。

夫巖廊之上，政令所出，政令一不善，則天下無政令矣。中司之任，紀綱所在，紀綱一不正，則天下無紀綱矣。內外官府百餘局，唯中書、憲臺爲天子腹心耳目，爲朝廷總領，爲天下都會。國家官人千數員，宰相、中丞執天子憲法，行天子誥命，布天子教化，故天子特重其任。周禮有大宰、小宰。大宰則今之宰相也，小宰則今之中丞也，所以黄扉青瑣，坐而論道，絳服白簡，會常專席，蓋以嚴其地也，尊其人也，示百寮不得而並也，衆人不得而爲也。惟主上英智神武，睿略雄斷，能任人不疑，外取賢傑以自輔相。惟相國耆德宿望，忠誠正氣，能耐久不變，終升大〔三〕輔。惟中丞大節直道，危言敢諫，能守正不撓，自結明主，簡在帝心，符於物

〔一〕「八御藥官」，據續資治通鑑長編卷一一二當作「九御藥官」，下同。張本作「八御樂官」，蓋誤。按：御藥官，上御藥、上御藥供奉官也，司藥之閹臣。
〔二〕「出」字原缺，據張本補。
〔三〕「大」字原缺，據石本、四庫本、劍本補。

望。人神上下胥相協慶，窮天之垠，合億萬口，並億萬心，如一心，如一口，無人異辭者。

初，成命出，士走諸朝，吏走諸府，商走諸市，農夫走諸野，皓白之老，三尺之童，鼓舞歡欣，騰躍道路，曰：「天地久不序，陰陽久不和，風雨久不時，寒暑久不節，其待吾天子、吾相國、吾中丞而調乎？淫靡蠹人文，佛、老害政教，興作奪農時，土木耗民財，其待吾天子、吾相國、吾中丞而救乎？刺史多輕授，縣令多非人，良直多泥埋，奸贓多旌擢，其待吾天子、吾相國、吾中丞而闢乎？中貴人黨盛千餘年，口含天憲，手握王爵，出入内外，權傾四海，天子之命不出於軒墀之上，而出於房闥，天下之政不出於廊廟之間，而在於閹寺，其待吾天子、吾相國、吾中丞而禁乎？歲旱久不雨，螟蟲久爲災，天下民阻飢而且將死，其待吾天子、吾相國、吾中丞而食乎？」鰥寡惸獨不能自養者，怯懦困窮不能自存者，聞之曰：「我其爲吾天子、吾相國、吾中丞所生乎？」窮海之隅，荒山之徼，覆盆之下，日月有不照臨者，聞之曰：「我其爲吾天子、吾相國、吾中丞所提乎？」天子之明、之聖，擬於堯、舜，侔於禹、湯，過於文、武，相國、中丞之功、之德格於皇天，被於四海，曁於草木蟲魚，故能感於人心，懷於民情，壯偉哉！以相國、中丞同德協心，左右我聖天子，天下太平，可延頸翹首而待也。

唐太宗得房、魏，明皇得姚、宋，故李唐十八世三百年，獨貞觀、開元爲太平。以我聖天子，亦唐太宗、明皇也。以相國、中丞，亦太宗之房、魏，明皇之姚、宋也。豈知明道不爲貞觀、開元乎？閤下無曰：「吾位爲中丞，致太平，宰相之事。」閤下雖則中丞，天子之任閤下也，以宰相，天下之待閤下，以其中丞行宰相之事乎？況主上注意，天下屬心，踐登公槐，正位巖廊，在旦暮矣。惟相國、中丞爲天子、爲天下致太平焉。且夫聖人乘運，運乘氣。天地間有正氣，有邪氣。聖人生，乘天地正氣，則爲真運。運氣正，天地萬物無不正者矣。故其君爲明君，臣爲賢臣，民爲良民，百物無札瘥夭傷，陰陽順序，風雨時降，昆蟲草木各遂其生植，不有變怪。蓋至正之氣行於天地間，東西南北，中央上下，無容髮隙，妖孽惑邪之氣無自入矣。有毛髮之隙容邪氣干之，正不純一矣。故運氣正，必有聖人乘之而王，聖人必有賢人起焉而輔。黄帝之六相，唐堯之舜、禹，有虞之十六相，湯之伊尹、仲虺，高宗之傅説，文王之太公、閎夭，成王之周公、召公，漢祖之蕭、曹，光武之耿、鄧，唐太宗之房、魏，明皇之姚、宋，憲宗之裴度，皆應期運而生也。易曰：「同聲相應，同氣相求，水流溼，火就燥，雲從龍，風從虎，聖人作而萬物覩。」言各從其類。今天子乘正氣而王，今相國、今中丞逢真運而生，聖賢符會，千載旦暮，在此時也。惟相國不以十三、四年處顛危困躓，變其前節。惟中丞不以三、四年間取華塗顯仕，塞其素量。直以得真主，逢真運，如舜、禹、十六相佐唐、虞，伊尹、傅説之佐湯、高宗，太公、閎天、周公、召公之佐文、武、成王，房、魏、姚、宋、裴度之佐太宗、明皇、章武，俾我聖天子六五帝而四三皇，太平之基丕丕，與高天厚地而比崇，永三靈之心，四海之望也。

文中子曰：「君子之於帝制，並心一氣而待也，傾耳而聽，拭目而視。」太康之始，書同文，車同軌。君子曰「帝制可作矣」，而不克振。太熙之後而君子息心焉。今區域混一，文軫遐暨，聖天子春秋鼎盛，盛德日新，天下傾耳拭目，日以待堯、舜之治，斯亦常制可作之時也。相國、中丞當竭王佐之才，罄忠臣之節，以副人主急太平之意，符天下傾耳拭目之望，無如太康之際，帝制遂不克振，使天下君子息心耳。

介生二十九年，在貧賤寒餒中，胷臆鬱鬱，不得舒散，一旦見聖人龍行雷動於六合之上，賢臣躍起雲會，耳目如豁聾瞽，心意袪積滯，踊躍奮悚，不能制其喜，以筆盡寫胷中事，布之於旌麾下。擯焉納焉，惟命不宣。介頓首。

上郭殿院書

百拜獻書於殿院執事：天聖末，太后〔一〕出閨闥，坐軒墀上，手握天下柄，恩威刑賞自己

〔一〕「太后」，原作「天后」，據石本改。下同。

出。宰相百官重足屏息，不敢動，充員備位而已。恩厚宗屬，禄賞過差，惟器與名，假於厮役，非勳非德，濁亂品流。宰相不能復持其綱紀，輒以太祖、太宗、真宗三世之成憲弛之。憲臺四御史舉其職曰：「天下綱紀既不在宰相堂，則當在吾府。宰相既弛之，吾屬又不能持之，賞罰其誰明？名器其誰正？天下其誰屬？朝廷其誰倚？我太祖、太宗、真宗之垂法遂隳矣。」乃削牘公車，請於上前，言直意切，觸龍逆鱗。宫中赫然震怒，迫責逐出，以暴露其過。天下想望四御史風采，頌歎四御史聲烈，而歌舞之曰：「以直道進，復以直道退，得所退〔一〕矣！」

今年四月一日，皇帝始親決萬機，革故鼎新，萬物皆動〔二〕。乾行雷動，六合聲聞。既已革近朝弊政七條事，又罷八御藥官，思與天下潔濯，洗然清明，端正治本，建隆皇極。以河陽舊相李公先朝元老，四海具瞻，乃召歸中書執政事〔三〕。以青州牧、天章閣范公忠亮骨鯁，本朝名臣，乃引入御史府爲中丞。以河北轉運使李公剛簡直烈，周行正人，乃延登御史府知雜。以陳州通判范仲淹敢言極諫，縉紳端士，乃擢在諫署爲諍臣。又還四御史以起廢滯，以旌良

〔一〕「退」上原有「進」字，據石本、張本删。
〔二〕「動」，石本作「覩」。
〔三〕「事」下原有「筆」字，據石本删。

直。太平之政，赫然以新；三王之風，延頸可待。天下復想望四御史風采，歎頌四御史聲烈，而歌舞之曰：「以直道退，復以直道進，得所進矣！」

惟四御史天資忠直、魁閎偉傑之氣，應時運而生。當太后朝，能烈烈持綱紀，爲國家盡死節，擯斥千里外，頓挫摧辱，幾至死而曾不避。信忠誠亮節，貫白日矣！今人主聰明神聖，英威睿武，增諫員，廣言路，黜憸人，用壯士，任人不疑，聽納如流，諫者不懼，言者無罪。傳曰：「邦有道，則危言危行。」御史今得其時也。朝廷復有遺、有闕，待他人拾之〔一〕、補之乎？待他人拾之〔二〕、補之不盡，其責他人乎？盡在於御史矣。夫百鍊不耗，良金也；千里不跌，良驥也。夷險不改其操，窮達不易其行，真賢人也。

詩曰：「靡不有初，鮮克有終。」唐元相微之初拜左拾遺，即日獻教本書，數月間上封事六七。授監察御史，劾奏東師違詔條過籍稅，又奏卒塗山甫等八十八家寃事，東諸侯不奉法，東御史府不治事，命分臺董之。時有河南尉離〔三〕局從軍職，尹不能止。監軍使〔四〕死，其

〔一〕「拾之」二字原無，據石本、四庫本、張本補。
〔二〕「待他人拾之」五字原無，據石本、四庫本、張本補。
〔三〕「離」字原無，據張本補。
〔四〕「監軍使」，石本作「監軍孟昇」。

樞乘傳入鄆，鄆吏不敢詰。内園擅械繫人，踰年臺府不知。飛龍使匿趙氏亡命奴爲養子，主不敢言。浙右帥封杖杖安吉令至死，子不敢訴。積或奏、或劾、或移，皆舉正之。聲名揭然，聳動内外，風望凜凜，天下延想。既爲權臣所擠，黜江陵，徙通州〔一〕，移越州，凡八九年〔二〕復歸朝，忠骨轔爲佞氣，正色揉爲諛容，乃變節從權，附離以媒身事。雖得進用，姑齷齪自保，卒不能復建嘉謀、立奇節，以裨國家。君子鄙之，史臣譏之，萬世之下，爲後人賤。其得幾何？其失幾何？御史其初既能蹈元之躅，其終無復躡元之迹。

君子曰：「不欺闇室。」又曰：「十手所指，十目所視。」今天下傾耳拭目以觀御史之舉。其朝廷之上，一言出，一善布，天下聞之，天下見之；一言失，一善廢，天下伺之，天下窺之。其欺豈特闇室也！其指、其視，豈特十手、十目也！惟御史能有其初，能有其終，社稷幸甚，四海幸甚。

不宣。介頓首。

〔一〕「通州」，原作「通判」，據石本、四庫本、張本改。

〔二〕「年」上原有「州」字，據石本删。

上趙先生書

謹上書先生左右：介近得姚鉉唐〔一〕文粹及昌黎集，觀其述作，有三代制度、兩漢遺風，殊不類今之文。曰詩賦者，曰碑頌者，曰銘贊者，或序記，或書箴，必本於教化仁義，根於禮樂刑政，而後爲之辭。大者驅引帝、皇、王之道，施於國家，敷〔二〕於人民，以佐神靈，以浸蟲魚；次者正百度，叙百官，和陰陽，平四時，以舒暢元化，緝安四方。

今之爲文，其主者不過句讀妍巧、對偶的當而已，極美者不過事實繁多、聲律調諧而已。彫鎪篆刻傷其本，浮華緣飾喪其真，於教化仁義、禮樂刑政，則缺然無髣髴者。易曰：「文明以止，觀乎人文，化成天下。」春秋傳曰：「經緯天地曰文。」堯則曰：「欽明文思。」禹則曰：「文命敷於四海。」周則曰：「郁郁乎文哉。」漢則曰：「文章爾雅，訓辭深厚。」今之文何其衰乎！去唐百餘年，其間文人計以千數，而斯文寂寥缺壞、久而不振者，非今之人盡不賢於唐之人、盡不能爲唐之文也，蓋其弊由於朝廷敦好，時俗習尚，漬染積漸，非一

〔一〕「唐」字原無，據張本補。

〔二〕「敷」，原作「教」，據石本改。

朝一夕也。不有大賢奮袂於其間，崛然而起，將無革之者乎！

唐之初，承陳、隋剥亂之後，餘人薄俗，尚染齊、梁流風，文體卑弱，氣質叢脞，猶未足以鼓舞萬物，聲明六合。逮章武皇帝負義、軒之姿，懷唐、虞之材，卓然起立於軒墀之上，武功戢定海内，刮疵剔瑕，乾清坤寧，以文德化成天下，驚潛燭幽，雷動日烜〔一〕。韓吏部愈應期會而生，學獨去常俗，直以古道在己，乃空桑、雲，和千數百年希闊泯滅已亡之曲，獨唱於萬千人間。衆人耳慣所聽，唯鄭、衛涟濃之聲，忽然聞其太古之上、無爲之世雅、頌正始之音，怳惚茫昧，如喪聰，如失明，有駭而亟走者，有陋而竊笑者，有怒而大罵者，叢聚嘲噪，萬口應答，聲無窮休。愛而喜、前而聽、隨而和者，唯柳宗元、皇甫湜、李翺、李觀、李漢、孟郊、張籍、元稹、白樂天輩數十子而已。吏部志復古道，奮不顧死，雖擯斥摧毁日百千端，曾不少改所守。數十子亦皆協贊附會，能窮精畢力，效吏部之所爲。故以一吏部、數十子力，能勝萬百千人之衆，能起三數百年之弊。唐之文章所以坦然明白，揭於日月，渾渾灝灝，浸如江海，同於三代，駕於兩漢者，吏部與數十子之力也。

〔一〕「烜」，石本作「潤」。

今天子繼明守成，道德高厚，功業巍然，直與唐並。今卿士大夫垂紳曳組，森森布列，行義超然，直與唐比。獨斯文邈乎不可視於唐。居上者點畫語言，組織〔一〕章句，如彼畫工不知繪事後素以爲質，但誇其藻火之明、丹漆之多；如彼追師不知良玉不琢以爲美，但誇其雕刻之工、文理之縟。載毫輂筆，窮山刊木，摸刻其文字，布于天下，以爲後進式〔二〕。後進〔三〕耳所習聞聲名赫奕、位望顯盛者唯是，不知前人有孟軻、楊雄、董仲舒、司馬相如、賈誼、韓吏部、柳宗元之才之雄也。目所〔四〕常見制作淫麗、文辭侈靡者唯是，不知前世有三代、兩漢、鉅唐之文之懿也。父訓其子，兄教其弟，童而朱研其口，長而組繡於手，天下靡然向風，寖以成俗。吁！無變之者，有以待先生也。如唐之弊，變之待吏部也。繼唐之文章，紹吏部之志，唯〔五〕先生能，先生無與〔六〕讓。

〔一〕「組織」，原作「綷織」，據張本改。
〔二〕「式」字原無，據石本補。
〔三〕「後進」二字原無，據石本補。
〔四〕「所」字原無，據張本及上句文例補。
〔五〕「唯」，原作「維」，據石本改。
〔六〕「與」字原無，據石本、張本補。

先生識〔一〕於天地相際接，學臻古今緼奧，名節德範，人倫師表，所謂有臯、夔之才，伊、吕之志，周、孔之道，軻、雄之文。施之於一國之間，和風仁聲，油然其洽矣；施之於廊廟之上，皇猷帝功，卓然其成矣。而命與才戾，四十始登一第，仕纔得上農夫之禄料，不能得居廟堂之上，調燮元化，訏謨百度，堯、舜其君，仁壽其民也。天豈虚生先生於世哉？傳曰：「五百年一賢人生。」孔子至孟子，孟子至楊子，楊子至文中子，文中子至吏部，吏部至先生，其驗歟？孔子、孟子、楊子、文中子、吏部，皆不虚生也。存厥道於億萬世，迄於今而道益明也，名不朽也。今淫文害雅，世教隳壞，扶顛持危，當在有道〔二〕，先生豈得不爲〔三〕乎？

仲尼有云：「吾欲託〔四〕之空言，不如見之行事深切著明也。」先生如果欲有爲，則請先生爲吏部，介願率士建中之徒爲李翺、李觀。先生唱於上，介等和於下；先生擊其左，介等攻其右；先生掎〔五〕之，介等角之。又豈知不能勝兹萬百千人之衆，革兹百數十年之弊，使有

〔一〕「識」字原無，據張本補。
〔二〕「當在有道」四字原缺，據石本、四庫本、張本補。
〔三〕「爲」字原缺，據石本、四庫本、張本補。
〔四〕「託」，原作「記」，據石本改。
〔五〕「掎」，原作「椅」，據石本改。

宋之文赫然爲盛，與大漢相視，鉅唐同風哉！

語曰：「當仁不讓於師。」孔子不曰：「天之未喪斯文也。」孟子不曰：「我亦欲正人心，息邪説，距詖行，放淫辭，以承三聖。」楊子不曰：「後之塞路者有矣，竊自比於孟子。」文中子不曰：「千載之下有紹宣尼〔一〕之業者，吾不得而讓也。」吏部不曰：「釋、老之害，過於楊、墨，吾欲全之於已壞之後，使其道由愈而粗傳。」蓋知其道在己，不得而讓也。今者道實在於先生，先生〔二〕豈得讓乎？

介竊痛斯文衰，道不充，力不足，不能救。世有賢儒君子，天下所屬意，豈特區區小子？竊有望乎左右。先生留意焉。

上杜副樞書

九月十二日，奉高大夫走人叩山扉，疾叫稱賀曰：「京兆尹杜公拜樞密副使，凡在海隅之內，魚蝦之細，草木之微，猶且慰喜，吾曹衣冠之流，視魚蝦草木爲靈，號有智識，宜知杜公

〔一〕「宣尼」兩字原作「厄」，僅一字，據石本補正。

〔二〕「先生」兩字原奪，據石本補。

之賢能材美，天子聰明神聖，知人不疑，擢在樞輔，將以富壽生人，萬世鴻業，敢不賀？」

介既聞，驚起〔一〕盥漱，具冠帶，頓首西望，拜曰：「吾聖天子睿武濬哲，在黄帝、堯、舜之上，能自得賢人而任之，宜禄宜壽，宜有天下萬千年。我公魁礌骨鯁，純忠大節，有夔、龍、周、召之姿，能自得明主而佐之，宜康甯，宜禔福，宜翊輔聖天子萬千年。君堯臣夔，千載同時。」

既又西鄉再拜賀曰：「公昔爲御史中丞，以去文應不在己，悵然有恨色。公今職筦樞機，位亞臺宰，可以舉賢矣，可以去不肖矣。天下之賢者進矣，不肖者退矣。」

又公與故曹諫議脩古、鞠天章詠、劉待制隨、李龍閣紘、孔給事道輔爲友，且同道。自曹而下五人，皆曰足不得踏兩府門下而死，雖履歷清塗，踐更劇任，嘉謀嘉猷，匪躬之節，稱於君子，書於國史，尚未得罄輸其忠而大行其道，齎志以没地下，銜恨於九泉，不獨五人者以爲恨，朝廷天下亦爲五人痛之，痛五人者道不大行也，痛天下之人被福澤之淺也。惟公康寧壽福，優遊大僚，得至於兩府。是五人之道盡行於公矣，伸五人之志，釋五人之恨矣。不獨朝廷天下受公福澤，五人實懽舒快喜於泉下矣。二者又重爲公之賀也。

〔一〕「起」字原無，據石本補。

雖〔一〕然，難逢者時，難得者位。道難至也，可以學之而至；時與位，非力能致也。古聖賢急行道，逢其時、其位，不待終日而誅者，懼時之亟去而位之亟失也。故孔子爲魯司寇，七日而誅少正卯。其不待八日、九日而誅者，安知八日不遭逐而九日不失位也？此聖人得道之心，至矣！得一司寇，猶屈諸侯之國，且舉大惡而誅之。噫！司寇，小官也；諸侯，列國也。位輕國小，不足以行道，道行不出千里。今公爲天子柄輔，親在宥密，位足以行道，道行足以及天下，被萬物，非少也。公於此時，宜副天子注任之意，酬昔日中丞之心，舒曹、孔五人之恨，舉孔子七日誅少正卯之事，則外不尸君寵，內不孤己志，近無憾亡友，遠不負孔子。介不任拳拳之心。介再拜。

上張兵部書

介嘗讀易至序卦曰：「剥者，剥也。物不可以終盡，故受之以復。」斯文也，剥且三十年矣。剥之將盡，其黨朋進不已者。

〔一〕「雖」，原作「噫」，據張本改。

堯、舜、禹之道剥於癸，天受之湯，堯、舜、禹之道復；湯之道剥於受，天受之文、武、周公，湯之道復；文、武、周公之道剥於幽、厲，天受之孔子，文、武、周公之道復；孔子之道始剥於楊、墨，中剥於莊、韓，又剥於秦、莽，又剥於晉、宋、齊、梁、陳五代，終剥於佛、老，天受之孟軻、荀卿、揚雄、王通、韓愈，孔子之道復。今斯文也，剥已極矣，而不復，天豈遂喪斯文哉！斯文喪，則堯、舜、禹、湯、周公、孔子之道不可見矣。

嗟夫！小子不肖，然每至於斯，未嘗不流涕横席，終夜不寐也。顧己無孟軻、荀卿、揚雄、文中子、吏部之力，不能亟復斯文，其心亦不敢須臾忘。此惟執事憐之！

不宣。介頓首。

徂徠石先生文集卷十三 書六篇

上蔡副樞書

夫聖賢不徒生也。四凶在朝，堯德不明，舜起佐堯，流共工於幽州〔一〕，竄三苗於三危，放驩兜於崇山，殛鯀於羽山。洪水方割，下民其咨，禹乘四載，隨山刊木，決九川，距四海。成王幼弱，周公踐祚，制禮作樂。世衰道微，邪説暴行有作，王道失叙，禮壞樂崩，三綱將絶，彝倫攸斁，夫子作春秋，明易象，删詩、書，定禮、樂，祖述堯、舜，憲章文、武。楊、墨塞路，儒幾滅矣，孟子作十四篇而闢之。新莽簒漢，道斯替〔二〕矣，揚雄作準易〔三〕五萬言、法言十三章而彰之。晉、宋、齊、梁、陳並時而亡，王綱毀矣，人倫棄矣，文中子續經以存之。釋、老之害

〔一〕「幽州」，原作「幽洲」，據史記五帝本紀改。

〔二〕「替」，原作「潛」，據張本改。

〔三〕「準易」下原有「言」字，據石本、張本删。

甚於楊、墨，悖亂聖化，蠹損中國，吏部獨力以排之。故四凶去，堯德明；洪水息，蒸民粒；禮樂作，周太平；六經就，堯、舜、禹、湯、文、武、周公之道存；楊、墨闢，孔子教化行；法言脩，莽惡顯；續經成，王綱舉；釋、老微，中國乂〔一〕。是知時有弊則聖賢生，聖賢生皆救時之弊也。

唐季之荒頓，五代之欃槍，太祖一戎而夷之。錢唐之不朝，并州之未貢，太宗傳檄而賓之。真宗脩其制度，明其法律，章其物采，和其政令，正其禮樂，通其教化，陛下守之。制度既脩矣，法律既明矣，物采既章矣，政令既和矣，禮樂既正矣，教化既通矣，然則時無弊乎？曰：何得而無之！今之時弊在文矣。

夫有天地，故有文。天尊地卑，乾坤定矣；卑高以陳，貴賤位矣；動靜有常，剛柔斷矣；方以類聚，物以群分，吉凶生矣；在天成象，在地成形，變化見矣，文之所由生也。天垂象，見吉凶，聖人象之；河出圖，洛出書，聖人則之，文之所由見也。觀乎天文，以察時變；觀乎人文，以化成天下，文之所由用也。三皇之書，言大道也，謂之三墳；五帝之書，言常道也，謂之

〔一〕「中國乂」，原作「中國人」，據石本、張本改。

五典，文之所由迹也。四始六義存乎詩，典、謨、誥、誓存乎書，安上治民存乎禮，移風易俗存乎樂，窮理盡性存乎易，懲惡勸善存乎春秋，文之所由著也。

文之時義大矣哉！故春秋傳曰：「經緯天地曰文。」易曰：「文明剛健。」語曰：「遠人不服，則脩文德以來之。」三王之政曰：「救質莫若文。」堯之德曰：「煥乎其有文章。」舜則曰：「濬哲文明。」禹則曰：「文命敷於四海。」周則曰：「郁郁乎文哉。」漢則曰：「與三代同風。」故兩儀，文之體也；三綱，文之象也；五常，文之質也；九疇，文之數也；道德，文之本也；禮樂，文之飾也；孝悌，文之美也；功業，文之容也；教化，文之明也；刑政，文之綱也；號令，文之聲也；聖人，職文者也。君子章之，庶人由之，具兩儀之體，布三綱之象，全五常之質，叙九疇之數，道德以本之，禮樂以飾之，孝悌以美之，功業以容之，教化以明之，刑政以綱之，號令以聲之，燦然其君臣之道也，昭然其父子之義也，和然其夫婦之順也。尊卑有法，上下有紀，貴賤不亂，内外不瀆，風俗歸厚，人倫既正，而王道成矣。

今夫文者，以風雲爲之體，花木爲之象，辭華爲之質，韻句爲之數，聲律爲之本，雕鎪爲之飾，組繡爲之美，浮淺爲之容，華丹爲之明，對偶爲之綱，鄭、衛爲之聲，浮薄相扇，風流忘返，遺兩儀、三綱、五常、九疇而爲之文也，棄禮樂、孝悌、功業、教化、刑政、號令而爲之文也。聖人職之，君子章之，庶人由之，君臣何由明？父子何由親？夫婦何由順？尊卑何由紀？貴賤何由敘？内外何由别？而化日以薄，風日以淫，俗日以僻，此其爲今之時弊也。

曰：「時有弊，必有聖賢生而救之者。」豈非吾明君與吾賢弼哉！主上天資英威，乃神乃聖，剛健中正，有乾之元德；聰明睿智，有古之神武。尸居淵默，則人不見其機；龍興神悚，則天不〔一〕知其變。如藝祖之武，如太宗之英，如真宗之仁，信乎明君也！閤下射策，冠天下士，斯文未喪，蔚爲宗工，人其代之，承帝理物，夙夜宥密，彌綸天地之化，惟時惟幾，財成天地之道，如夔、益，如稷、契，信乎賢弼也！以明君賢弼，相與救乎斯文之弊，易如反掌矣。

然而斯文重器也，舉之者在乎衆力；斯文大弊也，革之者必乎逾時〔二〕。天下有士，心〔三〕憤斯文之弊，力求斯文之本，其身履道，心守正，閤下豈不欲引之使施力焉？

竊見鄆州鄉貢進士士建中，其人孜孜於此者二十年矣。其道則周公、孔子之道也，其文則柳仲塗、張晦之之文也，其行則古君子之行也。仲塗没，晦之死，加之公疎繼往，子望亦逝，

〔一〕「天不」，原作「天下」，據石本、張本改。
〔二〕「必乎逾時」，原作「必逾乎時」，據石本及上句文例乙正。
〔三〕「心」字原與上句「士」字合爲「志」字，據四庫本及宋文選卷一六改。

斯文其無歸矣。建中獨能得之。建中一布衣耳，貧且賤，栖栖鄉閭間，父母旨甘不繼，豈能振起哉？上有明君倡之，賢弼和之，使建中承音接響，而傳〔一〕之天下，匪朝伊〔二〕夕，聲充盈於宇宙矣。文不正，弊不革，未之有也。斯百數十年之弊，彫刓元化之文，傷亂風教，莫斯之甚，閤下一日能救之，則閤下之功與舜、禹、周公、孔、孟、揚雄、文中子、吏部並美，閤下幸留意焉。

噫！建中其天下賢乎！豈止於文而已。其器識備而材用足，智謀周而宇範遠，施之於事，王佐才也。識時運，知進退，審出處，明顯晦，言必信，行必果，喜過服義，閑邪存誠，其近古之中庸者乎！安貧守節，非其義，一介不取於人，非其人，未嘗與之往還，廉介清慎，不屈權貴，不畏强禦，如〔三〕復孝廉，建中其首當之。

介嘗與之遊，入齋中，竊見〔四〕其文十篇，皆化成之文也。若夫言帝王之道，則有道論；

〔一〕「而傳」，原作「傳而」，據張本乙正。
〔二〕「朝伊」，原作「伊朝」，據石本、徐本、張本乙正。
〔三〕「如」上原作缺一字，此從石本、徐本、四庫本、張本。
〔四〕「見」字原奪，據張本補。

明性命之理，稱仁德之貴，則有壽顔論；根善惡之本，窮慶殃之自，則有善惡必有餘論；大聖人之言，辨注者之誤，則有畏聖人之〔一〕言論；舉五常之本，究禍福之謂，則有原福上、下篇；明鬼神之理，存教化之大，則有原鬼篇；守正背邪，遺近趨遠，則有隨時解；達聖人之時，廣夫子之道，則有夫子得時辨；擇賢養善，察姦除惡，則有莠辨。今皆獻之，此其小者也，未得其一二。建中在京師，可令盡寫看，則見其人矣，亦知介不妄也。昨本州李屯田若蒙曾狀其實聞上，乞特召試策，今聞依例禮部就試，萬一失其人，是失天下之賢也，亦可爲國家惜之。伏惟閤下特留意焉。

介官州縣也，身卑賤也，名微且昧也。建中至單薄也，至眇小也，閤下至貴重也，至顯崇也。以州縣卑且賤、微且昧之人，薦至單薄、至眇小於至貴重、至顯崇，不亦僭矣。蓋知建中之深，今走天下求知建中者，惟閤下矣，捨閤下則建中無歸矣，故不敢〔二〕逃僭越之罪，直冒大賢以聞。干瀆鈞嚴，不勝惶悚〔三〕。

〔一〕「之」字原奪，據張本補。

〔二〕「敢」字原無，據徐本補。

〔三〕「不勝惶悚」四字原無，據石本補。

不宣。介再拜。

上孔中丞書

夫子之道不行於當年，傳於其家，直四十餘世以俟子孫，如此其遠也。

夫子没，後世有子思焉，安國焉，潁達焉，止於發揚其言而已。有漢相光、唐相緯，雖得位，亦不能盡行其道。夫子之道，其肯鬱然蟠伏於其家！乃躍起奮出，散漫於天下，天下人皆可以得之。漢高祖、唐太宗能得之於上，以之有天下三百年。孟軻、揚雄、文中子、韓愈能得之於下，以之有其名於億萬世。惟孔氏子孫無有得之者，俟四十餘世，僅二千年，閤下乃得之。今夫子之道不專在於天下，在於閤下也。閤下又且赫然有聲烈於天下，復得位於朝，見用於天子，閤下不徒能得夫子之道〔一〕，其將以夫子之道事於聖君，施於天下，俾國家爲二帝，爲三王，爲兩漢，爲鉅唐矣。

夫子之志曰：「吾志在春秋。」春秋，天子之事也。世衰道微，邪説暴行有作，臣弑其君

〔一〕「不」字原無，據張本補。

者有之，子弑其父者有之，夫子懼之，而又時無君，己無位，不能誅，不能止，乃作春秋焉，所以正王綱，舉王法。故春秋成，亂臣賊子懼。爲司寇，則七日而誅少正卯於兩觀之下；攝相事，則齊終不敢窺兵河南。當時之君則昏也，當時之位則攝也，尚不及閤下得明君，有大位。爲中丞逾月，而未聞有舉焉。閤下在朝，朝廷尚有姦臣敢在位，天下蠹賊未悉除，是夫子之道猶未克盡舉。豈夫子直四十餘世，僅二千年，以俟閤下？閤下宜念之。

且天子之設御史府，尊其位，崇其任，不與他府並。舊有大夫，則中丞亞大夫而領其屬。今大夫闕，則中丞其長也，故中丞之任特重焉，中丞之責尤重焉。君有佚豫失德，悖亂亡道，荒政咈諫，廢忠慢賢，御史府得以諫責之；相有依違順旨，蔽上罔下，貪寵忘諫，專福作威，御史府得以糾繩之；將有驕悍不順，恃武肆害，玩兵棄戰，暴刑毒民，御史府得以舉劾之。君，至尊也；相與將，至貴也，且得諫責糾劾之，餘可知也。御史府之尊嚴也，如軒陛之下，廟堂之上，進退百官，行政教，出號令，明制度，紀賞罰，有不如法者，御史得言之。御史府視中書、樞密雖若卑，中書、樞密亦不敢與御史府抗威争禮，而反畏悚而尊事之。御史府之重，其無與比，然須得如閤下者居之始貴矣。

易曰：「苟非其人，道不虚行。」禮曰：「人存則政舉。」閤下聖人之後，又能得聖人之道，以方重剛正、公忠清直烈烈在於朝，爲天子獻可替否，贊謀猷，持綱紀，天下想望其風采者，十五年間，簡於清衷，期將大用。且歷試於外，更觀其能，連更三大藩，皆卓然有治聲，聞于天宇，浹于日下。御史府中丞虛位，日班於紫宸殿下，珮金煌煌，行聲鏘鏘，且有百數，天子弗録之，乃南走三百里〔一〕，以驛召閤下，直入其府，登其位。自陛下獨決萬機來，登崇俊良，黜逐纖人，革故鼎新，百度脩舉，太平之望，日月以隆〔二〕，然而天人之心，猶鬱然不大舒釋者，以閤下尚稽大任也。至是，天人之心始大舒釋矣。

閤下自初及終，皆以直道進。詩曰：「靡不有初，鮮克有終。」介嘗聞朝大夫語曰：「有某官爲某官時，忠鯁讜直〔三〕，謇謇敢言，觸龍逆鱗，不避誅死，由是人主知之，聲名藹然，聳動朝野，不四五年，取顯仕，今爲某官，位彌高，身彌貴，禄厚惠渥，私庭曳青綬者五六人，門前炎炎可炙手。顧此勢力榮寵，有所惜也。如有物塞其〔四〕耳，如有葉蔽其目，如有鉗緘其口，

〔一〕「里」字原奪，據石本、徐本、張本補。

〔二〕「以隆」，張本作「比隆」。

〔三〕「讜直」，原作「直讜」，據石本、張本乙正。下同。

〔四〕「其」，原作「之」，據石本、徐本改。

朝廷有闕政，國家有遺事，若不聞，若不覩，而不復言，則嚮之忠鯁讜直，謇謇敢言，乃沽名耳。其以爲速進之媒乎？」噫！士之積道德、富仁義於厥身，蓋假於權位，以布諸行事，利於天下也，豈有屑屑然謀夫衣食者歟？正色直己立於朝，以行其道，乃使天下有此論，庸無傷乎？

古今君子少，小人多。君子常不勝小人，小人不惟常勝君子，而又不能容之，惡直醜正，嚚嚚實繁。幸而有一君子在於朝，則百小人排之，非鐵心石腸，剛正不折，未有不從而靡者。小人不容君子也如是，而不能死節以永終譽，中途晚節，須有渝變，宜其爲小人之所排也。

今有人位未顯，身在下，能堅正不顧其身，敢直言極諫，犯天子顏色，封章抗疏，論天下利害，群小人必叢立指點曰：「此人求〔一〕速進也，沽虚名也，非以行道也。」吁！吾徒不見容於小人也，不取信於天下也，固若是乎？學周公、孔子之道不用，則卷而懷之；用之，則肯已乎！實將施及國家〔二〕，布於天下，以左右吾君、綏吾民矣，群小人排毁不已。吁！可怪也〔三〕。

閤下亦當大警戒之，勿使天下有所論，則君子幸甚，天下幸甚。

〔一〕「求」字原無，據張本補。
〔二〕「國家」，原作「家國」，據石本、徐本、張本乙正。
〔三〕「吁可怪也」，宋文鑑卷二四作「無足怪也」。

不宣。介頓首再拜。

上范思遠書

思遠：介以謂古者天子能赫然建功烈，垂基統，揭於億萬世下，稱爲聖明者，未有不得賢傑以爲相者也。黄帝之六相，堯、舜之八元、八凱，湯之伊尹，高宗之傅説，周之十亂，漢之三傑〔一〕，唐太宗之房、魏、杜如晦，明皇之姚崇、宋璟，憲宗之裴度是也。恭惟陛下神與聰明，天資英武，深謀睿斷，進退大臣挺然不疑，雄材大略，裁决庶務皆自意出，資材豈下於前數君哉！

自獨臨軒墀，親總萬務，圖任元老，詳延正人，或在於朝，或在於野，有魁閎博達、卓犖英偉之士，咸〔二〕登崇其人，拔置左右，以光輔萬世丕丕之業。故今相庭洎樞府數公與中丞，皆不次進任，居在密近。又自河北召李爲知雜，自陳州取范爲諫官，復三命御史位，中外胥抃，

〔一〕「三傑」兩字原缺，據石本、四庫本、張本補。

〔二〕「咸」，原作「哉」，據張本改。

人神相歡〔一〕，皆以爲得人。海内耳目清明，復見堯、舜之治，實陛下能自得古天子取賢傑以爲輔相之道也。天子欲不享太平基緒，欲不延洪永，不可得也。

天子既能自得賢傑輔相，則賢傑亦各宜援引天下英俊，咸臻於朝，同德協力，弼翼天子萬機之務，昌明國家萬世之業。中丞公能爲之，求之於朝，不足，乃復求於野。南京張方平開拔奇穎，有逸群之材；青州田直諒智辯通敏，有適時之用，則俱薦之於帝，願用其人。國家方革故鼎新，更脩百度，宵衣旰食，以急太平，而能薦擢天下英雄于〔二〕國家，輔治宣化，其道最大，其功最盛。中丞於是有大勳於國家矣。

然而十〔三〕京師南三百里拔一奇，又於東一千二百里取一賢，則爲天下之賢無遺矣。今於青州之西六百里，宋都之東五百里，有一士建中。其人能通明經術，不由注疏之説，其心與聖人之心自會；能自誠而明，不由鑽學之至，其性與聖人之道自合，故能言天人之際、性命之理、陰陽之説、鬼神之情。其器識具而材用足，學術通而智略明，故能言帝皇王霸之道、今古

〔一〕「歡」，原作「歎」，據張本改。
〔二〕「于」字原無，據石本補。
〔三〕「于」字原無，據石本補。

治亂之由。生而知道，皓首嗜古學，爲文必本仁義，凡浮碎章句、淫巧文字、利誘〔一〕勢逐，甯就於死，曾不肯爲，故能存周公、孔子、孟軻、揚雄、文中子、吏部之道。信義忠孝，乃其天性；中庸正直，厥從氣禀。精誠特達，操履堅純，不以利動心，不以窮失節。若蒞大事，凛然不可犯；若操大義，毅然不可奪。若得其人，用於朝廷，其道施於天下，不能及三王，猶遠勝兩漢。此建中之長，此建中之實。介故敢謂天下之賢也。

鄆州通倅屯田李員外一見稱服，謂之絶倫。李亦有引拔天下英賢之心，輔翼國家太平之道，已於今月二十九日狀其實奏上。以建中不工今文，乞令試策，慮朝廷不悉知，願得中丞一言，聞於相府，俾遂其事。建中得用於朝，得行其道，國家幸甚，天下幸甚。建中非晚〔二〕偕計西去，應得足下觀其人始終，介不妄也。建中有秋賦所投文十篇，論一首，上李屯田書一首，凡十二篇，僅數萬言，今封去，請〔三〕熟讀之，從可知矣。近復有新文三十篇，寫未得，西

〔一〕「利誘」，原作「利傍」，據張本改。
〔二〕「非晚」，疑爲「早晚」之誤。
〔三〕「請」，原作「謂」，據石本改。

去必攜獻左右。介酷愛建中文〔一〕，謂〔二〕自吏部、崇儀來，一人而已。思遠以爲如何？古聖人之道榛刺已久，其不墜於地也，所去幾何？建中能持之，思遠方大起之。建中以此道訪於人，則恐天下無顧者，思遠獨宜留意焉。天下淫文輩盛於時，視吾徒，嫉之如仇，幸與二三同志極力排斥之，不使害於道。建中若不勝，則吾徒果衰弱不振矣。聖人之道，其將如何？思遠豈不念之！其奏草一通，亦封去。介賢思遠，當以道干思遠。知之，罪之，在思遠。

上劉工部書

留守工部閤下：介前日從公入學中，公索觀佛氏畫象，以佛與老氏與吾聖人爲三教，三教皆可尊也。明日侍公政事廳，同公觀伏羲、神農、黄帝、堯、舜，公讚三皇二帝之盛，稱所謂佛者，則伏羲也，神農也，黄帝也，堯也，舜也。介殊不曉公之旨何爲〔三〕而爲是言也，當日

〔一〕「文」，原作「又」，據石本改。
〔二〕「謂」字，石本作「其深於道介以爲」，凡七字。
〔三〕下「爲」字原無，據石本補。

不敢面責公。

曰：夫道之盛，莫盛乎黄帝，而上幾千百君，獨伏羲、神農、黄帝爲稱首；德之崇，莫崇乎少昊，而下萬有餘祀，獨堯、舜爲聖人。禹、湯、文、武、周公猶不及其號而爲王，後世能躋二帝三皇之懿者，其吾師乎？夫禹、湯、文、武、周公猶不能及，而佛，夷狄之人乃過禹、湯、文、武、周公，與伏羲、神農、黄帝、堯、舜等，則是公欲引夷狄之人加於二帝三王之上也，欲引夷狄之道行於中國之内也。夫自伏羲、神農、黄帝、堯、舜、禹、湯、文、武、周公、孔子至於今，天下一君也，中國一教也，無他道也。今謂吾聖人與佛、老〔一〕爲三教，謂佛、老與〔二〕伏羲、神農、黄帝、堯、舜俱爲聖人，斯不亦駭矣！介不曉公之旨何爲而爲〔三〕是言也。

前日公在學，觀書于東庫，謂非聖人之書不可留，懼後生讀之自惑亂也。公之心可謂正矣。噫！非聖人書猶不可觀，老與佛反可尊乎？夫佛之爲患，佛之悖道，佛之壞教，佛之逆人理，佛之亂中國，唐則有姚元崇言之於前，韓吏部言之於後，本朝如王黄州輩亦嘗極言之。數

〔一〕「老」字原無，據下半句文意補。
〔二〕「老與」原誤倒，據張本乙正。
〔三〕下「爲」字原無，據石本補。

賢言之，人皆知數賢之言是也。苟數賢之言是，則佛果不足尚，公之知識固不下於前數賢，然介不識公何爲而爲[一]是言也。

朝廷天下名公爲正人，出一言，作一事，朝廷天下皆以爲法，言其何容易哉！伏惟重之。不宣。介頓首。

與楊侍講書

萬象森然紛錯，觀諸天則見其序焉；百川支然流離，觀諸地則見其會焉。群子之言蔓引淆亂，觀諸聖則見其宗焉。夫書之典、謨、訓、誥、誓、命，詩之風、雅、頌，春秋之經，易之卦、爻、彖、象，周公之典、禮，皆聖人之書也。聖人没，七十子散，微言絶，異端出，群子紛紛然以白黑相渝、是非相淆[二]，學者不知所趨。

僕射孫公雖去聖人千有餘年，其人游聖人之門[三]，能得聖人之道，如親授之，爲聖朝儒宗

[一]下「爲」字原無，據石本補。
[二]「相淆」，原作「相擾」，據張本改。
[三]「之門」，原作「之心」，據石本改。

文師，承事三帝，授經兩朝，哲乂〔一〕著明，冠於百辟。國朝聲名〔二〕禮樂並於三代，觀乎〔三〕人文，化成天下，公有助焉。

公没，天下士皇皇失其宗師，六經之道，群子之言，無所取折衷〔四〕矣。天不使〔五〕斯文之不傳也，故執事嘗親授於公，且能傳公之道。今執事日侍講崇政殿，是又踐公之職，能傳公之道，復踐公之職，亦能紹公之休望聲烈，天下幸甚矣。陳言以諷，傳經以對，開發聖德，增光大猷，天下有望於侍講。

介材質不肖，拘攣於外，竊聞新命，嘆嗟欣蹈之不足，繼之百千〔六〕言，豈能盡一二，聊布意爾。

不宣。介再拜。

〔一〕「哲乂」，原作「哲人」，據石本、張本改。

〔二〕「聲名」，原作「聲明」，據張本改。

〔三〕「乎」字原無，據石本補。

〔四〕「取折衷」，原作「折於衷」，據石本、張本改。

〔五〕「天不使」，原作「天下□」，據石本、四庫本、張本、劍本補正。

〔六〕「百千」，原作「百十」，據石本、四庫本改。

上轉運明刑部書

轉運刑部執事：天聖編勑，今皇帝取太祖、太宗、真宗三聖之垂憲成法，立爲大中之典，俾萬世常行而不敢易。其當世之要，凡二十有六。若夫寬賦役，遏貪暴，止妖俗，禁浮民，去淫祠，息幻法，皆三王之教也。賦役寬，則民樂；貪暴遏，則下安；妖俗止，則風淳；浮民禁，則本正；淫祠去，則教厚；幻法息，則道明矣。夫樂民、安下、淳風、正本、厚教、明道，誠聖王當留意、賢人宜用心者也。國家布在方册，坦然明白，官失其守，弛而不行，非書所謂「王言惟作命，不言〔一〕，臣下罔攸禀令」，易所謂「后以施命誥四方」。

執事往日爲一員外郎，顧天下之冗有六，猶嘗憤然扼腕，鬱鬱不平，足踏天庭〔二〕，手攀帝階，仰首〔三〕引臆，叫吾君而言之。是時能用執事之策，則天下不終日而太平矣。執事之策不見用，今天下之冗，猶不啻乎六也。

〔一〕「不言」兩字原無，據石本、四庫本、張本及尚書商書說命上補。
〔二〕「天庭」，原作「天扉」，據張本改。
〔三〕「仰首」，原作「仰手」，據張本改。

今執事爲京東十八州轉運使，十八州，其地非不廣也，其民非不多也，姑務去十八州之冗，以富其地、肥其民，則十八州富且肥矣。執事之帥十八州，而十八州富且肥，異日執事陶宰天下，天下皆富且肥矣。前陳二十六條，蓋脩舊舉廢而已，其亦輔治之萬一，惟執事施行〔一〕之。若其大者，又未可一日而談也。不宣。介頓首。再拜。

〔一〕「行」字原無，據張本補。

徂徠石先生文集卷十四

書七篇

上杜副樞書

樞密侍郎閤下：一夫不獲，若己内於溝中，伊尹相湯之心也。夫父不得暖，其子不獲也；兄不得飽，其弟不獲也；夫不得養〔一〕，其婦不獲也。然此爲不獲，特匹夫耳。若夫學堯、舜、孔、孟之道，懷伊尹、周、召之志，文足以綏，武足以來，仁足以恩，義足以教。用其術，國可以反覆乎霸，霸可以反覆乎王。被其風，薄夫皆可以敦，貪夫皆可以廉，懦夫皆可以立。行其教，風俗皆可以反古，天下皆可以復嬰兒。而乃窮餓布衣，蟠束巖穴〔二〕，上不得施一毫一髮以致於其君，下不得施一髮一毫以及於其民，貧賤厄縛，氣不得須臾舒，心不得一日樂，抱堯、舜、孔、孟之道，伊尹、周、召之志，老於蓬蒿，此爲不獲甚矣。噫！誰其人哉？泰山孫明

〔一〕「養」，石本、張本作「保」。

〔二〕「穴」字原缺，據石本、四庫本、徐本補。

復先生其人矣。

先生道至大，嘗隨舉子干科名，希朝廷進用，以行其志，三退於禮部，一黜於崇政殿。知其道不與時合，不敢復進，乃築室泰山之陽，聚徒著書，閑以取適。易曰：「樂天知命，故不憂。」先生是也。夫萬物不得其宜，皆爲不獲。責工以商之事，强農於士之業，負陰者使之在陽，就濕者使之仰高，山者使之居澤，翼者使之反角，此不得其宜也。如先生，宜左右天子，發舒其事業，流福澤於四海，樹功名於無窮，年四十七〔一〕而髮盡白，棲遲於山阿，豈其宜也？故曰此爲不獲也。伏惟閣下之心，伊尹之心也。有伊尹之心，得伊尹之位，豈容海内有不獲者矣？一夫不獲，伊尹如己内於溝中，如先生大賢而憔悴巖野，閣下宜當如何？种放隱終南，當時公卿間，若故相張公齊賢、翰林王公禹偁、集賢錢公若水，皆極力援薦，故太宗一降鶴板之命，真宗二詔〔二〕遂起，至今以爲國家希曠之事。先生之道，無謝明逸；閣下之心，豈讓於數公哉？伏惟閣下留意。

〔一〕孫復生於淳化三年（九九二），年四十七爲寶元元年（一〇三八），然據宋史仁宗紀，杜衍爲樞密副使乃在康定元年（一〇四〇），「年四十七」當爲「年四十九」之誤刊。

〔二〕「二詔」，原作「三詔」，據張本及宋史种放傳改。

先生山中所與往來游好者，故王沂公、蔡二卿、李秦州、孔給事，今李丞相、范經略、張雜端、明子京、富彥國、士建中、張方平、祖無擇。執弟子禮而事者，石介、劉牧、張泂、姜潛、李緼。明子京頃年罷京東轉運使入朝，在殿上舉先生經術道德，乞賜召用。沂公、蔡、孔意尤厚，未及言而没。雜端安撫迴，嘗許論奏。閤下今能薦之於上，數公之美，收於閤下矣。

州縣吏麄俗可憎鄙，不知經，不涉道，但能任巧智辨一獄，用材力幹一務，如介等輩者，閤下所舉幾百人矣。舉一有道，上有以佐君父，裨政教，下可以厚天下風俗，勸有德而懲貪薄，爲利不細。閤下無忽狂言。

不次。介頓首。

上李雜端書

雜端執事：魏文公曰：「願爲良臣，不爲忠臣。良臣身獲美名，君受顯號，子孫傳福，世世無疆；忠臣身受誅夷，君陷大惡，家國並喪，空有其名。」蓋樂得堯、舜而事之也。

夫稷、契、咎陶能得其時，其道易行也。龍逢、比干不得其時，其道難行也。以堯、舜爲之君，稷、契、咎陶爲之臣，朝立敢諫鼓，進善旌，誹謗木，闢四門，達四聰，明四目，言有不從之乎？諫有愎之乎？故身獲美名，君受顯號。桀、紂爲之君，雖龍逢、比干爲之臣，滅德作威，敷虐萬方，焚炙忠良，刳剔孕婦，言有從之乎？諫有納之乎？故身受誅夷，君陷大惡。然堯、舜爲之君，其道易行也，必有稷、契、咎陶而爲之臣，其道乃行，故身受美名而不讓；桀、紂爲之君，其忠難行也，必有龍逢、比干而爲之臣，其忠乃立，故身受誅夷而不避。稷、契、咎陶非擇其美名也，龍逢、比干非欲其誅夷也。蓋爲臣之定分，惟忠是守；事君之大義，惟忠是蹈。雖世有治亂，君有昏明，爲臣之分，事君之義，有去就乎？忠有廢乎？故龍逢、比干敢死而不廢忠。書曰：「爲君難，爲臣不易。」文公於此所以惕懼而極言也。

今天了神明睿武，負羲、軒之姿，道德過堯、舜，雄毅似禹、湯，静專而動闢，淵默而雷聲，一朝崛然立起於軒墀之上，獨任萬機，視前日政有紊綱紀者，一發號令，正七條事。越五日，又罷八御樂官，頹風掃焉，權臣屏焉，教化政令自天子出焉。又三日，引河陽舊相李〔一〕公居廊廟以總大政，任元老也；取青州牧、天章閣范公領中司以執憲法，用正人也；召閤下自河北轉運使入憲臺以知雜事，求直臣也；留太常博士范仲淹爲諫官以司獻替，開言路也。倬

〔一〕「李」字原無，據張本補。

哉！雄斷睿略，深謀大智，其三王之舉也！執事懷王佐才略，魁閎亮直，揭於朝右，得堯、舜之主而事之，其道固易行也。使身獲美名，君受顯號，獨讓稷、契、咎陶乎？願爲良臣，獨無魏文公之盛心乎？

舜舉咎陶，不仁者遠。執事冠獬豸，簪白筆，執天子法，繩内外九品官〔一〕，無使不仁在君側。春秋傳曰：「見無禮於其君者，如鷹鸇之逐鳥鵲焉。」夫日月，天之目也。日月没，氛祲掩六合，天爲之昏；日月升，煙霧卷四遐，天爲之明。御史，天子之目也。御史曠厥職，佞邪蔽九重，君爲之昏；御史舉厥職，姦醜竄四裔，君爲之明。執事職彈舉，日正色立於朝，持天子綱紀，肅正朝序，無使佞邪蔽君之明。天下綱紀，在一臺之上，臺〔二〕綱正則朝廷正，朝廷正則天下四海無不正者矣。惟執事思厥職，知所任，既克思，既克知其理〔三〕，又克行其事。易曰：「鼎折足，覆公餗，其形渥，凶。」言不勝其任也。孔子曰：「惟名與器，不可以假人。」執事始以直道進，亦以直道修，善之善者也，無干大易「折足覆餗」之罪，使天下有「名

〔一〕「官」，原作「冠」，據石本改。

〔二〕「臺」上原有「一」字，據石本及上下文例删。

〔三〕「其理」二字原無，據張本補。

器假人」之議，所望於執事也。

介嘗聞於稠人廣衆中，舉天下忠謇骨鯁之士，則以執事爲首。天子聰明睿智，察搢紳中能直言敢諫、剛正不撓，亦謂無過執事，故天子發於精衷，外取執事處於憲臺，以持天子綱紀。天下聞之，皆曰「天子能得人」，亦曰「執事能稱職」。介忝嘗被大賢眷顧〔一〕之遇，懼萬一有所不副天子意、天下稱，俾天子暨天下皆失「知人則哲」之明，敢告之於初，惟〔二〕執事聽納焉。

與士建中秀才書

四月四日，徂徠石介謹致書士君茂才足下：洪水方割，下民其咨，禹乘四載，隨山刊木，櫛風沐雨，以安横流，以平九州。武王既定禍亂，紂之餘民，瘡痏未合，周公踐祚攝政，方一飯三吐哺，一沐三握髮，下白屋之士，制禮作樂，以成太平。幽、厲失道，天下陵遲，孔子絶糧於陳，削迹於衛，伐樹於宋，歷聘七十國而不得用。删詩、書，定禮、樂，贊易象，脩春秋，以祖述

〔一〕「眷顧」，原作「半顧」，據張本改。
〔二〕「惟」字原無，據石本補。

堯、舜，憲章文、武。斯三聖人，固已勤矣，固已勞矣，然而卒不憚者，息民患也，行聖道也。孔子既没，微言遂絶。楊、墨之徒，榛塞正路。孟子正人心，息邪説，距詖行，放淫辭，以闢楊、墨；説齊宣、梁惠王七國之君，以行仁義。炎靈中歇，賊莽盜國，衣冠墜地，王道盡矣。揚雄以一枝木扶之，著太玄五萬言，以明天、地、人之道；作法言十三篇，以闡揚正教。魏、晉迄陳、隋，帝王之道，掃地而無遺矣，生人之命遂絶而不救矣。文中子以太平之策十有二篇干隋文帝，不遇，退居河、汾之間，續詩、書，正禮、樂，脩玄經，讚易道，九年而六經大就。佛、老之教蠹於中國千百年矣，韓愈憤然於千百年下，孤力排謗〔一〕，不避其死，論佛骨，貶潮州八千里，而志彌慤，守益堅。斯四賢者，亦已勤矣，亦已勞矣，然而卒不憚者，亦以息民患也，行聖道也。

蓋古聖賢方其天下未甯，生人未安，聖道未明，以謂職在於己，不敢安其居也。方今正道缺壞，聖經隳離，淫文繁聲放於天下，佛、老妖怪誕妄之教，楊、墨汗漫不經之言，肆行於天地間，天子不禁。周公、孔子之道，孟軻、揚雄之文，危若綴旒之幾絶，先生不救，吾徒豈得而安

〔一〕「排謗」，原作「誹毁」，據石本、徐本改。

居乎？雖不逮古聖賢遠矣，亦當窮精畢力而後已，庶幾其道由吾徒而後粗存，猶愈於不爲也。

足下生民之先覺者也。適水者，天下之人西而足下獨東矣，蓋滄海之所在也；適山者，天下之人之秦之越而足下獨之魯矣，蓋泰山之所處也。適於東，須至於海；至於海，必涉其深〔一〕，然後知水矣；之於魯，須登泰山；登泰山，必窮其高，然後知山矣。適於東不至於海，如不東矣；至於海不涉其深，如不涉矣；至於魯不登泰山，如不之魯矣；登泰山不窮其高，如不登矣。況其有中道而將止者乎！介幸而不隨天下之人之秦之越而獨隨足下，足下其援我手，我其躡足下履，牽連挽引，庶能至焉，慎無爲半塗而廢者。

不宣。介再拜。

與張泂進士書

六經皆出孔子之筆，然詩、書止於删，禮、樂止於定，易止於述，春秋特見聖人之作褒貶。當時國君世臣，無位而行誅賞，不得如黄帝伐蚩尤，舜流四凶，禹戮防風，周公殺管、蔡，明示

〔一〕「涉其深」，原作「涉於深」，據石本、徐本、張本及下文改。

天子之法於天下也。故其辭危，其旨遠，其義微，雖七十子莫能知也。左氏、公羊氏、穀梁氏，或親孔子，或去孔子未遠，亦不能盡得聖人之意。至漢大儒董仲舒、劉向，晉杜預，唐孔穎達，雖探討甚勤，終亦不能至春秋之藴。

六經，詩、易、春秋爲深。詩有文、武之政，周、召之迹，列國之風，卜商之説。易有伏羲、文王之叙，推之差易明，考之差易見。獨春秋專出孔子之筆，故曰：「君子之於春秋，終身而已矣。」明遠始受業於子望，又傳道於泰山孫先生，得春秋最精。近見所爲論十數篇，甚善，出三家之異同而獨會於經。予固以拳拳服膺矣。

明遠纔三十二歲，已能斬稂莠而搴菁英，出紅塵而摩蒼蒼〔一〕，討尋不倦，智識日通，異日於春秋，其將爲諸子師。明遠勉之！

不宣。介再拜。

上王沂公書

九月一日，南京留守推官、將仕郎、試祕書省校書郎石介，謹頓首百拜獻書于資政僕射沂

〔一〕「摩蒼蒼」，原作「磨蒼蒼」，據張本改。

國公閤下：頃年，相公鎮守青土，介嘗一拜麾下，後一年，相公移鎮〔一〕大魏，道出於鄆，介時爲鄆吏，復一謁路左。相公自洛還京，首拜樞府，介時在睢陽，實曾妄納芻蕘。相公再歸政府，介復冒陳狂簡，在青與鄆，相公俱賜燕坐，教以仕宦爲政之大方。及後兩肆，瞽言進愚説，相公亦廓然見容，不賜罪戮。

介又嘗上疏天子，妄議赦書，帝赫斯怒，禍在不測，相公從容救解〔二〕，不寘於法。斯介受相公陶鈞長育，實爲厚矣。犬馬猶知有報恩，況頂天履地，手執卷，口誦書，被仁義忠信之名，知堯、舜、周、孔〔三〕之道，反不能竭區區之心，效鄙夫之知，答其一二。

又念相公初事先朝，皆以直道。爰相今上，罄於中心，一登鴻樞，再居冢宰，兩罷政事，四佩侯印，終始一節，貫於金石，君臣同德，人無間言。史官禿毫，刓硯書功不足；儒生磨石，灑墨紀德弗暇，豈復容不肖之介有所進説於前也。

雖相公運大鈞、執大柄通二十年，賢者獲進，不肖者退，鄉里獨有一趙師民，相公待之素

〔一〕「移鎮」，原作「移城」，據石本改。
〔二〕「救解」，原作「赦解」，據石本改。
〔三〕「周孔」，原作「周公」，據石本改。

厚，知之素深，竟不得進一階天下之士，竊有怪之者。或曰：「相公陶養萬物，平均四時，顧天下有一夫不獲，一物失所，若己内於隍中，豈獨遺於師民也。」蓋嘗聞於相公，以與師民同鄉里，遠嫌避謗，故不敢援，非相公遺之也。介聞之甚疑，決知非相公之語。

夫廟堂之上，舉制度，出教化，施誥命，行賞罰，進百官，退百官，宰相之任也。一言得失，繫四海之安危；一令否臧，繫社稷之休戚。舉一制度，不合天下之大公不敢舉；出一教化，不合天下之大公不敢出；施一誥命，不合天下之大公不敢施；行一賞罰，不合天下之大公不敢行，況進百官、退百官邪？合天下之公也，雖其親昵，人不謂之私。用一人之私也，雖曰疏遠，人不謂之公。今其子弟苟有賢如稷、契、咎陶，曰吾避嫌不敢舉，豈公天下之心乎？是私己而忘國家，顧一身而遺四海也。今於蠻夷僻陋中取一人舉之，其人不賢，曰吾不私親，豈公天下之心乎？是私己而忘國家，顧一身而遺四海也。夫天子端居深宮中，不能盡知天下之賢不肖，屬宰相而進退，進賢、退不肖皆歸諸天子，而宰相以謂恩與怨皆在於己，其私甚矣。相公通貫聖人之道，豈不知進賢、退不肖歸諸天子，而謂舉一師民以同鄉里爲嫌？介故曰：「決知非相公之語也。」

且師民，天下知其有學問，有行實。師民昔未仕，居臨淄，故曹太尉瑋、滕給事陟、今彭門相國與今大參韓侍郎，相次領青州，皆謁見其人，遣客敦勉，願一致門下，識其面目。及就試禮部，時故翰林劉承旨、馮侍講及今參政韓、石二侍郎同司衡，四公久籍師民聲譽，特宣置師民坐席俯都堂下，求〔一〕一見其標采。師民每行通衢中，四方之士環繞觀之。入試貢闈，則諸生皆閣筆從其後，求釋其題義。李冠，廣場中傑出頭角者也，就師民質疑焉。冠剛褊自伐，未嘗許可人，每談師民不容口。

故僕射孫公號爲鴻儒碩老，服師民學問精博，以爲己所不逮。今南京夏尚書自謂當世人傑，尤少所許與，每稱師民，以爲盛德君子。孫則嘗辟師民在魯學中。夏在青州，以兩子恩授師民，在南都，奏入幕府。南都之奏有曰：「文學德行，罕有倫比。」當解安撫之任時，又以京東士吏之賢者徧稱之于上，獨師民得文學之目。張諫議傅恭謹畏慎，亦嘗薦師民之長。至若明刑部鎬、張工部錫、程職方賁，按察東夏，實有風采，並舉師民之學，請備天子顧問。

然則上至公卿大臣，下及遠方士人，莫不知師民之有學問，有行實也。相公當天子前，昌言其人之能，請天子置在文林書殿中，師民之博學多識，廣聞强記，其不負相公之舉明矣。公

〔一〕「求」，原作「來」，據石本改。

卿大臣，亦必皆曰相公舉賢也，非私鄉里也。相公宜舉而不舉，竊有惑焉。介狂狷好妄言，而有位不見聽納，但得沽激好名躁進之論。父兄教戒，親友勉諭，以謂得其政不若畜之於身，待其當位，然後施之於事。介省思之，亦深以爲是。今復不能默者，竊念師民五十歲矣，有書萬卷，腐於腹中。凡百工至賤，學得一技，人未知之，猶鬱鬱抱嘆，呻吟屋下，思呈露於天子前，以不負其宿昔之心。况師民腹周公、孔子、孟軻之書，懷堯、舜、禹、湯、文、武之道三四十年，拳攣蟠蟄於東海濱，未得對天子一啓齒。其人之心，如何也！介深痛師民已老，東州文人如田詔君諒、賈殿丞同、高端公弁、劉節推顔，皆連蹇當時，至老不達。後生有師民，其蹤迹復如此。縱天不祐斯文，相公其忍棄之？

竊謂師民孤薄，前六七人極力援引，竟不得進，若非相公洪鑪鉅鎚，莫能成就。介故復冒前所言沽激好名躁進，言於相公前，干黷台嚴，恭俟誅戮。

不宣。介惶恐戰汗，頓首再拜。

上王狀元書

狀元舍人君貺執事：人在憂患，則哭號叫訴，以求恤於人。然憂患有緩急。若夫墜而入井，非憂患也；走而蹈於火，非憂患也；陷於鋒刃，值於寇亂，非憂患也；罹於凍餒，竄於蠻荒，非憂患也；没於河，溺於海，非憂患也；覆於巖石，投於湯鑊，非憂患也。何者？夫入井、蹈火、鋒刃、寇亂、凍餒、蠻荒、没河、溺海、巖石、湯鑊，不過暴一身於死爾。自古皆有死，胡憂患之云哉？而乃哭號叫訴，以求恤於人，是苟避死已，丈夫羞爲。嗚呼！石氏自周、漢以來，至於吾宋之八十一年，百餘祀，自高祖以降至於六世孫七十喪，咸未改葬，此真可以謂之憂患矣。不哭號叫訴以求恤於人，則無以能濟。茲介所以數百里之外聲盡氣絶而繼之以泣，以告於執事也。

嗚呼！諸侯五月、大夫三月、士逾月而葬，其制著〔一〕之禮經，是故春秋譏緩葬。石氏之葬，可謂緩矣。先人三十年營之，迄〔二〕於今年之八月，志未就而先人没。當將終之時，制淚忍死，執介手以命于介，且曰：「汝不能成若翁之志，吾不瞑矣！」故介自受命以來，十有七月矣，未嘗敢一飯甘、一寢安、一衣暖、一飲〔三〕樂，坐不敢正席，行不敢正履，終日戰戰慄慄，

〔一〕「其制著」三字原僅作一「謂」字，據張本補正。
〔二〕「迄」，原作「吉」，據石本、四庫本、張本改。
〔三〕「飲」，原作「飯」，據石本、四庫本、張本改。

若懷冰炭，若負芒刺，大懼墜先人之命，移天下不孝之罪，萃於厥躬。小子受譴於明，先人抱恨於幽，七十喪之魂無所依歸，是用今年八月，先人之吉歲嘉月也，以圖襄事。

嗚呼！石氏自高、曾以來，以農名，家居東附徂徠，西倚汶，有故田三百畝。附徂徠者磽确，種不入；倚汶者雖肥墳，閱歲汶溢爲害。逢歲大有，囷不滿三百石，食常不足。賴先人禄賜，介又幸有秩，姑逃於凍餒之患。先人没，禄賜絶；介服喪，秩亦闕〔一〕。專以田三百畝，衣食夫五十之口。去年平原出水，蝗爲災，三百畝之田，不餍水，則飫蝗。死者固不可忘，生者又不可不養，先人三十年營所葬之資，已爲五十口衣食之用。今兹大事，當用五十萬，不干於有道，終不克葬。

嘗聞昔代國公爲太學生，家信至，寄錢四十萬爲學糧。有縗服叫門云：「五代未葬。」代公即命以車，一時載去，略無留者，亦不問姓氏。代公其年絶糧，不能成舉。柳河東布衣時，坐酒肆中，有書生在其側，言貧無以葬，柳即搜於其家，得白金百餘兩、錢數萬遺之。夫人皆有施也，施之宜，謂之義；夫人皆有恤也，恤之遠，謂之仁。二公之施，至於漏泉，可謂義矣；

〔一〕「闕」，原作「閤」，據張本改。

二公之恤，及於枯骨，可謂仁矣。夫德莫大於仁義，德厚者流必遠。故代公富貴功業，光隆於唐；河東文章聲名，照映本朝。介今之窮，過於彼縗服與書生者，執事能以代公、河東仁義拔介之窮而成介之葬，執事之施，固不求報，而介德執事也，當如何焉！惟執事念之。

不次。介叩頭泣血，再拜。

上孔徐州書

徐州諫議閤下：聖人之道不行久矣。魯，周公之國也；閤下，聖師之後也。道將興，必自魯始；魯將復聖人之教，必自閤下先。故天下常引領望於魯，常一心屬於閤下。今觀閤下於聖人之道，可謂能篤勤服行而不倦者也。魯之人則猶有儒言而墨行，未盡入聖人之道者。魯且如是，遽然望天下之一歸於道，豈可得也。

嗚呼！周公死數千年矣，聖師没亦數千年矣，經于秦，歷於晉、宋、梁、隋，至于五代，魯幾何不被髮而左衽也。遭于老，汩于莊、韓，亂于楊、墨，逼于佛、道，幾何不絶紐而墜地也。今魯國服衣冠，口誦聖人書者不絶，周公、孔子之道未盡泯滅，閤下復能力行之，則前謂「道將興，必自魯始；魯將復聖人之教，必自閤下先」，其不然乎？

介亦魯人也，有志於道，亦常懔然〔一〕思有以佐閤下，患乎其未能也。顔太初，魯人也，實能焉，則閤下已得之矣。有姜潛，故史館嶼之姪也，介素所畏服。其人存心篤道，好學服善，樂死忠義，能守志節，亦能佐閤下行道者也，閤下俱收之。使介三人佐閤下，道其不行乎？然則道之行果自魯始，魯能復聖人之教果自閤下先，伏惟大賢少留意焉。

近所著文字數萬言，實無可觀，亦以見其用心也，編寫成，輒敢寄去。輕冒台嚴，不任戰悚之至。

不宣。介頓首。

〔一〕「懔然」，原作「凛然」，據張本改。

徂徠石先生文集卷十五

書七篇

上孫少傅書

百拜獻書于少傅閣下：古之人有不幸而生孔子既没之後、孟軻尚未生之前，前不得師孔子，後不得師孟軻，不歸楊，則墨矣。雖有生當孔子、孟軻之時，不幸而居戎狄之外、夷蠻之間，去中國遠，不得就聖賢而學之，服終左衽，而言終侏離矣。今有人生幸而值於孔子、孟軻者同其時，居幸而遭孔子與孟軻者同其里〔一〕，則是生遇孔、孟，親見聖賢，不隔數千百年得其人而師之，不走萬數千里獲其師而學之也。

噫！孔子没，七十二〔二〕之徒隨喪，聖人之道，無關鍵扃鐍以固，夜半有人壞墉撤扉，挈之而去，則人人各由其門户自出處焉。不幸又有穿窬之盜，盜之而出於中國之内，放諸四夷

〔一〕「同其里」，原作「同其時」，據石本、四庫本、張本改。
〔二〕「七十二」，原作「七十」，據張本夾注及史記孔子世家補正。

之外，故有楊、墨、佛、老氏之教作焉。楊、墨、佛、老之下，諸子且數百，又乖而離之，合諸妖妄怪誕，復有縱横家者、雜家者、刑名家者、小説家者，儀、秦、商鞅、韓非、莊周之徒，蠭起而莫之禦也。譬諸水，出諸瀆，溢於防，浩〔一〕然汗漫，或入於沱，或淪於漢，無所屬焉。譬諸塗，背諸夏，由諸徑，分然支離，或之於夷，或之於貊，無所會焉。雖孟軻、揚雄、文中子、韓吏部相與止其〔二〕横流頽波會於宗源，夷其荒棘蕪梗由諸大路，一人防之，萬民決之，奔溢流散，常不勝防矣；一人廓之，萬人塞之，蕪没榛莽，常不能廓矣，故聖人之道多梗。

韓愈死又且數百年，大道之荒蕪甚矣，六經之缺廢久矣。異端乖離放誕，肆行而無所畏；邪説枝葉蔓引，寖長而無所收。挈正經之旨，崩析而百分之〔三〕；離先儒之言，叛散而各守之。春秋者，孔氏經而已，今則有左氏、公羊、穀梁氏三家之傳焉。周易者，伏羲、文王、周公、孔子而已，今則説者有二十餘家焉。詩者，仲尼删之而已，今則有齊、韓、毛、鄭之雜焉。書者，出於孔壁而已，今則有古今之異焉。禮則周公制之、孔子定之而已，今則有大戴、小戴

〔一〕「浩」字原缺，據石本補。
〔二〕「其」，原作「於」，據張本改。
〔三〕「之」，原作「支」，據張本改。

之記焉。是非相擾，黑白相渝，學者茫然慌忽，如盲者〔一〕求諸幽室之中，惡覩夫道之所適從也。孔子曰：「就有道而正焉。」揚子曰：「萬物紛錯，則經諸天。衆言淆亂，則折諸聖。」伏惟閤下潛心於仲尼，適於堯、舜、文王，明於天、地、人之際。潛心於仲尼，適於堯、舜、文王，則爲正道；明於天、地、人，則爲真儒。然則聖人之道果不在他人，在於閤下也。

昔孔子居於洙、泗之間，七十子與三千之徒就之而不肯去也。孟軻則有公孫丑、萬章之徒，揚雄則有侯芭之徒，文中子則有程元、薛收、房、魏之徒，韓吏部則有皇甫湜、孟郊、張籍、李翺之徒，隨之而師，皆能受其師之道，傳無窮已。顧介何人，獨不能從閤下而學乎？顧閤下獨不欲傳授於其徒乎？

洪範曰：「凡厥庶民，有猷有爲有守，汝則念之，弗協于極，弗罹于咎，皇則受之，而康而色。曰余攸好德，汝則錫之福。」又孟子曰：「以先知覺後知，以先覺覺後覺。」「互鄉難與言，童子見，門人惑〔二〕，子曰：『與其進也，不與其退也，唯何甚！人潔己以進〔三〕，與其潔也，

〔一〕「盲者」，原作「盲有」，據石本改。
〔二〕「門人惑」三字原無，據論語述而篇補。
〔三〕「唯何甚人潔己以進」八字原無，據論語述而篇補。

不保其往也。』」茅容耕於野，等輩夷踞相對，容獨危坐愈恭；孟敏荷甑墮地，不顧而去，郭林宗異之，因勸令學，皆成德知名。介至愚且甚不肖，比之互鄉童子、危坐愈恭、墮甑不顧者，庶幾其可勉而至於道也，惟閤下進退之。

小子狂狷愚闇，懵無〔一〕所知，肆其説于大賢人君子，其罪不容誅，固甘心受戮而無悔焉。「朝聞道，夕死可矣。」豈復逃其誅殛云？

不宣。介皇悚戰汗，頓首再拜。

答歐陽永叔書

同年永叔學士足下：獻臣過，駐舟上汴見訪，以永叔書爲貺，且驚且慰。介常自以駑下，不敢輒託俊賢之游，絶望光輝久矣。豈意永叔猶爲齒録，勤勤數幅，遠以相遺，有以見同年之義，彌久而益篤也。珍荷！珍荷！

書中且曰頻見僕所爲文。僕文字實不足動人，然僕之心能專正道，不敢跬步叛去聖人，

〔一〕「無」字原奪，據石本補。

其文則無悖理害教者，斯亦鄙夫硜硜然有一節之長也。若曰文則未能至作者之髣髴，豈足當君子之談哉？媿畏！媿畏！

書中言自許太高，詆時太過，其論若未深究其源，此則自蔽塞、自有所未見也。得永叔語，僕當朝聞而不俟終日去也。有須辨論，亦當復之。書中又言僕書字怪且異，古亦無，今亦無，爲天下非之。此誠僕之病也。自幼學書，迨於弱冠，至于壯，積二十年矣。歲月非不久也，功非不專也，心非不勤且至也，獨於書訖無所成，此亦不能强其能也。豈非身有所不具乎？僕常深病之，實爲無奈何。少時鄉里應舉，禮須見在仕者，未嘗能自寫一刺，必倩能者。及爲吏，歲時當以書記通問大官，亦皆倩於人。有無人可倩時，則廢其禮，或時急要文字，必奔走鄰里，祈請於人。此爲之不能也，今永叔責我誠是。然永叔謂我「特異於人以取高耳」，似不知我也。

夫好爲詭異奇怪以驚世人者，誠亦有之，皆輕浮者所爲也，則非行道正人、篤行君子之所爲。介深病世俗之務爲浮薄，不敦本實，以喪名節，以亂風俗，思有請於吾聖天子、吾賢宰相，願取天下輕險、怪放、逸奇之民，投諸四裔，絶其本源，以長君子名教，以厚天下風俗，今反肯自爲之乎？

僕誠亦有自異於衆者，則非永叔之所謂也。今天下爲佛、老，其徒囂囂乎聲，附合響應，僕獨挺然自持吾聖人之道；今天下爲楊億，其衆嘵嘵乎口，一倡百和，僕獨確然自守聖人之經。凡世之佛、老、楊億云者，僕不惟不爲，且常力擯斥之。天下爲而獨不爲，天下不爲而獨爲，兹是僕有異乎衆者。然亦非特爲取高於人，道適當然也。苟必欲取高於人，古之聖人莫如周公、孔子，古之大儒莫如孟軻、揚雄，古之賢聖莫如皋陶、伊尹，天下之所尊莫如德，天下之所貴莫如行，今不學乎周公、孔子、孟軻、揚雄、皋陶、伊尹，不脩乎德與行，特屑屑致意於數寸枯竹、半握秃毫間，將以取高乎？又何其淺也。

且夫書乃六藝之一耳，善如鍾、王，妙如虞、柳，在人君左右供奉圖寫而已，近乎執伎以事上者。與夫皋陶前而伯禹後，周公左而召公右，謨明弼諧，坐而論道者，不亦遠哉！古之聖人大儒，有周公，有孔子，有孟軻，有荀卿，有揚雄，有文中子，有吏部；古文忠弼良臣，有皋夔，有伊尹，有蕭、張，有房、魏，皆不聞善於書。數千百年間，獨鍾、王、虞、柳輩以書垂名。今視鍾、王、虞、柳，其道、其德孰與荀孟諸儒、皋夔衆臣勝哉！夫治世者道，書以傳聖人之道者已。能傳聖人之道足矣，奚必古有法乎？今有師乎？永叔何孜孜於此乎？

又謂介端然於學舍，以教人爲師友，率然筆札自異，學者無所法〔一〕。噫！國家興學校，置學官，止以教人字乎！將不以聖人之道教人乎！將不以忠孝之道教人乎！將不以仁義禮智信教人乎！永叔但責我不能書，我敢辭〔二〕乎！責我以此，恐非我所急急然者。介日坐堂上，則以二帝三王之書，周公之禮，周之詩，伏羲、文王、孔子之易及孔子之春秋，與諸生相講論。堯、舜、禹、湯、文王、周公、孔子之道，不嘗離於口也。三才、九疇、五常之教，不嘗違諸身也。教諸生爲人臣則以忠，教諸生爲人子則以孝，教諸生爲人弟則以恭，教諸生爲人兄則以友，教諸生與人交則以信。勉勉焉率諸生於道，納諸生於善，敺諸生以成人。諸生不學乎堯、舜、禹、湯、文、武、周公、孔子之道，不服乎三才、九疇、五常之教，不思乎忠於君、孝於親、恭於其兄、友於其弟、信於朋友，而拳拳然但吾之書法是習，豈有是哉！

僕之書實不能也，因永叔言，僕更學之。永叔待我淺，不知我深，故略辨之云。餘俟君子之教。

不宣。介白。

〔一〕「無所法」，原作「何所法」，據張本改。

〔二〕「辭」，原作「亂」，據石本、四庫本、張本改。

上范青州書

三月十五日，鄆州觀察推官、將仕郎、試祕書省校書郎石介，謹直書悃愊于青州知府待制閤下：新臨朐縣令將行，其子介竊躍而喜曰：大人所治臨朐，所屬青州，青州〔一〕之牧曰天章閤范公。公，朝廷正人，雅儒名臣。旒冕之前，廊廟之上，議論軒墀，肆直而敢言者有公。臺閣之間，朝廷〔二〕之内，風采巖巖，凝峻而可瞻者有公。

公牧青州，法令簡而一，條教寬而密，禁網疎而不漏，刑罰清而民服，體大而易守，制嚴而易行。□□滋彰，不苛細□〔三〕。公日晨坐廳上，據几横膝，與諸寮讌語，襟度夷雅，神情閑曠，若無事視。凡在庭下立而聽、趨而俟以百數，公臆决頤指，在時頃間，各各辨其理而去。諸曹戢口翕舌，趨走承命而已。屬縣束手無事，供給應教而已。

臨朐僻在州南四十里，荆榛荒磧之中，邑小易治，民少易養，上承指顧，奉行條令，其無不

〔一〕「青州」二字原奪，據石本、徐本、張本補。
〔二〕「朝廷」，原作「朝野」，據張本改。
〔三〕此一句他本無三缺字。

逮乎！大人可安矣。曰：吾雖守吾廉，躬吾勤，夙夜匪懈，其庶幾不廢職。然而吾老矣，精力衰耗，減於前日，思慮昏昧不及當年。家貧累重，猶未能棄官歸田中，靦然面目，尸其事，竊其禄，以飽而宗族，其罪大矣。苟太守不責吾不能，掩匿保全，不失其位，則太守之仁於吾也實厚矣。

介不佞，嘗以庸鄙，一被大君子之顔色，天性之間，悃愊逼切，雖冗賤疎遠，不佞尚敢鋪之於左右，閤下將罪之乎？雖罪之〔一〕，亦不敢辭。不勝人子之慺誠〔二〕，干冒威嚴，惶悚。不宣。介頓首再拜。

與祖擇之書

濟南通理、廷尉評事足下：自周以上觀之，聖人之窮者唯孔子。自周已下觀之，賢人之窮者唯泰山明復先生。

自周以上聖人，若伏羲、黄帝、堯、舜、禹、湯、文王、武王，皆有天下，獨孔子無位，身爲旅

〔一〕「之」字原無，據張本補。

〔二〕「慺誠」，原作「悽誠」，據石本、張本改。

人，聘七十國，卒不遇，乃遭厄陳、畏匡、削迹、伐樹之困。自周以下賢人，若孟軻，後車數十乘，從者數百人，以傳食於諸侯。荀況，三爲祭酒，再爲蘭陵令。楊雄，仕至執戟。仲淹，河、汾之有田、有廬。吏部，官登仕郎，立淮西功。甚矣，獨先生四十九歲，病卧山阿，衣弗充，食弗給，日抱春秋、周易讀誦，探伏羲、文王、周公、孔子之心，上無斗升禄以養妻子，中無賢諸侯、名卿、賢相以相慰薦，下無一夫之田、五畝之桑以供伏臘，可謂窮矣。

然孔子之窮，窮于無位，不窮于所以爲孔子者。先生之窮，窮于〔一〕身而不窮於道，烏得謂之窮乎！今夫衣弗充，食弗給，不足以逃飢寒之憂，而且再世未葬，亟謀襄事。彼衣衾、棺槨不具，口夜涕泣，仰天悲嗟，此所謂先生之窮也。

先生窮于身，而吾曹窮於勢力，不能致先生于泰。擇之以文章命世，登甲科，通理列郡，有富貴之基、公相之望。在吾曹間，擇之若有勢力者。故敢以先生之窮告于擇之，惟擇之窮勢力而後已，無使先生終否。

不宣。介再拜。

〔一〕「于」，原作「乎」，據石本、徐本、張本及下文文例改。

與君貺學士書

狀元監丞閣下：介守官在鄆，及來南都，客車轔轔，從京師來，説皇帝親臨軒，第二牓狀元君，馳文章聲，軒軒壓兩制宗老儒師。

明道二年，皇帝舉數十年已墜之典，紹神宗丕赫之盛禮，躬行東郊耕籍田，典籍之臣、翰墨之士，逮天下濡毫奮英稱文人者，屬屬接踵，趨丹鳳門上，長幅鉅軸，游揚歌頌今上之休烈偉蹟者，千有餘篇。殿中第其次，狀元君在第一。昨日潘公佐見過，又袖閣下與巖上人平臺集序相示，淵深粹純，雄壯高拔，格如唐柳宗元、劉禹錫，意若到韓退之吏部、柳仲塗崇儀。

唐去今百餘年，獨崇儀克嗣吏部聲烈，張景僅傳崇儀模象，王黃州、孫漢公亦未能全至。崇儀、賈公疎、劉子望又零丁羈孤不克振，故本朝文章視于唐差劣。復自翰林楊公唱淫辭哇聲，變天下正音四十年，眩〔一〕迷盲惑，天下瞶瞶晦晦，不聞有雅聲。常謂流俗益弊，斯二人遂喪，恐恐焉大懼聖人之道絶于地，欲以一毫髮、一縷絲維持之。雖可能施一毫髮、一縷絲力，然道至重也，不有非常力莫能舉之。孔子下千有餘年，能舉之者孟軻氏、荀卿氏、楊雄氏、

〔一〕「眩」，原作「旺」，據石本改。

文中子、吏部、崇儀而已，豈一毫髮、一縷絲力所能維持之哉？故常思得如孟軻、荀、楊、文中子、吏部、崇儀者，推爲宗主，使主盟于上，以恢張斯文，而不知有盟主在目〔一〕前，乃汲汲焉狂奔浪走數千里外，以訪、以尋之未得，且臨飡忘食，中夜泣下，謂斯文必墜，不能使聖人之道大開通而無榛塞也。

狀元力排貶斥淫辭哇聲，獨以正音鼓唱乎群盲衆迷，將廓然開明乎天下耳目，而早以文章得狀元于天子。今文章聲琅琅落天下，不三四年，翱翔入兩掖，代天子作訓辭制命，號令乎天下，鼓動乎萬物。年不過三十，當論道巖廊，凝猷鼎席。熙帝謨，代天工，躋海内太平，主盟斯文，非狀元而誰？

噫！孟軻、荀卿、楊雄、文中子、吏部能得聖人之道，止能維持之而不絶于地。時無君，已無位，何嘗施其道一二於斯民哉？豈若狀元親得赫赫聖天子，復旦暮當宰理天下，則又能施其道于吾君，致吾君卓然在乎三五之上，施其道於斯民，薰然游乎至和之中。嗚呼！物極則反，斯文弊亦極矣，非陛下聰明神聖如堯、舜，如禹、湯，非狀元恢閎偉傑如荀、孟，如韓、柳，斯

〔一〕「目」，石本作「吾」。

文不復矣！吾知夫三代、兩漢之風，追還在於朝夕矣。區區李唐，豈足稱舉哉？介不佞，學斯文、好斯道有年矣，幸綴狀元之末，聞之，喜不勝，急寫數百言，致于閽寺，以賀斯文不墜地矣。且賀聖天子親臨軒第二牓之得人矣。

不宣。介再拜。

上孫先生書

先生座前：王十二來，辱惠長歌，襃借過實，豈所克當，讀之赧然汗下。且曰：「攘臂欲操萬丈戈，力與熙道攻浮僞。」此得介之心，誠不敢讓。然熙道淳深，介實淺近，若筆力雄壯俊偉，坐周公之堂奧，鼓軻、雄之文辭，則俱不敢望先生斯道。使先生與熙道爲元帥，介與至之、明遠被甲執鋭，摧堅陣，破强敵，佐元戎周旋焉。曹二、任三坐於樽俎之間，介知必克捷矣。然後梟豎子輩首，致於麾下。使斯文也，真如三代、兩漢，跨踰李唐萬萬。使斯道也，廓然直趨於堯、舜、禹、湯、文、武、周公、孔子。

介嘗自視身不滿三尺，見人語吶吶不出諸口，被服儒衣冠，舉步趨蹌爲書生。於斯道也，身自視若八九尺長，方目廣額，體被犀甲，頭戴鐵鍪，前後馳十萬騎，膽氣雄烈，無所畏恐，故嘗自道吾年纔三十，吾心已不動。誰謂石介剛過於孟軻？勇則[一]誠敢自許也。然主斯文，明斯道，宗師固在先生與熙道。

前書見戒，又見先生之存心深且遠也。昔熙道常見誨，去其不得於中而就於中，去者常五六而合者僅一二，自知之甚熟，不能果去之也。近又得劉公，公之道、公之心如熙道，公亦常以此相教，去者八九而合者或六七。先生直斥其不合，使去之，求合於中，其言深切著明，又過於劉公與熙道也。今自視可盡去，而合者幾八九，介所謂擇乎中庸，得一善，拳拳服膺者也。

顏子幾自誠而明者也，能拳拳服膺，乃亞於聖人。介豈敢視前人拳拳服膺，庶幾異不能期月守無忌憚者矣。顧賢人未得進，生民未得泰，道未得行，如坐塗炭之上，不得須臾安。火將及皮膚，不覺時疾叫大號，叫與號無他，將以救天下之皮膚也。彼不仁者甚，既不能救之，復怒其叫且號，先生如何？介後始知其叫且號之無益也，默焉而已。

嘗與熙道說先生逾四十未有室嗣，先大夫之遺體，可不念也。近又得曹二書，復言及斯，

[一]「則」，原作「此」，據石本改。

明遠來論之，相對泣下。非先生之事也，朋友門人之罪也，因忠得與數君子同力成先生一日事矣。今當且與先生足奉祭祀、養妻子之具，亦且爲先生擇善良以侍巾櫛，然後爲先生築室於泰山、徂徠間，以周公、孔子之道輔聖君。先生如終不起，泰山、徂徠泉石松竹，可吟可賞，以周公、孔子之道而自樂焉，先生亦何少。

春夏之交許見臨，不勝忭喜之至。介頓首。

與范十三奉禮書

思遠足下：辱書與熙道，言天感應爲失。天至高也，在蒼蒼而可仰者，知其天也，而不可就而測之也。天感應不感應，不可得而知。若取子厚天説、禮説曰：「天地，大果蓏也；元氣，大癰痔也；陰陽，大草木也。其烏能賞功而罰禍乎？功者自功，禍者自禍。」則似不合聖人六經中旨。書曰：「天道〔一〕福善禍淫。」「皇天無親，惟德是輔。」「非天私我有商，惟天祐于〔二〕一德。」「天作孽，猶可違；自作孽，不可逭。」「作善降之百祥，作不善降之百殃。」

〔一〕「道」字原奪，據張本及尚書湯誥補。

〔二〕「于」，原作「乎」，據張本及尚書咸有一德改。

易曰：「自天佑之，吉無不利。」「樂天知命，故不憂。」語曰：「君子畏天命。」果不能賞功而罰禍乎？

禮說曰：「致雨反風，蝗不爲災，虎負子而趨。」「所謂偶然者。」則書曰：「肅時雨若，乂時暘若，哲時燠若，謀時寒若，聖時風若，狂、僭、豫、急、蒙，則反是。」桑穀共生于朝，雉雊于鼎，「禾異畝同穎。」「天大雷電，以風，禾盡偃〔一〕，大木斯拔。」「王出郊，天乃雨，反風，禾則盡起。」詩曰：「貽我來牟，火流于屋。」春秋時，周室弱，王道壞，五行相沴，彝倫攸斁，經書星隕日蝕，水災，螟傷稼，皆偶然也。子厚直取堯水、湯旱而爲之說，後世昏主暴君，虐民賊物，肆情恣惑，天爲譴告，以示警懼。曰：堯與湯，大聖人也，猶且見九潦七旱，天豈警戒我乎？不惕厲，不修德，窮所欲，益耗荒，天其不亡之乎？見災而懼，高宗所以中興；不畏天命，桀、紂所以覆滅。如子厚之說，汩彝倫矣。

天感應不感應，吾則不知。六經，夫子所親經手，吾取聖人之言而言之，子厚之說是耶？聖人之言是耶？足下至乃謂：「人自人，天自天，天人不相與，斷然以行乎大中之道，行之則

〔一〕「禾盡偃」三字原奪，據尚書金縢補。

有福，異之則有禍，非由感應也。」夫能行大中之道，則是爲善，善則降之福，是人以善感天，天以福應善。人不能行大中之道，則是爲惡，惡則降之禍，是人以惡感天，天以禍應惡也。此所謂感應者也。而曰非感應，吾所未達也。

人亦天，天亦人，天人〔一〕相去，其間不容髮。但天陰隲下人，不如國家昭昭然設爵賞刑罰以示人善惡。書曰：「天工，人其代之。」易曰：「兼三才而兩之。」文中子曰：「三才之道不相離。」又乾卦曰：「先天而天弗違，後天而奉天時。」楊雄曰：「天辟乎上，地辟乎下，君辟乎中。」天人果不相與乎？」熙道通天地人者，故言人必言天，言天必言人。文中子曰：「春秋其以天道終乎？玄經其以人事終乎？」天人相與之際，甚可畏也，故君子備之。言人而遺乎天，言天而遺乎人，未盡天人之道也。足下思之。

不宣。介頓首。

〔一〕「天人」，原作「夫人」，據尚書金縢改。

徂徠石先生文集卷十六

書八篇

上韓密學經略使書

經略密學閤下：有非常之事，然後有非常之人；有非常之人，然後有非常之功。近自唐觀之，武氏變唐爲周，非常也，梁公立非常之功；禄山盜據兩京，非常也，汾陽立非常之功；朱泚之亂，非常也，西平立非常之功；淮西之賊，非常也，晉公立非常之功。

今元昊猖狂，敢侮天子，以夷狄而慢中國，以螻蟻而亢至尊，亦非常也。求非常之人，立非常之功，莫若閤下。聖君聰明，能知人，故自興師以來，閤下獨當上注意，曾未期〔一〕歲，由中諫升爲樞密直學士。是急非常之功于閤下也，得不留意焉。

今用兵之處，誠已得人。然建大厦者非一材，維泰山者非一繩。爲梁公猶取張柬之、桓

〔一〕「期」上原有「及」字，據石本、張本删。

彦範〔一〕五人爲之助，而〔二〕晉公亦以韓吏部、馬總、柳公綽諸君子爲之佐，然後功立成也。前竊見閤下言貝州人趙三郎者，深州人李七郎者，彼徒以武力可任〔三〕，閤下尚且不遺之，況於天下之豪傑哉！

泰山布衣孫明復、沛縣布衣梁構、太平布衣姜潛、任城布衣張洞，皆有文武資材，仁義忠勇，計策謀略，可膺大任。國家無事時，足容偃蹇山林，嘯傲雲泉。今邊寇内侮，牽朝廷露師轉粟之勞，煩吾君宵衣旰食之慮，復等豈得申申燕居，飽食高枕乎！閤下經略陝西，苟得四人，實有以助成閤下非常之功。

不次。介再拜。

與董秀才書

董君足下：四月中辱書，其辭何高，而其禮何降也。

〔一〕「柏彦範」，原作「柏彦範」，據石本、徐本、張本改。
〔二〕「而」，原作「爲」，據張本改。
〔三〕「任」，原作「伍」，據石本、徐本改。

介，世之不肖人也，足下待之且如此。有張晦之者，足下以謂如何人也？介視晦之數百里。有孫漢公者，足下以謂如何人也？介視漢公數千里。有柳河東者，足下以謂如何人也？介視河東數萬里。有韓吏部者，足下以謂如何人也？介視吏部又數萬里。介如此其不肖，足下拳拳焉，勤勤焉，猶將以爲不可得而見者。設若晦之、漢公在，足下當如何待之也？晦之、漢公猶足待，設若河東、吏部在，足下當如何待之也？足下好賢服道之心誠篤，世有如介者，且爲勤勤焉，拳拳焉，慕之如不及。今有如河東者，如吏部者，未信足下果能待之如河東、吏部乎？

富春明復先生潛心堯、舜、禹、湯、文、武、周公、孔子三十年矣，其心盡究堯、舜、禹、湯、文、武、周公、孔子之用，而深通孔子之心，其道高於天下而窮於一身〔一〕，其文出於千古而否於當時，其行齊于古人而輕於衆俗，年四十有四而兩鬢盡白。今既走泗上，又走京師，躬負其王考母暨先君先夫人之骨，將藏於泰山、徂徠之間，而貧無以具棺槨，先生朝夕仰天而哭。先生則河東、吏部也，足下果能以河東、吏部待先生，而足下豐於財，又富於義，宜卒成先生之葬，然後知足下好賢服道之心實篤。

〔一〕「一身」，原作「其身」，據張本改。

足下願〔一〕交於介，而思聞於道，以是觀足下矣。

不宣。介再拜。

與張秀才書

魯人石介十月二十六日復書張君秀才足下：足下〔二〕始遺舊文兩編，中遺長書千餘言，今復示新文二十篇，足下之待吾，不亦勤且至乎！中心非石，能不感激？然觀足下待吾之勤且至，始終遺吾文凡五六萬言，必非與吾求勝也，亦將以吾能有益於足下者，爲之揚搉也。吾豈敢默焉無發？

吾觀足下之文五六萬言，如觀於天，吾見萬象森布，羅列於上，吾不見日行之有道焉，月行之有次焉，星行之有躔焉。然水汗漫中夏，其泛也，其廣也，其出必有源，其歸必於海。出不於其源，歸不於其海，則爲中國之患焉，豈得所以爲水之道，伏羲、神農、黄帝、堯、舜、禹、湯、文、武、周公、孔子所以爲文之道也？由是道，則中國之人矣；離是道，不夷則狄矣，不佛

〔一〕「願」，原作「顧」，據石本、徐本改。

〔二〕「足下」二字原無，據石本補。

則老矣，不莊則韓矣。足下爲文，始宗於聖人，終要於聖人，如日行有道，月行有次，星行有躔，水出有源，亦歸於海，盡爲文之道矣。不宣。介白。

與士熙道書

介頓首熙道仁兄祕校：四月十二日明復至，十八日石曼卿學士來，始得兄書，發讀之，凡數復。熙道之心，知我厚，愛我至。聞我有疾，施其針與火而攻醫之，饋其藥而救利之，不苦口，不瞑眩，疾不愈。兄之言深切而直中吾病。病雖膏肓，亦可及焉。况吾病未至膏肓，兄之藥苦，吾心腹瞑眩，吾病有不瘳乎！吾病今愈矣，熙道寬焉。

吁！天以剛正直烈授於我，而不納吾於中，蓋所得偏爾。夫剛正直烈之氣偏而不中，其弊如何？吁！天不能全與我，使我罹不協於中之咎，於今之世，天幾禍我哉！天不能全與我，熙道以中配我剛正直烈之氣，我剛正直烈之氣〔一〕得中道輔之，我其全乎！天不能全我也，

〔一〕「我剛正直烈之氣」七字原無，據石本、徐本、張本、劍本補。

而熙道全我。吾受剛正直烈於天，受中於熙道。剛正直烈，得中然後謂之道，不得中無所成人。我今而後，自知幾於道，近於成人矣。熙道於我，不啻於〔一〕天也。我德熙道，其如何也！劉公亦嘗教我，明復又激切戒我，我非石之無心，土之無情，能不爲感發而少寤焉！吾今非特少寤也，盡知前日所爲之非，已刮去，無纖髮存者也。

嗚呼！吾道之難行也如此，將爲奈何！常以謂：位者，行道之器也。得其非能行道之位，不行矣，如之何？位可能行乎道，介自顧形質短陋，恐終不得所以行道之位，不得其位，肯將已乎？不得行之於上，當存之於下；不得施之於天下，當畜之於一身；不得利於當世，當垂之於〔二〕後人。則將退去泰山矣，泰山吾居也。且周公、孔子之道自魯出，天下雖大亂，聖人之道雖大壞〔三〕，魯周公、孔子之道常不絶。况今天下大治，聖人之道大行，魯泰山可居矣。吾且畨卜之終不得進，則與明復偕往矣。區區之心，盡此而已。

京東、河朔異屬，我守官在東，熙道在北，有大幸會，恐二年間未得相見也。盛暑爲道

〔一〕「於」上原有「我」字，據石本、徐本删。
〔二〕「於」字原無，據石本及上句文例補。
〔三〕「大壞」，原作「大亂」，據石本、徐本改。

自重。不宣。介再拜。

與裴員外書

裴君員外足下：前日專使至，厚貺長書，目駭心悚，流汗竞趾。非所當，非所當。

夫咸章、韶夏，至樂也，不奏於夔、牙之府，而奏於鄙俚，惡能審其聲而知其音也？飛兔騕褭，逸馭也，不騁於王、樂之前，而鬻於市人，惡能審其駿而知其良也？然而如餒甚者，人饋之以太牢，雖食之，不知其旨，而知貪乎味也。如渴甚者，人飲之以旨酒，雖啜之，不知其醇，而知嗜乎甘也。固亦心腹〔一〕飽飫而靈府浹洽也。

噫！文之弊已久，自柳河東、王黄州、孫漢公輩相隨而亡，世無文公儒師，天下不知所準的。猶學夫樂者，不知六律之有統，五音之有會，而淫哇之聲百千萬變，徒嘵嘵悁人心，噪噪聒人耳，終莫能適夫節奏而和於人神。文之本日壞，枝葉競出，道之源益分，波派彌多，天下

〔一〕「心腹」，原作「心後」，據石本、徐本、張本改。

悠悠，其誰與歸？輕薄之流，得思自騁〔一〕，故雕巧纂組〔二〕之辭徧滿九州而世不禁也，妖怪詭誕之説肆行天地間而人不禦也。

今天下大道榛塞，人無所由趨而之於堯、舜、周、孔之聖人，唯詰屈一徑而已。吾常思得韓、孟大賢人出，爲薙去其荆棘，逐去其狐狸，道大闢而無荒磧，人由之直之於聖，不由徑曲小道。如依人塗而行，憧憧往來，舟車通焉。適中夏，之四海，東西南北，坦然廓如，動無有阻礙。往年官在汶上，始得士熙道；今春來南都〔三〕，又逢孫明復，韓、孟兹遂生矣。斯文之弊，吾不復以爲憂；斯道之塞，吾不復以爲懼也。然則吾願與足下協施其力而助二人焉。

來書過稱，將走六服之外，至於萬千百里而避之也。豈敢當？惟足下無中道叛去，幸甚。

不宣。介再拜。

〔一〕「自騁」，原作「自聘」，據石本、徐本、張本改。

〔二〕「纂組」，原作「篡組」，據石本、徐本改。

〔三〕「南都」，原作「南郡」，據徂徠集卷三寄明復熙道校改。按：南都實指南京應天府，景祐元年，石介鄆州秩滿徙南京。都者，京也。作「南郡」者，蓋誤刊耳。

與范思遠書

思遠足下：大江可涉也，有黿鼉蛟螭横焉；泰山可登也，有虎豹豺狼當焉。不斬其黿鼉、戮其蛟螭，江終不可涉也已；不殪其虎豹、殄其豺狼，山終不可登也已。聖人之道，猶大江也，猶泰山也。今之爲榛塞者，其害何啻黿鼉蛟螭、虎豹豺狼。夫欲聖人之道大通四海、上下流行而無阻礙，必也先闢去其榛塞者。距退楊、墨，然後孟子之功勝也；排〔一〕去佛、老，然後吏部之道行也。思遠亦嘗思之乎？

介嘗謂他日有功於此者，必在思遠與士建中熙道者。故去年冬，曾以書暨熙道文字〔二〕十二篇附致思遠，書中言熙道非有過實者，但思遠未嘗深與之語。自是迄于今，凡六七月不聞命。疑思遠不深以介爲然。

介雖甚無識，嘗與家人童孺言，亦未嘗妄毁譽人，敢誣於大君子乎？思遠今欲追復古聖

〔一〕「排」，原作「非」，據石本、張本改。

〔二〕「暨熙道文字」，原作「寄熙道暨文字」，據石本、張本改。

人之道，非熙道，恐無可〔一〕與同闢去榛塞者，未知終以爲如何？

與漢州王都官魚屯田書

鮮于同年來，出書兩函、詩二首，且具道盛意。介不肖人也，何以當二賢公之奇遇哉！嘗念今之州郡賢於古之列國遠矣。孔子，聖人也。以聖人而歷聘於七十國之君與其大夫，無一人能知孔子之聖者。孟軻、荀卿，聖人之徒也。以聖人之徒游説於當時，卒亦不遇，而况當孔子〔二〕、孟軻、荀卿之時，列國各自爲政，能用一賢人，則彊於鄰國，伯於諸侯。如孔子用，則又豈至是而已哉！用聖人之徒，利於其國若是，而皆忽焉不用。

今夫政一出于朝廷，州郡守天子土地，養天子民人，執天子教條，畏天子法令，功賞刑罰大小歸諸天子，毫髮不敢有諸己，雖其國有如孔子、孟子、荀卿之徒，於我何利焉？况孔子、孟子、荀卿之徒，曠幾千百年而後有一人生。而今之州郡，禮布衣，下白屋，虚懷勞己，吐哺握髮，孜孜不怠晝夜。且古之列國，用一賢人則彊國、伯諸侯，今得一賢士，無分寸利於其國，

〔一〕「可」字原無，據張本補。

〔二〕「孔子」二字原奪，據石本、張本及下文文例補。

又况萬萬無孔子、孟、荀之徒，接引如是〔一〕之勞，禮貌如是之隆。推是而言，賢於古之列國遠矣。

如明公者，則賢於今之州郡。州郡所禮士人，必以其人有可取，然後以禮接之。雖其人有可取，亦必以其人朝趨其門，暮候其館，念其勞且恭矣，然後待之。若介者，既無所取，又未常一叩門下，而明公走書見招，飾館相待，汲汲〔二〕援致，若不及者，斯知又賢於今之州郡矣。古之聖人不〔三〕得一國之君、一國之大夫以禮遇之〔四〕者，庸陋之介〔五〕輒當二賢公遇以國士之重，以是又知生亂世爲聖人，不若爲庸人之生治世也。

不宣。介再拜。

〔一〕「如是」，原作「知是」，據石本、張本改。
〔二〕上句末「待」字與本句首「汲」字原奪，據石本、張本補。
〔三〕「古之聖人不」五字原無，據石本、張本補。
〔四〕「之」字原無，據石本、張本補。
〔五〕「介」上原有「幸也」兩字，據石本、張本刪。

上徐州張刑部書

四月二十七日，哀子石介以在喪戚中，言不能文，謹直書情懇，頓首再拜于知府刑部閤下：介生十年，失母氏之愛，繼以兩母，今皆何恃，而所怙者獨父，常自痛不能報三母劬勞鞠育之恩。今父實老而家貧族累，重賴禄廩，爲養生之資，未得還所掌于君，退休於家，猶煩勞於官職之事。有子壯且仕於州縣，進無才能，取大官美禄以爲尊親顯榮，退無智力，謀豐資餘粟以供朝夕甘旨，使其親老而不得佚，既不才也，又不孝也。今復有重於此者。

大人景祐三年九月，用京東提點刑獄耿承制從政、審刑詳議劉殿丞京、知齊州李職方遜、通判齊州王虞部隲、通判明州吕虞部日新舉狀，改大理寺丞、知單州碭山縣事。審官循國朝之制，就徙於蜀。蜀道之難，從來舊矣，少健輕捷者猶且疲乏弗克勝，豈老者所堪任也？爲人子既不才又不孝，使父老不得休佚，復將如是而苦之。若然，生子安用乎！是畜犬馬之不若也。犬馬猶能吠乘，爲其子反無所能，不若犬馬哉！介少讀六經，知尊君事父、臣子忠孝之人節，不能遠希古人，竊自比於犬馬。故去年請於吏部，得蜀嘉州一官，以免大人之行。

抵嘉〔一〕僅月，母氏訃至。本免大人之行者，以介故也。今介解官來〔二〕，大人〔三〕故又不得免其行矣，重介不才不孝之罪矣！然犬馬之心，終不已也。遂請於上，願俟終制復行，以免大人之行。狀上而既不得報，且大人齒衰而蜀道遠，又不可卒行，乃別擇佚泰之地而求〔四〕安樂之。徐在東夏爲近輔，處列藩爲大府，通江、淮之運，來吳、楚之貨，又爲會津。而况土膏地潤，足蒲魚，宜稻麥〔五〕，實爲樂土。今聞〔六〕閤下以王府之邇臣、臺閣之宿望鎮撫綏養，爲土守長，尚清淨，崇儉約，事不撓，民不煩，吏得守其司，官得安其職，斯可謂佚泰之地也。爲人之子，得置其親於佚泰之地，寢處安矣，食味嘉矣。

嗚呼！木依於山，魚依於淵。山有巖壑之深、雲霧之潤，木誠得其養矣；淵有潭府之奥、蒲藻之美，魚誠得其所矣。苟斧斤不以時入山林，罔罟不以時入川澤，木得生乎？魚得安乎？

〔一〕「抵嘉」，原作「抵家」，據張本改。
〔二〕「解官來」三字原缺，據四庫本、張本補。
〔三〕「人」字原奪，據石本、張本補。
〔四〕「求」，原作「永」，據石本、四庫本、張本改。
〔五〕「稻麥」，原作「稻菱」，據石本、張本改。
〔六〕「今聞」，石本作「今者」。

豈不繫於仁政乎！今徐雖爲近輔大府，會津樂土，夫欲求〔一〕佚泰其親、安樂其親，豈不繫於閤下乎！仁政之廣，及於草木魚鳥，况人之親焉。介知寢處安矣，食味嘉矣，不勝人子慺慺之誠，伏惟閤下哀憐之。

不次。介再拜。

〔一〕「欲求」，原作「欲永」，據石本、張本改。

徂徠石先生文集卷十七 書七篇

上范經略書

夫天生時，聖人乘時，君子治時。易之家人後有睽，睽後有蹇，蹇後有解。家人之道，窮必乖，故睽，睽故難生，不可以終難，故受之以解，解以解其難也。然則天下無事，國家無不有難，在治之矣。黄帝之蚩尤，舜之苗民，禹之防風，周之管、蔡，漢之諸吕、七國，唐之安、史諸鎮，不能累黄帝，疵舜、禹，痼周，瘡漢，病唐，能治之也。

聖朝八十年，始有賊昊之患，國家與賊爲家人，今與我始乖，故樹孽境上，則正合大易之「時」也。治此「時」也，實屬於閤下。蹇之繇曰：「利見大人，貞吉。」彖曰：「蹇，難也，險在前也。見險而能止，智矣哉。」「利見大人，往有功也；當位貞吉，以正邦也。」其説謂非大人不能濟蹇，非智者不能止險，不當位與當位失正，無以正邦。故六二：「王臣蹇蹇，匪躬之故。」二與五應，二居臣位，五居君位，不以五在難中，私身遠害，而蹇蹇以進志扶王室，故九五

「大蹇朋來」解之。解〔一〕亦曰：「有攸往〔二〕，夙吉。」言有難而往，以速爲吉也。

賊昊犯順之明年，天子則用閤下經略矣。殆一年未見成功，讒害日進，乃罷閤下而專任夏暨陳二公。又半年，賊昊轉暴熾，宗廟社稷之靈痞於上，遂罷二公而復閤下經略。初，賊昊猖獗，閤下尚謫守於吴，人皆曰不用閤下，賊不可破，及劉、石敗，此論益喧然滿都下。天子乃釋閤下罪，益官進職，與夏、韓同節制陝西路。閤下之謀未盡見用，故成功緩，且有間，遂罷閤下。今復起閤下，專當一面，雖未足以極閤下之才，亦略足以施閤下之智矣。噫！閤下智施之四海有餘，況一隅哉！人將見賊昊之首，置汴西門矣。

生是時也，必生是人也。人與時相遇，故曰有非常之時，然後有非常之事；有非常之事，然後有非常之功。用兵四年，卒無尺寸功，此功歸於閤下矣。淮西之賊五十年，功卒歸裴度。當時〔三〕賊揣唐室公卿，可畏者晉公矣，遂陰使賊害之。天地神祇扶持守護，刀斫不死，卒收蔡功。賊昊揣境上諸將可畏者閤下矣，遂以書間在朝公卿，果有請誅閤下者，賴天子聰明

〔一〕「解」，原作「繇」，據周易解卦改。

〔二〕「攸往」，原作「收往」，據張本及周易解卦改。

〔三〕「當時」，原作「常時」，據石本改。

聖神，閤下獲全。晉公刀斫不死，乃相憲宗，平元濟。閤下書閒不入，乃復大任，其亦卒破元昊乎！

介又觀兵興以來，人多辭勞就逸，憚險苟安，獨閤下不愛其身，不顧其家，不惜其禄位，極誠盡節，以必得賊昊而後歸爲心。此得「王臣蹇蹇」之節，有「攸往夙吉」之善。天下以征西之任歸於閤下，又閤下實有取元昊之才，而復能盡忠臣之節，區區元昊，有不平乎！

介不才，國家無事也，不能有一言以助衣裳之治；國家有事也，不能持一矢以效干戈之用。如閤下諸公，皆暴露霜雪，衣不敢煖，食不敢飽，士卒皆被甲胄，冒鋒鏑，入萬死，出一生。民皆輸財〔一〕轉粟，飢渴道路。乃獨夕而卧，晏〔二〕而起，恬愉休逸，飽水肥草，自比於山鹿野麋，豈所安乎！然自視不肖，無毫毛可施用，竊爲閤下得山東豪傑三人，負罪而有才者二人。

沛縣梁構、兖州姜潛、任城張泂，皆負文武材略，有英雄之氣，習於兵，勇於用，智識通敏，精力堅悍。若使各當一隊，必能得士死心，先諸將立功。若使守一城，捍一寨，兹一城、一

〔一〕「輸財」，原作「輸材」，據張本改。

〔二〕「晏」下原有「安」字，據石本、張本删。

寨遂爲金湯，不可得破。若使儒衣緩帶，隨元戎而周旋，兵機戰謀，惟元戎取之。兹三人，實豪傑之士也。非閤下三人不肯事，非閤下亦不能用。兹三人，構事劉顔子望，潛事明復先生，洞初事子望，後事明復，皆學有根蔕，道有本源，其器必深，其用必遠，固非淺近輕妄、尚勇好兵之流也。閤下幸厚用之。

所謂負罪而有才者二人，前兗州奉符縣尉李緼、前宿州臨渙縣令曹起，皆進士策名。起亦事子望，緼亦事明復，能知聖人之道，樂蹈名節，好履仁義，守一官，能勤且廉，善養民繩吏人，頗受其福。起刑一人至死，亦不得縣吏心及州帥善意，自懼不能直，棄官竄去。緼以不善事上官，爲苛吏籠置於深法，平價買官騾一，誣緼損官錢數緡，除名羈管滁州。二人皆有才，負志節，慕忠義，知兵習戰。劉牧注師卦：「當行師用兵之時，勝敵而已，唯才能智勇是用，不復録其行。故陳平盜嫂，韓信出胯下，黥布刑，不妨爲漢之功臣。」况兵家宜取負罪遺行之人用之，何者？負罪則世不録，遺行則人不齒。知其無以進於時而信於人，終將廢矣，則思效用以自補，立功以自贖。故兵書曰：「王臣失位，思立其功者，聚爲一隊。」言必能决死以戰。是以漢武帝賢良之詔，求跅弛之士、奔踶之馬，取是道也。緼與起宜先收而不宜見棄，閤下幸當留意。

晉公平淮西，吏部、馬總、柳公綽諸人實助其功。今閤下幕中固不乏人矣。介以謂明堂所賴者唯一柱，然衆材附之乃立；大勳所任者惟一人，然群謀濟之乃成。閤下幕中雖不乏人，如構、潛、洞三人，亦未可不取。緼等二人，實宜備駈策。介自視無毫毛可施用，苟得五人者，與朝廷立尺寸功，足以贖介不肖之罪。是敢冒將軍鈇鉞之威，言兹五人取舍，惟閤下命。介不任拳拳之誠。不次。介頓首再拜。

代張顧推官上銓主書

夫銓衡，大柄任也。其造物也〔一〕，大化權也。其出禄也，大司命也。其萃材也，大林藪也。其任器也，大匠石也。

夫朝持貨而出者，曰金珍，曰珠玉，曰犀象，曰綺縠，曰絲枲，曰布幣。犀象、馬牛、羊豕、犬雉、魚鼈之屬，蝦蟹之細，米鹽之品，葅醢之多，東暨日際，西暨月窟，南極丹崖，北極朔陲，相會而湊於五都之市。朝而聚，夕而虛，大小無不用也，鉅細無不取也，貴賤無不納也，短長無不收也。今夫銓管，收天下之才也，亦猶市焉。顧今飾固陋之姿，操尋常之具，往立於銓管

〔一〕「也」字原無，據張本補。

之下，猶鹽絺絲枲游於都市矣，豈以其細而遺之乎？亦從其貴賤而取之乎？都市待百貨而後盈，廣厦待群材而後構，朝廷待衆人而後治。必金珍珠玉然後受，市常虚矣；必杞梓楩枏然後取，大厦不立矣；必傑賢俊髦然後用，官常曠矣。

顧頑材凡質，以片文隻字隨群隊而取一第，年且三十五而無聞焉，亦近乎夫子所謂不足畏者。策名乃七八年纔成三考，無一絲之勞、半銖之績，施於國，及於民，夫復何爲者？固當碌碌隨衆人而出處，甘退守乎？無庸之軀，猶離所分去。衆人争頭露腦進説於執政者，前計不得已也，願借容足地，乞半刻景，使畢其辭而後就誅戮。

竊念顧天聖五年登第，初命通州軍事推官，未行，有先兄之憂。及滿秩，逢先君之喪。自江左扶護靈櫬，挈提諸孤，來歸〔一〕鄉里，涉履艱苦，備極凶屯。喪制未畢〔二〕，又失母氏。天窮如此，生意若何！而况先人遺其清白，家世傳於儒素，無洛陽二頃田可耕而取利，又屬頻歲荒歉，百物翔貴。行服通四五年，聚族幾五十口，騃稚圍繞，衣食煎熬。心如石焉，積溜亦穿；腸如鐵焉，百鍊亦耗。局局焉若置身檻穽，焉能不動也！噫！人有血氣以動乎内，智勇

〔一〕「歸」字原無，據張本補。
〔二〕「畢」，原作「闋」，據張本改。

以守乎外，有其時得乎用，誰不能立功名也？若虎兕，豈服於檻穽也？得出焉，萬萬敢前。顧胸臆盤折，久雖未脱夫窮塞湮厄，且不甘盛時明世，晦晦瞶瞶，埋棄草萊，不能與夫耀耀者争光明矣。故有是説進於銓管之下，將雪夫屯邅而求亨通。惟閤下念之。

代高長官上轉運書

運使郎中執事：天久不雨，則暴尪者。曰尪者，面鄉天，覬天哀而雨之。天至高明也，至嚴畏也，作其旱以咎殃於物，百物草木皆焦枯，五穀瘁欲死，民無以爲食。尪者，至愚而疾不成人者也。面鄉天，天猶哀之而雨。天之仁於〔一〕物，其至矣。今有腐糧脱粟不能充朝夕，日暴其愛子稚女十餘口於窮餒間，則爲一發聲大叫于當塗者，雖其人至賤且甚懦弱不肖人也，其窮若是，當塗者獨不哀之乎？

某世農家，曾、高以降，力田爲生，遭時右文，輒去從學，因以明經中御前第，釋褐服職，崎嶇州縣，將三十年矣。智不適用，僅效一官，孤拙自持，粗懷廉節，故亦無大過。前年罷徐州

〔一〕「仁於」，原作「於人」，據石本、張本改。

録事參軍，上課赴調，待補銓衡，端居食貧，凡一周歲。去年九月到雷澤，席未煖，當徙今徙之邑。俟八月，始許往鄉里。在趙州，方屬凶飢，歸無所依，寓于雷澤，旅貧何託。稚騃十數口，朝夕嗷嗷，相對以泣。與夫窮而無告者類也。

執事方操大柄任，處大權職，京東十九州之内，可死生之，可休戚之。莊子曰：「涸轍之魚，斗升之水可活。」某雖老朽無所用，至於專一局，分一職，亦庶幾可無敗廢矣。唯執事使之得上農夫之禄，活此十數口。如已墜千萬丈不測之深淵，執事與之千萬丈縻綆，便得緣而出也。何以報德！

上徐州扈諫議書

知府諫議閤下：夫父道也者，君道也；君道也者，乾道也。首萬物者乾，則以君况焉；尊萬邦者君，則以父擬焉。蓋君也者，天下之達貴也；父也者，天下之達親也。貴，故天下慕之；親，故天下愛之。一國之内足慕者，君也；一家之内足愛者，親也。是以人臣以近君爲榮，人子以事親爲樂。夫一日三接，便蕃寵錫，孰榮如之？朝夕左右，承順顔色，孰樂如之？然内外之事不可一也，出入之任不可擇也。入以奉謀猷，出以守疆埸，臣之義也；内以調甘旨，外以服勤勞，子之道也。内者蓋不可以守疆埸爲憚，而忠臣憂君之志以爲苦也；外者蓋不可以服勤勞爲辭，而孝子念親之心以爲傷也。

大人七十有一歲矣，而以五代未葬，卜後年辛巳吉，凡衣衾棺槨之具，待禄而後辦，未能，遂歸林泉以取休佚，猶獨僶俛於官職之事。且大人既老矣，介則當晨昏定省，日親上食，謹視寒煖之節。而乃遠違几杖，虧一日三至寢門之禮。人子之義，得無闕乎？誠罪人矣！誠罪人矣！然前所謂内以調甘旨〔一〕，外以服勤勞，蓋亦不得而憚也。

介家四十口，曾、高以來，耕田爲業，田薄牛弱，常苦貧窶，歲盡天之時，窮地之利，竭人之力，並大人與介兩人禄，四十口僅得飽食。今介禄闕，大人獨食不足，乃泣別庭闈，遠來田園，學老農老圃〔二〕之事，勤稼樹桑，庶幾四十口衣夫帛，食夫粟，而免寒餒〔三〕之憂矣。事不兩遂，不得朝夕左右承順顔色。噫！前年去蜀五千里，今又在此，其孝子念親之心，亦可憐矣！恭惟閤下輟七人之近列，開千里之大邦，惟此徐方，蒙受其福。

〔一〕「甘旨」，原作「旨甘」，據張本及上文乙正。
〔二〕「老農老圃」，原作「老圃老農」，據張本乙正。
〔三〕「寒餒」，原作「寒煖」，據張本改。

語曰：「老者安之，少者懷之。」閤下之福，施之必有先後之次。以大人，可稱爲老者矣，則受閤卜之福，宜在先矣。用是，將有以釋孝子念親之心一二，瞻望門戟，不勝歡忭欣躍之至。

介頓首。再拜。

與奉符知縣書

子游爲武城宰，孔子曰：「子得人焉爾乎？」曰：「有澹臺滅明者，行不由徑，非公事未嘗至於偃之室。」至哉，子羽之慎！賢哉，子游之容！由今言之，爲慎易，爲容難。慎以遠嫌，容以避謗。嫌遠謗不至，安身之道也，是爲易。夫犁是國之田，食是國之穀，爲是國之民，征賦教命，皆出是國，是國之君，則不覲不謁，在禮近於傲與慢，容之爲難。

介爲奉符民，前奉符大夫馬君永伯下車逾月，先就見介於徂徠草廬中。介懼得傲與慢之罪，不敢蹈子羽之節，因一謝馬大夫於縣。馬曰：「吾治君邑，吾聞君賢，且與君爲天聖八年同門生。民之病政之疵，君以告予。病予疵予，是君以若病與疵遺我也。」自兹屢招〔一〕介

〔一〕「招」，原作「率」，據四庫本、張本及下文「凡四五招」句改。

過縣，介雖〔一〕不能守子羽之節，豈不知足及公門而嫌與謗輒隨之。凡四五招，勉强一往焉。且以謂政雖出大夫而及於吾民，病雖在於民，苟有養民之心者，皆病政之疵，民之病，不敢不告。雖然，未及於私焉。

有山陽道德之老孫明復先生，世不我用，退居草茅，闔扉著書，不接人事。馬大夫尊之以師弟子禮，求傳其道焉。太平鎮進士姜潛，倜儻有奇節，馬大夫重之，時引在坐，與講論古今治亂得失。及馬大夫陷於籠綱，苛致其罪。怒馬者以爲介三人嘗與馬公事，具以惡名加焉。噫！不能行子羽之節，時以足踐公門，宜乎以爲嫌也，宜乎被惡名也。詩曰：「心苟無瑕，胡恤乎人言？」雖然，不可不慎也。

執事臨縣，介固欲遂蹈子羽之節，不唯懼得傲與慢之罪，且詩人桑梓之敬，不可委〔二〕也。一拜執事于縣之庭，得禮而退，然後願守子羽之節終焉。惟執事容之。

〔一〕「雖」字原缺，據四庫本補。

〔二〕「不可委」，石本、徐本、張本並作「不可忘」。

上潁州蔡侍郎書

侍郎閤下：夫物生而性不齊，裁正物性者，天吏也；人生而材不備，長育人材者，君宰也。裁正而後物性遂，故曲者、直者、酸者、辛者、仆者、立者皆得其和，易曰「乾道變化，各正性命」是也。長育而後人材美，故剛者、柔者、暴者、舒者、急者各得其中，洪範曰「會其有極，歸其有極」是也。和，謂之至道；中，謂之大德。中和，而天下之理得矣。如介者，正所謂不合其中，而不得其和者也。

喜、怒、哀、樂未發謂之中，喜、怒、哀、樂之將生，必先幾動焉。幾者，動之微也，事之未兆也。當其幾動之時，喜也，怒也，哀也，樂也，皆可觀也。是喜、怒、哀、樂合於中也，則就之；是喜、怒、哀、樂不合于中也，則去之。有不善，知之於未兆之前而絶之，故發而皆中節也。易曰：「吉之先見。」不言凶而言吉者，其能知善不善於幾微之時。善則行之，不善則改之，凶何由而至也。介見天下之有未得其治〔一〕，則憤悶發於内而言語形於外。已暴著於外，猶不

〔一〕「治」，原作「志」，據張本改。

知協於中邪，咈於事邪，欲其吉之先見，發而皆中節，其可得乎？故凶、悔、吝常隨〔一〕之。冬集至闕下，有人密道閤下之語於介者，箴規訓誡，丁寧切至，如聽箕子皇極之義，若聞子思〔二〕中庸之篇，釋然大覺前日之非。噫！天以剛方直烈之性授於介，不納介於中。夫剛方直烈，不以中輔之，暴殘戕折，日可待矣！今閤下驅介歸之于中，是天以剛方直烈付於介，閤下納之令德也；天欲暴殘戕折於介，而閤下賜之更生也。

介荷閤下仁育陶宰，爲至厚矣。今西走蜀四千里，不敢以跋涉爲勞，以平生未得一登閤下之門爲恨！引首南望，不勝拳拳之心。

不宣。介再拜。

與張安石書

歲庚辰十一月五日，奉符大夫馬君永伯下吏，奉符民如赤子之失慈父母，自十一月五日至二月十一日，凡百有六日，延頸引首，南望大夫之來，若在大暑思滌清風，若坐赤炭思濯寒

〔一〕「常隨」，原作「當隨」，據張本改。

〔二〕「子思」，原作「孔思」，據張本改。

波。二十一日，大夫被免，民以千數，環立大哭，若以久餒方食而奪其餔，大寒始衣而劫其纊。哭已，咸曰：「吾大夫奉身儉，行己廉，守法平，操心公，養民舒閑，約吏急速。自大夫來，吾曹安於里閭，晏眠飽食，老息壯作，不奪吾種殖之時，不害吾生養之道。經歲村巷雞不驚，犬不吠，盜賊不入，吏胥不至。州縣之政，賦税爲急。鄰縣督責煩數，敲扑之聲相聞，里胥纍纍，繫于道路，流血滿令廳階，猶出期不克辦。吾大夫但斂手坐席上，時召老叟至其前，與之相約。所謂里胥者，皆放於田畝，嚴禁戒，不得與民相見，不遣一吏走，不施一杖笞，常先期賦登數。治吾邑者，育吾曹，可謂勤且至矣，可謂義且恩矣。吾曹在下觀吾大夫，無絲髪辜天〔一〕負民，無分寸枉道欺心，而無罪免去，兹非吾大夫之不幸也，吾曹之不幸也。」

於是相與環立，又哭且慟。既而又聞大夫無資不能行，盡貨易其帷襜之屬乃能行。雖能行，聞其寓魯之西任城，無環堵之室，無一畝之田。大夫及夫人、若女、若兒、若姨監皂隸十數口，衣不續而炊不繼，朝訴飢而暮啼寒。吾大夫至此，吾曹德大夫甚深，忍坐視之？乃群走隊趨，就徂徠下繞石介泣告之曰：「吾曹嘗聞昔田横能養士，當横之難，五百人死之。今大夫之

〔一〕「天」下原有「子」字，據石本、張本删。

憂，幸未至横，吾曹亦未嘗從五百人者以死。然吾大夫朝夕有飢寒之慮，吾曹民爾，無智力爲營其衣食。君在吾鄉，號爲有智力者，君宜念吾大夫之心，圖救吾大夫之窮。」

介聞之，大羞媿，且惻然〔一〕悼之。悼者，悼馬大夫之窘；媿者，媿此民之義。雖悼且媿，而方連遭大憂，在困躓憔悴中，且暮自虞就死，何得錙銖勢力解馬大夫之憂，慰此民之勤〔二〕？然大夫之憂深矣，此民之勤〔三〕至矣，皆義不可已。安石讀周、孔之書，知周、孔之道，富仁義之文，有仁義之心，豈不有意乎？

介白。

〔一〕「惻然」，原作「測然」，據石本、徐本改。

〔二〕「勤」下原衍一「勤」字，據張本删。

〔三〕「勤」下原衍一「勤」字，據張本删。

徂徠石先生文集卷十八

序八篇

三朝聖政録序

今天下太平八十年，物遂其生，人樂其業，我太祖、太宗、真宗憂勤養理之功歟！唐自天寶迄于天祐，百五十年間，禄山、朱泚、黄巢、秦宗權相接爲寇，中原擾亂，生民荼苦，篡唐者非有拯溺撥亂之心，殘暴愈甚。連綿五代，干戈日尋，戎馬生郊，戰血流野。繼唐終周，天下塗炭，實二百年。我太祖武皇帝受禪之五月，誅李筠於潞州；十一月，殺李重進於揚州；四年，取荆渚，下湖南；六年，平蜀；又六年，收廣州；又四年，定江南。太宗文皇帝亦承天位，能紹先烈，南致淮海，北降并、汾，蠻夷戎狄震慴請貢，海内自此始一矣。則太平之業，二祖基焉。真宗章聖皇帝於是成二祖之基，以格于可；大隆二祖之業，以臻乎富有。禮樂文物，焕然而章明；教化刑政，淳然而大和。太祖作之，太宗述之，真宗繼之，太平之業就矣。若太祖之英武，太宗之聖神，真宗之文明，授受承承，以興太平，可謂跨唐而逾漢，駕商、周而登虞、夏者也。

臣生三十四年，目不識干戈之事，耳不聞金革之聲，惟是草茅之下、里閭之中，聽田父農叟歌詠三聖之德，盈溢乎耳。及登仕路以來，時接搢紳大夫語，其説三聖之政益詳。然三聖之德，三朝之政，國史載之備矣。但臣以謂三聖致太平之要道，或慮國史紀之至繁，書之不精，聖人一日萬幾，不能徧覽。唐史臣吴兢嘗爲貞觀政要，臣竊效之，作三朝聖政録。

且人之言聖人者，必曰堯、舜；人之稱治世者，必曰夏、商、周。臣觀太祖武皇帝之神武、太宗文皇帝之睿聖、真宗章聖皇帝之仁孝，豈復讓於堯、舜乎？觀建隆、開寶之平定，興國、雍熙之樂康，至道、咸平之醇醲，豈復羨於夏、商、周乎？

恭惟景祐，欽文聰武聖神仁明孝德皇帝陛下，有太祖、太宗、真宗之資，則當法建隆、開寶、興國、雍熙、至道、咸平之政，以阜萬民，以繼太平，以丕於三聖之光，以樹乎萬世之基。伏惟陛下聰明神聖，皆自天縱，言語動作，暗與理合，雖不師於古，不法乎今，固已高視軒、農，遠超羲、昊，尚更能斟酌祖宗垂憲，效而行之，可謂韶盡美矣，又盡善也。伏惟聖主留意。

唐鑑序

夫前車覆，後車戒。前事之失，後事之鑑。湯以桀爲鑑，故不敢爲桀之行，而湯德克明，隆祀六百。周以紂爲鑑，故不敢爲紂之惡，而周道至盛，傳世三十。漢以秦爲鑑，故不敢爲秦之無道，而漢業甚茂，延祐〔一〕四百年。唐以隋爲鑑，故不敢爲隋之暴亂，而唐室攸乂，永光十八葉。國家雖承五代之後，實接唐之緒，則國家亦當以唐爲鑑。

臣逖覽往古，靡不以女后預事而喪國家者，臣觀唐最甚矣。武氏變唐爲周，韋庶人、安樂公主酖殺中宗，太平公主潛謀逆亂，楊貴妃召天寶之禍。臣歷觀前世，鮮不以閹官用權而傾社稷者，臣視唐尤傷矣。代宗遭輔國之侮蔑，憲宗被陳慶之弑逆，昭宗爲季述之囚辱。臣涉尋歷代，無不以姦臣專政而亂天下者，臣視唐至極矣。禄山之禍，則林甫、國忠爲之也；朱泚之亂，則盧杞爲之也；陳慶之弑，則皇甫鏄爲之也。

嗚呼！姦臣不可使專政，女后不可使預事，宦官不可使任權。明皇始用姚崇、宋璟則治，終用林甫、國忠則亂；德宗始用崔祐甫、陸贄則治，終用盧杞、裴延齡則亂；憲宗始用裴度則

〔一〕「延祐」，原作「延洪」，據張本改。下同。

治〔一〕，終用皇甫鎛則亂。自武后〔二〕奪國，迄於中、睿，暨天寶末年，政由女后而李氏幾喪。自肅宗踐位，歷於代宗、德宗、順宗、憲、穆、敬〔三〕、文、武、宣、懿、僖、昭，權在中官而唐祚終亡。詩曰：「赫赫宗周，褒姒滅之。」然則巍巍鉅唐，女后亂之，姦臣壞之，宦官覆之。臣故採摭唐史中女后、宦官、姦臣事迹，各類集作五卷〔四〕，謂之唐鑑。

噫！唐十八帝，惟武德、貞觀、開元、元和百數十年，禮樂征伐自天子出。女后亂之於前，姦臣壞之於中，宦官覆之於後，顛側崎危，綿綿延延，乍傾乍安，若續若絶，僅能至於三百年，何足言之。後之爲國者鑑李氏之覆車，勿專政於女后，勿假權於中官，勿委任於姦臣，則國祚延祐，歷世長遠，當傳於子，傳於孫，可至千萬世，豈止齷齪十八帝、局促三百年者哉！伏惟明主戒之！

〔一〕「終用盧杞」至「則治」凡十七字原奪，據石本、徐本、張本及宋文鑑卷八十六補。
〔二〕「武后」，原作「女后」，據張本及宋文鑑卷八十六改。
〔三〕「敬」字原無，據張本補。
〔四〕「五卷」，原作「三卷」，據徐本、宋文鑑及宋史藝文志改。

石曼卿詩集序

詩之作，與人生偕者也。函愉樂悲鬱之氣，必舒於言。能者述之，傳於律，故其流行無窮，可以播管弦〔一〕而交鬼神也。

古之有天下者，欲知風教之感、氣俗之變，必立官司，採掇而監聽之，由是張弛其務，以足其所思，乃能享世長久，弊亂無由而生。厥後官廢詩不傳，在上者不復知民之所嚮，故政化顛悖，治道亡矣。詩之於時，蓋亦大物，於文字尤爲古尚，但作者才致鄙迫不揚，不入其域耳。國朝祥符中，民風豫而泰，操筆之士，率以麗藻爲勝。惟秘閣石〔二〕曼卿與穆參軍伯長，自任以古道，作之文，必經實不放於世。而曼卿之詩，又特震奇秀發，蓋能取古之所未至，託諷物象之表，警時鼓衆，未嘗徒設。雖能文者累數十百言，不能卒其義，獨以勁語蟠泊，會而終於篇，而復氣横意舉，飄出章句之外，學者不可尋其屏閾而依倚之。其詩之豪者歟！

〔一〕「管弦」二字原無，據張本補。

〔二〕「秘閣石」三字原無，據蘇舜欽集卷十三石曼卿詩集序補。

曼卿姿宇〔一〕軒豁，遇事輒詠，前後所爲不可勝〔二〕計，其遺亡而存者纔三百〔三〕餘篇。古律不異，分爲二册〔四〕。一日觴予酒，作而謂予曰：「子賢於文而又知詩，能爲我序詩乎？」予應曰：「諾。」遂有作。欲使觀者知詩之原于古〔五〕、卒於用而已矣〔六〕。

送龔鼎臣序

山陽龔輔之學爲古文，問文之旨。魯人石介對曰：「夫與天地生者，性也；與性生者，誠也；與誠生者，識也。性厚則誠明矣，誠明則識粹矣，識粹則其文典以正矣。然則文本諸識矣。聖人不思而得，識之至也；賢人思之而至，識之幾也。詩、易、書、禮、春秋，言而爲中，動而爲法，不思而得也。孟、荀、楊、文中子、吏部，勉而爲中，制而爲法，思之而至也。至者，

〔一〕「姿宇」，原作「資宇」，據張本改。蘇舜欽集作「資性」。
〔二〕「勝」字原無，據蘇舜欽集補。
〔三〕「三百」，蘇舜欽集作「四百」。
〔四〕「分爲二册」，蘇舜欽集作「并爲一帙」。
〔五〕「于古」，原作「故」，據蘇舜欽集改。
〔六〕蘇舜欽集此句下有「康定元年十一月十七日」十字。

至於中也，至於法也。至於中，至於法，則至於孔子也。至於孔子而爲極焉，其不至焉者，識雜之也，甚者爲楊、墨，爲老、莊，爲申、韓，爲鬼佛。識雜之爲害也如此。輔之將學爲文，厚乃性，明乃誠，粹乃識，確乎不可移也，嚴乎不可譁也，直乎不可屈也。一焉於聖人之道，妖惑邪亂之氣無隙而入焉。於斯文也，其庶幾矣。然道，知之不爲難，守之爲難；守之不爲難，行之爲難；行之不爲難，久之爲難。夫知之、守之、行之、久之不爲難，篤之爲難。知之不篤，不能守也；守之不篤，不能行也；行之不篤，不能久也；久之不篤，不能終也。守之以誠而持之以篤，惟輔之勉矣。」

輔之且往仕于孟州，因以爲離别之贈云。

送祖擇之序

擇之罷濟南，將歸闕，自歷山南走〔一〕三百里，别明復先生暨予于泰山、徂徠。相與講道德，究經術，耽雲霞，玩水石，舉觴賦詩，五日而後去。以所坐乘重爲明復之壽，爲予書先君之

〔一〕「南走」，原作「馬走」，據石本、張本、徐本改。

銘于石以爲勒。

擇之以文章登甲科，天下之望甚盛。不十年，當輔相天子，爲宋大臣。爲人資材已高，又自能知堯、舜、周、孔之道。顧明復與予，飢寒山谷中，何有毫髮利于擇之，而冒苦辛、傾肝膽予二人，豈有求邪？明復謂無以謝擇之，發聖人之藴，明王道之極，擇之拜而受之。嗚呼！春秋賞罰二百四十二年，至矣！仲尼之心，獨撥衰周一世之亂反諸於正，十二經揭如日月，昭明于天。後之聖賢，得之多者帝，得之少者王，不得者霸。明復之報，爲不輕矣。予經學淺，不能希明復，然義不可嘿。

夫趨時，物之情也；徇道，人之難也。噫！諸侯交迎，傾國封之，枉尺直尋，吾死不爲，見之孟軻。尋、邑三公，舜、歆高爵，不作符命，甘投于閣，見之子雲。潮州八千，幾死瘴煙，歸來京兆，不肯嬋娟，見之吏部。嗟嗟李勣，徇主從昏；咄咄宗元，附權邀官。觀而始節，豈爲不完？弗能有終，至今痕瘢。

擇之與予，説藴深矣〔一〕，此去近天子，得與我相磨切天下是非，亦得時見上，講道君政

〔一〕「説藴深矣」，張本作「交深」二字。

得失，天子、宰相曰「是」，擇之曰「是」；天子、宰相曰「非」，擇之曰「非」，擇之官日進而寵日深矣。天子、宰相曰「是」，擇之曰「非」；天子、宰相曰「非」，擇之曰「是」，擇之前有鼎鑊而後有鈇鉞矣。古之君子，辭官職而遺寵禄，趨鼎鑊而就鈇鉞，非以官職寵禄爲憂，而鼎鑊鈇鉞爲樂也，道適當然也。擇之於道，安之者，非利而行之者；行之者〔一〕，非畏罪而强之者也。予所以云，姑爲報之資爾。

康定二年七月十二日〔二〕序。

送張績李常序

孔子之大道，爲異端侵害，不容於世實三千年，諸公能維而持之，不能排而去之。維之持之，道不絶矣。不去其害，道終病矣。韓文公所謂「不塞不流，不止不行」是也。予不自揆度，乃奮獨力，直斥其人而攻之，我寡彼徒衆，反攻予者日以千數，視予之肉，虎動吻而狼磨

〔一〕「行之者」三字原奪，據張本補。

〔二〕「十二日」，石本、徐本並作「十五日」。

牙，賴〔一〕聖君天覆地容，得免於禍。

濮人張禹功、李遵道者，其居與予不相遠，耳目接於予固熟，則宜其知予之所爲如是，得禍如是，輒不憚□□，直以身冒予之禍，來山中而助予。楊子雲稱軻之勇，若禹功、遵道者，其勇者歟？太史正崔杼之罪，殺之。其弟又書，杼又殺之。南史聞之，執簡以往。太史初正杼之罪，知爲史者，然猶未知必得誅於杼。若南史聞已殺二人矣，又執簡以往，是真不畏死者矣。予攻害孔子者，予知爲孔子者，然未知必得罪於害孔子之徒。若禹功、遵道已見予之所得禍如是，又來助予，是真勇者矣！

予今年三十七而髮半白，然心益壯而氣不衰。禹功少予十四歲，遵道少予十五歲，其文如進六軍而作鼓者，嚴猛齊厲，張皇奮施，可式可畏，當與予周旋焉。達也，以孔氏之道；窮也，以孔氏之道。達而萬物不通乎？窮而垂之於後世不明乎？窮達之間，綽然有餘裕，其有能動心乎？禹功藏用於神，其得天下之幾歟！遵道直道而行，其明天下之治歟！幾近易，治近春秋，二子之道，皆道也，與世不遇〔二〕，其必達矣。

〔一〕「賴」，原作「賴□」，疑以下文「聖君」而空格，據石本、徐本、四庫本、張本删。
〔二〕「遇」字原作缺二字，據石本補正。

去舉進士，予醉之以酒，復贈之以言，以釋相離之懷。

辛巳夏五月二日，石介序。

送劉先之序

予友先之將適魏之館陶，請于予曰：「館陶之政，孰爲大？」曰：館陶，魏邑也。聖朝大儒柳仲塗，實魏人。自唐吏部下三百年〔一〕，得孔子之道而粹者，惟仲塗。居魏東郊，著書〔二〕數萬言，皆堯、舜、三王治人之道。爲如京使死，其道纔施其一二。今聞柳氏之子孫尚在，且有賢者〔三〕。魏之人猶能記識仲塗之居，亦或有能讀其書者。仲塗之道，則未聞有人知之。先之至館陶，取仲塗書爲柳氏子孫及魏之人講釋，指明其義，使知仲塗之道。仲塗之道，孔子之道也。夫人能知孔子之道，施於天地間，無有不宜。以之治民，以之事

〔一〕「三百年」，當爲「二百年」之誤刊。
〔二〕「書」字原無，據張本補。
〔三〕「且有賢者」，原作「賢且有□者」，據石本、張本改。四庫本作「賢且有後者」。

君，以之化大下，皆得其序。先之能使柳氏子孫及魏之人知仲塗之道，柳氏子孫既能知之，而不肯緘藏於其家，必能傳之人。魏之人亦必能傳之鎮、冀、邢、趙，自鎮、冀、邢、趙而傳之，將河之北皆知仲塗之道矣。由河之北而傳之，仲塗之道將盈于天地之間矣。館陶之政，此爲大。若夫行乎仁義，使百里之内咨而嬉，瘻而肥，瘡而良，匱而昌，兹縣令之事也，先之固能行之矣，豈待予告。

吕虞部士龍字序

虞部員外郎東平吕君嘗訪字於介，因名士龍。易曰：「雲從龍。」言龍吟則雲出，龍乃乘之游於六合，作爲膏澤，潤液萬彙，濟物之德也大矣。請字曰「兼濟」。兼濟之義，又不徒然也。卷收其雲，畜密不雨〔一〕，不得兼矣。大旱而爲霖雨，不崇朝而徧天下，兼濟之義，於是乎在。

先朝爲侍讀學士，烈烈有名稱者，君之先君也。君不忝爾祖，能濟其美，今年四十三，作

〔一〕「卷收其雲畜密不雨」，張本作「卷收其畜密雲不雨」。

虞部員外郎，賜緋魚袋，借三品服，知邛州。邛州，要藩矣，襟帶巴、蜀，作圉王家，有社有民，地方千里。君能簡削苛政，懷以仁惠，舒我王澤，浸其幽遐，是亦兼濟於一方也。異日得大位，行其志，兼濟天下可矣。字曰「兼濟」，豈無意哉！

名以定體，字以表德，苟不克稱，則貽名之羞，君其戒之！苟保禄位以利其妻子，苟殖貨財以肥而家，厚而身，不思忠〔一〕吾君、利吾民，則獨善之行也。雖在千萬里外，必走就君，操吾矛、持吾戈以擊君，奪此字矣。

月日序。

〔一〕「忠」，石本、徐本並作「致」。

徂徠石先生文集卷十九 記十一篇

祥符詔書記

祥符二年，翰林學士楊億、知制誥錢惟演、秘閣校理劉筠倡和宣曲詩，述前代掖庭事，辭多浮艷。真宗聞之，曰：「辭臣，學者宗師也，安可不戒於流宕？」乃下詔曰〔一〕：「國家道滋天下，化成域中，敦百行於人倫，闡六經於教本，冀斯文之復古，期末俗之還淳。而近代以來，屬辭多弊，侈靡滋甚，浮艷相高，忘祖述之大猷，競雕刻之小巧。爰從物議，俾正源流。咨爾服儒之人，示乃爲學之道。夫博聞强識，豈可讀非聖之書？修辭立誠，安可乖作者之制？必思教化爲主，典訓是師；無尚空言，當遵體要。仍聞别集衆製，刻鏤已多；儻許攻乎異端，則是誤於後學。式資誨誘，宜有甄明。今後屬文之士，有辭涉浮華，玷於名教者，必加朝

〔一〕此詔又見宋大詔令集卷一百九十一誡飭，題作誡約屬辭浮艷令欲雕印文集轉運使選文士看詳詔。

典〔一〕，庶復古風。其古今文集可以垂範，欲雕印者，委本路轉運使選部内文士看詳，可者，即具本以聞。」

又天章閣待制劉公隨常言：故楊翰林少知古道，故孫漢公集中有送楊序，説其年十一月，自建州召試，授秘書省正字。詔褒之，有「精彩神助，文字生知」之語。是時名落天下，道路拭目。或勸以歌頌上美，更祈清貫者，則掉臂不顧。或以其早成夙悟，比前代王勃輩者，則愀然曰：「吾將勉力，庶幾子雲、退之，長驅古今，豈止於辭人才子乎？」又崖相初覽其斷文數十篇，大奇之，持以示漢公曰：「皇甫持正、柳柳州少年時正當如是。」本朝文人稱孫、丁而皆推重之，則楊爲少知古道明矣。然以性識浮近，不能古道自立，好名争勝，獨驅海内，謂古文之雄有仲塗、黄州、漢公、謂之輩，度己終莫能出其右，乃斥古文而不爲，遠襲唐李義山之體，作爲新制。楊亦學問通博，筆力宏壯，文字所出，後生莫不愛之。然破碎大道，雕刻元質，非化成之文，而古風遂變。

時執政馮文懿與二三朝士竊病之。又黄州、漢公皆已死，他人柔弱，無以摧楊雄鋭，惟胡

〔一〕「加」，原作「如」，據石本及宋大詔令集卷一百九十一誡飭改。

大監繼周在，且以罪廢，屏居廬江。乃相與延譽，徐言于上，乞召知制誥，以拉楊之虎牙。繼周既至，真宗命上殿賜座，從容延問曰：「知卿雖謫官，猶不廢學，今復用卿知制誥。」繼周以久去班行，朝禮多廢，即拜謝于殿上，真宗亦不之罪。繼周既退，直趨舍人院，箕倨坐廳上，睥睨言曰：「適來見上，上金口命胡旦復知制誥。胡旦老矣，豈能重入此小兒隊裏，知得他制誥？」矜傲輕忽，旁如無人。真宗以繼周素無行，尚疑之，潛令小黄門一人隨其後觀之，黄門盡以告。明日，真宗見文懿，具道其事，乃曰：「胡旦終未可用。覩其言，朕亦似被輕。」文懿以繼周自爲之，亦無如之何。繼周但得通判襄州去。楊遂肆然無復回避，爲文章宗主二十年。故斯文之弊，至於今矣。可惜矣！

夫介讀祥符二年詔書，知真宗皇帝真英主矣。聞劉待制之説，知文懿真賢相矣。易曰：「觀乎人文，化成天下。」爲天子能知乎文之本而思復於古，非英主歟？爲宰相能悼乎風之變而思救其弊，非賢相歟？介竊懼聖君賢相之事異日泯落，因私記之。

宋城縣夫子廟記

天地，吾知其易毁也，一德不脩則裂。日月，吾知其易喪也，一政不行則缺。山嶽，吾知其易壞也，一化不明則崩。河、洛，吾知其易涸也，一令不善則竭。大哉！吾聖人之道，彌亘億千萬世而不傾，綱維〔一〕四方上下而不絶。莫亂於戰國，莫妖於楊、墨，莫毒於秦嬴，莫逆於莽賊。曹、馬譎詐，宋、齊凶慝，虐神猾夏，曰聰曰勒，唱誕放邪，曰聃曰釋，下至唐季，接武踵迹，昏君暴德，莫不滅裂衣冠，隳拆法則，焚燒詩、書，芟刈禮、易。吁！吾聖人之道受戕害，被攻擊，斯亦多矣，而巍然中居，竟不可毁，良由根柢堅而枝幹茂也，淵源濬而流派遠也。

三才五常爲根柢，不亦堅乎？堯、舜、禹、湯爲枝幹，不亦茂乎？六籍九疇爲淵源，不亦濬乎？孟、荀、楊、韓爲流派，不亦遠乎？故天地有裂焉，日月有缺焉，山嶽有崩焉，河、洛有竭焉，吾聖人之道無有窮也。夫天地、日月、山嶽、河、洛，皆氣也。氣浮且動，所以有裂、有缺、有崩、有竭。吾聖人之道，大中至正，萬世常行，不可易之道也，故無有虧焉。宋有天下，純用文治，制度禮樂一出儒術。吾聖人之道大行，君君而臣臣，父父而子子。京師達於郡縣，皆崇嚴〔二〕廟貌而尊祀之。

〔一〕「綱維」，原作「横維」，據張本改。
〔二〕「崇嚴」，原作「崇巖」，據石本、張本改。

宋城在南京爲赤縣，夫子祠宇尚闕，春秋則釋奠于令之廳事。噫！其爲〔一〕褻亦甚矣。李大夫堯俞以儒學仕，能知聖人爲尊，不敢黷慢，於是拆佛宇淫祠十數區，取其材，作廟於縣署之右。棟宇壯焉，丹雘麗焉，穹穹闢陽，眈眈闔陰，夫子被王衮冕，執珪尺有二寸，負斧依當宁而坐。顔淵、閔子騫十一人列侍翼如，有嚴有威。廟成，俾予記之。

嗚呼，異哉！李大夫作是廟，有三善焉。撤佛宇，弱夷法也；毁淫祠，革邪俗也；尊聖師，明大道也。有是三善，不可不記，故敢承命而不敢讓。

景祐四年五月一日。

泰山書院記

自周以上觀之，賢人之達者，皋陶、傅説、伊尹、吕望、召公、畢公是也。自周以下觀之，賢人之窮者，孟子、楊子、文中子、吏部是也。然較其功業德行，窮不必易達。吏部後三百年，賢人之窮者，又有泰山先生。

〔一〕「爲」字原奪，據石本補。

孟子、楊子、文中子、吏部皆以其道授弟子。既授弟子，復傳之於書，其書大行，其道大耀。先生亦以其道授弟子，既授之弟子，亦將傳之于書，將使其書大行，其道大耀。乃於泰山之陽起學舍，構堂，聚先聖之書滿屋，與群弟子而居之。當時游從之貴者，孟子則有梁惠王、齊宣王、滕文公之屬，楊子則有劉歆、桓譚之屬，文中子則有越公之屬，吏部則有裴晉公、鄭相國、張僕射之屬。門人之高第者，孟則有萬章、公孫丑、樂克之徒，楊則有侯芭、劉棻之徒，文中子則有董常、程元、薛收、李靖、杜如晦、房、魏之徒，吏部則有李觀、李翺、李漢、張籍、皇甫湜之徒。今先生游從〔一〕之貴者，故王沂公、蔡貳卿、李秦州〔二〕、孔中丞，今李丞相、范經略、明子京、張安道、士熙道、祖擇之〔三〕；門人之高第者，石介、劉牧、姜潛、張泂、李緼。足以相望於十百年之間矣。孰謂先生窮乎？

大哉，聖賢之道無屯泰。孟子、楊子、文中子、吏部皆屯於無位與小官，而孟子泰於七篇，楊子泰於法言、太玄，文中子泰於續經、中説，吏部泰於原道、論佛骨表十餘萬言。先生嘗以

〔一〕「游從」，原作「游徒」，據石本改。
〔二〕「李秦州」，原作「李太州」，據徂徠集卷十四上杜副樞書改。按：李秦州指李紘，詳宋史卷二百八十七李紘傳。
〔三〕「擇之」，原作「澤之」，據石本、徐本、張本、劍本改。

謂〔一〕盡孔子之心者大易，盡孔子之用者春秋，是二大經〔二〕，聖人之極筆也，治世之大法也。故作易説六十四篇，春秋尊王發微十二卷〔三〕。疑四凶之不去，十六相之不舉，故作堯權。防後世之簒奪，諸侯之僭偪，故作舜制。辨注家之誤，正世子之名，故作正名解。美出處之得，明傳嗣之嫡，故作四皓論。先生述作，上宗周、孔，下擬韓、孟，是以爲泰山先生，孰少之哉！

介樂先生之道，大先生之爲，請以此説刊之石，陷于講堂之西壁。

康定元年七月十八日記。

青州州學公用記

故僕射相國沂公，初作青州學成，奏天子，天子賜學名，且頒公田三十頃。次入于學，公患田少不足，又傍學作屋百二十間。歲入于學錢三十一萬。逮今十稔，學益興而士倍多。太

〔一〕「謂」字原奪，據張本補。
〔二〕「二」、「經」二字原奪，據石本、徐本、張本補。
〔三〕「十二卷」，原作「十七卷」，據宋史藝文志改。

守趙集賢廣公之意，取南城隙地，又作屋八十三室，別爲鈎盾六十二間〔一〕。歲入于學，通六十七萬。學之公用，于是大充，而養士之道稱矣。

學官與諸弟子侈之，請記于壁，曰：立其法萬世不改者，道之本也；通其變使民不倦者，道之中也。本，故萬世不易也；中，故萬世可行也。若伏羲、神農、黄帝、堯、舜氏樹君臣、父子、上下之制，立其法，萬世不改者也。是之謂本也。服牛乘馬，上棟下宇，弧矢網罟之宜，舟楫耒耜之利，棺槨之便，臼杵之用，通其變，使民不倦者也，是之謂中焉。相國沿三代明王之〔二〕作，取古者家有塾、黨有庠、術有序、國有學之制，建學于青，立其〔三〕本也。集賢申易大畜「養賢」、頤「養正」、需「飭食晏樂」、兑「朋友講習」之義，立寬于學，制其中也。

大凡舒則人暇，局則人困，故善教者優游而至道，不善教者急速而强人。其要貴夫勞逸之節焉。禮曰：「張而不弛，文、武不爲也；一弛一張，文、武之道也〔四〕。」今夫學者六藝經

〔一〕「間」，原作「門」，據石本改。
〔二〕「之」字原奪，據石本補。
〔三〕「其」字原奪，據張本補。
〔四〕此段引文見禮記雜記下，原文作「張而不弛文武弗能也弛而不張文武弗爲也一弛一張文武之道也」。

傳千萬言，以時而諷之，其爲功博矣；仁義禮樂、忠信孝悌之道，天地陰陽、星辰災變之動，以時而求之，其爲業廣矣。廣〔一〕博而難卒，勤苦而後能成，蚤起夜誦，寒暑不廢，衣冠不解，則是常張之矣。歲有田，日有秩〔二〕，勞有休，怠有養，所以息焉、游焉，是一張一弛之道也。君子謂相國、集賢善教矣，張而不急，弛而不廢。

初，集賢樂學之經始甚亟，乃擇材吏，得節度推官蔡君亶，用董其役。作屋若鈎盾百四十五間，而取材於縣官之餘，借力於公家之隙，不煩於府，不擾於民，和説而以成。予謂相國善作也，集賢善述也，蔡君善卒相國、集賢之志也。見託斯文，既不得讓，因記其歲月云。

新濟記

天聖十年春，知兖州、工部尚書、翰林侍講學士孫公開新濟成。夏，汶水暴漲，盡壞其坊，瀦于西澤，滿弗受，腹背溢出，横流湯湯，爲江爲淮。轉如天回，突如山來，勢若吞鄆及壽張。東阿人不溺於水，如一縷絲、一毫髮相維之矣。東北注入新濟，汶水勢削，遂不克患。

〔一〕「廣」字原奪，據石本、張本補。

〔二〕「秩」，原作「秋」，據石本改。

明年，京東蝗蟲大旱，五穀皆不熟，自淄水東至於海尤甚。州養兵十數萬，倉庫空然，公儲不逮百日，或出秕稗糞腐，爲天子養兵食。羸卒餓軍，旦夕汹汹，發怒色，流怨言。郡刺史已下，焦然疚於懷，不知其爲，徒拱手俟罪而已。兩轉運使以是失職罷去。天子使轉運淮南倉轉輸于東方，凡數千艘，由淮達于鄆，鄆入于新濟，新濟而東，東方遂濟。

噫！春，新濟成；夏，汶水漲。新濟是賴，汶水無害，鄆人適安。今年新濟成，明年東方饑。新濟是憑，兵不匱食，國不乏用，民不餓死，濟之爲功也如此，其速成疾效，章章著見于人者，故略舉之矣。

若夫北暨鄆之張澤，南暨濟陽郡之鉅野，民良田百萬頃水宅焉。三十年民不得一壠耕、一穗收。新濟成，疏其水入新濟，民得是良田，播殖五穀以衣食之。新濟之功，此益爲大。中國之有四瀆，猶人之有四支。四瀆，濟其一也。濟水壅，廢地一支矣。今濟水復流，地之一支復生也，地有血脉也，有胷胃也，不壅絶焉，地道其安矣。濟水棄滯塞廢三十年，三十年不爲濟矣。今濟水復流，復爲濟矣。海不受濟之朝三十年，海亡一濟三十年矣，今濟水復朝於海，海復得一濟矣。地生一支，濟復爲濟，海復朝濟，功格于地矣，及于濟矣，及于海矣，功又益爲大也。當濟源涸，此功落成。祭法曰：「能禦大菑則祀之，能捍大患則祀之。」此可謂禦大菑矣，捍大患矣。則公宜受天百禄，世世祀之，傳子傳孫，寖隆寖昌。

公盡忠三朝，白首彌固，勳望風迹，終然允臧。在太宗朝，講經璧水，敷助文治，觀學王宫，啓發孝德。在真宗朝，嘗上疏陳十不可，請停西祀，又抗言乞焚天書、斬朱能，以道事君，有犯無隱。陛下纘服，日以孔子之六經，堯、舜、禹、湯、文、武、周公之道説于上前，以輔聖德。歷事三世，將逾四紀，年甫及致政，三上章乞骸骨歸葬鄉里。不得請，又兩上章乞解近侍守鄉郡，天子重勞以官職之事，許之。既告老去，猶以郡人被水患三十年，濟不爲濟，濟不朝海，地廢一支，在公家之事爲不了，卒能成功，澤生民，利萬物，及國家，被來世。春秋傳曰：「太上有立德，其次有立功，謂之不朽。」若公之立德、立功，可稱於不朽矣，宜刻諸石，垂之無窮。

按：濟水出於河南府王屋縣，溢于滎東，出于陶丘，東北會于汶，入于海。當黄河溢，并濟爲一，河水一石，其泥六斗，泥淤爲岸數百尺。河水復，濟遂失故道，不復能流入于海，仍停于鄆之西南，爲大澤，作民患三十年。公久思乂之，數議外廷，衆口嘵嘵爲不可。至是復白于上，請身自行。安肅軍觀察留後陳公堯咨，時治于鄆，受成于公，不敢異公議，克同于公。

天聖十年正月，以鄆州之須城、中都、平陰、壽張、陽穀、東阿，齊州之歷城、長清，合三萬人，起鄆魚山盡下把四十里，齊州接下把而下又五十里，疏濟故道，通濟入海，一月克成厥功。

督役則有鄆州通判比部員外郎張舜元、齊州通判國子博士王隲、平陰知縣國子博士李錫、歷城知縣太常丞董儲、壽張知縣右侍禁王師顔、鄆州駐泊右班殿直張政、中都縣主簿劉允。介自謀始，及成功，實預焉，故能備述其事。

景祐元年月日記。

去二畫本記

留守工部彭城劉公隨嘗親來視學于東庫，謂非聖人書宜悉去之，不可使學者讀之，惑亂其心也。公之心可謂正矣。噫！非聖人書猶不可觀之，况非聖人乎！

且自伏羲至于神農，神農至于黄帝，黄帝至于堯、舜，堯、舜至于禹、湯，禹、湯至于文、武，文、武至于周公，周公至于孔子，孔子之時，中國猶一人治也，道由一途出也。有老子生焉，然後仁義廢而禮教壞；有佛氏出焉〔一〕，然後三綱棄而五常亂。嗚呼！老與佛，賊聖人之道者也，悖中國〔二〕之治者也！公所謂非聖人之書者，老與佛之書也。老與佛之書猶不可使學者

〔一〕「焉」字原奪，據張本及上句文例補。
〔二〕「中國」，原作「聖人」，據張本及上文文意改。

見，況使學者見老與佛之象乎！

書庫有舊存三教畫本，索觀之，則吾聖人與老氏、佛氏等〔一〕，使學者趨老與佛，亦將同吾聖人也。讀其書猶懼惑亂其心，使趨老與佛同於吾聖人，豈知不易吾衣冠，棄吾夫子，捨吾尊親，廢吾祭祀，相與同歸于夷也！三教畫本，獨吾聖人朝夕令學者拜事之〔二〕，庶幾〔三〕知吾師之尊、吾教之一、吾道之正。所謂老與佛二者，吾令悉去之，後來者將謂吾不恭職，失二畫本，吾故書石以告。

宣化軍新橋記

康定二年冬十月戊午，宣化軍使、虞部員外郎張景雲作清河橋成。河初不通，故爲之舟，則人利舟也。及其弊也，舟反害人，河不復通，故爲之橋，救舟弊也。善哉，其達廢也歟！聖人之於天下之道，有作焉，有因焉，有變焉。未有初也故作，未有制也故因，制失故變。變者，

〔一〕「等」字原奪，據石本補。
〔二〕「之」字原奪，據石本補。
〔三〕「幾」字原奪，據石本、張本補。

救其失也。漢董仲舒曰：「道者，萬世無敝。」非無敝也，得捄之之道也。」毁舟爲橋，善變者乎？易曰：「通其變，使民不倦。」其是之謂矣。

河去軍北門數步，其流不絶如綫，深不濡軌，廣不逾丈，非如彭蠡、洞庭之險，而人〔一〕病涉則甚於彭蠡、洞庭，實舟之爲也。舟有十五人，十五人爲十五家，家率七口，爲百五口，百五口之衣與食，皆取於舟。晨起，十五家磨牙動吻，伸頸奮距，以搏以噬，憧憧往來，人罕完膚。吁！上下相容，州縣無政，孽苗遂威，姦府遂成。凡此橋歷二年，更六人，成輒壞者三，卒成于君。如此其艱，孽苗大而難拔也，姦府固而難破也。非君之誠與斷，孰克哉！

初，天章閣待制知淄州軍州事郭公勸、侍御史京東轉運使張公奎始謀毁舟建橋，授謀于縣。而郭以憂去，張徙河東。其後虞部郎中胥君穀繼來爲州，國子博士霍君某通判州事，虞部員外郎韓君穀爲縣。雖述六公之志，而橋再成輒再壞。逮君，橋卒成。

當二公之去、橋再壞也，人咸曰：「橋不可作也。物有數，事有會，興廢存諸時，成敗繫于天，皆不在人。」君來代韓，聞其説，獨以爲不然。苟興廢成敗皆不在人，則救懷、襄之患者，非

〔一〕「人」字原奪，據石本、張本補。

禹也歟？定管、蔡之亂者，非周公也歟？平諸吕之難者，非勃也歟？去鱷魚之暴者，非吏部也歟？作一橋不能圖久，人無誠也，乃推諸天。患誠不至，而不患功難就。

視事之日，亟至河上，且歎曰：州縣之政，莫大於是者。州之大者方百里，政之善惡不出千里之内。自西、自東、自南、自北，孰不由此塗出也？苟有利焉，天下享之；苟有害焉，天下被之。在周官則曰：「司險，周知其山林川澤之阻而達其道路。」在孟子則曰：「十月徒杠成，十一月輿梁成。」在春秋傳則曰：「啓塞從時。」况二君謀於初，三君作於後，願竭才卒成此橋。且舟爲害也遠矣，吾爲利也豈謀近哉！百世後已，不可苟作。梓材以新，制度以侈。

夏六月己酉，明日落成。其夕，橋又壞。君曰：「天固助予，非有姦，橋何壞？」韓君再爲橋，橋再爲壞，壞有故也。吾一爲橋，橋一壞，壞於姦也。吾未討姦者，終成吾橋，然後信吾之志，而奪姦人之心，暴姦人之罪。益勤不懈，日出臨河上，工之拙巧、材之良惡、斧斤之高下、繩墨之曲直，必親焉，毋不良，日入歸。如此九十有七日，橋乃成。凡五杠、三十七柱、七十八梁，皆大木也，所以取大壯而圖不朽。

噫！衣乎舟、食乎舟者百有五，爪距森森，牙齒顔顔，相與横歧盤錯於其間，崇姦深，樹孽大。非君智果，姦府不破；非君特達，孽苗不拔。始其再壞、三壞也，衆口囂囂，咸請罷。由于克斷，君聽不亂；由于克誠，此橋卒成。嗚呼！君之功茂焉。

十月初九日記。

柘城縣巡檢廨署記〔一〕

天下有事也，天子日旰而食，公卿側坐而謀，大夫露宿而行命，士晝夜走以赴命，況庶人乎？天下無事也，農閒于野，工遊于府，商嬉于市，士大夫不醇〔二〕駟不駕，不兼味不食，高冠寬衣，恬愉舒緩爲事，況天子公卿乎？帝宋有天下八十年矣，艱難于太祖，勞于太宗，汲汲于真宗，逸于陛下。始于胼胝，中于癯瘠，今至于安樂泰舒〔三〕，内外官萬餘員，無所事事，食天子廩禄而已。不矜車輿，不飾第宅，安爲哉？

〔一〕「柘城」，原作「石城」，據本文及石本、四庫本、張本改。
〔二〕「醇」字原缺，據石本補。
〔三〕「安樂泰舒」，原作「安富樂泰須」，據石本、張本删正。

右侍禁韋君濤，朝廷命檢察〔一〕南京之宋城、楚丘、下邑、寧陵、柘城、穀熟、虞城盜賊，治所在柘城。舊署〔二〕廨宇卑圮，風雨弗蔽。韋君至，則曰：「天子賜祿廩，非獨奉臣身，亦將以仰事父母，俯庇妻子。今居無厚牆完廬，日暴溼其身體，豈聖君推孝治、待臣下之意邪？況海寓富康，薦歲豐稔，家給人足，盜賊不作。幸外無職事，内置吾親於康寧，不亦可矣？」舊署之囂塵湫隘者，悉更之高明爽塏。於是燕寢有堂，飲食有位，厩庫井竈，罔不有秩。上以荷大君養育，内以逸樂其親，及于其妻兒，韋君終〔三〕無歉不足者。非我列聖相勤養理，寓内無事而然歟〔四〕？假若有事，韋君當如前所述，晝夜走赴職弗暇，豈及於此乎？

予吏睢陽，韋君以新署成，乞文爲記。因感太平之人各得其所，且嘉韋君之能厚於其親，遂命筆直書之，無罪略焉云耳。

時景祐四年六月二日記〔五〕。

〔一〕「檢察」，原作「擒察」，據石本改。

〔二〕「舊署」，原作「舊是」，據張本改。

〔三〕「終」，原作「中」，據張本改。

〔四〕「而然歟」與下句「假若有事」七字原奪，據石本、四庫本、張本補。

〔五〕「記」字原無，據石本補。

鄆城縣新堤記

太祖、太宗用武，當是時，武夫帶一刀，負一矢，取功名如山岳；書生吐一奇，運一策，闢土地數千里。聖主勳臣，勞告天地宗廟，外内文士，得取爲歌、詩、頌、讚，刻于金石，播諸筦絃。荆、潭臣僕，甌、閩内屬，蜀師來降，李煜渡江，吴人慕化，并、汾納社。天覆地載之内，一用宋正朔，罔敢貳志。真宗以文守，陛下以孝治，通五十六年，生物𨓜遂，積穀豐實，海内恬嬉閒暇，習於俎豆，寬儒蘊藉，尚以章句，武夫、書生，莫得如向之取功名、闢土地者。學史者磨石濡毫，俟以歲月，竟無有卓卓勳烈可稱紀載。

夏四月，予卧睢陽公舍，鄆城縣令劉君準遣使致書于予，曰：「故鄆城爲水淫敗，予作新城於故城西南十五里，遷〔一〕其民而居之，雨逾月不止，水如故城。謀再遷之，則重勞吾民。且鉅野在天下爲大澤之一，周視邑内無高燥旁可居萬家之處，雖再遷之，水亦隨去。與其勞民而再遷，遷不遠水，不若借是民力，擇久安之計。民無頻遷，水不爲患，斯亦可矣。於是環城

〔一〕「遷」，原作「還」，據石本、張本改。

築長堤〔一〕千九百步，高二十尺，厚九尺，足以捍城矣，足以禦水矣。」

「堤成，予復念曰：今雖作堤，堤久必壞，歲須補之乃無壞。若一歲一補堤，薪芻取於民，令苟不民恤，吏因緣爲姦，蠹傷吾民，是吾作堤非以爲利也，反以爲害也。因即堤上下、城裏外樹楊萬有三百栽。曰：他日堤之薪芻是共，可以緩民之憂矣。」

「今堤既成且固，柳皆青青榮活，葉可蔽日。太平爲吏，不從軍邊塞，效萬死一生，立尺寸功，求榮名書國史，此爲績雖細，猶愈夫坐而視民溺死不救者焉。已從梁山上轉圓石至縣門〔二〕，用匠磨琢成就，光滑可書，堅博可存，願得君文以記歲月。」

噫！予從事斯文久矣，常如向所述，不得卓卓勳烈可紀載。劉君之功，雖非卓卓者，刊之于石，亦無媿焉，遂記之。

景祐四年六月一日。

〔一〕「堤」，原作「城」，據石本改。

〔二〕「縣門」，原作「懸門」，據張本改。

祭堂記

周制：天子七廟，諸侯五廟，大夫三廟，適士一廟，庶人祭于寢。唐制：三品已上乃許立廟；天寶十年，四品清官亦〔一〕許立廟。介今官爲節度掌書記，在國家官器，令從七品。説者謂：適士，上士也。官師，中下士也。庶人，府史之屬也。介爲庶人，則嘗命於天子，又未至于適士，其官師乎？在周制，得立一廟；唐制，則未得立廟。今祭于寢，則介之烈考嘗爲東宫五品官，且鬼神之道，尚嚴于寢，實爲黷神。將立廟，則介品賤，未應于式。貴賤之位不可犯，求其中而自爲之制。乃於宅東北位作堂三楹，以烈考及郭夫人〔二〕、馬夫人、劉夫人、楊夫人、後劉夫人居焉。薦新及於烈考五夫人而已，時祭則請皇考妣、王考妣咸坐。緣古禮而出新意也，推神道而本人情也。

慶曆元年辛巳十一月十七日建。

〔一〕「亦」，原作「乃」，據石本改。

〔二〕「郭夫人」三字原無，據石氏墓表及後文「五夫人」補。

拜掃堂記

石氏既用康定二年辛巳八月八日舉大王父以〔一〕下爲三十二墳，葬於祖塋，復立祭堂於宅東北位。葬之以禮，祭之以禮也。

石氏從周得姓逮于今，二千有餘〔二〕年矣。自滄徙居至于今，百五十有年矣。祀遠〔三〕，唯介之烈考能談其譜，討源及流，實爲詳盡。小子嘗受之烈考，終不有識，大懼墜落。又爲石高五尺，廣二尺三寸，厚一尺，列辭二千三百六十八字，表於墓前，以傳千萬世。

風雨燥溼〔四〕，石久必泐，字久必缺，不可無蔽覆。且歲時必上冢，出必告于墓，反拜於墓，則皆有祭，不可以無次設。乃直塋前十四步爲堂三楹，一以覆石，一以陳祭，總謂之拜掃堂云。

慶曆二年壬午三月五日記〔五〕。

〔一〕「以」字原奪，據石本、徐本補。

〔二〕「餘」字原奪，據石本、徐本補。

〔三〕「祀遠」二字原缺，據石本、徐本補。

〔四〕「燥溼」，原作「爆溼」，據石本、張本改。

〔五〕據清錢大昕潛研堂金石文目録卷四著録，泰安府城東南三十里徂徠山陰汶水東岸橋溝莊有碑曰石氏世表，石介撰，士建中正書，當即此墓表。錢氏題作「康定二年八月」，與此文末紀歲月不同。

徂徠石先生文集卷二十

啓表文十篇

謝益州張密學啓

右介啓：介自八月十日至二十三日兩到府城，共住九日，五次伏謁旌下，賜食華亭寺。每請見，皆特優禮待。九日費公膳十一，及來赴官守，而復遠借舟檝，盛送饔餼，精米嘉麪，醇酒肥肉，率皆豐餘。盡室九口，在舟四夕，日以饜飽，猶不盡三之一。

噫！飲食雖禮之末，禮，非飲食不將。記曰：「禮始諸飲食。」易曰：「物稺〔一〕不可不養，故受之以需。需者，飲食之道也。」又曰：「頤貞吉〔二〕，養正則吉。」天地養萬物，聖人養賢以及萬民。然則飲食豈其細歟？故膰肉不至而孔子行，醴酒不置而申公去，古人豈專於飲食哉？所以爲禮也。恭惟知府密學望高中外，德服西南，出以甸定四方，入將陶宰萬物。上

〔一〕「稺」字原奪，據易序卦補。

〔二〕「貞吉」兩字原奪，據易頤卦補。

養君后必以道，道者何？忠信之謂也。不以道，則徒資口腹之欲，與飼衆人何異哉？下養士類必以禮，禮者何？仁義之謂也。不以禮，則徒取豢肥之意，與畜犬豕何異哉？介所以拜賜，以來爲榮且喜，非榮一卮酒之旨，非喜一桉肉之味，蓋知府密學養不肖以禮也。

又府從事嘗以介小詩塵于几閣，密學俯爲屬和，雖不獲賜本，而親奉玉音，是何蕢桴土鼓之踈，輒邀咸池大章之作，斯又希世之幸而非常之榮也。以州縣賤小吏見國大臣，以屬郡下執事見大尹，自當畏汗恐慄，趨走階下，望塵而來，拜塵而去。何得襜如矩步，以賓客禮進退，從容近坐，款密奉對，聲什唱和，飲食衎衎，來有勞，去有送，處具室廬，行具舟檝，若僚友者焉！迥出素望，皆逾常夷，爲榮且喜，不亦宜哉！

密學既以禮養士，願服勞厥官，夙夜勉勉，使卒無曠敗，以報萬一。此則小人以力養上之效也，敢勤而不怠。近瞻府城，邀阻旌戟，卑情無任戀恩荷德、激切依歸之至。

謝益州轉運明學士啓

介去年赴任嘉州，未期月，母氏訃至，入蜀之計已匱。住蜀之計未就，而出蜀之計又迫。凶喪之家，稚騃十餘口，寄於五千里外，其未墜於淵谷者，如一寸髮維之矣。學士賜之大德，不惟振其將死之命，又從而衣食之〔一〕，使有餘溫餘飽焉。當日之凍者，今燠而壯；當日之匍匐而行者，今躍而走；當日之孩乳而生者，今坐而食。堂有親，且康甯，以逸以樂。庭有子孫，懽然熙熙。石氏閨門之內，晏安如也，學士之德也。

嗚呼！夫施之爲也，有憫其人餓窮而爲之者，有取其人道德而爲之者。憫其人餓窮而爲之者，猶人見一魚鼈卵胎、犬彘鳥鼠，不忍其無罪而就死地，惻焉而憫之也，施之細也。取其人道德而爲之者，非不忍其無故就死地，惻焉而憫之也。蓋以其人之有智勇焉，生之也可使之立功；以其人之有學術焉，生之也可使之施教化；以其人之有忠信焉，生之也可使之輔君子；以其人之有仁義焉，生之也可使之養烝民。斯以爲施也，施之大也。

施之細也，君子不求其報；施之大也，君子將求其報。不求其報者，君子之私也；將求其報者，君子之公也。私者，私於一物也；公者，公於天下也。魚鼈卵胎、犬彘鳥鼠之得生焉，不過魚鼈卵胎、犬彘鳥鼠之報，故君子不求焉。智勇學術、忠信仁義之得生焉，必有智勇學術、忠信仁義之報，故君子求焉。不求焉，所以私於物也。求焉，所以公於天下也。立功

〔一〕「之」字原奪，據石本補。

德，施教化，輔君子，養烝民，斯非天下之公歟？

學士之施於介，非憫其餓窮而爲之也，取其道德而爲之也。學士不求報於介也，是以魚鼈卵胎、犬彘鳥鼠待介也。求報於介也，介則將以智勇學術、忠信仁義以報於學士也。區區之心，盡在此矣。蜀雖國家之疆土，其風氣不得中國之正，伏惟學士履此嚴凝，順頤養以持固大中之福。

不任瞻戀拳拳之心。

謝兗州李相公啓

介頓首百拜資政相公閤下：孟冬漸寒，伏惟台候萬福。介五月中過府中，得獲參覲，伏蒙相公恩遇如常，介不勝感銘之至。恭以相公之德，兗州之人衣食之矣。衣食之厚，無如介者。

生景德之乙巳歲，介生之年，相公爲狀元。由大匠丞通判於兗，逮今三十五年，相公凡四來，其殖衣食於兗州也，富且饒矣。自相公初殖之，介則衣食之。介今生三十五年，衣食相公三十五年矣。先介一年生者，衣食多於介一年，後介一年生者，衣食少於介一年，何況有先四十年、五十年生者，後三十年、四十年生者，是兖州之人衣食相公無如介厚且足者也。介於兖州之人衣食相公最厚，兖州於天下衣食相公又厚，蓋相公來兖州四矣，陶宰天下再矣，故衣食之有厚薄焉。旦暮相公三正台席，推兖州衣食以及天下，天下衣食相公其亦如兖州之人矣。

夫衣食乎天下，福德爵禄寧有窮時乎？伏惟相公倍加慎重。

謁兖州通判孟虞部啓

孟子曰：「天下有達尊三：爵一，德一，齒一。朝廷莫如爵，鄉黨莫如齒，輔世長民莫如德。」執事於介，言乎爵則貴，言乎齒則長，言乎德則優。斯三者，皆宜拜也。詩曰：「維桑與梓，必恭敬止。」執事所治事，則介父母之邦，此又一宜拜也。禮曰：「見父之執，不謂之進不敢進，不謂之退不敢退，不問不敢對言，敬父同志如事父。」執事與介先君同年登科，又宜拜也。

介於執事，宜拜之禮有五，而執事聽政逾一時矣。介收五代以禮改葬，自經始至卒事二百一十日，不敢一日怠忽，故未及一候門牆。今幸會車騎過於里中，敢附伏馬前，叙孟子、詩人、禮家之説，以脩勤拜。

代鄆州通判李屯田薦士建中表

右臣嘗讀漢書，每遇災異，則詔三公、郡國各舉賢良方正能直言極諫之士，上親策問之，故賈誼、晁錯、公孫弘、董仲舒得以極其言，所以漢高昌言垂四百年。今國家方惟新庶政，更脩百度，日昃不食，急於太平，而蝗旱相乘，仍歲饑饉，朝廷憂勞哀痛，若内諸隍，聖德日新，天災未消，躬求讜言，庶聞其道。臣竊見本州今秋得解進士士建中，能言天道人事之應，能叙三才九疇之義，能知太平之道，能息災異之術。臣具見其實，輒敢薦明，惟朝廷策焉。

伏以建中今三十六歲，專精畢力，勞心苦學，積二十餘年。性識通敏，經術深明，讀書不取其語辭，直以根本乎聖人之道；爲文不尚其浮華，直以宗樹乎聖人之教。故能言天地人之際，知帝皇王之道，通古今之術，識治亂之迹，懷經綸之略，有超異之才。其家至貧，養父母以孝聞，躬營甘旨，不避寒暑，安貧守節，窮能益固，未嘗以一介干非其人。持身廉，操心平，睦鄉里以仁，交朋友以忠，内守信義，外修操履，不以利動，不以妄進。古之所謂經明、行修、文學、孝廉，建中實有之。昨秋賦時，本州考試得合格，已解發姓名，入禮部貢院去訖。

竊以禮部每春就試進士，動有三二千人，程試繁密，條制謹嚴，苟小有所誤，便當遺落。又與衆人混試，復且糊名，竊恐偶有所遺。則建中不得以名聞大子，其人遂不見用於聖朝，其道遂不得〔一〕施於天下。文明之代，使賢者有不遇之歎；千載之下，朝廷有失賢之名。伏乞聖慈，更不送禮部試，特召令試策，訪以王道之要，咨以當世之務，容其直言，毋諱有司，必有以補益國家者。如其言可采，伏望聖慈特與收擢，稍不如舉狀，臣甘俟朝典，干冒旒扆。臣無任激切屏營之至。

鄆州知州祈雨文

黄石之靈：夫萬民恃五穀而生也，百穀仰膏雨而長也。故一日無穀，則民困且飢；逾月不雨，則穀焦且死。

自去年正月，風雨不順序，天變乎上，歲凶于下，黎民阻飢，皇皇焉日望其新麥，曰：「庶幾不死矣！」三月且不雨，麥不出隴，穀不生土，日淒風亢陽熾炙〔二〕其土。其政不脩邪？其

〔一〕「得」字原奪，據石本、徐本補。

〔二〕「炙」字原奪，據石本、徐本補。

化不流邪？刺史不德而民無告邪？何陰陽逆而不順，和氣塞而不來？

苟以政不脩、化不流、守吏不德而民無告，天示譴，則罪在守吏。凡有禍有罰，宜加守吏。守吏且不敢怨、不敢辭，民何辜而久不雨，以絶民之食？神聽不明，罰不當罪，民不肯受而敢咨敢嗟。

神儼然南面，有此土宇，厥民歲供飲食，祗事於神。有辜當神罰，民其辭乎？無罪而罹禍，民其肯受乎〔一〕？惟神其移於某身，而使斯民活。

且神昔在炎漢，以祕略授子房，建萬世基〔二〕，人神並受其福，其功略大矣，其德烈遠矣。而有土方千里之内，並在神之左右，豈不能爲作福休以庇覆膏沐之？守吏既不德不明，不能〔三〕養斯民，神又其棄諸，惟神仁於斯民。

〔一〕「乎」字原奪，據張本補。
〔二〕「基」下原有「矣」字，據石本删。
〔三〕「能」字原奪，據石本、徐本、張本補。

上南京夏尚書啓

留守尚書光奉制書，徙居畿近，伏惟慶慰。伏以天子之居則謂之京，而汴爲東京，洛爲西京，宋爲南京，其名尊矣。王者之興必有其地，而堯自唐，虞舜自嬀汭，禹自有夏，湯自景亳，周自岐山，劉自漢中，李自晉原，國家自歸德，其世長矣。洪惟太祖開國，授於太宗，太宗靈承，傳之先朝〔一〕，先朝〔二〕克光，付與皇帝，相繼四聖，垂乎百年，德厚流長，本固葉茂，重熙累盛，以至于億萬世而寖隆寖昌，莫不由乎肇迹之有先，始封之彌大。壯是王氣，建爲大都，保釐東郊，居守留鑰，常命懿德國老邇臣。若今丞相僕射王公，參政吏部禮部蔡公，皆自此遷入爲柄輔。中書堂執政者五，而三出南京之尹。

伏惟留守尚書，始以賢良方正能直言極諫舉，次以大禹、益、稷、皋陶之謨，出納誥命，次以伊尹、伊陟、甘盤、巫咸之美，弼諧機衡，名書太常，動在王府。今既承三公而來，亦當躡三公之去。自茲京邑地望益高，不獨爲宋之榮觀，可以使天下之聳動也。

〔一〕「朝」，原作「廟」，據石本、張本改。

〔二〕「先朝」兩字原奪，據石本、張本補。

介頃由學官登於幕府，天與其幸，會公之來，喜抃交并，精爽飛越。官守有限，不能奔走麾下，與公挽轡推轂，一日而至，慰邦人徯望之心。瞻望旌旄，不勝踊躍之至。

移府學諸生

賢重也，食輕也，君子推乎輕以篤乎重，故賢隆焉。學本也，養末也，君子厚於本而薄於末，故學至焉。易曰：「大畜，養賢也。」又曰：「頤貞吉。」則推乎輕以篤乎重之謂也。孔子曰：「君子謀道不謀食。」又曰：「食無求飽。」則厚於本而薄於末之謂也。聖人置禄以待百官，禄充而後責之以事，故事脩而國家立矣。然則禄豈素出者也？君子崇養以居衆材，養優而後責〔一〕之以道，故道至而教化行矣。然則養豈空具者也！

講習在堂，朋友在序，圖籍在府，器服在廳，歲有公田，日有常秩，内足以樂乎志，而外足以進乎道。夫志者何謂也？志乎所志也。道者何謂也？道乎所道也。志於忠信而忠信立，志於孝悌而孝悌成〔二〕，志之謂也。道於仁義而仁義隆，道於禮樂而禮樂備，道之謂也。夫如

〔一〕「責」字原缺，據石本補。

〔二〕「成」，原作「誠」，據張本改。

是，養果不空具也。

南京學立於故大諫戚公，成於今留守夏公。大諫爲建學宫，學之有取無不給，唯養士之具未稱；留守從天子請田千畝，以食于學，養士之具又稱，則諸生不可以負二公矣！

噫！自大諫至留守三十年矣，而學乃成。豈不以學大本也，殖之不深，不可以維萬世；道重器也，舉之不以難，不可以格後人。殖之深，舉之難，諸生識之。

南京夫子廟上梁文

日月不盛大，星辰不衆多，無以昭天之明；山嶽不磅礴，江海不横瀉，無以彰地〔一〕之載；制度不恢廓，宫室不壯麗，無以示聖人之尊。天明不昭，衆庶何所仰也？地載不厚，萬物何所附也？聖人不尊，群儒何所法也？况藝祖始興之地，先皇親狩之都，鼎峙爲京，自四畿相附而先聖廟齪齪僻陋，不堪其憂，何以壯遠人之望，視四方之則哉！

留守尚書公下車月餘，政未及施，首嚴聖祠。豪人承風偃化，相率出錢二百萬，購材於河

〔一〕「地」上原衍「天」字，據石本删。

陽、淮，咸得大木，以新厥居。輪焉奂焉，京邑翼翼。宋人開聾發瞽，知聖師之尊。且大廟作，凡三月而成功，有司告十二月二日吉，請上棟焉，公命盛食以落之。

兒郎偉，抛梁東，夫子之道，岱岳並崇；抛梁西，夫子之道，太華與齊；抛梁南，夫子之道，衡嶽相參；抛梁北，夫子之道，常山北極；抛梁上，夫子之道，如天可仰；抛梁下，夫子之道，如地不瀉。伏願抛梁之後，留守尚書公入持國鈞，正位台席，行聖師之道，上以致君於堯、舜之上，下以躋民於仁壽之域。萬斯年兮，主聖臣直！

南京知府祈晴文

夫土地，明則有長牧以治之，幽則有神明以官之。惟牧也，當大克惠養於斯民以流德澤；惟神也，當大克庇庥於斯民以作福貺。惟牧與神共理者也，陰陽以和，百穀嘉登，皆牧與神之功；風雨不時，庶物疵癘，皆牧與神之羞。

今天行〔一〕失度，陰極則流，作此淫雨，害于粢盛。某治明者也，惟是夙夜祇栗，改行修

〔一〕「行」字原奪，據張本補。

政，庶幾菑禍自兹少弭。神治幽者〔一〕也，亦豈得安平者哉！

今民咨嗟，咸歸咎于守吏與神。守吏固不敢怠，惟神念之。抑陰扶陽，雨不作大沴，弗賊天之時，弗匱地之利，弗絶民之食，皆神之福。守吏不能邀其功，惟神念之！

〔一〕「者」字原奪，據張本及上句文例補。

石介集附録一

佚文

上王樞密書

伏聞驛騎走西洛，召相公入爲樞密使，社稷幸甚。觀皇上聰明神聖，英威武睿，即位十有三年，不好遊畋，不近聲色，恭儉之德，聞於天下。去年自四月一日之後，陞任賢俊，黜退姦慝，發號施令，風行雷動，可謂尸居而龍興，水默而神竦。惟幾也，成天下之務；惟深也，通天下之志。惟神不怒而威，不疾而速矣。睿智類乎唐太宗，資才高於漢武帝。是時四夷側耳震駭，海内聳目鼓舞，人人自以爲逢堯、舜，家家自以爲登太平。

正月以來，聞既廢郭皇后，寵幸尚美人，宫庭傳言，道路流布，或説聖人好近女色，漸有失德。自七月、八月來，所聞又甚，或言倡優日戲上前，婦人朋淫宫内，飲酒無時節，鐘〔鼓〕連晝夜。近有人説：聖體因是嘗有不豫。春秋傳曰：「是爲近女室，疾如蠱，非鬼非食，惑以喪志。」斯不得不爲慮也。太祖、太宗、真宗三聖人，以天下相傳授，至於陛下，陛下當復傳於子、傳於孫，以至於億萬世也。今聖嗣未立，聖德或虧，血氣未定，戒之在色，湎淫内荒，萬一成蠱惑之疾，社稷何所屬乎？天下安所歸乎？

今見變異，人心憂危，白氣徹霄，凶災薦歲，此天地神靈所以示勸戒、警悟於陛下也。見災而懼，或可變禍爲福，若猶不悛，災益深而禍益長也，爲國家者，可不爲深慮？相公昔作元臺，今冠樞府，中外更踐，華夏具瞻。社稷安，繫於相公；社稷危，亦繫於相公。相公久去近侍，方自外來，聖眷至深，君心所屬。當此之時，宜即以此爲諫，諫止則已，諫不止則相公請辭樞密之任，庶幾有以開悟聖聰，感動上心也。若執管仲不害霸之言，以嗜慾閒事，不可極争，則遂啓成亂階，恐無及矣！伏惟相公留意焉。

勿謂狂夫之言不足採聽，斯乃國家計也。相公或罪其狂訐，賜之誅戮，固所甘心。既疏賤在外，不得極陳一言，受斧鉞於天子之前，以狂訐得罪於相府，亦其死所也。

録自南宋李燾續資治通鑑長編卷一一五景祐元年八月條

根本

善爲天下者，不視其治亂，視民而已矣。民者，國之根本也。天下雖亂，民心未離，不足憂也；天下雖治，民心離，可憂也。人皆曰：「天下國家。」孰爲天下？孰爲國家？民而已。有民則有天下，有國家；無民則天下空虚矣，國家名號矣。空虚不可居，名號不足守，然則民其與天下存亡乎！其與國家衰盛乎！

自古四夷不能亡國，大臣不能亡國，惟民能亡國，民，國之根本也，未有根本亡而枝葉存者。故桀之亡，以民也；紂之亡，亦以民也；秦之亡，亦以民也。漢有平城之危、諸吕之難、七國之反、王莽之奪，漢終不亡，民心未去也。唐有武氏之變，禄山之禍，思明、朱泚、宗權、希烈諸侯之叛，唐終不亡，民心未去也。夫四夷、大臣非不能亡國，民心尚在也。觀漢高祖、文、景、唐太宗，其有以結民心之固。王莽奪取，漢已亡矣，而民尚思漢恩未已，故光武乘之中興。武氏、禄山、滔、泚、思明、宗權、希烈諸侯之亂，唐已亡矣，而民尚思唐德未已，故終至於三百年。

民之未叛也，雖四夷之强，諸侯之位，大臣之勢，足以移國，足傾天下，而終不能亡也。莽等不能亡漢，武氏、禄山諸寇不能亡唐是也。民之叛也，雖以百里，雖以匹夫，猶能亡國，湯以七十里亡夏，文王以百里亡商，陳勝以匹夫亡秦是也。噫！民之未叛也，雖四夷、諸侯、大臣不臣不能亡國，況匹夫乎！民之叛也，雖匹夫猶能亡國，況四夷乎！矧諸侯乎！矧大臣乎！噫！爲天下國家者，可不務民乎！

書曰：「可畏非民。」孟子曰：「民爲貴，社稷次之，君爲輕。」故古之天子重民也，不敢侮於鰥寡。民雖匹夫也，有奸雄，有豪傑，有義勇。伊尹、吕望，義勇也；陳勝，豪傑也；黄巢，奸雄也。伊尹、吕望不忍桀、紂之民塗炭，奮於耕釣，起佐湯、武，放桀，伐紂，義勇矣。夫陳勝不堪秦之民役苦，憤然舉兵以誅秦，豪傑矣。夫黄巢伺唐之隙，因民之饑，聚兵以擾天下，奸雄矣。夫書曰「可畏非民」，有奸雄，有豪傑，有義勇，可不畏乎！是以聖人不敢侮於鰥寡，蓋不可以匹夫待民也。孟子謂民貴、社稷次、君輕，蓋不敢以萬乘驕民也。

吁！昏君庸主不知民爲天下、國家之根本，以草莽視民，以鹿豕視民，故民離叛，天下國家傾喪。嗚乎！民可忽哉？

臣觀太祖皇帝、太宗皇帝、真宗皇帝、皇帝陛下養民勤矣，愛心至矣，然而天下之民困，其故何哉？郡守、縣令濫也，僧尼多也，祠廟繁也，差役重也，支移遠也，貢獻勞也，館驛弊也，

（吏易）〔使任〕數也，兼并盛也，游惰衆也。今欲息民之困，在擇郡守、縣令，減僧尼，禁祠廟，省差役，罷支移，停貢獻，寬館驛，久使任，抑兼并，斥游惰。謹求其利病而各著於篇。

録自南宋吕祖謙皇朝文鑑卷一〇二策

斥游惰（節略）

隋立社倉，唐立義倉，近代行之，最爲利便。社倉、〔義倉〕一也。今請每村立一社倉，逐户據户口數多少，仍約歲之豐秏，年年納粟若干、豆若干、菽黍若干，石、斗委〔上〕等户有年德者三二人主之。如遇飢饉，量口數支給，如此行之，則雖有水旱、蟲螟，民不乏矣。

宋會要輯稿食貨六二之一九

石氏墓表〔一〕

石氏之先出於衛康叔之後。康叔，文王之子，周公之母弟。然則石姬姓矣。按本紀云：

〔一〕據徂徠集卷十九拜掃堂記自述，介嘗叙石氏家世，「列辭二千三百六十八字，表於墓前」。又清錢大昕潛研堂全書潛研堂金石文目録卷四著録有石氏世表，均指此文。

「衛，靜伯生公叔，公叔生顯伯，顯伯孫摯生何爲石氏。」春秋左氏傳：隱三年有石碏，碏子厚，莊十三年有石祁子，成二年有石稷，襄十七年、十九年有石買，二十七年、二十八年有石惡，襄二十八年、哀十七年有石圃，哀十三年有石曼姑，哀十五年有石乞，十七年有石魋。禮記檀弓注有石駘仲。莊八年又有齊小臣石之紛如，十九年又有周士石速，僖三十年又有鄭大夫石甲父，文十七年有石楚，成十年有石首，襄十一年、十三年有大宰石臭，昭三十二年周又有石張，定十四年又有天子之士石尚，定十年又有宋卿石彄。六國時有石奢，嘗相楚國。漢有萬石君父子。晉有石苞、石統、石喬、石崇、石樸，又有石監。唐有石抱忠，則天朝爲天官侍郎，石雄爲將，石演芳著忠義。

□□六世祖自滄州樂陵縣遷焉。今爲兖州人也。吾祖初遷而南，得邑曰乾封，後改奉符。鄉曰梁甫，里曰雲亭，村曰商王。負泰山，挾徂徠，有二大山之鎮。且汶水注其後，經其西，遂築居焉。「仁者樂山，智者樂水。」吾祖其近仁智者歟！吾祖之初來，既鮮兄弟，亦無族姻，有田百畝，專以農爲業。久之，始生高祖逵，高祖乃生曾祖七人，石氏於是遂蕃。

長曾祖性嚴毅，善於治家，每晨起，令諸子弟畢，先趨田畝，群子弟無敢後者，故石氏富於粟。且當五代兵寇之時，中原用武，諸祖又皆敏有材力，習戰尚勇，騎射格鬭，豪於鄉里。趙將軍者，鉅盜也，衆數千人，張旗鳴鼓，攻掠郡縣，其鋒甚盛，嘗過吾里中，不敢爲寇，遣使乞具一飯，諸祖諾之。行人更其辭，賊憤，乃來戰，遂陣於南門之外，我不素備，猶殺賊數百人。方戰時，遇力疲則憩於門内，蘇而復戰，賊勢已削，將引去未得，尚酣戰。三曾祖鞋係斷，投門，門内有姦，閉門不納，遂敗。是以長曾祖、七曾祖、大祖父、二祖父、四祖父、七祖父皆没於陣。三曾祖善戰，既敗，賊入門，升堂階，又斬賊副。□□□□花頭。乃攀堂檐而□□出里餘，息於栗林西數十步，渴就溝水飲，眼皆血出滴水上。苦戰如此，然竟免。

嗚呼！石氏之遷，其當唐季乎，戰之歲在晉開運三年也。後五年，慕容氏反兗州，即〔周太〕祖廣順（四）〔元〕年也。賊□□。二年，石氏乃分。曾祖第六房無嗣，與第五房合爲一院，凡六院。後第四房嗣亦絶，爲五院。今第一院分六院，第二院分三院，第五院分四院，第七院分二院，〔凡〕十六院。然皆出於七曾祖。□叙其略：

第一院曾祖諱路堅，娶顔張單氏，生大祖父、二祖父。大祖父娶秦氏，無子，女二人，長適西王張氏，次適南顔張丁讓。二祖父娶侯村鄭氏，生長伯父明、二伯父□。長伯父娶陽關朱氏，無嗣，一女，適劉聚，湘、筠，其甥也。伯父□□□鄉里□通傳。二伯父娶淳于桑氏，生六男，曰用，曰誠，曰元吉，曰政，曰峰，曰宣；三女，長適舊縣陳隱，次適下村張氏，次適下村趙氏。

用二男，曰巒，曰福；一女，適聶氏。福生圭，巒生先，福哥（鍔按：疑有闕文），先生大眼。誠一男，曰澡；三女，適寇氏、郝氏、韓氏。澡生翁兒。元吉一男，曰澗；一女適夏氏。澗生王兒。政一男，曰簡；二女，適周氏、李氏。簡生□□。□□三男，曰友諒，曰友直，曰友□；三女，皆適張氏。宣三男，曰全，曰師恭，曰師讓；二女，長適富氏，次在室。

第二院曾祖諱路釗，娶劉氏，生四祖父洪、十一祖父環；一女，適李氏。（四祖父娶）□□□□（氏，生五）伯父□。五伯父娶李氏，二男，曰坦，曰榮；一女，適□氏。坦生師睦、師和、師厚；一女，適晏氏。師睦生課兒。榮生師哲、師敏。四祖父嘗爲桑令公廳頭，故鄉人呼牽籠。十一祖父娶西張戴氏，生四伯父勺；二女，適劉氏、張氏。四伯父娶神氏，生寬。寬生修己、黑牛；一女，適成氏。修己生楊七。

第三院曾祖諱路賓，娶乾封黃氏，生九祖父文杲、十四祖父（□）。九祖父娶屈溝□氏，生八叔父謙；二女，適耿氏、葛氏。八叔父娶下村馬氏，一男曰亨；二女，適丁氏、劉九皋。十四祖父無子。

第四院曾祖諱路巖，娶趙氏，事安太師、趙侍中、慕容相公、索太保，天福七年補御前子第（？），九年補獵務，□□三年補中□獵射務都頭，乾祐三年、廣順三年爲討擊副，無嗣，一女，適戚澄。

第五院曾祖諱路真，娶柏子趙氏，生十二祖父欽；一女，適太子中舍劉閲。十二祖父娶南王王氏，生我烈考及仲父□□、仲父㡯、季父居化；二女，適西朱劉氏、百子趙氏。我曾祖篤勤農，樂田野，終身不遊市郭。然喜衣冠，嘗囑我烈考於鄉先生，願授以經，因語「□□□□□□□□□鄉□□儒名吾家，吾老死足矣」。烈考果登第，列東宫官如其志。先是，鄉人以曾祖行呼吾家。祖父，鄉里稱長者，鄉人乏必貸之，果知其不能償，即取券焚之，善處鄉黨，恂恂然無競。今吾院視他院稍益，二祖之德也。

我烈考諱丙，娶郭夫人、馬夫人、劉夫人、楊夫人、後劉夫人，專三家春秋學。大中祥符五年，真宗章聖皇祖（帝？）御前擢第，仕至太子中舍。生我兄□□及介、企、會、合與吾姊，吾姊適舉子孫□□。吾兄生師愚、師通、師昜、師誨、師默；女三人，長適進士姜潛，次適進士高樞，三在室。介生彭哥、川哥〔一〕、倈哥；女□人，俱幼。企生師廉；女三人，俱未嫁。會與合未娶。師愚生鼎孫；女一人，方四歲。二仲父娶顔謝段氏，生屺、懷玉、懷德；女一人，適

〔一〕「川哥」，原作「□哥」，據清錢大昕潛研堂金石文跋尾續卷五石氏世表校補。

舉子郭師顔。屺二女。懷玉生師格、師賢；一女。懷德生師果、師毅、師□、伯惜；二女。三叔娶陽關薛氏，女二人，長適申村姜文，次適進士盧淑。姜甥鑑、鐸、錫、社哥，女二人，一適進士孫廓，一在室。二婿擅文，□甥宿學，不爲無後。四叔父娶申村姜氏、□高唐氏，生僉；女二人，長適王氏，次適任氏。

第六院曾祖諱□，娶楊氏，無嗣；女二人，長適西張鞠□，次適大吴劉□。

第七院曾祖諱□，娶戚氏，生八祖父文密、十祖父文秀、十三祖父；女二人，長適石固王氏，次適顔謝商氏。八祖父娶□氏，生五伯父遂、九叔父慶、十二叔父、十三叔父、十四叔父。五伯父娶乾封寇氏，生□□□□；四女，適王氏、楊氏、馬氏、杜氏。九叔父娶大吴吴氏，生士元。十二叔父娶劉氏，二女適張氏、王氏。

高祖之五女，長適顔張許氏，次適乾封張氏，次適上高郭氏，次適侯村□氏，次適□□翁氏。

石氏始祖一人，高祖一人，曾祖七人，王父十人，諸考十四人，吾輩二十一人，自我而下，詵詵未見其止也。若作厥室，始祖基之，高祖堂之，曾祖構之，王父□之，諸考落成之，吾輩歌于下，飲食于下，于于如也。然不敢怠逸，謹保堂構而已。吾諸子若孫，既材而孝，其必能大石氏，基斯厚矣，堂斯峻矣，構斯崇矣，石氏斯傳萬世矣。

嗚呼！石氏食此田百有五十年矣，葬此地九十有年矣，自始祖至圭八世，能不失故田，能奉祭祀。今舉曾王父而降爲三十二墳，用康定二年辛巳八月丁丑八日甲申歸於大塋，以附始祖、高祖、曾祖，歲時則與十六院大合祭焉。詩曰：「孝子不匱。」又曰：「無忝爾祖。」語曰：「死，葬之以禮，祭之以禮。」石氏子孫其庶幾矣乎！

塋域南北長四百八尺，東西廣三百六十尺，合一十七畝。大□一百三十株，槲樹一千七百五十株，合一千八百八十株。石氏子孫賢也，塋闕固焉，宅兆安焉，樹植茂焉，祭祀時焉。苟不肖也，何所不至，戒哉！士建中真書，孔彥輔篆額，在徂徠西北、汶河東岸。

祭孔中丞

昔公爲諫議大夫知兖州，臣僚有以詩千篇獻上者，執政者即請進爲龍圖閣直學士。上曰：「千首詩，豈若孔某一言。」即日拜龍圖閣直學士。公再爲中丞，風格益峻。

及公没，劉平戰死於陣，讒賊害忠良，誣奏平非戰屈，乃叛耳。天子怒，將夷平家，平家胥靡就闕，寃號道途。逢騶喝中丞來，平家將扣中丞馬言其事，兩街賣販兒以千數，嘆曰：「徒往訴耳，是非孔中丞者！」平家慟哭而止。

噫！至尊極者君，至愚暗者民。尊極則不信，愚暗則難開。非公至忠，豈能動尊極耶！非公至誠，豈能感愚暗耶！動乎尊極，感乎愚暗，公之道格乎上下矣。嗚呼！公之生也，君稱之；君之死也，人感之。公之道全於死生矣。夫道格於上下爲著，全於死生爲難。舉是二節，公之道充於天地之間矣。

大冬殘臈，風號雲咽，節物慘淡，心肝摧折，爐烟氤氲，樽酒冷烈，享誠不享味，公來降兹。

録自南宋呂祖謙皇朝文鑑卷一三三祭文

春秋説

稱人者，貶也，而人不必皆貶，微者亦稱人。稱爵者，褒也，而爵未必純褒，譏者亦稱爵。繼故不書即位，而桓、宣則書即位。妾母不稱夫人，而成風則稱夫人。失地之君名，而衛侯奔楚則不名。未踰年之君稱子，而鄭伯伐許則不稱子。會盟先主會者，而瓦屋之盟則先宋。征伐首主兵者，而鄫之師則後齊。母弟一也，而或稱之以見其惡，或没之以著其罪。天王一也，或稱天以著其失，或去天以示其非。

春秋爲無王而作，孰謂隱爲賢且讓而始之哉？

子叔姬先書被執，次書來歸，非郯、杞之比。夫商人弒君自立，又虐其國君之母，天子不能討，諸侯不能伐。季孫行父再如晉，諸侯爲是盟于扈，皆無能爲而退，徒得單伯之至、子叔姬之歸而已，而興兵以侵魯者未已也。于以見晉霸之不競也，于以見諸侯之有弒君者而莫之討也，于以見齊之横而魯之弱也。

翬弒隱公，遂弒子赤。桓公之立，逆女使翬；宣公之立，逆女使遂。斯二人者，在國以爲賊，而桓、宣以爲忠也，故終桓、宣之世，翬、遂皆稱公子無異詞。

禮有重輕先後之不同。以祭視繹，則祭爲重而繹爲輕；以繹視卿佐之喪，則繹爲輕而卿佐之喪爲重。有國者當圖其稱也。

内取外邑皆曰取，如取郜、取防、取訾婁。外歸魯地皆曰歸，如濟西、龜陰及讙闡汶陽田，魯地也，齊人以歸于我，當曰歸。今而曰取者，蓋因晉力而取之也。歸者，其意也；取者，我也，非其志也。于後齊復事晉，故八年使韓穿來言，歸之於齊。然此年齊歸我田書曰取，八年齊取我田乃曰歸者，取之自晉，歸之自晉，以見魯國之命制于晉而已。故雖我田也，而不得偃然有之，其猶寄爾！故齊歸我田書曰取，猶若取之于外者；齊取我田書曰歸，猶若齊之所有也。

公之此行，内有僑如之患，外不見于霸主，故危而致之。

不書及内之也，鄫有國而私屬於魯，魯之私屬鄫也，皆不臣之著也。

成九年爲蒲之會，將以合吴，而吴不至，故十五年諸侯之大夫會之于鍾離。前三年悼公盟雞澤，使荀會逆吴子，而又不至，故此年使魯先會之于善道。凡此皆往會之也。至秋戚之會，序吴于列而不復殊者，因來會也。凡序吴者，來會我也；殊吴者，往會之也。

日食之變起于交也。有雖交而不食者，春秋二百四十二年，而日食三十六。有頻交而食者，此年及二十四年，三年之内連月而食者再也。諸儒以爲曆無此法，或傳寫之誤。然漢之時亦有頻食者，高帝三年及文帝前三年十月晦、十一月晦是也。天道至遠，不可得而知，後世執推步之術、案交會之度而求之，亦已難矣。

録自宋元學案卷二泰山學案

與蘇頌書(片斷)

内相爲名臣，子容爲賢子，天下屬望，所繫非輕，豈可以辭位爲廉？

録自南宋朱熹五朝名臣言行録卷十引蘇氏談訓

按：内相指翰林學士蘇紳，子容即蘇頌(頌字子容)。蘇氏談訓爲北宋末蘇象先所纂。蘇象先乃蘇頌之孫、蘇紳之曾孫。其記曰：「曾祖除御史中丞，固辭不拜。石介以書與祖父，以不拜爲非。其略云……」

師説(片斷)

古之學者急於求師。孔子，大聖人也，猶學禮於老聃，學官於郯子，學琴於師襄，矧其下者乎！後世耻於求師，學者之大蔽也。

録自南宋朱熹五朝名臣言行録卷十引澠水燕談

按：今本北宋王闢之澠水燕談録無此條。師説一文又見南宋黄震古今紀要卷一八本朝石介條所稱引。

石介集附録二

誌傳　年譜

徂徠石先生墓誌銘并序

北宋　歐陽修

徂徠先生姓石氏，名介，字守道，兗州奉符人也。徂徠，魯東山，而先生非隱者也，其仕嘗位於朝矣。魯之人不稱其官而稱其德。以爲徂徠，魯之望，先生，魯人之所尊，故因其所居山以配其有德之稱曰「徂徠先生」者，魯人之志也。

先生貌厚而氣完，學篤而志大，雖在畎畝，不忘天下之憂。以爲時無不可爲，爲之無不至，不在其位，則行其言。吾言用，功利施於天下，不必出乎己；吾言不用，雖獲禍咎，至死而不悔。其遇事發憤，作爲文章，極陳古今治亂成敗，以指切當時，賢愚善惡，是是非非，無所諱忌。世俗頗駭其言，由是謗議喧然，而小人尤嫉惡之，相與出力必擠之死。先生安然不惑、不變，曰：「吾道固如是，吾勇過孟軻矣。」不幸遇疾以卒。既卒，而姦人有欲以奇禍中傷大臣者，猶指先生以起事，謂其詐死而北走契丹矣，請發棺以驗。賴天子仁聖，察其誣，得不發棺，而保全其妻子。

先生世爲農家，父諱丙，始以仕進，官至太常博士。先生年二十六舉進士甲科，爲鄆州觀察推官、南京留守推官。御史臺辟主簿，未至，以上書論赦，罷不召。秩滿，遷某軍節度掌書記，代其父官於蜀，爲嘉州軍事判官。丁内外艱，去官，垢面跣足，躬耕徂徠之下，葬其五世未葬者七十喪。服除，召入國子監直講。

是時，兵討元昊，久無功，海内重困，天子奮然思欲振起威德，而進退二三大臣，增置諫官、御史，所以求治之意甚鋭。先生躍然喜曰：「此盛事也，雅、頌吾職，其可已乎？」乃作慶曆聖德詩以褒貶大臣，分别邪正，累數百言。詩出，泰山孫明復曰：「子禍始於此矣。」明復，先生之師友也。其後，所謂姦人作奇禍者，乃詩之所斥也。

先生自閒居徂徠，後官於南京，常以經術教授。及在太學，益以師道自居，門人弟子從之者甚衆。太學之興，自先生始。其所爲文章曰某集者若干卷，曰某集者若干卷。其斥佛、老、時文，則有怪説、中國論。曰：「去此三者，然後可以有爲。」其戒姦臣、宦、女，則有唐鑑。曰：「吾非爲一世鑑也。」其餘喜、怒、哀、樂，必見於文，其辭博辨雄偉而憂思深遠。其爲言曰：「學者，學爲仁義也。惟忠能忘其身，惟篤於自信者，乃可以力行也。」以是行於己，亦以是教於人。所謂堯、舜、禹、湯、文、武、周公、孔子、孟軻、揚雄、韓愈氏者，未嘗一日不誦於口，思與天下之士皆爲周、孔之徒，以致其君爲堯、舜之君，民爲堯、舜之民，亦未嘗一日少忘於心。至其違世驚衆，人或笑之，則曰：「吾非狂癡者也。」是以君子察其行而信其言，推其用心而哀其志。

先生直講歲餘，杜祁公薦之天子，拜太子中允。今丞相韓公又薦之，乃直集賢院。又歲餘，始去太學，通判濮州。方待次於徂徠，以慶曆五年七月某日卒於家，享年四十有一。友人廬陵歐陽修哭之以詩，以爲待彼謗焰熄，然後先生之道明矣。

先生既歿，妻子凍餒不自勝，今丞相韓公與河陽富公分俸買田以活之。後二十一年，其家始克葬先生於某所。將葬，其子師訥與其門人姜潛、杜默、徐遁等來告曰：「謗焰熄矣，可以發先生之光矣，敢請銘。」某曰：「吾詩不云乎，子道自能久也，何必吾銘！」遁等曰：「雖然，魯人之欲也。」乃爲之銘曰：徂徠之巖巖，與子之德兮，魯人之所瞻。汶水之湯湯，與子之道兮，逾遠而彌長。道之難行兮，孔、孟亦云。皇皇一世之屯兮，萬世之光。曰：「吾不有命兮，安在夫桓魋與臧倉。」自古聖賢皆然兮，噫！子雖毀其何傷。

北宋歐陽修歐陽文忠公文集卷三四墓誌銘

東都事略本傳

南宋　王稱

石介字守道，兗州奉符人也，世爲農家。舉進士甲科，爲鄆州觀察推官、南京留守推官。以內外艱去官，垢面跣足，躬耕徂徠山之下，葬五世之未葬者七十喪。服除，召入國子監直講。御史臺辟主簿，未至，以上書論赦，罷不召。秩滿，爲鎮南軍掌書記、嘉州軍事推官。

是時，兵討元昊，久無功，海內重困，仁宗奮然思欲振起威德，宰相呂夷簡以疾罷歸第，夏竦罷樞密使，章得象、晏殊爲相，賈昌朝參知政事，用杜衍爲樞密使，范仲淹、韓琦、富弼樞密副使，王素、歐陽修、余靖、蔡襄同時爲諫官，所以求治之意甚鋭。介躍然喜曰：「此盛德事也。雅、頌吾職，其可已乎！」乃作慶曆聖德詩，其詞曰：「……（詳徂徠集卷四，此略）。」詩出，孫復謂介曰：「子禍始於此矣。」夏竦見而銜之。

介在太學以師道自居，弟子從之者甚衆，太學之興自介始。直講歲餘，用杜衍薦拜太子中允，又用韓琦薦，乃直集賢院。通判濮州，卒，年四十一。

介既卒，夏竦欲以奇禍中傷富弼，指介以起事，謂其詐死而北走契丹矣，請發棺。仁宗察其誣，得不發。

介所著文章，其斥佛、老、時文，則有怪説、中國論；其戒姦臣、宦、女，則有唐鑑行於世。

南宋王偁東都事略卷一一三儒林列傳

宋史本傳

石介字守道，兗州奉符人。進士及第，歷鄆州、南京推官。篤學有志尚，樂善疾惡，喜聲名，遇事奮然敢爲。御史臺辟爲主簿，未至，以論赦書不當求五代及諸僞國後，罷爲鎮南掌書記。代父丙遠官，爲嘉州軍事判官。

丁父母憂，耕徂徠山下，葬五世之未葬者七十喪。以易教授於家，魯人號介徂徠先生。入爲國子監直講，學者從之甚衆，太學繇此益盛。

介爲文有氣，嘗患文章之弊，佛、老爲蠹，著怪説、中國論，言去此三者，乃可以有爲。又著唐鑑以戒姦臣、宦官、宮女，指切當時，無所諱忌。

杜衍、韓琦薦擢太子中允，直集賢院。會吕夷簡罷相，夏竦既除樞密使，復奪之，以衍代。章得象、晏殊、賈昌朝、范仲淹、富弼及琦同時執政，歐陽修、余靖、王素、蔡襄並爲諫官，介喜曰：「此盛事也，歌頌吾職，其可已乎！」作慶曆聖德詩，曰：「……（詳徂徠集卷四，此略）。」詩所稱，多一時名臣。其言「大姦」，蓋斥竦也。詩且出，孫復曰：「子禍始於此矣！」

介不畜馬，借馬而乘，出入大臣之門，頗招賓客，預政事，人多指目。不自安，求出，通判濮州，未赴，卒。會徐狂人孔直温謀反，搜其家，得介書。夏竦銜介甚，且欲中傷杜衍等，因言介詐死，北走契丹，請發棺以驗。詔下京東訪其存亡。衍時在兖州，以驗介事語官屬，衆不敢答，掌書記龔鼎臣願以闔族保介必死，衍探懷出奏稿示之，曰：「老夫已保介矣。君年少，見義必爲，豈可量哉！」提點刑獄吕居簡亦曰：「發棺空，介果走北，孥戮非酷。不然，是國家無故剖人冢墓，何以示後世？且介死，必有親族門生會葬及棺斂之人，苟召問無異，即令具軍令狀保之，亦足應詔。」於是衆數百保介已死，乃免斲棺。子弟羈管他州，久之，得還。

介家故貧，妻子幾凍餒，富弼、韓琦共分俸買田以贍養之。有徂徠集行於世。

元脱脱等宋史卷四三二儒林二

宋元學案本傳

石介字守道，奉符人。第進士，歷鄆州、南京推官。篤學有志尚，樂善疾惡，喜聲名，遇事奮然敢爲，以論赦書罷爲鎮南掌書記。代父丙遠官，爲嘉州軍事判官。丁父母艱，垢面跣足，躬耕徂徠山下，葬不葬者七十喪。以易教授其徒，魯人稱徂徠先生。入爲國子監直講、太子中允、直集賢院，學者從之甚衆。嘗患文章之弊，佛、老爲蠹，著怪説三篇及中國論，言去此三者，乃可以有爲。又著唐鑑，以戒姦臣、宦官、宫女，指切當時，無所忌諱。

慶曆三年，吕夷簡罷相，夏竦罷樞密使，而杜公衍、章公得象、晏公殊、賈公昌朝、范公仲淹、富公弼、韓公琦同時執政，歐陽公修、余公靖、王公素、蔡公襄並爲諫官。先生喜曰：「此盛事也。」乃作慶曆聖德詩，略曰：「衆賢之進，如茅斯拔；大姦之去，如距斯脱。」「衆賢」指杜等，「大奸」斥竦也。泰山見之，曰：「子禍始此矣。」先生不自安，求出，判濮州。未赴，卒于家，年四十一。會孔直温謀畔，搜其家，得先生書。夏竦欲因以修報復，且中傷杜公等，因言介詐死，北走契丹，請發棺以驗。詔下，時杜公在兖，以語官屬，龔鼎臣願以闔族保介必死。提點刑獄呂居簡亦曰：「介果走，孥戮非酷。不然，國家無故剖人冢墓，何以示後世？且介死，必有親屬門生會葬，苟召問無異，亦足應詔。」于是衆數百同保，乃免斲棺。子弟羈管他州，亦得還。

先生家故貧，妻子不免凍餒，富、韓二公共買田以贍養之。有徂徠集行于世。

宋元學案卷二泰山學案泰山門人

石介集附録三

序跋　祠記

四庫全書總目提要

徂徠集二十卷，宋石介撰。介字守道，兖州奉符人，天聖八年進士及第。初授嘉州判官，後以直集賢院出通判濮州，事蹟俱見宋史本傳。初，介嘗躬耕徂徠山卜，人以「徂徠先生」稱之，因以名集。

介深惡五季以後文格卑靡，故集中極推柳開之功，而復作怪説以排楊億。其文章宗旨，可以想見。雖主持太過，抑揚皆不得其平，要亦戛然自爲者。王士禎池北偶談稱其倔强勁質，有唐人風，較勝柳、穆兩家，而終未脱草昧之氣，亦篤論也。

歐陽修作介墓誌，稱所爲文章，曰某集者若干卷，又曰某集者若干卷，凡重言之。似原集當分爲二部，此本統名徂徠集，殆後人所合編歟？第四卷内寄元均、叔仁、讀易堂、水軒暫憇四詩，有録無書，則傳寫脱佚，亦非盡其舊矣。

介傳孫復之學，毅然以天下是非爲己任。然客氣太深，名心太重，不免流於詭激。王偁東都事略記仁宗時罷吕夷簡、夏竦，而進章得象、晏殊、賈昌朝、杜衍、范仲淹、韓琦、富弼、王素、歐陽修、余靖諸人，介時爲國子直講，因作慶曆聖德詩，以褒貶忠佞。其詩今載集中。蓋仿韓愈元和聖德詩體。然唐憲宗削平淮蔡，功在社稷，愈仿雅頌以紀功，是其職也。至於賢姦黜陟，權在朝廷，非儒官所應議。且其人見在，非蓋棺論定之時，蹟涉嫌疑，尤不當播諸簡牘，以分恩怨。

厥後歐陽修、司馬光朋黨之禍屢興，蘇軾、黄庭堅文字之獄迭起，實介有以先導其波。又若太學諸生挾持朝局，北宋之末，或至於臠割中使；南宋之末，或至於驅逐宰執，由來者漸，亦介有以倡之。

史稱孫復見詩，有「子禍始此」之語，是猶爲一人言之，未及慮其大且遠者也。雖當時以此詩得名，而其事實不可以訓，故仍舊本存之，而附論其失如右。

清紀昀等四庫全書總目卷一五二集部别集類五

重刻徂徠先生集序

清 徐肇顯

余少時閲廬陵集，至奉符石先生墓誌，稱其學篤志大，憂思深遠，指切當時，賢愚善惡，無所諱忌。竊慨然慕其爲人，思讀其遺書而不可得。既而筮仕中州，踰十數載而遷牧奉符，始獲攜屐徂徠，訪先生之故址，憑而弔之。繼又遇其十九代孫維巖來謁，出所藏舊集兩卷示予。予觀其文，慷慨激直，理達氣充，以仁義忠信自勉，亦即以仁義忠信勉人。雖其功不見於世，而擇之既精，語之復詳，所謂立德、立言，卓乎無愧者也。予既喜是集之獲心，而又惜其湮没不彰、無壽之梨棗者，因命長子祖望考校次第，正其魯魚亥豕之譌，鋟而存之，以示來學。

余思先生當五季紛争、聖道榛蕪之後，獨能尋墜緒，闢異端，以聖賢爲可學，而至志不在子輿氏下矣。乃言不諧俗，行思矯世。一時衆口嫉善，謡諑其後，視之如寇仇，棄之如土梗，進不容其列於朝，退不容其息於野，生不容其達於時，死不容其安於土。雖以杜、韓、歐陽諸君子力爲推刻，而卒抑鬱以終其身，何其甚也！

然而公論在人，歷久自定，謗焰蔽天，忽與螢火俱滅。七百年來，自學士大夫以至田夫野老，莫不挹其流風，傳其姓氏，津津齒頰，欲使之齊泰嶽而光日月，此固權貴之所不能抑，好事之所不能誣，僉夫宵小之所不能媒蘖而中傷之者也。

嗟夫！存或抑之，殁或揚之，道或晦之，言或彰之，後之覽斯集者，其亦可以慨然而興矣。康熙歲次庚寅正月上浣，知泰安州事山陰徐肇顯宜菴撰。

四部要籍序跋大全集部甲輯

石徂徠集序

清　張伯行

宇宙間有正氣焉，曰剛。天德惟剛，故行健而不息。地亦至柔而動剛，至静而德方。人而剛者，得天地之正氣，所以富貴不能淫，貧賤不能移，威武不能屈也。士君子一身欲爲千古擔當綱常，維持名教，苟非有壁立千仞、泰山巖巖氣象，未有不與時浮沈、委靡弗振者。朱子云：「孔子晚年方得曾子，曾子得子思，子思得孟子，都如此剛果決烈，況當世道衰微之時，尤用硬著脊梁，無所屈撓，於世間禍福得喪，一不足以動其心，方可靠得。」善哉斯言，吾於石徂徠先生見之。

先生生於宋之初年，承隋、唐詩賦取士之後，學者多崇尚雕鏤，掇拾藻麗，絶不知有所爲正學。先生獨與孫明復力挽時趨，障百川而東之，其氣象固自不凡矣！當其隱居固窮，躬耕徂徠山下，垢面跣足，恬然自安；既而稍得一官，便爾遇事發憤，指切當時，是是非非，毫無顧忌，以至攖姦人之鋒，濱死不悔。所謂富貴不淫、貧賤不移、威武不屈者，先生殆近之矣。

嗟乎！世之被服詩書者何限，方在草茅，高談闊論，視天下事若無足當其意，一旦身都爵禄，則變其所守，誰能如先生之剛而不撓，始終特立哉？

先生嘗以周、孔與揚雄、王通、韓愈并稱，所見不無未醇。然其言曰：「學者，學爲仁義也。」則已獨得其宗。惜其遭讒困抑，享年不永，弗獲充其所學，以與於斯道之傳，然而剛方正氣，懔懔不磨，吾道仔肩，斷推先生矣。

先生每自以剛爲病，吾以爲惟剛然後見先生。讀其書，想見其爲人，後之學者，亦可以奮然而興矣。因裒其全集，付之剞劂，而以一言附於左。

康熙四十九年庚寅孟夏穀旦，儀封後學張伯行題於姑蘇之正誼堂。

清康熙四十九年正誼堂刊本徂徠集前附

徂徠石先生全集序

清 石鍵

士生於其鄉，而道德足以振一時之風化，文章足以關一世之運會，雖功業未及建竪，而行方學正，使天下仰如泰山喬嶽、祥麟威鳳，至於指其所居之山川爵里以爲號，而不敢斥其名，傳之數百世後，皆尊信無異辭。此子輿氏所謂浩然之氣，塞天地，配道義，終古而不毁者也。豈一時名位之崇卑所得榮辱、顯晦者哉！

徂徠先生當宋仁廟間，正君子小人互爲消長之時，挺然以斯道爲己任，師事孫明復先生，受經侍立，執弟子禮唯謹。一時魯人翕翕然知師儒德義之尊者，先生風化之力爲多。至作爲文章，皇皇炎炎，尊孔、孟，闢異端，闡仁義，明目張膽，掉臂游行於范、韓、富、歐之間，爲濂、洛、關、閩諸儒嚆矢。而慶曆一詩，分别忠佞，指斥當時，判若黑白，幾貽身後之禍。其功何其偉，其識何其精，其氣何其壯與！迄今誦其詩，讀其書，灝灝落落，如黄河之發源崑崙而瀉千里也；煇煇燿燿，如三辰列宿經緯四維而光景常新也。其憂時、憫俗、扶世、教正人心，勤勤懇懇之懷，如君臣師友謨誥訓誡於一堂，而不憚其丁寧反復也。非秉天地之正氣，卓然自命爲聖賢之徒者，烏克臻此哉！

鍵忝爲先生宗裔，來守是邦，登堂瞻像，慨然景慕。未幾，先生十九世奉祀孫維巖捧前守徐公所刻徂徠詩文二册進見，且言有全集二十卷，得之漁洋書庫者，徐公方謀剞劂，會内遷，遂不果。予亟索觀，較徐刻數倍之，真可覩先生之全而發先生之光矣！因割俸授梓以廣其傳，且進維巖而告之曰：「嗚呼！賢愚無兩心，古今無二道，時不同而地同，人不同而理同。方先生師明復時，孫爲布衣，先生爲進士，退然俯首下之，不爲屈。此豈有勢位名爵在其意中哉？望道之念切而外有所忘也。乃當時之人，亦皆不以爲妄。愚者化其梗，賢者致其誠，此秉彝之所同，觸之而易動，感之而即應者也。由斯以觀，先生自處於善，即與人以善，豈非成己成物之功哉！今之爲士者，甫採一芹即傲然自足，以爲世無孔子，不當在弟子之列，及考其言行，不齒於鄉黨宗族者，比比是也。人遂以爲士虛聲無實，甚且賤而惡之。此固兩失之道，亦士不自克爲善有以招致之也。今子爲先生嫡裔而予爲玆土司牧，願以先生爲法，交勉其難，使天下之讀斯集者不致議我兩人爲僅能刻先生之集者，斯幸矣。」因不辭僭踰而序。

康熙五十五年夏四月，石鍵序。

清康熙五十六年錫慶堂刊本徂徠集前附

重刻徂徠先生集序

清　石維巖

徂徠先生，維巖十九世祖也。巖未冠，先君子即以徂徠遺文訓讀，自慶曆聖德頌以下僅十六篇而已。

及閲歐陽公所爲墓誌云：「某集者若干卷，又某集者若干卷。」知吾祖著作甚富，或傳者之失其守也。因思哀集之，後(人)讀歐陽公詩云：「舊稿偶自録，滄溟之一蠡。其餘誰付與，散失存幾何！」乃知當時已多散軼，又況六百餘年之後耶！

先君子訓巖時，常述先大父東周公與宋豸史嗣君太元公同師事李還朴先生。還朴爲理學名儒，而太元乃秘書世家，先大父因得徂徠遺文於太元藏書中，請還朴先生爲序，而欲付之梓。未幾捐館，事遂寢。先君子八齡而孤，王母吴荻畫和丸，朝夕訓誨，每以遺文得之之由與未及梓之故爲言。後先君子稍長，益知珍護，鑿壁而藏之。值鼎革，兵燹迭告，廬舍盡爲灰燼，而壁中文獨無恙。噫！非吾祖在天之靈有以默而相之，吾父繼述之善有以保而守之，即此十六篇，又烏可得耶！

巖承先人之命，日謀剞劂而未就，前後手録凡數册，學使者至則捧而呈之，冀一遇，卒不可得。歲戊子，山陰徐公來守吾岱，敦大慈祥，留心風化，甫期月，政通人和，百廢具舉，巖友人趙君仁圃以遺文未刻言於公，公慨然引爲己任。己丑冬付梓，越庚寅春告竣焉。

嗚呼！巖先子六百餘年未發之光，公一旦而發之；巖祖父三世未成之志，公一旦而成之。即斯一事，其所以振興名教而加惠吾岱者，豈淺鮮哉！

遺文十六篇，軼事二則，先世所傳舊稿也。詩三十九首，康熙丙戌，巖於吕晚邨宋詩鈔中始得之，併附志於此云。

裔孫石維巖序。

清康熙五十六年錫慶堂刊本徂徠集前附

徂徠石先生全集跋

清 丁詠淇

徂徠詩，向從宋詩鈔中讀之，豪健伉爽，實足與王黄州、蘇滄浪分據一席。第文不概見，正未知視宋諸公何如也。

燕山太守以宗裔而表章先賢，特授全集刊布，淇獲從校訂之役。於詩既喜窺全豹，而詳玩諸文，獨能排斥淫靡，力追古調，遠紹昌黎，近翼六一，賦性既剛，任道殊通，其氣盛，其才豪，其學正。先生之人可傳，先生之集亦誠可傳矣。

然遺編久遠，轉輾仍訛，既無精本可證，而其中疑者缺之，缺者仍之，確有據者補之，顛倒舛誤者正之、訂之，枝贅脱落而於文理有必當然者略增删之，總計一百八十五字。

稿經五閲，目重審訂，選督良工，開雕三月而竣。事雖不足爲先生功臣，庶無負太守雅意矣。至於參酌盡善，校對精詳，同人之功，予不敢没。

康熙五十六年歲次丁酉孟夏之吉，錢塘後學丁詠淇謹跋。

清康熙五十六年錫慶堂刊本徂徠集後附

徂徠文集校後記

清　劍舟居士

乾隆壬子秋日，余放棹曹溪，見席氏守樸齋插架有此集，因假歸，抄出一部。將來當纂附録一卷，如北平朱笥河文鈔内和州梅豪亭記并銘一篇，嘉定錢潛研金石文跋尾續内康定二年石氏世表之類。又歐陽公集有介墓表〔一〕，宋史本傳、東都事略、宋名臣言行録餘甚多，余已另録。

壬子嘉平八月，劍舟居士手校一過。

浙江圖書館藏徂徠集鈔校本集前附

〔一〕「墓表」，應爲「墓誌」之誤。

魯兩先生合集序

清　徐宗幹

余仕汶陽九年，居恒稽考文獻，與父老縱言論古。聞昔唐陶山師設教岱麓時，有請魯兩先生從祀之議，卒不果行。後數十年，嗣君鏡海太守復至泰山下主講，屬余求兩先生遺書，亦述其先志而未之逮。

訪諸兩氏後裔，得邑人聶君劍光所刊明復先生小集一卷，前邑宰徐君宜菴校訂徂徠先生詩文集二卷，名山所藏，遺編僅有存者。竊思兩先生之忠言讜論，闡明大義，非若模山範水，爲詞章之學，而同方合志，相得益彰。爰輯詩文，彙爲一編，用誌師弟淵源所在，且益見當日守正不阿，落落寡合，仔肩道統，上承洙、泗，下啓閩、洛，爲千古倡明正學之功，非小補也。

石先生詩文散見志、乘諸書，並集補焉。舊刻歐陽公撰兩先生墓誌及後人題集各叙跋，均彙列卷首，以資考證。兩先生舊有鄉祠在郡城之南，與柳下祠相近，曾奉兩先生遺像合祀於和聖之側，兹並摹繪簡端，而以擬請從祀議、同修祠序記附於卷末。後之覽者，當亦有感於斯文也。

考孫先生著春秋發微十二卷、春秋總論三卷、睢陽子十卷，石先生著易解五卷、易口義十卷、唐鑑六卷、政範一卷。泰安志稱石君鍵重編徂徠全集二十卷，裒益而集成之，以俟博雅之君子。

道光癸巳三月，南通州後學徐宗幹敬識。

清光緒十年尚志堂刊本徂徠集後附

新雕徂徠石先生文集序

清　王之翰

石徂徠集二十卷，南宋初曾有雕本，迄今七百餘年矣。余所見凡數刻，皆非全帙。甲申來歷下，適及門張君次陶藏有明人影鈔本，尚爲完書，懼其久而散失也，爰與二三同志醵金付梓。卷内行款，一仍明鈔之舊，惟末增附録一卷。刊既成，問序於余。余披讀之餘，若有激發於中而不能自已者，遂爲之序曰：

儒者著書立説，既欲明王道，談仁義，以立萬世標準，而其指陳時勢，大抵皆一時忠君愛國之隱所激而成。後之人讀其遺書，往往低徊反復，至於感激涕零而不能自已，則以古今來家國時勢之變不甚懸殊，而所謂忠愛之誠，則一而已矣。

宋初承五季晦盲之餘，正道錮蔽，邪説縱横，學士大夫滅棄聖經，舉世毫不爲怪。徂徠先生獨憂之，於是著怪説、中國論以闢釋、老及時文。且曰：「去斯三者，然後可以有爲。」夫先生之學，不獲用於時，其發憤作爲文章，亦第託之空言耳。而論者謂有宋道學之傳，上承洙、泗，下啓洛、閩，俾堯、舜、禹、湯、文、武、周公、孔子之心法，燦然復明於世，實自先生倡仁義、闢邪説始。然則先生維持斯道之功，顧不偉哉！

蓋嘗論道德文章，有國家之元氣也。時文之尚浮靡，與異端之肆無忌憚，則剥蝕元氣者也。世之將治，有豪傑出，斯二者在所必斥，否則因循姑息，上下相蒙，日復一日，而不知伊於胡底。風俗由此覘升降，人心由此驗敬肆，世運國祚由此卜盛衰。其機甚微，而其禍甚大，非深識遠慮之人，其孰能知之？

噫！先生一時之言，實萬世之龜鑑，而當其時，以挺特不撓之節，毅然以天下是非爲己任，分别忠佞，指斥當途，乃幾罹媒孽中傷之禍於身後。嗚呼！其受謗深者，其發光必遠；其發光遠者，其流澤必長。士君子具忠君愛國之忱，處江湖則憂其君，立廊廟則憂其民。至性至情，古今同轍，三復斯編，未有不奮然興起者也。若夫百世相感，如將見之，至於掩卷低徊，流連而不能自已，則所以希先生之光而承先生之澤者，必更有在。是集之傳，豈僅爲論世知人、考訂文字之助已哉！

光緒十年春正月，濰後學王之翰謹序。

清光緒十年尚志堂刊本徂徠集前附

新雕徂徠石先生文集跋

清　丁艮善

有宋石徂徠先生諱介，字守道，一字公操。（見歐陽文忠公與石推官書）先生與泰山孫明復、泰州胡安定，實開北宋道學之統，朱子所謂「宋初三先生」也。

徂徠先生卒於慶曆五年，歐陽公誌其墓云：「所爲文章曰某集者若干卷，曰某集者若干卷。」宋史本傳云：「有徂徠集、唐鑑行於世。」皆不詳卷數。國朝石氏有家藏先生文十六首、詩三十九首。乾隆間，石太守重爲編次，其數僅倍於舊。道光間，徐清惠公守泰安，以其本與明復小集合刻爲魯兩先生集，並附擬請孫石兩先生從祀議於後。是集雖經流傳，尚非完帙。

吾友張次陶家藏二十卷原本，蓋前明時所影寫也，卷首有總目而無序，每卷首行題「新雕徂徠石先生文集」，文內「構」字必闕，注以「字犯御名」，是原本爲南宋高宗時所刻無疑。是時魯地屬金，石氏藏書已散失，南宋猶刻其全集以行，道學之否於此而泰於彼，亦略可見。原鈔脱誤處與四庫書著録本同。今據徐本補其三詩，唯缺寄叔仁一首，水軒暫憩詩猶存其半，觀者亦可以撫全帙而無憾矣！

方今正學昌明，漢、唐諸儒多崇祀典，如魯兩先生者，德行卓絶，有繼往開來之功，誠據徐公所擬從祀議而舉行之，誰曰不宜！是望於表彰先賢、維持風教之君子。

光緒十年春正月，日照後學丁艮善謹識。

清光緒十年尚志堂刊本徂徠集後附

重雕徂徠石先生文集校記

清　徐坊

右徂徠集二十卷，近濟南尚志書院據濰張氏所藏明人景鈔完帙重雕者也。其行款悉依原鈔本，空格亦同。當時校刻者不暇詳審，故卷内奪僞亦皆未及刊正。庚寅閏月，榮成孫君佩南過濰，以先人與其先德有同年之誼，不棄蒙陋，忘年下交。時君方校刊孫明復小集，欲以此本合印以行，而病其奪僞太甚，遂以校讎之役相屬。

坊按：歐陽公撰徂徠石先生墓誌銘云：「某集若干卷，某集若干卷。」凡兩言之，是當日原分二集。然考晁氏讀書志、陳氏書録解題、馬氏經籍考、宋史藝文志、明文淵閣書目、内閣書目、國朝四庫全書總目所著録者，皆止二十卷本，孫淵如收藏景鈔宋槧本卷數亦同，蓋此二十卷本其來已久，非必後人所合併也。

康熙庚寅，徂徠先生裔孫維巖録家藏詩文分爲二卷，徐氏肇顯取以付雕。維巖復得王氏池北書庫本，歲丙申，石氏鍵又爲梓行，今此本流傳無多。道光癸巳，徐惠公宗幹守泰安，乃更集先生詩文之見諸志、乘者，合前徐氏本重付剞劂。是此集近刻於吾鄉者，合之此刻凡有四本。吾友高君翰生留心齊魯文獻所藏，有石氏本、後徐氏本，予並從假得之。翰生又以家藏舊鈔聖宋文選見示，因取與此本校勘一過，凡原文僞者正之，奪者補之，互異者兩存之。

石氏本二十卷，卷數與此同，而第四卷内四庫著録本所闕四詩一一具在，與平津館藏景宋本合，今即據以補正。又後徐氏本所載根本策、祭孔中丞文、石氏墓表三篇，他本不見，兹特録爲補遺一卷，附諸集後。

校既畢，郵寄孫君，君又爲增損正定凡若干條。坊少年孤露，學殖日荒，重違孫君之意，勉事校讎，金銀白及之誚，知所不免。大雅宏達，尚其鑑諸。

臨清徐坊記。

清光緒十六年尚志堂重刊本集後附

重印石徂徠先生集序

民國　徐守揆

先生集行於世者，有吾鄉聶氏杏雨山堂刻一卷本、徐氏鍾秀山房刻二卷本及濰縣張氏刻二十卷諸本。聶、徐二刻，詩文互有不同，合計不及張刻之半，而徐氏所載根本策、祭孔中丞文諸篇，又爲張刻所缺。兹以徐刻爲底本，補入中國論一篇，南山贈孫明復先生、寄永叔詩二則，又宋史本傳一篇，并依張刻參校訂正，合爲一册成。序之如此。

民國癸酉冬泰山天書觀重刊本序

宋詩鈔徂徠詩鈔序

清　吕留良　吴之振

石介，字守道，兖州奉符人。年二十六舉進士甲科，爲鄆州觀察推官，歷官至國子監直講。慶曆中，進用韓、范、富、杜諸臣，介躍然喜曰：「此盛事也，雅、頌吾職，其可已乎！」及作慶曆聖德詩，直指大臣，分别邪正。詩出，泰山孫明復曰：「子禍始於此矣。」以是爲人所擠。杜祁公、韓魏公俱薦之，拜太子中允直集賢院，尋卒於家。怒之者謂其詐死，北走契丹，請斲棺驗之。幸不許。

所爲詩文，皆根柢至道，排斥佛、老及姦臣、宦、女，庶幾聖人之徒，魯人稱爲徂徠先生，因以名其集。永叔詩云：「問胡所專心，仁義丘與軻。揚雄、韓愈氏，此外豈知他。尤勇攻佛、老，奮筆如揮戈。」又云：「金可爍而銷，玉可碎非堅。不若書以紙，六經皆紙傳。但當書百本，傳百以爲千。或落於四夷，或藏在深山。待彼謗焰熄，放此光芒懸。」今讀其詩，嶙峋硉矹，特立千尋，温厚之意，存於激直，得見風人之遺。然正學忤時，直道致黜，千古一轍，其可哀也。

清吕留良、吴之振宋詩鈔卷一

三朝聖政録序

北宋　韓琦

夫監之無愆者，先王之成憲也。前之不忘者，後事之元龜也。昔周、漢守文之君，皆能謹行祖考之道，故神保其治而民安其法，「閔予」之詩，「寧一」之歌，繇是而作也。洪惟有宋之受命也，易五代之弊，規萬世之策，海内休息，不睹兵革之患者，幾八十年矣。是蓋太祖、太宗、真宗神武之所戡定，文德之所安輯，以繼以承，時用光大。若其君人之遠體，爲邦之善訓，固已存諸史氏之載，悉於故老之談，宜乎開助後聖而垂之無窮已。

權嘉州判官石介宧學有立，志切忠義，感唐臣吴兢所撰貞觀政要，乃謂昔之曰聖曰治之主，不世而出，顧未若我三后之紹隆謨烈之無前者也。皇帝陛下天授仁哲，孝而善繼，不假遠稽上古之術以期至化，自可履祖宗之盛跡以興太平。然國謀之繫，以萬機之覽，則浩而難究；君務之衆，以一事之明，則推之寖廣。遂採記三朝以來行事見聞最詳者，類而次之，爲二十門目，曰三朝聖政録。每篇之末，又自爲之贊，以申諷諭之意。

夫古人有負暄、美芹，猶思自獻於上，何則已之？所奉者薄，而心之所嚮者大也。今介是舉也，上以述列聖之美，次以達一人之聽，其於奉上愛君之心，誠亦厚且大矣！唯聖主日置左右，留神觀采，守此昭範，勤於奉行，以舉乎政綱，以昌乎積累之丕緒□。

北宋 韓琦 安陽集卷三

聖宋文選所收石介文目

宋 □□

卷一五：中國論 漢論上 漢論中 漢論下 季札論 伊吕論 周公論 是非辨 辨謗 辨惑 辨私 辨易 朋友解 書淮西碑文後 録蠹書魚辭 擊蛇笏銘（并序）

卷一六：上（潁州）蔡侍郎書 上范經略書 與范思遠書 與裴員外書 上韓密學（經

略使〕書　與士建中秀才書　上李雜端書　上孔中丞書　上蔡副樞書　上趙先生書

卷一七：唐鑑序　石曼卿詩集序　送龔鼎臣序　送祖擇之序　送張季常序（按即送張續季常序）　祥符詔書記　宋城〔縣〕夫子廟記　泰山書院記　青州州學公（田）〔用〕記

録自宋聖宋文選（四庫全書本）

郡齋讀書志徂徠集提要

南宋　晁公武

徂徠集二十卷。右皇朝石介字守道，兖州奉符人。天聖八年登進士第，遷直集賢院。篤學〔有〕大志，嘗謂時無不可爲，不在其位，則行其言。雖獲禍，至死而不悔。其爲文章，陳古今治亂成敗，以指切當世，無所忌諱。作慶曆聖德詩，分别邪正，專斥夏竦。其後，守道死，竦因誣以北走契丹，請剖棺驗視云。

南宋鼂公武郡齋讀書志卷四下集部别集類

直齋書録解題徂徠集提要

南宋　陳振孫

徂徠集二十卷。國子監直講魯國石介撰。集中有〔上〕南京夏尚書啓及夫子廟上梁文，皆爲夏竦作，介所謂「大姦之去，如距斯脱」者也。豈當是時竦之姦猶未著耶？陸子遹刻於新定，述其父放翁之言曰：「老蘇之文不能及。」然世自有公論也。歐公所以重介者，非緣其文也。

南宋陳振孫直齋書録解題卷十七集部别集類

文獻通考徂徠集提要

徂徠集二十卷。……竹溪林氏曰：「石徂徠之文多方少圓，却略有典則。」

元馬端臨文獻通考卷一三四經籍考六一集部别集類

石徂徠易解五卷。晁氏曰：「景迂生云：易古文十二篇，先儒謂費直專以彖、象、文言參解易爻，以彖、象、文言雜八卦中者，自費氏始。孔穎達云：王輔嗣又分爻之象辭各附當爻，則費氏初變古制時，猶若今乾卦彖、象繫卦之末歟？古經始變於費氏，卒大亂於王弼，惜哉，今學者之不知也！石守道亦曰：孔子作彖、象於六爻之前，小象繫逐爻之下，惟乾悉屬之於後者，讓也。嗚呼，他人尚何責哉！家本不見此文，豈介後覺其誤改之歟？」

陳氏曰：「所解止六十四卦，亦無大發明。鼂景迂言：守道曰……（見前引，此略。）今觀此解義，言王弼註易，欲人易見，使相附近，他卦皆然，惟乾不同者，欲存舊本而已，更無他説。不知景迂何以云爾也？」

按：宋咸註首章頗有此意，鼂殆誤記耳。

元馬端臨文獻通考卷一七五經籍考二經部易類

讀徂徠文集

清　全祖望

徂徠先生嚴氣正性，允爲泰山第一高座。獨其析理有未精者：其論學統則曰「不作符命，自投於閣」，以美揚雄，而不難改竄漢書之言以諱其醜。是一怪也。其論治統則曰「五代大壞，瀛王救之」，以美馮道，而竟忘其「長樂老人」之謬。是一怪也。涑水亦不非揚雄，然猶爲之周旋，其辭謂其「鑑何飽之禍，而委蛇爲之」，即南豐以爲「合箕子之明夷」，雖其言亦失春秋之意，要未若徂徠之武斷。夫欲崇節誼而乃有取於斯二人者，一言以爲不知，其斯之謂歟！

北京大學圖書館藏清鈔本徂徠文集（二十卷）集前附

徂徠文集跋

清　孫星衍

徂徠文集二十卷，題徂徠石介守道。目録一卷，每卷前又各有日録。末附歐陽文忠所撰墓誌銘一首、詩二首。書中有祖宗、朝廷等字，俱空一格，知從宋本影寫。四庫全書徂徠集二十卷，無附録三篇，第四卷闕寄元均、叔文、讀易堂、水軒暫憩四詩，此本俱完。收藏有「隨處體認」白文方印、「疏窗蔭緑筠」朱文圓印、「户映花叢堂下簾」白文方印。

清孫星衍平津館鑑藏記卷三集部別集類

徂徠集跋

清　王士禛

宋石介守道徂徠集二十卷。詩（四）卷，辨、説、原、釋、傳、録、雜著五卷，論二卷，書六卷，序一卷，記一卷，啓表一卷，石門吴孟舉（之振）所貽宋刻也。守道最折服者柳仲塗，最詆諆者楊文公大年，觀過魏東郊詩、怪説可見。其文倔强勁質，有唐人風，較勝柳、穆二家，終未脱草昧之氣。

清王士禛池北偶談卷十七談藝七

徂徠文集跋

清　錢曾

徂徠文集二十卷。守道慶曆聖德頌出，孫明復曰：「子禍始于此矣。」蓋所云「大姦之去，如距斯脱」者，謂夏竦也。未幾，歸徂徠山，遇疾卒。而竦欲以奇禍中傷大臣，遂稱介詐死，北走契丹，幾陷人主有剖棺發塚之過。繙徂徠集，因思小人欺君，無所不用其極，爲之掩卷失聲，並録歐公誌銘及詩于後。

清錢曾讀書敏求記卷四集部别集類

徂徠石先生祠堂記

南宋　魏了翁

徂徠石守道先生，景祐中，嘗爲嘉州軍州事推官。後一百四十年，故兵部侍郎陽安趙公介居是官，始即廨之西偏爲直節堂，以館先生之象。歲久不治。寶慶三年，唐安張君光祖爲嘉定軍節度推官，徹而新之，仍存舊榜，而以書抵靖，俾某識其事。

竊惟世降俗薄，是非眢於好惡，向背變於死生者，何可勝數。迨夫歲月浩渺，情僞寂寥而著乎人心者，隱然與所寓俱存，是區區者，誰實使之？況先生之仕于嘉財月餘耳，而閲二百年惟先生爲不可忘，此非可幸而得也。

先是，天聖以前，師道久廢，自先生從孫明復氏，執禮甚恭，東諸生始知有師弟子。自先生覃思六經，排抵二氏，東諸生始知有正學。仕嘉州，丁内外艱，去官，垢面跣足，躬耕徂徠之下，葬五世未葬者七十喪。孝弟之風，刑于國人。去喪，召爲國子監直講。會天子進退大臣，增置諫官、御史，鋭意求治，先生奮不顧禍，爲聖德詩七百言。尋又以伊、周望大臣。於是連柱姦相，雖蓋棺之後，殆且不保。凡二十一年，始得歐陽公之銘以葬。

夫人道之要有三，曰父、曰君、曰師。蓋無父無生，無君無以生，無師猶無生也。是謂在三，惟其所在而致其忠愛焉。舍此而它求，雖有麗藻洽聞，不足以爲學也。而先生之所服行者，在此而不在彼。其爲言曰：「學者，學爲仁義者也。唯忠能忘其身，唯篤於自信，乃可以力行也。」故以是行己，雖朝誶而夕替，所不皇恤。然則士之登斯堂也，居是官也，考言觀行，其亦知所擇哉！

昔歐公考先生之文，嘗爲詩曰：「後世苟不公，至今無聖賢。」又曰：「我欲犯衆怒，爲子記此寃。」嗚呼！既曰後世必有公者而尚寃之，足慮張君其以是書諸牲石，雖地遠世後，必有發於斯言者矣。

南宋魏了翁鶴山先生大全集卷四八

魯兩先生祠記

金　党懷英

魯兩先生曰孫明復、石守道也，宋祥符、天聖間，以仁義忠孝之道發於文章，爲諸儒倡。當世大儒如文忠歐陽公、文正王公皆尊禮之。故其没也，歐陽公爲誌其墓，蓋比之孟軻、韓愈之流。其羽翼聖經，立朝行己，治行終始偉如也。

初，兩先生築室泰山下，以爲學館，屬大關嶽祠，壖基甫迫，乃北徙山麓，而以舊館爲柏林地，歲分施錢，爲養士之費，學者至今賴之。而鄉人指以爲上書院者，則其所徙地也。大定間嶽祠火，越明年，有詔營建，乃命更新廟學。已而諸生相與言曰：「昔兩先生宦學汶上，汶學祀之不忘。吾儕居其鄉，食其德，乃遂已乎？」於是兩先生諸孫聞其言，更出所有，作爲祠堂於大門之左，以成學者之意。石先生之孫震，使其姪翊走京師，屬其門婿党懷英書其本末，將刻諸石。

懷英曰：先生之道垂於後世，炳如日星，奚患無傳？雖然，有一言焉：方孫先生以春秋之學教於魯，石先生蓋師事之。時給事孔公道輔聞其名，自兖來謁，孫先生既出應客，而石先生執杖屨侍其左右，升降拜伏皆扶之，其往謝也亦然。由是魯人始識師弟子之禮，士風爲之一變。近世士尚剽竊，以從師親友爲耻，忠厚之道不著久矣。國家尊經養士，將使人人爲鄒、魯，固當師承鴻碩，因文以入道德之奥，而後游兩先生祠下而食餘庇，可以無愧矣。

清光緒十年尚志堂刊本徂徠集後附

魯兩先生祠記

明　吴寬

魯兩先生者，爲宋泰山先生孫公明復、徂徠先生石公守道也。祠始建於今泰安州治之西而隣於嶽廟，金源時遂爲廟併，元改建於嶽麓。已而，復爲浮屠氏據。入國朝，乃附祠於州學，而規制狹隘，祀事簡率，無以慰魯人之思。至是，州守前進士德清胡君瑄言於巡撫山東左副都御史無錫盛公，公謂其事係於風化，慨然奏請於朝，事下禮部議，從之，仍俾有司每歲仲春祀以羊一豕一，秩爲常典。

於是，胡公復請於藩臬諸公擇地，得於州治之東南，以成化十三年八月建祠焉。工未畢，盛公以請老去，而眉山吴公來代，益重其事，趣成之。他日，胡君以書來，請記於予。大人君子所以能使人人追崇者，非區區末學所知，顧請之之意，堅不可已也。

惟兩先生生宋盛時，泰山來自平陽而寓於魯，其學長於春秋，著尊王發微，簡易公平，多得經之本義。一時名公賢士高其學行，至妻以女，或就見之。後范魏公、富鄭公交薦其賢，始授官，官止殿中丞。徂徠則生於魯，當孫公退居泰山之時，實師事之。其爲人好善疾惡，嘗著怪説、中國論及唐鑑，以爲世戒，而慶曆聖德詩尤爲人所傳頌。嘗以經術教授於鄉，後在太學，益以師道自居，太學自此而興。初舉進士甲科，官止太子中允。蓋兩先生平生見於歐陽文忠公墓誌，而國史取以爲傳者，其大略如此。按其言論，世信其爲大賢君子，卓然出乎流俗而表爲一方之望者也。故在當時並爲人所尊仰，至即其所居山稱之，以配其德，可謂至矣。

泰山孫嘗被薦，而人亦嫉之，不得盡其用。若徂徠之剛直，既没而禍忽作，幾不能保其遺骸而庇其妻子。蓋小人之不相容，亦勢之所必至者。今去之六百年，雖天下知有兩先生而魯爲所寓、所産之地，道德之風，藹然猶存，宜人尤尊仰之。祠象焕焉而不至於卒廢，人心之公不能自已如此，而歐陽公所謂發先生之光者，今則愈久而愈光矣。

兩先生葬處，守臣又推朝廷尊賢之意，既加護封唯謹，且二氏幸皆有後，而石差繁復，選其人入學充弟子員，魯人之思庶幾慰之。因併載其事，俾刻之祠下云。

清光緒十年尚志堂刊本徂徠集後附

魯兩先生祠記

明　侯應瑜

按志：二先生一爲孫明復，一爲石守道，皆宋儒。而守道則師事明復先生者也，其學術德業，載於郡乘者甚詳且盡。祠之建置，不可考其創始。今州治西南隅，今署東偏露臺之上，碑記尚存，磨洗讀之，似借神字以祟祀者。前爲殿，後爲寢，各三楹，頹廢不蔽風雨，傍有翼焉，僅存其墟。春秋秩祀，即設於草莽之間。二先生遺像儼然，且與荆棘伍矣。不佞愀然動念爲重修，榱桷之缺者補之，埏埴之廢者增之，丹堊之漶者飾之。又爲祭庫神厨者三，各二楹，以左右翼之。自庚申三月至明年辛酉五月，厥工告竣。

嗟乎！二先生之學術、事功，不少概見，而歐陽文忠、王文正皆尊禮之，則二先生倡明正學可知。蘇文忠乃謂其迂闊矯誕、不可施於政事之閒，何也？蓋二先生稟至性，當祥符、天聖之閒，以仕爲隱，則時爲之也；以潛爲通，則道爲之也。孔子曰：「用之則行，舍之則藏。」夫非時與道之謂乎？今觀唐鑑一書洎慶曆聖德詩，詆責奸邪，動與世殊。退居徂徠，閉户著書。明復先生殁，而門人祖無擇檢笥中，得書十有五篇以獻。則兩先生之品具見矣。何論用舍、行藏哉！又何論政事哉！

且石先生學於孫先生，執弟子禮甚恭。對客則執杖屨侍側，訪故則扶掖步趨，少無怠容，士風爲之一變。夫今之學者能不覩廟貌而興起，一化傲惰之習乎？故祠之新也，欲人之新也。新者，革其故之謂也。吾儕齒有先後，學有淺深。韓退之曰：「生乎吾前者，其聞道也先乎吾，吾從而師之；生乎吾後者，其聞道也先乎吾，吾亦從而師之。師其有常乎哉？」故曰：「謙受益，滿招損。」而欹器之文曰：「虚則欹，中則正，滿則覆。」士亦何樂以滿覆而不以虚受耶？故化驕矜之習，鋤忮懻之容，吾爲今之爲士者勗矣。然則祠之新也，獨新耳目之觀已哉！

是爲記。

清光緒十年尚志堂刊本徂徠集後附

重修魯兩先生祠堂記

清　施閏章

往讀歐陽氏所爲孫明復、石守道兩先生墓誌銘，偉其文，嗟異其人。久之，過泰安州，有兩先生祠，知爲先生游息謀業之所，因爲文以祭之。入其祠，頹檐漏瓦，門垣不飭，几筵不具，而兩先生像獨存。其儒衣冠上坐者孫先生，侍坐者石先生也。孫先生晉州平陽人，舉進士不第，退居泰山之陽。魯人石先生輒師事之，杖屨必侍，登降必扶，執弟子禮甚恭，魯人觀者皆嘆息興起。今觀其像如生時，余不覺流涕。

夫兩先生德成名立，傳於後世，無可哀者。余獨念兩先生躬耕力行，居泰山、徂徠之間，雖嘗官於朝而不久其位，不大伸其志，卒爲姦人所讒謗。石先生作慶曆聖德詩，褒抑大臣，尤中奇禍，至困踣身死，幾不免發棺，可謂阨矣。然當時魯人尊之，太學諸生從之，宰相卿大夫折節下之，以薦於天子加禮，蓋行修於身而不可掩也。自宋迄今六百餘年，祠祀春秋不廢，齊、魯士無賢不肖皆稱曰「泰山孫先生」、「徂徠石先生」，而不敢名。泰山、徂徠兩山，遂若爲兩先生所獨有。而向之姦人乘權嫉謗者，如蠅聲犬吠，影響俱泯，且不得與草木等。

太史公曰：「富貴而名磨滅，不可勝紀，惟倜儻非常之人稱焉。」後之有志於道者，其毋味於利而祛於義，毋競刀錐之末而失丘山之重，亦可以自壯矣。而吾儕承先人之訓，遊聖賢之鄉，不敢爲不肖而竊恐其未逮，此閏章之所以再拜流涕也。

既撤祭，召兩先生之裔爲存恤，惟石氏有奉祀生承基，問其遺書，已不存。

蘇君署州事，余出四十緡俾新其祠，待御趙公倡爲之助。蘇君既謀始，而州守曲君至，又踵治之，屬武舉張子以董其成，乃訖工。夫聞先生之風者，思見其人，謁祠而見，其像如生，俎豆肅然，感興者必衆。况泰安接壤厥里，尤近聖人之居者哉！乃刻石召諸生，且將以自勵焉。

清光緒十年尚志堂刊本徂徠集後附

重修魯兩先生祠堂記

清　劉謙吉

孔子殁，聖學榛蕪百餘年而後孟子出。子輿氏殁，歷秦、漢、唐數百年而後昌黎韓子出。聖學不絶如縷，又二百餘年而後宋儒輩出。夫聖人之道，得宋儒而復顯。宋儒之學，得孫、石而始倡，得范、韓、歐陽而後大，得周、程、張、朱而後成。後人止知有范、韓、歐陽、周、程、張、朱，而不知有孫、石，豈不惑哉！

余維孫先生之學，以春秋爲本，以尊王爲要，不惑於傳註，不爲曲説以亂經。其言簡易，明於諸侯大夫功罪，以考時之盛衰，而推見王道之治亂。石先生學宗仁義，自謂勇過孟軻，雖在畎畝，不忘天下之憂。謂時無不可爲，爲之無不至，不在其位，則行其言，故發爲文章，極陳今古治亂成敗，以指切當時，賢愚善惡，是是非非，無所諱忌。嘗曰：「學者，學爲仁義也。仁急於利物，義果於有爲，惟忠能忘其身，篤於自信者，乃可以力行也。」夫尊王之道不著，仁義之説不明，故漢以後僭竊簒弑，禍亂相尋。

二先生起於田閒，自任以天下之重，雖伊、傅何以加焉，而豈必拘拘以聚徒講學爲哉！是以富公、范公言孫之道德經術宜在朝廷。學士趙概等十餘人，言其行爲師法，經爲人師。至於守道先生，與孫同時而師事之。杜祁公、韓魏公屢薦於朝。及卒，歐陽公哭之以詩，謂「待彼謗焰熄，然後先生之道明」。

嗚呼！使二先生得志行道，其事業豈在范、韓、歐陽諸公下哉！不幸位不逮德，而守道又早殁，皆時命爲之也。然則二先生宜同周、程、張、朱而各祀於其鄉，明矣！

泰安舊有魯兩先生祠，在州城東南隅，創始於宋，增修於金，學士党懷英記之。再修於明，學士吴寬有記。國朝學使者施閏章與郡人侍御史趙宏文重修。其興廢大略可考而知也。余校士濟南，得石先生後裔維巖，受其集，因□□授學正劉炳爲葺，其頹者新之。今去施公又三十餘年，緬兩先生躬耕教讀之風，低徊不能去諸懷云。

謹按：孫先生諱復，字明復，泰山晉陽社人，舉進士以薦，累官至殿中丞。石先生諱介，字守道，兖州奉符人。舉進士甲科，官至太子中允、直集賢、判濮州。

清光緒十年尚志堂刊本徂徠集後附

奉魯兩先生附和聖祠記

清　徐宗幹

己丑夏五之八日，和聖祠工竣，率諸生恭謁焉。履其堂，徘徊瞻仰，見遺像肅然，和而且介，可以想像唯肖也。

祠迤南，榛莽閒有破屋數閒，相傳爲石氏祠堂。摳衣而入，則供奉孫、石兩先生遺像，即所稱二賢祠也。孫先生端坐南向，石先生侍側，依然執杖履行弟子禮，所謂貌厚氣完，學篤志大者。景行向往，恍見其人。前太守宋公顔其堂曰「經學指南」。屋頹及半，而兩先生之像宛好如初。風雨鳥鼠，固有爲之呵護者歟？

考志、乘，本名魯兩先生祠，兩先生始講學於嶽廟東偏，金大定閒建祠其地，党懷英爲之記，已不可復識。今岱麓普照寺西北所稱泰山上書院者，則兩先生北徙山麓之遺址也。後人以胡安定讀書其地，併爲三賢祠，歲時致祭，而此祠遂廢。然衣冠肖像，遺貌宛然，瞻之在前，瓣香未墜，若之何一任頽敗於荒煙蔓草閒乎！

竊念宋初文治，尚沿五季陋習，兩先生倡明正學，著春秋、周易，表章經旨，排斥佛、老，闡明微言，濬程、邵之源，啓關、閩之統，立身行己，卓然於韓、范、富、杜之閒。而正學忤時，直道致黜，位不滿其德，用不盡其才，與柳下大夫之遇，前後如出一轍。且兩先生之行乎義洽，亦可爲百世師，合食於廟，誰曰不宜！

爰屬宋君興幃董其事，恭移奉兩先生遺像於西偏，而爲之記。

清光緒十年尚志堂刊本徂徠集後附

擬請宋孫石兩先生從祀議

清　徐宗幹

竊查邑志，内載：宋殿中丞孫復，晉州平陽人，居泰山之麓，學春秋，著尊王發微十二卷，范仲淹、富弼薦其道德經術於朝，除秘書郎、國子監，帝命其門人祖無擇就家録其書，藏於秘閣。歐陽修言其治春秋，不惑傳註，不爲曲説以亂經，其言簡易，明於諸侯大夫功罪，以考時之盛衰，而推見王道之治亂，得經之義爲多。朱子謂近時言春秋者如陸淳、孫明復，推言治道，凛凛可畏，終是得聖人意。平生行爲世法，經爲人師，著睢陽子集十卷，四皓論等篇。防後世之僭亂，作堯權、舜制等篇；正傳嗣之大義，著正名解等篇。石介而下皆師事之。

介生泰山下，舉進士，歷鄆州、南京推官，篤學有志，樂善嫉惡。初，躬耕徂徠山下，葬五世未葬者七十喪。以易教授於家，入爲國子監直講，從學甚衆。杜衍、韓琦薦擢太子中允、直集賢院。作慶曆聖德詩，分别邪正，直言不阿。著有易解五卷、易經口義十卷、先朝政範一卷、唐鑑六卷、徂徠集二十卷。所爲詩文，皆根柢至道，排斥佛、老。與孫復於祥符、天聖閒以仁義忠孝之道發於文章，爲諸儒倡。當世大儒皆尊禮之，歐陽公比之孟子及韓文公，其羽翼聖道，立朝行己，備載史策。方其築室泰山下爲學館，師事孫復，執杖履侍其左右，升降拜伏皆扶之，魯人始識師弟之禮，士風爲之一變。

前明成化中，撫臣請於朝，建二賢祠，每歲春仲秩祀，著爲常典。魯人無賢不肖皆稱曰泰山、徂徠兩先生。至國朝順治十年，郡人重爲修建。又於岱麓增胡安定爲三賢祠，學臣黄叔琳順士民之請，復加修建而爲之記。

竊思宋初尚沿五季陋習，經學久晦，兩先生實倡明之。孫明復嘗云：「盡孔子之心者大易，盡孔子之義者春秋，是二大經，聖人之極筆，治世之大法。」夫孔、孟之道，闡於程、朱，程、朱之源，開於孫、石。迄今宋儒從祀者，均在孫、石二子之後，沿流溯源，似應附入宫牆，並崇俎豆，以慰士林之望，而增岱嶽之光也。

清光緒十年尚志堂刊本徂徠集後附

石徂徠先生像贊

清　張昭潛

斯文壹脈，緜緜延延。洙、泗集堯、舜以後，徂徠開程、朱之前。以先生而俎豆乎宫牆，其誰曰不然？

濰縣後學張昭潛敬贊。

清光緒十年尚志堂刊本徂徠集前附

石介集附録四

事迹　評論

國家踵隋、唐之制，專以辭賦取人，故天下之士皆奔走致力於聲病對偶之間，探索聖賢之閫奥者，百無一二，向非挺然持古、不狥世俗之士，則孰克舍於彼而取於此乎？由是言之，則執事莅是學，行是道，增置學官之際，可不慎擇乎？今有大名府魏縣校書郎士建中、南京留守推官石介二人者，其能知舜、禹、文、武、周公、孔子之道者也。非止知之，又能揭而行之者也。執事若上言於天子，次言於執政，以之爲學官，必能恢張舜、禹、文、武、周公、孔子之道，以左右執事，教育國子，丕變於今之世矣。

北宋孫復孫明復小集寄范天章書

近得友人石介書，盛稱執事於聖祖家廟中構五賢（按：「五賢」指孟軻、荀卿、揚雄、王通、韓愈等。）之堂，象而祠之，且曰：「孔侯之心至矣，吾輩不是之而將何之也？」復聞之，躍然而起，大呼張洞、李緼曰：「昔夫子之道，得五賢而益尊；今五賢之烈，由龍圖而愈明。」

北宋孫復孫明復小集上孔給事書

修頓首再拜白公操足下：前歲於洛陽得在鄆州時所寄書，卒然不能即報，遂以及今。然其勤心未必若書之怠，而獨不知公操察不察也。

修來京師已一歲也。宋州臨汴水，公操之譽日與南方之舟至京師。修少與時人相接尤寡，而譽者無日不聞。若幸使盡識舟上人，則公操之美可勝道哉！凡人之相親者，居則握手共席道歡欣，既別，則問疾病起居以相爲憂者，常人之情爾。若聞如足下之譽者，何必問其他乎！聞之欣然，亦不減握手之樂也。夫不以相見爲歡樂，不以疾病爲憂問，是豈無情者乎？得非相期者在於道爾！其或有過而不至於道者，乃可爲憂也。

近於京師頻得足下所爲文，讀之甚善。其好古閔世之意，皆公操自得於古人，不待修之贊也。然有自許太高、詆時太過、其論若未深究其源者。此事有本末，不可卒然語，須相見乃能盡然。有一事今詳而説，此計公操可朝聞而暮改者，誠先陳之。

君貺家有足下手作書一通，及有二像記石本。始見之，駭然不可識，徐而視定，辨其點畫，乃可漸通。吁！何怪之甚也。既而持以問人，曰：「是不能乎書者邪？」曰：「非不能也，書之法當爾邪！」曰：「非也。古有之乎？」曰：「無。」「今有之乎？」亦曰：「無也。」「然則何謂而若是？」曰：「特欲與世異而已。」

修聞君子之於學，是而已，不聞爲異也。好學莫如揚雄，亦曰如此。然古之人或有稱獨行而高世者，考其行，亦不過乎君子，但與世之庸人不合爾。行非異世，蓋人不及而反棄之，舉世斥以爲異者歟！及其過，聖人猶欲就之於中庸，況今書前不師乎古，後不足以爲來者法，雖天下皆好之猶不可爲，況天下皆非之，乃獨爲之，何也？是果好異以取高歟？然嚮謂公操能使人譽者，豈其履中道、秉常德而然歟？抑亦昂然自異以驚世人而得之歟？

古之教童子者：立必正，聽不傾，常視之，毋誑勤。謹乎其始，惟恐其見異而惑也。今足下端然居乎學舍以教人爲師，而反率然以自異，顧學者何所法哉！不幸學者皆從而効之，足下又果爲獨異乎！今不急止，則懼他日有責，後生之好怪者，推其事，罪以奉歸，此修所以爲憂而敢告也，惟幸察之。

不宣。同年弟歐陽某頓首。

北宋歐陽修歐陽文忠公文集卷六六與石推官第一書

修頓首白公操足下：前同年徐君行，因得寓書，論足下書之怪。時僕有妹在襄城，喪其夫，匍匐將往視之，故不能盡其所以云者而略陳焉。足下雖不以僕爲狂愚而絶之，復之以書，然果未能諭僕之意。非足下之不諭，由僕聽之不審而論之之略之過也。

僕見足下書久矣，不即有云而今乃云者，何邪？始見之，疑乎不能書，又疑乎忽而不學。夫書，一藝爾，人或不能與，忽不學時不必論，是以默默然。及來京師，見二像石本，及聞説者云足下不欲同俗而力爲之，如前所陳者，是誠可諍矣。然後一進其説。及得足下書，自謂不能與前所聞者異，然後知所聽之不審也。

然足下於僕之言，亦似未審者。足下謂世之善書者能鍾、王、虞、柳，不過一藝，己之所學，乃堯、舜、周、孔之道，不必善書。又云因僕之言，欲勉學之者，此皆非也。夫所謂鍾、王、虞、柳之書者，非獨足下薄之，僕固亦薄之矣。世之有好學其書而悦之者，與嗜飲茗、閲畫圖無異，但其性之一僻爾，豈君子之所務乎？然至於書則不可無法。古之始有文字也，務乎記事，而因物取類爲其象，故周禮六藝有六書之學，其點畫曲直，皆有其説。揚子曰：「斵木爲棋，梡革爲鞠，亦皆有法焉，而况書乎！」今雖隸字已變於古，而變古爲隸者，非聖人不足師法。然其點畫曲直猶有準則，如毋母、彳亻之相近，易之則亂而不可讀矣。

今足下以其直者爲斜，以其方者爲圓，而曰：「我第行堯、舜、周、孔之道。」此甚不可也。譬如設饌於案，加帽於首，正襟而坐，然後食者，此世人常爾。若其納足於帽，反衣而衣，坐乎案上，以飯實酒巵而食，曰：「我行堯、舜、周、孔之道者。」以此之於世，可乎？不可也。則書雖末事，而當從常法，不可以爲怪，亦猶是矣。然足下了不省僕之意，凡僕之所陳者，非論書之善不，但患乎近怪自異以惑後生也。若果不能，又何必學。僕豈區區勸足下以學書者乎！

足下又云：「我實有獨異於世者，以疾釋、老，斥文章之雕刻者。」此又大不可也。夫釋、老，惑者之所爲；雕刻文章，薄者之所爲。足下安知世無明誠質厚君子之不爲乎？足下自以爲異，是待天下無君子之與己同也。仲尼曰：「後生可畏，安知來者之不如今也。」是則仲尼一言，不敢遺天下之後生；足下一言，待天下以無君子，此故所謂大不可也。夫士之不爲釋、老與雕刻文章者，譬如爲吏而不受貨財，蓋道當爾，不足恃以爲賢也。

屬久苦小疾，無意思。不宣。某頓首。

北宋歐陽修歐陽文忠公文集卷六六與石推官第二書

具官修，謹齋沐拜書中丞執事：修前伏見舉南京留守推官石介爲主簿，近者，聞介以上書論赦被罷，而臺中因舉他吏代介者。主簿於臺職中最卑，介，一賤士也，用不用當否，未足害政，然可惜者，中丞之舉動也。

介爲人剛果有氣節，力學，喜辯是非，真好義之士也。始執事舉其材，議者咸曰知人之明。今聞其罷，皆謂赦乃天子已行之令，非疏賤當有説。以此罪介，曰當罷。修獨以爲不然。然不知介果指何事而言也？傳者皆云，介之所論，謂朱梁、劉漢不當求其後裔爾。若止此一事，則介不爲過也。然又不知執事以介爲是、爲非也？若隨以爲非，是大不可也。

且主簿於臺中非言事之官，然大抵居臺中者，必以正直剛明、不畏避爲稱職。今介足未履臺門之閾，而已用言事見罷，真可謂正直剛明、不畏避矣。度介之才，不止爲主簿，直可任御史也。是執事有知人之明，而介不負執事之知矣。

修嘗聞長老説，趙中令相太祖皇帝也，嘗爲某事擇官，中令列二臣姓名以進，太祖不肯用。它日又問，復以進，又不用。它日又問，復以進。太祖大怒，裂其奏擲殿階上。中令色不動，插笏帶間，徐拾碎紙，袖歸中書。它日又問，則補綴之，復以進。太祖大悟，終用二臣者。彼之敢爾者，蓋先審知其人之可用，然後果而不可易也。

今執事之舉介也，亦先審知其可舉邪？是偶舉之也？若知而舉，則不可遽止；若偶舉之，猶宜一請介之所言，辯其是非而後已。若介雖忤上而言是也，當助以辯。若其言非也，猶宜曰：所舉者爲主簿爾，非言事也，待爲主簿不任職則可罷。請以此辭焉，可也。

且中丞爲天子司直之臣，上雖好之，其人不肖，則當彈而去之；上雖惡之，其人賢，則當舉而申之，非謂隨時好惡而高下者也。今備位之臣百十，邪者正者，其糺舉一信於臺臣。而執事始舉介曰能，朝廷信而將用之。及以爲不能，則亦曰不能。是執事自信猶不果，若遂言它事，何敢望天子之取信於執事哉！故曰主簿雖卑，介雖賤士，其可惜者中丞之舉動也。

況今斥介而它舉，必亦擇賢而舉也。夫賢者固好辯，若舉而入臺又有言，則又斥而它舉乎？如此，則必得愚闇懦默者而後止也。伏惟執事，如欲舉愚者，豈敢復云；若將舉賢也，願無易介而它取也。

今世之官，兼御史者例不與臺事，故敢布狂言，竊獻門下，伏惟幸察焉。

北宋歐陽修歐陽文忠公文集卷四七上杜中丞論舉官書

徂徠魯東山，石子居山阿。魯人之所瞻，子與山嵯峨。今子其死矣，東山復誰過。精魄已埋没，文章豈能磨！壽命雖不長，所得固已多。舊藁偶自録，滄溟之一蠡。其餘誰付與，散失存幾何。存之警後世，古鑑照妖魔。子生誠多難，憂患靡不罹。宦學三十年，六經老研摩。問胡所專心，仁義丘與軻。揚雄韓愈氏，此外豈知他。尤勇攻佛老，奮筆如揮戈。不量敵衆寡，膽大身幺麽。往年遭母喪，泣血走岷峨。垢面跣雙足，鋤犁事田坡。至今鄉里化，孝悌勤鬣禾。昨者來太學，青衫踏朝靴。陳詩頌聖德，厥聲續猗那。羔鴈聘黄晞，晞驚走鄰家。施爲可怪駭，世俗安委蛇。謗口由此起，中之若飛梭。上賴天子明，不掛綱者羅。憶在太學年，大雪如翻波。生徒日盈門，飢坐列鴈鵝。絃誦聒鄰里，唐虞賡詠歌。常續最高第〔一〕，騫游各名科。豈止學者師，謂宜國之皤。夭壽反仁鄙，誰尸此偏頗。不知諏諏者，又忍加詆訶。聖賢要久遠，毁譽暫諠譁。生爲舉世疾，死也魯人嗟。作詩遺魯社，祠子以爲歌。

北宋　歐陽修　歐陽文忠公文集卷三讀徂徠集

〔一〕據徂徠集卷一八送張續李常序，當作「常續最高第」。「第」亦當作「弟」，「弟」者，弟子也。

我欲哭石子，夜開徂徠編。開編未及讀，涕泗已漣漣。勉盡三四章，收淚輒忻歡。切切善惡戒，叮嚀仁義言。如聞子談論，疑子立我前。乃知長在世，誰謂已沈泉。昔也人事乖，相從常苦艱。今而每思子，開卷子在顔。我欲貴子文，刻以金玉聯。金可鑠而銷，玉可碎非堅。不若書以紙，六經皆紙傳。但當書百本，傳百以爲千。或落於四夷，或藏在深山。待彼謗焰熄，放此光芒懸！人生一世中，長短無百年。無窮在其後，萬世在其先。得長多幾何，得短未足憐。惟彼不可朽，名聲文行然。讒誣不須辨，亦止百年間。百年後來者，憎愛不相緣。公議然後出，自然見媸妍。孔孟困一生，毁逐遭百端。後世苟不公，至今無聖賢。所以忠義士，恃此死不難。當子病方革，謗辭正騰喧。衆人皆欲殺，聖言獨保全。已埋猶不信，僅免斲其棺。此事古未有，每思輒長嘆。我欲犯衆怒，爲子記此冤。下紓冥冥忿，仰叫昭昭天。書於蒼翠石，立彼崔嵬巔。詢求子世家，恨子兒女頑。經歲不見報，有辭未能詮。忽開子遺文，使我心已寬。子道自能久，吾言豈須鐫。

北宋歐陽修歐陽文忠公文集卷三重讀徂徠集

南山有鳴鳳，其音和且清。鳴於有道國，出則天下平。杜默東土秀，能吟鳳凰聲。作詩幾百篇，長歌仍短行。携之入京邑，欲使衆耳驚。來時上師堂，再拜辭先生。先生頷首遺，教以勿驕矜。贈之三豪篇，而我濫一名。杜子來訪我，欲求相和鳴。顧我文字卑，未足當豪英。豈如子之辭，鏗鍠間鏞笙。淫哇俗所樂，百鳥徒嚶嚶。杜子卷舌去，歸衫翩以輕。京東聚群盜，河北點新兵。饑荒與愁苦，道路日以盈。子盍引其吭，發聲通下情。上聞天子聰，次使宰相聽。何必九包禽，始能瑞堯庭。子詩何時作，我耳久已傾。願以白玉琴，寫之朱絲繩。

北宋 歐陽修 歐陽文忠公文集卷一 贈杜默

先生二十年東魯，能使魯人皆好學。其間張續與李常，剖琢珉石得天璞。大圭雖不假雕琢，但未磨礲出圭角。二生固是天下寶，豈與先生私褚橐。先生示我何矜誇，手携文編謂新作。得之數日未暇讀，意欲百事先屏却。夜歸獨坐南窗下，寒燭青熒如熠爚。病眸昏澁乍開緘，燦若月星明錯落。辭嚴意正質非俚，古味雖淡醇不薄。千年佛老賊中國，禍福依憑群黨惡。拔根掘窟期必盡，有勇無前力何犖。乃知二子果可用，非獨詞堅由志確。朝廷清明天子聖，陽德彙進群陰剥。大烹養賢有列鼎，豈久師門共藜藿。（先生在魯魯皆化，苟用於朝其利博。」予慚職諫未能薦，有酒且慰先生酌。

北宋 歐陽修 歐陽文忠公文集卷二讀張李二生文贈石先生

春深夜苦短，燈冷焰不長。塵蠹文字細，病眸澁無光。坐久百骸倦，中遭群慮戕。尋前顧後失，得一念十忘。乃知學在少，老大不可彊。廢書誰與語，歎息白悲傷。因憶石夫子，徂徠有茅堂。前年來京師，講學居上庠。青衫綴朝士，面有數畝桑。不耐群兒嗤，束書歸故鄉。却尋茅堂在，高卧泰山傍。聖經日陳前，弟子羅兩廂。大論叱佛老，高聲誦虞唐。賓朋足棗栗，兒女飽糟糠。雖云待官闕，便欲解朝裳。有似蠶作繭，縮身思自藏。嗟我一何愚，貪得不自量。平生事筆硯，自可娱文章。開口攬時事，論議争煌煌。退之嘗有云，名聲暫羶香。誤蒙天子知，侍從列班行。官榮日已寵，事業闇不彰。器小以任大，躋顛理之常。聖君雖不誅，在汝豈自遑。不能雖欲止，悦若失其方。却欲尋舊學，舊學已榛荒。有類邯鄲步，兩失皆茫茫。便欲乞身去，君恩厚須償。又欲求一州，俸錢買歸裝。譬如歸巢鳥，將棲少徊翔。自覺誠未晚，收愚老縑緗。

北宋 歐陽修 歐陽文忠公文集卷二鎮陽讀書

先生諱復，字明復，姓孫氏，晉州平陽人也。少舉進士不中，退居泰山之陽，學春秋，著尊王發微。魯多學者，其尤賢而有道者石介，自介而下皆以弟子事之。

先生年逾四十，家貧不娶，李丞相迪將以其弟之女妻之，先生疑焉。介與群弟子進曰：「公卿不下士久矣，今丞相不以先生貧賤而欲託以子，是高先生之行義也，先生宜固以成丞相之賢名。」於是乃許。

孔給事道輔爲人剛直嚴重，不妄與人，聞先生之風，親見之。介執杖屨侍左右，先生坐則立，升降拜則扶之，及其往謝也，亦然。魯人既素高此兩人，由是始識師弟子之禮，莫不嘆嗟之。而李丞相、孔給事亦以此見稱於士大夫。

其後介爲學官，語於朝曰：「先生非隱者也，欲仕而未得其方也。」慶曆二年，樞密副使范仲淹、資政殿學士富弼言其道德經術宜在朝廷，召拜校書郎、國子監直講。嘗召見邇英閣說詩，將以爲侍講，而嫉之者言其講說多異先儒，遂止。

七年，徐州人孔直溫以狂謀捕治，索其家，得詩，有先生姓名，坐貶監虔州商税。

北宋　歐陽修　歐陽文忠公文集卷三〇孫明復先生墓誌銘

自景祐、明道以來，學者有師，惟先生暨泰山孫明復、石守道三人。

北宋歐陽修歐陽文忠公文集卷二五胡（瑗）先生墓表

慶曆初，今賈相國昌朝判領國庠，予貳其職。時山東人石介、孫復皆好古醇儒，爲直講，力相贊和，期興庠序。然嚮學者少，無法利以勸之。於是史館檢討王洙上言，乞立聽書日限，寬國庠薦解之數以（挾）〔俠〕之，聽不滿三百日。來者日衆，未幾，遂盈數千，雖祁寒暑雨有不卻者。諸席分講，坐塞陛序，講罷則書名於籍以記日，固已不勝其譁矣。講員日衆，判長奏假庠東錫慶院以廣學舍爲太學。詔從之。介、復輩益喜，以爲教道之可興也。他直講又多少年，喜主文詞，每月試詩賦論策，第生員高下，揭名於學門。介又好議都省時事，雖朝之權貴，皆譽訾之，由是群謗諠興，漸不可遏。介不自安，求出倅濮州。言者競攻學制之非。詔遂罷聽讀日限，一切仍舊，學者不日而散，復如初矣。

北宋田況儒林公議卷上

范仲淹、富弼初被進用，鋭於建謀作事，不顧時之可否。時山東人石介方爲國子監直講，撰慶曆聖德詩以美得人，中有「惟仲淹、弼，一夔一契」之句，氣類不同者惡之若讎。未幾，謗訾群興，范、富皆罷爲郡，介詩頗爲累焉。

北宋田况儒林公議卷上

石介爲太子中允、國子監直講，專以徑直狂徼爲務，人多畏其口。或有薦於上，謂介可爲諫官者。上曰：「此人若爲諫官，恐其碎首玉階。」蓋疑其效劉栖楚也。

北宋田况儒林公議卷下

臣聞文章之變，蓋與政通。風俗所形，斯爲教本，國體攸繫，理道存焉。况今官才專取辭藝，士惟性資之敏而學問充之，故道義積乎中而英華發於外。以文取士，所以叩諸外而質其中之藴者也。言而不度，則何觀焉？

伏以禮部條例，定自先朝，考較升黜，悉有程式。自景祐元年，有以變體而擢高第者，後進傳效，因是以習。爾來文格日失其舊，各出新意，相勝爲奇。

至太學之建，直講石介課諸生、試所業，因其好尚，而遂成風，以怪誕詆訕爲高，以流蕩猥瑣爲贍，逾越規矩，或誤後學。朝廷惡其然也，故下詔書，丁寧戒勵，而學者樂於放逸，罕能自還。

北宋張方平樂全集卷二十貢院請誡勵天下舉人文章

近捧教答，所啓事皆蒙施行，不任戴荷之極。近聞蔡（襄）、石（介）皆補外，又緣飲會事，多斥善士。去年聖上奮然英斷，登用明公暨韓（琦）、富（弼）諸公，天下翹首以望太平。今明公未去位，端士頗復見外，世人用意如此，言之可爲於邑？明公縱以邊事未還，富公詎定久留於外耶！

北宋尹洙河南先生文集卷十答河東宣撫參政范諫議（仲淹）啓

近日得都下信，君謨、守道悉以外補，又以會飲微過多斥善士。聖上慈明，永叔以忠亮被過，不當以外内易慮，志懷本朝也。范公既鎮兩撫，則未能卒還，富公何得久留於外耶！

北宋尹洙河南先生文集卷十答河北都轉運河歐陽永叔龍圖書

近聞京師以微過多斥善士，蔡君謨、石守道相次外補，未知其然否？……思如今勢尚微，恐其漸熾，所斥不止於蔡、石也。

北宋 尹洙 河南先生文集卷十答鎮州田元均龍圖書

〔劉牧〕學春秋於孫復，與石介爲友。

北宋 王安石 王文公文集卷九五劉君墓誌銘并序

慶曆三年，軾始總角入鄉校，士有自京師來者，以魯人石守道所作慶曆聖德詩示鄉先生，軾從旁竊觀，則能誦習其詞，問先生以所頌十一人者何人也。先生曰：「童子何用知之？」軾曰：「此天人也耶，則不敢知；若人耳，何爲其不可？」先生奇軾言，盡以告之。且曰：「韓、范、富、歐陽，此四人者，人傑也！」

北宋 蘇軾 經進東坡文集事略卷五六范文正公文集序

近世士大夫文章華靡者莫如楊億，使楊億尚在，則忠清鯁亮之士也，豈得以華靡少之？通經學古者莫如孫復、石介，使孫復、石介尚在，則迂闊矯誕之士也，又可施之於政事之間乎？

北宋蘇軾經進東坡文集事略卷二九議學校貢舉書

石介作三豪詩，略云：「曼卿豪於詩，永叔豪於文，杜默豪於歌也。」永叔亦贈默詩云：「贈之三豪篇，而我濫一名。」默之歌少見於世，初不知之，後聞其篇云：「學海波中老龍，聖人門前大蟲。推倒楊朱墨翟，扶起仲尼周公。」皆此等語。甚矣，介之無識也！永叔不欲嘲笑之者，此公惡争名，且爲介諱也。吾觀杜默豪氣，正是京東學究，飲私酒，食瘴死牛肉，醉飽後發者也。作詩狂怪，至盧仝、馬異極矣。若更求奇，便作杜默。

南宋魏慶之詩人玉屑卷十一引東坡志林

按：此條今本東坡志林無。見蘇軾仇池筆記三豪詩條。

慶曆中，興學。一日，判監諸學官皆會，石守道言於坐曰：「蜀生有何群者，只知有仁義，不知有寒餓。」遂館於家。是時，諫官、御史言，以賦取士，無益於治，而群猶致力助之。下兩制議。兩制以爲賦詩用之久，且祖宗故事，不可廢。群聞之大慟，焚其生平所爲賦百餘篇，不復舉進士，又以戒其子云。

北宋范鎮東齋記事卷一

景祐中，趙元昊尚修職貢，蔡州進士趙禹〔一〕庶明言元昊必反，請爲邊備。宰相以爲狂言，流禹建州。明年，元昊果反，禹逃歸京，上書自理。宰相益怒，下禹開封府獄。是時，陳希亮爲司録，言禹可賞不可罪。宰相不從，希亮争不已，卒〔二〕從希亮言，以禹爲徐州推官。徂徠先生石守道有詩曰：「蔡牧男兒忽議兵。」謂禹也。

北宋王闢之澠水燕談録卷一讜議

慶曆三年〔三〕，仁宗用范文正公參知政事，韓魏公、富韓公爲樞密副使，天下人心莫不懽

〔一〕「蔡州進士趙禹」，宋史卷二九八陳希亮傳作「青州民趙禹」。宋朝事實類苑卷十六作「萊州進士」，餘同。

〔二〕「卒」，夏敬觀云：庫本作「帝」。參宋史陳希亮傳，應以「帝」爲是。

〔三〕「三年」，原作「二年」，據續資治通鑑長編卷一四〇、宋史宰輔表改。

快。徂徠先生石守道作聖德詩曰：「惟仲淹、弼，一夔一卨。」又曰：「琦以魁礧，豈視居楔。可屬大事，重厚如勃。」其後富、范爲宋之名臣，而魏公定策兩朝，措天下於泰山之安，人始歎先生之知人也。

北宋王闢之澠水燕談録卷三知人

徂徠先生石守道少以進士登甲科，好爲古文章，雖在下位，不忘天下之憂。其言以排斥佛、老，誅貶奸邪爲己任。慶曆中，天子罷二相，進用韓魏公、富韓公、范文正公，增置諫官，鋭意求治。先生喜曰：「吾官爲博士，雅、頌吾職也。」乃作慶曆聖德詩五百言，所以别白邪正甚詳。泰山孫明復見之，曰：「子禍起矣！」由是謗論喧然，姦人嫉妬，相與擠之，欲其死而後已。不幸先生病卒。有以媾禍中傷大臣者，指先生之起事，曰：「石某詐死，北走胡矣。」請斲棺以驗。朝廷知其誣，不發棺。歐陽文忠公哭先生以詩曰：「當子病方革，謗辭正騰喧。衆人皆欲殺，聖主獨保全。已埋猶不信，僅免斲其棺。」先生没後，妻子流落寒餓，魏公分俸買田以給之。所謂大臣，乃先生嘗薦於朝者；姦人，即先生詩所斥者也。元祐中，執政薦先生之直，即詔官其子。

北宋王闢之澠水燕談録卷三奇節

濮人杜默師雄，少有逸才，尤長於歌篇，師事石守道。作三豪詩以遺之，稱默爲「歌豪」、石曼卿「詩豪」、永叔「文豪」。而永叔亦有詩曰：「贈之三豪篇，而我濫一名。」默久不第，落魄不調，不護名節，屢以私干歐陽公。公稍異之，默怨憤，作桃花詩以諷。由是士大夫薄其爲人。

北宋王闢之澠水燕談録卷七歌詠

濮人李植成伯與張續〔一〕禹功師徂徠石守道，爲門人高弟。歐陽文忠讀徂徠集詩云：「常續最高弟，騫游各名科。」（成伯少名常）嘉祐中，詔舉天下行義之士，發遣詣闕，成伯首被此舉，詔書方下而卒，士大夫惜之。時禹功居曹南，成伯前卒數日，以詩寄禹功，其末句云：「野堂吹落讀殘書。」禹功恠其語不祥，亟往訪之，未至濮，成伯已卒。野堂，成伯讀書堂也。

北宋王闢之澠水燕談録卷七歌詠

按：古人名、字意義相關，張生既字禹功，當以名績爲是。此處作「續」，蓋誤刊也。

〔一〕徂徠集卷一八送張續李常序「張續」作「張績」。

趙鄰幾好學善著述，太宗擢知制誥。逾月卒。子東之亦有文才，前以職事死塞下。家極貧，三女皆幼，無田以養，無宅以居。僕有趙延嗣者，久事舍人，義不忍去，竭力營衣食以給之，雖勞若不避，如是者十餘年。三女皆長，延嗣未嘗見其面，至京師訪舍人之舊，謀嫁三女。見宋翰林白、楊侍郎徽之，發聲大哭，具道所以。二公驚謝曰：「吾被衣冠，且與舍人友，而不能恤舍人之孤，不迨汝遠矣！」即迎三女歸京師，求良士嫁之。三女皆有歸，延嗣乃去。徂徠先生石守道爲之傳，以厲天下云。

北宋王闢之澠水燕談録卷三奇節

孔公道輔祥符中進士及第，補寧州推官，道士治真武像，有蛇數出像前，人以爲神。州將率其屬往拜之，蛇果出，公即舉笏擊殺之，衆大驚服。徂徠先生石守道嘗爲公擊蛇笏銘。

北宋王闢之澠水燕談録卷四忠孝

徂徠石守道常語學者曰：「古之學者急於求師。孔子，大聖人也，猶學禮於老聃，學官於郯子，學琴於師襄，矧其下者乎！後世耻於求師，學者之大蔽也。」乃爲師説以喻學者。是時孫明復先生居泰山之陽，道純德備，深於春秋。守道率張〔泂〕北面而師之，訪問講解，日夕不怠。明復行，則從；升降拜起，則執杖屨以侍。二人者，久爲魯人所高，因二人而明復之道愈尊。於是學者始知有師弟子之禮。

南宋朱熹五朝名臣言行録卷十引澠水燕談録

按：此條今本北宋王闢之澠水燕談録無。

石守道介，（康定）〔慶曆〕中，主盟上庠，酷憤時文之弊，力振古道。時庠序號爲全盛之際，仁宗孟夏鑾輿有玉津撥麥之幸，道由上庠。守道前數日於善首堂出題曰「諸生請皇帝幸國學賦」，糊名定優劣。中有一賦云：「今國家始建十親之宅，封八大之王。」蓋是年造十王宫，封八大王元儼爲荆王之事也。守道晨興，鳴鼓於堂，集諸生，誚之曰：「此輩鼓篋游上庠，提筆場屋，稍或黜落，尚騰謗有司者。悲哉，吾道之衰也！如是，此物宜遽去，不爾則鼓其姓名，撻以懲其謬。」時引退者數十人。

北宋僧文瑩湘山野録卷中

慶曆中，吕許公夷簡罷政事，以司徒歸第，拜晏元獻公殊、章郇公得象爲相。又以諫官歐陽修、余靖上疏，罷夏竦樞密使。其他升拜不一。是時石介爲國子監直講，獻慶曆聖德頌，褒貶甚峻，而於夏竦尤極詆斥，至目之爲不肖，乃有「手鋤姦枿」之句。頌出，泰山孫復謂介曰：「子之禍自此始矣。」未幾，黨議起，介在指名，遂罷監事，通判濮州，歸徂徠山而病卒。會山東舉子孔直温謀反，或言直温嘗從介學，於是夏英公言於仁宗曰：「介實不死，北走胡矣。」尋有旨編管介妻子於江淮。又出中使，與京東部刺史發介棺以驗虚實。是時吕居簡爲京東轉運使，謂中使曰：「若發棺空而介果北走，則雖孥戮不足以爲酷。萬一介屍在，未嘗叛去，即是朝廷無故剖人塚墓，何以示後世耶？」中使曰：「誠如金部言，然則若之何以應中旨？」居簡曰：「介之死，必有棺斂之人，又内外親族及會葬門生無慮數百。至於舉柩窆棺，必用凶肆之人。今皆檄召至此，劾問之，苟無異説，即皆令具軍令狀以保任之，亦足以應詔也。」中使大以爲然。遂自介親屬及門人姜潛已下，并凶肆棺斂舁柩之人，合數百狀，皆結罪保證。中使持以入奏，仁宗亦悟竦之譖。尋有旨，放介妻子還鄉，而世以居簡爲長者。

北宋 魏泰 東軒筆録卷九

歐陽修、余靖、蔡襄、王素爲諫官，時謂之「四諫」。四人力引石介，執政欲從之。時范公爲參知政事，獨曰：「介剛正，天下所聞，然性亦好異，使爲諫官，必以難行之事責人君以必行，少拂其意，則引裾折檻，叩頭流血，無所不爲。主上富春秋，無失德，朝廷政事亦自修舉，安用如此諫官也！」諸公伏其言而罷。

南宋朱熹五朝名臣言行録卷七引東軒筆録

按：此條今本北宋魏泰東軒筆録不載。

侍講（胡瑗）布衣時，與孫明復、石守道同讀書泰山，攻苦食淡，終夜不寢，一坐十年不歸。得家問，見上有「平安」二字，即投之澗中，不復展視。

南宋朱熹五朝名臣言行録卷十引胡瑗曾孫滌所記

天聖以來，穆伯長、尹師魯、蘇子美、歐陽永叔始唱爲古文，以變西崑體，學者翕然從之。其有楊、劉體者，人戲之曰：「莫太崑否？」石介守道深嫉之，以爲孔門之大害，作怪説三篇，上篇排佛、老，下篇排楊億。於是新進後學不敢爲楊、劉體，亦不敢談佛、老。後歐陽公、蘇公復主楊大年。

南宋朱熹五朝名臣言行録卷十引呂氏家塾記

張安道雅不喜石介，謂狂譎盜名，所以與歐、范不足，至人目以姦邪。一日謁曾祖，至祖父書室中，案上見介書，曰：「吾弟何爲與此狂生遊？」又問：「黄景微何在？聞前日狂生以羔鴈聘之，不受。何不與喫了羊、着了絹，一任作怪？何足與之較辭受義理也？」曾祖除御史中丞，固辭不拜。石介以書與祖父，以不拜爲非。其略云：「内相爲名臣，子容爲賢子，天下屬望，所繫非輕，豈可以辭位爲廉？」張見者，此書也。

南宋朱熹五朝名臣言行録卷十引蘇氏談訓

孫之翰言：慶曆中，上用杜衍、范仲淹、富弼、韓琦任政事，而以歐陽修、蔡襄及甫等爲諫官，欲更張庶事，致太平之功。仲淹亦皆戮力自効，欲報人主之知。然好同惡異，不能曠然無適莫。甫嘗家居，石介過之，問介適何許來，介言方過富公。問富公何爲，介曰：「富公言滕宗諒守慶州，用公使錢，坐法。杜公則欲致宗諒重法，不然，則衍不能在此；范公則欲薄其罪，曰：不然，則仲淹請去。富公欲抵宗諒重法，則懼違范公；欲薄其罪，則懼違杜公。患是不知所決。」甫曰：「守道以謂如何？」介曰：「介亦竊患之。」甫乃嘆曰：「法者，人主之操柄。今富公患重罪宗諒則違范公，薄其罪則違杜公，是不知有法而未嘗意在人主也。守道平生好議論，自謂正直，亦安得此言乎？」因曰：「甫少而好學，自度必難用於世，是以退爲唐史記以自見，而屬爲諸公牽挽，使備諫官，亦嘗與人自謀去就，而所與謀者，適好進之人，遂見誤在此。今諸公之言如是，甫復何望哉！」自此凡月餘不能寐。慶曆之間任事者，其後余多識之，不黨而知其過如之翰者，則一人而已矣。

南宋　朱熹　五朝名臣言行録卷九引北宋　曾鞏　南豐雜識

石介性純古，學行優敏，以誘掖後進、敦奬風教爲己任。慶曆中，在太學，生徒咨問經義，日數十人，皆怡顔和氣，一一爲講解，殊無倦色。嘗請仁廟駕幸太學，欲爲儒者榮觀，因作慶曆聖德頌，詆忤當途大臣。既而謗介請駕幸太學將有他志，介因罷學官，得太子中允，直集賢院，通判濮州，待闕於徂徠故棲。歲餘病死。當途者誣奏云：「介投契丹，死非其實。」遂詔京東提刑司發墳剖棺，驗其事。繼而有孔直温者，狂悖抵罪，直温昔嘗在介書院爲學，以爲黨，遂編置介之子弟於諸郡。嗚呼！讒人之口，真可懼哉！

北宋江少虞宋朝事實類苑卷七十引北宋張師正倦遊雜録

石守道學士爲舉子時，寓學於南都，其固窮苦學，世無比者。王侍郎瀆聞其勤約，因會客，以盤餐遺之，石謝曰：「甘脆者，亦某之願也。但日享之則可，若止修一餐，則明日何以繼乎？朝享膏粱，暮厭粗糲，人之常情也。某所以不敢當賜。」便以食還，王咨重之。

北宋江少虞宋朝事實類苑卷十二引北宋張師正倦遊雜録

初，夏竦在樞府，深怨石介之譏己，必欲報之。滁州狂人孔直温謀反伏誅，搜其家，得石介書。時介已死，竦爲宣徽南院使，言介詐死，乃富弼遣介結契丹起兵，期以一路兵爲内應，請發介棺驗之。詔下兖州，時知兖者爲杜衍，語僚屬，莫敢答，掌書記龔鼎臣願以闔族保介必死。提刑吕居簡亦言：「無故發棺，何以示後？」具狀上之，始獲免。

宋元學案卷二泰山學案引北宋李之儀姑溪居士集

夏竦既讒先生於仁宗，謂：「介不死，北走契丹。」幸吕居簡爲京東轉運使，具狀保於中使，仁宗始悟竦之譖。及竦之死，仁宗將往澆奠，吴奎言於帝曰：「夏竦多詐，今亦死矣。」仁宗憮然。至其家澆奠畢，躊躇久之，命大閹去竦面幕而視之。世謂剖棺之與去面幕，其爲人主之疑一也，亦所謂報應者邪。

宋元學案卷二泰山學案引宋孫覿鴻慶居士集

石介作慶曆聖德詩，以斥夏英公、高文莊公，曰：「惟竦、若訥，一妖一孽。」後聞夏英公作相，夜走臺官之家，一夕所乘馬爲之斃，所以彈章交上，英公竟貼麻，改除樞密使，緣此與介爲深仇。其後介死，英公每對官吏或公廳，時失聲發嘆曰：「有人於界河逢見石介來。」後卒有投蕃將發棺之事。有旨下兗州驗實。杜祁公罷相守兗州，力爲保明，乃免。

宋王銍默記卷中

慶曆三年三月，吕夷簡以司徒歸第，夏竦召至國門而罷。詔以賈昌朝參知政事，杜衍爲樞密使，富弼爲樞密副使。弼固辭，改資政殿學士，乃以范仲淹代弼。又以歐陽修、余靖、蔡褱、王素充諫官。一時朝野懽欣，至酌酒相慶。太學博士石介因作慶曆聖德頌，其詞太激，邪佞切齒。其頌至范仲淹曰：「太后乘勢，湯沸火熱。汝時小臣，危言業業。」太后一語，仁宗含之在中，不敢出之口者，所不宜言。其最儆心目者，如「衆賢之進，如茅斯拔；大奸之去，如距斯脱」。又曰：「神武不殺，其默如淵；聖人不測，其動如天。」時韓魏公與范文正公適自陝來朝，竦之密姻有令於閿者，手録此頌進於二公。且口道竦非爲諸君子慶。二公去閿，范拊股謂韓曰：「爲此怪鬼輩壞之也。」韓曰：「天下事不可如此必壞。」孫復聞之，亦曰：「石守道禍始於此矣。」

宋袁褧楓窗小牘卷上

夏文莊拜樞密，言者排之不已，即罷。石介進聖德頌，公銜之深。歲設水陸齋醮，設一位立牌，書曰「夙世寃家石介」。

宋高晦叟珍席放談

（慶曆五年十一月）辛卯，詔提點京東路刑獄司體量太子中允、直集賢院石介存亡以聞。

先是，介孚命通判濮州，歸其家待次。是歲七月，病卒。夏竦銜介甚，且欲傾富弼，會徐州狂人孔直温謀叛，搜其家，得介書，竦因言介實不死，弼陰使入契丹謀起兵，弼爲内應。執政入其言，故有是命。仍羈管介妻子於他州。

南宋李燾續資治通鑑長編卷一五七

（慶曆七年六月）先是，夏竦讒言石介實不死，富弼陰使入契丹謀起兵。朝廷疑之。弼時知鄆州，亟罷京西路安撫使。既而北邊按堵如故，竦讒不效。弼自鄆州徙青州，仍領京東路安撫使。竦在樞府，又讒介説敵弗從，更爲弼往登、萊結金坑兇惡數萬人欲作亂，請發棺驗視。朝廷復詔監司體量。中使持詔至奉符，提點刑獄吕居簡曰：「今破冢發棺，而介實死，則將奈何？且喪葬非一家所能辦也，必須衆乃濟。若人召問之，苟無異説，即令結罪保證，如此亦可應詔矣。」中使曰：「善。」及還奏，上意果釋。介妻子初羈管它州，事既辨明，乃得還。侍御史知雜事張昪及御史何郯嘗極論其事。郯奏疏曰：「伏聞朝廷近降指揮，爲疑石介，遍根問舊來曾涉往還臣僚，以審存没，中外傳聞，頗甚駭異。緣石介平生頗篤學問，所病者道未周而好爲人師，致後生從學者多流蕩狂妄之士。又在太學日，不量職分，專以時事爲任。此數端是可深責，其於它事計亦不爲。況介前年物故，衆已明知，萬一使介尚存，一渺小丈夫，亦何所圖？臣聞此事造端，全是夏竦。始初陰令人摹擬石介書迹，作與前來兩府臣僚簡尺，妄言事端，欲傳播入内，上惑聽明。夏竦豈不知石介已死，然其如此者，其意本不在石介，蓋以范仲淹、富弼在西府日，夏竦曾有樞密使之命，當時亦以群議不容，即行罷退，疑仲淹等同力排擯，以石介曾被仲淹等薦引，故欲深成石介之惡，以污忠義之臣，皆疇昔之憾未嘗獲逞，昨以方居要位，乃假朝廷之勢有所報爾。其於損國家事體，則皆不顧焉。伏望聖慈，照夏竦之深心，素來險詐；亮仲淹、弼之大節，終是忠純，特排姦謀，以示恩遇，其石介存没，亦乞更不根問，庶存大體。自夏竦力行此事，中外物議，皆知不可，然而未嘗有敢言者，蓋慮時論指爲朋比爾。臣若更不陳始末明辨，即是深負言責。伏惟聖明，矜其愚而圖之，則天下幸甚。」

南宋 李燾續資治通鑑長編卷一六〇

孫復，平陽人，舉進士不中，退居泰山，學春秋，著尊王發微十二篇，大約本於陸淳而增新意。石介有名山東，自介而下皆以先生事復。年四十不娶，李迪知其賢，以其弟之子妻之，復初猶豫，石介與諸弟子謂：「公卿不下士久矣，今丞相不以先生貧賤，欲託以子，宜因以成丞相之賢名。」復乃聽。孔道輔聞復之賢，就見之。介執杖屨立侍復左右，陞、降、拜則扶之，其往謝也，亦然。介既爲學官，語人曰：「孫先生非隱者也。」於是范仲淹、富弼皆言復有經術，宜在朝廷，故召用之。

南宋李燾續資治通鑑長編卷一三八

（慶曆四年三月）壬午，太子中允、國子監直講石介直集賢院兼國子監直講，樞密副使韓琦乞召試，特除之。

南宋李燾續資治通鑑長編卷一四七

先是，石介奏託於弼，責以伊、周之事。夏竦怨介斥己，又欲因是傾弼等，乃使女奴陰習介書，久之習成，遂改伊、周曰伊、霍，而僞作介爲弼撰廢立詔草，飛語上聞。帝雖不信，而仲淹、弼始恐懼，不敢自安於朝，皆請出按西北邊。

南宋李燾續資治通鑑長編卷一五〇

先生名介，字守道，兖州奉符人。進士及第，歷鄆州、南京推官。御史臺辟主簿，未至。以論赦書不當求五代及諸僞國後，罷爲鎮南掌書記。侍父遠官爲嘉州判官，丁外内艱。服除，入爲國子監直講，擢太子中允、直集賢院。出通判濮州，未至，卒，年四十一。

南宋 朱熹 五朝名臣言行録卷十徂徠石先生

本朝道學之盛，豈是衰纏？先生曰：「亦有其漸。自范文正以來，已有好議論，如山東有孫明復，徂徠有石守道，湖州有胡安定。到後來遂有周子、程子、張子出。故程子平生不敢忘此數公，依舊尊他。若如楊（億）、劉（筠）之徒，作四六駢儷之文，又非此比。然數人者皆天資高，知尊王黜霸、明義去利，但只是如此便了，於理未見，故不得中。……大抵前輩議論麤而大，今日議論細而小，不可不理會。」某問：「此風俗如何可變？」曰：「如何可變？只且自立。」（可學）

南宋 黎靖德 朱子語類卷一二九本朝三

因言兼山、艾軒二氏中庸，曰：「程子未出時，如胡安定、石守道、孫明復諸人，説話雖粗疏，未盡精妙，卻儘平正。更如古靈先生，文字都好。」道夫云：「只如諭俗一文，極爲平正簡易。」曰：「許多事都説盡也，見他箇胸襟盡包得許多。」又曰：「大抵事亦有時，如程子未出，而諸公已自如此平正。」（道夫）

南宋　黎靖德　朱子語類卷一二九本朝三

本朝孫（明復）、石（守道）輩忽然出來，發明一箇平政底道理，自好。前代亦無此等人。如韓退之已自五分來，只是説文章。若非後來關、洛諸公出來，孫、石便是第一等人。孫較弱，石健，甚硬做。

南宋　黎靖德　朱子語類卷一二九本朝三

問：「孫明復如何恁地惡胡安定？」曰：「安定較和易，明復卻剛勁。」或曰：「孫泰山也是大，故剛介？」曰：「明復未得爲介，石守道可謂剛介。」（義剛）

南宋　黎靖德　朱子語類卷一二九本朝三

石守道只是麤，若其名利嗜慾之類，直是打疊得伶俐，兹所以不動心也。（揚）

南宋黎靖德朱子語類卷一二九本朝三

安定、泰山、徂徠、廬陵諸公以來，皆無今日之術數，老蘇有九分來許罪。（揚）

南宋黎靖德朱子語類卷一二九本朝三

且朋黨之倡，其萌於范（仲淹）、吕（夷簡）交隙之時乎！……黨論之始倡，蔡襄賢不肖之詩激之也；黨論之再作，石介「一夔一契」之詩激之也；其後諸賢相繼斥逐，又歐陽公「邪正」之論激之也。何者？負天下之令名，非惟人情不堪，造物亦不吾堪爾。吾而以「賢」自處，孰肯以「不肖」自名？吾而以「夔、契」自許，孰肯以「大姦」自辱？吾而以「公正」自褒，孰肯以「邪曲」自毁哉？如必過爲別白，私自尊尚，則人而不仁，疾之已甚，攻乎異端，斯害也已，安得不重爲君子之禍！孫復謂「禍始於此」，仲淹謂「怪鬼壞事」，韓琦亦謂「天下事不可如此」，其亦有先見云耳。

范文正公集附録諸賢贊頌論疏引朱熹語

范仲淹應詔十事，是趙綰、王臧、蕭望之、劉向以後一節次。……仲淹但言石介作頌爲怪，不知我爲其形，彼張其影，何足怪也！

南宋 葉適習學記言序目卷四八皇朝文鑑二

慶曆聖德頌，後世莫能定其是非。按烝民、韓奕、崧高、江漢，皆指一人爲一詩，其詞優游，無克厲迫切之意，故曰：「人亦有言，柔則茹之，剛則吐之；惟仲山甫，柔亦不茹，剛亦不吐，不侮鰥寡，不畏强御。」抑揚予奪，至此極矣。仲淹方有盛名，舉世和附，一旦驟用，出人主意，比仲山甫宜若無愧，頌之可也。而介所講未詳，乃以二十年間否泰消長之形與當時用舍進退之迹盡於一頌，明發機鍵以示小人，而導之報復，易所謂「翩翩不富」、「城復於隍」，若合契符，宜其不足以助治，而徒以自禍也。介死，最爲歐陽氏所哀，序外制，視頌語不稍異。然則修所見亦與介同者邪？

南宋 葉適習學記言序目卷四九皇朝文鑑三

救時莫如養力，辨道莫如平氣。石介以其忿嫉不忍之意，發於偏宕太過之辭，激猶可與爲善者之心，堅已陷於邪者之敵，莫不震動驚駭，群而攻之，故回挽無毫髮，而傷敗積丘陵矣，哀哉！然自學者言之，則見善明，立志果，殉道重，視身輕，自謂「大過上六當其任」，則其節有足取也。今所録皆放此，可以覽觀矣。

南宋葉適習學記言序目卷五〇皇朝文鑑四

石介，守道，兗州。固窮苦學，不受王瀆盤餐。師説。師孫復，耕徂徠，葬五世七十喪，入太學，以師道自居，太學之興自此。魯人稱徂徠先生。怪説。慶曆聖德詩，孫明復謂禍始此。韓、范非之。亦直講歲餘，卒於濮州。夏竦欲發其棺，賴吕居簡得全。張安道目之爲奸邪。

南宋黄震古今紀要卷一八本朝

先生奇士也，折節師事泰山孫先生，拜起必扶侍。嘗躬耕徂徠山下，葬不葬者七十喪。高風篤行，有益世教爲多。惟其志存憂國，作爲文章，極陳古今，指切當世。自謂吾言不用，雖獲禍，死不悔，致夏竦輩深恨之，幾不免身後剖棺之禍。悲夫！此孔子所以拳拳於中行之世也。張安道直指先生爲姦邪，過矣！

南宋　黄震黄氏日鈔卷五〇讀史五徂徠石先生

（怪説上、中、下。）愚按：徂徠先生學正識卓，闢邪説，衛正道，上繼韓子以達於孟子，真百世之師也。楊億不過文詞浮靡，其害本不至與佛、老等，而亦闢之峻如此。蓋宋興八十年，浮靡之習方開，闢所怪也，怪所作也。使先生生乎今之世，見記儒者之名售佛、老之説者，闢之又當如何哉？

黄氏日鈔卷五四讀諸儒書十二石徂徠文集

蠹書魚辭，蠹書魚曰夫書，豈吾之蠹耶云云。聲律對偶之言，斯文其蠹也。愚意此亦爲楊億發。

同右

中國論，闢佛、老也。云有巨人名曰佛，自西來入我中國；有厖眉名曰聃，自胡來入我中國。然愚按：自西方來者佛之徒，非佛之身爲巨人者也。佛亦人耳，曰巨人者，其徒之誕，非果巨人也。老氏於傳則自中國西入胡，今云自胡入中國，亦未知何據也。其治之之法，欲四夷近四夷，中國處中國，亦未知其可行否也。

黄氏日鈔卷四五讀諸儒書十二石徂徠文集

季札論，以季札比伯夷，恐太過。

黄氏日鈔卷四五讀諸儒書十二石徂徠文集

上孔中丞書，云有某官爲某官時，忠鯁讜直，聳動朝野，不四五年取顯仕。今爲某官，位彌高，身彌貴，朝廷有闕政不復言，則向之忠鯁讜直，乃沽名以爲速進之媒乎？愚謂向非沽名，後淫於富貴耳。人若不自覺，此情於將軍黄金横帶事可驗。此士大夫得志於當世者，常常當痛省。

黄氏日鈔卷四五讀諸儒書十二石徂徠文集

上范青州書，爲其父赴（脂朐）〔臨朐〕縣令而作，又（笄）〔上〕徐州張刑部書及上徐州扈諫議書，亦皆爲其父作縣而發。若今世公芘書者，子爲父謀，言詞切至，亦攻於求人者矣。

黄氏日鈔卷四五讀諸儒書十二石徂徠文集

是時天下頗有水旱，上常憂恤，務要賑救。三司判官王淇上言，乞立義倉。上甚喜於行。其奏略曰：「……」（略）上從之，詔天下皆立義倉。後石介著斥游惰文一篇，欲立社倉，與其意合。其略曰：「……」（略）石介之言，亦切於民間之利病，惜乎世人皆憚一時之煩，而不爲民建久遠之計，使一遇水旱、凶荒之歲，皆父子流離，老幼不保，誠可嗟痛。爲國者試行琪、介之議，其一仁政之本歟！

宋會要輯稿食六二之一九

黄晞字景微，建安人。少通經，猶深易學，德性淳樸，服用質儉，寓居京師，學者多從之，聚書萬餘卷，討論讎校，寢食不輟，所著有聲（聱）隅子楊庭論，門弟子號曰「聲（聱）隅先生」。

慶曆中，石介在太學，遣諸生以禮聘召之，不至。前後薦者自宰臣韓琦而下三十餘人。

宋會要輯稿選舉三四之三七

按：石介禮聘黄晞事，又見涑水紀聞卷十、澠水燕談録卷四，内容與此略異。

孫復字明復，晉州平陽人。舉進士不第，退居泰山。學春秋，著尊王發微十二篇，大約本於陸淳而增新意。石介有名山東，自介而下皆以先生事復。年四十不娶，李迪知其賢，以其弟之子妻之。復初猶豫，石介與諸弟子請曰：「公卿不下士久矣，今丞相不以先生貧賤，欲託以子，宜因以成丞相之賢名。」復乃聽。孔道輔聞復之賢，就見之，介執杖屨立侍復左右，升降拜則扶之，其往謝亦然。介既爲學官，語人曰：「孫先生非隱者也。」於是范仲淹、富弼皆言復有經術，宜在朝廷。除祕書省校書郎、國子監直講。車駕幸太學，賜緋衣銀魚，召爲邇英閣祗候説書。楊安國言其講説多異先儒，罷之。孔直温敗，得所遺復詩，坐貶虔州監税，徙泗州，又知長水縣，簽書應天府判官事。通判陵州，未行，翰林學士趙槩等十餘人言復經爲人師，不宜使佐州縣。留爲直講，稍遷殿中丞。卒，賜錢十萬。

復與胡瑗不合，在太學常相避。瑗治經不如復，而教養諸生過之。復既病，韓琦言於仁宗，選書吏，給紙筆，命其門人祖無擇就復家得書十五萬言，録藏祕閣。特官其一子。

元脱脱等宋史卷四三二儒林列傳孫復傳

何群字通夫，果州西充人。嗜古學，喜激揚論議，雖業進士，非其好也。慶曆中，石介在太學，四方諸生來學者數千人，群亦自蜀至。方講官會諸生講，介曰：「生等知何群乎？」群曰思爲仁義而已，不知饑寒之切己也。」衆皆注仰之。介因館群於其家，使弟子推以爲學長。群愈自克厲，著書數十篇，與人言未嘗下意曲從，同舍目群爲「白衣御史」。

群嘗言：「今之士，語言説易，舉止惰肆者，其衣冠不如古之嚴也。」因請復古衣冠。又上書言：「三代取士，皆舉於鄉里而先行義。後世專以文辭就，文辭中害道者莫甚於賦，請罷去。」介贊美其説。會諫官御史亦言以賦取士無益治道，下兩制議，皆以爲進士科始隋，歷唐數百年，將相多出此，不爲不得人，且祖宗行之已久，不可廢也。群聞其説不行，乃慟哭，取平生所爲賦八百餘篇焚之。講官視群賦既多且工，以爲不情，絀出太學。群徑歸，遂不復舉進士。

元脱脱等宋史卷四五七隱逸上何群傳

徂徠石介死，讒者謂介北走遼，詔兗州劾狀。郡守杜衍會問，掾屬莫對，鼎臣獨曰：「介寧有是，願以闔門證其死。」衍探懷出奏稿示之，曰：「吾既保介矣，君年少，見義如是，未可量也。」舉爲秘書省著作佐郎、知萊蕪縣。大臣薦試館職，坐與石介善，不召。

元脱脱等宋史卷三四七龔鼎臣傳

石介死，樞密使夏竦讒其詐，朝廷下京東體實，郟與張昪極陳竦姦狀，事得寢。

元脱脱等宋史卷三二二何郯傳

石守道墓在奉符，泰和間墓崩，諸孫具棺葬骸骨，與常人無異，獨其心如合兩手，已化爲石。

金元好問續夷堅志

杜默曰：夏英公因慶曆詩之斥已，恨先生刺骨。因先生有奏記，富文忠公責以行伊、周之事，欲因是以傾文忠及范文正等，乃使女奴陰習先生成書，改伊、周爲伊、霍。又僞作先生爲富撰廢立詔草，飛語上聞。富、范大懼，適聞契丹伐夏，遂請行邊。〔范〕既得命，過鄭州，見呂公夷簡。呂公問何事遽出，范對以經略兩路，事畢即還。呂曰：「君此行正蹈危機，豈得復入！若欲經制西事，莫若在朝爲便。」范公愕然。八月，以富公爲河北宣撫使。富、范既去朝，攻者益急，帝心不能無疑矣。先生亦不自安，乃請外，得濮州通判。

宋元學案卷二泰山學案引

河東集十五卷，宋柳開撰。……蔡條鐵圍山叢談記其在陝右爲刺史，喜生膾人肝，爲鄭文寶所按，賴徐鉉救之得免，則其人實酷暴之流。石介集有過魏東郊詩，爲開而作，乃推重不遺餘力。條説固多虛飾，介亦名心過重，好爲詭激，不合中庸。其説未知孰確？今第就其文而論，則宋朝變偶儷爲古文，實自開始。惟體近艱澀言苦，是其所短耳。……又尊崇揚雄太過，至比之聖人，持論殊謬。

清紀昀等四庫全書總目卷一五二集部別集類五

石氏世表，石介撰，士建中書，正書，康定二年八月。在泰安府城東南三十里徂徠山陰汶水東岸橋溝莊。

清錢大昕潛研堂全書潛研堂金石文目録卷四宋

石氏世表，康定二年八月。

右石氏世表，石介撰，士建中書。歐陽修撰介墓表〔一〕，稱父丙官至太常博士，而此表云仕至太子中舍，與歐表異。歐表有介有子師訥，此云介生彭哥、川哥、倈哥，蓋各舉其小字，未審誰爲師訥也。孫明復寄范天章書云：「今有大名府魏縣校書郎士建中、南京留守推官石介二人者，其能知舜、禹、文、武、周公、孔子之道者也。非止知之，又能揭而行之者也。執事若上言於天子，次言於執政，必能恢張舜、禹、文、武、周公、孔子之道，以左右執事教育國子，丕變於今之世矣。」建中學行與介齊名，當亦奇士而學於明復者。仕至兵部員外郎。史不爲立傳，後世無述焉。驗其書法，亦自不俗。

清錢大昕潛研堂全書潛研堂金石文跋尾續卷四宋

〔一〕歐陽修撰有徂徠石先生墓誌銘，載歐陽文忠公文集卷三四，此作墓表，疑係「墓誌」之誤刊。

楊大年以西崑體擅名宋初，其詩在同時錢、劉諸公之上。攬其全集，警策絶少，文皆駢體，大抵五季以來風氣如此。而石介作怪説三篇刺之，張皇其詞，亦過矣。介最推柳仲塗，至擬之周、孔，尤妄。予嘗於池北偶談辨之。

清王士禎漁洋書籍跋尾武夷集跋

（柳開、穆修）文皆疏拙，而石守道徂徠集尊開之學，不啻李漢輩之於昌黎，此不可不曉也。

清王士禎漁洋書籍跋尾河南集跋

（柳開河東集）文多拗拙，石守道極推尊之，其過魏東郊詩，上擬之皐、夔、伊、吕，下擬之遷、固、王通、韓愈，殊爲不倫。

清王士禎池北偶談卷一七談藝七

宋王文正公（旦）嘗言「昔楊文公（億）有言曰：『人之操履，無若誠實。』吾每欽佩斯言」

云云。文公爲文正誦法如此，而石介作怪説，乃謂其蠹壞聖人之道，詎不悖哉？

清王士禛池北偶談卷八談獻四

石先生介集載三豪詩送杜默歸歷陽，樂史太平寰宇記：「歷陽縣屬和州。」然則先生實和人，而厲鶚宋詩紀事以爲濮州人，非也。先生字師雄，宋史無傳，今州志亦不爲立傳，謹以石先生介、歐陽先生修贈先生歸歷陽二詩考之。二詩之作，當在仁宗康定元年庚辰。石先生詩序：「本朝八十年。」按：宋太祖以建隆元年庚申代周，至康定庚辰八十一年矣。歐陽先生年譜：「是春，范文正公起爲陝西經略招討安撫使，辟公掌書記，辭不就。六月，自權成武軍節度判官召還，復充祕閣校勘。」故歐陽先生贈詩云「杜子來訪我」，又云「河北新點兵」是也。按石先生亦以是時服除，召入國子監直講。墓誌：「先生直講歲餘，薦拜太子中允。」是慶曆元年辛巳也。又薦直集賢院。三年癸未作慶曆聖德詩，歲餘去太學，通判濮州。五年乙酉七月卒矣。然則康定庚辰，正石先生入太學歲也。蓋先此一年，則石先生或未直講太學，而歐陽先生並未入京邑，故不得曰己卯，而斷之曰庚辰也。歐陽先生詩云：「來時上師堂，再拜辭先生。」石先生序云：「師雄學於余，辭歸歷陽。」詩云：「師雄二十二。」然則康定庚辰，杜先生年一十有二也。是年二十有二，則先生之生當在真宗天禧三年己未。杜氏家譜：「先生生於明道元年。」按：明道元年壬申至庚辰僅九歲，譜説非也。譜又云：「年六十三卒。」先生當卒於神宗元豐四年辛酉。宋詩紀事：「先生熙寧末特奏名仕新淦尉。」按熙寧之末改元元豐，先生卒於元豐四年，是先生爲尉越四五年而卒也。按：石先生卒於慶曆五年乙酉，年四十有一，作序及詩之年實三十有六。歐陽先生卒於熙寧五年壬子，年六十有六，是年實三十有四。宋史石先生傳：「介卒，夏竦言介詐死，請發棺。詔下，提點刑獄吕居簡曰：『介死必有親族門生會葬及棺斂之人，苟召問無異，即令具軍令狀保之，亦是應詔。』於是衆數百保介已死，乃免斲棺。」是時杜先生必具軍令狀之一人也。没後二十一年，其家將葬石先生。子師訥與門人杜默、姜潛、徐遁等走告請銘於歐陽先生，其年英宗之治平二年乙巳也。歐陽先生五十有九，而杜先生四十有七，其思所以表彰其師，愈久而未之敢忘。所謂死生不相背負者，可想見已。

清朱筠笥河文集卷七和州梅豪亭記

人當先養其氣，氣全則精神全，其爲文則剛而敏，治事則有果斷，所謂先立其大者也。故凡人之文，必如其氣。班固之文可謂新美，然體格和順，無太史公之嚴。近世孫明復、石徂徠公之文，雖不若歐陽之豐富新美，然自嚴毅可畏。

睿吾樓文話引辨體

石介集補遺

張義生 輯

易學

乾

初九，潛龍勿用。

非不爲時用，不求用也。（宋李衡周易義海撮要卷一）

九二，見龍在田，利見大人。

石守道曰：六位下兩畫爲地，中兩畫爲人，上兩畫爲天。（宋馮椅厚齋易學卷五，易輯傳第一）

上九，亢龍有悔。

亢之爲義，非謂久與老而不退之謂也。苟新君少主庸暗縱溢，怙貴而盈，恃富而驕，倚安忘危，專恣侈滿，廢棄萬機，侮慢百官，此亦亢也。（周易義海撮要卷一）

用九，見群龍无首，吉。

石守道曰：卦本三畫，上一爲天，中一爲人，下一爲地，三才之象備矣。變而動，三才之道也。一不能動，動必須兩，何也？蓋相偶然也。（厚齋易學卷五，易輯傳第一）

天極高，不能下交於地，豈能行四時、生萬物？君極尊，不卑接於人，豈能懷萬國、御百官？乾，君道，不可亢極，必自下，故言用九；坤，臣道，臣不可入邪佞，必自立，故言用六。（周易義海撮要卷一）

天行健，君子以自强不息。

石守道曰：乾下乾上，純剛至精之氣，无一陰以雜之，人君固當法乾，使朝廷上下皆君子，不可使小人亂之也。（厚齋易學卷五，易輯傳第一）

或躍在淵，進无咎也。

徂徠石氏曰：夫子加「進」字以斷其疑也。（清王又樸易翼述信卷二）

徂徠石氏曰：「進无咎」，是承「或躍在淵」而言，非決其疑也。蓋曰如此而進，斯无咎耳。（清程廷祚大易擇言卷二）

石徂徠曰：爻云「或躍无咎」，夫子謂必須進，故加一「進」字以決其疑，以「進」釋「躍」字。（清沈起元周易孔義集説卷一）

文言曰：元者，善之長也；亨者，嘉之會也；利者，義之和也；貞者，事之幹也。君子體仁足以長人，嘉會足以合禮，利物足以和義，貞固足以幹事。君子行此四德者，故曰「乾，元亨利貞」。

君子以自强不息行此四者，故首不論乾而下元亨利貞。（周易義海撮要卷一）

子曰：「龍德而隱者也。不易乎世，不成乎名，遯世无悶，不見是而无悶，樂則行之，憂則違之，確乎其不可拔，潛龍也。」

石守道曰：龍潛於淵，養其神也。聖人潛於道，養其德也。（厚齋易學卷五，易輯傳第一）

或躍在淵，乾道乃革。

九四，離人位而居天位。（周易義海撮要卷一）

利貞者，性情也。

利貞之德，正其性而和其情也。夫保合萬物之情，至于大和者，利也；各正萬物之性，不入于邪者，正也，彖云「乾道變化，各正性命」是也。亨嘉茂暢者，情也。此情非邪亂之情，乃萬物得其和之後，會亨暢達之情。草木自有草木之情，茂盛繁植皆其情也；蟲鳥自有蟲鳥之情，缺皆其情也。非謂感動之情，得其所之情也。（周易義海撮要卷一）

君子學以聚之，問以辨之，寬以居之，仁以行之。易曰：「見龍在田，利見大人。」君德也。

學非今之所謂文學、經藉，所學者治國、治天下，學于古、學于師，堯、舜稽古是也。（周易義海撮要卷一）

石守道曰：更舉「易曰」者，欲見九二雖非君位，有君之德也。夫庸言庸行者，言行之中也。閑邪，言其正存，誠保其中也。善世而不伐，德博而化，得中而不敢過也。凡以中正言之，曰信、曰謹、曰閑、曰誠、曰善世、曰德博，皆九之象；曰庸、曰不伐、曰化，皆二之象。（厚齋易學卷四十八，易外傳第十六）

坤

石守道曰：不謂之地謂之坤者，取順義也。坤，地道也，陰道也，臣道，子道，妻道也。地必承順於天，陰順於陽，臣順於君，子順於父，妻順於夫，天下之大順也。（厚齋易學卷五，易輯傳第一）

象曰：地勢坤，君子以厚德載物。

勢者，勢力，非謂形勢。坤之字不專取順義，天地之間，持重載物，其功力无有厚於坤者。君子法之，以厚德載物。（周易義海撮要卷一）

六四，括囊，无咎无譽。

石守道曰：陰之爲道，聖人惡之，故象欲其喪朋，而六爻並不言群陰，惡其黨盛而類滋也。（厚齋易學卷五，易輯傳第一）

六五，黄裳元吉。

石守道曰：乾九五，君位之盛；坤六五，臣位之盛。（厚齋易學卷五，易輯傳第一）

文言曰：坤至柔而動也剛，至静而德方。後得主而有常，含萬物而化光。坤道其順乎！承天而時行。

石守道曰：若播穀求黍，不可得也。（厚齋易學卷四十八，易外傳第十六）

石介曰：當其生物也，孰可禦之，是動剛也。以下亦覆贊彖、爻之言。（清李塨周易傳注卷一）

當其生物也，孰可禦之，故曰動也剛。（周易義海撮要卷一）

屯

屯，元亨利貞，勿用有攸往，利建侯。

凡物之生，必有屯難。以小取喻，如物在下，未出於外，不无難矣。就一卦體言之，震爲雷，坎爲水，雷動物，本在水上，今在下，是未奮出之象。又震爲雷，坎爲雲，雲雷所以作雨。天雨將降，陰陽相薄，雲雷相擊，比及雨降，不无艱難。（周易義海撮要卷一）

彖曰：屯，剛柔始交而難生，動乎險中。大亨貞，雷雨之動滿盈。天造草昧，宜建侯而不寧。

石守道曰：始交者，前未交也。（厚齋易學卷三十三，易外傳第一）

六二，屯如亶如，乘馬班如，匪寇昏冓。女子貞不字，十年乃字。

石守道曰：止論本爻之事。吉凶悔吝，爻各不同。若六爻之義上下相通，無以見其事之變也。（厚齋易學卷六，易輯傳第二）

九五，屯其膏，小貞吉，大貞凶。象曰：屯其膏，施未光也。

此一爻言君居大位，意在於公，當與天下同其好惡，无私係於一人，惟公是從，則道光也。

如私係於一人，乃婦人女子之正也。（周易義海撮要卷一）

蒙

彖曰：蒙，山下有險，險而止，蒙。

石守道曰：物之初生蒙蒙然，人之初生者未知所向。又有長而懵於道、闇於理，亦謂之蒙，書蒙士是也。（厚齋易學卷六，易輯傳第二）

初六，發蒙，利用刑人，用説桎梏，以往吝。象曰：利用刑人，以正法也。

石守道曰：二以陽明下照於初，故初之蒙得以發也。（厚齋易學卷六，易輯傳第二）

六三，勿用取女，見金夫，不有躬，无攸利。象曰：勿用取女，行不順也。

石守道曰：以柔居陽，處下卦之外，失陰柔居内之道。（厚齋易學卷六，易輯傳第二）

需

彖曰：需，須也，險在前也。

石守道曰：凡乾在下者，必當上復。今欲上復，前遇坎險，未可直進，宜須待之。（厚齋易學卷

七，易輯傳第三）

初九，需于郊，利用恒，无咎。象曰：需于郊，不犯難行也。利用恒，无咎，未失常也。

石守道曰：郊言去水遠也。三陽以去水之遠近爲象，故曰郊、曰沙、曰泥，以見其漸迫于險也。（厚齋易學卷七，易輯傳第三）

六四，需于血，出自穴。象曰：需于血，順以聽也。

石守道曰：始則爲三陽之難，然三陽剛健，豈可拒之，遂至于戰，戰則傷，故曰需于血。（厚齋易學卷七，易輯傳第三）

訟

彖曰：訟，上剛下險，險而健訟。訟，有孚，窒惕，中吉，剛來而得中也。終凶，訟不可成也。利見大人，尚中正也。不利涉大川，入于淵也。

乾剛坎險，以人事言之，則是剛健對險惡，能無訟乎？（周易義海撮要卷一）

初六，不永所事，小有言，終吉。象曰：不永所事，訟不可長也。雖小有言，其辯明也。

石守道曰：以陰柔居下，无犯上之事。九二恃其剛壯居上來犯初六，初六理直，曲在九二，

如此，則可以永其事，可以終其訟。然訟凶德，不可終也。（厚齋易學卷七，易輯傳第三）

凡訟者，皆持剛壯而務勝。九二以剛壯訟九五，九四以剛壯訟初六，上九以剛壯訟六三。（周易義海撮要卷一）

九二，不克訟，歸而逋，其邑人三百户，无眚。象曰：不克訟，歸逋竄也。自下訟上，患至掇也。

石守道曰：初六、六三皆以柔對剛，不敢抗上。惟九二以剛對柔，不肯屈下，强臣之象也。敢以下訟上，理之逆也，而无凶悔者，居陰得中，知竄以自省也。（厚齋易學卷七，易輯傳第三）

六三，食舊德，貞厲，終吉。或從王事，无成。象曰：食舊德，從上吉也。

石守道曰：九二以下訟上，既不克訟，逋竄而歸，不保其禄位，爲上所奪。今六三順以從上，故得保其舊日之禄位也。（厚齋易學卷七，易輯傳第三）

師

師，貞丈人吉，无咎。

石守道曰：二爲師之主，王能任之，專任長子，故无咎。（周易孔義集説卷二）

六三，師或輿尸，凶。象曰：師或輿尸，大无功也。

徂徠石氏謂尸爲主輿，然經之言輿者，如小畜之輿説輹、大畜之閑輿衛、剥言君子得輿之類，皆不以衆取義。（宋易祓周易總義卷三）

六五，田有禽，利執言，无咎。長子帥師，弟子輿尸，貞凶。象曰：長子帥師，以中行也。弟子輿尸，使不當也。

石守道曰：執言，猶書所謂「奉辭」也。（周易孔義集説卷二）

比

石守道曰：水不可離地而行，是水與地相親比也。（厚齋易學卷八，易輯傳第四）

六三，比之匪人。象曰：比之匪人，不亦傷乎？

石守道曰：上不受，下不納，中又不居，是可傷也。（厚齋易學卷三十七，易外傳第五）

九五，顯比，王用三驅，失前禽，邑人不誡，吉。象曰：顯比之吉，位正中也。舍逆取順，失前禽也。邑人不誡，上使中也。

石守道、吴幼清、俞玉吾以前禽即爲後夫而指上六，則於前後之訓强辭。大凡卦指下畫爲

前，陽謂夫，上在五後，對五，故可言後，自五而可言前禽乎？（明熊過周易象旨決録卷一）

係應在二，比於一邑，失天下之心。（周易義海撮要卷一）

小畜

初九，復自道，何其咎，吉。象曰：復自道，其義吉也。

石守道曰：三陽唯初九與六四爲正應，四巽陰爻，不能制剛，不拒初九之路。（厚齋易學卷九，易輯傳第五）

九二，牽復，吉。象曰：牽復在中，亦不自失也。

九二欲復於上，九五剛陽盛位，力可以制。九二之行，須牽攣於物，然後可復。（周易義海撮要卷一）

六四，有孚，血去惕出，无咎。象曰：有孚惕出，上合志也。

石守道曰：言血者，陽犯陰也。（厚齋易學卷九，易輯傳第五）

上九，既雨既處，尚德載，婦貞厲。月幾望，君子征凶。象曰：既雨既處，德積載也。君子征凶，有所疑也。

石守道曰：上卦☰爻巽，皆務畜者也。下卦☰爻乾，皆務進者也。（厚齋易學卷九，易輯傳第五）

履

履虎尾，不咥人，亨。

石守道曰：六爻但見踐履之象。夫禮必在踐履而行之，本言禮樂之禮，因此禮象，遂明人之踐履也。（厚齋易學卷九，易輯傳第五）

六爻但見踐履之象。夫禮必在踐履而行之，本説禮樂之禮，因明人所踐履，履得其禮則吉，否則凶。（周易義海撮要卷一）

象曰：履，柔履剛也。説而應乎乾，是以履虎尾，不咥人，亨。剛中正，履帝位而不疚，光明也。

九五皆君位，履又得乾之體，以陽居中，以剛居正，故孔子特贊美之。（周易義海撮要卷一）

初九，素履，往无咎。象曰：素履之往，獨行願也。

石守道曰：屨校以桎其足，使止而思其故。初九以陽剛震懼，能思以止過，故无咎。上九不能思，所以有滅耳之凶。（明潘士藻讀易述卷四）

居无位之地，不以位累其心，不從榮華，尚夫素也。（周易義海撮要卷一）

九二，履道坦坦，幽人貞吉。象曰：幽人貞吉，中不自亂也。

石守道曰：九二以陽履陰，有幽人之象。（宋王宗傳童溪易傳卷六）

上九，視履考祥，其旋元吉。象曰：元吉在上，大有慶也。

石介曰：以高應下，有旋反之象。先儒所謂初往者始，上旋者終，昔往而今旋是也。上以重剛居履之成，健而不息，能視其所履，加考詳之功，詳審其所周旋，元吉之象也。（周易象旨決録卷一）

石介曰：以高應下，有旋反之象。先儒所謂初往者始，上旋者終，昔往而今旋是也。上以重剛居履之成，健而不息，能視其所履，猶之乎檢身飭行之初也。夫百順之福，生於自反；至當之德，歸於有終。始者往矣，而匪終之，旋則釁缺隨之，將不祥莫大焉。視履者，考驗其吉祥於一念旋復之間，所以元吉在上，大有慶也。乾九方能視，與眇能視正相應，一卦惟上剛與六三柔順相應，故象其旋。（讀易述卷三）

處極高之位，能降身下應六三，有謙冲之德，以陽處陰位故也。以高應下，有旋反之象。（周易義海撮要卷一）

泰

初九，拔茅茹，以其彙征，吉。象曰：拔茅征吉，志在外也。

賢人在上，則思引其類，聚之於朝。在下位，則思與其類俱進。吉者，君子道長也。（周易義海撮要卷二）

九二，包荒，用馮河，不遐遺，朋亡，得尚于中行。象曰：包荒，得尚于中行，以光大也。

無不包容，无不納用，至遠不遺，至近不私。（周易義海撮要卷二）

九三，无平不陂，无往不復，艱貞无咎。勿恤其孚，于食有福。象曰：无往不復，天地際也。

三陽同升，不待約而自來，不戒而自信也。（周易義海撮要卷二）

上六，城復于隍，勿用師。自邑告命，貞吝。象曰：城復于隍，其命亂也。

石守道曰：泰之中，不可過，過中則否矣。（厚齋易學卷十，易輯傳第六）

過二則无平不陂，過五則城復于隍，城崩則復下，泰之道不可過正，是吝之道。（周易義海撮要卷二）

否

否之匪人，不利君子貞，大往小來。

石介曰：否之者，匪人也，天也。匪人，非爲致否者言，爲君子遇否者言之也。（周易象旨決録卷二）

九四，有命无咎，疇離祉。象曰：有命无咎，志行也。

石守道曰：三陰並進，小人黨盛，宜速止之。四當其衝，剛健足以止遏三陰。（厚齋易學卷十，易輯傳第六）

九四居上卦之首，體又剛健，足以遏止三陰，小人不進則君子志行。（周易義海撮要卷二）

同人

同人于野，亨。利涉大川，利君子貞。

周所以興者，同心同德也；紂之所以亡者，離心離德也。夫欲建大功、立大事、除大災、定大難，君臣同心、上下協濟則可。（周易義海撮要卷二）

象曰：天與火，同人，君子以類族辨物。

十六相、四凶，舜能類而辨之。君子、小人並進，大亂之道也。（周易義海撮要卷二）

九五，同人先號咷而後笑，大師克，相遇。象曰：同人之先，以中直也。大師相遇，言相克也。

九五居君位，不能推大中之心、同天下之心，係於二，至於興師，然後相遇，故不言吉。（周易義海撮要卷二）

大有

大有，元亨。

高明者天，又火在上，物之豐富繁大之象。（周易義海撮要卷二）

九三，公用亨于天子，小人弗克。象曰：公用亨于天子，小人害也。

九三權重位盛，公之象也。上有柔君而權重位盛，體復剛健，小人履之，必恃權據位、專悍强逼，必至于害。君子則不然。此亦所以爲戒也。（周易義海撮要卷二）

謙

謙，亨，君子有終。

石守道曰：六十四卦，惟謙六爻无悔吝皆吉，能謙則亨通也。（厚齋易學卷十二，易輯傳第八）

象曰：謙，亨，天道下濟而光明，地道卑而上行。天道虧盈而益謙，地道變盈而流謙，鬼神害盈而福謙，人道惡盈而好謙，謙尊而光，卑而不可踰，君子之終也。

水滿則溢，岸高則崩。窪坎則水流之，卑墊則物萃之，地道也。（周易義海撮要卷二）

象曰：地中有山，謙，君子以裒多益寡，稱物平施。

山爲高則損之，地爲卑則益之，是損山之高、益地之卑也。夫損高而益卑，損多而益寡，乃稱物平施。（周易義海撮要卷二）

豫

初六，鳴豫，凶。象曰：初六，鳴豫，志窮凶也。

四爲豫之主，初與之相應，小人得志，必極其情欲，以至于凶，形于聲，鳴豫之甚也。（周易義

海撮要卷二）

六二，介于石，不終日，貞吉。象曰：不終日，貞吉，以中正也。

下不從初六鳴豫，上不從六三盱豫，居中守正，不從樂豫，故吉。（周易義海撮要卷二）

九四，由豫，大有得，勿疑，朋盍簪。象曰：由豫，大有得，志大行也。

石介、胡瑗作簪纓解，簪居首，猶九四居臣位之極。（清翟均廉周易章句證異卷一）

簪居於首，君之象也。六十四卦，惟豫九四居臣位之極，以一陽主五陰，更无陽爻以分其權，是居盛位，大有權以得民也，其君得无疑乎？必以其民朋附於君。此一爻周公當之。（周易義海撮要卷二）

隨

隨，元亨利貞，无咎。

石守道曰：以爻取之，初九在二、三之下，亦以剛下柔也。凡隨之義，可隨則隨，若惟隨之務，不以正道，安得亨？（周易孔義集説卷五）

凡隨之義，可隨則隨，若君有諍臣，父有諍子，若惟隨之務，不以正道，安得亨乎？（周易義海

撮要卷二）

初九，官有渝，貞吉。出門交，有功。象曰：官有渝，從正吉也。出門交，有功，不失也。

陽在二陰之中，以剛下柔，孰不從之？故出門則人從之。（周易義海撮要卷二）

蠱

彖曰：蠱，剛上而柔下，巽而止蠱。蠱元亨而天下治也。利涉大川，往有事也。先甲三日，後甲三日，終則有始，天行也。

久習於亂，不可剛猛治之。剛止於上，柔從於下，則順禮和義而天下治。（周易義海撮要卷二）

象曰：山下有風，蠱，君子以振民育德。

撓萬物者，莫疾乎風。山包養萬物，風撓動而摇落之，則不能安，是一山之有事也。艮，止也；巽，齊也。止者，定之以法制；齊者，申之以號令。此所以治蠱也。（周易義海撮要卷二）

九二，幹母之蠱，不可貞。象曰：幹母之蠱，得中道也。

石守道曰：六五陰居尊位，委任九二，有母之象。（厚齋易學卷十二，易輯傳第八）

五以陰柔居君位，委任九二，有母之象。（周易義海撮要卷二）

九三，幹父之蠱，小有悔，无大咎。象曰：幹父之蠱，終无咎也。

石守道曰：九二、九三全剛幹事，近乎專權，爻辭常抑之。（厚齋易學卷十二，易輯傳第八）

九二、九三近乎專權，卦中常抑之。（周易義海撮要卷二）

上九，不事王侯，高尚其事。象曰：不事王侯，志可則也。

石守道曰：在卦之終，事成也；在卦之上而无所承，身退也；在外卦而心不累乎内，志之高也。（周易孔義集説卷五）

臨

臨，元亨利貞，至于八月有凶。

六爻止見相臨之義，不見大之説，惟序卦言之，二剛浸長故也。（周易義海撮要卷二）

六三，甘臨，无攸利，既憂之，无咎。象曰：甘臨，位不當也。既憂之，咎不長也。

石守道曰：比于浸長之剛而能變，是以无咎。（周易孔義集説卷五）

六四，至臨，无咎。象曰：至臨，无咎，位當也。

石守道曰：剛勝則柔危，柔不失正則得无咎。六四、六五所以得吉者，以不忌剛長而能應

之。（厚齋易學卷十三，易輯傳第九）

上六，敦臨，吉，无咎。象曰：敦臨之吉，志在内也。

石守道曰：四五與剛爲應，剛長則柔危。唯本爻處乎卦外，所應亦柔，剛不能害，所以全坤之厚，故吉无咎。（厚齋易學卷十三，易輯傳第九）

觀

六三，觀我生，進退。象曰：觀我生，進退，未失道也。

石守道曰：處兩卦之際，有進退之象。（厚齋易學卷十三，易輯傳第九）

噬嗑

象曰：頤中有物曰噬嗑，噬嗑而亨，剛柔分，動而明，雷電合而章，柔得中而上行，雖不當位，利用獄也。

石守道曰：大凡柔則曰上行，剛則言來。柔下剛上，定體也。剛來如訟、无妄、涣等，九二剛體本在上而來下。上行如晉、睽、鼎、噬嗑等，六五柔體本在下，今居五位爲上行。（明張次

仲周易玩辭困學記卷五）

三陰爻，三陽爻，剛柔分也。柔得中而上行，進將安往？大凡柔則言上行，剛則言來。柔下剛上，定體也。剛來如訟、无妄、涣等，九二爲剛體，本在上而來下。上行如晉、睽、鼎、噬嗑等，六五爲柔體本在下，今居五位爲上行。（周易義海撮要卷三）

象曰：雷電噬嗑，先主以明罰勑法。

雷電相隨，有相合之義。（周易義海撮要卷三）

初九，屨校滅趾，无咎。象曰：屨校滅趾，不行也。

石守道曰：體動志剛，首犯于罪，桎其足，然後思而止其過。（厚齋易學卷十四，易輯傳第十）

爲屨校以桎其足，使止而思其過。初九以陽明震懼，能思以止過，故无咎。上九不能思，所以有滅耳之凶。（周易義海撮要卷三）

九四，噬乾胏，得金矢，利艱貞，吉。象曰：利艱貞，吉，未光也。

石守道曰：以陽居陰，失位刑人，其道未光，不能以德服人也。三不當位，故遇毒。四當治獄之任，以不得中，故未光。五柔得中而上行，然猶曰貞厲，无咎，乃知治獄難矣。（讀易述卷四）

以陽居陰，失位刑人，其道未光，不能以德服人也。（周易義海撮要卷三）

六五，噬乾肉，得黄金，貞厲，无咎。象曰：貞厲，无咎，得當也。

六二至六五，俱有噬之文。六二以陰居陰得位，故刑人而服。餘皆失位，故有難服之義，皆不全美，不能期於无刑，而以刑服人，其道豈善乎哉？（周易義海撮要卷三）

上九，何校滅耳，凶。象曰：何校滅耳，聰不明也。

石守道曰：中四爻唯六二爲得位，故刑人而服。餘爻皆失位，故有難服之義。何以皆得无咎？六三以其承剛，九四以有剛直之德，六五以得中居尊位，然非全美也。（厚齋易學卷十四，易輯傳第十）

賁

象曰：賁亨，柔來而文剛，故亨。分剛上而文柔，故小利，有攸往。天文也；文明以止，人文也。觀乎天文以察時變，觀乎人文以化成天下。

徐氏云：「天文也」上脱「剛柔交錯」四字，故彖總而釋之。剛柔交錯，天文也；文明以止，人文也。王昭素、胡安定皆用此義。石徂徠不然之，曰：彖解「亨，小利，有攸往」，中間更無異文，即言天文者，言剛柔也者，天之文也，天之文即剛柔二義也。二氣交錯，成天之文。柔來文剛，分剛上而文柔者，天文也。（宋朱震漢上易傳卷中）陰陽之氣與政通，政失於下則二氣乖於上。聖人察時變，修政和民，以消其變也。（周易義海撮要卷三）

初九，賁其趾，舍車而徒。象曰：舍車而徒，義弗乘也。

石守道曰：初與四爲正應，故剛柔相賁而隔九三。六二近初而无應，可以相賁。然初志於本應，舍六二之車，直趣正應者，義當然也。不可舍本應，而從非匹也。（厚齋易學卷十四，易輯傳第十）

處賁之時，六爻須交相賁飾，初本應四，恐九三爲寇，二近而无應。從二是乘車近而安，應四是徒行遠而勞。苟非其義，寧就勞而舍安？（周易義海撮要卷三）

九三，賁如，濡如，永貞吉。象曰：永貞之吉，終莫之陵也。

二、三非應而相親，惟不犯非禮，能守正道，則物莫之陵。（周易義海撮要卷三）

六五，賁于丘園，束帛戔戔，吝，終吉。象曰：六五之吉，有喜也。

石守道曰：一陰一陽交相賁之，乃成賁之道。上九居卦外无位之地，丘園之象也。束帛戔戔者，大凡人相親，必有物以爲禮，交相文飾。五居尊位，如聘草茅之賢，禮不可薄，必有物

以將其厚意，如古之玄纁、玉帛、羔雁之類也。（厚齋易學卷十四，易輯傳第十）

居賁之時，須一陰一陽交相賁飾。六五下无應，與六四相近，四亦陰爻，故比於上九。上九居卦外无位之地，丘園之象。束帛得禮之中，但賁于所近吝狹之道。（周易義海撮要卷三）

上九，白賁，无咎。象曰：白賁，无咎，上得志也。

居于卦外，不與内爻交相賁飾，修誠不事外飾者也。（周易義海撮要卷三）

剥

初六，剥牀以足，蔑貞凶。象曰：剥牀以足，以滅下也。

蔑，盡也，言初六剥初九一爻之盡也。貞，非元亨利貞之貞〔一〕，滅下言滅初九者也。（周易義海撮要卷三）

石介但云貞非元亨利貞之貞，未能宣發其義。（周易章句證異卷一）

六二，剥牀以辨，蔑貞凶。象曰：剥牀以辨，未有與也。

六二本陽，爲陰所剥，上下皆小人，誰相與之？（周易義海撮要卷三）

〔一〕「貞」，原作「正」，據周易章句證異及四庫薈要本改。

上九，碩果不食，君子得輿，小人剥廬。象曰：君子得輿，民所載也。小人剥廬，終不可用也。

石守道曰：牀足至膚，獨有屋廬可以庇也。若更爲小人上進，併廬而剥去之，民何所安？卦存此一爻，所以庇民也。（厚齋易學卷十五，易輯傳第十一）

聖人存此一爻，所以庇民。（周易義海撮要卷三）

復

復，亨。出入无疾，朋來无咎。反復其道，七日來復，利有攸往。

反藏於地下，入也；動而上長，出也。无疾者，動以順時也。朋來无咎，明君子之進欲衆也。（周易義海撮要卷三）

象曰：復，亨，剛反動而以順行，是以出入无疾，朋來无咎。反復其道，七日來復，天行也。利有攸往，剛長也。復，其見天地之心乎！

五陰在上，微陽之氣動於下，惟以順而行，乃全其動。（周易義海撮要卷三）

六二，休復，吉。象曰：休復之吉，以下仁也。

石守道曰：六爻唯初九是陽，六二以其近之，六四以其應之，故二休復，吉，而四中行獨復。（厚齋易學卷十五，易輯傳第十一）

六四，中行，獨復。象曰：中行，獨復，以從道也。

旁四陰暗昧，不見幾微之理，惟初九陽明見於復道，六四獨能應之，故曰以從道也。（周易義海撮要卷三）

上六，迷復，凶，有災眚。用行師，終有大敗，以其國君凶，至于十年不克征。象曰：迷復之凶，反君道也。

以之行師，必敗；以之爲國，必凶。雖改過悔復，十年亦不克行。如桀、紂、幽、厲卒不省悟，至于亡國，反君道也。（周易義海撮要卷三）

无妄

无妄，元亨利貞，其匪正，有眚，不利有攸往。

人改其過中之行，則无妄，故復後有无妄。（周易義海撮要卷三）

象曰：无妄，剛自外來而爲主於内，動而健，剛中而應，大亨以正，天之命也。其匪正有

眚，不利有攸往，无妄之往，何之矣？天命不祐，行矣哉？

下卦本是三陰，陰爲柔邪，初九一爻自外來消去陰邪，乃得无妄。（周易義海撮要卷三）

象曰：天下雷行，物與无妄，先王以茂對時，育萬物。

與，相與爲无妄。聖人在上，專以剛直爲治，天下之人皆不敢爲无妄。（周易義海撮要卷三）

六二，不耕穫，不菑畬，則利有攸往。象曰：不耕穫，未富也。

未富者，无妄之世，臣不敢擅有成功也。（周易義海撮要卷三）

六三，无妄之災，或繫之牛，行人之得，邑人之災。象曰：行人得牛，邑人災也。

行人者，九五是也。臣唱始造事，君疑之，必奪其禄位。（周易義海撮要卷三）

九四，可貞，无咎。象曰：可貞，无咎，固有之也。

九四上逼至尊，下據二民，威權之盛，爲五所疑，所可行者，惟正而已。（周易義海撮要卷三）

九五，无妄之疾，勿藥有喜。象曰：无妄之藥，不可試也。

九五之疾，九四也。四雖有權臣之象，然守正无犯，五不疑則病自去。若反疑之，彼必不安，故曰不可試。（周易義海撮要卷三）

大畜

大畜，利貞，不家食，吉，利涉大川。

在物，聖人大有蓄聚以養天下；在德，聖人以德蓄正天下。利，正者，六四、六五二柔蓄止，乾健非正，則不能止也。（周易義海撮要卷三）

初九，有厲，利已。象曰：有厲，利已，不犯災也。

石介曰：乾雖剛健，前遇山險，必不能通。（讀易述卷五）

艮爲山，乾雖剛健，前礙山險，必不能通。（周易義海撮要卷三）

九三，良馬逐，利艱貞，曰閑輿衛，利有攸往。象曰：利有攸往，上合志也。

石徂徠曰：當天衢之亨，可以馳逐而往，前有山險，未可輕進，故利艱貞。（周易孔義集説卷七）

居乾健之極，當天衢之亨，可以馳逐而往。前有六四、六五山險，未可輕進，故曰利艱貞。（周易義海撮要卷三）

六四，童牛之牿，元吉。象曰：六四元吉，有喜也。

宋儒石介、王安石、蘇軾、程子、楊時、朱震、朱子諸儒從之，是皆以告義訓牿字。（周易章句證

巽卷一）

豶，豕之去陽者也；牿，觸也；牙，䶩也。以陰柔止剛健爲難，六四以角觸止初九，六五以牙嚙止九二，畜止得定，乃有吉慶。（周易義海撮要卷三）

六五，豶豕之牙，吉。象曰：六五之吉，有慶也。

石徂徠曰：童牛私欲不行而順，順而物不犯，以其有牿也。乾自下承之，變友也。柔得位以乘乾，柔克也。（周易孔義集説卷七）

頤

六二，顛頤，拂經于丘頤，征凶。象曰：六二征凶，行失類也。

五居高位，丘之象。下養於初，違常義也。（周易義海撮要卷三）

六三，拂頤，征凶，十年勿用，无攸利。象曰：十年勿用，道大悖也。

初九以陽爻處於卦下，未至全悖於道。六三以陰居陽位，是全悖於道也。（周易義海撮要卷三）

六五，拂經，居貞吉，不可涉大川。象曰：居貞之吉，順以從上也。

君養民，陽養陰之象。厲，非危厲、嚴厲之厲，似家人悔厲之義。（周易義海撮要卷三）

大過

大過，棟橈，利有攸往，亨。

過常分而救衰扶弱，惟大者能之。以陽居陰，過其常分，九二、九四是也。（周易義海撮要卷三）

象曰：大過，大者，過也。棟橈，本末弱也。剛過而中，巽而説行，利有攸往，乃亨。大過之時大矣哉！

時運衰弱，國家顛危，上下小人，未可以用剛猛，惟巽而説行，可以止難。（周易義海撮要卷三）

初六，藉用白茅，无咎。象曰：藉用白茅，柔在下也。

以柔處下，於理得矣。上承四陽，所以有咎。惟過行敬慎，乃得无咎。（周易義海撮要卷三）

九二，枯楊生稊，老夫得其女妻，无不利。象曰：老夫女妻，過以相與也。

陽，至壯也；陰，至衰也。今陽來居陰位，是以至壯來輔至衰。枯楊老夫，喻其衰也。得陽來助之，衰可興矣。生稊女，妻之謂。（周易義海撮要卷三）

九三，棟橈，凶。象曰：棟橈之凶，不可以有輔也。

處有位之地，是有輔世之才，不上輔於君，而專應上六。上六，小人棟橈者也。（周易義海撮要卷三）

九四，棟隆，吉，有它吝。象曰：棟隆之吉，不橈乎下也。

石守道曰：雖與初六爲應，而上傅九五之君，不爲初六所橈，故得棟隆之吉。（厚齋易學卷十六，易輯傳第十二）

上附九五之君，不爲初六所橈，故吉。有它吝者，牽於應也。（周易義海撮要卷三）

上六，過涉滅頂，凶，无咎。象曰：過涉之凶，不可咎也。

上六不在其位，而志在救時者也。此卦皆取過之義，或吉或凶，何也？初六，慎之過也。九二、九四，以陽居陰，亦是過也，故无不利，棟隆，吉。上六涉難而无咎，九三、九五守其常分，不得大過之道，一則棟橈凶，一則无咎无譽。其餘四爻皆得過之道，故得吉无咎。（周易義海撮要卷三）

坎

習坎，有孚，維心亨，行有尚。

物不可以終過，過則必陷，故次大過。窪坎深險之處，水性所習，是以洊至。（周易義海撮要卷三）

象曰：水洊至，習坎，君子以常德行，習教事。

水性就坎，无休息。君子法之，德行務乎長久，教事務乎習熟。（周易義海撮要卷三）

九二，坎有險，求小得。象曰：求小得，未出中也。

初六、六三俱柔，相輔而已，不得牽攀而出乎險也。（周易義海撮要卷三）

六四，樽酒簋貳，用缶，納約自牖，終无咎。象曰：樽酒簋貳，剛柔際也。

石守道曰：在重險之中，得人應援，則可以攀援而出。今諸爻皆不能出，以其无應也。四已出險，上攀援九五剛尊之君，如此，則得以濟。是坎之卦，獨以此一爻爲美。（厚齋易學卷十七，易輯傳第十三）

出於險上，攀援九五剛尊之君，是君臣際接也。（周易義海撮要卷三）

九五，坎不盈，祗既平，无咎。象曰：坎不盈，中未大也。

石守道曰：須能平此難，則无咎。（厚齋易學卷十七，易輯傳第十三）

離

象曰：離，麗也。日月麗乎天，百穀草木麗乎土，重明以麗乎正，乃化成天下。柔麗乎中正，故亨，是以畜牝牛吉也。

柔明麗乎中正，不用剛武，所以化成天下。（周易義海撮要卷三）

六五，出涕沱若，戚嗟若，吉。象曰：六五之吉，離王公也。

居位得中，又附上九。上九居於卦上，有王用出征之象，與此相應。（周易義海撮要卷三）

上九，王用出征，有嘉，折首，獲匪其醜，无咎。象曰：王用出征，以正邦也。

石守道曰：唯陰爻則吉，陽爻皆有凶咎。初、上之得无咎者何也？忌炎盛也。（厚齋易學卷十七，易輯傳第十三）

逆首匪類，九四也。上九輔而獲之，六五之君得其吉也。上九過中得无咎者，雖過君位，以征討叛逆，有嘉善之功。（周易義海撮要卷三）

咸

象曰：咸，感也。柔上而剛下，二氣感應以相與，止而説，男下女，是以亨利貞，取女吉也。天地感而萬物化生，聖人感人心而天下和平，觀其所感，而天地萬物之情可見矣。

止而説，猶女止而待男。（周易義海撮要卷四）

六二，咸其腓，凶，居吉。象曰：雖凶，居吉，順不害也。

六二失女止待男之道，止而待五乃得吉。（周易義海撮要卷四）

九三，咸其股，執其隨，往吝。象曰：咸其股，亦不處也。志在隨人，所執下也。

三與上六各處卦極，是感道已終，感之後時不能感。上六動而求感，故曰咸其股。已失其感，又務求之，下比二陰，陰又以失其感動而相求，乃隨六二以進，故曰執其隨。（周易義海撮要卷四）

九四，貞吉，悔亡，憧憧往來，朋從爾思。象曰：貞吉，悔亡，未感害也。憧憧往來，未光大也。

九四失位，懼失初，疑初之不來，思慮憧憧，往來不定，然後初六從之，以陽居陰，未至全亢，故吉。雖无害，而憧憧往來以役思慮，何光大之有？（周易義海撮要卷四）

九五，咸其脢，无悔。象曰：咸其脢，志末也。

位尊志驕，不下於二，失其工也。有感之時，无感之道，所失大，所得小，僅能居位无悔而已。（周易義海撮要卷四）

上六，咸其輔頰舌。象曰：咸其輔頰舌，滕口説也。

感道貴速。三與上六各居亢極，不能相感，失所感之道，皆動而求感。股與輔頰舌，皆非心也。（周易義海撮要卷四）

恒

恒，亨，无咎，利貞，利有攸往。

咸，少女在上，少男在下，取一時相感之義。恒卦則長男在上，長女在下。孫復先生曰：咸，男下女以成家，既成其家，不可不正也。君先下臣以成國，既成其國，不可不治也。男動乎外，女順乎内；君動於上，臣順於下。家國之常，不可易也，易則生亂，故曰君子以立不易方。（周易義海撮要卷四）

初六，浚恒，貞凶，无攸利。象曰：浚恒之凶，始求深也。

孫復、石介曰：初六、九四是夫婦、君臣始相正之時。男始責其女而過深，女不安其室矣；君始責其臣而過深，士不安其朝矣。（宋林栗周易經傳集解卷十六）

夫婦、君臣始相正之時，責之過深則不安。九四剛陽，下制初六，六以陰柔在下，不堪其處，

是以正凶。（周易義海撮要卷四）

九二，悔亡。象曰：九二，悔亡，能久中也。

恒久之道，須君在臣上，男在女上，剛在柔上。九二、九三剛爻在下，失恒道也。孫云二以陽居陰，上應於五，履非其位，不正其室，但能居中自守，雖得悔亡，何足尚哉？（周易義海撮要卷四）

九三，不恒其德，或承之羞，貞吝。象曰：不恒其德，无所容也。

石介曰：重剛而不中，剛之過也；巽而順乎柔，巽之過也。不恒如此，或承之羞。或者，不知其何人之詞，言人皆得以羞辱，進之不知其所自來也。象曰：无所容也。三以剛而當兩剛之間，既不能安處於巽，又不能仰承乎震，進退皆无所容，欲免羞辱，得乎？（讀易述卷六）

剛當制柔，陽當制陰，君當制臣，常久之道。九二、九三以陽剛之爻居陰柔之下，失其常道。孫云恒以陽居陰上爲德。今九三反居上六之下，是失恒德。況乎履不得中，宜其羞辱隨之，不爲時之所容。（周易義海撮要卷四）

九四，田无禽。象曰：久非其位，安得禽也。

石守道曰：禽謂初也。（厚齋易學卷十八，易輯傳第十四）

四非其位，求初始而太深，失聖人久於其道之義。（周易義海撮要卷四）

六五，恒其德，貞。婦人吉，夫子凶。象曰：婦人貞吉，從一而終也。夫子制義，從婦凶也。

孫復、石介以爲九二、六五皆失恒義，所謂悔亡，不足尚也。所謂恒其德者，婦吉而夫凶也。

夫凶而婦爲吉，愚未之前聞矣。（周易經傳集解卷十六）

一陽也，陰之爲物，當從陽而終。（周易義海撮要卷四）

石徂徠曰：一陽也，陰當從陽而終。（周易孔義集説卷九）

遯

遯，亨，小利貞。

二陰纔長，陽蚤以退，君子見幾，不俟終日。（周易義海撮要卷四）

象曰：天下有山，遯，君子以遠小人，不惡而嚴。

不惡而嚴者，外順而内正也。尚惡則小人憎，不嚴則正道消。（周易義海撮要卷四）

九三，係遯，有疾，厲，畜臣妾，吉。象曰：係遯之厲，有疾憊也。畜臣妾，吉，不可大事也。

石守道曰：但以臣妾畜之，不任以事，如剥之以宫人寵也。（厚齋易學卷十九，易輯傳第十五）

下附二陰而不任以權，如剥以宫人寵之類。（周易義海撮要卷四）

上九，肥遯，无不利。象曰：肥遯，无不利，无所疑也。

石守道曰：子雲所謂山雌之肥，其意得乎？蓋君子以道自肥。（厚齋易學卷十九，易輯傳第十五）

无應於内，高上其事，子雲所謂山雌之肥，弋人何慕四皓之類也。（周易義海撮要卷四）

大壯

九三，小人用壯，君子用罔，貞厲。羝羊觸藩，羸其角。象曰：小人用壯，君子罔也。

壯，惟小人用之，君子則否。（周易義海撮要卷四）

晉

六二，晉如愁如，貞吉，受兹介福，于其王母。象曰：受兹介福，以中正也。

石守道曰：在下卦之中，已得位之人。（厚齋易學卷十九，易輯傳第十五）

六五，悔亡，失得勿恤，往吉，无不利。象曰：失得勿恤，往有慶也。

石守道曰：以道自任，得失不以介意。小人患得患失，恤也。（周易孔義集説卷十）

五雖失位，居得中正，如舜耕深山以道自樂，及升帝位，亦不爲泰。蓋以道自任，得之自是，失之自是，曾不以此介意。小人患得患失，恤也。（周易義海撮要卷四）

明夷

明夷，利艱貞。

石守道曰：君子當闇世，雖遇難而不失其貞，故曰利。（厚齋易學卷十九，易輯傳第十五）

六二，明夷，夷于左股，用拯馬壯，吉。象曰：六二之吉，順以則也。

石守道曰：六二，居中有位者也。漸近明夷之主，不能如初之飛而尚在位，故有傷。（厚齋易學卷十九，易輯傳第十五）

石守道曰：以柔居中，是居位之人不能如初九高飛絶迹，故傷于左股。尚有右股未盡傷滅，由遠于難。（周易孔義集説卷十）

二以柔居中，是居位之人，既當闇世，不能如初九高飛絶迹，故傷于左股。尚有右股未盡傷滅，由遠於難。若能如此自求拯救，須假壯馬而行，取其疾也，乃獲吉。順以則者，若能柔順事上，見不可而自引去，亦是君臣之法。（周易義海撮要卷四）

九三，明夷于南狩，得其大首，不可疾貞。象曰：南狩之志，乃大得也。

石守道曰：南者，取其背暗向明。狩者，所以爲民除害，如武王救民是也。（厚齋易學卷十九，易輯傳第十五）

六四，入于左腹，獲明夷之心，于出門庭。象曰：入于左腹，獲心意也。

如武王觀兵，諸侯來會。于出門庭，言相從之衆也。（周易義海撮要卷四）

家人

六四，富家，大吉。象曰：富家，大吉，順在位也。

石守道曰：父子篤，兄弟睦，家之肥。大臣亨，禄位皆富也。（周易孔義集説卷十）

父子和，兄弟睦，家之肥。大臣亨，禄位皆富也。（周易義海撮要卷四）

睽

象曰：上火下澤，睽，君子以同而異。

當人情乖異之時，外同而内異，所謂和而不同也。（周易義海撮要卷四）

六三，見輿曳，其牛掣，其人天且劓，无初有終。象曰：見輿曳，位不當也。无初有終，遇剛也。

石介曰：天謂上九，君父稱天。三應於上，爲四所間，故爲上九所疑，欲刑及之。（明崔銑讀易餘言卷二）

天謂上九，君父皆得稱天。三應於上，忠臣孝子之象。爲四所譖，故爲上九所疑。欲刑及之，是无初也。上九有陽明之德，徐察而與之合，故有終也。（周易義海撮要卷四）

蹇

九三，往蹇，來反。象曰：往蹇，來反，内喜之也。

九三與坎爲鄰，進則入險，來則得位。内卦三爻，惟九三一陽居二陰之上，是内之所恃，故云内喜之也。爲内卦之主，居又得位，雖有應，未可涉難。古人亦有保一城、居一國者，若過險難，内有衆民仰恃於己，外有妻子之憂，亦未可往。救内捨外，宜悦從己。（周易義海撮要卷四）

九五，大蹇，朋來。象曰：大蹇，朋來，以中節也。

六二以中正在下，匪躬竭節，以救於己，言得衆助也。（周易義海撮要卷四）

解

初六，无咎。象曰：剛柔之際，義无咎也。

陽爻皆能除難，初六有應於四，而附近於二，故无咎也。（周易義海撮要卷四）

六三，負且乘，致寇至，貞吝。象曰：負且乘，亦可醜也。自我致戎，又誰咎也。

石介曰：六者，小人之才；三者，君子之位。六之爲小人也，乘非其位，而又上慢下暴，所以致寇也。以解爲道，解，緩也，而不能應上，故曰上慢；以柔乘剛，故曰下暴。宜寇之來也。（讀易述卷七）

九四，解而拇，朋至斯孚。象曰：解而拇，未當位也。

石守道曰：此爻失位，下比六三，三上傅，如拇之傅於足者，上體震陽，有足之象。若解去拇，則九二己之朋類相須而至矣。（厚齋易學卷二十，易輯傳第十六）

損

六四，損其疾，使遄有喜，无咎。象曰：損其疾，亦可喜也。

得位近尊，大臣之象。凡弊病皆謂之疾，民方難解，有病未盡去者，宜速去之。禹思天下有溺者，此也。（周易義海撮要卷四）

益

六四，中行，告公從，利用爲依遷國。象曰：告公從，以益志也。

六四得位，是行得中正也。告於公家，安得不從？上應至尊之君，下應初九之民，民事之大，莫大遷移其國邑。若盤庚民怨，是小人重遷。今居巽始，是能順民之志，故利爲民所依附也。以益志，亦其志務益下也。（周易義海撮要卷四）

夬

象曰：澤上於天，夬，君子以施禄及下，居德則忌。

若以德惠自居，不能及物，君子所忌惡也。（周易義海撮要卷五）

初九，壯于前趾，往不勝，爲咎。象曰：不勝而往，咎也。

未有權位而足將前。（周易義海撮要卷五）

九二，惕號，莫夜有戎，勿恤。象曰：有戎勿恤，得中道也。

古之剛斷類此者衆，亞夫當之。（周易義海撮要卷五）

九五，莧陸夬夬，中行无咎。象曰：中行无咎，中未光也。

諸家以莧陸爲一草，一名商陸。董遇云前人莧陸、商陸以爲一草，俱柔脆之物。（周易義海撮要卷五）

姤

九五，以杞包瓜，含章，有隕自天。象曰：九五含章，中正也。有隕自天，志不舍命也。

九五以爻位无應，如不遇時者，此與彖剛遇中正之説殊也。得位无應，如杞梓美才，反不見用。包瓜，如吾豈包瓜也哉之義。美才不用，内含章美而不見食也。有隕自天者，君子仁義道德修諸身，遇不遇，用不用，歸之天。雖見傾隕，不以己命不遇舍道德而改其志也。（周易義海撮要卷五）

升

六四，王用亨于岐山，吉，无咎。象曰：王用亨于岐山，順事也。

下有三爻，皆務上升，己當納之。上近至尊，體是坤順，又順事於上。文王岐山之會，得上下心也。三分天下有其二，以服事商，是順而事上也。（周易義海撮要卷五）

六五，貞吉，升階。象曰：貞吉，升階，大得志也。

以柔居尊，有應於二，是能委仕於臣。又以居中，是正而得吉也。升階者，如自階升堂，得居至尊之極也。（周易義海撮要卷五）

上六，冥升，利于不息之貞。象曰：冥升在上，消不富也。

已在升極，是昧於升進之理。若能知時消息，不務進往而守其正，即利也。息如生息之息，但

自消退，不更求進，乃利也。消不富，蓋非陽爻，无陽明之德，所以消不富也。（周易義海撮要卷五）

困

困，亨，貞大人吉，无咎。有言不信。

易曰困德之辯，言困方辯其德，故曰正大人吉。无咎，言大人君子雖有困厄，長守正道。以爻論之，二、五皆有剛中之德然也。大舜發於畎畝，傅説、膠鬲、叔敖之徒皆是也。天降大任於是人，必先苦其心志，勞其筋骨而後亨。仲尼厄陳、文王囚羑、孟子不遇、荀卿逃讒，是能守其正者。有言不信者，在困言則誰信？（周易義海撮要卷五）

初六，臀困于株木，入于幽谷，三歲不覿。象曰：入于幽谷，幽不明也。

石守道曰：坎，北方之卦，幽陰之象。（厚齋易學卷二十四，易輯傳第二十）

九二，困于酒食，朱紱方來，利用亨祀，征凶，无咎。象曰：困于酒食，中有慶也。

二有陽明之德，无應於五，又在險中，如賢人君子不爲上所養也。朱紱，祭服。方來者，方方而來。皆云此九二君子，可以爲主而濟險難，謂此人可衣朱紱而享宗廟也。征凶，既在險中，何可以行？无咎，以其居陽明之德，可以无咎。（周易義海撮要卷五）

九五，劓刖，困于赤紱，乃徐有説，利用祭祀。象曰：劓刖，志未得也。乃徐有説，以中直也。利用祭祀，受福也。

五居尊无應，如君上之困，諸侯不臣也。赤紱亦朱，諸侯祭服也。以其不臣，用刑而刑之。已得尊位，有陽明之德，又中直，終必有喜。祀天祭地，王者之事，雖下有不服，已用中直，必須陰得天地之祐。天地且福之，况人乎？（周易義海撮要卷五）

井

九二，井谷射鮒，甕敝漏。象曰：井谷射鮒，无與也。

喻中人之性，不能應上，從師友之訓，而反習於下，自敗其材器之象。鮒，或以爲蝦蟆。（周易義海撮要卷五）

六四，井甃无咎。象曰：井甃无咎，脩井也。

得位无應，自守而已，如人但可修德自治。（周易義海撮要卷五）

上六，井收勿幕，有孚元吉。象曰：元吉在上，大成也。

如人有功德，不私其利，不伐其能，所以爲人信向而大吉。（周易義海撮要卷五）

革

革，巳日乃孚，元亨利貞，悔亡。

井但喻人修德於身，終始不變。至於適用之時，亦當有所變革也。（周易義海撮要卷五）

象曰：澤中有火，革，君子以治曆明時。

兑爲金，離爲火，金在火上，從革。（周易義海撮要卷五）

九三，征凶，貞厲，革言三就，有孚。象曰：革言三就，又何之矣？

石守道曰：三就則議之之審，所以有孚。（厚齋易學卷二十五，易輯傳第二十一）

上六，君子豹變，小人革面，征凶，居貞吉。象曰：君子豹變，其文蔚也。小人革面，順以從君也。

石介曰：居貞吉，垂拱而天下治也。（讀易述卷八）

鼎

初六，鼎顛趾，利出否，得妾以其子，无咎。象曰：鼎顛趾，未悖也。利出否，以從貴也。

石守道曰：未妄而有子，是亦顛倒之象。（厚齋易學卷二十五，易輯傳第二十一）

九三，鼎耳革，其行塞，雉膏不食，方雨虧悔，終吉。象曰：鼎耳革，失其義也。

雉膏，八珍之數。三與上无應，如有雉膏而不食。然在巽卦體猶屬陰，若與上九和通，不務剛亢，即是爲雨之象。如此，乃能虧除其悔而終獲吉。（周易義海撮要卷五）

上九，鼎玉鉉，大吉，无不利。象曰：玉鉉在上，剛柔節也。

上九在卦之外，如一賢人在上，當鼎立制度，已成之後，不累於位者。玉者，言火炎而不變其性者也。鉉，亦取能舉其任，以剛履柔，不爲過亢，所以大吉而无有不利。此爻周公告老之時當之矣。（周易義海撮要卷五）

石守道曰：在卦之外，如一賢人在上，當鼎立制度，已成之後，不累於位者，周公告老之事當之。（厚齋易學卷二十五，易輯傳第二十一）

震

象曰：震亨，震來虩虩，恐致福也。笑言啞啞，後有則也。震驚百里，驚遠而懼邇也。出可以守宗廟社稷，以爲祭主也。

物既得雷動，則得其亨通。如人能戒懼敬天之怒，則亦得亨。天子諸侯之冢嫡，亦須有威望，即能守祭祀而不失。出者，但言出即可承祭祀。（周易義海撮要卷五）

石守道曰：物得雷動，則得亨通。人能戒懼，則亦得亨。出者，言出即可主祭祀。（周易孔義集説卷十四）

初九，震來虩虩，後笑言啞啞，吉。象曰：震來虩虩，恐致福也。笑言啞啞，後有則也。

初九有陽明之德，居震之始，是能先戒懼者，故繇、彖所言此爻當之。（周易義海撮要卷五）

六二，震來厲，億喪貝，躋于九陵，勿逐，七日得。象曰：震來厲，乘剛也。

震之六爻，以失位爲能戒懼。六二得位，所以不吉。（周易義海撮要卷五）

艮

象曰：艮，止也。時止則止，時行則行，動静不失其時，其道光明。艮其止，止其所也。上下敵應，不相與也。是以不獲其身，行其庭不見其人，无咎也。

震動而艮止，此兼言動静者，蓋人之静止，是難能也。若能不失其時，知止則止，則其道光明也。仲尼之門，獨稱顔子用之則行，舍之則藏，是知止者少也。若止非其時，則是素隱行

怪者，鳥獸不可與同群，又非知止之人也。（周易義海撮要卷五）

九三，艮其限，列其夤，厲薰心。象曰：艮其限，危薰心也。

事至中半而改之，亦已晚矣。文中子曰：未有處峻路而不遲回者，蓋情欲之起，人少有速止之者。（周易義海撮要卷五）

六四，艮其身，无咎。象曰：艮其身，止諸躬也。

四過中而近上，心之所也。自趾已上，皆得謂之身。然心者，身之主，故四即曰艮其身。大凡作事，心始思慮，知其宜静，便能止之，故无咎。蓋止之於身，所爲非妄也。（周易義海撮要卷五）

石守道曰：四過中而近上，心之所也。心者，身之主，故四即曰艮其身。心始思慮，知其宜静，便能止之。（周易孔義集説卷十四）

漸

九三，鴻漸于陸，夫征不復，婦孕不育，凶，利禦寇。象曰：夫征不復，離群醜也。婦孕不育，失其道也。利用禦寇，順相保也。

石守道曰：兩无其應，近而相得，猶可以同禦寇難。（厚齋易學卷二十七，易輯傳第二十三）

六四，鴻漸于木，或得其桷，无咎。象曰：或得其桷，順以巽也。

石守道曰：巽爲木，故有棲木之象。（厚齋易學卷二十七，易輯傳第二十三）

上九，鴻漸于陸，其羽可用爲儀，吉。象曰：其羽可用爲儀，吉，不可亂也。

上雖高於五，所以降云陸者，以上是臣位，君臣之定分也。諸家改爲陵，非也。上九在卦外，如賢明之人，清遠之志，不累於位，可以表儀於天下。（周易義海撮要卷五）

歸　妹

彖曰：歸妹，天地之大義也。天地不交而萬物不興，歸妹，人之終始也。説以動，所歸妹也。征凶，位不當也。无攸利，柔乘剛也。

不孝有三，无後爲大。姪娣之從，廣其嗣息，是人倫之終始也。人非正匹，豈樂從哉？説而動，是妹從姊之象。（周易義海撮要卷五）

象曰：澤上有雷，歸妹，君子以永終知敝。

夫婦之道，有時而敝，棄衰逐盛，人之常情。君子所以歸姪娣者，所以永長，終知其必有敝，且以廣其嗣也。（周易義海撮要卷五）

九四，歸妹愆期，遲歸有時。象曰：愆期之志，有待而行也。

妹當歸而愆期者，待年也。愆期以待年，當年以待時，遲待也。愆期之志，待年而往，是未虧也。待時之義，得禮而行，是所宜也。時，謂仲春。六五以陰柔在上，是姊之象。凡女子十五而嫁，笄而字。今五正當嫁，則四之年，未及其時，但隨姊而行，故曰愆期。遲，待也。待姊而行，姊行有時也。（周易義海撮要卷五）

豐

象曰：雷電皆至，豐，君子以折獄致刑。

象其威明之義，取不失其情，又有斷也。（周易義海撮要卷六）

九三，豐其沛，日中見沬，折其右肱，无咎。象曰：豐其沛，不可大事也。折其右肱，終不可用也。

九三以陽居陽，又過其中，亦是大臣剛亢者。沛如水之沛然不可禦，亦過盛之義。沬，微昧之象。臣既過盛，是微沬其君者，右陰也。今是陰盛，若能折去其右肱，亦可无咎。蓋極盛之臣，終不可用也。肱亦股肱大臣之義。（周易義海撮要卷六）

九四，豐其蔀，日中見斗，遇其夷主，吉。象曰：豐其蔀，位不當也。日中見斗，幽不明也。遇其夷主，吉，行也。

四承六五之柔，遇其夷易之主，雖幽晦而遇夷主，是以志行而吉也。（周易義海撮要卷六）

上六，豐其屋，蔀其家，闚其户，闃其无人，三歲不覿，凶。象曰：豐其屋，天際翔也。闚其户，闃其无人，自藏也。

始顯大，如飛鳥之於天際而飛翔，終自然必藏退，皆聖人戒其過盛。子雲曰：「炎炎者滅，隆隆者絶；觀雷觀火，爲盈爲實；天收其聲，地藏其熱；高明之家，鬼瞰其室。」正合此義。（周易義海撮要卷六）

石守道曰：窮大者必失其居，聖人戒其過盛也。（厚齋易學卷二十八，易輯傳第二十四）

旅

象曰：旅小亨，柔得中乎外而順乎剛，止而麗乎明，是以小亨，旅貞吉也。旅之時義大矣哉！

寄旅而不失其中，常人之所難。故仲尼至聖，栖栖於旅人，至是邦也，必聞其政。是能以温、良、恭、儉、讓而得也。（周易義海撮要卷六）

六二，旅即次，懷其資，得童僕貞。象曰：得童僕貞，終无尤也。

六二居得其位，猶旅而即其次舍者。資，材也。得位居中，是内懷資材之人。爲旅之道，不能歸伏他人，雖居中正，但如得其所舍，得其童僕以爲使，是其吉也。（周易義海撮要卷六）

六五，射雉一矢亡，終以譽命。象曰：終以譽命，上逮也。

上能逮及於己，蓋己能承順於人也。（周易義海撮要卷六）

石守道曰：止能逮及于己，蓋能承順于人是也。（周易象旨决録卷四）

巽

象曰：重巽以申命，剛巽乎中正而志行，柔皆順乎剛，是以小亨，利有攸往，利見大人。

石守道曰：巽，齊也。齊者，申之以命令。（周易孔義集説卷十五）

初六，進退，利武人之貞。象曰：進退，志疑也。利武人之貞，志治也。

初六以陰居陽，是不能卑巽者，進无所應，退窮在下，心无所定，如此，惟利剛武之人能用其正者。（周易義海撮要卷六）

六四，悔亡，田獲三品。象曰：田獲三品，有功也。

乘剛有悔，然居正是亡也。寡者，衆之所宗。以一陰爲四陽所從，如田獵之有功，所獲可以備三品也。（周易義海撮要卷六）

兑

六三，來兑，凶。象曰：來兑之凶，位不當也。

一陰爲四陽之主，來者己皆説之。如一小人，居四君子之間，諂佞之人不當其位，所以凶。（周易義海撮要卷六）

九四，商兑未寧，介疾有喜。象曰：九四之喜，有慶也。

商取西方金，剛斷之義。介者，言剛介之德，嫉惡佞人也。（周易義海撮要卷六）

涣

象曰：涣亨，剛來而不窮，柔得位乎外而上同。王假有廟，王乃在中也。利涉大川，乘木有功也。

大凡爲民除險難，須在上卑巽以順，民散，然後道得亨通。乘木涉川，亦是濟難之象。王

假有廟者，涣是初爲散釋患難之初始，民未知禮，須假立廟貌以爲教化之宗。（周易義海撮要卷六）

象曰：風行水上，涣，先王以享于帝，立廟。

冬月天地閉塞，水凝爲冰。春風一動，釋其否結，解其冰凍，亦得此涣象。王者出民塗炭之後法此，以教民爲本，享帝所以訓民事君，立廟所以教民事親，二者忠孝之道，教化所先也。（周易義海撮要卷六）

石守道曰：冬月天地閉塞，水凝爲冰。春風一動，釋其否結，解其冰凍，涣象。王者出民塗炭之後法此，享帝以訓民事君，立廟以教民事親，二者忠孝之道，教化所先也。（周易孔義集説卷十七）

九二，涣奔其机，悔亡。象曰：涣奔其机，得願也。

居險難之中，以陽居陰，本有悔也。六三將出于險，若能依憑六三，同出于險，可以悔亡。（周易義海撮要卷六）

六四，涣其群，元吉。涣有丘，匪夷所思。象曰：涣其群，元吉，光大也。

居大臣之位，初出民於塗炭，猶有丘墟不平之事，不可夷平其思慮。如漢皇初出民於暴秦

之間，事由草創，至文、景之世，有六臣之佐，然後紀綱制度方稍復古而光大也。（周易義海撮要卷六）

九五，涣汗其大號，涣王居，无咎。象曰：王居无咎，正位也。

發大號令，爲民除其疾苦，如汗之通腠理壅滯，亦取必行而不可反也。涣王居，无咎者，爲民涣除險難之後，非皇極之君不能居正位也。（周易義海撮要卷六）

節

節，亨，苦節不可貞。

坎陽在上，兑陰在下，亦如爲君、爲父、爲長者在上，爲臣、爲子、爲少者在下。聖人，人倫之至；制節謹度，莫大乎人倫上下之至，故得此節之義。苦節者，味苦，人所不樂。如申徒狄抱石入河，夷、齊餓死，陳仲子之廉，晏平仲之儉，陳相欲君臣並耕，皆不得禮義之中，於正道是不可也。（周易義海撮要卷六）

石守道曰：坎陽在上，兑陰在下，亦如爲君、爲父、爲長者在上，爲臣、爲子、爲少者在下。聖人制節謹度，莫大於人倫，故得節之義。（周易孔義集説卷十六）

彖曰：節亨，剛柔分而剛得中。苦節不可貞，其道窮也。説以行險，當位以節，中正以通。天地節而四時成，節以制度，不傷財，不害民。

説以行險，凡人當險阸艱難之中，少有持其節操而不改者。故仲尼之厄，從者皆不及門，獨稱顔氏，蓋言險難而不失其節也。（周易義海撮要卷六）

上六，苦節，貞凶，悔亡。象曰：苦節，貞凶，其道窮也。

石守道曰：非聖人之中道，過守其節，不可行於衆。孔子見喪三年則曰難爲繼也，見奢儉之不得中則曰難爲上也，難爲下也。聖人因人情而爲之節文，亦欲夫人之通行爾。（厚齋易學卷三十，易輯傳第二十六）

中孚

彖曰：中孚，柔在内而剛得中。説而巽，孚乃化邦也。豚魚吉，信及豚魚也。利涉大川，乘木舟虚也。中孚以利貞，乃應乎天也。

利正，若尾生之徒，皆是不得其正者。（周易義海撮要卷六）

象曰：澤上有風，中孚，君子以議獄緩死。

風澤，幽暗之地，獄訟亦幽暗之事，君子所以論獄情，緩其死，恕以及人。（周易義海撮要卷六）

九五，有孚孿如，无咎。象曰：有孚孿如，位正當也。

孿如，充實之貌。（周易義海撮要卷六）

小過

小過，亨，利貞。可小事，不可大事。飛鳥遺之音，不宜上，宜下，大吉。

二剛皆失位，而柔皆得中，是小者過而得亨也。利貞者，大凡作事必須相時，時若過差，失其中道，則君子儉以矯之。立大功，建大事，必須用剛正，今柔得中，不可作大事。（周易義海撮要卷六）

象曰：山上有雷，小過，君子以行過乎恭，喪過乎哀，用過乎儉。

嵩山晁氏、徂徠石氏皆謂小過是矯時之弊。（明蔡清易經蒙引卷八下）

上六，弗遇，過之，飛鳥離之，凶，是謂災眚。象曰：弗遇，過之，已亢也。

石介曰：小者爲過越大者之事，至於亢逆之甚，則天下之所疾也。天曰災，人曰眚，天人一道也。（讀易述卷十）

既濟

九三，高宗伐鬼方，三年克之，小人勿用。象曰：三年克之，憊也。

以盛天子伐小蠻夷，猶三年克之，言救衰憊爲中興之主，難也。（周易義海撮要卷六）

六四，繻有衣袽，終日戒。象曰：終日戒，有所疑也。

六四上比九五之君，下應初六之臣，大臣之位。當既濟之時，則思未濟。繻，細密之羅，服之鮮美者；袽，衣之弊敗者。言美服有時而弊，如當既濟則亦有未濟。大臣憂國，故終日防慎而戒，疑其有弊。（周易義海撮要卷六）

石守道曰：大臣之位，當既濟之時，則思未濟。言美服而敝，如當既濟則亦有未濟。大臣憂國，故終日防慎而戒，疑其有弊。（周易孔義集説卷十六）

未濟

未濟，亨，小狐汔濟，濡其尾，无攸利。

聖人以六十四卦始於乾坤，明天地君臣之大分。然以未濟爲終篇者，存王道而知終始也。

蓋易取生生不絶之義，不可窮極。在卦火在水上，不能成烹飪之象，是以不能濟於物也。不曰不濟而曰未濟，言猶有可濟之理。（周易義海撮要卷六）

上九，有孚于飲酒，无咎。濡其首，有孚，失是。象曰：飲酒濡首，亦不知節也。

上九以剛明之德，是内有孚也。在未濟之終，終又反於既濟，故得飲酒自樂。若樂而不知節，復濡其首，則雖有孚，必失於此。此戒之之辭也。（周易義海撮要卷六）

繫辭下

易曰：公用射隼于高墉之上，獲之无不利。子曰：隼者，禽也；弓矢者，器也；射之者，人也。君子藏器於身，待時而動，何不利之有？動而不括，是以出而有獲，語成器而動者也。

三不應上，以陰居陽，上六處解之極，欲除悖道而去之也。（周易義海撮要卷八）

序卦傳

有事而後可大，故受之以臨。臨者，大也。

石守道曰：臨非訓大，大則乃能臨物也。剛陽浸長，所以大也。臨之成卦，二陽浸長，所以可大，非謂臨之義訓大也。巽變兑，畫之覆也。艮變坤，上窮則變也。二五不動，剛中而應，所以成元亨利貞之德也。（厚齋易學卷十三，易輯傳第九）

恒者，久也。物不可以久居其所，故受之以遯。遯者，退也。

石守道曰：日往則月來，寒往則暑來，日月、寒暑尚不能久，況君子之於禄位、富貴，而可以久居之乎？（厚齋易學卷十九，易輯傳第十五）

物不可以終壯，故受之以晉。晉者，進也。

徂徠石氏曰：如人有盛大之德，乃可以進用於時。（周易經傳集解卷十八）

石守道口：物不可以終壯，晉，進也，亦如人之有盛大之德，然後方可以進用於時。若學優則仕，皆其義也。（厚齋易學卷十九，易輯傳第十五）

進必有所傷，故受之以明夷。夷者，傷也。

石守道曰：晉之上九已用伐邑，若極進，必見傷滅也。（厚齋易學卷十九，易輯傳第十五）

解者，緩也，緩必有所失，故受之以損。

石守道曰：又如蹇難已散，當有損益，如三王隨時改易是也。（厚齋易學卷二十一，易輯傳第十七）

困乎上者必反下，故受之以井。

石守道曰：凡人遇困厄，必退而修德，故曰井，德之地。（厚齋易學卷二十四，易輯傳第二十）

兑者，説也。説而後散之，故受之以涣。

石守道曰：凡人能和説於民，必能散其患難。（厚齋易學卷三十，易輯傳第二十六）

有過物者必濟，故受之以既濟。

石守道曰：凡在險難之中，非有過物之材則不能濟。（厚齋易學卷三十二，易輯傳第二十八）

雜卦傳

比樂師憂。

石守道曰：五陰而一陽，取其兵出於一，指麾進退，一聽於將也。命出於一必勝；命出二三，衆罔適從，必敗。六五用柔，軍中之事一委於將也。（厚齋易學卷八，易輯傳第四）

損益，盛衰之始也。

石守道曰：在上益下之義，動而巽于民志，亦是有益。風散雷動，而物遂益，亦其義也。（厚齋易學卷二十一，易輯傳第十七）

大畜，時也。

石守道曰：乾務上進，而爲六四、六五所止，不能行也。（厚齋易學卷十六，易輯傳第十二）

噬嗑，食也。

石守道曰：觀天地萬物，无有始初自然相合者，必由動而後有合也。天地交而後有合，雷風擊搏而後有合，水火烹飪而後有合，天下之貨交易而後有合。頤中有物，齧之乃合，猶天地萬物之動而合也。（厚齋易學卷十四，易輯傳第十）

革去故也，鼎取新也。

石守道曰：改革窮敝之事，則必新立制度。（厚齋易學卷五十，易外傳第十八）

離上而坎下也。

石守道曰：大統言之，水也；指實言之，窪陷深險之處也。夫窪陷深險之處，水性習坎，是以洊至。習者，不一之謂。習，熟也，水之就下，日至焉，又至焉。上下皆坎，亦重險也。（厚齋易學卷十七，易輯傳第十三）

無所附

石守道亦曰：孔子作彖、象於六爻之前，小象繫逐爻之下，惟乾悉屬之於後者，讓也。（宋呂祖謙古周易上經）

石徂徠謂：政道失於下，陰陽之氣差忒於上，則天文乖錯。（古周易上經）

石守道曰：漢有田、焦、費三家，田之學傳於孔子，焦、費之學無傳，謂得之隱者，專以陰陽爲説。費直之易以彖、象、繫辭、文言解説上、下經。田、焦之學廢已久。費直易其本皆古字，號爲古文易，以授瑯琊王璜，璜授沛人高相，相授子康及蘭陵毋將求，故有費氏易行於人間，及後漢陳元、鄭衆皆傳費氏易，馬融又爲之傳，以授鄭玄，玄亦作注，王弼多取鄭玄舊説爲之訓解。今之易，蓋出於費氏之學也。（宋俞琰讀易舉要卷四）

直講徂徠石介守道，撰周易解義，止解六十四卦，傳明復之學，卒年四十一。晁以道嘗謂守道説孔子作彖、象繫六爻之前，小象繫六爻之下，惟乾悉屬之後者，讓也。（讀易舉要卷四）

資政殿學士東陽鄭剛中亨仲，號山齋，又號觀如居士，紹興壬申撰易窺餘十五卷，不解乾坤二卦，獨自屯卦始，蓋石介亦然。（讀易舉要卷四）

夫易，萬世之大法，豈因河圖之始作？伏羲時，禽獸與人相居，虎豹與人相食，无君臣、父子、男女之别，天下大亂。伏羲乃作網罟，以佃以漁，以服禽獸；制君臣、父子、夫婦、男女之法，以止其亂。蓋聖人慮其既没之後，天下復亂。是時无文字，乃畫八卦以見君臣、父子、男女之位，爲天下之大本，作易之始意也。若謂河圖出而作易，不出則已矣。繫辭曰：「古者包羲氏之王天下也，仰則觀象於天，俯則觀法於地，觀鳥獸之文與地之宜，近取諸身，遠取諸物，於是始作八卦，以通神明之德，以類萬物之情。」此畫卦之本意也。孔子豈云因河圖而作易？然繫辭有「河出圖，洛出書，聖人則之」之説，諸儒引以爲證。予爲繫所云，統紀聖人所受圖之事，非因此而作易。（周易義海撮要卷十二）

易有上下經者，孔子序二篇之意，於乾坤之首則曰「有天地然後有萬物」是也，於咸恒之首則曰「有萬物然後有男女」是也。然題作上下二篇，當是文王、周公時也。孔子之前已有二篇之説，後人又自乾至復、自泰至觀之類，别離爲卷。由此觀之，則「乾傳第一」是後人題也。（周易義海撮要卷十二）

魯商瞿子木受於孔子，其後以授魯橋庇子庸，子庸授江南馯臂子弓，子弓授燕周魏子家，子家授東武孫虞子乘，子乘授齊田何子莊。其後京房授於東萊焦貢。又有費直治易。至漢遂分田、焦、費三家。田何之學傳於孔子，最爲詳備。焦之後无傳，謂得之隱者，專以陰陽爲説，今已不取。惟費直之易，以彖、象、繫辭言解説上下經。田、焦之學廢已久，自費直傳易，缺。其本皆古字，號爲古文易，以授琅邪王璜，璜授沛人高相，相授子康及蘭陵母將永，故有費氏易行於人間，及後漢陳元、鄭衆皆傳費氏易。馬融又爲其傳，以授鄭玄。玄亦作注，王弼多取康成舊説爲之訓解。今之易，蓋出於費直之學也。（周易義海撮要卷十二）

春秋學

此未適人，何以卒？許嫁矣。

石守道曰：禮，姑姊妹未嫁則服齊衰，其已適人則降爲大功。檀弓所謂蓋有受我而厚之者也。禮又有之娶女有吉日，則壻齊衰而弔，既葬而除。齊衰而弔，以明有恩也。既葬而除，以明有禁也。壻既未受而爲之除，則兄弟不當爲之降。然則女之未適人者，亦當爲之服期矣。（清張尚瑗三傳折諸之公羊折諸卷三）

詩文

高宗

廢立皇后

石守道曰：吁！虐哉！高宗也。隋氏酷民塗炭，太宗援之以仁義，躋之於富壽，民方出死地而登樂土。高宗溺於一婦人，輕以天下授之，民復塗炭者二十年。信矣！高宗之虐也。初，太宗不豫，執高宗手，顧謂褚遂良、長孫無忌曰：「我好兒，我好新婦，今付卿。」曁王皇后廢，立則天，後唐室幾爲丘墟，李氏子孫繼踵殺戮，皆高宗之虐毒及於祖先、流於後世也。噫！皇后者，宗廟之本也，天下之母也。天子理陽道，后理陰德；君治外事，后聽内政。君之與后，猶日之與月也，陰之與陽也。立之，必以存天下之大公，繫宗廟之大本，爲社稷之大計，合於天地人心而後可以得立也；廢之，必以存天下之大公，係宗廟之大本，爲社稷之大計，合於天地人心而後可以得廢也。高宗專一人之欲，徇一人之愛，不顧天下大公、宗廟大本、社稷大計，而以一時之私情自廢立，卒貽武氏之禍，幾乎覆宗絶祀，爲虐不亦甚乎！（歷代名賢確論卷七十二）

則天二

太平公主

石守道曰：中宗在位，韋庶人、安樂公主用事，忠良屏失，讒邪並用，刑賞僭濫，賄賂公行，庶政盡隳，彝倫攸斁，宮闈恣醜穢之行，朝廷扇朋比之風，宗社崎危，海内咨怨。睿宗時爲相王，目擊其事，常扼腕嗟嘆，不勝竊憤。及乎身履帝位，親握萬機，則宜刷疵滌瑕，洗穢濯垢，沐浴中外，咸使潔清，緝熙謨猷，皆有條理。而乃不戒覆車，復蹈危轍，專縱太平公主恣横以亂朝政，遂使海内失望，君子息心。苟非繼之以聖主，唐祚或去矣。臣嘗謂中宗、睿宗爲庸主，良以此也。（歷代名賢確論卷七十四）

玄宗一

立貴妃

石守道曰：明皇帝承則天、中宗、睿宗三朝危亂之後，思洗刷垢穢，剗絶荒蕪，澄滌化源，潔清政道，乃用姚崇、宋璟、韓休、張九齡、李元紘、杜暹等相次爲宰相，宵分不寐，日昃不食，潛心堯、舜之道，側耳忠良之言。憂勤萬機，念慮四海，不敢暫時逸豫，不敢一日畋游，苑囿稀行，聲色不御，汲汲論思，遂致開元三十年太平。一日妃子入宫專寵，惑成内荒，頗隳庶政。蛾眉巧笑，迷君之心；妖姿艶舞，眩君之目。日月斯久，情愛寖深。竭天下之財以奉一婦人，殫海内之力以事一女子，常恐不足。兄弟姊妹皆啓厚封，骨肉姻親咸登要職。名園甲第以賜之，膏腴水石以寵之。牝鷄晨鳴，威過人主；后戚專國，勢傾朝廷。諸侯輦貨於妃子之宫，四方争賂於楊氏之宅。恩由財結，官以賄成，紀綱盡隳，爵賞無序，讒邪得進，忠良見廢。故天寶之政，不在於天子而在於楊氏。是以中外胥怨，人神共憤。迨禄山舉兵一唱，而東都陷没，靈駕播遷，倉皇出關，崎嶇幸蜀。國祚危如綴旒，皇都鞠爲茂草。誰其爲之？楊氏一婦人也，遷主恩而自專，弄國柄而無禁，色荒於内而天下怨叛，豈非一婦人能致耶？詩曰：「赫赫宗周，褒姒滅之。」紂以妲己而亡，吴以西施而滅。天寶之亂，誰謂非貴妃之罪也？噫！明皇至聰明、至神聖也，爲一女之惑，取笑千載之下，可痛也哉！臣嘗思唐高祖、太宗親履矢石，身冒霜露，艱難辛苦十餘年，以得天下。既得之後，側席求賢，虚心納諫，晝視朝政，日既不食，夜讀經書，漏分不寐，勞心苦體，孜孜焉致海内太平，作子孫久長業，未嘗敢暫時宴樂，未嘗敢一夕荒寧，苑囿不游，絲竹不御，畋獵不數，女色不近。凡武德、貞觀二三十年間，四海晏然，生人樂業，國家之制度備矣，禮樂成矣，政化行矣，教法修矣，以垂於子、垂於孫，將謂之萬世而無喪亂覆亡之禍也。嗚呼！太宗陵土未乾而則天奪國，李氏子孫殺戮殆盡，唐室宗廟將爲丘墟。自後韋皇后、安樂公主專政擅權，朝廷大壞。至楊太真之惑亂，則海内一摇，明皇、肅宗四世播遷，唐室自此亦衰矣。才得十八帝僅三百年，國滅家破，良由高宗、中宗、睿宗、明皇覆敗祖業。嘘嗟歎息，痛心疾首，撫卷扼腕而泣下不止。蓋傷其人子，傳人社稷，不仁不孝，以致於此。臣聞天子之孝，在乎承宗廟、奉社稷、撫四海、安萬民。彼高宗輩，惑一婦人，溺一女子，忽然忘宗廟之重，棄社稷之大，輕四海之廣，絶萬民之衆，其爲不孝也甚矣！後世得不以爲深戒哉！（歷代名賢確論卷七十五）

玄宗三

高力士

石守道論曰：明皇在開元初，鋭意政治，登用姚崇、宋璟、韓休、張九齡等爲宰相，百度修敕，彝倫攸叙，而開元三十年躋于太平。迨高力士用事，引宇文融、李林甫、楊國忠等在内，安禄山、安思順、高仙芝等居外，朝政蠹損，治道剥喪，綱紀大壞，賄賂公行，姦臣得以行其謀，天子得以肆其欲，忠謇戢舌，佞邪成群，賢人道消，萬民胥怨。安禄山之禍，由妃子鼓之於内，力士導之於外也。噫！左右輔弼，中外賢才，森然滿朝，謀劃泉涌，不與議論萬幾之政、進退四海之士，策慮安危，謀惟教化，乃引此輩立帷幄之内，與論議國政，參決機務，評品善惡，黜陟士類，不亦失乎！觀夫天寶之亂，則可爲戒也已。（歷代名賢確論卷七十七）

玄宗五

總論玄宗之政

石守道論任用楊、李曰：書云：「后非賢不乂。」又曰：「良臣惟聖。」則知人君雖有自誠之明、上聖之性，必由忠賢輔翼，然後聖德日躋而天下長治也。古言治者，莫尚乎三皇；言三皇者，莫尚乎黄帝：須得六相，而後皇道成也。古言治者，莫尚乎五帝；言五帝者，莫尚乎堯、舜：堯須得四嶽，舜須得十六相，而後帝德盛也。古之言治者，莫尚乎三王；言三王者，莫尚乎禹、湯、文、武：禹必得益，湯必得伊尹，文王、武王必得周、召、吕望，而後王業大也。

三王而下，言治者，莫尚乎漢；言漢者，莫尚乎高祖；高祖必得蕭、張，而後能滅暴秦而平海内也。漢而下，言治者，莫尚乎唐；言唐者，莫尚乎太宗；太宗必得房、魏，而後能革亂隋而登太平也。故曰「人君雖有自誠之明、上聖之性，必由忠賢輔翼，然後聖德日躋而天下長治矣」。臣觀唐明皇帝爲臨淄王，始得劉幽求等，克討韋庶人，以清内難。自皇太子即帝位，能用崔日用、郭元振等，遂誅太平公主，以除大憝。開元初，則引姚崇、宋璟等爲宰相，乃致開元三十年太平之功業。偉哉！侔禹、湯而齊文、武矣！暨天寶初，姚崇、宋璟既死，又斥棄張九齡不用，專任李林甫、楊國忠，於是忠良路塞，君子道否，姦黨並進，小人得時。明皇一身三處受害，林甫、國忠蔽其明，高力士塞其聰，楊貴妃食其心。大凡人所待而用者，心也，耳也，目也。聖人高拱巖廊之上、南面臨天下者，以心勞乎萬機之務而計乎成敗也，以明視乎九州之遠而察乎安危也，以聰聽乎萬方之政而審乎治亂也。今明皇心與耳目三者皆廢，雖有自誠之明、上聖之性，又安用之哉？荒色淫湎，惑以喪志，萬機曠廢，而不知朝廷傾亂，而不察天下咨怨，而不恤社稷將覆，而不悟禄山兵起、河北陷没，而賊據東都猶未之覺。干戈將及乘輿，乃遽走出延秋門以避鋒刃，幾何不喪身亡國？由林甫、國忠之啓亂也。或曰高力士弄權於外，楊貴妃用事於内，天寶之亂，豈獨林甫、國忠也？對曰：力士所以得弄權於外、楊貴妃所以得用事於内者，由林甫、國忠爲之也。高力士自開元初則知内侍省事，已承人主恩寵，是時姚、宋爲宰相，力士小心供職而已，固未敢干政事、竊威權。及林甫、國忠爲相，皆由力士進達，故力士得專恣矣。宇文融、李適之、蓋嘉運、韋堅、楊慎矜、王鉷、安禄山、安思順、高仙芝，皆因附力士並取將相高位，專寵恣横，威福擅作，而君子道消。開元初，武惠妃顧遇特厚，以故王皇后見廢，而明皇虚中宫二十年，專寵惠妃。及惠妃薨，後庭數千人無可意者。後楊貴妃進見，至於朞歲，禮遇纔如惠妃。然則明皇在開元間，非惑於女色，而海寓無事，政令和一，豈非以姚、宋等朝夕左右，以忠言鯁論進於君耳，使君汲汲行堯、舜之道？明皇鋭意治本，懼兹正人，飲酒不敢過夕，坐朝不敢差晚，絲竹不敢數御，苑囿不敢頻行，内雖嬖寵惠妃，而外不敢隳慢庶政。惠妃雖受君寵，而不敢輒竊君權。雖有百惠妃，又豈能惑明皇之心、亂開元之政哉？及楊貴妃入宫，則林甫、國忠爲宰相，唯以奢侈之務厭君之心，佚樂之事蕩君之志，積斂財貨以盈君欲，崇飾臺榭以請君遊。累日不視朝，無人切諫；連宵奏鍾鼓，無人上言。倡優日戲上前，婦女朋淫宫内。朝政大壞，皆林甫、國忠爲之也。噫！用姚、宋則治，用楊、李則亂，賢臣不可不用也，姦人不可不去也。崔群嘗對憲宗曰：「安危在出令，治亂由所任。明皇用姚崇、宋璟、張九齡、韓休、李元紘、杜暹則治，用李林甫、楊國忠則亂。人皆以天寶十五年禄山自范陽起兵，是治亂分時也。臣以爲開元二十年，罷賢相張九齡，專任姦臣李林甫，治亂自此已分矣。用人得失，所係非小。」又穆宗嘗謂侍臣曰：「國家貞觀中，文皇帝躬帝道，治致昇平。及神龍之間，繼有内難，明皇平定，興復不易，而聲名最盛。歷代長久，何道而然？」宰相崔植對曰：「前代創業之君，多起自人間，知百姓疾苦。初承丕業，皆能勵精思理。太宗文皇帝特禀上聖之姿，同符堯、舜之道，是以貞觀一朝，四海寧晏。有房喬、杜如晦、魏鄭公、王珪之屬爲輔佐股肱，君明臣忠，事無不理，聖賢相遇，固宜如此。明皇守文繼體，常經天后艱危，開元初得姚崇、宋璟，委之爲政。此二人者，皆天生俊傑，動必推公，夙夜孜孜，致君于道。璟嘗手寫尚書無逸一篇，爲圖以獻。明皇置之内殿，出入觀省，咸記在心，每歎古人至言，後代莫及，故任賢戒慾，心歸冲漠。開元之末，因無逸圖壞，始以山水圖代之。自後既無座右箴規，又信姦臣用事，天寶之世，稍倦于勤，王道于斯缺矣。陛下既虚心理道，亦望以無逸爲元龜。」開元之治、天寶之亂，則任賢臣與任姦邪，得失安危明矣。或曰：「人君深居九重之内，朝廷千官百辟，比肩而進，接武而退，何由辨得其賢臣而用之？何由辨得其姦邪而去之？」對曰：「賢臣與姦邪迥異爾，非爲難辨也，在人君密審而熟察，其可見也昭昭矣！其好直言君之短者，直訐君之失者，好忠謀不避死者，好補時政之闕者，好不從君之欲者，好不徇君之私者，復爲當朝正人之所延譽者，爲左右小臣之所譖毁者，爲宫掖嬪后之所憎惡者，此則賢臣也；其好隨君之意、順君之旨、伺君之色、候君之言、探君之心、徇君之欲，好詭隨而從衆，好循默而不言，復不爲朝廷正人之所延譽者，爲左右小臣之所引薦者，爲宫掖嬪后之所稱美者，此則姦邪也。君以此察之，賢臣、姦邪甚易見也。」明皇欲罪太子瑛鄂，王瑶光、王琚、張九齡不奉詔，李林甫曰：「此家事，何須謀於外人？」明皇欲加牛仙客實封，張九齡奏爲不可，林甫曰：「天子用人，有何不可？」凡人觀之，皆以爲九齡賢、林甫姦，而明皇怒九齡不順己，善林甫能承意，貶九齡而相林甫，此明皇之不察也。傳曰：「失之毫釐，差之千里。」明皇失之，致海内罹毒，國祚將傾，豈止誤以千里也！任人之際，可不察與？向使明皇能辨林甫之姦、九齡之賢，則豈有禄山犯闕之事也？千載之下，可爲龜鑑也。（歷代名賢確論卷七十九）

代宗

宦官

石守道論曰：明皇以寵任高力士，遂啓禄山之亂、天寶之禍。肅宗崎嶇危難，親被矢石，賴元臣勳將，克復兩京，而國祚復興，大寶不去。故乃推功於李輔國，使此閹腐之餘輒弄權柄，朝綱隳壞，忠賢道梗。代宗即位爲人主，而敢淩蔑，其怙權恃勢驕恣如此。代宗豈無英武？能忍受侮辱者，蓋權在於彼，而不在於己也。噫！人君所以南面而治天下，不下堂而朝諸侯，御六服偶合之衆，持兆人生死之柄者，以其權在手也。今權在輔國，雖代宗英武，其能制之乎？故但忍之而已。猶賴代宗淵深有謀，始外示優容，而内思有以去其權，乃虚加尚父以尊寵之，而漸罷之。兵柄既失，盗入其室，而首臂俱去，無權胡能爲也？是知人君所重者，權也。固不可以假於人，則萬乘之尊匹夫爾。戒哉！

又曰：代宗爲李輔國淩蔑，幾至不臣，蓋以其方握兵柄，權在其手，不能制也。幸而奪其權，輔國不敢驕悖。乃復以兵柄授於元振，則宜乎致吐蕃之犯闕、乘輿之奔竄也。且自安禄山反後，藩臣稍稍不順，非以長策遠馭，信賞明罰，則無以賓服之矣。而來瑱當時賢帥，有功國家；裴冕本朝元臣，立績無毫髮之罪、纖介之過。元振誣搆其獄，皆使誅竄。夫賞有功、旌有德，懼人不知勸。今賢臣勳帥無罪而被誅，天下不得不離心，諸侯不得不解體。吐蕃犯闕，諸道之師不至，誰之過與？由元振一怒也。吁！元振一怒，致萬乘倉皇，京師陷覆，可嗟矣夫！可爲深戒。（歷代名賢確論卷八十二）

元載

石守道論曰：宰相之任，上則調和陰陽，下則撫安黎庶，内以平章百姓，外以鎮撫四夷。國家之爵賞刑罰所由關也，天下之政教化令所由出也。軒階之下，論道德而佐一人；朝廷之上，執陶鈞而宰萬物。其任豈輕哉？國家之治亂，天下之安危，常必由之，固不可易其人也。唐、虞之皋、夔、稷、契，湯之伊尹、伊陟，高宗之傅説，周之太顛、閎夭、周、召、太公，漢之蕭、張、平、勃，唐太宗之房、杜，明皇之姚、宋，憲宗之裴度，皆任得其人，故至於今法唐、虞之隆，推湯、周之治，稱漢、唐之盛也。苟捨是而任之，必致傾危。故後世宰相非人，而覆亡接踵。噫！任宰相之事，必有宰相之才。不求其人，但以年高久次，或柔弱易制，或佞邪諂進，或結託外戚，或附麗中人，便使居具瞻之地，處論道之職，姦邪者則樹權作福，鬻官賣法以亂天下，軟弱者則承違順旨、循默不言以固恩寵，大則危社稷，小則隳紀綱。宰相之任，何可輕授也？元載巧邪奸佞，庸近凡鄙，結託閹臣李輔國，遂爲宰相。故姦邪朋附而爲之用，忠賢擯斥而不得進，綱紀隳壞，政令頽弛，貪猥盈滿，賄賂公行，海内怨嗟，朝廷危殆，猶賴代宗聰明，早察其姦，克行誅戮，不然，幾何不喪國也。宰相之任，豈可忽哉！戒之戒之。（歷代名賢確論卷八十二）

德宗二

盧杞

石守道論曰：嘗讀唐史，見德宗信任盧杞，知大姦有似乎忠，大佞有似乎賢，深心厚貌，外不可知巧邪善諂。君不能察，使覽袁高之奏、諫官之疏，雖幽、厲之蒙蔽，桓、靈之昏暗，猶將有以發寤。而德宗曾不少釋其惑，待遇益厚，蓋有以左道蒙其君也，結君之心已深也，固君之寵已堅也。至杞死而天下爲之快，德宗思之不已者，信其大姦大佞，有似乎忠賢而能蔽君聰明，至於宗社崎危而莫之悟也，海内怨嗟而莫之覺也。任人之際，可不察與？觀其行括率，税間架，算除陌，歛天下之怨，賈禍於國家，拒懷光之朝，苟一身之安，遺憂於宗社，千載之下，人猶憤惋。請觀盧杞之邪，德宗之蔽塞，可爲後世之鑑矣。（歷代名賢確論卷八十四）

順宗

帝暴崩宫中

石守道論曰：天寶之後，唐室失御。中官内握兵權，各擅威福；諸侯外據土寓，罕有臣順。憲宗皇帝英威神聖，聰明睿武，初斬劉闢，後平淮、蔡，遂定東夏，威德遠暢，華夷畏服，聖功卓然，神人柔格，信乎中興之聖主矣。然不能鑒祖宗之失，革中官之弊，而溺於近狎，親任閹寺，終於弑戮，惜哉！（歷代名賢確論卷八十六）

文宗一

宦官

石守道曰：中官黨盛，自天寶後，迄于大和，百數十年矣，歷肅宗、代宗、德宗、憲、穆六世矣，其根柢固矣，其巢穴深矣，豈可容易動摇哉？故申錫謀未發而受誅，李訓計未行而被害。雖文宗英武，亦無如之何。易曰：「履霜，堅冰至。」非一朝一夕之故，所由來者漸矣。防其始，戒其漸，姦黨不能長也。文宗區區積亂之後，志欲去群邪，端治本，清姦人，闢政道，而守澄之黨已盛矣，如何哉？可爲歎息矣！（歷代名賢確論卷九十）

武宗

毁拆佛寺

石守道論曰：夫仁義之道，大中至正之道也，天下之福也。古者堯、舜、禹、湯、周文王、武王，能修仁義之道，故皆受仁義之福。何以驗之？書曰：堯在位七十年，享年一百一十七歲；舜在位五十載，享年一百一十二歲；禹傳于子，繼位一十七君，有國四百年；湯傳于子，繼位二十七君，有國七百年；周亦傳于子，繼位三十三君，有國八百年。此其驗也。後世人君仁義不修而湎淫怠荒，窮奢極欲，竭天下之力，疲天下之力，聚斂生靈之膏血以信奉佛，而望福報，不亦妖言乎！且帝王以生靈爲本，使天下無一夫饑，無一夫寒，無一夫不遂其生，無一夫不得其所，此帝王之福也。天下生民凍餒轉死溝壑而不給一尺帛、賜一石粟，使其飽且暖，而乃輦金載貨，填于寺門，以奉群髠，將以爲萬民求福，何其迂也！且僧徒皆游惰之民人、庸人爾，使之齋，與之錢，不知何由能作福也。若曰奉佛，佛死已千有餘年也，其骨已臭朽腐爛也，其魂已殄滅消散也，以數片金薄塗于面首，用三門高屋覆其身軀，其使能降福於人，臣不信也！臣不信也！王縉之徒以謂國祚流長，皆佛之福報所資；又以爲禄山、思明毒亂方熾而皆有子禍，僕固懷恩將亂而死，西戎犯闕，未擊而退，實由佛之福力。何厚誣也！高祖、太宗以仁義革亂，提四海之民出塗炭之中，置于富壽之域，登于太平之樂，德化深厚，恩惠及遠，積仁累義，垂慶子孫，不能嗣襲其善，中原屢擾，社稷幾覆。高祖、太宗之德未盡，人神協贊，宗廟祐助，逆兵勤而且死，神器危而復安，延至于三百年，蓋高祖、太宗之靈，天地神人之贊。而乃推丁佛，何厚誣也！嗚呼！自佛入中國，蠹壞至于今矣。今髡徒左袵、異端之人半中國。古之所謂四民者，流入于佛、老十有六七，天下穀帛貨貝歸於佛、老者亦十有六七。今以天下奉佛、老，佛、老益盛，中國益匱，生民益耗。生民耗，中國匱，雖有天下國家，何以爲國也？佛、老之患也，大矣！深矣！非有英睿之君，神聖威武如禹、湯、文、武者，誰能除此弊也？在有唐時，憲宗迎佛骨，刑部侍郎韓愈上疏切諫。至于武宗皇帝，遂拆天下寺，盡去天下僧尼，盡毀天下佛像，武皇帝英威如此，謚之曰武，宜哉！古之帝王以干戈而定天下而人服，則有周武王；以征伐而威四夷以來朝，則有漢武帝；以睿智英斷、聰明正直而去佛教以殄滅，則有唐武宗。臣嘗論三武之功，以謂紂虐無厭，武王憑后稷、公劉、王季、文王之德，乘天下厭亂之心，一戎衣，服天下；漢祖志怯，戎狄輕北易走，武帝驅天下之兵，利天下之甲，以抗一隅，而匈奴臣。其功皆易。至於佛者，深根固蒂七八百年，爲天下大患，如唐太宗之聖神、明皇之仁勇、憲宗之英睿，皆不能除之，而武宗皇帝奮於百王之下，斷自宸智，挺然不疑，一旦盡除去之，其功過於周武王、漢武帝遠甚矣。（歷代名賢確論卷九十二）

通論三

宦官

石守道論曰：中官積亂僅二百年矣，政道剥喪已盡矣，綱紀隳壞已絶矣，賢人消亡已無矣，高祖、太宗之遺德已殄矣，天人已厭矣，神祇已怒矣，國祚不去何待？雖盡殺之，其可救乎？猶水之浸潰，始於針芒，不補遂壞，隄防一决，汗漫中夏，懷山襄陵，不可禦也。而能始塞一針芒，水其止矣。内官積亂二百年，昭宗斬數百人，望其遽治，不亦難乎？悲夫！噫！中官之亂國家、覆社稷，歷代罔不由之。向若明皇、肅宗能鑒前古之敗，早絶其初，不使滋蔓，或順、憲善懲祖宗之亂，亟杜其漸，無恣成姦，則唐室豈有短促危亡之患哉？臣觀東漢之覆壞、李唐之傾弱，皆自中官，然則中官豈可任也？臣每觀之寒心，後世明王聖君宜深戒之。

又論肅宗、代宗、德宗任用宦官曰：國家之權在乎兵也。兵者，王者生殺之柄也，係天下安危之幾，萬民存亡之命，有國以來，孰敢去兵？兵在手，則匹夫可以制萬乘；兵去手，雖人主不能制一夫。故云古之命帥，擇其文武兼才，將相全器，忠亮可以託社稷，信義可以固危亡，智謀可以決萬全，籌策可以制千里，故臨陣有必勝，出師無敗兵。伊尹所以興湯，吕望所以興周，房喬所以興唐，李晟所以復定兩京，子儀所以再造唐室，裴度所以戡寧中夏，得將將之道也，得用兵之要也，故兵爲國家之利器。嗟哉！庸君暗主内疑宿將，外忌功臣，不能推腹心以示人，用忠信而結下，反以貔貅之衆授與閹腐之徒，則是以王者生殺之柄、天下安危之幾、萬民存亡之命付之厠役也。自至德已後，天下亂略，弗過兵鋒益熾。肅宗、代宗、德宗三世蒙塵，奔播不暇，由命帥失其人也，措置非其處也。古者命將，閫外之事，將軍制之。軍中聞將軍之令，不聞天子之詔，而乃使中官監以制之，更取監軍指畫，進退不由主帥，號令不亦殆哉！嗚呼！兵柄豈可輕授於人哉？况在宦官，尤不可假之以權也！戒之戒之！（歷代名賢確論卷九十七）

通論四

裴延齡　皇甫鎛

石守道論其姦邪曰：歷代凡主皆以財爲私，自古姦臣皆以財利求進。吁！君以財貨狥欲，臣以財利諂君，上下以利爲國，欲國不亂，欲民不散，是必不可得也。夫庸君得其欲，雖宗社崎危而不之顧也；姦臣得其進，雖國家傾覆而不知變也。是知姦臣不可進，陸贄之疏言之備矣，後人宜戒之。嗚呼！天之佑於民也至矣。既生聖人使君之，又生賢人使輔之，蓋以謂聖人無賢輔，雖有天下不能治；賢人無聖君，雖有才能無所施也。故天爲並生聖賢，使同治人也。聖人爲君，賢人爲臣，君臣之位則別，其任則一也。君尊也，馭臣下則以法，然而待之必以禮；臣卑也，事君上則以禮，然而輔之必以道。君待臣不以禮，臣輔君不以道，則亂可待也。故君有過失，臣得以規之；君有荒慢，臣得以諫之。君違則臣得弼，君闕則臣得補。蓋天下乃天下之天下也，非君之天下也。庸君昏主承父兄餘業，憑祖宗遺緒，自謂尊爲萬乘，富有四海，威可以專生殺，權可以擅刑賞，黜陟在己，誅伐任情，違正人之言，咈莊士之諫，一辭忤旨則竄逐，一事不從則疎遠，昵近群小，捐斥忠良，至於教化陵遲，綱紀頹壞，海内咨怨，君子潛藏，一旦祖父之業爲丘墟，宗廟之鬼不血食，可哀也哉！賢人不可疎也，姦邪不可近也，疎且不可，其可廢之乎？近且不可，其可任之乎？臣請以唐爲鑑焉！（歷代名賢確論卷九十八）

賀門下韓侍郎啓

伏審顯膺申詔，進陟東臺。名實並隆，士民交慶。恭以某官，稟天間氣，爲國宗工。性源淳厚而澄之愈清，器量洋汪而撓之不濁。貫古問學，該今典常。道不虛明，遇千載明良之會；人惟求舊，助萬幾兢業之勤。式是四方之瞻，允爲百辟之憲。陞居黄閣，對揚赤墀。秩已亞於貂蟬，班益崇於鴛鷺。即正機衡之任，優登鼎鼐之司。某漕計外縻，賓階前阻。心同賀燕，方觀人夏之成；志効躍金，正倚洪爐之造。載惟歡忭，實倍等夷。（五百家播芳大全文粹卷十一）

賀余侍御啓

疏恩北闕，峻陟南牀。國有正人，益洗心而粹擢；民欣素望，咸近頸以觀瞻。伏惟歡慶，竊以耳目之官，紀綱是任。豸冠振職，烈若風霜之嚴；烏臺馳聲，迅如鷹隼之擊。矧兹要職，素號臺端。豈惟使人避公雅之驄，又且彈奏落祐甫之膽。肆求荷任，見屬賢明。恭惟某官，浩氣沖剛，懿文外蔚。學通古始，讀三墳五典之遺書；識究淵源，擅萬户千門之博物。踐揚滋久，譽處彌休上心；嘗器其能，士論孰出其右。擢司言路，獨秉憲綱。正色立朝，堂堂不撓；嘉猷告后，炳炳如丹。繄直聲之數聞，宜經綸之薦及。青囊增重，黄閣非賒。僉論攸歸，斯言可必。某夙蒙厚顧，遯企英標。益深賀燕之誠，俄動躍螽之態。風飈寢爽，崇仞正遥。願精保於沖和，用仰符於眷倚。永言頌詠，拙俞端倪。（五百家播芳大全文粹卷十二）

賀單侍御啓

伏審光膺宸綍，進總臺綱。達公論於九重，屢聞繩肅；亞官儀於三獨，益見寵褒。除目初傳，輿情相慶。竊以萬幾重大，既親總攬於法宫；百辟衆多，必賴推彈於憲府。維時南榻，實次中司。得賢哲則自然致朝廷之尊，去姦回則孰不有簡書之畏。方清吏之圖舊，宜宿望之攸陞。恭惟侍御，識藴高明，氣涵剛大。奥學兼通於世務，嘉猷允合于帝心。果自副端，峻登柱史。方共持於國是，豈特密於官邪！某濫處郎闈，猥通朝籍。敢親持於竿牘，用贊喜於門牆。風采動一時，已致班行之肅；精神折千里，佇躋弼亮之崇。（五百家播芳大全文粹卷十二）

賀胡左史啓

伏審妙選振廷，直除史掖。司存雨露，久攝侍于清光；渥照乾坤，果特承于新命。搢紳交頌，簡册可傳。竊以聖人無爲，南面恭己；大君有命，左史記言。仰模北極，柱下之躔；遠陋西都，禁中之録。天顔咫尺，爰卓冠於螭坳；雲步梯階，蓋例遷于鳳閣。實基大任，庸俾真能。恭惟左史舍人，學造聖傳，文追古作。宰屬嘗俾于萬務，臺端更肅于百僚。逮復簉於朝聯，宜益堅於主眷。辨文、武之昭穆，既列九卿；載堯、舜之都俞，遂躋二史。凜凜佚狐之筆，飄飄班、馬之香。姑用謹于直書，即進顓于密命。某猥縻煩使，逖賴餘輝。莫陪賓客之趨，曷勝痦寐之喜。（五百家播芳大全文粹卷十四）

賀韓丞相致仕啓

伏審挽留須衆，懇請益堅。亟辭金鑰之嚴，將就里居之逸。屬時圖舊，從欲固艱，諭旨丁寧，還音絡繹。伏惟某官文武全器，忠嘉一誠，端耆德以鎮浮，攄壯猷而經遠。股肱勵翼，綏四夷于先朝；衮繡光華，賁群英于昭旦。况乃堂構相紹，增大家聲；塤篪同音，迭熙帝載。

虎符犀節，出覘涵養之仁；烟閣雲臺，入應功名之會。具瞻斯在，勇退安能。願承眷倚之深衷，聊緩恬愉之雅意。赤松游衍，難增漢相之言；黄髮詢謀，勉蹈秦公之哲。其爲悃愊，曷克罄陳。（五百家播芳大全文粹卷十六）

上蔡侍郎書

侍郎閣下：夫物生而性不齊，裁正物性者，天吏也；人長而材不備，長育人材者，君宰也。裁正而後物性遂，故曲者、直者、酸者、辛者、仆者、立者皆得其和，易曰「乾道變化，各正性命」是也。長育而後人材美，故剛者、柔者、暴者、舒者、急者各得其中，洪範曰「會其有極，歸其有極」是也。和謂之至道，中謂之大德，中和而天下之理得矣。介正所謂不合其中而不得其和者也。喜怒哀樂之未發，謂之中。喜怒哀樂之將生，必先幾動焉。幾者，動之微也，事之未兆也。當其幾動之時，喜也、怒也、哀也、樂也皆可觀焉。是喜怒哀樂合於中者也，則就之；是喜怒哀樂不合於中也，則去之。有不善，知之於未兆之前而絶之，故發而皆中節也。易之吉之先見，不言凶而言吉者，其能知善不善於幾微之時，善則行之，不善則改之，凶何由而至也！介見天下之有未得其治，則憤悶發於内，而言語形於外，已暴著於外，猶不知協於中邪，咈於事邪，欲其吉之先見，發而皆中節，其可得乎？故凶悔吝當隨之。冬集至闕下，有人密道閣下之語於介者，箴規訓誡，丁寧切至，如聽箕子皇極之義，若聞孔、思中庸之篇，釋然大覺前日之非。噫！天以剛方直烈之性授於介，不納介於中。夫剛方直烈不以中輔之，暴殘戕折日可待矣。今閣下敺介歸之於中，是天以剛方直烈付於介，閣下納之令德也；天欲暴殘戕折於介，而閣下賜之更生也。介荷閣下仁育陶宰，爲至厚矣。今西走蜀四千里，不敢以跋涉爲勞，以生平未得一登閣下之門爲恨，引首南望，不勝拳拳之心。不宣。介再拜。（五百家播芳大全文粹卷五十四）